1682 J.B.METZLER

Herausgegeben
von Ralf Konersmann

Handbuch Kulturphilosophie

Verlag J. B. Metzler
Stuttgart · Weimar

Herausgeber
Ralf Konersmann ist Professor für Philosophie an der Universität Kiel und Herausgeber der *Zeitschrift für Kulturphilosophie*.

Redaktion
Claudia Brede-Konersmann, Rendsburg.

Bibliografische Information der Deutschen Nationalbibliothek
Die Deutsche Nationalbibliothek verzeichnet diese Publikation in der Deutschen Nationalbibliografie; detaillierte bibliografische Daten sind im Internet über http://dnb.d-nb.de abrufbar.

ISBN 978-3-476-02369-8
ISBN 978-3-476-05322-0 (eBook)
DOI 10.1007/978-3-476-05322-0

Ursprünglich erschienen bei
J. B. Metzler'sche Verlagsbuchhandlung
und Carl Ernst Poeschel Verlag GmbH in Stuttgart 2012
www.metzlerverlag.de
info@metzlerverlag.de

Inhaltsverzeichnis

Vorwort VII

I. Einleitung 1
(Ralf Konersmann)

II. Thematische Schwerpunkte 13

1. Kulturphilosophie 13
(Ralf Konersmann)
2. Kultur und Kulturbegriff 23
(Andreas Hetzel)
3. Kulturwissenschaft 31
(Hartmut Böhme)
4. Interkulturalität 39
(Rolf Elberfeld)
5. Kulturkritik 46
(Hjördis Becker)

III. Klassische Positionen 55

III.1 Vorgeschichte (bis 1900) 55

1. Giambattista Vico 55
(Thomas Gilbhard)
2. Jean-Jacques Rousseau 60
(Heinz Thoma)
3. Immanuel Kant 70
(Marion Heinz)
4. Johann Gottfried Herder 78
(Michael Maurer)
5. Friedrich Schiller 85
(Carsten Zelle)
6. Georg Wilhelm Friedrich Hegel 90
(Christoph Jamme)
7. Friedrich Nietzsche 93
(Andreas Urs Sommer)

III.2 Gründungsphase (1900–1945) 101

1. Georg Simmel 101
(Willfried Geßner)
2. John Dewey 110
(Michael Hampe)
3. Cassirer und der Neukantianismus 114
(Ursula Renz)
4. Cassirer und die Bibliothek Warburg 119
(Isabella Woldt)
5. Cassirer in der Rezeption 125
(Cornelia Richter)
6. Martin Heidegger 133
(Ludger Heidbrink/Claus Langbehn)
7. Ludwig Wittgenstein 138
(Christian Bermes)
8. Antonio Gramsci 144
(Rainer Winter)
9. Walter Benjamin 149
(Michael Makropoulos)

III.3 Aktualisierungen (seit 1945) 158

1. Philosophische Anthropologie 158
(Ralf Becker)
2. Kritische Theorie 168
(Gerhard Schweppenhäuser)
3. Claude Lévi-Strauss 177
(Heike Kämpf)
4. Hans Blumenberg 181
(Enno Rudolph)
5. Michel Foucault 185
(Ulrich Johannes Schneider)
6. Richard Rorty 188
(Jonas Lüscher/Michael Hampe)

IV. Systematik der Übergänge 193

1. Architektur 193
(Werner Oechslin)
2. Design 200
(Kai Buchholz)
3. Geschichte 206
(Achim Landwehr)
4. Gesellschaft 212
(Dirk Baecker)
5. Kunst 217
(Marion Lauschke)
6. Moral 223
(Birgit Recki)
7. Natur 227
(Kristian Köchy)
8. Politik 234
(Christian Zimmermann)

9. Religion 238
(Michael Moxter)
10. Rhetorik 245
(Franz-Hubert Robling)
11. Sprache 252
(Dirk Westerkamp)
12. Technik 264
(Peter Janich)
13. Wirtschaft 270
(Kurt Röttgers)
14. Wissenschaft 273
(Elisabeth List)

V. Begriffe 279

1. Bedeutung 279
(Christian Krijnen)
2. Entfremdung 288
(Michael Großheim)
3. Erinnerung 292
(Nicolas Pethes)
4. Fest 299
(Michael Maurer)
5. Form, symbolische 304
(Nikolai Mähl)
6. Fremdheit 313
(Kurt Röttgers)
7. Gastlichkeit 319
(Burkhard Liebsch)
8. Geist, objektiver 325
(Dirk Westerkamp)
9. Gewalt 330
(Rudolf Wansing)
10. Identität 334
(Jürgen Straub)
11. Kontingenz 340
(Michael Makropoulos)
12. Medium 347
(Kurt Röttgers)
13. Mythos 356
(Christoph Jamme)
14. Natur, zweite 360
(Norbert Rath)
15. Raum 365
(Stephan Günzel)
16. Relativismus 371
(Matthias Kettner)
17. Tatsache, kulturelle 375
(Nikolai Mähl)
18. Tradition 384
(Volker Steenblock)
19. Tragödie 388
(Claudia Benthien)
20. Unbehagen 394
(Ralf Konersmann)
21. Verstehen 398
(Heike Kämpf)
22. Wahrheit 402
(Dirk Westerkamp)
23. Welt 408
(Ernst Wolfgang Orth)
24. Zeichen 416
(Dirk Rustemeyer)
25. Zeit 422
(Yvonne Förster-Beuthan)

VI. Metaphern für Kultur 429
(Ralf Konersmann)

VII. Anhang 437

1. Auswahlbibliographie 437
2. Herausgeber, Autorinnen und Autoren ... 439
3. Personenregister 441
4. Register der Begriffe und Sachen 452
5. Metaphernregister 468

Vorwort

Wissenschaftliche Handbücher sind dazu da, über Fächer und Fachgebiete Auskunft zu geben. Für gewöhnlich führen sie in die Thematik ein, indem sie die Vorgeschichte aufarbeiten, aktuelle Diskussionen vorstellen, Werkschauen und Glossare anbieten und das Ganze schließlich durch einen Expertenblick in die Zukunft abrunden. Handbücher ziehen Bilanz, sie spiegeln den Stand der Dinge.

Das *Handbuch Kulturphilosophie* weiß sich diesen Erwartungen ebenfalls verpflichtet, und doch liegen die Dinge im gegebenen Fall anders. Das Handbuch bietet das Porträt eines Faches in der entscheidenden Phase seiner Konsolidierung. Anders als andere Teilgebiete der Philosophie, anders vor allem als die klassische Trias aus Ethik, Logik und Physik, die schon der Antike geläufig war, verfügt die Kulturphilosophie noch keineswegs über einen Kanon – sei es einen Kanon der Geschichte, der Systematik oder der Begrifflichkeit. Der Grund ist einfach: Als vergleichsweise junges Fach mit einer dramatischen und mehrfach unterbrochenen Geschichte ist die Kulturphilosophie gerade eben erst dabei, ihren Ort innerhalb der Philosophie und im Kreis der Nachbarwissenschaften zu bestimmen. In dieser Lage ist dem *Handbuch Kulturphilosophie* die schlichte Klarheit der zusammenfassenden Darstellung von Erträgen und Resultaten verwehrt. Dafür fällt ihm eine für Nachschlagewerke ungewöhnliche Verantwortung zu, denn über die Dokumentation eines vom Konsens der Fachleute getragenen Ist-Zustandes hinaus leistet es einen eigenen Forschungsbeitrag. Es ist unmittelbar Teil dessen, wovon es spricht: ein entscheidender Schritt in der Konsolidierungsgeschichte der Kulturphilosophie als wissenschaftlicher Disziplin. Das vorliegende Handbuch ist zugleich ein Kursbuch.

Sein genuin philosophisches Anliegen geht allerdings über Aufgaben der Ortsbestimmung und der institutionellen Integration noch hinaus. Das *Handbuch Kulturphilosophie* will zeigen, dass der Kulturbegriff nicht trivial ist: dass er vielmehr spezifische Wirklichkeitsbezüge geltend macht, die über andere Grundbegriffe – Geschichte, Natur, Welt, Mensch, Gesellschaft – nicht zu gewinnen sind. Um dies zu verdeutlichen, bedarf es der umfassenden Rekonstruktion dessen, was Kultur ausmacht, was ihre historischen Voraussetzungen und ihre systematischen Konsequenzen sind. In Zeiten, in denen eine auf Schauwerte reduzierte Kultur sich als Standortfaktor bewähren und den Beweis ihrer Profitabilität erbringen soll, ist es – weit über fachphilosophische Belange hinaus – eine Frage der politischen Bildung, daran zu erinnern, was Kultur ihrer Idee nach ist und was sie soll. Die Antwort des Handbuchs lautet: Kultur ist die Welt des freigestellten Menschen.

Was mit dieser Formel im Einzelnen gesagt ist, wird auf den nachfolgenden Seiten umfassend erläutert. Dass eine solche Darstellung in der großzügigen Form eines Handbuches möglich war, ist Ute Hechtfischer zu verdanken, die seinerzeit die Initiative ergriffen und mir die Möglichkeit zur Realisierung des *Handbuchs Kulturphilosophie* eröffnet hat. Von Verlagsseite aus hat sie das Unternehmen in allen Phasen mit professionellem Blick begleitet. Verwirklichen ließ es sich aber erst durch die Unterstützung der vielen Autorinnen und Autoren, die den Mut hatten, sich auf das Neuland der Kulturphilosophie zu wagen und exemplarisch zu zeigen, was das Fach auf den verschiedenen Feldern zu leisten imstande ist. Bei ihnen und bei Claudia Brede-Konersmann, die sich der Manuskripte redaktionell angenommen und die aufwendigen Register erstellt hat, bedanke ich mich herzlich.

Kiel, im Sommer 2012
Ralf Konersmann

I. Einleitung

Kulturphilosophie hat zu zeigen, warum die Fragen der Kultur nicht trivial sind – dass der Kulturbegriff etwas *wiegt*.

Von einer erschöpfenden Aufgabenbestimmung ist diese Definition weit entfernt. Sie mag jedoch als Leitfaden genügen, um den Themen und Thesen der Kulturphilosophie in einem ersten Anlauf Kontur zu geben.

Kurze Geschichte

Wo und wie begann die Geschichte der Kulturphilosophie, unter welchen Umständen wurde sie explizit?

Wer die Reihe der entwicklungsgeschichtlichen Hauptstationen abschreiten will, muss die vertrauten Wege der Philosophiegeschichte zunächst verlassen. Dem Stand der Ermittlungen zufolge ist es der Architekt und Theoretiker der Baukunst Gottfried Semper gewesen, der, als er 1851 die erste Weltausstellung in London besuchte, unter dem unmittelbaren Eindruck dieser Schau den Begriff der Kulturphilosophie spontan entwickelt hat. Semper nahm die Londoner Exponate auf doppelte Weise wahr – als Zeugnisse industriellen Leistungsvermögens und ebenso als Manifestationen einer ganzen Reihe »culturphilosophischer Fragen«, die er sogleich als epochal erkannte (vgl. Konersmann ²2010, 20ff.). In London sah Semper die Möglichkeit angebahnt, über die Versöhnung von Atelierkunst und *art industriel* zu ganz neuen, eminent zeitgenössischen Ausdrucksgestalten zu finden. Die über warenästhetische Belange weit hinausreichenden Ambitionen des Design und der funktionalen Gestaltung menschlicher Wohn- und Arbeitswelten, wie sie prominent die *Arts and Crafts*-Bewegung oder das Bauhaus entwickelt haben, entsprechen dieser frühen Intuition bis heute.

Hält man sich strikt an die Spur des Begriffswortes, dann ist die Formulierung Sempers ein vereinzelter Vorstoß gewesen. Gleiches gilt für die Neuerfindung des Begriffs durch Ferdinand Tönnies, der die Kulturphilosophie im Untertitel seiner Habilitationsschrift – die Erstausgabe von *Gemeinschaft und Gesellschaft* erschien 1887 – in enge Nachbarschaft zu der zu diesem Zeitpunkt programmatisch noch ungefestigten Soziologie rückte. Folgenlos blieb auch die Begriffsverwendung von Ludwig Stein, der 1899 als Professor für Philosophie den peinlichen Versuch unternahm, der unter den Zeitgenossen verbreiteten Ideologie des europäischen Kulturvorsprungs unter dem Titel *Versuch über die Kulturphilosophie* (1899) zu akademischer Reputation zu verhelfen.

Seinen seriösen Anfang nahm das Fach, ein halbes Jahrhundert nach dem ingeniösen Vorstoß Sempers, zunächst unter der Ägide des Neukantianismus, der sich von der Kulturphilosophie die Aktualisierung der von Kant hinterlassenen Denkmotive erhoffte (vgl. Natorp 1912, 218f.; Oakes 1990; Renz 2002; Holzhey 2006). Bei dieser Begriffsverwendung blieb es jedoch nicht. Bereits 1906/07 hielt Georg Simmel eine von schulischen Bezügen freie Vorlesung über »Philosophie der Kultur« (GSG 21, 557–571), drei Jahre später erschien unter seiner maßgeblichen Beteiligung das interdisziplinäre Forum des *Logos* mit dem programmatischen Untertitel: *Internationale Zeitschrift für Philosophie der Kultur* (vgl. Kramme 1995). Die in der Zeitschriftengründung zum Ausdruck gebrachte Breite des Interesses, der Methoden und Begrifflichkeiten ist dem Fach in der Folgezeit erhalten geblieben, und ebenso die Arbeitshypothese, dass mit der *Kultur* für die Philosophie und überhaupt für die Wissenschaften eine konzeptionelle Vorgabe sui generis gewonnen sei. Aus heutiger Sicht erscheint der *Logos* als Sinnbild der internationalen Beachtung, die das Fach in diesen frühen Jahren binnen kurzer Zeit gefunden hat. 1927 übernimmt Paul Tillich eine Honorarprofessur für Religionsphilosophie und Kulturphilosophie an der Universität Leipzig (vgl. Moxter 2008, 179f.), und Anfang der 1930er Jahre würdigt das auf Kanonisierung bedachte *Handbuch der Philosophie* (1927–1934) die Disziplin mit einem engagierten Beitrag. Im Jahr 1944 schließlich publiziert Ernst Cassirer im amerikanischen Exil einen problemorientierten Gesamtüberblick über die Paradigmatik der »relativ jungen Schöpfung« (ECN 5, 29) und zieht mit dieser Schrift die Summe seines philosophischen Lebenswerks: *An Essay on Man. An Introduction to a Philosophy of Human Culture.*

Mit diesem ersten großen Fazit einer als »Logik der Kulturwissenschaften« und, auf anderer Ebene, als »Philosophie der symbolischen Formen« auftretenden Kulturphilosophie, das mit dem Tod Cassirers im Jahr 1945 zusammentraf, brach die Linie der kulturphilosophischen Theorieentwicklung fürs Erste ab. Jahrzehntelang stand die Nachkriegsphilosophie, sofern sie sich nicht auf philologische Aufgabenfelder zurückzog, im Bann des Gegensatzes von Kritischer Theorie und Existenzphilosophie, die beide einem polemischen Kulturverständnis zuneigten. Die methodischen Prämissen der Analytischen Philosophie waren wenig geeignet, diese Ausgangslage zu verändern. Aus Gründen, denen die noch kaum in Angriff genommene Aufarbeitung der jüngeren Ideen- und Wissenschaftsgeschichte wird nachgehen müssen, hat es bis Ende der 1980er Jahre und damit ein halbes Jahrhundert gedauert, bis sich die akademische Welt auf die seinerzeit erbrachten Leistungen besann und sowohl Simmel als auch Cassirer mit magistralen Werkausgaben würdigte.

Wort und Sache

Philosophie und Wissenschaft, Wirtschaft und Politik – inzwischen reden alle von Kultur. Wir haben es mit einem Schlag- und Reizwort zu tun, mit einer Zauberformel und sogar mit einem Kampfbegriff. Entsprechend vielfältig sind die Fragen, die dieses Wort evoziert. Was ist, worin zeigt sich Kultur? Worin bestehen die Brisanz und der Reiz des Konzepts? Was darf ihm zugetraut, was muss von ihm befürchtet werden? Um es in der Sprache der Systemtheorie zu sagen: Was veranlasst Kulturen, sich zu beobachten und, indem sie einen Begriff von sich bilden, sich beim Beobachten zu beobachten (vgl. Luhmann 1995)? Was man den philosophischen Charakter der Kultur nennen könnte, spiegelt sich in der Insistenz solchen Fragens und Weiterfragens, das die charakteristische *Immersivität* der Kultur – das vorbewusste Eingetauchtsein derer, die in ihr leben – analytisch aufbricht und thematisiert. Die Reflexionsebene der Kulturphilosophie verdeutlicht Implikationen des Handelns und des Denkens, die, ungeachtet ihrer Wirksamkeit, derart selbstverständlich sind, dass sie in der Normalität funktionaler Abläufe unthematisch bleiben. Zu diesen Grundierungen gehört der Sachverhalt, dass wir, wenn wir von Kultur sprechen, die Welt als Resultat, aber auch als Bedingung menschlichen Handelns (*praxis*) und menschlicher Gestaltung (*poiesis*) auffassen. Die Philosophie der Kultur rückt genau diesen gewöhnlich als trivial abgeblendeten Aspekt des genuin Menschlichen (vgl. Weber 1968, 180) in den Blick. Sie zeigt die Kultur als Welt des freigestellten Menschen.

Das Prädikat der *Freigestelltheit* ist im doppelten Wortsinn zu verstehen. Zunächst betont es die *Preisgegebenheit* des Menschen, dem die Geborgenheitsgewissheit zweifelhaft geworden ist, die ihm vordem der Kosmos und die Schöpfung zugesichert hatten. Gleichzeitig und nicht weniger emphatisch betont es, mit dem Formulierungsangebot Senecas (*Epistulae morales* 44,6) und Herders (*Ideen* I 4, IV), die *Freigelassenheit* des Menschen, der sich nun berechtigt weiß, die Welt seinen eigenen Einsichten und Bedürfnissen entsprechend einzurichten. Noch die legendäre, für die Entwicklung des philosophischen Denkens im 20. Jahrhundert wegweisende Auseinandersetzung zwischen Martin Heidegger und Ernst Cassirer, die 1929 in Davos stattfand, lässt sich als Aktualisierung dieser Deutungsalternative zwischen »Geworfenheit« und »Selbstbefreiung« begreifen. Die Kulturphilosophie entfaltet sich zwischen den Extremen sei es gnostischer, sei es libertärer Bestimmungen des Menschen.

Die Frage nach dem Menschen hat für die Kulturphilosophie katalysatorische Funktion – sie weist ihr die Richtung. Umso genauer müssen wir an dieser Stelle unterscheiden und die Logik der Kultur von jener Logik absetzen, die nach dem Wesen des Menschen fragt. Während die *Anthropologie* sich als allgemeine Lehre vom Menschen versteht und ihn selbst und ganz unmittelbar, wie Simmel einmal mit Blick auf die ersten Aufschwünge des Fachs im 18. Jahrhundert pointiert, unter »Wegfall aller Kulturbedingungen« (GSG 21, 850; vgl. Moravia 1973) erfassen möchte, spürt die *Kulturphilosophie* gerade dem nach, was das Wirken des Menschen bezeugt, im strengen Sinn aber ist, »was er nicht ist« (Blumenberg 1981, 134). Kulturphilosophie und Anthropologie unterscheiden sich perspektivisch, und auf diese Differenz der Sichtweisen kommt es an: Die Kulturphilosophie nimmt den Menschen als das Wesen wahr, das Lebensformen nicht *vorfindet* und *hat*, sondern *schafft* und *umschafft*, so dass diese, einmal hervorgebracht, sich ihm gegenüber verselbständigen und für sich stehen, ohne doch jemals aufzuhören, mit allem, was sie sind und darstellen, auf ihn als ihren Erzeuger zu verweisen.

In freier Variation eines berühmten, ursprünglich gegen die Anthropologie Ludwig Feuerbachs gerichteten Zitats lässt sich dieses Verhältnis dahingehend präzisieren, dass das menschliche Wesen kein dem Menschen inwohnendes, das heißt aus allen Kulturbedingungen herausfallendes Abstraktum ist, sondern – und dies ist zugleich ein Abschied von der Logik des Wesens – das Ensemble der kulturellen

Verhältnisse. Die Kultur ist der Umweg, der gegangen sein will, weil der Mensch sein Leben *führt* und führen *muss*. Die Frage, ob außerhalb des kulturellen Ensembles ein menschliches Wesen angegeben werden kann, ist kulturphilosophisch ohne Belang. Kulturphilosophisch gesehen, zeigt sich der Mensch in dem, was von ihm verschieden ist und ohne dessen Präsenz er sich gar nicht als er selbst begreifen könnte. Die Einsicht Cassirers, dass die Kultur die Schöpferin »des ›Menschen‹« sei (ECN 5, 28), ist die späte und, wenn man so will, anthropologiekritische Bestätigung dieses Primats. Emphasen der Ergriffenheit, der Zugehörigkeit, des tief empfundenen Glaubens, der Heimat, der Lust, der Einfühlung oder des »Mitseins« mögen den Primat der Kultur lebensweltlich überspielen und ihn dem Wahrnehmen und Empfinden entziehen – tilgen werden sie ihn nicht. Das denkwürdige Bekenntnis Rousseaus, dass nichts ihm so unähnlich sei wie er selbst und dass jeder Versuch vergebens sei, ihn anders zu definieren als durch diese eigentümliche Verschiedenheit (*cette varieté singulière*; Rousseau 1959, 1108), ist ein eminent kulturphilosophischer Satz. Kultur, eben darin erkennt später Georg Simmel ihren »Dualismus« und sogar ihre »Tragödie«, ist Ermöglichung und Vereitelung menschlicher Authentizität zugleich.

Die Legitimität der Kultur

Die kulturelle Logik ist rekursiv, und das bedeutet: Das Auftauchen des Kulturbegriffs erlaubt es, die Formen darzustellen, in denen die Kultur sich ›naiv‹ erfüllt und für die Akteure unmittelbar Präsenz gewinnt. Diesen nachträglichen und zugleich distanzierenden »Akt« der »Benennung« (Cassirer ECW 13, 477) der menschlichen Welt als »Kultur« vollzieht die Kultur selbst sowie, in ihrem Rahmen, die Philosophie. Als Kulturphilosophie schließlich, die diesen Akt der Verbegrifflichung im Nachgang darstellt und erläutert, wird die Philosophie zur Beobachterin von Beobachtungen, zur Interpretin von Interpretationen. Die damit erreichte Rekursivität der Kultur und ihres Diskurses bricht jedoch den kulturellen Gesamtzusammenhang keineswegs auf, im Gegenteil: Auch die Philosophie der Kultur wird, sobald sie sich entfaltet und explizit wird, Teil des kulturellen Feldes, in dem sie ihrer theoretischen Praxis nachgeht. Ihr Reflexionsangebot wird zu einem Bestandteil der Kultur, genauer: der modernen Kultur. So teilt die Kulturphilosophie mit ihrem Gegenstand die Unüberwindlichkeit der Immanenz. Mit allem, was sie ist und sagt, ist sie in das von ihr analysierte Geschehen verstrickt.

Ethnologen und Historiker berichten, wie wenig selbstverständlich es ist, dass Kulturen einen Begriff von sich haben. Kulturelles Leben ist immersiv. So scheint es vielen Kulturen näherzuliegen, sich als Hervorbringung überirdischer Gewalten zu sehen, als Werk von Göttern und Göttergeschlechtern, als Widerschein des Kosmos oder auch, wie naturalistisch gesonnene Wissenschaftler heute versichern, als Resultat der Evolution. Hier liegt eine erste Erklärung dafür, weshalb wir uns mit dem Begriff der Kultur oft schwertun. Greifbar wird ›Kultur‹ immer nur in Gestalt konkreter ›Kulturen‹ in ihrer – um hier noch einmal das Wort Rousseaus anzuführen – »eigentümlichen Verschiedenartigkeit«. ›Kultur‹ ist ein Kollektivsingular, und so fallen, seit es ihn gibt und eine irreduzible Logik kultureller Entwicklung statuierbar ist, unter diesen Begriff auch Kulturen, die diesen Begriff gar nicht kennen. Interessanterweise gilt diese Beobachtung auch für diejenige Kultur, auf deren Boden nach langem Zögern die Begriffe ›Kultur‹ und ›Kulturphilosophie‹ erstmals aufgetreten sind und sich etabliert haben.

Speziell in der Geschichte des ›Westens‹ war der Habitus der Kulturverleugnung lange Zeit dominant. Solange metaphysische Konstanten wie die (natürliche) Ordnung des Kosmos oder die (göttliche) Ordnung der Schöpfung als Ursprungsmächte anerkannt waren, zog die Eigenwelt des Menschen, sofern ihre Ansprüche über Nachahmung und Teilhabe hinausgingen, den Verdacht auf sich, illegitime Forderungen geltend zu machen. Das implizite Kulturverständnis des Westens ist bis heute skeptisch, ja ablehnend. Das in Teilen der Wissenschaft verbreitete Paradigma des Naturalismus ist ein Statthalter dieser Hinterlassenschaft, die in den großen Kulturentstehungsgeschichten des Westens hinterlegt und gespeichert ist. Diese Erzählungen sprechen vom Hochmut, vom Vorwitz und von der Selbstverkennung des Menschen, der sein Heil verspielte, als er mit der Kultur den Anspruch erhob, aus eigenem Recht eine gegenüber der Kosmosnatur selbständige Welt hervorbringen und, wie der Altstoiker Kleanthes den Vorgang pointiert, »den heiligen Herd des Kosmos verrücken« zu dürfen (Plutarch: *Moralia* 923A). Das Misstrauen gegen die Kultur nährt sich aus der Drastik solcher Bilder und Szenen. Exemplarisch malt Porphyrius, der Schüler Plotins, das polemische Bild des sorgenfreien Lebens, wie es einst vor der Verbreitung der *cultura* existiert habe (vgl. Plotin: *Enneaden* IV 3, 10; Blumenberg 2009, 29). Die Polemik zielt direkt auf die Stiftungsmetapher des Ackerbaus: Demnach zerstört die Pflugschar, indem sie den Boden aufreißt, die ursprüngliche Unversehrtheit der Natur, um sie dem Eigennutz des Menschen zuzuführen. Die Vertreter der Kosmosnatur haben diesen Typus der Verfallserzählung, wonach die kulturelle Nutzung der Natur unweigerlich deren Ausbeutung und schließlich deren Zerstörung herbeiführen werde, standardisiert. Mit Wirkung bis in die Tagespolitik von heute hat dieses Deutungsmuster die Praxis der menschlichen *cultura* als Übergriff und als Verletzung der *terra inviolata* je schon unter Verdacht gestellt.

Nichts zeigt eindrucksvoller die Nichttrivialität des Kulturbegriffs als die Beobachtung, dass und wie lange dieser Begriff nicht durchsetzbar war. Die lexikalisch erst in den 1770er Jahren sanktionierten Begriffswörter ›Cultur‹ (Mendelssohn, Herder, Kant) und ›civilisation‹ (Mirabeau, Montesquieu; vgl. Bénéton 1975, 36–39) waren mehr als bloß beiläufige Novitäten. Diese Begriffe begrüßten und bejahten, was die Kritik bis dahin befürchtet und als Szenario des Schreckens ausbuchstabiert hatte – dass nämlich die Emanzipation und die neue Legitimität der Kultur die überlieferte Gedankenordnung aufs Spiel setzen und ihre Geschlossenheit zerstören werde. Die Genese des Kulturbegriffs ist ein Musterbeispiel für den Effekt, den Quentin Skinner als »diskursives Eingreifen« (2009, 11) beschrieben hat. Demnach müssen sowohl das Aufkommen als auch die fachliche Anerkennung des Kulturbegriffs, die erstmals im Jahr 1775 in der vierten Auflage des *Philosophischen Lexicons* von Walch erfolgte, als kulturelle Einschnitte verstanden werden.

Der Anschein der Folgerichtigkeit und sogar der Fälligkeit, den herkömmlich erzählte Begriffsgeschichten aus Gründen der Selbstbestätigung erwecken, ist trügerisch, weil er über die von Skinner mit Recht exponierten Umstände der Entstehung immer schon hinaus ist. Die dem begriffsgeschichtlichen Pensum noch vorgelagerte Frage ist doch: Wie konnte die Inauguration des uns heute so unentbehrlich erscheinenden Begriffs der Kultur so lange ausbleiben? Was waren die Gründe des Aufschubs, was sicherte ihm seine Fraglosigkeit? Dem retrospektiven Blick ist die Tragweite der Begriffsentstehung zunächst verstellt, weil er auf dem Boden einer längst entdramatisierten Sprachpraxis operiert. Die Unbeschwertheit, mit der wir Altarbilder, die den Betrachter mit den Mitteln der Farbe in das Drama des Glaubens hineinziehen, in einer grandiosen Einstellungsveränderung als Meisterwerke ansprechen, ist das Resultat einer umfassenden Kulturalisierung. Im Blick auf ihre ursprüngliche Bestimmung sind diese Appräsentationen weder ›Malerei‹ noch ›Werke‹ oder ›Kunst‹; all dies werden sie erst unter Aspekten der Kultur, die sie in ihr Stellensystem hineinzieht und umwidmet, um sie zu Erinnerungsorten, zu Stationen der Kunstgeschichte oder bildwissenschaftlichem Demonstrationsmaterial zu ernennen. Die Tragweite der Kultur zeigt sich in dieser spezifisch neuzeitlichen, ihre Nicht-Selbstverständlichkeit vor sich selbst verbergenden Normalität. Ihr eigenes, immanentes Gesetz lässt diese Kultur vergessen, dass sie, um sie selbst sein zu können, sich zunächst an ihrem eigenen Schopf aus den weit älteren Normalitäten der Indifferenz und der Verachtung hat herausziehen und sich selbst hat zur Geltung bringen müssen.

Begriffliche Optionen

Die Semantik des Kulturbegriffs ist ein weites Feld – so weit, dass wir, statt weitere *Definitionen* zu improvisieren, die Perspektive wechseln und die *Implikationen des Definierens* darlegen. Es sind diese Implikationen, die jeweils konkrete Kulturbegriffe evozieren und die gleichzeitig, da sie unausgesprochen bleiben und ihre Wirkung stillschweigend entfalten, bis weit in die beteiligten Wissenschaften hinein die Verständigung erschweren.

Ein Resultat solcher Hintergrunderwartungen ist jene geläufige, weitgehend unauffällige Semantik, die den Kulturbegriff auf die Gegenstände des Feuilletons beschränkt. Die mediale Öffentlichkeit behandelt Kultur als »auratische Teilsphäre« (Busche 2000, 86), die für gehobene Bildung und Kreativität, für Freizeit und Folklore, für Standortsicherung und Tourismus zuständig ist. Dieses Verständnis einer je schon institutionalisierten Kultur folgt der Logik des Ressorts. Wie die Finanzen, die Innere Sicherheit oder der Sport beansprucht demnach auch die Kultur einen eigenen, exklusiven Zuständigkeitsbereich. Was dieses Begriffsverständnis philosophisch unbrauchbar macht, ist die Willkür der Separierung, ist die Blindheit für die eigenen Voraussetzungen. Das reduzierte, in dieser Form wohl erstmals von Schiller ins Spiel gebrachte Begriffsverständnis war ursprünglich mit dem weiten Kulturbegriff eines Mendelssohn, eines Herder und Kant dadurch verbunden, dass es die Kultur als Pars pro toto verstand, als stellvertretend arbeitendes Organ einer ihrem Anspruch nach umfassenden, also gerade nicht auf einen gesellschaftlichen Teilbereich zurückgenommenen Humanisierung. Im Gegensatz dazu begnügt sich die zur Institution umverstandene, die »verwaltete Kultur« (Adorno 1972) mit der Reproduktion ihrer selbst. In ihrer Selbstvergessenheit ist die »bürgerliche Hochkultur« (Hardtwig 2005), die inzwischen zur Populärkultur geworden ist, die Parodie von Schillers ursprünglicher Einsicht. Zum ›Betrieb‹ geworden, markiert sie einen Endwert, sie genügt sich selbst. Nicht die damit zum Ausdruck gebrachte Autonomisierung ist bedenklich, sondern deren Missdeutung als Verbleib in der Exterritorialität. Schillers kühner, schon vor Jahren von Geoffrey Hartman (2000) und neuerdings auch von Jacques Rancière (2008, 2010) aktualisierter Gedanke, dass in der entfalteten bürgerlichen Gesellschaft die Autonomisierung der in ihren exponiertesten Leistungen sich manifestierenden Kultur die ideellen Ansprüche der bürgerlichen Emanzipation bewahre und eben damit auf paradoxe Weise politisch bleibe, ist verloren, ja mehr noch: Er ist, wie die dubiose Rede von den ›Kulturschaffenden‹ oder die unaufhaltsame Verbreitung des ›Kulturmanagements‹ zu erkennen geben, selbst an den Stätten ihres Erscheinens unverständlich geworden.

Die Kulturphilosophie rückt nicht nur ab vom Erscheinungsbild der verwalteten Kultur, sondern auch von deren stillschweigenden Prämissen. Die Abbildlogik des Ressorts, die es den Wissenschaften nahelegt, eine gleichsam fertig daliegende Wirklichkeit in entsprechend zugeschnittenen Teildisziplinen, wie der vielsagende Ausdruck lautet, rundum ›abzudecken‹, ist keine philosophische. Indem und so lange sie sich von dieser Denkgewohnheit fernhält und für die Bestimmung ihres Wirklichkeitsbezuges selbst aufkommt, muss die Kulturphilosophie sich die Sorge, als saisonales Reizthema eines auf Innovation abonnierten Wissenschaftsbetriebes demnächst schon ausgedient zu haben, nicht machen. Dem Selbstverständnis der Philosophie folgend, ist sie nicht Abbild, sondern Entwurf. Die kanonische Aufteilung der Philosophie in Ethik, Physik und Logik, wie sie einst Seneca nach klassischem Vorbild umfassend erläutert hat (vgl. *Epistulae morales* 89,9), betont den heuristischen Charakter dieser triadischen Struktur, die Orientierung bieten und dem Denken Wege ebnen, keineswegs aber es einschränken oder seinen inneren Zusammenhalt gefährden will. Genauso hat es die seither in mehreren Schüben ausdifferenzierte Philosophie noch immer gehalten, und diesem Muster folgt auch die mit Beginn des 20. Jahrhunderts explizit gewordene Kulturphilosophie. So wenig wie die übrigen Denominationen übersteigert sie ihre Eigenständigkeit zur Exklusivität. Sie erschließt im Gegenteil das Ganze der philosophischen Gegenstandswelt in der Prägnanz einer systematischen Perspektive – und das ist für sie die Kultur.

Aufbau und Anlage des Handbuchs

1. Der Begriff der Kultur führt eine Weise ein, die Dinge zu sehen und sehen zu lassen. Mit einem Mal tritt diese Welt als eine andere vor uns hin, und es verändert sich, was wir unter Erkenntnis verstehen, was unter Tatsachen, Sprache, Natur, Wissenschaft, Wahrheit oder Zeit. Mit der Einführung des Kulturbegriffs stiften wir die Ordnung eines konsistenten, eigenen Regeln folgenden Sinnzusammenhangs. Die Architektur des *Handbuchs Kulturphilosophie* versucht, dieser Logik, diesem Eigensinn seines Gegenstandes gerecht zu werden.

So zeigt Teil IV im einzelnen auf, was die Paradigmatik der Kultur für die von Cassirer so genannten »symbolischen Formen« bedeutet, ja wodurch sie überhaupt als symbolische Formen hervortreten und sich als solche verstehen lassen. Es zeigt sich, dass ›Kultur‹ weit mehr ist als ein ›Paradigma‹ wissenschaftlicher Wirklichkeitsauffassung; mit der Kultur etablieren wir eine Form des Weltbegreifens, dessen Voraussetzungen von denen der antiken Kosmosvorstellung oder der jüdisch-christlichen Monozentrik markant abweicht und das einen eigenen Modus der Wahrnehmung geltend macht. Kultur ist eine andere, eine neue Realität. Was damit inhaltlich gesagt ist, wurde bereits angedeutet: Wie der Orientierungsbegriff der Geschichte die Welt umfassend *verzeitlicht*, so wird sie durch den Orientierungsbegriff der Kultur – in einem rein deskriptiven Verständnis dieses Wortes – konsequent *humanisiert*. Die Kulturphilosophie versieht alles, was wir erfahren und erleben, was wir wissen und erwarten, mit dem Attribut des Menschlichen und geht den Fragen nach, die sich aus der bewusst gemachten Rückbezüglichkeit aller Tatsachen und Daten, von denen wir wissen können (vgl. Becker 2011), ergeben.

Es tut sich an dieser Stelle eine erste Erklärung für die in ihrer vollen Tragweite noch kaum erfasste Frage auf, weshalb nicht bereits der Humanismus der Renaissance den dann 1775 von Walch erstmals philosophisch anerkannten Begriff der Kultur gefunden hat. Haben nicht schon die Denker der Renaissance von Pico della Mirandola bis Cesare Ripa den Menschen »in die Mitte der Welt« (*nella misura di tutte le cose,* Ripa: *Iconologia,* Proemio) gestellt? Man muss an dieser Stelle sehen, dass die frühneuzeitliche Emphase die für den Menschen beanspruchte Position der Weltmitte als das verständlich machen möchte, was von jeher vorgesehen und ihm zugedacht war. Die Vorsilbe ›Re‹ des zeitgenössischen Epochentitels ›Renaissance‹ ist die begriffssprachliche Bestätigung dieser Implikation. Noch Francis Bacon begrüßt das neue Wissen im Schlussaphorismus seines *Novum organum* (1620) nicht etwa als Ermöglichung von Zivilisation und Kultur, sondern betraut es im Gegenteil mit der »Wiederherstellung« (*reparatio*) des Paradieses (vgl. Konersmann ²2006, 69–99). Der Rückgriff auf die Erbsündelehre, den John Glanvill 1661 bekräftigen wird, stellt zwischen den künstlichen Mitteln des nachparadiesischen Menschen und den natürlichen Mitteln des Paradieses eine genaue Entsprechung her (vgl. Blumenberg 1975, 733–782). Dem damit eröffneten, vom Vertrauen in die Kosmizität von Natur und Geschichte getragenen Weltzugang fehlt für den entscheidenden Schritt, die Eigenwelt des Menschen begrifflich auszuzeichnen und zur Geltung zu bringen, schlicht und einfach die Motivation. Was der Mensch sich zutrauen darf, was er *kann,* ist zusammengefasst im Begriff der *ars,* und *ars* ist noch immer Naturnachahmung (vgl. Moritz 2010). Die epochentypische Anthropozentrik gefährdet deshalb nicht, sondern bestätigt die niemals verlorene und nur vorübergehend in die Latenz abgedrängte *Vollständigkeit* und Lückenlosigkeit der ursprünglichen Weltstruktur.

2. Die Kulturphilosophie hat ihre systematischen Voraussetzungen auf dem Boden der Neuzeit. Die Hintergründe dieser Verspätung lassen sich genealogisch ermitteln: Seinem ursprünglichen Selbstverständnis nach präsentiert sich speziell der Westen als Kultur, die sich über die längste Zeit ihrer Geschichte hinweg ihrer Selbstwahrnehmung als Kultur widersetzt hat. Diese Kultur wollte immer mehr und anderes sein als bloß Kultur. Die vielleicht ehrgeizigste Aufgabe der Kulturphilosophie besteht darin, die Tragweite dieses Anspruchs zu ermessen und zur Selbstdurchsichtigkeit der Kultur beizutragen, aus der sie selbst hervorgegangen ist.

Damit ist klar, dass in dem vorliegenden Handbuch nahezu ausschließlich von dieser westlichen Kultur die Rede sein wird, in deren Geltungsgrenzen der Wechsel von einer negativen und *impliziten* zu einer positiven und *expliziten* Kulturphilosophie vollzogen wurde. Über die damit nahegelegte Frage, was der Westen sei (vgl. Hochgeschwender 2004; Hühn 2004; Bammé 2011, 24 ff.), ist damit noch ebenso wenig entschieden wie über die Fragen kultureller Diversität. Wer den Weg der globalen Uniformierung vermeiden möchte, gelangt unweigerlich zu den Problembeschreibungen einer sei es negativen, sei es positiven Hermeneutik: Auf der einen Seite steht, wie bei Édouard Glissant und seinem Plädoyer für das »Menschenrecht auf Undurchsichtigkeit«, eine Pragmatik des *Nichtverstehens,* auf der anderen eine problemsensible Variante des klassischen *Verstehens,* die dazu auffordert, angesichts des Fremden, wie Chesterton einmal sagt, »die Treuherzigkeit von Kindern und die unendliche Geduld der Dichter« aufzubringen – man darf hinzufügen: die Geduld mit sich selbst. Wie immer man hier entscheidet: In beiden Fällen liegt die kulturphilosophische Pointe darin, dass die Fremdheit des Fremden weder geleugnet noch unter Berufung auf ein übergreifend Allgemeines (›Kosmopolis‹, ›Menschheit‹, ›Völkerbund‹, ›Weltethos‹) unterlaufen wird. Die Fremdheit bleibt im Gegenteil ein permanenter Anreiz wechselseitigen Interesses und eines fortgesetzten »Dialogs« (Jullien 2010) über dasjenige, was jeweils aus der Binnensicht das Eigene ist. Die Prozesse der Anerkennung (des Fremden) und der Wahrnehmung (des Eigenen) setzen einander voraus.

Vor allem unter dem Stichwort »Interkulturalität«, das dem Rang des Problems entsprechend in den thematischen Eröffnungsteil (II) aufgenommen ist, sowie unter den Stichworten »Fremdheit«, »Verstehen« und »Identität« (V) werden im Folgenden philosophische Versuche vorgestellt, für das, was die eigene Kultur als ihr Außen wahrnimmt, eine angemessene Begriffssprache zu finden. Diese Sprach- und Begriffsarbeit, die schließlich auch die Frage nach den Kulturmetaphern und den Phänomenen der Immersivität berührt (VI), ist um so bedeutsamer, als es offenbar in erster Linie die gesprochene Sprache ist, über die Menschen Fremdheit als solche markieren (vgl. Rakić/Steffens/Mummendey 2011).

3. Im Anschluss an den Eröffnungsteil präsentiert das Handbuch die Phase des Übergangs zwischen einer Vergangenheit, die den Anspruch der Kultur in die Schranken wies, und der vergleichsweise kurzen Geschichte der Kulturphilosophie unter dem Titel »Vorgeschichte« (III. 1). Beginnend mit der maßgeblichen Inaugurationsleistung Vicos, zeigt diese Auswahl der Antizipationen und Anbahnungen, dass Wort- und Begriffsgeschichte im Fall der ›Kulturphilosophie‹ ungleichzeitig verlaufen und deshalb analytisch zu trennen sind. Die Rekonstruktion liefert triftige Argumente dafür, in Vicos *metafisica della mente humana,* die sich Kant als »Idee einer Meta-

physik der Menschlichen Vernunft« vormerkt (Kant 1943, 342), die Protogestalt der dann erst anderthalb Jahrhunderte später zu ihrem Begriffsnamen gelangten Kulturphilosophie zu vermuten.

Das *Handbuch Kulturphilosophie* will mit solchen Referenzen keinen Kanon abbilden – ein solcher Kanon zeichnet sich derzeit allenfalls umrisshaft ab. Seine Chance liegt eher darin, ausdrücklicher noch als vergleichbare Überblickswerke die magistralen Linien des Gegenstandsfeldes überhaupt erst zu ziehen, in einem einzigen Band zusammenzuführen und allgemein zur Diskussion zu stellen. Dementsprechend präsentieren sich die Schlüsselbeiträge des Eröffnungsteils (II) – etwa zur »Kulturphilosophie« – nicht als Überblicksartikel zu einer an einen bestimmten Punkt gelangten Diskussion, sondern versuchen, die Bedingungen auszuweisen, unter denen kulturphilosophisches Denken möglich und als eigenständiges Projekt interessant ist. Ohne das Verblassen der alteuropäischen Metaphysik, ohne die Auszehrung der Weltbegriffe ›Kosmos‹ und ›Schöpfung‹, ohne die Disziplinierung eschatologischer Erwartungen, ohne die Trennung von Welt- und Heilsgeschichte, ohne die Entleerung des Himmels, ohne die neuzeitlich veränderte Weltstellung des Menschen, ohne die habituelle Umstellung von Ruhe auf Unruhe, ohne den Verzicht auf die Ansprüche überirdischer Vollkommenheit wäre die Emphase der Kultur, deren Normalität uns heute über die Abgründigkeit ihrer Voraussetzungen hinwegtäuscht, undenkbar.

In dieser Lage ist das Handbuch weniger um Vollständigkeit bemüht als um Repräsentativität. Die Reihe der Inspirationen (III. 1) ist auf die aus der Sicht des Herausgebers wichtigsten Namen beschränkt, ebenso die Reihe der Gründungsinitiativen (III. 2) und der Aktualisierungen (III. 3). Die vorhandenen Lücken werden provisorisch geschlossen, indem Namen oder Sachen an anderer Stelle mitbehandelt sind: »Sinn« unter »Bedeutung«, »Gabe« unter »Gastlichkeit«, »Freud« unter »Unbehagen«, »Umwelt« unter »Welt«, »Marcuse« unter »Kritische Theorie«. Dennoch bleiben Desiderate. Namen wie »Kracauer«, »Plessner«, »Elias« oder »Valéry«, Begriffe wie »Luxus«, »Gewohnheit«, »Kosmopolitismus« oder »Ökologie« fehlen trotz unbestrittener Relevanz. Ein Handbuch, das sein Themengelände kartographiert und Schwerpunkte festlegt, ist eine Verzichtsübung. Gleichzeitig verändert die kulturphilosophische Forschung die Routinen der Zuordnung. Die Register am Ende des Bandes verstehen sich als Navigationssysteme, die dem Leser das kulturphilosophische Theoriegelände erschließen. Aus Gründen der Übersichtlichkeit und der raschen Orientierung erfolgt die Zitierweise nach Möglichkeit in Kurzform (wie bei älteren Quellen ohnehin üblich).

4. Das *Handbuch Kulturphilosophie* versammelt schließlich nicht die Auffassung einer Gruppe oder Schule, sondern Momentaufnahmen einer vielstimmigen Diskussion. Die großen philosophischen und kulturwissenschaftlichen Nachschlagewerke der letzten Jahrzehnte geben das Beispiel: Ihre Qualität verdanken sie nicht der Strenge, mit der sie ein vorgegebenes Programm Punkt für Punkt abgearbeitet haben, sondern dem Mut ihrer Mitarbeiter und Autoren, konzeptionelle Anregungen auf originelle Weise aufzugreifen und sachbezogen umzusetzen. Statt lediglich zu kompilieren, was eben gerade als aktuell gilt (und erfahrungsgemäß besonders schnell veraltet), haben sie neben überraschenden Ergebnissen auch überraschende Fragen erarbeitet, so dass, wie exemplarisch im Fall der philosophischen Begriffsgeschichte, die Diskussionen über die Fertigstellung des Referenzwerks hinaus anhalten und heute lebendiger sind denn je. Das *Handbuch Kulturphilosophie* weiß sich diesen Einsichten und Erfahrungen verpflichtet. Die Verbundenheit seiner Beiträge ergibt sich aus der Gemeinsamkeit des thematischen Bezuges, die durch Herausgeberentscheidungen vorgezeichnet war. So verstehen sich die Auswahlentscheidungen der Nomenklatur, die Staffelung der Artikelumfänge oder die quantitative Bevorzugung Ernst Cassirers als vorläufige Akzentsetzungen, über deren Berechtigung die weitere Entwicklung des Faches befinden wird.

Selbstverständlich erscheint mir die Entscheidung, neben der Ausformulierung der Grundlagen auch die Kritik der Kulturphilosophie zu Wort kommen zu lassen, die ohnehin zu allen Zeiten ihren scharfen Blick auf die Kultur geworfen hat. In ihren zwischen gespielter Ignoranz und schroffer Ablehnung schwankenden Kommentaren haben Hegel und Heidegger je auf ihre Weise dazu beigetragen, das fachliche Profil der Kulturphilosophie zu schärfen. Ähnliche Überlegungen haben mich bewogen, Positionen wie diejenigen Wittgensteins, Benjamins, Blumenbergs oder Foucaults, die sich selbst nie als Kulturphilosophen bezeichnet haben, in das Gesamtgefüge des Handbuchs einzubeziehen. Eine Kulturphilosophie, die den kulturspezifischen Anspruch der Aktualisierung ernstnimmt, wird auf Anreger wie diese nicht verzichten wollen.

Ausblick: Aufgaben und Probleme

In der Philosophie ist es schwierig, ja eigentlich ein Unding, zwischen Problemen zu unterscheiden, die wir hinter uns haben, und kommenden Problemen, die wir uns als nächste vornehmen. In der Regel sind philosophische Probleme Dauerprobleme – um es in der Sprache des Fachs zu sagen: »unendliche Aufgaben«. Das ist nicht als Ausrede zu verstehen, um Effektivitätsdefizite zu bemänteln, sondern eine Verdeutlichung des philosophischen Pensums. Philosophisch sind Probleme dann, wenn sie die Menschen unabhängig von der Aussicht auf eine Lösung bewegen; dementsprechend besteht die spezifisch philosophische Herausforderung darin, diesen Problemen auf zeitgemäße Weise Gestalt zu geben. Der Vorsatz der Kulturphilosophie, über die Markierung solcher Problemlagen zur Selbstdurchsichtigkeit der Kultur beizutragen, ist Ausdruck des charakteristisch philosophischen, im Übrigen auch kritischen Problembewahrungsanspruchs.

Aus dem Spektrum der Aufgabenfelder, die aus meiner Sicht für die Kulturphilosophie auch künftig von Belang sein werden, greife ich abschließend drei Fragen exemplarisch heraus – eine begriffssystematische (1), eine begriffsgeschichtliche (2) und eine begriffspolitische (3).

1. Jüngste Verschiebungen im Gefüge der Wissenschaften haben die auf dem Boden der Neuzeit immer wieder aufflammende Gegenbegrifflichkeit von ›Kultur‹ und ›Natur‹ auf neue Weise brisant werden lassen.

In dieser Situation ist die Kulturphilosophie aufgerufen, die Ebene der Zuspitzungen und Einseitigkeiten zu meiden, um aus der gebotenen Distanz heraus die strategischen Einsätze von »Naturalisierung« und »Kulturalisierung« (vgl. *Zeitschrift für Kulturphilosophie* 2011) zu klären. Wie bereits im 19. Jahrhundert, als aus einem ganz ähnlich gelagerten Konflikt in der Umgebung Wilhelm Diltheys die wissenschaftssystematisch innovativen »Culturwissenschaften« hervorgegangen sind (vgl. Konersmann 2010), liegt die aktuelle Herausforderung darin, die Weltbeschreibungen der Naturwissenschaften fachlich ernst zu nehmen, zugleich aber der Entpluralisierung des wissenschaftlichen Weltmodells, seiner Reduzierung auf *Science*, mit sachlichen Argumenten entgegenzutreten (vgl. Morin 1974; Köchy 2011). So wenig wir übersehen können, dass die Natur als Leben und Leiblichkeit, als Geburt und Tod sowie über die Dualität der Geschlechter das Dasein der Menschen interpunktiert und durch die Unabweislichkeit ihrer Präsenz die unterschiedlichsten Antworten der Kultur herausgefordert hat, so offensichtlich ist auch, dass diese Natur nie rein als solche und unmittelbar, sondern in kulturell vermittelter Form an uns herantritt: in Bildern, Mythen, Ritualen und Zeremonien, in Messwerten und Diagrammen. Zwischen Kultur und Natur liegt ein Sprung, und dieser Sprung muss als logische, nicht als ontologische Größe gefasst werden (vgl. Merleau-Ponty 2000, 121 ff.). Die Gestalt der Differenz, auf die er verweist, ist dynamisch, sie ist historisch variabel und damit auch selbst ›kulturell‹, so dass wir sagen müssen: Über das Verhältnis von Kultur und Natur wie überhaupt über das, was jenseits ihres Horizonts liegt, hat die Kultur immer schon entschieden und sich ein Bild gemacht (vgl. Sieferle/Breuninger 1996; Kirchhoff 2011). Die systematischen Grundlagen der experimentellen Erfahrungswissenschaften sind keine Ausnahme von dieser Regel. Der hoch abstrakte Objektivismus der Faktizität, der Funktionalität und Kausalität, dem die *Sciences* ihre Gegenstände unterwerfen, ja mehr noch: durch den sie sich Realitäten wie das Klima zurechtlegen und nach Maßgabe ihrer Zugriffsmöglichkeiten zum Beispiel als Datenmenge *präparieren* (vgl. Konersmann 2008b), ist alles andere als ›natürlich‹. Im Wahrnehmungshorizont dieses Objektivismus und seiner wissenschaftlichen und technischen Praxis ist Natur immer schon eine kulturelle Tatsache.

2. Der neuzeitliche Auftritt der Begriffe ›Kultur‹ und ›Zivilisation‹ ist in einer Weise emphatisch gewesen, die uns heute, nachdem Nietzsche und Freud den Preis dieser Neuerung genannt haben, befremdet. Die Sorge, dass der Mensch der Faktizität seiner Hervorbringungen gegenüber anachronistisch werden könnte, liegt der Aufklärung des 18. Jahrhunderts fern, und zweifellos ist diese Arglosigkeit der zu eben jener Zeit erfolgten Emergenz der Begriffe ›Kultur‹ und ›Zivilisation‹ zugutegekommen.

Beispielhaft tritt das zeitgenössische Vertrauen in das Projekt der Humanisierung in dem *Triumph der Zivilisation* zutage, den Jacques Réattu auf Anregung der revolutionären Kulturverwaltung 1794 fertiggestellt hat. Stilistisch der Malerei eines Jacques-Louis David verpflichtet, hat Réattu sein Thema wie auf einer Bühne entfaltet und den Umfang des zeitgenössischen Begriffsverständnisses Schritt für Schritt herausgearbeitet.

Die ergänzende Beschreibung von eigener Hand (vgl. Simons 2009, 289 f.) macht den Szenenaufbau, in dem nichts dem Zufall überlassen ist, für heutige Augen lesbar. Im Zentrum der Darstellung steht,

Jacques Réattu: »Der Triumph der Zivilisation« (um 1795)

leicht nach links geneigt und von einer Lichtkaskade überströmt, die weißgekleidete Allegorie der Zivilisation, ihr zur Seite die Städte Frankreichs. Während sie mit der Rechten Laster und Missstände abwehrt, wendet die Zivilisation ihren lichten Körper der allegorisierten Eintracht sowie Herkules als der Symbolgestalt der Kraft, der Mäßigung, der Vorsicht und der Wachsamkeit zu. Um diese zweite Figurengruppe herum hat Réattu die ebenfalls wehrhafte Wissenschaft, die Gerechtigkeit, die Künste sowie, der Figur der Zivilisation am nächsten, die Philosophie in Gestalt einer Doppelherme versammelt. Verweise auf das Christentum fehlen ebenso wie die Menschen von der Straße. Bedeutungsgeschichtlich aufschlussreich ist weiterhin das durch die umsichtige Positionierung der Figuren im Raum versinnbildlichte Gleichgewicht zweier semantischer Tendenzen, die der 1798 – zwei Jahrzehnte nach der Anerkennung des ›Cultur‹-Begriffs durch Walch – erstmals in das *Dictionnaire de l'Académie* aufgenommene Eintrag zum Stichwort »civilisation« ebenfalls hervorhebt (ebd., 294). Demnach bezeichnet »Zivilisation« die Tat (*action*) des Zivilisierens ebenso wie den dadurch herbeigeführten Zustand (*état*).

Erst dieser Konflikt im Verständnis des Begriffs macht deutlich, worin der »Triumph« der Zivilisation für Réattu besteht. Die Szene preist die Zivilisation, indem sie sie nach dem revolutionären Bruch mit der Vergangenheit zur Ruhe kommen und ganz bei sich selbst sein lässt. Es handelt sich um den endlich verwirklichten Anspruch der politischen und sozialen Befriedung – um den Augenblick, in dem die Zivilisation auf dem Gipfel ihrer Herrschaft angelangt und ›Zustand‹ geworden ist. Die Lässigkeit ihrer Abwehrgeste, ihre *sprezzatura*, deutet auf die Unangefochtenheit ihrer Stellung. Diese Zivilisation regiert mit leichter Hand und erstrahlt in diesem Augenblick, da die Zeit des Bildes und die Zeit der Geschichte zusammenfallen, im Glanz uneingeschränkter Bewunderung. Erbe und Aufgabe, Zustand und Tat, Sein und Werden, *cultura culturans* und *cultura culturata* sind eins.

Die Größe des Triumphes – und ebenso seine Flüchtigkeit – lässt sich daran ermessen, dass die in ihm zum Ausdruck gebrachte Konvergenz ein punktuelles Ereignis geblieben ist. In der längsten Zeit seiner Geschichte ist das Begriffsfeld gespalten gewesen: Auf der einen Seite stehen Semantiken, die ›Kultur‹ und ›Zivilisation‹ in die Perspektive der Aktion rücken und sie mit Begriffen wie ›Entwicklung‹, ›Fortschritt‹ oder ›Vollendung‹ verbinden. Demnach antizipiert die Kultur, worum es beim ›Prozess‹ des historischen Fortschreitens geht, sie ist die Garantin seines ferneren Gelingens. Diese aktivistische Lesart konkurriert mit einer Auffassung, für die Kultur im Grunde immer schon vollendet und ›da‹ ist. Aus der Sicht dieser Konkurrenzvorstellung ist Kultur etwas, was wir vorfinden und das uns Tradition, Erbe und Verpflichtung ist, das aber auch, wie die kritische Metaphorik der Gegenseite dem entgegenhält, zur ›Bürde‹ und zur ›Last‹ werden kann.

Es ist nicht die Aufgabe der Kulturphilosophie, einer der beiden, von Réattu in dieser historischen Feier des Augenblicks zur Deckung gebrachten Tendenzen den Vorzug zu geben. Eher wird sie versuchen, die im alltäglichen Gebrauch meist unthematisch bleibenden Vorzeichnungen des Begriffs sowie die Bedingungen seines historischen Auftauchens herauszuarbeiten. Die interessanten Fragen stellen sich auf genau dieser Ebene der Hintergrunderwartungen und der stillschweigenden Übereinkunft: Mit welchen Modi des Handelns und der Dynamik haben wir es hier zu tun? Ist Kultur etwas, das herzustellen man sich vornehmen kann? Ist dieses Handeln und Herstellen ›frei‹, geschieht es bewusst, nach Vorsatz und Plan? Oder haben wir es mit einem Handlungsraum zu tun, den wir uns denken müssen wie die von Kant und Schiller, Hegel und Marx beschriebene Geschichte: Die Menschen machen sie, aber sie wissen es nicht? Folgt die Entwicklung der Kultur, folgt der »Prozeß der Zivilisation« (Elias) einer naturwüchsigen Logik, einer »geheimen Verkettung« (Novalis) und Teleologie? Wäre dem so – was besagt das über die Stellung und Steuerungskompetenz des Menschen in der von ihm selbst hervorgebrachten und bewohnten Welt? Was besagt es über den Sinn, den wir der Kultur unterstellen zu dürfen glauben, den aber nie jemand in sie hineingelegt hat? Was besagt es für die Politik, die sich mit Vorliebe als Überwinderin der Kultur, ihrer ›Schranken‹ und ›Konflikte‹ inszeniert? Was sagt es schließlich über die Strategien der Verbegrifflichung von Kultur, die sich, sofern sie im Vollzug existiert, durch den Objektivismus des Definierens stets aufs Neue verfehlt? Was ändert sich, wenn die Kultur reflexiv wird, wenn sie also von sich selbst ein Bewusstsein und einen Begriff entwickelt? Die *Selbstdurchsichtigkeit* der Kultur und ihres Funktionierens ist eine eminente, auch politisch brisante Herausforderung, zu der die Kulturphilosophie und zu der auch das vorliegende Handbuch seinen Beitrag leisten möchte.

3. Nicht selten wird die Geschichte des Kulturbegriffs als Entwicklung dargestellt, die von einem eher wertenden zu einem eher beschreibenden Modus geführt habe. Réattus kulturstolzer, heute undenkbarer *Triumph der Zivilisation* mag als Illustration dieses begriffsgeschichtlichen Gemeinplatzes dienen. Andererseits droht mit der Neutralisierung des Begriffs seine Idee verlorenzugehen – die Erinnerung daran, dass wir, wenn wir als Kulturwesen handeln, stets zugleich, wie Max Weber und Ernst Cassirer mit vergleichbarem Nachdruck sagen, »Stellung nehmen« (Cassirer ECN 5, 231; Weber 1968, 180).

Was mit dieser Stellungnahme gemeint ist, hat allerdings mit Effekten der Hierarchisierung, der Blockierung, der Diskriminierung, die dem Kulturbegriff von ideologiekritischer Seite unterstellt werden (vgl. Fuchs 2001, 42 ff.), nichts zu tun. Der mit dem *Handbuch Kulturphilosophie* unternommene Versuch, den Kulturbegriff aus den starren Fronten der Ideenpolitik herauszulösen und für die theoretische Arbeit zurückzugewinnen, ist an der Frage orientiert, welche Art von Verhältnis wir eingehen und längst schon eingegangen sind, wenn wir es mit der Kultur zu tun haben. Offenbar ist dieses Verhältnis so bestimmt, dass wir, sobald wir die Stimme erheben, niemals lediglich *über* sie sprechen, sondern stets zugleich *in* ihr und *durch* sie. Das von der Kulturphilosophie schon früh als »Stellungnahme« konkretisierte Weltverhältnis des Menschen ist rein als solches bereits eine Prägnanzgebung (vgl. Konersmann 2010), eine Bezug- und Anteilnahme, die in den Manifestationen der Kultur Ausdruck und Gestalt findet. Die Kultur wertet mit dem, was sie verneint und zurückweist, und sie wertet ebenso mit dem, wozu sie sich, eben als Kultur, je schon bekannt hat und was sie bejaht. Sie ist Inbegriff menschlicher Sorge, Anteilnahme und Weltzugewandtheit. In diesem wohlverstandenen Sinn der unhintergehbaren Stellungnahme zur Welt müssen wir sagen: Die Kultur kann gar nicht nicht werten – wie der außerordentliche Kulturwert der Wertneutralität auf eindrucksvolle Weise bestätigt.

Die Nicht-Trivialität der Kultur und ihres Begriffs zeigt sich in Sachverhalten wie diesen. Sie verdeutlichen uns die Kultur als etwas, an dem uns etwas liegt, darüber hinaus und vor allem aber als das, was diesem ›Anliegen‹ noch vorausgeht und seine Unabweislichkeit begründet. Das *Handbuch Kulturphilosophie* versteht sich als theoretische Entfaltung dieser Hintergründe und Einsätze, die dem Kulturbegriff Gewicht geben.

Literatur

Adorno, Theodor W.: Kultur und Verwaltung. In: Ders.: *Gesammelte Schriften.* Hg. von Rolf Tiedemann. Frankfurt a. M. 1972, Bd. 8, 122–146.

Bammé, Arno: *Homo occidentalis. Von der Anschauung zur Bemächtigung der Welt. Zäsuren abendländischer Epistemologie.* Weilerswist 2011.

Becker, Ralf: *Der menschliche Standpunkt. Perspektiven und Formationen des Anthropomorphismus.* Frankfurt a. M. 2011.

Bénéton, Philippe: *Histoire de mots. Culture et civilisation.* Paris 1975.

Blumenberg, Hans: *Die Genesis der kopernikanischen Welt.* Frankfurt a. M. 1975.

–: *Wirklichkeiten in denen wir leben. Aufsätze und eine Rede.* Stuttgart 1981.

–: *Geistesgeschichte der Technik.* Aus dem Nachlass hg. von Alexander Schmitz und Bernd Stiegler. Frankfurt a. M. 2009.

Busche, Hubertus: Was ist Kultur? In: *Dialektik. Zeitschrift für Kulturphilosophie* 1 (2000), Heft 1, 69–90 und Heft 2, 5–16.

Cassirer, Ernst: *Nachgelassene Manuskripte und Texte.* Hg. von Klaus Christian Köhnke, John Michael Krois und Oswald Schwemmer. Hamburg 1995 ff. [ECN].

–: *Gesammelte Werke. Hamburger Ausgabe.* Hg. von Birgit Recki. Hamburg 1998 ff. [ECW].

Fuchs, Martin: Verlust der Totalität. Die Anthropologie der Kultur. In: *Kulturwissenschaft. Felder einer prozeßorientierten wissenschaftlichen Praxis.* Hg. von Heide Appelsmeyer und Elfriede Billmann-Mahecha. Weilerswist 2001, 18–53.

Gessmann, Martin: Was ist Kulturphilosophie? In: *Philosophische Rundschau* 55 (2008), 1–23.

Glissant, Édouard: *Traktat über die Welt.* Heidelberg 1999 (frz. 1997).

Hardtwig, Wolfgang: *Hochkultur des bürgerlichen Zeitalters.* Göttingen 2005.

Hartman, Geoffrey: *Das beredte Schweigen der Literatur. Über das Unbehagen an der Kultur.* Frankfurt a. M. 2000 (engl. 1997).

Hochgeschwender, Michael: Was ist der Westen? Zur Ideengeschichte eines politischen Konstrukts. In: *Historisch-Politische Mitteilungen* 11 (2004) 1–30.

Holzhey, Helmut: Der Begriff der Kultur in den Transformationen der Bewusstseinsphilosophie zu Beginn des 20. Jahrhunderts. In: *Internationale Zeitschrift für Philosophie* 15 (2006) 23–35.

Hühn, Helmut: Die Entgegensetzung von ›Osten‹ und ›Westen‹, ›Orient‹ und ›Okzident‹ als begriffsgeschichtliche Herausforderung. In: *Begriffsgeschichte im Umbruch?* Hg. von Ernst Müller. Hamburg 2004, 59–68.

Jullien, François: *Das Universale, das Uniforme, das Allgemeine und der Dialog zwischen den Kulturen.* Berlin 2010 (frz. 2008).

Kant, Immanuel: Lose Blätter zu den Fortschritten der Metaphysik. In: Ders.: *Gesammelte Schriften.* Hg. von der Königlich Preußischen Akademie der Wissenschaften. Bd. 10, Berlin 1943, 335–351.

Kirchhoff, Thomas: »Natur« als kulturelles Konzept. In: *Zeitschrift für Kulturphilosophie* 5 (2011), 69–96.

Köchy, Kristian: Naturalisierung der Kultur oder Kulturalisierung der Natur? Zur kulturphilosophischen Abwehr der Geltungsansprüche der Naturwissenschaften. In: *Zeitschrift für Kulturphilosophie* 5 (2011), 137–159.

Konersmann, Ralf: *Der Schleier des Timanthes. Perspektiven der Historischen Semantik.* Berlin [2]2006.

–: *Kulturkritik.* Frankfurt a. M. 2008a.

–: Unbehagen in der Natur. Veränderungen des Klimas und der Klimasemantik. In: *Das Wetter, der Mensch und das Klima.* Hg. von Petra Lutz und Thomas Macho. Göttingen 2008b, 32–37.

–: *Kulturphilosophie zur Einführung.* Hamburg [2]2010.

–: Kulturwissenschaften und Kulturphilosophie. Zur Prägnanz des Kulturbegriffs. In: *Kulturwissenschaften in Europa – eine grenzüberschreitende Disziplin?* Hg. von Andrea Allerkamp und Gérard Raulet. Münster 2010, 28–37.

Kramme, Rüdiger: Philosophische Kultur als Programm. Die Konstituierungsphase des Logos. In: *Heidelberg im Schnittpunkt intellektueller Kreise.* Hg. von Hubert Treiber. Opladen 1995, 119–149.

Luhmann, Niklas: Kultur als historischer Begriff. In: Ders.: *Gesellschaftsstruktur und Semantik. Studien zur Wissenssoziologie der modernen Gesellschaft.* Bd. 4. Frankfurt a. M. 1995, 31–54.

Merleau-Ponty, Maurice: *Die Natur. Aufzeichnungen von Vorlesungen am Collège de France 1956–1960.* Hg. von Dominique Séglard. München 2000 (frz. 1995).

Moravia, Sergio: *Beobachtende Vernunft. Philosophie und Anthropologie in der Aufklärung.* München 1973 (ital. 1970).

Morin, Edgar: *Das Rätsel des Humanen. Grundfragen einer neuen Anthropologie.* München/Zürich 1974 (frz. 1973).

Moritz, Arne (Hg.): *Ars imitatur naturam. Transformationen eines Paradigmas menschlicher Kreativität im Übergang vom Mittelalter zur Neuzeit.* Münster 2010.

Moxter, Michael: Kritischer Intuitionismus. Tillichs frühe Religionsphilosophie zwischen Neukantianismus und Phänomenologie. In: *Tillich-Studien* 20 (2008), 173–195.

Natorp, Paul: Kant und die Marburger Schule. In: *Kant-Studien* 17 (1912), 193–221.

Oakes, Guy: *Die Grenzen kulturwissenschaftlicher Begriffsbildung. Heidelberger Max Weber-Vorlesungen 1982.* Tübingen 1990.

Rakić, Tamara/Steffens, Melanie C./Mummendey, Amélie: Blinded by the Accent! The Minor Role of Looks in Ethnic Categorization. In: *Journal of Personality and Social Psychology* 100 (2011), 16–29.

Rancière, Jacques: *Politik der Literatur.* Wien 2008 (frz. 2007).

–: Die ästhetische Revolution und ihre Folgen. Erzählungen von Autonomie und Heteronomie. In: *»Ästhetisierung«. Der Streit um das Ästhetische in Politik, Religion und Er-*

kenntnis. Hg. von Ilka Brombach, Dirk Satton und Cornelia Temesvári. Zürich 2010, 23–40.

Renz, Ursula: *Die Rationalität der Kultur. Zur Kulturphilosophie und ihrer transzendentalen Begründung bei Cohen, Natorp und Cassirer.* Hamburg 2002.

Rousseau, Jean-Jacques: Le Persifleur [1749]. In: Ders.: *Œuvres complètes.* Hg. von Bernard Gagnebin und Marcel Raymond. Bd. 1. Paris 1959, 1103–1112.

Sieferle, Rolf Peter/Breuninger, Helga (Hg.): *Natur-Bilder. Wahrnehmungen von Natur und Umwelt in der Geschichte.* Frankfurt a. M./New York 1996.

Simmel, Georg: *Gesamtausgabe.* Hg. von Otthein Rammstedt. Frankfurt a. M. 1989 ff. [GSG].

Simons, Katrin: »Zivilisation« statt »Freiheit«. Jacques Réattus Gemälde »Triumph der Zivilisation«. In: *Zeitschrift für Kulturphilosophie* 2 (2009), 283–294.

Skinner, Quentin: *Visionen des Politischen.* Hg. von Marion Heinz und Martin Ruehl. Frankfurt a. M. 2009 (engl. 2002).

Steinmann, Michael: Kulturphilosophie als praktische Philosophie. In: *Philosophische Rundschau* 51 (2004), 53–74.

Weber, Max: Die ›Objektivität‹ sozialwissenschaftlicher und sozialpolitischer Erkenntnis. In: Ders.: *Gesammelte Aufsätze zur Wissenschaftslehre.* Tübingen 1968, 146–214.

Zeitschrift für Kulturphilosophie (2011): Schwerpunkte »Naturalisierung« (Heft 1) und »Kulturalisierung« (Heft 2).

Ralf Konersmann

II. Thematische Schwerpunkte

1. Kulturphilosophie

Seit der Antike ist die Auffassung geläufig, dass wir es bei der Kultur mit einer ›zweiten Natur‹ zu tun haben. Schon bei Cicero, der die Formel populär gemacht hat, hat diese Redeweise einen wertenden Unterton. Die ›zweite Natur‹ ist der ›ersten Natur‹ hinsichtlich ihrer Dignität unterlegen und ein Gegenstand von nachrangigem Interesse. In einem allgemeinen Sinn ist die Kulturphilosophie der Versuch, mit dieser Wertungstradition zu brechen: Sie korrigiert nicht nur diese Rangfolge, sondern auch die kategorialen Voraussetzungen, die diese Rangfolge erzwungen haben. Für die Kulturphilosophie ist die Kultur nichts Zweites und Zweitrangiges, sondern etwas Unvergleichliches und Erstes: die Welt des freigestellten Menschen.

Die damit angestrebte Neujustierung ist alles andere als selbstverständlich. Die kulturspezifischen Bedingungen der Freigestelltheit und der Autonomie sind von jeher und mit besonderem Nachdruck in der Philosophie als Mangel an kosmischer Bindung wahrgenommen und dementsprechend missbilligt worden. Wer von der *Philosophie* der Kultur spricht, darf deshalb von der *Kritik* der Kultur nicht schweigen. Es waren, wie sich im Folgenden zeigen wird, die philosophischen Kritiker der Kultur, die auf ihre eigene, zunächst rundweg ablehnende Weise die erst sehr viel später, nämlich im Verlauf des 18. Jahrhunderts verdeutlichte Ausgangsintuition der Kulturphilosophie erfasst und die zuerst gewusst haben, womit wir es bei der Kultur zu tun haben. Und diese Kritiker taten noch mehr: Sie legten das Weltbegreifen auf Prinzipienwissen fest, um es davon abzuhalten, sich an die als kontingent, ja als Inbegriff des Kontingenten verstandene ›zweite Natur‹ der Kultur zu verlieren.

Wer die Kulturphilosophie, ihre Systematik und ihr Selbstverständnis, begreifen will, muss sich dieser Anfänge vergewissern und die Hauptstationen des Weges abschreiten, den die Frage der Kultur seither genommen hat. Es ist der Weg von der *impliziten* zur *expliziten* Kulturphilosophie.

Routinen der Abwehr

1. Die genealogische Expedition in die Quellgebiete der Kulturphilosophie führt zu einem Textstück, das – neben den Hauptschriften von Lukrez (*De rerum natura*) und Plinius (*Naturalis historia*) – seit Herders Schrift *Über den Ursprung der Sprache* (1772; vgl. ebd. I, 1) immer dann herangezogen worden ist, wenn es galt, die antike Auffassung von der Weltstellung des Menschen repräsentativ zu bestimmen. Es handelt sich um den im *Protagoras*-Dialog geschilderten, schon zu Lebzeiten Platons (427–347) in unterschiedlichen Erzählversionen verbreiteten Mythos von der Erzeugung sterblicher Wesen, mit deren Vollendung Epimetheus und Prometheus beauftragt waren. Der »nicht ganz weise« Epimetheus (*Prot.* 321b/c) hatte demnach die verfügbaren Vermögen rasch an die Tiere verteilt, so dass nun der Mensch als letztes der zu formenden Wesen leer ausging und »nackt, unbeschuht, unbedeckt, unbewaffnet« blieb.

Um den weiteren Verlauf der mythischen Erzählung zu würdigen, darf man nicht lediglich die Wohltäterschaft des Prometheus, sondern muss auch die Interessen der Auftraggeber im Blick haben, die von der Nachlässigkeit des Brüderpaars brüskiert waren. Aus ihrer Sicht verstieß die epimetheische Fehlleistung gegen jene Wohlgeordnetheit der Welt, die im Begriff des Kosmos ausgesprochen und festgehalten ist. Die Schuld des Epimetheus bestand darin, die Entstehung eines Wesens zugelassen zu haben, das spätere Zeiten als *monstrum* bezeichnet hätten: als Abweichung vom fixen Bestand der natürlichen Arten. Der Zorn der göttlichen Auftraggeber musste Prometheus besonders treffen, weil seine Rettungstat die Endgültigkeit der Ausnahme, die die von Epimetheus versehentlich hervorgebrachte Kreatur in der Welt darstellt, besiegelte. Der Diebstahl des Feuers und der Wissenschaft, die diesem hilflosen Wesen von nun an zur Sicherung seines Daseins zur Verfügung standen, musste den olympischen Gottheiten als Entzug des Vertrauens in die metaphysische Dignität der Kosmosnatur erscheinen – als »metaphysische Revolte« im Sinne Albert Camus'.

Das halbgöttliche Brüderpaar teilt die Rolle des Erzeugers unter sich auf: Nachdem Epimetheus die Sache verdorben hat, hält Prometheus den Schaden in Grenzen. Während Prometheus für seine Tat grausam bestraft wird, hat das aus der göttlichen Fehlleistung hervorgegangene Geschöpf seinen Vorteil davon und lebt nun, wie Platon erzählt, für eine Weile in der »Behaglichkeit des Lebens« (*Prot.* 322a). Die mythische Erzählung gewährt den Menschen eine Zeit der kulturellen Prosperität, in der religiöses Leben, die Künste einschließlich der Musik und der Sprache, die Architektur, schließlich auch die Organisation des Alltags mitsamt der Bekleidung und Ernährung entwickelt und verfeinert werden. Es ist, als wolle uns der Mythos ein Experiment vorlegen. Für einen Moment gibt er der Erwägung Raum, was denn wäre, wenn der Mensch die Mittel in die Hand bekäme, um mit Hilfe des neuen Überflusses seiner Gaben und Talente seine physiologischen, von Epimetheus verschuldeten Defizite auszugleichen.

Aber mit diesem Gedankenexperiment ist die Erzählung nicht zu Ende. Der weitere Fortgang der Geschichte erweckt den Eindruck, als sei der Versuch allein in der Absicht angestellt worden, um das Scheitern der auf sich selbst gestellten Menschheit zu erweisen. Von einem Moment auf den anderen zersplittert das eben noch intakte Bild der Kultur. Ihr Zustand ist unvollkommen, denn sie erweist sich als außerstande, die Menschen vor den Gefahren der äußeren Natur und vor den zerstörerischen Potentialen ihrer eigenen Streitsucht zu bewahren. Von nun an folgt der Mythos unbeirrbar der einmal vorgegebenen Tendenz der Kritik und der Abwehr der Kultur. Ihrer eindrucksvoll bewiesenen Unfähigkeit wegen vom Untergang bedroht, muss den Menschen zum zweiten Mal ein Gott aushelfen. Zeus entsendet Hermes, um ihnen, wie es heißt, »Scham und Recht zu bringen«, damit »diese der Städte Ordnungen und Bande würden, der Zuneigung Vermittler«. Der göttliche Befehl zur politischen Befriedung bestätigt die Unselbständigkeit des Menschen und, schärfer noch, die grundsätzliche *Imperfektibilität* seiner Welt. Die ganze Schwäche dieses Wesens zeigt sich darin, dass es, obwohl es auf göttliche Instrumente zurückgreifen und sich sogar eine für es selbst bestimmte, aparte Welt einrichten durfte, diese unverhoffte Chance vergab und seine eigene Wirklichkeit von innen heraus auch selbst wieder zerstörte. Die Intervention des Zeus ist die Gegenaktion zu der des Prometheus und nimmt zurück, was durch dessen Freveltat zur Realmöglichkeit geworden war. Sie kassiert den ohnehin nur geborgten Titanismus der Kultur.

Der von dem zornigen Gott gesandte Bote würde nicht Hermes heißen, wenn nicht seine Gabe eine Botschaft mitumfasste, die sich »hermeneutisch« als Moral aus der Geschichte herausziehen lässt und den Erzählbericht zum Lehrstück macht. Diese Lehre des Mythos besagt, dass die Kultur eine Illusion und außerstande sei, das gedeihliche Zusammenleben der Menschen auf Dauer zu gewährleisten.

2. Die mythische Schattierung des Prometheus-Stoffes nimmt den Argumenten nichts von ihrer Wucht. Die Kulturentstehungsgeschichte des *Protagoras* ist implizite *Kulturphilosophie* in Gestalt vehementer *Kulturkritik,* und beides ist im Geltungsraum dieser Erzählung, der bis zu Hobbes und noch darüber hinausreicht, unauflöslich verschränkt. Auf der einen Seite erscheint die Kultur als die Lebensform des Menschen, deren Beispiellosigkeit der Mythos herausstreicht und bildreich bestätigt; auf der anderen enthüllt sich die Kultur als eine Zone der Friedlosigkeit, die den überforderten Menschen nach dem ersten Aufschwung mit unbeirrbarer Konsequenz in den Ruin treibt.

Wie der einzelne Mensch, so ist auch seine Welt unvollkommen, hinfällig und sterblich. Der philosophische Mythos kann diese Einsicht mit dem ihm eigenen Gleichmut mitteilen, weil er die Kultur von vornherein als *Gegenwelt* zu der eigentlichen und wahren Welt des Kosmos positioniert, als deren Anwältin er die Vernunft einsetzt. Die philosophische *recta ratio* agiert offen und unverhohlen kulturkritisch. Ihre Polemik verschärft die Konkurrenz zwischen göttlicher und menschlicher, zwischen natürlicher und kultureller, zwischen erster und zweiter Natur und stellt diese Antinomien zugleich auf Dauer. Selbst da, wo wenig später Aristoteles der Mängelhypothese des Mythos widerspricht und am Beispiel der Hand die Tüchtigkeit des menschlichen Körpers umfassend darlegt (*De partibus animalium* 687A 23 ff.; vgl. Pöhlmann 1970, 306; Gadebusch Bondio 2010), vermag sich der Gedanke einer legitimen Selbsttätigkeit des Menschen nicht durchzusetzen. Auch für Aristoteles bleibt die menschliche Selbstbestimmung an die Fürsorge einer Natur zurückgebunden, die jene Vielfalt der Zwecke, wie sie die Hand aufweist, schon vor Zeiten vorweggenommen und alles, was der handelnde Mensch überhaupt vermag, je schon in den Horizont seiner Möglichkeiten gestellt hat: Die wahre, die kosmische Welt ist erfüllt und begrenzt, und in allem, was sich zeigt, entdeckt der kundige Betrachter den Widerschein einer unsichtbaren, allumfassenden und wohlweislichen Ordnung. Die menschliche Kultur hingegen fällt aus dieser überweltlichen Geordnetheit heraus, mehr noch: Ihr bloßes Erscheinen setzt das Gleichgewicht des Gesamtgefüges aufs Spiel. Sie kommt in der Kosmoswelt schlicht nicht vor, und so ist sie ihrer Natur nach ein *atopos* – eine Welt ohne Entsprechung, ohne Regel und ohne Maß.

3. Unter Aspekten der genealogischen Vergewisserung besonders hervorzuheben ist die Notiz, die Marc Aurel (121–180) in seine Selbstbetrachtungen aufgenommen hat: »Schön ist der Ausspruch: Wer über die Menschen reden will, der muß, wie von einem höheren Standpunkte aus, auch ihre irdischen Verhältnisse ins Auge fassen, ihre Versammlungen, Kriegszüge, Feldarbeiten, Heiraten, Lebensschlüsse, Geburten, Todesfälle, lärmende Gerichtsverhandlungen, verödete Ländereien, die mancherlei fremden Völkerschaften, ihre Feste, Totenklagen, Jahrmärkte, diesen Mischmasch und diese Zusammensetzung aus den fremdartigsten Bestandteilen.« (VII 48) Für den durch das Wissen um den späteren Aufschwung des Kulturthemas gelenkten Blick wirkt diese Beschreibung zunächst wie eine jener Kippfiguren, die, je nach optischer Einstellung, unterschiedliche Bilder zeigen. Auf der einen Seite drängt sich der Eindruck auf, als nähmen die detailfreudigen Zeilen den neuzeitlichen Kulturbegriff bereits vorweg. Das bunte Treiben, das Marc Aurel vor dem inneren Auge seines Lesers ausbreitet, scheint nichts anderes zu sein als die wohlvertraute Schauseite der Kultur.

Auf der anderen Seite ist Marc Aurel zutiefst davon überzeugt, dass das Sosein der menschlichen Welt die Ansprüche der Wahrheit krass unterbietet. Man muss diesen Panoramablick im siebten Buch seiner Selbstbetrachtungen im Zusammenhang des Werkes zur Kenntnis nehmen und auch diejenigen Passagen heranziehen, in denen Marc Aurel die menschliche Welt mit der Gelassenheit des zutiefst Überzeugten als »etwas Flüchtiges« und »Wertloses« (IV 48) verwirft. Der Widerspruch, der sich hier auftut, besteht nur im Auge des modernen Lesers. Für den Stoiker hingegen zählt das Einzelne und Besondere nur insofern, als es sich als Teil jener einen und einzigen »Gesamtheit« begreifen lässt und sich auch selbst begreift, »die wir die Welt nennen« (VI 25; s. a. V 8). Der Sonderbereich eines Ausnahmewesens, das aus der kosmischen Umgebung herausfällt, ist im Rahmen dieses platonisierenden Denkens schlechterdings nicht hinnehmbar. Die Abweichung, die seine Existenz darstellt, ist rein als solche schon ein Übel, und so kann Marc Aurel für die moralische und geistige Bildung, zu der er seine Adressaten ermuntern will, die paradoxe Empfehlung aussprechen, »aus dem Kreise der Menschen auszuscheiden« (IV 2).

Die Botschaft dieser gewollten Paradoxie ist klar. Die Bereitschaft, sich um des Gelingens dieses Lebens und seiner kosmopolitischen Grundausrichtung (vgl. Coulmas 1990, Kap. 5) willen auf die wesentlichen Dinge zu besinnen, verlangt den Ausschluss all dessen, was die Konzentrationsleistung des philosophischen Bildungspensums untergräbt und ihr in die Quere kommt. Der Inbegriff dieser Störung ist die humane Welt, ist die Kultur. Marc Aurel kann die »irdischen Verhältnisse« nur deshalb mit Wohlwollen betrachten, weil seiner Wahrnehmung die Umdeutung der sichtbaren Welt zum Widerschein der unvorgreiflichen Naturordnung vorausgegangen ist. Mit dem Abstand dessen betrachtet, der seine irdischen Bande gelöst und sich zum »Weltzuschauer« (Blumenberg 1996, 61–68) aufgeschwungen hat, zeigen diese Verhältnisse ihr wahres Gesicht, und das ist das ewig gleiche, über die Schwächen und Irrtümer des Menschen erhabene Bild der unter allen Umständen sich gleichbleibenden Natur. Die Routinen der Abwehr sind damit bestätigt. Nicht nur im Sein, sondern auch im Wissen vom Sein soll die Sache der Kultur konsequent vermieden werden.

Übergang

Lange Zeit hat sich die philosophische Wahrnehmung der Kultur auf dieses Deutungsmuster der negativen Faszination beschränkt. Alle Kultur, darin sind sich Philosophen und Theologen über alle sonstigen Unterschiede hinweg jahrhundertelang einig gewesen, ist Kultur des Menschen, und alle Menschenkultur ist Hybriskultur. Die seinerzeit etablierte Wahrnehmung ist noch heute derart geläufig, dass sie sich ganz ohne Worte und gleichsam von selbst versteht. Romane, Popsongs, Blockbuster, Cartoons – sie alle verbreiten die jederzeit abrufbare Geschichte von der Kultur, die einst der mütterlichen Natur ihre ursprünglichen Rechte streitig machte, sie unterjochte und schließlich die Unversehrtheit des Ursprungs gedankenlos vertat (vgl. Konersmann 2011a). Die Grundfabel der philosophischen Kulturkritik ist längst zur *folk theory* geworden: Mit jeder Forderung nach Ursprünglichkeit, nach Natürlichkeit, nach Reinheit, Unverfälschtheit, Vollkommenheit und Kompromisslosigkeit meldet sich das Ressentiment gegen die Unzulänglichkeit der zweiten Natur.

Senecas begriffliche Urzeugung

Die Irregularität der Kultur ist als schulübergreifender Topos antiken Selbstverständnisses derart gefestigt gewesen, dass Erläuterungen lange Zeit entbehrlich schienen. Exemplarisch setzt Seneca (um 4 v. Chr. – 65 n. Chr.) die Routinen der Abwehr als selbstverständlich voraus, wenn er in seinem 90. Lehrbrief an Lucilius die naturale Basis menschlicher Existenz zum Thema macht. Dabei gewinnt die von Platon und Marc Aurel lediglich angedeutete Kritik der Kultur an Schärfe. Nachdem er das verbreitete Verständnis der kosmologischen, mit dem Weltursprung verbündeten Natur bestätigt hat, geht Seneca noch einen Schritt weiter und radikalisiert die Natur zur Anti-Kultur, zur *Gegenwelt der Gegenwelt*. In der Folgezeit ist die schon im fünften Brief ausgegebene Devise »nach der Natur leben« (*secundum naturam vivere*; 5, 4) zu den großen Sehnsuchtsmotiven der westlichen Kultur aufgestiegen und als fundamentalkritischer Standpunkt jederzeit abrufbar geblieben. Seneca macht aus der Natur einen Erwartungsbegriff, der einerseits den Maßstab des tugendhaften Lebens vorgibt und andererseits, eben als Gegenwelt, der Kritik der Kultur die eindringlichsten Motive liefert. Seither ist ›Natur‹ als diskursive Position zitierbar, deren hypothetische Einnahme es erlaubt, das ganze Elend der Kultur mit einem einzigen Blick zu umfassen und wirkungsvoll bloßzustellen: die Vernichtung des Gemeineigentums durch Habsucht und Gier, die Ersetzung der Tapferkeit durch Weichherzigheit und Feigheit, die Verhöhnung der Aufrichtigkeit durch Verstellung und Täuschung, die Gefährdung des Friedens durch Aggressivität und Rastlosigkeit, die Störung des Behagens durch Angst und Unbeständigkeit (90, 3).

Senecas kulturkritische Antithesenfolge ist konventionell, und er selbst unterstreicht diese Konventionalität durch die Berufung auf Posidonius, einen Vertreter der mittleren Stoa. In einem entscheidenden Punkt rückt Seneca allerdings von dieser älteren Position ab. Während nämlich Posidonius die Mehrung des Wissens rein als solches für die Destabilisierung der menschlichen Ordnung verantwortlich gemacht hatte – ein Verdacht, den noch Augustinus hegt (vgl. *Confessiones* X 35) –, nimmt Senecas 90. Brief eine gleichfalls folgenreiche Unterscheidung vor und unterteilt das Wissen in zwei Formen: in *sagacitas* und *sapientia* (90, 9). *Sapientia* ist die Domäne der Philosophie, während *sagacitas* die Kenntnisse all der Gewerbe umfasst, die mit Werkzeug umgehen. Für Seneca ist es allein dieser ›technische‹ Typ des Wissens, der die kulturelle Destabilisierung herbeigeführt hat. Zwar bezeuge solches Vorgehen einen scharfen Geist (*ingenium*), es finde aber nicht zu jener Größe, die gefordert sei, wenn es das Ganze zu überschauen und dem Handeln Maßstäbe zu setzen gelte. Damit ist die Spaltung des Wissens vollzogen. Nicht das Wissen überhaupt, sondern die einseitige Betonung der auf den technischen Sachverstand zurückgenommenen Sagazität hat dazu geführt, das »natürliche Maß« (*naturalis modus*; 90, 19) zu verfehlen. Die bis dahin allgemein gehaltene Kritik an den Weltzuständen findet mit dieser begrifflichen Präzisierung ihren konkreten Adressaten. Es ist die von der Sagazität angestachelte Lebensweise der Üppigkeit (*luxuria*), die sei es mutwillige, sei es gedankenlose Verfehlung des rechten Maßes, die nun die Kultur aufs Neue und mit Wirkung in die heutige Tagespolitik hinein verdächtig macht.

Für Seneca ist deshalb die Kulturverachtung keineswegs ein letztes Wort. Die im 90. Brief entfaltete Unterscheidung der Wissensformen, die Gabelung von *sagacitas* und *sapientia*, von *ratio* und *recta ratio* (90, 11 u. 24), erlaubt eine begriffliche Modifikation, deren Bedeutung für die weitere Entwicklung des Kulturverständnisses entscheidend ist. Seneca erkennt, dass aus dem Regime der Sagazität eine Welt hervorgegangen ist, die spezielle, aus der Ursprungswelt des Kosmos nicht ableitbare Ansprüche geltend macht. Diese Eigenwelt, deren Praxis Seneca als *colere* (90, 12) charakterisiert, ist die »Kultur«. Seneca nutzt die etymologische Verbindung von *colere* und *cultura* und nimmt zugleich eine Neubewertung des Sachverhalts vor. Wohl erstmals überhaupt versteht und anerkennt Seneca die Kultur als Inbegriff und Ausdruck der Tatsache, dass der Mensch sich selbst und aus eigener Kraft, »aus Finsternis und Schmutz ans Licht« (*De clementia* 1, 4) emporgearbeitet hat. Der bedeutungsgeschichtliche Rang des Gedankens ist schwerlich zu überschätzen. Seneca kehrt die Stoßrichtung des metaphysischen Vorbehalts um und spricht die Kultur vom Vorwurf der Irregularität frei. Erst die Kultur, schreibt er, habe die Menschen ermächtigt, sich »in den Besitz der Gerechtigkeit, der Klugheit, der Mäßigkeit und Tapferkeit« (90, 46) zu bringen. Mit dieser Konsequenz ist schon hier und schon so früh das Ende der Tradition absehbar, die den Menschen allein aus seinem Ursprung heraus verstand und ihn auf das Regime der Herkunft verpflichten wollte. Senecas dissidente Position gipfelt in dem Rat an Lucilius, sich loszusagen und als »Freigelassener« (ebd. 44, 6; s. a. 75, 18) zu erkennen: als *libertinus*. Noch Herders Bestimmung des Menschen als »erster Freigelassener der Schöpfung« (*Ideen* I 4, IV) profitiert von dieser frühen, freilich auch solitären Werbung für das Eigenrecht der Kulturwelt.

Nachdem sich der Riss im Gang der Welt einmal aufgetan und sich die Kosmosmacht für den Menschen in die Unerreichbarkeit der Vorvergangenheit zurückgezogen hat, eröffnet nun auf dem Boden der späten Stoa die eben noch verfemte Kultur die Chance der Restitution, sofern sie bereit ist, sich von der Philosophie als der Zeugin der Kosmoswelt belehren und auf den rechten Weg zurückführen zu lassen. Man muss Seneca nur genau lesen – und offenbar hat vor allem Rousseau das getan (vgl. Müller 1997, 30–48). Einerseits rechtfertigt die Wirklichkeit der Kultur die Einwände der Kritik, andererseits muss nun, rückblickend aus der Gegenwart dieses 90. Briefes, zugestanden werden, dass das Stadium der natürlichen Einfalt die Menschen niemals auf »die höchste Stufe der Geistesbildung« hätte gelangen lassen. Es ist keineswegs übertrieben, aus diesem »Andererseits« den Umriss der begrifflichen Urzeugung herauszulesen, mit der die Präparierung des neuzeitlich-modernen Kulturbegriffs ihren ersten, sporadischen Anfang nahm. Senecas Erläuterung jedenfalls lässt an Eindeutigkeit nichts zu wünschen übrig. »Nicht die Natur [*natura*] ist es«, schreibt er, »die die Tugend verleiht: es ist eine Kunst, ein sittlich tüchtiger Mensch zu werden [*ars est bonum fieri*]« (90, 44).

Die Entdeckung des Kulturwesens

Der von Seneca mit großer Zurückhaltung vollzogene Konventionsbruch und die nicht minder behutsam vorgetragene Bereitschaft, von der philosophisch sanktionierten Normalität der Kulturverweigerungskultur abzuweichen, ist so ungewöhnlich, dass sich erst im 18. Jahrhundert ebenbürtige Formulierungen finden. Aber selbst hier und unter Rahmenbedingungen, die dem Selbstbestimmungsanspruch des Menschen weit mehr zugeneigt sind, ja die durch die Anerkennung dieses Anspruchs als die »Neuzeit« überhaupt erst hervortreten, als die sich die Epoche schließlich auch selbst verstehen wird, ist das Vorverständnis der negativen Faszination erhalten geblieben.

Es bedurfte schon eines geistigen Herausforderers vom Format Jean-Jacques Rousseaus (1712–1778), um zu der ganz im Geiste Senecas gesprochenen Formel zu finden, dass wir, wie Rousseau Ende der 1750er Jahre notiert, erst Menschen zu werden beginnen, nachdem wir Bürger geworden sind (*nous ne commençons proprement à devenir hommes qu'après avoir été Citoyens*; Rousseau 1983, 296). Es lohnt sich, den Satz zweimal zu lesen. Hat nicht der Rousseauismus, wie ihn die Lehrbücher schildern, genau das Gegenteil verkündet? Sollte nicht der Bürger, mithin das durch Künste und Wissenschaften herangezüchtete Kulturwesen, bloß die Karikatur des wahren, des unverbildeten Menschen sein, wie er im Grunde nur im vorkulturellen Naturzustand vorkam? Ein Bonmot von Marx variierend, kann man dazu nur sagen: Rousseau ist niemals Rousseauist gewesen. Seine Verneigung vor dem *citoyen* vollendet die von Seneca im 90. Brief vorgezeichnete Bahn einer totalen Umkehrung der überlieferten Gedankenordnung. Wie seine denkwürdige Formel zeigt, ist die kulturkritische Projektion des *homme sauvage,* dessen Imago die berühmten Abhandlungen von 1750 und 1755 heraufbeschworen hatten, bereits im Laufe der Vorarbeiten zum *Contrat social* verblasst und hat der Vorstellung des Kulturwesens Platz gemacht, das auf dem Umweg über die Gestaltung seiner Welt indirekt auch sich selbst hervorbringt.

Rousseau rechtfertigt die Kulturalität des Bürgers mit exakt derselben Argumentation, die Seneca in seinem 90. Brief vorgetragen hatte: Wäre der Mensch ein Bewohner des Waldes geblieben, heißt es im Schlussstück des *Émile,* »wäre er verdienstlos gut, aber nicht tugendhaft gewesen; jetzt aber kann er es trotz seiner Leidenschaften sein« (Rousseau [4]1978, 523). Rousseaus *citoyen* bezeugt das Bildungsziel der voll entwickelten Kultur. Gewiss folgt gerade Rousseau den klassischen Vorbehalten, wenn er die »neue Ordnung der Dinge« als eine Welt »ohne Maß, ohne Regel und ohne Beständigkeit« beschreibt, in der sich die Menschen unablässig ändern und verwandeln (ebd., 285). Aber auch hier haben wir es weit mehr mit der Beschreibung als mit einer Beanstandung zu tun. Der Beitrag Rousseaus zur Herausbildung der Kulturphilosophie besteht in der Prämisse, dass die Entwicklung, die zu den Zuständen der zeitgenössischen Kultur geführt hat, irreversibel und weder durch den Willen zur Restitution noch auf göttlichen Befehl hin aus der Welt zu schaffen sei. Rousseau bestätigt den alten Verdacht der Imperfektibilität, doch dieser Verdacht ist für ihn nun keineswegs mehr Anlass, die Kultur pauschal zu verwerfen. Und wie auch: Wohl als erster hat Rousseau die wahre Schärfe des Problems erkannt, die darin liegt, dass der Mensch ihm nicht ausweichen und es auch niemals endgültig lösen oder überwinden kann, weil es ihm von der von ihm selbst hervorgebrachten Welt gestellt ist. Was später Georg Simmel als die unmittelbar mit ihrem Begriff evozierte »Tragödie« und Sigmund Freud als das »Unbehagen« in der Kultur beschreiben werden, wurzelt in diesem elementaren Zwiespalt der sich im Zuge ihrer Emanzipation zugleich und mit einem Schlag ihrer essentiellen *Unvollkommenheit* bewusst werdenden Kultur.

Anerkennung

Die Emanzipation der Kultur ist Triumph und Demütigung der Neuzeit zugleich. Wie schwer deshalb auch ihr die Anerkennung der Kultur zunächst gefallen ist, in deren Grenzen sie die Grenzen ihres eigenen Projekts gespiegelt sehen musste, zeigen jene Paragraphen der *Theodizee* (1710), in denen Leibniz (1646–1716) über die Vollkommenheit spricht. Leibniz tut einen entscheidenden Schritt, indem er zweierlei Vollkommenheit unterscheidet, gleichsam eine relative und eine absolute: hier eine Vollkommenheit (*perfection*), die dem Menschen zukommt, und dort eine gesteigerte, eine höchste Vollkommenheit (*suprême perfection*), die in Gott ist (I § 33; s.a. *Nouveaux Essais* IV, 10, 7).

Die Kühnheit des Gedankens, dem Menschen eine Eigenwelt zuzugestehen, ist erkennbar. Sie geht allerdings an keiner Stelle so weit, diese Welt als einen Wirkungskreis aus eigenem Recht auszuzeichnen. Im Argumentationszusammenhang der *Theodizee* kommt es im Gegenteil entscheidend darauf an, die humane Wirklichkeit mit den Maßstäben der höchsten Vollkommenheit abzustimmen. Die spezifischen Umstände einer *perfection, qui nous convient,* können außer Betracht bleiben, weil die Erkenntnis der Wahrheit im Rahmen dieses Entwurfs – mit Folgen für die aufklärerische Erwartung der *perfectibilité* insgesamt (vgl. Passmore 1975; Behler 1989) – zuletzt auf die allumfassende Gleichgestimmtheit von menschlicher und göttlicher Rationalität gegründet ist. Im Rahmen dieser Gedankenordnung handelt der Mensch nicht als freigestellter Souverän und nach eigenem Gutdünken, sondern er »trägt bei« (*aporte*; *Theodizee* § 32). Man muss in dieser Wortwahl die Antiklimax und die unbedingte Vermeidung von starken Praxisbegriffen wie Machen, Herstellen und Hervorbringen mithören. Leibniz denkt nicht in der dissidenten Logik der Kultur, sondern in der integrativen Logik einer Teilhabe an der Schöpfung, die das kontingente Treiben der Menschen übergreift und gnädig umfängt. Der von Leibniz entwickelte Begriff einer menschlichen Vollkommenheit geht damit einerseits über die Hermetik der antiken Kosmosvorstellung hinaus und unterstreicht genuine Ansprüche der Neuzeit; durch seinen Authentizitätsverzicht ist Leibniz aber andererseits und ebenso eindeutig um die Begrenzung des Schadens bemüht, den der absolute Geist durch die Eigenmächtigkeit der sich emanzipierenden Kultur zu erleiden droht. Im Blick auf die vorliegende Genealogie kulturphilosophischer Reflexion lässt sich diese Sorge verallgemeinern: Solange überweltliche Mächte das Vertrauen der Menschen für sich beanspruchen durften, musste die Eigenwelt der Kultur, musste die Welt des freigestellten Menschen als Herausforderung ihrer Exklusivität empfunden und überhaupt verworfen oder, wie bei Leibniz, zum Modus der Teilhabe herabgestimmt und an ihren Ort verwiesen werden.

Emphase und neue Sachlichkeit

1. In das weitläufige Textmassiv der *Pensées* hat Blaise Pascal (1623–1662) einen Satz aufgenommen, der die Wahrnehmungstradition der kritischen Abwehr zu bestätigen scheint: »Die Gewohnheit ist eine zweite Natur, welche die erste zerstört« (*Pensées*, Lafuma Nr. 126). Eine gewisse Zweideutigkeit des Befundes kommt dadurch zustande, dass er Feststellung und Wertung zugleich ist. Auf der einen Seite scheint Pascal einen Verlust anzeigen zu wollen, das unwiderrufliche Dahinschwinden jener Seinsgewissheit, wie sie zunächst das Kosmosvertrauen der Antike und dann der Glaube an den christlichen Gott seit Menschengedenken gewährt hatten. Offenbar ist bereits Pascal der später dann von Horkheimer und Adorno in ihrer Polemik gegen die »Kulturindustrie« erneuerte Vorbehalt geläufig, dass alle Kultur eine Kultur der Zerstreuung (*divertissement*) sei, die den Menschen mit eigens fabriziertem Unsinn (*fascinatio nugacitatis*; ebd., Nr. 386) im Zustand der Verblendung festhält. Demnach setzt schon das bloße Dasein der Kultur das höchste Glück aufs Spiel, jene Präsenz der ersten Natur, deren Anerkennung die Menschen von ihren drängendsten Sorgen zu entlasten und zur Wahrheit zu führen versprach.

Aber diese Interpretation, mag sie auch das geläufige Bild von der *vision tragique* Pascals bestätigen, ist keineswegs zwingend. Denn auf der anderen Seite liest sich sein ungeheurer Satz als nüchternes Fazit, als Zurkenntnisnahme eines unwiderruflichen Geschehens, das die Welt des Menschen dadurch revolutionierte, dass es sie überhaupt erstmals als menschlich beschrieb. Speziell dieser neue Blick gibt der Frage Raum, die Pascal an gleicher Stelle anschließt: ob nicht jene emphatisch besetzte erste Natur, wie die zweite, am Ende ebenfalls nur eine »Gewohnheit« (ebd., Nr. 126) sei. Die Leichtigkeit, mit der diese Erwägung vorgetragen ist, sollte nicht über die Tragweite der Konsequenz hinwegtäuschen. Der hypothetisch eingenommene Standpunkt der zweiten Natur unterläuft den bis dahin sakrosankten Absolutheitsanspruch der ersten, der Kosmosnatur und lässt die überlieferte Hierarchie, allein durch die Ungeheuerlichkeit ihrer Infragestellung, im Nu in sich zusammenstürzen. Aber nicht ihr gilt die Sorge Pascals, sondern dem Menschen, der unvermittelt in die Situation äußerster Ungeborgenheit geraten ist und sich darein finden muss. »Da er die erste Natur verloren hat«, so setzen die *Pensées* den Gedanken fort, »wird alles zu seiner Natur; wie auch, da er das wahrhafte Glück verloren hat, alles zu seinem wahrhaftigen Glück wird« (ebd., Nr. 397). Spätestens an dieser Stelle fixiert Pascal den Punkt, der bis heute über die Legitimität der Neuzeit entscheidet: die Frage nämlich, ob mit dem Entschwund der Ordnungen des Kosmos und der Schöpfung *alle* Ordnung verloren sei oder aber eine neue Ordnung an ihre Stelle tritt, die deutlich *anders* ist und nach neuen, beispiellosen Wertmaßstäben verlangt.

2. Es ist die Leistung Giambattista Vicos (1668–1744) gewesen, wohl erstmals dasjenige Verständnis von Kultur vorgetragen zu haben, wie es heutzutage in Philosophie und Wissenschaften vorherrscht. Mit Vico entspannt sich nicht nur die bis dahin polemische Wahrnehmung der zweiten Natur und überhaupt des kulturellen Feldes; auch die Philosophie ist seit Vico nicht mehr ganz dieselbe. Zumindest potentiell wird sie sich auf die Bedingungen der veränderten Welt eingelassen und, indem sie bereits mit klarem Bewusstsein auf dem Boden der Neuzeit agiert, zu einem nicht mehr ausschließlich von Ablehnung bestimmten Verständnis von Kultur gefunden, ja sogar sich selbst als Akteurin des kulturellen Feldes zu akzeptieren gelernt haben.

Mit seinem kulturphilosophischen Schlüsselbegriff, dem *mondo civile*, exponiert Vico die Welt des Menschen auf doppelte Weise: zunächst als die Welt, die der Mensch geschaffen hat und die genau deshalb im ganzen Umfang dieses Possessivums ›seine‹ Welt ist; und überdies als die Welt, die er, anders als den von Gott geschaffenen *mondo naturale*, eben dieser Entstehungsbedingungen wegen geistig durchdringen, die er also verstehen und erkennen kann. Der Neologismus des *mondo civile* rückt den Menschen als ein Wesen in den Blick, das sich sprechend, erlebend, gestaltend, handelnd objektiviert und eben damit eine Wirklichkeit hervorbringt, die zugleich eine Wirklichkeit aus Zeichen ist, wie Cassirer sagen wird: ein in all seinen Teilen auf ihn als seinen Erzeuger hindeutendes »symbolisches Universum« (Cassirer 1990, 50).

Der Gefahr, dass dieses nun erstmals seit Seneca positiv gewendete, dieses originäre Pensum der Kultur nicht sogleich wieder als hochmütige Herausforderung unter Verdacht gerät, wehrt Vico mit der Versicherung vorgreifend ab, dass die menschliche Leistung hinter der göttlichen Schöpfungstat qualitativ um ein Unendliches zurückbleibe. Die »Wissenschaft vom Menschen« gründe in einem Mangel unseres Geistes, heißt es im *Liber metaphysicus*, und trage der Unzulänglichkeit des Menschen Rechnung (Vico 1979, 45). Mit diesem Zugeständnis ist der Verdachtsrhetorik die Grundlage entzogen. Vicos Konversion von Machen und Erkennen, von *factum* und *verum* (vgl. ebd., 67–69), schränkt die menschliche Praxis auf einen Raum spezifischer Zuständigkeit ein, der weiterreichende Ansprüche und zumal den Anspruch der Vollkommenheit von vornherein ausschließt. Vicos vielzitiertes, auch von Kant (im Brief vom 1. Juli 1794 an Jacob Sigismund Beck) aufgegriffenes Konvergenz-Axiom ist eine Bescheidenheitsformel, die gleichwohl – und durch das Zugeständnis der Nachrangigkeit gewissermaßen ins Recht gesetzt – einen Bruch markiert. Es grenzt sich ab von der metaphysischen Hintergrunderwartung vor allem der platonischen und in den Grundzügen noch von Leibniz weitergeführten Tradition, wonach der in den Begriffen des Kosmos gewahrte Anspruch der Idealität allumfassend und damit auch für den Menschen bindend sei.

Sowohl unter *inhaltlichen* Aspekten, als Vorgriff auf die materialen Bestimmungen von Kultur, als auch unter *systematischen* Aspekten, nämlich hinsichtlich des neuen und beispiellosen Status kultureller Autonomie, setzt Vicos Begriff des *mondo civile* eine Zäsur. Die umsichtige Herauslösung aus der bis dahin unterstellten Konkurrenz zur göttlichen Schöpfung stellt den *mondo civile* frei und gestattet es, ihn nicht nur als bedenkliches Zwischenspiel, als irreguläre Abweichung, als geduldetes Mittun oder gar als irdisches Jammertal, sondern aus seinen eigenen Voraussetzungen heraus zu begreifen. Deutlicher als irgend jemand vor ihm scheint Vico freilich auch gesehen zu haben, dass diese Rehabilitierung die Hierarchiebildungen der alten Metaphysik überfordern musste, und reagiert mit dem Entwurf einer eigenen, einer neuen und in dieser Form bis dahin unbekannten »Metaphysik des menschlichen Geistes«. Aus der privilegierten Position des Rückblicks erkennen wir in dieser *metafisica della mente umana* (*Scienza Nuova*, § 347) die Protogestalt der dann erst über einhundert Jahre später zu ihrem Begriffsnamen gekommenen und – wie in der Einleitung des vorliegenden Handbuchs geschildert – *explizit* gewordenen *Kulturphilosophie.*

Vicos Vorstoß erfolgt ohne Anmaßung, doch sollte sich von diesem klugen Verzicht auf provokative Nebentöne niemand irreführen lassen. Die aufklärerische Emanzipation der Kulturphilosophie ist ebenso bestimmt und konsequent. Seine fundamental neue und richtungweisende These besagt, dass nicht in der Qualität des Resultats, also in dem vielbemühten ›Wert‹ der Kultur, sondern – diesen Aspekt wird noch Cassirer gegen Simmel einerseits, gegen Rickert andererseits geltend machen (vgl. ECW 24, 462–486 u. ECN 201–236) – unmittelbar im *facere* selbst und in der darin zum Ausdruck gebrachten Selbstmächtigkeit der originäre Anspruch des Menschen und seiner Welt zutage tritt. Vico tut einen weiteren Schritt und ergänzt seine spezielle *Metaphysik* der Kultur um eine spezielle *Methode*, die geeignet ist, jene Zeichen und Symbole der von Menschen hervorgebrachten Eigenwelt zu lesen und systematisch zu ordnen. Diese Methode ist die Philologie. Wiederholt bekräftigt die *Scienza Nuova* den Anspruch, die *Philologie* der Kultur mit jener *Philosophie* der Kultur zum beiderseitigen Vorteil zusammenzuführen (ebd., §§ 138–140). Infolge der von Vico jederzeit gegenwärtig gehaltenen Imperfektibilität der Kultur hat es diese Philologie nicht mit dem Wahren (*verum*) zu tun, sondern mit dem, was für wahr gehalten wird und was »gilt« (*certum*) – mit dem also, wovon die Menschen überzeugt sind und was in den von ihnen produzierten Zeichen und Bildern manifest wird: den kulturellen Tatsachen. Auch dieser Schritt reduziert die Maximalforderung der Idealität und bestätigt die Bereitschaft, die Kulturwirklichkeit aus dem Abwehrzauber der Vergangenheit herauszulösen. Bereits Erich Auerbach hat aus den Grundzügen dieser Philologie die Umrisse jenes Projekts herausgelesen, das dann durch Dilthey und Lazarus in der Mitte des 19. Jahrhunderts zu seinem Namen gekommen ist: die Idee der *Kulturwissenschaft.* Bei Vico, erläutert Auerbach, werde die Philologie »zum Inbegriff der Wissenschaft vom geschichtlichen Menschen« (Auerbach 1972, 74). Ebenfalls Auerbach betont das ernüchterte Verständnis dieses Humanitäts-Begriffs, der, weit davon entfernt, die neu entdeckte Authentizität als gottähnlich zu feiern, den Menschen dazu verhelfen soll, sich selbst inmitten ihrer unvollkommenen Wirklichkeit zu sehen.

Ausblick

Der soeben absolvierte Durchgang sollte nicht zu der Vorstellung verleiten, die Emanzipation der Kultur habe sich als eine Reihe klarer und folgerichtiger Ablösungen vollzogen, mit denen das Vorhandene dem Neuen hätte weichen müssen. Weit eher handelt es sich um eine Folge von Übergängen, in deren Sukzession im Allgemeinen erhalten und jederzeit abrufbar blieb, was vor Zeiten einmal fraglos galt. Es ist ein beeindruckendes Zeichen für die Beharrlichkeit der ursprünglichen Abwehrreflexe, dass das historische Heraustreten der Kultur aus dem Schatten der Kritik bis heute weder in der Philosophie noch in den Wissenschaften widerspruchslos hingenommen wird. Die Beobachtung, dass ein enzyklopädisch so ambitionierter Philosoph wie Hegel trotz der Vorarbeiten Herders und Kants, die ihm geläufig waren, das Kulturthema kommentarlos übergeht, man wird auch sagen dürfen: es durch sein vernehmliches Schweigen als vernunftfern diskreditiert, ist ohne die Normalität der Zurückweisung all dessen, was Kultur ist und geltend macht, gar nicht zu erklären. Ähnlich wie dann später Heidegger und auf anderem Niveau auch Klages und Spengler hat Hegel den Einschnitt gesehen, den die Duldung des Kulturbegriffs für die Philosophie bedeutet, und ihm den Platz in seinem auf die Integration von Geschichte und Gegenwart, auf die Kontinuierung von Tradition und Moderne bedachten System verweigert.

1. Die Massivität der Abwehr wirft ein Licht auf den Aufwand, der nötig war und ist, um der Kultur zu ihrer keineswegs selbstverständlichen Anerkennung zu verhelfen. ›Kultur‹ ist alles andere als ein trivialer Begriff. Das Hervortreten und die philosophische Anerkennung des Kulturbegriffs ist im Gegenteil eines jener ausgesuchten Ereignisse, von denen Alexis de Tocqueville zu Beginn seiner Schrift über das Ancien régime und die Revolution gesagt hat, dass sie die geschichtliche Zeit in zwei Teile spalten und Vorher und Nachher auseinanderfallen lassen. Der Epochenbruch hätte radikaler kaum sein können. Von der Warte des Herkommens aus betrachtet, war die Kultur etwas anderes, ja sie erschien als das Andere schlechthin, das die Ordnung der Welt, wie man sie bis dahin kannte, umstürzen und in einen neuen und unsicheren Zustand versetzen würde. Im Gegenzug hatte die freigesetzte Kultur keinerlei Veranlassung, auf diese Sorge, der Pascal noch einmal exemplarisch Ausdruck verliehen hat, Rücksicht zu nehmen. Einmal etabliert, konnte der Kultur gar nicht daran gelegen sein, sich nachträglich mit Zu-

ständen auszusöhnen, in denen kein Platz für sie gewesen war und man nichts mit ihr hatte anfangen können. Dass schließlich die westliche Kultur darauf verfallen ist, die Welten der Vergangenheit und allen voran die Welt der Griechen wie selbstverständlich als ›Kulturen‹ anzusprechen und, wie zuletzt noch einmal Christian Meier (2009) und Robin Lane Fox (2011), als ihre eigenen Vorläufer in Anspruch zu nehmen, war (ideenpolitisch) eine Annektion und (ideengeschichtlich) ein Anachronismus. Der charakteristisch neuzeitliche Begriff der Kultur betont und bejaht genau das, was die Kosmoswelt der Antike niemals hatte sein, geschweige denn anerkennen wollen.

Tatsächlich setzt die Emanzipation der Kultur eben jenen Austausch der Erwartungshintergründe voraus, der mit dem Übertritt in die Neuzeit vollzogen war. Mit der Vorgabe Platons, dass der Demiurg den Kosmos als »ein möglichst vollkommenes Lebewesen aus den vollkommenen Bestandteilen« habe entstehen lassen (*Timaios* 32d-33a; vgl. Hofmann 2001), der alle Elemente vollzählig enthalte, war einst ein Verpflichtungszusammenhang gestiftet worden, der die daseinserhaltende Aktivität des Menschen auf das Ziel der Wiederherstellung festlegte. Allem menschlichen Streben war sein Telos vorgegeben: die Restitution dieser ursprünglich vollkommenen, nur vorübergehend dem Blick entschwundenen Welt.

Die Neuzeit kehrt dieses Verhältnis um, indem sie das Paradox der Vollkommenheit ausspricht (vgl. Tatarkiewicz 2007), wonach wahrhaft vollkommen nur sein kann, was die Möglichkeit der weiteren Vervollkommnung offen lässt und deshalb aktuell unvollkommen sein darf. Aus der Sicht Rousseaus ist allerdings selbst dieser Einwand gegen die ursprüngliche Selbstgenügsamkeit der Kosmosnatur nicht radikal genug gewesen. Rousseau vollzieht den vollständigen Bruch mit den platonisierenden Restitutionsmodellen, wie sie noch die frühe Neuzeit kennt, indem er grundsätzlich der Erwartung widerspricht, dass die Kultur in der Lage sei, den Ausfall der Kosmoswelt zu kompensieren. Rousseaus vielzitierte Kritik der Kultur gilt weniger dieser selbst als ihrer Unfähigkeit, für dasjenige vollwertigen Ersatz zu bieten, was durch ihr Erscheinen für alle Zeit verdrängt worden war. Der ursprünglichen Einsicht Rousseaus zufolge, die immer wieder und doch (vgl. Konersmann 2008, 100–106) voreilig als Fundamentalkritik verstanden wird, ist die Welt des Menschen *wesentlich* unvollkommen und außerstande, den Zustand der Vollkommenheit zu erreichen. Anders als die Logiken der Kunst, der Geschichte und der Erziehung kennt die Logik der Kultur die Forderung des Plus ultra nicht. Für sie bleibt, ungeachtet all ihrer Steigerungen und Aufschwünge, Imperfektibilität das letzte Wort. Die Vollkommenheit, schreibt Rousseau 1758 in seinem *Brief an d'Alembert*, sei eine Chimäre, und erreichbar nur das Bestmögliche (*le mieux possible*; 1978, 447).

Die Genese der Kulturphilosophie, des Faches ebenso wie des Begriffs, setzt Rousseaus Skepsis gegenüber Vollkommenheitserwartungen voraus. Konsequent ist auch Ernst Cassirer dieser Linie gefolgt und hat den Austritt der Kultur aus dem Geltungszusammenhang der Kosmoswelt sowohl gegenüber der positivistischen Wissenschaftsutopie eines Ernest Renan (vgl. Cassirer, ECW 22, 161) als auch gegenüber dem Tragödienbefund Georg Simmels mit der gebotenen Nüchternheit ins Recht gesetzt: Nur eine Kultur, der es gelinge, sich vom Anspruch der Idealität und der, wie noch Simmel schreibt, »letzterreichbaren Vollendung« (GSG 14, 400; s. a. GSG 8, 365–368) zu lösen, werde dahin kommen, ein realistisches Bild ihrer selbst zu gewinnen. Die Kultur, resümiert Cassirer, »ist kein einfaches Geschehen, kein ruhiger Ablauf, sondern sie ist ein Tun, das stets von neuem einsetzen muß, und das seines Zieles niemals sicher ist« (ECW 24, 267). Mit dieser ernüchterten Prognose schließt sich der Kreis, der die gesamte, zwei Jahrtausende währende Genealogie überspannt. Nur einem Verzichtsethiker wie Seneca war es einst möglich gewesen, die Bildungspotentiale der *ars* vorbehaltlos anzuerkennen und überhaupt erstmals zu einem positiven, nicht von vornherein durch das Wissen um die Verfehlung des Vollkommenheitsanspruchs getrübten Vorverständnis der Kultur zu finden.

2. Die Ethik des einsichtsvollen Verzichts und die Öffnung zur Kontingenz sind folgenreich, denn sie verändern den Anspruch der Theorie und mit ihm die philosophische Kultur. Cassirer, der sich in dieser Hinsicht am weitesten vorgewagt hat, bezeichnet die Kulturphilosophie als die vielleicht fragwürdigste und am meisten umstrittene Disziplin der Philosophie (vgl. ECN 5, 29 f. u. ECW 22, 141).

Der vorliegende Durchgang illustriert die Tragweite dieser auch philosophisch noch kaum ermessenen Einsicht. So wenig wie die Geschichts- oder die Sprachphilosophie ist auch die Kulturphilosophie mehr als bloß eine Erweiterung ihres Faches. Ihre institutionelle Einführung wirkt auf die Philosophie als Ganze zurück und kehrt – man muss das so deutlich sagen – das Unterste zuoberst. Indem sie die Bedingungen der herkömmlichen Kulturverleugnung ans

Licht zieht, unterläuft sie zugleich deren Effizienz und weist den alten, von der radikalen Kulturkritik in die Moderne getragenen Heteronomieverdacht zurück. Diese Kulturphilosophie blickt nicht, wie einst Marc Aurel, unbetroffen und »von einem höheren Standpunkte aus« auf die Welt des Menschen (vgl. Konersmann ^{3}2011); sie ist in ihre Gegenstandswelt verstrickt und agiert, im Sinne Cassirers, als »Kritik der Kultur«. Sie weiß sich als Teil der kulturellen Innenwelt, mit der sie sich auseinandersetzt. Allein mit diesem Bekenntnis zur Immanenz und zur Unvollkommenheit der Kultur untergräbt sie das Desinteresse der Metakultur an sich selbst, ihr tief verankertes Ptolemäertum: das Selbstbild einer Kultur, deren Vollkommenheitsphantasien sie dazu verleitet haben, immer schon mehr und anderes sein zu wollen als bloß Kultur. Indem die Kulturphilosophie sich dieser Imaginationen der Steigerung und Selbstüberbietung annimmt, verwirklicht sie sich als Deskription und Systematik, aber ebenso, mit der glücklichen Formulierung Freuds, als »Pathologie der kulturellen Gemeinschaften« (1974, 269).

Eine Philosophie, die sich auf das Thema der Kultur einlässt, wird nicht mehr ganz dieselbe sein. Für die Verbindung von Selbstkritik und Kulturoffenheit, für die Hinwendung zu den »irdischen Verhältnissen« muss sie den Preis zahlen, den zu entrichten sich die idealistischen Traditionslinien des Faches seit Platon geweigert haben, und mit der Vorläufigkeit ihrer Einsichten ein Auskommen finden. Während die klassische Metaphysik als Beobachterin einer stehenden Ewigkeit auftrat, deren Unangreifbarkeit sie auf ihre Aussagen übertrug und für ein Wissen in Anspruch nahm, das sie als Prinzipienwissen präsentierte, verwirklicht sich die Kulturphilosophie als ein Denken in Bewegung: als »Philosophie nach der Philosophie« (Konersmann 2011b). Was unsere Erwartungen und Perspektiven, was unsere Überzeugungen und Imaginationen, was unsere Weltmodelle und Begriffe angeht, so haben wir noch kaum damit begonnen zu begreifen, was es heißt, dass die Welt für uns von jeher und für immer ausschließlich eine menschliche Welt ist – dass die Kultur ein Erstes und Einziges ist und wir in allem, was wir tun und lassen, in ihre Horizonte eingebunden sind.

Literatur

Auerbach, Erich: Giambattista Vico und die Idee der Philologie. In: Ders.: *Philologie und Weltliteratur. Sechs Versuche über Stil und Wirklichkeitswahrnehmung.* Frankfurt a. M. 1972.

Behler, Ernst: *Unendliche Perfektibilität. Europäische Romantik und Französische Revolution.* Paderborn 1989.

Blumenberg, Hans: *Die Legitimität der Neuzeit.* Frankfurt a. M. ^{2}1988.

–: *Ein mögliches Selbstverständnis. Aus dem Nachlaß.* Stuttgart 1996.

Cassirer, Ernst: *Versuch über den Menschen. Einführung in eine Philosophie der Kultur.* Frankfurt a. M. 1990 (engl. 1944).

–: *Nachgelassene Manuskripte und Texte.* Hg. von Klaus Christian Köhnke, John Michael Krois und Oswald Schwemmer. Hamburg 1995 ff. [ECN].

–: *Gesammelte Werke. Hamburger Ausgabe.* Hg. von Birgit Recki. Hamburg 1998 ff. [ECW].

Coulmas, Peter: *Weltbürger. Geschichte einer Menschheitssehnsucht.* Reinbek 1990.

Freud, Sigmund: *Kulturkritische Schriften.* Frankfurt a. M. 1974.

Gadebusch Bondio, Mariacarla (Hg.): *Die Hand. Elemente einer Medizin- und Kulturgeschichte.* Berlin 2010.

Gessmann, Martin: Was ist Kulturphilosophie? In: *Philosophische Rundschau* 55 (2008), 1–23.

Hofmann, Thomas Sören: Art. Vollkommenheit. In: *Historisches Wörterbuch der Philosophie.* Hg. von Joachim Ritter, Karlfried Gründer und Gottfried Gabriel. Basel 2001, Bd. 11, 1115–1132.

Konersmann, Ralf: *Kulturkritik.* Frankfurt a. M. 2008.

–: Kulturkritik und Wiederherstellungserwartung. In: *Zeitschrift für Literaturwissenschaft und Linguistik* 161 (2011a), 59–76.

–: Zuletzt und verspätet. Hans Blumenbergs Beschreibung des Menschen als Kulturphilosophie. In: *Erinnerung an das Humane. Beiträge zur phänomenologischen Anthropologie Hans Blumenbergs.* Hg. von Michael Moxter. Tübingen 2011b, 227–240.

–: Übersicht. In: *Wörterbuch der philosophischen Metaphern.* Hg. von Ralf Konersmann. Darmstadt ^{3}2011, 491–504.

Lane Fox, Robin: *Reisende Helden. Die Anfänge der griechischen Kultur im homerischen Zeitalter.* Stuttgart 2011 (engl. 2008).

Meier, Christian: *Kultur um der Freiheit willen. Griechische Anfänge – Anfang Europas?* München 2009.

Müller, Reimar: *Anthropologie und Geschichte. Rousseaus frühe Schriften und die antike Tradition.* Berlin 1997.

Passmore, John: *Der vollkommene Mensch. Eine Idee im Wandel von drei Jahrtausenden.* Stuttgart 1975 (engl. 1970).

Pöhlmann, Egert: Der Mensch – das Mängelwesen? Zum Nachwirken antiker Anthropologie bei Arnold Gehlen. In: *Archiv für Kulturgeschichte* 52 (1970), 297–312.

Rousseau, Jean-Jacques: Brief an d'Alembert über das Schauspiel [1758]. In: Ders.: *Schriften.* Hg. von Henning Ritter. München/Wien 1978, Bd. 1, 333–474.

–: Vom Geselligkeitszustand des Menschengeschlechts überhaupt [ca. 1759]. In: Ders.: *Schriften zur Kulturkritik.* Hg. von Kurt Weigand. Hamburg 1983, 284–301.

–: *Emil oder über die Erziehung* [1759]. Paderborn ^{4}1978.

Simmel, Georg: *Gesamtausgabe.* Hg. von Otthein Rammstedt. Frankfurt a. M. 1989 ff. [GSG].

Steinmann, Michael: Kulturphilosophie als praktische Philosophie. In: *Philosophische Rundschau* 51 (2004), 53–74.

Tatarkiewicz, Władysław: Über die Vollkommenheit. In: *Zeitschrift für Kulturphilosophie* 1 (2007), 109–164.
Vico, Giambattista: *Liber metaphysicus* [1710]. Hg. von Stephan Otto. München 1979.

Ralf Konersmann

2. Kultur und Kulturbegriff

Unser modernes Substantiv ›Kultur‹ leitet sich vom lateinischen *cultura* (Ackerbau) ab und wird seit dem späten 17. Jahrhundert als Gegenbegriff zur Natur und zum Naturzustand verwendet. Der vielschichtige Begriff Kultur bezeichnet (1) die *von Menschen gemachte Welt* der Äußerungen, Zeichen, Artefakte, Handlungen und Institutionen (im Gegensatz zur Natur als dem Bereich dessen, was aus sich selbst heraus geworden ist), (2) die *Praktiken der Hervorbringung* dieser Welt, (3) die *Kultur eines Volkes*, und damit den je besonderen Sinnhorizont, in dem die Menschen einer Epoche und/oder Region sich selbst und ihre Welt verstehen, (4) *Kultiviertheit*, und damit den *Steigerungsmodus einer Lebensform*, der sie über das Niveau ihrer materiellen Selbstreproduktion heraushebt.

Kaum ein anderer Begriff war im Laufe seiner Geschichte derart überdeterminiert und umstritten wie derjenige der Kultur. Bestimmte Bedeutungsschichten werden in einzelnen Phasen dieser Geschichte so prominent, dass sie ihn regelrecht zu definieren scheinen, um in anderen Phasen wieder ganz aus dem Umfang des Begriffs verbannt zu werden. Man könnte von unserem aktuellen Kulturbegriff als einem Archiv semantischer Kämpfe sprechen, wobei die in den Kämpfen unterlegenen Fraktionen nach wie vor in einer Art Unterbewusstsein des Begriffs präsent bleiben. Darüber hinaus ist der Kulturbegriff mit einem komplizierten Netz von Stellvertreter-, Ersatz- und Gegenbegriffen verwoben, die er aus sich entlässt oder in sich aufnimmt, gegenüber denen er sich öffnet oder abgrenzt und mit denen er immer wieder bestimmte Bedeutungsanteile austauscht. In der Antike und im Mittelalter gehören zu diesen begrifflichen Nebenwegen Konzepte wie *cultus*, *civilitas*, *humanitas*, *urbanitas* und *romanitas* im Hochmittelalter und in der Renaissance gesellen sich *cortesia*, *nobilità* und *civilità* hinzu, im 18. Jahrhundert ›Bildung‹, ›Aufklärung‹ und ›Zivilisation‹. Im 19. und 20. Jahrhundert schließlich explodiert die Zahl der Begriffe und Konzepte, die sich um das Kulturkonzept lagern, sich mit ihm hybridisieren und austauschen. Das Ziel dieses Beitrags kann insofern nicht darin bestehen, eine eigentliche oder gar ursprüngliche Bedeutung des Kulturbegriffs freizulegen. Die Vielschichtigkeit des Kulturbegriffs hat eine Reihe von Autoren dazu bewogen, die Einheitlichkeit des Begriffes überhaupt in Frage zu stellen. Ein häufig geäußerter, nominalistischer Verdacht lautet, dass sich hinter dem einen Begriff ›Kultur‹ eine Reihe verschiedener, nicht aufeinander reduzierbarer Inhalte verberge (etwa die Begriffe von Kultur als heuristischem Konzept, sozialer Struktur und innovatorischer Praxis), die nur im Sinne einer Familienähnlichkeit aufeinander zu beziehen seien.

Von der Antike bis zur frühen Neuzeit

Das klassische Griechenland kennt noch keine direkte Entsprechung des neuzeitlichen Kulturbegriffs. Die erstmals von Sokrates ausgesprochene kulturelle Forderung, sich um die eigene Seele zu sorgen, musste seinen Zeitgenossen eigentümlich vorkommen, da die mit dieser Aufforderung implizierte Spaltung der Welt und des Menschen in intelligible und körperliche Anteile dem griechischen *phýsis*-Denken zuwiderläuft. Das Substantiv *phýsis* lässt sich durch das lateinisch-neuzeitliche Konzept einer *natura* nur sehr unzureichend übersetzen. *Phýsis* steht vielmehr für eine Einheit der neuzeitlichen Begriffe Natur und Kultur. Gemäß der (bereits vor Aristoteles der Sache nach bekannten) Entelechie-Lehre meint *phýsis* kein Sein, sondern ein Werden, den Weg einer Entwicklung oder Bildung. Den griechischen *kosmos* durchwaltet ein Streben, das sich unterschiedslos auf alle Bereiche des Seins bezieht. Der Prozess einer Verwirklichung, Bildung, Entwicklung oder Steigerung bleibt nicht nur einer spezifisch menschlichen Welt vorbehalten.

Die platonische Philosophie treibt einen Keil in diese ursprüngliche Kontinuität. Erst die genuin philosophischen Unterscheidungen von *psychè* und *sóma*, *epistéme* und *dóxa* sowie *morphè* und *hýle* machen ein Denken von Kultur als separater Sphäre möglich. Für das vorplatonische Denken fällt die Sphäre der Kultur im neuzeitlichen Sinne dagegen noch nicht aus der Kontinuität des Seins heraus. Die griechischen Autoren kennen Kultur nicht als separaten Bereich des Seins, sondern nur als Kultivierung, als Prozess: *exemérosis* (Zähmung der Begierden), *ergasía* (Erwerb eines Verdienstes), *paideúsis* oder *paideía* (Bildung, Erziehung). Kultur als Zustand nennen sie *ho eméros bios* (*Gezähmtheit des Lebens*), *he eméros diaita* (Gezähmtheit der Lebensweise bzw. -führung) oder *he paideía* (Ergebnis der Bildung). Die *paideía* der Philosophie vor Sokrates orientierte sich dabei wesentlich am rhetorischen Ideal des *eu legein*, des Gut-Sprechens und Sich-Bewährens im öffentlichen Diskurs. Erst seit Sokrates richtet sich *paideía* auf die *psychè* eines privaten Individuums. *Paideía* geht auf das Verb *paideúein* (erziehen, bilden) zurück, welches sich nicht nur aktivisch und passivisch gebrauchen lässt, sondern auch die dem Lateinischen und den modernen Sprachen fremde, sich zwischen Aktiv und Passiv situierende Form des Medium zulässt. Das Medium I würde in deutscher Übersetzung lauten ›ich erziehe mir‹, das Medium II ›ich erziehe mich‹. Die griechische Grammatik begünstigt damit die Denkmöglichkeit einer Selbstkultivierung, einer Tätigkeit, die zwischen Aktiv und Passiv angesiedelt ist. Das Ergebnis dieser Selbstkultivierung wäre die *paideía* im Sinne von Gebildetheit oder Wohlerzogenheit. Eine solche Selbstkultivierung wäre weder eine passiv erlittene Widerfahrnis, noch eine aktive Handlung. *Paideía* erscheint vielmehr abhängig von einem Tun, das etwas zulässt, einem medialen Tun.

Die kulturelle Praxis steht in der griechischen Antike für ein lassendes oder zulassendes Tun. Die *phýsis*, die bereits aus sich heraus in eine bestimmte Entwicklungsrichtung tendiert, muss, um sich entwickeln zu können, gelassen werden. Das Zulassen ihrer je eigenen Tendenz bedeutet gleichzeitig ein partielles Auslassen derjenigen Elemente des *paideúein*, die der jeweiligen Entwicklungstendenz der *phýsis* entgegenstehen könnten. Der *paideía* korrespondiert somit eine Praxis, die sich selbst auszulassen bereit ist, die sich in der Selbstauslassung des Eigenen und dem Zulassen des Anderen über sich selbst zu erheben und in dieser Bewegung erst zu sich selbst zu kommen vermag; dieser Gedanke, der bereits die Methodologie der sokratischen Maieutik und Dialektik vorwegnimmt, zieht sich durch das Unbewusste des Kulturbegriffs bis ins 20. Jahrhundert, wo er in Georg Simmels hegelianisierender Definition der Kultur als den durch eine radikale Entäußerung führenden Weg der Seele zu sich selbst aktualisiert und mit begrifflichem Bewusstsein ausgestattet wird. Kultur wäre so verstanden der Sonderfall einer nicht-intentionalen, nicht-instrumentellen Praxis.

Als weiterer griechischer Vorläufer unseres Kulturbegriffs kann *téchne* (Kunst, Kunstfertigkeit, Handwerk) gelten, was aus heutiger Sicht verwundern mag, da Technik in der Neuzeit häufig als direktes Gegenkonzept zu *Kultur* verwendet und eher der *Zivilisation* zugeschlagen wird (wobei die Antithese von *Kultur* und *Zivilisation* nur im deutschen Sprachraum anzutreffen ist und erstmals von Kant formuliert wurde). Technik gilt dann als Inbegriff von Standardisierungen, denen gegenüber Kultur als ein Residuum nichtstandardisierbaren, spontanen

Lebens aufgeboten wird. Wie *paideía* begreifen die Griechen allerdings auch *téchne* als Medium einer Steigerung. Die *téchne* wird dabei nicht nur den unbelebten Bereichen des Seins vorbehalten, sondern lässt sich als *téchne to biou* auch auf das menschliche Leben selbst beziehen.

Das lateinische Substantiv *cultura*, abgeleitet von *colere*, knüpft an die dargestellten Bedeutungen von *téchne* und *paideía* an. Das Verbum *colere* kann zunächst mit *drehen, wenden*, ferner mit *bewohnen* (*incolere, habitare*), im weiteren Sinne aber auch mit *sorgen, pflegen* und *bebauen* (*curare, tractare, diligere*) wiedergegeben werden. Der erste sprachgeschichtliche »Bewohner« eines Ortes, der diesen Ort damit zum kultivierten Ort macht, ist ein Gott. Der kulturelle Ort ist also ursprünglich der heilige Ort, der von Göttern geschützte und bewohnte Ort. Dieser Aspekt der Geschichte des Begriffs hat bis heute in der Wertdimension von Kultur überdauert. Die Auszeichnung von Phänomenen, Handlungen oder Menschen als *kulturelle* wertet diese gegenüber ihren nichtkulturellen Entsprechungen auf, verleiht ihnen eine höhere ontologische Dignität. Die erste Drehung oder Wendung, die sich sprachgeschichtlich mit *colere* verbindet, ist also die Wendung des Profanen zum Heiligen, das Urbild jeder Steigerung.

Auch die Tatsache, dass das Substantiv *cultura* mit *colere* etymologisch auf ein Verb zurückgeht, bleibt im Unbewussten des Begriffs präsent, so dass antiobjektivistisch ausgerichtete Autoren unserer Zeit an die im wörtlichen Sinne *verb*ale Geschichte des Kulturbegriffs erinnern und sie gegen alle Substantivierungen des Begriffs stark machen können. Das lateinische Substantiv *cultura* bleibt als *substantivum actionis* noch eng an seine verbale Wurzel gebunden. Erst das 18. Jahrhundert thematisiert Kultur vollständig als Objekt.

Cultura selbst bedeutet zunächst Bebauung, Bestellung und Pflege. Etwa seit Cicero umfasst *cultura* dabei die Tätigkeit des Landwirts ebenso wie den *Boden*, den er bebaut. Kultur erscheint somit als Einheit ihrer selbst und ihres Anderen. Sie ist nur möglich auf der Grundlage von nicht bereits Kultiviertem. Kultur lässt sich nicht als Objekt in Besitz nehmen, sondern muss im Moment des Kultivierens (des Pflegens) immer wieder neu hervorgebracht werden. Das Andere, was nicht Kultur ist, die Wildnis oder das Brachland, gilt gleichzeitig als konstitutiver Bestandteil der Kultur. Kultur steht der Nichtkultur nicht einfach räumlich gegenüber, sondern bleibt auf das Nichtkulturelle als auf ihr heimliches Zentrum verwiesen.

Kultur verkörpert für die Römer eine Praxis, die auf eine ihr selbst externe Natur angewiesen bleibt. Die ursprüngliche kulturelle Handlung verwandelt (*wendet*) Natur in Ackerland. Von Natur lässt sich sinnvoller Weise erst dann sprechen, wenn sie von etwas abgehoben werden kann, was nicht mehr selbst Natur ist. Natur und Kultur sind also gleichursprünglich, ihr Unterschied wird nie zu einem absoluten. Kultur liegt gerade darin, der Entwicklung der Natur eine bestimmte Richtung zu geben, was gleichzeitig heißt, ihr etwas vom Ihrigen zu lassen. *Cultura* verändert etwas, das nicht selbst schon Kultur ist, ohne es einfach zu verdrängen. Ein wichtiges Sinnbild der Kultur war insofern immer schon der Garten. Er umfasst ein Stück Natur, das gleichzeitig der Natur abgerungen wurde. Eine Kulturkritik à la Rousseau wäre in der Antike undenkbar, da Natur und Kultur noch zu sehr aufeinander verwiesen sind, als dass sie gegeneinander ausgespielt werden könnten.

Weiterhin lässt sich *cultura* auch als *Verehrung* (*veneratio*) übersetzen. Auch hierin drückt sich der Wertaspekt von Kultur aus. Das Kultivierte wird immer gegenüber einem Nichtkultivierten aufgewertet. Bereits der Gott, der einen Ort bewohnt und diesen in seinem Bewohntwerden kultiviert, *beehrt* ihn, verleiht ihm Ehre. Insbesondere die christlichen Autoren der Spätantike verwenden *cultura* zumeist im Sinne von *Verehrung*, wenn sie von *cultura dei* oder *cultura deorum* sprechen. Im Mittelalter finden sich dann Wendungen wie *cultura Christi, cultura christianae religionis, cultura idolorum* und *cultura daemonum*.

Die bekannteste (und wirkungsmächtigste) Stelle des römischen Kulturdenkens findet sich bei Cicero: »*cultura autem animi philosophia est*« (Cicero: *Tusculanae Disputationes* II, 5, 13). Philosophie wird hier als *Kultur des Geistes* oder *der Seele* bestimmt. Diese, Philosophie und Kultur in eine große Nähe rückende Definition hat weitreichende Konsequenzen für jede Philosophie der Kultur. Der »Gegenstand« der Kulturphilosophie lässt sich philosophisch nie vollständig vergegenständlichen, da er bereits in der Philosophie selbst anwesend ist; jede Philosophie kann als eine spezifische Gestalt von Kultur gedacht werden. Philosophie steht im gleichen Maße im Kontext einer Kultur, wie andererseits jeder Kultur ein philosophisches (d. h. deutendes) Moment zukommt. Im Rahmen einer Kultur legt sich eine Welt selbst aus. Aus diesem Grund hält sich Philosophie traditionell eng an Kultur: an das Verständnis, das die Phänomene in der Kultur immer schon von sich selbst besitzen und artikulieren. Vollständig verobjektivieren kann sie Kultur aber nie, da sie selbst Kultur ist.

Ausgehend von Cicero, der das Gedankengut der mittleren Stoa in Rom bekannt macht, entwickeln die jüngeren Stoiker (Seneca, Epiktet und Marc Aurel) den Gedanken der *cultura animi* fort. Insbesondere bei Seneca finden sich eine ganze Reihe von Wendungen, die um das spezifisch kulturelle Selbstverhältnis kreisen: *se formare, se sibi vindicare, se facere, se ad studia revocare, sibi applicare, suum fieri, in se recedere, ad se recurrere, secum morari*. In den beiden ersten Jahrhunderten der Kaiserzeit wird in Rom eine Ethik der Selbstsorge und Lebensführung ausgearbeitet, die, worauf insbesondere Michel Foucault hingewiesen hat, nicht im Sinne neuzeitlicher Pflichten verstanden werden sollte, sondern eng an die Maxime geknüpft war, mit der eigenen *phýsis* in Einklang zu leben. Diese Ethik der Selbstsorge vollzieht sich als *cura sui*, als *Sorge um sich*, die das Leben des Einzelnen in einen Prozess des Lebenlernens verwandelt. Das Ziel der Selbstsorge liegt für die Stoiker weniger in einer Unterdrückung oder gar Ausmerzung der Affekte, sondern in deren Distanzierung. Die Stoiker fordern keinen Verzicht auf das eigene Begehren, sondern eine Kultur des Umgangs mit dem Begehren, die Fähigkeit, am eigenen Begehren festzuhalten, ohne sich von ihm abhängig zu machen. Auch in diesem Kontext wird der mediale, nichtinstrumentelle Charakter der kulturellen Praxis deutlich.

Das Genitiv-Attribut (*cultura animi, ingenii, litterarum, dei* usw.), an das *cultura* als an ihr konstitutives Anderes seit Cicero gebunden bleibt, soll den Kulturbegriff erst auf der Schwelle vom 17. zum 18. Jahrhundert verlassen. Es drückt implizit zwei entscheidende Aspekte von Kultur aus: Zum einen macht es darauf aufmerksam, dass Kultur auf einem Fundament ruht, welches ihr vorausgeht und welches sich durch ihre Tätigkeit hindurch steigert und entfaltet. *Cultura* wird somit zu einer Tätigkeit, die nie abgeschlossen werden kann, die immer auf etwas verwiesen bleibt, was nicht vollständig in ihrem Begriff aufgeht. Zum anderen macht das Genitivattribut deutlich, dass Kultur wesentlich eine *Tätigkeit* ist. Dass dieses Verständnis von Kultur bis ins frühe 17. Jahrhundert hinein leitend bleibt, beweist das Werk Francis Bacons. Bacon übersetzt den Terminus *cultura animi*, den er in seiner lateinischsprachigen *Ethik* verwendet, in der englischen Version aus dem Jahre 1605 abwechselnd mit den Begriffen *culture of the mind* und *practice*. Bis ins frühe 17. Jahrhundert gilt Kultur also primär als eine Praxis.

Neben *cultura* gehen noch zwei andere lateinische Termini auf das Verb *colere* zurück: das Substantiv *cultus* und das Verb *excolere*. *Cultus*, das Participium von *colere*, kann als Parallelbegriff von *cultura* gelesen werden. Es bedeutet *Pflege, Schmücken, Gepflegtheit* und *Pracht*. Im *cultus* verdichtet sich der sakrale Gehalt der *cultura*. In vergleichbarer Weise potenziert das Verb *excolere* die Bedeutung von *colere*: Es bedeutet nicht einfach nur *pflegen*, sondern *verbessern, bilden, ausschmücken, höherentwickeln*. Während der Ausdruck *cultura animi* in der gesamten römischen Antike nur an der einen, bereits erwähnten Stelle bei Cicero vorkommt, findet sich die Zusammensetzung *excolere animum* häufig. Daneben lassen sich auch an vielen Stellen die Zusammensetzungen *excolere mentes, ingenia, linguam, eloquentiam* usw. belegen.

Vom 17. bis zum frühen 19. Jahrhundert

Das Mittelalter und die Renaissance fügen dem Kulturbegriff keine wesentlich neuen Konnotationen hinzu. Im Mittelpunkt steht nun die bereits erwähnte Bedeutungsschicht der Verehrung. Erst gegen Ende des 17. Jahrhunderts zeichnet sich ein radikaler Bedeutungswandel der *cultura* ab. Dieser Wandel wird in der begriffsgeschichtlichen Forschung wesentlich mit dem Namen des Frühaufklärers und Naturrechtlers Samuel Pufendorf in Verbindung gebracht. Pufendorf substantialisiert den Kulturbegriff, indem er *cultura* von ihrem Genitiv-Attribut löst. Ab-solut (d. h. losgelöst vom Genitiv-Attribut) wird Kultur erstmals in Pufendorfs *Epistola ad Boineburgium* aus dem Jahre 1663 verwendet. Kultur bezeichnet hier den sittlichen *Zustand* einer Kollektivität, der es ermöglicht, sie qualitativ von anderen Gemeinschaften abzuheben. Pufendorf verwendet *cultura* also im Sinne eines *status culturae*, der dem *status naturalis* qualitativ entgegen-, logisch aber gleichgestellt wird. In seinem Werk *Eris Scandia* aus dem Jahre 1686 schreibt Pufendorf: »Auf eine zweite Weise haben wir den Naturzustand des Menschen betrachtet, insofern er jener Kultur [*culturae*] gegenübergestellt wird, die zum menschlichen Leben aus der gegenseitigen Hilfe, dem Fleiß und den Erfindungen der anderen Menschen durch eigenes Nachdenken und Vermögen oder durch göttliche Anleitung hinzugekommen ist.« Zum neuen Inhalt des Kulturbegriffes werden nun alle Einrichtungen, die als Ergebnisse menschlicher Aktivitäten betrachtet werden können und nicht von Natur aus sind.

Zentral für den neuen Kulturbegriff wird mit Pufendorf das Moment der Gemeinschaft bzw. Kollektivität. Die *socialitas* gilt ihm als Fundament und wesentlicher Inhalt der Kultur. Kultur erscheint damit nicht länger als kultivierende Tätigkeit. Die Thematisierung von Kultur als Praxis wird zu Lebzeiten Pufendorfs abgelöst durch eine Thematisierung von Kultur als Substanz oder Struktur eines Volkes. Mit dem Anwachsen der Macht der Nationalstaaten im 18. Jahrhundert wächst auch deren definitorische Macht, die sich nicht zuletzt auch auf die Kultur erstreckt. Als Kultur beginnt sich nun die staatliche Gemeinschaft selbst zu definieren, von anderen Gemeinschaften abzugrenzen und die eigene Überlegenheit zu begründen.

Die Tendenz zur Substantialisierung der Kultur sah sich allerdings schon früh mit Gegentendenzen konfrontiert. Bereits Johann Christoph Adelung und Johann Gottfried Herder klagen erneut eine prozessurale und geschichtliche Dimension der Kultur ein. In seinem *Versuch einer Geschichte der Cultur des menschlichen Geschlechts* aus dem Jahre 1782 begreift Adelung Kultur als »Wandlungskontinuum«. In Herders *Ideen zur Philosophie der Geschichte der Menschheit* (1784–1791) wird Kultur als Fortschritt in der Entwicklung eines Volkes definiert, das einen vergleichbaren Weg der Aszendenz und Deszendenz durchläuft wie ein einzelnes Individuum. Einen Fortschritt erkennt Herder dabei nur *innerhalb* einer Kultur an, nicht dagegen in der Geschichte insgesamt. Herder kann damit als einer der ersten Autoren gelten, die eine konsequent kulturrelativistische erkenntnistheoretische Position formulieren. Träger der geschichtlichen Bewegung sind für Adelung und Herder weniger Individuen als vielmehr eine als kollektive Identität vorgestellte Kultur, die sich nach dem Modell eines menschlichen Lebenszyklus entfaltet. Im späten 18. und frühen 19. Jahrhundert, zur Zeit der deutschen Klassik und Romantik, wird Kultur dagegen wieder stärker auf die Selbstsorge und -steigerung einzelner Individuen bezogen; im engen Austausch mit dem Schwesterkonzept *Bildung* verwandelt sie sich hier partiell wieder von einem Seins- in einen Tätigkeitsbegriff zurück.

Vom späten 19. Jahrhundert bis heute

Am Ende des 19. Jahrhunderts gerät diese Nähe zur Bildung so weit in Vergessenheit, dass unter Kultur wieder primär die Summe der Lebensäußerungen eines Volkes verstanden wird. Zu dieser Zeit, in der eine Kulturphilosophie im strengeren Sinne entsteht, wenden sich eine ganze Reihe von Wissenschaftlern und Philosophen der Kultur zu. Neukantianismus, Neuidealismus, Kulturprotestantismus, Lebensphilosophie, Kulturanthropologie und Kultursoziologie treffen sich im Bemühen um eine Klärung des kulturellen *status quo*. Zum publizistischen Sammelbecken dieser verschiedenen Bewegungen wird die 1910 gegründete Zeitschrift *Logos. Internationale Zeitschrift für Philosophie der Kultur*. Im Beirat dieser Zeitschrift vereinten sich die renommiertesten Geisteswissenschaftler jener Zeit wie Rudolf Eucken, Otto von Gierke, Edmund Husserl, Friedrich Meinecke, Heinrich Rickert, Georg Simmel, Ernst Troeltsch, Max Weber, Wilhelm Windelband und Heinrich Wölfflin. Sie alle integrierten ihre vielfältigen Forschungen unter dem Obertitel *Kulturphilosophie*.

Von Windelband und Rickert, den Vätern der neueren Kulturphilosophie, wird Kultur um die Jahrhundertwende zunächst noch als Inbegriff des Kreativen, Spontanen und Individuellen begriffen, das sich gegenüber allen Versuchen einer kausalistischen und gesetzeswissenschaftlichen Erklärung sperrt. In Frontstellung gegen das naturwissenschaftlich dominierte Weltbild seiner Zeit interpretiert Rickert die Wirklichkeit als ein »heterogenes Kontinuum«, das mit gleichem Recht von Naturwissenschaftlern als Natur sowie von Kulturwissenschaftlern als Kultur beschrieben werden könne. Während sich die Welt dem (»nomothetischen«) naturwissenschaftlichen Blick als allgemeinen Gesetzen folgend präsentiere, stelle sie sich dem (»ideographischen«) Kulturwissenschaftler als Summe individueller Handlungen und Ereignisse dar, deren Eigensinn nur ein Verstehen gerecht würde, welches sie gerade nicht unter allgemeine Regeln zu subsumieren suchte. Der prozessuale und individualistische Kulturbegriff der ersten Generation des Neukantianismus verwandelt sich nach und nach zu einem objektivistischen Substanzbegriff.

Ernst Cassirer, der sich weit von der ideographischen Begründung des Kulturbegriffs im frühen Neukantianismus entfernt, fasst Kultur als Ensemble symbolischer Formen wie Sprache, Kunst, Mythos, Wissenschaft und Religion. In seiner *Philosophie der symbolischen Formen* (1923–1929) formuliert er Kants Frage nach dem Subjekt gleich einleitend in eine Frage nach der Kultur um: »Die Kritik der Vernunft wird damit zur Kritik der Kultur.« Das Subjekt verliert im 20. Jahrhundert seinen Status als Garant der Kohärenz des Universums. Die einheitsstiftende Leistung des transzendentalen Subjekts bei Kant wird bereits für die frühen Neukantianer durch die einheitsstiftende Funktion eines Feldes formaler wissenschaftlicher Regeln ersetzt. Der Neukantianismus formiert sich im späten 19. Jahrhundert zunächst als wissenschaftstheoretische Transformation der Kantschen Subjektphilosophie. Im weiteren Verlauf ihrer Entwicklung begreifen die Neukantianer Wissenschaft dann nur noch als ein spezifisches Segment in einem umfassenderen kulturellen Feld. Was in der Philosophie Kants die Kategorien leisten sollten, wird nun den symbolischen Formen wie Mythos, Sprache, Wissenschaft und Kunst aufgetragen: die Konstitution von Welt. Diese Beerbung des Kantschen Transzendentalismus führt zu einer Transzendentalisierung des Kulturbegriffs, die sich über Cassirer bis in die Kulturtheorien eines Clifford Geertz, eines Michel Foucault oder Pierre Bourdieu fortsetzt.

Die Wurzeln dieses Objektivismus weisen zurück in die Begriffspolitik des 19. Jahrhunderts. In seiner ersten *Unzeitgemässen Betrachtung* über *David Strauss. Der Bekenner und der Schriftsteller* charakterisiert Friedrich Nietzsche 1873 die für seine Zeit typische Kulturauffassung wie folgt: »Kultur ist vor allem Einheit des künstlerischen Stiles in allen Lebensäußerungen eines Volkes.« Dem militärischen Sieg über Frankreich im Deutsch-Französischen Krieg entspreche, so Nietzsches Rekonstruktion der öffentlichen Meinung seiner Zeit, kein kultureller Sieg: »Von einem Siege der deutschen Kultur [kann] aus den einfachsten Gründen nicht die Rede sein: weil die französische Kultur fortbesteht wie vorher, und wir von ihr abhängen wie vorher.« Die politische Forderung nach einer einheitlichen deutschen Nationalkultur findet ihren theoretischen Reflex in einem objektivistischen Kulturkonzept, welches durch drei Eigenschaften charakterisiert ist: Kultur gilt erstens als Einheits- oder Allgemeinbegriff, unter den Individuen und ihre Lebensäußerungen subsumiert werden. Als Einheit kann eine Kultur zweitens deutlich von anderen Kultureinheiten unterschieden werden. Jede andere Kultur ist gegenüber der eigenen Kultur radikal anders. Kultur ist drittens an ein Volk gebunden, hat also eine natürliche, außerkulturelle Grundlage. Diese unverfügbare Grundlage macht die Kultur zum unentrinnbaren Schicksal für die unter sie begriffenen Individuen.

Das objektivistische Kulturkonzept des späten 19. Jahrhunderts, das demjenigen Rickerts diametral entgegengesetzt ist, führte insbesondere über Oswald Spengler und Ernst Rothacker direkt in einen Kulturfaschismus. In seiner *Geschichtsphilosophie* (1934) bestimmt Rothacker »Kulturen als Lebensstile«. Die Gesamtheit der Kulturen bilde ein »Schienensystem der geschlossenen Stile« (37). Der Stil durchdringe alle Lebensäußerungen eines Volkes. »Auf die erlebte Lage als Ganzes antwortet« das Volk »mit Handlungen, die ihrerseits wieder in bestimmten Haltungen erfolgen. Schließlich hält es sich gegenüber dauernden Lagen in Dauerhaltungen, die wir Lebensstile nennen. In der Entfaltung und Durchprägung solcher Haltungen entstehen die großen, alle Weltweiten sich erschließenden und verarbeitenden Kulturstile.« (Ebd., 139) Aus seiner identitätslogischen Kulturdefinition leitet Rothacker eine höchst fragwürdige identitätslogische Norm ab: »Ein rassisch befriedigender Bevölkerungsdurchschnitt ist in dem Rassegemisch einzelner deutscher Stämme erreichbar nur durch die energischste Unterstützung aller eugenischen Maßnahmen, durch Formung und Zucht des im äußeren und inneren noch knetbaren jugendlichen Menschenmaterials im Geiste der rassisch besten Bestandteile seiner Erbmassen.« (Ebd., 147 f.)

Oswald Spenglers Hauptwerk *Der Untergang des Abendlandes. Umrisse einer Morphologie der Weltgeschichte*, dessen erster Band (*Gestalt und Wirklichkeit*) 1918 und dessen zweiter Band (*Welthistorische Perspektiven*) 1922 erscheint, rekonstruiert die Weltgeschichte als Folge von acht geschlossenen Hochkulturen: der indischen, chinesischen, ägyptischen, babylonischen, apollinisch-antiken, magisch-arabischen, altamerikanischen und faustisch-abendländischen Kultur. Eine neunte, die russische Kultur, sei im Entstehen begriffen und schicke sich an, die abendländische schon bald abzulösen. Die acht Hochkulturen entwickeln sich nach analogen, objektiven Gesetzen. Spengler beschreibt ihre Entwicklung in Metaphern der Jahreszeiten, des Menschenalters und der Metamorphose der Pflanzen: Kulturen werden geboren, reifen heran, erreichen eine Blütezeit, um daraufhin langsam zu verfallen und einer neuen Kultur Raum zu geben. Mit dem Abschluss ihres Entwicklungsprozesses treten die einzelnen Kulturen in einen nachgeschichtlichen Zustand ein. Vor- und Nachgeschichte ähneln sich; sie zeichnen sich durch einen formlosen »Kampf um die bloße Macht, um den animalischen Vorteil an sich« (Bd. 2, 59) aus. Die Nachgeschichte belegt Spengler auch mit dem Begriff der Zivilisation. Seine eigene, von den Ambivalenzen des gesellschaftlichen Modernisierungsprozesses und der Erfahrung des Ersten Weltkriegs geprägte Gegenwart deutet er als den Beginn einer solchen Zivilisation, die dem Untergang der antiken Welt im Alexandrinismus und Byzantinismus korrespondiere. Seinem zyklischen Geschichtsdenken liegt implizit eine dualistische, von Nietzsche inspirierte Metaphysik des Werdens und des Gewordenen, des Wirklichen und Möglichen, des Lebens und des Todes, der Zeit und des Raums zugrunde. Das Werden und das Mögliche auf Seiten der Kultur stehen dem Gewordenen und Wirklichen auf Seiten der Zivilisation gegenüber. Zivilisationen seien auskristallisierte Kulturen, die ihre immanenten Möglichkeiten durchgespielt, sich »vollendet« hätten. Das Symbol der Kultur sei die Zeit, das der Zivilisation der Raum. Auf Seiten der Kultur stehe das Leben, auf Seiten der Zivilisation der Tod. Mit seiner Diagnose der eigenen Zeit als Nachkultur oder Zivilisation liefert Spengler dem deutschen Bürgertum zum Ende des Ersten Weltkriegs eine ideologische Rechtfertigung seines Scheiterns. Die militärische Niederlage Deutschlands wird ihrer historischen Einmaligkeit entkleidet und zu einer weltgeschichtlichen Tendenz überhöht. Spengler prophezeit eine Apokalypse, verficht aber im gleichen Zuge einen heroischen Nihilismus, einen Appell zum Ausharren ausgewählter Einzelner, die sich dem kulturellen Niedergang entgegenstellen sollen. Er antizipiert mit diesem entpolitisierenden Blick eine Ideologie, die das Abendland zwischen 1933 und 1945 tatsächlich an den Rand des Untergangs bringen sollte.

Das Schlagwort ›Kultur‹ wird seit dem Ausgang des 19. Jahrhunderts von konservativen Autoren als Kompensationskonzept gegen die mit der gesellschaftlichen Modernisierung einhergehenden Sinn- und Freiheitsverluste in Anschlag gebracht. Die Entfremdungs- und Entwurzelungserfahrungen der Großstadtmenschen sollen durch eine Rückkehr zur Kultur im Sinne einer kohärenten, für alle verbindlichen Lebensform kompensiert werden. Kultur gilt in diesem Kontext als organischer Horizont von Symbolen und Werten, welcher die Integration der Einzelnen in die Gemeinschaft garantiert. Kultur soll mit anderen Worten Identität stiften unter Bedingungen der Fragmentierung, oder, paradox formuliert: Kultur soll ihr eigenes Ende kompensieren.

Georg Simmel gebührt das Verdienst, diesem restaurativen Kulturbegriff ein kritisches Konzept von Kultur entgegengesetzt zu haben, das auch und gerade heute noch anschlussfähig bleibt. *Kritisch* ist Simmels Kulturtheorie vor allem deshalb, weil sie nicht von einem historisch invarianten Wesen der Kultur ausgeht, sondern Kultur an eine sie allererst konstituierende Unterscheidung oder Differenz bindet: an die Unterscheidung von objektiver und subjektiver Kultur. Als objektive Kultur definiert er in seiner 1901 erschienenen *Philosophie des Geldes* die Summe kultivierter Phänomene wie, »Sprache, Sitte, Religion, Recht [...], Geräte, Verkehrsmittel, Produkte der Wissenschaft, der Technik, der Kunst« (Simmel 1989, 618). Davon unterscheidet er eine subjektive Kultur, die er als Selbstkultivierung in der Bearbeitung der objektiven Kultur beschreibt: als Weg der Seele zu sich selbst. Während die objektive Kultur die Gesamtheit dessen umfasst, was wir Menschen hervorbringen, steht die subjektive Kultur für die Praxis dieser Hervorbringung. Beide Seiten sind dialektisch aufeinander bezogen. Sie sind sich wechselseitig Bedingung der Möglichkeit und Unmöglichkeit, sie setzen sich wechselseitig voraus und bedrohen sich gegenseitig in ihrem Bestand. Subjektive und objektive Kultur umrahmen sich, sie bilden eine verwickelte Hierarchie, in der die eine Seite den Rand der anderen bildet. Objektive Kultur und subjektive Praxis werden somit entsubstantialisiert; sie konstituieren sich jeweils nur als der Rand des jeweils anderen. Der Rand taucht hier im Zentrum auf. Die objektiv-kulturellen Stationen, über die der subjektiv-kulturelle Weg führt, werden im Abschreiten dieses Weges ebenso transformiert wie das Subjekt. Nur wo es dem Subjekt gelingt, die objektive Kultur über ihre bisherigen Grenzen hinauszutreiben, vermag es sich auch als Subjekt selbst zu kultivieren. »Indem wir die Dinge kultivieren, [...] kultivieren wir uns selbst.« (Ebd.) Simmels Konzept einer Kultur als Praxis verortet Kultur also genau zwischen den als objektiv und subjektiv unterschiedenen Sphären. Kultur liegt für Simmel im subjektiven Umgang mit den objektiven Gütern. Subjekte existieren aus seiner Perspektive nicht an sich, sondern erscheinen als Resultate ihrer eigenen kulturellen Praxis. Das Subjekt findet dort seinen Platz, wo es ihm gelingt, die etablierte Ordnung der Symbole und Werte zu transformieren. Jedes kulturelle Wert- und Bedeutungssystem kann sich umgekehrt nur über subjektive Praxen seiner Transformation reproduzieren.

Vor dem Hintergrund der restaurativen Tendenzen des Kulturbegriffs, die besonders bei Rothacker und Spengler sichtbar wurden, wird deutlich, warum der Kulturbegriff im deutschen Sprachraum nach dem Zweiten Weltkrieg suspekt werden musste. Nicht nur politisch war er diskreditiert; ein objektivistischer Kulturbegriff büßt auch an semantischer Erschließungskraft ein in einer Zeit, in der Kulturen sich im Gefolge der Globalisierung immer weiter entdifferenzieren. Spätestens seit der Mitte des 20. Jahrhunderts hören die Nationen und Regionen zumindest in den westlich orientierten Gesellschaften auf, zum Träger kultureller Identität zu werden. In den sozial- und gesellschaftstheoretischen Debatten der Bundesrepublik dominieren insofern über einen langen Zeitraum andere Großbegriffe wie Gesellschaft, Sinn, Lebenswelt, System, Diskurs, Text und Medium, bis es in der Mitte der 1980er Jahre, angeregt durch eine verstärkte Rezeption der angelsächsischen *Cultural Anthropology* sowie der *Cultural* und *Postcolonial Studies,* zu einer Renaissance des Kulturbegriffs kommt. In den *Cultural Studies,* wie sie im Umfeld des *Birmingham Centre for Contemporary Cultural Studies (BCCCS)* vor allem von Raymond Williams und Stuart Hall in den 1960er Jahren begründet wurden, gilt Kultur als eigensinnige und tendenziell widerständige Praxis von Alltagsakteuren, deren Handlungen nicht einfach von kulturellen Codes determiniert werden. Alltagsakteure verfügen stattdessen über die Kraft, diese Codes ständig zu revidieren und neu zu konfigurieren. Kultur gilt hier wieder, wie bei Simmel, als schöpferische Tätigkeit.

Literatur

Adelung, Johann Christoph: *Versuch einer Geschichte der Cultur des menschlichen Geschlechts* [1782]. Leipzig 1800, Reprint Königstein 1979.

Brackert, Helmut/Wefelmeyer, Fritz (Hg.): *Naturplan und Verfallskritik. Zu Begriff und Geschichte der Kultur.* Frankfurt a. M. 1984.

–/– (Hg.): *Kultur. Bestimmungen im 20. Jahrhundert.* Frankfurt a. M. 1990.

Cassirer, Ernst: *Philosophie der symbolischen Formen.* Darmstadt [10]1994.

Cicero: *Gespräche im Tusculum (Tusculanae Disputationes).* Lateinisch und Deutsch. Hg. von Olof Gigon. Düsseldorf/Zürich 1992.

Geyer, Carl-Friedrich: *Einführung in die Philosophie der Kultur.* Darmstadt 1994.

Hansen, Klaus P.: *Kultur und Kulturwissenschaft. Eine Einführung.* Tübingen/Basel 1995.

Herder, Johann Gottfried: *Auch eine Philosophie der Geschichte zur Bildung der Menschheit.* Stuttgart 1990.

Konersmann, Ralf (Hg.): *Kulturphilosophie.* Leipzig 1996.

–: *Kulturelle Tatsachen.* Frankfurt a. M. 2006.

–: *Kulturphilosophie zur Einführung.* Hamburg [2]2010.

Kroeber, Alfred L./Kluckhohn, Clyde: *Culture. A Critical Review of Concepts and Definitions.* Cambridge, Mass. 1952.

Nünning, Ansgar/Nünning, Petra: *Einführung in die Kulturwissenschaften. Theoretische Grundlagen – Ansätze – Perspektiven.* Stuttgart/Weimar 2008.

Perpeet, Wilhelm: *Kulturphilosophie. Anfänge und Probleme.* Bonn 1997.

Reckwitz, Andreas: *Die Transformation der Kulturtheorie. Zur Entwicklung eines Theorieprogramms.* Weilerswist 2000.

Rothacker, Erich: *Geschichtsphilosophie* [1934]. In: *Handbuch der Philosophie.* Abt. IV. Hg. von Alfred Baeumler und Manfred Schröter. München/Berlin 1934.

Simmel, Georg: *Die Philosophie des Geldes* [1901]. In: Ders.: *Gesamtausgabe.* Hg. von Otthein Rammstedt. Bd. 6. Frankfurt a. M. 1989.

Spengler, Oswald: *Der Untergang des Abendlandes* [1918/22]. München 1924.

Andreas Hetzel

3. Kulturwissenschaft

Überzeugungen von der Autonomie der Kultur gegenüber biologischen Determinationen reichen bis ins 19. Jahrhundert zurück, etwa zu Émile Durkheims Konzipierung des Sozialen als eines Bereichs sui generis. Kulturen unterliegen nicht nur den Naturbedingungen, sondern auch umgekehrt: Sie passen Naturbedingungen an kulturelle Erfordernisse an. Diese für die Spezies Mensch charakteristische Drehung beruht auf einer anthropologischen Universalie: Der Mensch ist von Natur aus ein Kulturwesen oder: er ist das nicht festgestellte Lebewesen (Plessner 1983, Bd. 8).

Die Differenz von Kultur und Evolution

Was ›Kulturwesen‹ heißen soll, ist in keinem biologischen Programm enthalten, sondern unbestimmt. Diese Zukunftsoffenheit des Menschen und seiner Kultur ist eine Universalie, auf der die Möglichkeit von Geschichte gründet. Evolution und Geschichte bilden das historische Spannungsfeld, innerhalb dessen sich die kulturell varianten Formationen von Gesellschaften entwickeln. Diese sind schon deswegen nicht absolut offen, weil frühere Stufen der Evolution und der Humangeschichte (teilweise) erhalten bleiben und den Optionsspielraum von Gesellschaften begrenzen. Es gibt mithin evolutionsbiologische Eingangsbedingungen der Kultur; doch innerhalb dieses Rahmens wächst der Horizont für autonome Entwicklungen und damit auch für die Möglichkeit zur Selbstkonstruktion des Menschen. Historische Forschung hat ihr Ziel darin, die eigenlogisch sich entwickelnden Konfigurationen zu bestimmen, die zwischen den Polen der biophysikalischen Universalien und dem autonomen Spielraum der Kultur ausdifferenziert wurden.

In vier Jahrmillionen bildete sich die evolutionäre Natur des Menschen. Im Pleistozän entstand das technische wie das symbolisch-kommunikative Dispositiv, die beide in der Natur nicht vorfindlich sind. Seit sie ›in der Welt‹ sind, sind sie das historische Apriori jedweder Kultur. Hierfür wurde schon in der Antike der aufrechte Gang als basal angesehen (Platon: *Timaios* 90a; Xenophanes: *Memorabilia* 1,4,11; Cicero: *De natura deorum* II, 140; Laktanz: *De ira dei* 14,1–3). Fortbewegungs- und Greiforgane wurden entkoppelt und Mund und Hand funktional ausdifferenziert. Mit der Entriegelung des Gesichtsfeldes durch Aufrichtung der Wirbelsäule und Hochverlagerung des Kopfes war die stetige Zunahme des Hirnvolumens verbunden. Die Befreiung der Hände von Aufgaben der Lokomotion und ihre feinmotorische Sensibilität sind wichtige Voraussetzungen für die Entstehung des technologischen Feldes. Die Entlastung des Gebissraumes von Funktionen wie Fang, Verteidigung und Nahrungszurichtung bildet die Grundlage für die Sprachentwicklung. Das Steuerungsorgan Gehirn zeigt eine überproportionale Zunahme der Areale, die für die Handmotorik, Gesicht und Sprache zuständig sind. Die neurophysiologische Kontiguität dieser Areale zeigt die dichte Vernetzung des manuellen mit dem lingual-facialen Feld. Verkürzt sind dies die Voraussetzungen des *homo sapiens sapiens* und das Initial für jede Kultur.

Die altsteinzeitlichen Werkzeuge weisen aus, dass koevolutiv zur Physiologie das archetypische Instrument geschaffen wurde: Dies ist die ›Geburt‹ des *toolmaking animal*, das – vermutlich synchron zur technischen Kultur – zum *zoon logon echon* bzw. *animal symbolicum* wurde. Zentral ist die Nicht-Spezialisierung von Gehirn und wichtigen Körperorganen. Die Ausdifferenzierung von Werkzeug (materielle Kultur) und Sprache (symbolische Kultur) lässt darauf schließen, dass die biologische durch eine kulturelle Evolution erweitert wird, die von technischen und sprachlich-sozialen Innovationen angetrieben ist. Wie die Freisetzung der Hand die technologische Matrix, so öffnet die Sprache den Funktionskreis von Signalkommunikation zu einem autonomen System symbolischer Kommunikation. Die ›Freiheit‹ des Menschen, die er seit der Antike zu seinem Ideal macht, hat in der Nicht-Spezialisierung seiner Leitorgane und seines Gehirns ihre biologischen Voraussetzungen.

Das technologische und das symbolische Feld sind in der evolutionären Physis des Menschen fundiert. Diese Verschaltung von Natur und Kultur wurde durch den Streit über das Verhältnis von *natura* und *cultura, nature* und *nurture* lange verdeckt. Die Verschaltung heißt aber, dass eine spezifische Physiologie die offene, historische Überschreitung eben dieser Natur ermöglicht – in Richtung auf einen neuen Evolutionsschub, den wir ›Kultur‹ nennen. Beide, Technik und Sprache, haben ihre Vorläufer in der Evolution. Darum wird seit Darwin in der Biologie auch von der Kultur der Tiere gesprochen, welche Sozialverhalten, Sympathie, Altruismus, Schönheitsempfinden, Traditionsbildung einschließen kann. Ob dies ausreicht, den höheren Tierspezies in gleicher Weise Kultur zuzusprechen wie den Menschen, ist umstritten. Bejahen wird man die Kultiviertheit von Tieren dann, wenn man rudimentäre Niveaus von kognitiver, kommunikativer und kultureller Ausdifferenzierung bereits für hinreichend hält, um ›Kultur‹ anzunehmen. Menschliche Sprache und Technik sind indes Medien einer neuen Entwicklung, die gerade nicht die biologische Richtung einschlägt, sondern auf die Befreiung des Menschen von seinem zoologischen Rahmen zielt: »in einer völlig neuen Organisation, bei der die Gesellschaft fortschreitend an die Stelle des phyletischen Stroms tritt« (Leroi-Gourhan 1964/65, 152).

Hubert Markl resümiert, dass »der Mensch gerade in seiner kulturfähigen Besonderheit ein [...] Ergebnis eines genetischen Evolutionsprozesses ist, in dem die ›Macht der Gene‹ gerade dadurch zum Ausdruck gekommen ist, daß die Entwicklung seiner Eigenschaften eben nicht durch genetischen Anlagenzwang vorprogrammiert, sondern für die aktive Selbstgestaltung durch Erfahrung und Lernen im Sozialverband und geleitet durch eigene Überlegungen und Einsichten weit geöffnet worden ist« (Markl 1998, 569). Hiernach kann es keinen »Streit der Fakultäten« (Kant) geben. Jede auf Freiheit und Können beruhende Kulturleistung ist eine Form, durch die der Mensch seine evolutionäre Gestalt realisiert. Gerade mittels der Kultur positionieren sich die Menschen innerhalb der Naturgeschichte; aber ebenso innerhalb der Grenzen jener Vernunft, welche diese Naturgeschichte insgesamt kognitiv vergegenständlicht, zum Gegenstand kommunikativer Aushandlungen macht und in einzelnen Segmenten technisch zu modellieren versteht.

Seit der »neolithischen Revolution« gibt es eine exponentielle Verdichtung und Beschleunigung der geschichtlichen Ereignisse. Die dabei wachsende Vergegenständlichung von natürlichen und kulturellen Objektwelten sowie ihre Überführung in Handlungsfelder, die der Optimierung kultureller Einbettung und der Selbststeigerung des Menschen dienen, haben eine relative Geschlossenheit des kulturellen Systems gegenüber seinen natürlichen Determinationen erzeugt. Die Fähigkeit der Selbstdistanzierung zum Zweck kultureller Autonomie – der *test drive* menschlicher Existenz – gehört zur Riskanz des Menschseins, die Anthropologen als offenen Horizont oder Exzentrizität bezeichnet haben. Dabei ist nicht, wie Arnold Gehlen es tut, von organischer Mangelausstattung auszugehen.

In Platons *Protagoras* (320c-323c) beginnt die bis zu Gehlen kolportierte Auffassung vom Menschen als Mängelwesen (vgl. Pöhlmann 1970, 297–312). Sie beruht auf einer charakteristischen Umdeutung des Prometheus-Mythos bei Aischylos (*Der gefesselte Prometheus* 197–276, 4367–525), für den die Kulturtechniken zu einer Befreiung von den biologischen Fesseln führen, die den Menschen durch die Götter angelegt sind. Bei Platon nun wendet Epimetheus bei der Verteilung der Fähigkeiten an die Lebewesen folgendes Prinzip an: Die Stärke der einen Art wird durch eine gegengewichtige eigene Schwäche oder durch eine andere Stärke der anderen Art ausgeglichen, so dass im Wechselspiel der Tiergattungen ein Gleichgewicht herrscht. Für alle ist ein Überleben gesichert. Der Prototyp des Menschen bleibt zuletzt übrig – doch Epimetheus hat bereits alle Fähigkeiten verteilt. In dieser Lage, die für den Menschen, »den nackten Affen« (Desmond Morris) den Untergang bedeuten würde, stiehlt Prometheus das von den Göttern vorenthaltene Feuer und mithin die technische Intelligenz, oder wie Platon sagt: »die zum Leben nötige Wissenschaft« (Prot. 321d). Biologische Mangelausstattung des Menschen wird durch Intelligenz und Kulturtechniken überboten: Dafür steht Prometheus. Unter Zeitdruck stehend, misslingt es Prometheus hingegen, auch noch die »politische Befähigung« (»bürgerliche Kunst«) zu stehlen. So entwickeln die Menschen zwar Selbstbehauptungstechniken; aber nach außen, im Krieg mit den Tieren, wie nach innen, in der Menschengemeinschaft, fehlt es an soziopolitischen Steuerungsmechanismen, welche den Zerfall der Gemeinschaft in egoistische Individuen verhindern. Platon, wie Hesiod ein Anhänger der göttlichen Ordnung, lässt in dieser Notlage durch Hermes die politische Intelligenz vermitteln, und zwar gleichmäßig an alle Menschen, damit jedermann an den Obliegenheiten der Gemeinschaft teilnehmen kann. Nun erst verfügen die Menschen über die beiden Säulen kultureller Reproduktion: die auf Feuer beruhenden Kulturtechniken und die *techné politiké*. Aristoteles sieht das nüchterner: Seine Meinung ist, dass die Mangelausstattung des Menschen gar nicht bestehe. Denn gerade das, was als Mangel erscheint – ohne Fell, Krallen etc. – ist ein Vorzug. Der Mensch sei »von Natur aus politisches Lebewesen« (*Politik* 1252b/53a). Der Mangel ist die physiologische Voraussetzung für die schöpferische Intelligenz, die den Menschen zum Herrn der Erde macht. Der sogenannte physische Mangel ist die Kehrseite der Intelligenz. Anders gesagt: Dass Epimetheus keine physischen Stärken mehr zur Verteilung übrig hat, ist die Voraussetzung für den beispiellosen kulturellen *take off* des Menschen. Aristoteles braucht Prometheus nicht mehr. Der Planungsfehler des Epimetheus: Dies ist der Megagewinn des nackten Affen. Mithin ist das Offene und Exzentrische seiner Ausstattung, ist die nur schwache genetische Determination eben die Bedingung für den evolutionären Erfolg der Menschen gegenüber allen Lebewesen, die an Umweltmilieus hochspezialisiert angepasst sind.

Mit dem Neurowissenschaftler Gerhard Neuweiler gilt für das Gewicht, das der menschlichen Kultur für die Entwicklung der Biosphäre der Erde historisch zugewachsen ist, »dass der Mensch das Bild der Erde bestimmt und die natürliche Evolution nur noch in abhängiger Position daran beteiligt ist« (Neuweiler 2008, 223). Der Mensch hat einen Doppelstatus inne: Er ist Produkt der Evolution; doch aufgrund der gewachsenen Autonomie der Kultur wird er zum verantwortlichen Subjekt der künftigen Entwicklung seiner selbst wie der Biosphäre der Erde. Diese ungeheure Reichweite kultureller Zuständigkeit ist aber kombiniert mit der semantischen Leere der damit einhergehenden Verantwortung. Weder in der Natur noch in sich selbst findet der Mensch ontologische Maßstäbe, wie er zu sein hat und wie seine Umwelt zu gestalten sei. Diese ›bestimmte Unbestimmtheit‹ und ›exzentrische Positionalität‹ (Plessner) bedeutet, dass der Mensch als offener Entwurf zu betrachten ist, der nicht mehr unter einem göttlichen oder natürlichen Gesetz, auch nicht unter einem ethischen kategorischen Imperativ, sondern unter einem »kategorischen Konjunktiv« steht, einer durchaus riskanten »Selbstentsicherung« (Plessner 1983, Bd. 8, 338 u. 46).

Die Zukunftsoffenheit ist ein Effekt der Kulturgeschichte selbst. Sie hat in ihrer *longue durée* technische wie soziale Bedingungen kreiert, welche die Macht natürlicher Determinationen schrumpfen und den kulturellen Gestaltungsfreiraum wachsen ließen. Doch hatte dies einen Preis. Denn der Gewinn kultureller Autonomie begründet das Diktum Max Schelers: »Wir sind in der ungefähr zehntausendjährigen Geschichte das erste Zeitalter, in dem sich der Mensch völlig und restlos problematisch geworden ist: in dem er nicht mehr weiß, was er ist; zugleich aber auch weiß, daß er es nicht weiß« (Scheler 1929, 120). Dies ist nicht kulturpessimistisch zu verstehen, im Gegenteil: Die historische Zunahme an Unbestimmtheit in Verbindung mit der Fähigkeit zur Selbst- und Fremddistanzierung ist die basale Voraussetzung für eine Entwicklung von Kultur.

Wir sind damit in der Lage, Kultur und damit den Gegenstand der Kulturwissenschaft durch sieben Merkmale zu bestimmen: Kultur ist (1) das, was im Gebrauch steht: das gut Gefestigte und kommunikativ Vermittelte von Handlungen und Haltungen (Praxis und Hexis), die gewahrten Lebensformen, das Habituelle, die Riten. Immer ist daran das Moment von Kontinuitätsherstellung entscheidend. Kultur ist (2) die anthropogene, für einen Stamm oder eine Gesellschaft charakteristische kulturräumliche Sphäre in Abhebung zur Biosphäre. Daher erklärt sich (3) die im Wort *colere* enthaltene wertsetzende Auszeichnung von Techniken und Praktiken und deren generationenübergreifende Bewahrung und Entwicklung (Bildung einer kulturellen Eigenzeit). Einige dieser Merkmale sind (4), in verwandelter Form, auch für Tiersozietäten charakteristisch. Entscheidend aber ist (5): Der Kultursemiotik zufolge ist ›Kultur‹ ein symbolischer oder autoreflexiver Zusammenhang, in welchem kulturelle Momente sich stets nur durch ihre symbolischen Kontexte erschließen. Die kulturelle Realität wird mithin als ein Gewebe von Zeichen verstanden, die synchron in ihrer topologischen Vernetzung, diachron dagegen als ein langwelliger, transsubjektiver Bedeutungszusammenhang aufgefasst wird. Sprache, Medien, Bilder, Kollektivsymbole, Artefakte, selbst Institutionen werden als konfligierende wie differenzierte, machtgestützte wie subversive Codes ausgelegt, welche die soziale Wirklichkeit konstituieren. (6) Kultur ist ein Bedeutung generierendes Verfahren, das signifikante Wahrnehmungs-, Symbolisierungs- und Kognitionsstile mit lebensweltlicher Wirksamkeit entwickelt. Im Rückblick erscheint Kultur als ein Prozess fortschreitender reflexiver Semantisierung, durch welche ununterbrochen Sinnressourcen geschaffen und distribuiert, aber auch subvertiert und zerstört werden. Im Vergleich zur Evolutionsbiologie begründet dies eine kulturhistorische Matrix.

(7) Dabei ist Kultur stets auf Medien gestützt. Bei Ernst Cassirer ist »Medium« ein universaler Begriff, der alle Wissens- und Handlungsbereiche, religiöse Riten ebenso wie mathematische Formeln umfasst. Ihm zufolge sind die »einzelnen ›symbolischen Formen‹: der Mythos, die Sprache, die Kunst, die Erkenntnis [...] die eigentümlichen Medien, die der Mensch sich erschafft, um sich kraft ihrer von der Welt zu trennen und sich eben in dieser Trennung um so fester mit ihr zu verbinden« (Cassirer 1994, 25; vgl. Innis 1950). Die Schaffung von Distanz und die Fähigkeit zur Vergegenständlichung, wodurch Ängste verringert, Reflexionen ermöglicht, Sachverhalte konstruiert, Handlungsoptionen vergrößert werden und damit insgesamt die räumlichen und zeitlichen Horizonte des Daseins ausgedehnt und kontrolliert werden – darin bestehen die elementaren Kulturleis-

tungen. Diese werden in ihrer systematischen wie historischen Ausdifferenzierung von der Kulturwissenschaft untersucht.

Zwei Modelle der Kulturwissenschaft

Kulturwissenschaft hatte in den letzten 120 Jahren immer dann eine gute Chance, wenn sie als Moderator für gegenständliche wie methodische Erweiterung tradierter Disziplinen oder für interdisziplinäre Forschung auftrat. Im Kontext klassischer Disziplinen fällt indes die Schwierigkeit auf, originale Theorien und Gegenstandsfelder der Kulturwissenschaft bestimmen zu können. Was ist ihre *differentia specifica*? Wenn man Kulturwissenschaft als Fach vertreten will, muss man ihre schwache Definiertheit hinnehmen; man muss ihre vielen Überschneidungen mit anderen Fächern akzeptieren. Zugleich muss man demonstrieren, dass dasjenige, was als ihre Schwäche erscheint, zugleich ihre Stärke ist, dass ihr Risiko zugleich das ist, was die interdisziplinäre Kompetenz der Kulturwissenschaft ausmacht.

Die materielle Ebene von Kultur ist in Praktiken und Objekten (Objektivationen) sedimentiert. Objekte sind z. B. Bücher, Kleidung, Gebäude, aber auch Rituale (standardisierte Handlungssequenzen) – also kulturelle Artefakte aller Art und in jeder technischen oder medialen Verfasstheit. Praktiken sind dagegen die an den Artefakten ›klebenden‹ Vollzüge, also hier: Lesen, ein Haus bewohnen, sich modisch ausstatten oder das Skript eines Rituals in seine Performanz umsetzen. Alle kulturellen Praktiken und Objektivationen setzen Kulturtechniken voraus oder enthalten sie, etwa in dem Sinn, wie man von der technischen Fertigkeit eines Musikers, dem Können eines Ingenieurs, der Technik eines Schauspielers etc. spricht. Auch Stile, wie etwa der Wohn- und Lebensstil einer Person oder Gruppe, der kognitive Stil einer Wissenschaft (vgl. Ludwik Fleck 1991), der Stil des Barock können als Kulturtechniken verstanden werden, insofern sie aus Bündeln von erworbenen Kompetenzen, Regeln, Verfahren und ›Physiognomien‹ bestehen. Im engeren Sinn aber sind die technischen Vermögen und materialen Prozesse gemeint, die erfordert sind, um die Systeme visueller, auditiver, skripturaler oder numerischer Repräsentationen auszudifferenzieren. Solche Vermögen differenzieren kulturelle Subsysteme aus, Systeme aber emergieren umgekehrt auch Kompetenzen. Daraus gehen die stets auf Medientechniken gestützten kulturellen Artefakte hervor. Diese kulturtechnische Ebene wird in der Kulturwissenschaft systematisch berücksichtigt. Indem sie Kulturtechniken analysiert, behandelt sie die materiellen und medialen, die semantischen wie epistemischen Verfahren der Herstellung von ›Artefakten‹ und ›Sinn‹ (vgl. Grube u. a. 2005; Macho/Kassung 2009; Krämer/Bredekamp 2003).

Dadurch rückt die kulturelle Generierung von Wissen ins Zentrum der Kulturwissenschaft. Sie untersucht die Wissenskulturen, welche den kulturellen Artefakten und Vollzügen zugrunde liegen. Was aber ist mit ›Wissen‹ gemeint? Wissen bezeichnet sowohl das in Praktiken eingewachsene (*tacit knowledge*) wie das explizierte Wissen (vgl. Polanyi 1985). Letzteres differenziert sich in zwei Ebenen aus, nach den Mustern: ›Ich weiß, was ich kann‹ und ›Ich weiß die Regeln, nach denen Wissen erzeugt, gespeichert, distribuiert und tradiert werden kann‹. Unterschieden wird also das in die Lebenswelt und kulturellen Praktiken eingesenkte Wissen; das ›als Wissen‹ hervorgehobene Wissen von etwas; sowie das ›Wissen des Wissens‹. Zu letzterem wird ästhetisches und weisheitliches Wissen (Reflexionswissen) ausdrücklich hinzugezählt. Mit dieser Stufung folgt man durchaus einem antiken Modell: *téchne, epistéme, sophía*. Die Kontrollier- und Veränderbarkeit, die Evolution, Intersubjektivität und Reflexivität von Wissen nehmen dabei zu: Kontrolle ist nicht dasselbe wie Intersubjektivität; aber wächst das eine, wächst das andere mit. So sind auch Reflexivität und Evolution verschieden; doch mit zunehmender Reflexivität steigt die Chance, Wissen evolutiv auszudifferenzieren (trotz epistemischer Brüche).

Festzuhalten ist: Alle Kulturen sind Wissenskulturen (schon in der Steinzeit). Allerdings wird die dritte Stufe des Wissens – als ›Beobachtung der Beobachtung‹ (Luhmann) – erst seit der griechischen Philosophie und Wissenschaft und dann mit den neuzeitlichen und modernen Wissenschaften ausdifferenziert. Insofern wird zwischen Wissenskulturen und Wissenschaftskulturen unterschieden. Wie erstere zu letzteren werden, welche Transformationen und Transfers dabei eintreten, welche Gewinne und Verluste erzielt und welche gesellschaftlichen, kognitiven, medialen und künstlerischen Voraussetzungen dazu eingelöst sein müssen, ist ein wesentliches Untersuchungsfeld des Kulturwissenschaft. Denn die »Ordnung des Wissens« (Foucault), die von der Kulturwissenschaft untersucht wird, bezieht sich auf diesen epochalen Übergang zur Wissenschaftskultur seit dem Mittelalter. Dabei wird die Genese, die Institutionalisierung von Wissen und Wissensdisziplinen und die Entstehung neuer Wissens-Eliten bis hin zur

Moderne verfolgt. Diese Untersuchung erfolgt auch unter der Fragestellung, inwieweit dabei die Traditionen der antiken Kulturen konstitutiv waren und welche Rolle nicht- oder protowissenschaftliche Wissenskulturen spielten (Literatur, bildende Kunst, Sammlungen; Handwerker, Ingenieure, Virtuosi). Dieses Wissens-Konzept erlaubt es, die Transformationen, welche von Literatur und Kunst geleistet werden, als Wissensformen sui generis zu rekonstruieren und dabei die Rolle, welche die Künste und Wissenspraktiken in der Herausbildung von Wissen(schaft)skulturen gespielt haben, zu analysieren. In solchen Rekonstruktionen von Wissenskulturen werden nicht nur die semantischen Gehalte, sondern auch die Darstellungsformen des Wissens untersucht, so dass in den kunstbezogenen die wissensgenerierenden und in den mehr wissenschaftshistorischen Feldern die ›ästhetischen‹ Dimensionen zum Tragen kommen.

Wenn Kultur ein Effekt von Wissen und Wissenspraktiken ist, so ist das, was wir ›als‹ Kultur bezeichnen, immer eine Konstruktion. Was also sind Kulturkonstruktionen? Mittelalterliche, neuzeitliche, moderne Künstler, Literaten, Antiquare, Philologen, Philosophen, Sammler, Gelehrte entwickeln in Übernahme, Transformation, Kritik, Entgegensetzung zu Bildern und Konzepten antiker Kulturen Interpretationen (Konstrukte) ihrer eigenen Kultur. Neben dem jüdisch-christlichen ist das antike Erbe der entscheidende Gegenhalt für alle kulturellen Selbst- und Fremdentwürfe vom Mittelalter bis zur Moderne. In der historischen Ausrichtung der Kulturwissenschaft geht es also um die Figurationen dieser Spannung: Die kulturelle Selbstartikulation einer Epoche erfolgt stets im Medium einer vergangenen fremden, noch in der Entgegensetzung vorbildlichen Kultur. Doch diese Anciennitätskultur wird dabei selbst erst konstruiert und zum Objekt des Wissens. Jede kulturelle Transformation enthält immer zwei Pole: die ästhetische, wissenschaftliche, normative Konstruktion der Anciennitätskultur und darin immer zugleich die kulturelle Selbstkonstruktion derjenigen, die diese Anciennitätskultur konstruieren. Was hier ›Konstruktionen‹ genannt wird, ist für die jeweils zeitgenössischen Künstler, Gelehrten, Wissenschaftler, Autoren etc. allerdings eher das, was heute als ›essentialistische Interpretation‹ gilt. Darum wird Kulturwissenschaft stets den Unterschied der ›Sprache der Quellen‹ und der ›Sprache der Quellenanalytiker‹ beachten. Eine solche Spannung aber besteht bereits zwischen den antiken Quellen, Relikten und Kunstwerken einerseits und den mittelalterlichen, frühneuzeitlichen und modernen Diskursen und künstlerischen Adaptionen der Antike andererseits, ja, selbst zwischen der griechischen Kultur und jenen Kulturen, die sie als ihre Vorbilder oder Vorläufer konstruiert hat, also z. B. die ägyptische Kultur. Kulturen konstruieren sich immer über Differenzen zu räumlich koexistenten oder zeitlich vorausgegangenen anderen Kulturen, die dabei selbst erst ›erfunden‹ bzw. konstruiert werden.

Dieser Ansatz der Kulturwissenschaft meint nicht, dass man es nur mit kontingenten Entwürfen früherer fremder und gegenwärtiger eigener Kultur zu tun hätte. Die Abfolge von ›Konstruktionen‹ bildet nicht eine heterogene Reihe von Paradigma-Wechseln ohne inneren Zusammenhang oder einen bloßen Fächer von gleichmöglichen Optionen, die historisch abgearbeitet würden. ›Kulturkonstruktionen‹ meint zweierlei: Zum einen stellen sie selbst ästhetische oder kognitive Komplexe dar, die aus einer Vielzahl kultureller Praktiken hervorgehen und in diese zurückwirken. Darum sind, zum zweiten, ›Kulturkonstruktionen‹ energiegesättigte symbolische Gebilde mit hoher performativer Potentialität: Sie erzeugen in gewisser Hinsicht das Objekt, welches sie erkennen, und indem sie dies tun, modellieren sie als historische Macht eben die Wirklichkeit, aus der sie stammen. ›Konstruktionen‹ sind deswegen mehr als eine bloß mentale Architektur; sie haben weltbilderzeugende und wirklichkeitsmodellierende Kraft. So entstehen beispielsweise im Zeichen der Antike-Rezeption neue kulturelle Institutionen wie Akademien, Sammlungen, Museen, Bibliotheken, neue ästhetische und intellektuelle Formationen und Leitbilder, neue Eliten; es werden auch neue Medien zum Zweck der Diffundierung antiker Formen und antiken Wissens benutzt. Diese Neuerungen werden selbst wieder zu wirkungsvollen Zentren des Übergangs von stratifikatorischen zu funktional ausdifferenzierten Gesellschaften, die ihre Reflexionspotentiale und Orientierungssysteme nur in der Form aneignender Transformation der Antike (und weiterer Vorvergangenheiten) gewinnen können.

Die Abfolge der ›Kulturkonstruktionen‹ von der Antike über Mittelalter bis zur Moderne heißt nicht, dass es in diesem Prozess nicht auch Entwicklungslogiken und Fortschritte gibt. Szientifizierung, Technisierung, Sozialdifferenzierung und Ästhetisierung der Kultur sind langfristige Prozesse, in denen Verfahren der Wissenserzeugung optimiert, methodische Kontrolle ausgedehnt, ästhetische Verfahren und mediale Darstellungs- und Speichertechniken vervielfältigt, verbessert und komplexer werden. Dies muss nicht als linearer Fortschritt verstanden werden. Doch ist die Frage sinnvoll, ob im Wechsel der stets zeitgebundenen Kultur-Konstruktionen sich ein Prozess der Ausdifferenzierung abzeichnet, der für die Entstehung der Moderne die Anciennitätskulturen unverzichtbar sein lässt, während umgekehrt diese Anciennitätskulturen zum Objekt von Verwissenschaftlichung und Ästhetisierung gemacht werden.

Jedwedes kulturelle Artefakt ist einerseits in seiner Materialität durch eine Widerständigkeit und Fremdheit ›inkommensurabel‹, andererseits durch seine formale und semantische Offenheit anschlussfähig für Kommunikation. Diese Funktionen verwandeln das Artefakt zum Medium von Aushandlungen, hermeneutischen Anstrengungen, Rhetoriken und Argumentationen, ja auch von ›Aufführungen‹, in denen sich individuelle oder kollektive Subjekte selbstidentifikatorisch zur Darstellung bringen. Die wechselwirkende Verflechtung von Artefakt und semantischen Praktiken ist der Einsatzpunkt des Transformations-Konzepts (vgl. Böhme u. a. 2011, 7–38 u. 39–56). Kulturelle Transformationen enthalten sowohl temporalisierende wie topologische (translationierende, diffundierende), sowohl formale wie semantische, sowohl strukturelle wie emergente, sowohl synkretistische wie kathartische Aspekte. Transformation kann darstellender Vollzug wie kognitive Konstruktion sein, Einverleibung (Internalisierung) wie Verkörperung (Materialisierung), Schöpfung wie Zerstörung, Wiederholung von ›selbstverständlich Geltendem‹ wie unvorhersehbares Auftauchen von Neuem. Transformation kann durch anverwandelnde Mimesis intime Nähe ebenso herstellen wie Respekt gebietende Ferne durch Idealisierung. In ihr figurieren Rezeptionsobjekte als Medien kulturellen Lernens genauso wie als Mechanismen von normativen Einschreibungen. Transformation ist ebenso durch Rekursivität wie durch Erfindung charakterisiert; sie operiert oft intentional, bewusst, konzeptuell und regelgeleitet, oft aber auch ereignishaft, automatisiert, experimentell, kontingent. In letzteren Fällen können Aussagen über implizite Absichten, Regeln und Ziele von Transformationen erst post festum getroffen werden. Kultur als Aushandlungszusammenhang über Sinn, Werte, Normen, Stile, Lebensformen, Kognitionen funktioniert wesentlich nur über räumlich-dissipative wie zeitlich-konnektive Transformationen vergangener oder entfernter Artefakte im Selbstverständigungskontext einer je zeitgenössischen Kultur. Immer ist dasjenige Objekt, das transformiert wird, auch dasjenige, welches das transformierende Subjekt transformiert. Diese historisch vielgestaltige Doppelpoligkeit ist auf allen Untersuchungsebenen der Kulturwissenschaft zu beachten.

An dem zentralen Mechanismus der Transformation zeigt sich die autopoietische Struktur kultureller Systeme. So ist beispielsweise die Antike im Verhältnis zu den Nachfolge-Kulturen ein Beleg dafür, dass Kulturen zu ihrer Reproduktion der fortgesetzten Erneuerung jener Elemente bedürfen, die für sie konstitutiv sind. Durch ständige Differenzerzeugung gewinnen sie jenes Andere ihrer selbst, durch das sie allenfalls Identität erlangen. Ein Ziel der Kulturwissenschaft ist es dabei, Regeln und Typen von Transformationsprozessen zu erarbeiten: Dabei sind Aspekte der Genese, der Re-Kombination, der institutionellen Situierung, der raum- und zeitstrukturierenden Modalitäten, der inneren Strukturierung, Komponierung und der Finalisierung von kulturellen Transformationen zu berücksichtigen.

Transformationen erzeugen dabei sowohl Veränderungen der Ausgangskultur wie der Zielkultur. Sie führen dadurch zu ›Neuem‹ im doppelten Sinn, nämlich zu Neufigurationen innerhalb der Referenz- wie innerhalb der Zielkultur. Dies nennen wir Allelopoiese. Dabei sind Transformationen grundsätzlich als Handlungen von Akteuren zu rekonstruieren. Dabei stehen Erklärungen für veränderte Selbst- und Objektkonstruktionen der Zielkultur durch die Adaptation kultureller Leistungen der Ausgangskultur im Vordergrund. Die Pointe besteht indes darin, dass solche Veränderungen der Zielkultur durch Transformationen von Leistungen der Referenzkultur stets auch Veränderungen im Kernbestand der Referenzkultur erzeugen.

Denn Transformation heißt, dass einerseits etwas ›Neues‹ entsteht und andererseits dieses Neue stets etwas ›Altes‹ adaptiert, das durch das emergierte Neue ebenfalls neu konstruiert wird. ›Input‹ und ›Output‹ von Transformation sind deswegen nicht als fixe Entitäten zu verstehen; sie sind auch nicht durch eine historische ›Einbahnstraße‹ verbunden. ›Input‹ und ›Output‹ bringen vielmehr im Transformationsprozess sich selbst wechselseitig hervor. Darum verbietet sich in der Kulturwissenschaft, Prinzipien der Kausalität auf die Geschichte anzuwenden. Es verbietet sich jede Interpretation von Vorläuferkulturen derart, als gäbe es konstante Entitäten, die etwa vom alten Ägypten bis heute gleichsam durchgereicht würden oder die als Ursachen auf nachfolgende Kulturen wirkten. Vielmehr unterliegt das Objekt der Transformation einer permanenten Veränderung. Dies schließt ein, dass es unmittelbare

Rückgriffe auf oder Wiederholungen von historischen Leistungen nicht gibt, sondern dass man es stets mit Transformationen von Transformationen zu tun hat. In diesem Sinn unterscheidet sich Transformation von Nachbarbegriffen wie Konservation, Transmission, Modifikation, Wirkung, Nachleben, Erbe, Rezeption oder Interpretation.

Eine historische Kulturwissenschaft untersucht vor allem die langwellige Entstehung europäischer Kulturen bzw. des europäischen Kulturtyps, aber auch seines Zugs zur Globalisierung. Dabei geht sie davon aus, dass das lateinische Mittelalter bereits eine Form transregionaler Europäisierung war von religiösen, politischen, sozialen, aber auch von wissenschaftlichen und künstlerischen Leistungen, die miteinander in vitaler Wechselwirkung und dichter Vernetzung standen. Von der frühen Neuzeit an bildet sich ein neuartiges, europäisch funktionierendes Netz der Wissenschaften und der Medien. Die Entstehung der modernen (National-)Staaten ist mit einer binneneuropäischen Verflechtung und Konkurrenz ebenso verbunden wie mit der imperialen Ausweitung europäischer Kulturformen im globalen Maßstab. In den Künsten, den Wissenschaften, der Aufklärung und neuen sozialen Bewegungen entstehen, teilweise im Schutz, teilweise in Opposition zur staatlichen Macht, transnationale Geflechte der Kommunikation und des Austauschs, die von europäischen Ideen inspiriert sind. Insbesondere erweisen sich die Künste und die Techniken als Motoren übernationaler, ›europäischer‹ Praktiken und kultureller Leitbilder. In dieser *longue durée* wird eine kulturwissenschaftliche Netzwerk-Analyse situiert (vgl. Barkhoff/Böhme/Riou 2004; Gießmann 2006).

Kulturhistorische Netzwerk-Forschung unterscheidet sich von der *actor network theory*, wie sie Bruno Latour entwickelt hat (Latour 2005). Von Latour wird indes die Einsicht übernommen, dass Netze nicht-humane Entitäten als *agencies* enthalten können. Dadurch wird der traditionelle Gegensatz von Natur und Kultur verflüssigt. Denn die Evolution der biologischen Netze zeigt, dass es kein kulturelles Privileg ist, Netzwerke zu bilden, sondern dass die technischen Netze möglicherweise eine Transformation der in der organischen Natur vorfindlichen Netzwerkbildung sind. Kulturwissenschaft wird darum den Zusammenhang wie die Differenz zwischen der biologischen Evolution und der kulturellen Geschichte von Netzen mitbehandeln. ›Vernetzen‹ ist ein basaler Modus operandi von Natur wie von Kultur. Wenn Kant vorsichtig von einer »Technik der Natur« (KdU B 56 u. 77) spricht, so findet dies vor allem Anwendung auf das ebenso natürliche wie artifizielle Produzieren von Netzen. Nur was vernetzt ist, ist überlebensfähig und produktiv, in Natur wie Gesellschaft, vom Einzeller bis zum Computer. Netze sind biologische und kulturelle Organisationsformen zur Produktion, Distribution, Kommunikation von materiellen oder symbolischen Objekten.

Netze stellen immer den Versuch dar, die Unwahrscheinlichkeit von Ordnung zu minimieren. Sie sind also Regime der Ordnung, die von Unordnung umgeben und von innen immer wieder bedroht ist. Zivilisatorische Netzwerke sind Konstruktionen, welche mit zwingender Notwendigkeit materialisiert werden müssen – bei Strafe eines Chaos, das destabilisierende, wenn nicht katastrophische Folgen erzeugt. Es ist deswegen kein Zweifel, dass die Entstehung von Kulturen an die Entwicklung nicht nur einzelner Techniken, sondern an den Aufbau von Netzwerken gebunden ist. Netzwerke sind eine Kulturtechnik ersten Ranges.

›Netz‹ und ›Netzwerk‹ sind zu kulturellen Leitmetaphern der modernen Gesellschaft geworden. Zwar ist das Internet nicht das erste künstliche Globalnetz, wohl aber das erste, das prinzipiell alle anderen kulturellen Netze zu integrieren vermag. Was nicht in der Megastruktur Internet repräsentiert oder symbolisch verarbeitet werden kann, das mag es zwar geben; doch gehört es nicht jenem neuen historischen Status an, den wir mit Ausdrücken wie ›Weltkultur‹, ›Globalität‹, ›Weltgesellschaft‹ belegen. Diese neue Dimension stellt für die Kulturwissenschaft eine Herausforderung dar.

Die Netz-Metapher wurde zu einem epistemologischen Modell, als mit dem Paradigmawechsel von der Physik zur Biologie und von der Soziologie zur Informatik nicht nur die Systeme des Lebendigen, sondern vor allem die informationellen Steuerungs-, Kontroll- und Kommunikationsnetze der Gesellschaft in die wissenschaftliche Aufmerksamkeit rücken. Die Entstehung von Netzen zur Beobachtung von Netzen, die Netze beobachten, bedeutet, dass Vernunft sich selbst als Vernetzungsprozedur versteht, d.h. als eben dasjenige, was sie erkennt. Die Konstitution des Erkenntnisobjekts ist zugleich eine Form reflexiver Selbstexplikation.

Nicht ohne Grund fällt der Beginn der Netz-Technik um 1800 mit dem Reflexivitätsschub zusammen, der zur Bedingung von Modernisierung wurde. Wissen reorganisierte sich in der Weise, dass gegenüber der Ebene des praktischen Könnens die kognitiven Verfahren ins Zentrum rückten, mit denen man Wissen und Können erzeugte. Das Wissen wurde selbst netzförmig und selbstreflexiv, indem es, mit Niklas Luhmann (1985, Bd. 4, 31–54; 1997, 374 f., 766 ff. u. 1079–82), eine Ebene der Beobachtungsbeobachtung ausdifferenzierte. Das Konzept ›Netzwerk‹ hat einen Doppelstatus: Das Netzwerk des Wissens ist eine Form der Beobachtung von Beobachtung. Doch es ist zugleich eine materiale Systemtechnik zur Kontrolle und Steuerung des natürlichen und gesellschaftlichen Stoffwechsels. Netze sind eine, ja die spezifische Art der Episteme der Moderne; und sie sind zugleich selbst materiell-technische Systeme, welche jedweden Metabolismus formatieren.

So bilden sich um 1900 die Kulturwissenschaften als Beobachtung der Beobachtung von Handlungen, d. h. von verkörperten Differenzen. Die Wissenschaften passen sich der Netzwerk-Logik ihres Gegenstandes genau so an, wie sie diese allererst konstruieren, insofern sie ihre Episteme am Modell des Netzes ausrichten. Dadurch entsteht die eigentümliche Selbstreferenz, welche die Reflexivität der Moderne fortgesetzt antreibt, während zugleich die Netzdichte der sozialen Beziehungen verstärkt wird. Als Netz-Lebewesen, welche die Menschen im Höchsten ihrer Kognition und im Tiefsten ihrer Moleküle sind, können sie gar nicht anders, als die Evolution in der Weise fortzusetzen, dass sie die Netze, welche sie im Namen des Fortschritts oder der Freiheit hinter sich lassen, durch neue, komplexere, noch stärker selbstreflexive Netze ersetzen. Damit wird die anthropologische Struktur realisiert, wie sie Helmuth Plessner oder Arnold Gehlen entwerfen: dass der Mensch von Natur aus Kultur sei. So könnte es sein, dass die Menschen in der vollendeten Vernetzung der Kultur, in der äußersten Artifizierung des Lebens, ungewollt der Natur am nächsten kämen, die genau in dieser Form prozessiert: in der Ausdifferenzierung immer komplexerer Netzwerke.

Ideologische Debatten sind deswegen sinnlos: Jede Ideologie ist ebenso richtig wie falsch, also ohne semantischen Gehalt. An ihre Stelle tritt Kulturwissenschaft, die mit den beiden vorgestellten Konzepten – der Transformations- und der Netzwerkanalyse – die Instrumentarien für die Beobachtungsbeobachtung von Kulturen in ihrer *longue durée* wie in ihrer aktuellen Realisierung entwickelt. Dadurch könnte sie in Kooperation mit den Geistes- und Sozialwissenschaften ein eigenes Profil behaupten.

Literatur

Allerkamp, Andrea/Raulet, Gérard (Hg.): *Kulturwissenschaften in Europa – eine grenzüberschreitende Disziplin?* Münster 2010.

Assmann, Aleida: *Einführung in die Kulturwissenschaft. Grundbegriffe, Themen, Fragestellungen.* Berlin 2006.

Barkhoff, Jürgen/Böhme, Hartmut/Riou, Jeanne (Hg.): *Netzwerke. Eine Kulturtechnik der Moderne.* Köln 2004.

Böhme, Hartmut u. a. (Hg.): *Transformation. Ein Konzept zur Erforschung kulturellen Wandels.* München 2011.

–/Matussek, Peter/Müller, Lothar: *Orientierung Kulturwissenschaft.* Reinbek 2000.

Cassirer, Ernst: Der Gegenstand der Kulturwissenschaft. In: Ders.: *Zur Logik der Kulturwissenschaften.* Darmstadt 1994, 1–33.

Därmann, Iris/Jamme, Christoph (Hg.): *Kulturwissenschaften. Konzepte, Theorien, Autoren.* München 2007.

Dux, Günter: *Historisch-genetische Theorie der Kultur. Instabile Welten – Zur prozessualen Logik im kulturellen Wandel.* Weilerswist 2000.

Fleck, Ludwik: *Die Entstehung und Entwicklung einer wissenschaftlichen Tatsache. Einführung in die Lehre vom Denkstil und Denkkollektiv.* Frankfurt a. M. 1991.

Gehlen, Arnold: *Der Mensch. Seine Natur und seine Stellung in der Welt* (1940). Textkritische Edition. Hg. von Karl-Siegbert Rehberg. Frankfurt a. M. 1993.

Gießmann, Sebastian: *Netze und Netzwerke. Archäologie einer Kulturtechnik 1740–1840.* Bielefeld 2006.

Grube, Gernot/Kogge, Werner/Krämer, Sybille (Hg.): *Schrift. Kulturtechnik zwischen Auge, Hand und Maschine.* München 2005.

Innis, Harold: *Empire and Communications.* Oxford 1950.

Jaeger, Friedrich u. a. (Hg.): *Handbuch der Kulturwissenschaften.* 3 Bde. Stuttgart/Weimar 2004.

Krämer, Sybille/Bredekamp, Horst (Hg.): *Bild – Schrift – Zahl.* München 2003.

Latour, Bruno: *Reassembling the Social. An Introduction to Actor-Network-Theory.* Oxford University Press 2005.

Leroi-Gourhan, André: *Hand und Wort. Die Evolution von Technik, Sprache und Kunst.* Frankfurt a. M. 1964/65/1980 (frz. 1964/65).

Luhmann, Niklas: *Die Gesellschaft der Gesellschaft.* 2 Bde. Frankfurt a. M. 1997.

–: Kultur als historischer Begriff. In: Ders.: *Gesellschaftsstruktur und Semantik. Studien zur Wissenschaftssoziologie der modernen Gesellschaft.* Bd. 4. Frankfurt a. M. 1985, 31–54.

Macho, Thomas/Kassung, Christian (Hg.): *Kulturtechniken der Synchronisation.* München 2009.

Markl, Hubert: Homo sapiens. Zur fortwirkenden Naturgeschichte des Menschen. In: *Merkur* 7 (1998), 564–581.

Neuweiler, Gerhard: *Und wir sind es doch – die Krone der Evolution.* Berlin 2008.

Nünning, Ansgar (Hg.): *Grundbegriffe der Kulturtheorie und Kulturwissenschaft.* Stuttgart 2005.

Perpeet, Wilhelm: Kulturphilosophie. In: *Archiv für Begriffsgeschichte* 20 (1976), 42–99.

Plessner, Helmuth: Conditio Humana. In: Ders.: *Gesammelte Schriften.* Bd. 8. Hg. von Günter Dux u. a. Frankfurt a. M. 1983.

–: *Die Stufen des Organischen und der Mensch.* Berlin/New York [3]1975.
Pöhlmann, Egert: Der Mensch – das Mängelwesen? Zum Nachwirken antiker Anthropologie bei Arnold Gehlen. In: *Archiv für Kulturgeschichte* 52 (1970), 297–312.
Polanyi, Michael: *Implizites Wissen.* Frankfurt a. M. 1985 (engl. 1966).
Scheler, Max: Mensch und Geschichte. In: Ders.: *Gesammelte Werke.* Bd. 9. Bonn 1929/1955.
Wirth, Uwe (Hg.): *Kulturwissenschaft. Eine Auswahl grundlegender Texte.* Frankfurt a. M. 2008.

Hartmut Böhme

4. Interkulturalität

Das Substantiv ›Interkulturalität‹ wurde zu Beginn der 1980er Jahre geprägt. Die ersten deutschsprachigen Monographien, die dieses Wort im Titel tragen, sind zu Beginn der 1990er Jahre erschienen. In der englischen und französischen Sprache kommt das Wort erst kurze Zeit später in Gebrauch. Das Wort, das durch ein Präfix und ein Suffix gebildet wird, gehört zu einer Wortbildungsgruppe im semantischen Feld des Wortes Kultur, die sich seit Ende des 19. Jahrhunderts entwickelt hat. Als Basis für die neuen Wortbildungen fungieren zwei Möglichkeiten, die jedoch als selbständige Wörter zunächst nicht in Gebrauch waren: Kulturation und Kulturalität. Das Suffix ›-(at)ion‹ bezeichnet einen Prozess oder eine Handlung (z. B. Akkulturat-ion), wohingegen das Suffix ›-ität‹ primär eine Eigenschaft bezeichnet (z. B. Multikultural-ität). Bei den Zusammensetzungen mit dem Wort ›Kulturation‹ wurde in Verbindung mit unterschiedlichen Präfixen zunächst die substantivische Form (z. B. *acculturation, transculturation*) eingeführt. Im Falle von ›Kulturalität‹ wurden zuerst die adjektivischen Formen (z. B. *intercultural,* interkulturell) eingeführt, die mit dem Suffix ›-al‹ (im Englischen) und ›-ell‹ (im Deutschen) gebildet werden, was den Substantivsuffixen ›-ity‹ (im Englischen) und ›-ität‹ bzw. ›-ismus‹ (im Deutschen) entspricht (z. B. *interculturality,* Interkulturalität). Dabei ist festzustellen, dass die Wortbildungen mit dem Wort ›Kulturalität‹ weit erfolgreicher in den allgemeinen Sprachgebrauch eingegangen sind, als die mit ›Kulturation‹, obwohl die letzteren weit älter sind. Beispiele sind: Akkulturation, Transkulturation, Inkulturation, Enkulturation, Rekulturation, Subkulturation, Dekulturation, Kontrakulturation und Interkulturation. Beispiele für die Bildungen auf ›ität‹ sind: Interkulturalität, Multikulturalität, Transkulturalität, Bikulturalität, Monokulturalität, Hyperkulturalität, Polykulturalität, Plurikulturalität, Ultrakulturalität, Metakulturalität, Präkulturalität und Postkulturalität.

Alle genannten Wortbildungen reagieren auf lebensweltliche Fragen, die sich entweder in der Beobachtung fremder Kulturen oder der eigenen Kultur stellen. Sie schließen an die vergleichsweise neuen Beschreibungsformen an, die mit der Etablierung des Wortes ›Kultur‹ als Singularetantum im 18. Jahrhundert und der Pluralbildung ›Kulturen‹ ab Mitte des 19. Jahrhunderts in der Alltags- und Wissenschaftssprache bereits im Umlauf waren. Das Wort *accultu-*

ration beispielsweise, das in der US-amerikanischen Ethnologie (*anthropology*) in den 1880er Jahren geläufig und dort in den 1920er und 1930er Jahren intensiv diskutiert wurde, reagiert auf die Beobachtung, dass gerade auch kleine Kulturen keine monolithischen Blöcke sind, sondern sich durch die Aufnahme von Motiven und Impulsen aus anderen Kulturen ständig ändern, im Wandel begriffen und somit niemals ›rein‹ sind. In der deutschsprachigen Debatte wurde dieses später vor allem unter dem Stichwort ›Kulturwandel‹ in historischen Kontexten reflektiert. Das Adjektiv *intercultural* reagierte in den 1920er Jahren auf die Situation in der US-amerikanischen Gesellschaft, in der durch verschiedene Einwanderungswellen Menschen mit den verschiedensten kulturellen Hintergründen zusammenlebten. In den 1930er Jahren wurde aus diesem Grund in den USA intensiv über *intercultural education* diskutiert. Das Adjektiv wurde zudem im religionswissenschaftlichen und ethnologischen Kontext verwendet. Erst ab den 1940er Jahren tauchen die Adjektive *multicultural* und *transcultural* auf, wobei das erste für die Bezeichnung von einzelnen Menschen verwendet wurde, die in sich selbst verschiedene Kulturen verbinden und das zweite für die Bezeichnung einer die verschiedenen Kulturen übersteigenden, universalen Ebene.

Als das Wort ›Interkulturalität‹ zu Beginn der 1990er Jahre begann, in den Wissenschaften geläufig zu werden – gut hundert Jahre, nachdem die Wortbildung ›Internationalität‹ eine ähnliche Funktion übernommen hatte –, verband man damit die Vorstellung von einer gleichberechtigten, gegenseitigen Einflussnahme von Kulturen bzw. einem Gespräch der Kulturen. Vom wissenschaftlichen Anspruch und politischen Gestus, und ohne dass dies in der Wortverwendung immer explizit war, sollte mit der Etablierung von ›Interkulturalität‹ eine postkoloniale Diskussionskultur in Wissenschaft und Alltag etabliert werden, in der keine Kultur mehr den alleinigen Wahrheitsanspruch vertreten sollte. ›Interkulturalität‹ wurde in diesem Sinne schnell zu einem Schlagwort für den wissenschaftlichen und politischen Wunsch nach einer welt- und kulturoffenen Diskussion in den Geistes- und Kulturwissenschaften sowie in der alltäglichen Lebenswelt. Gemäß dieser allgemeinen Bestimmung ist der Anspruch der Interkulturalität in den Wissenschaften keinem einzelnen Fach oder einer Disziplin zuzurechnen, vielmehr bildeten sich schnell Zusammensetzungen wie »interkulturelle Germanistik«, »interkulturelle Literaturwissenschaft«, »interkulturelle Philosophie« usw. Als das Wort 2006 erstmalig einen ausführlichen Artikel im *Brockhaus* erhielt und 2007 in die *Konvention zum Schutz der kulturellen Vielfalt* der UNESCO aufgenommen wurde (Artikel 4, Punkt 8), besiegelte dieses auch die politische Akzeptanz des Wortes. In all diesen Entwicklungen spielte das Präfix *inter* eine entscheidende Rolle, ohne dass die verschiedenen Bedeutungen von *inter* immer bewusst waren, die sich wie folgt differenzieren lassen: Zeitliches Zwischen (Intermezzo, intermenstrual); räumliches Zwischen (intergalaktisch, interozeanisch); Gegenseitigkeit (interaktiv, interagieren, interdependent); das Zwischen von zwei oder mehreren Polen (interpersonal, interindividuell, international); die Kombination aus Verschiedenem (intermodal); Verbindung, Gemeinsamkeit (internationale Symbole); Vermittlung (intervenieren); Zusammenarbeit (interdisziplinär).

Als Grundbedeutungen von *inter* lassen sich aus den Beispielen die Folgenden ableiten: Zwischen; Wechselseitigkeit/Gegenseitigkeit; Vermittlung; Zusammenarbeit; Gemeinsamkeit.

›Interkulturalität‹ kann sowohl einen wechselseitigen Prozess der Zusammenarbeit und Vermittlung wie auch die Gemeinsamkeit und die Verbundenheit anzeigen. Durch den vielfältigen Wortgebrauch und Schlagwortcharakter seit Ende der 1990er Jahre wurde jedoch im wissenschaftlichen wie im alltäglichen Sprachgebrauch zunehmend unklar, was unter ›Interkulturalität‹ zu verstehen ist. Zudem entwickelten sich konkurrierende Diskussionsstränge – wie z.B. der um das Wort ›Transkulturalität‹ (ab 1992) – oder es wurden ältere, konkurrierende Diskussionszusammenhänge wie der zur kulturellen Hybridität als Alternative entwickelt (die Wendung *hybrid culture* findet sich bereits um 1900). Die ganze Schwierigkeit dieser Debatten zeigt sich heute am deutlichsten daran, dass man in der Pädagogik das Wort ›Interkulturalität‹ weitgehend aufgegeben hat und nun von *diversity* spricht. Mit dieser Wendung, die im Rahmen der Wissenschaftssprache eher eine Verlegenheit als eine aussagekräftige Bestimmung ist, kommt jedoch mit allem Nachdruck eine philosophische Frage ins Spiel, die all die Debatten um Kulturalitäten und Kulturationen bewegt und erzeugt. Es ist die Frage nach Verschiedenheit, Differenz und Unterscheidung im Zusammenhang mit der Frage nach Identität.

Vor dem Hintergrund der Wortentwicklung seit dem 18. Jahrhundert mutet es wie ein dialektischer Dreischritt an, dass im 18. Jahrhundert durch das Singularetantum ›Kultur‹ bei Herder und Adelung die kulturelle Einheit des Menschengeschlechts im Rahmen einer allgemeinen Kulturgeschichte der Menschheit als Beschreibungsmuster gesetzt wurde. Im 19. Jahrhundert sollte diese kulturelle Einheit der Menschheit mit der Bildung des Plurals ›Kulturen‹ zunehmend in eine unübersehbare Vielheit der Kulturen auseinanderfallen. Wortbildungen wie *acculturation, intercultural, multicultural, transculturation* schließlich signalisieren einen Relativismus der Kulturen, der vor allem durch Oswald Spengler und Leo Frobenius zu Beginn des 20. Jahrhunderts wirkungsreich propagiert wurde. Im Rahmen der einzelnen Beschreibungsmuster wird leicht vergessen, dass es sich jeweils um Interpretationsmuster handelt und diese die Wirklichkeit selbst erzeugen, die sie bezeichnen. Aus diesem Grund kann es in kulturphilosophischer Perspektive heute nicht primär darum gehen, ob ›Interkulturalität‹ oder ›Transkulturalität‹ das richtige Wort sei, sondern es ist an der Zeit, die kulturelle Semantik in ihrem inneren Aufbau zu beobachten und kulturphilosophisch zu reflektieren. Erst durch diesen Schritt zurück lassen sich mögliche Wege finden, wie sich die Semantik des Kulturellen kulturphilosophisch weiterentwickeln lässt jenseits schnell verbrauchter und wenig präziser Schlagwörter.

Grundlagen interkultureller Philosophie

Im Folgenden soll die Diskussion der Ansätze in der Frage nach der Interkulturalität auf den Bereich der Philosophie beschränkt werden. Dabei werden Entwicklungen und Ansätze vor allem im 20. Jahrhundert benannt, die in verschiedener Hinsicht das Philosophieren in interkultureller Orientierung entwickelt haben.

Auch wenn beispielsweise Platon und Plotin von indischem Denken beeinflusst sein könnten und schon früh das jüdische Denken (Philon) und später das islamisch geprägte Denken (Avicenna, Averroës) für die Philosophie im lateinischen Mittelalter von großer Bedeutung gewesen sind, so kommt eine im weiten Sinne als ›interkulturell‹ zu bezeichnende Auseinandersetzung in der europäischen Philosophie wohl erst bei Leibniz und Christian Wolff – beide hatten einen Bezug zu China – sowie bei Schopenhauer und Paul Deussen – beide hatten einen intensiven Bezug zu indischen Denkansätzen – zustande. Auch wenn es im 19. Jahrhundert immer üblicher wurde, in den Philosophiegeschichten am Anfang auch auf China und Indien einzugehen, so kann von einer interkulturellen philosophischen Auseinandersetzung im engeren Sinne wohl erst im 20. Jahrhundert gesprochen werden.

1900 fand der erste »Congrès international de philosophie« in Paris statt. Auf diesem Kongress trafen sich Philosophierende aus Europa und den USA. Mit diesem Kongress wurde ein Format entwickelt, das seit 1973 »Weltkongress für Philosophie« heißt. Auf dem Internationalen Kongress für Philosophie in Bologna im Jahre 1911 trat erstmalig ein indischer Philosoph auf, der bei Deussen promoviert hatte, 1926 erstmals ein japanischer Philosoph und 1934 hielt Feng Youlan als erster Chinese einen Vortrag auf einem internationalen Philosophiekongress. Vor allem nach dem Zweiten Weltkrieg erweiterte sich der Diskurs fortlaufend, bis 1978 auch eine afrikanische Stimme auf dem Weltkongress für Philosophie in Düsseldorf zu hören war. Auf diesen Kongressen wurde die außereuropäische Philosophie nicht nur durch alte Texte repräsentiert, sondern durch Philosophierende aus aller Welt, die in ihrem Denken selbstverständlich verschiedene Philosophietraditionen verbanden. Diese Sprecher bezogen sich in ihrem Denken nicht nur auf die europäische, sondern beispielsweise auch auf indische, chinesische oder buddhistische Philosophie. Eine ähnliche Spannweite traditionsübergreifender Bezugnahme im philosophischen Denken findet man in der europäischen Philosophie erst in neuester Zeit.

Auf dem genannten Kongress im Jahre 1911 wurde erstmalig die Methode »Komparativer Philosophie« (*philosophie comparée, comparative philosophy*) von Paul Masson-Oursel vorgestellt. Diese Methode hat sich insbesondere in den USA zu einem Feld philosophischer Auseinandersetzung entwickelt, dass bis heute beispielsweise in der Zeitschrift *Philosophy East and West* (1951 ff.) fortgeführt wird. In den Anfängen Komparativer Philosophie verglich man häufig Asien und Europa miteinander, was immer wieder zu pauschalen Einschätzungen und Festschreibungen führte. Nach und nach wurden die Themen spezifischer und man verglich nun Ansätze in bestimmten Themenbereichen wie der Ethik, Ästhetik und Logik. Heute werden diese Großraumvergleiche eher vermieden und man beschränkt sich auf den Vergleich einzelner Denkansätze. Im Rahmen der Komparativen Philosophie ist der Begriff des Vergleichs wiederholt reflektiert worden, wobei diejenigen Begriffsbestimmungen bis heute von Bedeutung sind, die den Akt des Vergleichens nicht als ein statisches Gegenüberstellen von verschiedenen Positionen bestimmen, sondern als ein Verfahren dynamischer Kontrasterzeugung, um auf diese Weise neue philosophische Einsichten zu gewinnen.

Franz Martin Wimmers *Interkulturelle Philosophie* von 1990 machte den Begriff im deutschen Sprachraum bekannt. Den programmatischen Titel seines Buches verstand Wimmer als Versuch, die eurozentrische Geschichtsschreibung der Philosophie in Europa aufzubrechen und neue Perspektiven jenseits des philosophischen Rassismus in der Philosophiegeschichtsschreibung zu eröffnen: »Es ist unumgänglich, die These von der Einzigkeit der Philosophieentwicklung in Europa in den Kontext des Rassismus zu stellen. Von den Ausführungen Christoph August Heumanns zu Beginn des 18. Jahrhunderts über *klimatisch bedingte Denkweisen*, über Aussagen von Hume oder Kant bis herauf zu Lucien Lévy-Bruhls Unterscheidung rationaler und primitiver Denkweisen zieht sich eine ununterbrochene Gedankenverbindung [...], die ein sehr verbreitetes Vorurteil stützt: die Normalgestalt der Menschenvernunft ist *weiß, christlich und männlich*.« (Wimmer 1990, 34) In diesem frühen Entwurf einer interkulturellen Philosophie werden die Vorurteile und Ordnungsmuster thematisiert und kritisiert, die hinsichtlich des »Anderen« in der europäischen Philosophie und Philosophiegeschichtsschreibung herrschten.

Mit der Gründung der »Gesellschaft für interkulturelle Philosophie« im Jahre 1992 unter der Leitung von Ram Adhar Mall wurde in der deutschsprachigen Philosophie eine Bewegung ausgelöst, die bis heute lebendig ist. Im Tagungsband zur Gründungsveranstaltung der Gesellschaft bringt Mall sein Anliegen wie folgt auf den Punkt: »Interkulturalität, positiv ausgedrückt, ist der Name einer philosophischen kulturellen Haltung, Einstellung und Einsicht. Diese Einsicht begleitet alle Kulturen und Philosophien wie ein Schatten und verhindert, dass diese sich in den absoluten Stand setzen. [...] Interkulturalität so verstanden, verfährt methodisch folgendermaßen: sie privilegiert von vornherein kein Begriffssystem, ebenso wenig traktiert sie Kulturen und Philosophien stufentheoretisch. Sie singularisiert nicht und nimmt das Kompositum ›Philosophie und Kulturen‹ ernst. Das Studium der Philosophie aus interkultureller Sicht ist angesiedelt jenseits aller Zentrismen, ob asiatisch, europäisch, afrikanisch oder lateinamerikanisch.« (Mall/Lohmar 1993, 2) Auch in den späteren Schriften Malls wird interkulturelle Philosophie immer wieder als eine nichtdiskriminierende Haltung beschrieben, die in der Philosophie insgesamt dazu führen soll, alle zugänglichen Denkansätze in gleichberechtigter Weise einzubeziehen. Um diese Haltung philosophisch zu fundieren, hat er die These von der Überlappung der verschiedenen Denkansätze und den Gedanken einer »orthaften Ortlosigkeit« des Philosophierens entwickelt.

Mit dem Geläufigwerden des Substantivs ›Interkulturalität‹ gab es bald Versuche, eine Philosophie der Interkulturalität zu entwickeln, bei der es um die philosophische Analyse der Begegnung verschiedener Kulturen ging, wobei sich dies nicht nur auf das Gespräch zwischen verschiedenen Philosophien bezog. Denn eine Philosophie der Interkulturalität hat zum einen den Begriff der Kultur und der Kulturen zu klären und zum anderen die spezifische Qualität des *inter* zu reflektieren. 1999 wird von Rolf Elberfeld eine Studie zur Philosophie des modernen japanischen Philosophen Kitaro Nishida vorgelegt, in der er den philosophischen Ansatz dieses Denkers im Zusammenhang mit der Frage nach der Interkulturalität thematisiert. Demnach zeigt Nishidas Denkweg in exemplarischer Weise, wie eine interkulturell geprägte Denksituation im Japan des beginnenden 20. Jahrhunderts zur Entwicklung einer Philosophie der Interkulturalität führen kann. Nishidas Philosophie kann als ein Beispiel gelesen werden für eine Denkbewegung, die auch in der modernen Philosophie in Indien, China, Korea, Taiwan, Südamerika und Afrika anzutreffen ist. Eine weitere große Studie zur Philosophie der Interkulturalität wurde 2006 von Georg Stenger vorgelegt, der, aufbauend auf der Phänomenologie Heinrich Rombachs, letztlich den Begriff der Interkulturalität ersetzt durch den Begriff der ›Intermundaneität‹ und sich damit weniger auf Kultur und Kulturen als vielmehr auf Welt und Welten bezieht. Auf der Grundlage von Kant, Husserl und Heidegger entwickelt Stenger – verschiedenste alte sowie neuere Texte und Ansätze aus unterschiedlichen ›Welten‹ mit einbeziehend – eine Phänomenologie »interkultureller Erfahrung«, die ansetzt beim Phänomen der Erfahrung im Allgemeinen und endet mit dem »Schritt zur Intermundaneität«.

Einen ganz anderen Ansatz verfolgen die Studien von Thomas Göller und Iris Därmann. Göller beobachtet in seinem 2000 erschienenen Buch zum *Kulturverstehen* verschiedene europäische und nordamerikanische Auslegungen des kulturbezogenen Verstehens (darunter Wilhelm Dilthey, Hans-Georg Gadamer, Peter Winch, Richard Rorty, Clifford Geertz). Ihm geht es dabei um die Frage nach der wissenschaftlichen Geltung von Kulturverstehen und nicht um ein im alltäglichen Rahmen gelingendes oder misslingendes Kulturverstehen. Kulturbezogene Beispiele werden daher selten herangezogen, denn im Zentrum steht die richtige *wissenschaftliche* Form und damit die Geltung von wissenschaftlichen Aussagen im Rahmen eines kulturbezogenen Verstehens, wobei interkulturelles Verstehen als eine Sonderform von kulturellem Verstehen interpretiert wird. Im zweiten Teil wird ein neukantianischer Ansatz mit normativem Anspruch zum Kulturverstehen entwickelt, der danach fragt, wie es möglich ist, »etwas in gültiger (richtiger, angemessener) Weise über eine andere, fremde Kultur auszusagen« (Göller 2000, 455).

Anders als Göller trägt Därmann in ihrer Studie *Fremde Monde der Vernunft* von 2005 keinen normativen Anspruch an die untersuchten Theorien und Philosophien heran. Sie versucht vielmehr, ethnologische und philosophische Ansätze so zu erschließen, dass der Ort, den das Fremde oder die Fremden in den einzelnen Theorien und Philosophien einnehmen, sichtbar wird. Sie kann deutlich machen, wie die zu Beginn des 20. Jahrhunderts entstehende Ethnologie als neue Wissenschaft das philosophische Denken beunruhigt und zugleich herausfordert. Bei den ethnologischen Theorien bezieht sie Bronisław Malinowski, Claude Lévi-Strauss, Marcel Mauss u. a. ein und berücksichtigt zudem *Totem und Tabu* von Sigmund Freud. Nach der Analyse dieser Theorien sucht sie den Ort des Fremden bei Wilhelm Dilthey, Edmund Husserl, Martin Heidegger, Emmanuel Lévinas und Jacques Derrida auf und zeigt, wie wenig diese Ansätze die ethnologische Herausforderung beachten. Die beiden Studien von Göller und Därmann machen deutlich, wie verschieden Theorien hinsichtlich ihrer interkulturellen Dimension untersucht werden können. Das kulturell Fremde taucht jedoch nicht als Partner in der interkulturellen Auseinandersetzung auf. Das Fremde als Fremdes hat Bernhard Waldenfels (1990) wiederholt in die philosophische Aufmerksamkeit gehoben und damit einen wichtigen Beitrag zur Klärung interkultureller Verhältnisse geleistet.

Einem weiteren Strang in der interkulturellen Philosophie, der vor allem durch die Arbeiten von Gregor Paul repräsentiert wird, geht es vorrangig um die Erzeugung von Toleranz auf der Grundlage von anthropologischen Universalien, rationaler Argumentation und allgemeingültigen logischen Gesetzen. Paul kämpft gegen die Formulierung kulturspezifischer ›Logiken‹. In seiner *Einführung in die interkulturelle Philosophie* gibt er als Ziele seiner Bemühungen die »Korrektur von Vorurteilen und Klischees« (Paul 2008, 26) an, die »Entwicklung philosophischer Universalien« sowie »die Begründung von Toleranz« (ebd., 26). Als methodische Grundregeln nennt er unter anderem, »Gemeinsamkeiten festzuhalten und explizit zu machen, Unterschiede zu identifizieren, zu beschreiben und zu erklären, Vorurteile auszuräumen, [...] die universale Gültigkeit des alltäglich-pragmatischen Kausalitätsprinzips [...] anzuerkennen, sich an der Existenz anthropologischer Konstanten zu orientieren« (ebd., 31 f.). Auch wenn Paul die Möglichkeit relevanter philosophischer Unterschiede zwischen verschiedenen kulturellen Kontexten anerkennt, so ist seine theoretische Aufmerksamkeit fast ausschließlich auf die Feststellung der kulturübergreifenden Qualität bestimmter Prinzipien in der Logik, der Ästhetik und den Menschenrechten gerichtet.

Ein nahezu entgegengesetztes Interesse lässt sich in einem anderen Strang der interkulturellen Philosophie beobachten. Hier stehen vor allem die produktiven Unterschiede zwischen philosophischen Traditionen im Zentrum der theoretischen Aufmerksamkeit. Einer der Repräsentanten dieser Richtung ist François Jullien, der im Anschluss an den Gedanken der »Heterotopie« von Michel Foucault den chinesischsprachigen Denkraum als Kontrastfolie nutzt, um beständig produktive Unterschiede zu den Denkräumen verschiedener europäischer Sprachen zu erzeugen. Ihm geht es darum, die verschiedenen »Strategien des Sinns« offenzulegen, um auf diese Weise die eigenen blinden Flecken realisieren zu können. Jullien setzt keine allgemeine Ebene des Denkens voraus, sondern zeigt in seinen Studien, wie jeweils in verschiedener Weise ein bestimmter philosophischer Sinn oder Diskurs erzeugt wird auf der Grundlage spezifisch gerichteter Aufmerksamkeiten.

Dies wird in den Studien – die ähnlich wie Jullien an den Unterschieden interessiert sind – von Rolf Elberfeld und Mathias Obert ebenfalls betont. In der Monographie *Phänomenologie der Zeit im Buddhismus* von 2004 versucht Elberfeld, das Phänomen der Zeit im Kontext buddhistischer und europäischer Philosophie im Rahmen verschiedener hermeneutischer Horizonte zu sichten und zu situieren, um daran anschließend buddhistische Texte zum Phänomen der Zeit in eine philosophisch fruchtbare Auseinandersetzung mit europäischen Texten der Zeitphilosophie von Platon bis Heidegger zu bringen. Ähnliches versucht Mathias Obert in seinem Buch *Welt als Bild* aus dem Jahre 2007 für den Bereich der Bildphilosophie und das Phänomen der Sichtbarkeit. Obert legt nicht nur eine Neuübersetzung zentraler Texte chinesischer Ästhetik vor, sondern entwickelt neue Perspektiven für die zeitgenössischen Diskussionen um das Bild im Besonderen und die Bestimmung von philosophischer Ästhetik im Allgemeinen.

Denken in Nationalsprachen

Ein weiterer, zentraler Bereich interkultureller Philosophie kann hier nur angedeutet werden. In verschiedenen asiatischen, afrikanischen und südamerikanischen Sprachen liegen inzwischen philosophische Entwürfe vor, die aus interkulturellen Denksituationen entstanden sind. Diese Entwürfe stammen von Menschen, die zumindest in zwei Denk- und Sprachkontexten zu Hause sind und daraus ihre philosophischen Werke entwickeln. Ähnlich wie Descartes und Leibniz im 17. und 18. Jahrhundert ihr Werk in mehreren Sprachen entwickelten, ist es beispielsweise in Ostasien kein Sonderfall mehr, dass ein Doppelœuvre vorliegt. An dieser Stelle soll nur das Werk von Ryosuke Ohashi genannt werden. Er hat sein Denken vor allem in der japanischen und deutschen Sprache entwickelt, wobei sein deutschsprachiges Werk explizit einen Beitrag zur interkulturellen Philosophie darstellt. Ohashi ist nicht nur der erste Japaner, der im deutschsprachigen Raum habilitiert worden ist (1983), sondern er ist auch einer der wenigen, die in beiden Arbeitssprachen publiziert haben. Sein Denken lässt sich nicht festlegen auf eine ›japanische‹ oder ›deutsche‹ Identität. Es entfaltet sich vielmehr in einem Hin- und Herwandern zwischen verschiedenen Kulturen, wobei die Verschiedenheit der beiden Arbeitssprachen immer wieder Anlass philosophischer Reflexionen ist.

An diesem Punkt wird eine Entwicklung deutlich, die für die Zukunft interkultureller Philosophie von besonderer Bedeutung ist. Es sind längst nicht mehr nur die neueren europäischen Traditionssprachen der Philosophie (Französisch, Englisch, Deutsch, Italienisch usw.), in denen produktive zeitgenössische Entwürfe der Philosophie entstehen. Die philosophisch relevanten Sprachen haben sich vervielfältigt. Neben Japanisch und Koreanisch ist vor allem das Chinesische zu einer wichtigen Sprache zeitgenössischen Philosophierens geworden. Es kann sogar vermutet werden, dass das Chinesische die gegenwärtig einzige Sprache ist, die der englischen Sprache in Zukunft auch in der Philosophie ernsthafte Konkurrenz bieten kann. Das Chinesische verfügt nicht nur über eine kontinuierliche literarische und philosophische Tradition von mindestens 2500 Jahren, sondern auch über ein Unterscheidungspotential in der Schrift- und Sprachtradition, das zunehmend beginnt, auch philosophisch virulent zu werden. Ähnlich wie im Japanischen und Koreanischen bemüht man sich gegenwärtig darum, die Werke der europäischen Philosophie seit ihren Anfängen ins Chinesische zu übersetzen und sie im Kontext der alten und jüngeren chinesischen Philosophie einer Neulektüre zu unterziehen. Diese Entwicklung wird inzwischen auch von europäischen Philosophierenden begleitet, die ihrerseits ihr Denken in deutscher und chinesischer Sprache entwickeln und Philosophie in chinesischer Sprache beispielsweise in Taiwan unterrichten. Diese neue interkulturelle Situation kann zu der Frage führen, ob in ein Lesebuch zur zeitgenössischen deutschsprachigen, japanischsprachigen oder chinesischsprachigen Philosophie jeweils auch Texte aus den anderen Sprachen aufgenommen werden sollten. Da sich die Philosophierenden weder nur auf eine Sprache noch auf ein Land festlegen lassen, sind eindeutige Zuschreibungen in vielen Fällen nicht mehr möglich. Die Interkulturalität vollzieht sich in den einzelnen Personen selbst, so dass nicht mehr einzelne Kulturen gegeneinander stehen.

›Interkulturalität‹ oder ›Transkulturalität‹?

Der zuletzt genannte Punkt macht die Attraktivität der alternativen Bezeichnung aus, die von Wolfgang Welsch bereits im Jahr 1992 eingeführt worden ist: ›Transkulturalität‹. Das berechtigte Anliegen von Welsch besteht darin, nicht mehr von abgeschlossenen Kulturen zu sprechen – was er dem Konzept der Interkulturalität unterstellt –, sondern von subjektinterner Pluralität, wobei er sich zentral auf Ansätze stützt, die Nietzsche in seinem Denken unter Stichworten wie »polyphones Subjekt« oder »Seele als Subjekts-Vielheit« entwickelt hat. Die Beobachtung, dass einzelne Menschen in sich verschiedene Kulturen vereinen, führte bereits 1941 bei der Einführung des Adjektivs *multicultural* in die englische Sprache dazu, von ›multikulturellen Personen‹ zu sprechen. In den 1970er Jahren wurde diese Wendung auch mit den Adjektiven ›interkulturell‹ und ›transkulturell‹ durchgespielt. Die Verwendungsweise hat sich bekanntlich nicht durchgesetzt.

Im Gang durch die verschiedenen Positionen wird deutlich, dass sich hinter dem Schlüsselwort ›Interkulturalität‹ bzw. ›Transkulturalität‹ verschiedene Interessensrichtungen verbergen, die sich zum Teil gegenseitig heftig kritisieren. Daher gibt es weder Interkulturalität als einen einheitlichen Ansatz in der Philosophie noch in den anderen Wissenschaften. Eine Grundunterscheidung, durch die sich die Ansätze zumindest vorläufig differenzieren lassen, ist die zwischen einer Orientierung an Universalität oder an Pluralität. Im Rahmen beider Orientierungen kann an der Erzeugung von Toleranz und dem Abbau von Vorurteilen gearbeitet werden. Anhand einer weiteren Grundunterscheidung kann man die Ansätze danach differenzieren, ob sie in der philosophischen Auseinandersetzung über den europäischen Horizont hinausgehende Philosophien einbeziehen oder sich um die theoretische Erörterung von Kultur und Kulturen, Interkulturalität, des Fremden, der Menschenrechte in universaler Perspektive usw. bemühen. Beide Grundunterscheidungen erzeugen jeweils unterschiedliche Arbeitsfelder, die sich in weiten Teilen kaum berühren. Betrachtet man diese Tatsache positiv, dann lässt sich sagen, dass sich das Feld der Interkulturalität seit den frühen 1990er Jahren in hohem Maße ausdifferenziert hat und sich viele neue Themenfelder in der Philosophie gebildet haben. Betrachtet man die Tatsache negativ, so lässt sich sagen, dass die Bezeichnung ›Interkulturalität‹ so unscharf verwendet wird, dass das Wort nahezu bedeutungslos geworden ist.

Wer das Leben von Wörtern in Wortgebrauchs- oder Begriffsgeschichten beobachtet, weiß, dass einzelne Wörter ihre Zeit haben und mit der Zeit verblassen können. In den Zeiten ihres Gebrauchs erfüllen sie eine wichtige Funktion, da sie im besten Falle zu einer Neuordnung des Wissens führen. Dies wäre bei ›Interkulturalität‹ dann der Fall, wenn beispielsweise im deutschsprachigen Bereich in der Philosophie im Allgemeinen und der Philosophieausbildung im Besonderen ganz selbstverständlich zeitgenössische Positionen aus China, Japan, Argentinien, Taiwan, Korea, Ghana usw. einbezogen würden. Wenn es zudem selbstverständlich wäre, dass neben Altgriechisch und Latein beispielsweise auch das Altchinesische und Sanskrit als Sprachen der Philosophie gelten würden und auch institutionell problemlos in die Ausbildung eingebunden werden könnten. Dies muss nicht überall und an jedem Ort geleistet werden; es geht um die philosophischen Profilierungen, die sich aus der Begegnung verschiedener Horizonte ergeben können.

Literatur

Baruzzi, Arno/Takeichi, Akihiro: *Ethos des Interkulturellen. Was ist das, woran wir uns jetzt und in Zukunft halten können?* Würzburg 1998.

Därmann, Iris: *Fremde Monde der Vernunft. Die ethnologische Provokation der Philosophie.* München 2005.

Elberfeld, Rolf: *Kitarō Nishida (1870–1945). Das Verstehen der Kulturen. Moderne japanische Philosophie und die Frage nach der Interkulturalität.* Amsterdam 1999.

–: *Phänomenologie der Zeit im Buddhismus. Methoden interkulturellen Philosophierens.* Stuttgart-Bad Cannstatt 2004.

–: Forschungsperspektive »Interkulturalität«. Transformation der Wissensordnungen in Europa. In: *Zeitschrift für Kulturphilosophie* 1 (2008), 7–36.

Fornet-Betancourt, Raúl: *Lateinamerikanische Philosophie zwischen Inkulturation und Interkulturalität.* Frankfurt a. M. 1997.

Göller, Thomas: *Kulturverstehen. Grundprobleme einer epistemologischen Theorie der Kulturalität und kulturellen Erkenntnis.* Würzburg 2000.

Heubel, Fabian: Foucault auf Chinesisch – Methodologische Reflexionen zu einer transkulturellen Philosophie der Selbstkultivierung. In: *Polylog. Zeitschrift für interkulturelles Philosophieren* 19 (2008), 19–35.

Jullien, François: Eine Dekonstruktion von außen. Von Griechenland nach China, oder: Wie man die festgefügten Vorstellungen der europäischen Vernunft ergründet. In: *Deutsche Zeitschrift für Philosophie* 53 (2005), 523–539.

Kimmerle, Heinz: *Einführung in die interkulturelle Philosophie.* Hamburg 2002.

Mall, Ram Adhar/Lohmar, Dieter (Hg.): *Philosophische Grundlagen der Interkulturalität.* Amsterdam 1993.

Obert, Mathias: *Welt als Bild. Die theoretische Grundlegung der chinesischen Berg-Wasser-Malerei zwischen dem 5. und dem 12. Jahrhundert.* Freiburg i.Br. 2007.

Ohashi, Ryosuke: *Japan im interkulturellen Dialog.* München 1999.

Paul, Gregor: *Einführung in die interkulturelle Philosophie.* Darmstadt 2008.

Philosophy East and West. A Quarterly of Comparative Philosophy. 1951 ff.

Polylog. Zeitschrift für interkulturelles Philosophieren. 1998 ff.

Stenger, Georg: *Philosophie der Interkulturalität. Erfahrung und Welten. Eine phänomenologische Studie.* Freiburg i.Br./München 2006.

Waldenfels, Bernhard: *Der Stachel des Fremden.* Frankfurt a. M. 1990.

–: *Topographie des Fremden.* Frankfurt a. M. 1997.

Welsch, Wolfgang: Transkulturalität – Lebensformen nach der Auflösung der Kulturen. In: *Information Philosophie* 2 (1992), 2–20.

Wimmer, Franz Martin: *Interkulturelle Philosophie. Geschichte und Theorie.* Wien 1990.

–: *Interkulturelle Philosophie. Eine Einführung.* Stuttgart 2004.

Rolf Elberfeld

5. Kulturkritik

Kulturkritik, das sei vorweg gesagt, lässt sich nicht kurzerhand definieren. Extensionale Unschärfe und intensionale Heterogenität kennzeichnen den Begriff, und so dient ›Kulturkritik‹ meist als Sammelbecken für »Verlustgeschichten und Pathologiebefunde, die sich unter Berufung auf bessere Zeiten gegen die eigene Zeit richten« (Bollenbeck 2007a, 201). Es gibt keinen Gegenstandsbereich, der sich der Kulturkritik entzöge, und ebenso wenig lässt sich die Kulturkritik auf eine Methode festlegen. Dieses »disziplinlose Denken« nimmt jedoch eine besondere Funktion ein: Einspruchsinstanz gegen die Lebensbedingungen der Moderne zu sein. Als »Reflexion in der veränderten Welt« (Konersmann 2008, 67) besitzt die Kulturkritik Geschichtsbewusstsein, und sie geht immer aufs Ganze. Dies unterscheidet sie von denjenigen Kommentaren, die lediglich einzelne Krisenerscheinungen bemängeln; in Abgrenzung zu derartiger *Zeitkritik* ist die Bezeichnung ›Kulturkritik‹ für »*strukturelle* Kritik« vorzubehalten, die sich skeptisch mit dem Fortschrittsgedanken auseinandersetzt (Merlio/Raulet 2005, 10). Von der *Ideologiekritik*, die seit der Napoleonischen Ära zu »ontologisch-erkenntnistheoretischer Entwertung« gegnerischen Denkens dient (Mannheim 1995, 66), sowie dem *Ressentiment*, das irritierende Veränderungen rigoros aus dem Weg räumt, um sich weiterhin »mit sich selbst und der Welt im Einklang zu fühlen« (Konersmann 2008, 111), unterscheidet sich Kulturkritik durch ihr selbstkritisches Element (vgl. Stenlund 2007, 217).

Kulturkritik ist älter als ihre Bezeichnung. Die Begriffsgeschichte ihrer etymologisch unterschiedlichen Komponenten verläuft lange Zeit getrennt: *Cultura* ist als relationaler Begriff ursprünglich auf ein Genitivattribut angewiesen (*cultura animi* – »Pflege der Seele«) und wird erst gegen Ende des 17. Jahrhunderts zum »Inbegriff dessen, was an Formen und Hinterlassenschaften des menschlichen Wirkens bleibt, was immer neue Herausforderungen schafft« (Konersmann 2008, 39). Das griechische *krinein*, von dem sich Kritik herleitet, stammt aus der Rechtsprechung und findet als Kunst des Trennens, Entscheidens und Beurteilens bis zur Aufklärung ausschließlich in der Philologie Anwendung. Dort gilt es, Überlieferungen zu bewerten und den Wortlaut eines Urtextes wiederherzustellen. Kritik ist lange gleichbedeutend mit *Rekonstruktion*, das zeigt sich auch bei ihrer ersten Öffnung in Richtung auf die menschliche Lebenswelt: Wenn Francis Bacon fordert, sich von den überlieferten Texten abzuwenden und stattdessen »die Verbindung zwischen dem Geist und den Dingen [...] wieder herzustellen« (Bacon 1990, 3), so versteht er die Intervention der Kritik als vorübergehend und ihr Ziel als absehbar und eindeutig definierbar. Kritik hat das menschliche Denken kurzfristig von Vorurteilen zu reinigen; nach dieser Entmachtung der »Idole« und der Festlegung des Wissbaren ist ihr Einsatz beendet (vgl. Konersmann 2008, 47).

Indem Kant 1781 das »Zeitalter der Kritik« ausruft, erklärt er die Kritik »zum wissenschaftsimmanent zu definierenden Kennzeichen deutscher Vernunft, die sich dadurch im Gegensatz zur Gewalt der Französischen Revolution wissen wollte« (Röttgers 1982, 651).

Lässt sich, das sollten die heterogenen Stichproben gezeigt haben, aus dem fein verästelten semantischen Rhizom von ›Kultur‹ und ›Kritik‹ keine gradlinige Begriffsgeschichte einer Kulturkritik herausschneiden, so sind doch einzelne Topoi segmentierbar. Die Auseinandersetzung mit dem (vermeintlichen) *Fortschritt* des Menschen sowie mit der *Restitution* eines besseren Zustandes und die Frage nach der Rolle von *Bildung* und *Philosophie* prägen die Kulturkritik von Anfang an, werden vor allem durch Rousseau »protoexistentialistisch« (Bollenbeck 2007b, 97) zugespitzt. Seit der Französischen Revolution ist das Phänomen der *Masse* ein Kernthema der Kulturkritik. Aufmerksamkeit erzielt die Kulturkritik durch die – öffentlichkeitswirksam inszenierte – *Haltung* ihrer Sprecher ebenso wie durch die Evidenz ihrer Metaphorik: In der Semantik der *Krankheit* und des *Krieges* entsteht ein drastisches Bild der Moderne.

Restitutive und postrestitutive Kulturkritik

1. Bereits in der Antike taucht die Frage nach dem Fortschritt der Menschheit und die Idee der Restitution auf. Im 90. Brief an Lucilius bedauert Seneca den Verlust des Goldenen Zeitalters, für den Habsucht und Wissensgier verantwortlich seien. Seneca folgt darin den Schilderungen des Stoikers Posidonius, nimmt jedoch eine entscheidende Modifizierung vor: Im Unterschied zu Posidonius differenziert er zwischen technischem Wissen (*sagacitas*) und Weisheit (*sapientia*). Nur erstere sei verantwortlich für den Verlust des natürlichen Maßes, die Weisheit dagegen könne durch ihr Bewusstsein für den kosmi-

schen Ordnungszusammenhang den Menschen wieder zur Harmonie führen. Dieses scheinbar simple Plädoyer für die Restitution des Goldenen Zeitalters wird jedoch durchkreuzt durch die Sekundarität dessen, was den Menschen eigentlich ausmacht: Die Tugenden entstünden nicht in dem Zustand der Unmittelbarkeit und Einfachheit, sie seien vielmehr das Ergebnis des bewussten Umgangs mit den Verlockungen der Zivilisation. Auch die Philosophie, welche ein gelungenes Leben ermöglicht, sei erst in der Folgezeit entstanden. Von einem einfachen Zurück kann also bereits in der Vorgeschichte der Kulturkritik nicht die Rede sein, und bereits hier zeigt sich der komplexe, manchmal paradoxe Verweisungszusammenhang von Fortschritt und Restitution.

Erst in der Mitte des 18. Jahrhunderts entsteht »jene prägnante Verbindung von Kultur und Kritik, deren erste und vernehmlichste Stimme Jean-Jacques Rousseau gewesen ist« (Konersmann 2008, 50). Die Preisfrage der Akademie zu Dijon, die eine positive Antwort nahelegt, verneint er rigoros in seinem ersten Diskurs und gelangt so innerhalb kürzester Zeit zu Ruhm: Die Wissenschaften und Künste hätten gerade *nicht* zu der Verbesserung der menschlichen Sitten beigetragen – im Gegenteil, »in dem Maß, in dem Wissenschaften und Künste zur Vollkommenheit fortschritten, sind unsere Seelen verderbt geworden« (Rousseau [5]1995, 15).

In auffallend gelehrtem Rundgang durch die Geschichte zeigt Rousseau, dass zu allen Zeiten Gelehrsamkeit und zivilisatorische Annehmlichkeiten einen Verfall von Tugenden wie Tapferkeit, Ehrlichkeit und Vaterlandsliebe zur Folge hatten und zum politischen Untergang von ganzen Reichen führten. Aus diesem Grund sei es in den antiken Republiken Griechenlands verboten gewesen, »sitzende und ruhige Berufe« auszuüben, »welche die Kraft der Seele lähmen, sobald sie den Körper schwächen« (ebd., 43). Kategorisch weist Rousseau schließlich jegliche Hoffnung zurück, dass aus dem »Fortschritt« der Wissenschaften jemals Fortschritt für die Menschen entstünde, schließlich verdankten Wissenschaften und Künste ihre Entstehung Lastern wie Geiz, Hass und *curiositas* (ebd., 31).

Während der erste Diskurs zwar auf ›Natur‹ als unversehrte Gegenwelt zu der von Wissenschaft und Künsten geprägten Zivilisation verweist, sie jedoch unbestimmt lässt, expliziert Rousseau den *hypothetischen* Charakter des Naturzustandes im *Diskurs über die Ungleichheit*: Es handele sich um »einen Zustand, den es nicht mehr gibt, vielleicht nie gegeben hat und wahrscheinlich nie geben wird, über den man aber dennoch rechte Begriffe nötig hat, um den jetzigen Zustand richtig beurteilen zu können« (ebd., 67). Der zweite Diskurs enthüllt damit das naturrechtliche Kriterium des klassisch-aufklärerischen Kritikbegriffs, wie er sich in der *Encyclopédie* d'Alemberts und Diderots findet, als illusionäre Projektion (vgl. Geyer 2003, 31): Vertreter der Naturrechtslehren wie Hobbes und Locke bezichtigt Rousseau einer *petitio principii:* Bei dem Versuch, die Natur des Menschen aus ihren Zeitgenossen zu destillieren, hätten sie vergessen, dass viele der menschlichen Verhaltensweisen erst ein Ergebnis des Zivilisationsprozesses seien. Mit dieser subtilen Destruktion der »Natur« als letzte Wertinstanz der Kritik ist die entscheidende Wende zur modernen Kulturkritik vollzogen. Diese muss ihre Kriterien aus sich selbst heraus generieren und kann nur noch auf ein *fiktives* Außen als Legitimationsgrund verweisen. Rousseaus Kulturkritik ist postrestitutiv, daran lässt der Brief an Voltaire 1755 keinen Zweifel: Es komme eine Zeit, so Rousseau, »in der das Übel so groß ist, dass die Ursachen, die es entstehen ließen, nötig sind, um seinem Wachsen Einhalt zu gebieten: Wie man das Eisen in der Wunde stecken lassen muß, damit der Verwundete nicht beim Herausziehen verblute« (Rousseau [5]1995, 311–313).

Ebenso wenig, wie ein »Zurück zur Natur« aus Rousseaus Kulturkritik abzuleiten ist, entspricht es der Kulturanalyse Sigmund Freuds. Zwar führe die Triebunterdrückung als notwendige Bedingung von Kultur zu Nebenwirkungen, die den Wert dieser zweifelhaft erscheinen lassen, jedoch gibt es keine Alternative, denn nur so ist das Überleben des Menschen möglich. Nicht einmal ein *fiktives* Außen ist bei Freud mehr denkbar: Der Mensch existiert nur in der Kultur, kann demnach auch nur *Unbehagen in* der Kultur und nicht *an* ihr empfinden. »Der Weg nach rückwärts«, so Freud, ist versperrt, »und somit bleibt nichts andres übrig, als in der anderen, noch freien Entwicklungsrichtung fortzuschreiten, allerdings ohne Aussicht, den Prozeß abschließen und das Ziel erreichen zu können« (Freud 1940, 45).

Als *Elementarfiguren* der Kulturkritik haben der Gedanke der Restitution und die damit verbundene Fortschrittsfrage die Diskursordnung der Kulturkritik grundlegend geprägt. In der Neuzeit laufen sie jedoch oft nur unterschwellig mit (vgl. Konersmann 2011, 65). Dass sie als bloße Reminiszenzen manchmal auch Absurditäten gebären, zeigt die paradoxe Konzeption von Max Nordaus folgenreicher Publikation *Entartung*: Die Natur sei der Feind des Menschen, von ihr gelte es sich durch offensive Fortschrittsbejahung zu entfernen. Als gesund gelten in solcher Konzeption diejenigen, die sich den Anforderungen des Industriezeitalters problemlos anpassen und die ›Natur‹ so weit wie möglich hinter sich lassen. Als ›entartet‹ dagegen bezeichnet Nordau nicht nur diejenigen, die pathologisch auf die Reizüberflutung der Großstädte reagieren, sondern auch Künstler und Intellektuelle, die einem Fortschrittsoptimismus skeptisch gegenüberstehen.

2. Die Schocks der Moderne sind zu Beginn des 20. Jahrhunderts nicht mehr durch die Hegelianische Konzeption eines vernünftigen Telos der Geschichte abzufedern. Friedrich Nietzsche zufolge bleiben nur zwei Möglichkeiten der Reaktion: die bewusste Décadence oder ein Bändigungsversuch mit letzten Kräften. Von diesen beiden Verhaltensweisen der »heroischen Moderne« (Kittsteiner 2003, 107) hat sich die letztere durchgesetzt, was sich in der deutschen Interpretation des Ersten Weltkrieges als »Kulturkrieg« (Ernst Troeltsch) zeigt: Aus deutscher Perspektive wehrt sich eine vermeintlich deutsche Kultur des Geistes, der Innerlichkeit, Ganzheitlichkeit und Ursprünglichkeit gegen die »zivilisierten« Länder England und Frankreich, welche nur auf instrumentelles Geschick, Form und oberflächliche Vollendung bedacht seien.

Dieses propagandistische Interpretament bedient sich aus dem Arsenal der Kulturkritik des frühen 20. Jahrhunderts, die, allerdings ohne nationale Bezüge, das wachsende Auseinanderdriften von »Leben« und »Form« beklagt. Georg Simmel versteht diese Kluft als strukturelle Gefahr von Kultur überhaupt; er spricht von einer »Tragödie der Kultur«: Der menschliche Geist, sich per se entäußernd und in diesem Sinne kulturschaffend, verliere in der pluralisierten, arbeitsteiligen Moderne den Bezug zu seinen Produkten. Selbstentfaltung durch intensive Auseinandersetzung mit (Kunst-)Werken als Sedimenten einer schaffenden Persönlichkeit, wie es die klassische Bildungstheorie vorsieht, ist so nicht mehr möglich – »der Weg der Seele zu sich selbst«, welcher allein die »Idee der Kultur« ist (Simmel 1996, 385), scheitert an den eigenen Produkten. Die für die Kultur konstitutive Wechselwirkung von Geist und Form in der Konzeption Simmels erscheint bei anderen Autoren meist reduziert auf eine einfache nationale Dichotomie, wie sie Thomas Mann in den *Betrachtungen eines Unpolitischen* formuliert: »Der Unterschied von Geist und Politik enthält den von Kultur und Zivilisation, von Seele und Gesellschaft, von Freiheit und Stimmrecht, von Kunst und Literatur; und Deutschtum, das ist Kultur, Seele, Freiheit, Kunst und nicht Zivilisation, Gesellschaft, Stimmrecht, Literatur« (Mann 2009, 35).

Ernst Jünger bricht diese Polarisierung auf, um den Fortschrittsgedanken zu destruieren: Sowohl Kultur als auch Zivilisation seien nur Tünche, die das Wesen des Menschen unberührt lassen: »Als Söhne einer vom Stoff berauschten Zeit schien Fortschritt uns Vollendung, die Maschine der Gottähnlichkeit Schlüssel, Fernrohr und Mikroskop Organe der Erkenntnis. Doch unter immer glänzender polierter Schale, unter allen Gewändern, mit denen wir uns wie Zauberkünstler behingen, blieben wir nackt und roh wie die Menschen des Waldes und der Steppe.« (Jünger 1922, 3) In den Augen Jüngers habe es im Ersten Weltkrieg kurzzeitig eine Restitution gegeben; dort habe die Natur die Dämme der Repression durchbrochen und sich ausgelebt: »Da entschädigte sich der wahre Mensch in rauschender Orgie für alles Versäumte« (ebd.; vgl. Rohkrämer 1999, 285).

Wurde der Krieg zu Beginn noch euphorisch einer »Existentialisierung« gleichgesetzt (vgl. Beßlich 2000, 6), so werden die Stimmen gegen Kriegsende verhaltener. Rudolf Eucken erweitert die Kritik an der Zivilisation nun auch auf die ehedem vermeintlichen Kulturträger und wandelt Simmels besorgte Diagnose ins Ressentiment: »Nach dem allen können wir nur gering über das gegenwärtige Geschlecht denken. Es hat nicht Saft und Kraft [...], es ist bei aller Gescheutheit trotz aller Eindrücke innerlich leer, matt und flach [...]; seine Hauptsorge ist, eine Rolle in der Kulturkomödie zu spielen« (Eucken 1918, 28). Das Schicksal der ›Kultur‹ in diesem spezifisch deutschen Verständnis wird besiegelt durch Oswald Spenglers *Untergang des Abendlandes* (1918/1922): In einem quasi-natürlichen Lebenszyklus löst die Zivilisation die Kultur notwendig ab.

Diese Vorstellung, verbunden mit der Aufforderung zur Anpassung, wirkt lange nach. So wiederholt Arnold Gehlen 1961 den Rat Spenglers, Philosophiestudenten mögen Techniker werden – denn ein zusammenhängendes Weltbild, aus dem die Philosophie als »Schlüsselattitüde« Handlungsanweisungen ableiten könnte, sei nicht mehr möglich (Gehlen 2004, 299 f.). Man solle sich daher, so Gehlen, *innerhalb* der »Kristallisationen« spezialisieren. Unter »Kristallisation« versteht Gehlen »denjenigen Zustand auf irgendeinem kulturellen Gebiet [...], der eintritt, wenn die darin angelegten Möglichkeiten in ihren grundsätzlichen Beständen alle entwickelt sind«. Dies kappt jeglichen Überschwang im Fortschrittsglauben, schließlich geschieht Entwicklung in der von Gehlen beschriebenen »Posthistoire« nur noch systemimmanent: Auf »Teilfunktionen« reduziert, bewirkten Fachleute innerhalb des »kristallisierten Systems«, »daß an zahllosen Einzelstellen dauernd Fortschritte getan werden« (ebd., 307) – aber eben nur dort. Ein ungleich düstereres Bild zeichnet Günther Anders von dem »Zeitalter der Technokratie«, das »stets ›Endzeit‹ sein und bleiben wird«: Das »Ideologische [ist] in die Produkte (namentlich in die Geräte-)Welt selbst eingegangen« (Anders 1980, 10 u. 190), und diese habe der Mensch zu seiner *einzigen* Welt gemacht. Damit, das besagt Anders' These von der *Antiquiertheit des Menschen*, hat der Mensch sich selbst unwiderruflich hinter sich gelassen.

Bildung

1. Wenn Max Weber die Reduktion des Menschen zu »Fachmenschen ohne Geist, Genußmenschen ohne Herz« (Weber [9]1988, 204) fürchtet, so knüpft er an ein Leitmotiv aus Friedrich Schillers Briefen *Über die ästhetische Erziehung des Menschen* an. Der gegenwärtige Mensch, so Schiller 1795, könne sich nur noch als »Bruchstück« ausbilden, er sei lediglich »Abdruck seines Geschäfts, seiner Wissenschaft« (Schiller 2005, 320). Wie Rousseau verwendet Schiller in seiner kulturkritischen Diagnose Kriegsmetaphern: »Die Kultur selbst war es, welche der neuern Menschheit diese Wunde schlug. Sobald auf der einen Seite die erweiterte Erfahrung und das bestimmtere Denken eine schärfere Scheidung der Wissenschaften, auf der anderen das verwickelte Uhrwerk der Staaten eine strengere Absonderung der Stände und Geschäfte notwendig machte, so zerriß auch der innere Bund der menschlichen Natur, und ein verderblicher Streit entzweite ihre harmonischen Kräfte« (ebd., 319). Jedoch hätte die Gattung auf keine andere Weise Fortschritte machen können als durch Arbeitsteilung und Spezialisierung; die »mannigfaltigen Anlagen im Menschen zu entwickeln, war kein anderes Mittel, als sie einander entgegenzusetzen«. Dieser »Antagonismus der Kräfte« sei zwar »das große Instrument der Kultur«, aber so lange der Fortschritt zum Nachteil der Individuen, zur »Zerstückelung ihres Wesens« geschehe, »ist man erst auf dem Wege zu dieser« (ebd., 322 f.). Das Ziel der Kultur sei erst erreicht, wenn sinnliche und vernünftige Anlagen des Menschen sich gleichberechtigt und in Wechselwirkung entfalten könnten. Diese »Totalität in unsrer Natur, welche die Kunst zerstört hat, durch eine höhere Kunst wiederherzustellen« (ebd., 324), so Schiller, ist Aufgabe einer Bildung, die nicht nur den »trennenden Verstand« schult.

2. Die Einseitigkeit der Bildung als pure Wissensvermittlung beschreibt Friedrich Nietzsche in den 1870er Jahren anhand des »Bildungsphilisters«: »Vieles Wissen und Gelernthaben ist aber weder ein nothwendiges Mittel der Kultur, noch ein Zeichen derselben und verträgt sich nöthigenfalls auf das beste mit dem Gegensatze der Kultur, der Barbarei, das heißt: der Stillosigkeit« (Nietzsche KSA 1, 163). Am Beispiel der Geschichtswissenschaft zeigt Nietzsche den schädlichen Einfluss einer falschen Intellektualisierung, an der die Kultur kranke. Er diagnostiziert ein »historisches Fieber«, welches die Konfrontation mit der Gegenwart hindere, die »plastische Kraft« der Kultur lähme und den einzelnen Menschen handlungsunfähig mache. Für die »Gesundheit [...] einer Cultur« sei das Vergessenkönnen nötig, der einzelne Mensch müsse entweder das Wissen auf sein Leben beziehen können oder vor ihm geschützt werden, sonst schleppe er »zuletzt eine ungeheure Menge von unverdaulichen Wissenssteinen mit sich herum, die bei Gelegenheit ordentlich im Leibe rumpeln« (ebd., 246, 252 u. 271). Nietzsches kulturkritische Bildungsskepsis hat einen Vorläufer in Søren Kierkegaard. Auch er beschreibt 1846 seine Gegenwart in Metaphern der Krankheit: Seine Zeitgenossen litten an einer »dyspeptischen abnormen Verständigkeit« (Kierkegaard GW 17, 80). Statt Entscheidungen zu fällen, zu handeln und so eine selbstverantwortliche Existenz zu führen, wiederholten sie ununterbrochen »ein dialektisches Kunststück: nämlich das, alles bestehen zu lassen, aber ihm hinterlistig seine Bedeutung zu entwinden«. Damit ermattet die »innerliche Wirklichkeit der Verhältnisse« in einer »Reflexionsspannung, welche gleichwohl alles bestehen läßt und das ganze Dasein in eine Zweideutigkeit verwandelt hat« (ebd., 82).

Masse

1. Die Hybris des Bildungsphilisters wird vor allem dann anstößig, wenn er in großer Zahl auftritt. Nach der Französischen Revolution, in der die Menschenmasse nicht mehr als »akzidentieller Effekt« der Gesellschaft, sondern zum ersten Mal als geschichtstreibende Kraft wahrgenommen wird (Gamper 2007, 16), gehört die Polemik gegen ein »Publikum [...], das nichts von sich ausgeschlossen wissen will«, sondern sich zu allem befähigt hält (Hegel 1970, Bd. 2, 183) zum guten Ton der Intellektuellen und be-

stimmt auch das semantische Feld der Kulturkritik. »Masse« dient in diesem Kontext sowohl zur Bezeichnung der konkreten Menschenmenge als auch des abstrakten Masse-Seins, d.h. eines Denkens und Handelns, das sich dem »Zeitgeist« und der »öffentlichen Meinung« – zwei im 19. Jahrhundert ebenfalls florierende Begriffe – unterwirft. Auch wenn das neue kulturelle Phänomen scheinbar nüchtern als demographische Veränderung und politische Aufgabe diskutiert wird, so fungiert »Masse« doch in erster Linie als »Terminus der Angst« (König 1992, 14).

Joseph von Eichendorff stilisiert das Hambacher Fest zur Walpurgisnacht, in die der Protagonist nach seiner Ankunft im Gasthof »Zum Goldenen Zeitgeist« hineingezogen wird. Er wird Zeuge, wie eine »rebellische Masse« die »öffentliche Meinung« anbetet (Eichendorff 1957, 738–740). Derartige revolutionäre Energien, das stellte Novalis bereits einige Jahrzehnte zuvor fest, seien aus »Kränklichkeit und Schwäche hervorgebracht« (Novalis 1981, 499). Während Novalis die politische Perspektive beibehält und in der *Mittelmäßigkeit* als »Muster des großen Haufens« den entscheidenden Makel der repräsentativen Demokratie sieht, weil er den vorübergehenden »Fieberzustand« in einen »ächte[n] Zustand« umwandele und so die »Krisis permanent« mache (ebd., 490), erhebt Nietzsche »Masse« zum Paradigma eines generellen kulturellen Verfalls (vgl. Reschke 1989, 292). Die politische Ermächtigung der »Masse« habe zur »Intoxikation« (Nietzsche KSA 3, 269) der gesamten Kultur mit den Wertvorstellungen der Mittelmäßigkeit geführt; dem »Jahrhundert der Masse« (KSA 6, 428) mangele es folglich an hervorragenden Individuen und außerordentlichen Taten – ein eindeutiges Todesurteil für eine emphatisch verstandene Kultur, in welcher Durchschnittsmenschen nur als »Werkzeuge der Grossen« (KSA 1, 320) dienen sollen. Es gibt jedoch auch ambivalente Bewertungen der Wirkungen der Masse auf die Kultur. Gustave Le Bons Diktum, »allein durch die Tatsache, Glieder einer Masse zu sein, steigt der Mensch [...] mehrere Stufen von der Leiter der Kultur hinab«, ist vielzitiert. Übersehen wird dabei jedoch meist, dass die triebhafte »Masse« laut Le Bon nicht als Ursache für den Niedergang der Kultur zu verstehen ist. Vielmehr nimmt sie dieselbe Funktion ein wie »Mikroben, welche die Auflösung geschwächter Körper oder Leichen beschleunigen« (Le Bon 1951, 19 u. 6).

2. Rousseau formuliert mit der Klage über die »Herde, die man Gesellschaft nennt« (Rousseau ^{5}1995, 11) einen zentralen Topos der modernen Kulturkritik. Als Entfremdungstheoretiker avant la lettre (vgl. Jaeggi 2005, 24) verknüpft Rousseau massenpsychologische Dynamiken mit scheiternden Selbstverhältnissen: »Man wagt nicht mehr als der zu erscheinen, der man ist« (Rousseau ^{5}1995, 11). Kultur ist in diesem Zusammenhang gleichbedeutend mit *Verhüllung*. Diese Vorstellung wird von Nietzsche übernommen: »keiner wagt mehr seine Person daran, sondern maskirt sich als gebildeter Mann, als Gelehrter, als Dichter, als Politiker« (KSA 1, 280). Nietzsche sieht die Ursache der Entfremdung in der Faulheit der Menschen, und dementsprechend provokativ simpel ist sein Rat: »Der Mensch, welcher nicht zur Masse gehören will, braucht nur aufzuhören, gegen sich bequem zu sein; er folge seinem Gewissen, welches ihm zuruft: ›sei du selbst! Das bist du alles nicht, was du jetzt thust, meinst, begehrst‹« (ebd., 338). Ungleich schwieriger gestaltet sich die Aufhebung der Entfremdung bei Kierkegaard. Als *Krankheit zum Tode* (1849) hat diese viele Erscheinungsformen; die Verfallenheit an das dann später von Heidegger so bezeichnete *Man* ist nur eine davon. Selbstherrliche Pseudo-Authentizität oder die »Verzweiflung, nicht man selbst sein zu wollen«, sind laut Kierkegaard jedoch nicht nur Verfehlungen der Identität, sondern für die meisten Menschen auch notwendige Etappen auf dem Weg zu dieser: Authentizität geht der Selbstverfehlung nicht voraus, sondern ist deren Folge. Die entfremdende Kultur der Moderne lässt sich demnach auch als historisch einzigartige Möglichkeit interpretieren, zu einer selbstverantwortlichen Existenz zu finden.

3. Was bei Kierkegaard eine individuelle Zumutung ist, wird bei Karl Marx zur sozioökonomischen Aufgabe eines neuen Geschichtssubjekts: In der »Menschenmasse«, die aus der Auflösung der Gesellschaft hervorgehe, bildet sich das Proletariat. Ihm komme die Aufgabe der »Wiedergewinnung des Menschen« (MEW 1, 390) zu. Da es »die ganze Masse mit sich fortreißen« könne (MEW 3, 61), werde diese unter der Führung des Proletariats ebenfalls zur geschichtstreibenden Kraft. Um eine derartige Bewertung der »Masse« und die Aufgabe der Kritik entbrennt der polemische Disput zwischen Marx und Bruno Bauer. Letzterer entbindet den Massebegriff von seiner sozialen Prägnanz und verwendet ihn zur Bezeichnung all dessen, was es an der Kultur zu überwinden gelte, und das, so Bauer, ist grundsätzlich die Selbsttäuschung des Menschen. Bauer fordert daher eine Kritik, »welche das Delirium der Menschheit bricht und den Menschen wieder sich selbst erkennen läßt« (Bauer 1842, 204). ›Kritik‹ mutiert hier zum metaphysischen Prinzip; Hegels Geist

ablösend, müsse sie als »reine Kritik« absolut werden, das heißt, sich gerade nicht mit einer konkreten »Masse« beschäftigen. Marx' Kritik an Bauers Konzeption ist bekannt: Der konkrete Mensch sei keine historisch variierende »Entäußerung der Kritik«, sondern Kritik eine Äußerung des unter den historischen Umständen leidenden Menschen (vgl. MEW 2, 169f.).

Im Kampf gegen die Entfremdung ist daher die einzig angemessene Verhaltensweise die Aufhebung der Theorie in Praxis. Auch hier gewinnt die Forderung Dringlichkeit durch ihre Metaphorik: Die Philosophie und das Proletariat müssten Kriegsverbündete werden, die sich gegenseitig mit »*materiellen*« und »*geistigen* Waffen« ausstaffieren (MEW 1, 391).

Die Haltung des Kritikers

1. Kritik an der Lebensferne der Philosophie, bereits Gegenstand des kynischen Spottes, mischt sich im 19. Jahrhundert mit der Diffamierung der »Universitäts-Philosophie« (Schopenhauer) als Berufsstand. Nur auf ihren eigenen Vorteil bedacht, so wiederholt Nietzsche den Vorwurf Rousseaus, seien die »Philosophen von Staatswegen« gar nicht durch die Liebe zur Wahrheit motiviert. Eine schonungslose Analyse der kulturellen Situation könne man von ihnen deswegen nicht erwarten, ein Gelehrter im Staatsdienst wolle nur »die allgemeine Krankheit weglügen und ist den Ärzten hinderlich« (Nietzsche KSA 1, 413 u. 366). Der wahre Philosoph hingegen ist ein solcher »Arzt der Kultur« (KSA 6, 734). Er nimmt sich selbst nicht von der schonungslosen Diagnose aus; er ist »Arzt und Kranker in einer Person« (KSA 2, 375). Als akademische Disziplin scheint Philosophie die Kluft zwischen Leben und Spezialwissenschaften nicht mehr zu überbrücken, den Anforderungen der Gegenwart nicht mehr genügen zu können. Kulturkritik gibt sich deswegen gern unakademisch. Wie bereits Eucken betont auch Anders den »plein-air Charakter« seiner Arbeiten, die ihren Anfang nicht am Schreibtisch genommen hätten, sondern am Fließband und auf dem Sportplatz, und deren Dringlichkeit die »Vernachlässigung einschlägiger Literatur« rechtfertige (Anders 1980, 10).

2. Da »der Universitätsgeist anfängt, sich mit dem Zeitgeiste zu verwechseln« (Nietzsche KSA 1, 425), verliert er die kritische Distanz zu seiner Gegenwart. Eine prominente Strategie zur Legitimierung der Wertungskriterien ist daher die Selbstbeschreibung des Kulturkritikers nicht nur als eines *unakademischen*, sondern auch als eines *unzeitgemäßen* Beobachters – eine exklusive Position, die nur metaphorisch erklärt werden kann. Kierkegaard vergleicht sie mit der militärischen Ausmusterung aufgrund von Untauglichkeit: »Es ist mir mit der Forderung der Zeit ergangen, wie es mir seinerzeit mit der Militärdienstpflicht erging: ich erhielt unverzüglich meinen Abschied, und beidemal war dies ganz nach meinem Wunsch. Wenn man aber mit der Verabschiedung beginnt, hat man stets den Vorteil, daß man nicht zu tief in die Sache hineingerät« (Kierkegaard GW 17, 7). Schiller und Nietzsche verwenden das Motiv der Stiefkindschaft. Während Schiller im neunten Brief *Über die Erziehung des Menschen* den Künstler als »Sohn der Zeit« beschreibt, der als »Säugling beizeiten von seiner Mutter Brust« zu reißen ist und »unter fernem griechischen Himmel zur Mündigkeit reifen« möge (Schiller 2005, 329), ist der »grosse Mensch« Nietzsches ein »Stiefkind« seiner Gegenwart, das »gegen die Zeit und dadurch auf die Zeit und hoffentlich zu Gunsten einer kommenden Zeit« wirke (Nietzsche KSA 1, 362 u. 247).

3. Eine weitere Strategie, seinen Worten Gehör zu verschaffen, besteht in der Demonstration der kompromisslosen Authentizität des Kulturkritikers: »das Beispiel muss durch das sichtbare Leben und nicht bloß durch Bücher gegeben werden« (KSA 1, 350). Der Kritiker ist, was er schreibt – davon gilt es den Leser zu überzeugen. Auch hier hat Rousseau den Anfang gemacht: Er wage, so suggeriert er in seinen *Confessions*, als der zu erscheinen, der er ist. Das unterscheidet ihn, folgt man Rousseaus Selbstdarstellung, von seinen konformistischen Zeitgenossen und verschafft ihm eine außerordentliche Position: »Ich bin wie niemand, den ich sonst kenne« (Rousseau 1959, 5). Die verführerische Annahme, es gebe ein absolutes Kriterium für seine Kritik, ein verbindliches Menschenbild, wird jedoch durchkreuzt; der moderne Mensch muss den Entwurf seiner selbst aus sich selbst hervorbringen, und notfalls zählt allein die subjektive Einzigartigkeit: »Wenn ich auch nicht besser bin, so bin ich wenigstens anders« (ebd.; vgl. Geyer 2003, 34f.).

Von einer naiven Authentizität zu sprechen, hieße, Rousseaus Kulturkritik misszuverstehen: Ebenso, wie der Urzustand konstruiert ist, ist die zu Schau getragene Authentizität ein Konstrukt, um den Missständen etwas entgegensetzen zu können. Ein wirkliches Außen, das von der Kultur unberührt wäre, gibt es auch für die Identität ihres Kritikers nicht, und so ist die »Stimme des Herzens«, mit welcher Rousseau seinen Einwänden gegen eine scheinbar vernünftige Gesellschaft Autorität zu schaffen sucht, polyphon. Rousseau nutzt die Instrumente der Kultur geschickt für sich, um gegen diese vorzugehen. Die Kommunikationsbedingungen der bürgerlichen Öffentlichkeit aufgreifend, lässt er sich mehrfach in armenischer, fellbesetzter Tracht abbilden, und auf diese Weise trägt das archaisch anmutende Porträt »ihn und die Sache, für die er steht, über die Grenzen der Schrift und die Zirkel der Intellektuellen hinaus in die Mitte der Kultur« (Konersmann ^{2}2012, 18).

Auf ähnliche Weise agiert Kierkegaard: Das Kernthema seines Werkes, Authentizität und dessen Verfehlungen in der Moderne, bearbeitet auch er nicht abstrakt, sondern persönlich – jedoch nicht unter Einsatz der *eigenen* Person. Stattdessen lässt er die konträren, detailliert gestalteten Persönlichkeiten einer Vielzahl von Pseudonymen sprechen. Die direkte Mitteilung einer unverhüllten Autorpersönlichkeit, so die Überlegung, erreiche den modernen Leser nicht mehr, man könne ihn nur noch »hineintäuschen in das Wahre« (Kierkegaard GW 33, 48). Im sogenannten »Corsarenstreit« unterstreicht Kierkegaard seine Kulturkritik performativ und durch Instrumentalisierung der Missstände: Den öffentlichen Spott und die Karikatur seiner Physiognomie in der Zeitschrift *Corsaren* inszeniert er rückblickend als Selbstopfer, um seinen Zeitgenossen die entindividualisierende Wirkung des Publikums als »Masse« par exellence *spürbar* zu machen: »was man weder mit 10 Büchern erreicht«, erwirke man »in gegenwärtigen Zeiten einzig und allein damit, daß man das Lachen dahin bringt, sich auf einen zu richten« (ebd., 108).

Ende der Kritik?

Die Kulturkritik der Gegenwart, so scheint es, hat mit ihrem »lautlosen Exitus« zu kämpfen (Schödlbauer/Vahland 1997, 17). Aus unterschiedlichsten Disziplinen eilt man zu ihrer Reanimierung herbei. Während eine religionsphilosophische Analyse der »Inkulturationsverweigerung« der Religion als Kulturkritik (Ricken 2006, 68) deren Variationsreichtum bezeugt, schrumpft ihre Gestalt in neoevolutionistischen Interpretationen wie Jared Diamonds *The Third Chimpanzee* (1991). Zwar schreibt eine derartige Kritik Topoi wie Fortschritts- und Technikkritik weiterhin auf ihre Fahnen, sie schränkt jedoch die Perspektive radikal ein: Es geht nur noch um das Überleben der Gattung, nicht mehr um die Verwirklichung individueller Möglichkeiten oder die Garantierung eines authentischen Lebens (vgl. Knobloch 2011).

Bruno Latours Versuch, das »Schwert der Kritik gegen die Kritik selbst« zu wenden (Latour 2007, 11), trifft auf Resonanz; für das angebliche Ende der Kritik lassen sich scheinbar viele Gründe aufzählen. Einer erwachse aus den Selbstinszenierungen des Kulturkritikers: »Die intellektuelle Mimikry, das Bedürfnis, sich – vor großem Publikum – zu unterscheiden und dadurch ähnlich, *erkennbar* zu werden, begrenzt die Themen und die Möglichkeiten, sie aufzubereiten« (Schödlbauer/Vahland 1997, 10). Die Standardisierung der Argumentationsweisen und Gesten habe der Kritik ihre ursprüngliche Durchschlagskraft genommen: »Die Waffen sind stumpf geworden und keine neuen in Sicht« (ebd., 17). Die Kritiker glichen, so die Befürchtung Latours, »aufziehbaren Spielzeugen, die endlos dieselbe Geste wiederholen, während ringsum sich alles verändert hat« (Latour 2007, 7). Zudem drängt sich der von Theodor W. Adorno formulierte Verdacht auf, dass »alle Kultur nach Auschwitz, samt der dringlichen Kritik daran«, von vornherein »Müll« (Adorno 2003, 359) sei.

Der Ideologievorwurf, den Adorno auch in *Kulturkritik und Gesellschaft* erhebt, trifft jedoch eher die Zeitkritik oder das Ressentiment und nicht die moderne Kulturkritik, die sich seit Rousseau ihrer Immanenz bewusst ist. In die Krise geraten wäre demnach lediglich eine Kritik, die sich als »Inhaberin eines überlegenen Standpunktes wähnte« (Konersmann 2008, 7). Im Gegensatz zu der »leichtgläubigen Kritik« der »Massen« – so bezeichnet Latour einen popularisierten Konstruktivismus, der jeglichen Handlungsbedarf nivelliere (Latour 2007, 19) – hat eine verantwortungsvolle Kulturkritik ihre Gegenstände als *matters of concern* zu behandeln. Die Existenz des Menschen (und nicht nur die neoevolutionär beschreibbare!) ist abhängig von der Einsicht in die Kontingenz der Kultur. Kulturkritik visibilisiert und normalisiert diese Kontingenz (vgl. Werber 2011, 10; Konersmann 2008, 15). Dadurch, dass sie sich im selbstkritischen »Modus der Enttäuschungsreflexion« der Kultur als dem »Gewordenen« (Furth 1991, 98) zuwendet, hilft sie, Alternativen in den Blick zu nehmen. Kulturkritik ist notwendig, um das entscheidende Merkmal der Kultur im Auge zu behalten: ihre Potentialität.

Literatur

Adorno, Theodor W.: Negative Dialektik. In: Ders.: *Gesammelte Schriften*. Bd. 6. Hg. von Rolf Tiedemann. Frankfurt a. M. 2003.
Anders, Günther: *Die Antiquiertheit des Menschen*. Bd. 2: *Über die Zerstörung des Lebens im Zeitalter der dritten industriellen Revolution*. München 1980.
Bacon, Francis: *Neues Organon*. 2 Bde. Hg. von Wolfgang Krohn. Bd. 2. Hamburg 1990.
Bauer, Bruno: *Die gute Sache der Freiheit und meine eigene Angelegenheit*. Zürich/Winterthur 1842.
Beßlich, Barbara: *Wege in den »Kulturkrieg«. Zivilisationskritik in Deutschland 1890–1914*. Darmstadt 2000.
Bollenbeck, Georg: Kulturkritik – ein Reflexionsmodus der Moderne? In: *Zeitschrift für Kulturphilosophie* 1 (2007a), 201–209.
–: *Eine Geschichte der Kulturkritik. Von Jean-Jacques Rousseau bis Günther Anders*. München 2007b.
Eichendorff, Joseph Freiherr von: Auch ich war in Arkadien! In: Ders.: *Werke und Schriften*. Hg. von Gerhard Baumann. Bd. 2. München 1957, 729–748.
Eucken, Rudolf: *Was bleibt unser Halt? Ein Wort an ernste Seelen*. Leipzig 1918.
Freud, Sigmund: Jenseits des Lustprinzips. In: Ders.: *Gesammelte Werke*. Hg von Anna Freud. Bd. 13. Frankfurt a. M. 1940, 1–69.
Furth, Peter: *Phänomenologie der Enttäuschungen. Ideologiekritik nachtotalitär*. Frankfurt a. M. 1991.
Gamper, Michael: *Masse lesen, Masse schreiben. Eine Diskurs- und Imaginationsgeschichte der Menschenmenge 1765–1930*. München 2007.
Gehlen, Arnold: Über kulturelle Kristallisation. In: Ders.: *Gesamtausgabe*. Hg. von Karl-Siegbert Rehberg. Bd. 6. Frankfurt a. M. 2004, 298–314.
Geyer, Paul: Kritik des Kritikbegriffs. In: *Proteus im Spiegel. Kritische Theorie des Subjekts im 20. Jh.* Hg. von Paul Geyer und Monika Schmitz-Emans. Würzburg 2003, 27–41.
Hegel, Georg Wilhelm Friedrich: *Theorie Werkausgabe*. Hg. von Eva Moldenhauer und Karl Markus Michel. Frankfurt a. M. 1970.
Jaeggi, Rahel: *Entfremdung. Zur Aktualität eines sozialphilosophischen Problems*. Frankfurt a. M. 2005.
Jünger, Ernst: *Der Kampf als inneres Erlebnis*. Berlin 1922.
Kierkegaard, Søren: *Gesammelte Werke*. Übers. von Emanuel Hirsch. Düsseldorf 1951 ff. [GW].
Kittsteiner, Heinz Dieter: Die Stufen der Moderne. In: *Geschichtsphilosophie und Kulturkritik. Historische und systematische Studien*. Hg. von Johannes Rohbeck und Herta Nagl-Docekal. Darmstadt 2003, 91–117.
Knobloch, Clemens: Neoevolutionistische Kulturkritik – eine Skizze. In: *Zeitschrift für Literaturwissenschaft und Linguistik* 161 (2011), 13–40.
König, Helmut: *Zivilisation und Leidenschaften. Die Masse im bürgerlichen Zeitalter*. Reinbek 1992.
Konersmann, Ralf: *Kulturkritik*. Frankfurt a. M. 2008.
–: Die Philosophie und ihre Gesichter. In: Lucien Braun: *Bilder der Philosophie*. Hg. von Ralf Konersmann. Darmstadt ²2012, 7–18.
–: Kulturkritik und Wiederherstellungserwartung. In: *Zeitschrift für Literaturwissenschaft und Linguistik* 161 (2011), 59–76.
Latour, Bruno: *Elend der Kritik. Vom Krieg der Fakten zu Dingen von Belang*. Zürich/Berlin 2007 (engl. 2004).
Le Bon, Gustave: *Psychologie der Massen*. Stuttgart 1951.
Mann, Thomas: Betrachtungen eines Unpolitischen [1918]. In: Ders.: *Große kommentierte Frankfurter Ausgabe*. Hg. von Heinrich Detering u. a. Bd. 13.1. Frankfurt a. M. 2009.
Mannheim, Karl: *Ideologie und Utopie* [1929]. Frankfurt a. M. ⁸1995.
Marx, Karl/Engels, Friedrich: *Werke*. Berlin 1959 ff. [MEW].
Merlio, Gilbert/Raulet, Gérard: Einleitung. In: *Linke und rechte Kulturkritik. Interdiskursivität als Krisenbewußtsein*. Hg. von Gilbert Merlio und Gérard Raulet. Frankfurt a. M. 2005, 7–21
Nietzsche, Friedrich: *Kritische Studienausgabe*. Hg. von Giorgio Colli und Mazzino Montinari. München ²1988 [KSA].
Novalis: *Schriften. Das philosophische Werk*. Hg. von Richard Samuel. Darmstadt 1981.
Reschke, Renate: Die Angst vor dem Chaos. Friedrich Nietzsches Plebiszit gegen die Masse. In: *Nietzsche-Studien* 18 (1989), 290–300.
Ricken, Friedo: Religion als Kulturkritik. In: *Religion und Kulturkritik*. Hg. von Thomas M. Schmidt und Matthias Lutz-Bachmann. Darmstadt 2006, 63–72.
Röttgers, Kurt: Kritik. In: *Geschichtliche Grundbegriffe. Historisches Lexikon politisch-sozialer Sprache in Deutschland*. Hg. von Otto Brunner u. a. Bd. 3. Stuttgart 1982, 651–675.
Rohkrämer, Thomas: *Eine andere Moderne? Zivilisationskritik, Natur und Technik in Deutschland 1880–1933*. Paderborn u. a. 1999.
Rousseau, Jean-Jacques: *Les Confessions*. In: Ders.: *Œuvres complètes*. Hg. von Bernard Gagnebin und Marcel Raymond. Bd. 1. Paris 1959.
–: *Schriften zur Kulturkritik*. Hg. von Kurt Weigand. Hamburg ⁵1995.
Schiller, Friedrich: Über die ästhetische Erziehung des Menschen in einer Reihe von Briefen. In: Ders.: *Sämtliche Werke in zehn Bänden*. Hg. von Hans-Günther Thalheim. Bd. 8. Berlin 2005, 305–408.
Schödlbauer, Ulrich/Vahland, Joachim: *Das Ende der Kritik*. Berlin 1997.
Simmel, Georg: Der Begriff und die Tragödie der Kultur [1900]. In: Ders.: *Gesamtausgabe*. Hg. von Otthein Rammstedt. Bd. 14. Frankfurt a. M. 1996, 385–416.
Stenlund, Sören: Philosophie und Kulturkritik. In: *Zeitschrift für Kulturphilosophie* 1 (2007), 211–222.
Weber, Max: Die protestantische Ethik und der Geist des Kapitalismus. In: Ders.: *Gesammelte Aufsätze zur Religionssoziologie I*. Tübingen ⁹1988, 17–236.
Werber, Niels: Einleitung. In: *Zeitschrift für Literaturwissenschaft und Linguistik* 161 (2011), 5–12.

Hjördis Becker

III. Klassische Positionen

III.1 Vorgeschichte (bis 1900)

1. Giambattista Vico

Für die Fragestellungen einer sich konstituierenden Kulturphilosophie ist Giambattista Vico (1668–1744) ein bedeutsamer Autor. Von seinem Hauptwerk, der *Neuen Wissenschaft* (*Scienza Nuova*), ließe sich sagen, dass sie den groß angelegten Entwurf einer umfassenden Kulturphilosophie ante litteram darstellt. Heutzutage gilt Vico nicht nur als einer der wichtigsten italienischen Philosophen der neueren Zeit, sondern ist ein international intensiv rezipierter Denker (vgl. Armando/Riccio 2008). Nicht selten wird der Auseinandersetzung mit Vico eine besondere Aktualität zugesprochen, die ihr für eine selbstkritische Revision eines abstrakten Modells von Rationalität zukomme (vgl. Hidalgo-Serna u.a. 2001). Insbesondere in der von Vico entwickelten Theorie einer »Barbarei der Reflexion« mag ein kulturkritisches Potential gesehen werden, welches Motive der *Dialektik der Aufklärung* auf frappante Weise vorwegnimmt.

Werdegang

Doch zunächst zum historischen Kontext. Die Biographie Vicos verläuft vergleichsweise unspektakulär. Als Sohn eines Buchhändlers 1668 in Neapel geboren, konnte der aus eher bescheidenen Verhältnissen stammende Vico sich keine Bildungsreise leisten, so dass er sein gesamtes Leben in seiner Geburtsstadt Neapel zubringt (abgesehen von einer Tätigkeit als Hauslehrer auf dem Schloss von Vatolla südlich von Salerno). Im Rückblick seiner Autobiographie stellt sich Vico vor allem als Autodidakt dar. Seit 1699 bekleidet er den wenig lukrativen Lehrstuhl für Rhetorik an der Universität von Neapel, wobei ihm auch die Aufgabe zufiel, die akademischen Eröffnungsreden zu halten. Die wichtigste dieser Reden, diejenige über die Studienmethoden seiner Zeit (*De nostri temporis studiorum ratione*), erscheint 1709 im Druck. Ein Jahr später wird seine grundlegende Abhandlung über die Metaphysik (*Liber metaphysicus*, 1710) gedruckt, in welcher Vico die älteste Weisheit der Italier aus den sprachlichen Quellen zu rekonstruieren unternimmt. In beiden Frühschriften setzt sich Vico kritisch mit dem Rationalismus seiner Zeit auseinander und unternimmt eine neue Verhältnisbestimmung von Topik und Kritik, eine Rehabilitierung des Gemeinsinnes (*sensus communis*) als eines der Kritik vorgängigen konkreten Wissens, das im politischen Handeln und in der Jurisprudenz gefordert sei, sowie eine Neubewertung der Erkenntnisvermögen von Phantasie, Gedächtnis und Ingenium.

Nach einigen historiographischen Auftragsarbeiten schließt Vico im darauf folgenden Jahrzehnt sein rechtsphilosophisches Werk mit dem anspruchsvollen Titel *De universi juris uno principio et fine uno* (»Von dem einen Anfang und Ziel allen Rechts«, 1720) ab; ein zweiter Band über die »Beständigkeit des Juristen« (*De constantia jurisprudentis*) folgt 1721, weitere Anmerkungen (*Notae*) im Jahr darauf. Die insgesamt drei Bände (1720–1722) firmieren unter dem zusammenfassenden Titel *Diritto universale* (»Universales Recht«) und stellen in ihrer Verbindung von philosophischer und historischer Perspektive eine Art Vorstufe zu seinem Hauptwerk dar, der *Scienza Nuova*. Mit der Fertigstellung des umfangreichen Werkes über die Prinzipien des allgemeinen Rechts verband sich für Vico die Hoffnung, den vakant gewordenen Lehrstuhl für Jurisprudenz an der Universität Neapel übernehmen zu können. Das Scheitern seiner Bewerbung ließ den über fünfzigjährigen Autor daran verzweifeln, »jemals in Zukunft eine würdige Stelle in seinem Vaterland zu erhalten«, wie er in seiner Autobiographie schreibt. Abseits des universitären Betriebes widmete Vico die beiden letzten Jahrzehnte der Ausarbeitung seines eigentlichen Hauptwerkes, der *Scienza Nuova*, mit welcher sich der Übergang von der seinerzeit noch immer verbindlichen Wissenschaftssprache des Lateinischen, in der auch Vico bis dahin alle seine wissenschaftlichen Werke verfasst hatte, zum Italienischen vollzog.

Mondo civile und *mondo naturale*

Das sich programmatisch als »Neue Wissenschaft« ankündigende Werk, welches genau genommen den vollständigen Titel *Prinzipien einer Neuen Wissenschaft über die gemeinschaftliche Natur der Völker* (*Principj di una Scienza Nuova intorno alla Natura delle Nazioni*) trägt, erscheint in einer ersten Fassung 1725, die Vico nachträglich auch als »erste Neue Wissenschaft« bezeichnet. Eine zweite, vollständig überarbeitete Fassung kommt 1730 heraus, die sich in Aufbau und Durchführung wesentlich von der ersten unterscheidet. Doch setzt Vico seine Arbeit an dieser Schrift beständig fort, wovon auch zahlreiche handschriftliche Materialien zeugen, so dass unmittelbar nach seinem Tod 1744 posthum eine noch vom Autor selbst vorbereitete dritte Fassung erscheint. In den modernen Editionen wird zumeist der Text dieser dritten Fassung zugrunde gelegt. Vicos *Scienza Nuova* ist ein vielseitiges und komplexes Werk, das sich durch einen außerordentlichen Gedankenreichtum auszeichnet. Zu Recht darf gesagt werden, seine *Scienza Nuova* stelle »den singulären Versuch einer Theorie menschlicher Kultur dar, in der all ihre Äußerungsformen – im Mythos, in Religion und Dichtung, Sittlichkeit, Recht und Jurisprudenz bis hin zu Ökonomie und dem, was Vico ›poetische Physik‹ nennt – einbezogen sind« (Kreuzer 2000, 339).

Die *Scienza Nuova* begründet die Kulturphänomene als repräsentative Gegenstände philosophischer Theorie. Mit dem Begriff der Kultur gerät das menschliche Schaffensvermögen und insbesondere die Geschichtlichkeit der vom Menschen geschaffenen Welt in den Blick. Doch macht Vico selbst noch nicht von dem Begriff der ›Kulturphilosophie‹ respektive seines italienischen Äquivalents einer *filosofia della cultura* Gebrauch; stattdessen findet sich bei ihm die Rede vom *mondo civile* – ein Terminus, der in einer paraphrasierenden Übersetzung wohl am ehesten als »gesellschaftlich-geschichtliche Welt« wiedergegeben werden kann. Der *mondo civile* bildet nun den bevorzugten Erkenntnisgegenstand dieser ›neuen Wissenschaft‹ und bereits durch diese Bezeichnung wird das Problem der ›Kultur‹ auf spezifische Weise akzentuiert. So gilt es zunächst, sich den terminologischen Befund zu vergegenwärtigen, dass der Begriff ›Kultur‹ im heutigen Sinne in Vicos Werk keine Rolle spielt, sondern sich vielmehr nur das Wort *coltura* findet, welches jedoch in der *Scienza Nuova* ausschließlich den Ackerbau bezeichnet (vgl. Trabant 2010, 180).

In der *Scienza Nuova* nimmt die Theorie der Kulturentwicklung weiten Raum ein. Der Hinweis auf die *coltura* als Ackerbau ist insofern nicht unpassend, als mit der Rodung des wilden Waldes und der Bereitung des Bodens eigentlich die erste ›kulturelle‹ Tat des Menschen bezeichnet ist. Die *Scienza Nuova* widmet sich der Beschreibung der Anfänge der menschlichen Kultur. Der Prozess der kulturellen Entwicklung umfasst dabei Sprachen, Religion, Sitten, Recht und die Institutionen der gesellschaftlichen Organisation etc., und all das zusammen macht eben das aus, was Vico den *mondo civile* nennt. Mehrfach betont Vico, es sei eine unbezweifelbare Wahrheit, dass dieser *mondo civile* von den Menschen gemacht worden sei. Diese Emphase des Selbstgemachten ist das leitende Prinzip der vichianischen Kulturphilosophie. Mit dem *mondo civile* führt Vico ein neues Thema in die philosophische Betrachtung ein, neu in dem Sinne, dass die Einsicht in die selbstverfasste Struktur des *mondo civile* bisher noch nicht zu Bewusstsein gekommen sei.

Der Begriff des *mondo civile* wird hier in Kontraposition zum *mondo naturale* gesetzt. Es ist der Vorwurf Vicos, dass die Philosophen bisher die Welt nur in ihrer natürlichen Ordnung betrachtet haben. Im Kapitel über die Prinzipien im zweiten Buch der *Scienza Nuova* heißt es, wie sehr es Staunen erregen muss, dass »alle Philosophen sich ernsthaft darum bemüht haben, Wissen zu erlangen von der Welt der Natur (*conseguire la scienza di questo mondo naturale*), von der doch, weil Gott sie schuf, er allein Wissen haben kann, und wie sie vernachlässigt haben, diese Welt der Völker oder gesellschaftlich-geschichtliche Welt zu erforschen (*meditare su questo mondo delle nazioni, o sia mondo civile*), von der, weil die Menschen sie geschaffen hatten, die Menschen auch Wissen erlangen können« (SN § 331). Den Menschen als Autor seiner eigenen Kultur zu verstehen, wird somit zu einem vordringlichen Anliegen der neuen Wissenschaft.

Diese Einsicht, verkürzt gesagt, dass der Mensch seine eigene Welt mache, wird mitunter formelhaft als »Vico-Axiom« bezeichnet (vgl. Fellmann 1976). Wenn der Sinn dieses Satzes, dass die Menschen die gesellschaftlich-geschichtliche Welt selbst gemacht haben, deutlicher vor dem Hintergrund dessen hervortritt, was er negiert, nämlich, dass Gott die Geschichte gemacht habe, so sollte daraus nicht einfach die Bestätigung einer geschichtsphilosophischen Autonomiethese gelesen werden, dergestalt, dass dem Menschen freie Verfügbarkeit über den Lauf der Geschichte zukomme. Den *mondo civile* als Ort innerweltlicher Handlungsbezüge zu verstehen, bedeutet für Vico keineswegs die Selbstermächtigung des *homo faber.* Die Argumentation Vicos läuft vielmehr auf eine reflexive Gedankenfigur von begründungstheoretischer Relevanz hinaus. Denn aus der Einsicht, dass »diese gesellschaftlich-geschichtliche Welt sicherlich von den Menschen gemacht worden ist«, wird gefolgert, dass »ihre Prinzipien innerhalb der Modifikationen unseres eigenen menschlichen Geistes gefunden werden« können (SN § 331).

Diese Überlegungen fußen auf einem erkenntnistheoretischen Prinzip, welches Vico in seiner früheren Schrift, dem *Liber metaphysicus,* entwickelt hat. Dort hatte Vico in Rückgriff auf die lateinische Etymologie den Grundsatz formuliert, dass das Wahre mit dem Gemachten austauschbar sei (*verum et factum convertuntur*). Demgemäß ist nur das erkennbar, was man selbst hervorgebracht hat. Im Rahmen eines solchen operativen Konzepts der Wissensbegründung wird das Selbst-Gemachthaben zum eigentlichen Kriterium des Wahren. Obgleich nun dieses Prinzip des *verum et factum* in der *Scienza Nuova* nicht explizit erwähnt wird und dort nicht unter den im ersten Buch exponierten Axiomen fungiert (vgl. Cristofolini 1995, 62 f.), scheint die privilegierte Stellung des *mondo civile* in Vicos neuer Wissenschaft doch in einer solchen selbstreflexiven Gedankenfigur begründet zu sein, welche das zu Erkennende an die Bedingung seiner Erkennbarkeit zurückbindet, so dass Gegenstand menschlichen Wissens nur dasjenige sein kann, was als *factum* auf die Tätigkeit des Geistes zurückführbar ist. Diese Bedingung ist nach Vico für den Menschen nur in der Kultur als Produkt des Geistes und nicht in der Natur gegeben. Die sich hier auftuende Unterscheidung von Natur und Kultur, zunächst als jenes dem menschlichen Handeln Vorgängige, von einem Schöpfergott Erschaffene und daher der menschlichen Einsicht nicht gänzlich Zugängliche, sodann als das vom Menschen Gemachte, was ihn gleichsam als ›zweite Natur‹ umgibt, ist jedoch durchaus weiter zu hinterfragen. Denn die Selbstreflexion auf den *mondo civile* sollte die Zusammengehörigkeit von Natur und Geschichte in den Blick rücken und demgemäß Geist nicht als »das Andere der Natur, sondern [als] sich zu sich selbst verhaltende Natur« begreifbar machen. Kultur wäre demnach der »Inbegriff dieser Einheit von Geist und Natur, ihre Erscheinungsweise Geschichte« (vgl. Kreuzer 2000, 340–341).

Geschichte und Modifikation

Die Geschichtlichkeit der Kultur zeigt sich in allen Bereichen, sie betrifft nicht nur die menschlichen Bräuche und Sitten, sondern ebenso die Vorstellungen und Ideen. Explizit nennt Vico die »Geschichte der menschlichen Ideen« einen der Hauptgesichtspunkte seiner *Neuen Wissenschaft* (vgl. SN §§ 347, 368, 391, 499). Die menschlichen Ideen sind für Vico offenbar keine invariablen Entitäten, sondern unterliegen selbst der geschichtlichen Entwicklung. Diese Variabilität soll sich nach den methodischen Prinzipien der *Scienza Nuova* als »Modifikationen des menschlichen Geistes« begreifen lassen. In der Konstruktion von Vicos Hauptwerk kommt dem Konzept der »Modifikation« eine zentrale Stellung zu, insofern dadurch einerseits die Möglichkeit der geschichtlichen Entwicklung in den Begriff des menschlichen Geistes eingetragen wird, andererseits die Identität des menschlichen Geistes über diese zeitlichen Modifikationen hinweg gerade diese Veränderungen verstehbar werden lassen (vgl. Erny 1994, 42 ff.). In diesem Kontext verwendet Vico auch den Begriff der *guisa*, der »Art und Weise«, und dementsprechend bietet die *Scienza Nuova* einen dynamischen Begriff von ›Natur‹, der letztlich die Außerkraftsetzung einer herkömmlichen aristotelisch-scholastischen Substanzontologie zur Voraussetzung hat, wie sich exemplarisch an der Definition von ›Natur‹ veranschaulichen lässt, welche das Axiom XIV der *Scienza Nuova* wie folgt expliziert: »Die Natur der Dinge ist nichts anderes als ihre Entstehung (*nascimento*) zu bestimmten Zeiten und auf bestimmte Weise (*guise*); immer dann, wenn diese so sind, entstehen die Dinge daraus so und nicht anders« (SN § 147). Eben auf diese ›Natur‹ richtet sich die Wissenschaft, wie Vico im Methodenabschnitt ausführt, indem man aus den Prinzipien »die besonderen Weisen der Entstehung« (*le particulari guise del nascimento*) der Dinge zu erklären versucht, »die man Natur nennt« (SN § 346). Hatte bereits in Vicos früher Metaphysik die Einsicht in die Modalität, in der eine Sache zur Entstehung kommt, den methodischen Leitfaden für die Erkenntnis abgegeben, so erhält die Betrachtung der Modalität in der *Scienza Nuova* eine neue, kulturgeschichtliche Dimension. Es zeigt sich, dass die kulturgeschichtlichen Rekonstruktionen auf eine »Metaphysik des menschlichen Geistes« bezogen sind. Im Rahmen einer solchen Rückbindung an die Tradition der Geistmetaphysik erfährt die Konzeption der Metaphysik bei Vico freilich eine eminente Umdeutung, die man wohl als eine »kulturphilosophische Wendung der Metaphysik« beschreiben könnte (vgl. Gilbhard 2010).

Was unter der genannten »Geschichte der menschlichen Ideen« zu verstehen ist, wird deutlicher, wenn man Vicos Anweisung Beachtung schenkt, dass »die Wissenschaften mit der Zeit einsetzen müssen, in der ihr Stoff entstand«, d. h. mit dem Zeitpunkt, da die ersten Menschen begannen, menschlich zu denken, und nicht erst, als die Philosophen begannen, über menschliche Ideen zu reflektieren (vgl. SN §§ 314, 338, 347). Gemäß diesem Grundsatz muss die Betrachtung der Kulturgeschichte bei den frühesten Anfängen der Menschheit ihren Ausgang nehmen. Vico gibt eine Beschreibung von den kulturstiftenden Anfängen, die bei der Idee der Gottheit und der Betrachtung des Himmels einsetzen, ein Prozess, den Vico auch als eine »natürliche Theogonie« bezeichnet, bei der die ungestümen Menschen der Frühzeit in ihrer ungeheuren und zügellosen Wildheit durch ihre eigenen Gottesvorstellungen gebändigt werden und somit ein zivilisatorischer Prozess in Gang kommt. Auf anschauliche Weise beschreibt die *Scienza Nuova* eine solche ›Urszene‹, bei der die zu Bestien degenerierten Menschen der Frühzeit von Blitzen und Donner erschüttert werden, um sodann erschrocken den Blick zum Himmel zu heben und sich in Unkenntnis der Ursachen den Himmel als einen großen belebten Körper vorzustellen, den sie Jupiter nannten (vgl. SN § 377). Anhand dieser Ursprungserzählung wird vorgeführt, wie die Zuweisung von Bedeutung an Naturphänomene vonstatten geht und wie sich ›Bedeutsamkeit‹ konstituiert, welche die Relation der Ordnung der Dinge mit der Ordnung der Ideen allererst herstellt. Und wie das Axiom LXIV der *Scienza Nuova* präzisiert, muss die Ordnung der Ideen nach der Ordnung der Dinge fortschreiten: von den Wäldern über die Hütten, die Dörfer und Städte bis hin zu den Akademien (vgl. SN §§ 238 u. 239).

Der in dieser ›Urszene‹ beschriebene Akt der Bedeutungszuweisung zeigt, dass Kultur ingesamt als *poiesis* verstanden werden muss. Die Kulturgeschichte durchläuft diverse Stadien, von der Frühzeit eines nicht vernunftgeleiteten ganz in den Sinnen versunkenen Zustands der ersten wilden Menschen bis hin zum Zeitalter einer *ragione spiegata*, einer entfalteten und zur Selbstreflexion fähigen Vernunft. Das verbindende Moment dieser scheinbar ganz unterschiedlichen Zustände stellt die Auffassung von Kultur als Schöpfungs- und Symbolprozess dar.

Poiesis und Imagination

Das zweite Buch der *Scienza Nuova* präsentiert daher die verschiedenen Disziplinen, die Metaphysik, Logik, Moral, Ökonomie, Politik, Geschichte, Physik, Kosmographie, Astronomie, Chronologie und Geographie jeweils als »poetische«, was hier ganz etymologisch als »schöpferisch« zu nehmen ist (vgl. SN § 376). »Daher mußte die poetische Weisheit, die die erste Weisheit des Heidentums war, mit einer Metaphysik beginnen, doch keiner rationalen und abstrakten, wie es heute diejenige der Gelehrten ist, sondern einer sinnlich empfundenen und vorgestellten, wie es bei diesen ersten Menschen sein mußte« (SN § 375). Wenn die Bedeutungsübertragung am Ursprung des poietischen Erkenntnisprozesses steht, so könnte man mit Vico sagen, alle Erkenntnis ist metaphorisch. Die Metapher ist daher in der *Scienza Nuova* weit mehr als eine bloß ausschmückende Figur, sie fungiert als Modell der Erkenntnis schlechthin. Innerhalb der poietischen Logik ist es die Metapher, die als »lichtvollste, notwendigste und häufigste« der Tropen »den empfindungslosen Dingen Sinn und Leidenschaft verleiht: Denn die ersten Poeten gaben den Körpern das Sein beseelter Substanzen, die allerdings nur für das empfänglich waren, wofür auch sie es waren, nämlich für Sinn und Leidenschaft, und schufen so aus ihnen die Mythen; so wird jede derartige Metapher zu einem kleinen Mythos« (SN § 404). Mythentheorie und Sprachtheorie sind bei Vico eng verknüpft. Für beide ist das Konzept des poietischen Charakters von zentraler Bedeutung – eine Entdeckung, die Vico als Hauptschlüssel zu seiner *Scienza Nuova* präsentiert (SN § 34). Als poietisch bezeichnet Vico gewisse »phantastische« oder besser »phantasiegeschaffene Allgemeinbegriffe« (*universali fantastici*), d. h. »Bilder zumeist von belebten Substanzen, wie etwa von Göttern oder Heroen«, mit denen die primitiven Menschen, die noch nicht in der Lage waren, abstrakte Allgemeinbegriffe zu bilden, gattungsmäßig ihr Denken strukturierten. Es ist dieses Konzept der phantasiegeschaffenen Allgemeinbegriffe, das die Intelligibilität des Mythischen ermöglicht und dabei die menschliche Erkenntnis anfänglich vor allem als anschauliche verstehbar zu machen versucht.

Die große Bedeutung, die Vico dem Vorstellungsvermögen für den Prozess der Kulturentstehung zukommen lässt, hat Interpreten dazu veranlasst, die *Scienza Nuova* insgesamt als eine »Wissenschaft der Imagination« aufzufassen (vgl. Verene 1987). Vicos besondere Aufmerksamkeit für die Kultur als eines

Symbol- und Zeichenprozesses hat zudem eine große Faszination für gegenwärtige semiotische Ansätze (vgl. Trabant 1994). Des weiteren ist es die kulturkritische Dimension der *Scienza Nuova*, die der Vico-Forschung eine besondere Aktualität verleiht. Denn die hier beschriebene Kulturgeschichte, welche die Ausbildung der Humanitätsprinzipien verfolgt, stellt keineswegs eine lineare Fortschrittsbewegung dar, vielmehr analysiert Vico anhand der strukturellen Parallelität einzelner Gesellschaften eine Entwicklung, die ein regressives Moment immer schon mitbedenkt. Wenn der Lauf der Geschichte die Menschheit von einer anfänglichen »Barbarei der Sinne« zu einer entfalteten Vernunftfähigkeit führt, so droht die hypertrophe Zivilisation in eine »Barbarei der Reflexion« zu verfallen, bei der ein solipsistischer Rationalismus die kulturellen und gesellschaftlichen Bindekräfte aufzulösen scheint. Angesichts der katastrophalen selbstzerstörerischen Momente, welche die hochentwickelten Industrienationen insbesondere im 20. Jahrhundert gezeigt haben, ist es nicht verwunderlich, dass Vicos Theorie einer »Barbarei der Reflexion« besondere Faszinationskraft auf gegenwärtige Debatten ausübt.

Philologie

Der Erweiterung der Philosophie um eine kulturgeschichtliche Perspektive begegnet die *Scienza Nuova* schließlich auch methodisch mit der Forderung nach einer neuartigen Kooperation von Philosophie und Philologie. Wie Vico in den Grundsätzen im ersten Buch als zehntes Axiom definiert, aktiviert die Philosophie die Vernunft, woraus die Wissenschaft des Wahren hervorgeht, während die Philologie die Autorität des menschlichen Willens beobachtet, woraus das Bewusstsein des Gewissens hervorgeht (SN § 138). Das wesentliche Manko der bisherigen Bemühungen besteht für Vico darin, dass diese beiden Momente, das Wahre (*verum*) und das Gewisse (*certum*), isoliert geblieben sind; eine derartige Zusammenhangslosigkeit mag dazu führen, dass die Philologie zu steriler Gelehrsamkeit gerät, während die Philosophie ohne philologische Fundierung sich in abstrakter Leere zu verlieren droht. Dagegen unternimmt die *Scienza Nuova* eine Korrelation von Philosophie und Philologie, bei der beide wechselseitig aufeinander verweisen. Durch den Bezug auf einen weitgefassten Begriff von Philologie, der weniger auf das Problem der Textinterpretation gerichtet ist als vielmehr eine »Lehre von all den Dingen« intendiert, »die von dem menschlichen Willen abhängen, wie die gesamte Geschichte der Sprachen, der Sitten und der Ereignisse« (SN § 7), behält die *Scienza Nuova* die Fülle des kulturgeschichtlichen Materials im Blick. Anders als die rationalistische Philosophie etwa eines Descartes, dem die Vielfalt und Unbeständigkeit der Historie und der Philologie nicht wissenschaftswürdig erschien, kommt es für Vico gerade darauf an, die Komplementarität der Philosophie, die sich auf das *verum* richtet, und der Philologie, die sich mit dem *certum* befasst, zu erweisen. Seine *Scienza Nuova* mündet daher in dem Entwurf einer neuen kritischen Kunst (*ars nova*), die im Durchgang durch die Fülle des Materials die Kulturgeschichte auf ihre Prinzipien hin lesbar macht.

Vicos *Scienza Nuova* bietet somit nicht nur eine Fülle von kulturgeschichtlichem Material, sondern auch methodische Überlegungen, die auf den Vorrang des *mondo civile* als privilegiertem Erkenntnisgegenstand menschlicher Selbstverständigung hinauslaufen. So sehr auch Vorsicht geboten scheint, Vicos Werk unmittelbar an aktuelle Debatten anzuschließen, insofern immer die Gefahr des Anachronismus besteht, so dürfte doch gerade eine kulturphilosophische Lektüre von Vicos »neuer Wissenschaft« sich als ergiebig erweisen, womit der bereits erwähnten Mannigfaltigkeit der Aspekte ein gewisser Zusammenhalt verliehen wird. Dass Vicos *Scienza Nuova* für die methodische Grundlagenreflexion der Kulturphilosophie ein Schlüsselwerk darstellt, hat auf prägnante Weise bereits Ernst Cassirer formuliert, als er 1939 in seiner im schwedischen Exil gehaltenen Vorlesung über *Probleme der Kulturphilosophie* programmatisch konstatiert, dass Vico der Erste gewesen sei, der »einen umfassenden systematischen Entwurf der Kulturphilosophie« gegeben habe (Cassirer 2004, 29).

Literatur

Armando, David/Riccio, Monica: *Settimo contributo alla bibliografia vichiana (2001–2005)*. Rom 2008.

Cassirer, Ernst: *Kulturphilosophie. Vorlesungen und Vorträge 1929–1941*. In: Ders.: *Nachgelassene Manuskripte und Texte*. Bd. 5. Hg. von Klaus Christian Köhnke, John Michael Krois und Oswald Schwemmer. Hamburg 2004.

Cristofolini, Paolo: *La Scienza nuova di Vico. Introduzione alla lettura*. Rom 1995.

Erny, Nicola: *Theorie und System der* Neuen Wissenschaft *von Giambattista Vico. Eine Untersuchung zu Konzeption und Begründung*. Würzburg 1994.

Eusterschulte, Anne: Wahrheit und Gewißheit. Kulturgeschichte und Erkenntnistheorie bei Giambattista Vico. In: *Zeitschrift für Kulturphilosophie* 4 (2010), 211–237.

Fellmann, Ferdinand: *Das Vico-Axiom: Der Mensch macht die Geschichte.* Freiburg i.Br./München 1976.
Flasch, Kurt: Geschichte und Metaphysik bei Vico. In: *Giambattista Vico (1668–1744). Zur 250. Wiederkehr des Todestages (Studi italo-tedeschi/Deutsch-Italienische Studien* XVII). Meran 1995, 94–125.
Gilbhard, Thomas: *Nova scientia tentatur*: Die Metaphysik und ihre kulturphilosophische Wendung bei Vico. In: *Zeitschrift für Kulturphilosophie* 4 (2010), 195–209.
Heise, Jens: Topik und Kritik bei Vico – Materialien zur Kulturphilosophie. In: *Allgemeine Zeitschrift für Philosophie* 27 (2002), 41–48.
Hidalgo-Serna, Emilio u. a. (Hg.): *Pensar para el nuevo siglo. Giambattista Vico y la cultura europea.* Neapel 2001.
König, Peter: *Giambattista Vico.* München 2005.
Kreuzer, Johann: Ästhetik der Kultur. Vicos ›Neue Wissenschaft‹. In: *Komparative Ästhetik. Künste und ästhetische Erfahrungen zwischen Asien und Europa.* Hg. von Rolf Elberfeld und Günter Wohlfart. Köln 2000, 339–356.
Mondolfo, Rodolfo: *Il »verum-factum« prima di Vico.* Neapel 1969.
Otto, Stephan: *Giambattista Vico. Grundzüge seiner Philosophie.* Stuttgart/Berlin/Köln 1989.
Trabant, Jürgen: *Neue Wissenschaft von alten Zeichen: Vicos Sematologie.* Frankfurt a. M. 1994.
–: *coltura – mondo civile – scienza nuova*, Oder: Was für eine Kultur-Wissenschaft ist Vicos Neue Wissenschaft? In: *Zeitschrift für Kulturphilosophie* 4 (2010), 179–193.
Verene, Donald Phillip: *Vicos Wissenschaft der Imagination. Theorie und Reflexion der Barbarei.* München 1987 (engl. 1981).
Vico, Giambattista: *Prinzipien einer neuen Wissenschaft über die gemeinsame Natur der Völker.* Übersetzt von Vittorio Hösle und Christoph Jermann. Hamburg 1990 (ital. 1744) [SN; Angabe der Paragraphen].

Thomas Gilbhard

2. Jean-Jacques Rousseau

Rousseau ist der radikalste Kulturtheoretiker bzw. Kulturphilosoph der frühen Neuzeit. Das kulturtheoretische, immer auch von philosophischen Grundannahmen geleitete Denken (Konersmann 2010) ging in der Renaissance mit Montaigne noch wesentlich von der fehlbaren und dem Wechsel unterworfenen körperlichen Befindlichkeit des Subjekts sowie seiner Einbettung in vorgefundene Gewohnheiten aus und gelangte hierbei zu einer gnoseologisch-moralischen Haltung der Skepsis wie zu einem statisch begriffenen Kulturrelativismus. Zu Beginn des 18. Jahrhunderts entwarf Vico eine an der Leitidee der Vernunftentwicklung angelehnte Stadialtheorie vom Zeitalter der Götter, der Heroen und der Menschen, allerdings noch in einer der Möglichkeit nach zyklischen, Rückfall und Neuanfang einschließenden Perspektive. Die Kulturgeschichte und Kulturphilosophie der späten Aufklärung schließlich kam mit Turgot, Iselin, Voltaire, Ferguson, Herder, Kant und Condorcet zur Auffassung eines in der materiellen und sittlichen Kultur sich erweisenden Fortschritts der Menschheit (wobei indes kein naiver Optimismus waltet, wie es Voltaires anthropologische Skepsis oder Kants Formulierung vom Menschen als »krummes Holz« belegen). Hierbei verbinden sich die Kenntnis der inegalen Entwicklung der Kulturen, Eurozentrismus und der Anspruch auf universale Geltung der eigenen, als höher entwickelt verstandenen Position.

Rousseaus Kulturtheorie ist hierzu antithetisch. Sie ist fundamental kritisch, in der Denkform dialektisch und im geschichtsphilosophischen Resultat pessimistisch. Ihre Finalität ist, politisch gesehen, zukunftsoffen, jedoch der Instrumentalität nach rückständig. Die These aus dem zweiten Discours *Über die Ungleichheit* (1755), nach der die Individuen im Prozess der Vergesellschaftung vorankommen, wohingegen die menschliche Gattung degeneriere, ist der sprechende Beleg für diese Art zu denken, gegenüber der Schiller und Kant von einer gerade gegenteiligen Asymmetrie der gesellschaftlichen Entwicklung ausgehen werden.

Rousseau begreift Kultur (Künste, Literatur, Wissenschaft, Art und Weise des gesellschaftlichen Verkehrs) als organischen Teil und als Mittel der Herrschaft. Über die Kultur verfügen die Inhaber von Privilegien und großen Eigentümer. Sie sind es, die vorankommen. In dieser Konstellation entsteht mit Notwendigkeit Intransparenz der Kommunikation und auf Dauer gestellte Uneigentlichkeit der zwischenmenschlichen Beziehungen (Starobinski 1988). Hiergegen setzen Rousseaus Schriften zur Abhilfe zum einen auf das Mittel der staatlichen Intervention: Beschränkung des Eigentums, republikanische Staatsform, politische Gleichheit der Individuen. Abgesichert wird die zum gedeihlichen Zusammenleben erforderliche moralische Integrität der Bürger zum anderen durch die Forderung nach naturnaher Erziehung, nach Einfachheit der Lebensführung sowie durch eine, die Kohäsion des gesellschaftlichen Ganzen garantierende Zivilreligion. In der Tendenz dieses Konstrukts fallen Citoyen und Bourgeois, d. h. Privat- und Staatsbürger in eins. Hierin liegt auch der Grund, warum Rousseau einerseits als erster Sachwalter der Freiheit gelten kann, als der er sich auch selbst verstand, wie andererseits als Sachwalter politischen Zwangs, als der er bereits dem Liberalismus des 19. Jahrhunderts erschien.

Begrifflich besteht für Rousseau zunächst das Problem, dass das Französische, in dem er akkulturiert ist, noch kein Analogon zum zeitgleichen deutschen Begriff ›Cultur‹ besitzt. Das verallgemeinernde Substantiv ›Civilisation‹ erscheint erst bei Mirabeau dem Älteren um 1756 (vgl. Fisch 1992). Es hat zum Synonym in dieser Zeit noch die ›Sitten‹, so in den Werktiteln kleinerer Autoren wie Toussaint (1748), Soubeyran de Scopon (1751), Duclos (1751), auch bei Rousseau selbst, der in seiner ersten Hauptschrift von der Verderbnis der Sitten spricht (*corruption des mœurs de notre siècle*), schließlich ebenso in Voltaires bekanntem kulturgeschichtlichen Werk des *Essai sur les mœurs* (1756). Geläufig ist dagegen seit längerem das Adjektiv *civilisé*, das auch in der Wendung vom »homme civilisé« im *Zweiten Discours* erscheint.

Rousseau kann somit sachlich als Begründer der Kulturkritik gelten (vgl. Bollenbeck 2007), es muss jedoch genau hingesehen werden, welche Richtung sein vom Phänomen der Höflichkeit (*politesse*) ausgehender Denkansatz nimmt. Er ist kein Philosoph im strengen Sinn. Für seine Polemiken und seine Selbstverständigung nutzt er neben den Gattungen des Discours, d. h. der Nachahmung der öffentlichen Rede, auch den offenen Brief, den Traktat, den Dialog, den Roman wie die Autobiographie. Dies bedingt auch je unterschiedliche gattungsgebundene Schreibhaltungen. Im Unterschied zur Kulturkritik des späteren neuhumanistischen Deutungsmusters ›Bildung und Kultur‹ (vgl. Bollenbeck 1994) im Gefolge Schillers und Wilhelm von Humboldts, das den aufklärerischen, weiten Kulturbegriff geistesgeschichtlich verengt, zielt die zwischen den Koordinaten von Natur und Moral sich bewegende Kritik im philosophisch-politischen Gestus auf das Ganze der gesellschaftlichen Anordnung. So gesehen, steht sein Denken in der Tradition der Praktischen Philosophie wie des Naturrechts und gibt diesen eine anthropologisch-kulturelle Prägung.

Ausgeklammert bleibt im Folgenden weitgehend das Spätwerk, in dem Rousseau die Konsequenzen aus den Aporien seiner Kulturkritik zieht und den Blickwinkel der gesellschaftlichen Authentizitätssuche in eine Serie von solipsistischen Selbstversicherungen münden lässt. Der Akzent liegt auf den Schriften von 1750 bis 1762, die in je unterschiedlichem Grad als bedeutsam für seinen Status und seine Entwicklung als Kulturkritiker gelten können.

Sie beginnen mit dem Gestus der Tabula rasa im *Ersten Discours* von 1750 (*Discours sur les sciences et les arts*), der in die Vision eines positiv begriffenen Naturzustands mündet, in dem die Natur die »wahre Künstlerin« ist und die Wissenschaft die »erhabene Tugend« (*vertu sublime*) »einfacher Seelen« (*des âmes simples*). Sie setzen sich fort mit dem *Zweiten Discours* (1755), in dem Rousseau die Kulturkritik um die Dimension des Privateigentums und die Geschichte der Vergesellschaftung vertieft. Es schließt sich an der Brief an d'Alembert (1758), der aus dem Anlass einer Widerrede gegen die Gründung einer Bühne in Genf eine kleine politische Ökonomie des Theaters entwirft.

Mit der Trias der *Nouvelle Héloïse* (1761), des *Émile* (1762) und des *Contrat social* (1762) geht Rousseau dann von der Phase der anlassbezogenen Kritik in die der (utopisch durchsetzten) Konstruktion über. Es handelt sich im erstgenannten Text um den misslingenden Versuch der Zähmung einer Liebesleidenschaft in der autarken Anordnung eines patriarchalisch geführten Hauses; sodann um die Erziehung eines neuen Menschen unter retortenartigen Bedingungen; schließlich um die Schaffung eines stabilen politischen Systems, mit dem Ziel der Gewinnung bzw. Erhaltung der Freiheit. In allen drei Strukturen geht es um die Bändigung des Egoismus durch geeignete institutionelle bzw. pädagogische Vorsorge. Alle drei Versuchsanordnungen sind so angelegt, dass sie naturnah bleiben und keine Entwicklung kennen sollen. Rousseau ist somit der Kulturtheoretiker einer intentional dreifachen Stillstellung: auf der Ebene der Affekte, der wirtschaftlichen Tätigkeit und der politischen Praxis. Im Resultat zielt sein Denken auf eine Gesellschaft ohne Geschichte.

Der Gedanke des Ursprungs

Der *Erste Discours,* der diesen Gedanken formuliert, ist der Gründungstext der Kulturkritik in der Aufklärung. Aufsehen erregt er deswegen, weil er auf die Preisfrage der Akademie von Dijon, ob der Fortschritt der Künste und der Wissenschaften die Sitten verbessert habe, eine der Erwartungshaltung der auffordernden Institution völlig konträre Antwort gibt. Das zu recht berühmte Paradebeispiel für eine durch Provokation erfolgreiche Selbstetablierung eines Neulings im literarisch-kulturellen Feld behauptet einen gleichsam durch Erleuchtung erzielten qualitativen Perspektivenwechsel auf die Fragestellung sowie einen plötzlichen Wandel in der mentalen Befindlichkeit des Verfassers: »Im Augenblick des Lesens [der Preisfrage im *Mercure de France*] wurde ich eines anderen Universums gewahr, und ich wurde ein anderer Mensch.« (*Confessions,* 8. Buch [Übers. H. Th.]) Die Neuheit der Perspektive, so Rousseau, resultiert aus der Äquidistanz sowohl zu den Schöngeistern und Denkmoden der Zeit (*beaux esprits, gens à la mode*) als auch zu den Freigeistern und Philosophen. Damit ist nicht nur ein Gegensatz zu den Protagonisten der Hof- und Salonkultur aufgemacht, sondern auch ein Kampffeld innerhalb der Aufklärung eröffnet. Der *Erste Discours* unternimmt es, den wesentlich optimistischen Geist der in Vorbereitung stehenden *Enzyklopädie* von Diderot und d'Alembert, der auch in Turgots *Tableau philosophique des progrès successifs de l'esprit humain* (1750) zeitgleich aufscheint, zu konterkarieren. Diderot wird im Übrigen behaupten, *er* habe Rousseau den Tenor der Antwort angeraten, als dieser ihn, mit der Preisfrage in der Hand, im Gefängnis besuchte. Rousseau selbst beansprucht, seinen neuen Gesichtspunkt nicht nur aus plötzlicher Eingebung, sondern auch aus »natürlicher Aufgeklärtheit« (*lumière naturelle*) bzw. aus der »Tiefe meines Herzens« (*dans le fond de mon cœur*) zu beziehen. Und als Ziel seiner Anstrengung bestimmt er anstelle des Fortschritts des Wissens die organische Verbindung von Suche nach Wahrheit und Verteidigung der Tugend. In der expliziten Distanz zur herrschenden Höflichkeitskultur erleben wir in der Semantik von Natürlichkeit, Herz und Tugend die Geburt des moralischen Intellektuellen, dem bekanntlich noch bei Albert Camus die Wahrheit der Empörung wichtiger sein wird als die Wahrheit der Sachen.

Jedoch ist der *Erste Discours* wie auch das weitere Werk zugleich voller philosophischer und gelehrter Reminiszenzen, Anspielungen und Repliken, mit denen sich der kulturphilosophische Neuerer Autorität verschafft. Platon, Aristoteles, Plutarch, Cato, Machiavelli, Hobbes und die Tradition des Naturrechts sowie Locke gehören ebenso zu Rousseaus Repertoire wie Lukrez' *De rerum natura*, Plinius' Naturgeschichte, die römische Satire, Reise- und Missionarsberichte sowie weite Teile der zeitgenössischen Aufklärung, vor allem Mandeville, Condillac, Voltaire, Montesquieu, Buffon und die Enzyklopädisten. Rousseau ist also in philosophisch-literarischem Sinn kulturell kein Solitär, wohl aber von besonderer Statur und medialem Gespür.

Um die kulturtheoretische Spezifik und Leistung des *Ersten Discours* adäquat zu bewerten, bedarf es seiner doppelten, höflichkeits- und wissenschaftskritischen Kontextualisierung (Thoma 2002). Der Widerpart, gegen den Rousseau anschreibt, sind zunächst der »feine Geschmack« (*ce goût délicat et fin*) und die von ihm so genannte »Urbanität der Sitten« (*urbanité de mœurs*). Ihre Herkunft aus der Literatur, den Wissenschaften und den Künsten führt nur zum Anschein von Sittlichkeit. In Wirklichkeit, so das Paradox, sind sie das Programm einer glücklichen Versklavung (*heureux esclaves*). Zentriert wird diese Kritik an der Verfeinerung im Begriff der ›Politesse‹. Sie bildet mit der ›Honnêteté‹ die Schlüsselsemantik eines seit dem 17. Jahrhundert von den herrschenden Eliten als Gipfelpunkt der geschichtlichen Entwicklung vorgestellten Kulturmodells, das Rousseau nun in ein Entartungsmodell umdeutet. Dies geschieht über eine Serie von Antithesen, so die Gegenüberstellung von »äußerlicher Haltung« (*contenance extérieure*) und »Herzensneigung« (*dispositions du cœur*), von Künstlichkeit (*art*) und Natur (*nature*), von Uniformität aus Gewohnheit und Besonderheit des Einzelnen. Die en passant vorgenommene Soziologisierung dieses Gegensatzes als Antithese von »Höfling« (*courtisan*) und »Landmann« (*laboureur*) verrät den noch vorindustriellen Charakter dieser kulturkritischen Modellierung. Der sarkastisch gemeinte Hinweis auf die *lumières de notre siècle* deutet jedoch an, dass Rousseau nicht nur auf den Höfling, sondern auf eine aufgeklärte Elite und deren Wissensbestände wie Kommunikationsformen insgesamt zielt.

Rousseaus Text ist Teil einer Kritik, die in Frankreich bereits bekannt war (Thoma 2002). Schon mit dem Entstehen des Höflichkeitsideals in der Spannung von Universalismus und Distinktion setzt die Kritik an dessen Tendenz zur Äußerlichkeit an (Losfeld 2011). Um 1750 tritt sie in eine Phase der Zuspitzung. Bei François-Vincent Toussaint in *Les mœurs* (1748) heißt es: »Die sogenannte Höflichkeit [...]

rechtfertigt die Doppeldeutigkeit als feine Menschenführung, die Heuchelei, die Umwege und Täuschungen sind ihr Meisterwerke der Klugheit [...]« [Übers. H. Th.]. Hier kann Rousseau anschließen. Das Gegenbild zu dieser Maske der Höflichkeit – Rousseau spricht von ihrem gleichförmigen und perfiden Schleier – soll bei Toussaint der »tugendhafte Mensch« (*l'homme vertueux*) darstellen. Während die *Encylopédie* in ihrer Kritik an den herrschenden Kommunikationsformen auf einen Universalismus im Zwischenfeld von Ethik und erneuerter Höflichkeit setzen wird, rückt der zum Umfeld von Diderot gehörende Toussaint zunächst die moralphilosophische Option in den Vordergrund. Zugleich gerät diese insofern in Zweifel, als er auch die Tugend für vortäuschbar hält, so dass jede Authentizitätskonzeption im zwischenmenschlichen Verkehr letztlich problematisch bleiben muss. Dies führt bereits in die Nähe systemisch-funktionaler Überlegungen, welche eine nun von der Funktion eines kulturellen Ideals entlastete Höflichkeit akzeptieren und sie als ein für jede Gesellschaft notwendiges Ritual der Alltagskultur im Recht lassen. Rousseau geht diesen Schritt nicht mit. Duclos' *Considérations sur les mœurs de ce siècle* (1751) interpretieren die Politesse als positives Spezifikum der französischen Nationalkultur, ein Denkmuster, das auch der *Erste Discours* ironisch aufruft.

Fügen sich im *Ersten Discours* die Argumentationsbestände der Politesse-Kritik relativ schlüssig zur Kritik an den *Arts* bzw. *Lettres* als Teil der höfischen Repräsentation bzw. der Geschmacks- und Konversationskultur der Salons, kompliziert sich die Argumentationslage auf dem Feld der Wissenschaften, die ja weder organisch zum Bezirk der Höflichkeit noch, trotz aller Behauptung, strictu sensu zum Bezirk der Herrschaft gehören und bei denen vor allem die sittenverderbende Funktion nicht ohne weiteres plausibel gemacht werden kann. Gelingen kann Schlüssigkeit nur auf einer höheren Ebene der Allgemeinheit, indem – und dies ist die eigentliche gedankliche Leistung des *Ersten Discours* – *Lettres, Arts* und *Sciences* als Resultate eines seit dem Ausgang aus der Natur wirkenden Verfeinerungs- bzw. Zivilisierungsprozesses begriffen werden, der eben nicht nur in seiner höfischen Form, sondern ganz grundsätzlich zu verwerfen sei. Während es bisweilen so scheinen kann, als ob Rousseau auf die Feststellung eines sich im geschichtlichen Raum immer wieder reproduzierenden Gegensatzes von Natur – Kultur ziele, wozu er neben Athen und Sparta eine ganze Reihe von weiteren geschichtlichen Beispielen bemüht, gibt er der Opposition von Natur und Kultur eine Verlaufsdimension. Sie wird sichtbar, wenn es im Vorgriff auf den modernen Gedanken der Entfremdung heißt, die Menschen hätten sich im Naturzustand noch »wechselseitig erkennen« (*se pénétrer réciproquement*) können. Jedoch verfügt Rousseau zu diesem Zeitpunkt noch nicht über einen schlüssigen Entwicklungsgedanken, der diesen Verlauf strukturieren könnte. Der Naturzustand trägt deswegen noch deutlich die rhetorischen Spuren der Idylle: »[...] die Einfachheit der Zeiten des Anfangs. Das ist ein schönes Ufer, geschmückt allein von den Händen der Natur, zu dem man unaufhörlich blickt und von dem man sich mit der Empfindung des Bedauerns entfernt« [Übers. H. Th.].

Die wissenschaftskritische Kontextualisierung des *Ersten Discours* hat man erst in jüngster Zeit deutlicher herausgearbeitet (vgl. Enskat 2005). Eine als Manuskript überlieferte Mitschrift der Vorlesungen zur Chemie von François Rouelle von 1747 belegt, wie Rousseau, der zu dieser Zeit bereits Umweltprobleme im heutigen Sinne erkennt und beschreibt, sich schon vor seiner Antwort auf die Preisfrage des Spannungsverhältnisses zwischen Wissenschaft, Gesellschaft und Politik bewusst ist. Für Rousseau ist die praktisch-politische Urteilsfähigkeit des Bürgers von weit größerer Bedeutung als die wissenschaftsbasierte und sachlich wie methodisch reflektierte Urteilsfähigkeit des Forschers. Damit distanziert sich Rousseau tendenziell nicht nur vom Kommunikationsstil der herrschenden Eliten, sondern indirekt auch vom Wissenschaftsstil Diderots und d'Alemberts. Bei solcher Zuspitzung darf nicht aus dem Blick geraten, dass der Optimismus der *Encyclopédie* sich mit der Kritik an Despotismus und religiöser Intoleranz verband, es also weniger um einen radikalen Gegensatz von Wissenschaft und Moral bzw. Politik gehen kann als um zwei Richtungen der Aufklärung, welche deren Verhältnis unterschiedlich akzentuierten und konfigurierten. Rousseau kokettiert in der Schlusspassage des *Discours* einerseits mit der Beraterfunktion des Philosophen im Zentrum der Macht, löst diese Möglichkeit jedoch in einer demokratischen Gebärde auf, in der insinuatorisch Wissenschaft und Tugend, Stimme des Gewissens und die Herzen aller zur »wahrhafte[n] Philosophie« (*véritable philosophie*) in eins fallen. Die *Encyclopédie* hingegen setzt zuerst auf den Stammbaum der Wissenschaften, die Überprüfung bisherigen Wissens und auf die Verbreitung von Aufklärung.

Anthropologie und Geschichte

Diesen Zusammenhang entfaltet Rousseaus Antwort auf eine weitere Preisfrage der Akademie von Dijon (*Quelle est l'orgine de l'inégalité parmi les hommes et si elle est autorisée par la Loy naturelle?*). Sie wird den Preis nicht gewinnen. Dazu ist sie in mehrfacher Hinsicht zu anstößig, vielleicht auch zu komplex, in jedem Fall zu lang. Der Text ist für den deutschen Leser in einer kritischen zweisprachigen und kommentierten Ausgabe bequem zugänglich, die auch eindringlich auf die rhetorische Gestalt des Textes, seine Quellen und den listenreichen Umgang mit der Zensur abhebt (editiert von Heinrich Meier). Gegliedert wird er durch eine, manchen politischen Zündstoff enthaltende Widmung an die Republik Genf, ein kulturtheoretisch reflektierendes Vorwort und schließlich den eigentlichen Discours, der nach Meinung des Autors – im Gegensatz zu den heftigen Polemiken, die der erste auslöste – in ganz Europa nur wenig Leser fand, die ihn verstanden hätten und keine, die über ihn hätten sprechen wollen.

Die Antwort auf die Preisfrage hat ihren Kern in der Darlegung der Struktur und Entwicklung inegaler Vergesellschaftung. Sie behebt den wesentlichen Mangel des *Ersten Discours*, indem sie dessen noch abstrakte Geschichtlichkeit in eine auch politisch-historische Dimension stellt. Zwar bleibt im eingängigen, auf Platon zurückgehenden Bild der Statue des Glaukos, den die Zeit, das Meer und die Stürme fast zur Unkenntlichkeit verunstaltet haben, der Grundgedanke des reinen Ursprungs wie der negativen Entwicklung sehr wohl noch präsent. Doch geht es nun um eine genauere anthropologische Grundlegung dieses Ursprungs und um die Geschichtlichkeit der menschlichen Gattung.

In der Denkweise Rousseaus verweisen die Entfernung vom Ursprung und die Ansammlung von Kenntnissen aufeinander und sind Hindernisse für die wahre Kenntnis des Menschen. So unterzieht er seine Vorgänger in der Rekonstruktion des Naturzustands einer Art ideologiekritischem Vorbehalt, indem er ihnen unterstellt, sie würden nur die Interessen ihrer Gegenwart in die Vergangenheit zurückprojizieren. Prominentes Beispiel ist ihm Hobbes und dessen pessimistische Anthropologie zur Legitimation des Leviathan, aber auch die weitere Tradition des naturrechtlichen Denkens. Rousseau, dem Marx ebenfalls eine Projektion, und zwar eine kleinbürgerliche unterstellen wird, beansprucht für sich selbst eine den Naturwissenschaften nachempfundene Hypothesenbildung, in der es nicht um historische Wahrheiten, sondern um die »Natur der Dinge« gehe. »Auf diese Weise ist man nicht genötigt, aus dem Menschen einen Philosophen zu machen, ehe man einen Menschen aus ihm macht« (Vorwort). Bei der Rekonstruktion des wilden Menschen aus dem Buch der Natur, das »niemals lügt«, geht es ihm nicht um kulturelle Verschiedenheiten, sondern um die Erschließung universeller Gemeinsamkeit im Blick auch auf einen universellen Adressaten; gemeint ist in der Fiktion der Rede das Menschengeschlecht als Zuhörer.

In der Hauptsache gliedert sich der *Zweite Discours* in zwei große Abteilungen. Die erste gibt eine anthropologische Grundlegung des Naturzustands bzw. des wilden Menschen. Die zweite konfrontiert den Zuhörer/Leser mit einer logisch-historischen Darlegung der Entstehung des Eigentums, seiner vergesellschaftenden Wirkung und seiner kulturellen Folgen. Erklärtes Ziel ist: »im Fortschritt der Dinge den Augenblick zu bezeichnen, in dem das Recht die Stelle der Gewalt einnahm und die Natur somit dem Gesetz unterworfen wurde«.

Zunächst wird die Befindlichkeit des wilden Menschen erörtert. Dieser unterscheidet sich vom wilden Tier durch Gewandtheit und kann so dessen größere Stärke kompensieren. Krankheiten kennt er kaum, sie sind im Wesentlichen Zivilisationsschäden. Die Mehrzahl unserer Leiden ist insofern unser eigenes Werk. Der Zustand der Reflexion ist bereits ein Zustand wider die Natur. Der Wilde, der sie anstellt, ist schon ein entartetes Tier. Von den Leidenschaften, welche »ihren Ursprung aus unseren Bedürfnissen« beziehen und »ihren Fortschritt aus unseren Kenntnissen«, empfindet der wilde Mensch nur jene der ersten Art. Er bleibt in seiner Physis befangen. Seine Existenz ist bloße Gegenwärtigkeit. Er kennt insofern auch keine Einbildungskraft. Liebe und Zukunft sind ihm leere Worte. Sprache, so die Quintessenz eines längeren Exkurses, kennt der wilde Mensch ebenfalls nicht. Ihm genügt der »Schrei der Natur« (*cri de la nature*), d. h. die lautliche Äußerung von Furcht und Schmerz. Auch kennt er »weder Laster noch Tugenden«, er kann nicht böse sein, weil er nicht weiß, was gut ist. Selbsterhaltung und Mitleidsfähigkeit sind an das Überleben geknüpfte moralanaloge Dispositionen des natürlichen Menschen. Sie verbinden Egoismus und Soziabilität im Naturzustand auf eine Weise, dass dieser der Kultur nicht bedarf. Rousseau nennt das Mitleid den Stellvertreter der Gesetze im Naturzustand. Von »natürlicher Güte« (*bonté naturelle*) spricht er nur an einer Stelle, da wo er das Mitleid in die Nähe des kategorischen Imperativs der

Bergpredigt rückt. Insofern bleibt der wilde Mensch wesentlich eine Art Tier, jedoch mit der Potentialität zu Freiheit und Moral. Der wichtigste Unterschied zum Tier besteht darin, dass der Mensch als Gattung und als Individuum auf »Perfektibilität« (*perfectibilité*) gestellt ist, so der Neologismus Rousseaus für eine epochemachende Idee. Sie nimmt mit dem Gedanken einer im Verhältnis zum Tier extrem verlangsamten Entwicklung die Konzeption des Menschen als Mängelwesen voraus. Rousseau folgt hier Pufendorff, der von »*imbecillitas*« im Naturzustand spricht, und geht Herder, der ihn de facto verschweigen wird, in der Sache voran. Gehlen ist in dieser Frage eigentlich nur Popularisator. In der Vervollkommnungsfähigkeit des Menschen liegt, so Rousseau, zugleich die »Quelle all seines Unglücks« (*la source de tous les malheurs de l'homme*).

Die Umstellung der Vervollkommnungsfähigkeit von einer natürlichen Disposition in den Geschichtsgang ist Gegenstand der zweiten Abteilung. In dieser reflektiert Rousseau auf die »Zufälle«, »die imstande waren, die menschliche Vernunft zu vervollkommnen, indem sie die Art verdarben, ein Wesen böse machten, indem sie es soziabel machten, und den Menschen und die Welt von einem so entfernten Stadium schließlich bis zu dem Punkt hinführten, an dem wir sie sehen«. Der bekannte Paukenschlag zu Beginn ist die Begründung und Plausibilisierung der Idee des Eigentums: Derjenige, der zuerst ein Terrain einzäunte, es sein eigen nannte und hierfür Zustimmung fand, war der »wahre Begründer der bürgerlichen Gesellschaft« (*le vrai fondateur de la société civile*). Rousseau entwickelt den Weg bis zu diesem Punkt aus der zufälligen, durch Mangel entstehenden Notwendigkeit zur Arbeit, aus Vorformen der Sesshaftigkeit, der damit zusammenhängenden Familiengründung, der Überschussproduktion, bis hin zum geregelten Ackerbau, wobei all diese Neuerungen zugleich eine Veränderung im Naturverhältnis, im Verhältnis zu sich selbst wie in den Verkehrsformen der Menschen untereinander bedingten. Es erwachen Achtung und Selbstachtung, Liebe und Eifersucht, Geselligkeit und Konkurrenz, und es entsteht eine Übergangssituation »zwischen der Indolenz des anfänglichen Zustands und der ungestümen Aktivität unserer Eigenliebe«, welche die glücklichste und dauerhafteste Epoche in der Entwicklung der menschlichen Fähigkeiten gewesen sein muss. Diese Epoche ist die »wahrhafte Jugend der Welt« (*la véritable jeunesse du Monde*). Ihr folgt dann die eigentliche Geschichte des Menschen als Dialektik von Perfektion und Verfall in einem Geflecht von wechselseitiger vertikaler und horizontaler Abhängigkeit. Der Erfolgreichere bildet mehr Eigentum, erzeugt den Abhängigen, von dem er zugleich selbst abhängig bleibt, wie beide von gewachsenen Bedürfnissen. Ebenso wesentlich ist die Arbeitsteilung. Gezeigt wird dies an der Metallurgie, die für den Ackerbau ertragssteigernd tätig ist und deren Arbeitskräfte zugleich zu ihrer Reproduktion auf diesen angewiesen sind.

Insgesamt entsteht so nach Rousseau eine Kultur des wechselseitigen Schadens, »das Verlangen, seinen Profit auf Kosten anderer zu machen«. Habituell bildet sich die Maske des Wohlwollens zum Zwecke der Unterwerfung heraus. Durch die Vielzahl neuer Bedürfnisse ist der Mensch nun »sozusagen der ganzen Natur untertan und vor allem seinen Mitmenschen, zu deren Sklave er in gewissem Sinn wird, selbst wenn er zu ihrem Herrn wird«. Die »ganze Natur« meint nun die Kultur. In der machtpolitischen Betrachtung entsteht aus den Risiken des Stärkeren gegenüber der Mehrzahl der Unterworfenen schließlich der Wille und Plan zum Kontrakt, den der Stärkere dem Schwachen auferlegt, den dieser wiederum in der Hoffnung, selbst der Stärkere werden zu können, akzeptiert: »Alle liefen auf ihre Ketten zu, im Glauben ihre Freiheit zu sichern.« Das ist das Ende der »natürlichen Freiheit« (*liberté naturelle*) zugunsten der unwiderruflichen Fixierung des Gesetzes des Eigentums und der Ungleichheit. An dieser Stelle geht der Argumentationsgang von der Kulturphilosophie in die Politische Philosophie über, welche diesen Zustand in eine globale Perspektive unter völkerrechtlichen Vorzeichen stellt und hierauf in staatsrechtliche Erörterungen zum Vertrag und zu den Regierungsformen eintritt, unter denen die Demokratie als die naturnächste Form gilt. Schließlich findet Rousseau am Ende des zweiten Teils wieder zu kulturtheoretischen Überlegungen im engeren Sinn zurück.

Unübertroffen ist hier sein Porträt des *homme policé*, der »immer aktiv, schwitzt, hetzt«, »sich unablässig quält, um sich noch mühsamere Beschäftigungen zu suchen«, der bis zum Tode arbeitet, diesem sogar »entgegenläuft, um zu leben, sich in den Stand zu setzen« etc. Aus dieser treffenden Beschreibung, welche dem zivilisierten Menschen den wilden Menschen kontrastiert, der nur »Ruhe und Freiheit atmet«, so dass, »was das höchste Glück des einen ausmacht, den andern zur Verzweiflung treiben würde«, konnte 200 Jahre später noch ein Lévi-Strauss die Grundidee zu seinen *Tristes Tropiques* (1955) entnehmen. Scharf formuliert ist die an den Zusammenhang von Kultur und Herrschaft anschließende

These, in der Rousseau Kultur definiert als das Glück »einer Handvoll Mächtiger und Reicher«, »während die Masse in der Dunkelheit und im Elend dahin kriecht«. Die aufrührerische, den Text beschließende Formel, dass der Widerspruch zwischen »dem Überfluß weniger« und der »ausgehungerten Menge« wider das Gesetz der Natur sei, scheint, den Gedanken der Gleichheit und der Demokratie auf Dauer auf die Tagesordnung zu setzen. Der politische Grundton des *Zweiten Discours* lässt seine neuere, von Derrida und Castoriadis inspirierte Lesart als Theorieerzählung des modernen Bewusstseins und Gründungstext einer »Ontologie des Werdens« (Stierle 2006, 189), deren Gedanke der Entstehung von Kultur aus dem Mangel in den kunsttheoretischen Überlegungen von Schelling und Mallarmé seine Fortführung finde, ohne rechte Plausibilität. Rousseaus Schrift zeigt keinerlei Tendenz zur Kompensation von Zivilisationsschäden durch Kunst, wie es später bei Schiller der Fall ist. Sie zielt vielmehr auf Transparenz in den gesellschaftlichen Beziehungen, auf sozialen Ausgleich und auf politische Gleichheit. Sie ist auch in ihren entfremdungstheoretisch interpretierbaren Positionen integraler Teil einer eigentumskritischen Aufklärung in egalitärer Absicht (Rousseau 1989, Bd. 1, 525–540).

Politische Ökonomie der Kultur

Rousseau, der Verfasser des Artikels »Économie« der *Encyclopédie*, entfaltet das Thema in seinem polemischen Brief an d'Alembert. Dieser hatte im Artikel »Genève« der *Enyclopédie* Voltaires Vorschlag unterstützt, im calvinistischen Genf ein Theater einzurichten. Kein leeres philosophisches Gerede erwarte den Leser, so die polemische Spitze, sondern eine für ein ganzes Volk bedeutsame praktische Wahrheit. Die Abhandlung situiert das Theater innerhalb einer Gesamtdynamik von Arbeit, Vergnügen und Soziabilität. Rousseau plädiert hier im Unterschied zu seinem bisherigen Verfahren für eine höhere Konkretion seiner Thesen, d. h. er entwickelt sie anhand der spezifischen Situation Genfs.

Zunächst geht es um die allgemeine Funktion des Theaters. Sie besteht, so Rousseaus These, im Vergnügen und nicht in der Nützlichkeit, Gegenstand auf der Bühne ist die Darstellung der Leidenschaften. Dabei nimmt das Theater in der Regel Rücksicht auf den allgemeinen Geschmack, insofern dient es der Erhaltung des Gegebenen. Für die Vernunft ist auf dem Theater grundsätzlich kein Platz, eben deswegen ist es für Rousseau letztlich eine schädliche Institution. In der Konsequenz muss er vor allem die Katharsistheorie bekämpfen, welche für die Tragödie die Reinigung von den Leidenschaften beim Zuschauer behauptet. Ebenso wenig zielführend ist für Rousseau die Funktion des Theaters als moralische Anstalt, wie das bürgerliche Drama es vorsieht, das er als langweilig kritisiert. »Da könne man gleich zur Predigt gehen«. Unter den Komödien lässt Rousseau nur Molières *Misanthrope* gelten, dessen Held von einer der Intention nach lächerlichen Person zu einem *homme de bien* geraten sei. Hier kommt die Politesse-Kritik des *Ersten Discours* zum Tragen. Die positive Sicht auf diese Theaterfigur macht bis heute Schule.

Insgesamt durchzieht ein antihedonistischer und tatphilosophischer Ton den Text, der sich in seiner Kritik an der Kunst auch auf Platon bezieht. Er nimmt mehr soziologische Reflexion in sich auf als die beiden Preisschriften, wie es die Miniaturen zu Paris und Genf zeigen. In Paris sei das Theater inmitten zahlreicher Formen des Vergnügens nicht wegzudenken. Auch lenke der Theaterbesuch dort vom tatsächlichen Laster ab, sei insofern gesellschaftlich nützlich. Für Genf lautet die Argumentation wie folgt: In einer kleineren, wenig ausdifferenzierten Stadt führt der Theaterbesuch zur Ablenkung von der Arbeit, zu Luxusausgaben für die Repräsentation, zur Verteuerung der Waren, zur Erhöhung der Steuern, etwa wegen der Kosten für Beleuchtung und Wegesicherung, schließlich zum Moralverfall durch den Umgang mit den Schauspielern und zur schädlichen Beeinflussung auch der öffentlichen Meinung. Allenfalls ein politisches Theater nach der Art von Voltaires *La mort de César* will Rousseau gelten lassen, jedoch keine Komödie, welche das Laster zwar kritisiere, aber auch attraktiver darstelle als die Tugend. Ideal für eine Republik ist nach Rousseau das öffentliche Fest unter freiem Himmel (im Winter der Ball der Heiratswilligen unter elterlicher Aufsicht). Im Gegensatz zum Theater, wo man sich zu versammeln glaubt und sich jeder isoliert, so eine hellsichtige Momentaufnahme zur Dialektik dieser Soziabilitätsform, bilde das Fest den idealen Zusammenhang von Geselligkeit und Gesellschaft, »das süße Band des Vergnügens und der Freude in wechselseitiger Verbundenheit« [Übers. H. Th.]. Den Sachverhalt eines Ausnahmezustands, den das Fest auch darstellt, vertieft Rousseau erst in der *Nouvelle Héloïse* (Brief XVII, 5. Teil). Die positive Reminiszenz, welche die *Lettre à d'Alembert* beschließt, gilt Sparta.

Liebe und Egoismus

Am Ende des *Zweiten Discours* hatte Rousseau auf die Notwendigkeit einer größeren, politischen Abhandlung verwiesen. Stattdessen schrieb er trotz aller Vorbehalte gegenüber der literarischen Gattung zunächst einen Roman. In dessen Vorwort variiert er seinen Kunstvorbehalt aus dem Brief an d'Alembert und offeriert dem Leser in der Folge nicht nur zahlreiche Erörterungen des literarischen Personals zu aktuellen Aufklärungsthemen, sondern auch ein Lehrstück zum Verhältnis von Liebe und Egoismus, das die Grundspannung von Gemeinschaft und Gesellschaft chiffriert. Der als Tragödie angelegte Briefroman *La Nouvelle Héloïse* entfaltet diese Konstellation in sechs Büchern auf mehreren hundert Seiten. Er wird zum Bestseller des 18. Jahrhunderts, zum begehrtesten Titel auch der Leihbibliotheken. Dies ist nicht zuletzt die Folge seiner im ersten Teil entwickelten neuen Liebeskonzeption, die auf eine radikale Exklusivität der Paarbeziehung setzt (Brief XXIII, 1. Teil: »Warum kann ich meine Seele nicht ganz in Dir versammeln und meinerseits für dich das Universum werden?« [Übers. H. Th.]), an die auch Goethe im *Werther* mit der Formel »[...] ohne sie [Lotte] wird mir alles zu nichts« anschließt. Sie bedeutet den Umbau der aristokratischen Semantik der Liebe als Passion (vgl. Luhmann 1982) wie die Ersetzung der altbürgerlich-hausväterlichen Auffassung, welche die Ehe auf Freundschaft gründete. Der Hauslehrer Saint-Preux legitimiert sein Begehren gegenüber seinem adligen Mündel nicht zuletzt auch mit der natürlichen Gleichheit der Menschen, und Julie d'Étanges ist gegenüber dem Verführungsakt resistenzschwach auch aus Vorurteilslosigkeit. Der zweite Teil des Romans folgt ebenso einer affektiv-gesellschaftlich-politischen Logik, die jedoch gegenteilig gelagert ist. Wenn der Hauslehrer aus dem Haus d'Étanges entfernt wird und die Tochter einer Heirat mit dem ihr zuvor schon aus Verpflichtung des Vaters versprochenen Grafen de Wolmar zustimmt, geschieht dies, wo nicht im Geist der Elternliebe, so doch im Namen des nunmehrigen Gehorsams der Tochter gegenüber der ebenfalls als natürlich beanspruchten väterlichen Autorität. Welche der beiden im Namen der Natur auftretenden Normen sich durchsetzt, ist Gegenstand des weit längeren Teils des Romans. In diesem wird Saint-Preux der Erzieher der zwei Söhne von Julie und de Wolmar. Statt physischer Kastration wie im mittelalterlichen literarischen Vorbild von Abaelardus und Heloisa geht es in der Intention des Verfassers um die Bekämpfung des Egoismus des Liebespaars in einer auf Gemeinschaft angelegten Situation der Prüfung. Der Ort dieser Prüfung ist die Halbinsel Clarens auf dem Genfer See. Hier herrscht das Gesetz der wirtschaftlichen Autarkie. Ein System wechselseitiger Kontrolle sowie eine austarierte Mischung von Arbeit, Gebet, Gesang und Vergnügen halten das Gemeinwesen intakt und sichern die Herrschaftsbeziehung zu den Untergebenen.

Das Experiment der Internalisierung gemeinschaftlicher Normen misslingt. Als der Hausvater zeitweilig Clarens verlässt, drohen die immer noch Liebenden rückfällig zu werden (vgl. Thoma 1997). Julie, welche für einen Moment die von der Aufklärung angestrebte Einheit von Vernunft und Gefühl zu verkörpern schien, wird alsdann narrativ entfernt, indem sie an den Folgen der Rettung eines ihrer Kinder aus dem Genfer See stirbt. Zurück bleiben ein um den Egoismus scheinbar geläuterter Saint-Preux und der durch den Tod der Gattin nun gefühlsfähig gewordene Witwer. Rousseaus werkprägender Patriarchalismus (vgl. Kuster 2005) kommt auch in seinem imaginären Universum zum Tragen. Gleichwohl kann die sich abzeichnende Männerfreundschaft nicht verdecken, dass der in der Leidenschaft symbolisierte Egoismus der Gesellschaft sich von der Enklave Clarens nicht hatte fernhalten lassen. Insofern scheitert letztinstanzlich mit Julies Tod auch die Utopie einer Idealgesellschaft auf historisch konkretem Boden. Der neue Mensch und die Idee einer idealen gesellschaftlich-politischen Anordnung müssen erneut bedacht werden. Hierzu bedarf es einer weiteren Vereinfachung, die im Erziehungsroman des *Émile* in der Zweierkonstellation von Erzieher und Zögling erfolgt, sowie einer richtigen Passung des Gesellschaftsvertrags, wie ihn der *Contrat social* liefern soll.

Erziehung und Staatsbürgerschaft

Rousseau muss sein in *Émile ou de l'éducation* dargelegtes Erziehungsprogramm notwendig aus den vorherrschenden pädagogischen institutionellen Zusammenhängen lösen. Hierzu bedarf der *roman de la nature*, wie Rousseau seine Schrift auch nennt, eines adligen Zöglings und des Mittels der Privaterziehung. Frankreichs Zustand lässt die von Rousseau eigentlich präferierte Erziehung zum Citoyen in öffentlichen Einrichtungen nicht zu. Zu Beginn des Erziehungsprogramms steht, ganz typisch für Rousseau, eine den Tenor der Schrift anzeigende Formel: »Alles ist gut, wenn es die Hände des Schöpfers aller Dinge verläßt: alles degeneriert in den Händen der

Menschen.« [Übers. H. Th.] Rousseau überträgt seinen anthropologischen Befund aus dem *Zweiten Discours* in die Erziehungstheorie, indem er eine Eigenlogik der kindlichen Entwicklung annimmt und den Einfluss der gewohnten kulturellen Mechanismen möglichst zurückdrängt. Der Zögling soll derart möglichst lange nahe an der ›Natur‹ bleiben, wie es bereits Saint-Preux als Erzieher vorgesehen hatte, und seine Prägung soll, modern gesprochen, den Gesetzen der Entwicklungspsychologie folgen. In Umkehrung der Erziehungskultur seiner Zeit, die das Kind ab dem siebten Jahr zu den Erwachsenen rechnet, gehört Rousseau damit zu den Protagonisten der Entdeckung der Kindheit als eigenständiger individueller Formation im menschlichen Entwicklungsgang (vgl. Ariès 1975). Körperliches Wachstum ohne forcierten Einfluss des Erziehers, indirekt angeleitete Auseinandersetzung mit der Umwelt, Ausbildung der geistigen und praktischen Fähigkeiten bis hin zur Erlernung eines Handwerks, schließlich die Einordnung in die menschliche Gemeinschaft bilden vier Stufen dieses Prozesses, der mit der Heirat abschließt. Angesichts der »neuen Ordnung der Dinge«, welche »massenhafte Beziehungen ohne Maß, Regel und Konsistenz schaffen, welche die Menschen dauernd verändern und in dauernden Wechsel bringen [...]« [Übers. H. Th.], wie es in einem Vorentwurf zum *Contrat social* heißt, ist die Ausrichtung der Erziehung als unmittelbare Anpassung an die Gesellschaft absurd und die isolierte Erziehung zur Gewinnung einer Identität in der Zeit zunächst eine pure Notwendigkeit. Es handelt sich bei der Konstellation des *Émile* um ein Gedankenexperiment, das auf negative, auch illiterate Erziehung setzt und das den Menschen doch zur Gesellschaftlichkeit befähigen soll.

Rousseau verweigert sich also, wie bereits im Ausgang der *Nouvelle Héloïse*, auch hier wohlfeilen Lösungen. Weil im *Émile* der Widerspruch zwischen der Diagnose gesellschaftlicher Ausdifferenzierung und der erzieherischen Reduktion von Komplexität von Anfang an mit Skepsis besetzt ist, braucht die Erziehung sittliche und vernunftpolitische Scharniere. Nicht zufällig tritt im vierten Buch mit der »Profession de foi d'un vicaire savoyard« eine, ursprünglich selbständig konzipierte, Abhandlung hinzu, in der die bisherige Vernunfterziehung um jene zur natürlichen Religion ergänzt wird, wofür die Schönheit des Sonnenaufgangs über den Alpen und eine Krise in der Biographie des Erziehers selbst das Anschauungsmaterial abgeben. Und folgerichtig ist auch, dass im fünften Buch dem Probanden eine Annäherung an den Gesellschaftsvertrag vermittelt wird, dem Rousseau zeitgleich eine eigene Schrift widmet.

Auch diese Schrift, der *Contrat social*, der in Genf verboten wird, beginnt mit einer Fanfare: »Der Mensch ist freigeboren, und er ist überall in Ketten.« [Übers. H. Th.] Die in die Kulturtheorie Rousseaus eingelassene Dialektik von Freiheit und Zwang holt auch den von ihm konzipierten Gesellschaftsvertrag ein (vgl. Kersting 2002), bei dem sich, wie es heißt, der natürlich freie Mensch allen und damit niemandem unterwerfe. Die »volonté générale« als Kernstück des Vertrags muss in der Praxis gleichwohl mit Zwangsmitteln durchgesetzt werden können. Wer widersteht, den »wird man zwingen frei zu sein«. Im Verständnis Rousseaus wird mit dem Gesellschaftsvertrag aus der »liberté naturelle« eine »liberté civile«, welche die Freiheit begrenzt und das vorhandene Eigentum sichert. Nur so ersetzt der Mensch Instinkt durch Gerechtigkeit und gewinnt in seinen Handlungen Moralität. Hierzu dienen auch die Gesetze. Deren Urheber kann nicht der Allgemeinwille sein. Dieser liege zwar instinktiv immer richtig, aber das Urteil, das ihn leite, sei nicht immer aufgeklärt. Hieraus rühre in den Anfängen die Zuständigkeit von Göttern und Weisen für die Gesetzgebung.

Insgesamt nimmt die Schrift durchaus Rücksicht auf konkrete Verhältnisse. Hier nähert sich der Kulturtheoretiker dem Kultursoziologen. So will Rousseau im *Contrat social* die allgemeinen Regeln »jeder guten Institution« je nach lokaler Situation, Volkscharakter etc. modifizieren und die Staatsform nach der Größe eines Landes bemessen sehen. Gleichwohl dominiert auch in dieser Schrift noch der Kohäsionsgedanke. Rousseau reflektiert auf die zunehmende Stärke des Partikularwillens gegenüber dem Gemeinwillen, auf die Handlungshemmung von Regierungen durch Bürokratisierung. Er will die »interêts privés« aus den »affaires publiques« herausgehalten wissen, was für ihn nur in einem überschaubaren Gemeinweisen bei großer Einfachheit der Sitten, ausgeprägter Gleichheit in Rang und Vermögen und Abwesenheit von Luxus gelingen kann. In dieser Hinsicht bleiben Sparta und Genf wichtige Bezugsebenen. Schließlich gehören zum Gesellschaftsvertrag die Regeln zur Zivilreligion, welche nicht christlicher Herkunft sein dürften, da das Christentum Sklaverei und Abhängigkeit predige. Zivilreligion hingegen formuliere elementare Regeln des »Zusammenlebens« (*sociabilité*), ohne die man nicht guter »Staatsbürger« (*citoyen*) und treuer Untertan (*sujet fidèle*) sein könne. Positive Dogmen sind die Anerkennung einer Gottheit, die Züchtigung der Bösen sowie die Heiligkeit des Vertrags und der Gesetze. Unter den negativen Dogmen zählt an erster Stelle die religiöse Intoleranz. Auf Verletzung dieser Regeln steht die Todesstrafe.

Kulturkritik und Erfindung der Moderne

In Rousseaus Paradoxien liegen die Ursachen für eine oft verständnislose Kritik meist konservativer Provenienz, die ihn als Rhetor, Sophisten und Neurotiker abtun wollte (vgl. Trousson 1971), nicht zuletzt, um die geistige und emotive Sprengkraft seines Denkens zu neutralisieren. Rousseau hätte vermutlich geantwortet, seine Krankheit sei die der Gesellschaft. Seine Kulturkritik greift späteren Tendenzen der Entfremdungskritik voraus, hat indes noch nicht die Arbeit unter den Bedingungen der modernen Industrie zur Anschauung. Gleichwohl ist sein Denkansatz kulturphilosophisch weit genug, so dass sich ebenso die Späteren wie Hegel oder der frühe Marx an ihn anlehnen können und er auch in der Gegenwart, etwa in ökologischen Bewegungen, im Kommunitarismus, in der »neoevolutionistischen« Kulturkritik (vgl. Knobloch 2011, 29) wie auch in Freiheits- und Gerechtigkeitstheorien präsent bleibt.

Der Beginn von Rousseaus Kulturkritik fällt in die Umbruchsituation der französischen Aufklärung, in welcher sich eine kulturelle Allianz der Eliten und mit der *Encyclopédie* eine Wissensexplosion abzeichnet. Aus der Gegenposition zu diesen Tendenzen bezieht Rousseau seine auch biographisch motivierte egalitäre und kulturkritische Ausrichtung von langfristiger Geltung. Die Kritik an der aristokratischen Höflichkeitskultur stellt die Instrumente einer verallgemeinerten Ideologiekritik von Redeweise und ihrer Ziel-Mittel-Dialektik bereit. Die Kritik am Zusammenhang von Herrschaft und Kultur mündet in eine grundsätzlich angelegte Begründung der Dialektik von Freiheit und Unfreiheit im Prozess der Zivilisation. Diese Erkenntnisse überträgt Rousseau auf das Feld der symbolischen Interaktion wie der Institutionen. Hierbei setzen sich die Paradoxien des kulturkritischen Denkens frei, das zurück will und es wesentlich nicht kann, da die Strukturen des Kritisierten sich nicht ohne weiteres zurückbilden lassen. Rousseau will eigentlich den Egoismus der Leidenschaft kritisieren und ist zugleich unfreiwillig Schöpfer einer neuen Liebessemantik, welche diesen Egoismus der Zweierbeziehung, der ja auch als sozialer Schutz fungiert, eher befestigt. Er entdeckt zukunftsweisend die Kindheit als eigenständigen Teil der Ontogenese und muss das Scheitern des Experiments beim Eintritt des Zöglings in die Zivilisation anerkennen. Er entwickelt mit dem Gesellschaftsvertrag eine Theorie der Freiheitssicherung, welche das Problem des Zusammenhalts einer auf Privatinteressen gegründeten *societas civilis* aber nur durch politischen Zwang lösen kann. Er nimmt mit der Zivilreligion den »politischen Tod Gottes« (Asal 2007) vorweg, jedoch verbleibt er mit dieser Konstruktion zugleich in einer vormodernen Grundhaltung, die er als Aufklärer eigentlich kritisiert.

Aus der Permanenz dieser Widerspruchslagen heraus, die keine gelingende Synthese zulassen, erfindet Rousseau seine letzte Paradoxie, die sich auch aus seiner zunehmenden Isolation innerhalb der Aufklärungsbewegung nährt. In den späten, zu Lebzeiten unveröffentlichten Texten vereinzelt sich Rousseau in der Natur (*Les Rêveries d'un promeneur solitaire*), begibt sich in einen Dialog mit sich selbst (*Rousseau juge de Jean-Jacques*) und verlautbart zu Beginn seiner Autobiographie (*Confessions*): »Ich beginne ein Unternehmen ohne Beispiel, das keinen Nachahmer finden wird. Ich will meinesgleichen einen Menschen in der ganzen Wahrheit der Natur zeigen; und dieser Mensch werde ich sein.« [Übers. H. Th.] Wo die Transparenz in den gesellschaftlichen Beziehungen nicht zu haben war, erhofft er sie wenigstens für seine Person und erwartet sogar ihre Mitteilbarkeit. Auch dieses kulturelle Muster von Authentizitätsbehauptung und Überbietungsgestus ist zukunftsweisend. Es prägt, jedenfalls bis zur Postmoderne, den Königsweg aller modernen Subjekte bei ihrer vergeblichen Suche nach Eigentlichkeit und Identität.

Literatur

Ariès, Philippe: *Geschichte der Kindheit*. München 1975 (frz. 1960).

Asal, Sonja: *Der politische Tod Gottes. Von Rousseaus Zivilreligion zur Entstehung der Politischen Theologie*. Dresden 2007.

Bollenbeck, Georg: *Bildung und Kultur. Glanz und Elend eines deutschen Deutungsmusters*. Frankfurt a. M. 1994.

–: *Eine Geschichte der Kulturkritik. Von Rousseau bis Günther Anders*. München 2007.

Duclos, Charles Pinot: *Considérations sur les mœurs de ce siècle*. Berlin 1751.

Enskat, Rainer: Was ist Aufklärung. Wie Rousseau und Diderot im Dialog einige Bedingungen der Aufklärung klären. In: *Psyche und Epochennorm*. Hg. von Henning Krauss u. a. Heidelberg 2005, 17–54.

Fisch, Jörg: Art. Zivilisation, Kultur. In: *Geschichtliche Grundbegriffe*. Hg. von Otto Brunner, Werner Conze und Reinhart Koselleck. Bd. 7. Stuttgart 1992, 679–774.

Kersting, Wolfgang: *Jean-Jacques Rousseaus »Gesellschaftsvertrag«.* Darmstadt 2002.
Knobloch, Clemens: Neoevolutionistische Kulturkritik – eine Skizze. In: *Zeitschrift für Literaturwissenschaft und Linguistik* 161 (2011) 13–40.
Konersmann, Ralf: *Kulturphilosophie zur Einführung.* Hamburg ²2010.
Kuster, Friederike: *»Das kleine Vaterland der Familie«. Zur Genese der bürgerlichen Familie bei Rousseau.* Berlin 2005.
Losfeld, Christophe: *Politesse, morale et construction sociale: pour une histoire des traités de comportement (1670–1788).* Paris 2011.
Luhmann, Niklas: *Liebe als Passion. Zur Codierung von Intimität.* Frankfurt a. M. 1982.
Rousseau, Jean-Jacques: *Œuvres complètes.* Hg. von Bernard Gagnebin und Marcel Raymond. 5 Bde. Paris 1959–2003.
–: *Diskurs über die Ungleichheit (frz.-dt.).* Hg. von Heinrich Meier. Paderborn u. a. ³2004 (frz. 1755).
–: *Kulturkritische und politische Schriften.* Hg. von Martin Fontius. 2 Bde. Berlin 1989.
–: *Schriften zur Kulturkritik.* Hg. von Kurt Weigand. Hamburg ⁴1983.
Soubeyran de Scopon, Jean: *Considérations sur le génie et les mœurs de ce siècle.* Frankfurt a. M./Mainz 1751.
Starobinski, Jean: *Rousseau. Eine Welt von Widerständen.* München/Wien 1988 (frz. 1971).
Stierle, Karlheinz: Ursprung und Supplement in Rousseaus Discours sur les origines de l'inégalité parmi les hommes. In: *Aufklärung.* Hg. von Roland Galle und Helmut Pfeiffer. München 2006, 171–198.
Thoma, Heinz: Philosophie – Anthropologie – Erzählen. Der Roman als Instrument der Selbstaufklärung der Aufklärung. In: *Romanistische Zeitschrift für Literaturgeschichte* 21 (1997), 5–77.
–: Politesse und Kulturkritik, Rousseaus *Erster Discours* im Kontext. In: *Das Schöne im Wirklichen – Das Wirkliche im Schönen.* Hg. von Anne Amend-Söchting u. a. Heidelberg 2002, 301–403.
Toussaint, François-Vincent: *Les mœurs.* Amsterdam 1748.
Trousson, Raymond: *Rousseau et sa fortune littéraire.* Bordeaux 1971.
Turgot, Anne-Robert Jacques: *Über die Fortschritte des menschlichen Geistes.* Hg. von Johannes Rohbeck. Frankfurt a. M. 1990 (frz. 1750).
Voltaire: *Essais sur les mœurs et l'esprit des nations.* Paris 1745–1751.

Heinz Thoma

3. Immanuel Kant

Kant ist kein Kulturphilosoph: Weder begründet der Begriff ›Kultur‹ bei ihm – wie etwa bei Cassirer – ein eigenes Gebiet der Philosophie noch ist dieser Begriff für die Grundlegung von Philosophie konstitutiv, wie es bei den Repräsentanten der Südwestdeutschen Schule des Neukantianismus, Windelband und Rickert, der Fall ist. Gleichwohl hat Kant einen originellen und wichtigen Beitrag zur Kulturtheorie geleistet. Den entscheidenden Ansatz zu einer Theorie der Kultur, die in der Lage ist, ihre Erscheinungsformen zu beschreiben und zu bewerten, die zweckmäßigen Arten auszusondern und ihre Bedeutung für die Bestimmung des Menschen anzugeben, liefert die *Kritik der Urteilskraft.* Adäquat zu würdigen ist dieses Lehrstück nur vor dem Hintergrund der Entwicklung Kants zur kritischen Philosophie einerseits und der Problemstellung der dritten *Kritik* andererseits.

Kants Kulturverständnis in der vorkritischen Philosophie

Rousseaus epochemachende Lehren über Kultur und Zivilisation als dem Zustand des Menschen, dem alle Übel entspringen, die seiner natürlichen Güte entgegenwirken und seine Glücksfähigkeit ins Gegenteil verkehren, haben Kant zu einer grundsätzlichen Revision seiner früheren, an Shaftesbury orientierten Angleichung von Kultivierung und Moralisierung geführt; sie haben ihn – wie er selbst es ausdrückt – »zurecht gebracht« (AA 20, 44). Nach der Lektüre des 1762 erschienenen *Émile* steht für Kant fest, dass der innere Wert des Menschen nichts mit dem Unterschied von Kultiviertheit oder Rohheit zu tun hat, dass der Mensch von Natur aus einfach und arm an Bedürfnissen ist und dass diese natürlichen Eigenschaften seiner Entwicklung zur Moralität und Glückseligkeit nicht nur nicht entgegenstehen, sondern sie begünstigen (vgl. Reich 2001, 150). Schließlich ist sich Kant mit Rousseau in Rücksicht auf die für Gott entlastenden Konsequenzen aus der Bösartigkeit des Menschen im Zustand der Kultur für die Theodizee-Problematik ganz einig (vgl. AA 20, 57 f.).

In der praktischen Philosophie stimmt Kant in der Zeit von Anfang bis Mitte der 1760er Jahre nicht nur hinsichtlich der moralischen Anthropologie und insbesondere hinsichtlich des kynischen Menschenbildes mit Rousseau überein, sondern auch in den metaphysischen Anfangsgründen der praktischen

Weltweisheit (vgl. Reich 2001, 149). Das moralische Gefühl und die ihm entspringenden altruistischen Neigungen stellen das moralische Prinzip des Handelns bereit; und das solchermaßen auf die Natur des Menschen gegründete Moralprinzip ist seinerseits die Grundlage dafür, Moralität als Naturzweck begreifen zu können (vgl. AA II, 205 ff., 273 ff.; Schmucker 1961, 143 ff.).

Von dieser in allen wesentlichen Teilen an Rousseau – und an Hutcheson – orientierten Auffassung von praktischer Philosophie nimmt Kant mit seiner neuen Doktrin vom Prinzip der Moralität Abstand, wie sie zuerst in der *Grundlegung zur Metaphysik der Sitten* niedergelegt ist: Die reine Vernunft ist vermöge einer bloßen Idee, ihres reinen Gesetzes, unmittelbar praktisch. Es ist diese Neubestimmung des Prinzips der Moralität, die eine kritische Kulturphilosophie erzwingt und ermöglicht (vgl. Reich 2001, 159). Denn Rousseaus Lösung des Kulturproblems hatte zur Voraussetzung, dass Moralität als Naturzweck begriffen werden konnte, als Zweck, den die Natur mit dem Menschen verfolgt und den der Mensch verwirklichen würde, wenn er sich nicht selbst durch Kultur und die mit ihr einhergehenden Laster und Entfremdungsverhältnisse von dieser Bahn abgebracht hätte. Kants neue Lehre vom Prinzip der Sittlichkeit setzt den Menschen als moralisches Wesen aber gerade aus der Natur heraus: die unbedingte Forderung der Vernunft, die Willkür durch die bloße Idee der Gesetzlichkeit der Maximen zu bestimmen, impliziert, dass die Art der Kausalität dieser Willensbestimmung eine freie, also nicht naturgesetzliche Kausalität ist.

Kants Neuvermessung des Terrains läßt sich vorweg durch folgende Eckpunkte skizzieren (vgl. ebd., 160 ff.): (1) In einer kritisch revidierten Teleologie wird es – abweichend von Rousseau – notwendig, *Kultur* als Zweck der Natur zu denken. An die Stelle des von Rousseau behaupteten Gegensatzes von Natur und Kultur tritt damit der Gedanke ihrer Versöhnung. (2) Glückseligkeit kann nicht länger als der durch die Natur beabsichtigte Zweck der menschlichen Gattung gedacht werden. (3) Die als Naturzweck begriffene Kultur steht der Moralisierung des Menschen nicht nur nicht entgegen, sondern ist in bestimmter Hinsicht auch ein notwendiges Mittel dazu. (4) Die Möglichkeit einer Theodizee durch den Rekurs auf die vom Menschen selbst im Zustand der Kultur herbeigeführten Übel entfällt. (5) Die Übel des Menschen – sowohl die aus seiner widersinnischen Naturanlage (vgl. AA 5, 430) und damit aus Ehrsucht, Herrschsucht und Habsucht erwachsenden Übel des Naturzustandes (vgl. AA 5, 433) als auch die »künstlich« herbeigeführten Übel wie Luxus, Überfeinerung, Dekadenz, Perversion (vgl. AA 6, 27) – erhalten paradoxerweise einen vernünftigen Sinn, nämlich insofern sie nützliche Mittel zur Erziehung des Menschen durch die Natur darstellen. Das gilt indessen nicht für die Verderbtheit der menschlichen Natur selbst; sie »bleibt unverständlich« (Reich 2001, 162).

Die kritische Lösung des Kulturproblems in der Kritik der Urteilskraft

Der Mensch als letzter Zweck der Natur

Der Anhang der *Kritik der Urteilskraft*, die »Methodenlehre der teleologischen Urteilskraft«, ist der systematische Ort von Kants Kulturtheorie (vgl. Düsing [2]1986, 100–133 u. 206–238). Damit ist das Thema in den Kontext einer kritischen Teleologie gestellt, deren Aufgabe es ist, das Problem des »Übergangs« von der Natur zur Freiheit vermittelst des Begriffs der Zweckmäßigkeit als transzendentales Prinzip der Urteilskraft zu lösen. Aus Gründen der praktischen Vernunft ist ein solcher Übergang als denkmöglich zu erweisen, um durch moralische Gesetze bestimmten sittlichen Zwecken Realisierbarkeit in der durch Naturgesetze bestimmten Sinnenwelt zu sichern (vgl. AA 5, 195 ff.). Die *Kritik der Urteilskraft* zielt auf eine Lehre vom Ganzen aller Zwecke, die die Verbindung von Zwecken der Natur mit dem höchsten Zweck der Freiheit, dem höchsten Gut, als möglich dartut.

Innerhalb der Naturteleologie unterscheidet Kant zwischen innerer und äußerer Zweckmäßigkeit als Formen objektiver Zweckmäßigkeit. Während die Beurteilung eines Dinges als innerlich zweckmäßig dessen Möglichkeit betrifft, bezieht sich seine Beurteilung als äußerlich zweckmäßig auf dessen Existenz (§ 82). Ein Naturprodukt ist innerlich zweckmäßig, insofern seine innere Möglichkeit notwendig mit der Vorstellung der Kausalität nach Zwecken verbunden ist, wie es bei organisierten Wesen der Fall ist. Äußerlich zweckmäßig ist ein solches Naturding, wenn es als existierendes in Zweck-Mittel-Relationen zu anderen existierenden Naturwesen steht; die durch äußere Zweckmäßigkeit bestimmten Naturdinge werden damit so vorgestellt, dass sie ihre Existenz einem durch Absichten geleiteten Wirken zu verdanken scheinen.

Die für Kants Konzeption von Kultur fundamentale Unterscheidung von letztem Zweck und Endzweck, wird im Ausgang von der Einteilung des Begriffs Zweck in Hinsicht auf Bedingtheit bzw. Unbedingtheit gewonnen. Existiert ein innerlich zweckmäßiges Ding A umwillen eines anderen Dinges B, ist es (A) äußerlich zweckmäßig durch den Bezug auf dieses von ihm verschiedene Ding (B), das seinerseits sein Zweck ist. Das zuerst genannte Ding existiert mithin allenfalls als bedingter oder relativer Zweck, d. h. es ist zugleich und vor allem Mittel. Liegt der Zweck der Existenz eines innerlich zweckmäßigen Dinges hingegen in ihm selbst – und nicht in einem anderen – so existiert es als *Endzweck,* d. h. als unbedingter oder absoluter Zweck (vgl. AA V, 434 u. 449). *Letzter Zweck* ist nun ein Zweck, durch den eine bestimmte Reihe von Zwecken, die zugleich Mittel sind, geschlossen wird, der also nicht mehr Mittel für einen darüber hinaus liegenden Zweck in dieser Reihe sein kann, aber doch kein unbedingter Zweck ist. Dieses Prädikat kann nur dem die Reihe als ganze begründenden Zweck zukommen (vgl. AA 5, 434 f. u. 443 f.).

Werden diese Unterschiede im Zweckbegriff auf Naturdinge angewendet, ergibt sich Folgendes: Ebenso wie bei den durch den Verstandesbegriff der Kausalität gedachten Verhältnissen von Dingen verlangt die Vernunft auch bei den durch den Zweckbegriff der Urteilskraft gedachten kausalen Verhältnissen von Naturdingen Vollständigkeit (vgl. ebd., 427, 437 f. u. 443). Der letzte Zweck der Natur ist das letzte Glied in der Reihe von Naturdingen, dem sich die Geschlossenheit der ganzen Reihe verdankt. Endzweck hingegen ist der objektive Grund, der die verständige Ursache, einen »productiven Verstand zu einer Wirkung dieser Art [der Hervorbringung der gesamten Reihe] bestimmt haben könne«, der angibt, »wozu dergleichen Dinge da sind« (ebd., 435).

Der Mensch ist das einzige Naturding, das nicht nur wie alle organisierten Wesen als Naturzweck, sondern dessen Existenz als letzter Zweck der Natur gedacht werden kann (vgl. ebd., 429). Vermöge seines Verstandes ist der Mensch nämlich fähig, Zwecke – begrifflich vorgestellte Wirkungen – zu denken und als Bestimmungsgründe seiner Willkür zu setzen, d. h. nach Zwecken zu wirken. Stellt man sich die Natur als »teleologisches System« vor, dann ist es der Zweck oder die Bestimmung des Menschen *als Verstandeswesen,* alle anderen Naturdinge zum Mittel seines Gebrauchs zu machen (vgl. ebd., 426). Sofern die Natur beabsichtigt hat, dass der Mensch die übrigen Naturdinge seinen Zwecken unterwirft, hat sie ihn zum betitelten Herrn der Natur gemacht (vgl. Höffe 2008), zu dem Wesen, das ein Recht auf den Gebrauch der Naturdinge hat, ohne seinerseits von anderen Naturwesen zu deren Zwecken gebraucht werden zu können. Der Mensch ist als Verstandeswesen zugleich umgekehrt als »Mittel zur Erhaltung der Zweckmäßigkeit im Mechanism der übrigen Glieder« (AA 5, 431) zu denken und in dieser Perspektive nimmt er nicht den Rang des letzten Zwecks in der Kette der Naturzwecke ein.

Wenn der Mensch als Verstandeswesen und das heißt als Zweck setzendes Wesen sowohl letzter Zweck als auch Glied in der Kette der Zwecke sein kann und wenn seine Positionierung in der teleologischen Ordnung der Natur nicht ins Belieben gestellt sein soll, ist ein weiteres Charakteristikum zur Begründung seines Ranges erforderlich. Die formale Eigenschaft, dass in Beziehung auf ihn »alle übrigen Naturdinge ein System von Zwecken ausmachen« (ebd., 429), zeichnet den Menschen für diese Rolle aus: »er [der Mensch] ist der letzte Zweck der Schöpfung hier auf Erden, weil er das einzige Wesen auf derselben ist, welches sich einen Begriff von Zwecken machen und aus einem Aggregat von zweckmäßig gebildeten Dingen durch seine Vernunft ein System der Zwecke machen kann« (ebd., 426 f.; vgl. 435) Damit ist klar, dass nur ein Wesen letzter Zweck der Natur sein kann, das nicht nur über Verstand als Vermögen beliebiger Zwecksetzung, sondern auch über Vernunft als Vermögen der Ideen verfügt.

Die Reflexion darauf, unter welcher Bedingung die Vernunft ein System der Zwecke zustande bringen kann, treibt die Naturerkenntnis durch die teleologische Urteilskraft über ihr Gebiet hinaus in das Feld der reinen praktischen Vernunft. Denn – so wird sich zeigen – der Mensch kann den Begriff des letzten Zwecks nur unter der Bedingung erfüllen, dass er in anderer Hinsicht, nämlich als Subjekt der Moralität Endzweck der Schöpfung ist.

Kultur versus Glückseligkeit

Bei der Feststellung, welches Ding Anspruch auf den Rang des letzten Zwecks machen kann, kann die teleologische Naturerkenntnis nicht stehenbleiben. Denn es ist noch keineswegs geklärt, was die Natur bezüglich des Menschen bezwecken und bewirken kann. Kant spricht reichlich vage von etwas, was »im Menschen selbst angetroffen werden muß, was als Zweck durch seine Verknüpfung mit der Natur befördert werden soll« (ebd., 429), um dann zunächst eine negative Aussage zu machen: Es geht nicht um die Entstehung oder Erzeugung des Menschen, sondern um eine wie auch immer geartete, ihn – seine Bestimmungen oder Eigenschaften – betreffende

Veränderung, die ihrerseits recht unbestimmt als ›Beförderung‹ bezeichnet wird.

Durch die Unterscheidung von möglichen Mittel-Zweckbeziehungen zwischen Natur und Mensch werden sich ausschließende Alternativen zur Beantwortung der Frage nach dem durch die Natur zu befördernden Zweck eröffnet (vgl. Höffe 2008, 299 ff.). Entweder beabsichtigt die Natur einen solchen Zweck, dessen Verwirklichung sie selbst bewirken kann, oder sie beabsichtigt die Beförderung der Fähigkeiten des Menschen zur Setzung und Realisierung solcher Zwecke, »wozu die Natur (äußerlich und innerlich) von ihm gebraucht werden könne. Der erste Zweck der Natur würde die *Glückseligkeit*, der zweite die *Cultur* des Menschen sein« (AA 5, 430). Die Formulierung dieser Alternative lässt nicht ohne weiteres erkennen, dass in beiden Fällen von zwei verschiedenen Mittel-Zweckbeziehungen gehandelt wird: Zum einen ist die Natur selbst Mittel der Beförderung für den von ihr beabsichtigten Zweck, sei es Glückseligkeit, sei es Kultur; zum anderen ist die Natur nur Mittel für den Gebrauch, den der Mensch von ihr für von ihm selbst gesetzte Zwecke macht, entweder für seine Glückseligkeit als Zweck oder für beliebige technisch-praktische Zwecke. Mit dieser Verschränkung beider Mittel-Zweck-Relationen wird die Fragestellung auf der Grundlage der bisher erreichten Resultate neu ausgerichtet: Der Gedanke, dass der Mensch als *letzter* Zweck des teleologischen Ganzen der Natur durch seine Zwecksetzungen ihr betitelter Herr ist, wird mit dem Gedanken zusammengeführt, dass der Mensch als *Zweck der Natur* in irgendeiner Weise hinsichtlich seiner Zwecke oder seines Zwecksetzungsvermögens durch die Natur bestimmbar sein muss. Es gilt daher, einen Zweck oder etwas Zweckhaftes im Menschen auszumachen, für den oder durch das einerseits die innere und äußere Natur zum Mittel seines Gebrauchs, und dessen Beförderung andererseits durch die Natur bewirkt werden kann. Nun sind nach Kant tatsächlich nur zwei Fälle einer beiden Erfordernissen Rechnung tragenden Beziehung der Natur als Mittel auf ein solches durch sie selbst beabsichtigtes Zweckhafte am Menschen möglich: Da Zwecksetzungen des Menschen nur durch ihn selbst erfolgen können, kann es sich nur um die Beförderung eines schon gesetzten Zwecks oder um die der Fähigkeit zur Zwecksetzung selbst handeln. Entweder die Natur ist Mittel für die Verwirklichung eines mit dem Menschen als solchen gegebenen, materialen Zwecks der Glückseligkeit, oder für die Vervollkommnung seiner Befähigung zur Zwecksetzung.

Glückseligkeit ist nach Kant ein denkbarer Zweck der Natur (vgl. ebd., 436, Anm.), und wenn diese überhaupt Zweck der Natur wäre, müsste Glückseligkeit sogar als »Inbegriff aller durch die Natur außer und in dem Menschen möglichen Zwecke« oder als »Materie aller seiner Zwecke auf Erden« (ebd., 431) auch den letzten Zweck der Natur darstellen. Denn ein solcher umgreifender Zweck oder diese Totalität aller durch Natur möglichen Zwecke des Menschen ist evidentermaßen in der Natur keinem anderen Zweck als seiner Bedingung unterzuordnen, kann folglich nur als letzter Zweck rangieren. Indessen ist es »nach dem Zeugniß der Erfahrung« (ebd., 436, Anm.), nämlich auf der Grundlage empirischer Erkenntnisse über die menschliche Natur, auszuschließen, dass Glückseligkeit überhaupt ein Zweck der Natur sein kann. Dies begründet Kant in zwei Schritten (vgl. Höffe 2008; Koch 1999): Zunächst wird gezeigt, dass dieser Zweck durch den Menschen nicht erreicht werden kann, und zwar selbst dann nicht, wenn angenommenen würde, der technisch-praktische Gebrauch der Natur in ihrer mechanischen Wirksamkeit sei optimal. Das demonstriert folgendes Gedankenexperiment: Auch im Falle der kontrafaktischen Annahme, die Natur sei vollständig der Willkür des Menschen unterworfen und es sei ebenfalls kontrafaktisch ein konstanter Inhalt dieses Zweckbegriffs gegeben, so wäre die Erreichung dieses Zwecks nicht möglich. Wenn der schwankende Inhalt der Idee von Glückseligkeit durch Maximierung – im Sinne gesteigerter »Geschicklichkeit sich eingebildete Zwecke zu verschaffen« – oder Minimierung – im Sinne der Restriktion auf das »wahrhafte Naturbedürfniß« (AA 5, 431) – fixiert würde, könnte zwar die Natur ein »bestimmtes allgemeines und festes Gesetz annehmen«, um mit diesem Begriff übereinzustimmen. Weil aber die menschliche Natur nicht von der Art ist, »irgendwo im Besitze und Genusse aufzuhören und befriedigt zu werden« (ebd., 430), kann es trotz bestimmter Handlungserfolge niemals einen Zustand erfüllter Glückseligkeit geben.

Das mit »andererseits« einsetzende zweite Argument bedient sich ebenfalls eines mit kontrafaktischen Setzungen operierenden Gedankenexperiments, um zu beweisen, dass dieses Ziel nicht nur nicht vom Menschen, sondern auch nicht durch die Natur selbst nach Prinzipien ihrer teleologischen Kausalität erreicht werden könnte. Für die – bloß hypothetisch angenommenen – Wohltaten einer die menschliche Glückseligkeit beabsichtigenden Natur außer uns wäre die »Natur in uns [...] nicht empfänglich«; durch »selbstersonnene Plagen«, »den

Druck der Herrschaft, die Barbarei der Kriege u.s.w.« arbeitet der Mensch selbst, »so viel an ihm ist, an der Zerstörung seiner eigenen Gattung« (ebd.). Es sind diese beiden anthropologischen Feststellungen der Unfähigkeit des Menschen zur Ruhe und zum Genuss einerseits und seiner zerstörerischen Natur andererseits, die den Gedanken einer die Befriedigung von Glückseligkeit beabsichtigenden Natur zunichtemachen. Dadurch, dass die *tatsächlich* bestehenden, einer Erreichung dieses Zwecks widerstreitenden Faktoren – der permanenter Veränderung unterliegende Inhalt des Begriffs Glückseligkeit auf der einen Seite; die Mensch und Tier gleichermaßen schlecht behandelnde äußere Natur auf der anderen Seite – kontrafaktisch aufgehoben werden, tritt der tiefere, außerhalb der Mittel-Zweckbeziehung liegende Grund des Scheiterns, das Böse und Widersinnige der menschlichen Natur erst hervor. Die philanthropisch harmonisierenden Auffassungen von der natürlichen Güte des Menschen und seinem bevorzugten Dasein als eines Lieblings der wohltätigen Natur sind trostvolle Illusionen, die der nüchternen Einsicht in die Verderbtheit des Menschen weichen. Die Erkenntnis der inneren, unruhigen und gewalttätigen Natur des Menschen verunmöglicht es, Glückseligkeit als durch Verknüpfung mit der äußeren Natur zu realisierenden Zweck der Natur zu denken. So erzwingt Kants Anthropologie den Bruch mit der Tradition eudämonistischer Naturteleologien und eröffnet zugleich die Möglichkeit, Natur und Kultur zu versöhnen, ohne die von Rousseau eindrücklich beschriebenen Übel der Kultur bestreiten zu müssen.

Aus der Unmöglichkeit, Glückseligkeit, die Materie menschlicher Zwecksetzung, als letzten Zweck der Natur ansetzen zu können, ist bereits darauf zu schließen, dass der gesuchte Zweck der Natur nur das Formale des menschlichen Zwecksetzungsvermögens betreffen kann. Inwiefern dieser Zweck dem Begriff des *letzten* Zwecks entsprechen kann, ist allerdings erst durch folgende Reflexion auf die außer der Natur liegende Bedingung plausibel zu machen: »Als das einzige Wesen auf Erden, welches Verstand, mithin ein Vermögen hat, sich selbst willkürlich Zwecke zu setzen, ist er [der Mensch] zwar betitelter Herr der Natur und, wenn man diese als ein teleologisches System ansieht, seiner Bestimmung nach der letzte Zweck der Natur, aber immer nur bedingt, nämlich daß er es verstehe und den Willen habe, dieser [der Natur] und ihm selbst eine solche Zweckbeziehung zu geben, die unabhängig von der Natur sich selbst genug, die mithin Endzweck sein könne, der aber in der Natur gar nicht gesucht werden muß.« (Ebd., 431) Erst die Bestimmung der durch den Verstand zu vollziehenden Zwecksetzungen durch ein unbedingtes Prinzip schließt die Möglichkeit ihrer Unterordnung unter andere Zwecke der Natur aus, und erst damit ist gewiss, dass der Mensch niemals bloßes Glied oder Werkzeug sein kann – und sei es auch das vornehmste, das »Ordnung und Einhelligkeit in der vernunftlosen Natur außer ihm zu stiften« (ebd.) vermag.

Der Begriff einer nach Prinzipien der reflektierenden Urteilskraft gedachten Natur weist so über sich hinaus in das Gebiet der Freiheit. Denn es ist nach Kant rein begrifflich und damit apriori zu beweisen, dass der Gedanke eines Endzwecks, der Bedingung dafür ist, den Menschen als letzten Zweck zu begreifen, dem Begriff eines Naturdings widerspricht. »Ich habe oben gesagt: daß der Endzweck kein Zweck sei, welchen zu bewirken und der Idee desselben gemäß hervorzubringen, die Natur hinreichend wäre, weil er unbedingt ist. Denn es ist nichts in der Natur (als einem Sinnenwesen), wozu der in ihr selbst befindliche Bestimmungsgrund nicht immer wieder nur bedingt wäre; und dieses gilt nicht bloß von der Natur außer uns (der materiellen), sondern auch in uns (der denkenden): wohl zu verstehen, daß ich in mir nur das betrachte, was Natur ist.« (Ebd., 435) Die Natur als ein Sinnenwesen oder als Gegenstand der Sinne ist in der Zeit und als solche der Naturkausalität unterworfen. Insofern jede Zwecksetzung des Menschen als Naturding, d. h. als Erscheinung, ein Vorkommnis in der Zeit ist, *muss* auch für diese innere Handlung ein vorhergehender Zustand gesetzt werden, durch den die Bestimmung der Willkür durch einen Zweck ihrerseits verursacht ist. Wird der Mensch als Glied der Natur gedacht, ist es mithin ausgeschlossen, dass er sich unbedingt von vorhergehenden Zwecken durch das unbedingt gebietende reine praktische Vernunftgesetz bestimmt. »Nur im Menschen, aber auch in diesem nur als Subjecte der Moralität ist die unbedingte Gesetzgebung in Ansehung der Zwecke anzutreffen, welche ihn also allein fähig macht ein Endzweck zu sein, dem die ganze Natur teleologisch untergeordnet ist.« (Ebd., 435 f.) Es ist also die praktische, und nicht die theoretische Vernunft, vermittelst derer der Mensch zum Endzweck qualifiziert ist; und dies ist die Voraussetzung dafür, dass dem geltend gemachten Kriterium für die Position des letzten Zwecks entsprochen werden kann: das Aggregat von Naturdingen in ein System überführen zu können. Dass und wie der Begriff des Endzwecks der Schöpfung den Gedanken der Welt als teleologisches System möglich macht, betrifft den Übergang der Teleologie zur Theologie und ist in den §§ 85–87 der *Kritik der Urteilskraft* näher ausgeführt.

Die Definition von Kultur und Bestimmung ihrer Arten

Ein konsistentes Gesamtsystem aller Zwecke zu denken, verlangt eine inhaltliche Bestimmung des letzten Naturzwecks, die dessen Funktion, seinerseits Mittel für den Endzweck zu sein, berücksichtigt. »Um aber auszufinden, worein wir am Menschen wenigstens jenen *letzten Zweck* der Natur zu setzen haben, müssen wir dasjenige, was die Natur zu leisten vermag, um ihn zu dem vorzubereiten, was er selbst thun muß, um Endzweck zu sein, heraussuchen und es von allen den Zwecken absondern, deren Möglichkeit auf Bedingungen beruht, die man allein von der Natur erwarten darf.« (AA 5, 431) Endzweck ist der Mensch, indem er seinen eigenen letzten Naturzweck, die Glückseligkeit, unter moralische Gesetze stellt. Wenn dieser Zweck durch das moralische Gesetz aufgegeben ist (vgl. ebd., 450), dessen Erreichbarkeit außer der Naturbedingung menschlicher Durchsetzung steht, kann die Leistung der Natur nur in einer Vorbereitung dazu bestehen.

Von diesen formalen Vorgaben her ist die neue, am Endzweck des Menschen ausgerichtete, normative Definition von Kultur zu gewinnen: »Die Hervorbringung der Tauglichkeit eines vernünftigen Wesens zu beliebigen Zwecken überhaupt (folglich in seiner Freiheit) ist die *Cultur*« (ebd.): Kultur ist begriffen als Prozess, durch den sich die menschliche Gattung selbst in bestimmter Hinsicht – letztlich in ihrer Freiheit – erzeugt. Nun ist ein vernünftiges Wesen eo ipso ein freies, nicht dem Instinkt unterworfenes, sondern eigenen Absichten und frei gewählten Zwecken unterstelltes Wesen (vgl. AA 8, 18 f.). Das Ziel der Selbsterzeugung des Menschen durch seine Verbindung mit der Natur kann also nur darin bestehen, dieses Vermögen der Zwecksetzung als Vermögen beliebiger Zwecke ebenso wie »in Absicht auf den Endzweck« (AA 5, 431) zu perfektionieren.

Der Mensch wird tauglich zu Zwecken, heißt also zunächst, dass er sich als ein zur Zwecksetzung optimal befähigtes Wesen hervorbringt, und zwar in den genannten Hinsichten: Es geht (1) um die »Tauglichkeit: sich selbst überhaupt Zwecke zu setzen« (ebd.) und danach zu handeln; und (2) um die Tauglichkeit, »(unabhängig von der Natur in seiner Zweckbestimmung) die Natur den Maximen seiner freien Zwecke überhaupt angemessen als Mittel zu gebrauchen« (ebd.). Das bedeutet, dass erstens die Kompetenzen zur Zwecksetzung in Hinsicht auf die möglichen Zwecke zu steigern sind. Sie sind zu vervielfältigen und zu verbessern, um die Natur außer dem Menschen umfassend nutzbar machen zu können und um seine eigene innere Natur gemäß diesen Zwecken entfalten und gestalten zu können. Zweitens aber sind der Gebrauch der äußeren und die Bildung der inneren Natur normativ auszurichten. Die Konformität der materialen Zwecksetzungen mit dem im kategorischen Imperativ gefassten Prinzip der Willensbestimmung durch die Form der Maximen ist der Maßstab, an dem sich auch der »angemessene« Gebrauch der Natur als Mittel entscheidet.

Kant unterscheidet insgesamt drei Arten von Kultur: *Kultur der Geschicklichkeit, Kultur der Zucht* oder *Disziplin* und *Kultur der Moralität.* Sie beziehen sich auf die erörterten Unterschiede im Begriff der Tauglichkeit zu Zwecken: Die erste Form ist »die vornehmste subjective Bedingung der Tauglichkeit zur Beförderung der Zwecke überhaupt« (ebd.). Gegenstand der zweiten sind die Möglichkeiten, den »*Willen* in der Bestimmung und Wahl seiner Zwecke zu befördern« (ebd., 432). Für den Menschen als Naturwesen kann dieser Beitrag nur negativ sein »und besteht in der Befreiung des Willens von dem Despotism der Begierden« (ebd.). Nur unter Voraussetzung des Menschen als *noumenon* kann schließlich die praktische Philosophie von der Kultur des Willens als positives Gegenstück zur Kultur der Zucht handeln. In allen drei Formen von Kultur ist die doppelte Bedeutung von Kultur als Praxis und Kultur als Resultat zu beachten; die Praxis der Kultivierung ist das Mittel, um die Naturanlagen des Menschen als Zweck setzendes Wesen zu vervollkommnen.

1. Die *Kultur der Geschicklichkeit* zielt auf Erweiterung und Verbesserung möglicher Zwecksetzungen und gleichermaßen darauf, die zu ihrer Realisierung erforderlichen Mittel – sei es der eigenen inneren oder der äußeren Natur – hervorzubringen. Der Mensch macht sich so geschickt zum Gebrauch der Natur nach technisch-praktischen Regeln (vgl. ebd., 172). Motor für diesen Fortschritt des Menschengeschlechts ist der »Antagonism« zwischen Menschen in der Gesellschaft, den Kant als »ungesellige Geselligkeit« erläutert (vgl. AA 8, 20 ff.). Durch diesen »Mechanismus« kommt es zunächst zu einer künstlichen, durch Gewalt hergestellten »Ungleichheit unter den Menschen«, die für Kant – anders als für Rousseau – nicht als Argument gegen Kultur als solche zu verwenden ist (vgl. Düsing 1986, 219). Im Ge-

genteil trägt auch dieser rohe und gewalttätige Naturzustand zur Progression der Gattung bei: Die Herrschaft einer kleinen »Classe« verschafft dieser das Privileg, in »Gemächlichkeit und Muße« zu leben, so dass sie Kunst und Wissenschaft herausbilden und pflegen können, die sich von da aus auf die anderen »Classen« verbreiten (vgl. AA 5, 432). Die maximale Entfaltung der menschlichen Naturanlagen steht allerdings ihrerseits unter einer Bedingung: der Einrichtung des Rechtsstaats und der Einführung des Völkerrechts. Einerseits ist klar, dass dies nach Kant ethisch geboten ist, daher der Wirksamkeit der Natur entzogen und in der freien Bestimmung des Willens begründet ist. Wenn die Geschichtsphilosophie dieses ethisch Gebotene andererseits als Telos der Natur in Bezug auf die menschliche Gattung vorstellt, ist das kein Widerspruch. Denn die Befolgung des Rechts setzt nicht den Gedanken freier Willensbestimmung voraus.

Die Kulturtheorie, die ebenso wie die Geschichtsphilosophie nur von den Naturbedingungen der Etablierung des Rechts handelt, verlagert den Fokus zunächst auf die Frage, was der Mensch freiwillig und aus eigener Einsicht dazu beiträgt. Denn in diesem Kontext kommt es Kant darauf an zu demonstrieren, dass die empirische Erkenntnis über die Natur des Menschen nur Schlechtes feststellen kann und nichts Gutes erwarten lässt. So entsteht innerhalb der Kulturtheorie verschärft das Problem, ob die unter Voraussetzung einer derart verderbten Natur des Menschen durch Kultivierung vielseitig gesteigerten Übel und Plagen in irgendeiner Weise als zweckmäßig anzusehen sind oder ob blanke Irrationalität zu konstatieren ist. Weitergehend aber ist die negative Einschätzung der menschlichen Natur der Boden, von dem her zu erweisen ist, dass Kultur überhaupt notwendig ist, und zwar als unverzichtbares Mittel, um das vom Schlechten ausgehende Menschengeschlecht zu bessern (vgl. Reich 2001, 162). Der Prozess der Kultivierung des Menschen als Naturwesen wird so dem immerhin denkbaren Weg einer sich frei durch reine praktische Vernunft zur Einführung des Rechts bestimmenden Menschheit entgegengesetzt.

Kant ist kein Bildungsoptimist, der auf allmähliche Verbesserungen durch Einsicht der Individuen in das Gute setzt. Für ihn sind brutale oder bedrückende Erfahrungen wie Kriege und permanente Kriegsdrohungen, die zum vorrechtlichen Zustand gehören, harte, aber notwendige Mittel zur Erziehung des Menschengeschlechts und als solche zu rechtfertigen: »die Übel, womit uns theils die Natur, theils die unvertragsame Selbstsucht der Menschen heimsucht«, würden »zugleich die Kräfte der Seele aufbieten, steigern und stählen, um jenen nicht zu unterliegen, und uns so eine Tauglichkeit zu höheren Zwecken, die in uns verborgen liegt, fühlen lassen« (AA 5, 433 f.). Hegelisch gesprochen ist es eine List der Vernunft, dass die verderbte menschliche Natur durch ihre eigenen fatalen Folgen in der äußeren Welt auf den Weg der Besserung gebracht wird. Indem die schlechte innere Natur des Menschen für ihn selbst so leidvolle Konsequenzen zeitigt, ist es dem Menschen einerseits unmöglich gemacht, sich als Natur- und Sinnenwesen wohlzufühlen. Andererseits ist der nach Lust- und Klugheitsprinzipien handelnde Mensch veranlasst, Abhilfe zu schaffen, indem er zumindest der Vernunft konforme Veränderungen herbeiführt. In Analogie zu Rousseaus Programm der negativen Erziehung des Individuums beschreibt Kant die Wechselwirkungen zwischen menschlicher Naturanlage und ihren Äußerungen in der Natur als Lern- und Erziehungsprozess der Gattung.

2. Mit der zweiten Form von Kultur, der *Kultur der Disziplin*, kommen Bildungsprozesse in den Blick, deren Intention es ist, den Menschen aus den Befangenheiten im Sinnlichen zu befreien und damit einer Bestimmung seiner Willkür durch das Sittengesetz den Weg zu ebnen, ohne dies jedoch positiv vorauszusetzen. Während die Kultur der Geschicklichkeit das Mittel zur Verbesserung der Fähigkeit ist, »sich überhaupt Zwecke zu setzen« (ebd., 431), bezieht sich die Kultur der Disziplin auf die Art und Weise der Zwecksetzung; sie ist das entscheidende Vehikel, das für »höhere Zwecke« empfänglich machen kann. Der von der Natur zu erwartende Beitrag, um den »Willen in der Bestimmung und Wahl seiner Zwecke zu befördern« (ebd., 432), kann freilich nur negativ sein. Er »besteht in der Befreiung des Willens von dem Despotism der Begierden, wodurch wir, an gewisse Naturdinge geheftet, unfähig gemacht werden, selbst zu wählen« (ebd.).

Die Entwicklung von Kunst und Wissenschaft als den beiden höchsten Formen der Kultur der Geschicklichkeit ist nicht nur zweckmäßig im Sinne der Absicht, alle Talente des Menschen auszubilden, sondern auch im Sinne der Disziplinierung: »Schöne Kunst und Wissenschaften, die durch eine Lust, die sich allgemein mittheilen läßt, und durch Geschliffenheit und Verfeinerung für die Gesellschaft, wenngleich den Menschen nicht sittlich besser, doch gesittet machen, gewinnen der Tyrannei des Sinnenhangs sehr viel ab und bereiten dadurch den Menschen zu einer Herrschaft vor, in welcher die Vernunft allein Gewalt haben soll [...]« (ebd., 433).

Während die Kultur der Geschicklichkeit mit der Herbeiführung des Rechtszustands bewirkt, dass das äußere Handeln der Menschen durch äußere Gesetze harmonisiert wird, tragen Wissenschaft und Kunst durch die sublimierten Formen ästhetischer und geistiger Lust und der ihnen verdankten Möglichkeiten allgemeiner Mitteilung und wechselseitiger Teilnahme zur inneren Harmonisierung und zur Geselligkeit als zwangloser Form der Vergemeinschaftung von Menschen bei.

Die Überlegungen Kants zu einer durch das Schöne erfahrbar werdenden inneren Einheit und Harmonie des Menschen und zum Schönen als Symbol des sittlich Guten haben seine Zeitgenossen fasziniert. Zu nennen sind hier in erster Linie die selbständigen und in manchem von Kant abweichenden Weiterentwicklungen dieser Gedanken durch Schiller und Wilhelm von Humboldt. So hat Schillers Lehre von der ästhetischen Erziehung des Menschen das Kunstschöne zum paradigmatischen Gegenstand erklärt, womit allerdings der eigentümliche Zusammenhang zwischen äußerer Natur und innerer Natur des Menschen, den Kant als Gunst der Natur charakterisiert hat, »die uns durch Aufstellung so vieler schöner Gestalten zur Cultur hat beförderlich sein wollen« (ebd., 303 Anm.; vgl. Düsing 1986, 227), verlorengegangen ist.

3. Das positive Gegenstück zur Kultur der Disziplin ist die in der praktischen Philosophie zu verortende *Kultur des Willens;* während die ersten beiden Kultivierungsformen mit der »Naturvollkommenheit« des Menschen zu tun haben, geht es in der dritten Form darum, unsere moralische Vollkommenheit zu erhöhen (vgl. AA 6, 444 ff.). Im Kontext einer Metaphysik der Sitten ist die eigene Vollkommenheit in beiden Hinsichten als Tugendpflicht begriffen, d. h. als Zweck, der durch das reine praktische Vernunftgesetz geboten ist. Die Kultur des Willens als die einzige nur durch die freie Bestimmung des Willens mögliche Gestalt von Kultur besteht darin, ein moralisches Gefühl zu erzeugen, durch das jeder Zweck, der zugleich Pflicht ist, wahrgenommen und wirklich zum Gegenstand des Wollens gemacht wird. Dieser *sensus moralis* ist aber nach Kant kein *moral sense,* sondern ein aus der Wirkung der gesetzgebenden Vernunft auf die Willkür entstehendes Gefühl (vgl. ebd., 386 ff.).

Einer solchen, die moralische Gesinnung bewirkenden Kultur, die Moralisierung zu nennen ist, stellt Kant die Zivilisierung entgegen, die bloß auf das »Sittenähnliche in der Ehrliebe und äußeren Anständigkeit« (AA 8, 26) geht.

Die Theorie der Kultur auf der Grundlage einer Teleologie der Natur oder weitergehend im Kontext einer Lehre vom Ganzen aller Zwecke überhaupt auszuarbeiten, ist das Gegenprogramm gegenwärtiger Tendenzen philosophischer Beschäftigung mit dem Thema Kultur und muss dem durch Nihilismus, Existentialismus und Poststrukturalismus hindurchgegangenen Denken der Gegenwart befremdlich und vorgestrig erscheinen. Der Tod Gottes, der jeweilige geworfene Entwurf, das Ende der großen Erzählungen sowie die Skepsis gegenüber dem Universalismus aller Schattierungen haben eines gemeinsam: Diese Schlagworte signalisieren übereinstimmend, dass jede Idee von einem Gesamtsinn der Welt verloren ist. Diese Verlusterfahrungen spiegeln und verstärken sich in der Konjunktur von Kultur als Grundbegriff empirischen und philosophischen Denkens. Der inzwischen leitend gewordene Gedanke, dass es Kultur nur im Plural gibt, die Vorstellung inkommensurabler Eigenheiten von Kulturen, denen auch die jeweiligen Ausprägungen menschlicher Vernunft unterliegen, genügen als Stichworte, um Vernunftkritik und Antiuniversalismus als Konsequenzen einer sich über ihre eigenen Grenzen Rechenschaft gebenden, situierten Vernunft erscheinen zu lassen.

Nun ist Kants Teleologie weder unbescheiden noch naiv: Sie erhebt nicht den Anspruch, Erkenntnis zu sein, und sie rechnet mit dem Schlimmsten, was Menschen sich antun können und was ihnen als Naturwesen widerfahren kann. Gleichwohl insistiert diese aufgeklärte und kritische Philosophie darauf, eine philosophische Konzeption vom Ganzen der Zwecke für unverzichtbar zu halten. Denn gerade eine sich in ihrer Endlichkeit durchschauende menschliche Vernunft kann nach Kant nicht umhin, sich Rechenschaft über ihre impliziten gedanklichen Voraussetzungen hinsichtlich der Möglichkeit des Erkennens und des durch reine praktische Vernunft geleiteten Handelns zu geben. Anders ist dem Dogmatismus nicht zu entkommen, und nur so kann das endliche Subjekt »die Gewißheit haben, daß besondere Erkenntnisse ebenso wie die Verwirklichung einzelner Vorhaben, und zwar vor allem sittlicher Zwecke, in ihr [der Welt] wenigstens möglich sind. Sonst könnte dem Menschen spezifische Erkenntnis und die Ausführung freier Zwecke und damit auch nur die Möglichkeit einer dem Begriff der endlichen Subjektivität entsprechenden Existenz verwehrt sein« (Düsing 1986, 234 f.). Die Verteidigung der Kantischen Kulturtheorie basiert mithin auf einem Verständnis von Rationalität, das den Anspruch der

Vernunft auf Systematizität auch und gerade für endliche Subjekte behauptet, um die gedankliche Möglichkeit einer universalistischen und verbindlichen Ordnung des Handelns sicherzustellen, und zwar mit der Absicht auf praktische Wirksamkeit.

Literatur

Düsing, Klaus: Die Teleologie in Kants Weltbegriff. In: *Kant-Studien*. Ergänzungshefte 96. Bonn [2]1986.

Funke, Gerhard: Kants Stichwort für unsere Aufgabe: Disziplinieren, Kultivieren, Zivilisieren, Moralisieren. In: *Akten des 4. Internationalen Kant-Kongresses*. Hg. von Gerhard Funke. Berlin 1974, Teil 3, 1–25.

González, Ana Marta: *Culture as Mediation: Kant on Nature, Culture, and Morality*. Hildesheim 2011.

Heinz, Marion: Kulturtheorien der Aufklärung: Herder und Kant. In: *Nationen und Kulturen. Zum 250. Geburtstag Johann Gottfried Herders*. Hg. von Rudolph Otto. Würzburg 1996, 139–153.

Höffe, Otfried: Der Mensch als Endzweck (§§ 82–84). In: Ders. (Hg.): *Immanuel Kant. Kritik der Urteilskraft*. Berlin 2008, 289–308.

Kant, Immanuel: *Gesammelte Schriften*. Hg. von der Königlich Preußischen Akademie der Wissenschaften. Berlin 1910 ff. [AA].

Koch, Lutz: Bildung und Kultur in Kants kritischer Teleologie. In: *Gegenwendiges Denken: »Metaphysische« Fragen zwischen Philosophie und Pädagogik*. Hg. von Thorsten Bürklin und Christoph von Wolzogen. Hildesheim 1999, 142–156.

Krämling, Gerhard: *Die systembildende Rolle von Ästhetik und Kulturphilosophie bei Kant*. Freiburg i.Br. 1985.

–: Das höchste Gut als mögliche Welt. Zum Zusammenhang von Kulturphilosophie und systematischer Architektonik bei I. Kant. In: *Kant-Studien* 77 (1985), 273–88.

Recki, Birgit: Kultur. In: *Schlüsselbegriffe der Philosophie des 20. Jahrhunderts*. Hg. von Christian Bermes und Ulrich Dierse. Hamburg 2010, 173–188.

Reich, Klaus: *Rousseau und Kant*. In: *Gesammelte Schriften*. Hg. von Manfred Baum u. a. Hamburg 2001, 147–165.

Sigl, Rupert: *Kants Kulturbegriff. Ein Beitrag zur Lösung der Natur-Freiheitsproblematik*. Straubing 1954.

Schmucker, Josef: *Die Ursprünge der Ethik Kants in seinen vorkritischen Schriften und Reflexionen*. Meisenheim 1961.

Marion Heinz

4. Johann Gottfried Herder

Johann Gottfried Herder (1744–1803) steht mit Fug und Recht am Anfang jeder Befassung mit Kulturphilosophie, weil er mit jedem möglichen Kulturbegriff in Verbindung zu bringen ist: Ob nun ergologisch, sprachlich, bezogen auf Wissenschaften und Künste, individual- oder sozialpsychologisch – Herder ist der Pionier einer Auffassung, die den Menschen als Kulturwesen sieht.

Freilich ist er damit Erbe einer europäisch-abendländischen Tradition von imponierender Tiefe; trotzdem bleibt festzuhalten, dass er auf seine Weise einen Weg in die Zukunft der Moderne wies, der nicht zu allen Zeiten in seiner Tragweite erkannt wurde. Bereits der junge Herder formulierte als sein Programm die »Einziehung der Philosophie auf Anthropologie« (FA I, 132; vgl. Heise 1998). Die Parteinahme der Hauptströmung der Philosophie für den Antagonisten Kant, die Vereinnahmung Herders für Volk und Nation, die Missdeutung Herders als Prediger einer gefühligen Humanität, die freigeistige Verachtung des ›Weimarer Oberpfaffen‹, die sich schon seit Fichte abzeichnete, das Verschweigen seiner Leistungen, die man sich gleichwohl aneignete (Brüder Schlegel, Hegel u. a.) – all dies wirkte zusammen, um zu gewissen Zeiten Herders Licht in den Schatten zu stellen und die Spur seiner Wirkung zu verwischen (vgl. Maurer 2012).

Lässt man diesen Dunstkreis hinter sich, kann deutlich werden, dass keiner konsequenter auf den Menschen setzte als Herder und dass die spezifische Gestalt seiner Humanitätsphilosophie als Übergangsphase in einem von ihm selbst schon klar erkannten Prozess der Säkularisation zu sehen ist. Herder blieb Theologe, obwohl seine Gedanken über das orthodoxe System der Lutheraner seiner Zeit hinauswiesen (vgl. Herms 1986); er blieb Theologe, weil er sich als Mittler eines vertieften Aufklärungsdenkens für eine Zeit sah, die auseinanderzubrechen drohte: hier die Aufklärer, die auf den Glauben der Menge als einen ›Köhlerglauben‹ herabsahen und sich von den traditionellen Formen des Kultes dispensierten; dort die Masse der gläubigen Untertanen, die entweder im Herkommen verharrten oder, infiziert durch provozierende Polemik, mit der Anhänglichkeit an das alte Herkommen auch die Bindung an jede reflektierte Kultur zu verlieren schienen. Als Prediger, als Volkslehrer und gleichzeitig Schriftsteller für die Nation auf dem großen Markt sah sich Herder in einer zwar widersprüchlichen und zu Widerspruch reizenden, aber auch vielversprechenden und wirkungsmächtigen Position des Überganges und der Vermittlung.

Sprache

Als Humanist lag ihm zunächst an der Sprache (vgl. Gaier 1988; Trabant 2003). In seiner Schrift *Abhandlung über den Ursprung der Sprache* (1770 entstanden, 1771 preisgekrönt von der Berliner Akademie der Wissenschaften, gedruckt 1772) kämpfte er sogleich an einer Doppelfront: auf der einen Seite gegen orthodoxe Theologen wie Johann Peter Süßmilch, die sich Sprache als göttliche Inspiration dachten, und auf der anderen Seite gegen sensualistische Aufklärer, die Sprache pragmatisch als Medium der Gefühle und des Ausdrucks sahen, wie sie die Tiere auf ihre Weise, der Mensch in erweiterter Form entwickelt hätten (Maupertuis, Condillac, Rousseau). Herders eigene Lösung steht nicht nur zwischen beiden Polen, sondern geht auch weit über sie hinaus: Indem Herder die Idee der französischen Aufklärer aufgreift, die Sprache sei als Ausdruck von Empfindungen entstanden, bildet er sie sogleich weiter in kommunikativer Hinsicht. Laute werden nicht nur als Ausdruck ausgestoßen, sondern auch in appellativer Funktion, um nämlich andere Menschen aufmerksam zu machen (FA I, 707 f.). Doch geht er weiter: Der Unterschied zwischen Tier und Mensch liegt letztlich gerade in der Sprache. Also gilt es, diesen Unterschied zu analysieren. Eine Philosophie der Sprache läuft deshalb auf Anthropologie hinaus.

Zentrale Ausführungen kreisen um den Begriff ›Sphäre‹: Tiere haben eine eingeschränkte Sphäre, Menschen eine universale. Alle Tiere kennen bestimmte Interaktionsformen mit ihrer Umwelt und sind dadurch in spezifischer Weise festgelegt. Nicht so der Mensch, der zwar von seinen Instinkten her schwächer ausgestattet ist, aber eben deswegen etwas besitzt, was andere Tiere nicht haben: Freiheit. Herder fasst diese Argumentation zusammen: »Der Mensch hat keine so einförmige und enge Sphäre, wo nur Eine Arbeit auf ihn warte: – eine Welt von Geschäften und Bestimmungen liegt um ihn – Seine Sinne und Organisation sind nicht auf Eins geschärft: er hat Sinne für alles und natürlich also für jedes einzelne schwächere und stumpfere Sinne – Seine Seelenkräfte sind über die Welt verbreitet; keine Richtung seiner Vorstellungen auf ein Eins: mithin *kein Kunsttrieb, keine Kunstfertigkeit* – und, das eine gehört hier näher her, *keine Tiersprache.*« (FA I, 713)

Herder setzt also den entscheidenden Unterschied zwischen Mensch und Tier in diesen Punkt: Nur Menschen haben Sprache. Und zwar deshalb, weil nur Menschen Sprache brauchen; die Tiere sind durch Instinkt gesteuert und an ihre ›Sphäre‹ angepasst; der Mensch dagegen, der für eine große Sphäre, für viele Lebensmöglichkeiten offen sein muss, besitzt stattdessen Sprache, um diese Situationen zu bewältigen.

Der Mensch verfügt also nicht über die Sicherheit der Instinkte zum Leben, dafür aber über die Sprache. Sprache ist kommunikativ, ermöglicht ihm also ein Leben mit anderen zusammen. Aber noch entscheidender ist, dass die Entwicklung der Vernunft an Sprache geknüpft ist. Herder verwendet vorzugsweise den von ihm in die deutsche Sprache eingeführten Ausdruck ›Besonnenheit‹, was gleichzeitig Reflexion und Reflektiertheit beinhaltet, auf jeden Fall aber eine Form der Distanz zur Wirklichkeit bedeutet. Dieser Gedanke wird psychologisch hergeleitet. Der Mensch sieht sich in eine Fülle von Reizen oder Kräften hineinversetzt. Um sich zu orientieren, muss er Merkmale aussondern, etwas erkennen, indem er es vereinzelt und sich selbst in Distanz zu ihm setzt. Dies geschieht durch Benennen: »Beim ersten Merkmal ward Sprache.« (FA I, 733)

Sprache hat zur Voraussetzung das Hören, den Sinn des Ohres, auf den Herder besonderen Wert legt (vgl. Maurer 2010). Das eigentlich Auszeichnende des Menschen gegenüber dem Tier ist sein Weltverhältnis als Distanz (›Besonnenheit‹), das ihn Sprache hervorbringen lässt. Indem er Sprache verwendet, entwickelt er seine Vernunft, wird er eigentlich Mensch.

Damit hat Herder den Menschen im Gegensatz zum Tier, das ›fertig‹ und mit Instinkten zur Welt kommt, als ›unfertig‹ und ›sich bildend‹ entworfen. »Gleichsam nie der *ganze Mensch*: immer in Entwicklung, im Fortgange, in Vervollkommnung. Eine Würksamkeit hebt sich durch die andre: eine baut auf die andre: eine entwicklet sich aus der andren. Es werden Lebensalter, Epochen, die wir nur nach den Stufen der Merklichkeit benennen, die aber, weil der Mensch nie fühlt, wie er wächset: sondern nur immer, wie er gewachsen ist, sich in ein unendlich Kleines teilen lassen. Wir wachsen immer aus einer Kindheit, so alt wir sein mögen, sind immer im Gange, unruhig, ungesättigt: Das Wesentliche unsres Lebens ist nie Genuß, sondern immer Progression, und wir sind nie Menschen gewesen, bis wir – zu Ende gelebt haben; dagegen die Biene Biene war, als sie ihre erste Zelle bauete.« (FA I, 773)

Herder ist der Erfinder dessen, was man im 20. Jahrhundert Ästhesiologie genannt hat: eine Lehre von den verschiedenen Sinnen des Menschen, von ihrem Unterschied und Zusammenhang. Eine Besonderheit ist dabei die Bedeutung des Gehörs. Im Gegensatz zur europäischen Haupttradition seit Plato, welche das Auge, den Gesichtssinn, als vornehmsten Sinn sah, will Herder das Ohr aufwerten. Der Gehörsinn ist für ihn ausgezeichnet durch Deutlichkeit und Klarheit. Er ist der mittlere Sinn zwischen Gesicht und Gefühl, dem Tastsinn (vgl. Zeuch 2000). Hier schließen sich die Merkmale ›aufrechter Gang‹ und das später so genannte ›Auge-Hand-Feld‹ an.

Entscheidend ist ferner, dass Herder außer der kommunikativen Funktion der Sprache auch die kulturelle klar herausgearbeitet hat. Zwar entwickelt sich die Vernunft des Einzelmenschen mittels der Sprache. Aber die Stärke des Menschen besteht gerade darin, dass sein ›Mangel‹, nämlich die schwache Ausstattung mit Instinkten, ihn durch die Sprache, die er von anderen Menschen übernimmt und an wieder andere weitergibt, auf Mitmenschen verweist, auf die Menschheit. »Und so weiß auch ›*im Ganzen des Geschlechts* die Natur aus der *Schwachheit Stärke* zu machen.‹ Eben deswegen kommt der Mensch so schwach, so ganz ohne Fertigkeiten und Talente auf die Welt, wie kein Tier, damit er, wie kein Tier, ›eine *Erziehung* genieße, und das menschliche Geschlecht, wie kein Tiergeschlecht, ein *innigverbundnes Ganze* werde!‹« (FA I, 785). Von hier aus bestimmt sich das Verhältnis von Individuum und Gesellschaft. In der Generationenfolge ist der Mensch als Lernender und Lehrender definiert. Herders Anthropologie ist nicht denkbar ohne Pädagogik (vgl. Welter 2003).

Die Besonderung der Nationalsprachen erklärt sich bei Herder aus dieser kommunikativen Funktion: Sie dienen in erster Linie der Verständigung in einer Familie, Gruppe, Gemeinschaft, in zweiter Linie aber müssen sie bei der Ausbreitung der Menschheit über die ganze Erde auf die entsprechenden Umwelt- und Lebensbedingungen reagieren, also flexibel bleiben, sich unterscheiden (FA I, 794). Es ist eine auszeichnende Besonderheit, dass Herder seine Anthropologie immer in doppeltem Bezug entwickelt: *synchron* (der Einzelmensch und die gleichzeitig mit ihm lebenden Menschen in Familie und Gesellschaft) und *diachron* (der Mensch als Glied einer Kette von Wesen, welche sich aus der Vergangenheit in die Zukunft fortspinnt).

Anthropologen des 20. Jahrhunderts wie Helmuth Plessner und Arnold Gehlen knüpften nicht nur an Herders Bestimmung des Menschen als eines Mängelwesens und die Funktion der Sprache für die Menschwerdung des Menschen an. Sie brachten Herders Erkenntnisse mit den fachwissenschaftlichen Erkenntnissen der Biologie ihrer Zeit zusammen. Am stärksten hat Gehlen das Ergebnis in seinem Werk *Der Mensch. Seine Natur und seine Stellung in der Welt* (1940) formuliert: »Die philosophische Anthropologie hat seit Herder keinen Schritt vorwärtsgetan, und es ist im Schema dieselbe Auffassung, die sich mit den Mitteln moderner Wissenschaften entwickeln will. Sie braucht auch keinen Schritt vorwärts zu tun, denn dies ist die Wahrheit.« (Gehlen [13]1986, 84)

Geschichte

Von seinen frühesten Veröffentlichungen an bis zu seinen spätesten ist Herder immer wieder auf die Geschichte zurückgekommen. Nach der Bückeburger Geschichtsphilosophie (1774; FA IV, 9–107) folgten mit Abstand die *Ideen zur Philosophie der Geschichte der Menschheit* (1784–1791; FA VI). Das Werk, das die Schwelle der Neuzeit kaum erreicht hatte, blieb wohl ein Torso; andererseits bildeten die anschließenden Zeitschriftenpublikationen, insbesondere die *Humanitätsbriefe* (FA VII) und *Adrastea* (FA X), doch Fortsetzungen – oder vielleicht besser: Materialsammlungen zur Fortsetzung. Herder kam von seinem großen Thema, der Geschichtlichkeit des Menschen, nicht mehr los.

Trotz grundlegend gewandelter Stilkonzeption – der Stürmer und Dränger ist in Weimar zum Klassiker geworden! – ist die Denkweise in den *Ideen* gar nicht so verschieden von der Bückeburger Geschichtsphilosophie. Gravierende Differenzen betreffen das Religiöse. Im Weimarer Hauptwerk ist alles Theologische ausgeblendet; so spricht ein vernünftiger Aufklärer zu seinen Zeitgenossen, die teils orthodoxe Christen alten Stils, teils schon kaum mehr Christen sind. Herder sucht hier stets die minimale Konsensbasis; er trägt seine Ansichten so vor, dass sie auch einen Kirchenfernen nicht abschrecken. Ja, man kann vielleicht sogar sagen, dass er als Kirchenmann die Aufklärungsöffentlichkeit anspricht, um ihr ältere, noch theologisch bestimmte Denkformen erneut nahezubringen (vgl. Maurer 1987). Im Wesentlichen spricht Herder in diesem Werk nicht die Sprache des Gottesgelehrten, sondern die des Weltweisen. Theologisches Erbe scheint dabei vor allem die Teleologie, also die durchgehende Deutung allen Geschehens in einer finalen Sinnperspektive.

Dabei muss man sich jedoch präsent halten, dass die empirische Ordnung und Perspektivierung nach Ursache-Wirkungs-Relationen das wesentlich *logische* Programm der Aufklärer überhaupt war, also ein Element der ›pragmatischen Geschichte‹. Auch Kants untheologische *Idee zu einer allgemeinen Geschichte in weltbürgerlicher Absicht* oder Lessings *Erziehung des Menschengeschlechtes* sind durchgehend teleologisch geformt.

Herders Hauptwerk *Ideen zu einer Philosophie der Geschichte der Menschheit* bietet also eine durchgehend teleologisch geformte Gesamtgeschichte der Menschheit, nachdem die rein heilsgeschichtliche Deutung der Universalgeschichte älteren Zuschnitts nicht mehr möglich war und Geschichte nun, in einem Zeitalter der Aufklärung, nicht mehr anders als empirisch angegangen werden konnte. Herders Gesamtdeutung zeigt die organische Entfaltung der Menschheit im Prozess der Kultur. Man kann auch sagen: Universalgeschichte wird abgelöst durch eine empirische Geschichte als Kulturgeschichte.

Das Auszeichnende der *Ideen* besteht in der Einbettung der Geschichte des Menschen in die Geschichte der Natur, der Erde, des Weltalls. Während für Voltaire und die übrigen Aufklärungshistoriker diese Problemstellung noch gar nicht bestanden hatte – in humanistischer Tradition war es ihnen eine Selbstverständlichkeit, dass nur der Mensch Gegenstand der Geschichte sei –, suchte Herder überraschend einen komplexeren Begründungszusammenhang. Die ersten Bücher der *Ideen* behandeln die allgemeine Anthropologie – der Mensch als Tier, und was ihn vom Tier unterscheidet – als Grundlage einer universalen Kulturgeschichte der Menschheit. So hatte kein Geschichtsbuch *vor* Herder begonnen – und *nach* ihm war das ebenso wenig möglich. Wie ist diese Sonderstellung zu erklären?

Der tiefste und somit entscheidende Grund ist wohl der: Herders jahrzehntelange Beschäftigung mit der Geschichte der Menschheit lässt sich deuten als Exegese des ›zweiten Buches‹, als Lesen im ›Buch der Natur‹. Je mehr die Heilige Schrift als universale Wahrheitsquelle ins Feuer der Kontroversen rückte, desto mehr mussten sich die Bemühungen – gerade auch des Theologen – darauf konzentrieren, eine neue konsensfähige Wahrheitsbasis zu etablieren. Dafür konnte es kein sichereres Bezugssystem geben als eben die Natur. Die erneuerte Geschichtswissenschaft als Textwissenschaft, an deren Methodologie gleichzeitig etwa Johann Christoph Gatterer und August Ludwig Schlözer arbeiteten, konnte in dieser universalen Perspektive für Herder gar nicht von Interesse sein (vgl. Maurer 1996). Wahrheit war nicht durch schriftliche Quellen verbürgt, sondern durch die Natur. Früher, im Zeitalter der theologischen Überwölbung des gesamten Wissens, hatte die Universalgeschichte keine autonome Disziplin sein können, da die Wahrheit für den Christen aus der Heiligen Schrift floss. Was nun für die pragmatische Historie der (Göttinger, aber nicht nur Göttinger) Aufklärer blieb, war, unter der Herausforderung durch den neuen Wahrheitsanspruch, Geschichte als empirische Partikularwissenschaft, d. h. mit einem zurückgenommenen, bescheideneren Erkenntnisanspruch.

Für den Theologen und Aufklärer Herder war das nicht von Belang. Radikal ausgedrückt: Für ihn ging es um die Erneuerung des gesamten Menschheitswissens mit einem umfassenden Anspruch, der *im Historischen* nicht hinter dem der Heiligen Schrift zurückbleiben durfte. Deshalb auch am Beginn der Versuch einer Harmonie der Kosmologie und Anthropologie der Genesis mit dem empirischen Kenntnisstand seiner Zeit. Und an die Seite der historischen Bücher des Alten Testamentes traten nun die Ausführungen über die Vielfalt der Völker überall auf der Erde.

Herders *Ideen* schließen an die ältere Naturgeschichte an, und zwar mit einer Anthropologie und Kulturgeschichte der Menschheit. Ganz natürlich folgt auf die einfachen Kulturstadien die Entwicklung der Hochkulturen. Das fundamentale Quellendefizit für die nichtabendländischen Kulturen kann dabei noch etwas verdeckt werden durch die Klimatheorie, die gerade im mediterranen Bereich zu einer Folge von Hochkulturen mit Notwendigkeit zu führen schien, so dass sich das abendländische Geschichtsbild erneut einpassen ließ. Das in der Frühschrift noch weitgehend idealtypische Kulturentstehungsmodell, das im Anschluss an die heilsgeschichtlichen Schemata der Tradition nahelag, wird nun zunehmend empirisch eingelöst, modifiziert und differenziert.

Herders Methode ist durchgehend die der Analogie. Er spürt den Bildungsgesetzen des Lebendigen nach. Was in *Auch eine Philosophie der Geschichte* zunächst wie ein Wildwuchs der Metaphorik wirkt, wird in den *Ideen* kultiviert zur methodischen Disziplin der Naturbeobachtung. Voraussetzung solchen Denkens ist die durchgehende Gleichartigkeit der Erscheinungen. Der Mensch ist völlig in die Natur eingebettet; es klafft kein Riss zwischen dem Materiellen und dem Geistigen, keine Kluft zwischen Natur und Kultur. Der Basissatz: *natura non facit saltus* – die Natur macht keinen Sprung, eines reiht sich konsequent an das andere. Nach diesem Prinzip kann jede Bildung auf der Erde beurteilt und eingeordnet werden.

Zweierlei ist bei solchem Denken bemerkenswert: (1) Die verwirrende Fülle der Erscheinungen wird geordnet; überall sieht der Beobachter Zusammenhang und Aufbau, Keim und Entwicklung. Kurz: Alles ein Kosmos! (2) Die so geschaute Fülle der Erscheinungen *lässt* nicht nur jedem Einzelnen sein Recht – sie *gibt* es ihm geradezu! Die empirisch vorfindbare Differenzierung ist kein unüberblickbares Chaos, sondern grundsätzlich sinnvoll. Jede Besonderung, jede individuelle Bildung ist per se legitim.

Diese Lehre ermöglicht es, den Bildungsgesetzen des Lebendigen nachzuforschen. Das sind keine Gesetze im strengen physikalischen Sinne. Es sind Abstraktionen aus empirischer Beobachtung, die auf Beobachtungen in anderen Bereichen übertragen werden. Mit der Voraussetzung der Gleichartigkeit alles Geschaffenen können etwa Bildungsgesetze, die im Pflanzenreich gewonnen wurden, auf das Tierreich, ja: die Geschichte der Menschheit angewendet werden. Herder sieht eine genetische Kraft in allem Lebendigen, die je nach Gelegenheitsursachen die möglichen Formen hervorbringt. Damit hilft sich Herder auch über manche Überlieferungslücke hinweg. Das Entwicklungsprinzip lässt Schlüsse zu, die hinter die schriftliche Überlieferung zurückreichen. Die Anwendung des genetischen Prinzips im Bereich der Menschengeschichte unterwirft die Kulturentwicklung gewissermaßen ›biologischen‹ Prinzipien.

Das von Kant mit Schärfe benannte Problem der Kausalität (und Theodizee zugleich) – was nützt uns die ganze schöne gesetzmäßige Naturgeschichte, wenn an der Spitze, in der Menschengeschichte, wieder Willkür herrscht? – hat Herder durch sein kühnes Überschreiten der Bereiche ignoriert. Seine Synthese – der Mensch innerhalb der Natur – befriedigt nicht in jeder Hinsicht, erklärt sich aber aus seiner Theologie der Schöpfung. Sie gestattet einen durchgehenden Aufweis der Sinnhaftigkeit des Seins, der in seinem Erklärungsanspruch nicht hinter der christlichen Heilsgeschichte zurücksteht und zugleich in seiner empirischen Ausführung ein Grundbedürfnis der Aufklärung befriedigt. Es ist Herder um eine ›menschliche Geschichte‹ zu tun (nicht zufällig ist dem zweiten Teil der *Ideen* das bekannte Terenz-Motto vorangestellt: *Homo sum, humani nihil a me alienum puto*). Das heißt auch, dass selbst noch das Irreguläre, dem Anschein nach Abweichende, dem Kausalitäts- und Ordnungsanspruch unseres Denkens unterworfen werden muss – und kann. Das Böse in der Welt sogar muss in seiner Zweckhaftigkeit erklärt werden können, Krieg und Gewalt (vgl. Maurer 1990) – diesen unwissenschaftlich radikalen und universalen Anspruch rettet der Theologe aus der christlichen Universalgeschichte in die neue Kulturgeschichte.

Als Anthropologie überzeugt Herders Geschichte der Menschheit noch mehr denn als bloße Naturgeschichte. Wenn es überhaupt Gemeinsamkeiten des Menschlichen gibt – und für die Aufklärung war das eine der unbezweifelten Voraussetzungen: Herder hat sie nach allen Seiten hin durchdacht. Sein Blick ist terrestrisch, ja kosmisch geweitet. Herders Anthropologie erhebt sich aus der Naturgeschichte in die Kulturgeschichte: Der Mensch ist das Wesen, das der Bildung, der Überlieferung, der Erziehung bedarf. Nur so wird es eigentlich zum Menschen. Deshalb sind die *Ideen zur Philosophie der Geschichte der Menschheit* zweifelsohne ein neuer, verbesserter, vertiefter Beitrag zur »Bildung der Menschheit« und die notwendige Basis einer jeden Kulturgeschichte (vgl. Maurer 2008, 13–18). Die erste Kulturtatsache ist die Sprache, die zweite die Schrift. Indem Herder den wesentlichen Unterschied des Menschen vom Tier gerade in die Sprache setzt, ergibt sich zwingend, dass hier die Naturgeschichte endet und zugleich die Kulturgeschichte beginnt. Mit der Schrift entsteht erst eigentlich die Möglichkeit einer dauerhaften Überlieferung; da der Mensch das Wesen ist, das ohne Tradition nicht leben kann, beginnt an diesem Punkt (phylogenetisch gesehen) die eigene Geschichte des Menschen – eben als Kulturgeschichte. Durch Überlieferung bauen sich alle differenzierteren Kulturbereiche auf, insbesondere die Religion.

Die einzelnen Kulturstufen hat Herder mehrfach in praktischer Anwendung durchgespielt, zunächst bei den asiatischen Völkern im Kontext der Frage nach dem ältesten Volk und nach dem Ursprung der Menschheit. Indem der Mensch, wie Herder lehrt, erst kollektiv, in Gemeinschaft mit anderen – in seinem Verhältnis zunächst als Kind zu Mutter und Vater, sodann als Schüler zu Lehrern – eigentlich Mensch wird, erfüllt er für seinen Teil, sich akkulturierend, das Telos der Menschheit. Geschichtlichkeit ist also nicht nur ein gewissermaßen defizitäres Merkmal der Humanität, sondern (positiv gewendet) die Bedingung ihrer Möglichkeit. Geschichtlich ist der Mensch Kulturwesen (vgl. Mühlberg 1984). Die Geschichte seiner Bildung – individuell, national, universal – ist deshalb nichts anderes als: *Kulturgeschichte.*

Humanität

Mit der ›Humanität‹, wie Herder sie in den *Briefen zu Beförderung der Humanität* (1793–1797) versteht, bezieht sich Herder auf alles den Menschen Betreffende. Die Briefe bieten Prinzipielles (die Bestimmung des Menschen, das Wesen der Poesie, das Problem des ewigen Friedens) und Beispiele gelungener Realisierung der Humanität in der Geschichte. Es verbindet sich also ein philosophisch-reflektierender Zugang mit einem historisch-empirischen; beide sollen in ihrer Kombination jeden möglichen Leser überzeugen, dass Humanität nicht nur möglich, sondern wirklich ist.

Der Begriff ›Humanität‹ ist für Herder offenbar bedeutungsgleich mit ›Menschheit‹ (vgl. Löchte 2005; Adler 2009). Unter ›Menschheit‹ stellt er sich das Proprium des Menschen vor, also im Gegensatz zum Tier und anderen Geschöpfen. ›Menschheit‹ ist aber zugleich die Gesamtheit aller Menschen in ihrer Generationenfolge vom Anfang bis heute. Dementsprechend ist ›Humanität‹ nicht eingeschränkt auf die guten und freundlichen Eigenschaften eines Menschenwesens, sondern meint das ganze Menschsein, einschließlich des Bösen und Unvollkommenen. Insbesondere ist aber ›Humanität‹ nicht eine auszeichnende Eigenschaft eines Einzelmenschen, sondern vielmehr sein Verhältnis zur Gesamtheit der Menschen, das, was einer mit allen anderen gemeinsam hat. Alle Aussagen Herders müssen in diesem Bezugsfeld von Individuum und Gesamtheit gesehen werden. Auch ›Perfektibilität‹ kann doppelt ausgelegt werden: in Bezug auf die Gesamtheit und den Einzelnen. Perfektibilität des Einzelnen bedeutet Individualisierung, d. h. Entwicklung eines Optimums aus den ihm gegebenen Kräften. Perfektibilität der Gesamtheit entfaltet sich im komplexen Zusammenwirken aller Individuen.

Diese ›Perfektibilität‹ ist prozesshaft zu denken: Der Mensch ist immer unterwegs, immer in Entwicklung. Das menschliche Leben ist vom Anfang bis zum Ende ›Erziehung‹ und ›Bildung‹. Es gibt Individuen nur im Zusammenleben mit anderen, nur so können sie erzogen werden, sich entwickeln, selbst erziehen. Der Gesellschaftszustand des Menschen hat diesen doppelten Zweck: den einzelnen vollkommen auszubilden und die Kräfte des Einzelnen wiederum zum Fortgang des Ganzen einzubinden. Der Tod eines Einzelnen bedeutet deshalb keine völlige Vernichtung, weil seine Leistung für die anderen Menschen zurückbleibt. »Menschen sterben, aber die Menschheit perenniert unsterblich.« (FA VII, 125)

Obwohl in diesen Thesen das Wort ›Kultur‹ nicht vorkommt, wird hier der Mensch als Kulturwesen definiert: »Denn die Natur des Menschen ist *Kunst.*« (FA VII, 126) Gerade durch seine Entäußerung, durch alles, was er schafft, trägt der Mensch zu einer Kunstwelt bei, zu einer Dingwelt der Artefakte, die man später meist mit dem Begriff ›Zivilisation‹ gefasst hat. Die Kette der Wesen bedeutet auch eine Kette der Erfindungen: Aus der Not, aus dem Streben nach Überleben und Dienstbarmachung der Natur, entstehen fortwährend Artefakte, die durch ihr bloßes Vorhandensein die Menschheit auf ein neues Niveau heben. Es entsteht ein agonales System, ein »*Wettkampf* menschlicher Kräfte« (FA VII, 127), welcher die Menschheit insgesamt voranbringt, wenn auch nicht in geradlinigem Fortschritt. Auch der Zusammenschluss gesellschaftlicher Einheiten ist agonal auf die Entwicklung der Menschheit bezogen. Herder setzt auf Kultur*kontakt*, will aber auch Kultur*konflikt* nicht ausschließen: »Ein *Konflikt aller Völker* unsrer Erde ist gar wohl zu gedenken« (FA VII, 127; vgl. Maurer 2012b).

Nach außen zeigt sich der Fortschritt des Menschengeschlechtes in zunehmender Bemeisterung der Natur; dem muss auf der Innenseite eine zunehmende Bemeisterung der Leidenschaften entsprechen. Als abstrakte Richtgröße dafür benennt Herder die ›Vernunft‹, der er in Bezug auf das Handeln ›*Billigkeit und Güte*‹ entgegensetzt, also Gerechtigkeit und Wohlwollen (FA VII, 128). Negative Eigenschaften müssen zur Entwicklung des Ganzen dienen. Herders Ethik hängt also aufs engste mit seiner Politik zusammen. Harmonie von Politik und Ethik ist sein Ideal (vgl. Maurer 1990). Es soll keine Politik geben, welche den Menschen nur zum Zweck macht, und keine Ethik, welche das Individuum verabsolutiert.

Hier kommt nun das Christentum oder überhaupt der Faktor ›Religion‹ ins Spiel. Religion dient der Beförderung der Humanität: »Je reiner eine *Religion* war, desto mehr mußte und wollte sie die Humanität befördern.« (FA VII, 130) Das bedeutet, dass die Religion nicht eigentlich ein Zweck an sich ist, sondern nur ein Mittel zum Zweck, nämlich zur Vollendung der Humanität. Das bedeutet auch, dass Herder durchaus mit verschiedenen Religionen rechnet, die diesem Zweck dienen können. Allerdings gibt er dem Christentum insofern den Vorzug, als es der Entfaltung der Humanität am besten dient. Dabei sind freilich die Nuancen mitzulesen: Herder bezieht sich nicht etwa auf die Kirchen und Konfessionen seiner Zeit, sondern auf das Urchristentum:

»Die *Religion Christi*, die Er selbst hatte, lehrte und übte, war die *Humanität* selbst.« (FA VII, 130) Damit ist also zugleich die real existierende Kirche in ihre Schranken gewiesen, wie der zeitgenössische Staat des Absolutismus in seine Schranken gewiesen wird. Herder ist noch frei von der Verblendung der Staatsvergötterung. Sein Ideal ist nämlich ›Humanität‹. Und ›Humanität‹ (wie er sie versteht) hat zwei Seiten: das Individuum und die Gesamtheit der Menschen. Ein Staat, der die Individuen unterdrückt und ihre Kräfte sich nicht entfalten lässt, ist auf keine Weise zu rechtfertigen. Auch ›Volk‹ und ›Nation‹, bei deren Propagierung man sich später oft auf Herder berufen hat (vgl. Maurer 2012a), können nur mit Bezug auf die Entfaltung der Humanität verstanden werden; sie dürfen nicht missbraucht werden, um eine Überlegenheit über andere zu behaupten und durchzusetzen.

Herder vertritt konsequent die Pluralität der Kulturen: Wie durch die Schöpfung verschiedene Wesen vorgesehen sind, bringt die Geschichte auch verschiedene Arten von Menschen zur Entfaltung. Obwohl Herder die Ausbreitung des Menschen über die ganze Erde dem Auftrag gemäß findet, kritisiert er die Missionstätigkeit der Christen als respektlos gegenüber indigenen Kulturen (vgl. Löchte 2005, 187–201). Seine Hochachtung vor der Differenzierung des Menschlichen äußert sich einerseits als Kritik am Zivilisationsstolz seiner aufgeklärten Zeitgenossen nebst einem besonderen Sinn für alte Kulturen, andererseits aber auch als Kritik europäischer Überlegenheit in Verbindung mit einer besonderen Sensibilität für fremde Kulturen.

Herders Kulturphilosophie wirkte besonders stark auf die Anthropologie des 20. Jahrhunderts ein (Gehlen, Plessner; vgl. Grawe 1967); meist nur indirekt greifbar – für den von Herder herkommenden jedoch überdeutlich – ist seine Nachwirkung bei Ethnologen wie Franz Boas oder Clifford Geertz (vgl. Berg 1990). In der Kulturphilosophie im engeren Sinne hat vor allem Ernst Cassirer an Herder angeknüpft. Die empirische Darstellung der »symbolischen Formen« in seinem Spätwerk *Essay on Man* (Cassirer 1944/1990) nimmt direkt Bezug auf Herder. In dieser Entwicklungslinie wurde das ausgeformt, was Herder plakativ die »zweite Genesis« (FA VI, 340) des Menschen genannt hat: Kultur.

Literatur

Adler, Hans: Herder's Concept of *Humanität*. In: *A Companion to the Works of Johann Gottfried Herder*. Hg. von Hans Adler und Wulf Koepke. Rochester/New York 2009, 117–139.

Berg, Eberhard: Johann Gottfried Herder (1744–1803). In: *Klassiker der Kulturanthropologie. Von Montaigne bis Margaret Mead*. Hg. von Wolfgang Marschall. München 1990, 51–68.

Cassirer, Ernst: *Versuch über den Menschen. Einführung in eine Philosophie der Kultur*. Frankfurt a. M. 1990 (engl. 1944).

Gaier, Ulrich: *Herders Sprachphilosophie und Erkenntniskritik*. Stuttgart-Bad Cannstatt 1988.

Gehlen, Arnold: *Der Mensch. Seine Natur und seine Stellung in der Welt*. Wiesbaden [13]1986.

Grawe, Christian: *Herders Kulturanthropologie. Die Philosophie der Geschichte der Menschheit im Lichte der modernen Kulturanthropologie*. Bonn 1967.

Heise, Jens: *Johann Gottfried Herder zur Einführung*. Hamburg 1998.

Herder, Johann Gottfried: *Werke in zehn Bänden*. Frankfurter Ausgabe. Hg. von Günter Arnold u. a. Frankfurt a. M. 1985–2000 [FA].

Herms, Eilert: Herder, Johann Gottfried von (1744–1803). In: *Theologische Realenzyklopädie*. Hg. von Gerhard Müller u. a. Bd. 15. Berlin/New York 1986, 70–95.

Löchte, Anne: *Johann Gottfried Herder. Kulturtheorie und Humanitätsidee der Ideen, Humanitätsbriefe und Adrastea*. Würzburg 2005.

Maurer, Michael: Die Geschichtsphilosophie des jungen Herder in ihrem Verhältnis zur Aufklärung. In: *Johann Gottfried Herder 1744–1803*. Hg. von Gerhard Sauder. Hamburg 1987, 141–155.

–: Nemesis-Adrastea oder Was ist und wozu dient Geschichte? In: *Herder Today. Contributions from the International Herder Conference, November 5–9, 1987, Stanford, California*. Hg. von Kurt Mueller-Vollmer. Berlin/New York 1990, 46–63.

–: Geschichte zwischen Theodizee und Anthropologie. Zur Wissenschaftlichkeit der historischen Schriften Herders. In: *Johann Gottfried Herder. Academic Disciplines and the Pursuit of Knowledge*. Hg. von Wulf Koepke. Columbia, South Carolina 1996, 120–136.

–: *Kulturgeschichte. Eine Einführung*. Köln/Weimar/Wien 2008.

–: Ganz Ohr. Zu Herders Theorie der Sinne als Grundlegung jeder Anthropologie. In: *Herder-Jahrbuch* 10 (2010), 57–72.

–: Herders Bedeutung für das deutsche Romantik-Syndrom. In: *Romantik und Revolution. Zum politischen Reformpotential einer unpolitischen Bewegung*. Hg. von Klaus Ries. Heidelberg 2012a, 55–70.

–: Herder als Theoretiker der interkulturellen Beziehungen. In: *Übersetzen bei Johann Gottfried Herder*. Hg. von Clémence Couturier-Heinrich. Heidelberg 2012b, 29–44.

–: *Herder und seine Wirkung. Herder and His Impact*. Hg. von Michael Maurer. Heidelberg 2012 [im Druck].

Mühlberg, Dietrich: Herders Theorie der Kulturgeschichte in ihrer Bedeutung für die Begründung der Kulturwis-

senschaft. In: *Zeitschrift für Volkskunde und Kulturgeschichte* 27 (1984), 9–26.
Otto, Regine (Hg.): *Nationen und Kulturen. Zum 250. Geburtstag Johann Gottfried Herders.* Würzburg 1996.
Trabant, Jürgen: *Mithridates im Paradies. Kleine Geschichte des Sprachdenkens.* München 2003.
Welter, Nicole: *Herders Bildungsphilosophie.* St. Augustin 2003.
Zeuch, Ulrike: *Umkehr der Sinneshierarchie. Herder und die Aufwertung des Tastsinns seit der frühen Neuzeit.* Tübingen 2000.

Michael Maurer

5. Friedrich Schiller

Der Kulturbegriff Friedrich Schillers (1759–1805) ›schillert‹, je nachdem ob der Vertreter der Weimarer Klassik seine geschichtsphilosophische Ästhetik auf Jean-Jacques Rousseau (1712–1778) oder Immanuel Kant (1724–1804) zu fundieren versucht. Mit jenem begründet er seine Kulturkritik der entfremdeten Moderne, deren Barbarei er durch ästhetische Erziehung überwinden möchte; mit diesem sein Pathos der Freiheit, mit dem er eine pragmatische Anthropologie begründet, die nicht danach fragt, was der Mensch von Natur aus ist, sondern was er als ein freies Wesen handelnd aus sich macht.

Man muss daher in der Auseinandersetzung mit Schillers Kulturtheorie mit Ambivalenzen und Ambiguitäten rechnen, die schwer auflösbar sind bzw. die gerade das signifikante Gepräge des klassischen Kulturbegriffs ausmachen. Gewiss: Schiller ist einer der »›Begründer‹ der modernen Kulturkritik« (Bollenbeck 2007, 12) – mit Kants Freiheitsbegriff ist er darüber freilich immer schon erhaben. Die spannungsvolle Verknüpfung von radikaler Kulturkritik und pathetischer Kulturaffirmation löst Schiller homöopathisch dadurch, dass er die Wunde, die die Kultur schlug, mit Hilfe der (ästhetischen) Kultur zu heilen sucht. Man hat daher von einer »›gespaltene[n] Kultur‹« (Bollenbeck 2005, 221) bei Schiller gesprochen. Eine solche »Therapeutik der Moderne« (Plumpe 1993, 107) grundiert vor allem Schillers anthropologisch bestimmte Ästhetik des Schönen, deren utopische Dimension mit ihrer »Vision einer unterdrückungsfreien Kultur« (Marcuse 1987, 195) die Theoriebildung lange nachhaltig geprägt, postmodern jedoch an Wert verloren hat, weil die Welt der Moderne in der Ästhetik des Schönen »[...] keinen adäquaten Ausdruck mehr [findet]« (Hofmann 2003, 127). Insofern freilich ›Postmoderne‹ keine *nach*moderne Epoche bezeichnet, sondern als selbstkritischer Modus der Moderne seit jeher inhärent gewesen ist (vgl. Lyotard 1988), hatte Schiller die Ästhetik der versöhnten Widersprüche immer schon um eine Ästhetik des ausgehaltenen Widerstreits, d. h. um eine Theorie des Erhabenen ergänzt (vgl. Zelle 1995, 147 ff.).

Im Folgenden werden drei Topoi aus Schillers philosophischem Werk aufgesucht. Sie figurieren ›Urszenen‹ der Transgression, in denen die innere Spannung seines Kulturbegriffs inmitten historischer, ästhetischer oder kulturanthropologischer Theoriebildung zur Darstellung kommt.

Umwertung des Sündenfalls

In der historischen Spekulation »Etwas über die erste Menschengesellschaft nach dem Leitfaden der mosaischen Urkunde« (1790) entwirft Schiller kurz nach seiner universalhistorischen »Antrittsrede« (1789), die im Mai des Revolutionsjahrs ein »anti-rousseauistisches Loblied auf die eigene Zeit« (Bollenbeck 2007, 18) singt, eine eigentümliche Theodizee, die das *malum* des ›moralischen Übels‹, d.h. des Sündenfalls, in das *bonum* des ›moralisch Guten‹, nämlich der Freiheit, umschlagen lässt. Postlapsalisch habe das Menschengeschlecht zwar seine Unschuld verloren, jedoch dadurch seine Freiheit gewonnen. Erst die Vertreibung aus dem Paradies führt zur Menschwerdung. Der Mensch ist nicht Geschöpf Gottes – als solches ist er »Pflanze und Tier« (SW 4, 767) –, sondern Produkt eigener Tat. Das göttliche Verbot überschreitend – erst dadurch erschafft er sich selbst. Geradezu jubilierend, findet Schiller immer neue, Nietzsche vorwegnehmende Wendungen für die große Tat des Durchbruchserlebnisses, mit dem der Mensch »aus einem Paradies der Unwissenheit und Knechtschaft [...] zu einem Paradies der Erkenntnis und der Freiheit« (ebd., 768) schreitet. Im Augenblick dieser Grenzüberschreitung »riß« er das leidende Band des Instinkts ab, setzte sich von der Natur ab und »warf [...] sich in das wilde Spiel des Lebens, machte er sich auf den gefährlichen Weg zur moralischen Freiheit« (ebd., 769). Dieser »Abfall« vom Instinkt, der »Ungehorsam« gegen göttliches Gebot ist »Anfang« des moralischen Menschseins (ebd.).

Solche Durchbrüche zur Freiheit charakterisieren Schillers kulturphilosophisches Denken bis in das Spätwerk *Über das Erhabene* (1801), wo der Augenblick geschildert wird, wie Telemach, Held eines im 18. Jahrhundert beliebten Fürstenspiegels bzw. ›Erziehungsromans‹, der Beschränkung seiner sinnlichen Natur, zu der, wenn es kritisch wird, bei Schiller auch das Schöne gezählt wird, inne wird: »ein erhabener Eindruck ergreift ihn plötzlich [...], er erinnert sich seiner [...] Bestimmung, wirft sich in die Wellen und ist frei« (SW 5, 800).

Mindestens dreierlei ist an Schillers Umwertung der christlichen Sündenfallerzählung bedeutsam:

1. Der Sündenfall ist nicht länger Urszene, die zur Erbsünde führt, aus der nur ein gnädiger Gott erlöst, Schiller wertet sie zum Mythos der Menschwerdung um. Der »Fall« eröffnet das Reich der Freiheit; er ist ein wichtiger »Schritt zur Vollkommenheit«, Auftakt der Geschichte und Beginn jeglicher Kultur. Kurz: die Vertreibung aus dem Paradies ist – wie der Text geradezu gotteslästerlich feiert – »ohne Widerspruch die glücklichste und größte Begebenheit in der Menschengeschichte« (SW 4, 769).

2. Anthropologisch gesehen, findet mit dem Lapsus eine Transsubstantiation statt, die überhaupt den Menschen erst konstituiert. Nach der geläufigen Auffassung des 18. Jahrhunderts, die Schiller teilt, ist der Mensch ein Mittelwesen, das, wie es in einem Gedicht Albrecht von Hallers (1708–1777) heißt, ein »doppeltes Bürgerrecht« genießt, zugleich im Himmel und im Nichts beheimatet, d.h. seelisch unsterblich und *zugleich* körperlich sterblich zu sein. In den berühmten Versen aus Hallers Gedicht *Über den Ursprung des Übels* (1734, 2. Buch) wird das oxymorale Wesen des Menschen folgendermaßen umschrieben: »Aus ungleich festem Stoff hat Gott es auserlesen, / Halb zu der Ewigkeit, halb aber zum Verwesen: / Zweideutig Mittelding von Engeln und von Vieh, / Es überlebt sich selbst, es stirbet und stirbt nie.« In ein solches ›zweideutiges Mittelding‹ verwandeln sich die beiden von Gott geschaffenen Paradiesbewohner erst durch den befreienden Ungehorsam gegen ihren Schöpfer. Vorher leben sie als die »glücklichste[n] und geistvollste[n] aller Tiere« unter der »Vormundschaft der Natur«. Zu Wesen, die zugleich »frei und also moralisch« sind, macht sie erst die Überschreitung des Verbots; erst dadurch – um in der vom Text gebotenen Tropik zu bleiben –, dass die beiden Paradiesbewohner sich aus der ›Vormundschaft‹ befreien, steigen sie über die »Grenze der Tierheit« (SW 4, 768) hinaus. Die Bildlichkeit der Szene heischt, Menschwerdung und Kulturalisierung als gleichursprünglich zu betrachten. Für Schiller schafft sich der Mensch von Anfang an selbst – darin besteht seine kulturelle Anthropopoietik.

Kulturtheoretisch signifikant ist, dass die Söhne der beiden Paradiesbewohner ihren Eltern gegenüber »einen sehr wichtigen Vorteil« genießen: »sie wurden von Menschen erzogen« (ebd., 770), d.h. mussten nicht mehr alle Erfahrungen selbst machen, sondern konnten auf »Tradition und die Überlieferung der Begriffe« zurückgreifen – auf etwas, das als »das große Werkzeug« menschlicher »Bildung« ausgezeichnet (ebd., 771) und das heutzutage in der Sozio- bzw. Kulturbiologie als »kaskadierender Kultureffekt« bezeichnet wird, der durch unterschiedliche Modi der Vergegenständlichung (Sprache, Schrift und andere exosomatische Speicher bis hin zur schönen Literatur) den Pfeiler unserer rasanten Kulturdynamik bildet (Eibl 2004, passim). In Schillers Interpretation der mosaischen Urkunde äußert sich der »Fortschritt der *Kultur*« (Hervorh. C.Z.) neben der häuslichen Erziehung vor allem zunächst in Ackerbau und Viehzucht, mit der die ersten »Feldbauer und Hirten« durch die Not gezwungen »der Natur [...] durch »Kunst« nachhelfen mussten (SW 4, 768). Hier, wo auch begrifflich mit dem Wortkörper ›Kultur‹, der bisher in dem Text noch nicht benutzt worden war, die von Schiller gefeierte, kulturelle Menschwerdung bezeichnet wird, treten Agrikultur, Kultur, Kunst (im Sinn von griech. *téchne* bzw. lat. *ars*) und Fortschritt in engste semantische Verbindung. ›Kunst‹ und Kultur sind in solchem Zusammenhang synonym.

3. In der Anthropologie der ästhetischen Erziehung zum ›*ganzen* Menschen‹, die Schillers Gedankenwelt seit seiner Ausbildung zum philosophischen Arzt an der Hohen Karlsschule lenkt (vgl. Riedel 1985), kommt dem Spielbegriff eine entscheidende Rolle zu: »Denn, um es endlich einmal herauszusagen, der Mensch spielt nur, wo er in voller Bedeutung des Worts Mensch ist, und *er ist nur da ganz Mensch, wo er spielt*« (Schiller 1795/1967, 131). Der Begriff des ›Spiels‹ war in der Umwertung des Sündenfalls als Durchbruch zu Freiheit, Kultur, Bildung und Fortschritt, d.h. Menschsein, in oxymorale Verbindung mit der Wildheit des Lebens (und der Gefährlichkeit der Freiheit) gebracht worden. Es hieße die kulturanthropologische Erschließungskraft des Jubels, mit dem der Sündenfall im Namen der Freiheit gefeiert wird, zu unterschätzen, wenn man aufgrund einschlägiger Ausführungen über den »Naturstaat« im 3. ästhetischen Brief für Schillers Werk verallgemeinerte, er bestimme »den *natürlichen Charakter des Menschen* als gesellschaftlich destruktiv« (Bollenbeck 2005, 224). Schiller brauchte an dieser Stelle ein Kontrastbild, um den Versuch der Französischen Revolutionäre zu rechtfertigen, die versucht hatten, den ›Naturstaat‹ in einen ›Vernunftstaat‹, d.h. »in einen sittlichen umzuformen« (Schiller 1795/1967, 83). Von Natur aus, lehrt die hier vorgestellte Interpretation des Sündenfalls, gibt es überhaupt keinen ›Menschen‹ im von Schiller bestimmten Sinne. Die herangezogene Wendung ›wildes Spiel‹ erinnert an Schillers Anthropologie, der zufolge das sinnlich-sittliche *Zugleich,* das für ihn den ganzen Menschen ausmacht, zwischen Engel und Vieh ausgespannt ist. Insofern bildet die »erste Kollision der Menschen« (SW 4, 776) keinen Bruch im kulturellen Fortschrittskontinuum der Freiheitsbahn, auf die Schiller den Menschen in seiner Interpretation von Genesis 3–4 schickt und für deren weiteren Weg er nun neben einer Skizze der entstehenden ›Standesungleichheiten‹ alle denkbaren rousseauistischen Schreckbegriffe abbrennt, für die die Luxus- und Kulturkritik des ersten *Discours* (1750) berühmt geworden ist (»Müßiggang«, »Lüsternheit«, »Laster«, »Verfeinerung«, »Verschlimmerung«, »Sittenverderbnis«; SW 4, 778f.).

Keineswegs ist Schiller der Ansicht, dass »alle Fortschritte der menschlichen Gattung sie unaufhörlich von ihrem ersten Zustand entfernen« (Rousseau 1755, 65). Das elegische Korrektiv einer rousseauischen »Einfachheit der Urzeiten« (Rousseau 1750/ ^{3}1978, 41) ist durch seinen Freiheitsbegriff verbaut. Das Ideal der Kultur steht für Schiller nicht an ihrem Anfang, sondern als »ihr letztes Ziel« in der Zukunft, weswegen wir mit »allen den Übeln« versöhnt sind, denen wir auf dem »Weg der Kultur« begegnen (SW 5, 746). Destruktivität ist eine Möglichkeitsform menschlicher Freiheit, was die Faszination jener ›schaudernden Bewunderung‹ erklärt, mit der das Sujet des erhabenen Verbrechers in den tragödientheoretischen Schriften Schillers gefeiert wird, insofern gerade der Lasterhafte das Prinzip der Natur angesichts der ihn als Sinnenwesen bedrohenden Strafe aufs Spiel setzt und die böse Tat frei wählt (vgl. SW 5, 531ff.) – wie einst die Ureltern.

Entwertung des mütterlichen Hauses der Natur

Immer, wenn Schiller nicht gegenwartskritisch, sondern historisch bzw. geschichtsphilosophisch argumentiert, sieht er sich genötigt, Rousseaus ›Stimme‹ aus dem Wege zu räumen. Wie im 10. ästhetischen Brief, in dem gegen die Empirie einer entfremdeten Moderne, die der bekannte 6. Brief gut rousseauistisch noch gegeißelt hatte, das Heilmittel einer transzendental begründeten ästhetischen Erziehung beschritten und sich gegen Rousseaus (und Platons) »achtungswürdige Stimmen« (Schiller 1795/1967, 107) verwahrt wird, geht Schiller auch in der Abhandlung *Über naive und sentimentalische Dichtung* (1795/96) gegenüber dem »empfindsame[n] Freund der Natur« (SW 5, 708) auf Distanz. Dem ›Zurück zur Natur‹ wird ein entschiedenes ›Ja zur Kultur‹ entgegengestellt, weil erst aus der Entfremdung das »Prärogativ unserer Vernunft« (ebd., 707) erwächst. Schiller übernimmt zwar von Rousseau den Begriff der *raison* als einer trennenden und auflösenden Kraft, nicht jedoch die damit verbundene negative Historik. Wenn es zwischen Natur und Kultur abzuwägen gilt, macht Schiller gegen Rousseau Front. Nur im Blick auf die miserable Gegenwart stimmt Schiller mit der Kulturkritik Rousseaus überein. Solange Schiller innerhalb eines die *Querelle des Anciens et des Modernes* adaptierenden Schemas, dichotomisch die beiden Epochen entgegensetzt, steht er auf der Seite des Genfer Bürgers und spielt – freilich mit einem ›gelifteten‹ Naturbegriff, der alles Unreine daraus eliminiert hat – Natur gegen Kunst bzw. Kultur aus. Sobald er jedoch das zweistellige, kulturkritische Schema zugunsten eines geschichtsphilosophischen Modells verlässt, kippen die bis dahin gültigen Vorzeichen: Der Naturbegriff wird geschwärzt und aus Entfremdung springt Freiheit.

Einen solchen Vorzeichenwechsel verdeutlicht die Analyse zweier Szenen, die durch die Anrufung des ›empfindsamen Freundes‹ getrennt sind, im Hinblick auf ihre Familien-, Raum- und Zeitmetaphorik. Der vorausgehend geschilderte Naturzustand wird mit mütterlicher Geborgenheit, schwesterlichem Glück, Glückseligkeit und Vollkommenheit assoziiert, mag er auch unvernünftig und der Notwendigkeit unterworfen sein. Der Kulturzustand wird dagegen zwar mit Freiheit verbunden, zugleich aber auch mit Unglück, Drangsal und Fremde konnotiert. Die Kinder, erwachsen geworden, haben das ›mütterliche Haus‹ verlassen und hören im »Ausland der Kunst der Mutter rührende Stimme«. Mit diesem Familienbild umschreibt Schiller den sentimentalischen Blick zurück, der die Natur naiv färbt (ebd., 707 f.). Mit der Anrufung Rousseaus wechseln die Vorzeichen, weil die Entgegensetzung von Natur und Kunst um ein Ideal erweitert wird. Die Einheit der Natur entpuppt sich als Einförmigkeit, ihre Ruhe als Stillstand und Trägheit. Zwar bleibt das Bild der Kultur in dunkle Farben getaucht (Knechtschaft, Anarchie, Verwirrung, Ungleichheit, Missbrauch, Unsicherheit, Ekel etc.; vgl. ebd., 708), jedoch bildet die »*Naturwidrigkeit*« (ebd., 710) der Verhältnisse jetzt die Möglichkeitsbedingung der Freiheit. Deswegen ist die Natur für Schiller auch »keiner Achtung, keiner Sehnsucht wert« (ebd., 708) – Achtung gebührt ausschließlich dem Sittengesetz und dessen zukünftiger Verwirklichung.

Den Abschluss dieses ›Anrufungsabschnitts‹ krönt der dialektische Schritt von der Notwendigkeit der Natur über die Freiheit der Kunst zur Göttlichkeit des Ideals. Die Temporalisierung öffnet die Zukunft, schwärzt die Natur und söhnt mit den Übeln der Kultur aus: »Laß dir«, lautet das Fazit gegenüber dem empfindsamen Freund der Natur, »nicht mehr einfallen, mit ihr *tauschen* zu wollen, aber nimm sie in dich auf und strebe, ihren unendlichen Vorzug [d.i. Vollkommenheit, Glückseligkeit, Einheit u. Ä.] mit deinem eigenen unendlichen Prägorativ zu vermählen, und aus beidem das Göttliche zu erzeugen« (ebd., 709). Das ist der Dreischritt, der gegenüber Rousseaus Kulturkritik in die Philosophie des 19. Jahrhunderts führt.

Wie der Tragiker, der versucht ist, sich »mit dem Übel auszusöhnen«, dem er die Erfahrung des Sittengesetzes verdankt (ebd., 365), ist der Geschichtsphilosoph bereit, sich »allen *Übeln* der Kultur [...] mit freyer Resignation« zu unterwerfen, denn sie sind unhintergehbare Ermöglichungsbedingungen bzw. wie es irritierend heißt: »Naturbedingungen« der Freiheit (ebd., 708).

Künstliche Polypennatur und die Freiheit von Schein, Putz und Spiel

Ähnlich – an Kants *Idee zu einer allgemeinen Geschichte in weltbürgerlicher Absicht* (1784) orientiert, in der der Antagonismus ›ungeselliger Geselligkeit‹ Geschichtsmotor ist – argumentiert Schiller in den ästhetischen Briefen mit dem Eingeständnis, dass nur die ›Zerstückelung des Individuums‹ den ›Fortschritt der Gattung‹ gewährt (Schiller 1795/1967, 94). *In nuce* ist es auch hier eine Theodizeefigur, die aus dem »Antagonismus der Kräfte [...] das große Instrument der Kultur« macht (ebd., 95). Was das Individuum in den Irrtum, führt die Gattung zur Wahrheit.

Die ganze Programmatik der ästhetischen Briefe (1795) lebt von der Ambivalenz des Kulturbegriffs Schillers. Es ist die Kultur, die in der Moderne den Menschen die »Wunde« der Entfremdung schlug, sie entzweite, zerstückte, zerrüttete, auseinanderriss, in Bruchstücke fragmentierte etc. Schiller wird nicht müde, immer neue Metaphern für den arbeitsteiligen Zustand zu finden, den der erste *Discours* angeprangert hatte (»Wir haben Physiker, Geometer, Chemiker, Astronomen, Poeten, Musiker, Maler, aber wir haben keine Bürger mehr«; Rousseau 1755/ ^{3}1978, 47) und der auch in späterer Literatur, z. B. bei Friedrich Hölderlin im *Hyperion* (1797/99) oder beim frühen Karl Marx, topisch geworden ist. Gegenübergestellt ist der arbeitsteiligen Moderne die »Polypennatur« (Schiller 1795/1967, 92) der griechischen Polis, womit Schiller im Blick auf die 1744 von Abraham Trembley gemachte Entdeckung, dass der Polyp Hydra in Stücke zerschnitten nicht stirbt, sondern sich aus den Einzelteilen zu reproduzieren vermag, das Kunststück gelingen lässt, dass der antike Mann Individuum und Gattung *zugleich* war. Da diese Einheit kulturgeschichtlich, d.h. durch die Geschichte des menschlichen Kulturfortschritts auseinandergetreten ist, will – das bezeichnet das Programm der ästhetischen Erziehung – Schiller »diese Totalität [...], welche die Kunst zerstört hat, durch eine höhere Kunst wieder herstellen« (ebd., 96). Das Programm einer »reifere[n] Kultur« [...], welche [...] den *ganzen Menschen* in uns wieder herstellt« (SW 5, 971), war bereits in der Bürger-Rezension (1791) aufgestellt worden. Die homöopathische Kur, die fragmentierte Kultur der Moderne mit einer ›höheren Kunst‹, d.h. mit dem »Werkzeug« der schönen Kunst (Schiller 1795/1967, 101) zu therapieren, führt Schiller freilich in die Bredouille, sein Werkzeug, das ja durch Rousseaus ersten *Discours* im allgemeinen und durch seinen *Brief an d'Alembert über die Schauspiele* (1758) im besonderen gänzlich in Misskredit gebracht worden war (vgl. Zelle 2009), umständlich im 10. ästhetischen Brief zu legitimieren und von einer empirischen auf eine transzendentale Argumentation umzuschalten, die einen reinen Vernunftbegriff des Schönen destilliert (vgl. Zelle 2005).

Zugleich wird durch diesen Schritt der »Reflexionsmodus« (Bollenbeck 2007, 13) der Kulturkritik verlassen und dadurch Raum zugunsten wertvoller kulturanthropologischer Beobachtungen gewonnen, z.B. über die Bedeutung protoästhetischer Phänomene wie »die Freude am *Schein*, die Neigung zum *Putz* und zum *Spiele*« (Schiller 1795/1967, 174), die einen entscheidenden Schritt in der Menschheitsgeschichte indizieren, insofern sie die Stufe markieren, an dem die Menschheit kulturgeschichtlich aus dem Reich der Notwendigkeit in das Reich der Freiheit, d.h. aus dem Naturzwang heraustritt. Die drei genannten ästhetischen Schwellenphänomene sind Anzeichen »einer totalen Revolution« bzw. »Umwälzung« der Empfindungsweise, Austritt aus dem Naturzustand und eigentlicher »Eintritt« und »Anfang« der Menschheit (26. und 27. ästhetischer Brief). Die Interpretation des Sündenfalls wird hier kulturanthropologisch machtvoll verallgemeinert. Gefasst wird die Differenz, auf die solche »Spuren« des Ästhetischen weisen, in der Bildlichkeit von »Kreis« und »Bahn« (ebd., 180). Mit Putz, Spiel und Schein, d.h. ersten Versuchen zur »*Verschönerung*« des Daseins – Phänomene, die für einen platonisch inspirierten Rousseauismus Anathema sind –, verlässt der Mensch die Roheit des »tierische[n] Kreis[es]« und betritt die geschichtliche »Bahn« bzw. den historischen »Weg« in Richtung auf das Ideal eines moralischen Zustands (ebd.).

Die Umwälzung, die Schiller thematisiert, ist von späteren Anthropologen als »*Inversion der Antriebsrichtung*« (Gehlen 1950, 59) bezeichnet worden, denn mit solchen Keimformen ästhetischen Verhaltens findet eine »Entlastung vom Bedürfnisdruck, ein wenigstens vorübergehendes Ruhen der Not und des Dranges« (ebd., 58) statt. Die Kultur erscheint in diesem anthropologischen Modell als der kategoriale »›Sprung‹«, der durch einen »Hiatus« entsteht (ebd., 55f.), der sich zwischen das Bedürfnis und dessen Erfüllung schiebt und dadurch das System Auge/Hand/Sprache entlastet.

Damit hat sich der Kreis geschlossen. Von der Umwertung des Sündenfalls und der Entwertung des Hauses der Natur bis zum Programm einer künstlichen Polypennatur – immer ist es der Sprung in die Kultur, nach dem das antirousseauistische Denken des Kulturphilosophen Schiller trachtet.

Literatur

Bollenbeck, Georg: Die konstitutive Funktion der Kulturkritik für Schillers Briefe über die ästhetische Erziehung. In: *Euphorion* 99, H. 1/2 (2005), 213–241.

–: Von der Universalgeschichte zur Kulturkritik. In: *Friedrich Schiller. Der unterschätzte Klassiker.* Hg. von Georg Bollenbeck und Lothar Ehrlich. Köln/Weimar/Wien 2007, 11–26.

Eibl, Karl: *Animal Poeta. Bausteine der biologischen Kultur- und Literaturtheorie.* Paderborn 2004.

Gehlen, Arnold: Über einige Kategorien des entlastenden, zumal ästhetischen Verhaltens. In: *Studium Generale* 3, H. 1 (1950) 54–60.

Hofmann, Michael: *Schiller. Epoche – Werke – Wirkung.* München 2003.

Lyotard, Jean-François: *Die Moderne redigieren.* Bern 1988.

Marcuse, Herbert: *Triebstruktur und Gesellschaft. Ein philosophischer Beitrag zu Sigmund Freud.* Frankfurt a.M. 1987 (engl. 1955).

Plumpe, Gerhard: *Ästhetische Kommunikation der Moderne.* Bd. 1: *Von Kant bis Hegel.* Opladen 1993.

Riedel, Wolfgang: *Die Anthropologie des jungen Schiller.* Würzburg 1985.

Rousseau, Jean-Jacques: *Schriften zur Kulturkritik. Die zwei Diskurse von 1750 und 1755.* Französisch-Deutsch. Hg. von Kurt Weigand. Hamburg [3]1978.

Schiller, Friedrich: *Sämtliche Werke.* 5 Bde. Hg. von Gerhard Fricke und Herbert G. Göpfert. München/Darmstadt [7]1980/84 [SW].

–: *Über die ästhetische Erziehung des Menschen. Briefe an den Augustenburger, Ankündigung der »Horen« und letzte, verbesserte Fassung* [1795]. Hg. von Wolfhart Henckmann. München 1967.

Zelle, Carsten: *Die Doppelte Ästhetik der Moderne. Revisionen des Schönen von Boileau bis Nietzsche.* Stuttgart/Weimar 1995.

–: Über die ästhetische Erziehung des Menschen in einer Reihe von Briefen (1795) [und über weitere »Theoreti-

sche Schriften«]. In: *Schiller-Handbuch. Leben – Werk – Wirkung.* Hg. von Matthias Luserke-Jaqui. Stuttgart/Weimar 2005, 409–445 [und pass.].
–: ›Querelle du Théâtre‹ – literarische Legitimationsdiskurse (Gottsched – Schiller – Sulzer). In: *German Life and Letters* 62, H. 1 (2009), 21–38.

Carsten Zelle

6. Georg Wilhelm Friedrich Hegel

Der im August 1770 geborene Hegel ist erst recht spät mit eigenen Publikationen an die Öffentlichkeit getreten. Aus der Zeit bis 1801 sind nur handschriftliche Manuskripte, zudem unvollständig, überliefert. Orientiert an der Einheit von Staat und Religion bei den Griechen, begeistert vor allem von der Französischen Revolution, ging es Hegel zunächst besonders um die Bedingungen der Möglichkeit von Freiheit und um die Verwirklichung der ethischen Prinzipien Kants in der Gesellschaft, was ihm nur möglich erschien mittels der Konstituierung einer neuen, in Opposition zu der christlichen Dogmatik der Zeit konzipierten »Volksreligion«, so die 1795/96 in Bern entstandene Schrift über die *Positivität der christlichen Religion.* Hegel erweist sich hier, ebenso wie in der Evangelienharmonie *Das Leben Jesu,* die Jesus als tätigen Aufklärer zeigt, deutlich als Kantianer.

In seiner frühen Religionsphilosophie nahm Hegel Positionen des Junghegelianismus vorweg. Hegels religiöse, philosophische und politische Publizistik wollte bis zur Jahrhundertwende nichts anderes leisten als einen Beitrag zur Nationalerziehung. In Frankfurt am Main suchte Hegel unter dem Einfluss Hölderlins die »schöne Religion« mittels einer spekulativ-spinozistischen Uminterpretation der Botschaft des Neuen Testaments (*Der Geist des Christentums und sein Schicksal,* entstanden 1798/99). Seine Position blieb nicht rein theoretisch: Mit einer Flugschrift suchte er 1798 in den Württembergischen Verfassungsstreit einzugreifen und stellte ihr weitere politische und ökonomische Studien zur Seite (so die Übersetzung der 1793 als Streitschrift erschienenen *Vertrauliche[n] Briefe über das vormalige staatsrechtliche Verhältnis des Waadtlandes zur Stadt Bern* von Jean J. Cart). Aus umfangreichen naturphilosophischen Studien stellte Hegel 1801 seine Habilitationsschrift *Dissertatio de orbitis planetarum* zusammen, in der er versuchte, aus der Definition des Begriffs der Materie die logischen Konstituenten für einen Begriff vom Sonnensystem anzugeben. Hegels erste philosophische Publikation über die *Differenz des Fichteschen und Schellingschen Systems der Philosophie* (1801) entwickelt eine Kritik an der Reflexionsphilosophie Kants, Jacobis und Fichtes.

In Fortführung des Ansatzes von Fichtes Wissenschaftslehre ist es das Anliegen der Hegelschen Philosophie, die Gedanken, die sich bereits in der Geschichte des Denkens herausgebildet haben, zur

Klarheit über sich selbst zu bringen, d. h. in ein System zu fassen. Die Philosophie kann nach Hegel aber nur in die Form des Systems gelangen, wenn sie dialektisch ist. Erst die richtige Methode vermag die Erfahrungsinhalte in den Blick zu bringen. Philosophie wird bestimmt als *denkende* Betrachtung der Gegenstände; ihren Inhalt hat sie mit Sittlichkeit und Religion gemeinsam. – Seit dem Ende der Frankfurter Zeit war es Hegels Ziel, das ›Ideal seines Jünglingsalters‹ in einem System darzustellen. Voraussetzung war die Wende zu einer spekulativen ›Metaphysik des Absoluten‹ in den Jahren 1801 bis 1803. Der ursprüngliche Systemplan sah Phänomenologie, Logik, Naturphilosophie und Geistphilosophie vor. In Jena entstand dann die *Phänomenologie des Geistes* (1807), die ihre Aufgabe als erster Systemteil (Einleitung in die Logik) bereits in Nürnberg an die *Wissenschaft der Logik* (1812–16) verlor. Sie rekonstruiert die menschliche Wissensbildung methodisch als Stufengang: 1. Stufe: elementare Ausprägung der individuellen Welterfahrung (›Bewusstsein‹); 2. Stufe: die individuelle Selbsterfahrung (›Selbstbewusstsein‹) an anderem Selbstbewusstsein; 3. Stufe: die begreifende Rekonstruktion gattungsgeschichtlich vermittelter Bildungsprozesse (›begriffene Geschichte‹).

Inhalt der *Wissenschaft der Logik* sind die reinen Denkbestimmungen; sie vollzieht so die begriffliche Grundlegung für das Gesamtsystem. Hegel entwickelt dialektisch die Begrifflichkeit der tradierten Metaphysik und unterwirft die herkömmliche Logik einer dialektischen Rekonstruktion. Eine eigenständige Naturphilosophie hat Hegel dann nicht geschrieben, sondern 1817 in Heidelberg die *Encyclopädie der philosophischen Wissenschaften* (erweitert 1827 und 1830) verfasst, die – als erstmalige Darstellung seines geschlossenen Systems – zum Grundbuch seiner Lehre wurde. Die Philosophie des subjektiven, objektiven und absoluten Geistes insgesamt stellt dar, wie der Geist aus der Natur zu sich selbst zurückkehrt. Im ›subjektiven Geist‹ wird das, was der Geist überhaupt ist, als Beziehung auf sich selbst für das Subjekt behandelt; gezeigt wird, wie der einzelne Mensch in den Formen der Sittlichkeit lebt. Im ›objektiven Geist‹ hat der Geist seine Freiheit als Notwendigkeit in eben diesen sittlichen Formen (Familie, bürgerliche Gesellschaft, Staat). In der Natur existieren die Stufen der Entwicklung jeweils als etwas Besonderes, im ›absoluten Geist‹ dagegen sind die unteren Stufen nur Momente an den höheren (so die Anschauung in der Kunst, die Vorstellung in der Religion, der Begriff in der Philosophie).

Für die Philosophie des objektiven Geistes, die Rechtsphilosophie, reichten ihm jene Ausführungen nicht, weshalb er 1821 ein eigenständiges Kompendium veröffentlichte (*Grundlinien der Philosophie des Rechts*, auch unter dem Titel *Naturrecht und Staatswissenschaft im Grundrisse*). Hegel fragt hier – in Fortführung von Gedanken aus seiner im Winter 1817/18 in den *Heidelberger Jahrbüchern* veröffentlichten Kritik an den Württembergischen Landständen – nach den maßgeblichen Institutionen der Sittlichkeit und nach der Möglichkeit ihrer Ableitung aus dem metaphysischen Prinzip der Freiheit. Das ›abstrakte Recht‹ rekonstruiert Hegel als Normensystem, das den über ›Sachen‹ (›Eigentum‹) sich herstellenden Interaktionen zugrunde liegt. Besondere Bedeutung kommt Hegels Bestimmung der ›bürgerlichen Gesellschaft‹ zu. Hegel definiert sie als wildwüchsig sich unter dem ›Prinzip der Besonderheit‹ herstellende und stehende allgemeine Lebensform, die die Bedürfnisbefriedigung zusammenfasst (›System der Bedürfnisse‹). Sie bildet eine positive Organisation aus (›Rechtspflege‹), deren Zweck die Erhaltung dieser Lebensform ist. Das Auseinanderbrechen der Gesellschaft im Klassengegensatz wird durch gesellschaftliche Institutionen, vor allem aber durch den ›Staat‹, aufgehalten. Den modernen Staat begreift Hegel als Realisat von Freiheit. Er ist die Instanz, in der das Gattungsleben der Menschen seine höchste und nicht mehr überschreitbare Form erhalten hat. Er ist sich selbst als Zweck auszeichnendes allgemeines Leben (›absolute Freiheit‹). Hegel vertritt in der Rechtsphilosophie einen konstitutionell-monarchisch geprägten Liberalismus. Die 1822 begonnenen Berliner *Vorlesungen über die Philosophie der Weltgeschichte* gehören ihrer ursprünglichen Konzeption nach noch zur Rechtsphilosophie. Hegel begreift die Geschichtsphilosophie unter dem methodischen Aspekt, dass es in ihr vernünftig zugegangen sei. Geschichte wird hier definiert als der Prozess, in dem der Geist in der Zeit sich eigens zu dem macht, was er ist, oder als ›Fortschritt im Bewusstsein der Freiheit‹. Die Ausbildung des Geschichtsbewusstseins ist wohl Hegels bleibende Leistung, was auch die *Vorlesungen über die Geschichte der Philosophie* dokumentieren, in denen Hegel sein eigenes System innerhalb der abendländischen Philosophiegeschichte seit den Griechen als deren Synthese verortet. Die *Vorlesungen über die Philosophie der Religion* stellen *die* Geschichte der menschlichen Vorstellungen von der Freiheit dar. Die Religionsphilosophie hat drei Abteilungen: den Begriff der Religion, die unterschiedlichen geschichtlichen Religionen und die christliche Religion als die ›absolute‹ Religion, d. h. als Synthese aller bisherigen geschichtlichen Erscheinungsformen von Religion.

In den zwischen 1820 und 1829 gehaltenen *Vorlesungen über die Ästhetik* entfaltet Hegel seine Metaphysik des Schönen (als ›sinnliches Scheinen der Idee‹) zugleich geschichtlich (in der berühmten Lehre von der symbolischen, klassischen und romantischen Kunstform). Ein System der Künste beschließt die Darstellung. – Bedeutsam sind neben den Kollegs die großen Besprechungen in den *Jahrbüchern*. Hegels letzte Schrift *Über die englische Reformbill* (1831) entstand in Auseinandersetzung mit der französischen Julirevolution und der belgischen Revolution (1830) und unterzieht den politisch-gesellschaftlichen Zustand Englands im Bewusstsein einer möglichen Revolution einer scharfen Kritik.

Hegel entwickelt eine spezifische Methode zur Erkenntnis der Struktur der Sachen, die allgemeine Dialektik. Sie ist allein in der Logik begründet; in den Realphilosophien erfährt sie nur ihre Spezifikation. Die Leistung dieser Methode besteht darin, dass der reale Widerstreit als logischer Widerspruch begriffen und aufgelöst werden kann. Kernstück der Dialektik ist die (erstmals 1804/05 entwickelte) Konzeption der ›bestimmten Negation‹: Auf die einfache Allgemeinheit folgen zwei Besonderheiten ein und desselben Allgemeinen, die in Gegensatz zueinander stehen (›erste Negation‹). Die Sphäre der Antinomie wird dann in einem dritten Schritt selbst negiert, als ›aufgehoben‹ gedacht in einer Negation der Negation, die eine Rückkehr zur Allgemeinheit ist, allerdings zu einer jetzt konkreten, entwickelten Allgemeinheit als Einheit des Widerspruchs der ihr immanenten Bestimmtheiten (daher ›*bestimmte* Negation‹). Die Dialektik ist nach Hegel Einheit von analytischer und synthetischer Methode und auch (als Angabe der Bewegung des Denkens nach seinen immanenten Gesetzen) Einheit von Inhalt und Form. Hegel unterscheidet drei Grundformen: die Dialektik des Seins (das Übergehen), die Dialektik des Wesens (das Scheinen im Anderen), die Dialektik des Begriffs (die Entwicklung). Die Konzeption der Dialektik ist eine idealistische und eine metaphysische; man kann von dieser Konzeption nicht abstrahieren, wenn man die Dialektik als Methode anwenden will.

Hegel ist kein Kulturphilosoph (höchstens in seiner Jugendzeit, wenn er unter dem Titel ›Religion‹ so etwas wie kulturelle Rahmenbedingungen der Gesellschaft diskutiert), aber die Hegelrezeption (insbesondere die um 1900: Richard Kroner, Wilhelm Windelband) hat diese Lesart sehr begünstigt. Hegel selbst gebrauchte den Terminus ›Kultur‹ so gut wie nicht (vgl. Arndt/Zovko 2010, 83), schon gar nicht in einem prägnanten Sinne. Aber Hegel gehört »zu denjenigen Denkern, die das Verhältnis von Staat und Kultur der Sache nach verhandelt und neu bestimmt haben« (ebd., 7). Statt von Kultur spricht Hegel von ›Sittlichkeit‹ (einschließlich Recht und Moralität), dessen höchste Stufe der Staat ist (vgl. ebd., 58). Als Kulturphilosophie gilt deshalb manchen heute Hegels Philosophie des objektiven und subjektiven Geistes. Mit der »dialektische[n] Bildungskonzeption« der *Phänomenologie des Geistes* offenbare Hegels Geistkonzept ein »holistisches Kulturverständnis« (Schnädelbach 2008, 199 u. 201). Die Gestalten des Geistes sind gesellschaftlich-kulturelle Formationen. Von den Theoretikern der sogenannten Geisteswissenschaften wie Droysen und Dilthey ist genau dies zur Rekonstruktion der geschichtlichen Welt aufgenommen und weiterentwickelt worden. Die völkerpsychologische Kulturwissenschaft hat an einen »semantisch entschlackten Begriff des objektiven Geistes« angeknüpft und ihn sprachphilosophisch reformuliert (Westerkamp 2008, 285), was sich zum Beispiel an Lazarus' Typologie der fünf Verkörperungen des objektiven Geistes ablesen lässt (vgl. ebd., 288 ff.). Schließlich wird innerhalb der Diskussion der Wirkungsgeschichte der Hegelschen Ästhetik auf die kulturpolitischen Impulse der Hegelschule für die »Umgestaltung Berlins zur Hauptstadt des neuen Preußen« (Pöggeler/Gethmann-Siefert 1983, XII) aufmerksam gemacht.

Mit Hegel kommt die an Kant anschließende, sich an Systemgesichtspunkten orientierende idealistische Philosophie zu ihrem Abschluss. Unter Beibehaltung aufklärerischer Positionen versuchte Hegels historische Betrachtungsweise, die tradierte Metaphysik, die modernen naturwissenschaftlichen Methoden, das moderne Naturrecht und die Theorien der bürgerlichen Gesellschaft im Blick auf die gegenwärtige Welt in einem System identitätsphilosophisch zu vereinigen.

Literatur

Arndt, Andreas/Jure Zovko (Hg.): *Staat und Kultur bei Hegel.* Berlin 2010.

Hartung, Gerald: Noch eine Erbschaft Hegels. Der geistesgeschichtliche Kontext der Kulturphilosophie. In: *Philosophisches Jahrbuch* 113 (2006), 382–396.

Hegel, Georg Wilhelm Friedrich: *Gesammelte Werke.* Hg. von der Nordrhein-Westfälischen Akademie der Wissenschaften. Hamburg 1968 ff.

–: *Werke. Theorie Werkausgabe.* Red. von Eva Moldenhauer und Karl Markus Michel. Frankfurt a. M. 1970.
Helferich, Christoph: *G. W. Fr. Hegel.* Stuttgart 1979.
Henrich, Dieter: *Hegel im Kontext.* Frankfurt a. M. 1988.
Hösle, Vittorio: *Hegels System.* Hamburg 1998.
Jaeschke, Walter: *Hegel-Handbuch. Leben – Werk – Wirkung.* Stuttgart 2003.
Kersting, Wolfgang: Die Wirklichkeit des Sittlichen. Hegels Kritik der Moralphilosophie. In: *Zeitschrift für Kulturphilosophie* 2 (2008), 209–234.
Liebrucks, Bruno: Gibt es bei Hegel eine Philosophie der Kultur? In: *Naturplan und Verfallskritik. Zu Begriff und Geschichte der Kultur.* Hg. von Helmut Brackert und Fritz Wefelmeyer. Frankfurt a. M. 1984, 148–179.
Schnädelbach, Herbert: Geist als Kultur? Über Möglichkeiten und Grenzen einer kulturtheoretischen Deutung von Hegels Philosophie des Geistes. In: *Zeitschrift für Kulturphilosophie* 2 (2008), 187–207.
Pöggeler, Otto/Gethmann-Siefert, Annemarie (Hg): *Kunsterfahrung und Kulturpolitik im Berlin Hegels.* Bonn 1983.
Westerkamp, Dirk: Sprache, objektiver Geist und kulturelles Gedächtnis. In: *Zeitschrift für Kulturphilosophie* 2 (2008), 279–304.

Christoph Jamme

7. Friedrich Nietzsche

Das Etikett des »Kulturphilosophen« bekam Friedrich Nietzsche (1844–1900) noch zu Lebzeiten angeheftet, nämlich als nach Eintreten seiner geistigen Umnachtung die erste große Welle seiner Rezeption einsetzte (z. B. Riehl 1898, 73; »culturphilosophisch« bei Andreas-Salomé 1894, 59). Darin spiegelt sich einerseits eine gewisse Verlegenheit, Nietzsches extravagantes Denken in landläufige Raster der Philosophiegeschichtsschreibung einzupassen. Andererseits trifft die Bezeichnung zweifellos ein Kerngebiet dieses Denkens: Das Schlagwort ›Kultur‹ nahm bereits in Nietzsches ersten Werken einen prominenten Platz ein und behielt diesen Platz bis zu seinen letzten Werken bei – so sehr sich das unter diesem Schlagwort Gefasste im Laufe der Zeit auch verändert haben mag.

Der frühe Nietzsche huldigte der Vorstellung einer idealen Einheitskultur, die er gegen den zeitgenössischen Dünkel ins Feld führt, mit dem deutschen Sieg gegen Frankreich 1870/71 sei auch ein kultureller Sieg errungen. Als Garant für die angestrebte kulturelle Erneuerung galt ihm Richard Wagner, unter dessen Ägide er eine kulturelle Blüte heraufziehen sah, die der archaisch-griechischen Kultur ebenbürtig zu werden versprach. In der ersten *Unzeitgemässen Betrachtung* gegen David Friedrich Strauß wurde als Voraussetzung wahrer Kultur eine »Einheit des Stils« (KSA 1, 165) namhaft gemacht.

Mit der Abkehr von Wagner wich die kulturelle Einheitsidee in Nietzsches Schriften der späten 1870er Jahre allmählich einem pluralistischen Kulturverständnis, ohne jedoch ganz zu verschwinden. Kulturen tauchten jetzt in der Mehrzahl auf; der Gegenwart wurde in *Menschliches, Allzumenschliches* keine rigide Vereinheitlichung verordnet, sondern sie erhielt ein Eigenrecht als »Zeitalter der Vergleichung« zugesprochen: »Ein solches Zeitalter bekommt seine Bedeutung dadurch, dass in ihm die verschiedenen Weltbetrachtungen, Sitten, Culturen verglichen und neben einander durchlebt werden können« (KSA 2, 44). Daraus folgt freilich nicht, dass sich Nietzsche zum liberal-toleranten Demokraten gewandelt hätte, der der kulturellen Entdifferenzierung das Wort redete: Kulturaristokratismus bleibt auch in diesen mittleren Schaffensjahren ein dominantes Motiv. Mit der komparativen Methode, zu der sich Nietzsche u. a. von der ethnographischen Literatur seiner Zeit inspirieren ließ (vgl. Orsucci 1996), bekam er ein Instrument an die Hand, seine Kulturkritik neu zu formieren und die Froschperspektive der frühen Jahre abzustreifen: Den schon 1872/73 formulierten Anspruch: »*Der Philosoph als Arzt der Cultur*« (KSA 7, 545, vgl. 2, 634 f.) behielt er stets bei, insofern er sich selbst die entsprechende diagnostische und therapeutische Kompetenz zuschrieb. Zugleich aber unterwarf er die Philosophie in ihrer intellektualistisch-asketischen Ausprägung einer grundlegenden Kritik, die diese Philosophie unter Verdacht stellte, selbst keine kulturmedizinische Macht, sondern vielmehr eine kulturpathologische Erscheinung zu sein.

Sokrates, auf dessen seelentherapeutisches Selbstverständnis Nietzsche mit seinen kulturmedizinischen Ansprüchen zurückgriff, galt bereits in der *Geburt der Tragödie* (1872) als Verfallsfigur der in der Tragödie repräsentierten, griechischen Hochkultur – und zwar wegen seines theoretischen Optimismus. Eine ähnlich negative Diagnose stellte 1888 die *Götzen-Dämmerung*, jedoch mit dem Unterschied, dass nun Sokrates' verheerende Auswirkung auf die Kultur nicht in seinem Optimismus, sondern vielmehr in seinem Pessimismus, in seiner hinter der Dialektik versteckten Lebensverneinung gesehen wurde. Sokrates erschien als individuelle Repräsentation einer dekadenten Kultur: Das Athen des 5. vorchristlichen Jahrhunderts wurde so dem (laut Nietzsche) *décadence*-bestimmten Europa des 19. nachchristlichen Jahrhunderts angenähert; Sokrates' ursprüngliche Aufgabe eines Arztes der Kultur übernahm Nietzsche nun selbst, indem er zur Kulturregeneration eine radikale »Umwerthung aller Werthe« ins Auge fasste (ein geplantes Buch unter diesem Titel mündete schließlich in das Werk *Der Antichrist* von 1888). Dabei sollte die Lebensorientierung der Kultur, die unter den herrschend gewordenen, asketischen Idealen verlorengegangen sei, wieder hergestellt werden. Nietzsche sah sich – symbolisch ausgedrückt in der aus der Einsamkeit zu den Menschen zurückkehrenden Kunstfigur Zarathustra – mehr und mehr nicht nur in der Rolle des Kulturarztes, sondern des Kulturbringers, ja des Kulturschöpfers.

Kurzum: Nietzsche beschritt in den knapp zwei Jahrzehnten seiner philosophischen Schriftstellerei den Weg von der Normativität einer großen, alten Kultur (der archaisch-griechischen) und von der Selbstvergewisserung als Reformator der gegenwärtigen Kultur über die Pluralisierung und Distanzierung von Kultur mittels Kultur*en*vergleich zum Versuch einer Neugründung von Kultur durch eine »Umwerthung aller Werthe«. In kulturphilosophischer Hinsicht lässt sich Nietzsches Denkweg also als Radikalisierung beschreiben, nämlich des frühen Projekts in der Wagner-Nachfolge, der Reformation und Vereinheitlichung von Kultur. Dieses Projekt erwies sich als ungenügend (und der frühe Meister Wagner als schlimmer *décadent*): Fortan stand nichts weniger als die Neuerschaffung von Kultur – verstanden als Inbegriff des von Menschen Gestaltbaren – auf der Tagesordnung.

Die unterschiedlichen Phasen in Nietzsches Praxis kulturellen Philosophierens – seine Angebote zu einer Theorie kulturellen Philosophierens sind spärlich – sollen nun etwas genauer beleuchtet werden.

Kulturreformation, Kulturvereinheitlichung und Sklaverei

Will man Nietzsches frühes Kulturdenken angemessen würdigen, lohnt sich ein Blick auf seine Schriften im Übergang von der Philologie zur Philosophie. Aufschlussreich ist beispielsweise die unter dem Titel *Homer und die klassische Philologie* 1869 erschienene Basler Antrittsvorlesung. Diesem für Freunde bestimmten Privatdruck ist ein Widmungsgedicht vorangestellt, in dem Nietzsche seine Homer-Verkündigung in Basel mit der Kirche in Konkurrenz sieht: »Und schrei ich laut: Homer! Homer! / So macht das Jedermann Beschwer. / Zur Kirche geht man und nach Haus« (KGW II/1, 248). Im Unterschied zur öffentlich gehaltenen Vorlesung richtete sich der gedruckte Text an eine auserwählte Schar von Mitstreitern. Dies wiederum ist symptomatisch zunächst für Nietzsches frühe Kulturreformpläne – und sollte symptomatisch bleiben bis zu Nietzsches spätem Umwertungsunternehmen: als Agenten des kulturellen Lebens und als deren Erneuerer kommen nur die Angehörigen einer Elite, eines »Klosters für freiere Geister« (Nietzsche 2003, 5, 188; vgl. Treiber 1992) oder »große Individuen« in Frage. Den Erscheinungen der modernen Massenkultur begegnete Nietzsche zeitlebens mit Hohn; Kultur und »Masse« erschienen ihm stets als Widerspruch (vgl. KSA 1, 320). Sein Kulturbegriff ist nicht bloß deskriptiv, sondern stark normativ aufgeladen.

Philologie nun, wie die Basler Antrittsvorlesung die Disziplin exponiert, galt Nietzsche als »Zaubertrank«, »aus den fremdartigsten Säften, Metallen und Knochen zusammen gebraut«: »Sie ist ebenso wohl ein Stück Geschichte als ein Stück Naturwissenschaft als ein Stück Ästhetik [...], weil sie aus der Reihe von Alterthümern heraus das sogenannte ›klassische‹ Alterthum aufstellt, mit dem Anspruche [...] der Gegenwart den Spiegel des Klassischen und Ewigmustergültigen entgegen zu halten« (KGW II/1, 249 f.). Philologie als Konglomerat verschiedenster Elemente barg für den jungen Philologie-Professor das Versprechen, kulturbewahrend, kulturkritisch, kulturerneuernd und kulturnormierend zu wirken. Doch die Hoffnungen, die Nietzsche in die Philologie und ihr kulturelles Potential investierte (vgl. Benne 2005), sollten sich nicht verwirklichen; stattdessen erwies sich bald die Philosophie als geeignetere Kandidatin für die Geschäfte der Kulturbewahrung, der Kulturkritik, der Kulturerneuerung und der Kulturnormierung.

Bei dieser Investitur der Philosophie blieben die aus der Philologie bezogenen Parameter in Kraft; insbesondere die archaisch-griechische Antike war in Nietzsches philosophischem Erstling, der *Geburt der Tragödie*, die dominante kulturelle Norm. Verwirklicht fand er die tragische Kultur in den Werken des Aischylos und des Sophokles – in den Werken Wagners ersehnte er ihre Auferstehung. Tragödie und Mythos hatten bei den Tragikern eine kulturstiftende Einheit gebildet, die Nietzsche in der kulturell tristen Gegenwart vermisste – um desto intensiver eine künftige kulturelle Erneuerung im dramatisch-musikalischen Gesamtkunstwerk zu erträumen. »Ohne Mythus aber geht jede Cultur ihrer gesunden schöpferischen Naturkraft verlustig: erst ein mit Mythen umstellter Horizont schliesst eine ganze Culturbewegung zur Einheit ab« (KSA 1, 145).

Nachlasstexte von 1874 beschwören das Bild der »abgeirrten Cultur«, nämlich jener Kultur, die »das grosse Ziel« preisgegeben (KSA 7, 805) und aufgehört habe, die Kultur an den Bedürfnissen des Lebens anzubinden (vgl. Reschke 2000): »So giebt es eine Art von *abgeirrter Cultur* [...]. Durch sie soll gerade die Aufgabe gelöst werden, die geistigen Kräfte einer Generation so weit zu entbinden, dass sie mit ihnen den bestehenden Institutionen, Staat, Verkehr, Kirche, Gesellschaft, am nützlichsten werden kann: aber nur soweit: wie ein Waldbach durch Dämme und auf Gerüsten theilweise abgeleitet wird, um mit der kleineren Kraft Mühlen zu treiben, während seine volle Kraft die Mühle mit fortreissen würde« (KSA 7, 813 f.). Diese Nachlassnotiz von 1874 zeichnet das Bild einer »in Dienst genommenen, geschwächten und weltfreundlich gewordnen Cultur«, ja einer »missgebrauchten Cultur« (ebd., 814). Die ›eigentliche‹ Kultur definiert sich hier also keineswegs aus ihrem Nutzen für die menschliche Gemeinschaft – ihre Abirrung besteht gerade darin, sich diesem Nutzen dienstbar zu machen. Diese Überlegungen intonieren ein Motiv, das in Nietzsches Kulturdenken zeitlebens dominant blieb, nämlich die schroffe Wendung gegen jede Art von Utilitarismus: Kultur soll nicht den Massen oder der größtmöglichen Zahl zugutekommen, sondern trägt, richtig verstanden, ihren Zweck und ihre Rechtfertigung in sich selbst.

Die konkreten Paradigmen dieser Kultur sind – einmal abgesehen von der griechischen Archaik – hingegen durchaus wandelbar: In der zitierten Notiz von 1874 gilt ausgerechnet das später als kulturfeindliche Macht *par excellence* denunzierte Christentum als »eine der wundervollsten Einzeloffenbarungen und Ausdrucksweisen jener unerschöpflich ausdrucksfähigen weltfeindlichen Cultur«, das der Abirrung anheimgefallen, nämlich in »die Mühlen der Weltmächte« hineingeraten sei (ebd., 814). Hier ist deutlich die Stimme von Nietzsches Freund und wichtigem Gesprächspartner, dem antitheologischen Theologieprofessor Franz Overbeck zu vernehmen, der ein ursprünglich radikal weltabgewandtes Christentum einem Prozess der Verweltlichung ausgesetzt gesehen hat (vgl. Sommer 1997). Das Christentum selbst als Kultur, als eine trotz seiner Weltverleugnungstendenz positive Kulturmacht zu begreifen, würde Nietzsche später hingegen nicht mehr einfallen: Weltverneinung sollte für ihn dann Lebensverneinung implizieren, gleichbedeutend mit Kulturverneinung – obgleich Nietzsche dann die Existenz einer nihilistischen Kulturform, nämlich der *décadence*, nicht wird leugnen können.

Ausnahmegestalten, große Individuen und Innovatoren, die gelegentlich noch unter dem altmodischen Namen ›Genie‹ firmieren, sind es, die in Nietzsches Frühwerk als Gestalter der Kultur in Erscheinung traten. Der Kult, den Nietzsche um die großen Individuen trieb, stellt sich nicht nur der modernen Idee der Massenkultur entgegen, gegen die er polemisierte. Soll das große Individuum ungehindert seinem kulturgestalterischen Geschäft nachgehen können, ist dafür auch die entsprechende sozial-ökonomische Basis zu schaffen. In seiner nachgelassenen Vorrede *Der griechische Staat* von 1871 schien Nietzsche offen für die Sklaverei als Bedingung für kulturelle Höchstleistungen von Genies eintreten zu wollen (vgl. Ruehl 2004): »Demgemäß müssen wir uns dazu verstehen, als grausam klingende Wahrheit hinzustellen, daß *zum Wesen einer Kultur das Sklaventhum gehöre*« (KSA 1, 767). So drastisch hat Nietzsche diese »Wahrheit« freilich in keiner von ihm zum Druck autorisierten Schriften artikuliert; auch ist nicht klar, ob es sich um eine deskriptive oder um eine normative »Wahrheit« handeln soll. Deutlich ist aber, dass sich solche Äußerungen nur schwer mit Hilfe allegorisierender Lesarten, zu denen manche Strömungen der Nietzsche-Forschung neigen, pazifizieren lassen: Nietzsche evozierte die Sklaverei nicht irgendwie metaphorisch, sondern hatte eine harte ökonomisch-politische Realität vor Augen. Selbst wenn man Nietzsche eine explizite Präferenz für eine Sklavenhaltergesellschaft abspricht, blieb bei ihm doch bis ins Spätwerk hinein die Idee leitend, dass (große) Kultur auf einem Fundament der Grausamkeit ruhe.

Pluralität der Kulturen und Kulturenvergleich

Der schon zitierte Aphorismus aus *Menschliches, Allzumenschliches*, der die Gegenwart als »Zeitalter der Vergleichung« charakterisiert, ruft keinen sorglosen Multikulturalismus aus: »Es ist das Zeitalter der Vergleichung! Das ist sein Stolz, – aber billigerweise auch sein Leiden. [...] Vielmehr wollen wir die Aufgabe, welche das Zeitalter uns stellt, so gross verstehen, als wir nur vermögen: so wird uns die Nachwelt darob segnen, – eine Nachwelt, die ebenso sich über die abgeschlossenen originalen Volks-Culturen hinaus weiss, als über die Cultur der Vergleichung, aber auf beide Arten der Cultur als auf verehrungswürdige Alterthümer mit Dankbarkeit zurückblickt« (KSA 2, 44 f.). Die vorweggenommene, offenbar überlegene Zukunft der Kultur wird also sowohl die autochthonen, in sich verkapselten Kulturen der Vergangenheit als auch die Vergleichskultur der Gegenwart überwunden haben. Ob es dann nur eine Weltkultur oder doch noch Kulturenvielfalt geben wird, sagt Nietzsche an dieser Stelle nicht; deutlich ist aber, dass er trotz Kulturenvergleichs die alte Einheitsvision von Kultur nicht ganz preisgibt, sie jetzt aber nicht mehr auf Wagner und eine durch ihn erneuerte deutsche Nationalkultur richtet, sondern ihre Realisierung der »Nachwelt« überlässt (diese »Nachwelt«, nicht die Kultur der Zukunft ist das Subjekt im fraglichen Satz). Dennoch zögert Nietzsche, der später sagen sollte, »einige« würden »posthum geboren« (KSA 6, 167), diese »Nachwelt« schon jetzt vorwegzunehmen und zu dekretieren, welche Kulturformen in ihr sicher nicht mehr vorkommen würden.

Bezeichnenderweise ist der unmittelbar folgende Aphorismus der »*Möglichkeit des Fortschritts*« gewidmet, genauer gesagt, der Möglichkeit, dass »die Menschen [...] mit *Bewusstsein* beschliessen, sich zu einer neuen Cultur fortzuentwickeln« (KSA 2, 45). In sich abgeschlossene, alte Kulturen stünden der Idee des Fortschritts ablehnend gegenüber, denn sie hätten ihre Größe eben schon hinter sich. Ganz anders schätzte Nietzsche offensichtlich das Potential der Gegenwart ein und adaptierte somit gegen die Regressionssehnsucht seines Frühwerks einen Grundgedanken der europäischen Aufklärung des 18. Jahrhunderts, nämlich die Idee eines alle Lebenssphären umgreifenden Fortschrittsgeschehens. *Menschliches, Allzumenschliches* ist ausdrücklich dem Andenken Voltaires gewidmet. Im fraglichen Aphorismus spricht Nietzsche, gegen die zum Dogmatismus neigende Geschichtsphilosophie des Deutschen Idealismus, dem geschichtlichen Fortschritt jedwede Notwendigkeit ab: »es ist voreilig und fast unsinnig, zu glauben, dass der Fortschritt *nothwendig* erfolgen müsse; aber wie könnte man leugnen, dass er möglich sei?« (KSA 2, 45).

In seinem mittleren Werk verteidigt Nietzsche also nicht nur die Pluralität von Kulturen, sondern auch die Möglichkeit kultureller Entwicklung, die nicht als ein Naturgeschehen über die Menschheit käme, sondern von einem Kollektivsubjekt Menschheit »mit Bewusstsein« in die Wege geleitet würde. Wer dabei als Geschäftsführer dieses Kollektivsubjektes agieren soll, bleibt ebenso offen wie die Frage, nach welchen Kriterien und auf welche Ziele hin der Fortschritt zu bewerkstelligen wäre.

Mit der Buntheit und Offenheit der Zukunft konnte sich Nietzsche in diesen Jahren durchaus anfreunden. So schrieb er in einer nachgelassenen Notiz von 1880: »Einem kommenden Zeitalter, welches wir *das bunte* nennen wollen und das viele Experimente des Lebens machen soll, wird eigenthümlich sein: *erstens* die Enthaltung in Bezug auf die letzten Entscheidungen [...]; *zweitens* die Voreingenommenheit gegen alle Sitten und alles nach Art der Sitte Bindende« (KSA 9, 48 f.). Die bunte Zukunftswelt, die Nietzsche in seiner mittleren Schaffensphase projektierte, ist also nicht nur experimentierlustig, sondern auch skeptisch entscheidungsresistent: Wer sollte einen da noch zu »letzten Entscheidungen«, zu einem absolut Bindenden zwingen wollen? In dieser bunten Zukunftswelt scheint eine ganz und gar liberale Kulturvision verwirklicht zu werden – Nietzsche las, allerdings mit Reserve, in diesen Jahren auch John Stuart Mill (vgl. Fornari 2009). Soll jeder nach seiner Façon leben?

Lange gab sich Nietzsche nicht mit dieser friedlichen Aussicht auf kulturelle Buntheit bei gleichzeitigem Entscheidungsverzicht zufrieden. Vielleicht erzwang Angst vor einer um sich greifenden Vermittelmäßigung eine neue Lust an der Entscheidung. Aufschlussreich ist jedenfalls, wie er noch im Nachlass 1887/88 die alte Idee aus *Menschliches Allzumenschliches* aufgreift, »wir« lebten »im Zeitalter der Vergleichung« (KSA 13, 167). Dabei gesteht er zwar zu, dass darin »unser Vorrang« liege, aber es ist keine Rede mehr davon, dass man diese Entwicklung als Fortschritt interpretieren könne oder dass künftig ein Fortschritt ins Haus stehe. »Wir« – das sind die in ihrem Willen erschlafften Meister der Retrospektion: »wir können nachrechnen, wie nie nachgerechnet worden ist: wir sind das Selbstbewußtsein der Historie überhaupt …«. Alles zu verstehen, alles gutzuheißen, ist die Lebensform dieses »Wir« – »es kostet uns Mühe, zu verneinen …«. Der Schlusssatz der Notiz enttarnt dieses »Wir«: »Im Grunde erfüllen wir Gelehrten heute am besten die Lehre Christi – –« (ebd.). Gerade diese »Lehre«, nämlich alles gutzuheißen und sich für alles offen zu zeigen, war bei aller Faszination, die der »Typus des Erlösers« (KSA 6, 199) noch auf den späten Nietzsche ausübte, das, wogegen er seine neue Lust an der Entscheidung, sein dezidiertes Ja- und Nein-Sagen in Stellung brachte. Dann ist nichts mehr zu hören vom »Cultus der Cultur«, den man, wie es in den *Vermischten Meinungen und Sprüchen* des zweiten Teils von *Menschliches, Allzumenschliches* noch geheißen hatte, dem »Cultus des Genius' und der Gewalt […] als Ergänzung und Heilmittel« zur Seite stellen solle (KSA 2, 461). Damals hatte Nietzsche noch gemeint, es sei für die Kultur stets verhängnisvoll gewesen, »wenn Menschen angebetet wurden«. Der »Cultus der Cultur« hätte »gerade dem Stofflichen, Geringen, Niedrigen, Verkannten, Schwachen […] eine verständnissvolle Würdigung und das Zugeständniss, *dass diess Alles nöthig sei*« schenken sollen, »denn der Zusammen- und Fortklang alles Menschlichen, […] eben so sehr das Werk von Cyklopen und Ameisen als von Genie's, soll nicht wieder verloren gehen« (ebd., 461 f.).

Umwertung aller Werte als Kulturerschaffung

Als Nietzsche dazu überging, sich als radikalen Kulturumgestalter zu verstehen, war Buntheit kein positives Qualitätsmerkmal mehr (vgl. KSA, 5, 23 gegen die »Jahrmarkts-Buntheit« heutiger »Philosophaster«). Unter veränderten Vorzeichen nimmt er in *Jenseits von Gut und Böse* 1886 die bereits im Frühwerk virulente Einsicht in den Leidensuntergrund aller Kultur wieder auf: »Fast Alles, was wir ›höhere Cultur‹ nennen, beruht auf der Vergeistigung und Vertiefung der *Grausamkeit* – dies ist mein Satz« (KSA 5, 166). Der »Zusammen- und Fortklang alles Menschlichen« unter möglichst friedlichen Rahmenbedingungen ist gewiss nicht mehr das Ziel, dem sich der späte Nietzsche verschrieb. Die humanistischen Töne der mittleren Schaffensphase verklangen rasch; das Urteil über die gegenwärtige Kultur fiel nicht länger milde, sondern vernichtend aus. Aus diesem Urteil folgte für Nietzsche die Notwendigkeit einer Neubegründung von Kultur, und zwar einer an der Bejahung statt an der Verneinung des Lebens orientierten Kultur.

Das kulturkomparative Moment verschwand in dieser veränderten Konfiguration von Nietzsches Denken freilich nicht, wurde aber zusehends in einen instrumentellen Kontext gedrängt. Beispielsweise behandelt Nietzsche 1888 in der *Götzen-Dämmerung* und im *Antichrist* das hinduistische Gesetzbuch des Manu (KSA, 6, 100–102 u. 240–244) nicht, um damit die verbohrte Selbstgewissheit der europäischen Kulturperspektive zu hintertreiben, sondern um die kulturell-politische Gegenwart Europas als zutiefst dekadent zu verurteilen (vgl. Sommer 1999). Der Kulturenvergleich diente nicht länger der Selbstrelativierung und der Begünstigung alternativer Standpunkte, sondern der Ausscheidung all jener Elemente, die die zu erschaffende Kultur der Zukunft gerade nicht enthalten oder in ihr wenigstens nicht dominant sein sollten. Ein Beispiel dafür sind die »asketischen Ideale«, deren Bedeutung und Genese die Dritte Abhandlung der *Genealogie der Moral* behandelt (KSA 5, 339–412). Die *Genealogie der Moral* lässt sich insgesamt als Versuch verstehen, die Genese von Kultur, und zwar einer spezifischen Kultur – nämlich der abendländischen – zu entschlüsseln und zugleich Rezepte zu ihrer Therapie auszustellen. Gezeigt wird die Nicht-Notwendigkeit gegebener Entwicklungen, insbesondere in jenem Feld, das wir als Moral zu bezeichnen gewohnt sind: Die Implementierung demokratischer Gleichheitsvorstellungen darf beispielsweise keineswegs als Beleg eines kulturellen Fortschritts interpretiert werden.

In seinem Urteil blieb Nietzsche freilich differenziert; er plädierte nicht einfach für die Abschaffung aller Askese, die bislang so kulturprägend gewirkt habe, sondern für ihre Transformation, um zu verhindern, dass Askese als Lebensverneinung weiterhin kulturdominant bleibe. Bei alledem war Nietzsche die Rolle des Kulturdiagnostikers nicht genug; er wollte vielmehr als Kulturerneuerer wahrgenommen werden – nachdem er sich wenige Jahre vorher, am

23. November 1885, brieflich gegenüber seiner Schwester Elisabeth Förster noch als »kränkliche[s] Culturthier« bezeichnet hatte (Nietzsche ²2003, 7, 111). Im Nachlass 1888 taucht übrigens auch jene Paarung auf, die für die deutsche Kultur-Debatte des 20. Jahrhunderts symptomatisch werden sollte: »*Civilisation und Cultur: ein Antagonismus*« (KSA 13, 509).

Nietzsches Kulturreflexionen bewegten sich nie im luftleeren Raum, sondern waren stets bezogen auf seine ausgedehnten Lektüren des zeitgenössischen literatur- und kulturkritischen und allgemein wissenschaftlichen Schrifttums. So nimmt er beispielsweise im *Antichrist* eine Frage auf, die ihm in Henri Jolys *Psychologie des grands hommes* begegnet war, nämlich »welchen Typus Mensch man *züchten* soll, *wollen* soll« (KSA 6, 170). Joly machte Familie, Rasse und Milieu für das Werden großer Individuen verantwortlich; auch er meinte, die Kultur (»civilisation«) eines Volkes lasse sich daran messen, wie sehr es die Profilierung von Ausnahmemenschen ermögliche (vgl. Joly 1883, 19). Im Unterschied zu Nietzsche betrachtet Joly gesellschaftliche Liberalität und Toleranz für genieträchtig (ebd., 34), während Nietzsche gerade in der Unterdrückung äußerer Freiheit eine Voraussetzung wahrer Freiheit zu finden behauptet: Es gebe »keine ärgeren und gründlicheren Schädiger der Freiheit, als liberale Institutionen« (KSA 6, 139). Mit dem von ihm studierten Buch *Der Ursprung der Nationen* von Walter Bagehot betont Nietzsche die Fortschrittsträchtigkeit des Krieges, der jede Kultur dynamisiere (vgl. Bagehot 1874, 49–92). Für das, was in der europäischen Kultur hingegen im Argen liege, lieferte Nietzsche die französische Kulturkritik, namentlich Paul Bourget mit seinen *(Nouveaux) Essais de psychologie contemporaine* (1883/86), ein wichtiges Instrumentarium, das sich im Kampfbegriff der *décadence* verdichtete, um damit die zeittypische Unfähigkeit zu kultureller Einheitsstiftung anzuprangern.

In Nietzsches Spätwerk impliziert *décadence* einen physiologischen Niedergang, der naturwissenschaftlich erhebbar, ja messbar sei. Zugleich verstärkt sich die pathologische Konnotation des Dekadenzbegriffes, so dass er weitgehend deckungsgleich mit dem medizinischen Begriff der »Degenerescenz« wird, den Nietzsche aus Charles Férés *Dégénérescence et criminalité* aufgriff (vgl. KSA 13, 255 f., vgl. Féré 1888, 124 f.). Während Féré *dégénérescence* auf klinisch internierte Geisteskranke und Verbrecher anwendet, überträgt Nietzsche in produktiver Umsetzung des angelesenen medizinischen Wissens die Diagnose der Degenerescenz auf Wagner (vgl. KSA 6, 23), auf Sokrates sowie auf Jesus (vgl. ebd., 6, 203) und verkehrte damit die traditionelle Wertschätzung dieser Kultur- und Moralheroen in ihr Gegenteil – all dies in kulturläuternder Absicht.

Starre Grenzen zwischen einer natur- und einer kulturwissenschaftlichen Betrachtung ließ Nietzsche bei seiner Reflexion auf die Bedingungen menschlicher Kultur nicht gelten. »Sowohl die *Zähmung* der Bestie Mensch als die *Züchtung* einer bestimmten Gattung Mensch ist ›Besserung‹ genannt worden: erst diese zoologischen termini drücken Realitäten aus« (KSA 6, 99). Diese gezielt provokative Beschreibung menschlicher Interaktion in biologischen Begriffen war durchaus auch schon in dem von Nietzsche studierten, kulturwissenschaftlichen Schrifttum verbreitet. In Friedrich von Hellwalds *Culturgeschichte in ihrer natürlichen Entwicklung* hatte er beispielsweise lesen können: »Die Civilisation ist in der That nichts anderes als die *Zähmung* des Menschengeschlechtes. Wie jede Zähmung entwickelt sie gewisse Eigenschaften, um gleichzeitig andere zu unterdrücken« (Hellwald 1876–1877, 2, 17). Charakteristisch ist wiederum Nietzsches Zuspitzung, die in der Gegenüberstellung von »Zähmung« und »Züchtung« besteht: Es reichte ihm nicht, die durch Grausamkeit erreichte, domestizierende Wirkung von Kultur herauszustellen. Stattdessen wollte er »Zähmung«, wie sie etwa die christliche Kultur praktiziert habe, als eine Kulturtechnik verstanden wissen, die den Eigenwillen des starken Individuums brechen und es zu einer letztlich lebensverneinenden Haltung führen solle. Demgegenüber verbindet er mit der Idee der »Züchtung« den Gedanken, dass es gelingen könnte, einen höheren Menschen bewusst herbeizuführen: »Nicht, was die Menschheit ablösen soll in der Reihenfolge der Wesen, ist das Problem, das ich hiermit stelle [...]: sondern welchen Typus Mensch man *züchten* soll, *wollen* soll, als den höherwerthigeren, lebenswürdigeren, zukunftsgewisseren« (KSA 6, 170).

Die Möglichkeit des Fortschritts, den Nietzsche in seinen mittleren Schaffensjahren dankbar aus der Geschichtsphilosophie der Aufklärung aufgenommen hatte, wird hier nun radikalisiert zu einer Machbarkeit der Geschichte, jedoch nicht der Gattungszukunft als solcher, sondern nur einzelner starker Individuen, geschichtlicher Ausnahmegestalten. So nahm er einen Gedanken auf, der ihm bei der Lektüre von William Henry Rolphs *Biologischen Problemen* untergekommen war: »Immer noch aber opfert die Natur dem Fortschritt überall die *Masse* auf, und darum müssen wir uns ernstlich fragen, ob nicht jene

Verhältnisse der Ungleichheit, welche unsere idealistischen Philosophen und Volksbeglücker radical ausrotten möchten, eben nöthig sind, und Bedingung des Fortschritts zum Besseren« (Rolph 1884, 121; Kursiviertes von Nietzsche unterstrichen). In der *Genealogie der Moral* wurde aus dem biologischen Befund etwas, was nach einem sozialpolitischen Imperativ klingt, der wiederum stark an die Ausführungen im Frühwerk zur kulturellen Notwendigkeit der Sklaverei erinnert: »Die Grösse eines ›Fortschritts‹ *bemisst* sich sogar nach der Masse dessen, was ihm Alles geopfert werden musste; die Menschheit als Masse dem Gedeihen einer einzelnen *stärkeren* Species Mensch geopfert – das *wäre* ein Fortschritt ...« (KSA 5, 315).

Allerdings war in Nietzsches späten Reflexionen keineswegs der Staat das Vehikel kulturellen Fortschritts; im Gegenteil wurden Staat und Kultur wie schon in Nietzsches frühen Überlegungen zur Kulturbedrohlichkeit des neugegründeten Deutschen Reiches in einem prinzipiellen Gegensatz gesehen, der an Jacob Burckhardt erinnert: »Das Eine lebt vom Andern, das Eine gedeiht auf Unkosten des Anderen. Alle grossen Zeiten der Cultur sind politische Niedergangs-Zeiten« (KSA 6, 106). Die Idee eines »Kulturstaates« tut Nietzsche als eine typisch moderne Illusion ab (vgl. schon KSA 1, 389). Wer könnte aber anstelle des Staates oder einer staatlichen Ordnung die Rolle des Züchters übernehmen, um jenen höheren Typus herbeizuführen, dessen Realisierung Nietzsche zum Programm macht? In der Vergangenheit haben sich als »›Verbesserer‹ der Menschheit« insbesondere Moral- und Religionsstifter sowie deren priesterliche Sachwalter profiliert (KSA 6, 98–102). Es sieht so aus, als ob Nietzsche die anstelle der Menschheitszähmung nun gebotene Aufgabe der Elitezüchtung für die Gegenwart und Zukunft selbst übernehmen oder jenen überlassen wollte, die mit ihm eine radikale Abkehr von der christlich-abendländischen Sklavenmoral vollzögen. Dazu bedürfte es dann keiner kulturstaatlichen Maßgaben mehr. Für Tugenden wie Mitleid und Nächstenliebe hätten »vornehme Culturen« nur Verachtung übrig; »Gleichheit« und »gleiche Rechte« seien ebenso wie »Demokratismus« Symptome des Niedergangs (ebd., 138 u. 140). Die christliche Leibverachtung habe sich als das größte Kulturunglück der Menschheit erwiesen (vgl. ebd., 149). Entsprechend erscheint die »Umwerthung aller Werthe« als die vordringlichste Kulturaufgabe. Noch immer wird Philosophie als Kulturtherapie verstanden – einer radikal elitär verstandenen Kultur allerdings.

Kulturelles Philosophieren nach Nietzsche

Die von Nietzsche geübte Praxis kulturellen Philosophierens hat weniger auf die Fachphilosophie als auf eine weitere philosophische Öffentlichkeit erheblichen Einfluss ausgeübt – wobei sich gerade Literaten und bildende Künstler von den extremen Positionen einer elitären Kulturerneuerung angezogen fühlten. Ob Nietzsche als Inspirator des *cultural turn* in einem engeren fachwissenschaftlichen Kontext gewirkt und ob sein Werk einem kulturwissenschaftlichen Selbstverständnis der Geistes- und Sozialwissenschaften den Weg bereitet hat, müsste erst untersucht werden. Nietzsche hat vielleicht weniger das Nachdenken über Kultur als die Kultur der Moderne selbst geprägt. Nach einem ›Kampf der Kulturen‹ befragt, hätte er ihn wohl nicht im Verhältnis der christlich-abendländischen und der islamisch-morgendländischen Kultur angesiedelt, sondern innerhalb Europas als Kampf der alten platonisch-christlichen Kultur der Weltverleugnung und der nihilistischen *décadence* mit einer neuen Kultur der Vornehmheit und der Leiblichkeit. Nachdenken über Kultur war für Nietzsche eine Praxis, ein kulturelles, ein kulturumgestaltendes Handeln.

Nietzsches nachhaltige Faszinationskraft als Praktiker kulturellen Philosophierens liegt erstens in seiner Fähigkeit, die eigenen kulturellen Voraussetzungen kritisch zu distanzieren und Kultur zu pluralisieren. Damit steht er für einen Prozess kultureller Selbstrelativierung, der für das intellektuelle Selbstverständnis im 20. Jahrhundert richtungweisend werden sollte. Zweitens liegt diese Faszinationskraft in Nietzsches Fähigkeit zur Pointierung und Radikalisierung, die – so wenig man die von Nietzsche anscheinend empfohlenen, extremen Positionen zu teilen geneigt sein mag – einen erheblichen mnemotechnischen Effekt hat: Die Zumutungen bleiben im Gedächtnis. Drittens liegt die Faszinationskraft Nietzsches als Praktiker kulturellen Philosophierens wesentlich auch darin, dass er etablierte oder sich etablierende Grenzen von Disziplinen und Kompetenzen souverän überschritt. Beispielsweise missachtete er in seiner Kulturreflexion geflissentlich die Grenzen zwischen Natur- und Geisteswissenschaft, ohne das eine auf das andere zu reduzieren. Sein anarchischer Methodenpluralismus äußert sich als fröhliches Partisanentum zwischen den Bunkern wissenschaftlicher Besitzstände. Viertens schließlich rührt die anhaltende Faszinationskraft Nietzsches als Praktiker kulturellen Philosophierens daher, dass er auch die eingespielten Grenzen zwischen Theorie und Praxis ignorierte: Der Philosoph soll nicht einfach über Kultur nachdenken, sondern durch sein Nachdenken Kultur verändern, Kultur schaffen.

Literatur

Andreas-Salomé, Lou: *Friedrich Nietzsche in seinen Werken.* Wien 1894.

Bagehot, Walter: *Der Ursprung der Nationen. Betrachtungen über den Einfluss der natürlichen Zuchtwahl und der Vererbung auf die Bildung politischer Gemeinwesen.* Leipzig 1874.

Benne, Christian: *Nietzsche und die historisch-kritische Philologie.* Berlin/New York 2005.

Bourget, Paul: *Essais de psychologie contemporaine.* Paris 1883.

–: *Nouveaux essais de psychologie contemporaine.* Paris 1886.

Elberfeld, Rolf: Durchbruch zum Plural. Der Begriff der Kulturen bei Nietzsche. In: *Nietzsche-Studien* 37 (2008), 115–142.

Féré, Charles: *Dégénérescence et criminalité. Essai physiologique.* Paris 1888.

Figl, Johann: *Nietzsche und die Religionen. Transkulturelle Perspektiven seines Bildungs- und Denkweges.* Berlin/New York 2007.

Fornari, Maria Cristina: *Die Entwicklung der Herdenmoral. Nietzsche liest Spencer und Mill.* Wiesbaden 2009.

Goedert, Georges/Nussbaumer-Benz, Uschi (Hg.): *Nietzsche und die Kultur – ein Beitrag zu Europa?* Hildesheim/Zürich/New York 2002.

Günther, Friederike/Holzer, Angela/Müller, Enrico (Hg.): *Zur Genealogie des Zivilisationsprozesses. Friedrich Nietzsche und Norbert Elias.* Berlin/New York 2010.

Hellwald, Friedrich von: *Culturgeschichte in ihrer natürlichen Entwicklung bis zur Gegenwart.* Zweite, neu bearbeitete und sehr vermehrte Aufl. 2 Bde. Augsburg 1876–1877.

Joly, Henri: *Psychologie des grands hommes.* Paris 1883.

Kuhn, Elisabeth: »Cultur, Civilisation, die Zweideutigkeit des ›Modernen‹«. In: *Nietzsche-Studien* 18 (1989), 600–626.

Nietzsche, Friedrich: *Werke, Kritische Gesamtausgabe.* Hg. von Giorgio Colli und Mazzino Montinari. Berlin/New York 1967 ff. [KGW].

–: *Sämtliche Werke. Kritische Studienausgabe.* Hg. von Giorgio Colli und Mazzino Montinari. Berlin/New York ^{2}1988 [KSA].

–: *Sämtliche Briefe. Kritische Studienausgabe in 8 Bänden.* Hg. von Giorgio Colli und Mazzino Montinari. München/Berlin/New York ^{2}2003.

Orsucci, Andrea: *Orient – Okzident. Nietzsches Versuch einer Loslösung vom europäischen Weltbild.* Berlin/New York 1996.

Reschke, Renate: »Korruption«. Ein kulturgeschichtlicher Begriff Friedrich Nietzsches zwischen Geschichtsphilosophie und Ästhetik. In: *Nietzsche-Studien* 21 (1992), 137–162.

–: *Denkumbrüche mit Nietzsche. Zur anspornenden Verachtung der Zeit*, Berlin 2000.

Riehl, Alois: *Friedrich Nietzsche. Der Künstler und der Denker. Ein Essay.* Stuttgart ^{2}1898.

Rolph, William Henry: *Biologische Probleme zugleich als Versuch zur Entwicklung einer rationellen Ethik.* Leipzig ^{2}1884.

Ruehl, Martin: Politeia 1871. Young Nietzsche on the *Greek State.* In: *Nietzsche and Antiquity. His Reaction and Response to the Classical Tradition.* Hg. von Paul Bishop. Rochester 2004, 79–97.

Sommer, Andreas Urs: *Der Geist der Historie und das Ende des Christentums. Zur »Waffengenossenschaft« von Friedrich Nietzsche und Franz Overbeck.* Berlin 1997.

–: Ex oriente lux? Zur vermeintlichen ›Ostorientierung‹ in Nietzsches *Antichrist.* In: *Nietzsche-Studien* 28 (1999), S. 194–214.

– (Hg.): *Nietzsche – Philosoph der Kultur(en)?* Berlin/New York 2008.

Treiber, Hubert: Wahlverwandtschaften zwischen Nietzsches Idee eines »Klosters für freiere Geister« und Webers Idealtypus der puritanischen Sekte. In: *Nietzsche-Studien* 21 (1992), 326–362.

Sorgner, Stefan Lorenz/Birx, James H. Birx/Knoepffler, Nikolaus (Hg.): *Wagner und Nietzsche. Kultur – Werk – Wirkung. Ein Handbuch.* Reinbek 2008.

Andreas Urs Sommer

III.2 Gründungsphase (1900–1945)

1. Georg Simmel

Georg Simmel (1858–1918) war einer der bedeutendsten und meistbeachteten Philosophen seiner Zeit. Sein Werk erstreckt sich über die gesamte Breite der philosophischen Gebiete und weist darüber hinaus viele Überschneidungen mit anderen Fächern auf, welche zum Teil erst später ihre disziplinäre Ausformung erfuhren. Letzteres gilt insbesondere für die Soziologie, an deren Entwicklung er maßgeblichen Anteil hatte.

Dem Interesse dieser Disziplin an ihrem ›Gründervater‹ verdankt Simmel seine späte Wiederentdeckung in den 1960er Jahren, welche schließlich in eine Gesamtausgabe seines Werkes mündete. Die Wiederentdeckung Simmels als Soziologe entbehrt nicht einer gewissen Paradoxie, hatte er sich doch stets gegen diese Einordnung gewehrt und betont, dass er »eigentlich Philosoph« sei und »Soziologie nur als Nebenfach« (GSG 22, 342) betreibe. Allerdings wurden unter dem Dach dieses Faches seit den 1970er Jahren auch Teile von Simmels Philosophie rezipiert, vor allem seine wissenschaftstheoretischen und methodologischen Positionen und seine Analyse der modernen Kultur (vgl. Dahme/Rammstedt 1984). Erfolgte die soziologische Rezeption Simmels großteils im Kontext der Bemühungen um eine Kultursoziologie (vgl. Lichtblau 1996), so hat sich dies inzwischen auf eine Reihe anderer Disziplinen ausgeweitet, von der Geschichte über die Literaturwissenschaft bis zur Theologie, so dass man inzwischen von Simmel als einem Klassiker der Kulturwissenschaften sprechen kann.

In der akademischen Philosophie steht die Wiederentdeckung Simmels noch am Anfang. Aber auch hier zeichnet sich ab, dass der Begriff der Kultur dabei die zentrale Rolle spielen wird. Bis dato konzentrieren sich die Bemühungen um eine Kulturphilosophie, soweit diese systematische Ambitionen hat, vor allem auf das Werk Ernst Cassirers. Nicht nur aus historischen, sondern gerade auch aus systematischen Gründen liegt es jedoch nahe, sich des theoretischen Gehaltes und der Problemsicht der Simmelschen Kulturphilosophie zu vergewissern (vgl. Geßner 2003).

Wenn von Simmel als Kulturphilosoph die Rede ist, bezieht sich dies noch immer überwiegend auf seine Diagnose der Kultur seiner Zeit, seine ›Kulturkritik‹. So einflussreich diese aber auch gewesen ist – sie prägte über Jahrzehnte den gesamten Diskurs über die Entfremdung –, in ihr erschöpft sich Simmels Beitrag zur Kulturphilosophie nicht. Simmel entwickelte die Grundzüge einer Kulturphilosophie als systematischer Disziplin. Auch in diesem Fall kann von einer »Kritik der Kultur« gesprochen werden: nämlich in dem Sinne, in dem Kant von einer »Kritik der Vernunft« gesprochen hat.

Die Frage nach den »Bedingungen der Möglichkeit«, bezogen auf die Kultur als »objektiven Geist«, taucht bereits im Frühwerk Simmels auf. Sie ist dem Einfluss der Völkerpsychologie geschuldet, deren Begründer Moritz Lazarus Simmels wichtigster akademischer Lehrer war (vgl. Köhnke 1996, 337–355) und dem er noch am Anfang seiner akademischen Laufbahn schrieb, das »Problem des Überindividuellen u[nd] seine Tiefen« werde »wohl die mir noch bleibende Arbeitszeit ausfüllen« (GSG 22, 132).

Tatsächlich bildet der objektive Geist – bzw. die »objektive Kultur« – das zentrale Thema des Simmelschen Werkes. So vielfältig dessen Gegenstände sind – Erscheinungen der Moral, Wissenschaft, Wirtschaft, Kunst, Religion, Philosophie wie auch diese Gebiete als ganze –: Was sie zusammenhält, ist die Frage nach den Strukturen der Kultur, ihrer Genese und Entwicklung sowie – nicht zuletzt – ihrer Rückwirkung auf die Individuen, auf die »subjektive Kultur«. Mit Cassirer kann man deshalb sagen: »seine ganze philos[ophische] Arbeit steht im Zeichen der Wendung zur Kulturphilosophie« (ECN 4, 4).

Im Folgenden sollen jene Züge von Simmels Kulturphilosophie vorgestellt werden, die besonderes Interesse verdienen. Sie werden von Simmel selten explizit *dargestellt*, schon gar nicht in systematischer Form, sondern sie *zeigen* sich vor allem in ihrer Anwendung auf die Gegenstände seiner überwiegend in Essayform präsentierten Untersuchungen. Ungeachtet dessen weisen sie eine beachtliche systematische Kohärenz auf: die Objektivierung durch Verkörperung; die perspektivische Formung; die Begriffe der subjektiven und objektiven Kultur; das Verhältnis des Lebens zu den Formen der Kultur sowie die Auffassung der Philosophie als philosophische Kultur.

Die Eigenart der kulturellen Objektivationen

Dieser Problemkreis hat Simmel bereits im Frühwerk intensiv beschäftigt, welches neben dem Evolutionismus und dem Positivismus vor allem durch die Berliner Schule der Völkerpsychologie beeinflusst war. Schon in einer seiner ersten Publikationen, einer ausführlichen Rezension zur Ethik von Heymann Steinthal, hob er den Gedanken hervor, dass die Erzeugnisse des subjektiven Geistes »in Worten, Institutionen, Werken und Werkzeugen, Fertigkeiten etc. einen Körper gewonnen haben« und als »Vorrath aufgespeicherter geistiger Thätigkeit« bereitliegen (GSG 1, 208). Das bleibt der zentrale Gedanke, den Simmel fortan festhält, vertieft und weiterentwickelt.

Das eindrucksvollste Zeugnis dafür ist die *Philosophie des Geldes* (1900), das Opus magnum Simmels. Hier setzt Simmel sich am Beispiel der wirtschaftlichen Sphäre mit der Frage auseinander, wie die Objektivität von Werten möglich ist. Die Antwort, die er dafür findet, besteht in dem Rekurs auf den Tausch als Inbegriff sozialer Wechselwirkung. Der wirtschaftliche Wert, gewöhnlich als *Bedingung* des Tausches betrachtet, entsteht überhaupt erst im Tausch. Er ist ein Verhältnis zwischen Personen, also etwas Ideelles, welches seine Objektivität durch die Verkörperung im Geld erlangt.

Die Symbolisierung sozialer Beziehungen ist für Simmel eine »Grundtatsache« der Kultur. Analog zum Geld als Symbol des Tauschwertes sind »der Ehering, aber auch jeder Brief, jedes Pfand, wie jede Beamtenuniform Symbol oder Träger einer sittlichen oder intellektuellen, einer juristischen oder politischen Beziehung zwischen Menschen« (GSG 6, 136). Die Objektivierung durch Verkörperung liegt für Simmel allen Erzeugnissen und Gebieten der Kultur zugrunde. »In Sprache und Sitte, politischer Verfassung und Religionslehren, Literatur und Technik ist die Arbeit unzähliger Generationen niedergelegt, als gegenständlich gewordener Geist« (ebd., 622), in »Bücher[n] und Waren« (ebd., 639), in »Worten und Werken, Organisationen und Traditionen« (ebd., 627), in »Möbel[n] und Kulturpflanzen, Kunstwerke[n] und Maschinen« (ebd., 618).

Mit dem Rekurs auf die Symbolisierung wird der Begriff der objektiven Kultur rein funktional bestimmt. In seinem Aufsatz »Der Begriff und die Tragödie der Kultur« (1911) fasst Simmel den Kern dieses Kulturbegriffs in der Aussage zusammen, dass »an ein materielles Gebilde ein geistiger Sinn, objektiv und für jedes Bewusstsein reproduzierbar, gebunden« ist (GSG 14, 407). Dies ist beinahe wörtlich dieselbe Formulierung, mit der Cassirer später die »symbolische Prägnanz« definiert (vgl. ECW 13, 231), welche die Grundfunktion der Kultur – ihr »Urphänomen« – bildet. Dass der symboltheoretische bzw. semiotische Kulturbegriff bereits von Simmel entwickelt wurde, ist nicht nur historisch, sondern auch systematisch relevant. Vor allem ist bemerkenswert, dass Simmel diesen Kulturbegriff gerade anhand des Symbolismus der Wirtschaft expliziert hat, eines Bereichs der Kultur, der bei Cassirer vollkommen ausgespart bleibt. Insofern blieb es Simmel vorbehalten, die ganze Tragweite des semiotischen Kulturbegriffs auszumessen. Denn es liegt in der Konsequenz dieser Konzeption, ihren Umkreis über die ›eminenten‹ Gebiete der Kultur hinaus auch auf die ›profanen‹ und ›alltäglichen‹ Kulturerscheinungen auszudehnen.

Simmels Konzeption der kulturellen Objektivierung besitzt eine genuin anthropologische Bedeutung: Die Kulturgebilde sind konstitutiv dafür, dass der Mensch überhaupt als Mensch existiert. »Wenn man es als den Vorzug des Menschen den Tieren gegenüber bezeichnet hat, daß er Erbe und nicht bloß Nachkomme wäre, so ist die Vergegenständlichung des Geistes in Worten und Werken, Organisationen und Traditionen der Träger dieser Unterscheidung, die dem Menschen erst seine Welt, ja: eine Welt schenkt« (GSG 6, 627).

Kultur als Formung

Der symboltheoretische Kulturbegriff ist eng verknüpft mit dem Begriff der Formung. Bei Kant auf den Bereich der naturwissenschaftlichen Erkenntnis begrenzt, erfährt er bei Simmel eine Übertragung auf andere Gebiete – nicht nur des Erkennens, sondern des menschlichen Weltverhältnisses überhaupt.

Werkgeschichtlich kommt diese Universalisierung des Formbegriffs zuerst in den *Problemen der Geschichtsphilosophie* (1892) zum Ausdruck, in denen die Geschichtswissenschaft nach Analogie der naturwissenschaftlichen Erkenntnistheorie Kants begründet wird. Wie Geschichte als Erkenntnisprodukt »möglich« ist, fragt Simmel hier, und beantwortet diese Frage mit der Herausarbeitung spezifischer Aprioris, welche den historischen »Stoff« einer »Formung« unterwerfen. Im wörtlichen Sinne konstitutiv wird der Formbegriff dann in dem Aufsatz »Das Problem der Sociologie« (1894). Mit den »Formen der Vergesellschaftung«, in Abstraktion von deren Inhalten, erhält diese Wissenschaft erstmals einen klar bestimmten Gegenstand. Zugleich eröffnet der gleichfalls von Kant geprägte Begriff der ›Wechselwirkung‹ eine theoretische Perspektive, die es gestattet, überindividuelle Gebilde aus *inter*individuellen Vorgängen zu erklären.

Quer zu den Formen der sozialen Wechselwirkung sind auch die einzelnen Kulturgebiete: Kunst, Religion, Moral, Wirtschaft usw. durch je spezifische Arten der Formung konstituiert, deren jede »die Konkretheit der Objekte nach eigenen, in diesen selbst nicht gelegenen Normen gliedert und rangiert« (GSG 6, 181). Analog zum wirtschaftlichen Wert, wirken alle diese Formen so, dass sich »aus primären Erscheinungen, Substanzen, Vorgängen eine einzelne Seite, die nur an und mit ihnen existiert«, ablöst (ebd., 211). Dabei sind die Inhalte den Formen gegenüber indifferent, denn erst mittels der Formen erhalten sie ihre jeweilige Bestimmung *als* künstlerische, religiöse, moralische, wirtschaftliche usw. Inhalte. Der durch die Pluralität der Formen vermittelte Weltbezug impliziert ein kulturanthropologisches Verständnis des Menschen. Simmel sieht die »Weltstellung« des Menschen durch die »Idee des Mittels« bestimmt (ebd., 264). Benjamin Franklins Begriff des »werkzeugmachenden Tiers« aufgreifend, bezeichnet er den Menschen als »das indirekte Wesen« (ebd., 265). Indem in seiner Konzeption aber das gesamte Weltverhältnis des Menschen durch die Symbolisierung vermittelt wird, ist der Mensch auch für Simmel »animal symbolicum« (vgl. Cassirer ECW 23, 31).

Subjektive und objektive Kultur

Wie skizziert, bildet die Wirtschaft mit ihrem spezifischen Medium Geld das Paradigma für Simmels Konzept von Kultur als in Symbolen verkörpertem Geist. Sie ist jedoch auch der hauptsächliche Bezugsrahmen für seine Diagnose der modernen Kultur, die unter dem Rubrum ›Kulturkritik‹ heute wieder stark diskutiert wird.

In der *Philosophie des Geldes* und nachfolgenden Aufsätzen zeichnet Simmel ein differenziertes Bild der Kultur seiner Zeit. Er untersucht den Einfluss des Geldes auf Arbeitsteilung und Spezialisierung, auf die individuelle Freiheit, die Versachlichung der Sozialbeziehungen, die Entwicklung der Intellektualität, die mentale Verfassung der Individuen u.v.m. Dabei werden ökonomische, psychologische, ästhetische, historische und soziologische Perspektiven miteinander verknüpft. Den philosophischen Fluchtpunkt dieser Untersuchungen bildet die Frage nach der Bedeutung der objektiven Kulturerscheinungen für die »subjektive Kultur« (GSG 6, 621). Simmel geht dabei von der Prämisse aus, dass die »objektive Kultur« ihren »Zweck« in der Steigerung der »subjektiven Kultur« (ebd., 621), in der »Kultivierung« der Individuen habe. Die Individuen, erklärt er, können sich nur »ausbilden«, indem sie »die Dinge ausbilden« (ebd., 622). Die in den objektiven Gebilden gespeicherten Inhalte gewinnen außer ihrer »Sachbedeutung« eine »Kulturbedeutung«, indem sie »zu Entwicklungsmomenten der Individuen werden«. In diesem Zusammenhang unterscheidet Simmel zwischen dem »objektiven« und dem »subjektiven Kulturwert« (ebd., 617).

Man kann diesen »subjektiven« Kulturbegriff als eine bildungsgeschichtliche Überhöhung des »objektiven«, symboltheoretischen Kulturbegriffs betrachten: der Tatsache, dass die von den »subjektiven Geistern« produzierten Inhalte durch die Verkörperung ein »Dasein jenseits der einzelnen Geister gewinnen« (GSG 14, 67) und als »Vorrat aufgespeicherter Geistesarbeit« fungieren, der zur Aufnahme durch die Individuen bereitliegt. Was durch den »subjektiven Kulturbegriff« nun hinzukommt, ist der Anspruch, dass die Kulturobjekte nicht nur überhaupt ›aufgenommen‹, sondern auch »kultivierende Objekte« (GSG 8, 372) werden. Wir sind »noch nicht kultiviert, weil wir dieses oder jenes können oder wissen«, sondern dieses äußerliche Können oder Wissen soll sich »in die Gesamtlage der Seele einordnen« und zur »Entwicklung unserer inneren *Totalität*« (ebd., 370) führen. Darin liegt für Simmel der »dominierende Endzweck« der Kultur (ebd., 372).

Gerade diesen harmonischen Kreislauf sieht Simmel vor allem durch die Vorherrschaft des Geldes zunehmend prekär werden. Er beschreibt eine Reihe von Prozessen bzw. Tendenzen, durch welche die objektive Kultur sich gegenüber der subjektiven zunehmend entfremdet. Diese lassen sich in zwei übergreifenden Aspekten zusammenfassen: der Verselbständigung der Mittel gegenüber den Zwecken und der Diskrepanz zwischen der subjektiven Kultur der Individuen und der objektiven Kultur.

Als das eindrucksvollste Beispiel für die Verselbständigung der Mittel erscheint Simmel die Geldwirtschaft. War bei den Naturvölkern die Arbeit »fast nur eine solche, die um des unmittelbar folgenden Verbrauches willen geschieht« (GSG 6, 299), so erfährt nun das Geld als der Mittler zwischen Produktion und Konsumtion einen exorbitanten Wertzuwachs, so dass es »als Wert schlechthin gilt und das Zweckbewusstsein an ihm definitiv Halt macht« (ebd., 298). »Das Geld [...] ist eine Institution, in die der Einzelne sein Tun oder Haben einmünden lässt, um [...] Ziele zu erreichen, die seiner auf sie direkt gerichteten Bemühung unzugängig wären« (ebd., 263). Aber das Geld wird immer mehr als ein selbständiger Wert empfunden, so dass »unser Wertgefühl den Dingen gegenüber sein Maß an ihrem Geldwert zu finden pflegt« (ebd., 274). Wir schätzen dann die Dinge nicht mehr um ihrer selbst willen, sondern nur noch als Repräsentanten ihres Geldwertes – während das Geld die anderen Werte: »Weisheit und Kunst, [...] personale Bedeutung und Stärke, [...] Schönheit und Liebe« (ebd., 312) unter sich herabdrückt und »psychologisch zu einem absoluten Werte« (ebd., 307) aufsteigt.

Der zweite Hauptaspekt der Entfremdung ist für Simmel die »Diskrepanz« von subjektiver und objektiver Kultur. Diese Diskrepanz ist zum einen eine quantitative. Der »Vorrat der objektivierten Kulturinhalte«, erklärt Simmel, besitzt keine »Quantitätsgrenze«, er hat »gar keinen Grund, sich nicht ins Unendliche zu vermehren, nicht Buch an Buch, Kunstwerk an Kunstwerk, Erfindung an Erfindung zu reihen« (GSG 14, 411 f.). Dies wird von Simmel direkt aus dem besonderen »Aggregatzustand« (ebd., 391) der Kulturgebilde hergeleitet: aus ihrer Verkörpertheit in materiellen Gebilden und ihrer dadurch ermöglichten »unorganischen Anhäufbarkeit« (ebd., 412). Diese quantitative Diskrepanz zeigt sich für Simmel an einem Beispiel, das im Zeitalter der Computertechnik noch evidenter geworden ist: dass »die Maschine so viel klüger« sei als der einzelne Arbeiter. Simmel bemerkt hier die prinzipiell andere Organisationsform der technischen Artefakte, deren Speicher- bzw. ›Rechenkapazität‹ durch kein Individuum erreicht werden kann.

Noch stärker und problematischer als die quantitative erscheint Simmel die qualitative Seite der Diskrepanz von objektiver und subjektiver Kultur. Hierunter subsumiert er einerseits die abnehmende individuelle Beeinflussbarkeit der objektiven Kultur, wie sie allein schon durch Arbeitsteilung und Spezialisierung zustande kommt, darüber hinaus aber durch die Eigengesetzlichkeit der jeweiligen Medien. Andererseits verweist Simmel auf die Eigenlogik der »unpersönlichen Gebilde und Zusammenhänge«, durch welche »zwischen diesen und den inneren Trieben und Normen der Persönlichkeit harte Reibungen« entstehen (ebd., 403). Damit werde das Individuum schließlich zum »bloße[n] Träger des Zwanges, mit dem diese Logik die Entwicklungen beherrscht« (ebd., 411). Es ist dieser Sachverhalt, den Simmel als »die eigentliche Tragödie der Kultur« (ebd., 411) bezeichnet. Als Fazit dieser Analyse ergibt sich der paradoxe Befund, dass die subjektive Kultur auf die objektive angewiesen ist – und von ihr zugleich an ihrer Entfaltung gehindert wird. Die Objektivität des Geistes, als Bedingung der Möglichkeit subjektiver Kultivierung konzipiert, erweist sich zugleich als deren größtes Hindernis.

Simmels Rede von einer »Tragödie« der Kultur hat dazu geführt, dass seine Kulturkritik umstandslos in den Reigen des *Fin-de-siecle*-Kulturpessimismus eingeordnet wurde, so auch durch Cassirer (vgl. ECW 24, 462–486). Simmels Tragödienbegriff fehlt aber die finalistische Note. Worauf er vielmehr abstellt, ist die Unlösbarkeit des Konflikts von zwei einander bedingenden Momenten – eines Konflikts, der zugleich das Movens der Kultur ist. In der Reformulierung dieses Konflikts als Dialektik von Leben und Form – im Spätwerk Simmels – wird dies noch deutlicher.

Problematisch ist an Simmels Konzeption allerdings, dass die Kultivierung der Subjekte als »Zweck« der objektiven Kultur supponiert wird. Wenngleich dies als Intention manchen Kulturgütern zugrunde liegen mag – vom Standpunkt des objektiven, semiotischen Kulturbegriffs ist eine solche Teleologie nicht explizierbar. Insofern fällt der ›subjektive‹ Kulturbegriff – für den Simmel in den späteren Arbeiten auch den Ausdruck »Kultur« zunehmend reserviert, während die objektive Kultur überwiegend als »Geist« firmiert – hinter den erreichten Klärungsgrad des ›objektiven‹, rein funktionalen Kulturbegriffs zurück.

Inhaltlich betrachtet, bedeutet der subjektive Kulturbegriff eine Überhöhung des semiotischen Kulturbegriffs durch ein Kultur*ideal*: durch das humanistische Bildungsideal Humboldts und Goethes. Dieses lässt sich bis zu Ciceros Begriff der *cultura animi* zurückverfolgen, während die objektive Kultur als die vom Menschen geschaffene *natura altera* zu betrachten ist. Vor diesem Hintergrund besteht Simmels Diagnose in einer zunehmenden Übermacht der *natura altera*, welche sich in der Technik, den Institutionen und den eigenlogischen Formen der Kultur manifestiert. Das harmonische Verhältnis von Produktion und Rezeption, wie es sich im Begriff des künstlerischen Werkes ausdrückt, kann für die moderne, durch Arbeitsteilung, Spezialisierung und vor allem durch das Geld geprägte Kultur nicht mehr reklamiert werden.

Heute wirken Simmels Beobachtungen evident, so dass man sich wundert, wie man sie derart dramatisieren kann. Die inkriminierten Erscheinungen sind weitgehend veralltäglicht: von der Überproduktion der Kultur über die Komplexität der Medien und den Selbstzweck-Charakter der Technik bis zur Selbstinstrumentalisierung des Individuums als ›Stellen-Inhaber‹ in undurchschaubaren Systemlogiken. So behält, auch wenn wir die von Simmel skizzierte Problematik heute weniger ›tragisch‹ formulieren, diese doch ihren rationalen Kern: die Ermöglichung von Individualität angesichts der ›überindividuellen‹ Strukturen, an deren Produktion und Reproduktion der einzelne unweigerlich teilhat, die sein Leben bestimmen, ohne dass er sich in ihnen noch ›wiederfinden‹ könnte. Daraus erwächst für das Individuum die Herausforderung, seine individuelle Bildung und ›Kultivierung‹ der objektiven Kultur, beispielsweise der Geldwirtschaft, gleichsam abzuringen, wenn es überhaupt zu einem einheitlichen Sinnganzen von Lebensführung gelangen will.

Diesen Konflikt zu thematisieren, ist ein unaufgebbares Moment der Kulturphilosophie. Denn das Individuum selber ist das Herzstück unserer westlichen Kultur – und damit sowohl Gegenstand als auch Existenzbedingung der Kulturphilosophie als kritischer Reflexion auf diese Kultur. Zu dieser Reflexion gehört für Simmel aber auch die Selbstdistanzierung: das Bewusstsein der historischen Relativität der gegenwärtigen Kultur. Das schließt selbstredend ihre Vergänglichkeit ein – welche dann keineswegs das Ende von Kultur überhaupt bedeuten müsste. »Es ist [...] das Wesen solcher Formen, wie der sozialen Organisationen, unter dem Anschein und dem Anspruch ewiger Dauer zu bestehen. Wie es deshalb bei der Vernichtung einer Gesellschaftsverfassung zugunsten einer anderen scheint, als ob es mit aller Ordnung und Verfassung überhaupt vorbei wäre, so ruft die Umbildung der intellektuellen Ordnungen den gleichen Eindruck hervor: die objektive Festigkeit, wie das Verständnis der Welt scheint zerbrochen, wenn eine Kategorie fällt, die bisher gleichsam zu dem Rückgrat des Weltbildes gehörte« (GSG 6, 201).

Das Leben und die Formen

In der Spätphase des Simmelschen Werkes erhält die Kritik an der modernen Kultur eine neue Formulierung. An die Stelle des Verhältnisses von subjektiver und objektiver Kultur tritt dasjenige zwischen dem Leben und den Formen.

Dabei bezeichnet der Lebensbegriff die Produktivität, jetzt aber in weitestgehender Abstraktion vom Subjektbegriff. Als Leben »auf der Stufe des Geistes« wird es vom Leben auf der »physiologischen Stufe« deutlich abgegrenzt. Es hat sein Wesen darin, dass es nicht nur »Mehr-Leben« ist, sondern etwas erzeugt, »das Mehr-als-Leben ist: das Objektive, das Gebilde, das in sich Bedeutsame und Gültige« (GSG 16, 295), welches das Leben aber zugleich begrenzt und es zu überwinden strebt. »Mit diesem Widerspruch ist das Leben behaftet, daß es nur in Formen unterkommen kann und doch in Formen nicht unterkommen kann, eine jede also, die es gebildet hat, überlangt und zerbricht« (ebd., 231).

Simmel konzipiert diese Dialektik als Generalisierung des von Marx untersuchten Widerspruchs von Produktivkräften und Produktionsverhältnissen in der Wirtschaft. Wie bei Marx die »Epoche sozialer Revolutionen« zur Readaption der Produktionsverhältnisse an den Entwicklungsstand der Produktivkräfte führt, so vollzieht sich bei Simmel durch den »Wandel der Kulturformen« die Erneuerung ihres Verhältnisses zum Leben. Dabei entsteht die Dynamik der Entwicklung – im einen Fall: der Wirtschaft, im anderen: der Kultur insgesamt – aus dem sich reproduzierenden Konflikt zwischen der Produktivität und den Produkten bzw. der lebendigen und der kristallisierten Komponente der Kultur. Der »Tiefenvorgang« ist der Kampf des Lebens mit den Formen, die »Verdrängung der alten Form durch eine neue« (ebd., 184). Durch diesen inhärenten Bezug auf den Formbegriff setzt sich Simmels Lebensphilosophie von vornherein gegenüber anderen Varianten dieser Strömung, insbesondere derjenigen Bergsons, entscheidend ab. Seine Philosophie steht in Äquidistanz zur reinen Lebensphilosophie und zu deren Antithese, der reinen Formphilosophie (vgl. Wust 1963, 149). Dies hat seine Ursache eben darin, dass Simmels Lebensphilosophie die metaphysische Reformulierung seiner *Kultur*philosophie ist.

Auch in der lebensphilosophischen Fassung des Konflikts in der modernen Kultur verwendet Simmel den Tragödienbegriff: »Es ist das Wesen des Lebens, sein Führendes und Erlösendes, sein Gegensätzliches und Siegend-Besiegtes aus sich selbst zu erzeugen [...]. Die Gegnerschaft, in die es so mit dem Höheren-seiner-Selbst gerät, ist der tragische Konflikt des Lebens als Geist« (GSG 16, 200). Diese Tragödie ist jedoch nicht von irgendeinem Ende her gedacht, sondern als ein sich periodisch neu setzender »Selbstwiderspruch der Kultur, der von deren Wesen unabtrennbar ist« (ebd., 40). Das Leben und seine

Erzeugnisse bilden damit einen gemeinsamen »Wachstumszusammenhang« (ebd., 296). Mit dem Übergang zur Lebensphilosophie wird der treibende Widerspruch der Kultur gleichsam objektiviert. Nicht mehr die *cultura animi* ist hier der prekäre Fluchtpunkt der Kulturentwicklung, sondern die Kulturentwicklung selbst. Das Leben ist für Simmel, »jenseits alles Subjektiv-Psychologischen, selbst etwas Objektives« (ebd., 296).

Simmel sieht die Formen an die organische Zweckdienlichkeit zurückgebunden durch die »Achsendrehung zwischen Leben und Idee« (GSG 13, 288): Die ursprünglich »im Leben und um des Lebens willen erzeugten Kategorien« wandeln sich »zu selbständigen Bildnern eigenwertiger Formationen [...], die dem Leben gegenüber objektiv sind« (ebd., 255 f.), zu »autonome[n] Formen mit unbegrenzter Kapazität. Mit ihnen gestalten sich die eigentlich sogenannten Kulturgebiete« (GSG 16, 255). Der Vorgang der »Achsendrehung« wird zunächst anhand der Wissenschaft als symbolischer Form erläutert. Als deren Vorstufe betrachtet Simmel das »praktische, vom Leben erforderte und in das Leben eingewebte Wissen« (ebd., 264). Dieses »vital bestimmte Erkennen« verwandelt sich in die »Wissenschaft«, welche »in reiner, jede weitere Legitimierung abweisender Selbstherrschaft« ihre Gegenstände selbst schafft (ebd.), so dass sich das Verhältnis zwischen dem Erkennen und Leben »umkehrt« (ebd., 261).

Analog hierzu ordnet sich auch die Geschichte – als historisches Erkenntnisbild – in die Dialektik von Leben und Form ein. In dem wichtigen, bis heute wenig beachteten Aufsatz »Die historische Formung« (GSG 13, 321–369) legt Simmel dar, wie das Objekt zuerst »vom Leben aufgenommen und bearbeitet« wird, um sich später »von dieser vitalen Bedingtheit« zu lösen und »als erkanntes zu einem selbständigen Bilde, in sachlich ideeller Sphäre« zu werden (ebd., 322). Indem sich das historische Erkennen zu eigener Form organisiert, vollzieht es jene Objektivierung, die der Kultur überhaupt eigentümlich ist.

Wie sich die Formen der Kultur gegenüber ihrem lebenspraktischen Ursprung verselbständigen, zeigt Simmel auch anhand der Kunst (vgl. GSG 16, 255 ff.) und der Religion (vgl. ebd., 286 ff.). Es handelt sich um eine universelle Entwicklung, dass perspektivische Wahrnehmungen aus den Erscheinungen eine eigene »Welt« (ebd., 288) bilden, wobei jeweils »ein höchster Begriff an ihnen die Funktion der Vereinheitlichung vollzieht. So sprechen wir von einer Welt des Rechts, der Wirtschaft, des praktischen sittlichen Lebens usw.« (ebd.). Diejenige Sphäre, an der sich die Verselbständigung der Formen gegenüber dem Leben am nachdrücklichsten zeigt, ist für Simmel die Wirtschaft. Sie »geht jetzt ihren zwangsläufigen Weg, ganz und gar so, als ob die Menschen nur ihrethalben da wären, nicht aber sie um der Menschen willen. Von all jenen Welten, deren Formen die Lebensentwicklung in und aus sich selbst erzeugt hat und die dann ihr Zentrum in sich selbst gefunden haben und ihrerseits das Leben beherrschen, ist wohl keine an ihrem Ursprung so fraglos und unzertrennlich dem unmittelbarstem Leben eingewachsen, so gänzlich ohne Hinweis auf mögliche Eigenbedeutung gegenüber der Teleologie dieses Lebens; und zugleich keine, die nach jener Achsendrehung sich dem eigentlichen Sinn und den eigenen Forderungen des Lebens mit so rücksichtsloser Objektivität, mit so dämonischer Vergewaltigung durch ihre rein sachliche Logik und Dialektik gegenüberstellte – wie die moderne Wirtschaft. Die Spannung zwischen dem Leben und jenem Gegenüber-vom-Leben, das seine von ihm selbst zweckmäßig erzeugten Formen gewinnen, ist hier ein Maximum – freilich auch eine Tragik und eine Karikatur – geworden« (ebd., 293). Noch deutlicher als im Hinblick auf die Entfremdung zeigt sich im Kontext des Konfliktes zwischen dem Leben und Formen, dass Simmels Tragödienbegriff nicht finalistisch, sondern prozessual gemeint ist: als sich fortwährend neu setzender Widerspruch.

Dieser Konflikt zwischen dem Leben und den Formen wird jetzt als die »eigentliche und durchgehende Tragödie der Kultur« (GSG 16, 42) bezeichnet. Es handelt sich um einen per se unlösbaren Konflikt, der im Wesen des Lebens als Geist begründet ist. Gelegentlich spricht Simmel auch ganz ›undramatisch‹ von dem »Selbstwiderspruch der Kultur« (GSG 14, 411) oder den »Paradoxien des Kulturlebens« (GSG 16, 51). Vor allem aber legt er ausführlich dar, dass der Konflikt des Lebens mit den Formen der *modus procedendi* ist, in welchem sich die Kulturentwicklung vollzieht. Letztere wird als periodisch eintretender »Wandel der Kulturformen« (GSG 13, 217–224) konzipiert. Dieser Wandel vollzieht sich freilich nicht harmonisch; an der Schwelle jeder neuen Form steht eine »Krisis«, d. h. eine Zuspitzung des Konfliktes zu einer Entscheidungssituation. Dies impliziert auch die Möglichkeit des Scheiterns – aber nur dann, »wenn nicht das Positive und Sinnvolle der Kultur immer wieder Gegenkräfte einzusetzen hätte, wenn nicht von ganz ungeahnten Seiten Aufrüttelungen kämen« (GSG 16, 52).

Als eine solche »Aufrüttelung« interpretierte Simmel wie viele seiner Zeitgenossen den Ersten Weltkrieg. In der Sammlung von Reden und Aufsätzen aus den Jahren 1914 bis 1916, die 1917 unter dem Titel *Der Krieg und die geistigen Entscheidungen* erschien (vgl. GSG 16, 7–58), unternahm Simmel den Versuch, die Geschehnisse des Krieges im Kontext der »Tragödie der Kultur« zu deuten. Er hegte dabei vorübergehend die Hoffnung, der Krieg werde zumindest vorübergehend die Pathologien der modernen Kultur mindern, die Verselbständigung der Mittel, die Anbetung des Geldes, die Atomisierung der Individuen und die auf Arbeitsteilung beruhende Entfremdung. So groß die Verkennung der Realität durch diese metaphysischen Überhöhungen war – sie wich schon bald einer philosophischen Nüchternheit. Der Krieg zeigt, schreibt Simmel in seinem Tagebuch, »daß all diese Herrlichkeiten, die uns das Leben so bequem, genußreich und sicher gemacht haben, jetzt genau so gut seiner fürchterlichen Zerstörung, Gefährdung, Folterung dienen; daß sie also wirklich nur wertindifferente *Mittel* und weiter nichts sind«. Soll der Krieg überhaupt in irgendeiner Weise zu einer Änderung dieses Zustandes beitragen, dann nur als abschreckendes Beispiel: »Es gibt gar keine Erfahrung, die uns so von der Übersteigerung der technischen Mittel des Lebens zu absoluten Werten heilen könnte, wie der Krieg« (GSG 20, 295).

Philosophische Kultur

Aus dem Zusammenhang mit seiner Philosophie der Kultur ist auch Simmels Konzeption der Philosophie zu verstehen. Auch diese gehört zu den objektiven Gebilden, die das Verhältnis des Menschen zur Welt und zu sich selbst vermitteln; sie ist »eine Form der Kultur« (GSG 14, 166). Daher bleibt sie von dem grundlegenden Konflikt nicht verschont, der Simmel zufolge die Kultur überhaupt durchzieht: dem Konflikt zwischen dem Leben und seinen Resultaten, der sich in einer »Krisis der Kultur« manifestiert. Insofern dient Simmels Beschreibung der spezifisch philosophischen Krisenlage zugleich dem philosophischen Verständnis seiner Kulturkritik.

Was die Problematik der Entfremdung angeht, sieht Simmel auch die Philosophie und die Geisteswissenschaften durch ein »vom Leben abgeschnürtes Spezialistentum« (GSG 14, 413) gekennzeichnet, durch eine unübertrefflich verfeinerte »philologische Technik«, die auf immer irrelevantere Gegenstände appliziert wird. Das Resultat sind »Mikrologie« und »Pedantismus«, getragen von der Vorstellung, dass eine Leistung »schon allein durch die Korrektheit ihrer Methode wertvoll« sei – eine Vorstellung, die in Simmels Augen einer »Verschwörung der Gelehrtenkaste« (ebd., 409) nahekommt. Simmel geht auch auf die Ursachen dieser Entwicklung ein, die er in den ökonomischen und sozialen Bedingungen sowie der Institutionalisierung der akademischen Wissensproduktion erblickt. Größeres Gewicht als der Problematik der Entfremdung kommt in Simmels Zustandsbeschreibung der Philosophie allerdings dem Konflikt von Leben und Form zu. In diesem Sinne spricht Simmel auch von dem »Starrwerden« der spezifisch philosophischen Formen, d.h. der Begriffe. Dem generellen »Wandel der Kulturformen« entspricht auf dem Gebiet der Philosophie ein Wandel der epochalen »Zentralbegriff[e]«, aus denen »die geistigen Bewegungen hervorgehen« (GSG 16, 186).

So macht Simmel in der Philosophie seiner Zeit auch ebenjene Krisis aus, die er für die Kultur als ganze diagnostiziert hat. »Die Grundbegriffe und methodischen Funktionen, die, seit dem klassischen Griechentum ausgebildet, auf den Weltstoff angewendet werden, um aus ihm philosophische Weltbilder zu formen, haben, wie ich glaube, alles geleistet, was sie in dieser Hinsicht hergeben können [...]; wenn die Zeichen nicht trügen, beginnt der ganze philosophische Apparat zu einem Gehäuse zu werden, das vom Leben entleert ist« (GSG 13, 219). Die Diskrepanz zwischen dem philosophischen Leben und seinen Formen beschreibt Simmel auch sprachphilosophisch: als eine Situation, da »unsere Mittel, die Lebensinhalte durch geistigen Ausdruck zu bewältigen, nicht mehr ausreichen, dass das, was wir ausdrücken wollen, nicht mehr in sie hineingeht«. Die Folge davon ist, dass das Leben – bzw. die Ausdrucksintention – die vorhandenen Formen »sprengt und nach neuen Formen sucht« (ebd., 223).

Das problematische Verhältnis zwischen Ausdrucksintention und Ausdrucksform der Philosophie erscheint Simmel insofern unabwendbar, als für die Philosophie der Gegensatz zwischen Totalitätsanspruch und tatsächlicher Partikularität geradezu konstitutiv ist. In jeder Festlegung »auf einen systematischen Inhalt«, erklärt er, bleiben »ungeheure kosmische und seelische Gebiete« ausgespart. Die Ursache dafür erblickt er nicht nur in der »immer nur relativen Leistungsfähigkeit jedes absoluten Prinzips«, sondern vor allem in der »Starrheit und Unplastizität« der bisherigen Grundbegriffe, die insbesondere »das Einbeziehen der unscheinbaren Segmente des Daseinskreises in die metaphysische Tiefe ausschließt« (GSG 14, 163). Während die »Bestimmungen eines realen Dinges [...] untereinander eine Kontinuität, eine fließende Allmählichkeit des Ineinander-Übergehens« aufweisen, müssen wir sie »zu scharf geschiedenen Pluralitäten gerinnen lassen, [...] den unendlichen Fluss der Beziehungen [...] allenthalben stauen, wenn wir das Wirkliche mit Begriffen meistern wollen« (GSG 16, 418). Verglichen mit dem »Geistesprozess«, der in ihnen »zum Stehen und Erstarren« kommt, muten die philosophischen Begriffe »mager und schemenhaft« an. Sie sind »wie einst lebendige Körper, die der Strom des inneren Werdens trug und die er an das Ufer geworfen hat«. Sie liegen »wie Leichname da, während jener Strom das Geheimnis ihres Lebens mit sich weitertrug« (GSG 14, 149 f.).

Ungeachtet ihres elegischen Tones mündet Simmels Beschreibung des Konfliktes nicht in die Illusion seiner Beseitigung. Vielmehr liegt es für ihn in der Natur der philosophischen Begriffe, dass sie den lebendigen Fluss der Erscheinungen zum Stillstand bringen. Dass wir überhaupt etwas als etwas identifizieren können, ist nur in einer »Momentaufnahme« möglich. Die Alternative zur Statik der philosophischen Begriffe kann also von vornherein keine absolute, sondern nur eine relative Dynamik sein. Von diesem Gedanken ist auch Simmels metaphilosophische Auseinandersetzung mit der Lebensphilosophie geprägt.

Obwohl er die Hoffnung auf eine Überwindung der dichotomischen Denkformen gerade an dem Begriff des Lebens festmacht, ist die Metaphysik des Lebens – ebenso wie deren Parallelen in Religion und Kunst – für Simmel zunächst Symptom der Krisis. In diesen Bestrebungen artikuliert sich, wie er sagt, die Gegnerschaft »gegen die Form überhaupt, gegen das Prinzip der Form« (GSG 16, 185). Während die ›reine‹ Lebensphilosophie ihrem Selbstverständnis nach den Konflikt des Lebens mit der Form überwindet, ist für Simmel dieser Konflikt konstitutiv für die Entwicklung der Kultur. Insofern stellt seine Kulturphilosophie die ›Aufhebung‹ der reinen Lebensphilosophie dar, welche Simmel zufolge gerade durch ihre formkritische Radikalität unweigerlich auf den Formbegriff bezogen bleibt. Was in ihr zum Ausdruck kommt, erklärt Simmel, ist nicht die Überwindung, sondern der Wandel der Kulturformen – eine »neue Phase des alten Kampfes [...] der heute vom Leben gefüllten Form gegen die alte, leblos gewordene« (GSG 16, 185). Entgegen ihrem Selbstverständnis ist sie letztlich nur das Vehikel neuer Formbildung; in ihr deutet sich die »Schöpfung neuer [...] Formen« – ein »Kulturwandel« an (ebd., 207).

Simmels eigener Versuch einer Verlebendigung der Philosophie hat neben der inhaltlichen auch eine formale Seite: in der Entwicklung solcher Denk- und Darstellungsformen, die eine größtmögliche Resistenz gegen die aller Begrifflichkeit immanente Tendenz zur Erstarrung aufweisen. Dazu gehören vor allem die Absage an philosophische Systeme, die Hinwendung zu den Phänomenen und die essayistische Form der Simmelschen Texte. Mit dem Bemühen um die Errichtung philosophischer Systeme ist der Glaube verbunden, dass die Philosophie überhaupt in dauerhaften Resultaten terminiert. Das ist für Simmel »die äußerste Aufgipfelung des Formprinzips überhaupt« (ebd., 199) und die Ursache für die Kulturkrisis auf philosophischem Gebiet.

Mit dem konsequenten Bestreben, der Bedeutsamkeit der Objekte gerecht zu werden, ordnet sich Simmel in die Tradition des phänomenologischen Denkens ein. Im Unterschied zu Husserl hat es Simmels Phänomenologie nicht mit interpretationsfreien sinnlichen Erscheinungen, sondern mit bereits interpretierten, sinnhaften Phänomenen zu tun. Bei Simmel gibt es auch kein Pendant zu Husserls Versuch, die Phänomenologie in einer eigenen neuen Begriffswelt zu fixieren und als »strenge Wissenschaft« zu begründen. Wenngleich Simmel seine Phänomenologie mehr exemplifiziert als expliziert, gibt es einige Stellen, an denen er auf seine Methode zu sprechen kommt. Am prägnantesten wird sie in der Metapher vom »Senkblei« beschrieben: als Versuch, »von der Oberfläche des wirtschaftlichen Geschehens eine Richtlinie in die letzten Werte und Bedeutsamkeiten alles Menschlichen zu ziehen« (GSG 6, 12). Seine Begründung findet das in der Annahme eines grundlegenden Zusammenhangs innerhalb der Kultur: dass »jede Einzelheit seiner Oberfläche in dem letzten Sinn und den Tiefen des Ganzen wurzelt« (GSG 9, 9). Die Phänomene auf der Oberfläche des Kulturlebens repräsentieren für Simmel wesentliche Strukturzusammenhänge, so dass »in dem Einzelnen der Typus, in dem Zufälligen das Gesetz, in dem Äußerlichen und Flüchtigen das Wesen und die Bedeutung der Dinge hervortreten« (GSG 5, 198).

Mit der Ablehnung des Systemgedankens und der Hinwendung zu den Phänomenen ist auch Simmels Darstellungsstil verbunden. Nicht nur seine Zeitschriftenaufsätze, sondern auch die großen Werke, von der *Philosophie des Geldes* über die *Soziologie* bis zur *Lebensanschauung*, ganz zu schweigen von den

Künstlermonographien, weisen unverkennbar einen essayistischen Charakter auf. Simmel wurde damit prägend für eine ganze Stilrichtung, die durch Siegfried Kracauer, Walter Benjamin, Theodor W. Adorno und andere ihre Fortsetzung fand. Im Essay findet Simmels Idee der Philosophie ihre adäquate Ausdrucksform – und mit ihr die Individualität des Autors. Gleichzeitig bestätigte sich dadurch jenes ›tragisch‹ zu nennende Paradox, durch welches Simmel zufolge schon die Rezeption Nietzsches bestimmt war: »Tief in die Reize eines spielenden, sprühenden, sinnlich bezaubernden Ausdruckes liegt der strenge Ernst seiner Gedanken eingebettet – zu tief offenbar, um an das Ohr der deutschen Philosophen zu dringen. So erfuhr er das Schicksal aller derer, die mehr können, als einer traditionellen Berufsaufgabe genügen: dass über dem, was sie über die Aufgabe hinaus leisten, von vornherein bezweifelt wird, ob sie der Aufgabe selbst gewachsen wären. Nietzsche ist von den Berufsdenkern nicht ernstgenommen worden« (ebd., 115).

Literatur

Blumenberg, Hans: Geld oder Leben. Eine metaphorologische Studie zur Konsistenz der Philosophie Georg Simmels. In: *Ästhetik und Soziologie um die Jahrhundertwende: Georg Simmel.* Hg. von Hannes Böhringer und Karlfried Gründer. Frankfurt a. M. 1976, 121–134.

Cassirer, Ernst: *Nachgelassene Manuskripte und Texte.* Hg. von Klaus Christian Köhnke, John Michael Krois und Oswald Schwemmer. Hamburg 1995 ff. [ECN].

–: *Gesammelte Werke. Hamburger Ausgabe.* Hg. von Birgit Recki. Hamburg 1998 ff. [ECW].

Dahme, Heinz-Jürgen/Rammstedt, Otthein (Hg.): *Georg Simmel und die Moderne. Neue Interpretationen und Materialien.* Frankfurt a. M. 1984.

Gassen, Kurt/Landmann, Michael (Hg.): *Buch des Dankes an Georg Simmel. Briefe, Erinnerungen, Bibliographie.* Berlin 1958.

Geßner, Willfried: *Der Schatz im Acker. Georg Simmels Philosophie der Kultur.* Weilerswist 2003.

–: Das Geld als Paradigma der modernen Kulturphilosophie. In: *Aspekte der Geldkultur. Neue Studien zu Georg Simmels Philosophie des Geldes.* Hg. von Willfried Geßner und Rüdiger Kramme. Magdeburg 2002, 28-62.

Habermas, Jürgen: Simmel als Zeitdiagnostiker. In: Georg Simmel: *Philosophische Kultur. Über das Abenteuer, die Geschlechter und die Krise der Moderne. Gesammelte Essays.* Berlin 1983, 243-253.

Jung, Werner: *Georg Simmel zur Einführung.* Hamburg 1990.

Köhnke, Klaus Christian: *Der junge Simmel in Theoriebeziehungen und sozialen Bewegungen.* Frankfurt a. M. 1996.

Konersmann, Ralf: Aspekte der Kulturphilosophie. In: Ders. (Hg.): *Kulturphilosophie.* Leipzig 1996, 9–24.

Landmann, Michael: Einleitung des Herausgebers. In: Georg Simmel: *Das individuelle Gesetz. Philosophische Exkurse.* Frankfurt a. M. 1968, 7–29.

Lichtblau, Klaus: *Kulturkrise und Soziologie um die Jahrhundertwende. Zur Genealogie der Kultursoziologie in Deutschland.* Frankfurt a. M. 1996.

–: *Georg Simmel.* Frankfurt a. M. 1997.

Simmel, Georg: *Gesamtausgabe.* Hg. von Otthein Rammstedt. Frankfurt a. M. 1989 ff. [GSG].

Wust, Peter: *Die Auferstehung der Metaphysik* [1920]. Hamburg 1963.

Willfried Geßner

2. John Dewey

John Dewey interpretiert den philosophischen Pragmatismus als Instrumentalismus und Experientialismus. Er führt diese Deutung auf den Gründer dieser philosophischen Richtung: Charles Sanders Peirce zurück. Eine Überzeugung zu haben, bedeutet in dieser Konzeption, auf Grund bestimmter *Erfahrungen* in der Vergangenheit ein *Instrument* zur Herstellung von Erfahrungen in der Zukunft zu besitzen (vgl. Dewey 1931, 14). Auch wissenschaftliche Überzeugungssysteme sind in dieser Konzeption Mittel zur Hervorbringung von Erfahrungen und nicht lediglich Darstellungen der gegebenen Wirklichkeit. Das ist bei Experimenten, bei denen ein Naturgesetz festlegt, dass da, wo A im Experimentalaufbau realisiert wird, B geschehen muss, ebenso wie bei technischen Einrichtungen: Das Automobil fährt, wenn der Zündschlüssel gedreht und das Gaspedal getreten worden ist. Schließlich gilt dieser Instrumentalismus auch in den moralischen Bewertungen: Menschen bewerten auf Grund ihrer bisherigen Erfahrungen Handlungen als gut oder schlecht. Sofern sie sie als gut bewerten, werden sie sie fortsetzen oder wiederholen. Die zukünftigen Erfahrungen mit diesen Fortsetzungen und Wiederholungen können jedoch zeigen, dass das Werturteil revidiert werden muss. Ein positives Werturteil ist also ein Mittel zur Fortsetzung des so Bewerteten, ein negatives ein Mittel zu seinem Abbruch.

Die Erzeugung intensiver Erfahrung

Alle Erfahrungen werden nach Dewey *handelnd* hergestellt. Er schreibt: »Wir benutzen unsere vergangenen Erfahrungen, um neue und bessere in der Zukunft zu entwerfen« (Dewey 1989, 140). Die Erzeugung von *intensiven* Erfahrungen wird von Dewey als ein grundlegendes Handlungsziel von Menschen betrachtet. Im Streben nach Intensität manifestiert sich die Vitalität der lebenden Erfahrungswesen. Dewey denkt die menschliche Erfahrung nicht von einer transzendentalen Subjektivität, sondern im Sinne einer Hegelianischen Lebensphilosophie vom Organismus her (vgl. Dewey 1988, 28). Auch Wissenschaftler, wenn sie formale oder experimentelle Strukturen als Gegenstände ihrer Erfahrung hervorbringen, streben dabei als Lebewesen nach intensiver Erfahrung. Dieser Aspekt der Erfahrung ist überall, nicht nur im Bereich der Kunst, am jeweils anzutreffenden ästhetischen Charakter der Erfahrung erkennbar. »Daher hat eine Denkerfahrung«, schreibt Dewey (ebd., 50), »ihren eigenen ästhetischen Charakter. Sie unterscheidet sich von denjenigen Erfahrungen, deren ästhetischer Charakter gemeinhin anerkannt ist, lediglich durch ihre stofflichen Inhalte. Das Material der Schönen Künste besteht aus Eigenschaften; das Material einer Erfahrung, die zu einer intellektuellen Schlußfolgerung führt, besteht aus Zeichen [...] ohne eigenständige Qualität.« Erziehung, Wissenschaft, Kunst und Politik haben sich in den Dienst der Verwirklichung des Ziels zu stellen, intensive (ästhetische) Erfahrungen erleben zu wollen (vgl. Dewey 1915a).

Eine eigentliche Kulturphilosophie hat Dewey im Rahmen dieses Pragmatismus nicht entwickelt. Es hat sogar seine Berechtigung, Dewey aufgrund seiner Ablehnung von Vorstellungen einer Transzendenz des Ewigen als ›Naturalisten‹ zu bezeichnen (vgl. Dewey 1929, Kap. 6). Doch bedeutet das nicht, dass er die Erfahrung von Organismen vor allem aus ihrer biologisch erfassbaren Natur heraus rekonstruiert. Obwohl das Streben nach intensiven Erfahrungen für Dewey eine organismische Tatsache darstellt, ergibt sich die Art und Weise, wie dieses Streben erfüllt werden kann, aus der Kultur, in der ein Lebewesen seine Erfahrungen macht. Die grundlegende und universale Bedeutung des Schönen in aller Erfahrung und der Schlüsselcharakter, den der Erfahrungsbegriff in der Philosophie Deweys überhaupt einnimmt, führen bei ihm zu einer *Theorie der Bewertung von Kulturen*, die sich an der Kunst orientiert: »Weder der Wilde noch der Zivilisierte ist, was er ist, durch angeborene Konstitution, sondern durch die Kultur, an der er teilhat. Das endgültige Maß für die Qualität dieser Kultur sind die Künste« (Dewey 1988, 398). Es gibt hier ferner spezielle Bezüge der Philosophie zur Kultur, die ihr Selbstverständnis bestimmen und sich daraus ergeben, dass die Erfahrungsgrundlagen und die Erfahrungsziele von Menschen einem historischen Wandel unterliegen – ebenso wie sich beispielsweise die natürlichen Formen der Lebewesen wandeln.

Die Perspektive der Mitspieler

Bereits Immanuel Kant unterscheidet in der Vorrede zu seiner *Anthropologie in pragmatischer Hinsicht* eine Erkenntnis der Welt durch ›Zusehen‹ von einer, die dadurch entsteht, dass man in der Welt »mitgespielt« hat (Kant 1953, 120). Gemeint ist hier nicht nur die natürliche Welt, sondern auch die moralische. Der Pragmatismus im Sinne Deweys bestreitet, dass eine Zuschauerperspektive gegenüber der Welt überhaupt eingenommen werden kann. Er verallgemeinert also die Kantische »Mitspielerrolle«; auch philosophische Erkenntnis kann sich von dieser Rolle nicht befreien. Daraus ergibt sich ein spezifischer Bezug des Deweyschen Pragmatismus auf die Kultur.

Dewey beruft sich auch auf Kant, wenn er sein Pragmatismusverständnis erläutert: Es müsse mit Kants *Metaphysik der Sitten* unterschieden werden zwischen einer praktischen und der pragmatischen Perspektive auf Regeln. Die erste beziehe sich nach Kant auf angeblich apriorische Prinzipien, die zweite auf solche, die auf der Erfahrung basieren (vgl. Dewey 1931, 13). Dewey glaubt nun, dass es nicht auf Erfahrung basierende und nicht auf zukünftige Erfahrungen zu beziehende Überzeugungen, seien sie praktischer oder theoretischer Natur, gar nicht geben kann. Darin besteht der Experientialismus seines Pragmatismus, der Erkenntnis a priori ablehnt. Aus dieser Ablehnung zieht Dewey angesichts der Wirksamkeit der kantischen Unterscheidung Konsequenzen, die man zu Recht als »kulturkritische« bezeichnen kann.

Dewey geht schon 1915 so weit, die kantische Vorstellung, es gäbe ein intelligibles Reich, eine »numinose übersinnliche Welt« als eigentlichem Bezugspunkt der Sittlichkeit, als politisch gefährlich zu betrachten (Dewey 2000, 88). Die kantische »Zwei Welten«-Lehre sei mit dafür verantwortlich, dass sich in Deutschland im 19. und frühen 20. Jahrhundert eine bestimmte politische Kultur herausgebildet habe, in der es einerseits schwer sei, auf konkrete praktische Probleme auch konkret zu reagieren, die aber andererseits zum Fanatismus neige. »So ist es dazu gekommen«, schreibt Dewey (ebd., 103), »daß keine einfache politische oder soziale Frage in angemessener Weise in Deutschland diskutiert wird, solange die vorliegende Sache nicht in angemessener Weise von einer erschöpfenden Bestimmung ihres fundamentalen ›Begriffs‹ oder ›Wesens‹ hergeleitet ist. Falls aber das Material zu offensichtlich empirisch ist, um solch eine Deduktion zu erlauben, muß es wenigstens in die ihr zukommende rationale Form gebracht werden. [...] Wenn die empirischen Tatsachen widerspenstig sind, um so schlimmer für sie. Es zeigt nur, wie empirisch sie sind [...], während Wahrheiten der reinen Vernunft [...] sich der Logik der Erfahrung [entziehen], nur um die Beute einer ›Logik des Fanatismus‹ zu werden«, denn das Vernünftige gilt unbedingt und ist gegen alle empirischen Widerstände durchzusetzen (ebd., 103 f.).

Wenn auch das politische Handeln von Menschen in einer »äußeren«, »bloß empirischen Welt« stattfindet, das Moralische jedoch die intelligible Welt, die Innerlichkeit, betrifft, so wird dadurch das Politische nach Dewey indirekt entwertet (ebd., 109). In Frankreich wurde aus kantianisch beeinflusster deutscher Perspektive in der Revolution von 1789 nur der weltliche Despotismus niedergerungen, wurden empirische Ketten gesprengt, während in Deutschland das Reich der unbedingten Pflicht entdeckt wurde, die sich im Sittengesetz im Inneren eines jeden Menschen offenbare, sofern er sich als frei verstehen kann (vgl. ebd., 109). Das empirisch sichtbare politische Handeln wird da zweitrangig, wo die eigentliche moralische Wirklichkeit unsichtbar in einem inneren intelligiblen Reich liegt. Deweys Studie über *Deutsche Philosophie und deutsche Politik* kann ähnlich wie die Arbeit von Norbert Elias (*Studien über die Deutschen,* 1989) als Untersuchung zur Entwicklung einer bestimmten Kultur gedeutet werden, wobei Dewey sich im Unterschied zu Elias auf die besondere Rolle der ›Philosophie‹ in dieser Entwicklungsgeschichte konzentriert. Wer ein bloß postuliertes Reich der reinen Vernunft für das menschliche Leben für relevanter hält als die konkrete Erfahrung, hat nach Dewey mit unangenehmen Konsequenzen zu rechnen: »Die Verachtung der Erfahrung wurde auf tragische Weise *in* der Erfahrung gerächt; sie hat die Vernachlässigung der Tatsachen kultiviert, und für diese Vernachlässigung mußte bezahlt werden – durch Fehlschläge, Sorgen, Krieg.« (Dewey 1989, 143)

Selbstorganisation der Erfahrung

Dass es sich hier nicht um eine lokale Diagnose handelt – ›lokal‹ im Sinne von allein auf Kant und den deutschen ideologischen Fanatismus bezogen –, sieht man auch an Deweys Platonkritik. Kant greift mit seinem Postulat einer intelligiblen Welt ja auf die platonische Ideenlehre zurück. Wir können nach dieser Ideenlehre in der Erfahrung nur deshalb etwas als etwas erkennen, weil es als ein einzelner Erfahrungsgegenstand an einer abstrakten Idee teilhat. Platonisch gedacht braucht die Erfahrung etwas ›über‹ ihr Stehendes, damit sie überhaupt eine Struktur bekommt. Die Erfahrung als solche ist chaotisch und fließend und muss, damit sie überhaupt zu Wissen werden kann, von Ordnungen, die ewig sind, beherrscht werden. Diesem Verständnis von Erfahrung widerspricht Dewey vehement: »Die Erfahrung trägt die Prinzipien der Verknüpfung und Organisation in sich selbst« (Dewey 1989, 136). Erfahrung organisiert sich nach Dewey selbst, Ordnungen entstehen und vergehen in ihr. Sie muss durch nichts Ewiges beherrscht werden, um wissbar zu sein. Nach Dewey steht hinter der Vorstellung, dass Erfahrung auf höhere überempirische Ordnungen angewiesen sei, um gewusst werden zu können, ein gesellschaftliches Herrschaftsmodell (vgl. ebd., 139). In diesem Modell beherrschen die Mathematiker und Priester als diejenigen, die Wissen vom Ewigen haben, die Handwerker und Sklaven, die bloß Erfahrungen machen, aber eigentlich nichts wissen. Das gesellschaftliche Ordnungsmodell, in dem Priester über Techniker, Handwerker und körperlich Tätige herrschen, wird durch eine Seins- und Wissenshierarchie legitimiert: Die vergänglichen Gegenstände der Erfahrung gibt es nur in einer gewissen Dauer, weil sie an etwas Ewigem teilhaben. Wirkliches Wissen von diesen Gegenständen hat deshalb nur der, der nicht nur Erfahrungen hat, sondern auch dieses Ewige kennt, was jedoch nur der eingeweihten Priester- und Philosophenkaste möglich sei. Demgegenüber behauptet Dewey als Prozessphilosoph, dass sich alles verändert und dass alles, was wir wissen können, sich aus der Selbstorganisation der Erfahrung ergibt, die durch nichts Überzeitliches bestimmt wird (vgl. Dewey 1929, 4a).

Die kulturelle Einbettung der Philosophie

Akzeptiert man mit Dewey, dass sich die Erfahrungen und pragmatischen Handlungsziele von Menschen historisch wandeln, so gibt es entsprechend auch keine unwandelbaren theoretischen und praktischen Überzeugungen. Das Wissen der platonischen Priesterkaste ist fingiert. Auch der Philosophie kann es nach Dewey deshalb nicht gelingen, aus dem historisch driftenden Erfahrungsstrom herauszutreten und ewige Wahrheiten zu verkünden, auch wenn sie dies seit Platon immer wieder versucht hat. Nennt man die Stadien des Zusammenhangs von sich verändernden Erfahrungen und Zielvorstellungen, die Menschen in bestimmten Gemeinschaften zu bestimmten Zeiten erreichen, ›Kultur‹, so kann man sagen, dass eine im Deweyschen Sinne pragmatistisch verstandene Philosophie nicht aus der Kultur heraustreten kann, in der sie entsteht. In Deweys eigenen Worten nimmt sich dieses Philosophieverständnis so aus: »Was mich selbst angeht, [...] so trete ich an diese Debatte mit der Voraussetzung heran, daß Philosophie, wie Politik, Literatur oder die bildnerischen Künste selbst eine Erscheinungsform der menschlichen Kultur ist. Ihre Verbindung mit der Sozialgeschichte, mit der Zivilisation ist intrinsisch. Es gibt eine Strömung unter den gegenwärtigen Philosophen zu glauben, daß, während die Denker der Vergangenheit in ihren Systemen die Bedingungen und Schwierigkeiten ihrer eigenen Zeit widergespiegelt hätten, die Philosophie der Gegenwart im allgemeinen, vor allem jedoch die eigene Philosophie, sich von dem Einfluss des Komplexes von Institutionen, der die Kultur bildet, emanzipiert habe. Bacon, Descartes, Kant – jeder von ihnen glaubte inbrünstig daran, dass er die Philosophie neu begründet und sie sicher auf eine allein intellektuelle Grundlage stellt« (Dewey 1931, 3). »Philosophie« – nach Deweys Verständnis – »behält dagegen die engste Verbindung mit der Geschichte der Kultur, mit der Abfolge der Wechsel in der Zivilisation« (ebd., 7).

Bedeutsamkeit und Wahrheit

Diese Vorstellung Deweys führt nur dann in den Relativismus, wenn man eine nicht-relativistische Philosophie an das Streben nach ewigen Wahrheiten bindet, »völlig unberührt von einer bestimmten Zeit und einem bestimmten Ort« (Dewey 1931, 4). Dies tut Dewey, wie deutlich geworden ist, jedoch nicht. Er unterscheidet vielmehr zwischen ›Bedeutung‹ bzw. ›Bedeutsamkeit‹ oder ›Relevanz‹ (*meaning*) auf der einen und ›Wahrheit‹ (*truth*) auf der anderen Seite. Dewey betrachtet Wahrheit lediglich als *eine* Variante der Bedeutsamkeit: Eine Aussage oder eine Theorie kann bedeutsam sein, weil sie wahr ist, doch auch aus ganz anderen Gründen. Dabei gilt: »Bedeutung ist sowohl weiter im Blickwinkel als auch wertvoller als Wahrheit, und Philosophie ist eher mit Bedeutsamkeit befasst als mit Wahrheit.« (Ebd., 4)

Wahrheit macht die Bedeutsamkeit der Wissenschaft aus. Philosophie ist für Dewey jedoch keine Wissenschaft. Zwar muss sie mit der wissenschaftlichen Wahrheit *vereinbar* sein, jedoch in ihrer Bedeutsamkeit über das, was wissenschaftliche Wahrheit liefert, hinausgehen. Damit ist kein undurchsichtiger Tiefsinn gemeint, sondern ein kritischer Impuls. Denn dass Philosophie ein solches Hinausgehen über die Wahrheit gelingen kann, liegt in ihrer Möglichkeit, auf die Kultur, aus der sie hervorgeht, zu *reagieren*. Philosophie bildet in kritischer Auseinandersetzung mit der Kultur, die sie bedingt, Ideen für ein Handeln aus, das diese Kultur verändern, weiterentwickeln kann: »Deshalb kennzeichnet Philosophie eine Veränderung in der Kultur. Indem sie Muster entwickelt, die erst in der Zukunft durch konkretes Denken und Handeln erfüllt werden, ist es ihre Rolle, der Geschichte der Zivilisation etwas hinzufügen und sie zu transformieren.« (Dewey 1931, 8) Genau aus dieser Möglichkeit ergibt sich die Bedeutsamkeit der Philosophie: Sie ist nicht rein konstatierend oder bloß beschreibend, sondern kritisch und projektiv. Diese Auffassung von Philosophie hat einige Ähnlichkeiten mit der von ihr kurz danach (1937) beeinflussten Unterscheidung zwischen »traditioneller« und »kritischer Theorie«, wie sie Max Horkheimer formuliert hat (Horkheimer 1988, 162–216.)

Zu versuchen, Philosophie aus ihrem historisch wandelbaren kulturellen Kontext herauszulösen, bedeutet daher, ihr ihre Bedeutsamkeit nehmen zu wollen. Wer nicht versteht, wie die platonische, die aristotelische oder kantische Philosophie entstanden sind und auf was sie reagieren, sondern die in ihnen zu findenden Überzeugungen zu ewigen Wahrheiten vermeintlich nobilitieren will, nimmt ihnen ihre Relevanz. Es passiert dann etwas »Kindisches« (Dewey 1931, 8) mit diesen Gedankengebilden, das diese philosophischen Werke veralbert und erniedrigt. Denn wir können auf die Erfahrungen in unserer heutigen kulturellen Situation nicht mit den Überzeugungen von Platon, Aristoteles oder Kant reagieren. Wir können von diesen Philosophien vielmehr nur lernen, wie man durch begriffliche Anstrengungen auf den kulturellen Rahmen des eigenen Denkens und Handelns so reagieren kann, dass er verändert und unter Umständen erweitert wird, so dass sich neue Möglichkeiten intensiver Erfahrung ergeben. Philosophien ihres kulturellen Kontextes zu berauben und als ewige Wahrheiten heute noch »zu vertreten«, bedeutet, weder sie noch die kulturelle Situation, in der die so verfahrenden Interpreten selbst leben, ernst zu nehmen und »vital« (und nicht schulmeisterlich) auf sie zu reagieren. Es ist jedoch die Evidenz der Ernsthaftigkeit und Vitalität (*evidence of sincerity and vitality*), mit der eine Philosophie auf »ihre« Zeit und Kultur reagiert und aus der sich ihre Bedeutsamkeit ergibt (ebd., 9).

Literatur

Dewey, John: *Democracy and Education.* New York 1915a.

–: *Deutsche Philosophie und deutsche Politik.* Berlin 2000 (erstm. engl. 1915b).

–: *Die Erneuerung der Philosophie.* Hamburg 1989 (erstm. engl. 1920).

–: *Experience and Nature.* New York 1929.

–: Philosophy and Civilization. In: Ders.: *Philosophy and Civilization.* New York/London 1931, 3–35.

–: The Development of American Pragmatism. In: Ders.: *Philosophy and Civilization.* New York/London 1931, 35–55.

–: *Kunst als Erfahrung.* Frankfurt a.M. 1988 (erstm. engl. 1934).

Elias, Norbert: *Studien über die Deutschen. Machtkämpfe und Habitusentwicklung im 19. und 20. Jahrhundert.* Frankfurt a.M. 1989.

Horkheimer, Max: Traditionelle und kritische Theorie. In: Ders.: *Gesammelte Schriften.* Bd. 4: *Schriften 1936–1941.* Hg. von Alfred Schmidt und Gunzelin Schmid Noerr. Frankfurt a.M. 1988.

Kant, Immanuel: *Anthropologie in pragmatischer Hinsicht.* Hamburg 1953.

Michael Hampe

3. Cassirer und der Neukantianismus

Wenn heute von Kulturphilosophie die Rede ist, liegt der Name Ernst Cassirer zwar nahe, nicht aber der Gedanke an den deutschen Neukantianismus. Dieser ist, wie einst Birgit Recki unter Anspielung auf eine von Cassirer selbst gemachte Bemerkung betonte, so sehr zu einer *terra incognita* geworden, dass er nicht einmal mehr als Sündenbock taugt (vgl. Recki 2004, 115). Diese Unkenntnis führt im Blick auf Cassirer oft zu Fehleinschätzungen verschiedenster Art. Eine solche Fehleinschätzung liegt auch der häufig vorgenommenen Einteilung seines Denkens in eine vom Neukantianismus geprägte erkenntnistheoretische Phase und eine davon unterschiedene kulturphilosophische Phase zugrunde.

Cassirer hat wesentliche Jahre seines Studiums in Marburg verbracht und ist von dieser Umgebung geprägt worden. Dennoch ist er fraglos ein eigenständiger Denker, wobei eines der Charakteristika seiner Philosophie gerade darin besteht, dass er sehr viele und genuin verschiedene Einflüsse aufgenommen und zu einem eigenen Ansatz verarbeitet hat. Nicht zuletzt ist zu bedenken, dass das Label des ›Neukantianismus‹ für sehr Vieles und Unterschiedliches benutzt wurde. Dabei ist nicht nur zwischen verschiedenen Schulen, insbesondere den beiden Hauptrichtungen, dem Marburger und dem Südwestdeutschen Neukantianismus, zu differenzieren (vgl. Holzhey/Renz 2010). Darüber hinaus bestehen auch innerhalb der Schulen beträchtliche Differenzen, so namentlich zwischen den Ansätzen von Cassirers Marburger Lehrern Hermann Cohen (1842–1918) und Paul Natorp (1854–1924; vgl. Stolzenberg 1995).

Es bedarf also der Kenntnis der Marburger sowie der Südwestdeutschen Schule, um das Verhältnis von Cassirers Philosophie zum Neukantianismus richtig einzuschätzen und sowohl der Tragweite gewisser Einflüsse als auch der Eigenständigkeit von Cassirer gerecht zu werden. Denn wenn es auch in der Tat verkehrt wäre, Cassirer einfach als einen Neukantianer zu begreifen, ist seine Kulturphilosophie ohne den Hintergrund des Neukantianismus – und besonders jenen der Marburger Schule – nur schwer vorstellbar.

Anfänge in Marburg

Als der 22-jährige Ernst Cassirer 1896 aufgrund seiner Lektüre von Hermann Cohens Schriften von Berlin nach Marburg wechselte, befand sich Cohen in einer wichtigen Phase seiner philosophischen Entwicklung. Bis zu diesem Zeitpunkt war dieser in erster Linie als Kant-Interpret in Erscheinung getreten. Seine systematischen Ambitionen lagen bereits offen zutage, allerdings ohne dass sie im Detail entwickelt worden wären: 1883 war die Studie *Das Prinzip der Infinitesimalmethode und seine Geschichte* erschienen, welche nicht nur die Grundlage für Cohens Überarbeitung seiner ersten Monographie *Kants Theorie der Erfahrung* im Jahre 1885 bildete, sondern auch den Anstoß für seine Abwendung von Kants Zwei-Stämme-Lehre in der *Logik der reinen Erkenntnis* bilden sollte. Zudem hatte sich schon 1889, in *Kants Begründung der Ästhetik*, sein Interesse an einem eigenen, mit dem Problem des Kulturbewusstseins befassten transzendentalphilosophischen Systementwurf abgezeichnet; doch erst im Rahmen seiner *Einleitung mit kritischem Nachtrag* zur siebten Auflage der *Geschichte des Materialismus* von Friedrich Albert Lange setzte Cohen erstmals zu einer Skizze seiner eigenen Vorstellungen von systematischer Philosophie an (vgl. Renz 2011; Munk 2011).

Auch der andere Marburger Lehrer Cassirers und zweite Philosoph im Bunde der Marburger ›Arbeitsgemeinschaft‹, Paul Natorp, war Mitte der 1890er Jahre unterwegs zu einer Kulturphilosophie. Nachdem er 1893 auf das Ordinariat für Philosophie und Pädagogik der Universität Marburg berufen worden war, begann er, aufbauend auf seinen früheren methodologischen Schriften zur Psychologie und Erkenntniskritik, sich mit der Pädagogik auseinanderzusetzen. Wie seine 1889 erschienene, monumentale *Sozialpädagogik* zeigt, liegen ihm dabei die sozialen und die kulturellen Aspekte der Willensentwicklung besonders am Herzen.

Charakteristika neukantianischer Kulturphilosophie

Die neukantianischen Ansätze der Kulturphilosophie zeichnen sich gegenüber den Konkurrenztheorien der Zeitgenossen durch folgende drei Charakteristika aus:

Erstens begreifen sie, wie exemplarisch Natorp (1912), Windelband ([5]1915) und Rickert (1924), die Kulturphilosophie als eine Fortführung der kantischen Transzendentalphilosophie. Wie Kant nach den Bedingungen der Möglichkeit von Erkenntnis gesucht hat, so fragen die neukantianischen Ansätze der Kulturphilosophie nach den Bedingungen der

Möglichkeit von Kultur. Dieses Programm hallt noch in der berühmten programmatischen Wendung in der Einleitung von Cassirers *Philosophie der symbolischen Formen* nach, derzufolge die ›Kritik der Vernunft‹ mit der Entdeckung der symbolischen Verfasstheit des Bewusstseins zur ›Kritik der Kultur‹ werde (vgl. ECW 11, 9).

Mit dem transzendentalen Ansatz legen sich die Neukantianer *zweitens* auf ein dezidiert *idealistisches* Kulturverständnis fest. Anders als etwa bei Marx oder Nietzsche, die kulturelle Erscheinungen als Resultat von historischen Prozessen betrachten, die von ökonomischen oder politischen Interessen vorangetrieben sind, anders aber auch als die Psychoanalyse, welche die Kultur auf triebpsychologische Ursachen zurückführt, analysieren die Neukantianer Kultur auf ihre irreduzibel geistigen Voraussetzungen hin. Man könnte auch sagen: Was das idealistische Verständnis von Kultur betrifft, sind alle Neukantianer einem an Hegel orientierten Begriff des objektiven Geistes verpflichtet (z. B. Rickert 1986, 11), obwohl der methodische Zugriff dezidiert an Kants kritischer Philosophie orientiert ist.

Mit diesem Programm einer neukantianischen, transzendentalen Kulturtheorie geht *drittens* die Annahme einher, dass sich die Gesamtheit kultureller Erscheinungen auf der Basis der systematischen Trias von Logik, Ethik und Ästhetik erklären lasse. Diese Annahme ist oft kritisiert worden, nicht zuletzt von Cassirer, der im Vorwort zum ersten Band der *Philosophie der symbolischen Formen* die Vernachlässigung der Sprache im kritischen Idealismus damit erklärt, dass sie dort nur gelegentlich und stets im Zusammenhang mit ästhetischen Fragen in Betracht gezogen würde (vgl. ECW 11, IX). Gleichwohl hält Cassirer zwei Seiten später fest, dass »die Sprache, wie alle geistigen Grundfunktionen, ihre philosophische Aufhellung nur innerhalb eines Gesamtsystems des philosophischen Idealismus finden« könne (ebd.). Die Orientierung am Systembegriff selber in Frage zu stellen, blieb einem anderen Marburger Studenten, dem eine Generation jüngeren Hans-Georg Gadamer überlassen, der 1924 in seinem Beitrag zur Festschrift seines Lehrers Natorp einen »inneren Selbstwiderspruch« der systematischen Philosophie diagnostiziert: »sofern sie ihrem eigenen Anspruch Genüge tut, sofern tut sie den Sachen notwendig Gewalt an« (Gadamer 1924, 164). Demgegenüber ist festzuhalten, dass es dem Neukantianismus nicht um eine verstehende Beschreibung von einzelnen Kulturphänomenen ging, sondern darum, die Bedingungen der Möglichkeiten von Kultur in ihrer Einheit und Vielheit aufzuzeigen. Genau diesem Anspruch ist auch Cassirers *Philosophie der symbolischen Formen* verpflichtet.

Während nun die verschiedenen neukantianischen Ansätze diese drei genannten Charakteristika weitgehend teilen, gehen ihre Auffassungen darüber, was Kultur im Kern ausmacht – und worin mithin die transzendentalen Voraussetzungen kultureller Phänomene liegen –, deutlich auseinander. Cohen zufolge entspringt Kultur Handlungen, die sich durch unterschiedliche Formen der Gesetzlichkeit auszeichnen: im Fall der wissenschaftlichen Erkenntnis (die schon von Cohen und nicht erst von Cassirer als genuin kulturelle Errungenschaft aufgefasst wird) durch die Gesetzlichkeit rein begrifflichen Denkens; im Fall der Ethik durch die Gesetzlichkeit eines gemeinschaftlichen Willens und im Fall der Kunst durch die Gesetzlichkeit des ästhetischen Gefühls. Entscheidend ist für Cohen ferner, dass es sich um Gesetze eines *reinen* Denkens, eines *reinen* Willens und eines *reinen* Gefühls handeln soll. Damit wird unterstrichen, dass die Objektivität von kulturellen Inhalten sich ausschließlich den hypothetischen Setzungen des an die Stelle der kantischen Vernunft tretenden Kulturbewusstseins verdankt und nicht von einem in der Sinnlichkeit Gegebenen abhängig ist.

Im Unterschied dazu interessiert sich Natorp primär für den hinter unterschiedlichen Kulturphänomenen stehenden Bewusstseinsprozess, wobei die transzendentalphilosophischen Überlegungen oft mit psychologischen oder genauer: phänomenologischen, auf die Analyse subjektiver Vorgänge bedachten Beobachtungen sowie der pädagogischen Vorwegnahme der Entwicklung des Bewusstseins ergänzt werden. Vor allem in den Anfängen sticht zudem die Orientierung an einem agronomischen Verständnis von Kultur ins Auge. So versteht Natorp den Prozess der Willensbildung in der *Sozialpädagogik* in expliziter Analogie zum Prozess des »Aufziehens, des absichtlichen Züchtens, der ›Kultur‹ von Pflanzen und Tieren, im Unterschied vom bloß natürlichen, spontanen Aufwachsen. Das Wort [Kultur] besagt: durch geeignete Behandlung und Pflege zum gedeihlichen Wachstum bringen« (Natorp 1889/[7]1974, 26). Später wird der Akzent stärker auf den Prozess der Poiesis, mithin der Hervorbringung von Kultur im Sinne von kulturellen Werken gelegt.

Nochmals einen anderen Gesichtspunkt rücken die Südwestdeutschen Neukantianer ins Zentrum, welche die Kultur in Anlehnung an Rudolf Hermann Lotzes Erkenntnistheorie unter dem Gesichtspunkt der Geltung von apriorischen Werten oder Axiomen erörtern (vgl. Rickert 1924). Zu den wichtigsten Protagonisten dieser Schule zählen Wilhelm Windelband (1848–1915) und sein Schüler und späterer Nachfolger Heinrich Rickert (1863–1936). Ihrer Auffassung zufolge liegen der Kultur quasi platonische, transzendente Werte oder Normen zugrunde, wobei sie in ihrer Kulturphilosophie – der Systematik von Kants kritischer Philosophie entsprechend – verschiedene Typen von Werten unterscheiden. Differenziert wird ferner zwischen der tatsächlich in der Kulturgeschichte realisierten Anerkennung dieser Werte oder Normen und dem, was a priori gelten soll. Die Aufgabe der auch als kritische Methode bezeichneten Transzendentalphilosophie wird im Wesentlichen darin veranschlagt, die notwendige und ahistorische Geltung dieser Werte aufzuzeigen (vgl. Windelband [5]1915, Bd. 2, 107 f.).

Diese verschiedenen Konzeptionen von Kultur verdanken sich nicht allein methodischen Differenzen. Es kommen darin auch unterschiedliche Sichtweisen auf die historische Entwicklung von Kultur zum Ausdruck. Grundsätzlich stehen sämtliche neukantianischen Kulturphilosophen vor dem Problem, wie sie sowohl der Tatsache der historischen Entwicklung von Kultur Rechnung tragen als auch die Behauptung apriorischer Voraussetzungen von Kultur aufrechterhalten können. Während nun die Südwestdeutschen Neukantianer den der Kultur zugrundeliegenden Werten einen transzendenten ontologischen Status zuweisen und konsequenterweise annehmen, dass Werte in der Kulturgeschichte lediglich realisiert oder anerkannt werden, sind die Marburger Neukantianer um eine Historisierung des Apriori selber bemüht. Dabei soll zwar nicht etwa dessen Geltung relativiert, wohl aber dem Apriori jeglicher ontologische Rückhalt in einem quasi platonischen Ideenhimmel abgesprochen werden. Ihren apriorischen Status erlangen gewisse Prinzipien einzig deshalb, weil und sofern sie für die gesetzmäßige und objektive Konstitution kultureller Gegenstände eine notwendige Voraussetzung darstellen. Man könnte auch sagen: Apriori ist in der Marburger Schule kein Adelstitel mehr, der bestimmten Ideen an sich anhaftet, sondern ein Attribut, das Prinzipien einzig aufgrund ihrer objektivitätsstiftenden Funktion zugewiesen wird.

Dieser Hintergrund ist entscheidend für eine angemessene Einschätzung von Cassirers Verhältnis zum Neukantianismus. Besonders zwei Dinge sind zu beachten: Erstens muss man sich darüber im Klaren sein, dass jede eigenständige und reflektierte Positionierung zum oder auch innerhalb des Neukantianismus erforderlich machte, zu jenen Fragen Stellung zu beziehen, über die Dissens bestand. Cassirer hat das getan, wenn auch meist, wie es für ihn typisch war, ziemlich indirekt. Teils stellen seine Ansätze sogar – wiederum ohne dass dies explizit gemacht würde – tragfähige Lösungsvorschläge zur Überwindung gewisser Divergenzen dar. Zweitens dürfte klar geworden sein, dass man sich bei der Klärung der Frage nach dem Einfluss seiner Marburger Lehrer nicht zu sehr von der gängigen Unterscheidung zwischen einer erkenntnistheoretischen Phase und einer kulturphilosophischen Phase leiten lassen sollte. Stattdessen ist zu untersuchen, wie Cassirer erst in seiner Erkenntnistheorie und dann in seiner Kulturphilosophie Anregungen aufgreift und weiterentwickelt. Seine Ansätze weisen meist in dieselbe Richtung wie jene seiner Lehrer, doch zieht er – und zwar bereits in seinen erkenntnistheoretischen Schriften – Schlüsse, die ihn weit über diese Vorgabe hinausführen. Cassirer hat vieles übernommen und mit dem Blick des von der Vorgeschichte unbelasteten Schülers weitergeführt, und er hat das selbst auch sehr klar gesehen, wenn er etwa in Davos sagt, dass er seine »eigene Entwicklung nicht als Abfall von Cohen« auffasse, auch wenn sich ihm im Laufe seiner »Arbeit vieles anders ergeben« habe (Heidegger [5]1991, 275).

Vom Gehalt zur Funktion: Zu Cassirers Begriffstheorie

Worin er sich von seinen Marburger Lehrern abgesetzt hat, umschrieb Cassirer in Davos dahingehend, dass er die Stellung der mathematischen Naturwissenschaft zwar anerkannt habe, aber diese könne »nur als ein Paradigma stehen, nicht als das Ganze des Problems« (ebd.). Es stellt sich die Frage, wofür – genauer: für welches Problem – die mathematische Naturwissenschaft ›nur‹ das Paradigma bildet. Eine Antwort darauf lässt sich geben, wenn man Cassirers frühe Begriffstheorie im Zusammenhang mit Cohens *Logik der reinen Erkenntnis* betrachtet, welche ja während Cassirers Zeit in Marburg entstanden ist. In diesem Werk unternimmt Cohen den Versuch, eine Theorie des begrifflichen Inhalts unseres Denkens zu entwickeln, die ohne Rückgriff auf den mentalen Akt der intentionalen Bezugnahme auskommt. Man könnte auch sagen: Cohen entwirft eine transzendentalphilosophische Theorie der Bedingungen der Möglichkeit des Inhalts von Urteilen unter Absehung des Aspekts der Repräsentation. Dabei verneint Cohen nicht, dass der Begriff der Repräsentation in psychologischer oder bewusstseinstheoretischer Hinsicht von Belang sein mag. Doch für die Klärung der Frage, wovon die Möglichkeit abhängt, wissenschaftliche, auf Objektivität abzielende Urteile zu formulieren, ist seiner Auffassung nach die Auseinandersetzung mit dem Problem der Repräsentation fehl am Platz.

In seiner Schrift *Substanzbegriff und Funktionsbegriff* (1910) greift Cassirer dieses Programm auf und führt es auf einer weiter gefassten begriffstheoretischen Basis fort. Es geht ihm nicht mehr nur darum zu zeigen, was die Objektivität von ›wissenschaftlichen‹ Urteilen möglich macht, sondern er fragt vielmehr danach, was ›begriffliches Denken im Allgemeinen‹ ausmacht. Dabei stellt er – in expliziter Abgrenzung von der traditionellen, auf Aristoteles zurückgehenden Auffassung -nicht mehr das Problem der Subsumption von Erscheinungen unter allgemeine Begriffe ins Zentrum, sondern die Frage nach den Bedingungen der Möglichkeit von Begriffs*bildung*. Diese Frage lässt sich allerdings, so Cassirer, nicht unter Rückgriff auf den Vorgang der Abstraktion begreifen, sondern Begriffsbildung ist ihm zufolge im Kern ein genuin konstruktiver Akt; und diesen Akt sucht er anhand einer Auseinandersetzung mit dem begrifflichen Denken in den verschiedenen Wissenschaften sichtbar zu machen. Dabei zeigt er, dass Begriffe nicht ein Resultat von Klassen-, sondern jenes von Reihenbildungen sind. Damit wird als die zentrale transzendentale Voraussetzung von Begriffsbildung die eine Reihe konstituierende Funktion aufgewiesen (vgl. Knoppe 1992, 24).

Wie Cohen setzt sich also auch Cassirer von einer das Problem der Repräsentation ins Zentrum stellenden Auffassung begrifflichen Denkens ab. Im Unterschied zu Cohen sucht er allerdings seine Konzeption nicht nur für die Analyse wissenschaftlichen Denkens fruchtbar zu machen, sondern er sieht darin auch ein Potential für ein besseres Verständnis des Alltagsbewusstseins. Obwohl er zunächst hauptsächlich mit den Begriffen der Wissenschaften befasst ist, macht Cassirer schon in *Substanzbegriff und Funktionsbegriff* unmissverständlich klar, dass er die mathematische Naturwissenschaft »nur als ein Paradigma« begreift und nicht »als das Ganze des Problems«. So hält er explizit fest, dass auch »das naive Weltbild, auf das die traditionelle logische Auffassung sich vornehmlich« berufe, »das gleiche Problem« in sich berge (ECW 6, 13 f.). Cassirer sucht also nicht einfach – wie noch Cohen – nach einem die objektive Gültigkeit von wissenschaftlichen Aussagen ermöglichenden Verständnis der Begriffe der exakten Naturwissenschaften, sondern er will das Phänomen der Begriffsbildung anhand einer Untersuchung der Funktionsweise wissenschaftlicher Begriffe einem neuen philosophischen Verständnis zuführen.

Dieser Unterschied wiederum hat zur Konsequenz, dass Cassirer auch die Anschaulichkeit des alltäglichen Denkens neu, nämlich als Ausdruck einer Funktion begreift. Zwar hatte sich schon Cohen vehement gegen jegliche Annahme eines in der Sinnlichkeit Gegebenen gewehrt, blieb dabei jedoch letztlich in einer Abwehrhaltung gegenüber jeglichem vorwissenschaftlichen Denken befangen, die erst Cassirer mit seinem weiter gefassten Verständnis der Funktionalität begrifflichen Denkens zu überwinden im Stande war. Dass schon in *Substanzbegriff und Funktionsbegriff* ein alternatives Verständnis der Anschaulichkeit alltäglichen Denkens am Werk ist, zeigt sich übrigens in Cassirers Kritik von Rickerts Theorie der Begriffsbildung, dessen Diagnose einer Kluft zwischen Begriff und Wirklichkeit er einem falschen, nämlich am Begriff der Abstraktion orientierten Verständnis des Begriffs anlastet. Die Annahme einer solchen Kluft lasse sich durchaus vermeiden, wenn man das Prinzip der Reihenbildung ins Zentrum rücke: »Denkt man das Besondere als *Reihenglied*, das Allgemeine als *Reihenprinzip*, so ist alsbald deutlich, daß beide Momente, ohne ineinander überzugehen und sich inhaltlich irgendwie miteinander zu vermischen, doch in ihrer Leistung durchgehend aufeinander angewiesen sind. Es ist nicht einzusehen, daß irgendein konkreter Inhalt seiner Besonderheit und Anschaulichkeit verlustig gehen müßte, sobald er mit anderen gleichartigen Inhalten in verschiedene Reihen-Zusammenhänge gestellt und insofern ›begrifflich‹ gefaßt und geformt wird.« (ECW 6, 244) Schon hier zeigt sich also: Cassirer sieht das Potential von Cohens Ansatz, entwickelt diesen aber in einer Weise weiter, die weit über den Horizont einer Logik hinausweist.

Die Entdeckung der symbolischen Form

Das schon 1910 in den Raum gestellte Programm einer Transzendentalphilosophie, die nicht nur die Begriffe der exakten Wissenschaften, sondern auch das alltägliche Denken auf seine transzendentalen Voraussetzungen hin untersucht, löst Cassirer erst in den 1920er Jahren mit seiner *Philosophie der symbolischen Formen* ein. In den ersten beiden Bänden des Werkes analysiert er nicht nur die Sprache, sondern auch das zuvor oft als ›primitiv‹ abgetane mythische

Denken auf seine transzendentalphilosophischen Voraussetzungen hin; im dritten, im Untertitel als *Phänomenologie der Erkenntnis* ausgegebenen Band setzt Cassirer sich explizit mit der Alltagswahrnehmung auseinander.

Dazwischen liegen Jahre der Beschäftigung mit geistesgeschichtlichen Themen, zunächst in den 1916 vorgelegten Studien zur deutschen Geistesgeschichte und dann in der zwei Jahre später unter dem Titel *Idee und Gestalt* veröffentlichten Sammlung von Aufsätzen über die Dichter der deutschen Klassik und Romantik. In diesen Texten befasst sich Cassirer nicht nur ausgiebig mit kulturphilosophischen Fragestellungen, sondern entdeckt zudem, dass dem Formbegriff eine entscheidende Rolle im Rahmen einer philosophische Kulturtheorie zukommen muss (vgl. Ferrari 2002, Kap. 2). Der von nun an zentrale Begriff der symbolischen Form amalgamiert diese Entdeckung mit der bereits 1910 gemachten Einsicht in den transzendentalen Vorrang der Funktion vor dem Gehalt.

Die Aufwertung des Formbegriffs bedeutet in gewisser Weise auch die Überwindung eines impliziten Logozentrismus der früheren Begriffstheorie. Denn während Cassirer in *Substanzbegriff und Funktionsbegriff* noch nahelegte, dass auch die Anschaulichkeit des alltäglichen Weltbilds auf die *begriffliche* Funktion des Denkens zurückgeführt werden könne, schlägt er mit dem Konzept der symbolischen Form eine neue Vermittlung von Sinnlichkeit und Verstand vor. Wie aus der bekannten Definition hervorgeht, sind in der symbolischen Form »geistiger Bedeutungsgehalt« und konkretes »sinnliches Zeichen« innerlich verbunden (ECW 16, 79).

Cassirer begreift also die Inhalte unseres Denkens nach wie vor als Ausdruck einer transzendentalen Funktion, doch diese besteht nicht mehr im Prinzip begrifflicher Reihenbildung. Nicht die begriffliche Konstitution der Anschauung, sondern die im Zeichen vorliegende notwendige Verbindung von Bedeutungsfunktion und Sinnenfälligkeit ist das Thema der *Philosophie der symbolischen Formen.* Dass diese Verbindung das menschliche Kulturbewusstsein in all seinen Ausprägungen durchdringt und mithin in der Möglichkeit einer solchen Verbindung eine bewusstseinstheoretische Voraussetzung der Kultur und ihrer Entwicklung liegt, ist die zentrale Entdeckung Cassirers. Der Begriff der symbolischen Form erlaubt es außerdem, gewisse geschichtsphilosophische Aporien der Kulturphilosophie aus dem Weg zu schaffen.

Man muss dazu allerdings vorweg vergegenwärtigen, dass Cassirer den Akzent auf den Vorgang der *Bildung* von Formen und auf die Form*gebung* legt. Das ist aus zwei Gründen von zentraler Bedeutung: Zum einen betont Cassirer dadurch den ermächtigenden Charakter kultureller Formung. Kultur ist nicht einfach ein geschichtlich Gegebenes, das wir als Schicksal hinzunehmen hätten, sondern in ihr dokumentiert sich unsere Fähigkeit zur Gestaltung unseres Lebens. Mit dem Akzent auf dem Vorgang der Formung distanziert sich Cassirer also implizit auch von den kulturpessimistischen Diagnosen der Lebensphilosophie, welche den Formcharakter kultureller Errungenschaften oft einseitig unter dem Gesichtspunkt ihrer einschränkenden Wirkung thematisierte. Zweitens erlaubt die Betonung der Formgebung, eine Antwort auf die Frage zu finden, ob nun Kultur einen historischen oder einen transzendentalen Ursprung habe (vgl. Orth 2011). Versteht man Kultur unter dem Gesichtspunkt der Formgebung, so wird man zum Schluss kommen, dass beides der Fall sein muss: Auf der einen Seite liegt jeder kulturellen Errungenschaft ein Akt der Formgebung zugrunde, der historisch situierbar ist. In den Formen der Kultur werden nicht einfach überzeitliche Werte realisiert, sondern es wird etwas genuin Neues geschaffen. Auf der andern Seite hat Formgebung, als Prinzip verstanden, einen durchaus apriorischen Stellenwert. Es entspringt nicht aus der Erfahrung, sondern macht Erfahrung als eine je schon bestimmte und mit einem besonderen Inhalt versehene erst möglich.

Literatur

Cassirer, Ernst: *Gesammelte Schriften.* Hamburger Ausgabe. Hg. von Birgit Recki. Hamburg 1998 ff. [ECW].

Cohen, Hermann: *Werke.* Hg. von Helmut Holzhey und Hartwig Wiedebach. Hildesheim/Zürich/New York 1977 ff.

Ferrari, Massimo: *Stationen einer philosophischen Biographie.* Hamburg 2002.

Flach, Werner: Kants Begriff der Kultur und das Selbstverständnis des Neukantianismus. In: *Kant im Neukantianismus.* Hg. von Marion Heinz und Christian Krijnen. Würzburg 2007, 9–24.

Gadamer, Hans-Georg: Zur Systemidee in der Philosophie. In: *Festschrift für Paul Natorp. Zum 70. Geburtstage von Schülern und Freunden gewidmet* [Vorw. Ernst Cassirer]. Berlin/Leipzig 1924, 55–75.

Graeser, Andreas: *Ernst Cassirer.* München 1994.

Heidegger, Martin: *Kant und das Problem der Metaphysik.* Frankfurt a. M. 1973, [5]1991.

Heinz, Marion/Krijnen, Christian (Hg.): *Kant im Neukantianismus.* Würzburg 2007.

Holzhey, Helmut: *Cohen und Natorp.* 2 Bde. Basel/Stuttgart 1986.

–/Renz, Ursula: Neukantianismus. In: *Enzyklopädie Philosophie.* Hg. von Hans-Jörg Sandkühler. Hamburg 2010, 1776–1782.
Knoppe, Thomas: *Die theoretische Philosophie Ernst Cassirers. Zu den Grundlagen transzendentaler Wissens- und Kulturtheorie.* Hamburg 1992.
Köhnke, Klaus Christian: *Entstehung und Aufstieg des Neukantianismus. Die deutsche Universitätsphilosophie zwischen Idealismus und Positivismus.* Frankfurt a. M. 1986.
Krijnen, Christian/Noras, Andrzej (Hg.): *Marburg versus Südwestdeutschland. Philosophische Differenzen zwischen den beiden Hauptschulen des Neukantianismus.* Würzburg 2012.
Lembeck, Karl-Heinz: *Platon in Marburg. Platonrezeption und Philosophiegeschichtsphilosophie bei Cohen und Natorp.* Würzburg 1994.
Munk, Reinier: Der andere Idealismus von Hermann Cohen. In: *Deutsche Zeitschrift für Philosophie* 59 (2011), 271–282.
Natorp, Paul: *Sozialpädagogik. Theorie der Willensbildung auf der Grundlage der Gemeinschaft* [1889, [6]1925]. Paderborn [7]1974.
–: Kant und die Marburger Schule. In: *Kantstudien* 17 (1912), 193–221.
–: Allgemeine Logik. In: *Erkenntnistheorie und Logik im Neukantianismus.* Hg. von Werner Flach und Helmut Holzhey. Hildesheim 1980, 226–269.
Ollig, Hans-Ludwig: *Der Neukantianismus.* Stuttgart 1979.
Orth, Ernst Wolfgang: Ernst Cassirer as cultural scientist. In: *Synthese* 197 (2011), 115–134.
Recki, Birgit: Freiheit und Werk. Über handlungstheoretische Kategorien der Grundlegung bei Ernst Cassirer. In: *Ethik oder Ästhetik? Zur Aktualität der neukantianischen Kulturphilosophie.* Hg. von Peter-Ulrich Merz-Benz und Ursula Renz. Würzburg 2004, 115–134.
Renz, Ursula: *Die Rationalität der Kultur. Kulturphilosophie und ihre transzendentale Begründung.* Hamburg 2002.
–: Erzeugen als Vernichten. Hermann Cohens erkenntnistheoretische Funktionsbestimmung des Urteils der Verneinung im Vergleich zu Gottlob Freges Theorie der Verneinung. In: *Verneinung, Andersheit und Unendlichkeit im Neukantianismus.* Hg. von Pierfrancesco Fiorato. Würzburg 2009, 69–92.
–: Von Marburg nach Pittsburgh. Philosophie als Transzendentalphilosophie. In: *Deutsche Zeitschrift für Philosophie* 59 (2011), 249–270.
–: From philosophy to criticism of myth: Cassirer's concept of myth. In: *Synthese* 179 (2011), 135–152.
Rickert, Heinrich: *Kant als Philosoph der modernen Kultur. Ein geschichtsphilosophischer Versuch.* Tübingen 1924.
–: *Kulturwissenschaft und Naturwissenschaft* [1899, [7]1926]. Hg. von Friedrich Vollhardt. Stuttgart 1986.
–: *Der Gegenstand der Erkenntnis. Einführung in die Transzendentalphilosophie* [1892]. Tübingen [6]1928.
Stolzenberg, Jürgen: *Ursprung und System. Probleme der Begründung systematischer Philosophie im Werk Hermann Cohens, Paul Natorps und beim frühen Martin Heidegger.* Göttingen 1995.
Windelband, Wilhelm: *Präludien. Aufsätze und Reden zur Philosophie und ihrer Geschichte.* 2 Bde. Tübingen [5]1915.

Ursula Renz

4. Cassirer und die Bibliothek Warburg

Parallel zum technologischen Fortschritt und dem Prozess der Rationalisierung des Lebens im Kontext der Aufklärung lockerten sich im Verlauf des 19. Jahrhunderts die Bindungen zwischen Kultur und Religion. Die industrielle Revolution und die Technologisierung der Welt, welche mit der Steigerung des Primats der Naturwissenschaften einhergehen, fördern die Neubefragung der Kultur als Lebenswelt. Angelehnt an die Geschichtsphilosophie meint man nun einen tragischen Entwicklungsgang in der Kultur zu beobachten, nämlich dass die Kultur, um ihren Fortgang zu sichern, stets das Vorherbestehende überlagern, gar zerstören müsse – ein Prozess, den Georg Simmel als die »Tragödie der Kultur« darstellt. Die Kulturerzeugnisse erlauben zwar – so Simmel – die Emanzipation des Subjektes, doch gleichzeitig entwickeln die Objekte ihr Eigenleben, dem das Subjekt nicht mehr folgen kann (vgl. Böhme/Matussek/Müller 2000, 56 ff.; ECW 14, 385–417).

Simmels Schüler Ernst Cassirer begründet mit seiner Kulturphilosophie ein neues, vom Pessimismus seines Lehrers befreites Verständnis von Kultur. Von der Grundsatzfrage nach der Bedeutung des individuellen Seins und Tuns ausgehend, knüpft diese Kulturphilosophie an die Tradition insbesondere des Kantianismus an, versteht sich aber nicht als eine Metaphysik der Erkenntnis, sondern als Gesamtauffassung mentaler Funktionen und moralischer Einstellungen des menschlichen Geistes. Erkenntnis wird in dieser Kulturphilosophie nicht lediglich als Prozess wissenschaftlichen Begreifens beziehungsweise Erklärens, sondern darüber hinaus als eine geistige Tätigkeit des Weltaufbaus begriffen (vgl. ECW 22, 117 f.). Diese geistigen Tätigkeiten verdichtet Cassirer im zentralen Begriff seiner Kulturphilosophie, den symbolischen Formen. Sie werden als Funktionen oder Energien des Geistes aufgefasst, die einen geistigen Bedeutungsgehalt an ein konkretes sinnliches Zeichen knüpfen. Indem Cassirer darin einen immanenten Erkenntnisprozess niedergelegt findet, ist die Erkenntnis als Praxis und damit als kulturschöpferischer Vorgang gedacht. Mit diesem Kulturbegriff überschreitet Cassirer die Grenzen des Neukantianismus, ohne ihn gänzlich aufzugeben (vgl. Rudolph 1995, 2).

Bereits in *Substanzbegriff und Funktionsbegriff* (1910) stellt Cassirer die Objektivierung im Geist auf das notwendige Fundament der Objektivierung durch Sprache, und speziell durch wissenschaftliche Sprache (vgl. Habermas 1997, 89 u. 93; Recki 2011). Damit reiht sich Cassirer in eine Tradition ein, die er selbst in seinem Aufsatz über »Naturalistische und humanistische Begründung der Kulturphilosophie« (1939) resümiert. Hier und in den Essays zur Logik der Kulturwissenschaften wird er schließlich die Kulturschöpfung, wiederum im Gegenzug zu Simmel, als Verwirklichung der Freiheit des Menschen verstehen.

Das Projekt der Aufklärung, das Cassirer schon in der Renaissance aufkeimen sieht, das heißt die Befreiung der grundlegenden philosophischen Fragestellung von dem Primat der Metaphysik und der Theologie zugunsten von Naturwissenschaften, bereitet damit den Boden für die Kulturphilosophie. Allerdings gelingt es erst in der zweiten Hälfte des 19. Jahrhunderts, ›Kultur‹ angemessen zu beschreiben. Zunächst setzen die wissenschaftlichen Prinzipien der theoretischen Biologie und dann der klassischen Physik in der französischen Kulturtheorie (Otto Liebmann, Hippolyte Taine) die Linien für eine Betrachtung des geistigen Tuns. Ähnliche Tendenzen erkennt Cassirer in den sprachphilosophischen oder geschichtsphilosophischen Fragestellungen der Epoche (Wilhelm von Humboldt, Hegel). In seiner Aufforderung zur Untersuchung einer autonomen Bedeutung und Wertigkeit des individuellen Tuns nimmt Cassirer das Moment der Freiheit auf, betont aber auch, dass es sich nicht lediglich um die Autonomie handelt, die mittels stets voranschreitender Technologie Macht über die Natur gewinnt, sondern um eine strikt moralische Freiheit und Herrschaft über sich selbst (vgl. ECW 24, 446–461).

Die entscheidende Phase der Ausarbeitung der Kulturphilosophie als Philosophie der symbolischen Formen setzt 1919 mit der Berufung Cassirers auf die ordentliche Professur für Philosophie an der Hamburger Universität an. Für Cassirers Arbeit am Symbolproblem erwies sich Hamburg als ein außerordentlich fruchtbarer Boden. Neben dem Philosophischen Seminar, wo die Psychologie eine wichtige Rolle spielte, war die Begegnung mit Aby Warburg und seiner Kulturwissenschaftlichen Bibliothek, die zum gemeinsamen Arbeitsinstrument wurde, sowie schließlich der Wissenschaftlerkreis, der sich um dieses Privatinstitut versammelt hatte, von besonderer Bedeutung (vgl. Krois 1994, 18).

Der Kunst- und Kulturwissenschaftler Aby Warburg gilt als Begründer der Ikonologie, einer interdisziplinären Methode, welche die Kunst zunächst als Mittel zur Orientierung des Menschen in der Welt versteht. Warburgs Untersuchungen erschöpfen sich allerdings nicht in der Analyse des Entstehungsprozesses der Kunst und ihrer Konstitution aus Kategorien ästhetischer Betrachtung, sondern beziehen auch komparative und kompilative Analysen kultureller Prozesse ein, in denen die Kunst entstand. Warburg betonte den psychologischen Aspekt der Kunst, oder besser gesagt, der Produktion bildhafter Elemente. Bestimmend seien die in der Antike vorgeprägten Ausdrucksformen, die als geistige Energien sogenannter Pathosformeln im menschlichen Bildgedächtnis gespeichert und unbewusst mittransponiert werden. Sie können dann immer wieder herbeigerufen und unter den jeweiligen kulturellen Bedingungen dem Werk einverleibt werden. Die Wiederaufnahme der vorgeprägten Ausdrucksformen ergibt sich – so Warburg – aus dem ureigenen Pendeln der menschlichen Geisteshaltung zwischen der mythisch-irrationalen und der rationalen Denkweise. Kunst und visuelle Gestaltungsformen lägen genau an der Schwelle zwischen den beiden Extrempolen und trügen zur Orientierung und Stabilisierung durch das Schaffen eines ›Denkraums‹ als eines Reflexions- und Distanzraums zu sich und zur Welt bei (vgl. Warburg 1929/1992).

Vor diesem Hintergrund baute Warburg eine Sammlung auf, die als Kulturwissenschaftliche Bibliothek ein halböffentliches Forschungsinstitut bildete. Gemäß Warburgs interdisziplinären Forschungsinteressen war die Büchersammlung nicht chronologisch, sondern thematisch geordnet. Den Schwerpunkt bildete zunächst die Kunst und Kultur der Renaissance und der Antike. Einen großen Anteil hatte auch das Thema Astrologie und Astronomie, wo Warburg die in bildhaften Formen vollzogene Befreiung vom magischen Denken und die Emanzipation der Aufklärung untersuchte. Ab 1926 wurden die Bücher konzeptionell in vier Etagen geordnet: Im ersten Stock stand Literatur zum allgemeinen Ausdrucksproblem und zum Wesen des Symbols – eine Abteilung, die Cassirer bereits beim ersten Besuch der Bibliothek 1919 besonders interessiert und offenbar beeindruckt hatte (vgl. ECW 17, 368–374). Weiterhin fanden hier ihren Platz Druckwerke zu Anthropologie, Religion, Philosophie und Geschichte der Naturwissenschaften. Im zweiten Stock folgten Bücher über künstlerische Ausdrucksformen, Kunsttheorie und Kunstgeschichte, im dritten sodann Sprache und Literatur und schließlich im vierten Geschichte, Recht, Volkskunde sowie Literatur zu sozialen Ausdrucksformen des Menschen (vgl. Saxl 1930/1992, 343; Stockhausen 1992, 75 ff.).

Im Rahmen der Auseinandersetzung mit den visuellen Ausdrucksformen und der Funktion des Bildgedächtnisses sollte diese Bibliothek eine »Urkundensammlung zur Psychologie der menschlichen Ausdruckskunde« bilden (Warburg 2010, 582). Cassirer fand hier eine hervorragende Literatursammlung für seine kulturphilosophischen Studien vor, deren konzeptionelle Anordnung, in der die Literatur der verschiedenen Disziplinen stets neugeordnet wurde, für ihn zudem die Dynamik der symbolischen Formen spiegelte und die Systematisierung seiner Kulturphilosophie befruchtete (vgl. Stockhausen 1992).

Um die Bibliothek Warburg gruppierte sich ein auserlesener Kreis an Wissenschaftlern. Dazu gehörten, neben den Mitarbeitern der Bibliothek wie dem Kunsthistoriker Fritz Saxl, vor allem Gertrud Bing sowie die Gelehrten der neugegründeten Hamburger Universität: die Kunsthistoriker Gustav Pauli und Erwin Panofsky, der Klassische Philologe Karl Reinhardt, der Byzantinist Richard Salomon, der Orientalist Hellmut Ritter sowie ein weiterer Schüler Cassirers, Edgar Wind, und schließlich der Philosoph Raymond Klibansky (vgl. Paetzold 1995, 71 f.).

Mit Beginn der Arbeiten an seinem Hauptwerk, der *Philosophie der symbolischen Formen,* wandte sich Cassirer intensiv der Erforschung des Kulturbegriffs und der strukturellen Funktionsweise der Geistes- und der Kulturwissenschaften zu. Grundlegend für Cassirers Kulturphilosophie ist ihre Verortung in der Tradition der Sprachtheorie und Begriffsbildung. Von hier aus entwickelt er seinen Begriff der Kultur als schöpferisch-symbolisierende Aktivität des Geistes.

Die Durchführung und Ausformulierung dieses Konzeptes ist sicherlich im Zusammenhang mit der Bibliothek Warburg und ihrem wissenschaftlichen Milieu zu sehen. Während der erste Band der *Philosophie der symbolischen Formen* noch deutlich auf Voruntersuchungen zurückgreift, stehen der zweite über »Das mythische Denken« und der dritte über die »Phänomenologie der Erkenntnis« unverkennbar im Zeichen der Begegnung mit der Bibliothek Warburg. Cassirer selbst hat betont, dass die konzeptionelle Anordnung der Büchersammlung ihn zur Systematisierung der symbolischen Formen inspirierte (vgl. ECN 7, 3–119).

1922 publiziert Cassirer in den Vorträgen der Bibliothek die erste programmatische Schrift zur Philosophie der symbolischen Formen, *Das Symbolproblem und seine Stellung im System der Geisteswissenschaften.* Der Begriff der symbolischen Form als fundamentale geistige Aktivität des Menschen in der Ausbildung der Kultur wird hier erstmals definiert. Fortsetzung findet diese Fragestellung in der Schrift über den »Begriff der symbolischen Form im Aufbau der Geisteswissenschaften«. Cassirer verweist hier ausdrücklich auf den Rang der Bibliothek: »Nicht das Stoffgebiet der Bibliothek war es, das diesen Eindruck in mir erweckte; sondern stärker als der bloße Stoff wirkte das Prinzip ihres Aufbaus. Denn hier waren die Kunstgeschichte, die Religions- und Mythengeschichte, die Sprach- und Kulturgeschichte offenbar nicht nur nebeneinandergestellt, sondern sie waren aufeinander und auf einen gemeinsamen idellen Mittelpunkt bezogen. [...] Das Problem vom Nachleben der Antike.« (ECW 16, 75) Das Symbol und die symbolische Form erhalten nun ihre definitorische Vertiefung. Ungeachtet dessen, ob es sich um Symbole oder Zeichen mythischer, künstlerischer oder intellektueller Herkunft handelt, sind sie alle als Ausformungen bestimmter Energien des Bildens zu verstehen (ebd., 103 f.). Diesen psychologisch-anthropologischen Ansatz hat Cassirer mit Warburg gemeinsam. Für beide ist das Symbol ein Prozess der Umfangsbestimmung eines sinnlichen Eindrucks. Für Warburg ist das Symbol stets in einen kulturhistorischen Kontext eingebettet, Cassirer hingegen ist mehr an der grundlegenden Funktionsweise des Symbols im Sinne eines kritischen Idealismus interessiert.

1923 erscheint der erste Teil zur *Philosophie der symbolischen Formen* unter dem Titel »Sprache«. Schon im Vorwort wird auf die frühen Arbeiten in *Substanzbegriff und Funktionsbegriff* hingewiesen, wo Cassirer im Allgemeinen das mathematische und naturwissenschaftliche Denken im System der Begriffsbildung untersuchte. Ihm sei klar geworden, heißt es nun, dass für die Geisteswissenschaften die herkömmliche Erkenntnistheorie, die auf der Logik der exakten Wissenschaften aufbaut, nicht ausreicht. Cassirer versucht also über die wissenschaftliche Erkenntnis hinaus die »Grundformen des ›Verstehens‹ der Welt bestimmt gegeneinander abzugrenzen und jede von ihnen so scharf als möglich in ihrer eigentümlichen Tendenz und ihrer eigentümlich geistigen Form zu erfassen«. Er habe erkannt, dass eine »›Formenlehre‹ des Geistes wenigstens im allgemeinen Umriß« vorliegen müsse, um »auch für die einzelnen geisteswissenschaftlichen Disziplinen ein[en] klare[n] methodische[n] Überblick und ein sicheres Prinzip der Begründung« zu finden (ECW 11, VII). Cassirer will analog zu einer Erkenntnis der Natur, die durch die naturwissenschaftliche Begriffs- und

Urteilsbildung bestimmt wird, eine ebensolche Erkenntnisform für die Gegenstände des menschlichen Geistes finden. Er plant eine »allgemeine Theorie der geistigen Ausdrucksformen« (ebd.).

Beim Begriff des Symbols beruft sich Cassirer zunächst auf Heinrich Hertz, der diesen im Bereich der physikalischen Erkenntnis formuliert hatte. Dabei werden für die sinnlichen Eindrücke Zeichen – »Scheinbilder« – geschaffen. Das sei schon bei Galilei so gewesen. Die symbolischen Formen begreift Cassirer als Funktionen, »kraft deren je eine eigentümliche Gestaltung des Seins und je eine besondere Teilung und Scheidung desselben sich vollzieht« (ebd., 22). Am Schluss der Einleitung kehrt Cassirer nochmals zum Problem der »Tragödie der Kultur« zurück: Anscheinend entfernt sich der Mensch, je mehr geistige Produkte es gibt, desto mehr von dem eigentlichen Leben, es legt sich offenbar ein Schleier über das Leben. Cassirer sieht hier die Aufgabe der Kulturphilosophie, eben diesen Prozess aufzuheben. Es geht um das Verstehen und Bewusstmachen der Kulturprozesse. Dies bedeutet, dass Cassirer die Kultur als eine dem Menschen eigentümliche Entäußerung oder Ausdrucksweise begreift – sie sei das eigentliche Zeugnis des Lebens, seines Daseins.

1922 erscheint »Die Begriffsform im mythischen Denken« – ein Statement zur Logik der Kulturwissenschaften, die Cassirer als eine der traditionellen Logik der Mathematik und der Naturwissenschaften ebenbürtige Disziplin in der Nachfolge von Giambattista Vico, Fichte, Schelling und Hegel erschließt. Cassirer bestimmt den Prozess der Begriffsbildung und zeigt, dass hier eine im Vergleich zu den Naturwissenschaften andere Form und Art der Reihung, welche ein kulturelles Gebilde hervorbringt, am Werk sei. Er spricht hier ein Untersuchungsgebiet an, das auch für Warburg außerordentliche Bedeutung besaß. Die Bildformationen der Astrologie und der Astronomie erweiterten Warburgs Forschung zum Nachleben der Antike, die sich bis dahin auf die Renaissance konzentriert hatten. Cassirer konstatiert nun – nicht anders als Warburg –, dass die Astrologie nicht ein wirrer Aberglaube, sondern eine eigentümliche Denkform sei, in welcher der Versuch einer »systematisch-konstruktiven Weltbetrachtung« unternommen werde. Hingegen suche die moderne Wissenschaft nach der Einheit des Naturgesetzes als eines Funktionsgesetzes.

In »Sprache und Mythos. Ein Beitrag zum Problem der Götternamen« (1925) nimmt Cassirer die Auseinandersetzung mit den Religionswissenschaften und speziell mit Hermann Usener auf, einem der Lehrer Warburgs in Bonn. Cassirer akzentuiert als eine spezifische Charakteristik des Mythischen, dass der Name im Rahmen des mythischen Denkens nicht nur das Wesen bezeichnet, sondern dass vor allem die Kraft des Wesens im Namen angelegt sei. Alles, was der Mythos benennt, werde durch die Sprache vermittelt (ECW 16, 229–230). Cassirer konsultiert ethnologische und psychologische Schriften, welche ihre Ergebnisse auf empirische Untersuchungen stützen, unter anderem auf die Untersuchung über *Kindersprache* von Clara und William Stern (1907).

Zu Recht ist betont worden, dass Cassirers bis dahin theoretisch angelegte Kulturphilosophie durch die Verbindung mit der Bibliothek Warburg an unmittelbarem Weltbezug und phänomenologisch-konkreter Sättigung gewinnt (vgl. Paetzold 1995, 85). Dies zeigt sich deutlich in der Untersuchung des Mythos, die nach kleineren Schriften nun im zweiten Band über das mythische Denken zu ihrer ausführlichen Erläuterung gelangt. Der Mythos hat für Cassirer eine grundlegende Bedeutung, weil hier der Bezug zum Gegenstand noch unmittelbar ist und das Wort direkt mit dem Gegenstand und seinem Wesen verschmilzt. Im Mythos spiegeln sich die Strukturfunktionen aller symbolischen Formen wider, hier verstanden als »Form der Organisation der Erfahrung« (Paetzold 1995, 60). Der Mythos begleitet letztendlich den menschlichen Geist auch im rationalen Zeitalter, wie Cassirer später im *Mythos des Staates* (1946) verdeutlichen wird.

Wesentlich für Cassirers Kulturphilosophie ist weiterhin die Diskussion des Raumes und der Zeit, welche den leiblichen Aspekt des Lebens hervorhebt. Im Mythos ist die Scheidung zwischen dem Menschen und seiner Umwelt noch nicht vollzogen, vielmehr wird hier die Identität von Innen und Außen, von Ich und Du gesucht, aber vor allem auch zwischen Mensch und Gott, wobei das Göttliche stets als Teil der unverstandenen Weltkräfte wahrgenommen wird. Die Visualisierung dieser Verhältnisse im Totem, in kultischen Tänzen oder Kultgegenständen konkretisiert die kulturelle Aktivität des Geistes. Cassirer greift in seinen Ausführungen auf Ergebnisse empirischer Wissenschaften wie der Völkerkunde oder der sich herausbildenden Gestaltpsychologie zurück. Die Bibliothek Warburg lieferte dem Philosophen eine Fülle von Quellen, die dort gesammelt wurden, da Warburg schon Ende des 19. Jahrhunderts und aufgrund seiner Studien bei Hermann Usener und Karl Lamprecht mit der Psychologie des Denkens, der Religion, dem Mythos oder der Magie konfrontiert worden war und seine Ikonologie auf den methodischen Grundlagen dieser Wissenschaften aufbaute.

Die Befreiung vom heidnischen Denken setzt für beide Denker in der Renaissance an, und Johannes Kepler nicht weniger als Giordano Bruno bilden hier die Brücke. Während Kepler schon 1923 Thema bei dem persönlichen Gespräch zwischen Cassirer und Warburg in Kreuzlingen war, gelangte Warburg erst in Italien 1929 zu Giordano Bruno. Die Berechnung der Planetenlaufbahnen und ihre Visualisierung in Form einer Ellipse ist ein bildliches Symbol, das für Warburg geradezu programmatisch ist, denn hier verdichten sich zahlreiche Stränge seines Denkens: das Nachleben der Antike in der Renaissance als Rationalisierungsprozess, die epistemische Bedeutung der Astrologie und der kulturschaffende Wert der Magie. Es darf also nicht verwundern, dass der Lesesaal der Bibliothek Warburg eine elliptische Form erhielt und Cassirer im Mai 1926 den Eröffnungsvortrag über »Freiheit und Notwendigkeit in der Philosophie der Renaissance« hielt (vgl. Stockhausen 1992, 188).

Im Vorwort von *Individuum und Kosmos in der Philosophie der Renaissance* (1927) betont Cassirer, dass das Buch nicht ohne die geistige Förderung der »Arbeitsgemeinschaft«, die in der Bibliothek ihren »geistigen Mittelpunkt« besitze, habe entstehen können. Es fließen hier auch Erkenntnisse ein, die Cassirer über den Kontakt zu den Kunsthistorikern Panofsky und Saxl oder auch zu Klibansky erwerben konnte. Das Subjekt-Objekt-Verhältnis expliziert Cassirer, verbunden mit der Frage nach der Freiheit und ausgehend von Cusanus, an den Werken von Tommaso Campanella, Marsilio Ficino, Pico della Mirandola und Giordano Bruno, nimmt aber gleichzeitig Bezug auf die Kunsttheorien von Leon Battista Alberti oder Leonardo da Vinci. Gerade der Nachvollzug der Renaissancephilosophie, der durch die Nähe zur Bibliothek Warburg entsteht, fördert in Cassirers Kulturphilosophie die Neigung zu Konkretisierungen und materialen Bezügen. Umgekehrt hat sich Panofsky von Cassirers Philosophie der symbolischen Formen inspirieren lassen, sowohl in *Idea* – einer Schrift, die die Kunsttheorie als Orientierungspunkt für die Kunstgeschichte systematisch behandelt –, vor allem aber in der berühmten Schrift über die »Perspektive als symbolische Form« (1924/1927).

Den systematischen Abschluss der *Philosophie der symbolischen Formen* formuliert Cassirer im dritten Band zur »Phänomenologie der Erkenntnis« (1929). Nun geht er über die Grundlagen der Erkenntniskritik von *Substanzbegriff und Funktionsbegriff* hinaus. Während er damals meinte, dass sich die »Grundform der Erkenntnis und ihr konstitutives Gesetz [...] am klarsten und schärfsten dort aufweisen lassen, wo sie die höchste Stufe ihrer Notwendigkeit und Allgemeinheit erreicht hat«, nämlich in der begrifflich-diskursiven Erkenntnis der mathematischen Naturwissenschaft und in der Begründung der mathematisch-physikalischen Gegenständlichkeit, will er jetzt andere »geistige Schichten« analysieren, welche die Analyse der Sprache und des Mythos in den ersten beiden Bänden aufgedeckt haben. Cassirer verweist darauf, dass auch hier die Welt der exakten Wissenschaften aufgegriffen wird, aber eben auf anderen Wegen. Es geht nicht mehr um den Bestand, sondern um die »gedanklichen Vermittlungen« (ECW 13, VIII). Dabei stützt sich Cassirer auf Hegel und wird bei der Analyse der Bewegung von den primären Gestaltungen im unmittelbaren Bewusstsein bis zu der Welt der reinen Erkenntnis vorgehen.

Cassirer zielt auf den Prozess der Erkenntnis selbst ab. Letztendlich interessiert sich auch Warburg nicht nur für die Objekte, sondern stets auch für die Prozesse und Bedingungen ihrer Erzeugung und sucht in der Beobachtung der Wiederkehr der in der Antike vorgeprägten Ausdruckswerte nach Gesetzmäßigkeiten, welche auf eine Theorie des Bildgedächtnisses hinführen sollten. Das versucht Warburg in der letzten Phase seiner Arbeit anhand der Konstruktion von Bildertafeln als wissenschaftliche Argumentationsmethode (*Mnemosyne*-Bilderatlas). Hier finden sich visuelle Erzeugnisse aus allen Epochen und Gattungen, zusammengetragen und in eine direkte komparatistische Konfrontation gestellt (Fleckner/Woldt 2012). Diese Bilderreihen spiegeln die kulturelle Denkstruktur wider – es handelt sich um Reihenbildungen aus Symbolformen, durch die, so die These, der menschliche Geist Wissen zu generieren vermag. Was Warburg hier als historischen Entwicklungsprozess schildert, arbeitet Cassirer in der Phänomenologie der Erkenntnis an den Symbolen der Mathematik und der modernen Physik heraus.

Der dritte Band der *Philosophie der symbolischen Formen* ist aus systematischer Perspektive von besonderer Bedeutung, denn mit der Ausdifferenzierung der unterschiedlichen Symbolfunktionen Ausdruck, Darstellung, Bedeutung, die dann jeweils der Sprache, der Kunst und der Wissenschaft zugewiesen werden, sowie durch die Einführung des Terminus der ›symbolischen Prägnanz‹ gelingt Cassirer ein systematischer Abschluss, in dem die jeweiligen symbolischen Formen durch die Zuweisung einer spezifischen Funktionsart ihre Eigenständigkeit bewahren und gleichzeitig in der symbolischen Prägnanz eine Grundfunktion übernehmen, über die sie miteinander verbunden sind.

Ernst Cassirer blieb der Bibliothek Warburg und ihrem geistigen Milieu auch nach der erzwungenen Emigration verbunden. Es war eine glückliche Fügung, dass Cassirer in der Bibliothek Warburg und bei den um sie versammelten Wissenschaftlern bleibende Anregungen für seine Untersuchungen zur Kulturphilosophie fand und in der Anordnung der Buchsammlung entscheidende Impulse zur Systematisierung der symbolischen Formen empfing.

Literatur

Böhme, Hartmut/Matussek, Peter/Müller, Lothar (Hg.): *Orientierung Kulturwissenschaft. Was sie kann, was sie will.* Reinbek 2000.

Buschendorf, Bernhard: Einige Motive im Denken Edgar Winds. In: Edgar Wind: *Heidnische Mysterien in der Renaissance.* Frankfurt a. M. 1981 (engl. 1958/1968).

Cassirer, Ernst: *Gesammelte Werke. Hamburger Ausgabe.* Hg. von Birgit Recki. Hamburg 1998 ff. [ECW].

–: *Nachgelassene Manuskripte und Texte.* Hg. von Klaus Christian Köhnke, John Michael Krois und Oswald Schwemmer. Hamburg 1996 ff. [ECN].

Didi-Huberman, Georges: *Das Nachleben der Bilder. Kunstgeschichte und Phantomzeit nach Aby Warburg.* Berlin 2010 (frz. 2002).

Habermas, Jürgen: Die befreiende Kraft der symbolischen Formgebung. Ernst Cassirers humanistisches Erbe und die Bibliothek Warburg. In: *Ernst Cassirers Werk und Wirkung. Kultur und Philosophie.* Hg. von Dorothea Frede und Reinold Schmücker. Darmstadt 1997, 79–104.

Klibansky, Raymond: Die Grenzen des akademischen Lebens sprengen. Ein Gespräch über Cassirer und die Bibliothek Warburg. In: *Merkur* 51 (1996), 274–277.

–: *Erinnerung an ein Jahrhundert.* Frankfurt a. M./Leipzig 2001 (frz. 1998).

Krois, John Michael: Ernst Cassirer 1874–1945. In: *Die Wissenschaftler Ernst Cassirer, Bruno Snell, Siegfried Landshut.* Hg. von John Michael Krois, Gerhard Lohse und Rainer Nicolaysen. Hamburg 1994, 9–40.

–: Kunst und Wissenschaft in Edgar Winds Philosophie der Verkörperung. In: *Edgar Wind. Kunsthistoriker und Philosoph.* Hg. von Horst Bredekamp u. a. Berlin 1998, 181–205.

Paetzold, Heinz: *Ernst Cassirer. Von Marburg nach New York. Eine philosophische Biographie.* Darmstadt 1995.

Recki, Birgit: Ernst Cassirers Theorie des Begriffs als Nukleus zu einer Theorie der symbolischen Formen. In: *Gegenständlichkeit und Objektivität. Festschrift für Günter Figal.* Hg. von David Espinet, Friederike Rese und Michael Steinmann. Tübingen 2011, 139–159.

Röll, Johannes: »Das Problem ist das vom Nachleben der Antike«. Fritz Saxl 1890–1948. In: *Pegasus. Berliner Beiträge zum Nachleben der Antike* 1 (1999) 27–32.

Rudolph, Enno/Küppers, Bernd-Olaf (Hg.): *Kulturkritik nach Ernst Cassirer.* Hamburg 1995.

Saxl, Fritz: Warburgs Mnemosyne-Atlas [1930]. In: *Aby Warburg. Ausgewählte Schriften und Würdigungen.* Hg. von Dieter Wuttke. Baden-Baden 1992, 313–315.

Schäfer, Hans-Michael: *Die kulturwissenschaftliche Bibliothek Warburg. Geschichte und Persönlichkeiten der Bibliothek.* Berlin 2003.

Simmel, Georg: *Der Begriff und die Tragödie der Kultur.* In: Ders: *Gesamtausgabe.* Hg. von Otthein Rammstedt. Frankfurt a. M. 1989 ff., Bd. 14, 385–417.

Stockhausen, Tilmann von: *Die Kulturwissenschaftliche Bibliothek Warburg. Architektur, Einrichtung und Organisation.* Hamburg 1992.

Warburg, Aby: Kulturwissenschaftliche Bibliothek. Vor dem Kuratorium [1929]. In: *Aby Warburg. Ausgewählte Schriften und Würdigungen.* Hg. von Dieter Wuttke. Baden-Baden 1992, 307–309.

–: *Werke in einem Band.* Hg. von Sigrid Weigel u. a. Berlin 2010.

–: *Gesammelte Schriften. Studienausgabe, Bd. II,2: Bilderreihen und Ausstellungen.* Hg. von Uwe Fleckner und Isabella Woldt. Berlin 2012.

Wuttke, Dieter: *Dazwischen. Kulturwissenschaft auf Warburgs Spuren.* 2 Bde. Baden-Baden 1996.

Isabella Woldt

5. Cassirer in der Rezeption

In der deutschsprachigen Philosophie wird das 20. Jahrhundert mit einer eigentümlich gegenläufigen Bewegung eröffnet: Auf der einen Seite erfährt der *Neukantianismus* eine Hochblüte, die zumindest bis in die 1930er Jahre hineinreicht. Er ist getragen von der Faszination des wissenschaftlichen Fortschritts in all jenen Bereichen, in denen die strikt rational-empirische Durchdringung der Welt höchste Erfolge zeitigt. Er reagiert außerdem auf die bereits heraufgezogenen Schattenbilder eben dieser Fortschrittsgeschichte und den damit einhergehenden sozialen Entwurzelungsphänomenen. In ihnen wird sichtbar, dass das Verhältnis von Rationalität und Sittlichkeit so fragil wie wandelbar ist. Der Neukantianismus reagiert in dieser Lage mit einer neuen Bestimmung ethischer Grundlagen: Gerade weil es zum Ende des 19. Jahrhunderts hin keine einfache Rückkehr in die vermeintliche Stabilität tradierter Moral geben könne, ist der Ruf nach ethischer Orientierung höchst verständlich.

Dabei verbinden Cohen und Natorp – ganz in der Linie Kants und Schleiermachers – die Frage der Sittlichkeit mit der Erkenntnistheorie wie mit der Religion, wobei rückblickend zu konstatieren ist, dass die Frage der Religion bereits bei Cohen von einer Dringlichkeit war, die aus heutiger Sicht nicht anders denn als existentiell zu bezeichnen ist. Es verwundert daher nicht, dass sich eine explizite Andeutung dieser dem Neukantianismus auf den ersten Blick fremden philosophischen Richtung bereits im Spätwerk Natorps findet, der – in Auseinandersetzung mit Bergson – eine vorsichtige Öffnung der Erkenntnistheorie hin zur Lebensphilosophie unternimmt. Für die Generation der Schüler, zu denen Ernst Cassirer in prominentester Position gehört, ist dann das Ungenügen der klassischen Figuren längst offensichtlich: Cassirer hat die Philosophie über die Frage nach der Vernunft hinaus auf das breite Feld der kulturellen Gestaltung und Konstitution der Sinngebungen ausgedehnt und nach dem grundlegenden Prinzip allen kulturellen Ausdrucks gesucht.

Anhand des letzten Gedankens lässt sich freilich auch die scharfe und bleibende Differenz zwischen dem Neukantianismus als der einen und der *Existenzphilosophie* bzw. der *Phänomenologie* als der anderen Seite der zeitgenössischen Philosophie beschreiben. Indem Cassirer trotz aller Einsicht in die grundlegende Relativität des Denkens und Handelns an der Möglichkeit festhält, solch ein Prinzip jedes kulturellen Ausdrucks angeben zu können, folgt er gerade nicht der existentiellen Abgründigkeit der Philosophie Kierkegaards, die spätestens mit Heidegger zur existentialphilosophischen Abschattung und Umwendung aller scheinbaren Evidenzen geführt hat. Auch wenn die Kultur als multiperspektivisches Konglomerat unterschiedlichster Sinnstiftungen und Ausdrucksformen zwangsläufig historisch kontingent ist, meint Cassirer dennoch, diese Vielfalt auf die in ihr zum Ausdruck gebrachten apriorischen Formen kondensieren zu können. Das Fundamentalprinzip der Kultur liegt für ihn nirgends anders als im Akt des Symbolisierens. In methodischer Hinsicht verbindet Cassirer daher Phänomenologie und Transzendentalphilosophie zu einer interdependenten Dynamik, mit der sich sowohl die unabdingbare konkrete Gestalt wie die transzendentale Struktur verstehen lassen. In jedem Akt des Symbolisierens greifen geistige Bedeutung und sinnliches Zeichen ineinander, und zwar so, dass sie entweder in einem Verhältnis der Indifferenz bzw. Identität, in einem Verhältnis der Dialektik oder in einem Verhältnis der Differenz stehen; in jedem Fall manifestiert sich ihr Ineinander in konkreter und bestimmter Gestalt.

Im zeitgeschichtlichen Kontext der Ausdifferenzierung der Wissenschaften betrachtet, dürfte sofort einleuchten, dass Cassirers Philosophie damit in hohem Maße anschlussfähig geworden ist für das Gespräch mit anderen wissenschaftlichen Disziplinen. Auch deshalb, weil er sich bei der Erarbeitung seiner jeweiligen Analysen der symbolischen Formen ausführlich auf bereits vorliegende Studien der jeweiligen Fachexperten stützt und beruft. Die neuesten Ansätze in der Religionsgeschichte waren ihm ebenso vertraut wie die modernsten wissenschaftlichen und wissenschaftstheoretischen Schriften, die, wie etwa die Werke Einsteins für die Physik oder die psychopathologischen Studien von Gelb und Goldstein, Paradigmenwechsel einleiteten. Und in der Tat, obwohl Cassirers Philosophie aus zeitgeschichtlichen Gründen zunächst die volle Anerkennung im deutschsprachigen Raum versagt geblieben ist und noch vor wenigen Jahren seine »relative[...] Wirkungslosigkeit« beklagt werden konnte (vgl. Orth 1988; ebenso Frede/Schmücker 1997; Daniel 2001), ist die ungeheure Wirkung seiner Schriften nicht mehr zu bestreiten. Er ist sicherlich nicht der einzige Philosoph, dessen Name für den Begriff der Kulturphilosophie steht, aber er hat diese breite Tendenz postmoderner Forschung, die sich nicht zuletzt an der Publikation des vorliegenden *Handbuchs Kulturphilosophie* zeigt, maßgeblich mit befördert. Für die Darstellung der

Rezeptionsgeschichte Cassirers bedeutet dies, Lessings berühmte Rede vom »garstigen Graben« in zweifacher Weise zu berücksichtigen: Einerseits gilt es, die historische Differenz gegenwärtiger Philosophie gegenüber zeitgenössischer Rezeption im Kontext der deutschen Geschichte des 20. Jahrhunderts zu berücksichtigen. Andererseits gilt es, den aus dieser Geschichte resultierenden Konsequenzen einer geographisch-kulturellen wie inhaltlichen Zerstreuung und Aufsplitterung gerecht zu werden. Im Vordergrund stehen dabei jene Autoren, deren Rezeption Cassirers nicht schon an anderer Stelle ausführlich behandelt wurde (vgl. Richter 2004; Rudolph 2003; Rill 1995; Rudolph/Küppers 1995; Vögele 1999), die aber gleichwohl von Bedeutung sind für die aktuellen philosophischen Diskurse.

Geist, Existenz und Ontologie

Cassirers Philosophie der symbolischen Formen ist bereits zu seinen Lebzeiten aufmerksam wahrgenommen und diskutiert worden (vgl. Bast 2000, 429–506) – vor allem bei jenen, die anhand seiner Philosophie das eigene Profil zu schärfen versucht haben. Besonders prominent ist in diesem Fall Martin Heidegger, der sich bereits in *Sein und Zeit* (1927) explizit mit Cassirer auseinandergesetzt hat. Cassirer gilt zu dieser Zeit bereits als arrivierter Philosoph in der Linie des Neukantianismus, obwohl sein bekanntestes Werk, die *Philosophie der symbolischen Formen*, noch nicht vollständig vorlag. Heidegger, damals der jüngere und unbekanntere der beiden, bezieht sich vor allem in einer Anmerkung zu § 11 auf Cassirers Studie zum Mythos (1925), die er noch zu sehr am kantischen System orientiert sieht, als dass sie einen »neuen und ursprünglicheren Ansatz« erkennen lasse. Gleichwohl werde ein gemeinsames Interesse an der Phänomenologie Husserls, darüber hinaus die »Forderung einer existentiellen Analytik« offenbar (§ 11; vgl. Höfner 2008, 179–190). Heidegger sind Nähe und Distanz zu Cassirer gleichermaßen wichtig, auch in jenen Passagen, in denen er sich offenkundig auf Werke Cassirers bezieht, ohne dessen Namen explizit zu nennen: So zum Beispiel, wenn er im 5. Kapitel zu *Zeitlichkeit und Geschichtlichkeit* in § 72 nach einer »existential-ontologische[n] Exposition des Problems der Geschichte« sucht und »die *historische* Erschließung von Geschichte« als »Voraussetzung für den möglichen ›Aufbau der geschichtlichen Welt in den Geisteswissenschaften‹« versteht. Sein eigenes Programm kann darauf aufbauen: »Die existenziale Interpretation der Historie als Wissenschaft zielt einzig auf den Nachweis ihrer ontologischen Herkunft aus der Geschichtlichkeit des Daseins« (§ 72). Heidegger setzt bekanntlich ganz auf diese Dimension der Ontologie, die in der Tat »nur als Phänomenologie möglich« sei (§ 7c); ob allerdings jede Phänomenologie zwangsläufig eine Ontologie sein muss, wird in der Linie Cassirers bis in den gegenwärtigen Diskurs hinein auch weiterhin zu fragen sein.

Das gilt auch für jene Rezeption der Phänomenologie, die sich über Husserl – der in der Folgezeit in einer Art Konkurrenzverhältnis zu Cassirer gelesen wird – und Heidegger in die vielstimmige jüngere und vorwiegend französische Philosophie hinein ausgebreitet hat. Exemplarisch sei hier die Position Merleau-Pontys vorgestellt, der eng mit der klassischen deutschen Philosophie in der Linie Kants und Hegels vertraut ist und ihrer Tradition bis in die Terminologie hinein treu bleibt. Im Zentrum seiner Analysen stehen Wahrnehmung (*Phénoménologie de la perception,* 1945), Vernunft und Geist, sowie Sprache und Sinngebung (*Sens et non-sens,* 1948; *Conscience et l'acquisition du langage,* 1949), Dialektik (*Les Aventures de la dialectique,* 1955) sowie das Zusammenspiel von Sichtbarem und Unsichtbarem (*Signes,* 1960; *Le Visible et l'invisible,* 1964). Merleau-Ponty ist an einer neuen Fokussierung des Naturbegriffs interessiert, aber nicht im Sinne einer verallgemeinernden Naturalisierung des geistigen Vermögens insgesamt (anders Fritz 2000, 15), sondern durch die Zuwendung zum stets Besonderen: Die Frage nach der Natur des Menschen wird hier in die Frage nach dessen konkreter Leiblichkeit gewendet. Merleau-Ponty folgt damit den zeitgenössischen psychologischen und psychopathologischen Ansätzen, vor allem jenen von Aron Gurwitsch, Kurt Goldstein und Adhémar Gelb, die auch Cassirer maßgeblich beeinflusst haben, und zwar mit dem Ziel einer methodisch klaren Phänomenologie.

Bei Merleau-Ponty finden wir eine explizite Auseinandersetzung mit Cassirers Philosophie der symbolischen Formen bereits in dem frühen Hauptwerk *Phénoménologie de la perception* von 1945. In einer Fußnote zu § 17, in dem es um den »existentielle[n] Untergrund der ›Symbolfunktion‹ und die Struktur der Krankheit« geht, schreibt Merleau-Ponty, dass Cassirer »offenbar ein ähnliches Ziel« verfolgt habe, »wenn er gegen Kant den Vorwurf erhebt, er habe zum größten Teile nur eine ›intellektuelle Sublimierung‹ der Erfahrung analysiert [...], wenn er im Begriff der symbolischen Prägnanz der absoluten

Simultaneität von Materie und Form Ausdruck zu geben sucht und endlich, wenn er sich das Hegel-Wort zu eigen macht, der Geist bewahre die Vergangenheit in seiner gegenwärtigen Tiefe« (Merleau-Ponty 1966, 155). Bereits in den Abschnitten zuvor hat Merleau-Ponty Cassirer mehrfach zitiert bzw. paraphrasiert, dessen Abgrenzung gegenüber dem Empirismus geteilt und sein Konzept des Symbolisierens zustimmend diskutiert (vgl. ebd., 49, 76 u. 152 f.). Dennoch ordnet er ihn letztlich in die Rubrik der »intellektualistischen Analyse« ein, die trotz gegenteiliger Intention leider auch die Wahrnehmung verkürze, »indem man sie nur als Erkenntnis nimmt, ihren existentiellen Grund aber vergißt«; das heiße zugleich, »sie nach oben beschneiden, da so ein Entscheidendes stillschweigend übergangen und als selbstverständlicher Erwerb nur hingenommen wird: daß eine *wahre* und *exakte* Welt in der Wahrnehmung erst entspringt« (ebd., 76). Auch wenn Merleau-Ponty Cassirer damit nicht ganz gerecht wird (weil dessen Studien zu den diversen Pathologien durchaus das Wunder des Selbstverständlichen behandeln; vgl. Feron 2009), so ist seine eigene Zielsetzung doch klar: Merleau-Ponty sucht nicht – wie er es Cassirer zuschreibt – nach einer prinzipiellen Funktion des Symbolisierens, die sich nur als ein Abstraktum definieren lässt, sondern nach einer solchen »genetischen Phänomenologie«, in der Allgemeines und Besonderes »in eins« ausgedrückt werden können (Merleau-Ponty 1966, 153 f.). Genau dieses Ineinander habe Cassirer nicht leisten können, »trotz all der phänomenologischen, ja existentiellen Analysen, an denen sein Werk reich ist und deren wir uns noch verschiedentlich zu bedienen haben werden« (ebd., 155).

Für die Überwindung solch eines abstrakten Intellektualismus nimmt Merleau-Ponty den Erfahrungsbegriff zu Hilfe: So lasse sich z. B. für die Räumlichkeit zeigen – und zwar im Sinne einer verallgemeinerbaren Theorie –, dass jeder Leib zwangsläufig nicht nur »im Raum« sei und zu diesem in Beziehung gesetzt werden könne, sondern dass er »zum Raum« sei, dass die Räumlichkeit also mit dem Leib selbst gegeben sei (ebd., 178). Dies gilt nach Merleau-Ponty auch für sämtliche sonstigen Symbolisierungen, weil alles, was wir kulturell-sinnhaft wahrnehmen, erleben oder bestimmen, abhängig ist von unserer jeweiligen leibhaften Verortung: Wärme oder Kälte, Farben und Gegenstände sowie temporale Vollzüge können nie unabhängig von unserer Leiblichkeit erfasst werden, d. h. sie müssen erfahren werden.

Interessanterweise folgt Merleau-Ponty Cassirer implizit in einem weiteren Punkt, nämlich in der Frage der Unterscheidung von mythischen, traumhaften oder schizophrenen Raumerfahrungen. Während sich die Auseinandersetzung mit Traum und Schizophrenie von der psycho-pathologischen Perspektive her nahelegt, liegt der Mythos im Verhältnis zu jenen sachlich wie methodisch auf einer anderen Ebene. Dennoch wird er von Merleau-Ponty herangezogen, um die Differenz von Erscheinung und Wirklichkeit zu thematisieren. Denn während das objektive Denken zwischen Wirklichkeit und Möglichkeit scharf zu unterscheiden in der Lage sei, werde »dergleichen Unterscheidung zwischen Erscheinung und Wirklichkeit [...] in der Welt des Mythus selbst, der des Kranken und der des Kindes nicht gemacht. Der Mythus faßt das Wesen in der Erscheinung, das mythische Phänomen ist keine Vergegenwärtigung, sondern wahrhaftige Gegenwart. [...] Jede ›Erscheinung‹ ist hier Inkarnation« (ebd., 337). Was Merleau-Ponty mit dieser eigentümlichen Gleichstellung so unterschiedlicher Phänomene erreichen möchte, ist nicht weniger als die methodische Grundlegung einer leibzentrierten Phänomenologie: Es geht ihm vor allem darum, »jenes Verhältnis des Subjekts zu seiner Welt wiederzuerwecken [sic], das von der reflexiven Analyse zum Verschwinden gebracht wird. Es gilt, als allen bedeutungsgebenden Akten des thetischen und theoretischen Denkens vorgängig die Ausdruckserlebnisse, als allem Zeichen-Sinn vorgängig den Ausdrucks-Sinn, als aller Subsumtion von Inhalten unter Formen vorgängig die symbolische ›Prägnanz‹ der Form im Inhalt zu erkennen« (ebd., 338 f.).

Hat man diesen Punkt Merleau-Pontys einmal erreicht, so wird sofort deutlich, weshalb Cassirer in der späteren Traditionslinie der französischen Phänomenologie bis hin zu Jean-Luc Marion nur wenig rezipiert worden ist. In der Einleitung zum *Cambridge Companion* zu Merleau-Ponty wird Cassirer nicht einmal mehr genannt neben den »three other major phenomenologists, Husserl, Heidegger, and Sartre«, obwohl die Phänomenologie ausdrücklich im Kontext der deutschen Philosophie und ihrer Kant-Rezeption verankert wird (vgl. Carman/Hansen 2005, 5 f.; Fritz 2000, 41–69; Macann 1993, IX f.). Der Grund hierfür dürfte *erstens* darin liegen, dass sich Cassirer in der Tat jeglicher mystifizierender Ontologisierung kultureller Phänomene verweigert hat. Dass der »Sinn untrennbar vom Zeichen« ist und alle Kultur sich daher jeweils aktuellen Konstitutionsprozessen verdankt (Merleau-Ponty 2000, 8), das bleibt die Basis von Cassirers Phänomenologie und gilt für

Wissenschaft und Kunst ebenso wie für die Vielfalt der sinnlichen Dinge. Doch aus der sinnlich greifbaren Sinnhaftigkeit folgt für Cassirer gerade nicht, dass jede Sinngebung sinnvoll sein muss. Genau solch eine Hypostasierung des Sinns scheint ihm jedoch immer wieder unterstellt zu werden, während im Gegenzug die Offenheit gegenüber allen Phänomenen des Un- oder Widervernünftigen, des Verborgenen, des Entzogenen und damit eben auch des Anderen den Weg aus der klassischen deutschen Philosophie in die vielstimmigen, ontologisch-orientierten Phänomenologien der französischen Philosophie gewiesen hat, die sich mit der Rezeption des Existentialismus von Gabriel Marcel (1889–1973) oder der eher soziologischen Linie bei Marcel Mauss (1872–1950) bis hin zu Jean-Luc Nancy (*1940) ebenso verbinden wie mit der hermeneutischen Linie bei Emmanuel Lévinas (1905–1995), Jacques Derrida (1930–2004) und Paul Ricœur (1913–2005) bis hin zu Jean-Luc Marion (*1946).

Es dürfte *zweitens* mit der Neuorientierung der Phänomenologie zu tun haben, dass selbst Merleau-Ponty den Namen Cassirers in den etwas späteren, zu *Sens et non-sens* (1948) zusammengefassten Aufsätzen, nicht mehr nennt, sondern seine Argumentation über Hegel aufbaut. Zwar ist Cassirers Ton in den stilistisch sehr gewählten Ausführungen Merleau-Pontys an zahlreichen Stellen implizit mit zu hören, aber die Aufsätze sind nun von einer ganz anderen thematischen Zielrichtung getragen: Merleau-Ponty folgt sehr viel enger dem Gespräch mit Heidegger und Sartre, in dem es wieder und wieder um die Nicht-Verstehbarkeit und Fremdheit der Welt geht, der gegenüber jegliches (neukantianische) Zutrauen in eine Synthese von Geist und Sinnlichkeit in der Vernunft als absurder Intellektualismus erscheint. Merleau-Ponty schließt denn auch seine Überlegungen zur Metaphysik mit den Worten: »Metaphysik betreiben heißt weder in eine separate Erkenntniswelt eintreten noch sterile Formen wiederholen [...] – es heißt die volle Erfahrung der von ihnen angezeigten Paradoxien zu machen, es heißt stets aufs neue das unstimmige Funktionieren der menschlichen Intersubjektivität bestätigen« (Merleau-Ponty 2000, 132) – und wendet sich schließlich dem Marxismus und der zeitgenössischen Politik zu.

Sozialität, Geschichte und Politik

In der soziologischen und politischen Phänomenologie, die über Marcel Mauss, Max Scheler (1874–1928) oder auch Arnold Gehlen (1904–1976) tradiert wurde, nimmt sich Cassirers Ansatz tatsächlich eigentümlich randständig aus. Hat sich ihm doch trotz aller Offenheit gegenüber der zeitgeschichtlichen Forschung die Dimension der sozial-politischen Wirklichkeit erst im Alter eröffnet. Zwar hat er sich bereits in *Freiheit und Form* (1919) mit antiken und mittelalterlichen Staatsphilosophien auseinandergesetzt und sich in kleineren Schriften durchaus zu politischen Vorgängen geäußert (vgl. Gerhardt 1988), aber eine auf die Zeitgeschichte bezogene politische Phänomenologie findet sich bei ihm nicht. Im Gegenteil, in der sehr späten Monographie *Der Mythus des Staates* (1945) hat er abschließend eingestanden, die Macht der politischen Mythen unterschätzt zu haben und blind gewesen zu sein gegenüber den desaströsen politischen Entwicklungen.

Pierre Bourdieu (1930–2002) ist in diesem Feld sicherlich einer der originellsten Denker, weil er eine ganz eigenwillige Wissenschaftstheorie begründet hat, mit dem Ziel, empirische und theoretische Perspektiven zu verbinden (vgl. Daniel 2001, 179–194; Šuber/Schäfer/Prinz 2011). Er folgt damit – unter fortlaufender Bezugnahme – Cassirers erkenntnistheoretischer Phänomenologie, die sich ebenfalls gegen jede Form eines einseitigen Substanzdenkens ausspricht. An seine Stelle tritt die Relationalität, zumal sie sich als die einzige Konstante bei wechselnden Gegensatzpaaren (empirisch-theoretisch, subjektiv-objektiv etc.) erweist. Steht die Relation aber erst einmal im Zentrum, gilt sie zwangsläufig auch für jede Konstitution der wissenschaftlichen Erkenntnis selbst: Wer beobachtet, misst, denkt, steht in einer jeweils spezifischen Relation zu dem Beobachteten, Gemessenen und Gedachten – und zwar in einer Relation, die wiederum selbst Gegenstand der Reflexion werden muss: »Das Subjekt der Wissenschaft in Gesellschaft und Geschichte hineinzuversetzen bedeutet nicht, sich zum Relativismus zu verdammen; das bedeutet vielmehr, die Bedingungen einer kritischen Erkenntnis der Grenzen der Erkenntnis als Voraussetzung wahrer Erkenntnis zu postulieren.« (Bourdieu 1993, 71)

Was sich auf den ersten Blick wie eine Reformulierung der kantischen Erkenntnistheorie liest und sich – über Cassirer – auch diesem Hintergrund verdankt, enthält dennoch eine entscheidende Transformation der Ausgangstheorie: Bourdieu bezeichnet seinen Ansatz als »konstruktivistischen Strukturalismus« (Bourdieu 1992, 135), weil er den an der Philosophie geschärften Blick für die sozialen Strukturen, also die Klassen, Institutionen, Hierarchien etc. für unabdingbar hält für das Verstehen des individuellen Lebens. Anders gesagt bliebe nach Bourdieu eine Erkenntnistheorie ohne soziologischen Bezug leer, weil es eben auf das Zusammenspiel von Freiheit, Spontaneität und Expressivität individuellen Handelns (z. B. in politischen Meinungen) und dessen Manifestation in überindividuellen Institutionen (z. B. politischen Parteien und politischer Machtausübung) ankommt. Wo auch immer diese Relation im Zentrum der Betrachtung steht, kommt zwangsläufig auch die historische Dimension ins Spiel, insofern die jeweils aktuelle Relation einer fortwährenden Dynamik unterworfen ist. Bourdieu spricht sich daher für einen konsequenten Historismus aus, der in radikaler Weise die Vernunft selbst, die Konstitutionsbedingungen jeder Erkenntnis, allen Handelns und jeder zu untersuchenden Relation analysieren muss (ebd., 39 ff.).

Es ist also eine kultursoziologische wie kulturhistorische Erkenntnistheorie und Phänomenologie zugleich, die Bourdieu hier vorlegt und die sich in seiner *Soziologie der symbolischen Formen* (1970, dt. 1974), aber ebenso noch in seiner *Praktischen Vernunft. Zur Theorie des Handelns* (1994, dt. 1998) findet. Weil dieses Unterfangen methodisch wie begrifflich anspruchsvoll ist, verwendet Bourdieu eine für die Soziologie ungewohnte Begrifflichkeit. Bekannt geworden ist er vor allem durch den Begriff des Habitus, mit dem er die subjektiv-individuelle, immer nur in der Relation befindliche Positionierung der jeweils Handelnden bezeichnet: »*Der Habitus ist aufs engste mit dem Unscharfen und Verschwommenen verbunden.* Als eine schöpferische Spontaneität, die sich in der unvorhergesehenen Konfrontation mit unaufhörlich neuen Situationen geltend macht, gehorcht er einer Logik des Unscharfen, Ungefähren, die das Verhältnis zur Welt bestimmt.« (Bourdieu 1992, 101) Der Habitus-Begriff ist der philosophischen Tradition entnommen, die ihn u. a. mit Aristoteles als dasjenige bezeichnet, was sich ein Mensch so aneignen kann, dass es ihm zur zweiten Natur wird; er bezeichnet also eine Art innere Haltung, die sich über die bloße Übung hinaus als etwas Angeeignetes und zu mir Gehöriges festsetzt. Gabriel Marcel hatte diesen Gedanken bereits zu einer »Phänomenologie des Habens« ausgebaut (vgl. Marcel 1968; Funke 1974). Bourdieu bezieht ihn auf die Körperlichkeit des Menschen, genauer auf dessen Leiblichkeit, wobei dies vermutlich eher der Illustration der alten Rede von der zweiten Natur dient als eine neue Komponente hinzufügt.

Geist, Gefühl und Natur

Nimmt man den Gedanken der zweiten Natur auf, dann ist die Rede von der ersten Natur und damit die Rede von *der* Natur des Menschen nicht weit. Cassirer hat den Naturbegriff stets kritisch beäugt, weil er sich in der Tradition (wie im gegenwärtigen Gebrauch) anfällig gezeigt hat für substantialistische Vorstellungen, die sich der kulturtheoretischen Perspektive zu entziehen versuchen. Dennoch gibt es eine bedeutende Rezeptionslinie Cassirers, die sich gerade über den Naturbegriff definiert und darin für den aktuellen Diskurs in höchstem Maße anschlussfähig ist: Gemeint ist Susanne K. Langers Rezeption von Cassirer, die im Sinne einer »Naturalisierung des Geistes« konzipiert ist. Langer unterscheidet sich darin noch einmal deutlich von Merleau-Ponty und dessen von ihm selbst gewählter Rede von einer »Inkarnation der Vernunft« (vgl. Fritz 2000). Die Differenz liegt in der Perspektive der Blickrichtung: Während Merleau-Ponty die Vernunft *als* Vernunft inkorporiert, geht es Langer um deren naturalistische Grundlegung, so dass sich von hier aus recht umstandslos der Weg in die aktuellen naturalistischen *brain-mind*-Debatten verfolgen lässt.

Susanne K. Langer (1895–1985), eine an Alfred North Whitehead geschulte Philosophin deutscher Herkunft, gehört vermutlich zu den ersten und bekanntesten Rezipienten Cassirers (vgl. Richter 2008). Sie hatte sich bereits eingehend mit dem Potential des Symbolbegriffs für eine Kulturtheorie beschäftigt, als sie Cassirer in den USA persönlich begegnete und sein Werk *Sprache und Mythos* (1946) ins Englische übersetzte. Wie Cassirer hielt auch Langer den Symbolbegriff, genauer das Verstehen des Symbolisierens, für den »Schlüssel zu aller menschlichen Existenz« (Langer 1965, 31). Denn über die bloße Bezeichnungsfunktion hinaus regeln die Symbole unser Verhältnis zu den Gegenständen, sie stellen unser Verhältnis überhaupt erstmals dar. Langer unterscheidet daher zwischen diskursiven und präsentativen Symbolen: Von diskursiven Symbolen spricht sie dort, wo es um »permanente Bedeutungseinheiten« geht, »die zu größeren Einheiten verbunden werden können« und von so hoher Allgemeinheit sind, dass sie der nonverbalen, kontext- und situationsbezogenen Akte (auf etwas zeigen und hinblicken, die Stimme verändern etc.) bedürfen, um überhaupt etwas Bestimmtes denotieren zu können; von präsentativen Symbolen spricht sie – leider ohne eine begrifflich präzise Erläuterung – dort, wo sich das Gemeinte jeder Definition entzieht und »das Allgemeine nicht direkt vermittelt werden kann« (ebd., 103), was besonders für Religion und Kunst von großem Belang sei.

Besonders die Kunst, und darin vor allem die Musik, ist für Langer von zentralem Interesse, weil sich in ihr der Ausdruck von Unaussprechlichem verbindet mit einer besonderen Art des Fühlens, besonders präzise formuliert in den späten *Philosophical Sketches* (1962): »I am using the word ›feeling‹ not in the arbitrarily limited sense of ›pleasure or displeasure‹ to which psychologists have often restricted it, but on the contrary in its widest possible sense, i.e. to designate *anything that may be felt*. In this sense it includes both sensation and emotion – the felt responses of our sense organs to the environment, of our proprioceptive mechanisms to internal changes, and of the organism as a whole, the so-called ›emotive feelings‹.« (Langer 1962, 8)

Mit diesem Begriff des Fühlens ist Langer für den gegenwärtigen emotionstheoretischen Diskurs von höchster Bedeutung; gehört sie doch zu den ersten, die eine eigenständige Konzeption des Fühlens im Sinne einer Akttheorie – Fühlen nicht im Sinne des Gefühls als Produkt oder Resultat, sondern Fühlen im Verbalsinn, als aktiver Vollzug – vorgelegt hat (vgl. Langer 1953). Die Relevanz ist umso mehr gegeben, als ihr Ansatz – und hierin liegt die vermutlich schärfste Differenz zu Cassirer – einem harten Naturalismus verpflichtet ist. Langer verabschiedet jegliche Rede vom Geist als eines übernatürlichen Wesens oder gar einer Art Geistsubstanz und versteht den Geist als einen natürlichen, biologischen Teil des Menschen, der, wie alle Natur, den Prozess der Evolution durchlaufen hat. Um die Differenz zwischen Mensch und Tier zu bestimmen, reicht nach Langer der Begriff des Geistes nicht aus; sehr wohl aber sieht sie eine klare Differenz in den jeweils unterschiedlichen Fundamentalbedürfnissen: Nur der Mensch habe das dringende Bedürfnis nach Symbolisierung (vgl. Langer 1965, 47–49).

Für den Vergleich mit Cassirer lässt sich daher festhalten: Wo Cassirer das *kulturelle* Leben zur Gesamtperspektive macht, setzt Langer den Akzent auf das *natürliche* Leben. Das zeigt sich auch in ihrem Begriff des Fühlens. Ganz analog zu Cassirers Beschreibung der symbolischen Formen ist Langer der Ansicht, dass es spezifische Arten des Fühlens gibt, die sich jeweils in spezifischen Formen zum Ausdruck bringen. Während Cassirer jedoch durch die genauere Analyse all dieser Formen deren gemeinsames transzendentales Prinzip zu finden vermeint, fragt Langer nach einer ebenso allgemeinen, aber naturalistisch begründeten Struktur: Das gemeinsame Prinzip *wird* sich nicht erst zeigen, sondern *ist* bereits durch das Fühlen gebildet und im Symbolisieren gefunden. Deshalb zeigt sie in ihrer Analyse der verschiedenen Arten des Fühlens deren bestechende Ähnlichkeit untereinander wie zu anderen Arten lebendiger Prozesse auf. Langers Hypothese lautet folglich: »that sentience is a phase of [the] vital process itself, a strictly intraorganic phase, i.e. an appearance which is presented only within the organism in which the activity occurs« (Langer 1962, 9).

Zwar kann Langers Theorie der Kunst durchaus alleine stehen, aber im Gesamtwerk repräsentiert sie eher das strategische Zentrum einer Philosophie, die insgesamt der weit fundamentaleren Frage nach den Prinzipien des menschlichen Lebens im Sinne der Frage nach der »lebendigen Form« gewidmet ist. Vorgänge des Fühlens sind nach Langer nicht zwangsläufig an deren bewusste Wahrnehmung oder Gestaltung gebunden, sondern verlaufen auch in Phasen, die sozusagen unterhalb der Gefühlsgrenze liegen, »below the limen of feeling«, wo sie dann mit anderen physischen und psychischen Prozessen interagieren, deren Einfluss auf der Ebene des Bewusstseins reflektiert wird (ebd., 15). In der Konsequenz sucht Langer von nun an vor allem das Gespräch mit den Naturwissenschaften, um das Fühlen wie die Frage der lebendigen Form einerseits von einer metaphysischen Hypostasierung frei zu halten und um andererseits zu zeigen, dass auch diese Phänomene einer »harten« naturwissenschaftlichen Analyse zugänglich sind. Denn nur dann, wenn es uns gelingt, die philosophisch, d. h. logisch gewonnene Einsicht in die grundlegenden Prinzipien des Lebens, also Fühlen und Symbolisieren, mit den Erkenntnissen der Naturwissenschaften zu kombinieren, können wir ein tieferes Verständnis des Lebens selbst erlangen.

Für die Darstellung der Rezeption Cassirers ist dies insofern von Bedeutung, als sich die Breite möglicher Anschlussdiskurse auch dort zeigt, wo man sein eigenes Werk sicherlich nicht verorten kann, nämlich in den aktuellen Diskursen mit den Neurowissenschaften, Emotionstheorien etc. (vgl. Kreis 2010; List 2011). Es muss selbstverständlich der Spekulation anheim gestellt bleiben, ob oder wie Cassirer sich in den jüngsten Debatten positioniert hätte, aber seine eigenen Studien zur Entwicklungspsychologie und Psychopathologie lassen ein deutliches Interesse erkennen. Langers eigener Ansatz kann hier nicht weiter dargestellt, sondern nur abschließend im Verhältnis zu Cassirer profiliert werden: Cassirer und Langer stimmen beide darin überein, dass sie ein Element in der Kultur zu suchen und zu finden meinen, das als deren konstitutive Kraft wirkt, aber sie divergieren stark bezüglich der exakten Bestimmung dieser Grundkraft: Cassirer findet sie im Akt des Symbolisierens, weswegen er eher am Verstehen der menschlichen *Kultur* interessiert ist, die von der Interaktion von Freiheit und Form angetrieben werde und auf die wachsende Selbstdurchsichtigkeit des menschlichen Geistes gerichtet sei. Damit ist der Akt des Symbolisierens unvermeidlich mit der kulturellen Evolution des Selbstbewusstseins verbunden und daher ausschlaggebend für alle menschliche Kultur. Auch Langer bringt die Frage von Magie, Mystik und Religion ins Spiel, doch für sie sind dies späte Phasen des Lebens auf Erden. Lange bevor sie zu diesen Themen kommt, findet sie das Grundelement des Lebens in einer natürlichen Dimension, nämlich der *Vitalität* selbst. Während Cassirer also die »symbolische Form« als das fundamentale Element aller menschlichen Kultur sieht, verweist Langer auf die »lebendige Form«, die sich in allen menschlichen Taten spiegele wie auch in allen organischen Abläufen. Natur und Kultur sind für Langer im Begriff des Lebens verbunden, von dem aus sie dann dessen elementare Prinzipien rekonstruiert wie das Prinzip dialektischer Phasen, den beständigen Bezug zum Gesamtkontext, Rhythmus, das Spiel zwischen Identität und Diversität oder auch die Individuation (vgl. Langer [3]1980, 204–213, 228).

Ästhetik in Zeichen, Symbol und Bild

Eine letzte Rezeptionslinie sei genannt, die sich nochmals eng an Cassirers Diktion der *Philosophie der symbolischen Formen* anschließt. Es mag für den philosophischen Diskurs erstaunlich sein, dass Cassirer besonders in der Religionsphilosophie und Theologie intensiv rezipiert wird, obgleich seine Unterscheidung von Mythos und Religion überwiegend auf Kritik stößt. Es ist jedoch weniger sein eigenes Religionsverständnis als vielmehr seine Konzeption des Symbolisierens als einer fortwährend transformierten und immer neu zu transformierenden Relation von Zeichen und Bedeutung, die in der Theologie auf großes Echo gestoßen ist. Fast könnte man mit Bourdieu argumentieren, dass es gerade der Abschied von jeglichem Substanzdenken und damit auch von bestimmten Spielarten einer ontologischen Fundierung der Theologie ist, die es der Theologie erlaubt, ihre eigenen Kernthemen (Gottesfrage, Christologie, Abendmahlverständnis – um nur einige wenige zu nennen) kulturtheoretisch zu reformulieren, ohne ihre Geltung aufgeben zu müssen.

In Kenntnis der Theologiegeschichte verwundert es nicht, dass solch eine Perspektive vor allem in der Tradition Schleiermachers und damit in der Tradition der liberalen Theologie vertreten wird (vgl. Bongardt 2000; Deuser/Moxter 2002; Gräb 1999; Korsch/Rudolph 2000; Moxter 2000). Ohne hier auf Schleiermachers Begriff des Symbolisierens eingehen zu können, sei zumindest auf dessen Hermeneutik verwiesen, die sich bereits von einer Text- zu einer Rezeptions- und Konstitutionshermeneutik fortentwickelt hat und anschlussfähig ist für neuere Versionen einer Hermeneutik der Lebenswelt (vgl. Dalferth 2007). Stand in den ersten Jahren der Rezeption vornehmlich Cassirers Symbolbegriff im Vordergrund, oft im Vergleich mit der Zeichentheorie von Charles Sanders Peirce, so hat sich der Symbolbegriff allmählich in das breitere Feld der Hermeneutik und Ästhetik und dort vor allem zum Bildbegriff hin erweitert. Über die Peircesche Unterscheidung von *index, icon* und *symbol* hinaus geht es in diesem Diskurs stärker um die Konstitution des Bildes als Bild und damit um die Ästhetik im umfassenden Sinne – eine Linie, die sich problemlos bis zu den Werken Bachtins ausziehen ließe (vgl. Ratsch/Stamatescu/Stoellger 2009; Eilenberger 2009). Doch dieser Diskurs steht erst am Anfang und ist daher noch nicht Teil einer rückblickenden Rezeptionsgeschichte.

Literatur

Bast, Rainer A.: *Problem, Geschichte, Form. Das Verhältnis von Philosophie und Geschichte bei Ernst Cassirer im historischen Kontext.* Berlin 2000.

Bongardt, Michael: *Die Fraglichkeit der Offenbarung. Ernst Cassirers Philosophie als Orientierung im Dialog der Religionen.* Regensburg 2000.

Bourdieu, Pierre: *Soziologische Fragen.* Frankfurt a. M. 1993 (frz. 1980).

–: *Rede und Antwort.* Frankfurt a. M. 1992 (frz. 1987).

Carman, Taylor/Hansen, Mark B. N.: Introduction. In: *The Cambridge Companion to Merleau-Ponty.* Hg. von Taylor Carman und Mark B. N. Hansen. Cambridge 2005, 1–25.

Dalferth, Ingolf U. (Hg.): *Hermeneutik der Religion.* Tübingen 2007.

Daniel, Ute: *Kompendium Kulturgeschichte. Theorien, Praxis, Schlüsselwörter.* Frankfurt a. M. 2001.

Deuser, Hermann/Moxter, Michael (Hg.): *Rationalität der Religion und Kritik der Kultur. Hermann Cohen und Ernst Cassirer.* Würzburg 2002.

Eilenberger, Wolfram: *Das Werden des Menschen im Wort. Eine Studie zur Kulturphilosophie Michail M. Bachtins.* Zürich 2009.

Feron, Olivier: Mein Leib als ›Integral der Erfahrung‹? Das Vorprädikative bei Merleau-Ponty und das Ausdrucksphänomen bei Cassirer. In: *Zeitschrift für Kulturphilosophie* 3 (2009) 231–240.

Frede, Dorothea/Schmücker, Reinold (Hg.): *Ernst Cassirers Werk und Wirkung. Kultur und Philosophie.* Darmstadt 1997.

Fritz, Thomas: *Eine Philosophie inkarnierter Vernunft. Studie zur Entfaltung von Merleau-Pontys Denken.* Würzburg 2000.

Funke,Guenter: Art. Habe und Haben. In: *Historisches Wörterbuch der Philosophie.* Hg. von Joachim Ritter und Karlfried Gründer. Bd. 3, Darmstadt 1974, 981–983.

Gerhardt, Volker: Vernunft aus Geschichte. Ernst Cassirers Beitrag zu einer Philosophie der Politik. In: *Über Ernst Cassirers Philosophie der symbolischen Formen.* Hg. von Hans-Jürg Braun, Helmut Holzhey und Ernst Wolfgang Orth. Frankfurt a. M. 1988, 220–246.

Gräb, Wilhelm: *Religion als Thema der Theologie. Geschichte, Standpunkte und Perspektiven theologischer Religionskritik und Religionsbegründung.* Gütersloh 1999.

Höfner, Markus: *Sinn, Symbol, Religion. Theorie des Zeichens und Phänomenologie der Religion bei Ernst Cassirer und Martin Heidegger.* Tübingen 2008.

Korsch, Dietrich/Rudolph, Enno (Hg.): *Die Prägnanz der Religion in der Kultur. Ernst Cassirer und die Theologie.* Tübingen 2000.

Kreis, Guido: *Cassirer und die Formen des Geistes.* Berlin 2010.

Langer, Susanne K.: *An Introduction to Symbolic Logic.* New York/Dover (1937) ³1967.

–: *Feeling and Form. A Theory of Art Developed from Philosophy in a New Key.* London 1953.

–: *Mind. An Essay on Human Feeling.* 3 Bde. Baltimore, Bd. I: (1967) ³1980; Bd. II: (1972) ³1983; Bd. III: (1982).

–: *Philosophie auf neuem Wege. Das Symbol im Denken, im Ritus und in der Kunst.* Frankfurt a. M. 1965 (engl. 1942).

–: *Philosophical Sketches.* Baltimore 1962.

List, Elisabeth: Fühlen. Susanne Langers naturalistische Theorie des Geistes als Beitrag zu einer Epistemologie der Kultur. In: *Zeitschrift für Kulturphilosophie* 5 (2011), 177–194.

Macann, Christopher: *Four Phenomenological Philosophers: Husserl, Heidegger, Sartre, Merleau-Ponty.* London/New York 1993.

Marcel, Gabriel: *Sein und Haben.* Paderborn 1968 (frz. 1935).

Merleau-Ponty, Maurice: *Phänomenologie der Wahrnehmung.* Berlin 1966 (frz. 1945).

–: *Sinn und Nicht-Sinn.* München 2000 (frz. 1948).

Moxter, Michael: *Kultur als Lebenswelt. Studien zum Problem einer Kulturtheologie bei Tillich, Cassirer und Barth.* Tübingen 2000.

Orth, Ernst Wolfgang: Zugänge zu Ernst Cassirer. Einleitung. In: Ders./Hans-Jürg Braun/Helmut Holzhey (Hg.): *Über Ernst Cassirers Philosophie der symbolischen Formen.* Frankfurt a. M. 1988, 7–14.

Ratsch, Ulrich/Stamatescu, Olimpiu/Stoellger, Philipp (Hg.): *Kompetenzen der Bilder. Funktionen und Grenzen des Bildes in den Wissenschaften.* Tübingen 2009.

Richter, Cornelia: *Die Religion in der Sprache der Kultur. Schleiermacher und Cassirer – Kulturphilosophische Symmetrien und Divergenzen.* Tübingen 2004.

–: Von der Logik zur Philosophie des Geistes. Susanne K. Langers Weg zu Mind. In: *Naturalisierung des Geistes und Symbolisierung des Fühlens. Susanne K. Langer im Gespräch der Forschung.* Hg. von Cornelia Richter und Petra Bahr. Marburg 2008, 1–24.

Rill, Ingo: *Dynamik und Stabilität bei Ernst Cassirer und Niklas Luhmann.* Würzburg 1995.

Rudolph, Enno: *Ernst Cassirer im Kontext. Kulturphilosophie zwischen Metaphysik und Historismus.* Tübingen 2003.

–/Küppers, Bernd-Olaf (Hg.): *Kulturkritik nach Ernst Cassirer.* Hamburg 1995.

Šuber, Daniel/Schäfer, Hilmar/Prinz, Sophia (Hg.): *Pierre Bourdieu und die Kulturwissenschaften. Zur Aktualität eines undisziplinierten Denkens.* Konstanz 2011.

Vögele, Wolfgang (Hg.): *»Die Gegensätze schließen einander nicht aus, sondern verweisen aufeinander.« Ernst Cassirers Symboltheorie und die Frage nach Pluralismus und Differenz.* Loccum 1999.

Cornelia Richter

6. Martin Heidegger

Das Treffen von Davos findet zu einem Zeitpunkt statt, an dem Martin Heidegger beginnt, über den philosophischen Ertrag von *Sein und Zeit* (1927) hinauszugehen. Zugleich steht dieses Treffen für einen Wendepunkt in Heideggers Auseinandersetzung mit der Kulturphilosophie seiner Zeit. Diese Auseinandersetzung führt Heidegger unter phänomenologischen, hermeneutischen und ontologischen Bedingungen seiner Denkentwicklung der 1920er Jahre. Das Treffen von Davos, das vor allem ein Aufeinandertreffen von Heidegger und Ernst Cassirer ist, gehört aus diesem Grunde in eine übergreifende Entwicklung der Heideggerschen Philosophie, die sich durch eine Verstärkung kulturkritischer Aspekte auszeichnet. An diesem Treffen ist aber nicht nur das Verhältnis Heideggers zur Kulturphilosophie abzulesen. Es steht auch in einem Kontext, der das Verhältnis von Heidegger und Immanuel Kant betrifft. Dieser Zusammenhang kann auf seine Weise deutlich machen, warum Heidegger zu keiner ausgewiesenen Kulturphilosophie kommt. Das Davoser Treffen vereint deshalb im Falle Heideggers zwei Entwicklungsverläufe auf sich, an denen die Gründe für Heideggers Distanz zur Kulturphilosophie differenziert aufgezeigt werden können. Die folgenden Ausführungen widmen sich diesem Ziel im Ausgang von einer Grundverständigung über das Davoser Treffen selbst (1). Es folgen Erörterungen über die besonderen Absichten und Konditionen, die den Stellenwert Kants bei Heidegger betreffen (2). Den Abschluss bildet Heideggers Auseinandersetzung mit der Kulturphilosophie, die sich im Zeitraum zwischen 1920 und 1935 in drei unterschiedlichen Etappen vollzieht (3).

Das Treffen von Davos

Die Davoser Hochschulkurse werden zwischen 1928 und 1931 vier Mal abgehalten und dienen dem geistigen Austausch zwischen Deutschland, Österreich, der Schweiz, Frankreich und Italien. Die zweite Veranstaltung findet unter dem Titel »Mensch und Generation« vom 17. März bis 6. April 1929 statt. Neben Cassirer und Heidegger nehmen die Philosophen Otto Friedrich Bollnow, Rudolf Carnap, Eugen Fink, Emmanuel Lévinas, Herbert Marcuse, Joachim Ritter, Leo Strauss und Alfred Sohn-Rethel teil (vgl. Sturma 2003, 110; Friedman 2004, 17). Cassirer und Heidegger halten Vorträge, die sich unter anderem mit Grundfragen der philosophischen Anthropologie, Max Scheler und der Philosophie Kants beschäftigten (vgl. Gründer 1988, 293 f.).

In der gemeinsamen Disputation stehen vor allem die unterschiedlichen Auffassungen der Philosophie Kants im Vordergrund. Während für Cassirer das menschliche Erkenntnisvermögen in der Lage ist, über den Bereich existenzieller Endlichkeit hinaus zur unendlichen Welt symbolischer Formgebung fortzuschreiten, beharrt Heidegger auf der Abhängigkeit aller Wahrheits- und Vernunfturteile vom endlichen Dasein. Cassirers Frage, wie das endliche Dasein zu einer »Bestimmung von Gegenständen« kommt, die »als solche nicht an die Endlichkeit gebunden sind« (Heidegger [4]1973, 250), muss aus Sicht Heideggers negativ beantwortet werden, denn jede Form der Transzendenz, sei es in Gestalt der Naturwissenschaft oder Ethik, »bleibt noch innerhalb der Geschöpflichkeit und Endlichkeit« (ebd., 251). Der Hauptgrund liegt für Heidegger in der Zeitlichkeit, die als Horizont des Seins den Menschen im Akt des Erkennens mit seiner eigenen Begrenztheit konfrontiert und dazu führt, dass »Wahrheit« immer »relativ auf das Dasein« (ebd., 253) bleibt. Aus diesem Grund sei die Daseinsanalytik weder eine »philosophische Anthropologie« (ebd., 255) noch die Grundlage zum »Verständnis einer Gestaltung der Kultur und Kulturgebiete« (ebd., 256), so wie Cassirer sie in seiner *Philosophie der symbolischen Formen* (1923–29) gibt.

Im Unterschied zu Cassirer, der in der Kultur einen Prozess der Objektivierung des menschlichen Geistes und damit eine fortschreitende Verwirklichung von Freiheit sieht, geht es Heidegger um das »Sich-befreien der Freiheit im Menschen« (ebd., 257), die überhaupt erst die Gestaltung von Kultur ermöglicht. Heidegger setzt sich dabei von Cassirer mit der Behauptung ab, dass sich eine Antwort auf die Frage der Kulturphilosophie nur dann finden lasse, »wenn sie nicht eine bloße Darstellung der verschiedenen Gebiete bleibt und ist, sondern zugleich in ihrer inneren Dynamik so verwurzelt wird, daß sie ausdrücklich und von vornherein und nicht nachträglich in der Metaphysik des Daseins selbst als Grundgeschehen sichtbar wird« (ebd.). Die Kritik an Cassirer gipfelt schließlich in der Feststellung, dass mit der Freilegung der Zeitlichkeit in der *Kritik der reinen Vernunft* der sichere Boden der Erkenntnis »zu einem Abgrund« (ebd., 260) geworden sei, der dem Menschen »bei all seiner Freiheit die Nichtigkeit seines Daseins« (ebd., 263) vor Augen führe. Die Aufgabe der Philosophie bestehe deshalb darin, »aus dem faulen Aspekt eines Menschen, der bloß die Werke des Geistes benutzt, gewissermaßen den Menschen zurückzuwerfen in die Härte seines Schicksals« (ebd., 263).

Das Treffen von Davos hat unterschiedliche Bewertungen erfahren. Sie reichen vom Vergleich mit dem Zauberberg-Streit zwischen dem Aufklärer Settembrini und dem Gegenaufklärer Naphta (vgl. Safranski 1994, 220 f.) und der Marburger Disputation zwischen Luther und Zwingli (vgl. Blumenberg 1997, 164 f.) über die Konfrontation von Humanismus und Dezisionismus (vgl. Habermas 1973, 51) bis zu der Ansicht, dass sich mit Davos der Weg zwischen analytischer und kontinentaler Philosophie gegabelt habe (vgl. Friedman 2004, 151 ff.). Gleichzeitig werden aber auch inhaltliche Relevanz und philosophische Wirkung des Treffens in Frage gestellt, da die Davoser Debatte für Cassirer und Heidegger nur den Charakter einer momentanen »Standortbestimmung« (Kaegi 2002, 68) gehabt habe. Die Sicht der Kontrahenten scheint dies zu bestätigen. »Sachlich philosophisch habe ich nichts gewonnen«, schreibt Heidegger nach seiner Heimkehr aus Davos (Heidegger/Blochmann 1989, 29) und spricht rückblickend von einer »Überdeutung Kants« (Heidegger ^{4}1973, XIV). Cassirer dagegen kann grundsätzlich wenig Sinn darin sehen, »viel Zeit und Kraft auf solche Diskussionen zu verwenden« (Klibansky 1999, 279).

Andere Wege: Heidegger und Kant

Zum Zeitpunkt der Davoser Hochschulkurse ist Heideggers *Kant und das Problem der Metaphysik* (1929) noch nicht erschienen. In der sich anschließenden Arbeit an diesem Buch kann Heidegger deshalb auf den Beiträgen in Davos aufbauen. Die Daseinsanalytik aus *Sein und Zeit* wird dabei zwar konstruktiv in die philosophische Interpretation der *Kritik der reinen Vernunft* eingelassen. Darüber hinaus geht es Heidegger aber auch um anthropologische Implikationen bei Kant; die *Kritik der reinen Vernunft* präsentiert er als ein Werk, an dem die Grenzen des Versuchs einer anthropologischen Grundlegung der Metaphysik demonstriert werden können (vgl. Langbehn 2012, Kap. 8). Der übergeordnete Rahmen von Heideggers Kant-Kritik ist somit die Kritik der Anthropologie. Heidegger führt diese Kritik umso schärfer, als er die Anthropologie in Konkurrenz zu den Ansprüchen seiner eigenen Philosophie und ihren Grundlegungsansprüchen sieht. Die Spannung zwischen Fundamentalontologie und Anthropologie gerät auf diese Weise zum Spiegelbild des Abstands zwischen Heidegger und Kant, den Heidegger allerdings in das Bild eines Fortschritts bringt, in dem sich der daseinsanalytische gegen einen anthropologischen Grundlegungsanspruch durchsetzt.

Dieses Fortschrittsbild macht aus heutiger Sicht die Konkurrenz zu Cassirer deutlich. Cassirer, der das Kantbuch 1931 rezensiert und Heidegger darin insbesondere vorwirft, den *Freiheitsphilosophen* Kant zu übersehen (vgl. Cassirer 1931), ist in den 1920er Jahren der andere große Philosoph, der sein Werk in den kritischen Dialog mit Kant stellt. Hier aber wird Kant mit keiner Daseinsanalytik, Fundamentalontologie oder auch Metaphysik des Daseins konfrontiert, sondern mit einer Kulturphilosophie, die ihre Nähe und Distanz zu Kant auf der Grundlage eines gänzlich anderen Kant-Bildes artikuliert. Die theoriegeschichtlichen Rekonstruktionen in *Das Erkenntnisproblem in der Philosophie und Wissenschaft der neueren Zeit* (Cassirer 1999) und andere, sich anschließende philosophisch-philologische Kant-Arbeiten bilden dabei eine historisch-systematische Grundlage, um die *Philosophie der symbolischen Formen* als das Werk einer kulturphilosophischen »Transformation« der kritischen Philosophie auszuweisen (Recki 2004, 53). In Davos stehen sich damit nicht nur zwei unterschiedliche Kant-Interpreten gegenüber, sondern auch zwei Philosophen, die sich auf der Grundlage ihrer jeweiligen Verständigung über Kant zugleich über die eigene Philosophie verständigen können. Wenn man das Treffen aus heutiger Sicht für ereignisarm halten möchte, dann auch deshalb, weil Heidegger und Cassirer diese Komplexität nicht zur Darstellung bringen und nur andeuten, welch andere Wege sie mit Kant jeweils gehen.

Kant und das Problem der Metaphysik ist dagegen ein deutliches Signum der Konkurrenz zur kulturphilosophischen Traditionsbildung durch Cassirer. Mit diesem Buch gibt die Philosophie Kants keiner Kulturphilosophie, sondern dem Denken Heideggers die Vorgeschichte. Das Treffen von Davos hat jedoch nicht allein im Kantbuch einen wichtigen Kontext. Während das Kantbuch das Verständnis der Kant-Kritik Heideggers über Jahrzehnte prägte, ist mit der Erschließung der Vorlesungen dieser Jahre heute eine neue Grundlage für die Bewertung der Heideggerschen Auseinandersetzung mit Kant gegeben. In den *zehn Kantjahren* zwischen 1925/26 und 1935/36 (vgl. Dahlstrom 1989) gibt es unterschiedliche Phasen, in denen die Voraussetzungen und Ziele von Heideggers Kant-Lektüren variieren. Das Kantbuch ist aus diesem Grunde ›nur‹ die Veröffentlichung einer spezifisch anthropologiekritisch eröffneten Perspektive, die sich auch dem Treffen von Davos verdankt. Es steht in einem größeren Kontext der daseinsontologischen Aneignung Kants seit spätestens dem Wintersemester 1925/26. Denn wenn auch viele Aspekte der Kant-Kritik Heideggers die Qualität einer Stellvertreterkritik an Edmund Husserl haben (vgl. Schmitz 1996, 400–415), so darf die *konstruktive* Bedeutung der *Kritik der reinen Vernunft* für Heidegger nicht übersehen werden.

Diese Bedeutung schlägt sich unter anderem in der Konzeption von *Sein und Zeit* nieder. Die für den zweiten Teil dieses Buches geplante, aber darin nicht mehr gelieferte Destruktion Kants sollte ihrerseits einen vorgeschichtlichen, hier zeitphilosophischen Zusammenhang zwischen Kants Werk von 1781 und *Sein und Zeit* aufzeigen. Wie wichtig Kant für Heidegger ist, zeigen aber auch Anklänge, in denen Heidegger sein philosophisches Selbstverständnis mit Kant ohne jede kulturphilosophische Implikation formuliert (vgl. Heidegger [15]1979, 4 u. 23). Die in den Jahren 1927/28 folgende Auseinandersetzung dokumentiert ihrerseits, dass Heidegger die kritische Philosophie Kants fundamentalontologisch interpretiert, um dem gerade veröffentlichen Werk seine Vorgeschichte zu geben. Mit der Vorlesung über die *Grundprobleme der Phänomenologie* (SS 1927) stellt er unterschiedliche Beziehungsebenen heraus, vor allem in *wahrnehmungstheoretischer* Hinsicht (vgl. Langbehn 2012). Während Heidegger selbst in späterer Rückschau das Kantbuch als eine Art *geschichtliche Einleitung* in das Hauptwerk bezeichnet (vgl. Heidegger [4]1973, XVI), zeichnet sich schon diese Vorlesung durch eine solche Qualität mit anderer Schwerpunktsetzung aus. Sie ist eine historische Anleitung zur geschichtlichen Kontextualisierung zentraler Themenstellungen von *Sein und Zeit.* Die phänomenologische Interpretation der *Kritik der reinen Vernunft* des Wintersemesters 1927/28 führt dieses Vorhaben auf ihre Weise fort.

Vor und nach dem Treffen von Davos pflegt Heidegger somit einen intensiven Umgang mit Kant. Die Fundamentalontologie bildet das Interpretament der Kantischen Philosophie; andererseits steht die Entwicklung von Heideggers Philosophie ihrerseits unter dem Eindruck der Philosophie Kants und gewinnt auf diese Weise eine transzendentalphilosophische Signatur. In diesem Wechselspiel kann sich keine ausgewiesene kulturphilosophische Frage- und Problemstellung einstellen. Wenn Heidegger 1929 zu dem Ergebnis kommt, dass Kant anthropologisch verhindert sei, so kann man deshalb am Ende für ihn selbst feststellen, dass er nicht trotz, sondern wegen seiner Beschäftigung mit Kant ohne kulturphilosophische Impulse durch Kant bleibt. Auch dafür steht das Treffen von Davos.

Heidegger und die Kulturphilosophie

Das Verhältnis zu Kant allein kann allerdings nicht erklären, warum Heidegger zu keinem Primat der kulturphilosophischen Einstellung kommt. Denn neben dem entwicklungsgeschichtlichen Kontext des Davoser Treffens, der die Auseinandersetzung mit Kant betrifft, ist vor allem Heideggers Verhältnis zur Kultur und Kulturphilosophie seiner Zeit von Bedeutung. Im weiteren Kontext von Davos steht dieses Verhältnis unter entwicklungsgeschichtlichen Bedingungen, die den Zeitraum zwischen etwa 1920 und 1935 betreffen, der sich in drei aufeinander folgende Phasen einteilen lässt.

In der ersten Phase, die bis etwa in die Mitte der 1920er Jahre reicht, sieht Heidegger in der Kultur den Ort der geschichtlichen Gestaltung und geistigen Wertbildung, wie sie vor allem in der Philosophie Windelbands und Lotzes zum Ausdruck kommt (vgl. Heidegger 1987, 129 ff. u. 136 ff.). Kunst, Literatur, Religion, Moral, Wirtschaft und Wissenschaft sind nach Heidegger »Objektivationen von Subjektivem, eines in ihnen zu Gestalt drängenden Kulturerlebens (*Kulturseele*)« (Heidegger 1995, 36). Kultur ist in erster Linie vereinheitlichende Stilbildung, bei der nicht weiter nachgefragt wird, »wovon die Kulturgebilde Ausdruck« sind. Mit anderen Worten: »Kultur ist *Organismus*, eigenständiges Leben« (ebd.). Das Verdienst Oswald Spenglers, auf den Heidegger hier Bezug nimmt, besteht darin, die Kulturmorphologie durch »die Methode einer *universalen Gestaltvergleichung*« (ebd., 38) adäquat umgesetzt zu haben. Die ontische Bestimmung unterschiedlicher Kulturen durch eine morphologische Geschichtsphilosophie wird von Heidegger nicht negativ gesehen, sondern gegenüber der historiographischen Fachwissenschaft positiv hervorgehoben, die bloß ein »ausgeklügeltes System der Kultursysteme« (ebd., 57) entwickelt habe, anstatt, wie Spengler, die »Selbstauslegung des geschichtlichen Bewußtseins« (ebd., 56) in den verschiedenen Kulturgestalten in den Vordergrund zu stellen.

Die Akzeptanz der Kultur als Ausdruck, Stil und Gestalt weicht in der zweiten Phase, die von *Sein und Zeit* bis Ende der 1920er Jahre reicht, einer zunehmenden Abwertung der Kultur als Ort der Durchschnittlichkeit und Verfehlung des eigentlichen Daseins. Weil Alltäglichkeit ein »Seinsmodus des Daseins« ist, der »auch und gerade dann« vorliegt, »wenn sich das Dasein in einer hochentwickelten und differenzierten Kultur bewegt« (Heidegger 1979, 50 f.), lässt sich von der Kultur her kein existenzialanalytischer Zugang zum eigentlichen Dasein gewinnen. Die Sphäre der Kultur umfasst vielmehr den Bereich, in dem der Mensch in seiner Alltäglichkeit lebt und der durch den »Charakter des Verlorenseins in die Öffentlichkeit des Man« (ebd., 175) gekennzeichnet ist. Der Raum der Kultur schließt die »Verfallenheit« des durchschnittlichen Daseins an eine Welt mit ein, die durch »Gerede, Neugier und Zweideutigkeit« (ebd.) charakterisiert ist. Auch wenn der Bereich der Kultur nicht mit der Alltagswelt zusammenfällt, ist es ausgeschlossen, dass die Verfallenheit der Durchschnittsexistenz »in fortgeschrittenen Stadien der Menschheitskultur beseitigt werden könnte« (ebd., 176). Die »Entfremdung« des Daseins wird vielmehr dadurch gesteigert, dass der Mensch durch »das Verstehen der fremdesten Kulturen« versucht, »zur restlosen und erst echten Aufklärung über sich selbst« (ebd., 178) zu gelangen.

Heidegger sieht in der Kultur insofern einen sekundären Bereich der menschlichen Selbstvergewisserung, als in ihr die ontologische Fundierung bei der Erschließung grundlegender Daseinsmöglichkeiten verfehlt wird. In der Kultur wird das Dasein von vornherein verkürzt auf seine Fähigkeit zur Gestaltung von Ausdruckswelten und die Aneignung fremder Wissens- und Erfahrungsbestände. Weil die Frage nach dem »terminus a quo« (Heidegger [4]1973, 260), nach den transzendentalen Bedingungen der Kulturgestaltung also, aus der Erschlossenheit des Seins heraus in der Kulturphilosophie nicht gestellt wird, gelangt das Dasein nicht über die alltägliche Existenz hinaus und bleibt in einem Raum der uneigentlichen Normalität gefangen. In der kulturellen Selbstverständigung werden die Extreme der Existenz – die Geworfenheit in das Nichts, die Angst vor der Endlichkeit – ausgeblendet und ein dialektischer Schein der Lösung von Daseinskonflikten erzeugt; der Mensch konfrontiert sich nicht mit dem Risiko des Scheiterns und bleibt blind für die Einsicht, dass er »nur in ganz wenigen Augenblicken auf der Spitze seiner eigenen Möglichkeit existiert, sonst aber inmitten seines Seienden sich bewegt« (ebd., 262).

In der dritten Phase, die bis in die Mitte der 1930er Jahre reicht, setzt Heidegger seine Kritik an der Verfehlung des eigentlichen Daseins im Medium der kulturellen Selbstverständigung fort und spitzt sie zu einer fundamentalen Krisendiagnose der Kultur zu, die in eine dezidierte Ablehnung der zeitgenössischen Kulturphilosophie einmündet. So wirft er Oswald Spengler, Ludwig Klages, Max Scheler und Leopold Ziegler vor, in einer Art höherer Journalistik ein oberflächliches Gesamtbild des Zeitalters entwickelt zu haben, das von einem »formelhaften Unterschied« von »Leben und Geist« (Heidegger 1983, 107) ausgeht, ohne dadurch den Menschen in seiner eigentlichen Situation zu erfassen. Die kulturdiagnostische »Aus- und Abrechnung« trifft uns nicht, weil sie »*kein Angriff auf uns*« (ebd., 112) ist. Die »Kulturphilosophie des Ausdrucks, des Symbols, der symbolischen Formen«, wie es in Anspielung auf Cassirer heißt, gelangt deshalb »nur zur *Dar-stellung* des Menschen, aber nie zu seinem *Da-sein*« (ebd., 113). Die zeitgenössische Kulturphilosophie ist nicht nur ein »Irrweg« (ebd., 114), auf dem die eigentliche Lage des Daseins verfehlt wird, sie »entbindet uns von uns selbst, indem sie uns eine Rolle in der Weltgeschichte zuerteilt«, durch die »der Schein und die Verlorenheit« des Menschen »noch verschärft« werden (ebd., 115).

Heideggers Kritik der Kulturphilosophie richtet sich nicht nur gegen die ontologische Verfehlung der Daseinssituation, die auf anthropologische und psychologische Faktoren reduziert wird, sondern auch dagegen, dass dem Menschen ein geschichtlicher Standort zugewiesen wird, anstatt zuvor nach den tieferliegenden Ursachen der Kulturkrise zu suchen. Der Grund liegt darin, dass der Mensch nicht vor die »Leere im Ganzen« (ebd., 243) gestellt, sondern mit kulturdiagnostischen Erklärungen darüber hinweggetäuscht wird, dass seinem Dasein eine tiefere »Not« und »Bedrängnis« (ebd., 246) fehlen. Die Krise der Zeit besteht, paradox ausgedrückt, in ihrem Ausbleiben. Aus Sicht von Heidegger fragt die Kulturphilosophie nicht radikal genug nach den seinsgeschichtlichen Fehlentwicklungen, sondern beschränkt sich auf eine Hermeneutik der Sinn- und Fortschrittskrise, bei der die kulturellen Werte zum Medium einer historischen Erneuerung instrumentalisiert werden: »Die Kultur-Werte sichern sich im Ganzen einer Kultur nur dadurch Bedeutung, daß sie sich auf ihre Selbstgeltung einschränken« (Heidegger [4]1976, 36), ohne dass die »Tatsache der Verdunstung des Seins in ihrer Tragweite« (ebd., 39) begriffen wird.

Heidegger zielt mit seiner Semantik der »Härte und Schwere« (Franzen 1988) ab den 1930er Jahren auf eine Überwindung der Kulturphilosophie, die aus seiner Sicht innerhalb eines weltanschaulichen Denk- und Handlungshorizontes verbleibt. Er kritisiert vor allem die Objektivierung subjektiver Ausdrucksgehalte, durch die der gesellschaftliche Fortschritt dem Leitbild einer grundsätzlichen Beherrschbarkeit unterworfen wird. Angesichts der »trostlose(n) Raserei der entfesselten Technik und der bodenlosen Organisation des Normalmenschen« (Heidegger [4]1976, 28) fordert Heidegger, diese Verfügbarkeitsillusion aufzugeben und sich der »Seinsverlassenheit« zu stellen (Heidegger 1989, 110ff.). Erst aus der nachmetaphysischen Wende geht der »andere Anfang« (ebd., 171ff.) des Seinsgeschehens hervor, wodurch das Dasein in ein offenes Verhältnis zur Welt tritt. Die zeitgenössische Kulturphilosophie ist dazu nicht in der Lage, weil sie die metaphysischen Bedingungen des Daseins nicht radikal genug bedenkt und damit auf einem vorkritischen Standpunkt der geschichtlichen und wissenschaftlichen Selbsterkenntnis stehen bleibt, der in Wirklichkeit durch die Zeitlichkeit der Erkenntnis und die Auslieferung des Menschen an ein unverfügbares Seinsgeschehen unterlaufen wird.

Das Davoser Treffen steht für einen Wendepunkt in Heideggers Auseinandersetzung mit der Kulturphilosophie. Von einem anfänglich neutralen Verhältnis zur zeitgenössischen Kulturphilosophie (Windelband, Lotze, Spengler) über die Distanzierung von Cassirers kulturwissenschaftlicher Transformation der Kantischen Philosophie bis zur Zurückweisung der Kulturkritik von Klages und Ziegler setzt sich Heidegger schrittweise von einer kulturphilosophischen Tradition ab, die seiner Ansicht nach auf einem anthropologisch und metaphysisch verengten Verständnis der Kultur beruht. Heidegger schlägt stattdessen einen anderen Weg ein, der ihn von den kulturphilosophischen Wert- und Bedeutungstheorien zu einer nachmetaphysischen Freilegung des Seinsgeschicks führt. Die entsprechende Ontologie der Zeitlichkeit und Endlichkeit sucht das Sein deshalb ohne den Rückgriff auf kulturalistische Aufklärungs- und Repräsentationsmodelle zu erfassen.

Dabei bedient sich Heidegger in seiner Verbindung von ontologischer Daseinsanalyse und Destruktion der Metaphysik am Ende selbst eines kulturkritischen Vokabulars, das auffällige Ähnlichkeiten mit den von ihm kritisierten Autoren aufweist. Heideggers eigene Position ist ab den 1930er Jahren von einem anti-kulturkritischen Gestus geprägt, der sich in der Verurteilung der Folgen der modernen Technik, Wirtschaft und Wissenschaft mit den kulturpessimistischen Diagnosen seiner Zeit trifft, von denen er sich abzugrenzen versucht (vgl. Heidbrink 2010, 205). Gleichwohl darf nicht übersehen werden, dass diese Abgrenzung eine andere Zielrichtung besitzt. Heidegger geht es in letzter Konsequenz darum, die Unangemessenheit kulturphilosophischer Methoden zur Erfassung menschlichen Erkennens, Verstehens und Seinkönnens zu verdeutlichen. Ihm geht es nicht darum, die Kulturphilosophie seiner Zeit in Gänze zu verurteilen, sondern darum, sie in die Grenzen einer Transzendentalontologie zu verweisen, die nach den tieferliegenden Gründen menschlichen Kulturschaffens fragt.

Literatur

Blumenberg, Hans: Affinitäten und Dominanzen. In: Ders.: *Ein mögliches Selbstverständnis.* Stuttgart 1997, 161–168.

Cassirer, Ernst: Kant und das Problem der Metaphysik. Bemerkungen zu Martin Heideggers Kant-Interpretation. In: *Kant-Studien* 36 (1931), 1–26.

–: *Das Erkenntnisproblem in der Philosophie und Wissenschaft der neueren Zeit. Zweiter Band* (1907). In: Ders.: *Gesammelte Werke. Hamburger Ausgabe.* Hg. von Birgit Recki. Bd. 3. Hamburg 1999.

Dahlstrom, Daniel O.: Heideggers Kant-Kommentar, 1925–1936. In: *Philosophisches Jahrbuch* 96 (1989), 343–366.

Franzen, Winfried: Die Sehnsucht nach Härte und Schwere. Über ein zum NS-Engagement disponierendes Motiv in der Vorlesung »Die Grundbegriffe der Metaphysik« von 1929/30. In: *Heidegger und die praktische Philosophie.* Hg. von Annemarie Gethmann-Siefert und Otto Pöggeler. Frankfurt a. M. 1988, 78–92.

Friedman, Michael: *Carnap, Cassirer, Heidegger. Geteilte Wege.* Frankfurt a. M. 2004.

Gründer, Karlfried: Heidegger und Cassirer in Davos 1929. In: *Über Ernst Cassirers Philosophie der symbolischen Formen.* Hg. von Hans-Jürg Braun. Frankfurt a. M. 1988, 290–302.

Habermas, Jürgen: *Philosophisch-politische Profile.* Frankfurt a. M. 1973.

Heidbrink, Ludger: Der Aufstand gegen die verwaltete Welt. Kulturkritik als Selbstreflexion des Liberalismus. In: *Phänomenologie und Kulturkritik. Über die Grenzen der Quantifizierung.* Hg. von Michael Großheim/Steffen Kluck. Freiburg i.Br/.München 2010, 191–215.

Heidegger, Martin: *Beiträge zur Philosophie (Vom Ereignis)* [1936]. In: Ders.: *Gesamtausgabe.* Frankfurt a. M. 1989, Bd. 65 [GA 1957ff.].

–: *Die Grundbegriffe der Metaphysik. Welt – Endlichkeit – Einsamkeit* [1929/30]. In: GA 1983, Bd. 29/30.

–: *Die Grundprobleme der Phänomenologie* [SS 1927]. In: GA 1997, Bd. 24.

–: *Einführung in die Metaphysik* [1935, 1953]. Tübingen [4]1976.

–: *Kant und das Problem der Metaphysik* [1929]. Frankfurt a. M. [4]1973.

–: *Ontologie (Hermeneutik der Faktizität)* [1923]. In: GA [2]1995, Bd. 63.

–: *Phänomenologische Interpretation von Kants* Kritik der reinen Vernunft [WS 1927/28]. In: GA 1995, Bd. 25.

–: *Sein und Zeit* [1927]. Tübingen [15]1979.
–: *Zur Bestimmung der Philosophie* (1919). In: GA 1987, Bd. 56/57.
–/Blochmann, Elisabeth: *Briefwechsel 1918–1969.* Hg. von Joachim W. Storck. Marbach 1989.
Kaegi, Dominic: Davos und davor – Zur Auseinandersetzung zwischen Heidegger und Cassirer. In: *Cassirer – Heidegger. 70 Jahre Davoser Disputation.* Hg. von Dominic Kaegi und Enno Rudolph. Hamburg 2002, 67–105.
Klibansky, Raymond: Erinnerungen an Ernst Cassirer. Im Gespräch mit Thomas Göller. In: *Internationale Zeitschrift für Philosophie* 2 (1999), 275–288.
Langbehn, Claus: *Vom Selbstbewußtsein zum Selbstverständnis. Kant und die Philosophie der Wahrnehmung.* Paderborn 2012.
Recki, Birgit: *Kultur als Praxis. Eine Einführung in Ernst Cassirers Philosophie der symbolischen Formen.* Berlin 2004.
Safranski, Rüdiger: *Ein Meister aus Deutschland. Heidegger und seine Zeit.* München/Wien 1994.
Schmitz, Hermann: *Husserl und Heidegger.* Bonn 1996.
Sturma, Dieter: Die Davoser Disputation zwischen Ernst Cassirer und Martin Heidegger. In: *Heidegger-Handbuch. Leben – Werk – Wirkung.* Hg. von Dieter Thomä. Stuttgart/Weimar 2003, 110–115.

Ludger Heidbrink/Claus Langbehn

7. Ludwig Wittgenstein

Es ist leicht, Wittgenstein als Sprachphilosophen zu überschätzen und als Kulturphilosophen zu unterschätzen. Nicht auf den ersten Blick zeigen sich die kulturphilosophischen Aspekte der Wittgensteinschen Philosophie, die aber – wenn sie zutage gefördert werden – eine besondere Finesse verraten. Dabei stehen Sprachphilosophie und Kulturphilosophie nicht isoliert nebeneinander, sie bilden eine, wenn auch nicht immer offensichtliche, komplexe Einheit. Die im engeren Sinne methodologischen Überlegungen Wittgensteins zur Aufgabe und Form einer Kulturphilosophie können sich zudem mit den etablierten Kulturphilosophien des 20. Jahrhunderts messen, wenngleich Wittgenstein grundsätzlich andere Pfade einschlägt. Dabei beweist er ein wohl einzigartiges Talent, das sein gesamtes Philosophieren durchzieht und darin besteht, Fremdem nahe zu kommen, es als Eigenes zu verstehen, ohne jedoch seine Eigenständigkeit zu leugnen. In einem steten Vexierspiel gelingt es Wittgenstein auf diese Art, Dogmen der kulturtheoretischen Reflexion zu unterlaufen, um die Praxis, das Handeln, als Prinzip der Kultur freizulegen. Dieses Prinzip ist nach Wittgenstein nicht reduzierbar, so dass Kultur als Praxis nur durch Praxis als Kultur zu erhellen ist.

Zu diesem Befund kommt Wittgenstein durch seine Methode der begrifflichen Analyse, deren Form sich vom *Tractatus Logico Philosophicus* über die *Philosophischen Untersuchungen* bis hin zu *Über Gewissheit* wandelt. »Wissenschaftliche Fragen können mich interessieren, aber nie wirklich fesseln. Das tun für mich nur *begriffliche* und *ästhetische* Fragen. Die Lösung wissenschaftlicher Probleme ist mir, im Grunde, gleichgültig; jener andern Fragen aber nicht.« (VB 563) Die Begriffsanalyse ist stets eingebettet in einen komplexen Zusammenhang der kulturellen Selbstverständigung, der bei Wittgenstein die Wissenschaften, die Kunst, die Religion, die Literatur, besonders aber die Musik mit einschließt, wie es die *Vermischten Bemerkungen* belegen. Darüber hinaus schöpft die Methode, die Wittgenstein ab den 1930er Jahren entwickelt, um sich sprachphilosophisch den Problemen der Philosophie aufs Neue anzunehmen, nicht nur aus der Auseinandersetzung mit Kulturdeutungen und Kulturtheorien, wie sie in der Philosophie und der Ethnologie vorliegen, sie mündet schließlich selbst in der Skizze einer eigenständigen Kulturhermeneutik in seinem Spätwerk *Über Gewissheit.*

Vor diesem Hintergrund lassen sich mindestens drei Diskussionskreise unterscheiden, die aufeinander verweisen und eine kulturphilosophische Lesart Wittgensteins einfordern. Erstens: Wittgensteins Distanz bewahrende, somit kritische wie produktive Aneignung Spenglers, die in den *Vermischten Bemerkungen* erkennbar ist, und seine Auseinandersetzung mit Frazer in den »Bemerkungen über Frazers Golden Bough«, in denen die Konzepte der ›Familienähnlichkeit‹, der ›übersichtlichen Darstellung‹ sowie der Suche nach ›Zwischengliedern‹ als Konzepte des Kulturverstehens präsentiert werden. Diese kulturhermeneutischen Werkzeuge finden unmittelbar Eingang in die sprachphilosophische Analytik der *Philosophischen Untersuchungen.* Zweitens: Wittgensteins Ausarbeitung einer Gebrauchstheorie der Bedeutung im Kontext einer Analyse von ›Sprachspielen‹ und einer Phänomenologie von ›Lebensformen‹ in den *Philosophischen Untersuchungen*, die nicht einfach nur auf die praktische und soziale Verankerung der Sprache aufmerksam machen, sondern insbesondere auf die notwendig kulturelle Form dieser Sozialität in ›Institutionen‹ und ›Gebräuchen‹. Drittens: Wittgensteins Differenzierung von ›Wissen‹ und ›Gewissheit‹ in der Auseinandersetzung mit den Überlegungen zum Common Sense George Edward Moores, die als Ansatz einer hermeneutischen Archäologie der Kultur in praktischer Hinsicht verstanden werden können.

Durch all diese Überlegungen zieht sich ein roter Faden, den Wittgenstein immer wieder aufgreift und neu knüpft. Er besteht aus einer methodischen Warnung und der Kritik eines Vorurteils. Kultur als Rahmen und Raster der menschlichen Orientierung, so seine Warnung, fällt nicht mit den kulturellen Vorkommnissen zusammen. Gesucht wird vielmehr eine »andere Arithmetik« (ÜG § 375) der Beschreibung von Kultur, die nicht auf die ›einfache Arithmetik‹ der Erklärung von kulturellen Vorkommnissen reduziert werden kann. Diese Warnung darf durchaus auch transzendentalphilosophisch verstanden werden, wenngleich die Bedingung der Möglichkeit der Kultur, nicht im Wissen, sondern an anderer Stelle zu suchen ist, worauf Wittgensteins Kritik eines stets und in wechselnden Gestalten wiederkehrenden Vorurteils hinweist. Dieses liegt darin begründet, dass Kultur nicht auf Meinungen über die Kultur zurückzuführen ist, auch nicht auf die Meinungen der Mitglieder der Kultur selbst. Das Medium der Kultur ist die Praxis, es sind nicht die Meinungen, Ansichten, Theorien oder das Wissen. Insbesondere in seiner letzten Schaffensphase ist es das Ziel Wittgensteins, diese Praxis vermittels des Begriffs der Gewissheit zur Sprache zu bringen.

Das Verstehen der Kultur: ›Familienähnlichkeiten‹ und ›übersichtliche Darstellung‹

»Lese Spengler Untergang etc. & finde trotz des vielen Unverantwortlichen im Einzelnen, viele wirklich bedeutende Gedanken. Vieles, vielleicht das Meiste berührt sich ganz mit dem was ich selbst oft gedacht habe.« (TB 24) Diese Bemerkung aus dem Jahr 1930 steht nicht allein, 1931 notiert Wittgenstein: »So haben mich Boltzmann, Hertz, Schopenhauer, Frege, Russell, Kraus, Loos, Weininger, Spengler, Sraffa beeinflußt.« (VB 476) Doch das Lob Spenglers relativiert sich schnell, es gilt keineswegs uneingeschränkt. Wittgenstein lässt sich von Spengler inspirieren, jedoch nicht verführen. Mit eben so klaren Worten kritisiert er, »dass Spengler nicht bei seinen guten Gedanken geblieben ist & weiter gegangen ist als er verantworten kann« (TB 24).

In zweierlei Hinsicht lassen sich die Bezüge zwischen Spengler und Wittgenstein konkretisieren: zum einen mit Blick auf die kritische Einschätzung der zeitgenössischen Kultur, und zum anderen hinsichtlich der Methodik, die es gestattet, eine Kultur allererst zu verstehen. Wenn Wittgenstein über seine Zeit spricht, empfindet er sich als Fremdkörper in einer Welt, die dem Geist seines Denkens nicht entspricht: »Dieser Geist ist, glaube ich, ein anderer als der des großen Stromes der europäischen und amerikanischen Zivilisation. Der Geist dieser Zivilisation, dessen Ausdruck die Industrie, Architektur, Musik, der Faschismus und Sozialismus unserer Zeit ist, ist dem Verfasser fremd und unsympathisch.« (VB 458) Wittgenstein sieht »dem Strom der europäischen Zivilisation ohne Sympathie« zu, »ohne Verständnis für die Ziele, wenn sie welche hat« (VB 459). Wenngleich in diesen und ähnlichen Bemerkungen kulturkritische und -pessimistische Töne zu erkennen sind, Wittgenstein auch die Differenz von ›Zivilisation‹ und ›Kultur‹ mit dem üblichen pejorativen Tenor übernimmt und er insbesondere auch den Fortschritt als auszeichnendes Merkmal dieser Kultur angreift, so münden seine Überlegungen doch nicht in einem leerlaufenden Pessimismus oder einer blinden Fortschrittskritik. Das Problem ist nicht so sehr der Fortschritt als Tatsache bestimmter Entwicklungen wie etwa in den Wissenschaften oder der Technik, das Problem ist vielmehr, dass die Fortschrittsidee als einzig mögliche Form der Kultur begriffen und gleichsam als Kulturuniversalie angesehen wird. Gegen eine solche, das Verstehen einebnende Betrachtungsweise wendet sich Wittgenstein, indem er deutlich macht, dass eine historische Erklärung, die in einer Fortschrittstheorie auf Kausalitäten setzt, nicht zum Verstehen einer Kultur führt. »Die historische Erklärung, die Erklärung als eine Hypothese der Entwicklung ist nur *eine* Art der Zusammenfassung der Daten – ihrer Synopsis. Es ist ebensowohl möglich, die Daten in ihrer Beziehung zueinander zu sehen und in ein allgemeines Bild zusammenzufassen, ohne es in Form einer Hypothese über die zeitliche Entwicklung zu tun.« (BFGB 36 f.) Ein solch ›allgemeines Bild‹ erschließt sich erst, wenn die historische Erklärung eingeklammert wird und ›Familienähnlichkeiten‹ zwischen kulturellen Erscheinungen erkannt werden. Dies sieht er zumindest bei Spengler angelegt, wenn auch unbefriedigend ausgeführt: »So könnte Spengler besser verstanden werden, wenn er sagte, ich *vergleiche* verschiedene Kulturperioden dem Leben von Familien; innerhalb der Familie gibt es eine Familienähnlichkeit, während es auch zwischen Mitgliedern verschiedener Familien eine Ähnlichkeit gibt; die Familienähnlichkeit unterscheidet sich von der andern Ähnlichkeit so und so etc.« (VB 469)

Es ist die Methode einer physiognomischen Kulturbeschreibung, die Wittgenstein inspiriert und die er aufgreift. Es müsse, so ist auch bei Spengler zu lesen, die Physiognomie der Kultur erkundet werden, nicht deren abgeleitetes und damit sekundäres Konstrukt. »Die Morphologie des Mechanischen und Ausgedehnten, eine Wissenschaft, die Naturgesetze und Kausalbeziehungen entdeckt und ordnet, heißt Systematik. Die Morphologie des Organischen, der Geschichte und des Lebens, alles dessen, was Richtung und Schicksal in sich trägt, heißt Physiognomik.« (Spengler [10]1991, 135) Wittgenstein biegt die kulturphilosophische Analytik somit um: Die vertikale Geschichts- und Kulturerklärung wird ersetzt durch eine horizontale Kulturbeschreibung. Zusätzlich motiviert ist diese Blickwendung durch seine grundsätzliche Skepsis gegenüber kausalen Erklärungen, deren Sicherheit fälschlicherweise häufig als absolut angesehen wird. Doch die Logik kausaler Erklärungen schließt die Falsifikation ein, so dass deren vermeintliche Sicherheit nur eine provisorische ist. Darüber hinaus macht Wittgenstein – nicht zuletzt auch im Anschluss an Goethes Überlegungen zum Urphänomen – deutlich, dass kulturelle Beziehungen wie familiäre Verwandtschaften an den jeweiligen Ausdrucksformen selbst abzulesen sind. Das ›Wesen der Kultur‹ liegt nicht hinter der Kultur, sondern drückt sich in der Kultur aus. »Unser Fehler ist, dort nach einer Erklärung zu suchen, wo wir die Tatsachen als ›Urphänomene‹ sehen sollten. D.h., wo wir sagen sollten: *dieses Sprachspiel wird gespielt*« – oder dieses Spiel der Kultur wird gespielt (PU § 654).

Ähnlich argumentiert Wittgenstein gegen Frazers ethnologische Untersuchungen, wenn er dessen Ansatz der Erklärung fremder Kulturen schroff zurückweist: »Welche Enge des seelischen Lebens bei Frazer! Daher: Welche Unmöglichkeit, ein anderes Leben zu begreifen, als das englische seiner Zeit! Frazer kann sich keinen Priester vorstellen, der nicht im Grunde ein englischer Parson unserer Zeit ist, mit seiner ganzen Dummheit und Faulheit.« (BFGB 33) Wenn Frazer versucht, mythische und rituelle Handlungen anderer, aus seiner Sicht ›primitiver‹ Kulturen zu erklären, so setzt er nach Wittgenstein gleichsam an der falschen Stelle an, nämlich bei den Meinungen, die er damit zu verbinden sucht bzw. an den Meinungen, die er den Teilnehmern dieser Kultur zuschreibt. Doch mythische Handlungen verifizieren oder falsifizieren keine Meinungen. »Einem religiösen Symbol liegt keine Meinung zu Grunde. Und nur der Meinung entspricht der Irrtum.« (Ebd., 32) Frazer verfällt dem Vorurteil, Handlungen auf Meinungen über Handlungen zurückzuführen. Doch in den beschriebenen Riten kommt vielmehr eine Lebensform zum Ausdruck, die es allererst als diese Lebensform zu verstehen gilt. Denn der »selbe Wilde, der, anscheinend um seinen Feind zu töten, dessen Bild durchsticht, baut seine Hütte aus Holz wirklich und schnitzt seinen Pfeil kunstgerecht und nicht in effigie« (ebd.). Die Erklärung muss somit in einem guten phänomenologischen Sinne der Beschreibung weichen: »Nur *beschreiben* kann man hier und sagen: so ist das menschliche Leben« (ebd.). Eine solche Beschreibung, in der *Handlungen mit Handlungen* aufgeklärt werden, fordert allerdings »Gerechtigkeit gegen die Tatsachen« (ebd., 35), die sich nicht von selbst ergibt, sondern in einer ›übersichtlichen Darstellung‹ erst zum Ausdruck kommen muss: »Der Begriff der übersichtlichen Darstellung ist für uns von grundlegender Bedeutung. Er bezeichnet unsere Darstellungsform, die Art, wie wir die Dinge sehen.« (Ebd., 37) Um eine solche Sicht zu gewinnen, ist es nötig, ›Zwischenglieder‹ zu finden oder auch zu fingieren, die das einzelne kulturelle Phänomen in einer physiognomischen Ganzheit verständlich machen. Man könnte diese Methode in Anlehnung an und gleichzeitiger Abgrenzung von Husserls ›eidetischer

Variation‹ als eine ›morphologische Variation‹ bezeichnen: »Wie irreführend die Erklärungen Frazers sind, sieht man – glaube ich – daraus, daß man primitive Gebräuche sehr wohl selbst erdichten könnte und es müsste ein Zufall sein, wenn sie nicht irgendwo wirklich gefunden würden.« (Ebd., 33) In einer morphologischen Variation der Kultur zeigt sich, dass das »Charakteristische der rituellen Handlung gar keine Ansicht« (ebd., 35) sein kann, weder eine richtige noch eine falsche. Das Charakteristische ist vielmehr der handelnde Mensch selbst, der nur in und durch Handlungen das ist, was er ist, oder das – wie Wittgenstein zuspitzt – ›zeremonielle Tier‹: »Man könnte fast sagen, der Mensch sei ein zeremonielles Tier. Das ist wohl teils falsch, teils unsinnig, aber es ist auch etwas Richtiges daran.« (Ebd., 35)

Die Sprache der Kultur: Spiele, Regeln und Gepflogenheiten

Die Überlegungen Wittgensteins, die sich im Anschluss an Spengler und Frazer entwickeln, finden direkten Eingang in die *Philosophischen Untersuchungen* und die Suche nach einem adäquaten Verständnis der Sprache. Denn »eine Hauptquelle unseres Unverständnisses« besteht auch hier darin, »dass wir den Gebrauch unserer Wörter nicht *übersehen*. – Unserer Grammatik fehlt es an Übersichtlichkeit.« (PU § 122)

Der berühmte Beginn der *Philosophischen Untersuchungen* ist bereits bezeichnend, da schon an dieser Stelle die sprach- und kulturphilosophische Ambiguität der Wittgensteinschen Analysen erkennbar ist. Skizziert wird die Sprachtheorie Augustins, die dieser am Beispiel des kindlichen Spracherwerbs zu belegen sucht. Augustin stellt sich ein Kind vor, das sozusagen von außen, mit fremden Ohren und Augen, dem Sprechen der Erwachsenen zuschaut, ihre Gesten als Bezeichnungen interpretiert und so nach und nach zu verstehen lernt, »welche Dinge die Wörter bezeichnen« (PU § 1). Mit diesem Einstieg gewinnt Wittgenstein den Ansatzpunkt, um seine bekannten Überlegungen zur Kritik einer Referenztheorie der Bedeutung vorzutragen. Die Bedeutung eines Ausdrucks kann, wie er zeigt, nicht auf eine geistige oder äußerliche Bezugnahme reduziert werden, sie muss eingebettet sein in das Sprachhandeln, um überhaupt als Referenz sinnvoll verstanden zu werden. Die Erklärung eines Wortes durch eine hinweisende Definition lehrt den Gebrauch nur dann, wenn »der Platz«, an dem diese Definition vollzogen wird, bekannt ist (PU § 31). Dieser Platz wird markiert durch das Sprachspiel, dessen Regeln als Technik beherrscht werden müssen.

Die Kritik der Referenztheorie der Bedeutung ist die eine und sowohl offensichtliche als auch populäre Seite der Überlegungen in den *Philosophischen Untersuchungen*, die freilich neben ihrer virtuosen Anwendung auf die klassischen Probleme der Philosophie zusätzlich eine Kehrseite besitzt, wenn man sie auf Wittgensteins Gedanken zu Frazer und Spengler rückbezieht. Denn der Ansatz Augustins zur Erklärung der Sprache ist nichts anderes als der Ansatz Frazers zur Erklärung archaischer Riten. Erklärt wird bei Augustin die Meinung über die Sprache, das Bild, das er sich von der Sprache macht, oder das Bild, welches das Kind von der Sprache erstellt. Augustins Kind muss in dessen Augen ähnlich ›primitiv‹ erscheinen wie die ›Primitiven‹ Frazers, die Hypothesen (und zwar meist die falschen) prüfen. Wie Wittgenstein gegen Frazer einwendet, dass dieser die Lebensform der sogenannten Primitiven gar nicht verstanden hat, so kritisiert er nun auch die Referenztheorie Augustins gleichsam ethnologisch bzw. kulturphilosophisch, da man sagen könnte: »Augustinus beschreibe das Lernen der menschlichen Sprache so, als käme das Kind in ein fremdes Land und verstehe die Sprache des Landes nicht; das heißt: so als habe es bereits eine Sprache, nur nicht diese. Oder auch: als könne das Kind schon *denken*, nur noch nicht sprechen.« (PU § 32) Doch eine solche These wird weder dem Spracherwerb noch der Inkulturation gerecht, da das Handeln unbeachtet bleibt.

Zeigt Wittgenstein in der Auseinandersetzung mit Frazer, dass die Kultur nicht erfasst werden kann, wenn sie auf die Meinungen über die Kultur reduziert wird, so macht Wittgenstein in den *Philosophischen Untersuchungen* darauf aufmerksam, dass die propositionale Struktur, die sich im ›Sagen‹ oder ›Denken‹ zeigt, nicht allein und ausschließlich die Sprache als Sprache umfasst: »Richtig und falsch ist, was Menschen *sagen*, und in der *Sprache* stimmen die Menschen überein. Dies ist keine Übereinstimmung der Meinungen, sondern der Lebensform.« (PU § 241)

Auch in den *Philosophischen Untersuchungen* kehrt Wittgenstein dementsprechend seinen analytischen Blick um, indem die Beschreibung des Sprachhandelns an die Stelle der Erklärung der Sprache tritt. Sprache dokumentiert sich in diesem Sinne in ›Sprachspielen‹, ›hinter‹ denen weder eine Meinung zur Prüfung steht noch ein deutender Geist Regie führt. Sprachspiele werden gespielt, indem die Regeln der Spiele befolgt werden; es findet sich sozusagen alles in ihnen, nicht jenseits derselben. Sie sind eingebunden in Lebensformen, die als Tätigkeiten verstanden werden müssen: »Das Wort ›Sprach*spiel*‹ soll hier hervorheben, daß das Sprechen der Sprache ein Teil ist einer Tätigkeit, oder einer Lebensform.« (PU § 23)

Auch hier, und die *Philosophischen Untersuchungen* sind mit ihren vielfältigen Beispielen ein Beleg dafür, geht es nicht zuletzt darum, die Sprache physiognomisch so zu fassen, dass die Sprachspiele nicht isoliert nebeneinander stehen, sondern vermittels der ›Zwischenglieder‹, die wieder nichts anders als ›Sprachspiele‹ sein können, aufeinander verweisen: »Betrachte z. B. einmal die Vorgänge, die wir ›Spiele‹ nennen. Ich meine Brettspiele, Kartenspiele, Ballspiele, Kampfspiele usw. Was ist allen diesen gemeinsam? – Sag nicht: ›Es *muß* ihnen etwas gemeinsam sein, sonst hießen sie nicht ›Spiele‹‹ – sondern *schau*, ob ihnen allen etwas gemeinsam ist. – Denn wenn du sie anschaust, wirst du zwar nicht etwas sehen, was *allen* gemeinsam wäre, aber du wirst Ähnlichkeiten, Verwandtschaften, sehen, und zwar eine ganze Reihe. [...] Ich kann diese Ähnlichkeiten nicht besser charakterisieren als durch das Wort ›Familienähnlichkeiten‹, denn so übergreifen und überkreuzen sich die verschiedenen Ähnlichkeiten, die zwischen den Gliedern einer Familie bestehen: Wuchs, Gesichtszüge, Augenfarbe, Gang, Temperament, etc. etc. – Und ich werde sagen: die ›Spiele‹ bilden eine Familie.« (PU §§ 66 f.)

Wenn somit in den *Philosophischen Untersuchungen* die Sprache in das Zentrum der Wittgensteinschen Überlegungen rückt, so kann die Perspektive der Untersuchung durchaus in dem Sinne als kulturphilosophisch begriffen werden, in dem Wittgenstein seine Einwände zu Spengler und Frazer vorträgt. Wenn er dann zusätzlich darauf hinweist, dass Regeln nicht zugänglich werden können über eine freischwebende Regelprüfung, sondern im Sinne eines inkulturierten Befolgens von ›Gepflogenheiten‹, ›Gebräuchen‹ oder ›Institutionen‹ verständlich werden, so wird deutlich, dass in den *Philosophischen Untersuchungen* die Sprache nicht einfach als Objekt einer kulturphilosophischen Betrachtung auftritt, sondern die Sprache in dem nun richtig verstandenen Sinne der Sprachspiele das Medium darstellt, in dem das sinnvolle Handeln des Menschen – also die Kultur – zum Ausdruck kommt: »Es kann nicht ein einziges Mal nur ein Mensch einer Regel gefolgt sein. [...] Einer Regel folgen, eine Mitteilung machen, einen Befehl geben, eine Schachpartie spielen sind *Gepflogenheiten* (Gebräuche, Institutionen). Einen Satz verstehen, heißt, eine Sprache verstehen. Eine Sprache verstehen, heißt, eine Technik beherrschen.« (PU § 199) Die Sprache der Kultur (rekonstruiert in einer übersichtlichen Darstellung der Sprachspiele) verweist auf nichts anderes als die Kultur der Sprache (die Gepflogenheiten als durch die Praxis feststehenden Regeln).

Die Form der Kultur: Gewissheiten und Weltbild

In *Über Gewissheit*, dem Spätwerk, begegnet wiederum eine philosophische Position, an der sich Wittgenstein reibt und die systematisch vergleichbar ist mit Frazers und Augustins Konzepten, da sich hinter einem nun anderen Begriff – nämlich dem des Wissens – wieder das Vorurteil verbirgt, das Wittgenstein kritisiert. Moore verteidigt die Sicherheit der Überzeugungen des Common Sense mit der Kategorie des ›Wissens‹. Es sei nicht sinnvoll, an den Überzeugungen des Common Sense zu zweifeln, da diese als ein unbezweifelbares Wissen zu begreifen seien. Ein klassisches, von Wittgenstein aufgegriffenes Beispiel, sei etwa die Überzeugung, dass man zwei Hände habe, die in der Formulierung ›Ich weiß, dass ich zwei Hände habe‹ zum Ausdruck komme. Wittgenstein teilt mit Moore die Ansicht, dass die Überzeugungen des Common Sense sicher sind, doch sie sind gerade deshalb sicher, weil sie *nicht* unter die Kategorie des Wissens fallen, sondern zu den Gewissheiten gehören, die im Handeln ihren Ausdruck finden. Denn die Logik des Wissens schließt den Zweifel ein, und etwa nicht aus (wie Meinungen irrtümlich oder wie Propositionen falsch sein können). Aus diesem Grund begeht Moore einen Kategorienfehler, indem er die Überzeugungen des Common Sense als Erfahrungssätze interpretiert, die überprüft werden könnten. Doch solche Überzeugungen werden nicht überprüft, explizit gelehrt oder als Hypothesen formuliert. Überzeugungen wie etwa diejenige, dass die Erde bereits lange vor unserer Geburt existiert habe, dienen nicht der Information, sie drücken, so Wittgensteins These, *Regeln* unserer Sprachspiele (oder der Kultur) aus (in diesem Fall beispielsweise eine Regel des Gebrauchs historischer Informationen). Diese Regeln zeigen sich im Handeln, im adäquaten Umgang mit Wissensansprüchen, mit denen sie aber nicht zusammenfallen: »Die Begründung aber, die Rechtfertigung der Evidenz kommt zu einem Ende; – das Ende aber ist nicht, daß uns gewisse Sätze unmittelbar als wahr einleuchten, also eine Art Sehen unsererseits, sondern unser Handeln, welches am Grunde des Sprachspiels liegt.« (ÜG § 204)

Wittgenstein betreibt in *Über Gewissheit* eine Art Archäologie der Kultur, indem er am Grunde unseres Wissens Gewissheiten als Regeln der Praxis ausfindig macht. Solche Gewissheiten sind alles andere als subjektiv, da ihr Bezugspunkt nicht ein Subjekt, sondern eine geteilte Praxis ist. Sie können als solche nur beschrieben werden (ÜG § 189) und geben den Wissensansprüchen überhaupt erst eine »Form« (ÜG § 211). Wittgenstein formuliert nicht wenige Bilder, um das Verhältnis von Wissen und Gewissheit zu illustrieren, wie etwa folgendes: »Die Sätze, die für mich feststehen, lerne ich nicht ausdrücklich. Ich kann sie nachträglich *finden* wie die Rotationsachsen eines sich drehenden Körpers. Diese Achse steht nicht fest in dem Sinne, daß sie festgehalten wird, aber die Bewegung um sie herum bestimmt sie als unbewegt.« (ÜG § 16)

Diese Gewissheiten dürfen nun als das bezeichnet werden, was Wittgenstein als Kultur fasst, wobei er nicht diesen Begriff benutzt, sondern den des Weltbildes. Ein Weltbild ist kein Wissensbestand, von dessen Richtigkeit man sich überzeugt hätte oder überzeugen könnte, es ist »der überkommene Hintergrund«, auf welchem »zwischen wahr und falsch« unterschieden werden kann (ÜG § 94). »Die Sätze, die dieses Weltbild beschreiben, könnte man mythologisch nennen. Und ihre Rolle ist ähnlich der von Spielregeln, und das Spiel kann man auch rein praktisch, ohne ausgesprochene Regeln lernen.« (ÜG § 95) Von einem solchen Weltbild wird man nicht »überzeugt« (ÜG § 262), es ist weder eine »Erfindung« noch eine »Hypothese« (ÜG § 167) – es wird gleichsam gelebt. Freilich kann sich dieses Weltbild ändern, jedoch nicht in dem Sinne, dass ein Weltbild gegen ein anderes ausgetauscht werden könnte, sondern in dem Sinne, dass einzelne Überzeugungen in einem Weltbild ihre Funktion ändern: »Man könnte sich vorstellen, daß gewisse Sätze von der Form der Erfahrungssätze erstarrt wären und als Leitung für die nicht erstarrten, flüssigen Erfahrungssätze funktionierten; und daß sich dies Verhältnis mit der Zeit änderte, indem flüssige Sätze erstarrten und gefrorene flüssig würden.« (ÜG § 96)

Es liegt auf der Hand, dass sich aus diesen Überlegungen Wittgensteins eine eigene und eigenständige Kulturphilosophie als hermeneutische Kulturarchäologie in praktischer Hinsicht entwickeln lässt, die jedoch erst noch auszuarbeiten ist, da das Hauptaugenmerk der Wittgensteinrezeption andere Fragen in den Fokus rückte. Es sind aber wohl diese Analysen, die die sicherlich auf den ersten Blick unzugängliche, auf jeden Fall auch höchst missverständliche Bemerkung aus dem Jahr 1949 erhellen können: »Kultur ist eine Ordensregel. Oder setzt doch eine Ordensregel voraus.« (VB 568)

Literatur

Bermes, Christian: Die Grenzen des Wissens und die Bedeutung des Lebens. Wittgensteins Überlegungen in *Über Gewißheit* im Kontext der Anthropologie und Kulturphilosophie. In: *Das Leben denken – Die Kultur denken.* 2 Bde. Hg. von Ralf Konersmann. Freiburg i.Br. 2007, Bd. 1: *Leben,* 250–270.

Cavell, Stanley: Wittgenstein als Philosoph der Kultur. In: *Deutsche Zeitschrift für Philosophie* 46 (1998), 3–29.

Haller, Rudolf: War Wittgenstein von Spengler beeinflusst? In: *Fragen zu Wittgenstein und Aufsätze zur österreichischen Philosophie.* Hg. von Rudolf Haller. Amsterdam 1986, 170–187.

Spengler, Oswald: *Der Untergang des Abendlandes. Umrisse einer Morphologie der Weltgeschichte* (1918/1922). München [10]1991.

Wittgenstein, Ludwig: *Denkbewegungen. Tagebücher 1930–1932, 1936–1937.* Hg. von Ilse Somavilla. Teil 1. Innsbruck 1997 [TB].

–: Bemerkungen über Frazers Golden Bough. In: Ders.: *Vortrag über Ethik und andere kleine Schriften.* Hg. von Joachim Schulte. Frankfurt a.M. 1989 [BFGB].

–: *Philosophische Untersuchungen.* In: Ders.: *Werkausgabe.* Bd. 1. Frankfurt a.M. [7]1990 [PU].

–: *Über Gewissheit.* In: Ders.: *Werkausgabe.* Bd. 8. Frankfurt a.M. [4]1990 [ÜG].

–: *Vermischte Bemerkungen.* In: Ders.: *Werkausgabe.* Bd. 8. Frankfurt a.M. [4]1990 [VB].

Wright, Georg Henrik von: Wittgenstein und seine Zeit. In: Ders.: *Wittgenstein.* Frankfurt a.M. 1982 (engl. 1982), 206–219.

Christian Bermes

8. Antonio Gramsci

Antonio Gramsci (1891–1937) war kein Berufsphilosoph, sondern ein politischer Aktivist. Bereits vor dem Ersten Weltkrieg trat er in die sozialistische Partei ein, war als Journalist tätig und gründete eine politische Zeitschrift. Er unterstützte die Turiner Arbeiterräte und war 1921 Mitbegründer der Kommunistischen Partei in Italien, deren Generalsekretär er drei Jahre später wurde. Mussolinis Schergen verhafteten ihn 1926. Er wurde vom faschistischen System zu zwanzig Jahren Haft verurteilt. Gramsci starb 1937 im Krankenhaus an den Folgen der Haft. Ab 1929 verfasste er Aufzeichnungen, nahezu 3000 Seiten, die 1947 bis 1949 zum ersten Mal veröffentlicht wurden und zum bedeutendsten Werk des westlichen Marxismus werden sollten (vgl. Anderson 1978, 84). Bis heute wirken diese notgedrungen fragmentarischen und mosaikartigen Reflexionen, die in ihren Verknüpfungen das gesellschaftliche Ganze analysieren, inspirierend, leiten zum politischen Handeln an und stellen die theoretischen und methodologischen Grundlagen der Cultural Studies dar, die in den 1960er Jahren in Großbritannien entstanden sind und heute weltweit betrieben werden (vgl. Winter 2001).

Gramsci verfügte über eine breite humanistische Bildung. Mit einem Stipendium konnte er 1912 ein Studium in Turin beginnen. Bis 1915 studierte er u. a. Sprachwissenschaft, Geschichte und Philosophie und erwarb sich so ein umfangreiches Wissen. Es war vor allem der für das geistige Leben Italiens sehr bedeutende Hegelianer Benedetto Croce, der Gramsci mit der europäischen Philosophie vertraut machte und mit dem er sich zeitlebens auseinandersetzte. Croce kritisierte den Positivismus, entwickelte die Position eines idealistischen Realismus und hob die Bedeutung des menschlichen Willens in der Gestaltung der Geschichte hervor. Daneben rezipierte Gramsci intensiv die Arbeiten von Niccolò Machiavelli, Antonio Labriola und Giovanni Gentile. Marx, über den er auch Vorlesungen hörte, und Lenin waren weitere zentrale Bezugspunkte seiner politischen Arbeit und theoretischen Analyse. Gramsci trat in der Isolation im Gefängnis in einen intensiven Dialog mit diesen Autoren, kommentierte und kritisierte ihre Ideen, was seinem eigenen Denken Gestalt gab und ihm vor dem Hintergrund politischer und gesellschaftlicher Krisen ermöglichte, die politischen und kulturellen Dimensionen des Marxismus näher zu bestimmen und damit zu seiner Erneuerung beizutragen. Ohne Einfluss auf die aktuelle Politik, schrieb Gramsci nicht für die Gegenwart, sondern für die Zukunft (vgl. Hobsbawm 2011, 321).

Theoretische Perspektiven und Konzepte

Konfrontiert mit der Niederlage der Linken in Italien, der Herausbildung eines repressiv-totalitären Systems in der Sowjetunion und der Entstehung der fordistischen Produktionsweise, analysiert Gramsci in den *Gefängnisheften* (1991 ff.) die Rolle von Politik und Kultur, um verstehen zu können, wie soziale Gruppen Macht gewinnen, ausüben, aufrechterhalten bzw. verlieren können. Zentral ist die Frage, wie eine subalterne Klasse die Macht übernehmen und zur führenden Klasse werden kann. Dabei geht es weniger um die politische Frage der Machtergreifung als um die kulturelle Frage, wie sie die Zustimmung der anderen Klassen erringen kann und so in ihrer Führung legitimiert wird. So finden sich in den *Gefängnisheften* sehr viele Notizen zu kulturellen Problematiken, insbesondere zur Sprache, zur Popularliteratur und zu den kulturellen Formen des praktischen Denkens. Gramsci interessiert sich dafür, wie durch eine Transformation des Popularen, des kulturellen Feldes, auf dem die verschiedenen Ideologien einer Epoche zusammentreffen, eine neue (politische) Kultur geschaffen werden kann.

Bereits in seiner Analyse des Erfolgs der russischen Revolution, die er als »Revolution gegen das ›Kapital‹ von Karl Marx« begriff, lehnte Gramsci (1917/1991 ff., 31) die im klassischen Marxismus beheimatete positivistische Vorstellung ökonomischer Gesetze (»die Basis«), die die Geschichte quasi mechanistisch vorantreiben, entschieden ab. Stattdessen hebt er, beeinflusst durch Croce und beeindruckt durch den Primat der Politik bei Lenin, den »subjektiven Faktor« hervor: »den Menschen, die menschliche Gesellschaft, die Menschen, die sich zusammenfinden, sich untereinander verständigen, die vermittels dieser Kontakte (Zivilisation) ein kollektives soziales Wollen hervorbringen, die die ökonomischen Tatbestände begreifen, bewerten und diese mit ihrem Wollen in Übereinstimmung bringen« (1991 ff., 32).

Allerdings war Gramsci nicht der Auffassung, dass in den industriell entwickelten, westlichen Ländern, die politisch und institutionell vielfältig und differenziert sind, die in Russland erfolgreichen revolutionären Strategien anwendbar wären. »Im Osten war der Staat alles, die Zivilgesellschaft war in ihren Anfängen und gallertenhaft, im Westen bestand zwischen Staat und Zivilgesellschaft ein richtiges Verhältnis, und beim Wanken des Staates gewahrte man sogleich eine robuste Struktur der Zivilgesellschaft. Der Staat war nur ein vorgeschobener Schützengraben, hinter welchem sich eine robuste Kette von Festungen und Kasematten befand; von Staat zu Staat mehr oder weniger, versteht sich, aber gerade dies verlangte eine genaue Erkundung nationaler Art« (ebd., Bd. 4, 874).

Anstelle eines Bewegungskrieges sei ein langwieriger Stellungskrieg im »Überbau« erforderlich, in dem um Bedeutungen und Werte gekämpft würde, um eine Hegemonie zu erringen. Ökonomie, Kultur und Politik, Basis und Überbau, seien vielfach aufeinander bezogen und in Wechselwirkung begriffen (ebd., Bd. 6, 1308). Gramsci (ebd., Bd. 3, 472) hält z. B. fest: »Eine Klasse bildet sich auf der Basis ihrer Funktion in der Welt der Produktion: die Entwicklung und der Kampf um die Macht und um die Erhaltung der Macht bringt die Superstrukturen hervor, welche die Bedeutung einer ›speziellen materiellen Struktur‹ für ihre Verbreitung determinieren«. Er ist kein Anhänger der deterministischen Vorstellung, dass eine bestimmte Form der Ökonomie eine bestimmte Form des Politisch-Kulturellen hervorbringe. Es gibt keine historischen Gesetze, keinen »verborgenen Gott«, der die Menschen für die Verwirklichung seiner Ziele benutzt. Ökonomische Veränderungen sind für Gramsci nur eine Form des historischen Prozesses, der auf die kollektive menschliche Praxis zurückgeht. Die Menschen machen ihre Geschichte unter den jeweils gegebenen historischen Bedingungen. »It is partly implicit in the concept of praxis itself: that understanding the world and changing it are one« (Hobsbawm 2011, 322). So entwickelt Gramsci eine Philosophie, die die Praxis zu einer allgemeinen Kategorie macht. Sie wird zur »einzigen absoluten Wirklichkeit, die über die Sinnhaftigkeit aller philosophischen Fragen und Antworten entscheidet« (Kołakowski 1979, 261). Wirklichkeit gibt es in dieser Sichtweise nicht an und für sich, sondern nur im historischen Kontext, in dem Menschen sie gestalten und verändern. Auch der Mensch selbst ist ein »historisches Werden«. Seine Handlungen und kulturellen Güter gewinnen Sinn und Bedeutung im historischen Prozess. Die Philosophie selbst ist das theoretische »Zu sich kommen« der Geschichte. Sie ist dann wahr, wenn sie mit ihren Konzepten, die historisch spezifisch artikuliert werden sollen, die Kräftekonstellation und die Entwicklungstendenz gesellschaftlicher Zusammenhänge bestimmen kann. Dieser »absolute Historismus« (Croce) betont die Immanenz der Geschichte, die jeden Sinn an die menschliche Praxis zurückbindet. Die Welt erschließt sich uns durch unsere sinnlich-praktischen Tätigkeiten. Diese Aneignungsprozesse, die in gesellschaftliche Kämpfe eingebunden sind, sind stets kontextbezogen und historisch verankert.

Von Lenin ausgehend, ging es Gramsci um die Analyse gegenwärtiger Konstellationen, um die politischen Kräfteverhältnisse, die sich in ihnen ausdrücken, mit dem Ziel, Transformationspotentiale aufzuzeigen. Hierzu sind nicht nur die jeweilige ökonomische und politische Problematik zu bestimmen, sondern auch die Anstrengungen, die gemacht werden, um das bestehende ›System‹ zu bewahren. Bei einer ›organischen Krise‹ wird es einen Kampf geben, um eine neue Balance politischer Kräfte herzustellen. Dies kann durch eine Neumodellierung staatlicher Institutionen, durch die Bildung neuer Ideologien oder durch das Eingehen neuer Bündnisse erfolgen. Ziel ist es, eine Hegemonie zu bewahren oder neu zu erreichen.

Dies ist der zentrale Begriff in der politischen Kulturanalyse von Gramsci, den er in den *Gefängnisheften* historisch vergleichend entwickelt und philosophisch bestimmt. Er benutzt dieses Konzept, um die politischen Strukturen in kapitalistisch organisierten und industriell entwickelten Gesellschaften analysieren zu können, in denen infolge der Komplexität und Differenzierung von Staat und Zivilgesellschaft eine leninistische Form von Oktoberrevolution, die Machtübernahme in einem Bewegungskrieg, nicht möglich ist. Es ist ein Stellungskrieg erforderlich, um die Hegemonie in der Zivilgesellschaft zu erreichen, die nach Gramsci die Vorbedingung für die Eroberung der staatlichen Macht ist. Sie schafft eine gemeinsame Kultur und stellt eine Form der kulturellen Herrschaft dar. Der ihr vorausgehende Kulturkampf, der sich nicht nur in Institutionen, Medien und Diskursen abspielt, sondern auch im gewöhnlichen Leben, in seinen Ritualen, Gewohnheiten und Praktiken, ist ein lang andauernder, beharrlicher und zäher Prozess, der, so Gramsci, einer Organisation durch Intellektuelle bedarf.

Gramsci betrachtete sich selbst als einen demokratischen Philosophen, der die kulturellen Kontexte von Menschen, die durch deren Praktiken gestaltet werden, auch wenn ihnen das oft nicht klar ist, kritisieren und verändern wollte. Er möchte durch seine solidarische Kritik dazu beitragen, ihr moralisches und intellektuelles Leben neu zu ordnen und eine neue Kultur zu schaffen. »Der Anfang der kritischen Aufarbeitung ist das Bewusstsein dessen, was wirklich ist, das heißt ein ›Erkenne dich selbst‹ als Produkt des bislang abgelaufenen Geschichtsprozesses, der in einem selbst eine Unendlichkeit von Spuren hinterlassen hat, übernommen ohne Inventarvorbehalt. Ein solches Inventar gilt es zu Anfang zu erstellen« (Gramsci 1991 ff., Bd. 6, 1376). Die Erstellung dieses Inventars ist Aufgabe der organischen Intellektuellen der subalternen Klasse, die ökonomisch und kulturell unter der Hegemonie einer privilegierten Klasse lebt. Gramsci (ebd., Bd. 7, 1497 ff.) geht davon aus, dass jede gesellschaftliche Gruppe »organisch eine oder mehrere Schichten von Intellektuellen, die ihr Homogenität und Bewußtheit der eigenen Funktion nicht nur im ökonomischen, sondern auch im gesellschaftlichen und politischen Bereich geben«, ausbildet. Er führt weiter aus, dass Intellektuelle die »Funktionäre« der Superstrukturen, der Zivilgesellschaft und der politischen Gesellschaft sind (ebd., 1502). In der Regel sind sie die »›Gehilfen‹ der herrschenden Gruppe« (ebd.), die die Hegemonie der führenden Klasse sichern, indem sie die Zustimmung der Beherrschten organisieren. Daneben gibt es aber auch die Intellektuellen, die die bestehenden hegemonialen Strukturen verändern und alternative Sichtweisen etablieren möchten.

Herrschaft beruht also nicht nur auf (staatlichem) Zwang und auf Repression, sondern auch auf Konsens. Gramsci vertritt das Modell eines integralen Staates, bestehend aus der politischen Gesellschaft, dem Staat im engeren Sinne, und der Zivilgesellschaft (»Staat = politische Gesellschaft + Zivilgesellschaft, das heißt Hegemonie, gepanzert mit Zwang«; ebd., Bd. 4, 783). »Die ›normale‹ Ausübung der Hegemonie auf dem klassisch gewordenen Feld des parlamentarischen Regimes zeichnet sich durch eine Kombination von Zwang und Konsens aus, die sich die Waage halten, ohne daß der Zwang den Konsens zu sehr überwiegt, sondern im Gegenteil vom Konsens der Mehrheit, wie er in den sogenannten Organen der öffentlichen Meinung zum Ausdruck kommt, getragen erscheint« (ebd., Bd. 1, 120). Hegemonie ist eine Beziehung, in der eine gesellschaftliche Gruppe vorangeht bzw. die Führung übernommen hat. Hierzu muss sie ihre von Eigeninteressen geprägte, partikulare Position transzendieren und Interessen formulieren, die verallgemeinerungsfähig sind. In diesem Prozess nimmt sie Interessen der subalternen Gruppen in sich auf, und diese definieren ihre Bedürfnisse und Interessen neu, so dass sie sich in dem hegemonialen Projekt wiedererkennen und auch Vorteile von ihm erwarten. So wird verständlich, warum die sich in einer subalternen Position Befindlichen ihrer Unterwerfung aktiv zustimmen können.

Der Kampf um die Hegemonie findet in der Zivilgesellschaft statt, die zum Überbau zu zählen und zwischen Ökonomie und Staat anzusiedeln ist. Zu ihr gehören z. B. politische Organisationen, Verbände der Wirtschaft, die Kirche, die Familie, das Schulsystem, die Universität und die Medien. Der »Überbau« drückt keine monolithische Ideologie aus, sondern ein verzweigtes Netz verschiedener Hegemonialapparate, bestehend aus Institutionen, Diskursen und Praktiken, prägt die öffentliche Auseinandersetzung, in der um die Erringung des Konsenses gekämpft wird. Auch der Staat greift organisierend in die Zivilgesellschaft ein. »Was ›öffentliche Meinung‹ genannt wird, ist aufs engste mit der politischen Hegemonie verknüpft, es ist nämlich der Berührungspunkt zwischen der ›Zivilgesellschaft‹ und der ›politischen Gesellschaft‹, zwischen dem Konsens und der Gewalt. Der Staat schafft, wenn er eine wenig populäre Aktion starten will, vorbeugend die angemessene öffentliche Meinung, das heißt, er organisiert und zentralisiert bestimmte Elemente der Zivilgesellschaft« (ebd., Bd. 4, 916 f.). Die Zivilgesellschaft ist auch insofern mit der Macht verbunden als erwartet wird, dass der Einzelne sich selbst so regiert, dass er nicht in Konflikt mit den Erwartungen der politischen Gesellschaft gerät.

In der Zivilgesellschaft finden Kämpfe zwischen den Klassen, aber auch demokratische Auseinandersetzungen statt. Eine nach Dominanz strebende soziale Gruppe versucht, Zustimmung zu ihren Projekten zu erreichen und Hegemonie zu erlangen. Gleichzeitig können subordinierte soziale Gruppen Widerstand leisten, indem sie ihre Opposition organisieren und eine Gegenhegemonie anstreben. Eine Hegemonie kann auf Bündnissen zwischen Klassen beruhen. Wenn eine Klasse aber national führend sein möchte, muss sie eine Vielfalt sozialer Kräfte, die nicht auf ihre Position in den Produktionsverhältnissen reduziert werden können, in einer breiten Allianz miteinander verbinden, die das National-Populare ausdrückt. Der Kampf um nationale Unabhängigkeit ist hierfür ein Beispiel.

In diesem Zusammenhang führt Gramsci auch den Begriff des Alltagsverstandes ein, der eine Weise des Denkens über die Welt ist, die in Gewohnheiten und Praktiken verankert ist. Für Gramsci sind grundsätzlich alle Männer und Frauen zur Philosophie fähig und Intellektuelle, weil sie sich ein Konzept von der Welt entwickeln, das ihrem Leben Sinn gibt. Sie üben in der Gesellschaft aber in der Regel nicht die Funktion von Intellektuellen aus (ebd., Bd. 7, 1500). Zudem ist der Alltagsverstand anders als die Philosophie unsystematisch, inkohärent, konfus und widersprüchlich. Er führt dazu, dass Menschen ihr Leben oft unkritisch und unreflektiert leben. In diesem Zusammenhang bestimmt Gramsci z. B. die Folklore als ›Weltauffassung‹ der unteren Schichten. »Nicht nur nicht ausgearbeitete und systematisierte Weltauffassung, weil das Volk per definitionem das nicht machen kann, sondern vielfältig, in dem Sinne, daß sie ein mechanisches Nebeneinander etlicher Weltauffassungen ist, wenn nicht geradezu ein Museum aus Bruchstücken aller Welt- und Lebensauffassungen, die in der Geschichte aufeinander folgten« (ebd., Bd. 1, 148 f.). Gramsci betrachtet den Alltagsverstand auch als Ausdruck der sinnlich-praktischen Weltaneignung. Er kann daher Widerstand gegen eine dominante Ideologie artikulieren, die ihn zu kolonisieren versucht.

Vor diesem Hintergrund kämpft Gramsci für eine neue Kultur, in der Entdeckungen und Einsichten geteilt werden und in ein praktisches Handeln münden, das den Subalternen hilft, die Welt zu ihren Gunsten zu verändern. »Daß eine Masse von Menschen dahin gebracht wird, die reale Gegenwart kohärent und auf einheitliche Weise zu denken, ist eine ›philosophische‹ Tatsache, die viel wichtiger und ›origineller‹ ist, als wenn ein philosophisches ›Genie‹ eine neue Wahrheit entdeckt, die Erbhof kleiner Intellektuellengruppen bleibt« (ebd., Bd. 6, 1377).

Die bisherigen Ausführungen machen deutlich, dass Gramsci die Ideen von Marx in Auseinandersetzung vor allem mit italienischen Denkern weiterentwickelt hat. Wie Stuart Hall (1982, 8) es ausdrückt, waren sie für ihn keine »Zwangsjacke« wie für viele andere, sondern stellten einen Rahmen von anspruchsvollen Konzepten bereit: »which liberated his mind, which set it free, which *put it to work*«. Der »offene Marxismus« von Gramsci wurde zentral für die Entwicklung der (britischen) Cultural Studies als einer eigenständigen und sehr einflussreichen Richtung in der Kulturtheorie.

Gramscis Bedeutung für die Cultural Studies

Vor allem die *Gefängnishefte*, in denen Gramsci die historische Konstellation im Italien der Zwischenkriegszeit beschreibt und analysiert, wie verschiedene Kräfte sie gestalten, waren wegweisend. Dabei halten Hall und seine Mitstreiter eine einfache Übertragung oder Generalisierung von Gramscis Ergebnissen für nicht möglich. Dieser habe jedoch Fragen gestellt und nach Antworten in einer historischen Situation gesucht, die mit der von Großbritannien Ende des 20., Anfang des 21. Jahrhunderts durchaus vergleichbar sei. So stellt Hall (2000, 40) rückblickend fest: »Von einem bestimmten Moment an waren die Fragen, denen ich mich zuwenden wollte, für mich nur noch über einen Umweg über Gramsci zugänglich. Nicht, weil Gramsci sie löste, sondern weil er sich zumindest einigen von ihnen zuwandte. Ich möchte jetzt nicht alles behandeln, was Cultural Studies im britischen Kontext zu einer bestimmten Zeit meiner Ansicht nach von Gramsci gelernt haben: unglaublich viel über die Natur von Kultur selbst, über die Ordnungen der jeweiligen Konjunktur, über die Bedeutung geschichtlicher Spezifik, über die enorm produktive Metapher der Hegemonie«. Hall bestimmt als eine wesentliche Aspiration der intellektuellen Praxis der Cultural Studies, insbesondere an dem von ihm in den 1960er und 1970er Jahren maßgeblich geprägten *Centre for Contemporary Cultural Studies* in Birmingham, die Hervorbringung »organischer Intellektueller«. Auch wenn die organische Beziehung zu einer sozialen Bewegung (bis heute) nicht gegeben zu sein scheint, geht es um die Vorbereitung auf eine solche Konstellation durch theoretische Arbeit, um dann politisch eingreifen zu können.

In seinem theoretisch zentralen Beitrag »Die zwei Paradigmen der Cultural Studies« (1999) legt Hall dar, wie Gramscis Arbeiten genutzt werden können, um die Schwächen von Kulturalismus und Strukturalismus aufzuzeigen und die beiden Paradigmen produktiv aufeinander zu beziehen. Die *Gefängnishefte* zeichnen sich durch historische Konkretheit und Kontextualität aus. So werden soziale und kulturelle Kämpfe in ihrer sozialen und historischen Verankerung untersucht, was den abstrakten Formalismus und die Ahistorizität des Strukturalismus bei Claude Lévi-Strauss oder Louis Althusser vermeiden lässt. Die Untersuchung von Hegemonie als einer aktiven ideologischen Auseinandersetzung knüpft zudem an die Konzeption der Handlungsfähigkeit im Kulturalismus an, ohne wie dieser postulieren zu müssen, das Individuum sei fast gänzlich frei von strukturellen Zwängen.

Durch die Rezeption von Gramsci gelang es dem *Centre* vor allem, sich gegen die funktionalistischen Tendenzen in der Theorie Althussers, die eine Zeit lang in Großbritannien große Bedeutung hatte, abzugrenzen. So wurde kritisiert (vgl. Hall 1999), dass Althusser Ideologien als relativ homogen betrachte und primär als funktionale Unterstützung für Herrschaftsverhältnisse analysiere, zu deren Reproduktion sie beitragen würden. Hingegen erlaubt das Konzept der Hegemonie es, verstärkt Widersprüche und Konflikte im Bereich des Ideologischen zu erfassen. Demnach wird Ideologie nicht von oben auferlegt, sondern ist umkämpft und umstritten. Dominante und subalterne Gruppen stehen im Disput miteinander, was zu vielfältigen und komplexen Aushandlungsprozessen führt.

Sowohl die Jugend- als auch die Medienstudien, die das *Centre* über die Landesgrenzen hinweg bekannt gemacht haben, sind sehr stark durch Gramsci bestimmt. So lassen sich z. B. die Arbeiten zu den jugendlichen Subkulturen als Versuch begreifen, deren Spezifität und Problematik als symbolische Antwort auf den besonderen historischen Kontext des Nachkriegsenglands zu bestimmen. Die Mitarbeiter des *Centre* konnten zeigen, wie Jugendliche sich dem hegemonialen Konsens verweigerten und sich durch ihre Rituale, Praktiken und ihr Gruppenleben auf unterschiedliche Weise Raum verschafften (vgl. Clarke u. a. 1979). Ihre subkulturellen Strategien, die in eigenen phantasievollen Jugendstilen mündeten, waren Ausdruck ihres gegenhegemonialen Eigensinns und ihrer kreativen Handlungsmächtigkeit. In *Policing the Crisis* (Hall u. a. 1978) wird die medial erzeugte moralische Panik angesichts des Phänomens des jugendlichen Straßenraubes zum Ausgangspunkt für eine differenzierte Analyse des Alltagsverstandes und seiner Veränderungen. Es wird gezeigt, dass die damit verbundenen Ängste und Befürchtungen Ausdruck einer sozialen und ökonomischen Krise waren, auf die mit einer *law and order*-Politik reagiert wurde.

Ergänzend legt Hall (1993) dar, dass mediale Texte in der Regel so organisiert sind, dass sie den Zuschauern eine Vorzugslesart nahelegen, die mit den herrschenden kulturellen Vorstellungen, der Hegemonie, übereinstimmt. Nichtsdestoweniger können die Zuschauer, je nach dem, wie sie sozial und kulturell positioniert sind, die Texte anders interpretieren, als es von den Machern vorgesehen war. So können dominante Bedeutungen in Frage gestellt und transformiert werden. Auf diese Weise entstehen zum einen ausgehandelte, zum anderen oppositionelle Lesarten. Auch in der Medienrezeption und -aneignung spielt sich also ein Kampf um Bedeutungen und somit um die Definition der Wirklichkeit ab.

Gramscis Konzept der Hegemonie bestimmt auch die Arbeiten zur Popularkultur, auf deren kulturellem Terrain um Hegemonie gekämpft wird. Hall (1981) zeigt, dass das Populare nicht durch gleichbleibende intrinsische Bedeutungen, Qualitäten und Werte wichtiger Werke bestimmt wird. Stattdessen gewinnt es seine spezifische Bedeutung durch die jeweils besonderen historischen Umstände hegemonialer Kämpfe in der Zivilgesellschaft. Es konstituiert einen alltäglichen Raum voller Gegensätze, Ambivalenzen und Spannungen, in dem die Bemühungen des *ruling bloc*, die ideologische Herrschaft aufrecht zu halten, unterlaufen und subvertiert werden können. Auf Akte der Rebellion und des Widerstands wird aber mit Strategien der ideologischen und kommerziellen Inkorporation reagiert, was Dick Hebdige (vgl. 1979) eindrucksvoll am Beispiel der Punk-Subkultur gezeigt hat. In seiner Nachzeichnung der historischen Entwicklung der Popularkultur legt Hall dar, dass sie immer in einem konfliktbeladenen und kämpferischen Verhältnis zur dominanten Kultur stand.

Auch John Fiske schließt in seiner Analytik des Popularen eng an Grasmsci an. So betont er, dass die Analyse hegemonialer Kämpfe es erforderlich macht, die Bedeutung popularer Handlungsfähigkeit zu beachten sowie soziale und historische Differenzen zu berücksichtigen (vgl. Fiske 1993, 41). Er zeigt an kulturellen und medialen Auseinandersetzungen in den USA der 1990er Jahre, wie vielfältig, kreativ und widerständig subordinierte Formationen sein können. In den Kämpfen mit dem *power bloc* verfolgen sie in räumlich-zeitlich bestimmten, sozialen Kontexten, Momenten und Praktiken ihre Interessen auf eigensinnige Weise.

Stuart Halls vehemente und unablässige Analyse der neoliberalen Politik von Margaret Thatcher (vgl. Hall 1988), deren Fortsetzung bei Blair und auch in der nachfolgenden Regierung er kritisiert hat (vgl. Hall 2011), ist ebenfalls eine Hegemonieanalyse. Der »autoritäre Populismus« von Thatcher war ein Projekt, das nach Hegemonie strebte, dieses nicht nur durch Konsens, sondern auch durch Zwang verwirklichen wollte. Es gelang ihm tatsächlich, die kulturelle und soziale Wirklichkeit neu zu definieren, sich mit den Erfahrungen der Menschen zu verknüpfen und sie zu artikulieren. So wurde ein neuer Alltagsverstand geschaffen. Besonders in der »New Times-Debatte« forderte Hall (1989), dass auch die Linke neue populare demokratische Projekte entwickeln müsse, die hegemonial werden können und sollen.

Die Auseinandersetzung und Aneignung der Positionen von Gramsci sind zentral für die Cultural Studies, die Kultur- und Medienanalyse mit Gesellschaftskritik und Intervention verknüpfen. In seinen *Gefängnisheften* finden sich Konzepte, die für das

Verständnis unserer von ökonomischen und sozialen Krisen geprägten Gegenwart weiter entwickelt werden können und so bis heute von großer Bedeutung für die Kulturanalyse sind.

Literatur

Anderson, Perry: *Über den westlichen Marxismus.* Frankfurt a. M. 1978 (engl. 1976).
Clarke, John u. a. (Hg.): *Jugendkultur als Widerstand. Milieus, Rituale, Provokationen.* Frankfurt a. M. 1979.
Fiske, John: *Power Plays – Power Works.* London/New York 1993.
Gramsci, Antonio: Die Revolution gegen das ›Kapital‹. In: *Antonio Gramsci – vergessener Humanist? Eine Anthologie 1917–1936.* Hg. von Harald Neubert. Berlin 1991, 31–35.
–: *Gefängnishefte.* 10 Bde. Hamburg/Berlin 1991–2002.
Hall, Stuart: Notes on Deconstructing the ›Popular‹. In: *People's History and Socialist Theory.* Hg. von Raphael Samuel. London 1981, 227–240.
–: Introductory Essay: Reading Gramsci. In: Roger Simon: *Gramscis Political Thought.* London 1982, 7–10.
–: *The Hard Road to Renewal. Thatcherism and the Crisis of the Left.* London/New York 1988.
–: The Meaning of New Times. In: *Stuart Hall. Critical Dialogues in Cultural Studies.* Hg. von David Morley und K.-H. Chen. London/New York 1989, 223–237.
–: Encoding/Decoding. In: *Studying Culture. An Introductory Reader.* Hg. von Ann Gray und Jim McGuigan. London 1993, 28–34.
–: Die zwei Paradigmen der Cultural Studies. In: *Widerspenstige Kulturen. Cultural Studies als Herausforderung.* Hg. von Karl H. Hörning und Rainer Winter. Frankfurt a. M. 1999, 13–42.
–: Das theoretische Vermächtnis der Cultural Studies. In: Ders.: *Cultural Studies. Ein politisches Theorieprojekt. Ausgewählte Schriften 3.* Berlin/Hamburg 2000, 34–51.
–: The March of the Neoliberals. In: *The Guardian*, Monday, 12 September 2011.
–/Critcher, Chas/Jefferson, Tony/Clarke, John/Roberts, Brian: *Policing the Crisis. Mugging, the State, and Law and Order.* Houndmills/New York 1978.
Hebdige, Dick: *Subculture – The Meaning of Style.* London 1979.
Hobsbawm, Eric: *How to Change the World. Tales of Marx and Marxism.* London 2011.
Kołakowski, Leszek: *Die Hauptströmungen des Marxismus. Entstehung, Entwicklung, Zerfall.* Bd. 3. München/Zürich 1979.
Winter, Rainer: *Die Kunst des Eigensinns. Cultural Studies als Kritik der Macht.* Weilerswist 2001.

Rainer Winter

9. Walter Benjamin

Auch wenn das Zentrum seines theoretischen Projekts imaginär geblieben ist, steht Walter Benjamin wie kein anderer Philosoph des 20. Jahrhunderts für den Versuch, Modernität zu denken.

Sein Hauptwerk, das Passagen-Werk, ist zwar nur in Gestalt einer kommentierten Materialsammlung für ein nie geschriebenes Buch über Paris als Hauptstadt der kulturellen Moderne überliefert, aber was Benjamin dabei vorschwebte, war keine Kulturgeschichte dieser Stadt, sondern eine phänomenologisch gesättigte, sozialphilosophisch fundierte und geschichtsphilosophisch substantiierte Theorie der Moderne. Ihre materiale Basis war die Metropolenkultur des 19. Jahrhunderts, ihr konzeptueller Orientierungspunkt war die Frage nach der ästhetischen Erfahrung unter massenkulturellen Bedingungen, und ihr zentrales philosophisches Problem war die kritische Genealogie des spezifischen Subjektivitätstyps, der diesen Kulturen entsprach. Die Pariser Ladenpassagen wurden dabei zum räumlichen Ausgangspunkt des Projekts – und avancierten als Inbegriff des Transitorischen zum Leitmotiv einer mythischen Vorstellung von Urbanität, die lange Zeit paradigmatisch bleiben sollte. Die kritische Analyse der kapitalistischen Objektwelt, die sich in der Warenform ihre spezifische Realität und in der Warenästhetik ihre spezifische Metaphysik schuf, bildete seine sozialphilosophische Matrix. Und die Ablösung des historischen Denkens von Ursprungs- wie von Fortschrittskonzepten war sein erkenntnistheoretisches Ziel. Dieses Ziel markiert zugleich den eigentlich kulturphilosophischen Gehalt des Projekts: Die Deontologisierung der Phänomene und die Dekonstruktion ihrer ideologischen Einbettungen im Konzept des »dialektischen Bildes« (V, 577), dessen Modell die methodische Verschränkung der barocken Allegorie mit der kubistischen Montage war und das den Konstruktivismus als dialektisches Denken in historischen Konstellationen zum kulturphilosophischen Verfahren machte.

Benjamin hat an diesem Projekt von 1927 bis 1940, als er sich im Alter von 48 Jahren auf der Flucht vor der Gestapo an der spanischen Grenze das Leben nahm, mit wechselnder Intensität gearbeitet und seine wichtigsten modernitätstheoretischen Texte aus dem thematischen Korpus dieses Projekts entwickelt. Das Passagen-Werk ist wiederum seinerseits ohne diese Paratexte, die die kommentierte Materialkonstellation wie Satelliten umkreisen und die zu Benjamins wichtigsten Arbeiten gehören, nicht verständlich: »Das Kunstwerk im Zeitalter seiner technischen Reproduzierbarkeit« von 1935/36 – Benjamins grundlegende kunst- und medientheoretische Programmschrift –, worin er »systematische Hauptlinien« (I, 983) für die kunsttheoretischen Aspekte des Projekts trassierte; der stilbildende Essay »Über einige Motive bei Baudelaire« von 1938, der »ein zentraler Abschnitt des Buchs«, wenn nicht überhaupt dessen »Miniaturmodell« sein sollte (I, 1073) und der eine grundlegende literatursoziologische Studie war, die »die Dichtung des neunzehnten Jahrhunderts zum Medium seiner kritischen Erkenntnis« machte (VI, 228); schließlich die Thesen »Über den Begriff der Geschichte« von 1940, die die konzentrierte Summe seiner fortschrittskritischen Positionen im Lichte einer messianistischen Geschichtstheorie bilden. Zusammen mit dem Exposé des Projekts, »Paris, die Hauptstadt des XIX. Jahrhunderts« von 1935, bilden diese Texte das systematische Gerüst einer Theorie der Moderne, in deren Zentrum die Genealogie eines neuen anthropologischen Stadiums steht, für das die fundamentale wahrnehmungs- und mentalitätsgeschichtliche Transformation charakteristisch ist, die die Ablösung sinnerfüllter Erfahrung durch die schockförmige Überfülle sinnentleerter Erlebnisse in einer technisierten, ökonomisierten und ästhetisierten Welt zur Folge hat.

Benjamins Theorie der Moderne steht mit dieser historischen Konzeption des transzendentalen Problems der Moderne für eine kulturphilosophische Disposition, die Modernität gerade nicht im Auslaufhorizont des Religiösen, sondern im Eigenhorizont des Ästhetischen problematisiert – obwohl sie die Theorie der Moderne eines marxistischen Kultur- und Medientheoretikers ist, dessen Denken sich noch bei seinen profansten Gegenständen zur Theologie verhielt »wie ein Löschblatt zur Tinte« (V, 588). Benjamin stand mit dieser materialistischen Perspektive zwar im weiteren Kontext der Kritischen Theorie, aber er lehnte die Massenkultur nicht wie deren Protagonisten verdinglichungstheoretisch als organisierte Abschaffung des Individuums durch die Industrialisierung der Kultur ab, sondern verstand sie als medientechnisch fundierte Infrastruktur einer wünschbaren Ästhetisierung des Sozialen, in deren Gefolge ein neuer Subjektivitätstyp entstand – ein nach-bürgerlicher Subjektivitätstyp, der den artifiziellen Wirklichkeiten der Moderne habituell entsprach und der autonom in ihnen existieren konnte, weil sie ihm gerade nicht als menschenfremde Objektivität verdinglichter Weltverhältnisse gegenüberstanden, sondern zu seiner positiven Lebenswelt wurden. Diese Normalisierung der Artifizialität durch die Ästhetisierung des Sozialen hat Benjamin mit Blick auf den Film, dem prä-digitalen Leitmedium der Massenkultur, aufs Deutlichste betont: »Der Film dient, den Menschen in diejenigen neuen Apperzeptionen und Reaktionen zu üben, die der Umgang mit einer Apparatur bedingt, deren Rolle in seinem Leben fast täglich zunimmt. Die ungeheure technische Apparatur unserer Zeit zum Gegenstande der menschlichen Innervation zu machen – das ist die geschichtliche Aufgabe, in deren Dienst der Film seinen wahren Sinn hat« (I, 444 f.). Denn der Film war für Benjamin weit über seine Funktion als Medium der Zerstreuung und Unterhaltung hinaus das adäquate Medium für die »Ausrichtung der Realität auf die Massen und der Massen auf sie« – also für jenen »Vorgang von unbegrenzter Tragweite sowohl für das Denken wie für die Anschauung«, in dem »sich im anschaulichen Bereich« wiederholte, »was sich im Bereiche der Theorie als die zunehmende Bedeutung der Statistik bemerkbar macht« (I, 440) und die technisierte Massenkultur zur Kultur einer Gesellschaft deontologisierter, aus ihren tradierten Bindungen freigesetzter Individuen werden lässt.

Ausstellungswert und Kultwert

Den Ausgangspunkt dieser These bildet die Frage nach den neuen, vor allem aber nach den positiven Möglichkeiten der Industrialisierung des ästhetischen Gegenstandes in der technisierten Massenkultur und seiner konstitutiven Ausrichtung auf massenhafte Reproduzierbarkeit statt auf singuläre Authentizität. Mit der Photographie, so Benjamin, habe die technische Reproduzierbarkeit von Kunstwerken eine Dimension erreicht, die zur gesellschaftlichen Entwertung der Echtheit als Einmaligkeit des Hier und Jetzt geführt habe. Der »Ausstellungswert« des Kunstwerks sei an die Stelle seines »Kultwerts« getreten, mit dem Effekt der Verkümmerung seiner »Aura«, also seines Nimbus der Entrücktheit und der Unantastbarkeit, also des Sakralen, des Rituellen oder wenigstens doch des Erhabenen (I, 443). Der Begriff der »Aura«, mit dem Benjamins Konzept verbunden ist wie kein zweites, hat denn auch nichts Geheimnisvolles, auch wenn Benjamin dies gelegentlich evoziert hat: »Aura« bezeichnet die Präsenz präreflexiver Sinnpotentiale an Gegenständen der Imagination analog zur Übung im Umgang mit Gegenständen des Gebrauchs, wie er in einer intrikaten

Formulierung im Baudelaire-Aufsatz erklärt hat, die an Marcel Prousts Motiv des »unwillkürlichen Eingedenkens« (I, 612) anknüpft: »Wenn man die Vorstellungen, die, in der mémoire involontaire beheimatet, sich um einen Gegenstand der Anschauung zu gruppieren streben, dessen Aura nennt, so entspricht die Aura am Gegenstand einer Anschauung eben der Erfahrung, die sich an einem Gegenstand des Gebrauchs als Übung absetzt.« (I, 644) Die »Aura« eines Gegenstandes war die Summe der tradierten sinnhaften Bedeutungen, die ihm verliehen und immer wieder kultisch aktualisiert wurden. Und der Begriff der »Aura« bezeichnet damit das imaginative Analogon zum realen Gebrauchswert. Entsprechend ist der warenförmige Tauschwert die Analogie zum »Ausstellungswert« im Gegensatz zum »Kultwert« eines Gegenstandes. Der »Verfall der Aura« (I, 440) bedeutet also den Verlust der Einzigartigkeit zugunsten der Austauschbarkeit. Aber der »Verfall der Aura« ist für Benjamin nicht nur ein Verlust, sondern ebenso sehr ein Gewinn, nämlich die Voraussetzung für neue, genuin säkulare und durchgreifend profane ästhetische Möglichkeiten. Und in diesem Sinne korrespondiert der strukturelle »Verfall der Aura« mit der intendierten »*Zertrümmerung der Aura*« in den avantgardistischen Strömungen der modernen Kunst, die als »*Entschälung des Gegenstandes aus seiner Hülle*« bewusst gegen die Tradition gerichtet war (I, 438 u. I, 440).

Diese doppelte »Erschütterung der Tradition« manifestiert sich allerdings nicht nur im Sensorischen, sie signalisiert vielmehr auch die prinzipielle Historizität der »Organisation der Wahrnehmung« (I, 439) und grundiert damit eine historische Anthropologie der Sinne, die Benjamin seiner These unterlegt. »Innerhalb großer geschichtlicher Zeiträume verändert sich mit der gesamten Daseinsweise menschlicher Kollektiva auch die Art und Weise ihrer Sinneswahrnehmung. Die Art und Weise, in der die menschliche Sinneswahrnehmung sich organisiert – das Medium, in dem sie erfolgt – ist nicht nur natürlich, sondern auch geschichtlich bedingt.« (I, 478) Massenrezeption bedeutet deshalb auch die prinzipielle Veränderung der Wahrnehmung. Und die zentrale kategoriale Differenz, die diesen Vorgang markiert, ist Benjamins Unterscheidung von »optisch« und »taktil«. Es ist eine Unterscheidung, die prinzipiell verschiedene individuelle und kollektive Weltverhältnisse bezeichnet, nämlich einerseits die distanzierte Aufmerksamkeit und andererseits die involvierte Gewöhnung. Deshalb konnte Benjamin Taktilität auch als Prinzip einer neuen Rezeptionsweise verstehen, die die »Zerstreuung« nicht mehr im Auslaufhorizont bürgerlicher »Sammlung« als defizitär beurteilte und die spezifisch massenkulturelle »*Rezeption in der Zerstreuung*« als Begründung eines neuen sensorischen Verhältnisses zur Wirklichkeit positivierte (I, 466). Die adäquate ästhetische Erfahrung dieser veränderten Wahrnehmung, so Benjamins Folgerung, konnte allerdings nur in einem ästhetischen Medium realisiert werden, das prinzipiell nicht »auratisch« war (I, 441). Dieses Medium war der Film. Er war das »eigentliche Übungsinstrument« dieser Rezeption (I, 505). Denn der Film war das nicht-»auratische« Kunstwerk par excellence, weil er Technizität und Reproduzierbarkeit als konstitutives Prinzip hatte, indem er kein Abbild eines Urbildes, sondern eine eigenqualitative Wirklichkeitskonstruktion durch Herstellung von Bildern war, die es anders nicht gibt. Charakteristisch, so Benjamin, war seine Montagetechnik und seine kollektive Produktion. Entscheidend aber war sein »chockförmiges« (I, 631) Bauprinzip, eben die »physische Chockwirkung«, die von seinen Bildern ausging und die das menschliche Sensorium trainierte. »Der Film«, erklärte Benjamin, »ist die der gesteigerten Lebensgefahr, der die Heutigen ins Auge zu sehen haben, entsprechende Kunstform. Das Bedürfnis, sich Chockwirkungen auszusetzen, ist eine Anpassung der Menschen an die sie bedrohenden Gefahren. Der Film entspricht tiefgreifenden Veränderungen des Apperzeptionsapparates – Veränderungen, wie sie im Maßstab der Privatexistenz jeder Passant im Großstadtverkehr, wie sie im geschichtlichen Maßstab jeder heutige Staatsbürger erlebt« (I, 503).

Modernität der Erfahrung

Dahinter stand die These einer grundlegenden Transformation der menschlichen Erfahrung in der Moderne. Benjamin hat diese These zwar nirgends systematisch ausgearbeitet, sondern erst nach und nach über zwanzig Jahre hinweg in wiederholten Problematisierungen der grundlegenden Korrelation von Erfahrung, Erlebnis und Entscheidung entfaltet. Worum es aber von Anfang an dabei ging, war ein Problem, das im Zentrum der philosophischen Bemühungen seiner Generation stand, nämlich die Frage, wie eine neue Metaphysik beschaffen sein könnte, die der dominierenden neukantianischen, von wissenschaftlich-technischer Rationalität bestimmten Philosophie zu Beginn des 20. Jahrhunderts entgegengesetzt werden könnte und die dennoch nicht als

Restauration theologischer Gehalte in der Philosophie konzipiert werden müsste. Das Problem hat Benjamin als Frage nach der Möglichkeit einer »konkreten Totalität von Erfahrung« durchgespielt, die er zunächst zwar wie viele andere mit »Religion« identifiziert hat (II, 171 f.), die er aber 1923 in seinem großen Essay über Goethes »Wahlverwandtschaften« und 1924 in seiner – von der Frankfurter Universität abgelehnten – Habilitationsschrift als Problem der Begründung von Entscheidungen formuliert und zu einer Kritik der Souveränität und des Subjektivitätskonzepts verdichtet hat, das auf die Idee der Souveränität gegründet war. Entscheidungen, erklärte er mit Blick auf das Motiv der »schwankenden Liebe« in Goethes Roman, seien schließlich nichts Natürliches, sondern metaphysisch eingebettet: »Denn Wahl ist natürlich und mag sogar den Elementen eignen; die Entscheidung ist transzendent« (I, 188 f.). Dennoch sei die Entscheidung nicht »willkürlicher« als die Wahl, und »sie ist gewiß nicht willkürlicher darum, weil die Leidenschaft nicht ihr Kriterium ist. Vielmehr steht dies nur um so unzweideutiger und strenger in dem Charakter der Erfahrung vor ihr. Nur diejenige Erfahrung vermag die Entscheidung zu tragen, welche, jenseits alles späteren Geschehens und Vergleichens, wesensmäßig dem Erfahrenden sich einmalig zeigt und einzig, während jeder Versuch, aufs Erlebnis Entscheidung zu gründen früher oder später den aufrechten Menschen mißlingt« (I, 190).

Benjamin argumentiert hier zwar im Horizont der aristotelischen Handlungstheorie, aber anders als bei Aristoteles korrespondiert die Erfahrung bei Benjamin nicht mit Geübtheit und Wiederholbarkeit, sondern mit Einmaligkeit und Einzigartigkeit. Sie ist die »konkrete Totalität« einer »einheitlichen und kontinuierlichen Mannigfaltigkeit der Erkenntnis« (II, 168), die als situationstranszendente Referenz das »Fundament« der Entscheidung bildet (I, 189). Genau diese situationstranszendente Referenz geht jedoch verloren, wenn souveräne Subjektivität ihre Instanz ist, weil diese stets nur in sich selbst begründet sein kann. Das hat Benjamin anhand der genrespezifischen »Entschlußunfähigkeit« des Fürsten im barocken Trauerspiel entwickelt, der dort genau in dem Moment seinen schwankenden Leidenschaften und wechselnden Affekten ausgeliefert sei, in dem er eine Entscheidung zu treffen habe. »Die theatralischen Figuren der Epoche« stehen »im grellen Scheine ihrer wechselnden Entschließung«, weil »nicht Gedanken« sie bestimmen, »sondern schwankende physische Impulse« (I, 250 f.). Und mit Bezug auf die Souveränitätslehre von Carl Schmitt, der den Souverän als denjenigen definiert hatte, der »über den Ausnahmezustand entscheidet« (Schmitt 1985, 11), erklärt Benjamin: »Der Fürst, bei dem die Entscheidung über den Ausnahmezustand ruht, erweist in der erstbesten Situation, daß ein Entschluß ihm fast unmöglich ist« (I, 250).

Benjamin hat jedoch nicht nur die problematische Seite der Souveränität hervorgehoben, die sich letztlich als Willkür in Handlungen manifestiert, die schlechterdings nicht begründbar sind. Er hat auch die wünschbare Seite der Souveränität herausgearbeitet und diese Seite – mit einem Seitenblick auf das Feld des Politischen – für die Avantgarden der klassischen Moderne produktivistisch expliziert. Ästhetisch manifestiert sich die Souveränität prototypisch in der barocken Allegorie, die als sinnstiftende Konstellation aus der Verknüpfung eines destruktiven mit einem konstruktiven Akt hervorgeht. Ihre realitätsgenerierende Macht gewinnt sie allerdings aus der melancholischen Diagnose der Deontologisierung, die die Welt als »Trümmerfeld« dekontextualisierter Realien begreift, die zum Material neuer Realitätskonstruktionen werden (vgl. I, 359). Benjamin hat darin entschieden die bewusste Einführung des Technischen ins Ästhetische gesehen und die Technisierung des Ästhetischen, die die Avantgarden nicht nur ausweislich ihrer technizistischen Metaphorik betrieben haben, als strukturelle, also nicht nur auxiliäre, sondern konstitutive Technisierung des Ästhetischen gedeutet, die die bürgerliche Profanisierung des Kunstwerks durch seine Säkularisierung vollendet. Dem entspricht seine Konzeption des modernen Kunstwerks als eines mechanisch-allegorischen, immanent generierten und also gerade nicht organisch-symbolischen, transzendent garantierten Artefakts. Sein konstruktivistischer Allegoriebegriff, von dem er betonte, dass er keinen »psychologischen«, sondern einen »ontologischen« »Sachverhalt« bezeichne, impliziert deshalb noch ein weiteres: Nicht nur die allegorische Konstruktion ist ›anorganisch‹, sondern auch das Material dieser Konstruktion, insofern es aus der ontologischen Degradierung natürlicher Objekte gewonnen wird, der die bewusste »Zertrümmerung der Aura« als strategische Zerstörung aller tradierten Sinnpotentiale an den Gegenständen entspricht. Anderenfalls wäre die allegorische Konstruktion, die sich im Verfahren der Montage manifestiert, strenggenommen auch keine Konstruktion im Sinne der Synthetisierung eines Artefakts sui generis, sondern eine Konstellation natürlicher Elemente und Objekte, deren ontologische Integrität nicht angetastet wird.

Auf diesem Hintergrund bekommt das leitmotivische Konzept des »destruktiven Charakters«, der »das Bestehende [...] in Trümmer« legt, »nicht um der Trümmer, sondern um des Weges willen, der sich durch sie hindurchzieht« (IV, 398), genauso wie der korrespondierende Begriff des »neuen, positiven« »Barbarentums«, mit dem Benjamin 1933 die klassisch-modernen Avantgardisten als demiurgische »Konstrukteure« in der Tradition des Cartesianismus beschreibt (II, 215), seine historisch-ontologische Plausibilität: Der »destruktive Charakter« und das »neue, positive« »Barbarentum« schaffen im Ästhetischen – wie entsprechend im Politischen – jene radikale Offenheit einer historisch-ontologischen ›Tabula rasa‹, die allererst die Bedingung für die Möglichkeit grundlegender Neukonstruktion ist. Für Benjamin war diese konstruktivistische ›Tabula rasa‹, die das melancholische Weltverhältnis produktiv wendet, geradezu die Signatur der modernen Situation im frühen 20. Jahrhundert, weil sie die »Erfahrungsarmut« nach dem Ende der bürgerlichen Welt des 19. Jahrhunderts im Ersten Weltkrieg, der alle bisherigen Erfahrungen dementiert hatte, als Chance begreift, »von vorn zu beginnen; von Neuem anzufangen« (II, 215).

Erfahrung und Erlebnis

Benjamin hat den Gegensatz von »Erfahrung« und »Erlebnis«, den er 1923 im Essay über Goethes »Wahlverwandtschaften« postuliert hat, 1938 in der Baudelaire-Studie zur Leitdifferenz einer kulturgeschichtlichen These ausgebaut, die das Konzept der Souveränität gerade in seiner ordnungsstiftenden Variante mit Bezug auf die spezifischen Wirklichkeiten moderner Lebenswelten problematisiert – auch wenn er die beiden Begriffe selbst hier nicht randscharf bestimmt oder gar definitorisch verdichtet hat: »Erfahrung« ist kontinuierlich, ganzheitlich und deshalb kohärent; ihr Modus ist die narrative Kumulation, von der Notwendigkeit ausstrahlt, ihre soziale Form ist die Tradition, ihr Prädikat ist Einzigartigkeit. »Erlebnisse« hingegen sind diskontinuierlich, isoliert und deshalb inkohärent; ihr Modus ist chockförmige Ereignishaftigkeit, in der sich Zufälligkeit manifestiert, ihre soziale Form ist die Innovation, ihr Prädikat ist Austauschbarkeit. Erlebnisse – und das ist der entscheidende Akzent, den Benjamin hier gegen die lebensphilosophischen Emphatisierungen des Erlebnisses setzt – sind damit gerade nicht Bausteine der Erfahrung, sondern ihr kategoriales Gegenteil. Damit steht Benjamins Erlebnisbegriff dem der Lebensphilosophie diametral entgegen. »Erfahrung«, heißt es entsprechend in der Baudelaire-Studie, sei »eine Sache der Tradition, im kollektiven wie im privaten Leben. Sie bildet sich weniger aus einzelnen in der Erinnerung streng fixierten Gegebenheiten denn aus gehäuften, oft nicht bewußten Daten, die im Gedächtnis zusammenfließen« (I, 608). Und »wo Erfahrung im strikten Sinn obwaltet, treten im Gedächtnis gewisse Inhalte der individuellen Vergangenheit mit solchen der kollektiven in Konjunktion« (I, 611). Genau diese kohärenzgesättigte Erfahrung ist es allerdings auch, was durch jene gehäufte Präsenz inkohärenter Erlebnisse, die für die großstädtische Lebensform charakteristisch ist, gefährdet und in der Tendenz verunmöglicht wird. Schließlich war gerade die großstädtische Menge als Phänotyp dieser Lebensform eine ganz besondere Wirklichkeit: Sie war kein »irgendwie strukturiertes Kollektivum«, sondern etwas Ungeordnetes, vielleicht sogar Ordnungswidriges, das sich in der »amorphen Menge der Passanten« konkretisierte (I, 618) und vom Einzelnen, der sich in dieser Menge befand, als permanente Folge kontingenter »Chocks« wahrgenommen wurde, deren Effekt eine nachhaltige Wirklichkeitszertrümmerung war, die nur durch gesteigerte Reflexion abgefangen werden konnte.

Das warf die Frage nach dem Selbst- und Weltverhältnis von Subjekten auf, für die das »Chockerlebnis zur Norm« (I, 614) und seine bewusste Verarbeitung zum dominanten Habitus geworden war, hinter dem die konstitutiv präreflexive Erfahrung zunehmend marginalisiert und suspendiert würde. Benjamin bezog sich hier auf Georg Simmel, der den »intellektualistischen Charakter des großstädtischen Seelenlebens« hervorgehoben und behauptet hatte, der Verstand sei das »Schutzorgan gegen die Entwurzelung«, die dem Großstädter drohe, weil er rückhaltlos aus traditionellen sozialen Bindungen freigesetzt sei (vgl. Simmel 1989 ff., Bd. 7, 117). Simmel hat damit Sigmund Freuds Bestimmung des Bewusstseins als Reizschutz vorweggenommen, auf die sich Benjamin bei seiner Exposition des reflektorischen Charakters in der Baudelaire-Studie gestützt hat (vgl. I, 612 ff.). Allerdings gibt es bei Freud einen feinen und für Benjamins spezifische Pointierung des Gedankens wichtigen Unterschied zu Simmel: ging es diesem um einen Vorgang, den man als Verlust stabiler lebensweltlicher Verankerung des Subjekts beschreiben kann, so hatte Freud eher den Schutz gegen die drohende Desintegration des Subjekts selbst durch zu starke äußere Reize im Blick, die vom Bewusstsein gleichsam abgefangen und neutralisiert würden (vgl. Freud 1969ff., Bd. 3, 237f.). Das war es auch, worauf Benjamins These von der »zunehmenden Verkümmerung der Erfahrung« zielte (I, 611), sofern es unter diesen Umständen pure Zufallssache sei, »ob der einzelne von sich selbst ein Bild bekommt, ob er sich seiner Erfahrung bemächtigen kann« (I, 610), wie er in Anlehnung an das ›Madeleine-Erlebnis‹ zu zeigen versuchte, das Proust in seinem Roman *Auf der Suche nach der verlorenen Zeit* beschrieben hatte – jene nichtintendierte Vergegenwärtigung der eigenen Vergangenheit nämlich, die erst durch den zufälligen Genuss eines Gebäcks aus Kinderzeiten ausgelöst wurde. Aber in der Argumentationslinie folgte Benjamin dennoch eher Simmel, indem er die Zerstörung der Möglichkeit gesicherter Selbstkohärenz an dessen Überlegungen zum Sinnverlust durch Mediatisierung des individuellen Weltverhältnisses in der Geldwirtschaft koppelte.

Die Disponibilität der Dinge, die das abstrakte »Medium« Geld bewirkte, hatte Simmel argumentiert, mache die einzelnen Dinge nicht nur prinzipiell erreichbarer, sondern gleichzeitig auch austauschbar und entwerte sie damit nachhaltig. Diese Einbuße der qualitativen Seite der Objekte führe in der Folge nicht nur zum Verlust der Möglichkeit »definitiver Befriedigung«, sondern am Ende auch zum Verlust von »Sinn« (Simmel 1989ff., Bd. 5, 186). Das war es, was sich auch für Benjamin hinter dem Strukturwandel der Erfahrung verbarg. Denn die Kontingenz der »Erlebnisse« war der Grund für den Umstand, dass sie gerade nicht in die unbewussten Schichten des Gedächtnisses eingingen und zu Elementen von »Erfahrung im strikten Sinn« wurden (I, 611). Nicht nur, weil sie vom Bewusstsein abgefangen wurden, wie sich von Freud her sagen ließ, sondern vor allem deshalb, weil sie als kontingente konstitutiv austauschbar und gerade deshalb nicht »auratisch« (I, 441) besetzbar seien, wie man von Simmel her mit dem Begriff Benjamins sagen könnte, der auch hier eine zentrale Rolle spielt, waren »Erlebnisse« gerade keine Bausteine von »Erfahrung«. Das qualitativ Unterscheidende, wenn nicht Unverwechselbare der Dinge, der Ereignisse und vor allem der Bilder, die diese im Gedächtnis zurücklassen, also die unverfügbare Präsenz qualitativer Sinnpotentiale an Gegenständen und Ereignissen, war das unverzichtbare Kriterium für ihren definitiven Ort in der Kohärenz sinnhafter Wirklichkeit, in der allein »Erfahrung im strikten Sinn«, eben »auratische« Erfahrung zustande kommen konnte. Allerdings hat Simmel auch die andere Seite dieses Vorgangs, nämlich den Gewinn »persönlicher Freiheit« durch Freisetzung des Individuums aus tradierten Bindungen gesehen und die Ambivalenz der großstädtischen Lebensform bewusst in der Schwebe gehalten (Simmel 1989ff., Bd. 7, 196). Anders Benjamin. Aber indem er diese Ambivalenz nach der einen Seite hin auflöste und die problematische Seite des Erfahrungsschwunds akzentuierte, gewann er eine analytische Perspektive, in der er eine spezifische Disposition moderner Subjekte erschließen konnte.

Fortschritt und Melancholie

Benjamin hat in der Arbeit über Baudelaire eine kulturgeschichtliche Argumentation fortgeführt, die er 1936 in seinem Essay über den »Erzähler« sozialgeschichtlich begründet hatte: Der Beginn der »zunehmenden Verkümmerung der Erfahrung« (I, 611) fiel mit den Anfängen der Warenproduktion in der Manufaktur und der Auflösung der traditionalen, bäuerlich-handwerklichen Lebenswelt in der frühen Neuzeit zusammen. Denn die Verkümmerung der Erfahrung sei als Verkümmerung narrativ mitteilbarer Weisheit eine Begleiterscheinung »säkularer geschichtlicher Produktivkräfte« (II, 442). Die maschinelle Produktion und die sozio-ökonomische Struktur, die ihr entsprach, präfigurierte allerdings nicht nur die fortschreitende Überlagerung der zyklischen Naturzeit durch eine linear fortschreitende und sich beschleunigende geschichtliche Zeit. Die maschinelle Produktion generierte auch einen strukturellen Komplex, der als Simultanpräsenz heterogener, wenn nicht schlechterdings inkohärenter Wirklichkeiten und als Fiktionalisierung des Denkens durch die Sättigung der Wahrnehmung mit kontingenten Möglichkeiten beschrieben werden konnte. »Mehr als hundert Jahre bevor sie manifest wurde«, heißt es entsprechend in einem Notizkomplex des Passagen-Werks, »bekundet sich die ungeheure Intensivierung des Lebenstempos im Tempo der Produktion. Und zwar in Gestalt der Maschine« (V, 497). Ebenso kam auch die »Simultaneität, diese Grundlage des neuen Lebensstiles« aus der maschinellen Produktion (V, 498). Und mit Bezug auf Marx' Theorem des Fetischcharakters der Ware konstatierte Benjamin »die Doppelrandigkeit der Erscheinungen« im 19. Jahrhundert, nämlich »eine Bedeutung des Rauschs für die Wahrnehmung, der Fiktion für das Denken, wie sie vor dem unbekannt waren« (V, 499).

Benjamin skizzierte damit das Signum einer historischen Entwicklung, die mit Reinhart Koselleck als Beschleunigung der Zeiterfahrung durch das fortschreitende Auseinandertreten von »Erfahrungsraum und Erwartungshorizont« verstanden werden kann, in der die Erfahrung nach und nach zugunsten fiktional erschlossener Fortschrittserwartungen als handlungsleitendes Kriterium suspendiert wird (Koselleck 1979, 349ff.). Aber Benjamin setzte den Akzent nicht auf das epochenspezifische Fortschrittsbewusstsein, sondern – ganz im Sinne seiner später in den geschichtsphilosophischen Thesen formulierten radikalen Fortschrittskritik, die den Fortschritt selbst samt der linearen geschichtlichen Zeit als »Katastrophe« deutete (vgl. I, 703) – auf die Kehrseite dieses Prozesses. Denn mit der »zunehmenden Verkümmerung der Erfahrung« durch die Hegemonie kontingenter Erlebnisse, die sich gerade in den urbanen Lebenswelten des 19. Jahrhunderts manifestierte, korrespondierte die Ausbreitung eines Phänomens, das spätestens »in den vierziger Jahren epidemisch empfunden zu werden« begann, nämlich die »Langeweile« (V, 165), oder genauer: der Ennui, also jenes Lebensgefühl der Leere, der Ohnmacht und des Überdrusses, das im Gegenzug die Erwartung »auratischer« »Erfahrung« steigerte und die ästhetische Produktion der Epoche bestimmte. Am Ende war es dann auch Baudelaire, der die seelische Tektonik dieses Lebensgefühls beschrieben hatte, das er »spleen« nannte und dem er die erfüllte Zeit der »correspondances« als »idéal« entgegensetzte. »Was Baudelaire mit den correspondances im Sinn hatte«, erklärte Benjamin, »kann als eine Erfahrung bezeichnet werden, die sich krisensicher zu etablieren sucht. Möglich ist sie nur im Bereich des Kultischen« (I, 638), also dort, wo Auratisches generiert, institutionalisiert und auf diese Weise wiederum sozial konstitutiv wird. Aber Benjamin ging es nicht um eine Restitution kultischer Erfahrung, ebenso wenig wie es ihm um die Wiedergewinnung »auratischer« Qualitäten ging, obwohl er die Persistenz ihrer Erwartung noch in ihrer säkularen Form der individuellen Glücksvorstellung identifizierte, in deren konstitutiver Totalitätserwartung »unveräußerlich« die Vorstellung von »Erlösung« mitschwang (I, 693).

Ontologie der Moderne und historische Anthropologie

Georg Lukács hatte den grundsätzlichen Widerspruch der modernen Metaphysik 1920 in eine Formel gebracht, die besagte, dass die Neuzeit ein »Zeitalter« sei, »für das die extensive Totalität des Lebens nicht mehr sinnfällig gegeben ist, für das die Lebensimmanenz des Sinnes zum Problem geworden ist, und das dennoch die Gesinnung zur Totalität hat« (Lukács 1971, 30). Benjamin hat diese Diagnose geteilt. Aber er hat sie nicht normativ gewendet, sondern analytisch präzisiert und den Versuch unternommen, sie gegen ihre normativen Wendungen zu kehren. Unter der Voraussetzung des Verfalls »auratischer« Erfahrung und der gleichzeitigen Persistenz, wenn nicht Radikalisierung ihrer Erwartung, die sich als Glückserwartung artikulierte, deren Modell die Erlösung war und deren historischen Entstehungsnexus die europäische Melancholie bildete, konstatierte Benjamin nämlich zwei Prinzipien moderner Subjektivität, die sich im Laufe des 19. Jahrhunderts entwickelt hatten, und die sich im frühen 20. Jahrhundert zu gegenläufigen strategischen Optionen formierten, die beide ausgesprochen problematisch waren.

Auf der einen Seite ging es darum, »Erfahrung im strikten Sinne« unter den modernen gesellschaftlichen Bedingungen »auf synthetischem Wege herzustellen«, wie Benjamin mit Bezug auf Proust erklärte. »Denn mit ihrem Zustandekommen auf natürlichem Wege wird man weniger und weniger rechnen können« (I, 609). Aber was Proust noch als glücklichen Zufall beschrieben hatte, der plötzlich die eigene Vergangenheit mit der Gegenwart zu einem kohärenten Ganzen verband, wurde in den Avantgardismen der Klassischen Moderne zum expliziten, wenn auch verschieden konkretisierten Programm, neue Erfahrung selbstmächtig durch säkulare Totalitätsstiftung zu konstruieren. Das Konzept der Souveränität, das Benjamin mit Blick auf die konstruktivistische Linie der modernen Kunst und ihren geradezu »diktatorischen« Zug (II, 307) darin identifizierte, bedeutete allerdings, dass diese Erfahrung in nichts anderem gegründet werden konnte als in der puren Authentizität, also in der kontingenten Faktizität des konstruierenden Subjekts.

Wirklich fatal, weil im Effekt am Ende geradezu katastrophisch, war für Benjamin allerdings die andere, die gegenläufige strategische Option, die nicht auf die rationale Konstruktion »auratischer« Erfahrung, sondern auf ihre irrationale Simulation durch finale Überbietung aller »chockförmigen« Erlebnisse zielte. Denn das »Ideal des chockförmigen Erlebnisses« war die »Katastrophe« (V, 642), jenes »totale Erlebnis« nämlich, das »von Hause aus tödlich« war, das der Krieg »aufs Unübertrefflichste« präfigurierte (V, 962), und dessen Motor die Sehnsucht nach der »Sensation« bildete, die der Ennui provozierte (III,

198). Wenn sich nämlich das Einzigartige nur noch als Steigerung und Überbietung des Erlebnisses vorstellen lässt, hatte allein das Sensationelle die Chance, diese Qualität zu erlangen. Und der konkurrenzlose Idealfall der Sensation war eben das »totale Erlebnis«, das in seiner äußersten Form gleichsam der Kurzschluss aller möglichen Erlebnisse war. Auch hier handelt es sich um ein Konzept souveräner Subjektivität – freilich nicht um ein konstruktives, sondern um ein destruktives der Selbstverausgabung in der finalen Überschreitung, die die verschiedenen expressionistischen Strömungen der Klassischen Moderne bis hin zum Surrealismus mit seinem »radikalen Begriff von Freiheit« (II, 306) charakterisiert, und das später dann von Georges Bataille ebenfalls auf den Begriff der Souveränität gebracht worden ist, der sich damit als eine höchst ambivalente Kategorie des Äußersten erweist. Umfassende Ordnungserwartung oder schrankenlose Intensitätserwartung waren die strategischen Extreme, in deren Spannungsfeld sich für Benjamin ein historischer Subjektivitätstyp realisierte, der zwar tendenziell keine »auratische« Erfahrung mehr hatte, aber die ebenso vehemente wie am Ende unerfüllbare Intention auf sie.

Auf diesem Hintergrund öffnet sich Benjamins ästhetische Theorie der Moderne vollends auf eine historische Anthropologie: Wenn die neue, nicht-»auratische« Kunst, deren Leitmedium der Film ist, die Menschen sensorisch in die artifiziellen Wirklichkeiten der Moderne einübt, ist es gerade die massenkulturelle Konditionierung des Individuums, die eine souveräne Subjektivität strukturell vereitelt. Denn der Film verlegt den Ort der Kohärenz wieder in die außersubjektive Wirklichkeit – nicht in dem Sinne freilich, in dem Siegfried Kracauer dem Film die »Errettung der physischen Realität« gegen die zunehmende Abstraktheit moderner Weltverhältnisse übertrug (Kracauer 1964, 389), sondern entschieden in dem Sinne, dass der Film das auf Abstraktion gestellte, hochgradig artifizielle moderne Weltverhältnis gerade für das menschliche Sensorium zu einer Selbstverständlichkeit macht. Das signalisiert am Ende auch jene Notiz im Passagen-Werk, die den Einübungsgedanken auf die massenkulturelle Evokation einer neuen Ontologie finalisiert, die den modernen Wirklichkeiten angemessen wäre: »Man kann das Formproblem der neuen Kunst geradezu formulieren: Wann und wie werden die Formenwelten, die in der Mechanik, im Film, im Maschinenbau, in der neuen Physik etc. ohne unser Zutun heraufgekommen sind und uns überwältigt haben, das, was an ihnen Natur ist, uns deutlich machen? Wann wird der Zustand der Gesellschaft erreicht sein, in dem diese Formen oder die aus ihnen entstandenen sich als Naturformen uns erschließen?« (V, 500). Darin steckte nicht zuletzt die Hoffnung, die totalitäre und namentlich die faschistische Mythisierung der Technik könnte in einer zweiten Entzauberung der Welt nicht nur intellektualistisch, sondern sensorisch gebrochen werden. Darin steckte allerdings über diese zweite Entzauberung hinaus auch die Frage, ob nicht ausgerechnet die massenkulturelle Ästhetisierung des Sozialen ein entdramatisiertes Verhältnis der Menschen zur vehementen Modernisierung vorbereiten könnte – ein Verhältnis zur Modernisierung, für das die neuzeitliche Leitkonzeption souveräner politisch-ästhetischer Subjektivität – so oder so – entbehrlich wäre, weil es nicht mehr von den absoluten Ordnungs- und Intensitätserwartungen geleitet würde, die im Horizont der melancholischen Ersatzformen ehemals religiöser Weltverhältnisse entstanden waren.

Literatur

Bataille, Georges: »Die Souveränität« [frz. 1956]. In: Ders.: *Die psychologische Struktur des Faschismus/Die Souveränität.* München 1978, 45–86.

Benjamin, Walter: *Gesammelte Schriften.* 7 Bände. Hg. von Rolf Tiedemann und Hermann Schweppenhäuser. Frankfurt a. M. 1971–1989.

Freud, Sigmund: »Jenseits des Lustprinzips« [1921]. In: Ders.: *Studienausgabe.* Hg. von Alexander Mitscherlich. Frankfurt a. M. 1969 ff., Bd. 3, 121–169.

Horkheimer, Max/Adorno, Theodor W.: »Kulturindustrie. Aufklärung als Massenbetrug« [1944]. In: Max Horkheimer: *Gesammelte Schriften.* Hg. von Alfred Schmidt und Gunzelin Schmid Noerr. Frankfurt a. M. 1985 ff., Bd. 5, 144–196.

Koselleck, Reinhart: »›Erfahrungsraum‹ und ›Erwartungshorizont‹ – zwei historische Kategorien«. In: Ders.: *Vergangene Zukunft. Zur Semantik geschichtlicher Zeiten.* Frankfurt a. M. 1979, 349–375.

Kracauer, Siegfried: *Theorie des Films. Die Errettung der äußeren Wirklichkeit.* Hg. von Karsten Witte. Frankfurt a. M. 1964 (engl. 1960).

Lindner, Burkhardt (Hg.): *Benjamin-Handbuch. Leben – Werk – Wirkung.* Stuttgart/Weimar 2006.

Lukács, Georg: *Die Theorie des Romans. Ein geschichtsphilosophischer Versuch über die Formen der großen Epik* [1920]. Darmstadt/Neuwied 1971.

Makropoulos, Michael: *Modernität als ontologischer Ausnahmezustand? Walter Benjamins Theorie der Moderne.* München 1989.

Marbacher Magazin 55/1990: *Walter Benjamin. 1892–1940. Eine Ausstellung des Theodor W. Adorno Archivs in Verb. mit dem Deutschen Literaturarchiv.* Bearbeitet von Rolf Tiedemann, Christoph Gödde und Henri Lonitz. Marbach am Neckar ^{3}1991.

Raulet, Gérard: *Le caractère destructeur. Esthétique, théologie et politique chez Walter Benjamin.* Paris 1997.
Reijen, Willem van/Doorn, Herman van: *Aufenthalte und Passagen. Leben und Werk Walter Benjamins. Eine Chronik.* Frankfurt a. M. 2001.
Schmitt, Carl: *Politische Theologie. Vier Kapitel zur Lehre von der Souveränität* [1922]. Berlin 1985.
Simmel, Georg: *Gesamtausgabe.* Hg. von Otthein Rammstedt. Frankfurt a. M. 1989 ff.
Witte, Bernd: *Walter Benjamin mit Selbstzeugnissen und Bilddokumenten.* Reinbek 1985.

Michael Makropoulos

III.3 Aktualisierungen (seit 1945)

1. Philosophische Anthropologie

Der Grund, auf dem die Figur des Menschen in der Zeichnung der philosophischen Anthropologie seit den 1920er Jahren sichtbar wird, ist der Begriff des Lebens. Doch bestimmen sich, gestalttheoretisch gesprochen, Figur und Grund wechselseitig. Dies lässt sich im vorliegenden Fall an der Doppeldeutigkeit im Lebensbegriff selbst darlegen. ›Leben‹ nennen wir sowohl einen *organischen Prozess* (griech. *zōē*) als auch *unsere je eigene, menschliche Existenz* (griech. *bios*). Der Mensch, so lautet der Basisbefund der philosophischen Anthropologie, ist ein *Lebe*wesen, das sein *Leben führen muss* (Plessner 1980 ff., Bd. 4, 384). Er markiert genau die Stelle im Sein, an der Zoologie in Biographie umschlägt. Menschsein heißt, *im* Leben *mehr als* (organisches) Leben zu sein. Die Begriffe ›Mensch‹ und ›Leben‹ sind also dergestalt wechselseitig aufeinander bezogen, dass der Mensch eine Binnendifferenzierung des Lebensbegriffs motiviert, die von ihm selbst ausgetragen wird. Während sich auf der einen Seite nicht- bzw. vormenschliches und menschliches Leben gegenüberstehen, koinzidieren sie auf der anderen genau dort, wo sie auseinandertreten.

Kraft seiner Naturanlage ist der Mensch jedoch nicht nur gezwungen, sein Leben zu führen, er muss darüber hinaus auch das *Milieu* schaffen, in dem er dieser Aufgabe nachgehen kann. Dieses Milieu ist die *Kultur*. Damit ist der Bezug der Anthropologie zur Kulturphilosophie hergestellt, den es im Folgenden zu präzisieren gilt. Dass der Mensch »von Natur ein Kulturwesen« ist (Gehlen 1993, 88), kommt in Plessners »anthropologischem Grundgesetz« der »natürlichen Künstlichkeit« prägnant zum Ausdruck (Plessner 1980 ff., Bd. 4, 383 ff.). In Form eines Oxymorons fasst es begrifflich die dialektische Struktur, dass die Kultur aus der Natur hervorgeht und sekundär selbst den Charakter einer *zweiten* Natur (*altera natura*) annimmt. Der Mensch ist zwar nicht wie das Tier umweltgebunden, sondern weltoffen, doch erzeugt die Vermittlung seiner Weltoffenheit durch symbolische Medien (Sprache, Kunst, Wissenschaft usw.) eine »künstliche Horizontverengung« (Plessner 1983, Bd. 8, 189), sozusagen eine Umwelt zweiter Ordnung. Die Kultur ist uns – und zwar durchaus im Wortsinne – immer schon in Fleisch und Blut übergegangen.

Die philosophische Anthropologie reflektiert von Anfang an nicht nur die Bedingungen, sondern auch die *Praxis* der Lebensführung als eine Orientierungsleistung, die das Individuum kultiviert, das bedeutet: mit Kulturtechniken vertraut macht, im Umgang mit anderen Menschen schult und für deren wie für die eigenen Freiheitsrechte sensibilisiert. Vor diesem Hintergrund verwundert es nicht, dass insbesondere in den 1930er und 1940er Jahren der *Handlungs*begriff das zuvor prominente Thema der Sonder*stellung* des Menschen im Kosmos durch Dynamisierung der Position in Aktion ablöst. Eine weitere Akzentverschiebung erfährt die anthropologische Betrachtung durch die Aufweichung der Grenze zwischen dem, was die Natur aus dem Menschen und dem, was der Mensch aus sich selber macht, oder – mit Kantischen Termini – zwischen physiologischer und pragmatischer Anthropologie. Angesichts der Möglichkeiten moderner Biotechnologie sieht sich der Mensch zunehmend mit der normativen Dimension seines Selbstverständnisses als Naturwesen konfrontiert.

Der Horizont der Kultur: Welt

Kant hat die Anthropologie als paraphilosophische Disziplin im Rahmen seiner akademischen Lehrtätigkeit begründet. Er rechnet sie nicht der Schulphilosophie selbst, sondern dem Bereich ihrer *Anwendung* zu. Hinsichtlich der von ihm in der Lehre vertretenen Fächer unterscheidet er zwischen solchen, die die Schulkenntnis und anderen, die die Weltkenntnis der Studenten befördern. Zur Schulkenntnis tragen von seiten der »reinen Philosophie« Logik, Metaphysik und Moralphilosophie bei. Sie machen die Studierenden »geschickt« im wissenschaftlichen Umgang mit den jeweiligen sachlichen Inhalten. Unterricht in Weltkenntnis erteilen hingegen pragmatische Anthropologie und physische Geographie. Vorlesungen zu letzterer bietet Kant jedes Sommersemester von 1756 bis 1796, ab 1773 im Wechsel mit der Anthropologie an. Vom Wintersemester 1772/73 bis zum Wintersemester 1795/96 hat er seine Vorlesung zur Anthropologie insgesamt 24 Mal gehalten. Im Jahr 1798 gibt er sie als schriftliches Kompendium unter dem Titel *Anthropologie in pragmatischer Hinsicht* heraus. Anthropologie und Geographie zählen zur pragmatischen Weltkenntnis, weil sie den Menschen als Weltbürger im Blick haben. In der Geographie geht es um das Verhältnis zwischen der natürlichen Umwelt und den Menschen, die in ihr leben, in der Anthropologie um das Verhältnis des Einzelnen zu sich, zu Anderen sowie zur Menschheit als ganzer.

Um die Unterscheidung zwischen Schul- und Weltkenntnis besser zu verstehen und damit auch den Bezug der Kantischen Anthropologie zur Kulturphilosophie stärker zu konturieren, ist es hilfreich, sich den Adressatenkreis der Geographie- und Anthropologie-Vorlesungen vor Augen zu führen. Kants Hörer waren im Schnitt vermutlich zwischen 16 und 18 Jahren alt und aspirierten überwiegend die höheren Fakultäten der Medizin, Jurisprudenz und Theologie. Deren Weltkenntnis insbesondere durch pragmatische Anthropologie zu fördern, bedeutet nach Kant, den künftigen Ärzten, Juristen und Geistlichen nützliche Hinweise für den Gebrauch ihres im Studium erworbenen Schulwissens unter Menschen ›in der Welt‹ an die Hand zu geben. Dabei versteht Kant seine Vorlesungen als »Generalkenntnis«, d. h. als einen Plan zur Orientierung der Menschenkenntnis nach Begriffen des Weltmanns (vgl. Kant 1910 ff., Bd. 7, 120). ›Pragmatisch‹ nennt er diesen Zweig der Anthropologie zum einen, weil es nicht zuletzt um die »Kenntniß des Menschen« gehen soll, »vermöge welcher wir Andere nach unserer Absicht zu lenken im Stande sind« (Kant 1910 ff., Bd. 25, 855): sei es, sie für eine bestimmte Therapie zu gewinnen; sei es, sie von der Unschuld eines Mandanten zu überzeugen; sei es, sie auf den rechten Pfad zu Gott zu führen. Zum anderen grenzt das Adjektiv ›pragmatisch‹ die Erforschung dessen, was der Mensch »als freihandelndes Wesen aus sich selber macht, oder machen kann und soll«, von dem Interesse dafür ab, »was die *Natur* aus dem Menschen macht« (Kant 1910 ff., Bd. 7, 119). Letzteres ist Gegenstand der physiologischen Anthropologie. In ihr wird der Mensch für sich selbst zum bloßen Objekt, während er für die pragmatische Anthropologie ein in der Welt engagiertes Subjekt ist.

Mit ›Mensch‹ und ›Welt‹ markieren zwei Begriffe die Brennpunkte der Weltkenntnis, zu denen es jeweils ein Pendant in der philosophischen Schulkenntnis gibt. Entwicklungsgeschichtliche Vorgängerin der Anthropologie im Kantischen Denken ist die empirische Psychologie, die ihren Platz zunächst noch im Kanon der Metaphysik vor Kosmologie, Ontologie, rationaler Psychologie und rationaler Theologie hat, nach der kritischen Wende zu Beginn der 1770er Jahre jedoch – nun als Anthropologie – auf die Seite der Weltkenntnis wandert (vgl. Brandt 1999, 10 f.). Beraubt Kant den rationalen Seelenbegriff durch Vernunftkritik seines Substanzanspruchs und verschlankt ihn auf eine regulative Idee, so erweitert er den empirischen Seelenbegriff durch Anthropologie zum Menschen. Analog dazu verfährt er mit dem Gegenstand der Kosmologie – wird die Welt in der transzendentalen Dialektik zur Idee, so konkretisiert sie sich in der Geographie zur Kultur, verstanden als die irdische Lebenswelt des Menschen.

Mit dieser Wende von der Schulmetaphysik zur menschlichen Lebenswelt, die übrigens auch nicht mit dem physikalischen Universum der Naturwissenschaft zusammenfällt, ist nach Odo Marquard (1965) allerdings erst eine von zwei Bedingungen für die Etablierung einer philosophischen Anthropologie erfüllt. Die ›Lebensweltphilosophie‹ musste erst noch ihrerseits eine Wende zur Natur erfahren, durch die sich der Fokus von der Bestimmung (*destinatio*) auf die Definition (*determinatio*) des Menschen verlagert. Die Kantische Anthropologie mündet in eine Geschichtsphilosophie. Der Mensch ist »animal rationabile«, das geschichtlich aus sich selbst erst ein »animal rationale« machen muss (Kant 1910 ff., Bd. 7, 321). Dieser Prozess lässt sich dreidimensional nach Kultivierung, Zivilisierung und Moralisierung beschreiben, die mit der technischen Anlage des Menschen zu Geschicklichkeit, der pragmatischen zu Klugheit und der moralischen zu Weisheit korrespondieren (vgl. ebd., 324). Als psychologischer Realist wusste Kant, dass das historische Ziel der Selbstvervollkommnung (Perfektibilität) dem Einzelnen unerreichbar und für die Gattung eine regulative Idee auf ihrem Weg zu einer weltbürgerlichen Gesellschaft bleibt.

In Marquards Rekonstruktion schließen sich Geschichtsphilosophie und Anthropologie aus: »Wende zur Geschichtsphilosophie ist nur als Abkehr von der Anthropologie, Wende zur Anthropologie ist nur als Abkehr von der Geschichtsphilosophie möglich. Darum ist die Gegenwartsphilosophie, wo sie im Namen der Lebenswelt zur Geschichtsphilosophie sich wendet, Anthropologiekritik. [...] Darum kommt es gegenwärtig [d.i. 1965] zur Anthropologie exemplarisch durch Absage an diese Absage [an die Anthropologie], d. h. durch Abkehr von der Geschichtsphilosophie« (Marquard 1965, 218 f.). Die Gefahr, die mit der von Marquard so genannten Wende der Lebensweltphilosophie zur Natur verbunden und der die Philosophie des 19. Jahrhunderts nicht immer entgangen ist, besteht darin, dass sich die pragmatische Anthropologie zur physiologischen umkehrt. Dann blendet sie jedoch gerade das Selbstsein des engagierten Subjekts aus, um das es Kant geht: Es reicht nicht, die Welt zu *kennen*, das heißt, das Spiel zu verstehen, dem man bloß zugesehen hat; die Hörer seiner Vorlesungen sollen darüber hinaus auch Welt *haben*, indem sie im Spiel des Lebens selbst mitspielen (vgl. Kant 1910 ff., Bd. 7, 120).

Die Grenze der Kultur: Natur

Das Paradigma für die Beschreibung des genuin menschlichen Weltverhältnisses, an dem sich die philosophische Anthropologie der 1920er Jahre (und auch darüber hinaus) abarbeitet, ist die Funktionskreislehre des Biologen Jakob Johann von Uexküll (vgl. Uexküll 1909; 1920). Umwelt und Innenwelt der Tiere bilden einen Funktionskreis, der bestimmt ist durch das jeweils artspezifische Rezeptor- und Effektorsystem. Das Interieur der Umwelt spiegelt die anatomische Ausstattung des Organismus mit Wahrnehmungs- und Bewegungsorganen wider: Ein Objekt besitzt für das Tier genau die Merk- und »Wirkmale«, die von ihm bemerkt bzw. beeinflusst werden können. Merk- und Wirkwelt sind auf seiten der Umwelt gekoppelt mit den sensorischen sowie motorischen Aktivitätsmustern der Innenwelt. In der Konsequenz führt der Uexküllsche Ansatz zu einem Pluriversum, in dem es so viele verschiedene Umwelten wie Tierspezies gibt. Die Frage, die sich nun der Anthropologie stellt, lautet, ob die Funktionskreislehre ein hinreichendes Instrument bietet, um auch menschliche Wahrnehmung und menschliches Verhalten zu beschreiben.

Eine unmissverständliche Antwort auf diese Frage gibt Max Scheler in seiner Schrift *Die Stellung des Menschen im Kosmos* von 1928: Tiere leben in einer Umwelt, Menschen in der Welt. Der Schlüsselbegriff von Schelers Anthropologie ist *Weltoffenheit*: »Der Mensch ist das X, das sich in unbegrenztem Maße ›weltoffen‹ verhalten kann.« (Scheler 1976, 33). Sein Objektbezug ist nicht ausschließlich durch *intrinsische* (An-)Triebe gesteuert, sondern in geistigen Akten auch *extrinsisch* »vom *puren Sosein* eines zum *Gegenstand* erhobenen Anschauungs- oder Vorstellungskomplexes« affizierbar (ebd.). Ein klassisches Beispiel für diese interesselose Anregbarkeit durch das bloße Sosein von etwas ist das Staunen, wie angesichts des nächtlichen Sternenhimmels. Ein solches Etwas wird mittels geistiger Anschauung oder Vorstellung zur Sache. »Geist ist daher *Sachlichkeit*, Bestimmbarkeit durch das Sosein von Sachen selbst« (ebd., 32). Die Begriffe ›Umwelt‹ und ›Welt‹ korrespondieren streng mit den Begriffen ›Leben‹ und ›Geist‹. Indem das Lebewesen ›Mensch‹ auch geistiger Akte fähig ist, verlässt es die von Triebimpulsen abhängige Umwelt und öffnet sich für Welt. Scheler leugnet nicht die Tiernatur des Menschen und unterscheidet definitorisch zwischen natursystematischem und Wesensbegriff. Als Lebewesen ist der Mensch ein Tier unter Tieren (natursystematischer Begriff), als geistiges Wesen Person (Wesensbegriff).

Die Versachlichung der weltlichen Gegenstände bewerkstelligt der Geist durch *Ideierung*, d. h. indem er Dasein und Wesen trennt. Geistig ist demnach nicht schon das Erfassen der konkreten Anzahl von Dingen, sondern erst das Operieren mit abstrakten Zahlen. Um von der Anzahl zur Zahl zu gelangen, muss die Wirklichkeit gezählter Objekte suspendiert und müssen diese auf das *Eidos* ›Menge‹ reduziert werden. Weil die Wirklichkeit primär als Widerstand für den Lebensdrang erlebt wird, wendet sich der ideierende Geist gegen das Leben. Der Mensch wird so zum »Neinsagenkönner«, »Asket[en] des Lebens« und zum »ewige[n] Protestant[en] gegen alle bloße Wirklichkeit« (ebd., 44). Seine geistige Natur besteht in der *Konversion* seiner animalischen Natur. Weltoffenheit bedeutet, die vitale Richtung, die im Tier-Umwelt-Verhältnis von Innen nach Außen verläuft, beim Mensch-Welt-Verhältnis in den Primat des unabhängigen Außen *umzukehren*.

Auch wenn der Geist den Menschen zum Konvertiten macht, ist er doch selbst ohnmächtig und energetisch auf die Umwandlung der Triebenergie des Lebens angewiesen. Scheler knüpft hier an Freuds Sublimierungstheorie an, allerdings mit dem Unterschied, daß er dem Geist Autonomie zubilligt – dieser besitzt zwar keine eigene Energie, geht aber als eigenständiges Prinzip nicht aus dem Leben hervor. Durch Hemmen und Enthemmen *lenkt* der Geist die Triebe, durch Vorhalten einer Idee bzw. eines Wertes *leitet* er sie. Aus diesem Prozess entspringt die menschliche Kultur: Sie ist geistig sublimiertes Leben – und damit zugleich genau dasjenige Sein, das einen Ausgleich zwischen dem Lebens- und dem Geistprinzip möglich macht. Trotz ihrer Gegenläufigkeit sind Geist und Leben »aufeinander hingeordnet« (ebd., 67), indem der Geist das Leben sublimiert und das Leben den Geist realisiert. Die Ideierung suspendiert zwar den Wirklichkeitssinn des Lebensdrangs, aber nur, um denselben mit der so gewonnenen Idee anzuleiten. Vor diesem Hintergrund ließe sich – was Scheler freilich unterlässt – die Kultur als das Spiel der oszillierenden Suspension (Ideierung) und Direktion (Sublimierung) von Wirklichkeit definieren.

Hinsichtlich seiner Stellung im Kosmos kennzeichnet Scheler den Menschen als »weltexzentrisch« (ebd., 69): Mitten in der Natur steht er aus dieser heraus und vermag sie als ganze in den Blick zu nehmen. Als geistiges Wesen ist der Mensch fähig, in ideierenden Akten Allgemeinbegriffe zu bilden. Der Inbegriff der Erkenntnis des Allgemeinen als solchen, sofern es *ist*, trägt seit alters den Namen ›Metaphysik‹. Betrachtet man das von ihr ergründete Allgemeine selbst als ein Besonderes, das auch *anders* sein könnte, öffnet sich das Feld für Religion, die Rettung aus der Kontingenz des So-und-nicht-anders durch Bergung in einem absoluten Sein verspricht. Metaphysik und Religion sind daher die kulturellen Bewältigungsformen der existentiellen Exposition, die mit der menschlichen Weltoffenheit verbunden ist.

Die weltexzentrische Position des Menschen steht auch im Mittelpunkt von Helmuth Plessners *Die Stufen des Organischen und der Mensch* (1928), den Scheler deswegen, wiewohl ungerechtfertigt, des Plagiats bezichtigte. Plessner steht als gleichberechtigter Mitbegründer der philosophischen Anthropologie im 20. Jahrhundert neben Scheler; beide bilden zur selben Zeit am selben Ort, der Universität Köln, ihre Naturphilosophie vom Menschen aus (vgl. Fischer 2008). »Ohne Philosophie des Menschen keine Theorie der menschlichen Lebenserfahrung in den Geisteswissenschaften. Ohne Philosophie der Natur keine Philosophie des Menschen. [...] Die Theorie der Geisteswissenschaften braucht Naturphilosophie« (Plessner 1980 ff., Bd. 4, 63). Getreu dieser Direktive entwickelt Plessner ein Stufenmodell, welches Leben in kategorial unterscheidbaren Formen der aktiven Grenzziehung eines Organismus gegenüber seiner Umwelt beschreibt. Mit ihrer Grenze behaupten Lebewesen eine Stellung – Leben ist positionales Sein. Von der offenen Organisationsform der Pflanze unterscheidet Plessner die geschlossene des Tieres, dessen Erleben und Verhalten auf eine vitale Mitte (Nervensystem) bezogen ist. Die animalische Stufe hebt sich durch zentrische Positionalität von der vegetativen Stufe ab. Den Menschen definiert hingegen *exzentrische Positionalität*: Er lebt nicht bloß aus seinem Zentrum heraus bzw. auf dieses hin, sondern erlebt außerdem dieses Zentrum selbst, und zwar nicht von einem zweiten, externen Zentrum aus, sondern indem er in die eigene Mitte ›hineingestellt‹ ist (ebd., 364).

Dort, wo Plessner die Wirkungsweise der exzentrischen Positionalität darstellt, leitet er von der Naturphilosophie zu einer Theorie der Geisteswissenschaften über, die sich kulturphilosophisch ausdeuten lässt. Die menschliche Exzentrizität führt in Außen-, Innen- wie Mitwelt zu charakteristischen »Doppelaspekten«, die es möglich machen, dass der Person Welt überhaupt erscheinen kann. In der *Außenwelt* zeigt sich der Doppelaspekt von Leib und Körper, dass sich der Mensch als physischer Körper unter Körpern objektiviert. In der *Innenwelt* treten »geschehende« und »vollziehende Existenz« (ebd., 373) als Erlebnis einerseits und Ich andererseits auseinander; dieser Doppelaspekt begründet das menschliche Ichbewusstsein. In der *Mitwelt* schließlich herrscht der Doppelaspekt von individuellem und allgemeinem Ich, man könnte auch sagen: zwischen subjektivem und objektivem Geist. Exzentrische Positionalität bedeutet in allen drei Sphären die rekursive Perspektivierung einer Primärperspektive (Leib, Erlebnis, Individuum).

Gerade die Mitwelt bietet sich an, als Kultur verstanden zu werden. Doch zeigen die drei von Plessner angeführten »anthropologischen Grundgesetze« (ebd., 383 ff.), dass dies eine verkürzende Interpretation wäre. Denn »natürliche Künstlichkeit« und »vermittelte Unmittelbarkeit« (ebd., 396 ff.) bestimmen ebenso die Außenwelt wie die Innenwelt (z. B. Sprachlichkeit des Denkens). Der »utopische Standort« – sein »Stehen im Nirgendwo« (ebd., 419, 424) – lässt den Menschen in der Kultur den Halt suchen, den er in der Natur aufgrund seiner exzentrischen Positionalität nicht finden kann. Metaphysik und Religion sind, wie schon bei Scheler, Kontingenzbewältigungsmaßnahmen auf einem hohen Reflexionsniveau, die freilich verschiedene historische und kulturelle Formen hervorgebracht haben.

Mit dem Begriff der Weltoffenheit hat Scheler der philosophischen Anthropologie das entscheidende Stichwort gegeben. Während aber für ihn der Eintritt des Menschen in die Welt eine radikale Umkehrung des Tier-Umwelt-Verhältnisses voraussetzt (Konversion) und durch das autonome Geistprinzip eine Diskontinuität zwischen Natur und Welt stiftet, bleibt in Plessners Stufenmodell durch Rückbeziehung der jeweils höheren Stufe auf die niedrigere (Rekursion) eine gewisse Kontinuität bestehen. Denkt auch Plessner die menschliche Welt von der Natur her, so nimmt Martin Heidegger wiederum eine dritte Position ein, indem er am Primat des In-der-Welt-Seins und damit des »Phänomens der Weltlichkeit« vor dem der Natur festhält. »Natur ist –

ontologisch-kategorial verstanden – ein Grenzfall des Seins von möglichem innerweltlichen Seienden« und verdankt sich »einer bestimmten Entweltlichung der Welt« im und durch Erkennen (Heidegger [17]1993, 65). Wenngleich Heidegger seine Philosophie als Ontologie und nicht als Anthropologie verstanden wissen will, knüpft er doch mit seiner dreiteiligen These, der Stein sei weltlos, das Tier weltarm, der Mensch weltbildend (Heidegger [2]1992, 261 ff.), sowohl an Uexküll als auch an Scheler an. Wie bei Scheler und Plessner darf man im Falle Heideggers den Weltbegriff auf den Kulturbegriff beziehen: Weltbildung versteht letzterer als »Enthüllung des Seins des Seienden« (ebd., 524) im Besorgen, d. h. im Umgang mit Kulturgegenständen. Auf der Folie dieser Rekonstruktion ist für Scheler die Kultur qua Menschenwelt das Andere der Natur; Plessner und Heidegger hingegen lassen einen kontinuierlichen Grenzübergang zwischen beiden Sphären zu: für den einen ist die Natur *terminus a quo* der Kultur (Plessner), für den anderen *terminus ad quem* (Heidegger).

Die Praxis der Kultur: Handlung

Scheler, Plessner und Heidegger bestimmen das Sein des Menschen im Hinblick auf seine Sonderstellung in der Welt. Seit den 1930er/40er Jahren verdrängt der Handlungsbegriff zunehmend den Seinsbegriff aus dem Zentrum der Anthropologie. An erster Stelle ist hier Arnold Gehlen zu nennen, der mit seiner Definition des Menschen als handelndes Wesen explizit an Nietzsches Formel vom »nicht festgestellten Tier« anschließt (Gehlen 1993, 30; vgl. Nietzsche [2]1988, 81). Der Zusammenhang zwischen Handeln und Nichtfestgestelltsein erhellt durch das folgende Schema, das Gehlens *Der Mensch. Seine Natur und seine Stellung in der Welt* (1940) zugrunde liegt: Der Mensch ist ein Mängelwesen, das sich von seinen Mängeln mittels Handlungen entlasten muss. Im Vergleich zu den Tieren ist der Mensch unangepasst, unspezialisiert und unentwickelt: Er besitzt nur schwache Instinkte, keine besonders scharfen Sinne und bedarf nach der Geburt recht lange des Schutzes seitens der adulten Artgenossen. Weder mit einem natürlichen Witterungsschutz, noch mit Angriffsorganen oder zumindest effizienten Fluchtmechanismen ausgestattet, bewohnt er keine ökologische Nische, in die er eingepasst wäre. Konstitutionell unterformiert wie obdachlos muss sich der Mensch selbst zu dem machen, der er ist. Genau dies leistet er in Handlungen, durch die er allererst eine Stellung in der Welt einnimmt. Handlungen sind »Akte des Stellungnehmens nach außen« (Gehlen 1993, 30); erst kraft eigener Anstrengung ›stellt‹ sich der unfertige Mensch ›fest‹.

Positiv gewendet bedeutet das natürliche Nichtfestgestelltsein Freiheit. Was aber in der Renaissanceanthropologie, wie z. B. bei Giovanni Pico della Mirandola, noch die Würde des Menschen ausmacht, wird bei Gehlen zur Bürde, die nach Entlastung verlangt. So ist auch die Umwertung der Weltoffenheit als Reizüberflutung zu verstehen: Perzeptiv nicht durch Triebinteressen umweltgebunden zu sein, bedeutet zunächst, einen Überschuss an unspezifischen Wahrnehmungen zu haben, der bewältigt werden muss. Kategorienbildung und Sprache sind daher nicht luxurierende Superaddita, Mitgift höherer Anlagen, sondern notwendige Kompensationsstrategien angesichts unseres angeborenen Mangels an natürlichen Ordnungsmustern. Es gehört zu den »physischen Bedingungen« des Menschen, »ein Wesen der *Zucht*« zu sein: »Selbstzucht, Erziehung, Züchtung als In-Form-Kommen und In-Form-Bleiben gehört zu den Existenzbedingungen eines nicht festgestellten Wesens« (ebd.). Für die Formierung sowohl seiner selbst als auch seines Umfeldes wird die Natur zum Stoff – in ihrer Transformation wird sie zur *Kultur*: »Der Inbegriff der [vom Menschen] ins Lebensdienliche umgearbeiteten Natur heißt *Kultur*, und die Kulturwelt ist die menschliche Welt« (ebd., 37) mit ihren spezifischen Ordnungen.

Gleichwohl avanciert nicht die Kultur zum »Schlüsselbegriff der Anthropologie« (ebd., 69), sondern das Entlastungsprinzip. Handlungen sind »*produktive* Akte der Bewältigung der Mängelbelastung« (ebd., 36) und ihrer Produktivität verdanken sich erst subjektive (Gewohnheit) wie objektive Kultur (Institutionen), die übrigens von Renaturierung bedroht sind. Indem der »Fortschritt der Zivilisation [...] Traditionen, Rechte, Institutionen schleift, [...] *vernatürlicht* er den Menschen, primitivisiert ihn und wirft ihn zurück auf die *natürliche* Unstabilität seines Instinktlebens.« Deshalb vertritt Gehlen einen ausdrücklich gegen Rousseau gerichteten Standpunkt und macht sich »für eine Philosophie des Pessimismus und des Lebensernstes« stark, deren Wahlspruch »Zurück zur Kultur!« lautet (Gehlen 1961, 59 f.). Der Abbau jener Ordnungen, die gerade Entlastung bringen sollen, erzeugt im Umkehrschluss neue Belastungen. Die Kultur versichert nicht bloß gegen die Risiken der Heimatlosigkeit, sondern neigt offenbar von sich aus auch dazu, den Menschen wieder genau zu dem nichtfestgestellten Tier zu destabilisieren, das den Weg zur Kultur einschlagen musste, um sein Leben führen zu können.

Sind Gehlens kulturphilosophische Überlegungen und kulturkritische Beobachtungen noch einseitig in der Anthropologie fundiert, so begreift Erich Rothacker die von ihm entwickelte »Kulturanthropologie« als eine *wechselseitige* Relation zwischen Kultur(wissenschaft) und Anthropologie. Der Mensch, den auch Rothacker als handelndes Wesen definiert, ist nicht nur Träger der Kultur, sondern auch selbst »kulturell bereits geformt« (Rothacker ^{2}2008, 7). Er vollzieht seine Handlungen, mit denen er auf eine je spezifische Situation antwortet, immer schon aus einer bestimmten *Haltung*. Haltungen sind habitualisierte Handlungen und drücken einen persönlichen oder kollektiven Lebensstil aus. In letzterem Fall spricht Rothacker von ›Kultur‹. Als Weisen der Lebensführung einer Gemeinschaft oder Gruppe prägen sie habituell stets auch das Handeln von Einzelnen. An Zwillingsgedankenexperimenten verdeutlicht Rothacker den Einfluss, den zunächst *eine* Kultur auf *die* Menschen und zu Ende gedacht *die* Kultur auf *den* Menschen hat.

Ein weiteres Begriffspaar – neben Haltung und Lebensstil –, das Rothacker akzentuiert, ist das von Weltbild und Umwelt. Er nimmt zwar Schelers Begriff der Weltoffenheit positiv auf, doch allein, um ihn durch den »Satz der Bedeutsamkeit« einzuschränken: »Ohne erlebte Bedeutsamkeit keine Wahrnehmung« (ebd., 118). Der Mensch bemerkt nur das, was für ihn bedeutsam ist. Freilich reicht der menschliche Kreis des Bedeutsamen weit über Uexkülls und Schelers Umwelt hinaus, die primär vom artspezifischen Rezeptor- sowie Effektorsystem bzw. der Triebstruktur abhängt. Menschliche Bedeutsamkeit impliziert *Bedeutung*, was Rothacker gelegentlich am Beispiel des Waldes illustriert, der »dem Bauer Gehölz sei, dem Förster Forst, dem Jäger Jagdgehege, dem Wanderer kühler Waldesschatten, dem Verfolgten Unterschlupf, dem Dichter Waldesleben usw. In diesem Sinne erleben verschiedene Menschen denselben Weltstoff in ganz verschiedenen Aspekten, Ansichten, Anschauungsseiten, und Völker bzw. Kulturen erheben derartige Aspekte jeweils zu fester öffentlicher Geltung« (Rothacker 1950, 380). Bestimmend für die Auswahl des jeweilig bedeutsamen Aspekts ist ein Weltbild, das – in der alltäglichen Lebenswelt ebenso wie in der Wissenschaft – immer nur einen Ausschnitt aus der Wirklichkeit präsentiert. Das Welt*bild* macht aus dem Welt*stoff* eine kulturelle Umwelt. Jede einzelne Aspektivierung artikuliert oder »desartikuliert« die erlebte Welt (Rothacker ^{2}2008, 112). Es sind genau solche Artikulationen, die den Forschungsgegenstand der Kulturanthropologie ausmachen.

Mit der Interdependenz von Mensch und Kultur *historisiert* Rothacker die Anthropologie, da die kulturellen Lebensstile und Weltbilder, die als Haltungen menschliches Handeln bedingen, ihrerseits einem geschichtlichen Wandel unterworfen sind. Eine Entsprechung zu diesem geisteswissenschaftlichen Programm auf Seiten der Naturwissenschaften findet sich bei Adolf Portmann. In seiner Schrift *Biologische Fragmente zu einer Lehre vom Menschen* (1944) erweitert er die Anthropologie um die *ontogenetische* Perspektive. Entwicklungsbiologisch ist der Mensch ein »sekundärer Nesthocker«, während die anderen Primaten Nestflüchter sind. Physiologisch teilt er mit diesen zwar bei seiner Geburt den relativ weiten anatomischen Entwicklungsstand, funktional dagegen bleibt er in seiner Hilflosigkeit signifikant hinter ihnen zurück. Um die Selbständigkeit der anderen höheren Säugetiere zu besitzen, wäre eine Tragzeit von 21 statt neun Monaten erforderlich, weshalb »der menschliche Geburtszustand eine Art ›physiologischer‹, d. h. normalisierter Frühgeburt« ist (Portmann 1944, 45). Der Mensch verbringt also zwölf Monate, die seine tierischen Verwandten noch im Mutterleib verweilen, außerhalb der Gebärmutter. Diese Zeit nennt Portmann deshalb »extra-uterines Frühjahr«.

In seinem ersten Lebensjahr hat das menschliche Kleinkind ontogenetischen Nachholbedarf. »Drei bedeutungsvolle Ereignisse« kennzeichnen diese Phase: (1) die Einleitung der aufrechten Körperhaltung durch Erlernen des Aufrichtens aus der Bauchlage, (2) die Sensibilisierung für die Sprache durch Nachahmung und Nachsprechen von Worten, (3) der »Eintritt in die Sphäre des technischen Denkens und Handelns« (ebd., 70) durch Erfassen instrumenteller Funktionszusammenhänge. Diese Ereignisse sind einerseits physiologisch miteinander verknüpft und vollziehen sich andererseits in einem sozialen Umfeld, ohne das weder Vertikalisierung noch Verbalisierung möglich wäre. Auch die menschliche Intelligenz erscheint angesichts der Besonderheit ihrer Entwicklung primär als soziale Intelligenz, die auf Interaktion beruht. Die besondere Empfänglichkeit des Kleinkindes für reziproke Lernprozesse (Nachahmung) und das Gegenüber von Vorbildern schaffen die Voraussetzung für die menschliche Inkulturation (vgl. ebd., 79 u. 85). Das extrauterine Jahr findet im Sekundär-Uterus der Kultur statt.

Neben der handlungstheoretischen, kulturanthropologischen und entwicklungsbiologischen Sicht auf die Praxis der Kultur öffnet Ernst Cassirer in seinem *Essay on Man* (1944) eine vierte, symboltheoretische Perspektive (für eine fünfte, phänomenologische, vgl. Arendt 1958). Auch er hält das Uexküllsche Modell für inadäquat, um das menschliche Weltverhältnis zu beschreiben, und erweitert den Funktionskreis von Merk- und Wirknetz um das »Symbolnetz«, das nicht aus organischen *reactions*, sondern aus *responses* gewebt ist (Cassirer 1996, 49). Der Mensch reagiert nicht unmittelbar auf Reize, er antwortet vermittelt, indem er zwischen sich und die ›Wirklichkeit‹ »artifizielle Medien« wie Sprache, Mythos, Religion, Kunst oder Wissenschaft schiebt. Diese Medien nennt Cassirer symbolische Formen, sie konstituieren ein »symbolisches Universum«, das von dem »animal symbolicum« Mensch bewohnt wird (ebd., 50 f.). Die Symbole, in denen sich menschliche Antworten vollziehen, unterscheiden sich von den Signalen tierischer Reaktionen durch ihre Universalität (universelle Anwendbarkeit: *jedes* Ding hat einen Namen), Variabilität (jedes Ding kann *viele* Namen haben) und Relationalität (Synthesis des Mannigfaltigen unter einer ›Idee‹).

Cassirer definiert den Menschen ausdrücklich nicht durch ein physisches oder metaphysisches *Sein*, sondern durch sein *Wirken*. »Dieses Wirken, das System menschlicher Tätigkeiten definiert und bestimmt die Sphäre des ›Menschseins‹. Sprache, Mythos, Religion, Kunst, Wissenschaft, Geschichte sind die Bestandteile, die verschiedenen Sektoren dieser Sphäre« (ebd., 110). Aufgrund dieser »definition of man in terms of human culture« (Cassirer 2006, 71 ff.) weitet sich die Anthropologie zur Kulturphilosophie, die gleichwohl auf jene zurückverwiesen bleibt: Kulturelle Tatsachen verdanken sich kulturellen Handlungen und diese sind menschliche, das heißt symbolisch vermittelte Antworten. Gegenstand der Cassirerschen Philosophie der symbolischen Formen ist daher die Kultur als genuin menschliche Praxis (vgl. Recki 2004).

Der Ausdruck der Kultur: Medium

Symbolische Formen versteht Cassirer als Medien der Wirklichkeitsvermittlung (vgl. Cassirer 1996, 50). Die Medialität des menschlichen Selbst- wie Weltverhältnisses gewinnt in den 1950er und 1960er Jahren zunehmend an Bedeutung für die Anthropologie. Dies wird exemplarisch an drei Schriften deutlich, die zunächst rein äußerlich durch das Jahr 1961 (die Erstpublikation bzw. im Falle Foucaults die Vorlage als Teil seiner *thèse d'Etat*) miteinander verbunden sind: Hans Jonas' »Homo pictor« (Jonas 1997), Plessners »Die Frage nach der Conditio humana« (Plessner 1980 ff., Bd. 8, 136–217) und Michel Foucaults *Einführung in Kants* Anthropologie (Foucault 2010). Allen gemeinsam ist die Beschreibung menschlichen Lebens als ein Mediengeschehen im Raum der Kultur. Sie unterscheiden sich durch die Favorisierung des jeweiligen Leitmediums und seiner Funktionsweise (Bild; Körper; Diskursapriori).

Jonas sieht den »trans-animalische[n], einzigartig menschliche[n] Tatbestand« (Jonas 1997, 287) darin, dass sich der Mensch als »›symbolisches‹ Wesen« (ebd., 269) ein *Bild* von der Wirklichkeit machen kann, wobei der Bildbegriff die beiden Bedeutungen von *Eidos* und *Artefakt* verknüpft. Kraft seiner Einbildungskraft vermag der Mensch die Form eines Gegenstandes von seinem Stoff zu trennen und selbst zum Sujet eines Bildes zu machen. Diese Fähigkeit zur doppelten »eidetische[n] Kontrolle der Imagination« und »Motilität« (ebd., 287) bewährt sich auch beim rein rezeptiven Bilderkennen: Um eine Person auf ihrem Passfoto identifizieren zu können, muss man ein mentales ›Bild‹ von ihr besitzen, das Realität und Abbild verbindet. Jonas' Prinzip der »Mittelbarkeit« (ebd., 290) durch Repräsentation (wie z. B. auch in der Sprache) macht das Medium Bild zu einem Phänomen *sui generis*, das nicht bereits feststehende Relata einer Beziehung (Mensch hier, Welt dort) bloß miteinander korreliert, sondern diese vielmehr allererst zu dem werden lässt, was sie sind: Der Mensch wird durch das Bild zum *Homo pictor* (hierzu passt Jonas' heuristisches Gedankenexperiment von Raumfahrern, die den Menschen an seinen *Artefakten* erkennen sollen), wie die Wirklichkeit erst im Bild zur Welt wird. Die Kultur spielt daher nicht die Rolle einer Galerie von Exponaten – sie ist die intermediäre Sphäre von Mensch- und Welt*werdung*.

Der Akzentwechsel, der sich in Plessners Anthropologie nach den *Stufen* vollzieht, lässt sich prägnant an der unterschiedlichen Bewertung des Paläontologen Edgar Dacqué ablesen. Hält Plessner dessen Mutmaßung, dass Menschsein an »keine bestimmte Gestalt gebunden« sei und daher »unter mancherlei Gestalt« habe stattfinden können, »die mit der uns bekannten nicht übereinstimmt«, 1928 noch für »geistreich« (Plessner 1980 ff., Bd. 4, 365), so weist er sie 1961 als »abstrus« zurück (ebd., Bd. 8, 159). Hermeneutik fordert nun »eine Lehre vom Menschen mit Haut und Haaren« (ebd., 158), die – inspiriert durch Uexküll – vom menschlichen »Bauplan« ausgehen muss. Die Frage nach der *conditio humana* zentriert daher »die menschliche Situation in ihrem leibhaften Dasein«, die sich durch die folgende – von Ernst Bloch geliehene – Formel charakterisieren lässt: »›Ich bin, aber ich habe mich nicht‹ [...] Sprechen, Handeln, variables Gestalten schließen die Beherrschung des eigenen Körpers ein, die erlernt werden mußte und ständige Kontrolle verlangt« (ebd., 190). Ich bin als Leib – aber habe mich als Körper (und *nicht* auch als Leib). Dem Menschen ist das »Einssein mit dem eigenen Leib« versagt, im Gegensatz zum Tier bewohnt er seinen Leib »wie eine Hülle, ein Futteral« (ebd., Bd. 3, 368), indem er ihn vergegenständlicht. Das Urphänomen für den spezifisch menschlichen »Umschlag von leibhaftem Körpersein in Körperhaben« (ebd., Bd. 8, 190) ist der aufrechte Gang des Menschen, der ein hohes Maß an Körperbeherrschung erfordert, um das labile Gleichgewicht in den ersten beiden Lebensjahren zu erlernen und danach auch weiterhin zu erhalten. Die Vertikalisierung der Körperhaltung – mit der u.a. die Befreiung der Hand von der Ortsbewegung zum Werkzeug (der Ursprung des *Handelns* in der *Hand-Habung* ist bei Plessner nicht bloß etymologischer Natur) sowie die frontale Exposition der Gesichtspartie verbunden sind – muss nicht bloß umgesetzt, sondern *geleistet* werden.

Die »Doppelrolle« (ebd., Bd. 7, 238) des Menschen als leibhafter Körper und verkörperter Leib lässt den Körper zum Medium der Kultur und diese zu einem Prozess der Inkorporation werden. Die kulturphilosophische Variation der exzentrischen Positionalität durch »anthropologische Grundgesetze« ist nun durchgehend auf die Selbstbegegnung des Leibes als Körper bezogen: »Von Natur künstlich, leben wir nur insoweit, wie wir ein Leben führen, machen wir uns zu dem und suchen wir uns als das zu *haben*, was wir *sind*« (ebd., Bd. 8, 192). Mit anderen Worten: Kultur ist der Umweg vom Leibsein über das Körperhaben zum (nur angenäherten) Leibhaben. – Vermittelte Unmittelbarkeit »gibt der menschlichen Existenz in Gruppen ihren institutionellen Charakter« und bedeutet, dass »ein jeder [...] sich nur im Umweg über andere und anders als ein Jemand hat« (ebd., 194), nämlich in verkörperter Rolle und Darstellung (ebd., 195–205) sowie im physi(ognomi)schen Ausdruck (z.B. Lachen, Weinen und Lächeln; vgl. ebd., 205–209 u. ebd., Bd. 7). Der utopische Standort steht im engen Zusammenhang mit der drohenden »Entkörperung« durch den Tod (ebd., Bd. 8, 209–214).

Foucaults Medialisierung der Anthropologie geriert sich als Anthropologiekritik. In seiner *Einführung* schreibt er der Kantischen Anthropologie eine Brückenfunktion zwischen der propädeutischen Vernunftkritik und dem System der Transzendentalphilosophie zu. Sie wiederhole die kritische Reflexion auf einem empirischen Feld, »auf dem das Praktische und das Theoretische sich durchqueren und gänzlich decken; sie wiederholt an dem einen selben Ort und in der einen selben Sprache das *Apriori* der Erkenntnis und den Imperativ der Moral« (Foucault 2010, 97). Die Anthropologie ist postkritisch wie präsystematisch und erfüllt gerade durch die Kreuzung des Empirischen mit dem Apriorischen, des Theoretischen mit dem Praktischen, für die Transzendentalphilosophie eine ähnliche Rolle wie Wittgensteins Leiter: »Die Transzendentalphilosophie wird von der Anthropologie eröffnet, aber durch ebendiese Öffnung auch von ihr befreit« (ebd., 98). Wusste Kant noch die Anthropologie sowohl von der Kritik als auch von der Transzendentalphilosophie zu unterscheiden, so hebt die nachkantische Philosophie diese Aufgabenteilung auf. Aus der anthropologisch-kritischen Wiederholung wird eine empirisch-transzendentale Reduplizierung: Der Mensch ist Objekt der empirischen Anthropologie *und zugleich* Subjekt der Möglichkeitsbedingungen für die Erforschung des Empirischen.

Gegen diese Entwicklung hält Foucault an Kants Lektion vom Primat der Kritik vor der Anthropologie fest: Die Anmaßung, etwas über einen Gegenstand *ohne vorhergehende Kritik* sagen zu können, produziert transzendentalen, im vorliegenden Fall den anthropologischen Schein eines ›Menschen an sich‹. Indessen ist auch die Rede ›vom Menschen‹ Bedingungen eines Apriori unterworfen, die Foucault eingehend in *Die Ordnung der Dinge* untersucht. Durch Diskursanalyse führt er das »anthropologische Denken« des 19. Jahrhunderts auf ein historisches Apriori zurück, das man auch als Medium einer Wissenskultur interpretieren könnte. *Mittels* der Denkfigur der »empirisch-transzendentalen Dublette« (Foucault [17]2002, 384) konstituieren sich die sogenannten Humanwissenschaften, die Gesellschaft, Ökonomie und Sprache einseitig vom Menschen her begreifen. Foucaults Anschluss an Kant bietet daher die Möglichkeit, die Fundierungsverhältnisse zwischen Mensch und Kultur einerseits, Anthropologie und Kulturphilosophie bzw. -wissenschaft andererseits durch Kritik zu überprüfen.

Die Verpflichtung der Kultur: Norm

Foucault wollte die Philosophie aus ihrem anthropologischen »Schlaf« wecken (ebd., 411). Nicht zuletzt durch die von ihm ausgehende Kritik an der Anthropologie ist diese selbst in einen Schlaf verfallen (1970er/80er Jahre), aus dem sie erst von der Ethik gerissen wurde. Wie sich exemplarisch an der ›Sloterdijk-Habermas-Kontroverse‹ um das Jahr 2000 zeigen lässt, wird die Anthropologie durch die Herausforderung auf den Plan gerufen, dass sich angesichts der neuen Biotechnologien nicht mehr trennscharf – wie noch zu Kants Zeiten – zwischen dem, was die Natur aus dem Menschen und dem, was dieser aus sich selbst macht, unterscheiden lässt. Ethisch prekär wird die Aufhebung dieser Differenz, weil das Freiwerden zum Verfügbarmachen der eigenen Natur gerade die Freiheit des über sich selbst verfügenden Wesens gefährdet.

Vor dem Hintergrund solcher »Anthropotechniken«, durch die »Menschen mehr und mehr auf die aktive oder subjektive Seite der Selektion geraten«, fordert 1997/99 Peter Sloterdijk einen »Diskurs über Menschenhütung und Menschenzucht« sowie *Regeln für den Menschenpark* (Sloterdijk 1999, 42, 44 u. 47). Die Möglichkeit, in die genetische Anlage eines Individuums – ob passiv etwa durch Präimplantationsdiagnostik (PID) oder aktiv durch gezielte Manipulation – bestimmend einzugreifen, stellt vor »gattungspolitische Entscheidung[en]« (ebd., 45 f.) und verlangt deswegen, wie Sloterdijk in weiteren Vorträgen ausführt, über die »historische Anthropologie« hinaus eine »prophetische Anthropologie«, die sich mit der Zukunft der menschlichen Natur beschäftigt. Von den »primären Anthropotechniken« wie Erziehung und Bildung unterscheidet Sloterdijk »sekundäre Anthropotechniken«, welche »direkte Eingriffe in den genetischen ›Text‹« vornehmen (Sloterdijk 2001, 50). Diese müssten allerdings »auf einer so hohen Ebene von Einsicht in die biologische und kulturelle ›Natur‹ des Menschen geschehen, daß sie als authentische, kluge und gewinnende Koproduktionen mit dem evolutionären Potential wirksam werden können« (ebd., 69). Gegen eine solche »Homöotechnik«, die nur das will, »was die ›Sachen selbst‹ von sich her sind oder werden können« (ebd., 71), hat Sloterdijk offenbar nichts einzuwenden.

Im gleichen Jahr (2001) meldet sich Jürgen Habermas mit seiner Schrift *Die Zukunft der menschlichen Natur* in der PID-Debatte zu Wort. Sein Beitrag kann durchaus als ein ›Anti-Sloterdijk‹ gelesen werden, der sich – übrigens auch im Rückgriff auf Plessners Differenzierung von Leibsein und Körperhaben – entschieden gegen die »Verwischung der Grenze zwischen Personen und Sachen« (Habermas 2001, 30) wendet. Die technologische Bestimmung einer Person über die natürlichen Anlagen einer anderen, selbst wenn diese Determination ›nur‹ durch Auswahl aus einem ›Angebot‹ erfolgt, bewirkt *erstens* »eine bisher unbekannte interpersonale Beziehung« (ebd.), die dem einen an Verantwortung für Leben überträgt, was sie dem anderen nimmt. Wenn wir nicht mehr gemeinsam haben, unser Sein ausschließlich einem Wachsen zu verdanken, sondern bei einem Individuum das Machen durch ein anderes Einzug in seine Biographie erhält, dann hat dies Auswirkungen auf die Ebenbürtigkeit der Beziehung sowie das gegenseitige Anerkennungsverhältnis der beteiligten Personen. Die Frage aber, ob »wir uns als verantwortliche Autoren einer eigenen Lebensgeschichte betrachten und uns gegenseitig als ›ebenbürtige‹ Personen achten können,« hängt *zweitens* »in gewisser Weise auch davon ab, wie wir uns anthropologisch als Gattungswesen verstehen« (ebd., 54). Zeugung und Geburt sind nämlich »für unser normatives Selbstverständnis wesentliche Element[e] der naturwüchsigen Unverfügbarkeit« (ebd., 32). Damit ist das *Enjeu* des bio- und medizinethischen Diskurses präzise bestimmt – es geht um nichts Geringeres als ein »*ethische[s] Selbstverständnis der Gattung*« (ebd., 74).

An den Positionen von Sloterdijk und Habermas wird deutlich, dass die Frage nach der Natur des Menschen notwendigerweise *normativen* Charakter hat, weil sie uns als handelnde Wesen betrifft, insofern wir etwas aus uns machen, machen können und *sollen*. Dies führt auf das zentrale Motiv der Lebensführung zurück, das sich anbietet, um Anthropologie und Kulturphilosophie im Kanon der philosophischen Disziplinen zu korrelieren. Die Anthropologie fragt, was es bedeutet, *dass* der Mensch sein Leben führen muss. Die Ethik interessiert sich dafür, *wie* er es *gut* führen kann. Insofern ein gutes Leben immer auch heißt, *mit Anderen zusammen* in einem öffentlichen, von Institutionen geprägten Raum zu leben, ist die Ethik zugleich auf die politische Philosophie bezogen. Der Ort dieser Lebensführung ist die Kultur als Welt und Polis. So bleibt die Kulturphilosophie über die praktische Philosophie mit der Anthropologie unauflöslich verbunden. Ihr gemeinsames Thema ist das Leben des Menschen in natürlicher Künstlichkeit.

Literatur

Arendt, Hannah: *The Human Condition*. Chicago 1958.

Bohlken, Eike/Thies, Christian (Hg.): *Handbuch Anthropologie. Der Mensch zwischen Natur, Kultur und Technik*. Stuttgart/Weimar 2009.

Brandt, Reinhard: *Kritischer Kommentar zu Kants Anthropologie in pragmatischer Hinsicht (1798)*. Hamburg 1999.

Cassirer, Ernst: *An Essay on Man. An Introduction to a Philosophy of Human Culture* [1944]. In: Ders.: *Gesammelte Werke. Hamburger Ausgabe*. Hg. von Birgit Recki. Bd. 23. Hamburg 2006.

–: *Versuch über den Menschen. Einführung in eine Philosophie der Kultur*. Hamburg 1996.

Fischer, Joachim: *Philosophische Anthropologie. Eine Denkrichtung des 20. Jahrhunderts*. Freiburg i.Br. u.a. 2008.

Foucault, Michel: *Die Ordnung der Dinge. Eine Archäologie der Humanwissenschaften*. Frankfurt a.M. [17]2002 (frz. 1966).

–: *Einführung in Kants* Anthropologie. Frankfurt a.M. 2010 (frz. 2008).

Gehlen, Arnold: *Der Mensch. Seine Natur und seine Stellung in der Welt* [[1]1940, [2]1944, [3]1950]. In: Ders.: *Gesamtausgabe*. Hg. von Karl-Siegbert Rehberg. Bd. 3.1. Frankfurt a.M. 1993.

–: *Anthropologische Forschung*. Reinbek 1961.

Habermas, Jürgen: *Die Zukunft der menschlichen Natur. Auf dem Weg zu einer liberalen Eugenik?* Frankfurt a.M. 2001.

Heidegger, Martin: *Die Grundbegriffe der Metaphysik. Welt – Endlichkeit – Einsamkeit* [1929/30]. In: *Gesamtausgabe*. Bd. 29/30. Frankfurt a.M. [2]1992.

–: *Sein und Zeit* [1927]. Tübingen [17]1993.

Jonas, Hans: Homo pictor: Von der Freiheit des Bildens [1961]. In: Ders.: *Das Prinzip Leben. Ansätze zu einer philosophischen Biologie*. Frankfurt a.M. 1997, 265–291 (engl. 1966).

Kant, Immanuel: *Gesammelte Schriften*. Hg. von der Königlich Preußischen Akademie der Wissenschaften. Berlin 1910ff.

Marquard, Odo: Zur Geschichte des philosophischen Begriffs ›Anthropologie‹ seit dem Ende des achtzehnten Jahrhunderts. In: *Collegium Philosophicum. Studien Joachim Ritter zum 60. Geburtstag*. Basel/Stuttgart 1965, 209–239.

Nietzsche, Friedrich: *Jenseits von Gut und Böse. Vorspiel einer Philosophie der Zukunft* [1886]. In: Ders.: *Sämtliche Werke. Kritische Studienausgabe*. Hg. von Giorgio Colli und Mazzino Montinari. Bd. 5. München [2]1988, 9–243.

Plessner, Helmuth: *Gesammelte Schriften*. Hg. von Günter Dux u.a. Frankfurt a.M. 1980ff.

Portmann, Adolf: *Biologische Fragmente zu einer Lehre vom Menschen*. Basel 1944.

Recki, Birgit: *Kultur als Praxis. Eine Einführung in Ernst Cassirers Philosophie der symbolischen Formen*. Berlin 2004.

Rothacker, Erich: *Probleme der Kulturanthropologie* [1942]. Bonn [3]2008.

–: Selbstdarstellung. In: *Philosophen-Lexikon. Handwörterbuch der Philosophie nach Personen*. Hg. von Werner Ziegenfuß und Gertrud Jung. Bd. 2. Berlin 1950, 375–382.

Scheler, Max: *Die Stellung des Menschen im Kosmos* [1928]. In: Ders.: *Gesammelte Werke*. Hg. von Manfred S. Frings. Bd. 9. Bern/München 1976, 7–71.

Sloterdijk, Peter: *Regeln für den Menschenpark. Ein Antwortschreiben zu Heideggers Brief über den Humanismus*. Frankfurt a.M. 1999.

–: *Das Menschentreibhaus. Stichworte zur historischen und prophetischen Anthropologie. Vier große Vorlesungen*. Weimar 2001.

Uexküll, Jakob Johann von: *Umwelt und Innenwelt der Tiere*. Berlin 1909.

–: *Theoretische Biologie*. Berlin 1920.

Ralf Becker

2. Kritische Theorie

Kultur ist in der Kritischen Theorie nicht Gegensatz, sondern Teil der *Zivilisation*. Beide werden, mit Sigmund Freud, als Formen sozialer *Naturbeherrschung* bezeichnet (vgl. StA 9, 139f.; Inst. f. Soz. 1956, 86). Zur Kultur gehören Religionen, Wissenschaften und Künste ebenso wie Alltagskulturen (vgl. Horkheimer GS 3, 32). Neben diesem *deskriptiven* Begriff der Kultur gibt es auch einen *normativen*: Kultur entzieht sich dem bürgerlich-instrumentellen Verwertungsprinzip oder verweist auf eine gänzlich andere Praxis (vgl. Adorno GS 8, 123f.). Weiterhin wird mit einem *negativ-dialektischen* Kulturbegriff gearbeitet: Jede Kultur setzt die Inhumanität, Grausamkeit und Gewalt fort, die durch Kultur im humanistischen Sinne überwunden werden sollte, weil das Prinzip der Selbsterhaltung durch Naturbeherrschung die Befreiung aus sozialer Naturverfallenheit blockiert.

Deskriptiver und normativer Kulturbegriff

Max Horkheimer bezeichnet den herkömmlichen geistesgeschichtlichen Begriff der Kultur als ›deskriptiv‹, weil er aus einer »kontemplativen Stellung zur Geschichte« hervorgehe. Der Kulturbegriff, den Horkheimer im Institut für Sozialforschung entwickelt hat, sei dagegen dem praktischen Interesse an der kämpferischen »Verbesserung der menschlichen Zustände« verpflichtet (GS 3, 349). Die heute gebräuchliche Unterscheidung zwischen normativen und deskriptiven Kulturkonzepten läuft indessen darauf hinaus, dass man entweder mit einem Begriff der Kultur arbeitet, der die konkreten Formen der praktischen Gestaltung des sozialen Lebens an feststehenden Wertmaßstäben misst oder aber diese unterschiedlichen Formen lediglich beschreibt und auf Wertungen verzichtet. Horkheimers Kulturbegriff liegt quer zu dieser Unterscheidung. Mit ihm wird (auf seinerzeit höchst innovative Weise) Kultur als Teil der Lebensverhältnisse der Menschen im Ganzen beschrieben (entgegen traditionellen Bewertungskriterien nach dem Muster »hohe und niedere Kultur« oder »Kultur und Zivilisation«). Zudem wird der über die existierenden soziokulturellen Verhältnisse hinausweisende Gehalt herausgearbeitet, der in der bürgerlichen Kultur aufbewahrt und zugleich blockiert sei. Aber auch bei der Beschreibung verfährt die Kritische Theorie nicht neutral, sondern versteht Kultur als »Prozeß der *Humanisierung*«: als »kollektive Anstrengung, das menschliche Leben zu erhalten« und »eine produktive Organisation der Gesellschaft zu festigen« (Marcuse Schr. 8, 115f.; vgl. Schmid Noerr 2005, 20ff.). Dies beinhalte Kritik an Zuständen der Kultur, die hinter dem objektiv Möglichen zurückbleiben. Im Gegensatz zum Konzept des Kulturfortschritts, in dem die westlich-bürgerliche Kultur auf Kosten vermeintlich ›primitiver‹ Kulturen als Spitze der Menschheitsentwicklung glorifiziert wurde, fasst die kritische Kulturtheorie den Kulturfortschritt als etwas auf, dessen Verwirklichung noch aussteht – bzw. als etwas, das von inneren Widersprüchen gekennzeichnet ist.

Auch im Kulturbegriff von Jürgen Habermas sind deskriptive und normative Momente verbunden. Kultur sei »ein intersubjektiv geteiltes Universum von Bedeutungen und Praktiken« (Habermas 2005, 306), in das Menschen einsozialisiert würden, um sich zu sprach- und interaktionsfähigen Individuen entwickeln zu können. Im kommunikativen Handeln würden kulturell-gemeinschaftliche Inhalte und Praxisformen tradiert, die für die Herausbildung personaler Identität unverzichtbar sind. Und in Diskursen über kulturelle Geltungsansprüche ließe sich aufzeigen, dass ihnen normative Implikationen wesentlich sind, die auf Verständigung und Solidarität abzielten. Der »kulturelle Sinn« bilde freilich »einen eigensinnigen Stoff«, der »sich nicht nur nicht nach Belieben vermehren, sondern auch nicht in eine beliebige Form bringen« lasse (Habermas 1990, 10) – zum Beispiel nicht für politische Legitimationsinszenierungen.

Kultur und Gesellschaft

Horkheimers Kulturbegriff zufolge hat die tägliche Reproduktion des sozialen Lebens als Bestandteil der Kultur zu gelten. Dies bezieht Bereiche ein, die im deutschsprachigen Diskurs erst Jahrzehnte später als zur Kultur gehörig anerkannt wurden. Horkheimer (GS 3, 32) fragt »nach dem Zusammenhang zwischen dem wirtschaftlichen Leben einer Gesellschaft, der psychischen Entwicklung der Individuen und den Veränderungen auf den Kulturgebieten im engeren Sinn, zu denen nicht nur die sogenannten geistigen Gehalte der Wissenschaft, Kunst und Religion gehören, sondern auch Recht, Sitte, Mode, öffentliche Meinung, Sport, Vergnügungsweisen, Lebensstil usf.«. Die Untersuchungen des Instituts zielen darauf, »den Zusammenhang zwischen den verschiedenen Bereichen der materiellen und geistigen Kultur zu erforschen« (GS 3, 330). Diese Erweiterung des Kulturbegriffs antizipiert den kulturtheoretischen Paradigmenwechsel der späten 1960er Jahre.

Horkheimer vollzieht die für die Wende zum 20. Jahrhundert charakteristische Umorientierung der Philosophie vom Primat der Erkenntnis zum Primat des Erlebens mit, ergänzt aber den zeitgenössischen kulturphilosophischen Ansatz durch die Fokussierung auf gesellschaftliche Arbeit. Die je »bestimmte Art, die Welt zu erleben«, hängt mit den Formen zusammen, in denen eine Gesellschaft die Arbeit bewältigt, und auch mit der damit verbundenen »Glaubens- und Vorstellungswelt«; so werde sie »zu einem notwendigen Moment des Lebens dieser Gesellschaft« (GS 3, 350). Die *Lebens*formen sind *kulturelle* Formen, und diese »gewinnen ihre eigene Bedeutung und Geschichte« (ebd., 351); aber sie sind und bleiben Formen, in denen die Menschen die materiellen *Produktionsverhältnisse* erleben.

Für die Analyse des gesamtgesellschaftlichen Verlaufs gelte es, die Gesamtheit der praktischen und kontemplativen Tätigkeiten als einen Zusammenhang indexikalischer Zeichen für den Stand der historischen Entwicklung zu lesen. Kulturelle Phänomene gehen aus sozio-ökonomischen Strukturen hervor, doch ihre »relative Eigengesetzlichkeit« (GS 3, 348) dürfe nicht negiert werden, da »die Kultur einen eigenen Faktor in der gesellschaftlichen Dynamik bildet« (ebd., 352). Bei der gesellschaftlichen Organisation der Arbeit walteten zwar der physische Zwang der Herrschaft und die Diktate der Ökonomie, aber sie determinierten das kulturelle Leben nicht vollständig. Die Fähigkeiten der Menschen seien durch den erreichten Stand der Produktivkraftentwicklung gestaltet, doch sie würden ihrerseits »arbeitend und kämpfend auf die jeweiligen ökonomischen Verhältnisse zurückwirken« (ebd.), d.h. diese selbst gestalten. Aus dieser Perspektive könne Geschichte »als ein Prozeß der Wechselwirkung zwischen Natur und Gesellschaft, bestehender und werdender Kultur, Freiheit und Notwendigkeit« (ebd., 340f.) begriffen und dargestellt werden.

Alle Gebiete der Kultur stehen demnach in Zusammenhang mit den Gesetzmäßigkeiten der herrschenden Wirtschaftsweise und entfalten zugleich eigene Gesetzmäßigkeiten. Sie entwickeln mit der Zeit »Festigkeit und Kraft«, welche gesellschaftlich »produktive oder hemmende Funktionen« (ebd., 354) ausüben können. In Krisenphasen können sie als »dynamische Faktoren beim Aufrechterhalten oder Sprengen einer bestimmten Gesellschaftsform« (ebd., 344) gedeutet werden.

Kulturelle und zivilisatorische Faktoren verfestigen sich mit der Zeit zu einer relativ veränderungsresistenten *zweiten Natur* (GS 3, 355). Die Handlungsweisen der Individuen werden keineswegs nur durch Zwangsgewalt der Machthaber, Eigentums- und Produktionsverhältnisse bestimmt. Ebenso prägen die soziokulturellen Institutionen »wie Familie, Schule, Kirche, Kunstanstalten und dergleichen« (ebd., 343) die Charakterzüge des Einzelnen. Diese seien Manifestationen »kulturelle[r] Faktoren«, welche zwar in den »gesamtgesellschaftlichen Prozeß [...] verflochten sind«, aber durchaus »eine eigene Bedeutung gewinnen« (ebd., 348). In letzter Instanz hat Kultur nach Horkheimer die Funktion eines »geistigen Kitts der Gesellschaft« (ebd., 345).

Sozialpsychologie der Kultur

Die analytisch ausgerichtete Sozialpsychologie des Instituts für Sozialforschung versuchte seit Anfang der 1930er Jahre, individuelle Charakterdispositionen als Indizien für gesellschaftliche Krisen zu entziffern. Sie untersuchte diejenigen Veränderungen im Verhältnis zur sozialen Herrschaft, an denen sich der Stand der Krise der bürgerlichen Gesellschaft und ihrer Kultur ablesen lasse. Unter »Krise der Kultur« wurde freilich nicht ein Qualitätsschwund hochkultureller Gebilde oder die Ausbreitung der industriell belieferten Massenkultur verstanden. Kulturkrisen wurden vielmehr auf antagonistische soziale Strukturen zurückgeführt.

Beim Übergang von der liberal-marktwirtschaftlichen Demokratie zur totalitären Diktatur spiele das Verhältnis zur Autorität eine Schlüsselrolle. Für ihre Verinnerlichung sorge die bürgerliche Kleinfamilie, das Medium der Einsozialisierung. Einerseits schwänden die objektiven Voraussetzungen für die Autorität des Familienvaters durch die sozialen Veränderungen, allen voran die Deklassierung des mittleren und kleinen Bürgertums. Andererseits hielten die Menschen aber mit Leidenschaft an den unterschiedlichen Erscheinungsformen des Autoritären fest und übertrügen ihre entsprechenden seelischen Energien auf Schwund- und Ersatzstufen der Autorität, was die politische Durchsetzung des totalitären Autoritarismus begünstige.

Affirmativer Charakter und uneingelöstes Versprechen der Kultur

Im Gegensatz zu kulturalistischen Ansätzen betont Herbert Marcuse (Schr. 3, 208f.), dass die kritische Theorie der Gesellschaft »hinter die Kultur zurückgreifen« müsse, damit ihre Analyse der »erreichbaren Möglichkeiten der materiellen Daseinsgestaltung« den »Kampf um eine bessere Zukunft der Menschen« voranbringen kann.

Der autoritäre Staat hebt Marcuse (vgl. 1998, 49) zufolge die disziplinierenden Kulturideale des Bürgertums auf – vor allem die Innerlichkeit der Seele und das Individuum als vernünftige, gebildete und entsagungsfähige Persönlichkeit. Die Mentalitätsformung durch den Propaganda- und Kommunikationsapparat des Nationalsozialismus inszeniere »das latente ›Unbehagen‹ an der Zivilisation« als Massenbewegung. Der Umbau der deutschen Nation in ein hochmodernes, »auf Expansion ausgerichtete[s] Industrieunternehmen« (ebd.) benutze mythische Naturbilder, die vom technologisch-rationalen Charakter dieses nachholenden Modernisierungsprozesses ablenken. In der NS-Kulturpolitik werde Natur, der Schauplatz menschlicher Triebe und Sehnsüchte, höher bewertet als Zivilisation (ebd., 40). Dabei könne auf diffuse Vorstellungen von Natur, Leidenschaft, Seele und irrationalem »Geist« zurückgegriffen werden, welche das ›heidnische‹ und ›innerliche‹ Arsenal der deutschen Hochkultur bereitstelle; aber auch auf die »noch lebendigen Traditionen der Volkskultur« (ebd., 38).

In Marcuses Darstellung der Ambivalenz, welche die »affirmative Kultur« des Bürgertums im 18. und 19. Jahrhundert kennzeichne, wird die Aufhebung bürgerlicher Kulturideale daher nicht als Niederlage der Kultur im Kampf gegen nationalsozialistische Barbarei interpretiert, sondern als partielle Selbstaufhebung.

Aus der »Forderung nach der allgemeinen Befreiung des Individuums«, wie sie die materialistische Philosophie seit der französischen Aufklärung artikuliert hatte, sei in der idealistischen Philosophie der Kultur – u.a. bei Kant und Herder – die »Idee der reinen Menschlichkeit« (Schr. 3, 198) geworden. Das kulturelle Erziehungsprojekt habe die Konzepte der Seele (als Kern der Persönlichkeit) und des Gewissens (als Instanz der Verinnerlichung äußeren Zwangs) fokussiert. Zweck sei die Disziplinierung der Massen gewesen, deren Bedürfnisse in der Lohnsklaverei warenproduzierender Konkurrenzgesellschaften nicht befriedigt werden. Das verschleiere der ideologische Kulturbegriff, der den materiellen Werten der Zivilisation geistig-seelische Kulturwerte gegenüberstellt. Diese würden scheinbar um ihrer selbst willen geschätzt und erstrebt, während die materiellen Werte als bloß profane Güter, nützliche Dinge und instrumentelle Praxisformen erschienen. Moralische und ästhetische Ideale würden richtiges Handeln und glückliches Leben als universale Werte proklamieren, dabei aber so abstrakt fassen, dass sie nicht mehr als Antrieb zur praktischen Verwirklichung von Gerechtigkeit und Glück wirkten, sondern als seelische Kompensation ihres Fehlens im täglichen Leben.

Nach dem Ende der liberalen bürgerlichen Marktgesellschaft und der Übernahme der Geschäfte durch totalitäre Machtcliquen, die mit den Lenkern der Monopole verbündet sind, könnten jene prekären Disziplinierungsinstanzen durch straffe Lenkung von außen ersetzt werden. Der Übergang von der verinnerlichten Disziplin des Idealismus zum Befehl und Gehorsam des angeblich »heroischen Realismus« der Nationalsozialisten ist für die Kritische Theorie kein Übergriff von außen, sondern ein selbstzerstörerisches Produkt der in sich ambivalenten Kultur. Daher geht es ihr nicht nur um eine Ideologiekritik der bürgerlichen Kultur, sondern auch um den Nachweis ihres Wahrheitsgehalts und Geltungsanspruchs.

Massenkultur

Siegfried Kracauer, neben Walter Benjamin der wichtigste Impulsgeber für die Massenkultur-Theorie des Instituts für Sozialforschung, lokalisierte Massenkultur zwischen der Arbeiterklasse und der neuen sozialen Schicht der Angestellten. Arbeiter seien in den urbanen Zentren der industriellen Produktion zunächst »zu stark beansprucht, um die eigene Lebensform zu verwirklichen. Man spendet ihnen den Abfall und die veralteten Unterhaltungen der Oberklasse« (Kracauer 1977a, 312). Mit der Formierung spezifischer Bedürfnisse artikuliere sich jedoch ein neues zahlungskräftiges Bedürfnis nach »Zerstreuung« (ebd., 312). Das neue Medium Film fungiere als ästhetischer Kristallisationspunkt einer neuen kulturellen Vergesellschaftungsform. So würden der Filmindustrie Rekordgewinne zugeführt und ein »homogenes Weltstadt-Publikum« (ebd., 313) herausgebildet, welches auch die Angehörigen der Bildungsschichten integriere, sofern sie nicht elitär und »snobistisch abseits sich halten« (ebd.). Die Sehnsüchte des Publikums seien größtenteils illusionär, aber die medialen Produkte lieferten Anhaltspunkte für eine kritische Konstruktion der historischen Wirklichkeit: »Die blödsinnigen und irrealen Filmphantasien sind die Tagträume der Gesellschaft, in denen ihre eigentliche Realität zum Vorschein kommt, ihre sonst unterdrückten Wünsche sich gestalten.« (1977b, 280)

Der Begriff »Kulturindustrie« wurde in der Kritischen Theorie in den frühen 1940er Jahren eingeführt. Er sollte deutlich machen, dass die kommerzielle Unterhaltungsindustrie in den USA und Europa keineswegs die aktuelle »Massenkultur« auf dem neusten Stand der (Reproduktions-)Technik sei. Denn unter – in heutiger Terminologie – »populärer Kultur« sei Kultur *der* Massen zu verstehen und nicht Kultur *für die* Massen. Die Ansätze zu authentischer Massenkultur seien in der bürgerlichen Gesellschaft jedoch nicht über marginale Artikulationen hinausgekommen. Als Beispiele nennen Horkheimer und Adorno in der *Dialektik der Aufklärung* (Horkheimer GS 5, 160) u.a.: »Zirkus, Panoptikum und Bordell«, die »Mark Twainsche Absurdität« (ebd., 168) und »die volkstümliche Kunst, Posse und Clownerie bis zu Chaplin und den Marx Brothers« (ebd., 163). Hätten die nach Zerstreuung lechzenden Konsumenten in der Phase vor-kulturindustrieller Unterhaltung mitunter immerhin noch »glücklichen Unsinn« präsentiert bekommen, so werde ihnen nun permanent »das Surrogat eines zusammenhängenden Sinns« eingetrichtert: »Es klirrt nicht die Schellenkappe des Narren, sondern der Schlüsselbund der kapitalistischen Vernunft.« (Ebd., 168)

In den totalitären oder scheindemokratisch-monopolkapitalistischen Gesellschaften der 1940er Jahre organisierten die »modernen Kulturkonzerne« (ebd., 156), welche ökonomisch von den industriellen Schlüsselsektoren und den Banken abhängig seien, die »Vollausnutzung von Kapazitäten für ästhetischen Massenkonsum« (ebd., 164f.) – und zwar als ökonomisch und psychologisch durchkalkulierten Betrieb. Dieser ziele auf Massenbeschwichtigung und Einübung des sozialen Konformismus. Seine »charakteristischen Medien« seien »Kino, Radio, Jazz und Magazin« (ebd., 157). Ihr Inhalt sei in zahllosen Variationen immer derselbe: zum einen erotische Vorlust, deren Befriedigung nie zur Darstellung gelange, zum anderen die Inszenierung verschiedenster Formen des Aufbegehrens, die allesamt wieder in Integrationen ins Kollektiv mündeten. Das Wesen der Kulturindustrie sei die »Kastrationsdrohung« (ebd., 167). Der Hintergrund der Theorie der Kulturindustrie ist also keine philosophische oder bildungstheoretische Kulturkritik (schon gar keine wertkonservative), sondern eine ökonomiekritisch informierte Kultursoziologie. Kulturindustrie ist demnach multimediale Reklame für die Welt unter dem Diktat des Wertgesetzes (vgl. Steinert 1998, 128).

Leo Löwenthal (vgl. 1980, 18f.) bemängelte, dass es die gängigen empirischen Analysen der Massenkultur an historischem Bewusstsein und kritischer Normativität fehlen ließen. Um mit der Fiktion der empirischen, marktorientierten Kultur- und Mediensoziologie aufzuräumen, dass das Publikum die freie Wahl aus dem Konsumangebot habe, empfahl er innovative Untersuchungsansätze: Wie werden »die objektiven Elemente eines gesellschaftlichen Ganzen in den Massenmedien produziert und reproduziert«? Wie wird »den Verbrauchern ein bestimmter Geschmack beigebracht«, der jenen »technischen, politischen und wirtschaftlichen Bedingungen und Interessen« gemäß ist, »die von den Beherrschern der Produktionsmittel vertreten werden« (ebd., 23f.)? Neben die »ästhetische Qualitätsanalyse« (ebd., 24) müsse die psychologische Frage nach der seelischen Regression der Konsumenten treten: Setzt »der Konsum der Massenkultur wirklich einen Menschen mit infantilen Zügen« voraus, oder ist »der moderne Mensch eine gespaltene Persönlichkeit [...]: halb verstümmeltes Kind und halb genormter Erwachsener« (ebd., 25)?

Die bürgerliche Öffentlichkeit im Spätkapitalismus wird Oskar Negt und Alexander Kluge (1972) zufolge durch *Bewusstseins*-Industrien beherrscht. Die Kulturindustrie habe sich noch damit begnügt, einen ideologischen Überschuss zu produzieren. Die Bewusstseinsindustrien würden hingegen lebendige Erfahrungen der Individuen zum Rohstoff machen, also auch noch ausbeuten, was sie jenseits des Bereichs der ökonomischen Reproduktion produzieren. Widerstandspotenzial sehen Negt und Kluge aber gerade darin, dass die Integration von Erfahrungen in den Verwertungsprozess unentbehrlich wird. Sensibilität, erweiterte Wahrnehmungsfähigkeit nach außen und nach innen, würde in den Arbeitsprozess eingebaut, und das bedeute auch, dass eine Vergesellschaftung von Erfahrungen und Emotionen stattfinde. Kino, Fernsehen und reproduzierte Musik, die Leitmedien der Massenkultur, würden die individuelle und die soziale Imagination ausbeuten, aber zugleich stimulieren. Sie machten das zuvor eher Unverfügbare kommunikativ, brächten es zur Selbstreflexion und bereiteten damit die Neuaneignung des entfremdeten Eigenen vor. Der Eigensinn der Medien sei daher kompatibel mit dem Eigensinn der Menschen und dessen gesellschaftsveränderndem Potential.

Habermas ist im Gegensatz zu Horkheimer und Adorno davon überzeugt, dass die Massenmedien nicht nur zur Ideologieproduktion dienen können, sondern auch als Steuerungsmedien egalitärer Verständigung. Er sieht eine mehr als nur marginale Differenz zwischen der Gesetzmäßigkeit der Massen-Kommunikationsmedien und der des Tauschwerts. Die gesellschaftliche Kontrolle durch Massenmedien sei zwiespältig, weil sie im Medium der Sprache stattfinde. »Während das Geldmedium sprachliche Verständigung als Mechanismus der Handlungskoordinierung ersetzt, bleiben die Medien der Massenkommunikation auf sprachliche Verständigung angewiesen.« Sie würden »Kommunikationsmöglichkeiten multiplizieren [...] ohne aber die Handlungsorientierungen von lebensweltlichen Kontexten [...] abzukoppeln« (Habermas 1981a, Bd. 1, 496f.). Zwar würden die »Medienöffentlichkeiten« der Gegenwart »den Horizont möglicher Kommunikation« in Machthierarchien und Verwertungskriterien einbinden und somit politisch-ökonomisch beschränken. Aber gleichzeitig würden sie den kommunikativen Horizont auch »*entschränken*« (ebd., Bd. 2, 573), denn alle Kommunizierenden könnten mit Hilfe der Massenmedien untereinander in Verbindung treten. Auch in hierarchisch strukturierten, kommerziellen Mediennetzen könnten immer noch Inhalte und Formen der Kommunikation artikuliert werden, die Widerstandspotential gegen die macht- und geldgesteuerte Kolonisierung der Lebenswelt bieten. Habermas (1990, 10) erkennt daher ein »*ambivalentes Potential*« der Massenmedien: Sie erlaubten autoritär zentralisierte Kontrolle und Manipulation ebenso wie emanzipatorische, dezentrale Verständigung und Interessenartikulation. Die massenkulturell verbreiteten Inhalte würden zwar an Differenzierung verlieren, »aber Verbreitung bedeutet auch eine Dezentralisierung von Widerspruchsmöglichkeiten«. Ohne den demokratischen Schutz einer öffentlichen Sphäre für den freien, offen und wahrhaftig beratenden Meinungsaustausch sei es um solche Widerspruchsmöglichkeiten indes schlecht bestellt. Dies zeige sich im gegenwärtigen »Privatisierungswahn« (Habermas 2008), der die Reste der politischen Öffentlichkeit ruiniere und »Kultur und Bildung von den Interessen und Launen konjunkturempfindlicher Sponsoren abhängig« mache (ebd.).

Hans-Dieter König (2005, 139ff.) unterscheidet zwischen der »autoritären« Kulturindustrie aus der Zeit von Horkheimer und Adorno und der »gewandelten« Kulturindustrie der Gegenwart. Die »autoritäre« habe auf der latenten Bedeutungsebene ein Menschenbild idealisiert, das auf Unterdrückung der sexuellen und aggressiven Triebe der Individuen basiert. Diese würden mit imaginären Ersatzbefriedigungen abgespeist, welche letztlich die konventionelle, den Verzicht predigende kulturelle Moral bestätigten. Der gewandelten Kulturindustrie liege jedoch das – von Marcuse (vgl. Schr. 7, 76ff.) analysierte – Prinzip der repressiven Entsublimierung zugrunde. Sie propagiere offensiv konsumistische Lebensentwürfe. Auf der latenten Bedeutungsebene werde suggeriert, dass man sich über herkömmliche Moralvorstellungen hinwegsetzen, sich gehen lassen und seinen sexuellen und aggressiven Impulsen nachgeben dürfe – und in der Konkurrenzgesellschaft gerade dadurch sozial erfolgreich sein könne.

Motive der Kulturindustriekritik mit Motiven der Phänomenologie von Günther Anders verbindend, nimmt Christoph Türcke in seiner Analyse der heutigen »Sensationsgesellschaft« (1995) an, dass die neuen audiovisuellen Medien ein globales »Aufmerksamkeitsregime« (Türcke 2008, 239) errichtet hätten. Es habe zu einer beinahe universalen »Aufmerksamkeitsdefizitkultur« (ebd., 243) geführt, die anthropologische Veränderungen mit sich bringe, welche bis in die Physiologie hineinreichen. Der Dauerkonsum medialer Stimulationen bewirke bei Menschen, die ihm in früher Kindheit unterworfen seien, eine Art von neuronaler Überforderung. Diese äußere sich in Gestalt »mentale[r] Dissoziationserscheinungen«, »motorischer Unruhe« sowie »Beschäftigungszwang« und führe zu konstitutioneller Konzentrations- und Diskursunfähigkeit (Türcke 2002, 42).

Türckes religionsphilosophischer Kulturtheorie des Menschenopfers zufolge, die an Benjamin sowie die Nietzsche- und Freudlektüre der *Dialektik der Aufklärung* anknüpft, schlägt Selbsterhaltung in Selbstverlust um. Traumatische Schock- und Schreckenserfahrungen durch Naturgewalten seien als Opferhandlungen wiederholt, stilisiert und ritualisiert worden. Dies habe die Menschen der Vorzeit dazu fähig gemacht, den traumatischen Schrecken durch »Verdichtung und Verschiebung« (Türcke 2008, 31) – Freuds Kategorien zur Beschreibung der Traumarbeit – zu verarbeiten. Dabei seien aus Angstprojektionen personifizierter Naturgewalten mit der Zeit Geister und Götter geworden – halluzinierte Instanzen des Heiligen. Das hätte den Opferhandlungen einen Sinn verliehen, nämlich Schutz im Gegenzug zur Opferung. Türcke spricht daher mit Blick auf die

Urgeschichte vom »Wiederholungszwang als Kulturstifter« (2002, 138). Die zunehmende Rationalisierung von Opferritualen sei mit Substituten einhergegangen: Kastration statt Tötung, Tier- statt Menschenopfer und zuletzt Artefakte als Opfergaben sowie Beschneidung statt Kastration. Insofern seien die frühen Formen von Bedeutungsproduktion durch Zeichengebrauch »Beschwichtigungspraxis« (Türcke 2002, 59) gewesen. Auch die heutige Medienkultur würde den Menschen durch ihr permanentes Bombardement audiovisueller Schocks eine identitätsstiftende Selbstopferung aufzwingen: real durch Integration in den (bzw. Ausgrenzung aus dem) marktgesteuerten Produktions- und Verwertungsprozess; symbolisch durch Selbststigmatisierung in Gestalt von Hauteinritzungen und dekorativen Körperverstümmelungen. Damit wolle man sich eines Wirklichkeitsempfindens versichern, das durch die ideologische Omnipräsenz virtueller Medienrealitäten im Verschwinden begriffen sei (vgl. ebd., 56 ff.).

Widerspruch und Misslingen der Kultur

»Kultur in menschlichen Beziehungen bedeutet, nicht anders als in Speisen und Getränken, veredelte Natur«, stellt Horkheimer (GS 7, 99) fest. Doch die Veredelung ist zwiespältig. Nach Adorno (GS 10.1, 20) entspringt »Kultur in der radikalen Trennung von geistiger und körperlicher Arbeit«. Die Vorstellung ihrer Autonomie sei daher entweder ideologisch, wenn sie darauf hinausläuft, der Kultur »Autarkie« (GS 6, 359) zu unterstellen, oder aber utopisch-antizipierend. Ideologisch ist für Adorno (wie für Horkheimer und Marcuse) die Hypostasierung eines eigenen Reiches des Geistes und der Seele. Die Vorstellung kultureller Autonomie ist dagegen utopisch-antizipierend, wenn sie Möglichkeiten der bestehenden Verfassung von Kultur und Gesellschaft vorwegnimmt, die in deren herrschaftsförmiger und ökonomisierter Gestalt blockiert sind. Jene wären Platzhalter für die Überwindung des verabsolutierten Prinzips der Selbsterhaltung. Dieses determiniere in der bürgerlichen Gesellschaft den Handlungs- und Erfahrungshorizont der Individuen ebenso wie die Entwicklungsmöglichkeiten des sozialen Ganzen. Charakteristisch für den Vorstellungs- und Bedeutungsgehalt des Wortes ›Kultur‹ sei »der Gegensatz zu all dem, was der Reproduktion des materiellen Lebens, überhaupt der buchstäblichen Selbsterhaltung der Menschen dient« (GS 8, 123). Adorno definiert ›Kultur‹ sowohl in Abgrenzung von materieller Produktion und Konsumtion als auch von sozialer Praxis und Kommunikation. Kultur ist für ihn sozusagen deren eigenes Anderes. Sie steht zwar nicht völlig extern zu den beiden Sphären, denn sie ereignet sich ja auf der Grundlage von Produktion, Praxis und Kommunikation. Doch sie entragt ihrer Grundlage und verheißt Möglichkeiten gesellschaftlichen Lebens und individueller Erfahrung, welche in den Beschränkungen nicht aufgehen, die ihnen jene Bereiche auferlegen.

Die Frage ist, inwieweit sich Adorno damit noch innerhalb der traditionellen Gegenüberstellung der Konzepte ›Kultur‹ und ›Zivilisation‹ bewegt. Welche Gemeinsamkeiten, welche Unterschiede bestehen zwischen dieser traditionellen Auffassung und Adornos Verständnis? Zunächst ist festzuhalten, dass Adorno der ›Kultur‹ nicht die ›Zivilisation‹ gegenüberstellt, sondern die ›Praxis‹. Das ist vom heutigen Kulturbegriff aus, der ja Kultur selbst als spezifische Form zeichenvermittelter, gesellschaftlicher Praxis versteht, erläuterungsbedürftig. Praxis ist für Adorno im weiten Sinne Naturbeherrschung sowie die damit verbundene, unmittelbare oder mediale Kommunikation: also Arbeit, Produktion und Zirkulation von Waren sowie Politik, verstanden als Verwaltung sozialer Herrschaft. In der bürgerlichen Gesellschaft habe Kultur für die partielle Suspendierung der Gesetze des Praktischen gestanden.

Adornos Kulturbegriff visiert eine Utopie der Transzendenz in der Immanenz an. Diesen Gedanken diskutiert Adorno (GS 4, 48) anhand der materialistischen Ideologiekritik der Kultur, als deren artikulierteste Vertreter er Marx und Nietzsche ansieht. Dort werde Kultur als »Lüge« denunziert, weil sie erstens »eine menschenwürdige Gesellschaft vortäuscht, die nicht existiert«, zweitens »die materiellen Bedingungen verdeckt, auf denen alles Menschliche sich erhebt«, und drittens »mit Trost und Beschwichtigung dazu dient, die schlechte ökonomische Bestimmtheit des Daseins am Leben zu erhalten«. Doch diese Argumentation sei in Gefahr, »mit dem Unwahren auch alles Wahre auszurotten, was wie immer ohnmächtig dem Umkreis der universellen Praxis sich zu entheben trachtet«. Kultur im Sinne einer »Vorwegnahme des edleren Zustands« (ebd.) ist nach Adorno zwar ein Trugbild, weist aber per se darauf hin, dass »das, was ist, nicht alles« ist (GS 6, 391). Der Fehler der idealistischen Kulturkritik sei die Hypostasierung kultureller Autonomie; der Fehler der materialistischen hingegen deren abstrakte Negation. Dieser hält Adorno unmissverständlich entgegen: »Daß die Kultur bis heute mißlang, ist keine Rechtfertigung dafür, ihr Mißlingen zu befördern« (GS 4, 49).

Ein Vierteljahrhundert später bemerkt Adorno jedoch drastisch, dass »Auschwitz das Mißlingen der Kultur unwiderleglich bewiesen« habe. Dies betreffe auch die Kulturkritik: »Alle Kultur nach Auschwitz, samt der dringlichen Kritik daran, ist Müll.« (GS 6, 359) Sein Argument lautet indessen nicht, Auschwitz habe Kultur misslingen lassen. Es besagt, dass sich in der Irrationalität des perfekt verwalteten Massenmordes die destruktive Dialektik zivilisatorischer Rationalität manifestiert habe. Der Hintergrund dieses Urteils ist nicht nur der Erfolg des Nationalsozialismus in Deutschland, sondern auch das Scheitern seiner gesellschaftlichen Aufarbeitung in einer reflektierten Erinnerungskultur. Weil die Kultur »sich restaurierte nach dem, was in ihrer Landschaft ohne Widerstand sich zutrug, ist sie gänzlich zu der Ideologie geworden, die sie potentiell war« (ebd.).

Die Kultur der entfalteten bürgerlichen Gesellschaft war für Adorno mittelbare Barbarei und ihre Abschaffung im postbourgeoisen autoritären Staat unmittelbare Barbarei. Versuche, nach der Befreiung vom Nationalsozialismus wieder humanistische Kulturwerte zu installieren, um die Demokratie zu stabilisieren, sind in seinen Augen neue Gestalten alter Ideologie. Diese besteht nach Adorno vor allem in der Annahme von der Unabhängigkeit und Selbstgenügsamkeit der Kultur. Hineingezogen in die Mechanismen des Marktes, werde diese bloßes Beiwerk, ohne Kraft zur virtuellen Transzendenz: zu einem von vielen Sektoren der Ökonomie.

Hermann Schweppenhäuser diagnostiziert dementsprechend Ende der 1960er Jahre den »Sieg des Konkurrenzprinzips über die Idee der Kultur« (1972, 98). Türcke spricht rund 30 Jahre später davon, dass »Kultur im traditionellen Sinn als ein Gefüge von Sitten und Gebräuchen, von Umgangs- und Ausdrucksformen sich aufgelöst« habe. Kultur sei »in die Mühle eines entfesselten Konkurrenzkampfes geraten, und der zermahlt ihre Errungenschaften in Bruchstücke« (1999, 155). Als bloße Waren, die auf dem Markt um Aufmerksamkeit konkurrieren, verlören diese »Kulturbruchstücke« sowohl ihre objektive Verbindlichkeit als auch die Chance, dass autonom wählende Subjekte sie sich noch substantiell aneignen und daraus ein »neues Ganzes« machen (ebd., 156).

Ohne dem Kulturpessimismus anheimzufallen, der im letzten Viertel des 20. Jahrhunderts im deutschen Neokonservatismus der Ritter-Schule und in der französischen Postmoderne philosophisch auferstanden ist, gilt es aus der Sicht der Kritischen Theorie, die reale Gewalt, die im Namen vermeintlicher Kulturideale ausgeübt worden ist, im Blick zu behalten. Denn Inhumanität, Grausamkeit und Gewalt waren bislang noch in jede Kultur eingebaut. Im 20. Jahrhundert sei dies, so Schweppenhäuser, in den »barbarischen Kriegen« der sogenannten Kulturnationen unverkennbar hervorgetreten: »Offenbar wurde, was die Kulturen immer schon waren: Zwangsgesellschaften, in denen der Aufstieg um den furchtbaren Preis von Unrecht und Leiden erkauft war und worin periodisch der Ausbruch, die Regression, die Vernichtung alles zusammen verwüsteten.« (1972, 99)

Kultur bedeutet aus dieser Sicht nicht von vornherein Humanität, menschenwürdige Lebensform und Besänftigung von Gewalt. Sie ist vielmehr als Prozess zu verstehen, in dem die Gewalt, die das Überleben einer Gemeinschaft von Menschen begleitet, in verschiedenartige symbolische Kodierungen übersetzt wird. Durch immer subtilere Übersetzungsleistungen werde die Gewalt rationalisiert. Gewalt nach außen (gegen die Umgebung und die äußere Natur) sei dabei ebenso überlebensnotwendig wie Gewalt nach innen (gegen Widerstände innerhalb der Gemeinschaft und gegen die eigene innere Natur). Ohne Selbstbeherrschung keine Herrschaft in der Gruppe und keine Beherrschung der äußeren Natur. Die Konstituierung der symbolischen Ordnung der Kultur ist dieser Kulturtheorie zufolge über die unmittelbare Gewalt ein Stück weit hinaus, aber sie ist sie nicht losgeworden.

Kultur jenseits des »Leistungsprinzips«

Freud hatte die Gewalt analysiert, die wir uns selbst antun, indem wir unsere innere Natur domestizieren. Kultur erlege den Individuen Versagungen auf und zwinge sie, Triebwünsche zu unterdrücken. Dabei produziere sie neurotische Störungen, die zu Destruktivkräften werden können. Freud war daher skeptisch im Hinblick auf die Erfolgschancen des Projekts einer humanen Kultur. Aber, so betont Marcuse: Aus Freuds Einsicht in die Unvermeidlichkeit des repressiven Charakters aller bisherigen Kultur folge keineswegs, dass eine Kultur, die sich von allen bisherigen durch Gewalt- und Zwangsfreiheit unterscheide, prinzipiell unmöglich sei. »Freuds Schlußfolgerungen«, schreibt Marcuse, »hypostasieren […] eine spezifische historische *Form* der Kultur als *Natur* der Kultur.« (Schr. 5, 129) Dagegen wendet Marcuse ein: »Aus der historischen Notwendigkeit des Leistungsprinzips und seiner Fortdauer über die historische Notwendigkeit hinaus folgt nicht, daß eine andere Kulturform unter einem anderen Realitätsprinzip unmöglich wäre.«

Das Kennzeichen einer »reifen Kultur« wäre nach Marcuse »repressionsfreie Triebentwicklung« (ebd., 131 f.). Unverkürzte menschliche Rationalität könnte Ziele jenseits der Beherrschung innerer und äußerer Natur anvisieren. Es sei heute technisch, wirtschaftlich und wissenschaftlich möglich, Kultur und Gesellschaft so zu organisieren, dass weltweit das Prinzip »›Jedem nach seinen Bedürfnissen‹« (ebd., 132) herrschen könnte – doch wohlgemerkt: nach den *Grundbedürfnissen* »Nahrung, Wohnung, Kleidung, Muße« (ebd., 133). Dies mache das überlieferte Leistungsprinzip obsolet. Dieses sei nicht auf bedürfnisorientierte Handlungssolidarität aus, sondern auf permanente Steigerung des »Lebensstandards im Sinne von Autos, Fernsehapparaten und Traktoren« (ebd., 134). So verewige es den Mangel und die Konkurrenz. Marcuse hält die von Freud kategorisch ausgeschlossene »Versöhnung zwischen Lust- und Realitätsprinzip« (ebd.) für denkbar. Einbußen bei der Quantität verfügbarer Konsumgüter wären ein vernünftiger Preis für qualitativen Freiheitszuwachs. Die für die Entstehung und Erhaltung von Kultur nötige »sozial nützliche Arbeit« (ebd., 135) müsste nicht länger mühevoll sein und erzwungen werden. Der bürgerliche und realsozialistische Kult der Produktivität, der im Sinne des Leistungsprinzips die »Diffamierung der Ruhe« impliziere (ebd., 136), könnte überwunden werden, um Produktivität neu zu definieren: als »schöpferische Rezeptivität« (ebd., 153). Die zwanglose Vermittlung von Vernunft und Sinnlichkeit in einer Sphäre des *Spiels* – welches Marcuse mit Friedrich Schillers politischer Ästhetik als genuin humane Tätigkeit versteht – setzte freilich die gesamtgesellschaftlichen »Errungenschaften des Leistungsprinzips« (ebd., 152) voraus, insbesondere die weitgehende Automation der Güterproduktion.

Diesseitige Gegenkultur(en) und die Aporie der kulturellen Moderne

Nach Habermas hat in der »ästhetisch inspirierten Gegenkultur« (1985, 44), die von der Studentenbewegung in Westeuropa und den USA und ihren alternativen Lebensformen inspiriert worden ist, eine Suche nach neuer »Sensibilität« und »Selbsterfahrung« (ebd., 38) stattgefunden. Gleichzeitig sei diese Suche als soziale Bemühung zu verstehen, welche die »Schutzbedürftigkeit natürlicher und gewachsener Umwelten« in der Lebenswelt gegen systemische Übergriffe der generalisierten Steuerungsmedien Geld und Macht verteidigt und »verletzbare, interpersonale Beziehungen« (ebd.) ernst nimmt. Natur und Kultur würden von Wirtschaft und Verwaltung in Gefahr gebracht, welche die produktive Auseinandersetzung mit den natürlichen Lebensgrundlagen vorantreiben und im Zuge dessen die Gestalten der zeichenvermittelten Praxis formen. Sie gefährdeten heute die Erhaltung der Natur und die Autonomie der Kultur. Als Bedrohungen der Lebenswelt benennt Habermas die »ökonomischen und [...] administrativen Imperative« des industriellen und tendenziell nachindustriellen Kapitalismus, also die »sogenannten Sachzwänge, die immer weitere Lebensbereiche monetarisieren und bürokratisieren, immer weitere Beziehungen in Waren und in Objekte der Verwaltung verwandeln« (ebd., 53). Dagegen seien diejenigen sozialen Kräfte zu mobilisieren, die an den »Universalismus der Aufklärung« (Habermas 1990, 11) anknüpften, ohne dabei die kritische Selbstreflexion der Aufklärung zu vernachlässigen, die verhindere, dass Vernunft zum Herrschaftsinstrument verkürzt wird.

Die neuzeitliche Säkularisierung und Profanisierung in Europa und Nordamerika habe einen Dualismus der kulturellen Modernisierung bewirkt: zum einen »Universalisierung von Recht und Moral« und zum anderen »Autonomisierung der Kunst« (Habermas 1985, 38). Die »gesellschaftliche Modernisierung« habe seit dem Ende des 19. Jahrhunderts zum »Konsumismus einer auf Massenproduktion umgestellten Gesellschaft« (Habermas 1981b, 450 f.) geführt. Zentrales Anliegen der »kulturellen Moderne« (ebd., 450) sei indessen gewesen, gegen die Ideologien und Werte anzugehen, welche den sozialen Modernisierungsprozess kompensatorisch begleitet hätten. Naturrechtliche und pflichtethische Gerechtigkeitsbegriffe und dazu konträre, die Moral neutralisierende Avantgarde-Vorstellungen einer Ästhetisierung der alltäglichen Lebenswirklichkeit seien zwei Seiten einer Medaille. »Expressive Selbstverwirklichung« (Habermas 1985, 38) der Subjekte sei zwar das normative Charakteristikum der kulturellen Moderne. Diese sei indessen keineswegs nur in einen moralfreien oder ausdrücklich amoralischen Raum hinein projiziert worden, wie es im Ästhetizismus des späten 19. Jahrhunderts häufig erscheint. Vielmehr sei die eingeforderte und partiell erkämpfte Entfaltungsfreiheit stets auch im Hinblick auf das soziale Handeln der Individuen gedacht worden.

Die Aporie der kulturellen Moderne beschreibt Habermas im Anschluss an Max Weber als Kluft zwischen den ausdifferenzierten »kulturellen Handlungssystemen« mit ihrem professionellen Expertenwissen einerseits und dem »breiten Publikum« mit seiner »Alltagspraxis« andererseits (1981b, 452f.). Radikale Versuche der ästhetischen und politischen Avantgarde, die Arbeitsteilung durch Synthesen aus Kunst und Lebenspraxis zu überwinden, bezeichnet er als »falsche Aufhebung der Kultur« (ebd., 457). Einen Ausweg aus den Aporien würde lediglich die »*Aneignung der Expertenkultur aus dem Blickwinkel der Lebenswelt*« (ebd., 462) bieten. Ästhetische Erfahrungen sollten in die Konstruktion individueller Identität einbezogen werden, damit innovative Interpretationen der eigenen Bedürfnisse, Veränderungen der kognitiven Weltdeutung und Weiterentwicklung der »normativen Erwartungen« (ebd., 461) gleichermaßen zum Zuge kämen. Emotionale, rationale und moralische Urteilskraft müssen zusammenspielen, wie z.B. bei der politisch-biographischen Neuorientierung des Helden von Peter Weiss' *Ästhetik des Widerstands*, der sich an der kulturgeschichtlichen Überlieferung abarbeitet (ebd., 462).

Nur in einer »Assoziation freier und gleicher Individuen, die ihr Zusammenleben auf dem Wege demokratischer Willensbildung selber regeln«, könnten sich »Autonomie – auf der Grundlage gegenseitiger Anerkennung – und Individualität« (Habermas 1990, 15) entfalten. Habermas plädiert für eine Kultur der intersubjektiven Verständigung und der wechselseitigen sozialen Anerkennung. Er befürchtet jedoch, das postmoderne »Lob der Vielheit, die Apologie des Zufälligen und des Privaten, die Feier von Bruch, Differenz und Augenblick, der Aufstand der Randgebiete gegen die Zentren« (ebd., 16) könnten die berechtigten Geltungsansprüche des »Universalismus der Aufklärung« verdrängen. Das würde die normative Grundlage eines soziokulturellen Projekts der Kooperation und der Solidarität aufs Spiel setzen. Diese Sorge scheint die Befürchtung des späten Horkheimer (GS 7, 99f.) zu bestätigen, dass die gesellschaftliche Kraft zur kulturellen Selbstbestimmung schwindet.

Literatur

Adorno, Theodor W.: Kultur und Culture [Vortrag am 9. Juli 1958 bei den Hochschulwochen für staatswissenschaftliche Fortbildung in Bad Wildungen]: In: *Hessische Hochschulschriften für Staatswissenschaftliche Fortbildung* Bd. 23 (1959), 246–259 [Wiederabdruck in: *Bahamas* 43 (2003/04)].

–: *Gesammelte Schriften.* Hg. von Rolf Tiedemann. Frankfurt a.M. 1972ff. [GS].

Dubiel, Helmut: Kulturtheorie der Frankfurter Schule. In: *Kultur: Bestimmungen im 20. Jahrhundert.* Hg. von Helmut Brackert und Fritz Wefelmeyer. Frankfurt a.M. 1990, 255–275.

Erd, Rainer/Hoß, Dietrich/Jacobi, Otto/Noller, Peter: *Kritische Theorie und Kultur.* Frankfurt a.M. 1989.

Freud, Sigmund: *Studienausgabe.* Hg. von Alexander Mitscherlich u.a. Frankfurt a.M. 1974 [StA].

Habermas, Jürgen: *Theorie des kommunikativen Handelns.* 2 Bde. Frankfurt a.M. 1981a.

–: Die Moderne – ein unvollendetes Projekt. In: Ders.: *Kleine politische Schriften (I-IV).* Frankfurt a.M. 1981b, 444–464.

–: *Die neue Unübersichtlichkeit. Kleine politische Schriften V.* Frankfurt a.M. 1985.

–: *Die nachholende Revolution. Kleine politische Schriften* VII, Frankfurt a.M. 1990.

–: *Zwischen Naturalismus und Religion. Philosophische Aufsätze,* Frankfurt a.M. 2005.

–: Internationale Weltordnung. Nach dem Bankrott. In: *Die Zeit,* Nr. 46, 6. November 2008.

Horkheimer, Max: *Gesammelte Schriften.* Hg. von Alfred Schmidt und Gunzelin Schmid Noerr. Frankfurt a.M. 1985ff. [GS].

Institut für Sozialforschung: Kultur und Zivilisation. In: Dass.: *Soziologische Exkurse. Nach Vorträgen und Diskussionen.* Frankfurt a.M. 1956, 83–92.

König, Hans-Dieter: »Basic Instinct«: Zum gegenwärtigen Stand des Geschlechterkampfes und seiner kulturindustriellen Inszenierung. Eine tiefenhermeneutische Film-Analyse. In: *Kultur und Unkultur. Perspektiven der Kulturkritik und Kulturpädagogik.* Hg. von Gunzelin Schmid Noerr. Mönchengladbach 2005, 113–150.

Kracauer, Siegfried: Kult der Zerstreuung [1926]. In: Ders.: *Das Ornament der Masse.* Frankfurt a.M. 1977a, 311–317.

–: Die kleinen Ladenmädchen gehen ins Kino [1927]. In: Ders.: *Das Ornament der Masse.* Frankfurt a.M. 1977b, 279–294.

Löwenthal, Leo: Standortbestimmung der Massenkultur [1950]. In: Ders.: *Schriften.* Frankfurt a.M. 1980, Bd. 1, 9–25.

Marcuse, Herbert: *Schriften.* Springe 2004 [Schr.].

–: Die neue deutsche Mentalität. Memorandum zu einer Untersuchung über die psychologischen Grundlagen des Nationalsozialismus und die Möglichkeiten ihrer Zerstörung [1942]. In: Ders.: *Feindanalysen. Über die Deutschen.* Hg. von Peter-Erwin Jansen. Lüneburg 1998, 21–72.

Müller-Doohm, Stefan: Kritische Medientheorien – die Perspektive der Frankfurter Schule. In: Klaus Neumann-Braun/Ders. (Hg.) *Medien- und Kommunikationssoziologie. Eine Einführung in zentrale Begriffe und Theorien.* Weinheim/München 2000, 69–92.

Negt, Oskar/Kluge, Alexander: *Öffentlichkeit und Erfahrung. Zur Organisationsanalyse von bürgerlicher und proletarischer Öffentlichkeit.* Frankfurt a.M. 1972.

Reijen, Willem van: Was heißt Kultur? Einige Bemerkungen zu Horkheimer und Adorno. In: *Culture Club. Klassiker der Kulturtheorie.* Hg. von Martin Ludwig Hofmann, Tobias F. Korta und Sibylle Niekisch. Frankfurt a.M. 2004, 103–126.
Schmid Noerr, Gunzelin: Durchs Labyrinth der Kultur. In: Ders.: (Hg.): *Kultur und Unkultur. Perspektiven der Kulturkritik und Kulturpädagogik.* Mönchengladbach 2005, 13–56.
Schweppenhäuser, Gerhard: Paradoxien des Multikulturalismus. In: *Postmoderne Kultur? Soziologische und philosophische Perspektiven.* Hg. von Claudia Rademacher und Gerhard Schweppenhäuser. Opladen 1997, 181–195.
Schweppenhäuser, Hermann: Zum Widerspruch im Begriff der Kultur. In: Ders.: *Tractanda. Beiträge zur kritischen Theorie der Kultur und Gesellschaft.* Frankfurt a.M. 1972, 92–101.
Steinert, Heinz: *Kulturindustrie.* Münster 1998.
Türcke, Christoph: Sensationsgesellschaft. Ästhetisierung des Daseinskampfs. In: *Impuls und Negativität. Ethik und Ästhetik bei Adorno.* Hg. von Gerhard Schweppenhäuser und Mirko Wischke. Berlin 1995, 215–226.
–: Kulturelle Verarmung. In: *Paradoxien der Globalisierung.* Hg. von Gerhard Schweppenhäuser und Jörg H. Gleiter. Weimar 1999, 154–163.
–: *Erregte Gesellschaft. Philosophie der Sensation.* München 2002.
–: *Philosophie des Traums.* München 2008.

Gerhard Schweppenhäuser

3. Claude Lévi-Strauss

Lévi-Strauss (1908–2009) betont, dass er zufällig zur Ethnologie gekommen sei und dass es ihm in erster Linie um eine Flucht aus der Philosophie ging: »Ich bin ganz zufällig Ethnologe geworden; nicht etwa, weil ich mich für die Ethnologie interessierte, sondern weil ich der Philosophie entkommen wollte.« (1980, 21) In diesem Sinne hatte er schon 1955 von der Ethnologie als »Rettungsplanke« geschrieben, die ihm die Flucht aus der Philosophie ermöglicht habe (1982, 45). Diese ausgesprochene Philosophiekritik begleitet das Denken von Lévi-Strauss und lässt deutlich werden, dass er die Ethnologie als Gegenentwurf zur Philosophie versteht. Dabei geht es ihm vor allem darum, eine Theorie zu entwickeln, die die Mängel der Philosophie seiner Zeit überwindet. Besonders kritisch steht er dem dichotomischen Denken gegenüber, das er in der Philosophie vorfindet: Ich – Anderer, Natur – Mensch, eigene – fremde Kultur, rational – irrational, intellektuell – affektiv, logisch – prälogisch, intelligibel – sinnlich, bezeichnen die Gegensätze, die Lévi-Strauss in seinem Denken überwinden will. Darüber hinaus sieht er das philosophische Denken als »ästhetische Kontemplation des Bewußtseins über sich selbst« (1982, 44 f.), aus dessen engen Grenzen die Ethnologie herausführt. Er kritisiert die Bewusstseinsphilosophie cartesischer Prägung und inszeniert die Ethnologie als Alternative zum Ausgang vom Cogito: Außergewöhnlicherweise erklärt er zu diesem Zweck Jean-Jacques Rousseau zum Begründer der Wissenschaft vom Menschen und insbesondere der Ethnologie. Nach Lévi-Strauss ist Rousseaus gesamtes Werk von dem Willen einer Identifikation mit dem Anderen und einer damit einhergehenden hartnäckigen Verweigerung einer Identifikation mit sich selbst durchzogen. Dieses Bemühen spielt er gegen Descartes aus, bei dessen Ausgang vom Cogito der Mensch der Gefangene »vorgeblicher Evidenzen des Ich« bleibt (1975, 48). Demnach hat Rousseau radikal die philosophische Tradition umgestürzt. Für Lévi-Strauss entspricht der Ausgang vom Anderen der ethnographischen Erfahrung, in der der Ethnologe lernen muss, »eine Einschätzung seines Selbsts zu erlangen, das sich gegenüber dem *Ich*, das sich seiner bedient, als *Anderes* erweist« (ebd.).

In diesem Sinne lassen sich Lévi-Strauss' *Traurige Tropen* in der Tradition der Rousseauschen *Bekenntnisse* verstehen. Dieser Reisebericht beschreibt seine Forschungsaufenthalte zwischen 1935 und 1939 in Südamerika. Hier schildert er nicht nur die Lebensweise der Indianer, sondern das Buch ist von Reflexionen durchzogen, die sowohl das Verschwinden der sogenannten Primitiven Kulturen betreffen als auch die Bewegung seiner Emanzipation von der eigenen Gesellschaft. Seine immer wiederkehrende Kritik an Sartre speist sich aus dieser Entgegensetzung zwischen Descartes und Rousseau. Denn er wirft Sartre vor, das Cogito soziologisiert zu haben und sich in den Evidenzen des Ich einzunisten, anstatt an einer Überschreitung des Ich zu arbeiten.

Der Strukturbegriff in der Ethnologie bietet Lévi-Strauss einen Weg aus dem kritisierten dichotomischen Denken. So betont er, dass sich der Strukturalismus weigert, das Konkrete dem Abstrakten gegenüberzustellen. Vielmehr hat die Struktur, anders als die Form, keinen von ihr unterschiedenen Inhalt (1977, 135). Zugleich überschreitet Lévi-Strauss aber den in der Ethnologie etwa bei Radcliffe-Brown vertretenen empirischen Strukturbegriff, indem er ihn von den zu beobachtenden Strukturen unterscheidet. Dies hat er am Begriff der sozialen Struktur verdeutlicht, der sich in seinem ersten Buch *Die elementaren Strukturen der Verwandtschaft* findet. Für den Strukturbegriff sind die zu beobachtenden sozialen Beziehungen nur »das Rohmaterial, das zum Bau der Modelle verwendet wird, die dann die soziale Struktur erkennen lassen« (ebd., 301).

So präpariert er 1949 als einfachste Struktur, die sich denken lässt, diejenigen Beziehungen heraus, die in einem »Verwandtschaftsatom« zusammengefasst werden können. Dieses besteht aus einem Mann, seiner Frau, deren Kind sowie dem Mutterbruder als Vertreter der Gruppe der Frau. Dieses Verwandtschaftsatom entfernt sich auch von der bisher als Kernfamilie verstandenen Gruppe, die aus Mutter, Vater und Kind bestand. Vielmehr zeigt Lévi-Strauss, wie die »Allianzen« die biologischen Beziehungen ablösen. Er betont, dass erst mit dem Begriff der Regel das Feld der Kultur betreten wird, so dass die Kultur als das »Universum der Regeln« erscheint. Wobei die erste Regel, die die Schwelle zur Kultur bezeichnet, das Inzestverbot darstellt, das keineswegs als biologische Gegebenheit zu verstehen ist. Er widerspricht damit solchen Theorien, die von einer natürlichen Inzestscheu ausgehen. Während es biologisch gesehen allein um Fortpflanzung geht, sind die Regeln der Beziehungen, die diesen Zweck verfolgen, der Kultur anheimgestellt. Das Inzestverbot soll nach Lévi-Strauss weniger eine Beziehung untersagen als die Gruppe dazu zwingen, Mutter, Schwester oder Tochter anderen zu geben. Wie bei den übrigen Heiratsregeln geht es also um eine Zirkulation der Frauen in der Gesellschaft. So erscheint die Heirat primär als Tausch der Frauen, der die Solidarität der Gruppen untereinander ermöglicht: »Es ist der Tausch und immer wieder der Tausch, der als die fundamentale und gemeinsame Basis aller Modalitäten der Institution Ehe hervortritt.« (1993, 640) Lévi-Strauss vergleicht wiederum den Tausch mit der Kommunikation, so dass er die Frauen schließlich mit den Zeichen gleichsetzt, »die man mißbraucht, wenn man nicht den Gebrauch von ihnen macht, der den Zeichen zukommt, und der darin besteht, kommuniziert zu werden« (ebd., 662). Schon in seinem ersten Buch ist also der Bezug zur Linguistik leitend, sowohl was den Strukturbegriff angeht, der gewissermaßen in der *langue* verortet wird, als auch in dem Vergleich der Verwandtschaftsbeziehungen mit der Sprache.

In seinem Vorwort zur zweiten Auflage nimmt Lévi-Strauss 1966 die Trennung zwischen Kultur und Natur als objektive Gegebenheit zurück, indem er betont, dass diese Trennung eine künstliche Schöpfung der Kultur sei, denn auch in der Tierwelt seien inzwischen komplexe Kommunikationsverfahren entdeckt worden. Diese Korrektur verweist auf die Thematik des Übergangs von der Natur zur Kultur und auf die Universalisierung der binären Operationen in Natur und Kultur, die er in den *Mythologica* verfolgt. Gleichzeitig wendet sich Lévi-Strauss dem »wilden Denken« zu. Dabei findet ein Übergang von den »gelebten Ordnungen« zu den »gedachten Ordnungen« statt, wie es Lévi-Strauss (1968, 342 f.) an anderer Stelle ausdrückt. Sein Buch *Das Ende des Totemismus* bildet dabei gewissermaßen den Übergang zwischen der Untersuchung sozialer Systeme und dem wilden Denken. Hier entlarvt er den Totemismus als Illusion westlicher Forscher und nimmt so die reflexive Wende der Anthropologie vorweg. Der Totemismus verbindet demnach verschiedene Phänomene miteinander, die nicht zusammen gehören. Er erscheint als »künstliche Einheit, die nur im Denken des Ethnologen existiert und der nichts draußen entspricht« (1965, 19).

Nachdem er diese totemistische Illusion kritisiert hat, wendet er sich dem Herzstück des Totemismus zu, dass nämlich eine Gruppe sich nach einem Tier oder einer Pflanze benennt. Dieses Phänomen ist nach Lévi-Strauss nicht durch eine »mystische Partizipation« (Lévy-Bruhl) oder durch die besondere Nützlichkeit der ausgewählten Pflanzen oder Tiere (Malinowski) zu erklären. Vielmehr liegt dieser Benennungspraxis eine logische Operation zugrunde. Sie dient dazu, einen differentiellen Abstand zwischen den Gruppen zu bezeichnen. Lévi-Strauss spricht von der Homologie, die zwischen zwei parallelen Reihen postuliert wird: Zum einen die natürliche Reihe, die die Arten beinhaltet, und zum anderen die kulturelle Reihe, die die sozialen Gruppen umschließt. Die natürliche Reihe lässt Begriffe und Beziehungen durchscheinen, die homolog zu der kulturellen Reihe gedacht werden. In Anspielung auf den Funktionalismus Malinowskis schließt Lévi-Strauss, dass die natürlichen Gattungen nicht ausgewählt werden, weil sie »gut zu essen« sondern weil sie »gut zu denken« sind (ebd., 116).

Die besondere Kunst besteht nun darin, Differenzierungen auszudrücken, die wiederum Integration ermöglichen, also in Wechselbeziehungen und Gegenüberstellungen bestehen. Auch hier wird wieder das Bemühen deutlich, die Grundlagen der Solidarität in den Differenzierungen aufzusuchen. In seinem Buch *Das wilde Denken* betont Lévi-Strauss, dass auch das wilde Denken eine Ordnung herstellt und somit dem Grundbedürfnis des menschlichen Geistes nach Ordnung entspricht. Damit wendet er sich gegen solche Interpretationsansätze, die die Irrationalität oder die Nutzenorientierung des wilden Denkens behaupten. Das wilde Denken hat jedoch weder etwas Mystisches an sich, noch ist es von chaotischen Bedürfnissen getrieben. Vielmehr ist es eine besondere Weise, Ordnung zu erzeugen, und durch eine »Freude am Wissen« inspiriert. Dies bezeugen die detaillierten Klassifikationssysteme, über die das wilde Denken verfügt. Dabei lässt sich das Prinzip der Klassifizierung nicht a priori bestimmen, sondern nur a posteriori aufdecken, so dass Lévi-Strauss ein induktives Verfahren anwendet, um die Prinzipien zu erschließen. Das wilde Denken führt zu einer »Wissenschaft vom Konkreten«, das die sinnlich wahrnehmbaren Eigenschaften der Dinge in Beziehung zueinander setzt. So erklärt er die magischen Praktiken – etwa die Vorstellung, dass ein Korn, das die Form eines Zahnes hat, gegen Schlangenbisse schützt – auf der Grundlage der wahrnehmbaren Ähnlichkeiten. Das wilde Denken bezeichnet das Denken im wilden Zustand, das noch nicht kultiviert oder domestiziert ist. Dieses ist vom Konkreten geprägt und macht keinen Unterschied zwischen dem Sinnlichen und dem Intelligiblen. Vielmehr scheint im Sinnlichen das Intelligible durch. Deshalb sind Lévi-Strauss die morphologischen Eigenschaften der jeweils genannten Tiere oder Pflanzen so wichtig, um die Beziehungen aufzuhellen, in die sie gestellt werden.

Lévi-Strauss vergleicht weiterhin das mythische Denken mit der Bastelei (*bricolage*). Die Mittel des Bastlers sind zufällig gesammelt und begrenzt, er versucht, jederzeit mit dem auszukommen, was er zur Hand hat. Die Elemente des Bastlers sind nach dem Prinzip »das kann man immer noch brauchen« aus anderen Kontexten herausgenommen und nicht in Hinblick auf ein Projekt zusammengetragen. Analog befinden sich die Elemente der mythischen Reflexion »immer auf halbem Wege zwischen sinnlich wahrnehmbaren Eindrücken und Begriffen« (1968, 31). In Anlehnung an Saussure bezeichnet Lévi-Strauss das Zwischenglied zwischen Bild und Begriff als Zeichen. Wie das Bild ist das Zeichen etwas Konkretes, aber es gleicht dem Begriff durch seine Fähigkeit des Verweisens.

Der Bastler muss seine heterogenen Gegenstände daraufhin befragen, wie sie zusammengefügt werden können. Hier sind keine beliebigen Zusammensetzungen möglich, weil die Elemente nicht vollständig bedeutungsleer sind. Sie tragen die Spuren ihrer vorhergehenden Verwendung. Der Bastler muss mit der Gesamtheit seiner Sammlung »in eine Art Dialog treten, um die möglichen Antworten zu ermitteln, die sie auf das gestellte Problem zu geben vermag« (ebd.). Die Elemente des Bastlers geben gewissermaßen Auskunft über ihre mögliche Verwendung, wobei ihre zukünftige Verwendung durch den Zusammenhang begrenzt ist, aus dem sie entnommen sind. Ebenso sind die konstitutiven Einheiten des Mythos nicht beliebig verwendbar, sondern durch die Tatsache begrenzt, »daß sie einer Sprache entnommen sind, in der sie schon einen Sinn besitzen« (ebd., 32). Das mythische Denken arbeitet mit Fragmenten, die zu Analogien und Vergleichen herangezogen werden. Es kann mit Hilfe von metaphorischen und metonymen Operationen neue Bedeutungen erzeugen. Dabei beruht nach Lévi-Strauss in Anlehnung an Jakobson die Metapher auf einer Erkenntnis der Ähnlichkeit und die Metonymie auf einer Erkenntnis der Zusammengehörigkeit. Die neu strukturierten Gesamtheiten kommen also durch die Verwendung von Überresten und Ereignissen zustande, die der Bastler zufällig zur Verfügung hat. Insofern überschreitet das entstandene Werk immer das projektierte Werk.

Als sich Lévi-Strauss in seinem umfangreichen vierbändigen Werk *Mythologica* der Interpretation von mehr als tausend Mythen aus Nord- und Südamerika zuwendet, nennt er die Elemente des Mythos in Anlehnung an Jakobsons Begriff des Phonems »Mytheme«. Analog zu den Phonemen ergibt sich der Wert der Mytheme aus der Opposition. Diese binären Entgegensetzungen verfolgt er in seinem

Werk: Zunächst geht es um Gegensätze zwischen sinnlichen Eigenschaften: roh – gekocht, frisch – verfault, trocken – feucht usw. Dann geht es um eine Logik der Formen: voll – leer, Inhalt – Beinhaltetes, Inneres – Äußeres usw. Und schließlich beantworten die Mythen die Frage, wie der Übergang von einem zum anderen möglich ist. Obwohl der Mythos, wie Lévi-Strauss betont, dem Kontinuierlichen den Rücken kehrt und die Welt durch Unterscheidungen, Kontraste und Gegensätze zerlegt, ist doch in den Mythen immer auch die Suche nach den Übergängen der zergliederten Welt leitend. So verweist etwa der Gegensatz zwischen dem Rohen und dem Gekochten auf den Gegensatz zwischen Natur und Kultur. Den Übergang bildet hier das Kochen, das von einem zum anderen Zustand führt. So wird die Erfindung des Kochens, wie Lévi-Strauss ausführt (vgl. Lévi-Strauss/Eribon 1989, 194) zum Kriterium des Übergangs von der Natur zur Kultur. Im zweiten Band der *Mythologica: Vom Honig zur Asche* führt er aus, dass sich der Honig diesseits der Küche und der Tabak jenseits der Küche befindet: Der Honig wird nicht gekocht und der Tabak wird verbrannt. Insofern bezeichnet er den Honig als »infra-kulinarisch« und den Tabak als »ultra-kulinarisch«. Während der Tabak bereits ein Kulturobjekt darstellt, steht der Honig als Naturprodukt für die Kontinuität des Übergangs von der Natur zur Kultur.

Eine andere Unterscheidung zwischen Natur und Kultur lässt sich in der Annahme oder Verweigerung der Tauschakte sehen. Für Ja/Nein-Entscheidungen sind in den Mythen sogenannte binäre Operatoren zuständig. Als ein solcher bietet sich zum Beispiel der Rochen an, der einmal schmal und einmal breit erscheint. Oder der Gegensatz zwischen Jagd und Landwirtschaft wird durch den Aasfresser überwunden, da er nur tierische Nahrung frisst, aber dazu nicht tötet. Hier zeigt sich, dass Lévi-Strauss die Logik des Konkreten in den Mythen findet. Die Mythen und deren Varianten und Transformationen gehen immer von einem Gegensatz aus, der dann andere Differenzierungen und Lösungen des Übergangs nach sich zieht: »Damit ein Mythos durch das Denken erzeugt wird und seinerseits andere Mythen erzeugt, ist vonnöten und ausreichend, daß ein erster Gegensatz die Erfahrung tränkt, woraus folgt, daß nach ihm andere Gegensätze erzeugt werden.« (1972–1976, Bd. 4, 706)

Die *Mythologica* ist wie ein musikalisches Werk aufgebaut, es beginnt mit der Overture und endet mit dem Finale. Und in der Tat sieht Lévi-Strauss Ähnlichkeiten zwischen Mythos und Musik etwa darin, dass beide nur jeweils in ihresgleichen übersetzbar sind und dass sie sich nicht nur linear lesen lassen. So führt Lévi-Strauss das Verständnis eines Mythos auf das Verständnis anderer Mythen zurück, die alle in einer Art Beziehung zueinander stehen. Dabei betont er, dass nicht die Menschen die Mythen denken, sondern dass sich die Mythen im Menschen ohne deren Wissen denken.

Im Finale seiner *Mythologica* spielt er seine Erkenntnisse gegen den Existentialismus Sartres aus. Er habe in den Mythen eine Rationalität ohne Subjekt entdeckt, und auch seine eigene Subjektivität als Autor hebt Lévi-Strauss auf, indem er seine Passivität und Rezeptivität betont. Demnach werden seine Bücher gewissermaßen durch ihn hindurch geschrieben. Die von ihm aufgedeckte Rationalität durchwirkt seiner Ansicht nach das ganze Universum, denn auch in der Natur lasse sich die Logik der binären Operation erkennen. Er behauptet, dass sich diese Logik nur deshalb im Geist finden lasse, weil sie im Körper schon präsent ist. Seine Leistung sieht er darin, den Menschen auf diese Weise in die Natur integriert zu haben. Auch hier findet sich also wieder die angestrebte Überwindung der Dichotomien.

Rückblickend, vor allem in seinen Gesprächen mit Didier Eribon, nimmt Claude Lévi-Strauss viel von seinem ehrgeizigen Projekt zurück. So stellt er hier fest, er habe nur Inseln der Ordnung in einem Meer von Unordnung aufgesucht. Und die Zuversicht in die erkennbare Rationalität des Universums scheint ihm auch abhanden gekommen zu sein, was seine Arbeit in den Grundfesten erschüttert: Demnach werden wir Tag für Tag tiefer mit der Gewissheit vertraut, »daß unsere Denkfähigkeit dem Realen unangemessen ist und bleiben wird, daß dessen Wesen sich jedem Zugriff der Vorstellung entzieht« (Lévi-Strauss/Eribon 1989, 235).

Literatur

Clément, Catherine: *Claude Lévi-Strauss*. Paris 2003.

Fink-Eitel, Hinrich: *Die Philosophie und die Wilden. Über die Bedeutung des Fremden für die europäische Geistesgeschichte*. Frankfurt a. M. 1994.

Geertz, Clifford: *Anthropologen als Schriftsteller*. München/Wien 1990 (engl. 1988).

Kämpf, Heike: Kulturelle Sinnkonstruktionen als Bastelei. In: *Zwischen Aneignung und Verfremdung. Ethnologische Gratwanderungen*. Festschrift für Karl-Heinz Kohl. Hg. von Volker Gottowik, Holger Jebens und Editha Platte. Frankfurt a. M./New York 2009, 181–198.

Leach, Edmund: *Lévi-Strauss zur Einführung*. Hamburg 1991.

Lepenies, Wolf/Ritter, Hanns Henning (Hg.): *Orte des wilden Denkens. Zur Anthropologie von Claude Lévi-Strauss.* Frankfurt a.M. 1970.
Lévi-Strauss, Claude: *Das Ende des Totemismus.* Frankfurt a.M. 1965 (frz. 1962).
–: *Das wilde Denken.* Frankfurt a.M. 1968 (frz. 1962).
–: *Mythologica I-IV.* Frankfurt a.M. 1972–1976 (frz. 1964–1971).
–: *Strukturale Anthropologie I.* Frankfurt a.M. 1977 (frz. 1958).
–: *Strukturale Anthropologie II.* Frankfurt a.M. 1975 (frz. 1973).
–: *Mythos und Bedeutung. Vorträge.* Frankfurt a.M. 1980 (engl. 1978).
–: *Traurige Tropen.* Frankfurt a.M. 1982 (frz. 1955).
Die elementaren Strukturen der Verwandtschaft. Frankfurt a.M. 1993 (frz. 1949).
–/Eribon, Didier: *Das Nahe und das Ferne.* München 1989 (frz. 1988).
Walitschke, Michael: *Im Wald der Zeichen. Linguistik und Anthropologie. Das Werk von Claude Lévi-Strauss.* Tübingen 1995.

Heike Kämpf

4. Hans Blumenberg

In einem herkömmlichen Nachschlagewerk wird Hans Blumenberg in der Regel nicht als Primärautor zum Thema Kulturphilosophie geführt. Dass sein Werk immerhin von evidenter kulturwissenschaftlicher Relevanz ist, ergibt sich allerdings unmittelbar aus dem kulturphilosophischen Anspruch, den es – jedenfalls implizit – erhebt: Blumenberg zählt zu den eminenten Geschichtstheoretikern im Anschluss an die von Ernst Cassirer vollzogene Identifizierung von Geistesgeschichte und Kulturgeschichte, wie auch im Anschluss an die Methodologie der »Problemgeschichte«. Die Schlüsselkategorie für dieses Projekt ist die der Säkularisierung. Das historische Forschungsfeld: die kulturelle Entwicklung der Neuzeit. Das einschlägige Werk ist betitelt *Legitimität der Neuzeit.* Blumenbergs – teilweise ausdrücklich an Cassirer anschließende – Beschäftigung mit der Geschichte des mythischen Denkens, die einer Genealogie gleichkommt, ergänzt diese Arbeit in komplementärer Weise und verbindet Kulturgeschichte unmittelbar mit Kulturkritik. Die einschlägigen Abhandlungen tragen die Titel *Arbeit am Mythos, Höhlenausgänge* und *Lebenszeit und Weltzeit.*

Daneben ist in systematisch assoziierter »Form« eine Parallelbeschäftigung mit einem Zentralproblem der Bildsprache angesiedelt: der Ansatz zu einer Metaphorologie, der Sprachphilosophie und Bildwissenschaft auf eigentümliche Weise miteinander verknüpft, ein Versuch, der unvollendet blieb. Die einschlägigen Werke sind *Paradigmen zu einer Metaphorologie, Schiffbruch mit Zuschauer, Theorie der Unbegrifflichkeit*, zuzüglich der drei zuletzt zum Thema Kulturkritik genannten Titel.

Blumenberg hat zwar weder einen elaborierten Kulturbegriff entwickelt, noch seine schriftstellerische Tätigkeit explizit dem Ziel einer Kulturtheorie zugeordnet. Gleichwohl lässt sich sein Werk wie folgt in drei Schwerpunktbereiche von kulturphilosophischer Relevanz gliedern: (1) eine Epochentheorie, verstanden als Angebot für ein aktuelles Modell von *Kulturgeschichte;* (2) eine Theorie über die Entstehung und Signatur der Neuzeit, verstanden als *Apologie der Moderne* sowohl gegen ihre Schulhäupter als auch gegen deren Kritiker; (3) eine Theorie der Säkularisierung, verstanden als angewandte *Kulturkritik.* In diese Triade lässt sich, gleichsam als Querschnittsthema, seine Metaphorologie einzeichnen, da die drei Schwerpunktbereiche insgesamt über sie werkorganisatorisch integriert werden können.

1. Mit seiner These, die Geschichtsphilosophie sei die »Gegenneuzeit« (Blumenberg 1974, 72), sichert sich Blumenberg gegen das Missverständnis ab, er füge seine Rekonstruktion der Wende des Mittelalters zur Neuzeit einem eigens zu diesem Zweck erstellten Konzept von Geschichtsphilosophie ein, genauer: einer kryptoteleologischen Entwicklungshypothese. Diese käme so zur Anwendung, dass in der Phase zwischen Cusanus, dem wachsamen Bestandswahrer des Mittelalters, und Bruno, dem ersten ›Alleszermalmer‹, eine Logik des Bruchs auszumachen sei: die Dämme des mittelalterlichen Machtkonformismus brachen und eine Schwelle – die »Epochenschwelle« (Blumenberg 1976, 31) – wurde überschritten. Doch bei Blumenberg findet sich an keiner Stelle eine »Es musste ja so kommen«-Rhetorik. Konsequent werden auch keine Kriterien entwickelt, nach denen Sortierungen der ›Dazugehörigkeit‹ vorgenommen würden. Blumenbergs Methodik besteht in einer mikroskopischen Komparatistik: Er vergleicht durch *Kontrastierung* und entdeckt auf diese Weise Homogeneitäten oder Analogien auf der einen Seite, Heterogeneitäten und Inkompatibilitäten auf der anderen. So gelangt er zu unkonventionellen Ergebnissen: im Kleinen derart, dass das Cusanusprofil weitgehend aus einer dominanten Interessenlage an Kontinuitätssicherung erklärbar ist – Kontinuität des theologisch verbürgten Weltbildes (vgl. ebd., 34 ff.). Bruno hingegen erweist sich als der Zeuge – Märtyrer – eines Willens zur Diskontinuität, persönlich gescheitert, historisch siegreich. Der Wille zur Diskontinuität manifestiert sich als Energie der Neugier und wird zum Design einer ›neuen Zeit‹ – kurz: der »Neuzeit«. »Umbesetzt« wurden allenfalls die Fragen, die aus der alten Zeit übernommen wurden. Die neuen Antworten waren mit den vorherigen nicht kompatibel (ebd., 17).

Blumenberg ist originell in Methode und Ergebnis, er weicht ab von der konventionellen Inklusion Brunos in den Mainstream der eminenten Repräsentanten des Humanismus, in deren Aufreihung Cusanus gewöhnlich die Rolle eines Wortführers spielt, den er seinerseits, hier gegenläufig zu Cassirer (vgl. Cassirer 1987, 39), zum rückwärtsgewandten Konservator stilisiert. Das Entscheidende aber ist, dass er den Willen zur Diskontinuität als spezifisches Projektmerkmal der neuen Epoche ausmacht und dass er sich damit einer Mehrfrontenkonstellation stellt: Weder die ›Verwandlungskünstler‹ – diejenigen, die in der Moderne lediglich eine Metamorphose der vormodernen Theodizee wieder erkennen wollen, so dass also alles beim alten bleibe (Odo Marquard) – noch die Modernekritiker von Nietzsche bis Foucault, von Marx bis zur Frankfurter Schule könnten in Blumenbergs Moderne ihr vertrautes Paradigma bzw. Feindbild wiedererkennen. Denn Blumenbergs Moderne ist weder säkularisierte Eschatologie noch Entzauberung durch entfesselten Machtgebrauch. Blumenbergs Moderne bleibt sich auf ihre Weise treu, sie pflegt ihr Leitmotiv, die Neugier, ebenso gewissenhaft wie eifersüchtig. Die normative Vorbehaltlosigkeit der Neugier erlaubt es der neuen Zeit, sich gleichermaßen neutral und gerecht sowohl zu den Angeboten der Zukunft als auch zu denen der Herkunft zu verhalten – ganz anders als dies die Aufklärung empfahl, die für sich die Stunde Null reklamierte und eine von der Herkunft emanzipierte Zukunft propagierte. In Blumenbergs Neuzeit führte die ›Kultur der vorbehaltlosen Neugier‹ zu einer Transformation von Weltanschauungen in neue Bilder – das »Buch der Natur« ersetzte, in metaphorischer Vieldeutigkeit, das »Buch der Bücher«. Galt für Cusanus die Welt im Ganzen noch als »Symbol Gottes« (ebd., 189), so gilt für die neue Zeit die Welt als das verfügbare Experimentierfeld der menschlichen Neugierde: Blumenberg ›dekonstruiert‹ die Moderne, indem er sie beim Wort nimmt. Mit dem Epochenschnitt kommt es bei Anbruch der Neuzeit zu einer neuen Auffassung von Geschichte überhaupt: Geschichte ließe sich vor dem Hintergrund des Blumenbergschen Geschichtsmodells – posthistoristisch – als Kulturgeschichte definieren, die aus einer Verknüpfung von Genealogie und Dekonstruktion resultiert.

2. Blumenbergs Neuzeit ist nicht legitimationsbedürftig und darin liegt ihre Authentizität. Die Zeit der Neugierde hat sich im Vollzuge ihrer Selbststeigerung nachträglich den Titel »Moderne« gegeben, ein Name, mit dem sie sich von derjenigen Epoche abgrenzte, die sich de externo, nämlich von Gott her, zu legitimieren hatte. Kulturtheoretisch ausgedrückt: diese Zeit ist die *Zeit der Kultur;* diejenige zuvor war die *Zeit der Schöpfung.* Soweit geht Blumenberg mit den konventionellen Apologeten eines triumphalen Begriffs der Moderne offensichtlich konform. Doch während für diese seit der Aufklärung »modern« heißt, die errungene Freiheit *von* der Vergangenheit in Verfügung *über* die Zukunft zu transformieren, um sich damit – so die konventionelle Kritik der Moderne – in eine neue Abhängigkeit – statt vom Ende der Schöpfung nun diejenige vom Ziel der Geschichte – zu begeben, dient das Prädikat »modern« bei Blumenberg der Bewertung einer gegenläufigen Eigenschaft: *modern ist, wer über die Geschichte als Wis-*

sensraum so souverän verfügt, dass er die Vergangenheit zum Stoff einer Kritik an der Gegenwart machen kann.

Genau hier ist Blumenbergs Engagement für eine *Arbeit am Mythos* einzuzeichnen: der Mythos als Fokus, Stoff und Fundament eines »kulturellen Gedächtnisses«, das Verlorenes nicht in dem normativen Interesse wiederfindet und aufbewahrt, um die Gegenwartskultur mit einer Meldung vom selbstverschuldeten Verlust elementarer Inhalte, wie Naturverbundenheit und Glücksbejahung, aufzurütteln, sondern das vergangene Formen der Weltbildentstehung rehabilitiert und aktualisiert. Ob epische Mythen vom Typ Homers oder religiöse vom Typ der Bibel, ob Olymp oder Dornbusch: Es geht nicht um Jahwe und Moses oder um Zeus und Odysseus als normative Autoritäten – es geht um die *Form* der mythischen Erzählung als epochales Beispiel für den Kontrast zwischen Poesie, Bild und Spiel einerseits und Prosa, Buchstabe und Ernst andererseits. Der Mythos ist als eine exemplarische Kulturleistung zu bewerten, die einmal geeignet war, den »Absolutismus der Wirklichkeit« und die damit verbundene Angst vor der Unheimlichkeit der Umwelt wie auch vor der Unberechenbarkeit der Geschichte zu bewältigen. Der Mythos war der natürliche Feind der Norm kompromissloser Eindeutigkeit – sei es die des Szientismus, sei es die des Glaubensdogmas – und er ist es geblieben, trotz seiner Unübertragbarkeit und seiner Unverbindlichkeit.

3. Damit ist der Übergang von der praktizierenden Tätigkeit des ›Philosophen der Kulturgeschichte‹ zur Beantwortung der Frage nach ihrem ›Nutzen und Nachteil‹ markiert: sie dient der *Kulturkritik*. Diese vollzieht sich allerdings anders als in den klassischen Fällen, wie etwa in der vormodernen Tradition vom Typ der humanistischen Geschichtsschreibung oder in der sozialkritischen vom Typ Rousseaus. Sie konfrontiert nicht die Defizite der Gegenwart in den Vollkommenheiten der Vergangenheit einer verflossenen Epoche oder eines Naturzustandes, sondern sie bedient sich gleichsam der Methode subversiver ›Undercover-Tätigkeit‹: nämlich durch eine subtile Rehabilitation der Metapher gegen den Strom der Wirkungsgeschichte des wissenschaftlichen Bildersturms. Die kartesische Urnorm der Klarheit und Exaktheit, die unter dem Motto »clare et distincte« die Sprachbilder aus der Wissenschaftssprache zu eliminieren versuchte, wurde zum Ideal einer Ideologie, die das Dogma der vormodernen Epoche abzulösen antrat, um es durch das neue Dogma zu ersetzen – das des ›Logos‹, verstanden als Selektionsprinzip logischer Exaktheit. Beide, Dogma und Logos, haben gemeinsam, dass sie den kürzesten Weg zur Wahrheit suchen, um sie, definitionsökonomisch, in eine einfache Formel zu bannen. Die Definitionsherrschaft des kirchlichen Dogmas manifestierte sich normativ im Bilderverbot; die Definitionsherrschaft des kartesischen Exaktheitscredos manifestierte sich normativ in der Ächtung der Sprachbilder.

Diese Ächtung erwies sich als erfolglos. Bilder lassen sich weder verbieten noch ausgrenzen. Blumenberg zeigt an einschlägigen Beispielen, dass sich das methodologische Exaktheitscredo kontraproduktiv auswirkte: So war der Metapher der »Wahrscheinlichkeit« – eine pikante semantische Synthese aus ›Scheinen der Wahrheit‹ und ›Schein der Wahrheit‹ – eine evidente wissenschaftshistorische Karriere beschieden, deren Erfolgskurve sogar Aufwärtstrends zeigte. Dazu verweist Blumenberg auf die Metapher von den »Kraftlinien« Faradays, die Maxwell dazu veranlasst habe, das Metaphernverbot in der Wissenschaftssprache aufzuweichen und den Terminus der »Scientific Metaphor« einzuführen (Blumenberg 2001, 203 f.). Es ist die Metapher – deshalb »absolute Metapher« genannt –, die sich in ihrer Unabweisbarkeit, Beharrlichkeit und vor allem Unersetzbarkeit gegen den scientistischen Ikonoklasmus behauptet – und übrigens nicht nur gegen ihn. Auch Kants Vernunftideen in ihrer Bedeutung als unentbehrliche Regulative des Denkens, denen keine Anschauung korrespondieren kann, sind nach Blumenberg als erfolgreiche wie epochale Beispiele für die Metaphernabstinenz sowohl der wissenschaftlichen und philosophischen Moderne zu bewerten. Sie korrespondieren auf eigentümliche Weise der wohl kompromisslosesten Modernekritik, wie sie in Gestalt des fundamentalontologischen Radikalismus Heideggers vorliegt: Heidegger wird ausdrücklich der Metaphernfeindlichkeit verdächtigt (vgl. ebd., 208): Das Sein ist jenseits jeder Verbildlichung anzusiedeln – oder besser, diesseits, im Dasein des Menschen selbst. Beiden, Kant und Heidegger, weist Blumenberg Widersprüchlichkeit nach, Kant, indem er die reine Verstandesleistung des Begreifens als »Handlung« bezeichnet, Heidegger, indem er dem Sein eine »Geschichte« zuspricht.

Ob die Höhle als Metapher für die bornierte Lebenseinrichtung unserer Gesellschaft im platonischen Höhlenmythos oder die Wahrscheinlichkeit als erstrebtes Resultat eines Kalküls nach den strikten Vorgaben der exakten Wissenschaften: Die Metapher kann denunziert werden, sie kann nicht getilgt werden. Blumenbergs Metaphorologie unterscheidet sich von der großen Mehrheit konkurrierender Metaphorologien von Paul de Man bis Paul Ricœur durch ihre kulturkritische Absicht. Sie ist der Beleg für die anthropologische These, dass das *zoon logon echon* ein *zoon eikon echon* ist: bildbedürftig und bilderzeugend.

Indem Blumenberg die Leistungsfähigkeit der Metapher als Bildzeichen wiederholt höher bewertet als diejenige des Symbols, das dem Begriff verbunden bleibe (vgl. 1979, 90; 2001, 205), markiert er implizit eine bemerkenswerte Distanz zu Cassirer und konkurriert dadurch mit ihm de facto um so mehr auf dem Felde einer Disziplin, zu der er sich, ebenfalls im Unterschied zu Cassirer, gleichwohl nicht ausdrücklich bekennt: der Kulturphilosophie, auch und gerade eingesetzt als Medium der Kulturkritik. Blumenberg erinnert mit provokativer Ironie an Kleists Vorschlag, die Menschen in zwei Klassen einzuteilen: »in solche, die sich auf eine Metapher, und solche, ›die sich auf eine Formel verstehn‹. Die sich auf beides verstehen, seien zu wenig, um eine Klasse auszumachen« (ebd., 204). Blumenberg ist zu den letzteren zu zählen – auch heute würde die dritte Kategorie, wenn man sie klassifizierte, nur aus einem Vertreter bestehen. Die kulturkritisch relevante Antinomik ist scharf markiert: Metapher versus Begriff, Metapher versus Formel. Die Metapher, die sich »in einer durch disziplinierte Erfahrung bestimmen Welt« als »heimatlos« erweist (ebd., 199), nimmt in der und gegen die Moderne die Aufgabe des Widerspruchs gegen sprachlichen, wissenschaftlichen, auch religiösen, kurz: kulturellen Reduktionismus ein, eine Widerständigkeit, die der Mythos mangels vergleichsweise geringerer Resistenz nur noch in der Funktion eines Spiegels übernehmen kann, indem er die Verarmung an Bildern, wie sie die Moderne und ihre Gegner gleichermaßen charakterisiert, ironisch kontrastriert.

Obwohl das von Blumenberg ausdrücklich als pendent angemeldete Projekt einer Einfügung der Metaphorologie in eine eigens zu entwickelnde »Theorie der Unbegrifflichkeit« nicht mehr hat zustande kommen können, ist das Ziel des Projekts klar konturiert: Es dient der ›Verteidigung‹ der »Lebenswelt«, der Sensibilisierung für ihre Relevanz und der Anerkennung ihres Primats: »Daß die Welt ein Buch sei [...], ist eine metaphorische Erwartung über die Art der Erfahrung. Sie ist aus der lebensweltlichen Einstellung vor aller Theorie und unterhalb aller Theorie in unserer Geschichte schwer wegzudenken und schon deshalb rückblickend im Auge zu behalten, weil sie den bloßen Nutzungswert der Welt, vermittelt durch das Instrument der Wissenschaft, als sekundären Richtungssinn des theoretischen Verhaltens zu verstehen gibt« (ebd., 196 f.).

Wittgensteins sicher bewusst metaphorische Belobigung der Wirkung der Metapher, dass sie »erfrische«, ist nicht der einzige Grund für ihren kulturellen Wert. Vielmehr liegt er in der unser Denken und Handeln subversiv steuernden Funktion, die sich gegen die Neigung der neuen Zeit wendet, das ›Buch der Natur‹ zu lesen wie ein Rezept zur Erlangung endgültiger Verfügung über sie, und nicht als ursprünglich unversiegbare Quelle des Stoffs für die metaphorische Horizonterweiterung unserer Lebenswelt: Blumenberg erinnert ebenso sehr an Quintilians lachende Wiese (»pratum ridet«), wie an Montaignes Rede von der »Visage du monde« (ebd., 195).

Literatur

Blumenberg, Hans: *Säkularisierung und Selbstbehauptung.* Frankfurt a. M. 1974.

–: *Aspekte der Epochenschwelle: Cusaner und Nolaner.* Frankfurt a. M. 1976.

–: *Schiffbruch mit Zuschauer. Paradigma einer Daseinsmetapher.* Frankfurt a. M. 1979.

–: *Ästhetische und metaphorologische Schriften.* Hg. von Anselm Haverkamp. Frankfurt a. M. 2001.

Cassirer, Ernst: *Individuum und Kosmos in der Philosophie der Renaissance.* Darmstadt 1987.

Klein, Rebekka A.: Das Ende der Humanevolution? Blumenbergs Argumente gegen einen Erklärungsprimat von Darwins Evolutionstheorie. In: *Auf Distanz zur Natur. Philosophische und anthropologische Perspektiven in Hans Blumenbergs Anthropologie.* Hg. von Rebekka A. Klein. Würzburg 2009, 165–181.

Moxter, Michael (Hg.): *Erinnerung an das Humane. Beiträge zur phänomenologischen Anthropologie Hans Blumenbergs.* Tübingen 2011.

Müller, Oliver: *Sorge um die Vernunft. Hans Blumenbergs phänomenologische Anthropologie.* Paderborn 2005.

Stoellger, Philipp: *Metapher und Lebenswelt. Hans Blumenbergs Metaphorologie als Lebenswelthermeneutik und ihr religionsphänomenologischer Horizont.* Tübingen 2000.

Wetz, Franz Josef/Timm, Hermann (Hg.): *Die Kunst des Überlebens. Nachdenken über Hans Blumenberg.* Frankfurt a. M. 1999.

Enno Rudolph

5. Michel Foucault

Michel Foucault (1926–1984) ist einer der einflussreichsten Kulturphilosophen des späten 20. Jahrhunderts, der seine »philosophisch-historische Arbeit« auf einen breiten Bereich kultureller Phänomene bezogen und zugleich der philosophischen Reflexion eine Ausrichtung gegeben hat, die mit eher weichen methodologischen Begriffen wie Archäologie, Genealogie, Problematisierung und Ökonomie operiert. Foucaults Wirkung geht weit über den Bereich der Philosophie hinaus, da sein Werk sich als anschlussfähig auch für Politologie, Soziologie, Literaturwissenschaft, Geschichte und Gender Studies erwiesen hat. Foucault selbst hat in späten Arbeiten – vor allem in seinen Vorlesungen und den beiden letzten Buchveröffentlichungen zu *Sexualität und Wahrheit* – immer betont, als Philosoph zu analysieren und zu schreiben. Mit den stetig wechselnden Themenfeldern seiner schriftstellerischen Arbeit und den darauf angepassten Methodologien behauptet sich Foucault bis heute als ein Autor, der von der Wissenschaftsphilosophie zur Ethik, von der Diskursanalyse zur ›Mikrophysik der Macht‹ das Feld des philosophischen Denkens in vielen Dimensionen neu bestimmt hat.

Themenfelder

Das Werk von Michel Foucault liegt in drei Blöcken vor: ein erster in Form von sieben größeren Monographien seit 1961, ein zweiter in Gestalt zahlreicher kleinerer Texte und Interviews (seit 1994 gesammelt in vier Bänden *Dits et Écrits. Schriften*) sowie ein dritter als Sammlung von 13 großen Vorlesungszyklen aus dem Zeitraum 1971 bis 1984.

Als erste große Arbeit veröffentlicht Foucault 1961 *Wahnsinn und Gesellschaft* und untersucht darin die allgemeine Kultur der Verhaltensweisen gegenüber denjenigen Menschen, die man zuerst die »Verrückten« nannte und zuletzt als geistig Kranke behandelte. Foucault unterscheidet drei Stufen des Umgangs: eine weitgehend mit dem europäischen Mittelalter gleichzusetzende Phase der distanzierten Tolerierung von Wahnsinnigen, die durch eine zweite Phase der Internierung und Bestrafung von sozial auffälligen Personen abgelöst wird – bis etwa zur Französischen Revolution –, worauf im 19. Jahrhundert drittens eine Umdefinition der Verrückten als Patienten der Psychiatrie geschieht. Foucault schildert die Befreiung der »Irren« aus den Verwahranstalten des 18. Jahrhunderts, um deutlich zu machen, dass die Ketten der Polizei nun durch die Vormundschaft der medizinischen Wissenschaft ersetzt werden. Der Rolle des Arztes und der ärztlichen Ausbildung widmet Foucault wenig später, angelehnt an das Material aus *Wahnsinn und Gesellschaft*, eine neue Studie in diskursanalytischer Absicht. *Die Geburt der Klinik* (1963) thematisiert den epistemischen Unterschied einer Beschreibung von Symptomen der Körperoberfläche von einer Analyse der im Innern des Körpers ablaufenden Veränderungen. Das Stethoskop kommt zu einem Zeitpunkt auf, als der Arzt das verborgene organische Geschehen zu erforschen beginnt und den kranken Menschen »klinisch« behandelt, als individuelles Exemplar einer allgemein interessierenden Degeneration.

Eine vergleichende historische Perspektive nimmt Foucault auch in *Die Ordnung der Dinge* (1966) ein, wenn er eine »Archäologie der Humanwissenschaften« in Angriff nimmt, und zwar in drei Wissensbereichen gleichzeitig: Für die Natur, die Sprache und die Ökonomie zeigt Foucault parallele epistemische Schichten oder Epochen auf. Die erste Epoche oder das »Zeitalter der Ähnlichkeit« behandelt Dinge und Wörter als gleichberechtigt, erzeugt das Wissen aus magischen Verbindungen und arbeitet im Weltbild einer allgemeinen Korrespondenz. Dieses renaissancehafte Denken wird durch ein viel strenger geordnetes Begreifen radikal abgebrochen: Es gibt nun eine *episteme* der Repräsentation, in der alles Gesagte auf wirkliche Verhältnisse verweist, allerdings so, dass die Repräsentation sich selbst auch abzubilden vermag. Foucault hat diese Geschlossenheit des repräsentationalen Denkens in einer Analyse eines Gemäldes von Velázquez (»Die Hoffräulein«) als eine Welt von Spiegelungen verdeutlicht. Für den »Menschen« im Sinne eines wissensgenerierenden Subjekts ist dort keine eigene Position vorgesehen.

So verortet Foucault das eigentliche anthropologische Denken im 19. Jahrhundert und analysiert es als eine Grundvoraussetzung der Humanwissenschaften, die eine paradoxe Gestalt des Wissens artikulieren, insofern sie den Menschen zum Ursprung der Wissenserzeugung und zugleich zum Hauptauftrittsort jeglichen Wissens erklären. Der Mensch ist in transzendentalphilosophischer Sicht – Foucault hat sich durchweg stark an Kant angelehnt – eine Bedingung der Möglichkeit jeglichen Wissens und zugleich als empirische Gestalt verschiedenster Wissensformen die historisch wie kulturell variable Instanz dessen, was wir Wissen nennen. Diese dritte Phase im

Denken der »Ordnung der Dinge« trennt Foucault von der ontologisch-kosmologischen Orientierung (wie noch in der Renaissance) ebenso ab wie von der logisch-repräsentationalen Strukturierung von Wissensinhalten (wie in der Zeit, die Foucault das »Zeitalter der Klassik« nennt, etwa von der Mitte des 17. bis zum Ende des 18. Jahrhunderts). Mit seiner These vom Menschen als einer »empirisch-transzendentalen Dublette« (Foucault 1971, 384) unterläuft Foucault jegliche sowohl ethische wie epistemische Auseinandersetzung mit dem Humanismus. Für Foucault ist die Gestalt des Menschen »wie ein Gesicht im/[aus] Sand« (ebd., 462), das von den Wellen ausgelöscht wird: eine junge und vergängliche Erscheinung in der Geschichte des Wissens.

Nach den drei großen Büchern der 1960er Jahre gibt Foucaults Kulturphilosophie die Privilegierung der Diskursanalyse auf und beschäftigt sich nicht mehr im engeren Sinn mit disziplinären Wissensformen (der Psychiatrie, der Medizin oder der Humanwissenschaften). In der Antrittsvorlesung am Collège de France (1970) wird »die Macht, Gegenstandsbereiche zu konstituieren, hinsichtlich derer wahre oder falsche Sätze behauptet oder verneint werden können« (Foucault 1991, 44), als neuer und größerer Aufgabenbereich der Genealogie bestimmt, womit Foucault alle Bereiche des Wissens in das Feld der Macht einschreibt, die er nun vorzugsweise analysiert. Er tut dies aus einer institutionell gesicherten Position heraus. Nach zahlreichen befristeten Stellen im Ausland und an französischen Provinzuniversitäten führte Foucault als gewählter Lehrstuhlinhaber am Collège de France ab 1970 eine gänzlich freie Forscherexistenz. Gleichzeitig wendete er sich gesellschaftlichen Problemen und einer Philosophie der Politik zu. Staat und Gesellschaft werden nun direkt Angriffspunkte seiner Philosophie.

Mitte der 1970er Jahre veröffentlicht er zwei Bücher, die das Phänomen der Macht kulturphilosophisch weiten und aus den Grenzen des traditionellen politischen Denkens befreien. In *Überwachen und Strafen* (1975) untersucht Foucault den Übergang von den körperlichen Bestrafungen zur modernen Bestrafungsform durch Freiheitsentzug bzw. Gefängnisaufenthalt, welcher hauptsächlich der Disziplinierung dient. Die Herausbildung eines Konzeptes von »Delinquenz« (Foucault 1976, 325) sieht Foucault parallel zur Perfektionierung einer Ideologie der Nützlichkeit, nach der die Macht im gesellschaftlichen Feld nicht durch Niederschlagung von Opposition oder durch Willkür etc. gesteigert werden muss, sondern durch Lenkung und Selbstregulierung ausgeübt wird. Sobald der Verbrecher einzusehen beginnt, wie er sich von der Gesellschaft entfernt hat, kann die Arbeit der Seele in produktive Mitarbeit am gesellschaftlichen Ganzen transformiert werden.

Am Begriff der Disziplin stellt Foucault heraus, dass moderne Machtausübung nicht durch Unterwerfung von Subjekten, sondern gerade durch »Subjektivierung« wirkt. Diesen Gedanken hat er in den Vorlesungen der 1970er Jahre vielfältig ausgebaut, u. a. in einer Theorie der »Gouvernementalität«, in Analysen des politischen und ökonomischen Liberalismus sowie in Beschreibungen von Fürsorgeformen wie im »Pastorat« der Spätantike (Foucault 2004, 181–277). Foucault hat mit seiner Analyse der Macht die politische Theorie auf eine neue Spur gesetzt, vor allem, indem er den Zusammenhang von Wissen und Macht als für die philosophische Arbeit zentral erklärte. Ganz so wie die Macht der Ärzte und Psychiater durch ein Wissen garantiert oder die Strafverfolgung durch Psychologie, Soziologie und Ökonomie geleitet und gerechtfertigt wird, sieht Foucault staatliches Handeln insgesamt mit Wissen bewaffnet. In *Der Wille zum Wissen* (1976) verwirft er jegliche Kritik an der Macht als Repression und entwickelt dagegen die Idee der »Biomacht«, die zunächst nichts weiter bedeutet, als dass die politische Macht einer Regierung dem Leben der Untertanen prinzipiell förderlich sein muss, und es nicht – selbst nicht bei Verbrechern – zerstören darf (vgl. Foucault 1977, 166). Regierungsmacht ist regulativ und regulierend, sie steuert und versucht, Selbstregulierung zu fördern: Das sind einige der Thesen, die Foucault in umfangreichen Vorlesungsmanuskripten immer wieder umarbeitet.

Der schmale Band *Der Wille zum Wissen* war gedacht als erster Teil einer mehrbändigen Untersuchung des Themenkomplexes »Wahrheit und Sexualität«. Foucault hat das geplante Projekt fallengelassen bzw. radikal verändert, wie die beiden in seinem Sterbejahr 1984 veröffentlichten Bände *Der Gebrauch der Lüste* und *Die Sorge um sich* bezeugen. Man kann in den Vorlesungsbänden zwischen 1977 und 1984 nachverfolgen, wie sich die einzelnen theoretischen Verschiebungen gestalten und sehen, dass die dort ausführlich referierten antiken Lebenskunstregelsysteme keine Rückkehr zu traditionellen philosophischen Fragen des Subjekts und der Moral signalisieren, sondern eine Weiterentwicklung politisch-sozialer Fragestellungen darstellen, die die Kraft des Menschen zur Selbstregulierung untersuchen. Mit der Frage danach, wie es eigentlich möglich sei, dass sich Menschen selber Regeln geben und sich zum Zweck der individuellen Weiterentwicklung diesen unterwerfen, hat Foucault am Ende seines Lebens das soziale Rätsel exponiert, warum staatliche Macht zwar immer wieder limitiert und neu konfiguriert werden muss, keineswegs aber abgeschafft werden kann.

»Subjektivierung« bei Foucault meint immer beides: die Ergreifung aller Möglichkeiten zur eigenen Selbstbestimmung und die unvermeidliche Unterwerfung unter selbst gesetzte oder akzeptierte allgemeine Ordnungen. Ob Foucault damit zum affirmativen Philosophen der postfordistischen Moderne und ihrer Verwaltungswelt geworden ist (vgl. Fraser 2001) oder das Fundament moderner philosophischer Kritik zu tief angelegt hat (vgl. Habermas 1985), ist ebenso umstritten wie die Frage, ob Foucaults Denken überhaupt einen Weg zur Auseinandersetzung mit den Institutionen der modernen politischen Welt ebnen kann (vgl. Honneth 1985), oder nicht vielmehr in der radikalen Kritik jedweder über-subjektiven Machtkonstellation ein anarchisches (vgl. Veyne 2009) oder kreatives Moment (vgl. Schmid 1991) zu sehen ist.

Methodologien

Foucault hat alle seine Arbeiten methodologisch reflektiert und im Lauf der Jahre mehrere Verfahrensweisen definiert, denen eine nominalistische bzw. skeptische Grundhaltung gemeinsam ist (vgl. Rajchman 1985) und die also keine autonome theoretische Gestalt annehmen. Methodologie regelt bei Foucault den Verkehr zwischen dem Material und der Sprache seiner Analysen. So leistet die »Archäologie« (gedacht nach Immanuel Kants »Archäologie der Vernunft«; Schneider 2004, 85–88) die Abkehr von den Interpretationsgrößen der Geistesgeschichte wie »Werk« oder »Autor« und zugleich die Hinwendung zu Aussagen, die als Elemente von Diskursen aus jedweder Art von Text herausmontiert werden können. Seine Bestimmung der Archäologie und die »positivistische« Behandlung von Aussagen und »Archiv« (als dem Ensemble von Aussagen) hat Foucault in seinem Buch *Archäologie des Wissens* (1969) ausführlich dargestellt, mit konstantem Bezug auf seine drei vorhergehenden Monographien, die im Untertitel alle als »Archäologien« ausgewiesen waren.

Ab 1970 propagiert Foucault das von Friedrich Nietzsche entlehnte Verfahren der »Genealogie« als Leitmotiv seiner methodologischen Reflexion, entwickelt nun vor allem in Aufsätzen und Interviews. Genealogie bedeutet, die Herkunftsgeschichte eines durchgesetzten Anspruchs zu geben, die Wahrheit als historisch zu erkennen. Sie ist dem hermeneutischen Prinzip des Ursprungs entgegengesetzt; es geht um den Nachweis von Diskontinuitäten. In der Genealogie tritt die Gegenwart des Historikers in Distanz zu jeder möglichen Vergangenheit; die Herkunftsanalyse verfremdet das Herrschende. Genealogische Analysen können geltende Praktiken und anerkannte Ansprüche delegitimieren, wie das Foucault in der Mitte der 1970er Jahre mit seinem Machtkonzept selbst zeigen konnte. Wenn das, was herrscht, nicht institutionell dauerhaft geschützt werden kann, sondern sich in den Akten aller Beteiligten immer wieder neu durchsetzen muss, trägt die genealogische Forschung zur Entzauberung der politischen Welt bei.

Die Vorlesungen Foucaults der 1970er Jahre sind aus Manuskripten und Mitschnitten inzwischen weitgehend ediert und weisen an vielen Stellen auf die »Ökonomie« als methodisches Denkmodell hin. Foucault interessiert sich nicht für Dichotomien (wie Täter/Opfer, oben/unten, reich/arm etc.), sondern für Abhängigkeiten, Vernetzungen und Interaktionen (vgl. Foucault 2004, 144–162). Gerade bei der Analyse der Macht kommt es ihm darauf an, Reichweiten und Intensitäten zu erfassen und seine eigene »politische Ökonomie« (ebd., 162) eher beschreibend als rekonstruierend anzulegen.

Aus den Vorlesungen erwachsen ist dann auch das methodologische Stichwort der »Problematisierung«, das in der Einleitung zum Band *Der Gebrauch der Lüste* 1984 prominent gemacht wird. Foucault gelangt dorthin über die Analyse der Regierungskunst, wozu wesentlich die Analyse des Regiertwerdens gehört. Wenn Machtausübung sich auf Subjekte stützt und von ihnen mit getragen wird (und nicht ausschließlich erlitten), dann wird die historische Frage akut, wie man mit Macht umgeht und wie das Subjekt im Geflecht der Macht als regierendes wie regiertes existiert. So endet die Forschungsarbeit Foucaults in der Auseinandersetzung mit antiken Texten, welche die Problematisierung der Ethik als besonderen Fall der Selbstregierung vorführen.

Foucault hat mehrfach betont, seine Arbeiten und seine Begriffe seien Werkzeuge, die von jedermann anders benützt werden könnten, was eher darauf hindeutet, dass er die philosophische Anstrengung in der Auseinandersetzung mit den Phänomenen der realen Welt sieht und weniger in der theoretischen Raffinierung von Begriffsapparaten. Wie wenige andere Kulturphilosophen des 20. Jahrhunderts hat sich Foucault angestrengt der Analyse komplexer sozialer und epistemischer Beziehungen gewidmet und dafür immer wieder methodische Perspektivenwechsel vollzogen. Themenfelder wie methodologische Kreativität machen Foucaults Philosophie auch zu Beginn des 21. Jahrhunderts kulturphilosophisch anregend und laden zur Fortsetzung auf unterschiedlichste Weise ein.

Literatur

Foucault, Michel: *Wahnsinn und Gesellschaft. Eine Geschichte des Wahns im Zeitalter der Vernunft.* Frankfurt a. M. 1969 (frz. 1961).

–: *Die Ordnung der Dinge. Eine Archäologie der Humanwissenschaften.* Frankfurt a. M. 1971 (frz. 1966).

–: *Archäologie des Wissens.* Frankfurt a. M. 1973 (frz. 1969).

–: *Überwachen und Strafen. Die Geburt des Gefängnisses.* Frankfurt a. M. 1976 (frz. 1975).

–: *Der Wille zum Wissen.* Frankfurt a. M. 1977 (frz. 1976).

–: *Der Gebrauch der Lüste.* Frankfurt a. M. 1986 (frz. 1984).

–: *Die Sorge um sich.* Frankfurt a. M. 1986 (frz. 1984).

–: *Die Geburt der Klinik. Eine Archäologie des ärztlichen Blicks.* Frankfurt a. M. ^{3}1988 (frz. 1963).

–: *Die Ordnung des Diskurses.* Erweiterte Neuausgabe. Frankfurt a. M. 1991 (frz. 1971).

–: *Dits et Ecrits. Schriften.* 4 Bände. Frankfurt a. M. 2001–2004 (frz. 1994).

–: *Geschichte der Gouvernementalität.* Bd. 1: *Sicherheit, Territorium, Bevölkerung.* Frankfurt a. M. 2004 (frz. 2004).

Fraser, Nancy: *Die halbierte Gerechtigkeit. Schlüsselbegriffe des postindustriellen Sozialstaats.* Frankfurt a. M. 2001 (engl. 1997).

Habermas, Jürgen: »Aporien einer Machttheorie«. In: Ders.: *Der philosophische Diskurs der Moderne.* Frankfurt a. M. 1985, 279–312.

Honneth, Axel: *Kritik der Macht. Reflexionsstufen einer kritischen Gesellschaftstheorie.* Frankfurt a. M. 1985.

Kammler, Clemens/Parr, Rolf/Schneider, Ulrich Johannes (Hg.): *Foucault Handbuch. Leben – Werk – Wirkung.* Stuttgart/Weimar 2008.

Lemke, Thomas: *Eine Kritik der politischen Vernunft. Foucaults Analyse der modernen Gouvernementalität.* Hamburg 1997.

Rajchman, John: *Michel Foucault. The Freedom of Philosophy.* New York 1985.

Schmid, Wilhelm: *Auf der Suche nach einer neuen Lebenskunst. Die Frage nach dem Grund und die Neubegründung der Ethik bei Foucault.* Frankfurt a. M. 1991.

Schneider, Ulrich Johannes: *Michel Foucault.* Darmstadt 2004.

Veyne, Paul: *Foucault. Der Philosoph als Samurai.* Stuttgart 2009 (frz. 2008).

Ulrich Johannes Schneider

6. Richard Rorty

Nachdem sich der klassische Pragmatismus durch die Dominanz der analytischen Sprachphilosophie in den philosophischen Seminaren Nordamerikas nach dem Zweiten Weltkrieg an den Rand des akademischen Diskurses gedrängt sah, überraschte Richard Rorty Ende der siebziger Jahre die Fachwelt mit seinem Buch *Der Spiegel der Natur: Eine Kritik der Philosophie* (Rorty 1981), in dessen Einleitung er ausgerechnet den zu diesem Zeitpunkt beinahe in Vergessenheit geratenen John Dewey als einen der drei bedeutendsten Philosophen des 20. Jahrhunderts bezeichnet.

Erkenntniskritischer Antifundamentalismus

Ausgangspunkt für Rortys Interesse an Dewey ist dessen Preisgabe von Letztbegründungen und zeitlosen Bedingungen des Erkennens und die damit einhergehende Kritik eines korrespondenztheoretischen Wahrheitsbegriffs. Rorty sieht darin eine Abkehr von der kantischen »Idee der Philosophie als ein Tribunal der reinen Vernunft, das über alle anderen kulturellen Ansprüche zu Gericht sitzt« (ebd., 14). Er erkennt dabei in Dewey einen Denker, der die cartesianischen Dualismen, in der sich die Philosophie verstrickt hatte, zu überwinden wusste.

Rortys zentrales Anliegen ist es, die irreführende Metapher des Bewusstseins als einen Spiegel der Natur, der mehr oder weniger präzise Abbildungen der Außenwelt liefert, zu verabschieden. Damit verschwindet aber auch die Legitimation einer Disziplin mit dem Namen »Erkenntnistheorie«, die die ahistorischen und fundamentalen – und damit auch kulturunabhängigen – Bedingungen der Möglichkeit von Erkenntnis liefern will. Rorty schreibt: »Ohne die Idee des Bewusstseins als Spiegel hätte sich eine Bestimmung der Erkenntnis als Genauigkeit der Darstellung nicht nahegelegt. Ohne sie wiederum wäre die Strategie von Descartes und Kant – sozusagen durch ein Prüfen, Reparieren und Polieren des Spiegels zu immer akkurateren Darstellungen zu gelangen – nicht sinnvoll gewesen.« (ebd., 22) Sofern die klassische Erkenntnistheorie in Rortys Sinne, vor allem durch Descartes und Kant verkörpert, zwar einzelne Erkenntnisprojekte als unter kontingenten kulturellen Bedingungen stehend betrachtete, mit ihren Letztbegründungen jedoch glaubte, dem Wissen eine nicht kontingente Basis verschaffen zu können, zielt Rortys Absage an die Erkenntnistheorie auf eine Verabschiedung aller epistemischen Fundierungsbemühungen.

Rorty versteht in diesem Sinne die cartesianisch-kantisch tradierte Philosophie als Fluchtversuch vor der Geschichte, als Versuch, mit Hilfe ahistorischer Fundamentalismen gleichsam aus der Geschichte herauszutreten, und will deswegen in einer therapeutischen Bewegung die kontingenten, historischen Ursprünge der cartesianischen Dualismen und der Idee von Erkenntnis als Repräsentation der Welt offenlegen.

Interessanterweise bleibt *Der Spiegel der Natur* in Duktus, Methode und Quellen über weite Strecken stilistisch ein Werk in analytischer Tradition, obwohl Rorty diese bereits in der Einleitung kritisiert: »Die ›analytische‹ Philosophie ist eine neue Variante des Kantianismus [...]. Ihre Betonung der Rolle der Sprache ändert die Cartesische-Kantische Problematik nicht wirklich [...]. Die analytische Philosophie legt sich immer noch darauf fest, der Wissenschaft – *und demnach der Gesamtheit der Kultur* – ein zeitloses neutrales Bezugssystem anzubieten.« (Ebd., 18, Hervorh J. L./M. H.)

Erst als er, im Anschluss an Quines und Sellars Kritik am Empirismus und am Mythos des Gegebenen (Quine 1951; Sellars 1956), die analytische Philosophie und mit ihr das gesamte nachkantianische Philosophieverständnis mit ihren eigenen Mitteln einer radikalen Kritik unterzogen hat, scheint er sich in den letzten Kapiteln freizuschreiben. Jetzt kann er nach der Legitimation und Funktion einer Philosophie suchen, die sich der Metaphysik und der Erkenntnistheorie entledigt hat. Philosophie, die sich nicht mehr auf ahistorische Wahrheiten, auf einen unmittelbaren Kontakt zur Realität berufen kann, verliert ihre herausgehobene Stellung und wird zu einer Disziplin unter vielen, zu einer Stimme unter vielen Stimmen, die gemeinsam unsere Kultur erschaffen. Für eine im Sinne Rortys verstandene Philosophie gilt dasselbe wie für die Ethik im Sinne der Freudschen Psychoanalyse: Sie kann aus der Kultur, in der sie entsteht, nicht heraustreten, sondern bleibt selbst ein Symptom von ihr, wenn auch ein hochreflektiertes und selbstbezügliches (vgl. Freud 1948, 503).

Mit Bezug auf Thomas Kuhns *Die Struktur wissenschaftlicher Revolutionen* (vgl. Kuhn 1976) unterscheidet Rorty eine Philosophie des normalen Diskurses, die der »Cartesisch-Kantischen Matrix« (Rorty 1981, 22) folgt und die er als systematische Philosophie bezeichnet, und eine von ihm präferierte nichtnormale Philosophie, die er als bildende Philosophie bezeichnet, deren Aufgabe darin besteht: »ihren Lesern und der Gesellschaft als ganzer zum Ausbrechen aus einer abgenutzten Sprache und Geisteshaltung zu verhelfen« (ebd., 22).

Die Kontingenz der Sprache

Die Neubeschreibung, die Selbstbeschreibung, die Kritik an bestehenden und das Schaffen neuer Vokabulare steht dann auch ganz im Mittelpunkt von *Kontingenz, Ironie und Solidarität*, Rortys zweitem großen monographischem Werk, das zehn Jahre nach *Der Spiegel der Natur* erscheint. Hier schreibt Rorty: »Interessante Philosophie ist nur selten eine Prüfung der Gründe für und wider eine These. Gewöhnlich ist sie explizit oder implizit Wettkampf zwischen einem erstarrten Vokabular, das hemmend und ärgerlich geworden ist, und einem neuen Vokabular, das erst halb Form angenommen hat und die vage Versprechung großer Dinge bietet.« (Rorty 1989, 30) Ohne dass Rorty dies selbst so festhalten würde, kann man in der Rede von »großen Dingen« eine Wiederbelebung der Deweyschen Konzeption des Strebens nach *intensiver Erfahrung* sehen, die er als Antrieb der kulturellen Leistungen der Menschen ansieht. Eine Philosophie, die in einem neuen Vokabular eine neue Sicht der Welt verspricht, lässt auf neue intensive Erfahrungen hoffen und damit auf Wiederbelebung der Kultur. Das Streben nach letzten Gewissheiten hingegen und ihre Begründung durch vermeintlich außerhalb der kulturellen Drift stehende philosophische Standpunkte widerspricht allen innerkulturellen Faktoren wie Kunst, Literatur und eben auch Philosophie. Es ist bei Rorty jedoch auch eine gewisse Distanz zur Ästhetisierung des Politischen und Kulturellen zu finden. Während Dewey das Streben nach intensiver Erfahrung allen Menschen unterstellt, unterscheidet Rorty trotz seines Plädoyers für eine narrative Kultur zwischen Künstlern bzw. Intellektuellen und politischen Normalbürgern. Moderne liberale Gesellschaften sind auf gemeinsame Utopien angewiesen. Diese könnten ebenfalls mit den oben zitierten großen Dingen gemeint sein. Dagegen spricht jedoch Rortys Ansicht, liberale politische Reformen seien berechtigterweise banal, altmodisch und langweilig. Es brauche jedoch die Kunst, gelegentliche Größe, die Fähigkeit, *tanzende Sterne* gebären zu können (vgl. Nietzsche ^{2}1988, 19), während sich die Gesellschaftspolitik bescheide und sich um das von Nietzsche verachtete Glück der Menschen kümmere (vgl. Rorty 1999).

Um die Philosophie als Wettkampf zwischen konkurrierenden Vokabularen zu bestimmen, muss Rorty die Idee von Sprache als einem Medium zwischen dem Selbst und einer bewusstseinsunabhängigen Außenwelt, die Idee von Sprache als Darstellung, zurückweisen. Wahrheit, so Rorty, existiert nicht »da draußen«. Das heißt, wo es keine Sätze gibt, gibt es auch keine Wahrheit, denn Wahrheit ist eine Eigenschaft von Sätzen und Sätze sind Teil von Vokabularen, die von Menschen gemacht sind und damit gilt dasselbe für Wahrheiten – sie sind erzeugt worden oder entstehen zusammen mit den Vokabularen und Sprachspielen in den Kulturen. Das bedeutet aber auch, dass uns die Welt nicht mit Kriterien versorgt, um zwischen konkurrierenden Vokabularen zu wählen: Dass wir Vokabulare nur mit anderen Vokabularen, Metaphern nur mit anderen Metaphern vergleichen können und nicht mit sprachunabhängigen Tatsachen oder ahistorischer, fundamentaler Wahrheit.

Rorty plädiert für eine historistische Sichtweise auf Sprache »und damit Kulturgeschichte« (Rorty 1989, 41). Er fordert uns auf, die Geschichte von Sprache so zu beschreiben, wie Darwin die Geschichte eines Korallenriffs beschrieb. Als Geschichte von zur Buchstäblichkeit absterbenden Metaphern, die als Nährboden für neue Metaphern dienen. Und er geht noch weiter, wenn er schreibt: »Verstünden wir die Geschichte der Menschheit als Geschichte einander ablösender Metaphern, dann könnten wir den Dichter – im allgemeineren Sinn eines Schöpfers neuer Worte, Formers neuer Sprachen – als Vorkämpfer der Spezies sehen.« (Ebd., 48)

Die platonische Forderung, die Dichter aus der Stadt zu verbannen (*Politeia*, 398a u. 608), weil diese lediglich Abbilder von Abbildern erzeugen, aber keinen Zugang zu dem eigentlichen Quell der Wahrheit, den ewigen Ideen, besäßen, ist vielleicht das beste philosophiehistorische Beispiel für die Ausrichtung einer an Wissenschaft und Gewissheit orientierten Kultur, die Rorty durch eine andere ersetzt sehen will. Rortys Plädoyer für die Dichter ist eine Abwendung von der Theorie hin zur Erzählung und ein wesentliches Element seiner liberalen Utopie, die er in *Kontingenz, Ironie und Solidarität* entwickelt und in deren Zentrum die Figur der liberalen Ironikerin steht.

Die liberale Ironikerin

Liberal zu sein, bedeutet für Rortys Ironikerin, dass das Verursachen von Schmerz und Leid, das Demütigen anderer, das Schlimmste ist, was man tun kann. Ironikerin ist Rortys Liberale, weil sie sich der Kontingenz und damit der Vorläufigkeit und Vergänglichkeit ihres eigenen Vokabulars jederzeit bewusst ist, sie dieses im Zuge der kulturellen Drift zu revidieren bereit ist und sie sich einem ständigen Prozess der Neubeschreibung unterzieht. »Ironikerin«, so Rorty, »nenne ich jemanden, der so nominalistisch und historistisch ist, daß er die Vorstellung aufgegeben hat, jene zentralen Überzeugungen und Bedürfnisse bezögen sich zurück auf eine Instanz jenseits des raum-zeitlichen Bereiches.« (Rorty 1989, 14) Für die liberale Ironikerin bedeutet dies, dass es auch für ihre tiefste Überzeugung – dass das Verursachen von Schmerz das Schlimmste ist, was man tun kann – *keine Begründung außerhalb der Geschichte* und ihrer kulturellen Formationen gibt. Der Anti-Platonismus, der in dieser Figur der Ironikerin verkörpert werden soll, ist evident (vgl. Rorty 1984). In Rortys Utopie stellen diese liberalen Ironikerinnen in ihrer Kultur die Mehrheit, wodurch der Übertritt der post-religiösen in eine post-metaphysische Kultur möglich wird.

Negativ formuliert, zeichnet sich Rortys post-metaphysische, anti-essentialistische, historistische Kultur durch drei Negationen aus: Keine Letztbegründungen, keine festen Werte, keine gemeinsame menschliche Natur. Damit setzt sich Rorty natürlich dem Vorwurf des Relativismus aus. Tatsächlich ist seine liberale Ironikerin nicht in der Lage, abschließend und theoretisch zu begründen, warum es besser sei, Demütigungen zu vermeiden, als zu demütigen, ohne dabei zu zirkulären Argumenten zu greifen (vgl. Rorty 1989, 319). Sie ist nicht in der Lage, theoretisch zu begründen, warum mehr Freiheit erstrebenswert ist, mehr Vielfalt wünschenswert und Demokratie die bessere Staatsform. Sie kann nur auf die Geschichte und ihren eigenen kulturellen Standpunkt verweisen. Rorty ist sich sehr bewusst, dass es gefährlich ist, sich überhaupt auf die essentialistische und fundamentalistische Sprechweise einzulassen. Denn dann nimmt das Postulat, dass es keine Letztbegründungen gibt, die Form einer Letztbegründung an und der Vorwurf des performativen Selbstwiderspruchs droht. Um diesem zu entgehen, muss die liberale Ironikerin das Vokabular ihrer Kritiker mit ihrem eigenen Vokabular zurückweisen. Rorty schreibt: »Daher müssen unsere Bemühungen die Form einer schrittweisen Einübung neuer Vokabulare annehmen, anstatt einfach innerhalb alter Vokabulare zu argumentieren.« (Rorty 1997, 12)

Trotz seiner Zurückweisung einer allen Menschen gemeinsamen immanenten Natur, im Sinne einer Wesenheit, findet Rortys liberale Ironikerin in der Fähigkeit, Demütigung zu erleiden, eine zwar universelle, aber eben nicht zeitlose und notwendige Gemeinsamkeit, die alle Menschen verbindet. Die interessante damit verbundene Frage ist dann auch nicht »Warum soll ich nicht demütigen?«, sondern die Frage, »Was demütigt?« (Rorty 1989, 156). Dieses »mittelpunktlose Gewebe aus Überzeugungen und Wünschen«, als das Rorty (ebd., 151) den Menschen beschreibt, leidet eben in je eigener Weise. Andere Menschen werden durch ganz andere Verhaltensweisen gedemütigt. Die Fähigkeit, Schmerz und Demütigung zu erleiden, ist allen Menschen gemein, sie ist ein Produkt unserer zufälligen evolutionären Entwicklung. Das, wodurch wir uns gedemütigt fühlen, ist aber kulturellen Bedingungen und Entwicklungen, sowie individuellen Idiosynkrasien unterworfen.

Hier kommt ein zweites Element der Hinwendung zur Erzählung zum Tragen: Eine wesentliche Funktion von Erzählung – Rorty spricht in der Regel von Romanen, erwähnt aber auch Film, Journalismus, Ethnographie und Comic-Hefte – ist es, uns einerseits auf das Leiden anderer aufmerksam zu machen und uns andererseits selber aufzuzeigen, durch welche Verhaltensweisen wir andere demütigen. Rorty unterscheidet deshalb zwei Gruppen von Büchern: »Typisch für die erste Gruppe sind Bücher zum Beispiel über Sklaverei, Armut und Vorurteile. Dazu gehören *Die Lage der arbeitenden Klassen in England* und die Reportagen sensationslüsterner Journalisten und Regierungskommissionen, aber auch Romane wie *Uncle Tom's Cabin*, *Les misérables*, *Sister Carrie*, *The Well of Loneliness* und *Black Boy*. Solche Bücher helfen uns zu sehen, wie soziale Verhaltensweisen, die wir für selbstverständlich hielten, uns grausam gemacht haben. Bücher der zweiten Gruppe [...] handeln davon, in welcher Weise Menschen besonderer Art grausam zu anderen Menschen besonderer Art sind. Manchmal sind es Bücher zur Psychologie, aber die nützlichsten Bücher dieser Art sind Romane, die die Blindheit von Personen einer bestimmten Art gegenüber den Leiden von Personen anderer Art darstellen.« (Rorty 1989, 229 f.) Als Beispiele nennt Rorty Humbert in Nabokovs *Lolita* und Kinbote in *Pale Fire*, oder Mrs. Jellyby in Dickens' *Bleak House*.

Dieser Prozess der Sensibilisierung durch Erzählungen spielt auch bei der Schaffung von Solidarität die entscheidende Rolle. Wenn Solidarität, als das Interesse an fremdem Leiden, nicht eine immanente Wesensart sein kann, weil Rorty auf Kontingenz und Ironie besteht, also nicht Produkt einer allen Menschen gemeinsamen Vernunft oder sympathetischen Begabung ist, dann kann Solidarität nicht einfach durch das Beseitigen von Vorurteilen im Kern unseres Selbst freigelegt und gefunden werden. Solidarität wird vielmehr als eine affektive Disposition in Erziehungs- und Zivilisierungsprozessen geschaffen oder wieder zerstört.

Rorty nimmt in seiner Konzeption von Solidarität Bezug auf Wilfried Sellars *Science and Metaphysics* (Sellars 1968). Solidarität ist demnach vor allem eine Frage des Wir-Gefühls: Wir Athener, in Abgrenzung zu den Spartanern, wir Urchristen, in Abgrenzung zu den Juden und Römern, wir Sansculottes, in Abgrenzung zu Adel und Klerus, wir Bürger einer Nation, in Abgrenzung zu den Bürgern anderer Nationen. Rorty bestreitet, dass sich für ›wir Menschen‹ eine sinnvolle Abgrenzung finden lässt, die eine ähnlich bindende Kraft entwickelt, wie die vorgenannten Beispiele. »Ich behaupte, daß die Kraft des ›wir‹ charakteristisch von einem Kontrast lebt: ›wir‹ bildet einen Kontrast zu ›ihnen‹, die ebenfalls Menschen sind – aber Menschen von der falschen Sorte.« (Rorty 1989, 307)

Die Rede von der Solidarität nimmt im Vokabular von Rortys moderner liberaler Gesellschaft dennoch eine zentrale Stellung ein. Handelt es sich doch dabei um ein von religiösen und metaphysischen Begriffen geklärtes Vokabular, welches die Rede von der Nächstenliebe und der Erlösung im Jenseits genauso hinter sich gelassen hat wie die Rede von der vernunftmäßigen Wesenheit und sie ersetzt durch die Hoffnung auf ein besseres Leben für kommende Generationen, in dem die Demütigung von Menschen durch andere Menschen ein Ende gefunden hat. Moralischer Fortschritt besteht also in der Ausweitung des ›Wir-Gefühls‹. Romane, Dokumentationen, Reportagen, die präzise das Leben ›anderer‹ schildern, helfen uns, die als trennend wahrgenommenen Unterschiede in Geschlecht, Hautfarbe, religiöser Zugehörigkeit, Einkommen, Tradition, sexueller Ausrichtung angesichts des gemeinsamen Vermögens, Schmerz und Demütigung zu empfinden, als vernachlässigbar zu erleben. Der Prozess der Sensibilisierung durch Literatur hilft uns, andere als ›einen von uns‹, statt als ›einen von jenen‹ zu sehen. »Das ist der Grund, warum Roman, Kino und Fernsehen langsam aber sicher Predigt und Abhandlung in der Rolle der Hauptvehikel moralischer Veränderungen und Fortschritte abgelöst haben.« (Ebd., 16) Durch diese Arten von Erzählungen kommt es zu einer Kultivierung des menschlichen Affektlebens und einem Wandel in den Voraussetzungen des Denkens, der nicht in erster Linie durch das bessere Argument ausgelöst wird, sondern durch den »Transport« und die »Vermittlung« von Erfahrungen in Narrationen (Hampe 2011).

Philosophie in Deweys Tradition ist für Rorty ein Eingriff in die Kulturpolitik. Denn wer keine ahistorischen Wahrheiten mehr liefern kann, muss sich die pragmatistische Maxime, wonach das, was in der Praxis keinen Unterschied macht, auch in der Philosophie keinen machen kann, zu Herzen nehmen (vgl. Rorty 2008, 9). Philosophen sollen Vorschläge machen, in welche Richtung sich die Gesellschaft entwickeln soll. Sie sollen Vorschläge machen zur Revision der Vokabulare, Vorschläge zu Neubeschreibungen und Vorschläge dazu, welche überkommenen Redeweisen wir besser bleiben lassen sollten. Redeweisen wie die von der Rasse oder der Nation, die uns daran hindern, den Bereich des ›Wir-Gefühls‹ auszuweiten. Wenn den Philosophen das gelingt, dann leisten sie ihren Beitrag zum »fortwährenden Gespräch der Menschheit über die eigenen Zielsetzungen« (ebd., 9). »Je mehr es zu Wechselwirkungen zwischen der Philosophie und anderen menschlichen Tätigkeiten kommt,« schreibt Rorty, »desto größer wird ihre kulturpolitische Relevanz – und diese Wechselwirkungen sollten sich nicht auf das Verhältnis zu den Naturwissenschaften beschränken, sondern auch die bildenden Künste erreichen sowie Literatur, Religion und Politik. Je mehr die Philosophie nach Autonomie strebt, desto weniger Aufmerksamkeit verdient sie.« (Ebd., 11)

Literatur

Buschmeier, Matthias/Hammer, Espen (Hg.): *Pragmatismus und Hermeneutik. Beiträge zur Richard Rortys Kulturpolitik.* Hamburg 2011.

Freud, Sigmund: Das Unbehagen in der Kultur. In: Ders.: *Gesammelte Werke.* Bd. 14. Frankfurt a.M. 1948, 419–505.

Hampe, Michael: Explanation Through Description. In: *Rethinking Epistemology. Berlin Studies in Knowledge Research.* Hg. von Günter Abel und James Conant. Berlin 2012, 353–368.

Kuhn, Thomas S.: *Die Struktur wissenschaftlicher Revolutionen.* Frankfurt a.M. 1976 (engl. 1962; ²1970).

Nietzsche, Friedrich: *Also sprach Zarathustra.* In: Ders.: *Kritische Studienausgabe.* Hg. von Giorgio Colli und Mazzino Montinari. Berlin/New York ²1988, Bd. 4.

Rorty, Richard: *Der Spiegel der Natur. Eine Kritik der Philosophie.* Frankfurt a.M. 1981 (engl. 1979).

–: Heidegger wider die Pragmatisten. In: *Neue Hefte für Philosophie* 23 (1984), 1–22.

–: *Kontingenz, Ironie und Solidarität.* Frankfurt a.M. 1989 (engl. 1989).

–: Keine Zukunft ohne Träume. In: *Süddeutsche Zeitung,* 30./31. Januar 1999.

–: Relativismus – Entdecken und Erfinden. In: *Die Wiederentdeckung der Zeit.* Hg. von Antje Gimmler u.a. Darmstadt 1997, 9–26 (engl. 2000).

–: *Philosophie als Kulturpolitik.* Frankfurt a.M. 2008 (engl. 2007).

Sellars, Wilfrid: Empiricism and the Philosophy of Mind. In: *The Foundations of Science and the Concepts of Psychoanalysis. Minnesota Studies in the Philosophy of Science.* Bd. 1. Hg. von Herbert Feigl und Michael Scriven. Minneapolis 1956, 127–196.

–: *Science and Metaphysics.* London 1968.

Quine, Willard Van Orman: Two Dogmas of Empiricism. In: *The Philosophical Review* 60 (1951), 20–43.

Jonas Lüscher/Michael Hampe

IV. Systematik der Übergänge

1. Architektur

»Die Baukunst hat jederzeit unmittelbar cultivirt.« Heinrich August Riedel formuliert diesen Satz 1796 in dem einleitenden Beitrag zum ersten Band (1797) der von David Gilly und seinen Kollegen herausgegebenen *Sammlung nützlicher Aufsätze und Nachrichten, die Baukunst betreffend,* somit in einem Moment des Aufbruchs und der Neukonstituierung der Disziplin im Zeichen des Fortschritts und der Vereinigung von »Kunst und Gelehrsamkeit«. Der ganzheitliche Blick steht unter der Frage und Forderung des »Einflusses der Baukunst auf den Menschen überhaupt«, womit die vitruvianische Ursprungslegende der Gründung der Architektur in der ›Urhütte‹ ebenso wie die grundsätzliche Aufgabe des Herausführens des Menschen aus »seinem rohesten anfänglichen Zustande« zu nützlichen Dingen und schließlich zur »Bequemlichkeit« zusammengefasst wird.

Kulturelle Ansprüche der Architektur

Soweit entspricht dies den bis heute unbestrittenen Lehrmeinungen Vitruvs von der Erfindung der Architektur aus der Einsicht ihres Nutzens im Einklang mit der Nachahmung der Natur und des darin gegründeten Fortschrittes, der – architektonisch gesehen – von der Solidität (und Notwendigkeit) zur Nützlichkeit und zur Schönheit führt. Zahlreich sind die Deutungen und Abwandlungen dieses Stufenmodells je nach dem Stand der Entwicklung. Im Hintergrund bleibt die Urbarmachung genauso wie die Geistesbildung mit dem Begriff »Cultur« verbunden, den Johann Heinrich Campe im ersten Band seines *Wörterbuchs der Deutschen Sprache* noch übergeht, um ihn andererseits im *Wörterbuch zur Erklärung und Verdeutschung der unserer Sprache aufgedrungenen fremden Ausdrücke* (1801/08) abzuhandeln. Dort spricht der Autor auch von »falscher Cultur« und »Missbildung« und zitiert Klopstock mit dem Wort »Entbarbarung«. Ob und wie Fortschritt und Entwicklung harmonisch zusammenfinden, ist seitdem stets umstritten geblieben; die allzu linear gedachte und zuweilen den Lebensaltern an die Seite gestellte vitruvianische Trias wird den aktuellen, veränderten Verhältnissen fortlaufend angepasst. Gemäß Rondelets vielfach aufgelegtem Standardwerk der *Art de bâtir* (1802–1832) entscheidet der jeweilige »état de cet art« diese Frage. Lange vor den einschlägigen modernen Äußerungen stellt Rondelet konsequenterweise »Konstruktion« und »Perfektion« an die Stelle der vitruvianischen, allzu vagen und unberechenbaren *venustas* (Schönheit). Dementsprechend verschieben sich auch die Auffassungen, was denn der Kulturbegriff auf die Architektur bezogen beinhalte, ob er dem Bauwerk selbst zugrunde liege oder nur dessen Zweck und Intention beschreibe.

Doch die vitruvianischen Begriffe von *firmitas, utilitas* und *venustas* überleben alle Krisen. Nach einer einfachen Definition der Architektur befragt, hat sich noch 1942 das Museum of Modern Art darauf berufen. Offensichtlich passen sie in gleicher Weise zum Rockefeller Center, zu Erich Mendelsohn und Mies van der Rohe: »2000 years ago the roman architect VITRUVIUS said: ARCHITECTURE should meet three requirements: utily, strength, beauty«. Geändert hat sich diesmal allerdings die Reihenfolge. 1942 beginnt man mit *utility* und setzt dies gleich mit der nachmals berühmen Formel von »FORM FOLLOWS FUNCTION«. Die Weiterentwicklung und noch mehr die Geschichte des Fortschritts der Architektur kann auf diese Weise mühelos beschrieben werden, und dasselbe gilt für den an die Stelle der *firmitas* Vitruvs gesetzten Begriff *strength,* der nun mit neuen und »more efficient« Materialien und Konstruktionsweisen erklärt wird. In einer staatlichen Werbebroschüre wurde damals der kulturelle Fortschritt insgesamt durch die Bauten ausgewiesen (»The most lasting and revealing records of a civilization are its buildings«).

Mühelos haben es die vitruvianischen Grundsätze geschafft, alle Epochengrenzen zu überdauern, während die – ebenfalls auf Vitruvs Kodifizierung bezogenen Säulenordnungen ›Stein des Anstoßes‹ einer modernen Architekturauffassung waren. Die Zerstörung der Säule wird bei Le Corbusier Signal und Symbol der erreichten Moderne (»Et Vignole-enfin-est foutu! Merci! Victoire!«). Genauer besehen, hat Le Corbusier die Säulen durch seine *pilotis* ersetzt. Oder anders betrachtet, die Architektur weist sich rundum als sehr konstant in ihrer Tradition. Die Moderne hat sich zwar in ihrer manifestartigen Artikulierung gegen die Geschichte gewandt; aber gerade das Wissen um ihre kulturelle Bedeutung hat sie auch immer wieder zu den entsprechenden Grundüberzeugungen zurückgeführt. Da. wo Kultur allzusehr an Geschichte gemahnt, sprach man lieber von ›Tradition‹, und da wo die modern vorwärtsgerichtete Diskussion zum ›neuen Menschen‹ drängte, postulierte man die Schaffung einer ›neuen Tradition‹. An den (kulturellen) Inhalten ändert dies kaum etwas.

1925 spricht Walter Gropius in der Schrift über *Internationale Architektur* von der »heutigen architektonischen Gestaltsentwicklung«, dehnt diese auf die »Repräsentanten in allen Kulturländern der Erde« aus, um dann umgekehrt die bestehende Kunst des Bauens auf eine »sentimentale, ästhetische dekorative Auffassung« zu verengen. Anders gesagt, die moderne Entwicklung beruft sich auf eine weltumfassende kulturelle Bedeutung der Architektur; genauer, sie behauptet, darin zu stehen und beansprucht diesen Platz in resoluter Weise. ›Internationale Architektur‹ wird im Wissen um vorausgegangene völkerpsychologische Debatten im Modell von »drei konzentrischen Kreisen – Individuum – Volk – Menschheit« begriffen und dabei dem äußeren, größten Kreis der Vorzug gegeben. Bei der Ausrufung des »International Style« 1932 in New York wird einmal mehr betont, die moderne Architektur hätte gegenüber vergangenen Epochen und Stilen den Vorteil, nicht nur ästhetisch, sondern aus der Konstruktion heraus entwickelt und begründet worden zu sein. Es hat in moderner Zeit trotz aller »Neutönerei« (Karl Löwith) nie an Begründungen – und Rechtfertigungen – gefehlt, die Architektur in einer kulturellen Tradition zu situieren und abzusichern. Zuweilen diente dazu die Vorstellung des ›Klassischen‹ nicht nur als ideale Folie für staatliche Repräsentation und Monumentalität, sondern auch als (kulturelle) Legitimierung neuester formaler Entwicklungen, so wie das auf exemplarische Weise im Vergleich von Le Corbusiers Villa Garches und Palladios Villa Malcontenta durch Colin Rowe geschehen ist.

Lapidarer begann die von Ludwig Hilberseimer anlässlich der Werkbundausstellung in Stuttgart 1927 vorgestellte Definition der »Internationalen Architektur« mit der Feststellung: »Die Voraussetzungen und Grundlagen der neuen Baukunst sind verschiedenster Art«. Das verstand sich als Bekenntnis zu einer vielfältigen Grundlegung und zu einer umfassenden, kulturell bestimmten Ausrichtung. Der »Zweckcharakter des Bauwerks« wurde mit den »Benutzungsansprüchen« zusammengelegt. Den traditionellen Begriffen von »Material und Konstruktion« wurden »Herstellungstechnik und Betriebsführung« sowie »wirtschaftliche und soziologische Momente« an die Seite gestellt. Und über allem sollte »der schöpferische Wille des Architekten« stehen und »herrschen«. Seine kulturelle Aufgabe wurde darin gesehen, dass er kraft seiner spezifischen Befähigung aus dem Nebeneinander eine »gestaltete Einheit« schaffe. Dies wird gegen eine (bloß) »modische Formenangelegenheit« gesetzt und als »elementarer Ausdruck« gefordert und mit einer »geistigen Verbundenheit über alle Grenzen hinweg« verknüpft und kulturell verankert. Die Vorstellung des »Kunstwollens«, die sich gemäß Alois Riegl teleologisch und zweckbewusst gegen die »Sempersche mechanistische Auffassung« richten müsse, hatte sich durchgesetzt. Sie passte vorzüglich in die Zeit um 1900 und zu den Parolen des 1907 gegründeten Deutschen Werkbundes, der insgesamt die »Durchgeistigung der deutschen Arbeit« eingefordert hatte. Hermann Muthesius hatte damals in seiner Dresdner Rede von 1911 mit dem Titel »Wo stehen wir?« – im Einklang mit den Parolen des ›Rembrandtdeutschen‹ Julius Langbehn gegen die in aufklärerischer Tradition beobachtete »einseitige Anspannung der Geisteskräfte« gerichtet – die umfassende Bedeutung künstlerischer Tätigkeit betont. Die Rede war vom Willen zur Kunst und von der das Materielle als das Geistige überhöhenden Form. Für Muthesius galt schlechthin: »Denn die architektonische Kultur ist und bleibt der eigentliche Gradmesser für die Kultur eines Volkes überhaupt.« Walter Gropius forderte 1913 dementsprechend mit Blick auf die modellgebende amerikanische Industriearchitektur, »das technisch überall gleich vorzügliche Ding« müsse »mit geistiger Idee, mit Form durchtränkt werden, damit ihm die Bevorzugung unter der Menge gleichgearteter Erzeugnisse gesichert« bleibe. Eine entsprechende ›europäische‹, aus derselben Quelle schöpfende Akulturierung modernern technischen Bauens findet sich auch bei Le Corbusier. In einer berühmt gewordenen, *Vers une architecture* (1923) vorangestellten Definition hat er dem Ingenieur Gesetzmäßigkeit und »calcul« sowie das Erreichen von Harmonie zugewiesen, dem Architekten jedoch die kulturelle Funktion des Erstellens einer menschlichen Ordnung aufgetragen, die er als »pure création de son esprit« bezeichnet und mit der sinnlichen Erfahrung, mit »émotions plastiques« sowie mit der Wirkung von »beauté« verbindet. Eine neuerliche Variante zur Leib-Seele-Thematik!

Gesellschaft und Öffentlichkeit

An kulturellen Ansprüchen hat es der Architektur also auch in jüngerer Zeit kaum je gefehlt. Geht man in der Geschichte zurück, so findet man bei der Gründerfigur einer neuzeitlichen Theorie der Architektur, bei Leon Battista Alberti, zu Beginn seines Traktats *De re aedificatoria* (1452) eine nicht minder weit ausgreifende, umfassende Begründung des Nutzens und der kulturellen Bestimmung der Architektur. Er vergleicht die Architektur mit anderen Tätigkeiten (Künsten) und deren Anteil am Erreichen einer »guten und glücklichen Lebensführung«, wozu dann – vitruvianisch – Notwendigkeit und Nützlichkeit und anderweitige besondere Schätzung als die entscheidenden Kriterien angeführt werden. Sollte man einer Kunst in ganz besonderer Weise nicht entbehren können, so sei dies die Architektur mit ihren privater und öffentlicher Nutzung zugewiesenen Unternehmungen. Dort wo er später die Darstellung öffentlicher Bauten einleitet, wird dieser Nutzen für den Menschen als unbestritten gegeben und vorausgesetzt: »Aedificia hominum causa constituta in promptu est.« Gleich anschließend wird dann auf die *Vielfalt* menschlicher Bedürfnisse verwiesen und deren Berücksichtigung als besondere Aufgabe der Architektur vorgestellt. »Ut habeamus opera varia et multiplicia«: Die Vielfalt und Vielfältigkeit der Bauten soll die unterschiedlichen Bedürfnisse und Ausrichtungen menschlicher Kultur abbilden.

Bei Alberti führt diese Diskussion zur Erörterung des Aufbaus menschlicher Gesellschaft überhaupt. Er postuliert, dass jedem Teil gesellschaftlicher Organisation einzelne Bauwerke entsprechen müssten. Eine nach Aufgaben geordnete Bautypologie, wie sie sich insbesondere im 19. Jahrhundert – eng an den bürgerlichen Errungenschaften orientiert – entfalten konnte, ist hier grundgelegt. Nicht zufällig diskutiert Alberti das Thema der *Öffentlichkeit*, genauer den notwendigen Zusammenhang von Stadt und Öffentlichkeit: »Universis urbs et, quae urbis partes sunt, publica omnes debentur.« Es fällt auf, dass parallel zur modernen Krise der Stadt die Öffentlichkeitsdebatte bei Habermas und seiner Nachfolge die Artefakte und insbesondere die gebaute Stadt weitestgehend ausgeklammert hat.

Alberti drängt darauf, den Nutzen der Stadt und der Architektur für die Gesellschaft unter Beweis zu stellen. Er beschreibt den umfassenden Zugriff der Architektur auf die menschlichen Bedürfnisse und insgesamt den Umfang baulicher, kulturschaffender Tätigkeit. Das betrifft Maßnahmen zugunsten menschlichen Wohlbehagens und guter Lebensführung insgesamt. Es werden die größtmöglichen Aufwendungen wie das Abtragen von Felsen, das Durchstechen von Bergen und die Korrektur von Flüssen zum Wohle des Handels sowie all jene Maßnahmen ins Feld geführt, die später – mitsamt der Fortifikation – in der besonderen Gattung der »architectura militaris« zusammengefasst sind.

Zivilisations- und Kulturkritik

Solches Argumentieren ist auch um 1800 noch an der Tagesordnung. Riedel hat 1796 den eingangs zitierten Satz zur unmittelbar kultivierenden Architektur gleichsam umgedreht und festgestellt, dass sie mittelbar in den Stand gesetzt wird, »die Cultur zu benutzen«. Die Baukunst wird zum »Mittel des unumgänglichsten Erfordernisses zur Benutzung der Cultur, und dadurch zur Erlangung und Erhaltung menschlicher Glückseligkeit.« Das bezieht sich immer noch auf die aristotelische Definition von Staat und Stadt als einer Zweckgemeinschaft zwecks Erfüllung menschlichen Glückstrebens.

Allein, eine allzu enge Koppelung von Architektur und Fortschritt wird natürlich auch oft in Frage gestellt. Gottfried Semper findet unter dem Eindruck der gerade abgeräumten »Welterscheinung« der ersten Weltausstellung 1851 in London zu der Formulierung: »Die Gegenwart hat nicht Zeit, sich in die ihr halb aufgedrungenen Wohltaten hineinzufinden und ihrer Meister zu werden. Sie ist der Chinese, der mit dem Messer und der Gabel essen soll. Da schlägt sich die Speculation in das Mittel und legt uns die Wohltaten mundrecht vor; wo keine sind, dort schafft die Speculation tausend kleine und grosse Nützlichkeiten; alte verjährte Comforts werden in das Leben zurückgerufen, wenn ihr nichts Neues mehr einfällt.« Längst gibt es Zivilisations- und Konsumkritik, und Semper schreibt: »Die Ordnung der Dinge hat sich umgekehrt.« Dass die Architektur also aus ihrer Rolle eines kulturschaffenden Initiators gemäß ihren eigenen Vorgaben heraustritt und Gefahr läuft, nur noch als Erfüllungsgehilfe hinterherzueilen, war stets zu befürchten. Ein Zwist ist kaum vermeidbar. Die Szene hat sich in moderner Zeit zuweilen drastisch verändert; utopische Phantasterei und pragmatische Schadensbegrenzung stehen häufig nebeneinander. Die »geschichtliche Vernunft«, an die Ortega y Gasset anlässlich des Darmstädter Gesprächs zu »Mensch und Raum« 1951 appellierte, wurde von der Architektenseite auf den »Anteil der Baukunst« bezogen gelesen als: »die ›bauliche‹ Bewältigung unseres Lebensraumes« und als »Anteil ›des künstlerischen Gestaltens‹ an der Überwindung der Heimatlosigkeit«.

Das klingt nach dekorativer Zutat und evoziert den Eindruck bloßer Problembeseitigung. Beides lastet auf dem heutigen ›Architekturdiskurs‹. Dass die Architektur, wenn sie sich denn auf ihren kulturellen Auftrag besinnt, dienen soll, bestreitet auch Le Corbusier nicht. Aber er möchte zudem, wie er sagt, den Gott in uns Architekten, den Demiurgen anregen und zum Zuge kommen lassen (»Servir bien, mais aussi servir le dieu qui est en nous. Eveiller le dieu qui est en nous, véritable et profonde joie de ce monde«). Die Kreativität will freigesetzt werden, darin erkennt der Architekt – unabhängig von allen Erwartungen und Anbindungen – den eigentlichen kulturellen Beitrag. Der Architekt ist *formgiver;* sein ganzes Talent und Vermögen konzentriert sich auf den »Entwurf«, auf das, was er gerne als eine »Setzung« versteht. Er trägt das Risiko, dass das der Welt – außerhalb eines engen Kunstbetriebs und abgesehen von wenigen gefeierten Stararchitekten – einerlei ist. Auf der anderen Seite steht ein gesellschaftlich begründeter und geforderter Determinismus, gemäß dem die *Variations de l'architectonique* sich nur nach Maßgabe der sich wandelnden »nature et forme des sociétés« ergeben kann und darf. »La hutte vous dit la vie du Sauvage«, leitet 1834 Victor Considérant seine entsprechenden Bedenken ein. Verallgemeinert: »Etant donné l'homme, avec ses besoins, ses goûts et ses penchant natifs, déterminer les conditions du système de construction le mieux approprié à sa nature.« Man soll die maximale Anpassung baulicher Massnahmen an die menschliche Natur anstreben; dabei ist der Hinweis Albertis auf die Verschiedenheit von Menschen, der sich einer solchen Pauschalisierung entzieht, verloren gegangen. Nicht der einzelne Mensch, sondern Verallgemeinerungen werden zum Ausgangspunkt ›wissenschaftlicher‹ Baumethoden und Empfehlungen (beispielsweise bei der Definition des »Existenzminimums«, CIAM 1930) und tun dies immer noch. Seit Charles Fourier, dem Considérant folgt, wird das Korrelat ›Mensch/Kultur‹ vornehmlich durch dasjenige von ›Gesellschaft/Kultur‹ ersetzt; demnach gilt: »Il est pour les édifices comme pour les sociétés, des méthodes adaptées à chaque période sociale.«

Aus der Enge der ›Wohltätigkeit‹ von Herrschern und ganzer Dynastien genommen, stellten sich die Fragen nach dem Subjekt kultureller Leistungen um so mehr und fanden nicht immer überzeugende Antworten. Carl Friedrich Ritter von Wiebeking, Mitglied zahlreicher wissenschaftlicher Gesellschaften, handelte das Thema *Von dem Einfluß der Bauwissenschaften auf das allgemeine Wohl und die Civilisation* nach 1815 in geradezu systematischer Weise ab. Das Ganze geriet letztlich zum Loblied auf die antike Kunst. Solche Fragen richteten sich nach den berühmten Preisfragen aufklärerischer Zeit und Absicht. Schon wegen seines Titels erfuhr die 1806 erstmals deutsch publizierte Schrift Carl Theodor von Dalbergs besondere Beachtung: *Perikles. Ueber den Einfluss der schönen Künste auf das öffentliche Glück.* Darin ist von Kunst und, wie könnte es anders sein, von der »Verschönerung Athens« die Rede, und man trifft auf Perikles und Phidias im Zwiegespräch. Hier wurde einmal mehr das damals geläufige Prinzip der »Naturnachahmung«, genauer: »die Grundsätze transcendenteller Nachahmung«, hochgehalten: »Nur *ein* Zweck beseelt alle Künste des Schönen – es heist: Verschönerung des Nützlichen. Nur *ein* Mittel liegt in der Künstler Hand – es ist: innige Einwandlung ihres Wesens in den darzustellenden Gegenstand«. In dieser Formulierung ist das fast einhundert Jahre später vom Deutschen Werkbund vorgegebene ›kulturelle‹ Ziel vorweggenommen: »Verschönerung des Nützlichen«! In der Satzung des 1907 gegründeten Deutschen Werkbunds liest man: »§ 2. Der Zweck des Bundes ist die Veredlung der gewerblichen Arbeit im Zusammenwirken von Kunst, Industrie und Handwerk durch Erziehung, Propaganda und geschlossene Stellungnahme zu einschlägigen Fragen.« Und 1912, als der Kongress über »Die Durchgeistigung der deutschen Arbeit« gerade abgeschlossen war, formulierte Peter Jessen: »Möchten wir demnächst schreiben dürfen: die neudeutsche Werkkunst, eine Weltmacht des Geschmacks.« So las sich die Antwort auf die Frage nach der Kultur, die sich Jessen zuvor – noch lange vor der berühmten Frage nach der verspäteten Nation Deutschland – gestellt hatte: »Und unsere Kultur? Kommen wir nicht auch da zu spät, oder sind wir endlich willens, die Zeit zu verstehen und die Kränze festzuhalten, die sie dem Zugreifenden reicht?« Alles wiederholt sich; wo die Kultur sich schützend über menschliche Tätigkeit legt, fragt man sich um so mehr, wer denn wen treibt und in die Pflicht nimmt. ›Kulturtätigkeit‹ ist damals längst auch eine Umschreibung für Umtriebigkeit, bei der nicht unbedingt künstlerische Qualität der Gradmesser ist, dafür um so mehr Nützlichkeit, die Ausrichtung auf den Tagesgebrauch und das Ausufern zu Gerätschaften aller Art. Das alles wollte letztlich der Deutsche Werkbund ›veredeln‹, ganz im Sinne der »Verschönerung des Nützlichen«.

Der Bau und das Bauen

Im Kern sind auch hier die alten Auffassungen und Widersprüche bei der Einschätzung der kulturellen Tätigkeit des Architekten spürbar. In der Nikomachischen Ethik, im Rahmen dessen, was man Habitus-Lehre nennt, findet sich die Definition der Architektur als »habitus faciendi vera cum ratione«. Der Kulturbeitrag der Architektur liegt im Tun selbst, im Bauen. Daran hat sich auch einer der prominentesten Vitruvkommentatoren und Mentor Palladios gehalten, Daniele Barbaro. Im Proemio seiner Vitruvausgabe (1556) unterscheidet er die Architektur deutlich vom Habitus einer *scienza* mit den ihr zugeordneten *intelletto* und *sapienza.* Demgegenüber findet sich die architektonische Tätigkeit in einer kontingenten Welt deutlich unterschieden als *ars* und als »habito regolatore delle opere, che ricercano alcuna materia esteriore« definiert. Ihr ist die *prudenza* zugeordnet, die als »habito moderatore delle attioni humane & civili« das Tun begleitet.

Für Barbaro steht fest, dass unter Architektur – in Übereinstimmung mit der alten Auffassung der *artes* und der Vorstellung der *techné* – die *Tätigkeit* zu verstehen ist, unter Verwendung äußerer Materialien und in Ausrichtung auf menschliche Obliegenheiten. Sie erscheint als eine auf die konkreten architektonischen Aufgaben ausgerichtete, spezifische Kulturkompetenz. Barbaro fasst dies alles nochmals zusammen und definiert die Kompetenz des Architekten als »habito nella mente humana, come in vero suggetto riposto, che la dispone fermamente a fare, & operare drittamente, & con ragione fuori di se, cose utili alla vita«. Dabei ist die geistige Tätigkeit (des Erfindens, der Vorstellung) von der Tätigkeit in der äußeren Welt unter Zuhilfenahme äußerer Materialien deutlich unterschieden, aber auch in den Zusammenhang gesetzt. Das entspricht präzis der Auffassung Vitruvs, der diese beiden Pole schon in der ersten Definition der Architektur, die aus *fabrica* und *ratiocinatio* bestünde, herausstellt, wobei die *ratiocinatio* nicht – wie in der jüngsten Architekturtheorie häufig angenommen – sich selbst, also einer autonomen Theorie, dient, sondern unmissverständlich durch das »demonstrare atque explicare« (Vitruv, I, I, 1), dem Erklären und Aufzeigen, dem Tun, der Bautätigkeit selbst zugeordnet ist.

Die Gewichtung dieser beiden Teile war allerdings schon damals mit Rückgriff auf die unterschiedliche Akzentsetzung bei Platon respektive Aristoteles Gegenstand von Diskussionen. Den entscheidenden Anstoß hat bereits Alberti gegeben, der im Prolog zu seinem *De Re Aedificatoria* die – später häufig aus dem Zusammenhang gelöste – Formulierung »fabri enim manus architecto pro instrumento est« findet; Max Theuer übersetzt 1912: »Die Hand des Arbeiters dient ja dem Architekten nur [!] als Werkzeug.« Richtig ist, dass Alberti dem Architekten beides abverlangt: »tum mente animoque diffinire« sowie: »tum et opere absolvere«. Auch für ihn ist die Architektur auf das Tun und die Ausführung von Bauten ausgerichtet. Zwischen Betonung von Kopf oder Hand oszillieren gelegentlich die Ansichten. Bleibt Barbaro bei der *ars* (im mechanischen Sinn), beansprucht Vincenzo Scamozzi 1615 für die Tätigkeit des Architekten (in den gleichen Bedingungen und äußeren Abhängigkeiten) eine *scienza.* Francis Bacons Aphorismus aus der *Instauratio Magna* (1620; I 2) erweist sich – auch im Hinblick auf allerlei weiter hinzukommender Hilfsmittel und Geräte – als klärend: »Weder die bloße Hand noch der sich selbst überlassene Verstand vermögen Nennenswertes; durch unterstützende Werkzeuge wird die Sache vollendet; man bedarf ihrer nicht weniger für den Verstand als für die Hand. Und so, wie die Werkzeuge die Bewegung der Hand wecken oder lenken, so stützen und schützen in gleicher Weise die Werkzeuge des Geistes die Einsicht.«

»Prinzip Tätigkeit«

Der mögliche Zwist zwischen Körper und Geist hat nach 1800 neue Aktualität und neue Antworten gefunden. Karl Friedrich Schinkel hat die vorrangige Bedeutung der Verwirklichung betont und dabei den Zusammenhang mit der Darstellung und der in ihr sichtbar werdenden »Kritik« sowie der Ausrichtung der Praxis auf den sittlichen Fortschritt in einer atemberaubenden Formulierung deutlich gemacht: »In der Kunst muß der Gedanke immer auf Verwirklichung gerichtet sein, und in der Darstellung die Kritik heraustreten, die dem schöpferischen Geiste nothwendig beiwohnen muß. Da nun Kunst überhaupt nichts ist, wenn sie nicht neu ist, das heißt, praktisch darauf ausgeht, den sittlichen Fortschritt im Menschen zu fördern, und dafür immer neue Wendungen erfindet, so sieht man schon, daß aus dem Vorhandenen eine höhere Kritik nie vollständig erwachsen kann, und deshalb Kunstgelehrte, die nicht zugleich practische Künstler sind, allemal weit von der höchsten Kritik und deshalb von der höchsten Einsicht in die Kunst entfernt sind.« Schinkel, der offenbar die Schriften Fichtes in seinem Reisegepäck nach Italien mitführte, folgt dessen »Prinzip Tätigkeit« genauso, wie er sich an die mit Kant in aller Mund geführte Vorstellung von »Kritik« hält. Man kann Kants Satz auf der letzten Seite der *Kritik der reinen Vernunft* in Erinnerung rufen, in dem der Gang zwischen der dogmatischen und der skeptischen Position, zwischen Wolff und David Hume, als »der critische Weg« beschrieben wird, der »allein noch offen« ist. Und immer wieder wird man zum Imperativ aus Kants *Anthropologie in pragmatischer Hinsicht abgefaßt* (1798) geführt, gemäß dem »alle Fortschritte in der Cultur« nun eben einmal mit der Zielsetzung »zum Gebrauch für die Welt« notwendigerweise verbunden sind.

Längst muss sich Schinkel – auch dies von eminenter, grundsätzlicher kulturgeschichtlicher Bedeutung – dem Phänomen des fragmentarischen Zustands des architektonischen Wissens genauso wie der Masse und Überfülle der einzelnen Kenntnisse aus der »herkömmlichen Geschichte« stellen, weshalb er sich die Aufgabe der von Friedrich Creuzer (1805) besonders betonten und geforderten »*sondernden* Kritik« zu eigen macht. Auswahl und Urteil sind wesentliche Ingredienzen einer die Erinnerung und die Geschichte bemühenden architektonischen Kultur.

Der Schinkelsche Satz bezieht sich noch auf weitere kulturgeschichtliche Standards der Architektur. Mit der »Darstellung« verweist er auf die übliche Vorstellung, wonach mit der künstlerischen Tat ein Inneres im Äußeren angezeigt wird und es sich somit um ein »Schöpferisches, welches auf's Practische geht« handelt, das jenes »Mehr in der Welt« verursacht. Dieses Neue ist der Beitrag zur Kultur. Rumohr (1827) nennt unter der Rubrik »Haushalt der Kunst« die zu fordernde »Deutlichkeit des Dargestellten« *Charakter* und unterschiedet diesen von der *Illusion* bloßer »sinnlicher Wahrscheinlichkeit«. Auch die *kritische* Betrachtung des kompetenten Kunsturteils will Schinkel – ganz kulturbewusst – »auf den Standpunkt allgemeiner Bildung oder allgemeiner Ansichten« heben. Schließlich ist die unverzichtbare Ausrichtung auf das Neue natürlich mit der Vorstellung von *Freiheit* verbunden, die in der Vorrede zu Kants *Kritik der praktischen Vernunft* als »Schlußstein von dem ganzen Gebäude« hervorgehoben wird. Seiten später folgt dort der Satz: »Der Begriff der Freyheit ist der Stein des Anstoßes für alle Empiristen, aber auch der Schlüssel zu den erhabensten practischen Grundsätzen für critische Moralisten, die dadurch einsehen, das sie nothwendig rational verfahren müssen.« Überdies erwägt Schinkel – letzlich Vitruvs *ratiocinatio* und Aristoteles' *cum ratione* folgend – »wie weit das rationale Princip wirksam sein müsse«, um jenseits »radicaler Abstraction«, nämlich dort, wo sich das »Historische« und das »Poetische« in greifbarer Nähe befinden, Kunst zu erreichen. Auf Schinkel passt der Begriff des »critischen Moralisten«. Er berücksichtigt die mit einer verbindlichen Auffassung von Kultur verknüpften Handlungsweisen auch weit besser als die heutigen ebenso unverbindlichen wie geläufigen Redensweisen eines ›kulturbewussten‹ Künstlers.

Die Ordnung der Kultur

Es kommt auch mit Bezug auf die Architektur wesentlich auf die Inhalte eines Kulturbegriffs an. Und diese richten sich nach dem auf die Wirklichkeit bezogene Tun. Insofern der Architekt besondere Kompetenzen aufzuweisen hat, ist es immer wieder die besondere Befähigung zur Ordnung, die ihm attestiert wurde. Diese Ordnungsfunktion setzt dort ein, wo der Architekt den für das kulturelle Dasein unabdingbaren Rahmen von Haus und Stadt schafft. Jacques Lefèvre d'Estaples legt in seinem Kommentar zur Ökonomie des Aristoteles dar, dass dieser den menschlichen Lebensraum als geordnetes Gefüge darstellende Begriff architektonische Wurzeln aufweist. *Oikos* bezeichnet das Haus – und gemäß Aristoteles bildet sich die Stadt aus einer Menge Häuser. *Nomos* meint im engeren Sinne das Gesetzmäßige, Nomothetische, findet sich aber auch in Aristoteles' Definition des architektonischen Habitus, dem eben das *cum ratione* eigen ist. Die Architektur bedient sich zwecks Wahrnehmung dieser Ordnungsfunktion in erster Linie der Geometrie. »Ordinat incertis / Ars renovata metris« ist dem Frontispiz zu Carlo Cesare Osios *Architettura Civile* (1661) einbeschrieben, und Le Corbusier (1928) spricht von der Geometrie als der einzigen Sprache, die wir zu sprechen verstehen. Das beschreibt die *Methode*, die der architektonischen »Ordnungslehre« zugrunde liegt. Daniele Barbaro hat schon 1556 die vitruvianischen Grundbegriffe nach Qualität und Quantität geordnet und so beispielsweise Eurythmie und Symmetrie unterschieden. Und es scheint gerade so, als ob der alte Hylemorphismus auf die Folie der architektonischen *operatio*, des Überführens von Materie in Form, projiziert worden wäre. *Marche à suivre* (1819) nennt Durand den systematischen Vorgang des Generierens architektonischer Formen aus ihren geometrischen Vorbedingungen. An diesen Übergängen hat sich architektonische Erfindungskraft genährt und das ›Voraussehen‹ geübt. *Praecognitio* bezeichnet bei Scamozzi das Vorwissen, aus dem etwas entsteht; es enthält aber auch den Aspekt vorausschauender, berechenbarer Vorstellung. Der architektonische Modellbegriff hat ebenso einem doppelten Aspekt gehuldigt (bei Alberti dementsprechend zweifach als *exemplar* und *modulus* definiert); der Braunschweiger Mathematiker und Theoretiker der Architektur, Leonhard Christoph Sturm, hat aus dieser Doppeldeutigkeit heraus den Begriff der »idea materialis« entwickelt. Das ist ebenso klar und rational deutlich wie allen Mystifizierungen gegenüber offen. Diese Ambivalenz beschreibt einen ganz besonderen Aspekt der architektonischen Kultur. Sensibel und umsichtig formuliert Le Corbusier auch dazu: »Géométrie: esprit clair et mystère infini des combinaisons.« Das will sagen: Der Architekt lässt sich durch rationale Disziplin nicht einengen, diese befördert ihn nur in seinem Freiheitsdrang und führt ihn zum Erfindungsreichtum.

Literatur

Alberti, Leon Battista: *De re aedificatoria* [1452]. Hg. von Giovanni Orlandi. Mailand 1966. (dt.: *Zehn Bücher über die Baukunst.* Wien/Leipzig 1912, Repr. Darmstadt 1991).

Bacon, Francis: *Novum Organon* [1620]. Hg. u. eingel. von Wolfgang Krohn. 2 Bde. Hamburg 1990.

Barbaro, Daniele: *I dieci libri dell'Architettura di M. Vitruvio. Tradutti et commentati…* Venedig 1556.

Bartning, Otto (Hg.): *Mensch und Raum. Darmstädter Gespräch 1951.* Darmstadt 1952.

Considérant, Victor: *Considérations sociales sur l'architectonique.* Paris 1834.

Dalberg, Carl Theodor von: *Perikles. Ueber den Einfluss der schönen Künste auf das öffentliche Glück.* Gotha 1806. (frz. *Périclès. De l'influence des beaux-arts sur la félicité publique.* Paris 1806).

Kant, Immanuel: *Critik der practischen Vernunft.* Riga 1788.

– *Anthropologie in pragmatischer Hinsicht abgefaßt.* Königsberg 1798.

Kruft, Hanno-Walter: *Geschichte der Architekturtheorie. Von der Antike bis zur Gegenwart.* München [5]2004.

Le Corbusier: *Vers une architecture.* Paris 1923.

–: *Une maison – un palais. À la recherche d'une unité architecturale.* Paris 1928.

Muthesius, Hermann: Wo stehen wir? Vortrag auf der IV. Jahresversammlung des Deutschen Werkbundes in Dresden 1911. In: *Jahrbuch des Deutschen Werkbundes* 1 (1912), 11–26.

Oechslin, Werner: Architekturmodell. »Idea materialis«. In: *Die Medien der Architektur.* Hg. von Wolfgang Sonne. München 2011, 131–155.

Riedel, Heinrich August: Allgemeine Betrachtung über die Baukunst [1796]. In : *Sammlung nützlicher Aufsätze und Nachrichten, die Baukunst betreffend.* Bd. 1. Berlin 1797, 1–25.

Rykwert, Joseph: *Adams Haus im Paradies. Die Urhütte von der Antike bis Le Corbusier.* Berlin 2005.

Schinkel, Karl Friedrich: Gedanken und Bemerkungen über Kunst im Allgemeinen. In: *Aus Schinkels Nachlaß.* Hg. von Alfred Freiherr von Wolzogen. Bd. 3. Berlin 1863, 345–372.

Semper, Gottfried: *Wissenschaft, Industrie und Kunst. Vorschläge zur Anregung nationalen Kunstgefühles.* Braunschweig 1852.

Vitruv: *Zehn Bücher über Architektur. Lateinisch und Deutsch.* Hg. von Curt Fensterbusch. Darmstadt [6]2008.

Werner Oechslin

2. Design

In seiner Eigenschaft als *homo faber* verändert der Mensch seine materielle Umwelt, um sie den eigenen Bedürfnissen anzupassen. Bereits seit den frühesten Phasen der Menschheitsgeschichte spielen bei diesen Gestaltungsprozessen neben gebrauchspraktischen auch ästhetische, symbolische und soziale Gesichtspunkte eine Rolle. Dem Design kommt somit eine sensible Stellung innerhalb der menschlichen Kultur zu: Es prägt nicht nur menschliches Handeln und Zusammenleben, eröffnet und verstetigt bestimmte Lebensformen, greift in Stimmungen und Atmosphären ein, sondern bringt auch Werte, Normen und Vorstellungen vom idealen Leben zum Ausdruck (vgl. Buchholz 2004).

Im engeren Sinn verwendet man den Ausdruck ›Design‹ dann, wenn sich die Herstellung von Artefakten mechanisch-industrieller Verfahren bedient. Alternative Vokabeln, die den hier thematisierten Gegenstandsbereich umreißen, sind ›angewandte Kunst‹, ›Kunstgewerbe‹, ›Gestaltung‹ und ›Formgestaltung‹.

Durch die Industrialisierung erfuhr die abendländische Produktkultur radikale Umwälzungen. Diese lassen sich allerdings nicht allein auf technische Entwicklungen zurückführen, sondern müssen auch vor dem Hintergrund sozioökonomischer Veränderungen gesehen werden. Prägend wirkte vor allem die Französische Revolution: Das durch sie eingeläutete bürgerliche Zeitalter mit seinen Freiheitsrechten führte zum Freihandel, zum Fallen von Zollgrenzen und zur Gewerbefreiheit. Unmittelbare Folge war die Auflösung der Zünfte. So verschwanden Institutionen, die über Jahrhunderte hinweg eine hohe handwerkliche und künstlerische Qualität der alltäglichen Gebrauchsgegenstände verbürgt hatten. Auf der ersten Weltausstellung 1851 im Londoner Glaspalast trat der entstandene Qualitätsverlust offen zutage: Praktisch alle Ausstellungskritiker lobten zwar den hohen technischen Entwicklungsstand der Industrienationen; gleichzeitig beklagten sie jedoch einhellig, dass die ästhetische Qualität der Waren weit unter das Niveau von Ländern wie etwa Indien gesunken sei (vgl. Buchholz/Theinert 2007, 14 f.).

Industrielle Fertigung und Kulturverfall

Der deutsche Architekt Gottfried Semper (1803–1879), der einige Pavillons für die Weltausstellung entworfen hatte, wurde daraufhin von offizieller Stelle beauftragt, Maßnahmen zur Behebung der gestalterischen Missstände zu entwickeln. Er schlug vor, qualitativ hochwertige Werke der Vergangenheit zum Vorbild zu nehmen (vgl. Semper 1966). Konkret regte er an, Kunstgewerbemuseen einzurichten, in denen vorbildlich gestaltete Gebrauchsgegenstände früherer Epochen gezeigt werden sollten. Die Museen sollten der Geschmackserziehung von Unternehmern und Konsumenten dienen, aber auch als Anschauungsmaterial für die Schüler der ebenfalls in seinem Entwurf vorgesehenen Kunstgewerbeschulen. Bereits ein Jahr später wurde die erste dieser Sammlungen eröffnet – das South Kensington Museum in London. Bald darauf folgten ähnliche Gründungen u.a. in Wien, Berlin und Leipzig. Das Musterzeichnen nach historischem Vorbild wurde nun zur Grundlage der gestalterischen Ausbildung, was dazu führte, dass die Produktkultur in der zweiten Hälfte des 19. Jahrhunderts von den Stilen der Vergangenheit geprägt war. Dieser Historismus war in kultureller Hinsicht nicht so unangebracht, wie es heute vielfach dargestellt wird. In einer Zeit radikaler Umbrüche (Industrialisierung, Urbanisierung, Säkularisierung, Liberalisierung) versprach die durch ihn ausgelöste Beschäftigung mit der eigenen Vergangenheit immerhin Orientierung.

Zeitlich parallel zu diesem kulturellen Entwurf, moderne Herstellungsverfahren mit traditioneller Ästhetik und Symbolik zu verbinden, entwickelte sich in England ein Alternativmodell, das die maschinelle Fertigung grundsätzlich ablehnte. Es ging auf den Kulturkritiker John Ruskin (1819–1900) zurück, dessen zahlreiche Schriften immense Leserkreise erreichten. Nur der handwerklich hergestellte Gebrauchsgegenstand, so Ruskin, vereine die menschlichen Qualitäten der Hand, des Geistes und des Herzens miteinander, was sowohl für das Glück der produzierenden Arbeiter als auch für das der Nutzer unabdingbar sei (vgl. Ruskin 1903, 214). Als sozialutopisches Vorbild diente Ruskin die gotische Gesellschaft, an der er die Einheit von Kunst und Leben schätzte und in der er ein Leben in Bescheidenheit, Gerechtigkeit, Erfüllung und gutem Geschmack verwirklicht sah. Realität wurden seine Ideen wenig später im Rahmen der Arts-and-Crafts-Bewegung: Inspiriert von Ruskins Schriften und anknüpfend an das *Gothic Revival* August Welby Northmore Pugins (vgl. Pugin 1836), gründete William Morris (1834–1896) 1861 den Handwerksbetrieb Morris & Co., der 1891 um die Kelmscott Press ergänzt wurde. Morris war der Kopf der Bewegung und setzte Ruskins Visionen in die Tat um. Dabei kam es ihm nicht nur darauf an, anspruchsvoll gestaltete Gebrauchsgegenstände auf den Markt zu bringen; auch menschenwürdige Produktionsverfahren und gerechte Löhne lagen ihm am Herzen. Es war nur konsequent, dass Morris sich zu einer sozialistischen Wirtschaftsform bekannte und bei der Gründung der britischen Labour Party eine führende Rolle einnahm. Er war der Auffassung, dass »die heutige Civilisation auf dem Wege ist, alle Schönheit des Lebens niederzutreten und uns zu Geringerem als Menschen zu machen« (Morris 1902, 6). Das 19. Jahrhundert, das ›Jahrhundert des Handels‹, habe zur ausschließlichen Orientierung an materiellen und finanziellen Werten geführt und so den ›Mord der Kunst‹ zu verantworten, der sich an der schmutzigen Umgebung der unteren Klasse sowie an der Geistlosigkeit und Gemeinheit der Umgebung der mittleren und oberen Klassen ablesen lasse (vgl. ebd., 23). Morris' Hoffnung war, dass das Jahrhundert des Handels von einem ›Jahrhundert der Erziehung‹ abgelöst werde. Im Kern wandte er sich gegen das egoistische Streben nach Komfort. Zivilisation bedeutete für ihn »die Erreichung von Frieden und Ordnung und Freiheit, Wohlwollen zwischen Mensch und Mensch, Liebe zur Wahrheit und Haß der Ungerechtigkeit« (ebd., 47).

Stil als Ausdruck der Kultur

Ende des 19. Jahrhunderts formierte sich in den westlichen Nationen eine breite Opposition gegen die Kultur des Historismus. Es entstand die internationale Bewegung des Jugendstils, die von Gestaltern wie Peter Behrens, Antoni Gaudí, Hector Guimard, Josef Hoffmann, Eliel Saarinen, Henry van de Velde und Frank Lloyd Wright angeführt wurde. Diese teilten die kulturkritische Sicht der Arts-and-Crafts-Bewegung, wonach die technische Zivilisation des 19. Jahrhunderts zahlreiche negative Folgeerscheinungen für die Menschen hervorgebracht habe, denen man energisch entgegentreten müsse (vgl. auch Buchholz/Wolbert 2001). Man war sich einig, dass der Mensch nicht zum Sklaven der Maschine verkommen dürfe und dass auf eine ebenso gebrauchsfreundliche wie einheitlich schöne Gestaltung der Lebenswelt Wert zu legen sei. Dennoch lehnten die Vertreter des Jugendstils maschinelle Fertigungsweisen nicht grundsätzlich ab. Am Historismus kritisierten sie vor allem die ›Maskerade‹ (den Widerspruch zwischen alten Formen und moderner Lebensweise) und begaben sich auf die Suche nach einem Stil, der der eigenen Kultur entsprach. August Endell, bekannt vor allem für seine Fassade des Fotoateliers Elvira in München und für die Hackeschen Höfe in Berlin, formulierte seine Kritik am Kopieren vergangener Stile z. B. so: »Schon unser äußeres Leben ist von dem früheren tausendfältig verschieden [...]: die gänzlich andere soziale Schichtung, das eigentümliche Tempo unseres Lebens und die grundverschiedene Art unserer Lebens-Bilanz und unseres Glückes. All das verlangt nach eigenem Ausdruck« (Endell 1995, 95). Um einen zeitgemäß-authentischen Stil hervorzubringen, bediente sich der Jugendstil unterschiedlicher Strategien: Die einen sahen die Hinwendung zur natürlichen Kreatürlichkeit des Menschen im Sinne der Evolutionstheorie als wesentliches kulturelles Merkmal ihrer Zeit und orientierten sich am Vorbild von Pflanzen und Tieren (z. B. Obrist, Gallé), andere interessierten sich für die Linie als Instrument, um den ›Rhythmus‹ der eigenen Epoche zur Anschauung zu bringen (van de Velde), und wieder andere experimentierten mit geometrischen Formen und ihren Wirkungen auf Gemüt und Sinne, um der ›ganzen Lebensauffassung‹ ihres Zeitalters Gestalt zu verleihen (vgl. Behrens 1900, 10). Kulturphilosophische Inspiration fanden die Vertreter des Jugendstils vor allem in der Lebensphilosophie (Friedrich Nietzsche, Henri Bergson, Georg Simmel), im Monismus Ernst Haeckels und in Houston Stewart Chamberlains Unterscheidung zwischen ›Zivilisation‹ und ›Kultur‹ (vgl. Fellmann 2001; Buchholz 2003a, 179–182; 2003b, 197–201; Behrens 1909).

Nach teils beißender Kritik an der Originalität ihrer Entwürfe schlossen sich die meisten deutschen Jugendstilkünstler 1907 im Deutschen Werkbund zusammen. Anlass für die Gründung dieser Vereinigung war ein Vortrag, den Hermann Muthesius (1861–1927) 1906 auf der III. Deutschen Kunstgewerbe-Ausstellung in Dresden gehalten hatte. Muthesius hatte konstatiert, dass sich die Suche nach neuen Ornamenten als Sackgasse erwiesen habe und dass man nicht durch oberflächliche Dekoration zu zeitgemäß gestalteten Gebrauchsgegenständen käme. Es ginge vielmehr um die ›schöne Gesamterscheinung‹, die sich nur durch gute Proportionen, einen ausdrucksvollen Umriss und harmonische Farbwahl erreichen ließe (vgl. Muthesius 1906, 42). In den Entwürfen von Peter Behrens für die AEG, in den Werbeplakaten Lucian Bernhards sowie in den Typenmöbeln Bruno Pauls nahm diese Idee schnell konkrete Gestalt an. Im Bereich der Architektur und Innendekoration praktizierten dieselben Entwerfer zeitgleich jedoch einen schwülstig-monumentalen Neohistorismus, der dem Gedankengut nationalkonservativer Kulturtheoretiker wie Chamberlain oder Langbehn verpflichtet war. Lebensphilosophische und evolutionstheoretische Denkmuster mündeten hier in einen Kulturchauvinismus, bei dem die äußere Gestalt der Lebenswelt dazu dienen sollte, die Überlegenheit der eigenen Rasse und Nation zu demonstrieren.

Die Abkehr vom Ornament, die Muthesius forderte, dürfte letztlich auf den Architekten Paul Schultze-Naumburg (1869–1949) zurückgehen, der das Programm des Jugendstils kritisch begleitet hatte, und wurde durch die kulturkritischen Gedanken von Adolf Loos (1870–1933) verschärft. Seine Hoffnungen galten der englischen Kultur, von der er meinte, sie werde im 20. Jahrhundert den gesamten Erdball beherrschen. Im Gegensatz zur romanischen Kultur, die Loos als ›Kultur der Katze‹ bezeichnete, verkörpere England am konsequentesten die germanische Kultur, die er als ›Kultur des Schweines‹ charakterisierte: »Das Schwein ist des Germanen vornehmstes Haustier. Es ist das reinlichste Tier, wie der Germane unter den Europäern der reinlichste Mensch ist« (Loos 1962, 263 f.). In seiner berühmten Streitschrift *Ornament und Verbrechen* (1908) vertritt Loos schließlich die These, dass die moderne Kultur auf Ornamente verzichten müsse: »Evolution der Kultur ist gleichbedeutend mit dem Entfernen des Ornamentes aus dem Gebrauchsgegenstande« (ebd., 277). Die kulturellen Bedürfnisse, die das Kind und der primitive Mensch durch das Ornament befriedige, erfüllten dem modernen Menschen die abstrakteren Künste: Musik und Literatur.

Internationalisierung und ökonomische Profanisierung der Kultur

Bereits vor 1914 traten auch einige noch radikalere kulturelle Bewegungen in Erscheinung, die Einfluss auf das Design nahmen. Allen voran der Futurismus, der sich an den Maschinen und an der Geschwindigkeit des modernen Lebens berauschte – er forderte die völlige Abkehr von Tradition und Vergangenheit (vgl. Marinetti 1995, 40). Der Expressionismus griff dagegen den sozialkritischen Impuls der politischen Linken auf und verband ihn mit den naturromantischen Idealen Rousseaus und der Reformpädagogen. Ihm wurde die Ursprünglichkeit des Kindes und der Primitiven zur wichtigsten Quelle der kulturellen Erneuerung.

Die traumatischen Erfahrungen des Ersten Weltkriegs, deren Grauen auf der Industrialisierung der militärischen Werkzeuge beruhte, führten dazu, dass vergangene Wertvorstellungen und Lebensformen ihre Glaubwürdigkeit einbüßten. Das galt u. a. für den Dadaismus, der es ablehnte, überhaupt neue Wertmaßstäbe einzuführen, wie auch für den Konstruktivismus, der bestrebt war, das Individuelle durch das Universelle zu ersetzen, und für die Bildung einer »internationalen Einheit in Leben, Kunst, Kultur« eintrat (Doesburg u. a. 1984, 49). Dabei darf nicht übersehen werden, dass dieser Universalismus, der den *International Style* in Architektur und Design maßgeblich prägte, nicht nur an den russischen Bolschewismus anknüpfte, sondern sich auch aus theosophischem Gedankengut speiste (vgl. z. B. Mondrian ²2003, 58).

Exemplarisch lassen sich die Auswirkungen dieser neuen kulturellen Bewegungen auf das Design am Bauhaus ablesen. Sein Gründungsdirektor Walter Gropius (1883–1969), von 1907 bis 1910 Mitarbeiter im Architekturbüro von Peter Behrens und bereits vor dem Krieg führendes Werkbund-Mitglied, vollzog keinen radikalen Bruch mit der Vergangenheit, sondern entwickelte eher eine Synthese aus den kulturellen Visionen des frühen 20. Jahrhunderts und den Anforderungen der Nachkriegssituation. Einerseits knüpfte er an Behrens' Projekt einer einheitlichen Gestaltung ganzer Lebenszusammenhänge an, andererseits griff Gropius die Gedanken von Muthesius zur Ornamentlosigkeit auf sowie dessen Vorschläge zur Schaffung eines typisierten Formenkanons, die 1914 zum legendären ›Werkbundstreit‹ geführt hatten (vgl. Muthesius 1914). Dabei kam es ihm darauf an, die fortschreitende Technik (neue Materialien, Rationalisierung und Standardisierung der maschinellen Fertigung) maximal zu nutzen, um qualitätvolle Produkte für die gesamte Bevölkerung erschwinglich zu machen (vgl. Gropius 1988, 93 f.). Der pragmatische Ansatz, den Gropius in Weimar verfolgte, kollidierte mit den Vorstellungen Johannes Ittens (1888–1967), der am Bauhaus die Vorlehre leitete. Ihn hatten das Wirrwarr und die Ratlosigkeit nach dem Krieg zu der Überzeugung geführt, dass dem »nach außen gerichteten wissenschaftlichen Forschen und Technisieren« ein »nach innen orientiertes Denken« als Gegengewicht an die Seite gestellt werden müsse (Itten 1975, 8). Ähnlich wie bei Mondrian ging es ihm darum, dem einzelnen Menschen das Prinzip der ›All-Einheit‹ zu erschließen. Dem Konstruktivismus am nächsten stand wiederum Ittens Nachfolger László Moholy-Nagy (1895–1946).

Dieser hatte sich nach dem Ersten Weltkrieg im Umkreis der ungarischen Räteregierung für einen kulturellen Wandel engagiert. Angeregt vom Empiriokritizismus Aleksandr Bogdanovs, hatte er sich einer biologisch-funktionalen Welt- und Lebenssicht verschrieben. Bogdanovs Grundgedanke war, dass alle Erkenntnis auf Sinnesdaten aufbaue und dass die Schaffung einer proletarischen Kunst somit zum proletarischen Bewusstsein beitrüge. Moholy-Nagy begab sich deshalb auf die Suche nach den elementaren sinnlich-formalen Mitteln der Kunst, um diese für eine Verfeinerung der menschlichen Funktionsapparate nutzbar zu machen. Was ihm im Endeffekt vorschwebte, war eine Neubestimmung des Verhältnisses von Mensch und Technik: »Noch heute glauben viele Menschen, daß die biologischen Bedürfnisse, das triebhafte Leben, auf Grund der vorhandenen exakt-technischen, berechenbaren Lösungen weniger beachtet zu werden brauchen. [...] Aber erst, wenn dem Menschen klar wird, daß er auch innerhalb der Produktionsgemeinschaft die Lebensgemeinschaft der Menschen, und innerhalb dieser sein eigenes Leben herauskristallisieren muß, wird er der wahren Erkenntnis vom Sinn des technischen Fortschritts näher sein« (Moholy-Nagy 1929, 13). Über das Programm einer Einheitswissenschaft äußerte Moholy-Nagy gegenüber Carnap und Morris, dass sein Interesse noch einen Schritt weiter gehe: Sein Anliegen sei nicht die Einheit der Wissenschaft, sondern die Einheit des Lebens (vgl. Galison 1995, 681).

Während sich die Avantgarde nach dem Ersten Weltkrieg von alten national-konservativen Vorstellungen verabschiedete, entwickelten sich in völkischen Kreisen noch chauvinistischere Kulturmodelle. Bereits 1928 veröffentlichte Schultze-Naumburg, der 1930 in die NSDAP eintrat und als Gutachter maßgeblich an der Schließung des Dessauer Bauhauses mitwirkte, sein Buch *Kunst und Rasse*, das der späteren Verfolgung ›entarteter‹ Kunst den ideologischen Nährboden bereitete (vgl. Buchholz/Theinert 2007, 114f.). In dieser Publikation wirft er der modernen Architektur vor, »von ausdrucksloser Physiognomie« zu sein (Schultze-Naumburg ^{2}1935, 124), was er jedoch nicht auf die Maschinentechnik, sondern auf eine von ihm behauptete, sozial bedingte »Verschlechterung der Rasse« zurückführt (ebd., 142). Wilhelm Wagenfeld, der bei Moholy-Nagy studiert hatte und in der Zeit des Nationalsozialismus als künstlerischer Leiter der Vereinigten Lausitzer Glaswerke zu den bedeutendsten Industriedesignern gehörte, nahm eine mittlere Position ein. In seinem Aufsatz »Künstlerische Formprobleme der Industrie« (1941) weist er in einer Schultze-Naumburg nicht unähnlichen Weise, jedoch ohne rassistische Untertöne auf den kulturellen Schaden hin, den zügelloses Gewinnstreben anrichte: »Wenn [die] nahe Umwelt des Menschen von einer verantwortungslosen Warenindustrie als Abladeplatz ihrer Erzeugnisse angesehen wird, dann bestimmt diese Industrie damit über das kulturelle Dasein unseres Volkes« (Wagenfeld 1948, 82).

1948 erschien das voluminöse kulturhistorische Werk *Die Herrschaft der Mechanisierung* von Sigfried Giedion, der die Entwicklung am Bauhaus als Kunst- und Kulturtheoretiker, später auch als Generalsekretär der Congrès Internationaux d'Architecture Moderne (CIAM) wohlwollend begleitet hatte. Vor dem Hintergrund seiner Thesen scheinen die internationalistischen und die nationalistischen Kulturauffassungen der Designer trotz aller scharfen Polemiken in einem zentralen Punkt zusammenzulaufen – in der Überzeugung, dass die Maschine an sich weder gut noch schlecht sei, es vielmehr darauf ankomme, dass der Mensch sie sich in vernünftiger Weise aneigne (vgl. Giedion 1982, 769).

Ganz anders stellte sich die Situation in Amerika dar. Nach dem Börsencrash von 1929 entwickelte sich hier ein Designkonzept, das darauf abzielte, den Konsum in der Weltwirtschaftskrise durch eine besondere Gestaltung der Alltagsgegenstände anzukurbeln. Federführend war der Industriedesigner Norman Bel Geddes (1893–1958). In seinem Buch *Horizons* (1932) plädierte er für ein Design, das sich rasant fließender, futuristischer Formen bediente. Der Streamline war geboren. Dieses wind- und auch augenschlüpfrige Design, das zunächst Eisenbahnen, Schiffe und Flugzeuge dominierte, sich aber bald auch auf Kühlschränke und Staubsauger erstreckte, sollte das Land aus der ökonomischen Erstarrung befreien, indem es die Vision einer funktionierenden, glücklichen Zukunft suggerierte, die von berauschendem Tempo und sozialer Durchlässigkeit geprägt sein würde. Hier ging es nicht mehr um einen Stil, der der gegenwärtigen Lebensform angepasst war, sondern um ein Design, das einen Sog in die Zukunft erzeugen sollte. Raymond Loewy, der mit Abstand erfolgreichste Streamline-Designer, ergänzte das Programm um psychologische Verfahren der Markterforschung, um den Absatz der Waren sicherzustellen (vgl. Loewy 1951, 277–303; Packard 1957; Haug 1971).

Moderne oder postmoderne Kultur?

Einen Gegenentwurf wagte der Funktionalismus der 1953 von Inge Scholl, Otl Aicher und Max Bill ins Leben gerufenen Hochschule für Gestaltung (HfG) Ulm. Angesichts der materiellen und kulturellen Verwüstungen, die die Naziherrschaft in Deutschland hinterlassen hatte, ging es ihnen darum, moralisch gefestigte Designer auszubilden, die zur Demokratisierung des Landes beitragen würden. Dieser gesellschaftskritische Anspruch wird noch in Aichers Aufsatz »Krise der Moderne« von 1989 deutlich: »Der Staat macht vor unseren Augen eine kritische und analytische Kultur kaputt und degeneriert die Kreativität zur Herstellung schöner Fassaden und schöner Verpackungen. Die Show muß noch bunter werden. Das Prinzip des Fortschritts heißt Umsatzsteigerung durch noch schöneren Konsum« (Aicher 1991, 26).

In verschiedener Hinsicht knüpfte das Ulmer Programm an die Tradition des Bauhauses an. Darüber hinaus aber ging es seinen Vertretern darum, wissenschaftliche Methoden wie Semiotik, Informationstheorie, Kybernetik und Planungstheorie für das Design fruchtbar zu machen (vgl. Krippendorff 2006, 297–322), um die Lebenswelt jenseits von ideologischen Voreingenommenheiten zu gestalten. Dass es sich hierbei selbst um eine voreingenommene Haltung handelte, die letztlich in einen szientistischen Dogmatismus mündete, war Bill von Anfang an klar. In seinem Vortrag »Umweltgestaltung nach morphologischen Methoden« (1956) hob er hervor, dass Design ohne eine Berücksichtigung des Seelischen nicht vorstellbar sei, da gerade diese Dimension die Gestaltung von dem ›nur-errechenbaren, technischen Bereich‹ unterscheide (vgl. Bill 2008, 107).

Kein Wunder also, dass die von den Ulmern beanspruchte wissenschaftliche Strenge Opposition hervorrief. Gruppen wie Superstudio, Memphis und das Neue deutsche Design bekämpften den modernen Funktionalismus und stellten ihm ein postmodernes Design gegenüber: »The beginning of the break with orthodox rationalism and the methods of international functionalism dates to the years between 1964 and 1968. The coalition was a broad and diversified one. It included the youth movements of Britain, America, Austria, and Italy« (Branzi 1988, 40). Vor allem kritisierte die Postmoderne, dass der Funktionalismus die Vielfalt menschlicher Lebensformen missachtet habe. Dass allerdings auch die Strategie des offenen Experimentierens an den wahren Bedürfnissen der Menschen vorbeiging und zur oberflächlichen Spielerei verkam, hätten die postmodernen Designer durchaus vorhersehen können – letztlich kreierten ihre Möbel und Haushaltsgeräte keine authentischen Lebensräume, sondern Theaterkulissen wie lange vorher schon der Historismus und der Neohistorismus.

Eine treffendere Kritik am Funktionalismus der Moderne kam von kulturphilosophischer Seite: Ernst Bloch und Theodor W. Adorno deckten die uniformierende, entmenschlichende Seite am Funktionalismus auf. Bloch konstatierte: »Die funktionalistische Architektur reflektiert und verdoppelt ja ohnehin die eiskalte Automatenwelt der Warengesellschaft, ihrer Entfremdung, ihrer arbeitsgeteilten Menschen« (Bloch 1973, 869). Ganz ähnlich Adorno: »Die Zukunft von Sachlichkeit ist nur dann eine der Freiheit, wenn sie des barbarischen Zugriffs sich entledigt: nicht länger den Menschen, deren Bedürfnis sie zu ihrem Maßstab erklärt, durch spitze Kanten, karg kalkulierte Zimmer, Treppen und Ähnliches sadistische Stöße versetzt« (Adorno 1977, 381; vgl. Baudrillard ^{3}2007, 34).

Digitalisierung, Globalisierung und Nachhaltigkeit

Die wichtigsten Stichworte in den aktuellen Diskussionen um das Design sind ›Digitalisierung‹, ›Globalisierung‹ und ›Nachhaltigkeit‹. Dabei ist zu konstatieren, dass die gegenwärtigen Debatten weitgehend von intellektuellen Moden geprägt sind. Anspruchsvolle kulturelle Analysen und Visionen, wie es sie über einhundert Jahre unter Designern gegeben hat, sind rar.

Digitale Techniken spielen im Design vor allem in zwei Hinsichten eine Rolle: in Form digitaler Gestaltungs*werkzeuge* (z.B. CAD, Layout- und Satzsoftware) und als die Aufgabe, digitale Medien zu *gestalten* (z.B. Hardwaredesign, Interface-Design). Der Blick in die Vergangenheit zeigt, dass es übertrieben wäre, von völlig neuen kulturellen Herausforderungen zu sprechen. Im Kern gibt es hier nämlich keinen Unterschied zu anderen Formen des technischen Fortschritts. An sich ist Technik weder gut noch schlecht, die Frage ist, ob sie im Sinne der Menschen oder zu ihrem Schaden verwendet wird. Aus der Sicht des klassisch geschulten Typografen macht Kurt Weidemann in seinem Buch *Wo der Buchstabe das Wort führt* (1994) auf die kulturellen Gefahren aufmerksam, die sich aus der falschen Nutzung digitaler Herstellungs- und Kommunikationswerkzeuge ergeben. In seinen Augen verkomme der Leser zum ›Sonderfall‹, das Betrachten von Bildern und Videos trete an seine Stelle. Mit dem Bedeutungsverlust des Buchstabensystems, das Gedanken freisetze und zum Nachdenken zwinge, sei ein radikaler kultureller Rückschritt verbunden: »Immerhin hat uns dieses System von den griechischen Philosophen bis heute den gesamten Reichtum der abendländischen Kultur beschert. In vorsprachlichen Zeiten gab es allenfalls ein Raunen und Stammeln, Plappern und Gestikulieren« (Weidemann 1994, 14). Mit ähnlich kritischem Blick setzt Tomás Maldonado bei der Sprache des E-Mail-Verkehrs an. Diese Form der digitalen Kommunikation zerstöre die Fähigkeit des sensiblen, intelligenten und wirkungsvollen gesprochenen Dialogs: »Die Sprecher werden mit einem Schwall von Akronymen, Smileys, Abkürzungen und Neologismen eingedeckt. Sonderbarerweise dient dieses als neues Kommunikationsmittel gepriesene Symbolsystem überwiegend dem Austausch von Nachrichten, deren Trivialität und Leere schwerlich zu überbieten sind« (Maldonado 2007, 99).

Abgesehen vielleicht von den Schriften Gui Bonsiepes (2009), wurden die wesentlichen kulturrelevanten Gedanken von Designern zu Fragen der Globalisierung und der Nachhaltigkeit bereits in den späten 1960er und frühen 1970er Jahren formuliert: im *Operating Manual for Spaceship Earth* (1969) von Richard Buckminster Fuller und in dem Buch *Design for the Real World* (1971) von Victor Papanek. Beiden geht es darum, den Beitrag zu umreißen, den Designer zur Verbesserung der Lebensbedingungen auf der Erde leisten können. Buckminster Fuller entwirft das Projekt einer computergesteuerten, mit geologischen, demographischen und anderen Daten gefütterten Mini-Erde, an der sich modellhaft die wesentlichen globalen Aufgaben einer besseren Ressourcen-Nutzung ablesen ließen (vgl. Fuller 1998, 160). Papanek geht es darum, Designer für Probleme der Ökologie, der kulturellen Vielfalt und der Dritten Welt zu sensibilisieren. In diesem Zusammenhang wirft er die zentrale Frage nach den optimalen menschlichen Lebensbedingungen auf: »An inquiry into living patterns, sexual mores, world mobility, codes of behavior, primitive and sophisticated religions and philosophies, and moral issues will be necessary to answer this question« (Papanek ^{2}1985, 340).

Damit wird deutlich, dass sich die wesentliche kulturelle Aufgabe des Designs seit 1850 nicht geändert hat: Nach wie vor geht es darum, unter den Bedingungen der technischen Zivilisation eine humane Lebenswelt zu gestalten.

Literatur

Adorno, Theodor W.: Funktionalismus heute. In: Ders.: *Gesammelte Schriften.* Bd. 10.1. Hg. von Rolf Tiedemann. Frankfurt a. M. 1977, 375–395.

Aicher, Otl: *Die Welt als Entwurf.* Berlin 1991.

Baudrillard, Jean: *Das System der Dinge.* Frankfurt a. M./New York ^{3}2007 (frz. 1968).

Behrens, Peter: *Feste des Lebens und der Kunst.* Leipzig 1900.

–: Die Zukunft unserer Kultur. In: *Frankfurter Zeitung (Morgenblatt)* 53 (1909), H. 103, 1/2.

Bel Geddes, Norman: *Horizons.* Boston, Mass. 1932.

Bill, Max: *Funktion und Funktionalismus.* Hg. von Jakob Bill. Bern/Sulgen 2008.

Bloch, Ernst: *Das Prinzip Hoffnung.* 3 Bde. Frankfurt a. M. 1973.

Bonsiepe, Gui: *Entwurfskultur und Gesellschaft.* Basel/Berlin/Boston, Mass. 2009.

Branzi, Andrea: *Learning from Milan. Design and the Second Modernity.* Cambridge, Mass. 1988 (ital. 1988).

Buchholz, Kai: Lebensreform und Lebensphilosophie. In: *Centenarium.* Hg. von Kai Buchholz und Klaus Wolbert. Darmstadt 2003a, 175–183.

–: Lebensreform und Evolutionstheorie. In: *Centenarium.* Hg. von Kai Buchholz und Klaus Wolbert. Darmstadt 2003b, 193–202.

–: Brauchbarkeit, Lebensformen und unsichtbares Design. In: *Im Designerpark.* Hg. von Kai Buchholz und Klaus Wolbert. Darmstadt 2004, 96–105.

–/Theinert, Justus: *Designlehren. Wege deutscher Gestaltungsausbildung.* Stuttgart 2007.

–/Wolbert, Klaus (Hg.): *Die Lebensreform.* 2 Bde. Darmstadt 2001.

Doesburg, Theo van/Hoff, Robert van 't/Huszár, Vilmos/Kok, Antony/Mondrian, Piet/Vantongerloo, Georges/Wils, Jan: Manifest I von ›Der Stil‹. In: *De Stijl. Schriften und Manifeste.* Hg. von Hagen Bächler und Herbert Letsch. Leipzig/Weimar 1984, 49–50.

Endell, August: *Vom Sehen.* Hg. von Helge David. Basel/Berlin/Boston, Mass. 1995.

Fellmann, Ferdinand: Die Lebensreformbewegung im Spiegel der deutschen Lebensphilosophie. In: *Die Lebensreform.* Bd. 1. Hg. von Kai Buchholz und Klaus Wolbert. Darmstadt 2001, 151–156.

Fuller, Richard Buckminster: *Bedienungsanleitung für das Raumschiff Erde und andere Schriften.* Hg. von Joachim Krausse. Amsterdam/Dresden 1998 (engl. 1969).

Galison, Peter: Aufbau/Bauhaus: Logischer Positivismus und architektonischer Modernismus. In: *Deutsche Zeitschrift für Philosophie* 43 (1995), 653–685.

Giedion, Sigfried: *Die Herrschaft der Mechanisierung.* Frankfurt a. M. 1982 (engl. 1948).

Gropius, Walter: *Walter Gropius. Ausgewählte Schriften.* Hg. von Hartmut Probst und Christian Schädlich. Berlin 1988.

Haug, Wolfgang Fritz: *Kritik der Warenästhetik.* Frankfurt a. M. 1971.

Itten, Johannes: Rassenlehre und Kunstentwicklung. In: *Masdasnan-Zeitschrift* 16 (1923), 89–92.

–: *Gestaltungs- und Formenlehre.* Ravensburg 1975.

Krippendorff, Klaus: *The Semantic Turn.* Boca Raton, Fl./London/New York 2006.

Loewy, Raymond: *Never Leave Well Enough Alone.* New York 1951.
Loos, Adolf: *Sämtliche Schriften.* Bd. 1. Hg. von Franz Glück. Wien/München 1962.
Maldonado, Tomás: *Digitale Welt und Gestaltung.* Hg. von Gui Bonsiepe. Basel/Berlin/Boston, Mass. 2007 (ital. 1997).
Mareis, Claudia: *Design als Wissenskultur. Interferenzen zwischen Design- und Wissensdiskursen seit 1960.* Bielefeld 2011.
Marinetti, Filippo Tommaso: Zerstörung der Syntax – Drahtlose Phantasie – Befreite Worte [ital. 1913]. In: *Manifeste und Proklamationen der europäischen Avantgarde (1909–1938).* Hg. von Wolfgang Asholt und Walter Fähnders. Stuttgart/Weimar 1995, 39–43.
Moholy-Nagy, László: *Von Material zu Architektur.* München 1929.
Mondrian, Piet: *Neue Gestaltung.* Hg. von Hans M. Wingler. Berlin ^{2}2003 (niederl. 1921).
Morris, William: *Die Schönheit des Lebens.* Leipzig 1902 (engl. 1882).
Muthesius, Hermann: Die neuere Entwicklung und der heutige Stand des kunstgewerblichen Schulwesens in Preußen. In: *Das deutsche Kunstgewerbe 1906. III. Deutsche Kunstgewerbe-Ausstellung Dresden 1906.* Hg. vom Direktorium der Ausstellung. München 1906, 41–51.
–: *Die Werkbund-Arbeit der Zukunft.* Jena 1914.
Packard, Vance: *Die geheimen Verführer. Der Griff nach dem Unbewussten in jedermann.* Frankfurt a. M. 1957 (engl. 1957).
Papanek, Victor: *Design for the Real World.* Chicago, Ill. ^{2}1985.
Pugin, August Welby Northmore: *Contrasts.* London 1836.
Roth, Fedor: *Hermann Muthesius und die Idee der harmonischen Kultur. Kultur als Einheit des künstlerischen Stils in allen Lebensäußerungen eines Volkes.* Berlin 2001.
Ruskin, John: *Works.* Bd. 8. Hg. von Edward Tyas Cook und Alexander Wedderburn. London 1903.
Schultze-Naumburg, Paul: *Kunst und Rasse.* München ^{2}1935.
Semper, Gottfried: Wissenschaft, Industrie und Kunst. In: Ders.: *Wissenschaft, Industrie und Kunst und andere Schriften über Architektur, Kunsthandwerk und Kunstunterricht.* Mainz/Berlin 1966, 27–71.
Wagenfeld, Wilhelm: *Wesen und Gestalt der Dinge um uns.* Potsdam 1948.
Weidemann, Kurt: *Wo der Buchstabe das Wort führt.* Ostfildern 1994.

Kai Buchholz

3. Geschichte

»Der Mensch hat kein Wesen, er hat [...] Geschichte.« (Cassirer 1990, 263) Ernst Cassirer bediente sich im *Versuch über den Menschen* dieser Worte von José Ortega y Gasset, um die kulturphilosophische Kennzeichnung von Geschichte zum Ausdruck zu bringen. Ähnlich wie für andere Bereiche – Sprache, Mythos, Religion, Kunst oder Wissenschaft – hat Cassirer auch die Geschichte in ihrer Bedeutung für den Menschen funktional, nicht essentiell beschrieben. Es kann demnach nicht darum gehen, die Physik oder Metaphysik des Menschen zu erfassen, sondern sein Wirken muss in den Mittelpunkt gerückt werden – ein Wirken, zu dem eben auch die Geschichte gehört.

Geschichte und Geschichtswissenschaft unter dieser kulturphilosophischen Prämisse zu betrachten, bringt zunächst einmal Schwierigkeiten mit sich, weil damit Denkungewohnheiten verbunden sind. Denkt man an Geschichte und ihre Wissenschaft, dann versteht man darunter üblicherweise die Beschäftigung mit der Vergangenheit, die Rekonstruktion dieser Vergangenheit und die Bereitstellung des Wissens über die Vergangenheit für die Gegenwart. Aber das ist ganz offensichtlich nicht gemeint, wenn Cassirer von der Geschichte als einem Bereich menschlichen Wirkens spricht. Vielmehr soll damit zum Ausdruck gebracht werden, dass ›die Geschichte selbst‹ als Form kultureller Selbstvergewisserung ein Produkt menschlicher Tätigkeit ist. Wie aber kann das sein? Die Ereignisse früherer Jahrhunderte haben zweifellos stattgefunden, die Menschen vergangener Zeiten haben fraglos gelebt und es ist nicht zuletzt eine unüberschaubare Menge an historischer Überlieferung auf uns gekommen, die untrügliches Zeugnis von dieser ›Geschichte‹ ablegt. Wie also kann es sich bei ›Geschichte‹ um einen Bereich menschlichen Wirkens handeln, in dem etwas hervorgebracht werden soll, das bereits existiert?

Hieraus ergeben sich Fragen, die den grundlegenden Nutzen einer kulturphilosophischen Beleuchtung von Geschichte und Geschichtswissenschaft verdeutlichen können. Sie betreffen geschichtstheoretische Positionen, die innerhalb der Geschichtswissenschaften bis zum heutigen Tag nichts von ihrer Aktualität eingebüßt haben, die im Gegenteil gerade mit der Intensivierung kulturwissenschaftlicher und damit auch kulturhistorischer Debatten seit den 1990er Jahren an Brisanz gewonnen haben. Es handelt sich um Probleme wie: Was ist der Gegenstand der Geschichtswissenschaft? Wie ist es um historische Tatsachen und die Funktion des historischen Materials bestellt? Welchen Realitätsstatus kann die in der Geschichte behandelte vergangene Wirklichkeit für sich beanspruchen? Inwiefern handelt es sich bei ›Geschichte‹ um eine Rekonstruktion oder um eine Konstruktion? Und wie gestaltet sich das Verhältnis von Vergangenheit und Gegenwart?

Geschichtswissenschaft als Gegenwartswissenschaft

In welchem Maß ›Geschichte‹ ein kulturelles Produkt und mithin Gegenstand menschlichen Wirkens ist, lässt sich an dem schlichten Umstand ihrer beständigen Reformulierung ablesen. Soziale Gruppen sind permanent damit beschäftigt, ihre ›eigene Geschichte‹ sowie historische Erzählungen über die Anderen zu revidieren. Mit Blick auf den aktuellen eigenen Umgang mit ›Geschichte‹ wird dies möglicherweise weniger offensichtlich, mit einer längerfristigen Perspektive ist es jedoch frappierend zu sehen, wie grundlegend Geschichte sich verändern kann.

Diese Beobachtung verweist auf die unhintergehbare Gegenwartsbezogenheit von Geschichte und Geschichtswissenschaft. Häufig wird diese Gegenwartsbezogenheit historischer Bemühungen dahingehend verstanden, dass jede Frage an ›die Geschichte‹ zwangsläufig aus der Perspektive einer bestimmten Gegenwart heraus gestellt werden muss. Das ist fraglos zutreffend, aber nicht hinreichend. Die Gegenwart ist nämlich nicht nur Ausgangspunkt, sondern ebenso Zielpunkt historischen Arbeitens. Wir stellen nicht nur gegenwartsbedingte Fragen an die Vergangenheit, sondern tun dies auch mit dem vornehmlichen Interesse an unserer eigenen Gegenwart. Geschichte zu betreiben, kann nicht bedeuten, sich in einem antiquarischen Sinn in früheren Zeiten zu verlieren oder sich gar – in einem Fluchtreflex vor dem schnöden Jetzt – in die Vergangenheit hineinversetzen zu wollen. Ganz im Gegenteil bietet die Geschichte einen Weg an, sich mit der gegenwärtigen Welt auseinanderzusetzen. Wenn Geschichte also als das Ergebnis menschlichen Wirkens betrachtet wird, dann ist damit nicht gemeint, dass sich jede Gegenwart ihre eigene (Vor-)Geschichte erschafft, sondern dass sich jede Gegenwart über den Weg der Beschäftigung mit der Vergangenheit selbst erschafft.

Historische Tatsachen

Was aber verändert sich genau, wenn ›die Geschichte‹ revidiert wird? Geht es darum, neue Ereignisse zu entdecken oder bereits bekannte Daten und Fakten zu überprüfen? Auch wenn das mitunter der Fall ist, trifft es doch nicht den Kern des Problems. Das Auftauchen neuer Fakten oder die Umdatierung spezifischer Ereignisse fügt ›der Geschichte‹ möglicherweise neue Details hinzu, verändert sie aber noch nicht grundlegend.

Doch bevor man die Relevanz historischer Tatsachen voreilig zu gering veranschlagt, gilt es sich vor Augen zu halten, dass gerade sie es sind, die keineswegs als unproblematisch oder selbstverständlich vorausgesetzt werden können. ›Historische Tatsachen‹ sind alles andere als schlichte Gegebenheiten, sie können nicht als gewissermaßen atomare Kernbestandteile historischen Wissens verstanden werden, da auch sie Ergebnisse kulturellen Wirkens sind. Einem Phänomen den Status der ›Tatsache‹ zu verleihen, beruht immer bereits auf theoretischen Vorentscheidungen. ›Tatsachen‹, auch und gerade solche historischer Art, sind also gerade nicht in einem unproblematischen Sinn gegeben, sondern sind das Ergebnis einer recht komplexen Urteilsbildung. Es ergeben sich enge Bezüge zwischen einem solchen Verständnis von historischer Tatsache und dem, was Ralf Konersmann (2006) unter dem Begriff der kulturellen Tatsache fasst. Denn auch historische Tatsachen sind – als ›Sachen der Tat‹ – menschliche Werke und umfassen dabei sowohl Materielles als auch Diskursives, Gegebenes wie Gedeutetes, Unmittelbares und Konstruiertes.

Giambattista Vicos *verum-factum*-Prinzip, wonach der Mensch die Welt nur erkennen kann, insofern er sie selbst erschaffen hat, besitzt seine Gültigkeit also auch für den Bereich historischer Tatsachen. Allerdings wird deren Konstitution durch die zeitlichen Abstände komplexer. In einem ersten Zugriff lässt sich festhalten, dass die Wirkfaktoren, die eine historische Tatsache zu dem werden lassen, als was sie schließlich anerkannt wird, mindestens doppelt konstituiert sind: erstens im Kontext der jeweiligen historischen Entstehungssituation, in der eine historisch-kulturelle Tatsache als menschliches Werk hervorgebracht wird; zweitens durch die jeweilige Reaktualisierung dieser Tatsache für eine bestimmte Gegenwart mittels historischer Betrachtung. Tatsachen sind mithin nicht einfach nur deswegen historisch, weil sie einer Vergangenheit angehören, sondern weil sie in ihrer Historizität für eine jeweilige Gegenwart immer wieder neu geschaffen oder zumindest bewahrt werden müssen – andernfalls würden sie nämlich ihren Status als historische Tatsache verlieren.

Die temporale Komplexität der historischen Tatsache ergibt sich jedoch nicht nur aus ihrer doppelten Konstituiertheit in Vergangenheit und Gegenwart, sondern strenggenommen sogar aus einer Beobachtung vierter Ordnung. Die Frage nach der historischen Tatsache, wie nach historischen Wirklichkeiten überhaupt, wird durch das Spiel der unterschiedlichen Zeitebenen zu einer besonders vertrackten – und zugleich zu einer besonders interessanten: In einer spezifischen historischen Situation haben wir es zunächst mit einer Beobachtung zweiter Ordnung im Luhmannschen Sinn zu tun, insofern im historischen Material die Beobachtungen anderer Beobachtungen festgehalten und in der einen oder anderen Form materialisiert wurden (textlich, bildlich, filmisch etc.). Als dritte Beobachtungsebene tritt dann die Überlieferungsdimension hinzu, in der im historischen Nachhinein die Beobachtungen von Beobachtungen ihrerseits beobachtet werden, und zwar auf immer wieder andere Art und Weise. Hier haben wir es nicht nur damit zu tun, dass Material verschwinden oder vernichtet werden kann, dass es seinen Ort wechselt oder einer neuen Rubrizierung unterworfen wird – vor allem verändert sich seine Lesart im Verlauf der Überlieferung und damit auch sein Status als historische Tatsache. Eine vierte Beobachtungsebene stellt schließlich die aktuelle Arbeit des Historikers in einer Gegenwart dar. Bei dieser Beobachtung vierter Ordnung gerät nicht nur die jeweilige historische Situation in den Blick (die Beobachtung von Beobachtungen), sondern auch die bisherige Überlieferungssituation, die ebenfalls einer Beobachtung unterworfen wird.

Gegenstand der Geschichte

Wenn man sich der historischen Tatsache nicht in einem schlichten Sinn sicher sein kann, dann drängt sich das Problem auf, was überhaupt Gegenstand der Geschichte und ihrer Wissenschaft ist. Gerade hinsichtlich dieses Gegenstandes wird die Geschichtswissenschaft immer wieder missverstanden. Denn gemeinhin wird angenommen, ihr Gegenstand sei das Leben von Menschen der Vergangenheit, die Beschaffenheit früherer Gesellschaften, das Wirtschaftsleben untergegangener Kulturen, der Wandel der Verfassungsformen oder heute nur noch schwer verständliche religiöse Riten aus uralten Zeiten. Dem ist nicht so. Auf solche Fragen und Gegenstände richtet sich ohne Zweifel das Interesse der historischen Wissenschaften, aber ihr eigentlicher Gegenstand sind sie nicht – können es gar nicht sein, weil diese Gegenstände nicht mehr existieren. Es besteht also die fatale Situation, dass das Objekt des historischen Interesses in der Mehrzahl der Fälle nicht mehr greifbar ist. Um dieses Dilemma zu umgehen, benutzt die Geschichtswissenschaft Hilfsmittel, die es ihr ermöglichen sollen, diese nicht mehr vorhandene Vergangenheit vor Augen zu führen. Und es sind eben diese Hilfsmittel wie Texte, Bilder, Gebäude und andere Materialien vielfältiger Art, die den tatsächlichen Gegenstand historischer Arbeit darstellen. Auf diesen Krücken humpeln Historiker mehr oder minder geschickt ›in die Vergangenheit‹.

Wenn uns Vergangenheit grundsätzlich im Spiegel der Gegenwart erscheint, dann erscheint sie nie wie diejenige Vergangenheit, die einmal war. Deswegen kann man auch nicht davon sprechen, dass Historiker die Vergangenheit rekonstruieren würden. Vielmehr bildet das historische Material, das ebenso als Material in einer Gegenwart wie als Material aus einer Vergangenheit verstanden werden muss, die Grundlage für die Konstruktionen, die eine jeweilige Gegenwart von der Vergangenheit erschafft. Es handelt sich hierbei tatsächlich um Konstruktionen, nicht um Rekonstruktionen von Geschichte, weil das historische Material seine Vergangenheitserzählungen nicht von selbst preisgibt, sondern erst zum Sprechen gebracht werden muss – und dies auf immer wieder neue und immer wieder andere Art und Weise. Von der Konstruktion von Geschichte zu sprechen, bedeutet jedoch nicht, um einem weit verbreiteten Vorurteil entgegenzutreten, dass damit ein Freifahrtschein für die willkürliche Erfindung historischer Sachverhalte gegeben oder der Fiktionalisierung der Vergangenheit das Wort geredet wäre. Im Gegenteil meint ›Konstruktion‹ die sinnvolle Zusammenfügung einzelner Bestandteile zu einem überzeugenden Ganzen. Dass es nicht um die Re-Konstruktion dieser Vergangenheit geht, belegt der Umstand, dass die Geschichtswissenschaft ihre Aufgabe nicht darin sehen kann, vergangene Wirklichkeiten wieder zu errichten. Womit sie es stattdessen permanent zu tun hat, ist das Stopfen von Löchern. Diese Löcher sind nicht nur der bruchstückhaften Überlieferung des Materials geschuldet, sondern entstehen vor allem auf dem Weg vom ungeordneten und unzusammenhängenden Material zu einer erzählbaren Geschichte – ein Vorgang, den Paul Veyne als Retrodiktion bezeichnet hat.

Auch Cassirer erkennt den produktiven und konstruktiven (nicht nur: rekonstruktiven) Charakter der Geschichtswissenschaft, insofern er eindeutige Konvergenzpunkte zwischen der Geschichtsschreibung und der Kunst benennt. Denn Geschichte gibt laut Cassirer nicht Wirklichkeit wieder, vielmehr holt sie diese vergangene Wirklichkeit immer wieder hervor – und gibt ihr dabei auch eine neue, jeweils zeitgemäße Form. Die vergangene Wirklichkeit wird dadurch jeweils verjüngt und bereinigt – das Gewesene erlebt eine Wiedergeburt, aber immer in anderer Gestalt.

Das historische Material

Die Schwierigkeit besteht aber nicht nur darin, dass in einer Gegenwart aus dem überlieferten Material eine sinnvolle Erzählung konstruiert wird, sondern dieses Material selbst ist bereits in einem hohen Maß durch Sinnstrukturen besetzt. Wenn hier also von historischem Material die Rede ist, dann kann darunter niemals ein unproblematisches, neutrales, rein faktisches Gebilde verstanden werden, sondern dann haben wir es immer bereits mit kulturell geformten Gegenständen zu tun. Eine wesentliche Aufgabe historischer Arbeit besteht darin, den symbolischen Gehalt historischer Überlieferung aufzuschlüsseln, dies aber immer in dem Bewusstsein zu tun, dass man selbst mit einem seinerseits historisch geprägten, spezifisch kulturellen Blick an dieses Material herantritt.

Doch möglicherweise führt diese Einsicht noch nicht weit genug. Dass man in der historischen Betrachtung kulturell befangen ist und aus einer jeweils gegenwärtigen Position heraus spricht, dürfte kaum noch für Aufmerksamkeit sorgen. Welche Konsequenzen hätte es jedoch, diese Perspektive umzudrehen? Sind wir nicht immer noch zu sehr in den Überzeugungen einer Fortschritts- und Modernisierungsgeschichte befangen, wenn wir in der Rückschau das historische Material betrachten, dabei aber nur die Frage stellen, was wir damit machen (können)? Stellt dies möglicherweise einen Akt historischer Kolonialisierung dar? Geben wir uns nicht der Illusion hin, wir könnten uns – aus der Perspektive einer bestimmten Gegenwart heraus – der Geschichte bemächtigen, um sie zur Vorgeschichte unseres eigenen Hier und Jetzt zu degradieren? Wenn wir ein Stück Papier betrachten, das einige Jahrhunderte alt ist, was machen wir damit? Entnehmen wir ihm einfach nur historische Informationen? Müsste nicht auch die Frage gestellt werden, was dieses Material mit uns macht?

Ein Hindernis auf diesem Denkweg stellt der geschichtswissenschaftlich etablierte Begriff der ›Quelle‹ dar. Auch wenn dieser Quellenbegriff schon häufiger problematisiert worden ist, findet er weiterhin Verwendung, müsste aufgrund seiner metaphorischen Aufladung aber eigentlich Befremden auslösen. Schließlich wird dadurch der Eindruck evoziert, das Dokument, mit dem man es jeweils zu tun, führe zu den Ursprüngen der Historie, mithin zum Eigentlichen der geschichtlichen Vergangenheit zurück. Wahrscheinlich würde kein Historiker einen solchen Satz unterschreiben, würden alle von einem reflektierten Quellenbegriff sprechen. Es bleibt aber fraglich, warum diese Metapher trotz ihres problematischen Gehalts weiterhin Verwendung findet. Weil es schon immer so war? Angemessener ist es daher, von historischem Material zu sprechen – Material, mit dem wir geschichtswissenschaftlich arbeiten. Eine Unterscheidung zu treffen zwischen ›Quelle‹ und ›historischem Material‹ betrifft nicht nur die Nomenklatur, sondern tangiert die Perspektivierung geschichtswissenschaftlichen Arbeitens. Um es zugespitzt zu formulieren: ›Quellen‹ laden dazu ein, durch sie hindurch in die Vergangenheit zu blicken, während das ›historische Material‹ unseren Blick in der Gegenwart festhält.

Die Wirklichkeit der Geschichte – und die Geschichte der Wirklichkeit

Wenn dieses historisch überlieferte Material einer sich immer wieder revidierenden Konstruktionsarbeit unterzogen wird, es sich beim Gegenstand dieser Arbeit also nicht um eine Wiederherstellung der Vergangenheit handeln kann, ja, die Vergangenheit noch nicht einmal den eigentlichen Gegenstand historischen Arbeitens darstellt, dann drängt sich die Frage nach dem Wirklichkeitsstatus der Ergebnisse historischer Arbeit auf. Sind die historischen Erzählungen, mit denen wir es zu tun haben, denn wahr und wirklich, oder handelt es sich um mehr oder weniger kreative, möglicherweise sogar weitgehend erfundene Narrationen über vergangenes Leben? Aufgrund des bisher Gesagten, müsste bereits eine solche alternativlose Gegenüberstellung zu Widerspruch reizen, denn zwischen einer angenommenen ›objektiven Faktizität‹ und einer zuweilen unterstellten Fiktionalisierung von Geschichte tut sich ein recht breiter Zwischenraum möglicher Alternativen auf. Die

Wirklichkeit einer ›Geschichte an sich‹ lässt sich kaum überzeugend behaupten. Vielmehr handelt es sich immer wieder um die Wirklichkeit einer ›Geschichte für uns‹. Das betrifft selbstredend nicht die Frage, ob ein bestimmtes Ereignis nun zu einer bestimmten Zeit und an einem bestimmten Ort tatsächlich stattgefunden hat oder nicht. Daran Zweifel anzumelden, wäre nur beim Vorliegen gravierender Gründe statthaft. Aber die Nennung unzweifelhafter Ereignisse macht noch keine Geschichte, ebenso wie ein Haufen von Ziegelsteinen noch kein Haus ergibt. Es ist erst die konstruktive Arbeit der Zusammenfügung der einzelnen Bestandteile, die Einbettung von Ereignissen in eine bestimmte Erzählung, wodurch eine Geschichte zur Geschichte wird. Und über die Sinnhaftigkeit und Bedeutsamkeit solcher Erzählungen wird jeweils in einer Gegenwart entschieden, so dass daraus zwangsläufig ›Geschichte für uns‹ werden muss.

Damit ist man nicht nur einmal mehr auf den Status einer Geschichtswissenschaft als Gegenwartswissenschaft verwiesen, sondern dadurch eröffnen sich auch grundsätzlichere Perspektiven auf Geschichte als symbolisches Universum. Denn das bisher Gesagte trifft nicht nur auf die jeweiligen Inhalte historischer Narrative zu. Es sind also nicht nur die Erzählungen über vergangene Zeiten, Personen oder Ereignisse, die jeweils gegenwärtig überprüft beziehungsweise aktualisiert werden müssen, es ist der Diskurs der Geschichte in seiner Gesamtheit, der den Status von Historie als einer ›Wirklichkeit für uns‹ unterstreicht. In der Art und Weise ›Geschichte zu haben‹, wie dies in einer europäisch-westlichen Tradition der Fall ist, ist bei weitem keine Selbstverständlichkeit. Denn auch hierbei handelt es sich um eine kulturspezifische Form des Umgangs mit Vergangenheit, die diesem Zeitraum zum Zweck der Orientierung und Identitätsbildung in einer jeweiligen Gegenwart einen besonders hohen Stellenwert zumisst. Es ist alles andere als naturnotwendig, auf diese Art und Weise über ›Geschichte‹ zu verfügen.

Diese Äußerungen könnten unter Umständen so verstanden werden, als gelte es, die Relevanz von Geschichte zu relativieren und ihren Aussagewert zu minimieren. Mit Blick auf einen naiven Historismus wäre das auch sicherlich der Fall, denn ›der Geschichte‹ in einem eigentlichen Sinn habhaft zu werden, ist unter kulturphilosophischen Prämissen nicht möglich. Jedoch wird mit einem solchen Zugang die Position historischer Fragestellungen nicht nur gestärkt, sondern unumgänglich gemacht. Denn wenn man die anti-essentialistische, stattdessen funktionale Bestimmung der Frage nach dem Menschen, wie sie Cassirer gestellt hat, ernstnimmt, dann kommt man nicht umhin, auch ihre jeweilige historische Spezifizität zu bestimmen. Und wenn unter dieser Maßgabe Menschsein am menschlichen Wirken festgemacht wird, dann stellt sich die zentrale – kulturhistorische – Frage, wie Menschen der Vergangenheit jeweils spezifische symbolische Universen entworfen haben. Gerade weil die Wirklichkeit der Geschichte nicht mehr auf naive Weise zu haben ist, eröffnen sich mit der Frage nach der Geschichte der Wirklichkeiten noch nicht ausreichend erschlossene Themenfelder und Perspektiven. Es ginge dann nicht mehr nur darum, mit welchen Perspektiven und Zugangsweisen man der historischen Wirklichkeit auf welche Art und Weise habhaft werden kann. Als Problem stellt sich viel eher, wie sehr man die Wirklichkeit – ob historisch oder nicht – bearbeiten muss, damit sie bezeichnet werden kann. Dies betrifft als historische Fragestellung sowohl den Zugang zu vergangenen Wirklichkeiten als auch in Form einer selbstreflexiven Wendung den Blick auf das eigene historische Arbeiten.

Wie können wir uns also vergangener Wirklichkeit versichern? Zeigen uns die ›Quellen‹, zeigt uns das historische Material diese vergangene Wirklichkeit an? Ja und nein. Denn ebenso wie derjenige, der eine Landkarte betrachtet, nicht davon ausgeht, dass er damit auch wirklich das abgebildete Stück Land in den Händen hält, so ist ein 300 Jahre altes Stück Papier auch nicht ›die Geschichte‹. Aber es ist auch nicht das Gegenteil, es ist keine Lüge, keine Phantasie oder Chimäre, wie der Praxistest beweist: Mit der Landkarte findet man seinen Weg und ein altes Dokument gibt uns Informationen über vergangene Zustände. Was demnach gelingen kann, und zwar auch geschichtswissenschaftlich gelingen kann, ist die Herstellung von Bezügen zwischen uns und der nicht mehr existierenden Vergangenheit. Geschichtstheoretisch sind demnach die Arten und Weisen der Transformation von Vergangenheit in Geschichte von großer Bedeutung – und bedürfen auch empirisch der intensiveren Thematisierung.

Historizität und Zeitlichkeit

Der kulturphilosophische Blick auf die Geschichte provoziert jedoch eine weitere Windung der Schraube. Würde man nämlich die Aussage von der Unhintergehbarkeit der Historizität stehen lassen, würde die Argumentation in eben die Falle tappen, vor der sie zuvor gewarnt hat. Denn dann gäbe es tatsächlich etwas, das sich als historisch Wirkliches greifen ließe – nämlich eben diese Historizität. Das kann jedoch kaum überzeugen, weil der Bedeutungsknoten der Historizität nur wieder auf eine andere diskursive Ebene verweist, deren Kern darin besteht, dass auch die Geschichte als Erzählung von unserem So-Geworden-Sein einen Prozess der Naturalisierung durchlaufen hat. Und eben diese Auffassung von Geschichte als etwas objektiv Gegebenem gilt es kulturphilosophisch zu unterlaufen, um stattdessen das menschliche Wirken herauszustellen.

Auch wenn im Rahmen der Geschichtswissenschaften schon längst der Anspruch aufgegeben sein sollte, im Sinne eines nachholenden Positivismus herausfinden zu wollen, was denn nun in vergangenen Zeiten eigentlich geschehen ist, selbst wenn Selbstverständlichkeiten hinterfragt und Diskontinuitäten thematisiert werden, dann wird dies meines Erachtens noch zu selten mit Blick auf das historische Produkt getan, mit dem wir es vornehmlich zu tun haben und das wir selbst beständig hervorbringen, nämlich mit Blick auf die Zeit. Zeit wird immer noch als Container behandelt, in dem sich Geschichte abspielt. Von einer echten (historischen) Problematisierung sind wir noch weit entfernt. Das ist aus zwei Gründen bedauerlich, einmal weil sich die Geschichtswissenschaften damit eines wichtigen Themas berauben, sodann weil hier eine echte Möglichkeit vorliegen würde, dass sich die Geschichtswissenschaften mit ihren spezifischen temporalen Kompetenzen (die sie aber sträflich verkümmern lassen) in eine allgemeinere Theoriedebatte einschalten könnten.

Eine neutrale Zeit ist immer noch Grundlage wie auch Ergebnis von Geschichte im Sinne eines verbindlichen Repräsentationsrahmens – eine Zeit, die vermeintlich unabhängig von unserem Wollen und Wirken abzulaufen scheint und die mitsamt den Veränderungen, die ihr Verstreichen hinterlässt, nur noch registriert werden müsste. Mit Hilfe dieser neutralen Zeit kann für Geschichte als Erzählung von Gesellschaften über sich selbst ein verbindlicher Rahmen etabliert werden. Auf dieser Grundlage lassen sich – was in der Geschichtswissenschaft permanent geschieht – historische Vergleiche ziehen und Wertungen vornehmen, beispielsweise über den Entwicklungsstand von Gesellschaften.

Im Rahmen einer kulturphilosophisch informierten Problematisierung von Wirklichkeiten kann es demgegenüber nicht nur Aufgabe der Geschichtswissenschaft sein, gewissermaßen einen ereignisgeschichtlichen Vorlauf zu liefern. Fraglos bedarf es der historischen Orientierung und Vergewisserung, aber darauf können sich die historischen Wissenschaften nicht beschränken. Vielmehr sehe ich eine vornehmliche Aufgabe darin, die spezifischen Formen von Zeitlichkeit und Historizität zu bedenken, die jeder Form von Wirklichkeit zwangsläufig inhärent sind. Aber hier scheinen wir immer noch an einem von vielen Anfängen zu stehen.

Literatur

Cassirer, Ernst: *Versuch über den Menschen. Einführung in die Philosophie der Kultur.* Frankfurt a. M. 1990.

–: Geschichte. Mythos. In: Ders.: *Nachgelassene Manuskripte und Texte.* Bd. 3. Hg. von Klaus Christian Köhnke, Herbert Kopp-Oberstebrink und Rüdiger Kramme. Hamburg 2002, 3–192.

Daniel, Ute: *Kompendium Kulturgeschichte. Theorien, Praxis, Schlüsselworte.* Frankfurt a. M. 2001.

Dieterich, Sebastian: Der Historiker als Geisterbeschwörer. Spuren einer Geschichtstheorie Ernst Cassirers. In: *Zeitschrift für Kulturphilosophie* 3 (2009), 221–230.

Droysen, Johann Gustav: *Historik. Rekonstruktion der ersten vollständigen Fassung der Vorlesungen (1857); Grundriß der Historik in der ersten handschriftlichen (1857/58) und in der letzten gedruckten Fassung (1882).* Stuttgart 1977.

Goertz, Hans-Jürgen: *Unsichere Geschichte. Zur Theorie historischer Referentialität.* Stuttgart 2001.

Konersmann, Ralf: *Kulturelle Tatsachen.* Frankfurt a. M. 2006.

Koselleck, Reinhart: *Vergangene Zukunft. Zur Semantik geschichtlicher Zeiten.* Frankfurt a. M. 1989.

Landwehr, Achim: *Kulturgeschichte.* Stuttgart 2009.

Simmel, Georg: *Gesamtausgabe.* Hg. von Otthein Rammstedt. Bd. 9: *Kant. Die Probleme der Geschichtsphilosophie (zweite Fassung 1905/1907).* Frankfurt a. M. 1997.

Veyne, Paul: *Geschichtsschreibung – Und was sie nicht ist.* Frankfurt a. M. 1990.

Achim Landwehr

4. Gesellschaft

Gesellschaft ist das andere der Kultur. Sie ist der Überschuss an Bedeutung, den die Kultur auf das für sie Sinnvolle reduziert. Sie ist der Gegenstand jener Kulturkritik, der die Differenz auffällt, die die Kultur von der Gesellschaft trennt. Sie ist jene soziale Welt, in der die Kultur eine Funktion erfüllt, die wohl am besten als Tradierung, als Gedächtnis der Gesellschaft, zu beschreiben ist, wenn man unter Gedächtnis eine Einrichtung versteht, die sowohl erinnern als auch vergessen kann (Esposito 2001).

Der Begriff der Gesellschaft ist damit einer jener Gegenbegriffe, an denen der Begriff der Kultur seit jeher Halt sucht. Er steht in einer Reihe mit den Begriffen der Natur, der Technik und des Menschen, wenn unter ›Natur‹ all das verstanden wird, was wächst, ohne der Pflege zu bedürfen, unter ›Technik‹ all das, was auf Vereinfachungen beruht, die auch ohne Bedeutung funktionieren, unter ›Menschen‹ jener organische, psychische und soziale Komplex unabhängig beweglicher Lebewesen, der aller Kultivierung voraus liegt, und unter ›Gesellschaft‹ all jener soziale Sinn, der die Symbolisierung trägt, ohne selber Symbol zu sein.

Man weiß, wie sehr diese Begriffe oszillieren, sobald man sie näher untersucht. Verschiedene Versuche, sie metaphysisch, phänomenologisch, logisch oder funktional zu fassen, blieben bis heute begrifflich unbefriedigend, erbrachten jedoch reichhaltigen Ertrag in einer Sache, die dennoch weit davon entfernt ist, geklärt zu sein, und sich vermutlich aktuell wieder in einer Umbruchsphase befindet, die unter anderem erklären könnte, warum unser Interesse an Kultur, Kulturwissenschaft und Kulturphilosophie in den vergangenen Jahren so deutlich gestiegen ist.

Eine Konstante der Beobachtung von Gesellschaft aus einer kulturellen Perspektive ist die Beobachtung einer sozialen Vielfalt, die normativen Ansprüchen unterliegt, ohne sich diesen restlos zu fügen. Gesellschaft ist daher von Platon und Aristoteles über Giambattista Vico bis zu Talcott Parsons und Niklas Luhmann die Einheit der Differenz von Gerechtigkeit und Maßlosigkeit, von Vorsehung und Wirklichkeit, von Norm und Normverletzung, von Sinnreduktion und Sinnüberschuss. Jedoch streitet man sich darüber, ob die Kultur eine Art Außenhalt darstellt, die kosmisch, göttlich oder anthropologisch verankert der Gesellschaft von Außen ihr sei es als Perfektion, sei es als Perfektibilität definiertes und dennoch immer wieder verfehltes Maß vorgibt, oder doch eine Instanz und Institution innerhalb der Gesellschaft ist, die, so die Auffassung von Platon und Aristoteles bis Parsons und Luhmann, ebenso historischer, evolutionärer und damit auch kontingenter und riskanter Natur ist wie diese auch.

Was sich interessanterweise durchhält, ist die aristotelische Auffassung, dass die Gesellschaft wenn nicht unbedingt immer selbstherrlich, so doch zumindest selbstgenügsam ist, das heißt unter allen anderen sozialen Systemen jenes Sozialsystem, »welches den höchsten Grad der Selbständigkeit in bezug auf sein Milieu erreicht« (Parsons 1975, 19; ebenso 1951, 19), während die Kultur von Jean-Jacques Rousseau bis Sigmund Freud und darüber hinaus unter dem Vorzeichen eines Unbehagens steht, das es erlaubt, Einwände gegen die Gesellschaft (unter Umständen: inklusive ihrer Kultur) zu erheben, die sich wahlweise auf die Moral, die Religion, die Natur, den Menschen oder die Kunst beziehen (Rousseau 1750/1983; Arnold 1869/1965; Freud 1930/1974; Eliot 1948; Adorno 1955; vgl. Baecker 2001a, 2001b; Konersmann 2008). Sucht die Gesellschaft die Schließung, so die Kultur die Öffnung. Daraus ergibt sich die Paradoxie, dass die Gesellschaft zwar für den Überschuss, aber auch zugleich für die Schließung sozialen Sinns zuständig ist, während die Kultur zwar die Reduktion, aber zugleich auch die Öffnung dieses Sinns betreibt. Kaum ein Text der Kulturphilosophie lässt sich nicht von dieser Paradoxie informieren und irritieren.

Mit Hilfe verschiedener Begriffe ist versucht worden, die Verwirrung, in die diese Paradoxie ihre zuweilen eher unfreiwilligen Beobachter stürzt, zu sortieren. Einer dieser Begriffe ist der des Symbols. Fast jede Kulturtheorie besteht darauf, den Begriff des Symbols in das Zentrum der Beschreibung kultureller Formen zu rücken, hält jedoch ebenso daran fest, dass jedes Symbol inkommensurabel gegenüber dem ist, was es symbolisiert (Cassirer 1923, 1938/2006 und 1942/1971; White 1949/²1969; Lévi-Strauss 1950/1978; Geertz 1987). Die Kultur operiert innerhalb jenes »beweglichen Heers von Metaphern«, mit denen sich der Mensch spätestens seit der Einsicht Friedrich Nietzsches seine Wirklichkeit zurechtlegt (Nietzsche 1873/⁶1969, 1022). Das Symbol ist eine dieser Metaphern, die eher aneinander als an der Wirklichkeit ihren Halt finden und sich, wenn überhaupt, dann nur insgesamt, das heißt in ihrem beweglichen Zusammenhang, pragmatisch bewähren.

Ein zweiter Begriff ist der des Werts. Eine Kultur besteht aus Werten, auf die man sich in der Gesellschaft beruft, weil und während man sieht, dass ihre Geltung fraglich ist. Auch hier ist die Versuchung groß, den Zirkel von Kultur und Gesellschaft zu durchbrechen und die Werte der Gesellschaft und ihren Systemen normativ vorzuordnen (Parsons 1951, 178f.). Und doch ist die Tendenz eindeutig, diesen Bruch in die Gesellschaft zurückzunehmen und jede normative Ordnung der Immanenz der Gesellschaft einzuschreiben (Luhmann 1984, 149ff. und 173ff.). Werte werden als Medium der Kultur zu einem Medium der Gesellschaft, dessen Beweglichkeit Philosophen beunruhigt und Soziologen beruhigt (Luhmann 1997, 340ff.). Denn so stehen sie einer Gesellschaft zur Verfügung, die kulturelle Orientierungen abfragen kann, ohne sich an diese binden zu müssen.

Ein dritter und letzter Begriff zur Beschreibung des Verhältnisses von Kultur und Gesellschaft ist der der Form. Ernst Cassirer hat ihn unter Rückgriff auf Wilhelm von Humboldts Begriff der »inneren Sprachform« zusammen mit dem Begriff des Symbols eingeführt, um untersuchen zu können, wie die »Welt der Bedeutungen« zum einen einen inneren Zusammenhang bildet, zum anderen jedoch einen präzisen Sinn für ihre eigenen Grenzen hat (Cassirer 1942/1971, 57ff.). Jede Form äußert sich in einem »Stil« (ebd., 63), der es Menschen ermöglicht, eine sprachliche, religiöse, künstlerische oder wissenschaftliche Haltung zur Welt einzunehmen, ohne dabei zu vergessen, dass diese Haltung einer begrenzten Perspektive entstammt.

Kultur als Lösung eines Problems der Gesellschaft

Kultur tradiert, Gesellschaft interagiert. So viel ist unumstritten (Parsons/Kroeber 1958). Umstritten ist nur, wie das eine der Fall sein kann, wenn auch das andere der Fall ist. Warum löst sich die Kultur nicht laufend in der Gesellschaft auf, wenn man sieht, wie Letztere ständig von ihr abweicht? Und warum konvergiert Gesellschaft nicht umgekehrt in ihrer Kultur, wenn man berücksichtigt, für wie attraktiv sich diese hält? Irgendetwas hält Kultur und Gesellschaft zum einen auseinander und sorgt zum anderen dafür, dass beides funktional erforderlich bleibt. Haben wir es bei dem Begriffspaar von Kultur und Gesellschaft mit einer Trope im Sinne von Jurij Lotman zu tun, mit einem Paar von miteinander unvereinbaren bedeutungstragenden Elementen, ohne die keine kreative Semiose möglich ist (Lotman 2000, 53ff.)? Das wäre aufschlussreich, könnte man diese Trope doch in die Nähe eines mathematischen Begriffs von Komplexität rücken (Stillwell [2]2002, 383f.), der seinerseits einen Zusammenhang von wechselseitiger Implikation und Unreduzierbarkeit formuliert und so einen Ausgangspunkt für die Beschreibung orthogonaler, nichtlinearer und dennoch rekursiver Verhältnisse bietet.

Bleiben wir bei den bisher referierten Begriffen und ihren Problemstellungen, dann bietet es sich an, einen Vorschlag von Niklas Luhmann aufzugreifen, von Kultur immer dann zu sprechen, wenn Sinnreduktionen vorgenommen werden, die als solche tradiert werden können, jedoch laufend unter dem Druck und Anspruch stehen, sich gesellschaftlich zu bewähren (Luhmann 1997, 405ff.; vgl. Hahn 2004). Der Gesellschaftsbegriff wird damit, für einen Soziologen nicht überraschend, zu einem gegenüber Kultur primären Begriff. Die Gesellschaft schafft ein Problem, dessen Lösung die Kultur ist. Die Kultur kann sich jedoch nur behaupten, wenn und insofern sie in der Tat in der Lage ist, das Problem zu lösen. Daher muss man etwas von der Gesellschaft verstehen, wenn man sich mit den Phänomenen der Kultur theoretisch und analytisch, erklärend und verstehend, beschäftigen will.

Will man Luhmanns Vorschlag würdigen, sind drei Fragen zu stellen und zu beantworten. Welches gesellschaftliche Problem löst die Kultur? Wie tut sie dies? Und wie ändern sich Problem und Lösung im Zeitablauf, das heißt im Rahmen der Geschichte und Evolution der menschlichen Gesellschaft?

Das gesellschaftliche Problem, das die Kultur löst, ist das Problem des Sinnüberschusses. »Im Zusammenwirken aller Kommunikationsmedien – der Sprache, der Verbreitungsmedien und der symbolisch generalisierten Kommunikationsmedien – kondensiert das, was man mit einem Gesamtausdruck Kultur nennen könnte. Kondensiert soll dabei heißen, daß der jeweils benutzte Sinn durch Wiederbenutzung in verschiedenen Situationen einerseits derselbe bleibt, (denn sonst läge keine Wiederbenutzung vor), sich aber andererseits konfirmiert und dabei mit Bedeutungen anreichert, die nicht mehr auf eine Formel gebracht werden können« (Luhmann 1997, 409). Damit wird auf die Paradoxie angespielt, die wir oben benannt haben. Kultur ist einerseits Reduktion und Wiederholung, andererseits jedoch genau deshalb Anreicherung und damit ihrerseits Überschuss. Die Tradition der Rhetorik kennt dafür den Ausdruck der *auxésis* (griech.) beziehungsweise *amplificatio* (lat.).

Man versteht dies jedoch nur dann, wenn man einen präzisen Gesellschaftsbegriff mitlaufen lässt. Gesellschaft ist im Verhältnis zu dem hier vorgeschlagenen Kulturverständnis mit jeder einzelnen Kommunikation und erst recht mit dem Auftreten jedes Kommunikationsmediums eine laufende Produktion von Sinnüberschuss. Jede Kommunikation ist als Selektion einer bestimmten Information, einer bestimmten Mitteilung und eines bestimmten Verstehens aus einem genau dadurch aufgerufenen und nur als Kontext bestimmten Auswahlbereich möglicher anderer Selektionen die Produktion eines Sinnüberschusses im Verhältnis zur jeweils gewählten Selektion (Shannon/Weaver 1949/[2]1963; Luhmann 1971; Baecker 2005). Gesellschaft ›ist‹ daher typischerweise das, was unter Einschluss der gewählten Möglichkeit als Überschuss über die jeweils gewählte Möglichkeit nicht gewählt wird, aber durchaus gewählt werden kann. Diese nicht gewählten Möglichkeiten sind mehr oder minder latent und manifest präsent und müssen daher im Verhältnis zur gewählten Möglichkeit abgewertet werden, um den Sog der Alternativen nicht zu stark werden zu lassen. Hält man sich weiterhin an die Einteilung der Redefiguren der Rhetorik, würde man hier von *meíosis* (griech.) beziehungsweise *diminutio* (lat.) sprechen.

Die in der Tradition des Kulturbegriffs mitlaufende Geringschätzung der Gesellschaft etwa als ›bloßer‹ Zivilisation hat ihren Grund in einem einfachen Komplementäreffekt der Kommunikation, wie er für Sinnfiguren aller Art typisch ist (Deleuze 1969/1993): Wenn man die aktuell gewählte Möglichkeit einer Kommunikation und Handlung positiv markieren will, kann man nicht anders, als die nicht gewählten Möglichkeiten im Verhältnis dazu negativ zu markieren, und dies auch dann, wenn man weiß, dass man diese Wertung im nächsten Moment unter Umständen korrigieren wird.

Die Schwierigkeiten der Kulturphilosophie mit diesem Gesellschaftsbegriff liegen darin, dass er nicht mehr substantiell, nicht mehr historisch und noch nicht einmal funktional, sondern ›nur noch‹ operational gefasst wird. Die Gesellschaft ist noch immer jener selbstgenügsame Zusammenhang des Lebens der Menschen miteinander, von dem bereits Aristoteles gesprochen hat. Aber sie ist dies weder auf die ›herrliche‹ Weise der Polis (*koinonía politiké*) noch auf die ›emanzipative‹ Weise der Moderne (»Vernunft«) und auch nicht als funktionale Absicherung des Überlebens der Menschheit (*fitness*). Sie ist dies ganz im Gegenteil hochgradig sich selbst und die Menschheit gefährdend nur noch insofern, als sie es in ihrer eigenen ökologischen Nische nicht besser weiß, als sich pfadabhängig so zu reproduzieren, wie sie es bisher mit immerhin beachtlichen Erfolgen (Wachstum der Weltbevölkerung auf einem historisch einmaligen, wenn auch nicht befriedigenden Niveau ihrer Versorgung mit Nahrung, Wohnung und Bildung) gewohnt ist.

Die Vorteile dieses Gesellschaftsbegriffs liegen darin, dass er sachlich, zeitlich und sozial bestimmt ist (Luhmann 1997, 78 ff.). Er ist sachlich bestimmt, weil er alle Kommunikation und nur Kommunikation enthält. Das unterscheidet Gesellschaft von Natur, Leben und Bewusstsein. Er ist zeitlich bestimmt, weil jede dieser Kommunikationen als Ereignis auftritt, sofort wieder verschwindet und genau damit das immer wieder zu lösende Problem der Anschlusskommunikation schafft, inklusive des nur so zu verstehenden Phänomens einer Wiederholung, die grundsätzlich nichtidentisch ist, weil sich ihre Kontexte laufend verschieben. Und er ist sozial bestimmt, weil keine Kommunikation auf die Intention eines Bewusstseins zurückbezogen werden kann, aber jede Kommunikation auf das Mitlaufen mindestens zweier, meist jedoch vieler Fälle von Bewusstsein zurückbezogen werden, das heißt als ›emergent‹ behandelt werden muss.

Der kulturphilosophisch entscheidende Vorteil dieses Gesellschaftsbegriffs besteht darin, dass er das Problem bestimmt, das eine Kultur hat, die ein Problem löst, das die Gesellschaft aufwirft. Den Kondensaten der Gesellschaft, die wir als ›Kultur‹ bezeichnen, weil sich in ihnen wiederholt, was wir nur deshalb als Wert oder Norm wieder erkennen und für wertvoll halten, sieht man nicht an, gegenüber welchem Überschuss an Möglichkeiten sie sich profiliert haben. Man könnte auch sagen: Den »Werken« der Kultur (Konersmann 2006) sieht man nicht an, in welchen gesellschaftlichen Prozessen sie sich behauptet haben. Die Bedeutungsvielfalt, die sich in diesen Werten und Werken im Zuge ihrer eigenen Wiederholung niederschlägt, produziert ihren eigenen Überschuss, der den Blick auf den gesellschaftlichen Sinnüberschuss, der in ihnen bewältigt wurde, verstellt. Die Vereinfachung durch die kulturelle Reduktion des gesellschaftlichen Sinnüberschusses ist die Lösung des gesellschaftlichen Problems; die Anreicherung dank der wiederholten Vereinfachung produziert das kulturelle Problem der so oft wahrgenommenen und beschriebenen Mehrdeutigkeit kultureller Phänomene.

Werte und Werke

Weil die Lösung, die die Kultur zu bieten hat, in ein Problem umschlägt, das sie in einer Gesellschaft aufwirft, die schon deshalb nicht durchschaut, was sie an ihrer Kultur hat, lohnt es sich, auf die zweite Frage nach dem Wie der Lösung des gesellschaftlichen Problems des Sinnüberschusses durch die kulturellen Werte und Werke einzugehen.

Luhmann erprobt und veranschaulicht seinen Kulturbegriff eines Kondensats des Zusammenwirkens aller Kommunikationsmedien an zwei beziehungsweise drei Beispielen. Das dritte ist Spekulation. Er greift die in der bisherigen Gesellschaftsgeschichte, insoweit sie schriftliche Zeugnisse hinterlassen hat, dominierenden Verbreitungsmedien Schrift, Buchdruck und Computer heraus und fragt nach den »Kulturformen«, die das Auftreten jedes dieser Verbreitungsmedien der Kommunikation auf den Plan gerufen hat (Luhmann 1997, 409 ff.). Hintergrund ist die Annahme, dass jedes neue Verbreitungsmedium (ebenso wie jedes neue Kommunikationsmedium wie etwa Macht, Gerechtigkeit, Glaube, Geld, Wahrheit, Liebe oder Kunst; aber dies wird hier nicht untersucht) zunächst das Problem eines neuen Sinnüberschusses aufwirft, der die bisherige Struktur und Kultur der Gesellschaft überfordert. Die Kondensate einer tribalen und oralen Gesellschaft können nicht mit den Möglichkeiten der Schrift, die Kondensate der antiken oder Schriftgesellschaft können nicht mit den Möglichkeiten des Buchdrucks und die Kondensate der modernen Buchdruckgesellschaft können nicht mit den Möglichkeiten der nächsten oder der Computergesellschaft umgehen. Man behauptet nicht zu viel, wenn man sagt, dass eines der wichtigsten soziologischen Motive der Gesellschaftstheorie Luhmanns darin liegt, die moderne Gesellschaft so zu beschreiben, dass man in der Lage ist, deren Umbruch in die nächste Gesellschaft zu beobachten (Baecker 2001c).

Diese Überforderung der je aktuellen Struktur und Kultur einer Gesellschaft durch das Auftreten eines neuen Verbreitungsmediums bedeutet jedoch umgekehrt, dass man eine Kultur in diesen Momenten (Epochenumbrüchen) gleichsam unter Stressbedingungen beobachten kann. Die Kultur tauscht ihre bisherigen Werte und Werke gegen neue aus oder betreibt mit einem gigantischen Reinterpretationsaufwand, der von Kunst und Wissenschaft gleichermaßen betrieben wird, zumindest ihre Neubewertung. Dabei stellt sich heraus, dass das Wie der Lösung des gesellschaftlichen Problems des Sinnüberschusses durch die Kultur wie in den genannten Figuren der rhetorischen Rede bereits vermutet in einer nicht leicht zu durchschauenden Kombination von Abwertung und Aufwertung liegt. Eine neue Kulturform, so die These Luhmanns, bewährt sich angesichts der neuen Qualität des Sinnüberschusses darin, dass sie Kommunikationsangebote abzulehnen und vor dem Hintergrund dieser Ablehnbarkeit selektiv anzunehmen erlaubt.

Im Fall des Auftretens der Schrift, die bisher nicht bekannte Möglichkeiten der Kommunikation mit Abwesenden schafft, liefert Aristoteles' Begriff des *telos* (angemessener Platz, Grenze) die Möglichkeit, jede Kommunikation abzulehnen, die in einem pragmatischen Sinne teleologisch keinen Sinn macht, umgekehrt jedoch jede Möglichkeit zu nutzen, die Gesellschaft kulturell im Rahmen dieser Teleologie neu zu verstehen, zu beschreiben und zu ordnen.

Im Fall des Auftretens des Buchdrucks, der bisher nicht bekannte Möglichkeiten der Kommunikation von Vergleich und Kritik schafft, liefert Descartes' Vorstellung eines unruhigen Gleichgewichts die Möglichkeit, Störungen im buchstäblichen Sinne abzuwehren, zugleich jedoch nach gleichgewichtsfähigen Institutionen Ausschau zu halten (das moderne Individuum, die Marktwirtschaft, die demokratische Politik, das positive Recht, die empirische Wissenschaft, die an Neuem interessierte Kunst, Schule und Bildung für alle), die nicht mehr teleologisch verankert werden können und müssen, sondern sich dynamisch im Medium ihrer Störungen (verstanden als Gelegenheiten, Chancen und Risiken) reproduzieren.

Und im Fall des Auftretens des Computers, den Luhmann wie gesagt mit aller Vorsicht behandelt, weil es möglicherweise noch zu früh für eine Einschätzung ist und weil vermutlich Marshall McLuhan Recht hat, der den Medienumbruch eher im Auftreten der Elektrizität als im Auftreten des deren Möglichkeiten nur ausbeutenden Computers und seiner Netzwerke sieht (McLuhan 1964/1969), liefert möglicherweise der Systembegriff mit seinem Komplement, dem Begriff der Umwelt, die Möglichkeit, Kommunikation abzulehnen, die nicht den Kriterien der Ausdifferenzierung und Reproduktion genügt, umgekehrt jedoch jede Kommunikation aufzuwerten, die es erlaubt, diese Kriterien in einem unübersichtlichen Netzwerk denkbarer Kontakte auf die Probe zu stellen.

Diese Beispiele sind hier nur angedeutet (vgl. Baecker 2007), mögen aber genügen, um die These zu verdeutlichen, dass das Wie der Lösung des gesellschaftlichen Problems des Sinnüberschusses durch die Kultur in der ambivalenten Fähigkeit jedes kulturellen Wertes und Werkes gesehen werden kann, Sinn sowohl zu amplifizieren als auch zu diminuieren und in diesem Rahmen sowohl zu erinnern als auch zu vergessen (Luhmann 1997, 586ff.). Ein Werk oder Wert, die nicht beides können, fielen aus dem hier vertretenen Kultur- und Gesellschaftsbegriff heraus. Der theoretische und analytische Gewinn dieser beiden aufeinander als Trope oder Komplex bezogenen Begriffe, das wollen wir hier unterstreichen, liegt darin, dass ein allgemeiner Begriff der Kommunikation und ein spezifischer Begriff der Kommunikationsmedien dazu geeignet sind, genauer anzugeben, was es mit dem jeweiligen Sinnüberschuss auf sich hat und welche Lösungen qualifiziert sind, ihn zu reduzieren.

Das ist auch die Antwort auf die dritte oben gestellte Frage nach dem Wandel der Kultur im Wandel der Gesellschaft. Historisch ebenso wie evolutionär – im ersteren Fall nacherzählend, im letzteren Fall mit erheblichen, bislang kaum in den Blick genommenen Ansprüchen an die soziologische Theorie – liefert eine Untersuchung der Einführung und der Durchsetzung von Medien der Verbreitung und des Erfolgs von Kommunikation die Grundlage für eine Bestimmung und Beschreibung der funktionalen Leistung kultureller Werte und Werke, die über bisherige Angebote der Kulturwissenschaften hinausgeht, zugleich jedoch die Forschungsergebnisse dieser Wissenschaften sortieren und auswerten kann.

Wenn die Kulturphilosophie sich mit einer Gesellschaft des von Schrift, Buchdruck und Computern, von Macht, Gerechtigkeit, Glaube, Geld, Wahrheit, Liebe oder Kunst produzierten Sinnüberschusses beschäftigt, wird sie keine Schwierigkeiten haben, die Werte und die Werke, für die sie sich eigentlich interessiert, auf ihre doppelte Leistung der Amplifikation und der Diminution hin zu verstehen, zu analysieren und zu beschreiben.

Literatur

Adorno, Theodor W.: Kulturkritik und Gesellschaft. In: Ders.: *Prismen. Kulturkritik und Gesellschaft.* Frankfurt a.M. 1955, 7–31.

Aristoteles: *Politik.* Übers. von Eugen Rolfes. Hamburg 1981.

Arnold, Matthew: Culture and Anarchy. An Essay in Political and Social Criticism [1869]. In: Ders.: *Culture and Anarchy, with Friendship's Garland and Some Literary Essays.* Hg. von R.H. Super. Ann Arbor, Mich. 1965, 85–256.

Baecker, Dirk: Kultur. In: *Ästhetische Grundbegriffe. Historisches Wörterbuch in sieben Bänden.* Hg. von Karlheinz Barck u.a. Stuttgart/Weimar 2001a, Bd. 3, 510–556.

–: *Wozu Kultur?* Berlin [2]2001b.

–: Niklas Luhmann in der Gesellschaft der Computer. In: *Merkur* 55, Heft 7 (2001c), 597–609.

–: *Form und Formen der Kommunikation.* Frankfurt a.M. 2005.

–: *Studien zur nächsten Gesellschaft.* Frankfurt a.M. 2007.

Cassirer, Ernst: *Philosophie der symbolischen Formen.* Bd. 1. Berlin 1923.

–: Zur Logik des Symbolbegriffs [1938]. In: Ders.: *Gesammelte Werke, Hamburger Ausgabe.* Hg. von Birgit Recki. Bd. 22. Hamburg 2006, 112–139.

–: *Zur Logik der Kulturwissenschaften* [1942]. ND Darmstadt 1971.

Deleuze, Gilles: *Logik des Sinns.* Frankfurt a.M. 1993 (frz. 1969).

Eliot, T.S.: *Notes Toward the Definition of Culture.* London 1948.

Esposito, Elena: *Soziales Vergessen. Formen und Medien des Gedächtnisses der Gesellschaft.* Frankfurt a.M. 2002 (ital. 2001).

Freud, Sigmund: *Das Unbehagen in der Kultur* [1930]. In: Ders.: *Studienausgabe.* Frankfurt a.M. 1974, Bd. 9, 29–108.

Geertz, Clifford: *Dichte Beschreibung. Beiträge zum Verstehen kultureller Systeme.* Frankfurt a.M. 1987 (engl. 1973).

Hahn, Alois: Ist Kultur ein Medium? In: *Luhmann und die Kulturtheorie.* Hg. von Günter Burkart und Gunter Runkel. Frankfurt a.M. 2004, 40–57.

Konersmann, Ralf: *Kulturelle Tatsachen.* Frankfurt a.M. 2006.

–: *Kulturkritik.* Frankfurt a.M. 2008.

Lévi-Strauss, Claude: Einleitung in das Werk von Marcel Mauss [1950]. In: Marcel Mauss: *Soziologie und Anthropologie.* Bd. I. Frankfurt a.M. 1978, 7–41.

Lotman, Jurij M.: *Die Innenwelt des Denkens. Eine semiotische Theorie der Kultur.* Hg. von Susi K. Frank u.a. Frankfurt a.M. 2000 (russ. 1996).

Luhmann, Niklas: Sinn als Grundbegriff der Soziologie. In: Jürgen Habermas/Niklas Luhmann: *Theorie der Gesellschaft oder Sozialtechnologie. Was leistet die Systemforschung?* Frankfurt a.M. 1971, 25–100.

–: *Soziale Systeme. Grundriß einer allgemeinen Theorie.* Frankfurt a.M. 1984.

–: *Die Gesellschaft der Gesellschaft.* Frankfurt a.M. 1997.

McLuhan, Herbert Marshall: *Die magischen Kanäle.* Düsseldorf 1969 (engl. 1964).

Nietzsche, Friedrich: *Über Wahrheit und Lüge im außermoralischen Sinne* [1873]. In: Ders.: *Werke.* Hg. von Karl Schlechta. Frankfurt a.M. [6]1969, Bd. 3, 1017–1030.

Parsons, Talcott: *The Social System.* New York 1951.

–: *Gesellschaften. Evolutionäre und komparative Perspektiven.* Frankfurt a.M. 1975 (engl. 1966).

– /Kroeber, Alfred L.: The Concepts of Culture and of Social System. In: *American Sociological Review* 23 (1958), 582–583.

Platon: *Politeia.* In: Ders.: *Sämtliche Werke.* Übers. von Friedrich Schleiermacher. Reinbek [2]2000, Bd. 2, 195–537.

Rousseau, Jean-Jacques: *Über Kunst und Wissenschaft. Dis-*

cours sur les Sciences et les Arts [1750]. In: Ders.: *Schriften zur Kulturkritik.* Hg. von Kurt Weigand. Hamburg 1983, 1–59.

Shannon, Claude E./Weaver, Warren: *The Mathematical Theory of Communication* [1949]. Urbana, Ill. ²1963.

Stillwell, John: *Mathematics and Its History.* New York ²2002.

Vico, Giambattista: *Die neue Wissenschaft von der gemeinschaftlichen Natur der Nationen* [1744]. Ausw., Übers. u. Einl. von Ferdinand Fellmann. Frankfurt a. M. 1981.

White, Leslie A.: *The Science of Culture. A Study of Man and Civilization* [1949]. New York ²1969.

Dirk Baecker

5. Kunst

Die Aufgabe, einzelne Kulturbereiche wie die Kunst aus kulturphilosophischer Sicht zu beschreiben, erfordert eine Eingrenzung, denn jede philosophische Thematisierung eines Teilbereiches der Kultur ist, im Unterschied etwa zu einem soziologischen oder historischen Zugang, ein Philosophieren *über* Kultur. Beansprucht die kulturphilosophische Behandlung eines Gegenstandsbereiches der Kultur dennoch, eine spezifische systematische Zugangsweise zu sein, muss sie ihre Perspektive über ein besonderes Erkenntnisinteresse, das sich in der Art und Weise ihres Fragens manifestiert, ausweisen.

Ralf Konersmann hat die Kulturphilosophie als die »verstehende Auseinandersetzung mit der endlichen, von Menschen gemachten Welt« (Konersmann ²2010, 26) definiert. Dadurch grenzt er zum einen Gegenstände oder Fakten, die keinen menschlichen Eingriff aufweisen, von Kulturtatsachen – *faits culturels* – ab und bestimmt zum anderen die Perspektive auf sie als hermeneutisches Fragen nach ihrer Bedeutung, ihrer Entstehung und ihren »Produktionsbedingungen«. Spezifisch für Kulturgegenstände ist, dass sie als Ergebnis intentionalen, gestaltenden Handelns Werkcharakter (vgl. ebd., 106–123; Schwemmer 2002, 158–161 u. 197–219) haben, d. h. trotz Kontextgebundenheit klar von anderen (Kultur-)Gegenständen abgrenzbar sind und Autonomie in dem Sinne beanspruchen, dass sie unabhängig von ihrem Autor oder Schöpfer auf ihre Bedeutung befragt werden können, jedoch ohne ihren Zeugnischarakter aufzugeben. Kulturgegenstände sind Deutungsangebote von Welt und haben damit kommunikative Funktion.

Wie sind Kulturtatsachen gemacht, welche Funktion haben sie, was bedeuten sie und wie wirken sie? Als philosophische Fragen richten sich diese Fragen nicht an Einzelphänomene, deren Interpretation und Kontextualisierung den Einzelwissenschaften und Spezialhermeneutiken obliegen. Die kulturphilosophischen Fragen nach den Produktions- und Wirkungsweisen, nach der Bedeutung und Funktion von Kulturtatsachen beziehen sich auf Kulturgebiete, trennen sie dadurch voneinander, lassen ihre Genese deutlich und ihren Beitrag zur Humanisierung der Welt erkennbar werden.

Kulturphilosophisch orientierte Kunstphilosophie

Für eine kulturphilosophisch orientierte Betrachtung von Kunst folgt aus den oben formulierten Charakteristika, dass sie Antworten geben muss auf folgende Fragen: Wie lässt sich die Kunst gegenüber anderen Kulturbereichen abgrenzen? Welche Funktion hat Kunst im Kulturprozess? Welcher Art sind die Kommunikationsangebote, die Kunstwerke machen?

Auch der Fokus auf die Kunstgegenstände als Bedeutung tragende Werke hat Konsequenzen, denn er favorisiert integrative kunstphilosophische Ansätze vor solchen der philosophischen Ästhetik, die vor allem die Wirkung und Wahrnehmung von Kunst als auch von Natur in den Blick nimmt. Und er favorisiert konstruktivistische bzw. produktionsästhetische Zugangsweisen, die die Gestaltungsprinzipien von Kunst in Abhängigkeit von ihrer spezifischen Funktion freilegen. Dennoch wird auch eine an Form und Funktion von Kunstwerken orientierte Kunstphilosophie Fragen der Ästhetik berücksichtigen, da die kalkulierte Wirkung der Werke zu ihrem Bedeutungsumfang gehört und ihre Funktionsmöglichkeiten determiniert.

Zu den Schwierigkeiten einer kulturphilosophischen Thematisierung von Kunst gehört der normative Charakter, der jeder Abgrenzung historisch sich entwickelnder Kulturgebiete innewohnt. Er lässt sich nicht vermeiden, jedoch transparent gestalten.

Der behauptete Werkcharakter von Kulturgegenständen begreift Kunst, die sich vornehmlich durch ihren Ereignischarakter und die gesuchte Interaktion von Produzent und Rezipient bestimmt, ausdrücklich mit ein, denn auch Aktionen und Performances sind zum einen sowohl zeitlich und zumeist auch räumlich begrenzt; zum anderen sind die Rahmenbedingungen und Ausgangsvoraussetzungen, innerhalb derer diese Kunst sich vollzieht und die sie prägen, auf einen Autor zurückzuführen und ihm zuzuschreiben (vgl. Koppe 2004, 178–191).

Der folgende Beitrag stellt die kulturphilosophische Sicht auf die Kunst exemplarisch am Beispiel Ernst Cassirers dar. Die Auswahl hat, neben der aus Umfangsgründen notwendigen Konzentration und der unumgänglichen Subjektivität jeder Auswahl, in der Sache liegende Gründe: Um die Spezifik des kulturphilosophischen Ansatzes hervortreten zu lassen, ist die Darstellung *eines* Ansatzes besser geeignet als eine Synopse verschiedener Ansätze. Cassirer, der als Begründer der modernen Kulturphilosophie gelten kann, hat mit der Philosophie der symbolischen Formen eine Systematik und eine Genealogie der Kulturgebiete erarbeitet. Ihre Differenzierung erfolgt über klar ausgewiesene Kriterien und unterschiedliche Funktionen innerhalb der Ausbildung, Darstellung und Kommunikation von Weltsichten. Im Unterschied beispielsweise zu Georg Simmel, dessen Ästhetik eher sozialphilosophisch geprägt ist und neben Kunstwerken auch andere Verfahren der gesellschaftlichen Distinktion durch Ästhetisierung untersucht, widmet sich Cassirer ausdrücklich der Kunst als genuiner symbolischer Form (vgl. Lauschke 2007).

Funktionen der Kultur

Es gehört zum Wesen des Menschen, Praktiken und Gegenstände wie Kleidung, Werkzeuge, Behausungen und Zubereitungsweisen von Nahrung zu entwickeln, mit denen er Anpassungsdefizite an seine Umgebung, die ihm von Natur aus anhaften, kompensieren kann. Menschen sind jedoch nicht nur in Bezug auf die Befriedigung ihrer lebenspraktischen Grundbedürfnisse auf die eigene Kreativität angewiesen. Auch zur Bewältigung geistig-psychischer Herausforderungen dient ihnen ihr transformatorisches Potential.

Als das Movens der kulturellen Entwicklung bestimmt Cassirer die menschliche Fähigkeit, sich durch Ausdruck von bedrängenden sinnlichen Eindrücken zu befreien, die Welt zu strukturieren, zu stabilisieren und sich selbst zu verorten. Im Prozess der Vergesellschaftung nehmen seine Fähigkeiten zu und er entwickelt Kulturformen, die der Verständigung, der Abgrenzung von anderen Kulturen, aber auch der Binnendifferenzierung innerhalb einer Kultur, der Erforschung und Gestaltung des Lebensraumes und nicht zuletzt dem Genuss und Selbstgenuss dienen.

Cassirer untersucht die als »symbolische Formen« oder Medien bezeichneten Kulturbereiche in Bezug auf das Selbst- und Weltbild, das sich in ihnen aufbaut und vermittelt, und differenziert sie über die Funktion, die sie in der Auseinandersetzung von Ich und Welt erfüllen. Durch die Vermittlung von Symbolen löst sich das Bewusstsein aus der »passiven Befangenheit im sinnlichen Eindruck« und schreitet »zur Schaffung einer eigenen, nach einem geistigen Prinzip gestalteten ›Welt‹« (ECW 12, 17) fort. »Diese Gewinnung der ›Welt als Vorstellung‹ ist [...] das Ziel und der Ertrag der symbolischen Formen – das Resultat der Sprache, des Mythos, der Religion, der

Kunst und der theoretischen Erkenntnis« (ECW 13, 320). Insgesamt stellt er in der Entwicklung der Kultur, die vom mythischen Bewusstsein und der rituellen Lebensgestaltung ausgeht und sich über Religionen und Sprache bis zur Wissenschaft erstreckt, eine teleologische Tendenz fest, die vor allem durch den Gewinn von Freiheit und Reflexion, aber auch durch Distanzierung und Entäußerung gekennzeichnet ist.

Funktionen der Kunst

Mit diesem Freiheitsgewinn gehen jedoch auch Verluste einher. Durch die Gewinnung und Festigung einer Welt als ›Vorstellung‹, durch die der Status des Ergriffenseins durch übermächtige Eindrücke verlassen wird und ein Subjekt ein Objekt in den Griff bekommt, distanziert es sich zugleich von ihm. Und mit zunehmender Entfernung von der unmittelbaren Lebenswirklichkeit und durch die Fixierung intersubjektiver Ordnungen treten die konkrete, individuelle Lebenserfahrung, die sinnliche Nähe zu den Dingen und die Wahrnehmung ihres phänomenalen Reichtums in den Hintergrund. Die Wahrnehmung und der Umgang mit den Dingen der Welt sind von Routine und zunehmender Verformelung bedroht. Das Gefühl von Lebendigkeit sowie das Bewusstsein des prozessualen Charakters und damit der Veränderbarkeit des eigenen Lebens und der umgebenden Dinge geraten aus dem Blick. Cassirer konstatiert: »If this immediate approach to reality is to be preserved and to be regained, it needs a new activity and a new effort« (Cassirer 1979a, 154).

Demnach ist die Kunst diejenige symbolische Form, die diese Gegenrichtung einschlägt; Cassirer unterscheidet sie von allen anderen symbolischen Formen: »*Sprache, Mythos, Wissensch[aft] im Aufbau des theoret[ischen] Weltbildes* – Wir blicken zurück – a) *Einheit* von Mythos, Sprache, Wissenschaft als *Momente* der Erkenntnis – sie bauen eine Welt von ›Gegenständen‹ auf – sie gehen auf die ›Wirklichkeit‹ – die Kunst gehört *dieser* Linie nicht an – sie steht für sich« (ECW 1, 246).

Doch worin besteht die besondere Funktion von Kunst, was ist ihre Leistung, wenn sie, im Gegensatz zu allen anderen Formen, keine »Welt von Gegenständen« aufbaut? Sie strebt statt Verfestigung, Stabilisierung und Fixierung intersubjektiv geltender symbolischer Ordnungen Leichtigkeit und Beweglichkeit an; ihr Ziel ist es, eine Welt ästhetischer Formen oder Gestalten zu bilden, in der nicht Gegenstände, sondern individuelle Sichtweisen präsentiert werden. Auch für Aby Warburg steht die Kunst bzw. stehen Bilder in ihrer Wirkungsweise und in ihrer Funktion innerhalb des Zivilisationsprozesses allen anderen Bereichen der Kultur gegenüber. Während diese den ›Denkraum der Besonnenheit‹ schaffen und sichern, sind Bilder stets ambivalent. Sie können auf der einen Seite eine ruhige Schau ermöglichen, verfügen jedoch auf der anderen Seite über ein großes affektives Potential. Bilder sind ›Energiekonserven‹ und haben eine mobilisierende Wirkung auf eine zum Stillstand kommende technisierte Gesellschaft, deren kreative Potentiale sich zunehmend erschöpfen.

Mit dieser Funktionsbestimmung stehen sowohl Cassirer als auch Warburg, ohne dass ein Einfluss nachweisbar wäre, in der Tradition des Russischen Formalismus, der die Kunst als Gegenkraft gegen die Ökonomisierung des Denkens und als Mittel zur Verstärkung des Empfindens einer Sache begreift. Durch die Verformelung der Welt »kommt das Leben abhanden und verwandelt sich in nichts. Die Automatisierung frißt die Dinge, die Kleidung, die Möbel, die Frau und den Schrecken des Krieges« (Sklovskij ^{5}1994, 15).

Kunst als Zersetzung von Gegenständlichkeit

»Wir können einem Gegenstand in unserer Alltagswahrnehmung tausendmal begegnen, ohne jemals seine Form gesehen zu haben, und geraten in Verlegenheit, wenn wir nicht seine physikalischen Eigenschaften oder Wirkungen, sondern seine visuelle Gestalt und seine Struktur beschreiben sollen. Die Kunst überbrückt diese Kluft. Hier haben wir es mit reinen Formen zu tun und nicht mit der Analyse oder Überprüfung von Sinnesobjekten« (Cassirer 1990, 222). Maler sind für Cassirer »die großen Lehrer in der Welt des Sichtbaren« (ebd.), Künstler im Allgemeinen Meister in der Darstellung des sinnlich Erscheinenden. Während die anderen symbolischen Formen ihre Aufgabe im Aufbau, der Setzung von Gegenständlichkeit erfüllen, *zer*setzt der Künstler den eingeschliffenen Gebrauch der Dinge und die eingefahrenen Wahrnehmungen, die in alltagspraktischen Zusammenhängen ihre Berechtigung und ihre Funktion haben, und lässt sie in ihrer sinnlichen Gestalt sichtbar werden. Cassirer insistiert darauf, dass die Malerei nicht Gegenstände abbildet, sondern Sichtweisen zeigt. In der Wahrnehmung, die die Kunst fordert oder initiiert, steht die Identifikation von Gegenständen nicht im Vordergrund. Sie bricht die Ökonomie, in der »die Formen der Dinge« zu »Formeln« (ebd.) werden, auf, indem sie die »unerschöpfliche Vielfalt von Aspekten an den Dingen offenbart« (ebd., 223), und macht augenblickliche Physiognomien und Atmosphären wahrnehmbar. Martin Seel hat diese unterschiedlichen Zielsetzungen der Wahrnehmung am Beispiel des Visuellen als »propositionales« oder »feststellendes Sehen« von einem Sehen von »phänomenalen Individualitäten« unterschieden (Seel 2003, 52 u. 56 f.). Dadurch, dass Kunstwerke ungewohnte Sichtweisen anbieten, lenken sie die Aufmerksamkeit auf die sinnliche Verfasstheit der Welt. Indem sie ›phänomenale Individualitäten‹ zeigen, regen sie dazu an, andere als die gewohnten Perspektiven einzunehmen.

Kunst als Darstellung von Lebensprozessen

Doch Kunst präsentiert nicht nur Formen und Sichtweisen von Gegenständen. Für Cassirer ist die Kunst ein Versuch, die Dynamik des Gefühls bzw. des menschlichen Lebens zur Darstellung zu bringen. Während das ›theoretische Weltbild‹, mit dem Cassirer nicht nur die Wissenschaft, sondern jeden sachverständigen Zugang zur Welt meint, die äußere Wirklichkeit von ›Gegenständen‹ aufbaut, bezieht sich die Kunst auf die innere Realität von Lebensprozessen. »Life, reality, being, existence«, schreibt er in dem nachgelassenen Vortragsmanuskript »Language and Art II«, »are nothing but different terms referring to one and the same fundamental fact. These terms do not describe a fixed, rigid, substantial thing. They are to be understood as names of a process« (Cassirer 1979b, 194).

Bedingt durch ihre Aufgabe, Zeugnis von einem inneren Prozess abzulegen, kann Kunst keinen Anspruch auf theoretische Verbindlichkeit und Allgemeinheit erheben, sondern stellt durch persönliche Erfahrung gesättigte individuelle Stellungnahmen dar.

Der Zeugnischarakter der Kunst und ihre kommunikative Funktion

Während aus der symbolischen Formung von Sprache, Mythos und Wissenschaft die Trennung und Stabilisierung von Subjekt und Objekt als Ergebnis der Distanzierung unmittelbarer Eindrücke resultiert, wird dies sowohl auf Seiten des Produzenten als auch des Rezipienten von Kunst nur partiell erreicht oder angestrebt. Die Bedrohung und Stillstellung des Lebens durch kulturelle Formen – das große Thema der Lebensphilosophie – wird in der Kunst gemildert, denn zum einen trennt sich der Produzent eines Werkes nie vollständig von ihm, so dass es ihm entfremdet gegenübertreten könnte, zum anderen tritt es im Rezeptionsprozess in den Kreislauf des Lebens wieder ein. Cassirer hat diese Aspekte 1930 in seinem Aufsatz »Form und Technik« als den Zeugnis-Charakter der Kunst sowie in dem Aufsatz zu Simmels »Tragödie der Kultur« von 1942 in die Bestimmung von Kulturprodukten als »Durchgangspunkte« (ECW 27, 469) innerhalb des Produktionsprozesses der Kultur aufgenommen.

Im Unterschied zu Produkten der Technik bleibt das Kunstwerk, »indem es rein auf sich steht, immer zugleich das Zeugnis einer individuellen Lebensform, eines individuellen Daseins und Soseins« (ECW 17, 179). In ihrer individuellen Konkretheit unterscheiden sich Kunstwerke von allen theoretischen Objektivierungen. Die individuelle Wahrnehmung, die im Kunstschaffen objektiviert zum Ausdruck kommt, wird als Wahrnehmungsangebot dem Rezeptionsprozess überantwortet. Cassirer hebt an der Kunst ihren kommunikativen Aspekt hervor. Als die wichtigste Funktion des Kunstwerkes benennt er die ›Brücke‹, die das Werk von einem zum anderen Ich-Pol bildet. Kunst hat appellativen Charakter; sie bietet an und mutet zu. Auch in diesem Punkt unterscheidet sich der Beitrag, den die Kunst für die Kultur leistet, vom Mythos, der Sprache und der Wissenschaft. Es geht in ihr nicht um die Extensivierung eines intersubjektiven Bedeutungszusammenhangs, sondern um die Intensivierung individueller Erfahrungen, die jedoch aufgrund der Tradierung von Formen und anderer, beispielsweise intertextueller Verknüpfungen, ein Kontinuum bilden. Insofern als die Kunst und die Geschichte Formen sind, in denen die Subjekte auch durch historische Objekte ständig aufs Neue in Frage gestellt werden und damit in ein Verhältnis zu sich selbst treten, bilden sie die historische Tiefenstruktur der Kultur aus.

Präsenz und Selbstgefühl, Schwächung der Subjektposition

Ein weiterer Aspekt des spezifischen Gegenstandsaufbaus und der Funktion der Kunst, der zu den bisher thematisierten Spezifika des Abbaus intersubjektiv gesicherter äußerer Wahrnehmungsweisen durch den Aufbau einer personalen, durch Zeugnischarakter geprägten Gegenständlichkeit und der daraus resultierenden Verlagerung der Funktion des theoretischen Weltaufbaus zu der Funktion einer kommunikativen Handlung hinzutritt, ist ihre ästhetische Wirkung.

Während die Kunstwissenschaft, mit der Cassirer sich am Beispiel Konrad Fiedlers auseinandersetzt, formale Aspekte von Kunstgegenständen untersucht und diese von einer Betrachtung des ästhetischen Gefühls trennt, widmet sich die Ästhetik kantischer Prägung der Innenperspektive des Wahrnehmungssubjekts und damit der Wirkung, die sich im Vollzug der Wahrnehmung einstellt. Cassirer trennt diese beiden Perspektiven auf Kunst nicht, da sie nur gemeinsam ein angemessenes Bild von Kunst geben können: Kunst sei »ein dynamisch-korrelatives *Ineinander* der beiden Momente« (ECN 3, 256), »Erscheinungs-Gestaltung durch das Medium der *Gefühls*gestaltung« (ebd., 264).

In diesem Zusammenhang weist Cassirer auf Gertrud Kuznitzky hin, die dieses Verhältnis in ihrer 1932 veröffentlichten Studie *Die Seinssymbolik des Schönen und die Kunst* erläutert. Cassirer bestimmt verschiedene Subjekt-Objekt-Verhältnisse als Ergebnisse symbolischer Formung und die Kunst als eine solche Gestaltung des Verhältnisses von Subjekt und Objekt, das die Trennung zugleich vollzieht und aufzuheben trachtet, denn dasjenige Sein, das in der ästhetischen Betrachtung erfahren wird, ist ein »Sein mit der Doppelbestimmtheit Natursein und Unser Sein« (Kuznitzky 1932, 13). In einem gefühlten Weltverhältnis ist dieser Doppelbezug per se enthalten: Indem der Ausdruck oder die Stimmung eines ästhetischen Gegenstands gefühlt wird, fühlt der Betrachter sowohl sich selbst als auch den Gegenstand. Das Besondere an Gefühlsinhalten ist für Kuznitzky das *unmittelbare* Wissen, d. h. die Evidenz ihrer ›Gegenstände‹, denn sie richten sich zugleich auf die besondere Präsenz von ›Gegenständen‹ und sie sind Zustände. Indem wir ästhetischen Ausdruck wahrnehmend fühlen, sind wir uns selbst erlebend gegenwärtig. Wir erleben »eine individuelle Abwandlung von Gefühlsinhalten, die mit uns da sind. Wir entdecken [...] den ästhetischen Reichtum unseres Gegenwartswissens. Das Anmutige und das Schwere, das Zarte und das Lebendige sind Abwandlungen unseres Zumuteseins, Wandlungen der Gestaltung, die unsere Gegenwart als erlebte Gegenwart des Gefühls anzunehmen vermag« (ebd., 35). Die Kunst emotionalisiert, indem sie Ausdrucksqualitäten darstellt, sie motiviert den sinnlichen Bezug zu den Dingen und das unmittelbare Erlebnis sinnlicher Wahrnehmung, indem sie nicht auf Abkürzung und Ökonomisierung, sondern auf Intensivierung des Erlebnisses aus ist. Kunst weckt den Sinn für das *Gegenständige*, für die nur fühlbare, erlebbare Präsenz der Dinge, sie ist »jederzeit Aufdeckung einer Welt, die wir als Welt des menschlichen Fühlens anerkennen müssen« (ebd., 88). In der ästhetischen Wahrnehmung konstatieren wir nicht vorrangig, was etwas ist, das uns begegnet, sondern dass und wie es uns in seiner augenblicklichen phänomenalen Präsenz begegnet.

Kuznitzky sieht die Funktion der Kunst wie auch schon Kant darin, das Lebensgefühl zu intensivieren, und so ist ihr Sinn derjenige, »uns gegenwärtig werden zu lassen, was Gegenwart des Seins bedeuten kann« (ebd., 4). Indem wir in der ästhetischen Wahrnehmung zugleich uns selbst wahrnehmen und uns durch die Stimmung des Gegenstandes bestimmen lassen, entdecken wir nicht nur eine Vielfältigkeit der sinnlichen Aspekte der Dinge, sondern auch die Vielfältigkeit unserer Emotionen und Einstellungen. Kunst verändert uns und unseren Blick: »Die Fülle der inneren Bewegung des Ich, die Fülle seiner ›Möglichkeiten‹ wird frei, wenn es sie rein in sich selbst entfalten und schwingen lassen kann« (ECN 3, 43). Es ist diese Möglichkeit, die »monadische Fülle« unseres Ichs zu spüren und Seinsweisen jenseits unseres aktuellen Seins aufblitzen zu sehen, die als belebendes Moment erfahren wird. Kunst stellt »den historisch-aktualisierten Lebensformen [...] den ganzen Bereich der ›möglichen‹ Lebensformen gegenüber« (ebd., 31) und sie stellt nicht nur gegenüber, sondern macht sie fühlbar.

In Analogie zu der oben dargestellten Funktion der Kunst, einen personalen Gegenstandsaufbau zur Darstellung zu bringen und somit eine intersubjektiv vereinbarte objektive, d. h. begrifflich festgelegte Gegenständlichkeit zu brechen, lässt sich auf der Subjektseite eine vergleichbare Irritation feststellen. Kunst ermöglicht nicht nur, Gegenstände anders zu sehen, sie ermöglicht, ihre individuelle Präsenz wahrzunehmen und im Nachvollzug ihres Ausdruckswerts uns selbst bestimmen zu lassen und zu fühlen. Der ästhetisch Wahrnehmende überlässt sich der Betrachtung und dem Genuss; und indem er sich dergestalt bestimmen lässt, erfährt er eine Schwächung seiner Subjektposition – und eine Vervielfältigung seiner Lebensmöglichkeiten. Die Kunst weist eine Funktion auf, die in der *Zer*setzung tradierter Subjekt-Objekt-Formationen besteht und dennoch in einem kommunikativen Zusammenhang steht. Sie dient wie alle anderen symbolischen Formen dem Ziel, »die Menschen zu einen« (Cassirer 1990, 201), jedoch unter der Bedingung radikaler Individualisierung.

Ausblick

Innerhalb der teleologischen Ausrichtung der cassirerschen Kulturphilosophie schlägt die Kunst, wie gezeigt, eine Gegenrichtung ein. In ihrem Bestreben, sinnliche Nähe zu den Dingen zu erzeugen und das Subjekt zeitweilig zu depotenzieren, nähert sie sich dem Ausgangspunkt des Kulturprozesses: dem mythischen Bewusstsein. Dennoch sind mythisches und ästhetisches Bewusstsein nicht miteinander identisch. Es ist der spielerische Charakter, die Haltung des »Als-Ob«, durch den sich der Kunstrezipient vom mythischen Menschen unterscheidet. Wer in die Welt der Kunst eintaucht, lässt sich freiwillig in den Bann ziehen und genießt es, dass ihm die Dinge wieder auf den Leib rücken. Er kann sich jedoch jederzeit distanzieren, Kunst als Gegenstand in den Blick nehmen und ihre Wirkungsweise analysieren. Doch kann er das wirklich?

Gegenwärtig mehren sich die Stimmen, die, in der Tradition Aby Warburgs, den freiwilligen Charakter des Bestimmtwerdens durch Kunst in Zweifel ziehen und Prozesse der Beeinflussung von Rezipienten durch Kunstwerke untersuchen, deren Effekte wahrnehmbar, die aber selbst nicht steuerbar sind. So versucht die Neuroästhetik, neurobiologische Prozesse, die der ästhetischen Wahrnehmung zugrunde liegen, zu verstehen. Zentral für diesen Ansatz ist die Entdeckung der Spiegelneuronen und die Vermutung, auch die menschliche kinästhetische Reaktion auf Kunstwerke sei durch Aktivitäten dieser Neuronen gesteuert und als eine mentale Simulation von Handlungen oder Gefühlen oder als das Aufgreifen eines Angebotes zur Interaktion zu verstehen (vgl. Freedberg/Gallese 2007; Gallagher 2011). Charakteristisch für phänomenologische Ansätze gegenwärtiger Ästhetik ist eine Aufhebung der klassischen Subjekt-Objekt-Trennung in der Wahrnehmung, die sowohl produktiv als auch rezeptiv verstanden wird, sowie eine an Maurice Merleau-Ponty orientierte Beschäftigung mit der vorsymbolischen Wirkung von Kunst, die ihre Zeichenhaftigkeit übersteigt und leiblich empfunden wird. Am weitesten in der Revision der Verteilung von Aktivität und Passivität in der Wahrnehmung geht Horst Bredekamps Theorie des Bildakts (vgl. Bredekamp 2010), die Bildern nicht nur Lebendigkeit und Eigenaktivität zuschreibt, sondern eine »neue Metaphysik der Artefakte und der körperlichen und ambientalen Definition des Denkens« (Bredekamp 2011) fordert.

Diesen Ansätzen ist gemeinsam, dass sie die menschliche Reaktion auf Kunst nicht auf der Ebene der Semiotik und damit der bewussten kognitiven Leistung des Rezipienten thematisieren, sondern die Wirkung eines materiellen Objektes auf ein verkörpertes Subjekt untersuchen. Wenn diese Interaktion eines der zentralen Kennzeichen der ästhetischen Wahrnehmung ist und der Mensch sich unter anderem deswegen mit Kunst beschäftigt, weil er die körperliche Involviertheit in den Wahrnehmungsprozess als lustvoll empfindet, hat Kunst auch die Funktion, Gelegenheiten bereitzustellen für die genussvolle Erfahrung der verkörperten menschlichen Existenz.

Kunst bewahrt im Kulturprozess als gegenläufige Unterströmung das Bewusstsein der leiblichen Verfasstheit des Menschen, das Wissen um die Unverfügbarkeit der sinnlichen Welt in ihrem phänomenalen Reichtum und das Wissen darum, das unsere bewusste Wahrnehmung einer Fülle von »petites perceptions« (Leibniz) aufruht, die unsere Aufmerksamkeit und Intentionen lenken.

Literatur

Bredekamp, Horst: *Theorie des Bildakts.* Berlin 2010.

–: Vorwort/Foreword. In: *Sehen und Handeln* (*Actus et Imago*, Bd. 1). Hg. von Horst Bredekamp und John Michael Krois. Berlin 2011, VII-XII.

Cassirer, Ernst: Language and Art I. In: *Symbol, Myth, and Culture: Essays and Lectures of Ernst Cassirer, 1935–1945.* Hg. von Donald Phillip Verene. New Haven/London 1979a.

–: Language and Art II. In: *Symbol, Myth, and Culture: Essays and Lectures of Ernst Cassirer, 1935–1945.* Hg. von Donald Phillip Verene. New Haven/London 1979b.

–: *Versuch über den Menschen. Einführung in eine Philosophie der Kultur.* Frankfurt a. M. 1990 (engl. 1944).

–: *Nachgelassene Manuskripte und Texte.* Hg. von John Michael Krois, Klaus Christian Köhnke und Oswald Schwemmer. Hamburg 1995 ff. [ECN].

–: *Gesammelte Werke. Hamburger Ausgabe.* Hg. von Birgit Recki. Hamburg 1998 ff. [ECW].

Freedberg, David/Gallese, Vittorio: Motion, Emotion, and Empathy in Esthetic Experience. In: *Trends in Cognitive Sciences* 11, 5 (2007), 197–203.

Gallagher, Shaun: Aesthetics and Kinaesthetics. In: *Sehen und Handeln* (*Actus et Imago*, Bd. 1). Hg. von Horst Bredekamp und John Michael Krois. Berlin 2011, 99–116.

Konersmann, Ralf: *Kulturphilosophie zur Einführung.* Hamburg [2]2010.

Koppe, Franz: *Grundbegriffe der Ästhetik.* Paderborn 2004.

Kuznitzky, Gertrud: *Die Seinsproblematik des Schönen und die Kunst.* Berlin 1932.
Lauschke, Marion: *Ästhetik im Zeichen des Menschen. Die ästhetische Vorgeschichte der Symbolphilosophie Ernst Cassirers und die symbolische Form der Kunst.* Hamburg 2007.
Schwemmer, Oswald: *Ernst Cassirer. Ein Philosoph der europäischen Moderne.* Berlin 1997.
–: Ereignis und Form. Zwei Denkmotive in der Davoser Disputation zwischen Martin Heidegger und Ernst Cassirer. In: *Cassirer – Heidegger. 70 Jahre Davoser Disputation.* Hg. von Dominic Kaegi und Enno Rudolph. Hamburg 2002, 48–65.
Seel, Martin, *Ästhetik des Erscheinens.* Frankfurt a. M. 2003.
Sklovskij, Viktor: *Kunst als Verfahren* [russ. 1916]. In: *Russischer Formalismus. Texte zur allgemeinen Literaturtheorie und zur Theorie der Prosa.* Hg. von Jurij Striedter. München [5]1994, 5–35.

Marion Lauschke

6. Moral

Anders als eine evolutionsbiologische Bestimmung, die Moral wesentlich als Fellersatz begreifen könnte, hat eine kulturphilosophische den Eigensinn des Geistigen ernstzunehmen und wird in ihr die Technik der zwischen inneren und äußeren Ansprüchen vermittelnden Selbstdisziplin des Menschen erkennen, an der sich Funktionen der selbstbewussten Kontrolle, Steuerung und Orientierung differenzieren lassen. Moral ist das System der evaluativen und normativen Einstellungen in der Absicht auf Orientierung im Handeln, das System der Werte und Normen, die der Einzelne selbständig als die Berufungsinstanzen seiner Ansprüche und Entscheidungen aktualisieren kann. Wo immer sich das handelnde Individuum – nicht in beiläufiger Bestandsaufnahme seiner Möglichkeiten, sondern in existentieller Selbstbesinnung – die Frage stellen muss: »Was soll ich tun?«, ohne ihre Beantwortung in der vorgängigen Geltung frageloser Autorität, etwa in der Selbstverständlichkeit traditioneller oder konventioneller Vorgaben, aufgehoben zu wähnen, da stellt sich ihm ein moralisches Problem. Erfordert ist dann die Bereitschaft zur Auseinandersetzung mit divergierenden Motiven und die Ausweisung der eigenen Entscheidung durch selbst eingesehene und vertretene (›gute‹) Gründe. Die Moral basiert auf der Unterstellung von Freiheit und Verantwortung des handelnden Individuums. Wenn Kultur als das Universalmedium menschlicher Poiesis und darin als die unhintergehbare Lebensform des Menschen zu begreifen ist, wenn ihr Begriff alle Formen erfasst, in denen der Mensch aus den vorgefundenen Gegebenheiten und zugleich aus sich selber etwas macht, dann muss die Moral als das Element der Kultur angesehen werden, in dem der Gestaltungsanspruch des Menschen als Problem thematisch und selbstreflexiv wird.

Kultur und Moral: Rousseau und Kant

Jean-Jacques Rousseau (1712–1778), in dessen fundamentaler Kritik der Kultur der systematische Ursprung der modernen Kulturphilosophie zu sehen ist, hatte in der Trias von Eigentum, Arbeitsteilung und der im sozialen Zusammenleben unweigerlichen Dynamik der Strebens nach Anerkennung das Syndrom der Entfremdung gesehen, in dem die fatale Verfeinerung des ursprünglichen Menschen entspringt, die im Begriff der Kultur gemeint ist. Kultur und Moralität sind durch diese kritische Konzeption in unversöhnlichen Gegensatz gesetzt; dem Anspruch auf Moral, deren emphatischen Begriff sich Rousseau unabhängig von ihrer Bindung an Kultur zu fassen zutraut, kann demnach paradoxerweise allein der edle Wilde in seiner *vor*moralischen Güte genügen. Es ist Immanuel Kant (1724–1804), der im Rahmen seiner Theorie der Freiheit mit dieser inkonsistenten Entzweiungsthese aufräumt und damit auch eine kulturphilosophische Dimension des Freiheitsbegriffs geltend macht. »Wir sind im hohen Grade durch Kunst und Wissenschaft cultivirt. Wir sind civilisirt bis zum Überlästigen zu allerlei gesellschaftlicher Artigkeit und Anständigkeit. Aber uns für schon moralisirt zu halten, daran fehlt noch sehr viel. Denn *die Idee der Moralität gehört noch zur Cultur*; der Gebrauch dieser Idee aber, welcher nur auf das Sittenähnliche in der Ehrliebe und der äußeren Anständigkeit hinausläuft, macht blos die Civilisirung aus.« (Kant 1784) Was auf den ersten Blick als Entgegensetzung von Kultur und Moral im Sinne Rousseaus anmutet, erweist sich als der Gedanke einer kulturellen Kontinuität in den Formen der Verfeinerung menschlicher Anlagen unter dem Primat der Moral. Zwar entscheidet sich für den Vernunftkritiker, der alle höheren Vermögen des Menschen als Ausübung seiner Freiheit begreift, die Belastbarkeit ihres Begriffs in der uneingeschränkten Selbstgesetzgebung, als die er die Moral begreift (vgl. Kant 1785): Freiheit als Autonomie ist das höchste Ziel. Die selbst gegebene Antwort auf die Klage über die anhaltende Diskrepanz zwischen einer bloß scheinbaren, oberflächlichen, und der wahren Sittlichkeit weist jedoch hin auf den inneren Zusammenhang von Kultur und Moralität: Diese Diskrepanz mache nämlich zur »inneren Bildung der Denkungsart« der Bürger »eine lange innere Bearbeitung jedes gemeinen Wesens«, d. h. jeder Gesellschaft, erforderlich. Das heißt nichts anderes, als dass außer der Moral auch die Politik, mithin ein Bereich der Kultur, als ein Ort der Realisierung von Freiheit in den Blick gerät.

Ihr Fundament hat diese Erwartung in der vormoralischen Bestimmung der Kultur als Medium der Freiheit. Wie es dem Transzendentalphilosophen möglich ist, die Moralität unter die Kultur zu subsumieren, wird erkennbar, wo Kant die Kultur als Inbegriff positiver Fertigkeiten bestimmt, als »Hervorbringung der Tauglichkeit eines vernünftigen Wesens zu beliebigen Zwecken überhaupt (folglich in seiner Freiheit)« (Kant 1790, § 83). Die Kultur kann des Menschen ›Tauglichkeit zu beliebigen Zwecken überhaupt‹ nicht anders hervorbringen, als indem sie ihn zugleich in seiner Freiheit hervorbringt. Denn es liegt in der Natur dieser Tauglichkeit, dass der Mensch sie selbsttätig entwickeln muss. Da die Entfaltung von Freiheit als Selbstbestimmung gegen die allenthalben mögliche Fremdbestimmung aber nur in der Form einer eigenen Gesetzgebung gesichert werden kann, läuft Kants Verständnis von Freiheit in letzter Instanz auf jene Autonomie hinaus, die nur als Moralität möglich ist. Einzusehen ist aber auch: Wenn Kant die »Idee der Moralität« der Kultur zuordnet, so ist damit keine systematische Alternative, kein Widerspruch zu ihrer geläufigen Zuordnung zur praktischen Vernunft gemeint, sondern auf eine historische Bedingung von deren empirischer Entwicklung hingewiesen: Kant zählt die ›Moralisierung‹ gemeinsam mit Kunst und Wissenschaft zur Kultur als dem Inbegriff von Formen der verfeinernden und verbessernden Bearbeitung der menschlichen Natur. In diesem Sinne kann er mit Bezug auf die eigenen »Naturkräfte (Geistes-, Seelen- und Leibeskräfte)« von deren »Anbau (cultura)« sprechen (Kant 1796, A 110).

In keinem Sachartikel seiner kritischen Moralphilosophie hat Kant das Implikationsverhältnis von Kultur und Moral so entschieden zur Geltung gebracht wie in dem exemplarischen Fall zur Bestimmung einer Pflicht gegen sich selber, den er bei der Exposition seiner Grundbegriffe anführt: als die Pflicht des Einzelnen, seine Anlagen und Begabungen, nach besten Kräften auszubilden (vgl. Kant 1785, 422 f.), also: ebenjenen ›Anbau (*cultura*)‹ der eigenen ›Naturkräfte (Geistes-, Seelen- und Leibeskräfte)‹ zu betreiben. Weil aber die Kultur das Medium zur Entfaltung der eigenen Möglichkeiten, zur Hervorbringung der Tauglichkeit des vernünftigen Wesens, nicht nur im Gattungsmaßstab zu beliebigen Zwecken, sondern auch im individuellen Maßstab zu den ganz spezifischen Zwecken der eigenen Befähigung und Begabung ist, deshalb *brauchen* wir sie zur Erfüllung dieser Pflicht gegen uns selbst. Nur in der Kultur hat der Mensch die Möglichkeit, seine Einsichten aus praktischer Vernunft auch zu verwirklichen. In diesem Sinne gilt nicht allein die Einsicht, dass ›die Idee der Moralität zur Cultur gehört‹, sondern auch umgekehrt: die Idee der Kultur gehört zur Moralität.

Der Mensch als normatives Wesen

Als Instanz der evaluativen und normativen Dimension der kulturellen Existenz des Menschen wird die

Moral von den Kulturphilosophien auch dort ernstgenommen, wo ihr nicht der Primat zugesprochen wird. Wenn für den Verhaltenspsychologen Michael Tomasello (geb. 1950) seine umfangreichen empirischen Vergleichsstudien an Primaten und an Menschen in dem Satz kulminieren: »To be a human is to be a participating member of a culture«, so hängt an einem anspruchsvollen Begriff des *participating* hier nicht allein der Begriff der Kultur, sondern auch der moralischen Dimension menschlicher Kommunikation: Die Fähigkeit des Menschen zur Kultur beruht in Formen der Kooperation, die Schimpansen im Unterschied zu noch sprachunfähigen Kleinkindern prinzipiell nicht erlernen können. Menschenkinder zeigen schon vor dem Spracherwerb Formen der Kooperation, die bewusst auf das Wohl des Anderen reflektieren. Sie sind dabei zugleich in ebenfalls beispielloser Weise auf Instruktion und Belehrung des Gegenübers ausgerichtet. In solcher elementaren Fähigkeit zur kooperativen Kommunikation, die für den Menschen in der Notwendigkeit der gemeinsamen Nahrungsbeschaffung entsprungen sei, sieht eine kulturphilosophisch informierte Verhaltenspsychologie die Moral begründet. Altruismus sei damit ein abkünftiges Phänomen, primär dagegen der rationale Egoismus, der in orientiertem Eigeninteresse die Rücksicht auf den Anderen auspräge. In solchen Forschungsbefunden sind die Erkenntnisse Wolfgang Köhlers präzisiert, auf die sich bereits Max Scheler, Ernst Cassirer, Helmuth Plessner und Arnold Gehlen in ihren kulturphilosophischen Konzeptionen konstruktiv beziehen: Nicht Intelligenz, Bewusstsein und Lernfähigkeit unserer Nachbarn im Tierreich stehen in Zweifel; wohl aber enthalten die Formen der Partizipation beim Menschen kooperative, reflexive und selbstreflexive Momente, die ihn als ein Wesen auszeichnen, das auf Kultur angelegt ist und die im Merkmal der Normativität, mit anderen Worten im Element der Moral kulminieren. In den Praktiken der sozialen Sanktion – Strafen, Missbilligung, Ausschluss aus der Gruppe und soziale Ächtung – ist mit dem Charakter von Kooperation und Institution auch der durchdringende normative Anspruch angesprochen, der den Einzelnen in der Kultur betrifft: Der Mensch ist als kulturelles zugleich das normative Wesen.

Dieser Gedanke soll hier in einigen Varianten exemplarisch werden: Er findet sich in unterschiedlicher Ausführlichkeit, Ausdrücklichkeit und systematischer Dichte in den großen Anthropologien und Kulturphilosophien – auch bei Autoren, die keine explizite Moralphilosophie hinterlassen haben. Max Scheler (1874–1928), der den Menschen gleichsam durch einen Sprung von der Kontinuität der Evolution abgesetzt sieht, gibt dem Gedanken eine negative Fassung: Als geistiges Wesen ist der Mensch der ›Neinsagen-Könner‹. Während Friedrich Nietzsche (1824–1900) den aristokratischen Menschen, den Vornehmen, ausgezeichnet sieht durch die Fähigkeit und Bereitschaft zur Bejahung: selber Werte zu setzen, bestimmt ihn Scheler darin als den Geistesaristokraten in der Natur, dass er sich von allen natürlichen Bedingungen absetzt und ihnen etwas entgegensetzt. Indem er strukturell das Kontrafaktische in den Begriff des Menschen aufnimmt, markiert Scheler *ex negativo* das Potential zur Normativität. Wenn die moralische Frage mit Kant im Wesentlichen in der Frage zum Ausdruck gebracht ist »Was soll ich tun?« (Kant 1781) und dabei das Sollen methodisch abgesetzt ist vom Sein – dann birgt die Existenz des Neinsagen-Könners auch konzeptuell das Potential zur normativen Stellungnahme.

Ernst Cassirer (1874–1945) übernimmt das Kantische Erbe der freiheitstheoretischen Bestimmung der Kultur: Er begreift den Menschen als *animal symbolicum* und betont an der ubiquitären Fähigkeit zur Stiftung von Bedeutung vor allem den befreienden Charakter, der in jeder Symbolisierung durch die mit ihr gesetzte mediale Distanz als methodisch handhabbarer Reflexionsabstand zu sehen sei. Jede kulturelle Leistung ist ein Akt der Befreiung – Befreiung vom bloßen Eindruck zum artikulierten produktiven Ausdruck –, die Kultur der »Prozeß der fortschreitenden Selbstbefreiung des Menschen« (Cassirer 1990, 345). Einschränkungen der Freiheit, wie sie in der apolitischen Praxis totalitärer Staaten zu sehen sind, müssen demnach – wie im *Myth of the State* (1946) artikuliert – als Destruktion der Kultur rekonstruiert werden.

Ebenso wie Cassirer hat auch Helmuth Plessner (1892–1985) keine eigene Moralphilosophie hinterlassen. Nach Plessner ist der Mensch aufgrund seiner exzentrischen Positionalität dazu genötigt, sich die Sphäre seines Lebens in ständiger innovativer Tätigkeit selbst zu schaffen: die Kultur. Plessner spricht von natürlicher Künstlichkeit und meint damit, dass der Mensch von Natur aus auf die Kompensation seiner Schwäche durch selbstgeschaffene Artefakte angewiesen ist. Die Kultur ist das Humanum, weil sie in der menschlichen Situation der Ergänzungsbedürftigkeit (vgl. Plessner 1928, 385), der konstitutiven Gleichgewichtslosigkeit (ebd., 391), ja: Heimatlosigkeit (ebd., 383 u. 385) die Sphäre der Kompensation (ebd., 395) ist. In einem signifikanten Übergang von

Sein in Sollen betont Plessner dabei die ontologische Dignität dieser gesamten Sphäre der Artefakte. Nur wenn die »außernatürlichen Dinge«, die der Mensch schafft, um sich selber ins Gleichgewicht zu bringen, so beschaffen sind, dass ihnen ein »Eigengewicht« zukommt, gelingt es ihm, seine Mangelsituation zu kompensieren. Durch diesen Gedanken macht Plessner im Anspruch auf die gelingende Bewältigung des Lebens eine elementare Normativität geltend. Betont ist damit die Radikalität des Leistungsdrucks, der auf dem Menschen als einem Wesen, das von Natur aus Kultur hat, lastet: Nur wenn wir in dem, was wir schaffen, gut sind, kann es uns gelingen, uns in einer uns selber überzeugenden Weise im Leben zu positionieren. Zu der organisierten Künstlichkeit, in der der Mensch in unablässiger Produktivität sein Gleichgewicht zu finden sucht, gehört aber ferner diejenige reflexive Normativität, unter der er sein Leben führt: »Durch die Exzentrizität seiner Positionsform ist der Mensch ein Lebewesen, das *Anforderungen* an sich stellt«. Plessner bringt den Charakter dieser Anforderungen einschlägig auf einen Begriff, der mehr und anderes bezeichnet als die bereits herausgestellte kulturelle Produktivität: »Er ist von Natur *sittsam*, ein sich im Modus der *Aufforderung* selbst bändigender, domestizierender Organismus« (ebd., 392; Hervorh. B.R.). Im Hinweis auf ›Anforderung und Aufforderung‹ wird so auch die Moral dem kulturellen Wesen des Menschen zugeordnet. Aus demselben Grunde, aus dem er darauf angewiesen ist, sich Werkzeuge und überhaupt Kultur zu schaffen, muss der Mensch laut Plessner auch als ›das normative Wesen‹ bezeichnet werden. Ähnliche Bedeutung misst Arnold Gehlen (1904–1976) für ein nicht festgestelltes, reizüberflutetes, auf das Handeln angewiesenes Wesen der Moral bei. Sie gehört nach seinem Begriff zu den Institutionen der Kultur und hat ihre Funktion darin, dass sie den Menschen als ein unter »Formierungszwang« stehendes Wesen entlastet: Sie vermittelt ihm die Disziplin, die er braucht, um sein Leben führen zu können.

Johan Huizinga (1872–1945) bietet nur scheinbar das Gegenmodell, indem er den Menschen im Wesentlichen als Homo ludens fasst: Er sieht die menschliche Kultur insgesamt im – allen menschlichen Tätigkeiten zukommenden – Element des Spiels entspringen und behauptet mit seinem agonalen Begriff des Spielerischen, mit der Betonung von Wetteifer und Wettkampf an den *games people play* zugleich den Gedanken, dass Spiel und Ernst nicht zwangsläufig als unvereinbare Gegensätze begriffen werden müssen. Huizingas Untersuchung macht das agonale Spielgeschehen transparent im Hinblick auf einen unvermuteten Wesenszug des Menschen: Der Mensch will sich auszeichnen, und wo er den anderen übertrumpfen will, da geht es ihm um Exzellenz, um die Performanz seiner Vortrefflichkeit – ›um Tugend‹. Der Mensch will ›der Beste‹ sein. Jede kulturelle Praxis kann nur bestehen im Einhalten von Regeln, deren Objektivität anerkannt ist. Der Mensch zeigt sich in deren Anwendung somit als ein Werte setzendes und Normen anerkennendes Wesen, das die Bewährung der Ansprüche, unter die es sich stellt, geradezu sucht. Der Homo ludens ist das normative Wesen.

Hans Blumenberg (1920–1996) äußert sich im großen Plan seiner Anthropologie nicht systematisch zur Moralität. Doch ist sie impliziert in einer Weise, die an Cassirers freiheitstheoretischen Prospekt erinnert. Dass zum Inbegriff der Mittel und Maßnahmen derjenigen *actio per distans*, durch die sich der Mensch in Distanz zum ›Totalitarismus der Wirklichkeit‹ setzt – dass mit anderen Worten zur Kultur als dem Universalmedium der Distanz, dessen der Mensch bedarf, die Technik gehört, erfahren wir durch die Geschichte, die Blumenberg erzählt, um die ›Kryptogenese des Menschen‹ (vgl. Blumenberg 2006) geben zu können: Es muss so gewesen sein, dass der Mensch einen Stein aufgehoben und ihn als Werkzeug der Selbstverteidigung eingesetzt hat – unvordenklicher Akt einer *actio per distans.* Von hier aus, so lässt sich denken, hätte die Entwicklung zu immer ausgefeilteren Methoden der *actio per distans* ihren Ausgang genommen. Durch den exemplarischen Charakter, den Blumenberg diesem Akt beimisst, liegt es nahe, die ganze Kultur, die er als das System der »Umwege« (Blumenberg 1987, 137) charakterisiert, mit ebenso großem Recht als das System der Techniken zur Gewinnung von Distanz zu begreifen. Die Moral hätte hier ihren Ort als die Technik der Gewinnung von Distanz zu eigenen unmittelbaren Affekten und eigenen Motiven. Mit Gehlen wäre derselbe Gedanke am Begriff der Institution festzumachen: Kultur besteht in Institutionen. Dieser naheliegende, von Gehlen adoptierte Gedanke findet sich bei Blumenberg explizit. Die Moral lässt sich gleichermaßen als Technik wie als Institution begreifen.

Literatur

Blumenberg, Hans: *Die Sorge geht über den Fluß*. Frankfurt a. M. 1987.
–: *Beschreibung des Menschen.* Frankfurt a. M. 2006.
Cassirer, Ernst: *Gesammelte Werke. Hamburger Ausgabe.* Hg. von Birgit Recki. Hamburg 1998 ff.

–: *Versuch über den Menschen. Einführung in eine Philosophie der Kultur.* Frankfurt a. M. 1990 (engl. 1944).
–: *Der Mythus des Staates. Philosophische Grundlagen politischen Verhaltens.* Zürich/München 1949 (engl. 1946).
Gehlen, Arnold: *Der Mensch. Seine Natur und seine Stellung in der Welt.* Wiesbaden 1940.
Huizinga, Johan: *Homo ludens. Versuch einer Bestimmung des Spielelements der Kultur.* Amsterdam 1939.
Kant, Immanuel: *Idee zu einer allgemeinen Geschichte in weltbürgerlicher Absicht* [1784]. In: Ders.: *Gesammelte Schriften.* Hg. von der Königlich Preußischen Akademie der Wissenschaften. Berlin 1910 ff., Bd. 8 [AA].
–: *Grundlegung zur Metaphysik der Sitten* [1785]. AA Bd. 4.
–: *Kritik der teleologischen Urtheilskraft* [1790]. AA Bd. 5.
–: *Die Metaphysik der Sitten* [1796]. AA Bd. 6.
Lotter, Maria-Sibylla: *Scham, Schuld, Verantwortung. Über die kulturellen Grundlagen der Moral.* Berlin 2012.
Nietzsche, Friedrich: *Zur Genealogie der Moral* [1887]. In: *Kritische Studienausgabe.* Hg. von Giorgio Colli und Mazzino Montinari. Berlin/New York ^{2}1988, Bd. 5, 245–412.
Plessner, Helmuth: *Die Stufen des Organischen und der Mensch. Einleitung in die philosophische Anthropologie.* Berlin 1928.
Scheler, Max: *Die Stellung des Menschen im Kosmos.* Darmstadt 1928.
Tomasello, Michael: *Die Ursprünge der menschlichen Kommunikation.* Frankfurt a. M. 2009 (engl. 2008).
–: *Warum wir kooperieren.* Berlin 2011 (engl. 2009).
–: Die kulturelle Anpassung des Menschen. In: *Zeitschrift für Kulturphilosophie* 5 (2011), 41–68 (engl. 1999).

Birgit Recki

7. Natur

In Abgrenzung von Begriffsbestimmungen mit allgemeiner historischer (vgl. Hager u. a. 1971 ff.) oder systematischer (vgl. Mittelstraß 2004) Ausrichtung wird ›Natur‹ im Folgenden eingeschränkt unter dem Gesichtspunkt der Verbindung zur Kultur betrachtet (vgl. Schiemann 2003), wobei ein zusätzlicher Akzent auf der kulturphilosophischen Thematisierung dieser Konstellation liegt. Trotz eingeschränktem Blickwinkel wird dabei dem Faktum, dass die Bestimmung von Natur stets in Gegenüberstellung zu anderen Konzepten erfolgt, Rechnung getragen. Für unseren Zweck ist Natur (von griech. *phýsis*; lat. *natura*) vor allem entsprechend der klassischen Wortbedeutung als das von selbst Wachsende von Kultur (von lat. *colere:* bebauen) als dem durch menschliche Einwirkung Gemachten zu unterscheiden. Auf diese Differenzierung zwischen Gewachsenem und Gemachtem referieren klassische Bestimmungen der Kulturphilosophie. Das Konzept der *cultura* steht deshalb von Anfang an für das Projekt einer Humanisierung der Welt (vgl. Konersmann ^{2}2010, 27) als Überformung von Natur.

Die Analogisierung von Kultur mit der Kultivierung natürlichen Wachstums durch menschliche Pflege beinhaltet allerdings gleichermaßen Unterscheidungs- wie auch Verbindungsoptionen (vgl. Köchy 2010a). Wie bei anderen Oppositionen auch verbleibt trotz der Abgrenzungsintention Kultur etwa als das Andere der Natur oder gar als zweite Natur auf das jeweilige Konzept von Natur bezogen und vice versa. Die daraus resultierenden Ambiguitäten prägen das Verhältnis von Natur- und Kulturbegriffen von jeher. Die Akzentuierung von Unterschieden oder Gemeinsamkeiten innerhalb der Konstellation kennzeichnet Schulen und Strömungen der Kulturphilosophie in ihrem je eigenen Verständnis von Natur/Kultur. Dieses bringt auch zum Ausdruck, dass die Genese der Kulturphilosophie selbst als neue Akzentuierung der relevanten Oppositionspaare verstanden werden kann, die – mit Vorläufern bei Vico, Rousseau, Herder u. a. – vor allem im Kontext der von Bruno Latour bestimmten »Großen Trennung« sowie der Auseinandersetzungen zwischen Natur- und Geisteswissenschaften seit dem 19. Jahrhundert erfolgte. Die Analyse dieses bis heute in neuer Wendung anhaltenden Diskurses, aktuell etwa in Naturalisierungsforderungen einerseits und kulturalistische Naturdeutungen andererseits mündend, demonstriert nicht nur die aktuelle Relevanz von Begriffsarbeit, sondern unterstreicht auch, dass ›Natur‹ als Reflexionsbegriff stets ein menschliches Selbstverständnis sowie ein kulturell vermitteltes Verhältnis des Menschen zur Natur (auch der, die er selbst ist) zum Ausdruck bringt und insofern selbst kulturelle Setzung ist. Dabei lassen sich die einschlägigen systematischen Interpretationen von Natur/Kultur in der Kulturphilosophie als je verschiedene Schwerpunktsetzungen innerhalb des genannten Spannungsbogens auffächern und als historische Leitlinie für eine systematische Entfaltung dieser Konstellation verwenden.

Die innere Dialektik von Natur und Kultur

Die innere Dialektik von Natur/Kultur wird bereits an Positionen erkennbar, die eine biologische Ableitung von Kultur als Überlebensmechanismus in der Natur vornehmen. Charakteristisch für die pragmatische Version dieses Versuchs ist John Deweys Betonung der natürlichen Rückbindung aller Kultur als Überlebensmechanismus angesichts des prekären Status menschlicher Existenz (vgl. Dewey 1995, 56). In den Reflexionen zur Kunst (vgl. Dewey 1988, 38) wird Natur als bergender Lebensraum des Menschen erkennbar, der jedoch wegen seines Bedrohungspotentials die Qualität einer Heimstatt immer wieder in Frage stellt. Unter Rekurs auf Edward B. Tylor umfasst Kultur für Dewey ein hochkomplexes Ganzes von Fähigkeiten, die der Mensch als Mitglied der Gesellschaft erwirbt und deren gemeinsames Merkmal deren Mittelcharakter zur Überlebenssicherung bei natürlicher Bedrohung ist. Obwohl im Laufe der zivilisatorischen Entwicklung immer subtilere und effizientere Strategien generiert werden, verbleiben alle Kulturhandlungen stets »Übergriffe auf den Bereich des Unbekannten« (Dewey 1995, 57). Kultur ist so zwar auch in dieser Hinsicht an natürliche Bedingungen rückgebunden, die Natur behält jedoch den Status des Unverfügbaren. Umgekehrt hat jede kulturelle Entwicklung ihre Grundlage in der Natur und dient deren Bewältigung, Überwindung und Überformung; Kultur ist jedoch nie allein Produkt menschlicher Kräfte, sondern »das Ergebnis einer umfangreichen und sich steigernden Interaktion mit der Umwelt« (Dewey 1988, 38). Noch deutlicher hebt Sigmund Freud die sich hier andeutenden Ambiguitäten hervor, weil zwar auch er die Kultur als Summe von Leistungen und Einrichtungen definiert, die dem »Schutz des Menschen gegen die Natur« (Freud 2000, 220) dienen, aber zugleich betont, der Mensch werde die Natur »nie vollkommen beherrschen« (ebd., 217) und die Macht über die Natur sei »nicht das einzige Ziel der Kulturbestrebungen« (ebd., 219).

Überleben

Die sich auch in Freuds Überlegungen zeigende instrumentelle oder funktionale Deutung von Kultur (vgl. Malinowski ^{3}1988, 103) als Mittel biologischer Überlebenssicherung (vgl. Köchy 2010b) rekurriert letztlich auf die seit dem Prometheus-Mythos in Platons *Protagoras* einschlägige These vom Menschen als Mängelwesen, die neben einer prominenten Erwähnung bei Herder vor allem in der Anthropologie und Kulturphilosophie Arnold Gehlens zur systematischen Entfaltung kommt (vgl. Gehlen ^{14}2004, 33 ff.). Eine im Sinne Ernst Cassirers symbolisch gewendete Variante dieser Denkfigur liefert Clifford Geertz, wenn er betont, die durch Gene programmierten Prozesse seien beim Menschen im Vergleich zum Tier so unspezifisch, dass die durch Kultur programmierten wichtig würden (Geertz 1987, 51). Die Ausbildung von Kulturmustern, d. h. Symbolsystemen, wird hier zum zentralen Merkmal der anthropologischen Differenz. In diesem Sinne hatte schon Gehlen seine Anthropologie auf die Formel gebracht, dass »der Mensch von Natur ein Kulturwesen sei« (Gehlen 1961, 78). Wieder ist die Dialektik offensichtlich: Einerseits wird Kultur im Horizont eines darwinistisch-biologistischen Gedankens betrachtet, wonach der Mensch als Mängelwesen »organisch mittellos« durch einen Mangel an biologischer Leistungsfähigkeit ausgezeichnet ist, was ihn dazu bestimmt, sich zum Überleben Natur mittels Kultur zu unterwerfen (ebd., 46 ff.). Der Mensch lebt als ›Kulturwesen‹ in einer durch gemeinsame Tätigkeit geformten künstlichen Umgebung (›Kultursphäre‹) als ›zweiter Natur‹. Wenn jedoch die Kultur des Menschen in diesem Sinne natürlich ist, dann ist andererseits umgekehrt auch die Natur (des Menschen) nie als solche erfassbar, sondern immer nur in Durchdringung mit kulturellen Kontexten. Diese andere Seite von Natur/Kultur begründet bei Gehlen nicht nur die These von der Kulturbefangenheit aller Erkenntnis, sondern auch die Feststellung, kulturelle Normen und Gestaltungen seien jeweils als ›natürlich‹ oder ›naturgemäß‹ stilisiert (ebd., 80). Kulturprägungen werden damit zu als natürlich empfundenen Selbstverständlichkeiten. Derartige Stilisierungen erfahren bei Umbrüchen tradierter Verhältnisse gravierende Veränderungen und werden dann als bloße Konventionen diskreditiert und gegenüber neuen – wieder als ›natürlich‹ stilisierten – Normen abgegrenzt.

Eine Variante dieser Deutung von Natur/Kultur im Horizont biologischer Befunde bestimmt Helmuth Plessners Anthropologie, die explizit der Einsicht geschuldet ist, ohne Philosophie der Natur sei keine Philosophie des Menschen umsetzbar (vgl. Plessner 1980, 63). Da sich diese philosophische Anthropologie zudem als Hermeneutik konstituiert, welche ihrerseits wieder die Grundlegung der Geisteswissenschaften ermöglicht, ist letztlich jede Theorie der Geisteswissenschaften auf Naturphilosophie angewiesen. Auch Plessners Ansatz, der in der Einsicht in die natürliche Künstlichkeit als anthropologischem Grundgesetz mündet (vgl. ebd., 383 ff.), ist trotz dieses expliziten Bezuges auf die Natur im Kontext einer Abgrenzung der Kulturwissenschaften von den Naturwissenschaften entworfen und so mit der Überzeugung verbunden, die »Ausdehnung des Naturbegriffs auf Objekte, deren Wesen Verständlichkeit, Einmaligkeit, Bewertbarkeit und Vergangenheit ist« (ebd., 53), müsse immer oberflächlich bleiben. Ein Naturbezug für die Kulturphilosophie kann deshalb nicht über naturwissenschaftliche Erkenntnisse gesichert werden, sondern ist eine genuin natur*philosophische* Aufgabe. Plessners Anthropologie geht dabei über eine eng verstandene Kulturphilosophie hinaus, indem sie den ganzen »Umkreis der Existenz und der mit dem persönlichen Leben in selber Höhe liegenden, zu ihm in Wesenskorrelation stehenden Natur« (ebd., 65) mit einbegreift.

Teleologie

In ähnlicher Weise existiert ein Bezug zu natürlichen Vorgaben des Lebens auch in Georg Simmels Kulturphilosophie, ist jedoch erneut in Abgrenzung zur Naturwissenschaft lebens*philosophisch* konnotiert. Ausgehend von der Analogie zur Kultivierung von Gartenobst definiert Simmel (vgl. 1989 ff., Bd. 8, 366) Kultur als Entwicklung eines natürlichen Wesens »über die seiner bloßen Natur erreichbare Formstufe hinaus«. Diese Entwicklung ist teleologisch und erfolgt entsprechend einer inneren Norm und gemäß den Triebrichtungen des betreffenden Wesens. Aus dieser Fundierung in natürlichen Vorgaben ergibt sich die enge Beziehung von Natur/Kultur, womit alle Geschehensreihen, die von menschlicher Aktivität getragen sind, auch als Natur gelten können. Berücksichtigt man den reinen Ereignisverlauf, dann wäre zwischen Natur und Geschichte nicht zu unterscheiden. Die Rede von ›Kultivierung‹ ist jedoch bereits in dieser Perspektive auf den Bereich organischer Bildungen eingeschränkt, weil nur Analogien zwischen Menschen und anderen Lebewesen legitim sind. Der ergänzende Aspekt der Trennung von Natur/Kultur und damit auch die anthropologische Differenz ergibt sich daraus, dass sich der Mensch im Gegensatz zum Tier nicht fraglos in die Natur einfügt, sondern sich dieser vielmehr gegenüberstellt (vgl. Simmel 1989 ff., Bd. 12, 194). Der eigentliche Gegenstand der Kultur ist somit der Mensch. Mit dieser Konkretisierung des Lebensprozesses als Entwicklungsgang einer menschlichen Seele erweist sich Kultur als Ausbildung von in der Seele vorgezeichneten Möglichkeiten durch äußere Mittel und Stationen. Von menschlicher Kultur sprechen wir sinnvoll dort, »wo der Mensch in jene Entwicklung etwas, das ihm äußerlich ist, einbezieht, wo der Weg der Seele über Werte und Reihen geht, die nicht selbst subjektiv seelisch sind« (ebd., 198).

Die Tatsache, dass das subjektive seelische Leben zwar von sich aus zu innerer Vollendung strebt, diese jedoch nur mittels ihm formfremder, objektiv geistiger Gebilde (Kunst, Sitte, Wissenschaft, Religion etc.) erreichen kann, bildet das Paradox der Kultur. Das so resultierende Verhältnis sucht Simmel als Dialektik von Subjekt und Objekt zu fassen, womit Kultur stets Synthese ist und als Entwicklungsprodukt auf die Zerlegtheit der Elemente als ihr Vorangehendes bezogen bleibt. Aus der organisch-seelischen Natur hervorgehend und ihre Zwecke umsetzend, weist Kultur erneut über Natur hinaus. Sie umgreift und beinhaltet Natur, ist jedoch als Kulturprozess stets nur unter Einbeziehung gesteigerter und vollendeter natürlicher Objekte denkbar. Ein zusätzlicher Aspekt wird bei Berücksichtigung des Werts von Kulturprodukten deutlich (vgl. ebd., 201 ff.): Ein natürliches Ereignis (Sonnenaufgang) erweist sich im Gegensatz zum Kulturprodukt (Gemälde des Sonnenaufgangs) für uns stets nur als subjektiv wertvoll. Die Natur bildet demnach ein Kontinuum, dessen indifferente Gesetzmäßigkeit keinem Teil eine eigene Existenz erlaubt. Mittels unserer Kategorien können wir jedoch Teile aus dem Zusammenhang lösen und das kulturelle Erzeugnis dieser subjektiven Exposition im Kontext der Deutung kann für uns objektiv wertvoll werden. Während ein Erlebnis des Sonnenaufgangs seinen Wert nur beim Weiterleben des erlebenden Subjekts behält, hat eine künstlerische Abbildung des Sonnenaufgangs seelisches Leben »schon in sich eingetrunken und zu einem Objekt gestaltet« (ebd., 203) und wird von der Subjektbindung unabhängig, weil Kultur ihre Einheit durch die Wertungen des subjektiven und objektiven Geistes hindurch führt, indem sie individuelle Vollendung durch Aufnahme oder Benutzung eines überpersönlichen Gebildes vollziehen kann.

Lebens- und Kulturwerte

Mit der Sinngebung durch Bildung von Kulturwerten ist eine maßgebliche Form der Transzendierung von Natur durch Kultur benannt. Einen Schritt über Simmel hinaus geht in Abgrenzung von dessen lebensphilosophischem Ansatz Heinrich Rickert, bei dem die Kritik an der Bezugnahme zwischen Lebenswerten und Kulturwerten zum Kern der Kulturphilosophie wird (vgl. Rickert 1999). Damit opponiert Rickert gegen jede Form des Biologismus, sei er naturwissenschaftlicher – evolutionäre oder energetische Monismen wie in Ostwalds *Energetische Grundlagen der Kulturwissenschaft* –, metaphysischer oder lebensphilosophischer Provenienz. Die für seine Kulturphilosophie wesentliche Frage ist dann, ob Kulturwerte Lebenswerten gleichzusetzen sind (vgl. Rickert 1999, 49). Mit seinem Verständnis von Kulturwerten verneint Rickert dies. Systematisch entfaltet er seinen Gedanken im Zusammenhang einer methodologischen und wissenschaftssystematischen Kritik an der positivistischen Einheitswissenschaft, votiert für ein plurales Verständnis von Wissenschaft und will die »Utopie einer Universalmethode zerstören« (Rickert ²1913, 528). Zur angemessenen Würdigung der Pluralität verabschiedet er sich vom üblichen Verfahren, die Wissenschaften durch ein einziges Begriffspaar bestimmen zu wollen, weswegen die Gegenüberstellung von Natur/Kultur zwar auch Rickerts Ansatz prägt, jedoch vielfältig differenziert und konkretisiert ist.

Erneut ergibt sich der methodologische Fokus aus der Trennung von Naturwissenschaft und historischer Kulturwissenschaft. Die für diese Absicht einschlägige Opposition von Natur/Kultur wird in kondensierter Form in *Kulturwissenschaft und Naturwissenschaft* (Rickert ⁶/⁷1926, 17 ff.) vorgelegt. Den Ausgang bildet die Einsicht, dass beide Konzepte historisch und systematisch uneindeutig sind und in Abhängigkeit vom Verwendungskontext Bedeutungsverschiebungen erfahren. So ist ›Natur‹ durch die jeweilige Opposition (Natur/Geist, Natur/Kunst, Natur/Sitte, Natur/Gott) je unterschiedlich konnotiert. Das für die Gegenüberstellung zur ›Kultur‹ relevante Verständnis ergibt sich wieder aus der Bezugnahme zur Kultivierung von Pflanzen. Natur repräsentiert insofern das ohne menschliche Einflussnahme frei Wachsende, Kultur hingegen den Bereich menschlicher Pflege und Förderung des Wachstums. Wenn Kultur jedoch das vom Menschen Hervorgebrachte und um der an ihm haftenden Werte willen Gepflegte ist, dann folgt daraus die zentrale Bedeutung von Kultur*werten*. In Kulturvorgängen ist ein anerkannter Wert verkörpert, um dessentwillen sie hervorgebracht oder gepflegt werden. Naturvorgänge *können* hingegen ohne Rücksicht auf Werte betrachtet werden und unter naturwissenschaftlichen Vorzeichen *müssen* sogar Wertzuschreibungen vermieden werden. Da Kulturobjekte Werte repräsentieren, stellen sie ›Güter‹ dar. Die Naturwissenschaft hingegen denkt Naturobjekte nicht als Güter, sondern unabhängig von deren möglicher Verknüpfung mit Werten. Löst man vom Kulturobjekt den Bezug zu Werten, dann verwandelt es sich in ein bloßes Naturobjekt.

Das für diese Kulturphilosophie relevante Naturverständnis entfaltet Rickert, indem er den für seine Analyse tauglichen Naturbegriff einkreist (vgl. Rickert ²1913, 166 ff.). Dabei schließt er zunächst die zu enge Begriffsverwendung aus, die ›Natur‹ mit ›Körperwelt‹ identifiziert und den cartesianischen Dualismus nahelegt. Für die Bestimmung von Natur/Kultur ist dieses Verständnis ungeeignet, da es das menschliche Vermögen der Erzeugung von Kultur über gezielte Eingriffe in Natur nicht erfasst. Resultiert als Konsequenz jedoch eine zu weite (naturalistische) Begriffsverwendung, die Natur mit der gesamten Wirklichkeit identifiziert, dann sind Kultur- und Naturobjekte nicht mehr eindeutig unterscheidbar. In Rickerts vermittelnder Begriffsverwendung ist Natur deshalb (1) kantianisch das Dasein der Dinge, sofern diese nach allgemeinen Gesetzen bestimmt sind, sie ist zudem (2) aristotelisch im Gegensatz zu Kunst und Kultur das, was von selbst entsteht und schließlich ist sie (3) im Gegensatz zum Sittlichen und Göttlichen das, was in sich selbst ruht und sich selbst genügt, ohne Rücksicht auf Werte. Insgesamt bezeichnet ›Natur‹ damit die empirische Wirklichkeit mit Rücksicht auf ihren allgemeinen begrifflichen Zusammenhang. Kultur wird in Abgrenzung dazu durch die Bezugnahme auf Werte bestimmt. Damit werden Kulturobjekte zu »Sinngebilden«, die eine Bedeutung haben. Für die Anerkennung von Kulturwerten genügt ein einziges Kulturwesen, wobei die Kulturprodukte nicht Objekte bloßen Begehrens sind, sondern Ausdruck einer Verpflichtung mit Rücksicht auf die Gesellschaft, in der wir leben (ebd., 21).

Symbolisierung und Sinngebung

Die Transzendierung von Natur durch Kultur sowie die Bestimmung dieses Prozesses als Symbolisierung und Sinngebung wird insbesondere in Ernst Cassirers Kulturphilosophie hervorgehoben. Vergleichbar mit Rickert untersucht Cassirer Natur/Kultur zunächst unter epistemologisch-methodologischen Vorzeichen. Wie bei Gehlen und Plessner erweitert sich diese Differenz jedoch zu einer anthropologischen Grundkonstante, deren Anwendung den Kern von Cassirers Kritik an einer Wesenbestimmung des Menschen ausmacht und damit die Eigenständigkeit der Kulturphilosophie legitimiert. Cassirers Überlegungen in »Naturbegriffe und Kulturbegriffe« (1998 ff., Bd. 24, 414 ff.) zeigen die epistemologisch-methodologische Ausrichtung des Ansatzes in Orientierung an Kant. Während Kant diskursiven Verstand und intuitive Anschauung unterschied, indem er diese Vermögen als Vereinigung von Vorstellungen als nebenordnend respektive »*in* sich« (reine Anschauungsformen) oder als unterordnend respektive »*unter* sich« (Verstandesbegriffe) bestimmte (vgl. KrV B 40), verwendet Cassirer diese Vorgabe als Unterscheidungskriterium für Natur- und Kulturbegriffe. Demnach ist für Relationen in der Natur der Gesetzesbegriff einschlägig, der eine Unterordnung des einen unter das andere fordert, während die in den Kulturwissenschaften relevanten Form- oder Stilbegriffe das Besondere dem Allgemeinen »in irgendeiner Weise einordnen«, nicht aber unterordnen (Cassirer 1998 ff., Bd. 24, 428 f.).

Sowohl Kultur- als auch Naturwissenschaften sind so Ausdruck der autonomen Gestaltungskraft der Vernunft (ebd., 427), bedienen sich aber differenter begrifflicher Mittel. Der spezifische Erkenntnistyp der Kulturwissenschaften entzieht sich demnach der von Wilhelm Windelband vorgeschlagenen Dichotomie von nomothetischen und idiographischen Wissenschaften, weil weder naturwissenschaftliche Allgemeinbegriffe noch historische Individualbegriffe eine ›Einheit des Mannigfaltigen‹ erzeugen können, wie sie für Kulturwissenschaften unverzichtbar ist. Im Sinne einer ganzheitlichen und intuitiven Zusammenschau drücken kulturwissenschaftliche ›Stilbegriffe‹ – so Cassirer unter Bezug auf Riegls Kunsttheorie (analog dazu Feyerabend in *Wissenschaft als Kunst*) – eine *Tendenz* auf Einheit aus, ohne die Einheit bereits zu sein. Einzelfälle werden zu »paradigmatischen Erläuterungen« (Cassirer 1998 ff., Bd. 24, 418) allgemeiner Charakterzüge vor dem Hintergrund einer spezifischen Grundausrichtung des Denkens und Vorstellens. In ähnlicher Weise bestimmt später Geertz die auf dichten Beschreibungen beruhende kulturelle Interpretation der Ethnologie als Generalisierung im Rahmen eines Einzelfalls, wobei es darum gehe, eine Reihe von Signifikanten (Bündel von symbolischen Handlungen) in einen verständlichen Zusammenhang zu bringen (vgl. Geertz 1987, 37). Form- und Stilbegriffe stellen auch für Cassirer eine Begriffsklasse sui generis dar und belegen die Eigenständigkeit der Kulturwissenschaften und ihrer Gegenstände.

Cassirers methodologische Überlegungen zeigen, dass Kultur nicht adäquat mit naturwissenschaftlichen Kategorien erfassbar ist (vgl. Cassirer 1998 ff., Bd. 24, 433), wiewohl auch Kultur eine intersubjektive Welt darstellt. Zwar können Kulturphänomene einem naturwissenschaftlichen Raster unterworfen werden, sie ändern dann jedoch (vgl. Rickert) ihren Status und werden zu bloßen Naturobjekten. Wie es Lévi-Strauss an Verwandtschaftssystemen demonstriert, ist das, was der Verwandtschaft ihren Charakter als soziale Tatsache verleiht, gerade nicht das, was sie von der Natur als System biologischer Fortpflanzung auszeichnet, sondern vielmehr die kulturell-semantische Eigenschaft, ein System von Vorstellungen und Symbolen zu sein (vgl. Lévi-Strauss 1967, 65 ff.). Insofern sind biologische Konzepte – etwa das der Evolution – nur unter Einschränkungen und mit Transformationen auf kulturelle Phänomene übertragbar (vgl. Lévi-Strauss 1972). In diesem Sinne betont auch Cassirer, die Form unserer Teilhabe an Kultur sei gänzlich anderer Art als unsere Einbindung in Natur. Statt sich auf ein- und denselben raum-zeitlichen Kosmos zu beziehen, vereinigen sich die Subjekte in der Kultur durch ihr gemeinsames Tun. Nicht die Universalität der Naturgesetze oder die Individualität der geschichtlichen Tatsachen, sondern die Totalität der Formen, in denen sich menschliches Leben vollzieht, bestimmt Kultur. Insofern wird uns Kultur nur zugänglich, wenn wir aktiv in sie eingehen. Während uns Naturobjekte unmittelbar vor den Augen zu liegen scheinen, stehen uns Kulturobjekte quasi im Rücken, denn der reflexive Prozess ihrer Aneignung ist der Richtung ihrer produktiven Erzeugung diametral entgegengesetzt (vgl. Cassirer 1998 ff., Bd. 24, 444).

Aus dieser Überlegung ergeben sich sowohl die anthropologischen als auch die systematischen

Richtlinien für Natur/Kultur in Cassirers Kulturphilosophie. In anthropologischer Hinsicht begründet sich die kulturphilosophische Ausrichtung durch die Bestimmung des Menschen als *animal symbolicum* (vgl. ebd., Bd. 23, 31), nach der allein der Mensch nicht nur im physikalischen Universum lebt, sondern vor allem im symbolischen Universum. Während andere Lebewesen entsprechend Uexkülls Umweltlehre fest in ihre natürliche Umwelt eingebunden sind, vermittelt beim Menschen ein ›Symbolnetz‹ den Zugang zur Welt. Menschen verfügen nicht nur über natürliche Reaktionen (*reactions*) auf Umweltreize, sondern können typisch menschliche Antworten (*responses*) geben und erweisen sich damit als verantwortungsvolle Wesen. Geertz hat diese Unterscheidung spezifiziert, indem er biologische Programme (Gene und andere nichtsymbolische Informationsquellen) als Modelle *für* die Wirklichkeit interpretiert, während Kulturmuster und die Manipulation von Symbolstrukturen vor allem als Modelle *von* Wirklichkeit zu verstehen sind, die zudem einen doppelten Aspekt beinhalten, indem sie sich sowohl auf eine soziale Wirklichkeit ausrichten und dieser Bedeutung verleihen als auch diese Wirklichkeit auf sich ausrichten (vgl. Geertz 1987, 52 f.).

Für Cassirer stellen Sprache, Mythos, Kunst und Religion die vielgestaltigen Fäden des Symbolnetzes dar, aus dem das Gespinst menschlicher Erfahrung gewoben ist (vgl. Cassirer 1998 ff., Bd. 23, 30). Mit dieser Abgrenzung von Wesensdefinitionen zugunsten der Bestimmung des Menschen mittels seiner Kulturfunktionen (ebd., 75) ist nicht nur die Einbettung in die *Philosophie der symbolischen Formen* gegeben, sondern auch die Aufgabe der Kulturphilosophie benannt: Sie hat als Philosophie des Menschen das *vinculum functionale* der verschiedenen Kulturfunktionen aufzufinden. Dieser gedankliche Brennpunkt ist die Einsicht in die Spontaneität und Produktivität menschlichen Handelns. Die ursprünglich bildende Kraft ist das gemeinsame Merkmal aller geistigen Grundfunktionen (vgl. ebd., Bd. 11, 7), wodurch das schlichte Dasein der natürlichen Erscheinung eine ›Bedeutung‹ erlangt. Indem Cassirer diesen Gedanken Kants über die Erkenntnisfunktion hinaus auf das sprachliche und mythisch-religiöse Denken oder die künstlerische Anschauung ausdehnt, überführt er dessen Kritik der Vernunft in eine »Kritik der Kultur« (ebd., 9).

Die Kultur als Prozess der fortschreitenden Selbstbefreiung des Menschen (vgl. ebd., Bd. 23, 244) aus seinen natürlichen Bedingungen verstanden, bildet dann zwar eine Einheit, ist jedoch nicht Einfachheit. Die auftretenden Reibungen und Spannungen zwischen den verschiedenen Kulturformen und deren Wahrnehmungs- und Denkstilen äußern sich dann auch in den mit diesen Formen verbundenen heterogenen Naturkonzepten. So ist der Mythos mit einer am Leben ausgerichteten, organologischen Vorstellung von Natur verbunden (vgl. ebd., 90). Der Mensch gilt als in das Allleben der Natur eingebunden und verfügt mittels der Solidarität allen Lebens über einen unmittelbaren Zugang zu ihr. Von diesen Qualitäten und Möglichkeiten abstrahieren die Naturwissenschaften methodisch, um ihre Aufgabe zu erfüllen. Sie reduzieren so in einer Entzauberung der Natur die Fülle von Nuancen und Schattierungen zugunsten einer eindeutigen, klaren und dennoch umfassenden abstrakten Form.

Weltbilder

Somit erweisen sich Naturbegriffe und Naturkonzepte als Kulturprodukte – mit Karl Jaspers (vgl. [6]1985, 141 ff.) gesprochen, als weltbildartige »Gehäuse«, die, wiewohl sie stets eine perspektivische, subjektiv geformte Weise ausdrücken, die Welt wahrzunehmen, dennoch als Ganzes außer uns erscheinen. Wie es Merleau-Ponty (vgl. 2000, 19) formuliert, wird die Vorstellung von Natur damit zu einem Produkt der Geschichte. Darüber hinaus bleibt sie jedoch Teil eines ontologischen Gefüges und kann als »Ausdruck dieses Gefüges« (ebd., 280) den Blick auf andere Seinsarten (Gott, Mensch) freilegen. Auch Jaspers unterscheidet mit Uexküll die für die Naturwissenschaft vorhandene objektive Welt von der auf den Organismus wirkenden Reizwelt und der bewussten, sinnlich-gegenständlichen Welt unserer ›Weltbilder‹ (vgl. Jaspers [6]1985, 154).

Auf dieser Basis gibt es zunächst drei Typen von Weltbildern: als Repräsentanz der Wahrnehmungswelt das unmittelbar gegenwärtig erlebte Weltbild, und als zwei Varianten der interessengeleiteten Analyse dieser Wahrnehmungswelt den klassischen Typ des begrenzten, wohlgeordneten Kosmos sowie den neuzeitlichen Typ des unendlichen Raums. Diese werden von einer zweiten Typenreihe durchkreuzt, die das naturmechanische, das naturgeschichtliche und das naturmythische Weltbild umfasst (vgl. ebd., 158 ff.). Das naturmechanische Weltbild ist Resultat von Analyse und Abstraktion und nicht anschaulich zugänglich. Natur gilt als berechenbare und beherrschbare Summe des bloß Quantitativen; und in aktiver Wendung resultiert die Vorstellung von Natur als einer technischen Welt, dem Menschen unterworfen und als Werkzeug zu gebrauchen. Das naturgeschichtliche Weltbild erwächst hingegen aus Anschauungen, die als Qualitäten und Formen in ihrer sinnlich reichen Erfahrung genommen und zergliedert werden. Auch die Zusammenhänge sind anschaulich, nicht theoretisch, führen zu Gestalten oder Typen und nicht zu Gesetzen. In aktiver Wendung resultiert die Vorstellung eines irrationalen Könnens als Einwirkung auf das Phänomenale durch Entschluss und Wagnis. Das naturmythische Weltbild schließlich drückt aus, was vom Standpunkt der beiden anderen bloß Erlebnis ist. Im Erleben ist die Welt selbst gegenständlich und hat die Gestalt des Mythos: eine unendlich verwickelte und nuancenreiche Realität, deren Relationen als Analogien oder Sympathien erfasst werden, welche zur Basis einer magischen Technik werden.

Erneut erweisen sich die verschiedenen Naturkonzepte als Resultat einer spezifischen psychologischen Ausrichtung und somit als Momente eines immer auch kulturellen Prozesses der Selbsterkenntnis.

Literatur

Cassirer, Ernst: *Gesammelte Werke.* Hamburger Ausgabe. Hg. von Birgit Recki. Hamburg 1998 ff.

Dewey, John: *Kunst als Erfahrung.* Frankfurt a. M. 1988 (engl. 1934).

–: *Erfahrung und Natur.* Frankfurt a. M. 1995 (engl. 1929).

Freud, Sigmund: Das Unbehagen in der Kultur [1930]. In: Ders.: *Studienausgabe.* Bd. 9. Frankfurt a. M. 2000, 191–270.

Geertz, Clifford: *Dichte Beschreibung. Beiträge zum Verstehen kultureller Systeme.* Frankfurt a. M. 1987.

Gehlen, Arnold: *Anthropologische Forschung.* Reinbek 1961.

–: *Der Mensch. Seine Natur und seine Stellung in der Welt* [1940/1950]. Wiebelsheim ^{14}2004.

Hager, Fritz-Peter u. a.: Natur. In: *Historisches Wörterbuch der Philosophie.* Hg. von Joachim Ritter, Karlfried Gründer und Gottfried Gabriel. Basel 1971 ff., Bd. 6, 421–478.

Jaspers, Karl: *Psychologie der Weltanschauungen* [1919]. München/Zürich ^{6}1985.

Köchy, Kristian: Der Naturbegriff und seine Wandlungen. In: *Nova Acta Leopoldina* 109 (2010a), 59–76.

–: Natur/Kultur. In: *Evolution. Ein interdisziplinäres Handbuch.* Hg. von Philipp Sarasin und Marianne Sommer. Stuttgart/Weimar 2010b, 38–42.

Konersmann, Ralf: *Kulturphilosophie zur Einführung.* Hamburg ^{2}2010.

Lévi-Strauss, Claude: *Strukturale Anthropologie.* Frankfurt a. M. 1967 (frz. 1958).

–: *Rasse und Geschichte.* Frankfurt a. M. 1972 (frz. 1952).

Malinowski, Bronisław: *Eine wissenschaftliche Theorie der Kultur.* Frankfurt a. M. ^{3}1988 (engl. 1944).

Merleau-Ponty, Maurice: *Die Natur. Vorlesungen am Collège de France 1956–1960.* München 2000 (frz. 1995).

Mittelstraß, Jürgen: Natur. In: *Enzyklopädie Philosophie und Wissenschaftstheorie.* Hg. von Jürgen Mittelstraß. Bd. 2. Stuttgart/Weimar 2004, 961–964.

Plessner, Helmuth: *Die Stufen des Organischen und der Mensch* [1928]. In: Ders.: *Gesammelte Schriften.* Bd. 4. Hg. von Günter Dux u. a. Darmstadt 1980.

Rickert, Heinrich: *Kulturwissenschaft und Naturwissenschaft* [1898]. Tübingen $^{6/7}$1926.

–: *Die Grenzen der naturwissenschaftlichen Begriffsbildung* [1902]. Tübingen ^{2}1913.

–: Lebenswerte und Kulturwerte [1911]. In: Ders.: *Philosophische Aufsätze.* Tübingen 1999, 37–72.

Schiemann, Gregor: Natur – Kultur und ihr Anderes. In: *Handbuch der Kulturwissenschaften.* Bd. 1. Hg. von Friedrich Jaeger und Burkhard Liebsch. Stuttgart/Weimar 2003, 60–75.

Simmel, Georg: *Gesamtausgabe.* Hg. von Otthein Rammstedt. Frankfurt a. M. 1989 ff.

Kristian Köchy

8. Politik

In der politischen Auseinandersetzung eröffnet die Bezugnahme auf die Kategorie der Kultur auf der einen Seite die Möglichkeit der Formulierung substantieller Differenzbestimmungen, die entsprechende Inklusions- bzw. Exklusionsdynamiken freilegen können. Die Kultur wird in der politischen Arena dann zu einem Wertbegriff, auf den sich die beteiligten Akteure in kultureller Adaption des klassischen Freund-Feind-Schemas zur Legitimation der eigenen und zur Abgrenzung gegenüber anderen Positionen berufen können. Auf diese Weise wird die Kultur zu einem politischen Instrument, das Identifikationen mit einer bestimmten Kultur bzw. einer bestimmten politischen Gemeinschaft erzeugen und andere kulturelle Einflüsse als fremd abwehren soll.

Kultur als politische Kategorie

Als beispielhaft hierfür kann die klare Absage an die Kooperationseuphorie in den internationalen Beziehungen nach dem Ende des Ost-West-Konflikts gelten, die von Samuel Huntington in seinem Beitrag zum »Kampf der Kulturen« vor dem theoretischen Hintergrund eines politischen Realismus vorgelegt worden ist (vgl. Huntington 1996). Die zentrale These Huntingtons sagt, dass das 21. Jahrhundert nicht mehr von Auseinandersetzungen politischer, ökonomischer oder ideologischer Art, sondern vom Kampf (*clash*) zwischen unterschiedlichen Kulturkreisen geprägt sein wird. Aufgrund des vermehrten Kontakts der Kulturkreise im Zeitalter der Globalisierung geht Huntington davon aus, dass durch die stärkere Wahrnehmung der Unterschiede zwischen den Kulturkreisen auch das Bedürfnis nach einer identitätsstiftenden Bezugnahme auf den jeweils eigenen Kulturkreis und das damit verbundene Bedürfnis nach Abgrenzung gegenüber anderen Kulturkreisen wächst. Obwohl Huntington selbst Kulturkreise als dynamische Komplexe mit unscharfen Grenzen ansieht, unterscheidet er sieben bzw. acht Kulturkreise (westlich, lateinamerikanisch, japanisch, sinisch, slawisch-orthodox, islamisch, hinduistisch, [afrikanisch]), die er nach der Zugehörigkeit zu einer bestimmten Religion einteilt. Idealtypisch orientiert sich ein Kulturkreis zudem an einem kulturell und machtpolitisch führenden Kernstaat.

Entlang der Grenzen von Kulturkreisen entwickeln sich nach Huntington Konflikte, allerdings bleiben die politischen Akteure, die solche Konflikte umsetzen, weiterhin die Nationalstaaten. Huntington unterscheidet im Wesentlichen zwei Formen der Auseinandersetzung, nämlich Bruchlinienkriege und Kernstaatenkonflikte. Bruchlinienkriege entstehen an der Grenze zwischen den Kulturkreisen und stellen seiner Auffassung nach die meisten zeitgenössischen Konflikte dar, während Kernstaatenkonflikte durch die Eskalation von Bruchlinienkonflikten oder die Veränderung des weltweiten Machtgleichgewichts entstehen.

Für den westlichen Kulturkreis befürchtet Huntington einen Verlust an relativer Macht, der einerseits durch den Aufstieg asiatischer und islamischer Herausfordererkulturen bedingt ist, andererseits aber auch durch den moralischen Verfall des Westens selbstverursacht ist. Im asiatischen Raum kennzeichnet Huntington vor allen Dingen China und Japan als aufstrebende Mächte, die die Vorrangstellung des Westens gefährden, während er den Islam grundsätzlich als durch gewaltsame Auseinandersetzungen mit anderen Kulturkreisen geprägt sieht. Dadurch steht Huntington zufolge insbesondere der Universalitätsanspruch des westlichen Wertehorizonts in Frage, der in normativen Postulaten wie Menschenrechten oder demokratischen politischen Ordnungen zum Ausdruck kommt. Vor diesem Hintergrund fordert er eine grundsätzlich andere internationale politische Ordnung, die die Vielfalt und Unterschiedlichkeit der Kulturen anerkennen und auf der Basis eines moralischen Minimalkonsenses zur gegenseitigen Kooperation bewegen kann.

Kritisch ist gegenüber Huntington u.a. vorgebracht worden, dass die von ihm vorgenommene Einteilung von Kulturkreisen inkonsistent und empirisch nicht haltbar sei, da sich in Folge der Globalisierung Kulturen gerade nicht voneinander abgrenzen, sondern im Gegenteil vermischten. Auch sei der zentrale Begriff der Kultur nicht hinreichend definiert. Außerdem könne das von Huntington vorgeschlagene Konzept im Sinne einer *self-fulfilling prophecy* als politisches Argument zu kriegerischen Auseinandersetzungen des Westens insbesondere mit dem islamischen Kulturkreis genutzt werden.

Auf der anderen Seite offenbart der Rekurs auf die Kategorie der Kultur in der politischen Auseinandersetzung unter dem Stichwort der multikulturellen Gesellschaft aber auch einen integrativen Aspekt, der das gleichberechtigte Neben- und Miteinander unterschiedlicher kultureller Deutungssysteme als ein politisch wünschenswertes Ziel gesellschaftlicher Entwicklung ansieht.

Von kommunitaristischer Seite (vgl. Taylor 2009) ist in diesem Zusammenhang vorgebracht worden, dass ebenso wie bei der Entwicklung und Ausprägung individueller Identität unter Berücksichtigung der dialogischen Existenzform des Menschen auch bei der Sicherung kollektiver Identität im Sinne einer spezifischen kulturellen Ausformung von Lebensweisen und Weltdeutungen, die wechselseitige Anerkennung ein zentrales Moment sein muss. Dazu kann es nach Taylor notwendig sein, dass »wir gerade die Unterschiede zur Grundlage einer differenzierenden Praktik machen« (Taylor 2009, 26), d. h. den Angehörigen bestimmter Kulturen besondere Rechte zur Bewahrung ihrer kulturellen Identität einräumen. Eine solche Politik der Differenz stellt aber den Gleichbehandlungsgrundsatz im vorgeblich neutralen System der Rechte des liberalen demokratischen Verfassungsstaates in Frage, der das Recht auf gleiche subjektive Freiheiten in besonderer Weise betont. Nach dieser Auffassung liegt die Liberalität einer Gesellschaft darin, dass sie sich nicht auf bestimmte substantielle gesellschaftliche Ziele festlegt, sondern diese den jeweils individuellen Präferenzen ihrer Mitglieder überlässt. Die Parteinahme einer politischen Gemeinschaft für kollektive Ziele wie zum Beispiel der Wahrung einer besonderen kulturellen Identität muss deshalb vor dem Hintergrund liberaler politischer Philosophie als illegitimer Eingriff in einen grundlegenden Katalog von Rechten verstanden werden. Abgelehnt wird dabei die Vorstellung, dass ein Grundrechtskatalog in unterschiedlichen kulturellen Kontexten unterschiedlich interpretiert und angewendet werden könnte.

Bezweifelt wird aus kommunitaristischer Perspektive in diesem Zusammenhang in erster Linie die universalistische Neutralität eines solchen differenzblinden Grundrechtekatalogs, der im Gegenteil als Ausdruck einer ganz bestimmten hegemonialen Kultur aufgefasst wird. Auch das liberale System negativer Freiheitsrechte, das in den Verfassungen der meisten westlichen Demokratien niedergelegt ist, trägt demnach die Spuren der intersubjektiv geteilten Erfahrungszusammenhänge ihrer Staatsbürger und kann als ein partikularer Ideenkomplex unter der Maske des Universalismus bezeichnet werden. Demgegenüber schlägt Taylor einen revidierten Liberalismus vor, der sich auf der Grundlage einer kulturell variablen Definition des guten Lebens formulieren lässt. Dabei müssten elementare Freiheitsrechte von den Vor- und Sonderrechten und Ansprüchen auf Gleichbehandlung unterschieden werden, die sich in der modernen westlichen Kultur im Kontext der höchstrichterlichen Rechtsprechung herausgebildet haben. Erst in einem solchen revidierten Liberalismus könnte der Politik der kulturellen Differenz und damit der Integrität der unterschiedlichen Kulturen ein zentraler Platz eingeräumt werden.

Kultur als Kategorie der politischen Philosophie

Dieser revidierte Liberalismus darf jedoch nicht mit einem Vorrang der Gemeinschaft gegenüber dem Individuum verwechselt werden. Im Gegensatz dazu bemühen sich kommunitaristische Konzeptionen darum, menschliche Identität nicht auf außerhalb der Geschichte stehenden und scheinbar für immer gültigen Elementen zu begründen, sondern vor dem Hintergrund ihrer historischen und kulturellen Bedingtheit zu erklären. Eine zentrale These besteht folglich darin, dass erst ein Ensemble von Bedeutungen, das in kontingenten kulturellen Praktiken und Lebenszusammenhängen seinen Niederschlag findet, die Bedingungen der Möglichkeit von Subjektivität überhaupt konstituiert. Methodisch besteht der entscheidende Gedanke darin, dass sich die Entwicklung und Stabilisierung menschlicher Subjektivität nur auf Grundlage ihrer historisch und kulturell variablen Selbstbeschreibung erklären lässt. Demnach vollziehen Menschen ihre Selbstbeschreibungen und Weltdeutungen auf der Basis starker Wertungen, die sie in ihrem kulturellen und moralischen Umfeld bereits vorfinden. Ein Individuum erlangt Identität erst dadurch, dass es sich in einer Gemeinschaft orientiert, die die zur Selbstbeschreibung notwendigen Kategorien in Form von moralisch-kulturellen Koordinatensystemen zur Verfügung stellt. In diese Koordinatensysteme finden sich Entscheidungen über richtig und falsch oder gut und schlecht als starke Wertungen eingetragen, die von den Individuen im dialogischen Austausch mit konkreten oder generalisierten Anderen geprüft, abgewogen, verworfen oder integriert werden können.

Während die liberale politische Philosophie den Begriff der Freiheit weitestgehend negativ fasst, d. h. mit der Abwesenheit äußerer Zwänge identifiziert, insistieren kommunitaristische Positionen darauf, dass autonome Selbstbestimmung nur vor dem Hintergrund gefestigter und anerkannter kultureller Lebensformen denkbar ist (vgl. Taylor 1994). Außerhalb solcher Lebensformen bleiben Freiheit und Autonomie leere Begriffe, weil die Bezugsgröße fehlt, die authentische Selbstbeschreibungen überhaupt erst ermöglicht. Erst ein kulturelles Deutungssystem schafft ein Spektrum an Bedeutungsdimensionen, die von menschlichen Subjekten als sinnvoll erfahren und bei der Ausbildung von Identität verwendet werden können. Freiheit besteht dann in der konkreten Lebenspraxis von als wertvoll bestimmten Zwecken, die sich erst aus einem Verweisungszusammenhang von Autonomie, Kultur und Identität sinnvoll erschließen lässt.

Für die weiterführende politische Theorie folgt daraus, dass sich auf lange Sicht keine freiheitliche politische Ordnung stabilisieren lässt, wenn die unter ihr verfassten Bürger die Aufrechterhaltung ihrer politischen Gemeinschaft nicht als gemeinsam zu bewältigende Aufgabe begreifen. Die Teilhabe an einer politischen und kulturellen Gemeinschaft kann deshalb nicht auf die instrumentelle Perspektive einer Durchsetzung individueller Interessenlagen reduziert werden, sondern muss die konstitutive Funktion berücksichtigen, die der rahmengebenden Gemeinschaft einbeschrieben ist. Die bloße Aufrechterhaltung eines Systems grundlegender liberaler Freiheitsrechte reicht dazu gerade nicht aus, vielmehr bedarf es einer umfassenden Praxis der Aktualisierung der zugrundeliegenden kulturellen Strukturen. Entsprechend bestehen kommunitaristisch inspirierte Reformvorschläge in der Forderung nach stark ausgeweiteten Partizipationsmöglichkeiten, die sich nicht in der Teilnahme an periodisch stattfindenden Wahlen erschöpfen. Nötig wäre vielmehr eine verschärfte demokratische Kontrolle und unmittelbare Teilhabe an den Institutionen und kulturellen Bedingungen, die die Entwicklung und Stabilisierung menschlicher Identität nachhaltig prägen. Erst durch umfassende Partizipationsmöglichkeiten könnte zudem den Postulaten einer rein ökonomisch ausbuchstabierten Rationalität Einhalt geboten werden, die den starken Wertungen und zentralen moralischen Koordinaten der meisten Menschen überhaupt nicht entspricht. Im Interesse der Lebensfähigkeit der politischen Gemeinschaft, aber auch der Integrität der personalen Identitäten, müssen Menschen auf der Basis ihrer starken Wertungen am kulturellen, politischen und sozialen Leben teilnehmen, da nur auf diese Weise ein Bewusstsein für die Bedeutung demokratischer Selbstbestimmung und den Fortbestand der rahmengebenden politischen und kulturellen Gemeinschaft erzeugt werden kann.

Entsprechend kann auch das Design öffentlicher Institutionen, mindestens aber die politische Öffentlichkeit selbst, entgegen den Forderungen des politischen Liberalismus, nicht auf eine Neutralität gegenüber kulturell bedingten, auf starken Wertungen beruhenden Konzepten des guten Lebens verpflichtet werden. Der Komplex des Politischen muss vielmehr als ein wesentlicher Bestandteil des guten Lebens angesehen werden und darf nicht als eine formale Voraussetzung zu kontextindifferenten Realisierungsversuchen jeweils unterschiedlicher individueller Lebensentwürfe missverstanden werden. In einer Situation des epistemischen Pluralismus und der damit verbundenen Heterogenität von Lebensstilen und grundlegenden Wertorientierungen im 21. Jahrhundert zeichnet sich das kompetente Subjekt zwar dadurch aus, dass es sich aus tradierten kulturellen Deutungssystemen zu emanzipieren vermag und nicht als durch die Routinen einer bestimmten kulturellen Gemeinschaft determiniert angesehen werden kann. Aufgrund der zahlreichen und häufig unterhalb einer bestimmten Wahrnehmungsschwelle angesiedelten Einflussnahmen ökonomischer, administrativer und machtförmig kodierter Art ist es aber von entscheidender Bedeutung, die damit verbundenen Selbstbeschreibungen zur Sprache zu bringen und dem Diskurs demokratischer Kritik im Medium der Öffentlichkeit anheimzustellen (vgl. Zimmermann 2004). Nur auf diese Weise kann gewährleistet werden, dass kulturelle Selbstbeschreibungen Thema demokratischer Selbstbestimmung und diskursiven Austauschs bleiben und nicht als unreflektiertes Resultat divergierender individueller Entscheidungen aufgefasst werden müssen.

Politische Kultur

Unter ›politischer Kultur‹ versteht die empirisch orientierte sozial- bzw. politikwissenschaftliche Forschung eine Bezeichnung für Werte, Einstellungen und Orientierungen, die Bürger gegenüber einem politischen System entwickeln.

Für eine sozialwissenschaftliche Analyse muss dabei der Begriff der Kultur, der zunächst die gesamte Bandbreite menschlicher Sinnkonstruktionen und sinnstiftender Deutungssysteme umfassen kann, entsprechend enger gefasst werden. Dies geschieht dadurch, dass der Begriff der Kultur auf die Beziehungen der Bürger zu ihrem jeweiligen politischen System und den diesen Beziehungen zugrundeliegenden Werthaltungen eingegrenzt wird. Mit der Abwendung von elitenorientierten und der Hinwendung zu systemtheoretischen Demokratiemodellen besteht im Rahmen der Pionierstudie zur politischen Kultur (vgl. Almond/Verba 1963) die forschungsleitende Hypothese darin, dass im Hinblick auf die Stabilität des politischen Systems zwischen politischer Struktur und politischer Kultur eine hinreichende Übereinstimmung gegeben sein muss. Je nachdem, wie ausgeprägt die untersuchten Einstellungsmuster bei den Bürgern zum politischen System als Ganzes (Demokratie, Nation), zum Selbst als politischem Akteur (Beteiligung an Wahlen, Teilnahme an Demonstrationen), zu Input-Strukturen (Parteien, Interessengruppen) und zu Output-Strukturen (Politikformulierung) des politischen Systems in den untersuchten Ländern aufgetreten sind, wird zwischen Parochial-, Subjekt- und Partizipationskultur unterschieden. In Systemen mit einer als parochial gekennzeichneten politischen Kultur bestehen so gut wie keine Orientierungen gegenüber den untersuchten Objektdimensionen, während in Subjekt-Kulturen zwar Orientierungen gegenüber dem politischen System als Ganzes und der Output-Seite angetroffen werden können, Orientierungen gegenüber dem Selbst als politischem Akteur und der Input-Seite jedoch fehlen. Bestehen nachhaltig ausgeprägte Orientierungen gegenüber allen vier Objektdimensionen, liegt eine Partizipations-Kultur vor.

Die im Rahmen dieses Forschungsparadigmas zunächst vorgetragene Kritik richtete sich vor allem gegen einen zu wenig differenzierten Begriff der politischen Kultur, der so gut wie alle politischen Werte, Einstellungen und Orientierungen der Bürger umfasse (*catch-all-term*), so dass nicht klar herausgearbeitet werden könne, welche spezifischen Werte und Einstellungen für die Stabilität bzw. den Fortbestand eines politischen Systems verantwortlich seien. Almond/Verba (1963) haben darauf mit der Unterscheidung zwischen ›Systemkultur‹ und ›Prozesskultur‹ geantwortet, die den ursprünglichen Begriff der politischen Kultur präzisieren soll. Insbesondere durch eine Studie von Robert Putnam und die weltweite Konjunktur der Demokratie als Herrschaftsordnung hat sich das Erkenntnisinteresse der Politische-Kultur-Forschung schließlich in Richtung derjenigen Werte verschoben, die als zentral für das Verhältnis der Bürger zu den anderen Bürgern des jeweiligen politischen Systems anzusehen sind (vgl. Putnam 1993). Auf der Grundlage des Begriffs des sozialen Kapitals soll damit die Funktionsfähigkeit und die Qualität der demokratischen Herrschaftsordnung beschrieben werden können.

Außerhalb des sozialwissenschaftlichen Forschungsparadigmas wird die Verwendung von in erster Linie quantitativen Methoden dahingehend kritisiert, dass mit Hilfe eines einstellungszentrierten Begriffs der politischen Kultur nur kurzfristige Oberflächenphänomene erfasst werden könnten, dadurch aber die historischen Tiefenphänomene aus dem Blick geraten, die die gemessenen Orientierungen, Meinungen und Einstellungen überhaupt erst erklären könnten. Die verschiedenen Tiefenaspekte politischer Kultur müssten deshalb als symbolische Formen menschlicher Erkenntnis und Weltdeutung untersucht werden, um die ihnen zugrundeliegenden Normen und Werte freilegen zu können (vgl. Rohe 1994; Villinger 2005).

Kulturpolitik

Unter ›Kulturpolitik‹ wird ein Politikfeld verstanden, das neben der Gestaltung des Bildungs- und Erziehungswesens, der Wissenschaft und der Künste alle politischen Maßnahmen umfasst, die zur Bewahrung, Erhaltung und Förderung kultureller Güter und Leistungen dienen. Ein entsprechender Auftrag kann aus Art. 5 GG abgeleitet werden, den das Bundesverfassungsgericht in einer Entscheidung aus dem Jahr 1974 (1 BvR 712/68) dahingehend präzisiert hat, dass ungeachtet des staatlichen Neutralitätsgebots eine aktive Verpflichtung des Staates zur Erhaltung und Förderung eines freiheitlichen Kunst- und Kulturlebens besteht. Seit den 1970er Jahren ist eine Ausweitung des ursprünglich sehr eng gefassten Kulturbegriffs auf individuelle und soziale Formen spezifischer Lebensweisen zu beobachten, deren Förderung aus demokratietheoretischen Überlegungen zu einer Demokratisierung der Gesellschaft durch Kultur beitragen soll.

Obwohl der Bund im föderalistischen System der Bundesrepublik aufgrund der Kulturhoheit der Länder abgesehen von internationalen Kulturabkommen und der auswärtigen Kulturpolitik (z. B. Goethe-Institute) nur über geringe Kompetenzen verfügt, ist seit 1998 ein Bundesbeauftragter für Kultur und Medien im Range eines Staatsministers bestellt, in dessen Aufgabengebiet die Förderung kultureller Einrichtungen von nationaler Bedeutung, die Kulturangelegenheiten der Hauptstadt Berlin, die Verbesserung der rechtlichen Rahmenbedingungen für das Kulturschaffen und die auswärtige Kulturpolitik fallen. Ansonsten sind neben den Kultusministerien der Länder, die sich in der Kultusministerkonferenz koordinieren, die Gemeinden, als nicht-staatliche Akteure aber auch Verbände und Kirchen Träger der Kulturpolitik. Auf internationaler Ebene wird diese Aufgabe vorrangig von der UNESCO wahrgenommen.

Literatur

Almond, Gabriel/Verba, Sidney: *The Civic Culture. Political Attitudes and Democracy in Five Nations.* Princeton 1963.
–: *The Civic Culture Revisited.* Boston/Toronto 1980.
Huntington, Samuel P.: *Kampf der Kulturen. Die Neugestaltung der Weltpolitik im 21. Jahrhundert.* München 1996 (engl. 1993).
Klein, Armin: *Kulturpolitik.* Wiesbaden ³2009.
Pickel, Susanne/Pickel, Gerd: *Politische Kultur- und Demokratieforschung. Grundbegriffe, Theorien, Methoden.* Wiesbaden 2006.
Putnam, Robert D.: *Making Democracy Work. Civic Traditions in Modern Italy.* Princeton 1993.
Rohe, Karl: Politische Kultur. Zum Verständnis eines theoretischen Konzepts. In: *Politische Kultur in Ost- und Westdeutschland.* Hg. von Oskar Niedermayer und Klaus von Beyme. Berlin 1994, 1–21.
Schiffauer, Werner: *Parallelgesellschaften. Wie viel Wertekonsens braucht unsere Gesellschaft? Für eine kluge Politik der Differenz.* Bielefeld 2008.
Taylor, Charles: *Quellen des Selbst. Die Entstehung der neuzeitlichen Identität.* Frankfurt a. M. 1994 (engl. 1989).
–: *Multikulturalismus und die Politik der Anerkennung.* Frankfurt a. M. 2009 (engl. 1992).
Villinger, Ingeborg: *Ernst Cassirers Philosophie der symbolischen Formen und die Medien des Politischen.* Würzburg 2005.
Zimmermann, Christian: *Kulturphilosophie und Öffentlichkeit. Eine kulturphilosophische Untersuchung der Öffentlichkeit der Politischen Philosophie.* Würzburg 2004.

Christian Zimmermann

9. Religion

Im Horizont der Kultur betrachtet, variiert das jeweilige Religionsverständnis in Abhängigkeit von der vorausgesetzten kulturtheoretischen Perspektive.

Kulturtheorie der Religionen: Sinndeutung

Begreift man etwa mit Max Weber Kultur als einen »vom Standpunkt des *Menschen* aus mit Sinn und Bedeutung bedachte[n] endliche[n] Ausschnitt aus der sinnlosen Unendlichkeit des Weltgeschehens« (Weber 1973, 180), so erscheint Religion als »Stellungnahme zu etwas, was an der realen Welt als spezifisch ›sinnlos‹ empfunden wurde«, die der »Forderung: daß das Weltgefüge in seiner Gesamtheit ein irgendwie sinnvoller ›Kosmos‹ sei oder: werden könne und solle« (Weber MWG I 19, 102) genügen muss. Eine solche sinntheoretische Perspektive nimmt Religion in doppelter Weise in den Blick: einerseits als Teil der Kultur, an dem man alles beobachten kann, was kulturelles Handeln insgesamt bestimmt, andererseits aber als ein Phänomen sui generis, für das es eigentümlich ist, die menschlichen Sinnsetzungen und Bedeutungsgebungen, die kulturellen Ordnungen und Sinn*formen* auf einen ihnen vorgegebenen und sie darum transzendierenden Sinn*grund* zu beziehen. Dieser muss nicht notwendigerweise in Gestalt einer Gottesvorstellung (wie im Sonderfall theistischer und insbesondere monotheistischer Religionen) konzipiert sein, sondern kann auch andere Repräsentationsformen annehmen. Stets aber geht es in der Religion um Deutung und rituelle Darstellung eines letzten oder umfassenden Sinnes. Die Endlichkeit aller Sinnformen steht in einem inneren Verhältnis zum Sinnüberschuss – auch und gerade dann, wenn die Erfahrung mit Sinnwidrigem konfrontiert wird. Religion integriert beide Ebenen: Sie operiert als Erinnerung an unerschöpflichen, immer schon beanspruchten Sinn und zugleich als Erwartung der Erneuerung bzw. paradoxen Antizipation von Sinn angesichts von Sinnverlust. Unter dieser Voraussetzung ergeben sich Auffassungen von Religion, die diese darum in allen Bereichen der Kultur präsent sehen, weil es in diesen stets um unbedingten Sinn (Paul Tillich), um letzte Einheit des Sinnganzen (Werner Pannenberg), um einen alle Tätigkeiten überwölbenden Sinnhorizont (Peter L. Berger) oder um die Anschlussfähigkeit sozialer Kommunikation an Sinnhaftigkeit (Niklas Luhmann) geht.

Religion als Projektion

Bestimmt nicht die Sprache des Sinnes, sondern die Ökonomie menschlicher Triebe die kulturtheoretische Perspektive, so erscheint Religion als Macht der Unterdrückung, der wahnhaften Entstellung humaner Realitätswahrnehmung und als »Einschüchterung der Intelligenz«, kurz: als Feind aller Wissenschaft und Kultur (Freud StA 9, 216). Sigmund Freud begreift Religion als ambivalenten Mechanismus der Angstabwehr (in Nachbarschaft zu der antiken Auskunft: *primus in orbe deos fecit timor*), des Schuldbewusstseins und (in Anschluss an Feuerbach) vor allem als Projektion, die den Wunschgedanken Allmacht verleiht und so einer infantil-regressiven Schutzfunktion zuarbeitet. Religion erscheint dann als Reaktion auf Entsagungen, die die kulturellen Ordnungen dem menschlichen Triebleben abverlangen. Aber sie bleibt eine illusionäre Gestalt der Wunscherfüllung, die eine Ausbildung des Realitätssinnes blockiert.

Erklärten die frühen Arbeiten Freuds Religion zum kollektiven Pendant der individuellen Zwangsneurose, so betont Freud später ihre innere Beziehung zum endemischen ›Unbehagen in der Kultur‹. Weil Kultur weder den natürlichen Aggressionstrieb des Menschen bändigen noch ihm Erfüllung gewähren kann, bleibt sie auch in ihren vollkommensten Formen ein beständiger »Kampf zwischen Eros und Tod, Lebenstrieb und Destruktionstrieb« (ebd., 249) und bringt darum immer wieder religiöse Vorstellungen hervor. Die Widerständigkeit der Religion gegenüber allen aufklärerischen Versuchen ihrer Überwindung erklärt der späte Freud partiell auch aus »ihre[m] Gehalt[] an *historischer* Wahrheit« (ebd., 507) – nämlich aus ihrer Repräsentation des die Kultur gründenden, aber stets verdrängten Vatermordes. Vor allem an den Opferriten und -vorstellungen zeigt sich, dass Religion das Schuldbewusstsein hegt und so als Ausdruck der unausgetragenen und unlösbaren Ambivalenz der Kultur verstanden werden muss (vgl. René Girard). Freuds Perspektive auf das Verhältnis von Kultur und Religion beruht auf einer radikalen Ideologiekritik, die sich von jeder religiösen Selbstbeschreibung aus prinzipiellen Gründen entkoppelt: »Den Wahn erkennt natürlich niemals, wer ihn selbst noch teilt« (StA, 213).

Religion als Institution

Aus soziologischer Perspektive lautet das Gegenargument, dass keine menschliche Institution ausschließlich auf Irrtum, Lüge und Wahnphantasien beruhen kann, wenn anders sie dauerhafte soziale Wirkung erlangt hat – ein Argument, das Émile Durkheim ein ihren Untersuchungsbereich überhaupt konstituierendes »Postulat der Soziologie« nennt (Durkheim 1981, 18). Die Religionen entsprechen ihm zufolge grundlegenden Bedingungen der menschlichen Existenz und sind als »eminent soziale Angelegenheit« (ebd., 28) Reflex einer »Wirklichkeit *sui generis*« (ebd., 36). Sie sind weder kontingentes Nebenprodukt sozialer Entwicklung noch bloßes Kulturfaktum, sondern ihrerseits ein entscheidender Faktor der Ausbildung sozialer und kultureller Ordnungen. Aus dieser Perspektive erscheint es als eine intellektualistische Verkürzung, Religion ausschließlich als Lehrsystem von Glaubensüberzeugungen zu beschreiben, und als Kategorienfehler, diese Vorstellungen dann durch Wissenschaft als System wahrer Überzeugungen zu überbieten. Eine sachgemäße Analyse der Religion müsse vielmehr am Zusammenhang von Glaubensvorstellung und ritueller Praxis einsetzen und zeigen, wie das für die Religionen konstitutive Merkmal der Unterscheidung von ›heilig‹ und ›profan‹ soziale Einheit konstituiert: »Eine Religion ist ein solidarisches System von Überzeugungen und Praktiken, die sich auf heilige, d. h. abgesonderte und verbotene Dinge, Überzeugungen und Praktiken beziehen, die in einer und derselben moralischen Gemeinschaft, die man Kirche nennt, alle vereinen, die ihr angehören.« (Ebd., 75) Das ist gegen das positivistische, zuerst von Auguste Comte formulierte Drei-Stadien-Schema des Übergangs von Magie in Religion und schließlich in Wissenschaft gesagt und damit gegen die Tendenz, die Religion in der Nähe zur Magie als das Andere des wissenschaftlichen Fortschritts zu denken. Nach Durkheim unterschätzt dieses Schema schon die Differenz zwischen Magie und Religion. Soziologisch gelte: »Der Magier hat eine Kundschaft und keine Kirche.« (Ebd., 72) Durkheims Kirchenbegriff privilegiert nicht eine inhaltliche Vorstellung christlicher Ekklesiologie, sondern zielt auf Religionsgesellschaft bzw. auf Religion als spezifische Form der Vergesellschaftung. Sein Anspruch, die sozialen Verhältnisse *aufzuklären*, nicht Phänomene *wegzuerklären*, begründet das ceterum censeo einer antireduktionistischen Religionstheorie: »Was ist das für eine Wissenschaft, deren Hauptentdeckung darin bestünde, den Gegenstand, den sie untersucht, verschwinden zu lassen?« (Ebd., 105)

Religion und Mythos

An diese Überzeugung schließt auch die Kulturphilosophie Ernst Cassirers an. Sie beschreibt Religion als einen produktiven Faktor der Kulturentwicklung, näherhin als diejenige symbolische Form, die sich kritisch (also durch Einführung von Unterscheidungen) vom mythischen Bewusstsein als dem Mutterboden aller kulturellen Entwicklung absetzt und in dieser Absatzbewegung die Entwicklung kultureller Formen vorantreibt. Das mythische Bewusstsein bildet zwar den Anfang der Kultur, aber es kennt die symbolischen Formen nur in Gestalt einer »Konkreszenz« von Zeichen und bezeichneter Sache bzw. der »Kontiguität« von Teil und Ganzem (vgl. Cassirer ECW 12, 53, 82 u. 65), weshalb es meint, sich in einer unmittelbaren Einheit von Zeichen und Gegenständen der letzteren magisch bemächtigen zu können. Mit der Religion hebt dagegen die Kunst der Unterscheidung an. Das religiöse Bewusstsein bricht den mythischen Bann, indem es alle gegebenen Medien »als Zeichen für ein anderes, Umfassenderes [begreift], das sich an ihm und in ihm offenbart« (ebd., 132; vgl. ebd., Bd. 13, 126 f.). Auch wenn sich semantisch betrachtet das Zeichen- und Bilderrepertoire mythisch-magischer Welteinstellungen in der Religion kontinuieren mag, artikuliert diese ein von Grund auf gewandeltes Weltverhältnis, das Zeichen neu und anders gebraucht. In der Religion kehre sich das menschliche Kulturbewusstsein »gegen seine eigenen mythischen Fundamente und Uranfänge« (ebd., Bd. 12, 280): Religion als Sinn für Transzendenz führe Negation, Distanz und also ein kritisches Selbstverhältnis in die symbolischen Vollzüge ein und restrukturiere folglich alle Formen des Weltumgangs. Überlegungen zur Rolle der jüdischen Prophetie, aber auch der persisch-iranischen Religion, der Upanischaden und des griechischen Monotheismus in der – seit Karl Jaspers als ›Achsenzeit‹ bezeichneten – Umformung der Kultur (Ausbildung von Gattungsbewusstsein und Universalismus) schließen sich hier an.

Cassirer nimmt Webers und Durkheims Religionssoziologie für die These in Anspruch, die spezifische Form des religiösen Bewusstseins sei »nicht sowohl [...] *Produkt* einer bestimmten gesellschaftlichen Struktur, als vielmehr [...] deren *Bedingung*« (ebd., 272, Anm. 85). In der Tat erklärt Weber die kulturelle Eigenart des okzidentalen Rationalismus, der sich in der kapitalistischen Wirtschaftsordnung unter der Voraussetzung einer für die Moderne typischen Mentalität ausbildet, aus dem in der Religion und näherhin im calvinistisch-puritanischen Erwählungsglauben begründeten Interesse an methodischer Lebensführung. Die Sorge um Heiligung des ganzen Lebens bringe mit rastloser Berufsarbeit und innerweltlicher Askese spezifische Kultureinstellungen hervor. Zugleich öffne sich der Pfad der Rationalisierung durch eine radikale Entzauberung, mit der die monotheistischen Religionen alle Vorstellungen von der Präsenz magischer Mächte beenden und darum den Glauben fördern, dass man »alle Dinge – im Prinzip – durch *Berechnen beherrschen* könne« (Weber MWG I 17, 87). Die Genese einer in die Eigengesetzlichkeitssphäre von Politik, Ökonomie, Recht, Wissenschaft und Ästhetik ausdifferenzierten Kultur resultiert demnach aus einem Prozess, in dem die Religion ihre Rolle als kulturprägende Lebensmacht zugunsten reiner Diesseitigkeit selbst immer mehr aufgibt. Jedoch erzeugt das Verhältnis von Religion und Kultur auch produktive Effekte für die Religionsentwicklung. Zu denken ist an die Umformung religiöser Vorstellungen durch auf Dauer gestellte Vergesellschaftung, an Veralltäglichung der Religion, an die Kanonisierung von Priesterwissen und an die gegenstrebende Rationalisierung der Laien. Weber legt besonderes Gewicht auf den Einfluss der Gegensätze von Stadt und Land, von anstaltskirchlicher Bürokratie und freiem Charismatikertum und beschreibt so die wechselseitigen kulturell-religiösen Transformationsprozesse in soziologischer Perspektive (vgl. Weber MWG I 22–2, 245–381).

Religion und Moderne

In Nachbarschaft zu Weber analysiert Ernst Troeltsch die *Soziallehren der christlichen Kirchen und Gruppen* (1912) und insbesondere »Die Bedeutung des Protestantismus für die Entstehung der modernen Welt« (Vortrag von 1906). Auch Troeltsch begreift Religion im Zusammenhang der Kultur, indem er einerseits die Relativierung und Historisierung der Religionsformen im Kontext der Durchsetzung der religionsgeschichtlichen Methode, andererseits aber an der Ausbildung historischen Bewusstseins zugleich die kulturprägende Kraft des Christentums herausarbeitet. Letztere zeige sich in der Abwehr materialistisch-deterministischer Einstellungen und in der Hochschätzung der Individualität des Menschen. Dass die

Moderne sich wesentlich als Individualisierungskultur begreift, danke sich einem religiösen Personalismus, den freilich erst der moderne Protestantismus (im Unterschied zum Altprotestantismus der Reformatoren und der an sie anschließenden lutherischen Orthodoxie) hervorgebracht habe.

Religion als »Substanz der Kultur«

Paul Tillich begreift (an Troeltsch anschließend) Religion im Horizont der Kultur, indem er (»Über die Idee einer Theologie der Kultur«, Vortrag 1919) Kultur als »Inbegriff aller möglichen Sinnzusammenhänge« (Tillich MW 2, 103), Religion aber als Bewusstsein für die Unausschöpfbarkeit vorausgesetzter Sinnhaftigkeit (vgl. ebd., Bd. 4, 134) und zugleich als Bewusstsein für die Endlichkeit kontingent bleibender Sinnformen beschreibt. Kultur nimmt unbedingten Sinn in Anspruch, forciert aber gerade damit die Abstossung entleerter Sinnformen. Religion ist folglich »Erfahrung des Unbedingten« als »Erfahrung schlechthinniger Nichtigkeit«, die dennoch Mut zu neuer Gestaltung findet und in dieser Ambivalenz »Erfahrung schlechthinniger Realität« wird. Insofern operiert Religion als Ferment der Krise wie der Erneuerung der Kultur: »[E]s wird erfahren die Nichtigkeit des Seienden, die Nichtigkeit der Werte, die Nichtigkeit persönlichen Lebens; wo diese Erfahrung zum absoluten, radikalen Nein geführt hat, da schlägt sie um in eine ebenso absolute Erfahrung der Realität in ein radikales Ja« (ebd., Bd. 1, 74). Tillichs programmatische Formel: »Religion ist die Substanz der Kultur, und Kultur ist die Form der Religion« (Tillich [4]1984, 285) beruht auf einer Beschreibung der Intentionalität des Bewusstseins: Dessen mitgesetzte Richtung auf das Unbedingte markiert den Grund der Religion, während die Richtung auf die Konkretisierung der Formen (auch die Ausbildung konkreter Religion) Sache der menschlichen Kulturarbeit ist. Folglich ist für Tillich Kultur in ihrer Tiefendimension religiös, während positive Religionen oder institutionalisierte Kirchen historisch bedingte Kulturformen sind. Deren Absolutsetzung unterliegt einer radikalen Kritik. Diese bejaht die Autonomie der Kultur und mithin die Freiheit ausdifferenzierter Kultursphären und sucht doch zugleich kulturelles Handeln durch den Sinn fürs Unbedingte zu vertiefen. Religion als separate Größe, als von anderen Kulturmächten isolierte und institutionalisierte Form ist bei Tillich dagegen Ausdruck selbstverschuldeter Entfremdung.

Es ergibt sich eine Unterscheidung zwischen Religion im engeren und Religion im weiteren Sinne, die es auch ermöglicht, Religion in Kontexten zu identifizieren, die sich selbst nicht als ›religiös‹ oder sogar als ›nicht-religiös‹ beschreiben. Das verbindet Tillichs Religionsverständnis mit der Unterscheidung zwischen funktionalen und substantiellen Religionsbegriffen.

Die Unterscheidung zwischen objektiver und subjektiver Religion (bzw. zwischen Religion und Religiosität) spiegelt das von Georg Simmel beschriebene und als produktiv charakterisierte Verhältnis zwischen objektiver und subjektiver Kultur: »Kultur entsteht [...], indem zwei Elemente zusammenkommen, deren keines sie für sich enthält: die subjektive Seele und das objektiv geistige Erzeugnis« (Simmel GSG 14, 120). Was Simmel ›Tragödie der Kultur‹ nennt, markiert insofern auch den inneren Konflikt der Religion: Diese realisiert sich in festen Formen, die ihrer Aneignung und Verlebendigung ebenso sehr im Weg stehen können wie sie subjektives Erleben überhaupt erst ermöglichen. Eine auf sich selbst gestellte Religiosität bliebe dagegen abstrakt und leer: »Jede Form ist Begrenzung, ist Verzicht auf das, was jenseits der Grenze ist; und nur durch Formung entsteht jedes feste, weltmäßige Sein, das dem Subjekt gegenübersteht, und zu dem es sich selbst zu gestalten hat« (GSG 15, 189). Religion und Kultur partizipieren an derselben Dynamik, doch bleibt Religion eine Vollzugsform der menschlichen Existenz, die »in ihrer Sprache die Ganzheit des Lebens zum Ausdruck« bringt (GSG 10, 42).

Substantielle und funktionale Religionstheorien

Eine substantielle Religionstheorie liegt in prägnanter Form bei Rudolf Otto vor, der Religion als Erlebnis des *mysterium tremendum et fascinosum* und insofern als Begegnung mit dem Heiligen und näherhin als Beziehung zu Gott definiert. Religion wird in Gestalt eines ›Kreaturgefühls‹ zum Bewusstsein für ein Ganz-Anderes, das Niedergeschlagenheit und Erhebung zugleich bedeutet. Ottos Religionsphänomenologie hat eine Affinität zum Naturgefühl des Erhabenen (in Sonderheit zur Betrachtung des ›bestirnten Himmels über mir‹), während eine Reflexion auf die kulturelle Vermitteltheit solchen Erlebens zu fehlen scheint. Religion ist ein Platzhalter für ein Unmittelbarkeitserlebnis, das in Differenz zum Kulturbewusstsein zur Geltung gebracht wird.

Dagegen ermöglichen funktionale Betrachtungen (prägnant: Religion als Kontingenzbewältigungspraxis wie bei Hermann Lübbe) intersubjektiv nachvollziehbare Beschreibungen – freilich um den Preis, ›religoide‹ Phänomene überall zu finden, also auch in solchen Kulturfunktionen, die prima vista als ›säkular‹ erscheinen. Ähnlich operiert der wohl von Jacques Waardenburg eingeführte Begriff der »impliziten Religion« (Waardenburg 1986, 234). Tillich spricht im selben Zusammenhang von Quasi-Religionen und nutzt diesen Begriff als kritisches Instrument der Kulturdiagnose im Blick auf Nationalismus und Nationalsozialismus. Funktionale Religionstheorien fokussieren Formen, die allein aus der Außenperspektive einer Religionssoziologie oder einer Kulturhermeneutik als Religion identifiziert und also im Kontrast zum Selbstverständnis der Handelnden beschrieben werden. Der funktionale Gesichtspunkt der Leistungsäquivalenz bekräftigt den Eindruck eines Substanzverlustes der traditionellen Religionen. Ihre Funktion scheint andernorts leichter zu erfüllen zu sein.

Skepsis gegenüber der Frage nach dem Wesen der Religion – wie auch gegenüber drohender Trivialisierung – leitet die funktionale Religionstheorie Niklas Luhmanns im Vorschlag, Religion als Kommunikation zu beobachten und zugleich zu fragen, »wie Religionen Religion beschreiben« (Luhmann 2000, 320). Kommunikation funktioniert nur aufgrund von Unterscheidungen, und zwar in der Form, dass jede Auswahl (eines Themas, eines Sprechaktes oder eines Kommunikationsmediums) die Möglichkeiten anderer Kommunikationsteilnehmer bestimmt, ohne diese definitiv festzulegen. Kommunikativ kann immer noch anders reagiert werden als erwartet, so dass die Bestimmtheit des jeweiligen Kommunikationsangebotes offen bleibt gegenüber unabschließbaren Möglichkeiten. Die Eigenart der Religion ergibt sich unter dieser Voraussetzung aus einem spezifischen Umgang mit der untilgbaren Gleichzeitigkeit von Bestimmtheit und Unbestimmtheit: aus ihrer Fähigkeit, Unabschließbarkeit zu repräsentieren und diese zugleich in Bestimmbarkeit zu transformieren. »Religion garantiert die Bestimmbarkeit allen Sinnes gegen die [sc. in allen Kommunikationsformen] miterlebte Verweisung ins Unbestimmbare« (ebd., 127). Die Selbstbeschreibung der Religionen zeigt sodann, dass sie diese Leistung über einen spezifischen Kommunikationscode erbringen, nämlich in Form der Unterscheidung von transzendent und immanent. Zugleich organisieren sich Religionen über die Differenz von Exklusion/Inklusion in sozialen Formen, die Entscheidungen über Mitgliedschaft und Nichtmitgliedschaft ermöglichen. Wo immer dies in kritischer Selbstreflexion geschieht, bilden Religionen Theologien aus. Luhmanns Religionstheorie überbietet insofern die Differenz zwischen funktionaler und substantieller Betrachtung.

Religion und Kunst

Affinitäten zwischen Religion und Kunst sind für ein kulturtheoretisches Religionsverständnis besonders interessant. Auch wenn es an prominenten Versuchen ihrer Dissoziation nicht fehlt (oft, z. B. bei Tertullian und Augustinus, gespeist aus dem Misstrauen gegen die Sinnlichkeit vor allem der bildenden Kunst), so dominiert doch der Eindruck einer langen Geschichte ihrer wechselseitigen Durchdringung, die in der Romantik (Wackenroder, Novalis und Friedrich) ihren Kulminationspunkt findet. Schleiermacher nennt Religion und Kunst »zwei befreundete Seelen deren innere Verwandtschaft, ob sie sie gleich ahnden, ihnen doch noch unbekannt ist« (Schleiermacher 1984, 263) und prägt den Begriff der ›Kunstreligion‹. Das Ästhetische als ein der Zweckrationalität widerstrebendes, gegenüber der Eindeutigkeitsbzw. Bestimmtheitspflicht des Begriffs produktive Mehrdeutigkeit erlaubendes und zugleich Erfahrungen der Alterität vermittelndes Phänomen eröffnet Dimensionen der Wirklichkeit, die auch der religiösen Erfahrung eigentümlich sind. Natürlich kann diese Nachbarschaft als Konkurrenz- und Ablösungsverhältnis (im Sinne der Behauptung: »Die Kunst erhebt ihr Haupt, wo die Religionen nachlassen« [Nietzsche ^{2}1988, 144] oder des Anspruchs, im Gesamtkunstwerk des Festspiels »den Kern der Religion zu retten« [Wagner 1907, Bd. 10, 211]) gedacht oder zum Ausgangspunkt eines Ästhetizismusverdachtes (Kierkegaard) gemacht werden. Anders Hegel, der den Begriff der Kunstreligion nutzt, um zwischen natürlicher und geoffenbarter Religion eine Differenzstufe einzubauen, auf der Subjektivität und Fürsichsein zur Geltung kommen und sich das Bewusstsein als auch in der Religion tätiges und produktives Selbstbewusstsein erweist. Weil Hegel die kulturellen Tätigkeiten im Zusammenhang einer ›Theorie des objektiven Geistes‹ begreift, führt seine Religionsphilosophie über den Einwand bloßer Projektion hinaus.

Religio

Der Begriff *religio* findet sich bereits bei Cicero, der (*De natura deorum* I, 3 f.) neben *pietas* und *sanctitas* eine Einstellung gegenüber den Göttern und Numina bezeichnet, die deren Weisungen beständig gewissenhaft überdenkt und gleichsam immer wieder nachliest (beide Bestimmungen umfasst das lateinische Verb *relegere*). Dagegen leitet Lactantius (*Divinae institutiones* IV, 28) *religio* von *religare* (zurückbinden) ab und beschreibt darum Religion als vertrauensvolle Bindung an Gott.

Die alternative Etymologie zeigt vor allem, dass der Religionsbegriff kein neutraler, rein deskriptiver Begriff ist, sondern (Selbst-)Deutungen bestimmter Religionen vermittelt: die Scheu vor den heiligen Mächten im vorchristlich-polytheistischen Kult dort, den Innerlichkeit ausbildenden Glauben an den Gott des jüdisch-christlichen Monotheismus hier. Handlungen, Gefühle und Vorstellungen als Ausdruck von Religion wahrzunehmen, setzt sowohl in der Außenperspektive als auch in der Selbstbeschreibung religiöser Organisationen und Individuen gehaltvolle Vorentscheidungen voraus, an denen sich spezifische kulturelle Situationen und Erfahrungen erkennen lassen. So befördert der neuzeitliche Religionsbegriff das Bewusstsein für die Zusammengehörigkeit zunächst der christlichen Konfessionen und Denominationen und der monotheistischen Religionen (zuerst Nikolaus von Kues: *una religio in rituum varietate*), dann auch vergleichbarer anderer Formen. Ob man zwischen Religion und Magie unterscheidet, nur ›objektive‹ bzw. ›positive‹ Religionen betrachtet oder auch das Phänomen subjektiver Religiosität in den Blick nimmt, ob man mit einem engen oder einem weiten Religionsbegriff operiert und wie man das Phänomen nicht-theistischer Weltanschauungen integriert, ob man aus Gründen der Religion auf die Gottesvorstellung verzichtet (so tendenziell der frühe Schleiermacher) oder umgekehrt aufgrund des Gottesglaubens gegen Religion protestiert (so Karl Barth) oder mit deren Ende rechnet (Dietrich Bonhoeffer), entscheidet über den jeweiligen Religionsbegriff. Neben kategorialen Überlegungen zum Verhältnis von Kultur und Religion bedarf es darum stets auch historischer Analysen des spannungsreichen Zusammenhangs der bestimmten Religionen und ihres kulturellen und sozialen Ortes. Beziehungen zwischen protestantischer Innerlichkeit und moderner Subjektivitäts- und Individualitätskultur im Kulturprotestantismus des neunzehnten Jahrhunderts stellen sich anders dar als die zeitgleichen römisch-katholischen Programme kultureller Selbstbehauptung. Beide verändern sich unter den von Grund auf gewandelten Bedingungen einer rechtsstaatlich garantierten religionspluralistischen Gegenwart. Die Ausbildung eines Religionsrechtes im neutralen Verfassungsstaat ist im Kontrast zum religiös dominierten Recht ein erhellendes Paradigma für die vielfältigen Transformationsprozesse zwischen Religion und Kultur. Während das Judentum schon im neunzehnten Jahrhundert und dann vor allem in der Weimarer Republik mit prägnanten Gestaltungsformen die entsprechenden Diskurse um Religion und moderne Kultur mitprägt, vollzieht der Islam seine Auseinandersetzung unter kritischer Beobachtung der westlichen Demokratien. In säkularen oder gar post-säkularen Kulturen restrukturiert sich die soziale Orientierungskraft der Religion(en) in den Spannungen von authentischer subjektiver Lebensführung und öffentlicher Verfahrensrationalität, von Glaube und Wissenschaft, aber auch von Individualität und verfasster Kirche. Dabei sind Prozesse der Individualisierung, Entkonfessionalisierung, Entdogmatisierung, der Ethisierung und/oder Ästhetisierung von Religion zu beobachten. Ob sich Religion in Säkularisierungsprozessen selbst auflöst oder zugunsten vormoderner Einstellungen ›fundamentalisiert‹, ob sie normative Gehalte einschließt, die sich (noch) nicht restlos in die Kategorien der Moral übersetzen lassen (Jürgen Habermas) oder ob sie gar durch Selbstumformung neue kulturelle Prägekraft gewinnt, gehört zu den grundlegenden, aber offenen Fragen des gegenwärtigen Kulturbewusstseins. Auch bedarf es einer kritischen Kontrolle der zur Selbstverständlichkeit geronnenen, doch darum noch nicht unproblematischen Selbstbeschreibung der gegenwärtigen Kultur, wie sie sich in den Stichworten Säkularisation, Entzauberung, Privatisierung, Wiederkehr des Polytheismus oder Multikulturalismus artikuliert. In der Konkurrenz zwischen Natur- und Kulturwissenschaften dominieren Debatten um Naturalismus bzw. Reduktionismus die aktuell zu beobachtende neurobiologische Ausweitung des evolutionstheoretischen Paradigmas auf kulturanthropologische Fragestellungen. Erneut steht die Erklärbarkeit von Religion und Religiosität im Fokus des Interesses.

Wie die ältesten Funde kultureller Tätigkeiten des Menschen auf religionsaffine Zusammenhänge (Bestattungsriten, Opferkulte, Bildzauber) verweisen, so ist auch aus der aufgeklärten Moderne Religion nicht wegzudenken. Dafür muss es Gründe geben, die weder mit der ideologiekritischen Klage über die Unbelehrbarkeit der Massen oder die Beharrungsmacht religiöser Institutionen noch mit dem Hinweis auf den Ethik- und Orientierungsbedarf sozialer Verbände erschöpft sind. Gibt man sich mit der theologischen Auskunft, es handele sich in solcher Resistenz um Präsenz Gottes unter den Menschen, nicht zufrieden, wird man (kultur-)anthropologische Gründe geltend machen, die die Vielfalt religiöser Erfahrung erklären. Kulturtheoretische Perspektiven fokussieren sich auf die Unabschließbarkeit der Handlungs- und Deutungshorizonte, die einen Überschuss an Sinn voraussetzen und also stets mitrepräsentieren, sie thematisieren Symbolisierungsformen, die Grenzen, Schwellen und ›Bruchlinien der Erfahrung‹ (Bernhard Waldenfels) zur Darstellung bringen, und verweisen auf den Bedarf an Handlungsmöglichkeiten, die mit Schuld und Scham, mit Fest und Klage, mit dem Fremden und Unvertrauten, dem Außer-Ordentlichen und Unendlichen produktiv umgehen. Die Unterscheidungen von heilig und profan, immanent und transzendent, von Gegebenem und Mitgegebenem, Freiheit und Unfreiheit, aber auch die Grenzen zwischen Leben und Tod, Identität und Andersheit prägen die Arbeit der Kultur. In den Religionen wird das durch diese Unterscheidungen bestimmte Grenzbewusstsein inszeniert und ritualisiert, aber auch expliziert und gedeutet.

Literatur

Cassirer, Ernst: *Gesammelte Werke*. Hg. von Birgit Recki. Darmstadt 1998 ff. [ECW].

Danz, Christian/Schüßler, Werner (Hg.): *Paul Tillichs Theologie der Kultur. Aspekte – Probleme – Perspektiven*. Berlin 2011.

Durkheim, Émile: *Die elementaren Formen des religiösen Lebens*. Frankfurt a. M. 1981 (frz. 1912).

Freud, Sigmund: *Studienausgabe*. Bd. 9. Frankfurt a. M. 1974 [StA].

Luhmann, Niklas: *Die Religion der Gesellschaft*. Hg. von André Kieserling. Frankfurt a. M. 2000.

Nietzsche, Friedrich: *Menschliches, Allzumenschliches I*, Nr. 150. In: Ders.: *Kritische Studienausgabe*. Bd. 2. Hg. von Giorgio Colli und Mazzino Montinari. München ²1988.

Schleiermacher, Friedrich: *Über die Religion. Reden an die Gebildeten unter ihren Verächtern* (1799). In: Ders.: *Kritische Gesamtausgabe* I/2. Hg. von Günter Meckenstock. Berlin/New York 1984.

Simmel, Georg: *Gesamtausgabe*. Hg. von Otthein Rammstedt. Frankfurt a. M. 1989 ff. [GSG].

Tillich, Paul: *Main Works*. Hg. von Michael Palmer. Berlin/New York 1990 ff. [MW].

–: *Systematische Theologie*. Bd. 3: *Das Leben und der Geist*. Darmstadt ⁴1984.

Waardenburg, Jacques: *Religionen und Religion. Systematische Einführung in die Religionswissenschaft*. Berlin/New York 1986.

Wagner, Richard: *Religion und Kunst. Sämtliche Schriften und Dichtungen*. Leipzig ⁴1907.

Weber, Max: Die »Objektivität« sozialwissenschaftlicher und sozialpolitischer Erkenntnis. In: Ders.: *Gesammelte Aufsätze zur Wissenschaftslehre*. Hg. von Johannes Winckelmann. Tübingen 1973, 146–214.

–: *Max Weber Gesamtausgabe*. Tübingen 1984 ff. [MWG].

Michael Moxter

10. Rhetorik

Fragt man nach der Rolle der Rhetorik für die Kulturphilosophie heute, so muss man sich zunächst darüber klar werden, dass die Kulturphilosophie eine der jüngsten philosophischen Disziplinen ist, die Rhetorik dagegen lange zu einem im 18. Jahrhundert untergegangenen System von Wissenschaften und Künsten gehörte, das in der Antike begründet wurde. Von ihrem Selbstverständnis her konnten Handlungen und Leistungen der Menschen allein durch den wirkungsorientierten Gebrauch der Sprache in der Rede kultiviert werden. Auch heute noch kann die Rhetorik als spezielle Kulturphilosophie einen Beitrag zu einer modernen allgemeinen Kulturphilosophie leisten. Seit den 1960er Jahren ist die Rhetorik vor allem als kommunikationswissenschaftliche Disziplin wiedererstanden. Eine Rekonstruktion ihrer Bedeutung als Kulturphilosophie muss zunächst von der Darstellung ihrer kulturrelevanten Theoreme im Verständnis der Tradition (vgl. Robling 1992 ff.) ausgehen, bevor in einem historischen Exkurs ihre kulturphilosophischen Merkmale dargelegt und abschließend dann die Umrisse einer heute zeitgemäßen rhetorischen Philosophie der Kultur skizziert werden können.

Der Kulturbegriff der Rhetorik

Die verschiedenen Facetten des rhetorischen Kulturbegriffs spiegeln sich in seiner Genese, denn die Griechen, denen wir das Grundmodell der europäischen Rhetoriktheorie verdanken, verstanden unter Kultur nicht im modernen Sinne die Gesamtheit der Leistungen und Handlungen des Menschen. Sie bestimmten Kultur noch jeweils von verschiedenen Aspekten her, also etwa als Technik (*téchnai*), d. h. als Gesamtheit der Künste zur Herstellung von Gegenständen, oder etwa als die Sitten, Gesetze, Normen (*nómoi*) eines Staats, als Lebensform eines Volkes (*bíos*) oder auch als System der Erziehung bzw. Bildung (*paideía*) der Mitglieder einer Gesellschaft (vgl. Müller 2003, 15 u. 17). Diese Facetten finden sich mit Ausnahme des *bíos*-Aspekts alle im Kulturbegriff der griechisch-römischen Schulrhetorik wieder, die als humanistisches System die europäische Bildung bis zum Ende des 18. Jahrhunderts beherrschte. Zentraler Kultivierungsfaktor ist danach der wirkungsorientierte Gebrauch der Rede, und zwar traditionell gesehen in doppelter Hinsicht: einmal zivilisierend, indem die Rhetorik dem Menschen vermittels der Persuasion die Möglichkeit gibt, durch die Gründung von sozialen, politischen und kulturellen Institutionen das Leben in bloßer Abhängigkeit von der Natur zu beenden; zum anderen bildend, indem sie den einzelnen durch Entwicklung seiner Naturanlage zum wirkungsvollen Gebrauch der Rede in Mündlichkeit und Schriftlichkeit erzieht. Der zivilisatorische Aspekt rhetorischer Kultur bezieht sich also auf den Menschen als Gattungswesen, der bildende auf ihn als Individuum, wobei der Kultivierungsakt jedesmal einen neuen Anfang setzt, indem er einen gegebenen Zustand der Natürlichkeit ablöst. Dieser Akt fungiert historisch, da er den Beginn der menschlichen Geschichte wie auch den des Menschen als Sozialwesen markiert, und strukturell, da die Menschen in jeder geschichtlichen Epoche ihre Institutionen reproduzieren und in jeder neuen Generation die zum Leben in der Gesellschaft nötige Bildung erwerben müssen (vgl. Robling 2007, 75 ff.).

Doch die Rhetorik ist nicht nur ein Kulturfaktor, sondern in ihrem Selbstverständnis als Technik des wirkungsvollen Redens auch Index von Kultur. Die rhetorische Technik hat in jedem historischen Zeitalter eine bestimmte Gestalt, die den Stand der produktiven Kräfte anzeigt und Reflex der persuasiven Möglichkeiten wie auch der pragmatischen Formen der Rede ist. Das Selbstbewusstsein der Rhetorik gründet auf der kulturellen Elaboriertheit ihrer Vorschriften, einem Anspruch, den sie seit jeher besonders in ihrer Kritik am meist zufälligen Erfolg rednerischer Naturtalente vertreten hat. Als Kulturtechnik ist die Rhetorik seit altersher zugleich Theorie und Praxis, Wissenschaft und Kunst des guten, auf Wirkung bedachten Redens und übrigens auch des Schreibens. Sie stellt zum einen ein System von Regeln bereit, deren Gebrauch die Überzeugung des Adressaten ermöglicht, und ist zum andern in der Anwendung auf die Sprache – als Beredsamkeit – selbst ein Kulturprodukt, indem sie zum Ausdruck der Geformtheit der Sprache wird. Sie hat einen metasprachlichen wie auch einen autopoietischen Charakter und repräsentiert so einen Aspekt von Form überhaupt in der menschlichen Kultur, der über ihre Bedeutung bloß für die Sprache hinausgeht. Denn viele rhetorische Regeln lassen sich ebenfalls für die wirkungsorientierte Gestaltung visueller oder auditiver Gegenstände einsetzen, eine Funktion, die die Rhetorik als Kunst besonders in ästhetischer Hinsicht interessant macht.

Kulturtheoretisch gesehen hat die Rhetorik zugleich einen ethischen Aspekt, und zwar in zweifacher Hinsicht. Zum einen repräsentiert nach Ansicht der Tradition der Akt der Zivilisierung des Menschen durch den Gebrauch der wirksamen Rede schon ein wichtiges ethisches Gut. Denn so kann er auf den Einsatz von körperlicher Gewalt verzichten und seine Interessen mithilfe der Sprache auf dem Verhandlungsweg durchsetzen. Dieser elementare ethische Akt, der in der Anwendung der Rhetorik liegt, geht also jedem moralischen Diskurs als dessen kulturelle Konstitutionsbedingung voraus. Zum andern stellt die Rhetorik einen ethischen Anspruch auch mit dem Utilitarismus ihres Wirkungsinteresses. Jede Kultur will bestimmte Werte schaffen, die sich in der Zielgerichtetheit und Bedeutsamkeit von menschlichen Handlungen realisieren. Der pragmatische Charakter der Rhetorik hat die Redekunst schon in der Antike auf den Nutzen als den Wert festgelegt, den der Gebrauch der Rede dem Sprechenden einbringt. Man kann diesen Aspekt der Rhetorik als den strebensethischen bezeichnen, da er aus dem Interesse des Redners an der Durchsetzung seiner Ziele resultiert. Die berechtigten Erwartungen der Zuhörer, dass sie wahrheitsgemäß informiert und nicht getäuscht, auch nicht durch die Erregung von Emotionen in ihrem Urteil behindert werden, setzen diesem Interesse allerdings moralisch-normative Grenzen, die man als sollensethisch bezeichnen kann. Das Persuasionsinteresse des Redners und das Informationsbedürfnis der Zuhörer sind beides Güter, die ethisch gesehen zwar verschieden konnotiert sind, aber doch zusammenwirken müssen, soll der gesellschaftliche Zusammenhalt funktionieren (vgl. Robling 2007, 194 ff.). Ein intaktes Gemeinwesen, das vom Gemeinsinn (*sensus communis*) und dem Konsensus seiner Mitglieder gestaltet wird, gehört zu den höchsten Kulturwerten, den die Rhetorik realisieren kann.

Grundlage der rhetorischen Technik in ihren pädagogischen, ästhetischen und ethischen Elementen ist eine spezielle Anthropologie, die den Menschen primär als sprechendes und ansprechbares Wesen versteht. Seine intellektuelle und affektive Natur ist der Stoff der Formung für die rhetorische Erziehung, wenn es um die Ausbildung des Redners geht, aber auch das Ziel der Persuasion, wenn die wirksamsten Wege zur Beeinflussung des Zuhörers (Psychagogie) zur Debatte stehen. Das Menschenbild der Rhetorik ist daher nicht primär intellektualistisch bestimmt wie oft in der Philosophie, sondern räumt auch den Emotionen einen großen, ja manchmal sogar den größten Stellenwert ein bei der Bestimmung der rednerischen Wirkungskraft und beim Kalkül mit den am meisten Erfolg versprechenden Zuhörerreaktionen. Kulturanthropologisch besonders wichtig für die Rhetorik ist der menschliche Nachahmungstrieb. Als biologische Anlage hat er eine zentrale Funktion für die rhetorische Erziehung, denn die rhetorische Pädagogik gründet auf dem Bedürfnis des Schülers, sich imitierend die Lehren zum erfolgreichen Reden anzueignen. Zugleich aber hat die Nachahmung in der Geschichte der Rhetorik als Traditionsprinzip gedient, das die Kontinuität der Lehre durch die Ausrichtung an den maßgeblichen Autoritäten sowohl in der Theorie (Dependenz der Lehrbücher) wie in der Praxis (Vorbild der Musterautoren) von den Anfängen bis zur Mitte des 18. Jahrhunderts sicherte. Geschichte erscheint daher in der Rhetorik für lange Jahrhunderte als *magistra vitae* (Cicero 1976, 229 [II, 36]), als »Lehrmeisterin des Lebens«, die ihren bestimmenden Einfluss auf die Entwicklung der Redekunst ausübte. Darin reflektiert sich die Bedeutung der Historie für die Praxis und das Verständnis von Kultur überhaupt, denn jede kulturelle Entwicklung geht aus von der produktiven Aneignung des Vorgefundenen durch die neue Generation.

Wie die bisherigen Darlegungen zeigen, beruht die tradierte Schulrhetorik auf einem normativen Kulturbegriff, der ihre Bildungs- und Zivilisierungsziele sichern sollte. Die moderne kulturwissenschaftliche Rhetorikforschung dagegen orientiert sich an einem deskriptiven Kulturbegriff, der die ganze Fülle der historisch und aktuell vorliegenden Erscheinungsformen der Rhetorik mit verschiedenen methodischen Ansätzen zu erfassen sucht (vgl. Ueding 1992 ff.). Ein Thema der rhetorischen Kulturwissenschaft in diesem Sinne ist etwa die Beziehung der Redekunst zu den Medien, die in den einzelnen Epochen jedesmal zu neuen Anpassungen der Theorie auf der Basis der tradierten Grundlagen führte, sei es in der Antike beim Wechsel von der bloßen Mündlichkeit zur Schriftform der Rede, sei es in der Renaissance durch neue Methoden zur Verbreitung von Texten mithilfe des Buchdrucks oder sei es heute durch die sich ständig erweiternden Kommunikationsmöglichkeiten der neuen Medien.

Rhetorische Kulturphilosophie in der Geschichte

Praktische Philosophie reflektiert die Grundlagen und Prinzipien des Wissens über die Existenz des Menschen und seine Lebensführung, was auch das Nachdenken über den Sinn umfasst, den er seinen kulturellen Handlungen beilegt. Die Rhetorik gehört fundamental zum Vollzug dieser praktischen Existenz, da ihre Maximen für die kommunikative Einwirkung der Menschen aufeinander universellen Status besitzen und also für alle Formen kulturellen Lebens gelten. Antike und Humanismus haben mit der Konzeption und Weiterentwicklung der Rhetorik vor allem deren praktischen Anspruch, Neuzeit und Moderne dagegen mit Ausnahme von Nietzsche primär theoretisch die ästhetischen, ethischen und anthropologischen Gehalte der Rhetorik kulturphilosophisch herausgearbeitet.

1. Umriss und Aufgabe einer rhetorischen Kulturphilosophie treten am deutlichsten hervor, wenn man sie als praktische, auf einem normativen Kulturbegriff beruhende Philosophie versteht. Die rhetorische Kulturphilosophie der Antike lässt sich am besten anhand der Überlegungen von Isokrates und Cicero charakterisieren. Indiz für die Bildung eines jeden Menschen sind für Isokrates dessen Reden, denn danach unterscheiden sich Wissende von Unwissenden. Aus den Bildungsunterschieden zwischen den Menschen und deren Folgen für die Beziehung der griechischen Städte untereinander leitet er einen Kulturbegriff ab, in dessen Zentrum die beispielhaften Leistungen seiner Vaterstadt Athen und deren Verdienste um die zivilisatorische Entwicklung aller anderen Städte stehen. ›Kultur‹ ist für ihn also all das, was seine Vaterstadt an Errungenschaften in Geschichte und Gegenwart hervorgebracht hat und an dem die Redekunst beteiligt war. Diese Fähigkeit zum Sprechen, genauer zur vernünftigen Rede (*lógos*), zeichnet aber nicht nur den einzelnen Menschen und eine einzelne Stadt aus, sondern ist überhaupt der Vorzug der Menschen gegenüber den Tieren, denn die menschliche Gabe, einander überreden zu können, ist für Isokrates die Bedingung zur Gründung von Städten und zur Erfindung der Künste (Isokrates 1993, 32 f. [III, 5 ff.]; 52 f. [IV, 47 ff.]; vgl. Robling 2007, 104 ff.).

Seine Bildungstheorie, die zur rhetorischen Kulturauffassung führt, bezeichnet Isokrates als ›Philosophie‹. Er versteht darunter ein aus der Lebenserfahrung stammendes praktisches Wissen, das dem ständigen Wandel der Lebensverhältnisse gerecht werden muss. Es ist eine Anleitung zu erfolgreichem Handeln und zur Bewältigung der öffentlichen Aufgaben, die sich dem Redner in der Polis stellen. Da der Mensch sein Handeln nicht auf unfehlbare Erkenntnisse gründen könne, müsse er sich nach den existierenden Meinungen und nach dem Wahrscheinlichen richten, das leichter zugänglich sei als das Wahre, und auch den jeweils am besten geeigneten Zeitpunkt beachten, damit er möglichst oft Erfolg habe. Ziel sei der eigene Vorteil des Handelnden aus der Überzeugung heraus, dass Nutzen und sittlicher Wert sich im Grunde nicht widersprächen, sondern beide das Gute verwirklichen könnten (vgl. Fuhrmann 1984, 25). Obwohl die isokrateische *philosophía* vor allem situationsbezogene, praktische Handlungsanweisung sein will, weist sie doch Merkmale auf, die auch prinzipieller Natur sind. Dazu gehört die enge Bindung der Sprache an die Vernunft und die ethische Ausrichtung der Rede. »Mit unserer Sprache (*lógos*) [...]«, heißt es im *Nikokles* (III, 7), »weisen wir die Schlechten zurecht und rühmen die Guten. Mit Hilfe der Sprache erziehen wir die Unvernünftigen und zeigen den Verständigen unsere Anerkennung. Denn reden zu können, wie es nötig ist, dies betrachten wir als größtes Zeichen für Vernunft, und ein aufrichtiges, gesetzestreues Wort ist Abbild einer guten und vertrauenswürdigen Seele«.

Cicero greift die kulturgenetische Spekulation des Isokrates auf. In seiner Jugendschrift *De inventione* transformiert er sie in die Erzählung vom Wirken eines einzelnen »offenbar bedeutenden« und »weisen« Mannes, der die Fähigkeiten der anfangs noch zerstreut in der Wildnis lebenden Menschen erkannte, diese zu einer Gemeinschaft vereinigte und zu nützlichen Tätigkeiten anleitete, wobei er ihre Widerstände durch »Vernunftgründe« sowie »gewandtes« Reden überwand und sie zu »sanften und zugänglichen Wesen« formte (I, 2 f.). Cicero gründet seine Erzählung auf eine später für ihn leitende Prämisse: das politisch, sozial und kulturell entscheidende Handeln des großen Redners.

Auch Cicero geht bei seinen kulturphilosophischen Überlegungen vom Bildungsgedanken aus. Im Zentrum steht für ihn die Erziehung des Redners zur technischen Meisterschaft und zu allseitigem Wissen. In seinem Werk *De oratore* bestimmt er den vollkommenen Redner als denjenigen, »der über jedes Thema, das in Worten zu entwickeln ist, sachkundig, wohlgegliedert, wirkungsvoll, aus dem Gedächtnis und mit angemessener Würde des Vortrags reden kann«, wobei »aus dem Wissen um die Sache [...] die Rede in Glanz und Fülle des Ausdrucks erwachsen [muss]« (I, 64 u. 20). Der Umfang der Kenntnisse, die der ideale Redner erwerben muss, geht über die damalige normale Allgemeinbildung weit hinaus und umfasst zusätzlich Philosophie, Geschichte und Recht. Der Philosophie kommt dabei eine besondere Bedeutung zu, denn nach Ciceros Überzeugung gehören *eloquentia* und *sapientia* zusammen: Die Beredsamkeit benötigt zu ihrer Führung die philosophische Weisheit, damit sie nicht zur verderblichen Macht im Staat werde, und die Weisheit ihrerseits bleibt ohne Beredsamkeit folgenlos. Das Bild der Vollkommenheit des Wissens, das Cicero hier entwirft, bestimmt sich ausschließlich an den praktischen Erfordernissen der Wirkung, die der Redner erzielen will, nicht an den theoretischen Kenntnissen des Spezialisten, der sein Fachgebiet erst nach langen Studien überschaut. Ciceros Bildungsideal präsentiert sich so als ein eklektisches Konstrukt, in dem nur die Elemente zusammengetragen werden, die den Zwecken der Redekunst am meisten nützen. Der Prozess der Wissensauswahl und -aneignung hat aber keine bloß utilitaristische Funktion, sondern verbindet mit der Konzentration auf das Nützliche auch einen höchst anspruchsvollen ethischen Sinn, da Cicero die allseitige Bildung zugleich als etwas ethisch Gelungenes, eben als *humanitas*, versteht. Sie wird für ihn zur wichtigsten Bedingung der Kultur, denn das Handeln des vollkommenen Redners in den sozialen und politischen Institutionen des Gemeinwesens wird zum Mittel der Zivilisierung der ganzen Menschengattung. Es sollte auch ein Bild der Rechtschaffenheit bieten, da er sich in seinem Handeln für das Gemeinwesen, in dem er lebt, verantwortlich zeigen muss (vgl. Robling 2007, 110–115).

Ciceros auf die Integration von Ethik, Ästhetik und Pädagogik und sogar auch der Politik bedachte und die Verwirklichung von individueller und gesellschaftlicher *humanitas* postulierende Bildungstheorie kann so als eine Kulturphilosophie avant la lettre verstanden werden. Man nahm sie als eigenständigen Zweig der Philosophie in Rom zu seiner Zeit jedoch noch nicht wahr, denn der Kanon der philosophischen Wissenschaften umfasste damals nach Platons Einteilung nur Ethik, Physik und Logik bzw. Dialektik.

2. Ciceros Überlegungen haben in den folgenden Jahrhunderten eine große Wirkung entfaltet und vor allem die Kulturphilosophie des europäischen Humanismus geprägt. Gedankenwelt und Werke des Altertums wurden zum Leitbild dieser Epoche, wobei man allerdings heidnisches mit christlichem Gedankengut unter moralphilosophischen Vorzeichen verband. Petrarca betrachtete diejenige Philosophie als die wahre, die sich mit der Lebensführung und den Sitten beschäftigte. Für ihn tritt die Suche nach der Wahrheit zurück gegenüber dem Streben nach dem Gutsein, denn »die erste und letzte Absicht« des Philosophen ist es, »den Hörer und Leser gut zu machen« (Petrarca 1993, 109). Wirksam werden kann diese Absicht nur mithilfe der Redekunst, denn wie bei Cicero gehören für ihn *sapientia* und *eloquentia* zusammen. Redeweise und Sittlichkeit müssen sich dabei entsprechen, und die ästhetische Schönheit der Sprache soll zum Ausdruck der moralischen Schönheit des Geistes werden (vgl. Petrarca 2000, 100 ff.). Petrarca hat versucht, dieses auf der rhetorischen Kulturtheorie fußende philosophische Ideal auch pädagogisch umzusetzen, so etwa in der historischen Darstellung von Leben und Taten berühmter Römer. Seine Schrift *De viris illustribus* hat nicht die Aufgabe, den Ablauf vergangener Ereignisse quellenkritisch zu präsentieren, sondern vorbildliches Handeln in der Vergangenheit zum Muster politischen Verhaltens in der Gegenwart zu machen.

Auch Giovanni Battista Vicos Kulturphilosophie ist noch vom rhetorischen Humanismus geprägt, wenn sich sein Denken auch schon nicht mehr an der praktisch orientierten Moralphilosophie, sondern am umfassenden theoretischen Erklärungsanspruch des Rationalismus ausrichtet. Demnach grenzt Vico die Frage nach dem Eigenwert der kulturhistorischen Erkenntnis von der mathematisch-naturwissenschaftlichen Erkenntnis eines Descartes ab und betont ihre methodische Selbständigkeit. Nicht die Natur-, sondern die menschliche Selbsterkenntnis ist nach Vico das eigentliche Ziel unseres Wissens. Daher blickt er in seinem Werk *Principj di una Scienza Nuova*, das seine Kulturphilosophie enthält, primär auf Mythos, Sprache, Religion und Dichtung, denn das sind die Objekte, die der menschlichen Erkenntnis wahrhaft entsprechen. Vicos kulturphilosophische Logik verbindet das rationalistische Erkenntnisverfahren der cartesianischen Schule, das damals schon die universitäre Wissenschaft beherrschte, mit dem topisch-inventorischen Verfahren, das aus der humanistischen Rhetorik stammt. Seine Rede *De nostri temporis studiorum ratione* kontrastiert diese beiden Erkenntniswege in ihrer Eigenart. Vico beklagt, dass die Studien zu seiner Zeit nur mehr den rationalistischen Wissenschaften folgten und so mit der Erkenntniskritik begännen, die Topik aber, die erst zur Auffindung des ganzen Spektrums der Beweisgründe führe, vernachlässigten. Damit ist natürlich auf Descartes gezielt, der Rhetorik und Topik aus seiner Methodenlehre ausgeschlossen hatte. Vico will nun das kritische Denken nicht aus den Studien verbannen, plädiert aber für eine sinnvolle Verbindung von Kritik und Topik, denn »die Kritik ist die Kunst der wahren, die Topik aber die der reichhaltigen Rede« (Vico 1984, 31). Die Topik macht den Geist schöpferisch, sie speist sich aus dem Wahrscheinlichen, aus dem wiederum der *sensus communis*, der natürliche Allgemeinsinn, »die Norm aller praktischen Klugheit und damit auch der Beredsamkeit« erwächst (Vico 1984, 27). Vico sieht in Topik und rhetorischer Findungskunst, der Inventorik, nicht nur einen zentralen Bestandteil des Studiums, sondern auch eine der Quellen für die Methodik seiner *Scienza Nuova*. Denn beide erschließen das historische Material, das die Philologie in den geschichtlichen Zeugnissen bereitstellt, mithilfe von Phantasie und Imagination, wie es auch der Redner beim Entwurf seiner Rede macht, und verbinden es in methodischem Vorgehen sowie orientiert an rationalen Prinzipien, die Vico zu Beginn seines Werkes aufzählt, zur kulturgeschichtlichen bzw. kulturphilosophischen Darstellung (vgl. Otto 1989, 15–22).

3. Auch Jean-Jacques Rousseau thematisiert die Rhetorik in seiner Kulturphilosophie. Rhetorik und Sprachgebrauch werden dabei genauso wie andere Errungenschaften der Zivilisation zum Gegenstand der Kritik an der Kultur. Wie die ganze Lebensweise des unverbildeten Menschen in seiner natürlichen Umgebung sind die Sprachen ursprünglich Ausdruck einer noch nicht entfremdeten Subjektivität und Sittlichkeit. Der »verführerische Tonfall« dieser »Töchter des Vergnügens und nicht des Bedürfnisses« sei erst verschwunden, »als neue Bedürfnisse sich bei den Menschen zu Wort meldeten und jedermann zwangen, nur an sich selbst zu denken und seine Empfindungen für sich zu behalten« (Rousseau 1984, 134). Diese neuen Bedürfnisse kommen auf, als die Zahl der Menschen wächst und die Gemeinschaften in den verschiedenen Formen der modernen Gesellschaft aufgehen, die auf keinem natürlichen Miteinander mehr, sondern auf der Ungleichheit des Besitzes und dem sozialen Antagonismus der Individuen beruht. Auch die Redekunst dient nicht mehr dazu, Brücken zwischen den Menschen zu bauen, sondern sie wird für den einzelnen zum Instrument der Verstellung und Heuchelei, um einen Platz in der Gesellschaft zu erobern und zu behaupten (vgl. Geitner 1992, 214 ff.). Mit dieser negativen Einschätzung der sozialen Rolle der Rhetorik hat Rousseau sich von der optimistischen Sicht des Humanismus verabschiedet.

Johann Gottfried Herder sieht anders als Rousseau die Rolle der Rhetorik für die menschliche Kultivierung grundsätzlich und nicht nur in der Frühzeit als positiv an. Seine Kulturphilosophie zielt, wie die *Ideen zur Philosophie der Geschichte der Menschheit* darlegen, auf eine universale Geschichte der kulturellen Entwicklung der Menschen zur Humanität. Die Kulturgenese ähnelt dem Werdegang des Redners, dessen Hineinwachsen in eine geschichtlich vorgegebene Lebensweise sich durch Nachahmung und Bildung vollzieht wie die rhetorische Erziehung (vgl. Herder 1887, 25). Körperorgane und Sinne hat der Mensch zwar mit den Tieren gemeinsam, aber das Vermögen der Rationalität unterscheidet ihn auch vom Tier, »denn der künstliche Instinkt, der ihm angebildet werden soll, ist Vernunft, Humanität, menschliche Lebensweise, die kein Tier hat und lernet.« Die Entstehung dieses Instinkts mit all seinen Komponenten ist an den Gebrauch der Rede gebunden: »Nur durch die Rede wird die schlummernde Vernunft erweckt [...]«, allein durch die Rede »wird Auge und Ohr, ja das Gefühl aller Sinne eins und vereinigt sich durch sie zum schaffenden Gedanken, dem das Kunstwerk der Hände und andrer Glieder nur gehorchet« (Herder 1887, 72 ff., 115, 138 u. 144 ff.; vgl. Robling 2007, 157 f.). Im humanitären Telos von Herders Kulturphilosophie wirkt das Erbe des Humanismus nach; in ihrer radikalen Historisierung aber ist dessen normative und klassizistische Ausrichtung aufgegeben.

Friedrich Nietzsche bricht mit der Vorzugsstellung der Vernunft in der Kulturphilosophie. Stattdessen setzt er in seinem Kulturbegriff auf den ästhetischen Schaffensdrang des Individuums und dessen Willen, der Welt und dem Leben einen Sinn zu geben. Ausdruck dieser Haltung ist die Kunst, deren Wesen Nietzsche in Anlehnung an den griechischen Mythos als »die Duplicität des *Apollinischen* und *Dionysischen*« deutet (KSA 1, 25). Beide repräsentieren anthropologisch gesehen die menschlichen Kunsttriebe, wobei der apollinische Kunsttrieb die Welt des Traums, der bildenden Kunst und Individualität, der dionysische dagegen die Welt des Rausches, die Musik und überhaupt die das Individuum entgrenzende Erfahrung hervorbringt. In der Kunstrealität sind diese beiden Welten einander in ständiger Einwirkung verbunden, wobei das Apollinische die äußere Erscheinung, das Dionysische aber die innere Motivation repräsentiert. Vom Wirkungsaspekt her lässt sich das Apollinische mit dem rhetorischen *éthos*, also mit der Selbstdarstellung des rednerischen Charakters bzw. dem sanften Affekt, und das Dionysische mit dem rhetorischen *páthos*, also der leidenschaftlichen Gefühlserregung beim Zuhörer, identifizieren. Einen Hinweis darauf gibt Nietzsche mit seiner Bemerkung in der Rhetorikvorlesung, »der charakteristische Stil« sei der »eigentliche Kunstbereich« des Redners; hier übe er »eine freie *plastische* Kraft, die Sprache ist für ihn ein bereites Material« (Nietzsche 1995, 432). Der Begriff der ›plastischen

Kraft‹ vermittelt also das rhetorische mit dem philosophisch-ästhetischen Darstellungsprinzip der Kunst (vgl. Robling 1996, 95).

Da diese die Voraussetzung zur Aufwertung des Daseins und zur ästhetischen Rechtfertigung der Welt ist, steht sie nach Nietzsches Auffassung auch im Zentrum der menschlichen Kulturschöpfung überhaupt. Deren letztes Anliegen ist die Steigerung des individuellen Lebens, ein strebensethisches Ziel, das die sollensethisch bestimmte christliche Moralität des Verzichts aufgrund von Nächstenliebe und Askektik ablehnt und vor allem im künstlerischen Schaffen den bestimmenden Impuls der Lebensbejahung, des »Willens zur Macht«, sieht (vgl. Krämer 1983, 47 ff.). »Spitze der Entwicklung: der große Stil«, heißt es dazu in einem der Nachlassfragmente (KSA 13, 294). Kulminationspunkt des Könnens ist also eine aus der Rhetorik stammende Fertigkeit des Künstlers: die Beherrschung der Form im vollendeten Stil. Es überrascht daher nicht, dass für Nietzsche »die wahre Kultur [...] Einheit des Stiles voraussetzt« (ebd., 1, 165). Sein Kulturbegriff ist elitär: Er basiert auf dem schöpferischen Können des großen Individuums, dem gegenüber etwa bloße Bildungsphilisterei sich als Mittelmaß und Kulturverfall entlarvt. Auch die Rhetorik kann an diesem Verfall teilhaben: Wenn sie, wie Nietzsche am Werk Richard Wagners gezeigt hat, zum Ausdrucksmittel für schwülstigen Stil und falsches Pathos wird.

Ernst Cassirer schließlich, der bedeutendste Kulturphilosoph des 20. Jahrhunderts, hat seine Theorie in einer Zeit entworfen, als sich die Kulturphilosophie schon längst nicht mehr um die Rhetorik kümmerte. Denn das moderne Nachdenken über philosophische Probleme der Kultur entstand nicht mehr wie das humanistische aus dem Streben nach Bildung heraus, sondern aus einem Krisenbewusstsein, das sich angesichts der Erfolge von Naturwissenschaft und Soziologie in der modernen Industriegesellschaft nach der Rolle fragte, die die Philosophie für uns noch spielen könnte. Bei der Entwicklung seiner eigenen, symboltheoretisch fundierten Kulturphilosophie geht Cassirer von einer Kritik der neukantianischen Vorstellungen aus, bezieht aber auch die Tradition des klassischen Humanismus und des Neuhumanismus mit ein. Die Rhetorik als Theorie und Praxis der wirksamen Rede hat allerdings ihre Spuren in seinem Werk hinterlassen (vgl. Robling 2008), wie sein Begriff der »radikalen Metapher« als Ursprung der symbolischen Form (vgl. Robling 2011), seine Auffassung vom Kulturstil (vgl. Mattenklott 2008, 33 f.) und seine Ausführungen zur Technik der modernen politischen Mythen zeigen (vgl. Robling 2011).

Rhetorische Kulturphilosophie heute

Eine rhetorische Philosophie der Kultur liegt bisher, wie schon bemerkt, nur in traditioneller Gestalt vor. Der Blick auf Cassirers allgemeine Kulturphilosophie könnte helfen, in der Auseinandersetzung mit dieser Tradition einige Aspekte einer neuen, zeitgemäßen rhetorischen Kulturphilosophie zu formulieren. Von Cassirer ist dabei die These zu übernehmen, dass das Wesen des Menschen nicht primär von seinen biologischen Merkmalen her zu bestimmen ist, wie es die Anthropologie des 19. und teilweise auch des 20. Jahrhunderts wollte, sondern dass der Mensch vor allem von seinen kulturellen Äußerungen her definierbar ist. Der Schulrhetorik war diese Überlegung vertraut, denn ihre Pädagogik belegt, dass der Mensch als Individuum wie als Gattungswesen seine eigene, aber auch die ihn umgebende Natur bearbeiten, sozusagen kulturell veredeln muss, damit sie human und menschenwürdig wird. Ausdruck und Voraussetzung dieser Humanisierung ist für die Rhetorik der persuasive Sprachgebrauch, für Cassirer der Akt der Symbolprägung. Die Akzentverschiebung zwischen beiden Positionen erklärt sich daher, dass die Rhetorik eine praktische Theorie der Kulturgenese vorgelegt, Cassirer aber eine theoretische Erklärung der Kulturgenese vor Augen hat. Wenn er vom Menschen als *animal symbolicum* spricht, will er die Einseitigkeit der philosophischen Tradition überwinden, die ihn nur als *animal rationale* verstand. Cassirer bestimmt ihn stattdessen als Wesen aus Geist und Körper, das erst in dieser Einheit »die Formen der Kultur in ihrer Fülle und Mannigfaltigkeit« hervorbringt (Cassirer 1996, 51). Anders als die Philosophie hat die klassische Schulrhetorik den Menschen immer als denkendes und fühlendes Wesen verstanden, sowohl den Zuhörer, der einer intellektuellen und emotionalen Ansprache zugänglich ist, wie auch den Redner, der zwar mit rationalem Kalkül seine Ziele verfolgt, sich aber zu diesem Zweck auch in die Gefühle seines Publikums hineinversetzen muss. Zugleich hat sie auf der Leitung des Redens durch die Vernunft bestanden, eine Position, der sich die nachklassische Rhetorik des 19. und 20. Jahrhunderts nicht mehr verpflichtet fühlte. An der Funktion der Vernunft muss auch jedoch eine moderne rhetorische Kulturphilosophie festhalten, damit die Verantwortlichkeit des Redners für sein Handeln gewahrt bleibt.

Eine Anthropologie der Rhetorik sollte also als Kulturanthropologie mit ihren ethischen, ästhetischen und pädagogischen Implikationen konzipiert werden. Aufgrund der Bedeutung der Tradition für die rhetorische Kulturtheorie sollte sie immer auch die Ergebnisse geschichtlicher Forschung mit berücksichtigen. Ein spekulatives Moment gewinnt sie, wenn es um die konstitutive Rolle der Metapher für die Entwicklung der Sprache geht. Vico gründete seine poetische Logik auf die These, die Metaphern repräsentierten zusammen mit Metonymien und Synekdochen die frühesten Ausdrucksformen der Sprache. Diese wäre am Anfang der Menschheitsentwicklung noch vom mythischen Denken, nicht von der Rationalität bestimmt sowie sinnlicher Natur gewesen und habe noch keine begriffliche Abstraktion gekannt. Vicos Auffassung bildet eine interessante Parallele zu Cassirers These von der ursprünglich sprachbildenden Kraft der »radikalen Metapher«, die dieser ebenfalls aus der Analyse des Mythos als primärer menschlicher Ausdrucksform herleitet. Vicos und Cassirers Befunde zeigen, dass die rhetorische Kulturphilosophie auch einen historischen Beitrag zur Ermittlung anthropologischer Universalien der Sprache leisten kann.

Gemeinsam ist dem Denken Cassirers wie auch dem rhetorischen Denken am Ende das Bewusstsein von der Wichtigkeit der Form für die Kulturschöpfung. Die moderne Philosophie kann nach Cassirer keine Ontologie im traditionellen Sinne mehr enthalten, die das absolute Sein der Dinge und ihrer Qualitäten beschreibt, sondern sie beschränkt die Ontologie auf den Bereich der Phänomene, die uns durch die verschiedenen Arten des empirischen Wissens und damit in symbolischer Form gegeben sind. Das Netz der selbstgeschaffenen Symbolik hat sich für den Menschen zwischen ihn und die ihn umgebenden Gegenstände geschoben. Die Dinge »sind« nicht mehr einfach, sondern sie erscheinen uns vermittelt durch den schöpferischen Akt des symbolbildenden Subjekts; darin besteht nach Cassirer der Prozess der menschlichen Kultur. Auch die Rhetorik geht von der Erscheinung der Dinge aus, und zwar von ihrer perspektivischen Formung in der persuasiv motivierten Beleuchtung durch den Redner. »Dinge an sich« kennt die Rhetorik in ihren kulturellen Praktiken genausowenig wie Cassirer, sondern nur »Dinge für uns«. Wenn es für die cassirersche Kulturphilosophie dabei um die theoretische Erhellung des Kultivierungsaktes geht und den Aufweis des internen Zusammenhangs aller Kulturtätigkeiten des Menschen, so sollte es für die rhetorische Kulturphilosophie um eine Reflexion der praktischen und auch der kritischen Konsequenzen aus der Formung der Kulturgüter gehen, wie es etwa Nietzsche gezeigt hat.

Literatur

Cassirer, Ernst: *Versuch über den Menschen.* Hamburg 1996 (engl. 1944).

Cicero: *De inventione. Von der Auffindung des Stoffes. De optimo genere oratorum. Über die beste Gattung von Rednern. Lateinisch-deutsch.* Hg. von Theodor Nüßlein. Düsseldorf/Zürich 1998.

–: *De oratore. Über den Redner.* Hg. von Harald Merklin. Stuttgart 1976.

Fuhrmann, Manfred: *Die antike Rhetorik. Eine Einführung.* München/Zürich 1984.

Geitner, Ursula: *Die Sprache der Verstellung.* Tübingen 1992.

Herder, Johann Gottfried: *Ideen zur Philosophie der Geschichte der Menschheit* [1784/1791]. In: Ders.: *Sämmtliche Werke.* Hg. von Bernhard Suphan. Bd. 13. Berlin 1887.

Isokrates: *Sämtliche Werke.* Hg. von Kai Brodersen. Bd. 1. Stuttgart 1993.

Krämer, Hans: *Plädoyer für eine Rehabilitierung der Individualethik.* Amsterdam 1983.

Mattenklott, Gert: Rhetorik als ›Kulturstil‹ bei Ernst Cassirer. In: *Rhetorik als kulturelle Praxis.* Hg. von Renate Lachmann, Riccardo Nicolosi und Susanne Strätling. München 2008, 31–43.

Müller, Reimar: *Die Entdeckung der Kultur.* Düsseldorf/Zürich 2003.

Nietzsche, Friedrich: *Kritische Studienausgabe.* Hg. von Giorgio Colli und Mazzino Montinari. München [2]1988 [KSA].

–: Darstellung der antiken Rhetorik [1874]. In: Ders.: *Werke. Kritische Gesamtausgabe.* Begründet von Giorgio Colli und Mazzino Montinari. 2. Abt., 4. Bd. Berlin/New York 1995, 413–502.

Otto, Stephan: *Giambattista Vico.* Stuttgart u.a. 1989.

Petrarca, Francesco: *De sui ipsius et multorum ignorantia. Über seine und vieler anderer Unwissenheit* [1371]. Hg. von August Buck. Hamburg 1993.

–: Brief an Tommaso Caloria. In: *Renaissance und frühe Neuzeit.* Hg. von Stephan Otto. Stuttgart 2000.

Robling, Franz-Hubert: Kulturphilosophie. In: *Historisches Wörterbuch der Rhetorik.* Hg. von Gert Ueding. Tübingen 1992 ff., Bd. 10, 545–564.

–: Redner, Rednerideal. In: *Historisches Wörterbuch der Rhetorik.* Hg. von Gert Ueding. Tübingen 1992 ff., Bd. 7, 862–1031.

–: Plastische Kraft. Versuch über rhetorische Subjektivität bei Nietzsche. In: *Nietzsche-Studien* 25 (1996), 87–98.

–: *Redner und Rhetorik.* Hamburg 2007.

–: Rhetorische Kulturtheorie nach Ernst Cassirer. In: *Rhetorik als kulturelle Praxis.* Hg. von Renate Lachmann, Riccardo Nicolosi und Susanne Strätling. München 2008, 45–62.

–: Rhetorik als pragmatisches Element der symbolischen Form. In: *Potentiale der symbolischen Formen. Eine interdisziplinäre Einführung in Ernst Cassirers Denken.* Hg.

von Urs Büttner, Mario Gotterbarm, Lisa Herzog und Matthias Hoch. Würzburg 2011, 111–121.
Rousseau, Jean-Jacques: Essay über den Ursprung der Sprache [...] [1781]. In: Ders.: *Musik und Sprache. Ausgewählte Schriften*. Wilhelmshaven 1984, 99–165.
Ueding, Gert (Hg.): *Historisches Wörterbuch der Rhetorik*. Tübingen 1992ff.
Vico, Gian Battista: *De nostri temporis studiorum ratione. Vom Wesen und Weg der geistigen Bildung. Lateinisch-deutsch* [1708]. Hg. von Walter F. Otto. Darmstadt 1984.

Franz-Hubert Robling

11. Sprache

Philosophie ist die Kunst, sinnvolle Unterscheidungen zu machen. Ihre Differenzierungen sind begrifflicher Art, werden im diskursiven Medium der Sprache geäußert und bestimmen unser Verhältnis zur Welt, zu Anderen, zu uns selbst. Im Alltag vermeinen wir auch sprachlos wahrnehmen, uns einer Sache vorsprachlich bewusst sein oder nonverbal kommunizieren zu können; die Reflexion der Philosophie dagegen ist unhintergehbar begrifflich-symbolisch: Sie kann ihre Erkenntnisse nicht malen, singen oder tanzen (Schnädelbach 2004, 241). Philosophie denkt entlang einer Sprache, die somit Doppelfunktion gewinnt: Sie ist ihr Thema und Medium zugleich (vgl. Apel 1973; Patzig 1996, Schnädelbach 2007).

Sprache als Thema und Medium der Philosophie

Indem die Sprache nicht Welt abbildet, sondern ein Bild der Welt entwirft, reflektieren ihre Differenzierungen nicht notwendig reale Unterschiede. In einer vorkulturellen Welt gibt es, so Lockes Beispiele, keinen Ehebruch, keine Prozession, kein Sakrileg (Locke 1975, 429f.: »gemischte Modi«); begriffliche Unterscheidungen solcher Art kommen allererst durch kulturelle Sprachpraktiken in die Welt. Es dürfte schwierig sein, vermutet Moses Mendelssohn, ohne Sprache *Bestimmtes* wahrnehmen zu können; wie sollte man, »durch die bloße Anstrengung der Aufmerksamkeit, Merkmale herausbringen, für die wir noch keine Worte wissen« (Mendelssohn 1981, 17). Unser Wahrnehmen und Denken ist von vornherein zeichenhaft und symbolisch, »weil der Mensch, ohne Hülfe der Zeichen, sich kaum um einen Schritt vom Sinnlichen entfernen kann« (Mendelssohn 1983, 172).

Nichts spricht dafür, dass Sprache wie in einem schlierenlosen Spiegel einfach die Unterschiede reflektiert, die wir in der Welt vorfinden und die auch ohne Sprache *für uns* da wären. Demgegenüber ging das hochdifferenzierte mittelalterliche Sprachdenken noch von einer weitgehenden »Isomorphie zwischen Sein, Denken und sprachlichem Ausdruck« (Coseriu 2003, 158) aus; es fand eine wohlgeordnete, nach Ursachen, Gattungen und Arten unterteilte Welt in den begrifflichen Unterscheidungen und sprachlichen Ordnungen der Dinge selbst wieder.

Unzulänglichkeiten ihrer Repräsentation wurden nicht auf eine weltfremde Natur der Sprache, sondern auf ihren unvollkommenen Gebrauch zurückgeführt.

Neuzeitlich bestimmend sind andere Auffassungen geworden: dass die Dinge an sich selbst betrachtet dem menschlichen Geist entweder auch sprachunabhängig zugänglich seien; oder dass sie überhaupt nicht, auch nicht sprachlich, erfasst werden können. Wilhelm von Humboldt und Karl Leonhard Reinhold haben zu Beginn des 19. Jahrhunderts vehement sowohl der ersten als auch der zweiten Auffassung widersprochen, der noch ihr ›Lehrer‹ Kant anhing. Humboldt bekräftigt, dass es unmöglich sei, »aus der Sprache herauszutreten und die Dinge unabhängig von ihr zu betrachten« (Humboldt 1963, 157); Reinhold kritisiert die Sprachvergessenheit metaphysischen Denkens, welches dem »*Wahn* einer ohne [...] Sprache möglichen, [...] begriffslosen, innerlichen Wahrnehmung [...] und der Einbildung unmittelbarer Vorstellungen« (Reinhold 1817, 9) aufsitze. Mit Humboldts und Reinholds These von der Unmöglichkeit des Heraustretens aus der Sprache ist keineswegs gemeint, dass es nicht auch sprachunabhängige Erfahrungsgegenstände, Sachverhalte oder Tatsachen (*facta bruta*) gäbe, nur eben nicht *für uns*. Mag Welt unabhängig von Sprache existieren, so ist doch unsere *Erkenntnis* von Wirklichkeit »unaufhebbar sprachbezogen« (Patzig 1996, 157).

Verstehen

Ihre Unumgänglichkeit im menschlichen Weltzugang hat zu der hermeneutischen Überzeugung geführt, die Sprache sei das »universale Medium, in dem sich das Verstehen selber vollzieht« (Gadamer [4]1975, 366). Zwar ist Sprache nur eines unter vielen zur Verfügung stehenden Medien. Aber das Bild, die Brille, das Mikroskop, der Computer und diverse andere Medien sind Erkenntnismittel nur in Verbindung mit der »propositionalen Artikulation« (Seel 2002, 151) der Sprache. Sie ist nicht das Medium, das jeweils besser erkennen, sondern das *überhaupt* erst etwas *als etwas* verstehen lässt. Auch in der Laborsituation reicht der vielsagende Blick auf ein Präparat nicht aus, um einen Geltungsanspruch – z. B. »Dieses Enzym X könnte für eine Therapie der Krankheit Y nützlich sein« – zu äußern, sondern es bedarf der propositional-behauptenden Kraft der Sprache. Medien sind *Erkenntnismedien* stets nur im Verein mit der Artikulation von Sprache und Schrift.

Humboldt hat für den Umstand, dass sich reale und ideale Gegenstände nicht einfach von selbst, sondern sprachlich vermittelt zeigen, den Begriff der »Weltansicht« (Humboldt 2004, 57) geprägt, die alles umgibt und gestaltet, was wir als Gegenstände sollen wahrnehmen können. Daher wäre aus dem Umkreis unserer Sprache nur »insofern hinauszugehen möglich [...], als man zugleich in den Kreis einer andren hinübertritt« (Humboldt 1963, 434). Hermeneutischen Vollzug nennt Gadamer im Anschluss an Humboldt das sprachliche Verstehensgeschehen zwischen Text und Interpreten. Einen ähnlichen, allerdings auf konkrete Situationen sprachlicher Praxis bezogenen Gedanken hat Donald Davidson unter dem Namen »Triangulation« formuliert und meint die triviale, aber grundlegende »Dreiecksbeziehung, die aus [den] zwei Akteuren und einem gemeinsam betrachteten Gegenstand besteht« (Davidson 1993, 45). Erkennen vollzieht sich in einem Dreieck von subjektiver, intersubjektiver und objektiver Erkenntnis, welches ihnen durch das gemeinsame Primärmedium der Sprache zugänglich wird, was Davidson zu dem wenig überraschenden, aber weitreichenden Schluss führt, dass die »Identifizierung der Gegenstände des Denkens [...] auf einer sozialen Grundlage« (ebd., 81) beruhe.

Grenzen

Dass sprachliches Verstehen – als Verständnis *durch* Sprache und Verstehen *von* Sprache – triangularisch strukturiert und damit immer an ein uns vorgängiges Du gerichtet ist, wie erstmals Humboldt erkannt hat (vgl. Humboldt 1963, 50), impliziert nicht notwendig das Gelingen von Verstehen. Wenn Sprache das Primärmedium unseres Selbst-, Fremd- und Weltverständnisses sein sollte, dann markieren ihre Grenzen auch die des Verstehens: »Die Grenzen meiner Sprache bedeuten die Grenzen meiner Welt« (Wittgenstein 1984, 5.6). Deshalb ist auch der Versuch des Begreifens von allem, was anders als Sprache ist, selbst sprachlich vermittelt. Wenngleich die Philosophie die Grenzen der Sprache und des Verstehens auslotet und sich mit Mitteln des Begriffs auch des Nichtbegrifflichen annimmt (vgl. Adorno 1966/1986, 21), bleibt sie doch in erster Linie eine »Anstrengung des Begriffs« (Hegel). Adorno hat kritisch daran angeknüpft und behauptet, der Weg der Philosophie führe zur »Anstrengung des Begriffs, das nichtbegriffliche Moment zu vertreten und es durch den Inbegriff selber zur Geltung kommen zu lassen« (Adorno 1973, 87).

Begriff

Vollkommen verlassen könnte Philosophie die Sphäre des Begriffs allerdings nur um den Preis der Selbstaufgabe: Ihre Sprache ist die Sprache des *Begriffs*, der *Begründung* und der *Argumentation*. Philosophie ist daher die Kunst, sinnvolle *begriffliche* Unterscheidungen, epistemische Aussagen und normative Geltungsansprüche argumentativ *zu begründen* (vgl. Toulmin 2003). Der begrifflich-argumentative und zugleich verallgemeinernde Charakter philosophischer Sprache markiert die äußerste Konsequenz jener synthetischen Funktion, die in der symbolischen Reflexion der Sprache selbst angelegt ist. Ernst Cassirer bezeichnet sie deshalb als die »Synthesis des Verschiedenen« (ECW 13, 136): Sie fasst Heterogenes, Getrenntes, Verschiedenes in eine begriffliche Einheit. Jeder Begriff, erinnert Nietzsche, »entsteht durch Gleichsetzen des Nicht-Gleichen« (KSA 1, 880); begriffliche Synthesis sieht von den Qualitäten des Synthetisierten ab, es lebt vom »Fallenlassen dieser individuellen Verschiedenheiten« (ebd.). Daher hat die Sprachphilosophie von Humboldt über Nietzsche bis zu Cassirer und Nelson Goodman stets die Erinnerung an den abstrahierend-fixierenden wie zugleich produktiven und welterschließenden Charakter der Begriffsbildung wach gehalten, wenn anders der Mensch sich in ihr nicht »als Subjekt und zwar als künstlerisch schaffendes Subjekt« (ebd.) vergessen soll. So hat er seiner anthropomorphen Verbegrifflichung auch der nichtanthropomorphen Welt eingedenk zu bleiben (vgl. Becker 2011), indem er ihr misstraut, um sich ihr dennoch anzuvertrauen.

Begriffliche Synthesis hat nicht nur objektiv-weltordnende Funktion, sie ist auch immer schon auf Intersubjektivität gerichtet. Nur wenn der Begriff, den alle verwenden, von den Vorstellungen, die jeder einzelne konkret mit ihm verbindet, absieht, kann sich Verständigung einstellen. Nur weil das Konkrete in allgemeinen Termini bezeichnet wird, lässt es sich anderen verständlich machen. Das Konkrete bedarf des begrifflich Allgemeinen, um *für uns* Konkretes sein zu können. *Verstehen* eröffnet sich in dem Raum von Meta-Sprachen, die zuletzt aber in keine andere als die Umgangs- oder Verkehrssprache selbst (zurück-)übersetzt werden können. Das liegt bereits an der Eigenart ihres Erwerbs. Denn als allgemeine Gestalt einer überindividuellen Volks- und Umgangssprache kann sie nur individuell erworben werden; Sprache hat ihren »ontologischen« Sitz nirgendwo anders als in dem sprechenden Individuum und doch sind die Äußerungen dieses Individuums fast allesamt »normierte, nach Regeln erlernte Sprachgewohnheiten« (Patzig 1996, 162). Ferdinand de Saussures Unterscheidung von *langue* und *parole* trägt dieser Dialektik Rechnung: *Langue* meint die Sprache als System normierter Sprechgewohnheiten, *parole* die Form, in der sich diese allgemeine Sprache als besonderes Sprechen konkretisiert (vgl. Saussure 2001). Im Anschluss an Saussure hat Maurice Merleau-Ponty daran erinnert, dass die Sprache nie nur aktualer Vollzug, sondern »Sedimentierung« (Merleau-Ponty 2007, 128 f.) ist, eine Ablagerung der Gedanken vergangener Generationen, die die Sprache erst »zu dem gemacht haben, was sie heute ist« (Patzig 1996, 151).

Eine zweite Dialektik liegt in der Selbsttransparenz der Sprache. Wie man oft einer Sache erst dann gewahr wird, wenn sie auffällt, Probleme bereitet, nicht mehr funktioniert, so *zeigt* sich die Sprache erst dann, wenn sie ihre eigene Durchsichtigkeit aufhebt: wenn Dinge ausgedrückt werden sollen, zu der die Sprache nicht in der Lage zu sein scheint; wenn eine andere oder unverständliche Sprache gebraucht wird. Die Frage nach der Sprache zu beantworten, fällt der Philosophie auch deshalb so schwer, weil sie ihr so nahe liegt: »wir benutzen sie schon, indem wir nach ihr fragen« (Patzig 1996, 152). Diese Selbsttransparenz und »Fraglosigkeit«, nämlich dass sie in der Regel schon im Vernehmen verstanden wird, kennzeichnet die »Verbindlichkeit« (Lipps 1977, 109) normaler Sprachen, während die Einschränkung ihrer Varianz allen formalen Sprachen allererst die Eindeutigkeit sichert. In beiden offenbart sich eine Stärke und Relevanz zur Beantwortung philosophischer Fragen, die in der Tat die Besinnung auf Sprache zu dem übergreifenden philosophischen Zug der Moderne und Nachmoderne haben werden lassen (vgl. Boeder 2006).

Philosophische Elemente der Sprache

Zu den traditionellen Bestimmungen gehört die Auffassung, dass Sprache, Welt und Wirklichkeit getrennte Sphären bilden; dass Sprache vor allem dazu diene, Informationen über eine Wirklichkeit zu vermitteln, die auch ohne sie da wäre.

Organon

Das instrumentalistische Sprachparadigma begreift Sprache als Werkzeug der Übermittlung von Informationen; sie ist Darstellung einer von ihr unterschiedenen Welt: »Werkzeug der Belehrung und Unterscheidung des Seienden« (Platon, *Kratylos* 388b13-c1). Bis in die Neuzeit galt in der Philosophie ein Primat des darstellenden Wesens der Sprache, zu dessen Inbegriff seit Aristoteles der prädikative Satz (*logos apophantikos*) wurde, der mit Wahrheitsansprüchen auftretende Behauptungssatz, der einen singulären Terminus einem generellen Terminus subsumiert und das Wesen der Sprache in der verbindenden Kraft der Kopula (»ist«) erblickt.

Doch schon bei Platon und Aristoteles meint Logos mehr, nämlich die Seinsweise, in der wir sind (*zoon logon echon;* Aristoteles, *Politik* 1253a9) und in der wir Welt bestimmen, wie wir von ihr bestimmt werden. Weniger im Anschluss an Aristoteles denn an Platon hat Karl Bühler sein dreistufiges Funktionsschema der Sprachzeichen »Organon-Modell« genannt (Bühler 1934, 28). Bühler schreibt der Sprache drei Grundfunktionen zu, in denen Sprecher (Sender) sich anderen (Empfänger) mitteilen. Als *Symptome* sind Sprachzeichen Ausdruck der Innerlichkeit Sprechender (Ausdrucksfunktion), als *Signale* appellieren sie an den Empfänger (Appellfunktion), als *Symbole* vergegenwärtigen sie Sachverhalte (Darstellungsfunktion). Aber noch die semiotischen Modelle Bühlers und Charles W. Morris' (vgl. Morris 1946) bleiben jenem instrumentellen Mitteilungsparadigma der Sprache verhaftet, welches entweder die »instrumentale Rolle der Sprache beim Ausdruck des Gedankens« oder »ihre mediale Funktion bei der Abbildung der außersprachlichen Realität« (Coseriu 2003, 14) bestimmt.

Mentalismus

Eng verwandt mit dem instrumentalistischen Modell der Sprache ist das mentalistische. Dessen Grundidee besagt seit John Locke, dem Begründer neuzeitlicher Sprachphilosophie, dass Sprache nicht nur dem Ausdruck unserer Eindrücke (*impressions*) und Vorstellungen (*ideas*) diene, sondern dass die sprachlichen Unterscheidungen auch der kategorialen Ordnung dieser Vorstellungen (einfache Ideen, Relationsideen, Substanzideen, Verbindungsideen) folgen (vgl. Locke 1975, III, 2, 4). Seither versteht man unter »Mentalese« die Annahme einer inneren mentalen Sprache – eine Auffassung, die sich bis zu Noam Chomskys These von der Angeborenheit basaler grammatischer Strukturen erstreckt (vgl. Deacon 1997, 27). Leibniz hat dem entgegnet, dass sprachliche Repräsentation (als *cognitio symbolica*) gegenüber der gedanklichen nicht nur temporär, willkürlich oder *sekundär*, sondern *prinzipiell* und konstitutiv für das Denken sei. Zeichen stehen nicht für das, was *eigentlich* gemeint ist, sondern sind selbst Eigentliches (vgl. Leibniz 1961, 204). Muster dieses Analogiekonzepts von Repräsentation (*repraesentatio*) sind für Leibniz die schriftlichen Rechenoperationen: In ihnen haben wir es nicht mehr mit Gegenständen, sondern überhaupt nur noch mit Zeichen zu tun (vgl. Krämer 1992).

Noch die funktionale Auslegung der Sprache als Kommunikation (vgl. Watzlawick u.a. 1974) hat es schwer, die Kreise des mentalistischen und instrumentalistischen Paradigmas zu verlassen. Referenz- und Kommunikationstheorien werden der Eigenart menschlicher Sprachen nicht gerecht. Die Differenz liegt vielmehr in der Eigenart *symbolischer Reflexionsformen* der Sprache, die auch die Schrift einschließt.

Schrift

Hartnäckig hält sich im Alltagsverständnis die Vorstellung des Primats gesprochener Sprache. In der Tat ist historisch wahrscheinlich, dass Menschen sprachen, bevor sie Schrift entwickelten; auch liegt es nahe, Schrift als visible Fixierung klangkörperlichen Sprechens aufzufassen. Jacques Derrida hat dieses philosophisch-linguistische Vorurteil jedoch so nachhaltig erschüttert, dass seine dekonstruktivistische Methode zur Hermeneutik der neuen, textbasierten, differentiellen und informationellen Medien dienen konnte. Damit gab die Dekonstruktion einen entscheidenden Schlüssel zum Verständnis der »medialen Moderne« (Scheier 2000). Zwar wird der Dekonstruktion die Welt deshalb nicht selbst einfach zum Text, wie John R. Searle ihr unterstellt hat (vgl. Searle 1977), aber die Verhältnisse in ihr werden lesbar *wie* ein Text (vgl. Winter 2009). Wiederholt sucht Derrida aufzuzeigen, dass das phonographische Dogma (vgl. Kogge/Grube 2007) im traditionellen Sprachverständnis die Eigenart – genauer: die *archi-écriture* – der gesprochenen Sprache verdecke (vgl. Derrida 1976). Denn die phonetische Sprache folgt keinesfalls einem streng phonetischen Prinzip. Es gibt sensu stricto keine phonetische Schrift: Die Interpunktion klingt ebenso wenig wie die Zwischenräume der Buchstaben, die für die Distinktheit des Textes notwendig sind.

Leiblichkeit

Unbeabsichtigterweise hat der dekonstruktivische Paradigmenwechsel zur Erforschung der Schrift als

Verräumlichung und Verkörperung den Fokus auf die *leibliche* Dimension der Sprache – Stimme, Geste, Ausdruck – zurückgelenkt. Dabei ging es keineswegs um eine Revision strukturalistischer Einsichten in die skripturale Matrix der Sprache, sondern um die von diesen selbst angestoßene Wiedergewinnung eines holistischen Begriffs von Sprache (vgl. Bertram 2006), um Korrektur eines einseitig »intellektualistischen Sprachbildes« (Krämer 2001, 98), welches Sprache als ein universales, epistemisch-repräsentatives, realitäts- und regelbezogenes, kompetenz- und dialogzentriertes, verkörperungs- und medienindifferentes Medium überzeichnet. Zu erinnern ist an die Grenze innerhalb der Sprache selbst, die zugleich Unterscheidungs- und Beziehungsgrund skripturaler, verbaler, paraverbaler (stimmliche Qualitäten: männlich/weiblich etc.) und nonverbaler Zeichen oder zwischen Graphemen, Akustemen und Kinemen ist; zu erinnern ist das Zusammenspiel von Sprechen und »Körperschema« (Krois 2011) im Wahrnehmungsvollzug. Für einen umfassenden Sprachbegriff heißt dies, auf die spezifische Materialität der Kommunikationsformen, auf die differenzierte Verkörperung der Gedanken, auf die konkrete Leiblichkeit der Sprechenden zu reflektieren: Es gibt keine Bedeutung (*sens*; *vouloir-dire*) außerhalb des Sprechens (und der Sprechakte); und doch wird Bedeutung nicht restlos durch Sprache erzeugt und beherrscht (vgl. Merleau-Ponty 2007, 122 ff.).

Symbolische Reflexion: Die kulturphilosophische Sprachanalyse

Kulturphilosophische Sprachreflexion macht die traditionellen Elemente des Sprachbegriffs auf einen ihnen gemeinsamen Grund hin durchsichtig: auf die Verfassung der Sprache als *symbolische Reflexion*.

Zeichenapriori

Sie postuliert, dass der menschliche Weltzugang von vornherein medien- und zeichenabhängig ist; dass wir nicht *nicht* Zeichen interpretieren können. Sie geht mit Leibniz, Peirce und Cassirer davon aus, dass der menschliche Geist bereits auf der Ebene des Erwerbs und der Bildung von Vorstellungen, nicht erst auf der ihrer »Verarbeitung«, auf Zeichen angewiesen ist – und zwar auf die die konventionellen Zeichen *symbolischer* Normalsprachen. Diese haben eine »heuristische« Funktion, »indem ihre Formen für uns die Weisen der Beobachtung und Interpretation vorherbestimmen« (Sapir 1933, 159; Übers. D. W.). Während das mentalistische Paradigma sprachliche Symbolsysteme auf ihre Darstellungs- und Kommunikationsfunktion reduziert, betont die kulturphilosophische Sprachanalyse die Symbolizität unseres Geistes als »Primärphänomen« (Krois 2004, 106), ihr Leib- und Sprachapriori (vgl. Gipper 1987): Wahrnehmen und Erkennen sind nicht im nachhinein, sondern konstitutiv symbolisch.

Transformation

Sprechen lässt sich mit Susanne Langer zunächst als »symbolische Transformation von Erfahrung« (Langer 1965, 52) verstehen. In einem doppelsinnigen Überführungsvorgang lassen sich mit Sprache Erfahrungen speichern, aber auch solche Erfahrungen ersetzen, die nicht unmittelbar erreichbar sind, schließlich auch Erfahrungen repräsentieren, die wir möglicherweise nie werden machen können. Symbolische Transformation benennt daher den Umstand, dass Sprache nicht nur Supplement unmittelbarer Erfahrung ist, sondern auch Erzeugung, Begleitung und Klärung von Erfahrung. Durch Distanz zur Erfahrung werden bestimmte Erfahrungen überhaupt erst möglich. Sprache und Erfahrung durchdringen sich so innig, dass sich die vermeintliche Sekundarität der Sprache in einen Primat gegenüber Erfahrung auflöst. Von Symbolen lässt sich aber erst dort sprechen, wo ein Laut oder Akt gegeben ist, der keinen praktischen Sinn hat, um dennoch eine Tendenz zu erzeugen, Antwort hervorzurufen. Wir dürfen das Wesen der Sprache also weniger in der Mitteilung natürlicher Wünsche (das kann auch Pantomime) als vielmehr im symbolischen *Ausdruck* von Vorstellungen suchen: Merkmal symbolischer Reflexion ist der »ursprünglich unpraktische, oder besser, konzeptuelle Gebrauch der Sprache« (ebd., 122).

Repräsentation

Sprachliche Symbole lenken nicht durch sich selbst von der Sache ab, für die sie stehen. Wenngleich sinnlich präsent, sind symbolische Zeichen notwendig ungegenständlich und an sich selbst wertlos. Sie sind kein Gegenstand, der als solcher interessiert: »Je karger und gleichgültiger das Symbol, um so größer seine semantische Kraft. Pfirsiche sind zu gut, um als Wörter zu figurieren« (ebd., 83). Daher rufen Symbole im Unterschied zu Anzeichen oder Signalen »kein der Anwesenheit seines Gegenstandes angemessenes Verhalten hervor« (ebd., 68). Sie sind

»nicht Stellvertretung ihrer Gegenstände, sondern Vehikel für die Vorstellung von Gegenständen« (ebd., 59). Das Symbol ermöglicht ein Festhalten am Objekt, ohne dieses Objekt zu *haben*. Das gilt vor allem auch für naturwissenschaftliche Sprachvermittlung: Nichts in der Natur sieht dem (in sich geschlossenen) physikalisch-mathematischen Symbolsystem der Physik ähnlich und dennoch darf es beanspruchen, ein Bild – nicht Abbild – der Natur zu geben. Auch chemische Formeln wie H_2O haben nichts mit der direkten Beobachtung des so bezeichneten Stoffes gemein (vgl. Cassirer ECW 11, 15). Daher werden wissenschaftliche Probleme in der Regel nicht dann gelöst oder beherrschbar, wenn neue Phänomene ermittelt, sondern neue symbolische Ausdrücke und verbesserte Beschreibungssprachen gefunden werden.

Diese Aufklärung hat allerdings ihre eigene Dialektik: »Je weiter wir auf das Symbolische, auf das bloß Signifikative fortschreiten, um so mehr trennen wir uns vom Urgrund der reinen Intuition« (ebd., 47). Anders gesagt: Die Sekundarität der Symbole gegenüber den Erfahrungsgegenständen wird so sehr zu einem Ersten, dass vorsymbolische Erfahrungen immer weiter zurücktreten. Das Paradies reiner Unmittelbarkeit verschließt sich, Symbole übernehmen unaufhaltsam die Ordnung des »Chaos der unmittelbaren Eindrücke« (ebd., 39).

Symbolisierung

Die Symbolizität des Erkennens und Wissens impliziert, dass symbolische Zeichen immer auch anders interpretiert werden können; dass wir den Gebrauch unserer Symbolsysteme, und auch zwischen ihnen, wählen. Nur als *animal symbolicum* ist der Mensch das »nicht-festgestellte Tier« (Nietzsche KSA 3, 81). Die Möglichkeit der Interpretationsvarianz erweist sich allerdings als abhängig nicht schon von Referenz und Repräsentation, sondern von einer bestimmten Art ihrer Referenz (vgl. Deacon 1997). Zu unterscheiden ist zwischen situationsgebundenen und situationsunabhängigen Repräsentationen: Situationsgebundene Zeichen (*cued representations*) repräsentieren etwas, das in einer Situation tatsächlich anwesend ist oder das durch etwas anderes in dieser unmittelbaren Situation ausgelöst (*triggered*) wird (vgl. Gärdenfors 2005, 278). Allein die Situation legt die Art der Reaktion fest, die stets eine andere wäre, würde das wahrgenommene Objekt als Fress- oder aber als Paarungsobjekt kategorisiert. Demgegenüber stehen situationsunabhängige Repräsentationen (*detached representations*) für Gegenstände oder Ereignisse, die weder anwesend noch durch eine unmittelbare Situation ausgelöst sind (ebd., 228).

Damit ist keine Demarkationslinie zwischen menschlicher und animalischer Kommunikation gezogen. Denn so wie auch menschliche Kommunikation eine Vielzahl von non-, prä- oder parasymbolischen Anzeichen einschließt, verfügen Primaten (z. B. beim Suchverhalten) über ausgeklügelte Formen situationsunabhängiger Repräsentationen, kognitiv-sensomotorischer Schemata und »spatial maps« (Leslie 1987). Daher sind Stufen der Situationsunabhängigkeit zu unterscheiden, deren zunehmender Grad auf stets reichere, instinktunabhängige Innenwelten schließen lässt, die sich ab einem bestimmten Punkt nur noch in symbolischen Sprachen bewältigen und ausdrücken lassen (vgl. Deacon 1997). Sobald Reaktionen nicht mehr von der Unmittelbarkeit einer Außenwelt regiert werden, sondern von Rückblicken, reflektierten Erfahrungen und Antizipationen, nimmt nicht einfach die Menge an Zeichen zu (Quantität), sondern ihre Komplexität (Qualität). Symbolische Sprachen vereinen nicht ein Maximum, sondern ein Optimum von Ausdrucksmöglichkeiten. Symbole ermöglichen mit ihrer Situationsunabhängigkeit allererst Reflexivität. Wenngleich der Hund zeigen kann, dass er ärgerlich ist, kann er nicht zeigen, dass er gestern ärgerlich war (vgl. Sjölander 1993). Signalsprachen eignet deshalb die Form des Imperativs (vgl. Glasersfeld 1977). Die sich davon radikal unterscheidenden Formen und Funktionen symbolischer Reflexivität gründen in der Koevolution von zunehmend symbolisch werdender Repräsentation und zunehmender Weite der geistigen Innenwelt des Menschen (vgl. Gärdenfors 2003, 177; Deacon 1997).

Referenz

Normale Sprachen kennzeichnet, dass ihre Symbole in keiner Kausal- oder Ähnlichkeitsbeziehung zum Repräsentierten stehen. Symbolische Zeichen sind die unmittelbare (sinnlich gegenwärtige) Vermittlung (als Bedeutungen bzw. Begriffe) von Vermitteltem und Unmittelbarem (d. h. von Irrealem, Antizipiertem oder Situationen, Ereignissen, Sachen). Dabei macht der Koordinationsbedarf an Bedeutungen eine frugale Ökonomie grammatischer Verknüpfungen notwendig. Syntax entsteht durch die Koordination großer Mengen von Semantik, die sie zugleich komprimiert (vgl. Schoenemann 1999). Syntaktische Strukturen wirken deshalb wiederum auf die Situationsunabhängigkeit symbolischer Sprache(n) zurück.

Symbole beziehen sich folglich nicht direkt auf Gegenstände der äußeren Welt, sondern auf erlernte Bedeutungen. Die *differentia specifica* zwischen sprachvermögenden Spezies ist also nicht schon der Unterschied zwischen referentiellen und nichtreferentiellen Arten der Kommunikation, sondern fällt in den Bereich referentieller Zeichen selbst (vgl. Deacon 1997, 59). Es ist der Unterschied zwischen direkten, transparenten semantischen Beziehungen und indirekten, opaken Referenzen, wie sie nur Symbolsysteme auszeichnen. Nur die symbolische Sprache lässt einen hinreichend großen Spielraum zwischen dem – in Gottlob Freges Terminologie – Sinn und der Bedeutung, zwischen der Intension und der Extension von Begriffen.

Symbolische Referenz impliziert eine nicht einfach nur zufällige, sondern strukturelle Abwesenheit des Referenten: Es ist notwendig, dass das Repräsentierte immer auch abwesend sein kann. Derrida (1976) hat daher (im Anschluss an Edmund Husserls *Logische Untersuchungen*) das Moment der Abwesenheit und Differenz als die eigentliche Struktur des Zeichens bestimmt, so dass es durchaus symbolische Referenz ohne Referenten, sogar ohne *bestimmte* Signifikate geben kann.

Multiperspektivität

Für den ontogenetischen Spracherwerb spielt die Beherrschung der Multiperspektivität symbolischer Zeichen die vermutlich entscheidende Rolle. Empraktisch üben Kinder in Situationen gemeinsamer Aufmerksamkeit mit Erwachsenen das Verständnis nichtlinearer Bedeutungsreferenz ein: Das zu erlernende Symbol hat keine eindimensionale Funktion, sondern zumeist mehrere Aspekte. 15 bis 18 Monate alte Kinder lernen folglich mit der Schwierigkeit umzugehen, dass ein »Gegenstand [...] zugleich eine Rose, eine Blume und ein Geschenk« (Tomasello 2002, 129) sein kann. Die Voraussetzungen des Symbolgebrauchs liegen (1) in der *Intersubjektivität* von Zeichen, d.h. dass sie Ausdruck einer gemeinsamen (Wir-)Intentionalität (*shared intentionality*) sind sowie (2) in ihrer *Perspektivität*, d.h. insofern jedes Symbol eine besondere Sichtweise eines bestimmten Phänomens darstellt.

Wir-Intentionalität wird erzeugt durch gemeinsame Aufmerksamkeit auf kollaborative Tätigkeiten (vgl. Tomasello/Carpenter 2007, 121). Diese Aufmerksamkeit impliziert, wie schon das Intentionalitätsschema von Grice (1969), zugleich ein Metabewusstsein von dem gemeinsamen Wissen um diese geteilte Aufmerksamkeit: »Ich weiß, dass du weißt, dass ich weiß, dass wir gemeinsam einen Turm bauen wollen« (Greffrath 2009, 33). Empirische und experimentelle Studien, die Situationen gemeinsamer Aufmerksamkeit (*joint attentional scenes*) auswerten, untermauern die These, dass symbolische Repräsentation, dass spezifisch linguistischer Referenzbezug in soziale Handlungen eingebettet ist, aus denen er erlernt wird. Dabei ist die Umkehrung von Handlungsrollen ein entscheidender Faktor. Offenbar erfordert der Ausdruck der eigenen Intentionalität bei Kleinkindern eine potentielle Rollenvertauschung auf Seiten des Kindes (vgl. Tomasello 2002). Das Kind wird in die Lage gebracht, eine Du-Perspektive einzunehmen, um an dem Ensemble der Handlungen, Gesichtszüge, Gesten und sprachlichen Aufforderungen des Erwachsenen abzu»lesen«, worin die gemeinsame Tätigkeit bestehen soll oder könnte. An ihr kristallisiert sich das Grundmodell des Verständnisses kommunikativer Intentionalität. Entscheidend scheint, dass sich die erwachende Selbstrepräsentation des Kindes nicht nur über die Wahrnehmung der Reaktion des Erwachsenen auf es, sondern vor allem durch die Repräsentation einer immer schon gemeinsamen Wir-Einstellung herstellt – und damit eine ältere Einsicht moderner Sozialphänomenologie empirisch verfeinert, die gezeigt hat, dass es der durch den Spiegel einer Intersubjektivität gebrochene Blick des Anderen ist, der unser Selbstsein bestimmt (vgl. Theunissen 1965). Rückschlüsse erlauben solche Erkenntnisse auch auf die Konstitution des Selbstbewusstseins, in welcher »you-awareness« (Gärdenfors 2003, 233) und »we-awareness« unserer »self-awareness« immer schon vorgängig sind. Denn in der Multiperspektivität dieser Einstellungen spiegelt sich die Multiperspektivität symbolischer Sprache. Hier wie dort haben die Intentionen bzw. Bedeutungen keinen *eindeutigen*, sondern schwankenden Referenzbezug, kraft dessen dieselbe Person ein Du, Wir oder Ich bzw. derselbe Gegenstand zugleich Blume, Rose und Geschenk sein kann.

Äquipotentialität

Die negative Bestimmung der Situationsunabhängigkeit und Abwesenheit lässt sich auch in positiven Begriffen beschreiben: als Möglichkeit zur freien Anpassung an virtuell *jede* Situation. Die Abwesenheit eindeutiger Referenz ermöglicht stets neue Adaptionen an veränderte Situationen (vgl. Fauconnier/Turner 2002, 179). Äquipotentialität verdankt sich nicht schon der symbolischen Reflexivität natürlicher Sprachen selbst, sondern der nur in ihnen angelegten Möglichkeit, die eigenen propositionalen Einstellungen durch die selbst imaginierten propositionalen Einstellungen anderer »zur Disposition stellen zu können« (Seel 2002, 152). Die Äquipotentialität der Sprache beruht auf einer tertiären Intentionalität von Selbstkorrekturen: Wir erkennen Absichten »hinter [...] Äußerung[en]« (Grice 1979, 7), indem wir uns so verhalten, wie ein Anderer intendiert, weil wir interpretierend zu verstehen meinen, was der andere *als* etwas Bestimmtes intendiert. Hierzu werden auch die grammatischen Möglichkeiten der Bedeutungskompression genutzt (vgl. Fauconnier/Turner 2002, 183), die in symbolischen Sprachen allerdings einer Wechselwirkung unterstehen: Äquipotentialität setzt Syntax, diese wiederum symbolische Multiperspektivität und Äquipotentialität voraus, die wir nicht schon als individuelle, sondern erst als kulturelle, auf gemeinsame Überlieferungen zurückgreifende Wesen besitzen. Weil Multiperspektivität und Äquipotentialität *conditiones sine quibus non* der symbolischen Reflexion der Sprache sind, ist keine der existierenden Normalsprache »von vornherein ungeeignet, die komplexesten Ideen auszudrücken« (Deutscher 2010, 10).

Äquipotentialität verdankt sich schließlich auch der eigentümlichen Synthesisleistung symbolischer Reflexion. Vermöge der Kopplung von Sprache und Vorstellungskraft beziehen wir im Geist problemlos und natürlich verschiedene semantische Felder oder kognitive Schemata aufeinander, um daraus neue zu bilden (vgl. Fauconnier/Turner 2002: *conceptual blending*). Begriffliche Synthesis ist Produkt einer Wechselwirkung zwischen Sprache und Imagination, deren eigentümliche »feedback-Schleife« (Flusser 1998, 77) darin besteht, dass das *animal symbolicum* mit vorgefundenen symbolischen Ordnungen neue Dimensionen von Vorstellung und Wirklichkeit erschließt, welche auf die symbolische Ordnung selbst verändernd zurückwirken, was wiederum zu neuen Erkenntnisdimensionen führen kann, die nur in einer entsprechend veränderten symbolischen Ordnung zu begreifen wären usw.

Symbolprägnanz

Gegen naive Auffassungen des in der Sprache zum Ausdruck kommenden Verhältnisses von Repräsentierendem und Repräsentiertem haben Cassirer und Goodman argumentiert, dass die Beziehung in gewisser Weise immer schon vor den Bezogenen da ist: in Form unterschiedlicher Symbolsysteme. Dabei versteht Cassirer unter *symbolischer Prägnanz* jenen Zusammenhang von Sinn und Sinnlichkeit, der aus der Konkretion sinnlicher Erlebnisse Bedeutung entspringen lässt, ohne dass dessen Sinnerzeugung durch einen nachträglichen, »aufgepfropften« apperzeptiven Akt entstünde. In einer solchen »symbolischen Ideation« (Cassirer ECW 13, 155) wird Gegebenes prägnant, »sofern in ihm ein prinzipiell überanschaulicher Gehalt in anschaulicher Form sich äußert« (ebd., 450). Alles Sinnerfassen hat einen »Richtungscharakter« (ebd., 235), der subjektiv von der Zeitform des Bewusstseins und objektiv durch die Symbolsysteme bestimmt ist, in denen das Erlebnis aufgenommen wird. Die symbolische Ordnung ermöglicht, das Gegebene *als* Etwas, als Ausdruck und Bedeutung, zu erfassen (vgl. ECW 11, 254). Cassirer gibt das bekannte Beispiel verschiedener Linienzüge, die als Wahrnehmungserlebnis zunächst bloße Gestalt sind, sichtbar und konkret. Während man aber das Auf und Ab einer solchen Kontur verfolgt, »beginnt plötzlich der Linienzug sich als Ganzes von innen her zu beleben. Das räumliche Gebilde wird zum ästhetischen Gebilde« (ebd., 257). Mit ihm verknüpft sich »Bedeutsamkeit«, die gleichwohl perspektivisch bleibt. Während der eine den Stil einer bestimmten Epoche erkennt, fasst ein anderer den Linienzug als Repräsentanten eines Sinuskurvenverlaufs oder als »Gesetz für eine periodische Schwingung« (ebd., 258) auf. Erscheint dasselbe sinnliche Grunderlebnis durch drei verschiedene symbolische Grundordnungen (ästhetischer, mathematischer und physikalischer Natur) gefiltert, so zeigt sich, dass keine Perspektive *an sich selbst* schon die richtige und damit zu privilegierende ist, sondern Bedeutung nur als Bedeutungszusammenhang entsteht.

Angesichts der geschilderten Zusammenhänge zwingt die Art der philosophischen Probleme ebenso sehr dazu, die Analyse symbolischer Ordnungen als Kulturphilosophie wie auch umgekehrt: die Kulturphilosophie als Sprachphilosophie fortzusetzen; und zwar als eine Philosophie erfahrungskonstitutiver Ausdruckssysteme (vgl. Goodman 1984). So lassen sich symbolische Ordnungen bestimmen als geschichtlich gewordene (vgl. Winter 2009), offene Systeme variabler Zeichen, die nicht auf eindeutiger, sondern auf multiperspektivischer und äquipotentialer symbolischer Repräsentation beruhen und sich durch eigene Techniken in ihrem Bestand erweitern und verändern können. Durch sie gewinnt das Abstraktum ›Sprache‹ konkrete Gestalt in den Sprachen, welche nicht bloß in ihrer Darstellungs- und Kommunikations-, sondern vor allem in ihrer Ausdrucks- und Imaginationsfunktion bedeutsam sind. Daher scheinen diejenigen symbolischen Ordnungen dem menschlichen Geist und seiner Vorstellungskraft gemäß, die mit einer übersichtlichen Menge an Zeichen ein Maximum an Flexibilität und Variabilität sowie ein Optimum an Ausdrucksmöglichkeiten erreichen, mit denen sich andere oder neue symbolische Ordnungen schaffen lassen. Diese Formen manifestieren sich im kulturellem Gedächtnis allerdings nicht rein sprachlich, sondern bedürfen der materiellen (vgl. Welzer 2002) bzw. technischen (vgl. Stiegler 2009) Speicher- und Trägermedien.

Sediment

Symbolsysteme prägen die kulturellen und kognitiven Schemata, die individuell bereits im frühkindlichen Spracherwerb verankert werden. In dieser Weise ist Sprache kulturelle Tatsache, Kultur »sedimentierte Sprache« (Merleau-Ponty 2007, 145); und auch in dieser Weise zitieren linguistisch-symbolische Zeichen, als Wörter bzw. Begriffe, stets ganze Kultur- und Bildungswelten unseres kollektiven semantischen Gedächtnisses: »Wenn das Kind den konventionellen Gebrauch dieser eingeschliffenen Symbole lernt, lernt es folglich etwas darüber, wie seine kulturellen Vorfahren die Aufmerksamkeit der anderen in der Vergangenheit steuerten« (Tomasello 2002, 150). Als Formen, die Hegel wohl Gestalten des objektiven Geistes genannt hätte, gehen die natürlichen Sprachen immer schon jenen Individuen voraus, die *in* ihnen und *dank* ihrer sprechen, aber Sprachen dadurch auch erst lebendig machen (vgl. Westerkamp 2008). Symbolische Ordnungen repräsentieren ›Weltansichten‹, die einer nicht immer klar zu bestimmenden oder intentional-bewusst gesteuerten Wir-Intentionalität entstammen.

Sprache und kulturelle Tatsachen

Kulturphilosophie hat ihre Aufgabe in der theoretischen Reflexion kultureller Tatsachen (vgl. Konersmann 2006). Doch ihr wird ›Sprache‹ nicht nur als kulturelles Gedächtnis zum Thema und Medium. Vielmehr bedient sich Kulturphilosophie der Sprachanalyse (sowohl der Historischen Semantik als auch der systematischen Begriffsklärung), um einer angemessenen Bestimmung ihres Gegenstandes willen: dem ständig neu sich anordnenden Ensemble kultureller Tatsachen. Mit Georg Simmel werden »materielle Kultur*güter*« wie Möbel und Kulturpflanzen, Kunstwerke und Maschinen, Geräte und Bücher ebenso »kulturelle Tatsachen« genannt wie jene objektiven Kultur*formen*, in denen das Selbstverhältnis des Menschen Gestalt gewinnt: Sprache, Sitte, Religion, Recht (vgl. Simmel 1989, 618).

Faktizität

Diese Nomenklatur wirft allerdings zwei gravierende Probleme auf: Zum einen die Frage, mit welchem Recht bei kulturellen Sachverhalten überhaupt von Faktizität gesprochen werden kann, weil beide Formen Wirklichkeitsbereiche konstituieren, die es offenbar nur gibt, weil wir kollektiv annehmen, dass es sie gibt (vgl. Searle 1995); deren Gegenstände nur existieren, weil sie *als* bestehende Sachverhalte rezipiert werden, und von denen man sich fragen kann, ob sie vor ihrer *Rezeption* überhaupt bestanden haben. Zum anderen die Frage, ob das Verständnis kultureller Tatsachen vereinbar ist mit der überwiegend propositionalistischen Lesart des Tatsachenbegriffs. Die Analyse zeigt, dass die Beantwortung der zweiten Frage auf die der ersten zurückwirkt und eine Theorie der Sprachlichkeit kultureller Tatsachen fordert.

Zwar geht die analytisch-propositionalistische Lesart davon aus, dass deskriptive Sätze Sachverhalte darstellen und wahre Sätze als Repräsentanten bestehender Sachverhalte, also Tatsachen, zu betrachten sind: »Wer überhaupt von einer Tatsache spricht oder auf sie hinweisen will, der muß selbst einen Satz schon formulieren, der diese Tatsache ausspricht« (Patzig 1996, 12). Aber auch die propositionalistische Lesart unterscheidet sehr wohl zwischen der Formulierung des Faktums selbst und den Bedingungen, die erfüllt sein müssen, damit ein die Tatsachen repräsentierender Satz wahr ist. Dass jeder Mensch sterblich ist, darf als eine Grundtatsache menschlicher Existenz gelten. Zugleich ist es ein Faktum, das auch ohne seine Artikulation bestanden hätte, deren Formulierung auch hätte aufgeschoben werden können (vgl. ebd., 15). Anders gesagt: Das, worauf sich die Tatsache bezieht, kann auch unabhängig von seiner sprachlichen Formulierung bestehen. Daher ist zwischen grundsätzlich sprachabhängigen Tatsachen und den mithin sprachunabhängigen Umständen zu differenzieren, auf die sich Tatsachen beziehen, um Tatsachen zu sein. Faktizität hat folglich einen Doppelcharakter, der Dinge umfasst, die vorfallen (Ereignisse, Erlebnisse, Situationen) und Dinge, die wahr sind (zutreffende Sachverhalte) (vgl. ebd., 19). Dieses verwirrende Doppelgesicht unseres Tatsachenverständnisses ist nun nicht etwa ein terminologisches Ärgernis, sondern als Explikationsgewinn zu verstehen, der die »Logik« kultureller Tatsachen erschließt.

Denn anders als in der Metaphysik und Scholastik die *data*, sind in der wissenschaftlichen Moderne Fakten nicht mehr geber-, sondern beobachterabhängig. Daten bedürfen der Interpretation, um Tatsachen zu sein, weil es für den Sinn empirischer Daten so gut wie unerheblich ist, auf welchen Geber sie zurückweisen; unabdingbar hingegen der Beobachter, der sie deutet. Daher ist zwischen dem, *worüber* bzw. *wovon* etwas ausgesagt wird, und dem *Was* der Aussage selbst zu unterscheiden (vgl. Strawson 1964, 33). Wovon oder worüber man etwas aussagt, sind Erfahrungsgegenstände; was behauptet wird, ist dagegen ein Sachverhalt, der besteht oder nicht besteht. Bestehende Sachverhalte werden Tatsachen genannt. Deshalb lassen sich Tatsachen nicht erfahren und Erfahrungen nicht behaupten (vgl. Habermas 1984). Und so, wie die sprachabhängigen Tatsachen von den Erfahrungsgegenständen (die immer Gegenstände *möglicher* Erfahrung sind) zu trennen sind, ist der Anspruch auf Objektivität von diskursiven Geltungsansprüchen zu unterscheiden.

Statusfunktionen

Obwohl Tatsachen Objektivität beanspruchen, haben sie nicht den Charakter sinnlichen oder gegenständlichen »Gegebenseins« – dies ist der Charakter von Erfahrungsgegenständen. Solche Unterscheidung berücksichtigt die Differenz von beobachterunabhängigen und beobachterabhängigen sozialen Tatsachen (*brute facts* vs. *social* oder *institutional facts;* vgl. Searle 1995). Während erstere grundsätzlich nicht von menschlichen Einstellungen abzuhängen scheinen (Kraft, Masse, Atome) und vermeintlich vorsprachliche Gegenstände der Naturwissenschaft sind (vgl. dagegen: Latour/Woolgar [2]1986), hängen letztere (Geld, Cocktailpartys, Regierungen) von sozialen Bewertungen ab und sind Gegenstand der Kultur- und Sozialwissenschaften (vgl. Searle 2006, 14). Auch hier gilt, dass reine Tatsachen (*brute facts*) unabhängig von Sprache zu existieren scheinen, es allerdings der Sprache bedarf, um sie *als* Sachverhalte *für uns* zu Tatsachen zu machen. Es ist begrifflich unmöglich, einen Gedanken wie »Heute ist Dienstag, der 30. November 2020« sprachunabhängig zu denken, weil es auf ein verbal-sprachliches Ordnungssystem der Identifizierung von Tagen verweist, das es außersprachlich nicht gibt (vgl. Searle 1995, 61). Gedanken wie »Deine Gewinnchance verhält sich zu deinen Verlustchancen wie eins zu tausend« (Langer 1965, 81) oder »Der Mittelstürmer erzielte seinen dritten Treffer« lassen sich nicht sprachunabhängig denken, weil sie sich linguistischer Ausdrücke bedienen, die keine direkte Referenz haben – es gibt nichts zu sehen, was einen dritten Treffer bildlich indizieren könnte. Es gibt keine »Treffer« oder so etwas wie ein »drittes Tor« als Referenzobjekte; und die symbolische Reflexion der Sprache ist Repräsentation begrifflicher Sachverhalte und Tatsachen, nicht aber von Erfahrungsgegenständen.

Ähnlich wie Simmel exemplifiziert Searle diesen Zusammenhang anhand der Statusfunktionen, die ein materielles Stück Papier zum materiell-virtuellen Faktum »Geld« werden lassen. Soziale und kulturelle Faktizität hängt an einer Übertragung von Funktionen, deren generelle Formel so bestimmt werden kann: »X gilt für Y in einem Kontext C« (Searle 1995, 61; Übers. D. W.). Der Schritt von dem Papierstück X zu der Konvention des Geldes (»gilt für Y«) ist folglich der Schritt über das Stadium bloßer Faktizität hinaus in eine Sphäre, in der *Bedeutungen* durch symbolisch-linguistische Systeme festgelegt werden. Diese Bedeutungsfixierung nennt Searle Übertragung von Statusfunktionen, welche ihrerseits durch den jeweiligen sozial kodierten Kontext C festgelegt wird. Indem solche Statusfunktionen nur in den konventionell geregelten Symbolisierungen der Sprache bestehen können, ist der Schritt von den reinen zu den sozialen Tatsachen allerdings »eo ipso ein *sprachlicher*« weil der X-Term nunmehr etwas symbolisiert, was jenseits seiner selbst liegt (ebd., 73).

Das macht soziale Tatsachen zu Formen geteilter und kollektiver Subjektivität, die der von Grice beschriebenen Struktur tertiärer Intentionalität folgt: »Ich weiß, dass Du weißt, dass ich weiß, dass dieses Stück Papier ein Geldschein ist«. Auch hier spielen Formen kollektiver Intentionalität für die Wahrnehmung von Artefakten, Ausdrucksphänomenen oder Bedeutungszusammenhängen *als* kulturelle Tatsachen eine zentrale Rolle. Dabei bedarf es eigentümlicherweise kaum expliziter Vereinbarungen, wohl aber koordinierter Handlungen, um Formen pluraler Subjektivität zu festigen (vgl. Gilbert 1989). Dieser Zusammenhang ist wichtig, weil kulturelle Tatsachen stets Produkte einer pluralen Subjektivität sind. Freilich konstituieren sich plurale Subjekte nicht bloß kraft der gemeinsamen Überzeugungen, sie stellen solche Überzeugungen auch aktiv her; sie akzeptieren nicht nur geteilte Pläne, sondern regen andere zur Teilung dieser Überzeugungen an. Diesen

Rückkopplungseffekt nennt Margaret Gilbert »derived joint commitment« (ebd., Kap. IV). Dabei müssen nicht alle Mitglieder zu jedem Zeitpunkt genau wissen, *als was* und *wie* das plurale Subjekt handelt: Entscheidend ist allein ein kollektiv geteilter Zweck, der den ausgesprochenen oder unausgesprochenen Sprechakt »*Wir* taten es« stiftet.

Vor diesem Hintergrund wird die alte Bedeutung von Faktizität als Tat-Sachen durchsichtig, die komplementär zur propositionalen Auffassung von Faktizität als Gesamtheit der Tat-Sätze steht (vgl. Wittgenstein 1984, 11); es ist zugleich der Hintergrund, der die sprachliche Symbolisierung kultureller Tatsachen deutlich werden lässt. Denn mit Simmel kann man argumentieren, dass kulturelle Tatsachen zwar generell Artefakte sein können – wie Möbel und Kulturpflanzen –, dass sie zu kulturellen Tatsachen aber nur werden kraft der sprachlichen Rezeptionsleistungen einer kulturellen Praxis. Kulturelle Tatsachen heißen also solche (sozialen) Tatsachen, die den jeweiligen Kontext C allererst hervorbringen (und/oder ihm Dauer verleihen), in welchem dann X für Y gelten kann. Diese Metaebene der Poiesis von Tatsachen ist eine kulturelle Ebene, auf der die sprachliche Zuschreibung von Kategorien erfolgt. Entsprechend ist die soziale Tatsache des Treffer-Erzielens beim Ballspiel eingebettet in einen kulturellen Erlebnishorizont, in dem ein objektiv sinn- oder nutzloses Ballhinterherjagen zu einem selbst signifikanten Referenzobjekt werden kann, das für uns Sinn ergibt, um auch darüber wiederum Aussagen machen zu können.

Kulturelle Tatsachen entstehen folglich durch *sprachliche* Rezeptionsleistungen bestimmter Phänomene, Artefakte und Ereignisse *als* kulturelle Tatsachen in Form der Übertragung von Statusfunktionen, die – im Sinn von *res facti*, des Erschaffens von Tatsachen – dieses Etwas *als* kulturelle Tatsache setzen. Dies schließt eine mögliche Dinglichkeit dieser Tatsachen ebenso ein wie die sprachliche Artikulation ihrer Geltung. So ist die Sprache selbst eine kulturelle Tatsache und zugleich Bedingung der Möglichkeit kultureller Faktizität überhaupt. Diese Doppelstruktur wohnt der symbolischen Reflexion der Sprache auch noch auf ihrer Metaebene inne: Nur dank ihrer Verfassung als symbolische Reflexion können wir über die symbolische Reflexion der Sprache selbst sprechen.

Literatur

Adorno, Theodor W.: *Negative Dialektik* (1966). In: Ders.: *Gesammelte Schriften*, Bd. 6. Hg. von Rolf Tiedemann. Frankfurt a. M. 1986.

–: *Philosophische Terminologie.* Hg. von Rudolf zur Lippe. Frankfurt a. M. 1973.

Apel, Karl-Otto: Sprache als Thema und Medium der transzendentalen Reflexion [1968]. In: Ders.: *Transformation der Philosophie.* Frankfurt a. M. 1973, Bd. 2, 311–329.

Becker, Ralf: *Der menschliche Standpunkt. Perspektiven und Formationen des Anthropomorphismus.* Frankfurt a. M. 2011.

Bertram, Georg W.: *Die Sprache und das Ganze. Entwurf einer antireduktionistischen Sprachphilosophie.* Weilerswist 2006.

Boeder, Heribert: *Die Installationen der Submoderne. Zur Tektonik der heutigen Philosophie.* Würzburg 2006.

Bühler, Karl: *Sprachtheorie* [1934]. ND Stuttgart 1982.

Cassirer, Ernst: *Gesammelte Werke.* Hamburger Ausgabe. Hg. von Birgit Recki. Hamburg 1998 ff. [ECW].

Coseriu, Eugenio: *Geschichte der Sprachphilosophie.* Tübingen/Basel 2003.

Davidson, Donald: *Der Mythos des Subjektiven.* Stuttgart 1993.

Deacon, Terrance W.: *The Symbolic Species. The Co-Evolution of Language and the Brain.* New York/London 1997.

Derrida, Jacques: *Randgänge der Philosophie.* Frankfurt a. M. 1976 (frz. 1972).

Deutscher, Guy: *Im Spiegel der Sprache.* München 2010.

Fauconnier, Gilles/Turner, Mark: *The Way We Think. Conceptual Blending and the Mind's Hidden Complexities.* New York 2002.

Flusser, Vilém: *Standpunkte.* Göttingen 1998.

Gadamer, Hans-Georg: *Wahrheit und Methode* [1960]. Tübingen [4]1975.

Gärdenfors, Peter: *How Homo Became Sapiens. On the Evolution of Thinking.* Oxford 2003.

–: *The Dynamics of Thought.* Dordrecht 2005.

Gilbert, Margaret: *On Social Facts.* London u. a. 1989.

Gipper, Helmut: *Das Sprachapriori. Sprache als Voraussetzung menschlichen Denkens und Erkennens.* Stuttgart-Bad Cannstatt 1987.

Glasersfeld, Ernst von: Linguistic Communication. Theory and Definition. In: *Language Learning by a Chimpanzee. The Lana Project.* Hg. von Duane M. Rumbaugh. New York 1977, 55–71.

Goodman, Nelson: *Weisen der Welterzeugung.* Frankfurt a. M. 1984 (engl. 1978).

Greffrath, Mathias: Das Tier, das »Wir« sagt. Michael Tomasello sucht nach der Einzigartigkeit des Menschen und findet sie in dessen Kooperationsbereitschaft. In: *Die Zeit* 16 (2009), 33.

Grice, H. Paul: Utterer's Meaning and Intentions. In: *The Philosophical Review* 78 (1969), 147–177.

–: Intendieren, Meinen, Bedeuten (1957). In: *Handlung, Kommunikation, Bedeutung.* Hg. von Georg Meggle. Frankfurt a. M. 1979, 2–15.

Habermas, Jürgen: *Vorstudien und Ergänzungen zur Theorie des kommunikativen Handelns.* Frankfurt a. M. 1984.

Humboldt, Wilhelm von: *Schriften zur Sprachphilosophie.*

In: *Werke in fünf Bänden.* Hg. von Andreas Flitner und Klaus Giel. Bd. 3. Darmstadt 1963.
–: *Grundzüge des allgemeinen Sprachtypus.* Hg. von Christian Stetter. Berlin 2004.
Kogge, Werner/Grube, Gernot: Der Begriff der Schrift und die Frage nach der Forschung in der Philosophie. In: *Deutsche Zeitschrift für Philosophie* 55 (2007), 81–96.
Konersmann, Ralf: *Kulturelle Tatsachen.* Frankfurt a. M. 2006.
Krämer, Sybille: Symbolische Erkenntnis bei Leibniz. In: *Zeitschrift für philosophische Forschung* 46 (1992), 224–237.
–: *Sprache, Sprechakt, Kommunikation.* Frankfurt a. M. 2001.
Krois, John Michael: Kultur als Zeichensystem. In: *Handbuch der Kulturwissenschaften.* Hg. von Friedrich Jaeger und Burkhard Liebsch. Bd. 1. Stuttgart/Weimar 2004, 106–118.
–: *Bildkörper und Körperschema.* Hg. von Horst Bredekamp und Marion Lauschke. Berlin 2011.
Langer, Susanne K.: *Philosophie auf neuem Wege.* Frankfurt a. M. 1965.
Latour, Bruno/Woolgar, Steve: *Laboratory Life. The (Social) Construction of Scientific Facts.* Beverly Hills [2]1986.
Leibniz, Gottfried Wilhelm: *Philosophische Schriften.* Bd. 7. Hg. von Carl Immanuel Gerhardt. Hildesheim 1961.
Leslie, Alan M.: Pretense and Representation: The Origins of »Theory of Mind«. In: *Psychological Review* 94 (1987), 412–426.
Lipps, Hans: *Die Verbindlichkeit der Sprache* (1938). In: Ders.: *Werke.* Bd. 4. Frankfurt a. M. 1977.
Locke, John: *An Essay Concerning Human Understanding.* Hg. von Peter Harold Nidditch. Oxford 1975.
Mendelssohn, Moses: Über die Sprache. In: Ders.: *Gesammelte Schriften. Jubiläumsausgabe.* Hg. von Michael Brocke, Daniel Krochmalnik, Alexander Altmann und Eva J. Engel. Stuttgart-Bad Cannstatt 1972 ff. Bd. 6,2 (1981).
–: Jerusalem oder über religiöse Macht und Judentum. In: Ders.: *Gesammelte Schriften.* A.a.O. Bd. 8 (1983).
Merleau-Ponty, Maurice: *Zeichen.* Hamburg 2007 (frz. 1960).
Morris, Charles W.: *Signs, Language and Behavior.* New York 1946.
Nietzsche, Friedrich: *Kritische Studienausgabe.* Hg. von Giorgio Colli und Mazzino Montinari. München [2]1988 [KSA].
Patzig, Günther: *Gesammelte Schriften.* Bd. 4. Göttingen 1996.
Reinhold, Karl Leonhard: *Das menschliche Erkenntnissvermögen aus dem Gesichtspuncte des durch die Wortsprache vermittelten Zusammenhangs zwischen der Sinnlichkeit und dem Denkvermögen.* Kiel 1817.
Sapir, Edward: Language. In: *Encyclopedia of Social Sciences* 9 (1933), 155–169.
Saussure, Ferdinand de: *Grundfragen der allgemeinen Sprachwissenschaft.* Hg. von Charles Bally. Berlin 2001 (frz. 1916).
Scheier, Claus-Artur: *Ästhetik der Simulation. Formen des Produktionsdenkens im 19. Jahrhundert.* Hamburg 2000.
Schnädelbach, Herbert: *Analytische und postanalytische Philosophie.* Frankfurt a. M. 2004.
–: Sprache als Thema und Medium der Philosophie. In: *Zeitschrift für Kulturphilosophie* 1 (2007), 27–44.
Schoenemann, Paul T.: Syntax as an Emergent Characteristic of the Evolution of Semantic Complexity. In: *Minds and Machines* 9 (1999), 309–346.
Searle, John R.: Reiterating the Differences. A Reply to Derrida. In: *Glyph* 1 (1977), 172–208.
–: *The Construction of Social Reality.* New York u. a. 1995.
–: *Geist. Eine Einführung.* Frankfurt a. M. 2006.
Seel, Martin: *Sich bestimmen lassen.* Frankfurt a. M. 2002.
Simmel, Georg: *Philosophie des Geldes* [1900]. In: Ders.: *Gesamtausgabe.* Hg. von Otthein Rammstedt. Bd. 6. Frankfurt a. M. 1989.
Sjölander, Sverre: Some Cognitive Breakthroughs in the Evolution of Cognition and Consciousness. In: *Evolution and Cognition* 3 (1993), 1–10.
Stiegler, Bernard: *Technik und Zeit. Die Schuld des Epimetheus.* Zürich/Berlin 2009 (frz. 1993).
Strawson, Peter F.: Truth. In: *Truth.* Hg. von George Pitcher. Englewood Cliffs, N. J. 1964, 32–53.
Theunissen, Michael: *Der Andere. Studien zur Sozialontologie der Gegenwart.* Berlin 1965.
Tomasello, Michael: *Die kulturelle Entwicklung des menschlichen Denkens. Zur Evolution der Kognition.* Frankfurt a. M. 2002 (engl. 1999).
–/Carpenter, Malinda: Shared Intentionality. In: *Developmental Science* 10 (2007), 121–125.
Toulmin, Stephen E.: *The Uses of Argument.* Cambridge/New York 2003.
Watzlawick, Paul/Beavin, Janet H./Jackson, Don D.: *Menschliche Kommunikation. Formen, Störungen, Paradoxien.* Bern [4]1974.
Welzer, Harald: *Das kommunikative Gedächtnis. Eine Theorie der Erinnerung.* München 2002.
Westerkamp, Dirk: Sprache, objektiver Geist und kulturelles Gedächtnis. In: *Zeitschrift für Kulturphilosophie* 2 (2008), 279–304.
Winter, Stefan: *Die Geschichtlichkeit der symbolischen Ordnung.* Würzburg 2009.
Wittgenstein, Ludwig: *Werkausgabe.* Bd. 1. Frankfurt a. M. 1984.

Dirk Westerkamp

12. Technik

Das Wort ›Technik‹ ist ein Reflexionsterminus, nicht anders als die Wörter ›Natur‹, ›Kultur‹, ›Kunst‹ und übrigens auch ›Mensch‹, sofern er nicht evolutionsbiologisch auf seine Abstammung aus dem Tierreich beschränkt wird, sondern als handelndes und erkennendes Kulturwesen gemeint ist. Das heißt, diese Substantive dienen nicht, im Gebrauch an Beispiel und Gegenbeispiel anweisbar (logisch: als »Prädikatoren«), zur Bezeichnung für natürliche oder kultürliche Dinge und Ereignisse wie ›Buche‹ und ›Gewitter‹, oder ›Turm‹ und ›Weltausstellung‹. ›Technik‹ steht stattdessen für eine Rede über technische Aspekte von Sachverhalten (und entsprechend die anderen Substantive für eine Rede über natürliche, kultürliche, künstlerische oder menschliche Aspekte).

Schon deshalb ist es überraschend, dass Technik in der Reflexionswissenschaft Philosophie meistens stiefmütterlich behandelt wird und sogar als Technik-Philosophie unter den Bindestrichphilosophien wie Naturphilosophie, Sportphilosophie und anderen ein Schattendasein fristet. Der Technik fehlt das Ansehen der Wissenschaften oder die Zuneigung zur Natur oder zur Kunst. Das könnte ein Erbe der griechischen Antike sein, wo der *banausos,* der Handwerker, ebenso wie der Sklave und die Frau, nicht die Rechte des *polites,* also des Bürgers der Polis genoss. Dieser widmete sich, mehr als der körperlichen Arbeit und neben der Politik, dem Wissen (*episteme*) in der Form der *theoria.*

Bei Technik als Kulturphänomen trifft die Reflexion also schon im ersten Schritt auf eine Fülle von begrifflichen Fragen, die mit der wechselvollen Geschichte der Technik und ihren variierenden Wertschätzungen und Einordnungen zusammenhängen. Deshalb sollen die Übergänge von Technik zu Kultur und Natur, zu Wissenschaft und Kunst, zu Geschichte, Ethik und Politik mit einer philosophisch-kritischen Reflexion auf die sprachlichen Mittel für die Klärung dieser Verhältnisse beginnen.

Begriffsklärungen

Ungeachtet der begrenzten Wertschätzung, die das philosophische Dreigestirn Sokrates, Platon und Aristoteles der Technik entgegenbrachten – diese wurde, modern gesagt, mehr zum Bereich der körperlichen Arbeit als zum Geschäft des Erkennens gerechnet –, finden sich die ersten und wichtigsten Unterscheidungen zum Technischen bei Aristoteles. Diese verdanken sich einerseits seinen Vorlesungen über Natur, seiner *Physik,* die definitorisch unterscheidet zwischen ›natürlich‹ (als das, was den Grund seines Entstehens und seiner Veränderung in sich selbst trägt) und ›technisch‹ (als das, was künstlich, d. h. vom Menschen handelnd hervorgebracht wird), andererseits seiner *Nikomachischen Ethik,* die unterscheidet zwischen (moralisch neutralem) Herstellen, der *poiesis,* und dem moralisch bewerteten, auf andere Menschen ausgerichteten Beziehungshandeln, der *praxis.*

Die aristotelische Unterscheidungskunst war viel zu differenziert, um dem modernen Irrtum aufzusitzen, hier handle es sich um eine Art ontologischer Einteilung der Welt in disjunkte Klassen von Gegenständen, wonach es solche entweder nur als natürliche oder als künstliche, nur als Dingwelt des Hergestellten oder nur als die auf andere Menschen gerichtete Tätigkeit gäbe. Vielmehr bezeichnen die aristotelischen Einteilungen in ›natürlich‹ vs. ›technisch‹ und in ›technisch‹ vs. ›praktisch‹ jeweils nur bestimmte Aspekte, die durchaus an ein und demselben Gegenstand auftreten können. Die künstliche Marmorstatue zeigt zugleich die natürlichen Eigenschaften des Marmors und die Silberschale kann zugleich unrecht entwendetes Diebesgut sein. Ebenfalls von großer begrifflicher Klarheit sind die bei Platon wie Aristoteles paradigmatisch am Werkzeug erklärten, modern gesprochen an Zweckrationalität erläuterten Kennzeichnungen, wonach die Tugenden des Menschen analog zur Eignung der Werkzeuge für ihren jeweiligen Zweck zu bestimmen seien.

Damit sind die grundlegenden Aspekte des Technischen schon genannt: das Attribut ›technisch‹ kommt den vom Menschen in bestimmter Absicht hergestellten Gegenständen zu, die sich darin nicht nur von natürlichen, sondern auch von sittlichen (›praktischen‹) Gegenständen unterscheiden. Sie können ihre Aufgaben, ihren Beruf (mit dem lateinischen Lehnwort bezeichnet, ihre ›Funktion‹) besser oder schlechter erfüllen. Dies hängt wiederum vom Können des Handwerkers oder Künstlers ab, so dass ›technisch‹ nicht nur die Produkte, sondern auch schon das Produzieren genannt (und entsprechend bewertet) werden.

Diese antiken Abgrenzungen des Technischen finden sich wieder in heutigen Unterscheidungen, die sich mit handlungstheoretischen und sprachphilosophischen Mitteln explizieren lassen. Der Mensch zeigt nicht nur seine angeborenen, natürlichen Verhaltensweisen, etwa die Folgen seiner Körperlichkeit (wie Schwere, Volumen oder Temperatur), seiner Lebendigkeit (wie Stoffwechsel, Alterung oder Fortpflanzung) und seiner Tierlichkeit (wie Reizbarkeit, Beweglichkeit oder Zielgerichtetheit), sondern er ist ein Lernwesen: »Der Mensch zeugt den Menschen« war schon von Aristoteles nicht als biologische Trivialität gemeint, sondern verwies auf den spezifisch menschlichen, nämlich nur in menschlicher Gemeinschaft vollzogenen Lern- und Kultivierungsweg zum Menschen. Versteht man unter ›Handeln‹ das, was (im Unterschied zum bloßen natürlichen Verhalten) dem Menschen vom Menschen als Verschulden oder Verdienst zugerechnet wird, dann gewinnen die spezifisch menschlichen Leistungen wie Herstellungshandlungen einerseits, Beziehungshandlungen andererseits, griechisch *poiesis* und *praxis,* daraus ihre Rolle für die Bestimmung des Technischen.

Schon die *kinetischen* Regungen des Menschen zerfallen in das natürliche Verhalten (wie atmen, verdauen, wachsen, stolpern, Reflexe) und in die meist mühsam erlernten Bewegungshandlungen (wie gehen, tanzen, schwimmen, zeichnen, schreiben, musizieren, herstellen). Sind die Kulturbewegungen nun *poietisch* auf das Verfertigen bleibender Produkte gerichtet, um diese in weiteren Handlungen als Mittel verwenden zu können – hier ist nicht nur an die klassischen Beispiele des Schreiners und der Kochs zu denken, sondern auch an alltägliche Lebensvollzüge wie An- und Auskleiden oder an das Ordnen von Dingen (Aufräumen) –, ist wieder ein eigener Bereich benannt, der sich über theoretische wie praktische Aspekte in die Kultur einfügt.

Das lateinische Lehnwort ›Kultur‹ (von *colere, cultum*), das uns in heutiger Alltagssprache nur noch als Obstbaum- oder Bakterienkultur in ursprünglicher Bedeutung vorkommt, ist also vom primären Wortsinn her das menschliche, planvolle Eingreifen in das Vorgefundene, das vor Veränderung durch menschlichen Eingriff primär das Natürliche ist. Kurz, Kultur ist primär von Menschen nach ihren Bedürfnissen und Zwecken bewirkte, technische Naturveränderung. Kulturgeschichte beginnt mit der Kultivierung der Natur durch Ackerbau, Viehzucht und Handwerk.

Diese systematische Begriffsbestimmung konfligiert mit der deutschen Bildungssprache, die bei technischen Produkten lateinisch und damit eher an ›Zivilisation‹ denkt und oft ›Kultur‹ für die schönen Künste reserviert. Dabei ignoriert sie aber den wörtlichen Bezug von Zivilisation auf den *civis,* den Bürger, der sein in der Burg geschütztes Leben durch die Organisation einer *civitas,* einer Bürgerschaft nach Regeln, Sitten und Gesetzen etabliert, also gerade nicht die Produkte eines poietischen, sondern die Folgen eines praktischen Handelns meint. Sprachkritisch gesehen ist also Kultur zuerst das, was man im Deutschen üblicherweise ›Zivilisation‹ nennt, und Zivilisation das, was einen wichtigen Zug der ›Kultur‹ bildet.

Technik zwischen Natur und Kultur

Nachdem nun Technik als Kulturleistung bestimmt ist – in der Zweideutigkeit, in der manche Wörter sowohl den Vorgang als auch dessen Ergebnis bedeuten – und damit ›die Technik‹ ebenso im Sinne der Beherrschung einer Tätigkeit wie im Sinne deren dinglicher Produkte verstanden wird, ist vor schnellen Naturalisierungen zu warnen. Auch Tiere produzieren Dinge, die unabhängig von ihnen weiter bestehen, wie Vogelnester und Spinnennetze, Bienenwaben und Termitenhügel, Erdhöhlen und Biberdämme. Sogar hieran kann der denkende Naturbeobachter die Unterscheidung von Produkten gewinnen, die von einem einzelnen Individuum erzeugt werden, und solchen, die nur von ganzen Stämmen produziert werden können. Verschieden davon lassen sich menschliche kulturschaffende Handlungen sinnvoll und folgenreich unterscheiden in Beteiligungshandlungen, die nur unter Beteiligung anderer Menschen ausgeführt werden können (wie ein Gespräch), in Gemeinschaftshandlungen, die nur in Gemeinschaft und mithilfe anderer Menschen ihren Zweck erreichen können (wie einen Verein gründen), und in Individualhandlungen, die auch dem einzelnen Menschen gelingen und erfolgreich sein können.

Tierprodukte unterscheiden sich wesentlich von denen der Menschen, was vor allem dort wichtig wird, wo der Mensch wegen seiner Abstammung aus dem Tierreich der Biologie die Sprache liefert, in der das Tier anthropomorphisiert, d. h. vermenschlicht wird. Nicht nur Werkzeugherstellung, -aufbewahrung und -verwendung als typisch menschliche Technikleistungen werden heute von Biologen den Tieren zugeschrieben, sondern auch die Lerngeschichten von Tieren im natürlichen Habitat und erst recht solche in kultürlichen Situationen (vom dressierten Polizeihund bis zur neukaledonischen Laborkrähe) werden naturalistisch als Indizien für ›Kultur‹ im Tierreich missverstanden.

Dieses Missverständnis beruht auf einer (durch

metaphorischen Sprachgebrauch vorgenommenen) unangemessenen Übertragung von menschlichen Kulturleistungen auf Tiere. Dies betrifft vor allem die Kulturleistungen sprachlicher Kommunikation und Kooperation, die ihrerseits nur als Beteiligungs- und/oder als Gemeinschaftshandlungen verstanden werden können. Handeln, und Sprechen als Teilbereich des Handelns, die in ihrem Erwerb durch Lernen untrennbar miteinander verbunden sind, stehen als das, wofür sich Menschen gegenseitig verantwortlich machen, unter Symmetriebedingungen nach dem Schema »gleiche Rechte, gleiche Pflichten«. Solche Symmetrien sind weder zwischen Mensch und Tier noch zwischen Tieren möglich. Denn sie sind nicht nur an die Verwendung einer Sprache gebunden, die Bedeutung und Geltung beansprucht, sondern auch an die gegenseitigen Deutungen des Handelns eines menschlichen Gegenübers, das prinzipiell nur unter den Hypothesen der Zweck- und der Sinnrationalität gelingt. Wird nämlich für die Beobachtung des menschlichen Gegenübers nicht unterstellt, dass dieses bei seinen Handlungen ebenso wie der Beobachter danach strebt, die für seine Zwecke geeigneten Mittel zu wählen und die für seine Lebensbewältigung geeigneten Zwecke zu verfolgen, ist die für eine Kultur konstitutive Gemeinschaftlichkeit nicht zu praktizieren. So ist das doppelt historische Wesen Mensch, das lebenslang eine Lerngeschichte durchläuft, deren Anfang am räumlich und zeitlich kontingenten Ort seiner Geburt beginnt, im selben Sinne zugleich das einzige sprechende und verstehende wie das einzige technisch produzierende und dem Erfolg oder Scheitern seiner Produkte ausgesetzte Wesen. ›Technik‹ zwischen menschlicher Natur und Kultur ist also immer nach Zweckmäßigkeit rational und Sinnrationalität moralisch beurteilbar.

Technik zwischen Bedürfnis und Erkenntnis

Technisches Wissen ist, im Unterschied zum ›theoretischen‹ (wörtlich übersetzt, zu einem durch Zuschauen gewonnenen) Wissen an Handlungsvollzüge und an die Beachtung von Gelingen und Erfolg des Handelns gebunden. Es ist ein *knowing how* im Unterschied zu einem *knowing that.*

Während die Geschichte der Wissenschaften wenige tausend Jahre alt ist, gehört, wie oben gesagt, die Technikform menschlicher Lebensbewältigung von Anfang an zu seinem kultürlichen Wesen und wird deshalb gelegentlich als des Menschen ›zweite Natur‹ bezeichnet. Dienen technische Mittel der Erfüllung primärer und sekundärer Bedürfnisse wie Nahrung, Kleidung und Behausung bzw. Werkzeuge, Waffen und Schmuck, so lösen sich in den Anfängen der Wissenschaften die neuen Formen des Wissens vom direkten Nutzen ab und gewinnen durch ihre sprachliche Form der ›Theorie‹ ein Eigenleben. Das frappierendste Beispiel dafür liegt (neben Astronomie und Musiktheorie) in den Anfängen der Geometrie der frühen griechischen Antike: Wie sich aus Zeichen- und Töpferkunst die räumlichen Formen des Kreises und der Kugel und aus den Bandmustern die Formen des Winkels und der Parallelität entwickeln, entstehen die sprachlich argumentativen Muster einer Kunst des Aufweisens und Begründens von Behauptungen an Artefakten. Die Geometrie hat, ungeachtet ihres dann von Platon und von Aristoteles verschieden bestimmten Status, ihr Fundament in der Technik, genauer in der handwerklichen Poiesis. Und die astronomische Anwendung der Geometrie auf die Beobachtung der Bahnen von Sonne, Mond und Sternen verdankt sich dem handwerklichen Abbild der Himmelshalbkugel in einer steinernen Hohl-Halbkugel (*skaphe,* Schale) mit Hilfe eines zentrischen Zeigers (*gnomon).*

Damit muss Technik weder im Sinne einer biologisch inspirierten Anthropologie als Kompensation eines Mängelwesens interpretiert werden (Arnold Gehlen) noch müssen, wie in den Anfängen der Technikphilosophie (Ernst Kapp), technische Produkte als Ersatz oder Erweiterung menschlicher Organe bewertet werden. Sie sind, wo sie über die Befriedigung primärer oder sekundärer Bedürfnisse hinausgehen, Konstitution und Mittel einer Wissenschaft von einer kognitiv zu ordnenden und technisch zu beherrschenden Natur. Diese Rolle behält Technik bis in die modernste, heutige Laborforschung, die ihre Gegenstände handwerklich-technisch erzeugen muss, um an ihnen Ergebnisse des Messens, Beobachtens und Experimentierens zu gewinnen und darin eine spezifisch naturwissenschaftliche Form der Erfahrung als technisch reproduzierbar hervorzubringen.

Die Kulturleistung der Naturwissenschaften sieht sich mit der Frage konfrontiert, wieso die Mathematik, die eine Schöpfung des menschlichen Geistes ist, auf die Natur und ihre Gesetze passt. Diese Frage erwächst jedoch nur aus mangelnder Beachtung der Technik in der Wissenschaft. Es ist ja die primär an der technischen Beherrschung räumlicher Formen, Größen und Lagen von Körpern und ihrer Bewegungen etablierte Geometrie, die das begriffliche Rüstzeug für die Naturbeschreibung liefert. Die Kantische Parabel, dass der Naturforscher wie ein wohlbestallter Richter die Natur in den Zeugenstand rufe, um ihr Antwort auf seine Fragen abzunötigen, hat genau diesen konstitutionstheoretischen Sinn: Die Mathematik passt auf die Natur, weil der Mensch ihr in Form einer technikgestützten Laborforschung die geometrischen Formen technisch aufzwingt. Technik (wieder sowohl im Sinne von Verfahren wie von Produkten) bildet also den Ort, an dem die Sprache der Naturbeschreibung an reproduzierbaren Artefakten ihre Bedeutung erhält (und über technische Modelle als Simulationen von Naturvorgängen auch diesen die Sprache vorgibt, wie z. B. in der Astronomie). Das Kulturprodukt Naturwissenschaft wird dort theoretisch, wo sie ihre Begrifflichkeit und ihre syntaktische Struktur aus der technischen Geometrisierung ihrer Gegenstände übernimmt.

Technik und Rationalität

Unter dem Einfluss der eindrucksvollen Erfolge empirischer Naturwissenschaften im 19. Jahrhundert und der empiristischen Uminterpretation des klassisch-physikalischen Weltbildes durch die Physik des 20. Jahrhunderts wurde die Technik, ungeachtet ihres offenkundig gewachsenen Einflusses auf alle Bereiche des Lebens und der Kultur, in ihren rationalitätsstiftenden Wirkungen nicht mehr wahrgenommen. Wo die Naturwissenschaften in ihrem Selbstverständnis und in ihren philosophischen Folgetheorien auf die syntaktischen Strukturen von Logik und Mathematik sowie auf die empirische Kontrolle ihrer Ergebnisse beschränkt gesehen wurde (Logischer Empirismus und Kritischer Rationalismus), waren die technischen Bedingungen ihres Erfolges aus dem Blick geraten. Das heißt, es wurde zwar nicht bestritten, aber auch nicht beachtet, dass das technische Erfinden, Konstruieren und Produzieren einerseits das Fundament naturwissenschaftlicher Forschung liefert, andererseits aber selbst gewissen Sachzwängen wie denen der richtigen Reihenfolge unterliegt. Und dies, obwohl solche Sachzwänge in allen Bereichen des menschlichen Lebens bestehen und als selbstverständlich anerkannt werden.

Wie im täglichen Leben, in dem jeder, der ein gekochtes Ei essen möchte, dieses zuerst kocht und dann schält, so ist jeder technische Produktionsprozess an Reihenfolgen von Schritten gebunden, die weder beliebig konventionell noch naturgesetzlich, sondern nur durch den Zweck des Produkts bestimmt sind. Wer eine bemalte Holzstatue herstellt, muss zuerst schnitzen und dann malen; das ist weder ein Natur- noch ein Sittengesetz, sondern eine Folge der Zweckrichtung von Ketten poietischer Handlungen auf ein bestimmtes Produkt hin. Und wenn der Experimentator Galilei die Frage, ob die Fallgeschwindigkeit eines Körpers proportional dem Fallweg oder der Fallzeit wächst, durch Experimente entscheiden möchte, muss er zuerst die technischen Mittel zur Messung von Weg und Zeit bereitstellen (und bewirkt damit eine Sinnverschiebung vom vorwissenschaftlichen zum geometrisierten Verhältnis des Kulturmenschen zur Natur). Auch die heutige Physik muss auf die Suche nach einem Elementarteilchen, das die Gravitation erklärt, erst einen Teilchenbeschleuniger mit entsprechenden Beschleunigungsenergien bauen und zur Funktion bringen. Nicht nur jeder Forschungsprozess, auch jeder technische Fertigungsprozess eines jeden technischen Produkts enthält immer und prinzipiell Ketten von Schrittfolgen, die nur bei Strafe des Misserfolgs vertauscht werden können. Für den Übergang auf sprachliche Beschreibung der Ergebnisse (oder auch Vorschreibungen, etwa in Funktionsnormen) ist diese Schrittfolge entscheidend. Verletzungen der technisch zum Erfolg führenden Reihenfolgen ziehen in sprachlicher Darstellung falsche Ergebnisse nach sich.

Diese Falsifikation ist keine von empirischen Hypothesen in Sinne empiristischer Wissenschaftstheorien, sondern eine Verletzung einer methodischen, d. h. die Reihenfolge von Schritten betreffenden Rationalitätsnorm. Im täglichen Leben ignoriert niemand diesen Zusammenhang von Sprechen und Handeln. Nur in der Ablösung der Theorie von ihrem technischen Fundament ist es überhaupt möglich, eine methodische Ordnung zu verletzen – in einer sprachlichen Fiktion.

Vergleichbar der Kulturleistung der Sprache hat die Kulturleistung der Technik also einen weitreichenden Einfluss auf die menschliche Vernunft: Wir ordnen nicht nur unsere Poiesis, sondern ebenfalls unsere praktischen Handlungen so, dass z. B. das Bitten vor dem Danken und das Begrüßen vor dem Verabschieden kommt wie das (›technische‹) Backen vor dem Essen des Kuchens.

Dieser Beitrag der Technik zu einer Kultur der Vernunft wird heute auch in aktuellen Kontroversen weit unterschätzt. Denn die methodische Ordnung poietischer wie prinzipiell aller Handlungsketten – auch für die Kinesis gilt: wer über einen Graben springen möchte, läuft zuerst an und springt dann, und nicht umgekehrt – zeigt eine spezifische Offenheit für das Verhältnis von Zweck und Mittel, die in den dogmatisch bevorzugten Relationen heutiger Wissenschaften, den logischen und den kausalen Folgen, nicht anzutreffen sind: Es kann sowohl verschiedene Mittel für das Erreichen ein und desselben Zwecks geben, als auch ein und dasselbe Mittel dem Erreichen verschiedener Zwecke dienen.

Damit erweist sich die in Technik praktizierte Zweckrationalität als leistungsfähige Figur für die Bestimmung viel diskutierter Natur-Kultur-Verhältnisse. Wo es etwa um Körper-Geist-Probleme geht, von der KI-Forschung bis zu den Neurowissenschaften, und wo sich die geistigen Kulturleistungen des Menschen beharrlich jeder logisch-definitorischen oder kausalen Reduktion auf die naturwissenschaftlich-technisch beherrschten materiellen Systeme verweigern, dort kann das zweckrationale Verhältnis verschiedener Beschreibungen desselben Gegenstandes Lösungen anbieten.

Was ein Ölgemälde darstellt, ob es schön, wertvoll, von Künstler K gemalt ist oder dem Galeristen G gehört, kann nicht aus einer chemisch-physikalischen Analyse und Beschreibung logisch abgeleitet oder kausal erklärt werden. Wohl aber können die naturwissenschaftlichen Befunde wertvolle Mittel für die Zuschreibung des Gemäldes zu einem unbekannten Künstler oder zur Identifizierung als Fälschung sein. Ebenso ist die physikalisch-technische Beschreibung einer Rechenmaschine weder logisch noch kausal hinreichend, die Geltung der damit gewonnenen Rechenresultate zu zeigen; denn diese Beschreibungen bleiben auch dann gültig, wenn die Rechenmaschine aufgrund eines Defekts falsche Resultate liefert. (Analog hat der Mensch nur *ein* Hirn für Erkennen und Irren.) Das heißt, die Natur ist neutral gegenüber der Kultur des Erkennens und ihrer Unterscheidung von Erkenntnis und Irrtum. Das lehrt aber nur die Technik als spezifische Verbindung von natürlichen und kultürlichen Aspekten derselben Produkte (und diese wieder als Modelle für natürliche Gegenstände).

Die Rolle der Technik für die Kultur wurde deshalb bis in große erkenntnistheoretische Entwürfe hinein nach dem Vico-Prinzip (*verum ipse factum*, das Wahre ist das selbst Gemachte) verstanden. In moderner handlungstheoretischer Rekonstruktion: Das (andernfalls in unendlichen Regress, zirkuläre Begründung oder Dogmatismus mündende) Zurückfragen nach Begründungen bricht dort ab, wo der eigene Handlungsvollzug durch Eingriff in das Vorgefundene die Verhältnisse schafft, deren Bestehen strittig war. Geltung wird hergestellt, damit sie festgestellt werden kann. Insofern lässt sich behaupten, dass die *conditio humana*, ein Sprache und Technik hervorbringendes Wesen zu sein, für seine Fähigkeit zur Erkenntnis der Welt unverzichtbar ist.

Technik und Fortschritt

Technik hat im Verhältnis zur Kultur eine weitere, wenig beachtete Rolle. Wo es durchaus strittig ist, ob in der Kulturgeschichte allgemein ein Fortschritt zu erkennen sei, spricht man ohne Zögern vom technischen Fortschritt und exemplifiziert ihn fachmännisch nach Kriterien wie Effizienz, Vermehrung und Differenzierung von Funktionen, Verbilligung von Produktion und Einsatz, Verkleinerung, Nachhaltigkeit von Produkten und Produktionen usw.

Mit Bezug auf die hier mit handlungstheoretischen Mitteln gegebene Explikation des Technikbegriffs lassen sich solche Aspekte der Geschichtlichkeit von Technik als deren Kulturförmigkeit erkennen, die ihrerseits auf eine Technikförmigkeit von Kultur verweist und die Rede von der ›Kulturhöhe‹ erlaubt.

Das Verfertigen von Artefakten als Mittel für weitere Handlungen geschieht per se als geplantes Handeln, das sich an den Zwecken von Produkten (ihrer ›Funktion‹) orientiert. Pläne als Handlungsvorbereitungen lassen sich zwar nicht ohne Bezug auf, aber ohne Vollzug der geplanten Handlungen ›theoretisch‹ diskutieren. Man nennt dies üblicherweise ›konstruieren‹ (etwa einer Maschine).

Nun gibt es im Feld der Konstruktionen die oben bestimmte methodische Ordnung. Man muss z. B. das Rad schon erfunden haben, um eine Maschine mit mehreren aufeinander wirkenden Rädern konstruieren zu können. Historisch etwa wurde zuerst das Wagenrad (fest auf einer beweglichen Achse oder beweglich auf einer festen Achse sitzend) verwendet und dann zur Seilrolle uminterpretiert, d. h. als Mittel für einen neuen Zweck eingesetzt (Umlenkung von Zugkräften statt Lastentransport auf Wägen). Erst wo der Gebrauch der Seilrolle beherrscht wird, können dann Wellrad (zwei fest miteinander verbundene Seilrollen verschiedenen Durchmessers) oder Flaschenzug konstruiert werden. Transmission von Zugkräften durch Seilrollen wird daraufhin durch Erfindung und Einsatz von Zahnrädern abgelöst. Erst wo Zahnräder verfügbar sind, kann das Schneckengetriebe konstruiert werden usw. Das heißt, die methodische Reihenfolge von Konstruktionen technischer Produkte markiert den Prozess schrittweiser Verbesserung und Differenzierung der Funktion, der als Fortschritt zu einer Entwicklungshöhe technischer Geräte anzusehen ist – in der jeweiligen kohärenten Linie von Konstruktionen, deren spätere jeweils die frühere zur Voraussetzung hat. Fiktiv könnte sich ein solcher Entwicklungsprozess in der Konstruktionsarbeit (oder im Kopf) eines einzigen technischen Genies ohne Bezug auf die Kontingenzen geschichtlicher Entwicklungen abspielen.

Anders liegen technische Entwicklungen, die von empirischen Umständen abhängen. Dass etwa elektrische Ladung über einen metallischen Draht zur Erde abfließt, kann nur bei Verfügen über Metalldrähte entdeckt werden. Historisch waren diese schon für mechanische Zwecke (Befestigungen, Ligaturen, Schmuck) vorhanden, als ihre elektrische Leitfähigkeit (von griech. *elektron*, Bernstein, der sich bei Reiben mit einem Tierfell ›elektrisch‹ auflädt) empirisch zugänglich wurde. Auch hier lässt sich eine unumkehrbare Schrittfolge erkennen, die allerdings nicht rein rational-konstruktiv definiert ist, sondern historisch kontingente, empirische Einschlüsse aufweist. Aber auch hier sind (etwa bei Anwendung elektrischer Leitfähigkeit für die Konstruktion von Elektromotoren) eine Höherentwicklung technischer Mittel und damit ein ›Fortschritt‹ definierbar.

Berücksichtigt man nun den ursprünglichen Wortsinn von ›Kultur‹ als zweckrationale Naturveränderung, so erweisen sich auch einzelne, kohärente kultürliche Entwicklungen als Fortschritt. Die dadurch erreichte ›Kulturhöhe‹ ist aber nicht für ›die‹ Kultur insgesamt, also für die Menge aller kultürlichen Leistungen definiert, sondern nur für jeweils einzelne, kohärente Entwicklungslinien. Man denke etwa an die historische und methodische Abfolge von Tausch, Geld, Währung, Kredit, Zins, Bank, Aktie, Börse, um einen nicht an Geräten und Maschinen, sondern im Bereich menschlicher *praxis* liegenden Fortschritt zu einer bis dahin unerreichten Kulturhöhe anzuführen. Zugleich wird daran sichtbar: ›Fortschritt‹ bedeutet keine moralische Wertung, sondern ist ein theoretischer Aspekt der Kulturgeschichte.

Damit lässt sich die Rede von Paradigmenwechseln und von wissenschaftlichen Revolutionen ersetzen durch bzw. ergänzen um eine Rede von technischen Innovationen (im weitesten Sinne). Die historisch faktische Beschränkung kognitiver und organisatorischer Fortschritte auf die ihn tragenden *communities* ist dabei unter der Prämisse transsubjektiver Geltung überwunden. Technischer und kultürlicher Fortschritt wird an den Entwicklungen selbst definiert. ›Kultur‹ lässt sich damit zumindest partiell als verobjektivierbares Phänomen mit Entwicklungsrichtungen bestimmen. Die Geschichtlichkeit der Technik liefert hier das Modell für die Geschichtlichkeit der Kultur.

Technik und Ethik

Wegen ihrer intrinsischen Verbindung von Technik mit menschlichem Handeln ist deren Verantwortungspflichtigkeit unschwer festzustellen. Zwecksetzungen, Mittelwahlen, Ergebnisse, Folgen und Nebenfolgen technischen Handelns sind ebenso unter ethische Aspekte zu fassen wie das ›praktische‹ Handeln, d. h. das Beziehungshandeln zwischen Menschen.

Allerdings zeigt gerade diese pragmatische Sichtweise einen Grund, warum eine auf Zukunft gerichtete Technikfolgenabschätzung modellhaft auch für Vorhersagen von Kulturentwicklungen zu ethischen oder politisch-rechtlichen Zwecken an Grenzen stößt: Da der technische Fortschritt immer mindestens mit der Umdeutung von Mitteln zu neuen Zwecken (wie dem Rad vom Wagenrad zur Seilrolle) verknüpft ist und allgemein sich aus der Dialektik von Zweck und Mittel speist, sind keine flächendeckenden Vorhersagen von Folgen und Nebenfolgen möglich. Denn die menschliche Phantasie bleibt offen für neue Zwecksetzungen und Mittelwahldeutungen. Niemand kann vollständig vorhersagen, welche neuen Zwecke mit schon verfügbaren Mitteln verfolgt oder welche alten Zwecke mit neuen Mitteln erreicht werden können. Darin findet die Verantwortungspflicht des technischen Akteurs für die Folgen seines Handelns ihre Grenze.

Schöne Technik

Das Verhältnis von Technik und Ästhetik als typischer Kulturaspekt trifft bei Menschen, die ein distanziertes Verhältnis zur Technik haben, auf Vorbehalte. Ob man eine durch Landschaftsgärtner geplante Straße im Gebirge als Beispiel technischer Eingriffe in die Natur ›schön‹ finden kann oder nicht, ist kontrovers. Ins Museum kommen technische Objekte als ›schöne‹ Gegenstände erst, wenn sie alt und außer Gebrauch sind, also als Indikatoren für kulturgeschichtlichen Geschmackswandel gelten, oder als aktuelle Produkte eines bestimmten Designs. Bekenntnisse wie »Form folgt Funktion« und Alternativen kennzeichnen Kriterien der ästhetischen Beurteilung von Technik. Dabei ist dem Techniker

(Erfinder, Konstrukteur, Hersteller, Verwender) häufig selbst schon der performative Aspekt der technischen Perfektion Gegenstand ästhetischer Bewertung, nicht unähnlich den Bekenntnissen von Vertretern nicht angewandter Wissenschaften, ihre Theorien oder Methoden ›schön‹ und das Streben nach Eleganz als Arbeitsmotiv zu nennen.

Unabhängig von den hier in Anschlag gebrachten oder zu bringenden ästhetisch-theoretischen Ansätzen ist Technik ein wichtiges Gebiet der Kultur, das Schönheit von technischen Produkten als Meisterschaft der Herstellung oder Verwendung begreift und darin paradigmatisch wird für die Schönheit von künstlerischer Performation bzw. ihren Werken.

Literatur

Aristoteles: *Physik. Vorlesungen über die Natur.* Hamburg 1995.

Dingler, Hugo: *Das Experiment. Sein Wesen und seine Geschichte.* München 1928.

Gehlen, Arnold: *Anthropologische Forschung. Zur Selbstbegegnung und Selbstentdeckung des Menschen.* Reinbek 1961.

Gethmann, Carl Friedrich (Hg.): *Lebenswelt und Wissenschaft. Studien zum Verhältnis von Phänomenologie und Wissenschaftstheorie.* Bonn 1991.

Grunwald, Armin: *Technik für die Gesellschaft von morgen. Möglichkeiten und Grenzen gesellschaftlicher Technikgestaltung.* Frankfurt a. M. 2000.

Hartmann, Dirk/Janich, Peter (Hg.): *Die kulturalistische Wende. Zur Orientierung des philosophischen Selbstverständnisses.* Frankfurt a. M. 1998.

Husserl, Edmund: *Die Krisis der Europäischen Wissenschaften und die Transzendentale Phänomenologie.* Den Haag [2]1969.

Janich, Peter: *Logisch-pragmatische Propädeutik.* Weilerswist 2001.

Kant, Immanuel: *Kritik der reinen Vernunft* [1781]. In: Ders.: *Gesammelte Schriften.* Hg. von der Königlich Preußischen Akademie der Wissenschaften. Bd. 4. Berlin 1903/11, 1–252.

Kapp, Ernst: *Grundlinien einer Philosophie der Technik* [1877]. Düsseldorf 1978.

Radkau, Joachim: *Technik in Deutschland. Vom 18. Jahrhundert bis heute.* Frankfurt a. M./New York 2008.

Vico, Giambattista: *Liber metaphysicus de antiquissima Italorum Sapientia (De antiquissima Italorum sapientia liber primus)* [1710]. Hg. von Stefan Otto. München 1979.

Peter Janich

13. Wirtschaft

Die Wirtschaft der Kultur zuzurechnen, ist nicht ganz selbstverständlich. Diese Fraglichkeit entspringt aber nicht einem intellektualistischen Dünkel, der sich dem ›schnöden Mammon‹ verweigern möchte, sondern entspricht zu großen Teilen dem Selbstverständnis der ökonomischen Wissenschaften. Seit sich nämlich die politische Ökonomie am Ende des 18. Jahrhunderts aus der praktischen Philosophie emanzipierte und damit normative Fragen, z. B. nach dem gerechten Preis, und Sinnfragen, z.B. wozu eigentlich die ökonomische Tätigkeit dient, aus der Wissenschaft der Ökonomie ausschloss und sich stattdessen das Wissenschaftsideal der mathematisierten Naturwissenschaften als Leitbild und Orientierungsmaßstab erkor, hat sie als Wissenschaft ihren Gegenstand aus der Kultur herausdefiniert. Und seit ihr Knappheit als »Grundtatbestand aller Ökonomie« (Bitz 1984, 20) und im 20. Jahrhundert Wachstum als die Standardantwort auf dieses Problem gilt, transformiert sie Fragen nach der Gerechtigkeit in Optimierungsfragen und denunziert Sinnfragen als Metaphysik. Kulturelle Phänomene erscheinen unter diesem Blickwinkel als Probleme eines Kulturmanagements (vgl. Heinze 1995), d. h. wie man möglichst effektiv und ressourcensparend kulturelle Effekte erzeugen und verwalten kann. Die Systemtheorie autopoietischer Systeme, die das aus der modernen Gesellschaft ausdifferenzierte Subsystem Wirtschaft über den subsystemeigenen Code Zahlung/Nichtzahlung identifiziert (vgl. Luhmann 1988), zeigt, warum die Wirtschaft der Gesellschaft kulturelle Phänomene und Prozesse als diese überhaupt nicht abbilden kann, sondern nur so, dass sie fragt, wer zahlt und zahlt sich das aus. Unter diesen Aspekten scheint es so, als würden mögliche Übergänge und Brücken zwischen Kultur und Ökonomie zunehmend unpassierbar werden (anders Koslowski 1989).

Allerdings wird eine ökonomische Wissenschaft, die nichts mehr sein kann als eine auf einen bestimmten Gegenstandsbereich angewandte Mathematik, zunehmend als defizitär und unbefriedigend empfunden, und zwar nicht nur von den Menschen, die sich die Frage nach dem Sinn des Wirtschaftens nicht austreiben lassen wollen und die sich der expansiven Ökonomisierung aller Lebensbereiche noch nicht angepasst haben. Diese Frage wird mittlerweile auch aus den Wirtschaftswissenschaften selbst heraus gestellt, zuerst als die Frage nach der

Wirtschaftsethik (vgl. Koslowski 2001), die ja nicht von Philosophen, sondern von Ökonomen zuerst aufgeworfen worden ist. Oftmals werden dann allerdings Sinnfragen als ethische Fragen umformuliert (vgl. Ulrich 1997; zur Kritik solcher Engführung auf Ethik vgl. Röttgers 2005).

Eine gegen den Mainstream ökonomischen Denkens, das, wenn es philosophisch wurde, sich auf den Utilitarismus festgelegt hatte, eingerichtete Philosophie hatte zuerst Georg Simmel mit seiner *Philosophie des Geldes* aus dem Jahr 1900 vorgelegt. Für sie waren der Wert und die ihn begründende Wertung und Wertschätzung die grundlegenden Begriffe. Während die klassische Ökonomie den Tausch knapper Güter auf dem Markt in den Mittelpunkt stellte, womit die Produktion schon von Anbeginn als Warenproduktion begriff und damit zugleich der Wert nur als Marktpreis erschien, hatte die marxistische Kritik der politischen Ökonomie mit ihrer Produktionsorientierung die Produktion von Mehrwert in der kapitalistischen Produktionsweise noch im Blick. Radikaler noch fiel die von der französischen Soziologie ausgehende Ökonomie der Gabe aus (vgl. Mauss 1999). Die an sie anschließende »Allgemeine Ökonomie« (Bataille [2]1985) machte darauf aufmerksam, dass es neben dem Prinzip der Sparsamkeit und der Effizienz im Wirtschaften ein ihm geradezu entgegengesetztes und gleich wichtiges Prinzip der Verausgabung und der »sinnlosen« Vergeudung gibt, etwa in Militarismus und Konsumismus. Wenn das egoistische Motiv des Mehrhabenwollens die einzige Triebkraft des Wirtschaftens wäre, dann wäre die Wirtschaft die absolute Bedrohung für den Zusammenhalt von Gesellschaften. Dass es aber so nicht ist, wird inzwischen auch von den Wirtschaftswissenschaften eingesehen.

Die Bedeutung kultureller Faktoren wird zunehmend erkannt und anerkannt. Hatte noch Max Weber (vgl. 2005, 1034 ff.) unterstellt, dass die in Europa entwickelte kapitalistische Produktionsweise sich überall entweder durchsetzen wird oder durch religiöse Einstellungen anderer Kulturen effektiv gehemmt wird, so dass diese Gesellschaften es nicht so weit bringen werden wie Europa, so zeigte sich nun im Zuge der Globalisierung, dass es »interkulturelle Wertekonflikte« (Koslowski/Röttgers 2002) gibt, die nicht quasi-imperialistisch, sondern nur dialogisch aufzulösen sind. Aber auch im Rahmen der Wirtschaftstheorie regten sich zunehmend Bedenken; so entdeckte man die Bedeutung i. w. S. kultureller Faktoren wie z. B. Vertrauen (vgl. Hubig u. a. 2004; Priddat 2005) als Hintergrundressource riskanter und ertragreicher Transaktionen oder Zufriedenheit als Faktor der Unternehmenskultur.

Als theoretische Rahmenannahme kann dienen, dass Kulturprinzip und Ökonomieprinzip zwei grundsätzlich antagonistische Tendenzen sozialer Prozesse sind, die sich jedoch beide, nur auf entgegengesetzte Weise, dem Problem der Endlichkeitsbewältigung widmen (vgl. Röttgers 2007). Das Ökonomieprinzip ist das Prinzip der effizienten, ressourcensparenden kurzen Wege zur Zielerreichung, das Kulturprinzip ist dagegen das Prinzip der Umwege. Beide Prinzipien wirken aber in beiden Sphären sozialer Prozesse; auch in der Kultur werden Ergebnisse angezielt, Werke z. B., die sich nicht durch unendliche Iteration von Umwegigkeit erreichen lassen; und in der Wirtschaft ist der Umweg die Sicherung von Langfristigkeit statt ruinöser kurzer Wege. Damit gehört als Endlichkeitsbewältigungsverfahren auch die Ökonomie in den Gesamthaushalt von Sinnstiftungsprozessen (vgl. Svetlova 2008). So müsste eigentlich neben die ›Ökonomisierung aller Lebensbereiche‹ einschließlich der Kultur als ständige Begleiterin eine Kultivierung auch des Ökonomischen gesetzt werden.

Im Rahmen der Theorien der Unternehmenskultur ist auf das Problem der Differenz hingewiesen worden: Hatte nämlich Jacques Derrida festgestellt, dass eine Kultur nicht mit sich identisch ist, d. h. von der Differenz lebt, so taucht dieses Phänomen auch auf als Differenz einer Kultur eines Unternehmens zu der umgebenden Kultur (vgl. Beschorner u. a. 2004). Lässt man im Zuge einer Kultivierung des Ökonomischen die Sinnfrage wieder als eine Frage zu, die die Wirtschaft zentral betrifft und nicht mehr als ›Metaphysik‹ eskamotiert wird, dann erscheint diese Sinnfrage in zweierlei Weise, nämlich als Sinn des Seins und als Sinn des Sollens. Diese Bifurkation ist aber nicht durch die Gegenstände, also gewissermaßen durch das Sein diktiert oder determiniert, so als könne man z. B. auf den Begriff des Marktes und seiner Gesetzlichkeiten nur mit Seinszufriedenheit oder Seinsergebenheit reagieren. Die Bifurkation ereignet sich vielmehr im Rahmen des Diskursiven.

Wenn es so scheinen könnte, als müssten die ökonomischen Wissenschaften von den Kulturwissenschaften ein Nachholpensum lernen (normative und Sinnfragen), so gilt jedoch das Umgekehrte ebenso; allerdings nicht in der Weise, wie Ökonomen sich das vorstellen möchten und bisher vorgestellt haben, nämlich dass auch kulturelle Prozesse als Tauschprozesse darstellbar sein müssten (vgl. Becker 1982). Sondern indem sie lernen, auf den Menschen/das

Subjekt/das Individuum/die Person in der Eigenschaft als Urheber, als Handlungs-Ursprung zu verzichten, so wie es seit Adam Smith die Überzeugung der Ökonomen ist, dass sich der Prozess der Erzeugung der allgemeinen Wohlfahrt unabhängig vom wohlwollenden Willen, den guten Intentionen und daraus folgenden Aktionen der Subjekte oder gar des ›ganzen Menschen‹ ergibt. In Simmels Sozialphilosophie trat dafür der Begriff der Wechselwirkung ein. Ernst Cassirer hatte die ›symbolischen Formen‹ als Mechanismen der kulturellen Prozesse im Zwischen der Subjekte erkannt. Das legt den Gedanken einer Sozialphilosophie nahe, die mit abstrakt gehaltenen Kategorien sowohl die Kultur als auch die Wirtschaft als schließlich auch ihre Durchkreuzung als Konkretisierungen darstellbar werden lässt. Begreift eine solche Sozialphilosophie den Prozess im Zwischen als kommunikativen Text, so erscheint, wie bei Geertz (vgl. 1983, 9), sowohl die Kultur als auch die Wirtschaft in ihrer Textualität. ›Wirtschaft‹ ließe sich dann etwa als »monetäre Textualität« begreifen (vgl. Röttgers 2004).

Literatur

Bataille, Georges: *Die Aufhebung der Ökonomie*. München [2]1985.

Becker, Gary S.: *Der ökonomische Ansatz zur Erklärung menschlichen Verhaltens*. Tübingen 1982.

Beschorner, Thomas/Lindenthal, Alexandra/Behrens, Torsten: Unternehmenskultur II. In: *Perspektiven einer kulturwissenschaftlichen Theorie der Unternehmung*. Hg. von der Forschungsgruppe Unternehmen und gesellschaftliche Organisation (FUGO). Marburg 2004, 273–307.

Bitz, Michael: Vom Nutzen ökonomischer Studien. In: *Fernuniversität und Gesellschaft. Wie Wissenschaft in der beruflichen und politischen Praxis wirksam wird*. Hg. vom Gründungsrektor der Fernuniversität – Gesamthochschule in Hagen. Hagen 1984, 19–33.

Geertz, Clifford: *Dichte Beschreibung. Beiträge zum Verstehen kultureller Systeme*. Frankfurt a. M. 1983.

Heinze, Thomas: Kulturmanagement. Zum Selbstverständnis einer neuen Disziplin. In: *Kultur und Wirtschaft*. Hg. von Thomas Heinze. Opladen 1995, 60–86.

Hubig, Christoph/Falk, Armin/Priddat, Birger/Ockenfels, Axel/Röttgers, Kurt: *I. Hagener Kolloquium zur Wirtschaftsphilosophie: »Sozialkapital: Vertrauen«*. Christian-Jakob-Kraus-Institut 06.03.2004. http://www.fernuni-hagen.de/PRPH/koll.html, abgerufen am 19.07.2012.

Koslowski, Peter: *Wirtschaft als Kultur*. Wien 1989.

– (Hg.): *Wirtschaftsethik – wo ist die Philosophie?* Heidelberg 2001.

–/Röttgers, Kurt (Hg.): *Transkulturelle Wertekonflikte. Theorie und wirtschaftsethische Praxis*. Heidelberg 2002.

Luhmann, Niklas: *Die Wirtschaft der Gesellschaft*. Frankfurt a. M. 1988.

Mauss, Marcel: Die Gabe. In: Ders.: *Soziologie und Anthropologie II*. Hg. von Eva Moldenhauer u. a. Frankfurt a. M. 1999, 11–148.

Priddat, Birger: Vertrauen als Überzeugung. In: Ders.: *Moral und Ökonomie*. Berlin 2005, 63–94.

Röttgers, Kurt: Wirtschaftsphilosophie – Die erweiterte Perspektive. In: *Zeitschrift für Wirtschafts- und Unternehmensethik* 5 (2004), 114–133.

–: Wirtschaftsphilosophische Durchblicke. In: *Wirtschafts- und Unternehmensethik. Rückblick – Ausblick – Perspektiven*. Hg. von Thomas Beschorner u. a. München 2005, 291–305.

–: Kultur und Ökonomie. In: *Das Leben denken – Die Kultur denken*. Bd. 2: *Kultur*. Hg. von Ralf Konersmann. Freiburg i.Br./München 2007, 37–57.

Svetlova, Ekaterina: *Sinnstiftung in der Ökonomik*. Bielefeld 2008.

Ulrich, Peter: *Integrative Wirtschaftsethik. Grundlagen einer lebensdienlichen Ökonomie*. Bern/Stuttgart/Wien 1997.

Weber, Max: *Wirtschaft und Gesellschaft. Grundriss der verstehenden Soziologie* [1921/22]. Frankfurt a. M. 2005.

Kurt Röttgers

14. Wissenschaft

Ein Verstehen von Wissenschaft als kulturelles Phänomen eröffnet sich im Blick auf ihre Geschichte. Wissenschaft und Gesellschaft haben eine lange, facettenreiche Entstehungsgeschichte mit sehr vielen Dimensionen, die nur durch eine umfassende historische, gesellschafts- und kulturtheoretische Zugangsweise greifbar sind. Wissenschaft als kulturelles Phänomen ist deshalb am besten in der Form einer »dichten Beschreibung« (Geertz 1983) zu fassen – als Lebensform. Der Begriff *Lebensform* weist, obwohl er aus dem Schatzhaus philosophischer Begriffe kommt, weit über die Grenzen traditionell philosophischer Fragestellungen hinaus. Die Ära, in der die Philosophie als ›Meta-Wissenschaft‹ besonderer Art für die Wissenschaftsphilosophie exklusive Zuständigkeit beanspruchen konnte, dürfte vorbei sein. Denn weder die Metaphysik noch die logische Analyse allein liefern ein angemessenes Bild von Wissenschaft.

Wissenschaft als Lebensform

In der Philosophie hat der Begriff der Lebensform durch Ludwig Wittgenstein eine besondere Bedeutung gewonnen. Mitglieder der Wittgensteingemeinde sind diesbezüglich skeptisch und weisen darauf hin, dass Wittgenstein diesen Begriff nur an ganz wenigen Stellen verwendet. Die am weitesten führende Diskussion konzentrierte sich darauf, ob Wittgenstein den Begriff im Singular verwendet – ob er also von der menschlichen Lebensform spricht – oder im Plural, im Sinne von Kulturen als Lebensformen (vgl. Janik 1989). Eine vieldiskutierte Frage war die, ob Wittgensteins Sprachphilosophie einen Relativismus der Welten und der Rationalitäten impliziert (vgl. Winch 1966). Einer der Kommentatoren gelangt zur Schlussfolgerung, dass Wittgensteins Begriff der Lebensform nur darauf hinweisen soll, dass Sprachverwendung und Sprachbedeutung ein soziales Phänomen und damit für die Interessen der Wissenschaftstheorie uninteressant ist.

Das ist eine Fehleinschätzung, und dies zumindest aus zwei Gründen: Erstens, nimmt man den Begriff der Lebensform zusammen mit dem der Lebenswelt, wie er als Grundbegriff der Soziologie von Alfred Schütz und später Thomas Luckmann und Peter L. Berger systematisch entwickelt worden ist, dann lässt sich sagen, dass er zu einem neuen Leitbegriff für die Kulturforschung und vor allem für die kulturanthropologisch orientierte Geschichtsforschung der letzten Jahrzehnte geworden ist. Darüber hinaus lässt sich zweitens zeigen, dass bestimmte, ›rein philosophische‹ Begriffe und Probleme in einem neuen Licht erscheinen, wenn man sie nach ihrem lebensweltlichen Hintergrund befragt. So lassen sich Fragen, die in der Philosophie eine zentrale Rolle spielen, etwa Fragen nach dem Wesen von Erkenntnis und Wirklichkeit unter dem Gesichtspunkt ihrer Bedeutung als Elemente einer bestimmten Lebensform oder Kultur in einem neuen Licht sehen. Fragen nach Erkenntnis und Wirklichkeit haben eine wesentlich kulturtheoretische und anthropologische Dimension. Philosophie und Wissenschaften erscheinen als kulturelle Unternehmungen, die um die Grundprobleme der *conditio humana* kreisen – um Selbstverständnis und Welterhaltung, wie Blumenberg sagt.

Warum bestimmte Formen des Erkennens in bestimmten Stadien kultureller Entwicklung entstehen und welche Form des Selbstverständnisses und der Beziehung zur Wirklichkeit mit ihnen verbunden sind, ist eine Frage, die Erkenntnistheorie und Ontologie in der Regel nicht stellen. Aber ohne Zweifel sind Erkenntnisformen und das in ihnen enthaltene Wirklichkeitsverständnis konstitutiv für die Lebensform zumindest jener Wissenskulturen, die sich diesen Themen vorrangig widmeten, also für die antike Philosophie und später für die mit der Neuzeit entstehende neuzeitliche Wissenschaftskultur. Diese repräsentieren nicht die menschliche Lebensform schlechthin, sondern spezielle kulturelle Lebensformen. Nur im Kontext einer ganz bestimmten kulturellen und historischen Konfiguration, in denen Philosophie und Wissenschaft als sichere, begründete, jedenfalls autorisierte Weisen der Wirklichkeitserfassung galten, haben sie ihre Bedeutung und ihren besonderen Stellenwert erhalten.

Freilich könnte man sagen, dass zwar nicht das Treiben von Philosophie oder Wissenschaften im Besonderen, so doch die Suche nach Erkenntnis und Wissen ein allgemeinmenschliches Phänomen ist; dass es, um eine Ausdrucksweise von Wittgenstein zu verwenden, für den Menschen als sprechendes Tier natürlich ist, zu hoffen, zu wünschen, wahrzunehmen, zu argumentieren, zu begründen. Aber der Blick Wittgensteins auf die Phänomene der Sprache lenkt die Aufmerksamkeit ab von der unbestreitbaren Tatsache, dass Menschen, bevor sie sich auf die Sprachspiele des Argumentierens und Begründens einlassen, noch sehr viele andere Dinge tun müssen, um zu überleben – zu leben, und dann schließlich ihrer Sinnfähigkeit entsprechend ein Leben zu *führen*. Letzteres ist offenbar tatsächlich eine anthropologische Konstante. Und eben das, die Existenz des Menschen als *animal symbolicum* (vgl. Cassirer 1990, 50 f.), hat dazu geführt, dass im Laufe der Geschichte eine Vielfalt verschiedener kultureller Formen des Lebens entstanden ist.

Man kann von Lebensformen in zwei Bedeutungen sprechen, von der menschlichen Lebensform im allgemeinen, im Singular, und von Lebensformen in ihren vielfältigen kulturellen Erscheinungsformen im Plural. Edmund Husserl, auch Schütz und Wittgenstein sprechen von der Lebensform im Singular, und zwar mit Blick auf die epistemische Eigenart lebensförmigen Denkens und Handelns. Die Lebensform, das sind die unbefragten Selbstverständlichkeiten, von denen her wahrgenommen und gehandelt wird. In der Situation alltäglichen Handelns werden jeweils nur wenige Aspekte und Momente der Situation bewusst wahrgenommen und entschieden – ein großer Teil des handlungsleitenden und verhaltensstabilierenden Wissens bleibt unthematisiert und unproblematisiert. Das ordnende Prinzip dieser Strukturierung des Wissens in bewusst Thematisiertes einerseits und als selbstverständlich, vorbewusst und unbewusst Vorausgesetztes ist, wie Schütz zeigt – Relevanz (vgl. Schütz 2004). Nach Schütz ist es der Begriff der Relevanz, der die epistemologische und die pragmatische Perspektive in der Analyse von Wissen verbindet. Relevanzen werden bestimmt durch die Situation und den Kontext, die aktuelle Situation und den historischen Kontext konkret situierter Handlungen und Problemlösungen.

Schütz entwickelt das Konzept der Relevanz für seine Analyse lebensweltlichen Wissens. Wenn man Wissenschaft als konkreten Prozess versteht, treten seine Relevanzstrukturen, die in der Routine des alltäglichen wissenschaftlichen Handelns als das Selbstverständliche unthematisiert bleiben, in den Vordergrund. Lebensförmig ist wissenschaftliches Wissen im philosophischen Sinne also deshalb, weil es wie alles Wissen von der Trennung von thematisch Relevantem und von unbefragt Vorausgesetztem ausgeht. Die Aufgabe einer kulturtheoretisch orientierten Wissenschaftsanalyse besteht nun darin, die nicht thematisierten Selbstverständlichkeiten, die wissenschaftliches Tun zu verschiedenen Zeiten, in verschiedenen Kulturen, zum Beispiel in einzelnen wissenschaftlichen Disziplinen prägen, zu erheben und zu deuten.

Wissenschaftswandel vollzieht sich auf dieser Ebene: Als ein Wandel der Selbstverständlichkeiten einer wissenschaftlichen Tradition, eines wissenschaftlichen Feldes. Die Tragweite solchen Wandels, etwa im Übergang von der Wissenskultur des Mittelalters zur neuzeitlichen Wissenschaft, und die Transformation der neuzeitlichen Wissenschaft in der Spätmoderne, die den Übergang von einer Kultur des Darstellens zu einer Kultur des Herstellens bewirkt, kann nur durch eine Analyse aller kognitiven, kulturellen, psychosozialen Faktoren und der technischen Umbrüche in der Wissenschaftsentwicklung angemessen verstanden werden. Doch zunächst zur historischen Entwicklung des Denkens in Kategorien des Lebensweltlichen, und zwar in historischer Perspektive.

Aus der Geschichte des Wortgebrauchs leitet Arno Borst eine Differenzierung zweier Dimension von Lebensformen ab. Er unterscheidet zwischen der *conditio humana* und der *societas humana*, wobei *conditio humana* die allgemeinen Lebenssituationen wie Jugend und Alter, Hunger und Arbeit, Krankheit und Tod meint (vgl. Borst 1979, 332 ff.), und *societas humana* soziale Lebenskreise wie Markt und Dorf, Feldlager und Fürstenhof, Schule oder Kloster (ebd., 347 ff.) Auf diese Weise zeichnet er für das Mittelalter ein gutes Bild der historischen Gesamtsituation, aus der heraus sich allmählich die neuzeitliche Gesellschaft entwickelte.

Neuzeitliche Wissenschaft – Lebensform unter dem Primat des Herstellens

Vermutlich sind die Elemente der *conditio humana* etwas, was sich im historischen Wandel durchhält. Aber es wird sich zeigen, dass die Weisen der Naturaneignung, die Borst unter die anthropologischen Konstanten rechnet, sich im Zuge der Neuzeit radikal ändern, und dass den Wissenschaften in diesem Zusammenhang eine Schlüsselfunktion zukommt. Die drei Hauptfunktionen der Bedürfnisbefriedigung, der Regelung sozialer Beziehung und der Bereitstellung von moralischer und intellektueller Orientierung, die Borst aus den Quellen der Zeit destilliert, entsprechen dem Bild feudaler Lebensordnung, wie es von Georges Duby (1981) gezeichnet und um viele Facetten bereichert wird. Aber unter theoretischen Gesichtspunkten ist Borsts Klassifikation der wichtigen Funktionen der Lebensform unabhängig von der Periode, die er im Auge hat, von Interesse. Die vergleichende Anthropologie von Bronisław Malinowski bis Mary Douglas operiert, über die für die modernen Sozialwissenschaften leitenden Disziplingrenzen zwischen Soziologie, Ökonomie, Politologie hinweg, mit einem Modell von Kultur als Lebensform, das zumindest die folgenden Elemente und entsprechende Beziehungs- und Handlungsformen umfasst: (1) Das Individuum, (2) seine Gruppe, das soziale Umfeld, (3) die Auseinandersetzung mit der Natur zur Erhaltung des Lebens und (4) kulturelle Techniken der Symbolisierung und Kommunikation – Formen der wissenschaftlichen Darstellung und Symbolisierung oder ›Codierung‹.

Alle diese Elemente finden sich vorbereitet in den Hochkulturen der Antike und erfahren im Prozess historischer Entwicklung eine fortschreitende Verdichtung und Differenzierung, die am Beginn der Neuzeit zur Entstehung von speziellen Institutionen des Wissens führen. Die Begründer des historischen Materialismus, Karl Marx und Friedrich Engels, stellen die Formen der Arbeit, der Auseinandersetzung mit der materiellen Umwelt ins Zentrum ihrer Gesellschaftsanalyse. Unter diesem Gesichtspunkt wird greifbar, was die neuzeitliche Wissenschaft als Institution, als Habitus, als Praxis der Naturaneignung und als Denkform ausmacht. Als Institution ist die neuzeitliche Wissenschaft eine soziale Einrichtung neben anderen, mit bestimmten Regeln des Denkens und Handelns, und mit bestimmten gesamtgesellschaftlichen Rahmenbedingungen. Diese Institution beherbergt einen bestimmten Menschentyp, mit bestimmten Vorstellungen von sich selbst, bestimmten Haltungen, Gewohnheiten, Fertigkeiten – mit einem bestimmten Habitus. So wie ihn Max Weber und in der Folge die moderne Wissenschaftssoziologie beschreibt, weist er eine enge Verwandtschaft zu einem anderen Prototyp der Zivilisation der Moderne auf, dem *homo oeconomicus* – beide haben ausgeprägt männliche Züge. Das hängt zusammen mit einer die neuzeitliche Gesellschaft prägenden Arbeitsteilung zwischen den Geschlechtern (vgl. Fox Keller 1986).

Als Denkform entspricht Wissenschaft anfangs dem klassischen Paradigma von Theorie, der Darstellung, an dessen Stelle im Lauf der Neuzeit immer mehr der Imperativ des Herstellens tritt (vgl. Moscovici 1982, 398–412). Die Geschichte der neuzeitlichen Naturwissenschaften ist markiert durch zwei revolutionäre Umbrüche, den Übergang zur neuzeitlichen »experimentellen Philosophie« Newtons und am Beginn des 20. Jahrhunderts zu dem, was Moscovici den »synthetischen« oder »kybernetischen« Naturzustand nennt (ebd., 325). Es ist die Phase der postmodernen Wissenschaft, in der das Geschäft des Darstellens schließlich weitgehend hinter den Ambitionen der Herstellung, der Konstruktion und der Produktion zurücktritt, eine Entwicklung, für die die Biowissenschaften der späten Moderne exemplarisch sind. In diesen Umbrüchen formt sich ein neues Bild vom Selbst, von der Welt und seinem Leben in dieser Welt, kurz, eine neue Lebensform.

Wissenschaft als Kultur

Im 20. Jahrhundert ist die Wissenschaft selbst zum Gegenstand wissenschaftlicher Forschung geworden. Insgesamt geht die empirische Wissenschaftsforschung den Weg aller disziplinären Wissenschaft, den der Spezialisierung. Sie ist gegenwärtig charakterisiert durch die Tendenz zu historischen und ethnographischen Einzelfallstudien.

Was heißt es, Wissenschaft als kulturelles System zu betrachten? Wissenschaft als kulturelles System ist ein Teilsystem einer Gesamtkultur, mit einem bestimmten, je nach Epoche verschiedenen Stellenwert. Die moderne Kulturanthropologie verabschiedet die Beschränkung von Kultur auf Hochkultur und setzt dagegen einen Begriff von Kultur, der die Gesamtkultur umfasst (vgl. Greverus 1978). Es ist üblich geworden, von kulturellen Ordnungen als Lebensformen zu reden (vgl. Assmann/Hardt 1991). Als Lebensform kann die neuzeitliche Wissenschaft gesehen werden, insofern ihre Leitbilder und Leitmetaphern als Handlungsmodelle und Wirklichkeitskonzepte über die Grenzen der Wissenschaftlergemeinschaft hinaus orientierungswirksam sind.

Die Kulturanthropologie betont die Rolle von Zeichen oder Codes für die Ordnung von Kultur. So sagt Clifford Geertz, sein Kulturbegriff sie »wesentlich ein semiotischer« (Geertz 1983). Geertz meint mit Max Weber, dass der Mensch als Kulturwesen in selbstgesponnene Bedeutungsnetze verstrickt ist, wobei Kultur eben dieses Gewebe ausmacht (ebd., 9). Es geht also – um die Metapher, die Geertz verwendet, aufzugreifen – darum, herauszufinden, auf welche Weise wir in die Bedeutungsnetze der Wissenschaftskultur verstrickt sind. Rolf Kreibich begründet seine Kennzeichnung der Gegenwartsgesellschaft als *Wissenschaftsgesellschaft* damit, dass damit die die soziale Realität bestimmenden Faktoren besser getroffen sind als mit den Begriffen »Informationsgesellschaft«, »nachindustrielle Gesellschaft« etc. (Kreibich 1985). Die Gegenwartskultur ist eine Wissenschaftskultur, ihre materielle Zivilisation, aber auch ihre Denkweisen und diesen entsprechende Mentalitäten sind durch die Symbole und Aneignungsweisen der zeitbestimmenden Wissenschaften geprägt.

Die Entwicklung von spezifisch wissenschaftlichen Wissenssystemen ist wesentlich bestimmt durch die Innovationen im Bereich der Techniken und Medien der Symbolisierung. Die dafür entscheidenden, die epochalen Einschnitte der Wissenschaftsgeschichte markierenden Erfindungen sind die Erfindung der Schrift, des Buchdrucks und schließlich der digitalen Technologien der Informationsverarbeitung (vgl. Serres 1991–1994). Sie begleiten Formen der gesellschaftlichen Differenzierung, deren erste die Entstehung staatlicher Herrschaftssysteme ist – in der Regel patriarchale Königtümer, die auf der Basis der Versklavung von unterworfenen Fremdgruppen, Frauen und Kindern zur Herausbildung von Machteliten führt, die sich militärisch formieren. Die Entstehung der ersten hochkulturellen Stadtkulturen geht Hand in Hand mit der Einführung der Schrift. Die Stadtkulturen am Beginn des 3. Jahrtausends v. Chr. brachten die ersten intellektuellen Eliten hervor, und das Wissen, das diese verwalteten, machte sie neben den gottähnlich verehrten Herrschern zu den bedeutendsten Personen ihrer Kultur – zunächst die Seher, Priester und Weisen, später Philosophen und Wissenschaftler. Zeiten der Transformation und des Umbruchs im ökonomischen und politischen Bereich sind deshalb auch große Zeiten der Auseinandersetzung zwischen sich ablösenden intellektuellen Kulturen.

Wissenschaft und Medien des Wissens

Mit der linguistischen Wende in der Gegenwartsphilosophie rückte die Sprache ins Zentrum der Kulturanalyse. Die Entfaltung komplexer sozialer Beziehungen, die Organisation gesellschaftlicher Arbeitsteilung, die Genese des Selbstbewusstseins und ebenso des Weltbewusstseins in den Formen des Mythos, der Religion, schließlich der Wissenschaften und der Philosophie – all das vollzieht sich im Medium der Sprache, der geschriebenen Sprache vor allem. Auch für die hochkulturellen Religionen spielt im Gegensatz zum Mythos das Geschriebene eine wesentliche Rolle. Denn die Offenbarung des monotheistischen Gottes ist niedergelegt in der Heiligen Schrift. Im Gegensatz dazu ist der Ort, der den Wissensschatz von Philosophie und Wissenschaft beherbergt, nicht das Buch, sondern die Bibliothek. Dass für die Organisation, die Produktion, Vermittlung und Weitergabe von Philosophie und Wissenschaft die Schrift das entscheidende Medium ist, ist zentrales Thema einer Semiotik der Wissenschaften – ein Thema, das erst seit den letzten Jahrzehnten erforscht wird (Goody 1981; Leroi-Gourhan 1980).

Die Analyse von Kulturen und ihrer Wissenssysteme hat in den letzten Jahren den Aspekt der spezifischen Medialität von Wissen und Handeln besonders betont. Diese Erkenntnis hat der Medientheoretiker Herbert Marshall McLuhan zum zentralen Thema der Kulturanalyse erhoben mit der Formel *The medium is the message*. Diese Formel gilt aber nicht nur für die Gegenwart als der Zeit der elektronischen Datenverarbeitung und digitaler Medien der Wissensspeicherung und Wissensvermittlung, sondern sie gilt für alle Hochkulturen. So war es die Erfindung der alphabethischen Schrift in Griechenland, die die Entstehung eines neuen Typs von theoretischem Denken ermöglichte, das man als ›abendländisch‹ bezeichnet, also die Form theoretischer Ordnung von Erfahrung, die Joseph Needham *wissenschaftlichen Universalismus* nennt (vgl. Needham 1979).

War es die Schrift, die das Medium der vormodernen Wissenschaft und Metaphysik bereitstellte, so sind die entscheidenden modernen Mittel der neuzeitlichen Wissenschaft Messung und Experiment. Das sind weniger Denk- als Praxisformen. Das Weltbild der Wissenschaft wird nicht mehr durch den Pyramidenbau immer abstrakter werdender Begriffe bestimmt, sondern durch ein Arrangement der experimentellen Kontrolle von Phänomenen und Effekten. Das Denken wird geleitet durch bestimmte Weisen der Operation und der Konstruktion. Erkennen ist Herstellen, lautete nun die Devise.

In der Wissenskultur des Mittelalters bleibt die Form ihrer Medialität zunächst sekundär gegenüber ihren institutionellen Errungenschaften. Es ist die Leistung des Mittelalters, die erste Form der Institutionalisierung von Wissenschaft geschaffen zu haben. Platons Akademie etwa war, ebenso wie die Wandelhallen, in denen sich die Anhänger und Schüler des Aristoteles trafen, nicht mehr als ein regelmäßiger Treffpunkt der Wissbegierigen – ähnlich wie der Marktplatz, das Forum, der öffentliche Ort war, an dem philosophische und politische Dispute stattfanden. Aber das waren noch keine wissenschaftlichen Institutionen. Die Universität des Mittelalters hingegen ist eine Institution im vollen Sinn des Wortes, mit ihren Regeln und Abhängigkeiten, eine selbständige Einrichtung im Ganzen der Gesellschaft. Als Institution des Wissens und als Lebensform prägt die mittelalterliche Wissenskultur den *Habitus* der in ihr Lebenden, als Träger wissenschaftlichen Wissens bestimmt sie deren Rolle und Selbstbild gegenüber anderen gesellschaftlichen Gruppen.

Transformationen des Wirklichkeits- und Selbstverständnisses

Im Folgenden soll zunächst die der Neuzeit vorangehende Periode des Mittelalters in ihrem ontologischen Vorverständnis beschrieben werden. Denn das Neue, für das die Wissenskultur der neuzeitlichen Wissenschaft steht, hebt sich in seinem Eigensinn ab von jenen kulturellen Ideen, Werten und Lebensgewohnheiten, die ihm in der Geschichte vorangegangen sind. Das trifft besonders zu auf die philosophisch relevanten Fragen betreffend die Vorstellungen von Wirklichkeit und das Verhältnis zu ihr, also die ontologischen und erkenntnistheoretischen Annahmen der Epoche (vgl. List 2007, 36f.). Was galt also den sich ablösenden Perioden als *Wirklichkeit*, und welche Möglichkeit zu ihrer Erkenntnis sahen sie?

Die neuzeitliche Wissenschaft entsteht nicht nur in Abhebung von, sondern auch in Kontinuität mit den Lebensformen des Mittelalters. Das zeigt sich an der Kontinuität und am Fortleben religiöser Denkfiguren in der Wissenschaftskultur bis weit ins 18. Jahrhundert, an der Rolle der göttlichen Vorsehung, des Wirkens Gottes in den Vorstellungen vom Kosmos, von der Natur, vom Menschen, seinem Tun und Erkennen noch bei den Gründervätern der neuzeitlichen Wissenschaft, bei Bacon und Descartes, selbst noch bei Newton. Erst sobald sich der Staat, der weltliche Herrscher als Mentor der neuen Naturwissenschaften etabliert, kommt es zu einer Trennung zwischen Naturforschung und Theologie. Nun geht es um die Beziehung zwischen Welt und Subjekt, zwischen Natur und Mensch, eine Beziehung, die unter theologischen Prämissen nur durch die Vermittlung Gottes gedacht werden konnte. Der Analyse dieser Denkfiguren und ihrer Auflösung im Verlauf der Neuzeit geht Hans Blumenberg in seinen Schriften zur Genese der neuzeitlichen Wissenschaft im Einzelnen nach. Blumenberg stellt die mittelalterlichen Vorstellungen von Welt und Wirklichkeit sowie von der Beziehung Gott-Welt-Mensch ins Zentrum seiner Überlegungen. Nach Blumenberg vollzieht sich der für die Genese neuzeitlichen Denkens entscheidende Übergang von einem realistischen zu einem konstruktivistischen Wirklichkeitsverständnis schon bei Bacon und Descartes. Um menschlicher Selbstbehauptung überhaupt einen Raum zu geben, muss die Wirklichkeit so gedacht werden, dass sie sich durch den Eingriff des Menschen gestalten lässt. Der mittelalterliche Realismus, dem die reale Welt als Resultat einer allwissenden Schöpfung erscheint, lässt dem Menschen nur die Möglichkeit, als ein Geschaffenes unter anderen sich in die Ordnung der Schöpfung zu fügen.

In den Wissenschaften der Neuzeit setzt sich unter dem Primat des Herstellens eine neue Vorstellung von Wirklichkeit durch. Wirklich ist für den Wissenschaftler, die Wissenschaftlerin der fortgeschrittenen Moderne nur das, was als Effekt, als die Wirkung gezielter Intervention in natürliche Prozesse oder Phänomene bewirkt werden kann – diese Wende zum Konstruktivismus kennzeichnet nicht nur die Praktiken von Naturwissenschaftlern, sondern alle Form menschlicher Aktivitäten. Wenn man Newton als paradigmatischen Repräsentanten der wissenschaftlichen Moderne versteht, so wäre die Vollendung dieser wissenschaftlichen Entwicklung als »Postmoderne« zu verstehen.

Wissenschaft in der Postmoderne

Moscovicis *Versuch über die menschliche Geschichte der Natur* analysiert die Entwicklung der Naturwissenschaften im Kontext des historischen Wandels des menschlichen Naturverhältnisses, in dem er drei »Naturzustände« unterscheidet, den mimetischen Naturzustand der Antike, den mechanischen Naturzustand der frühen Neuzeit und drittens einen synthetischen Naturzustand seit dem 19. Jahrhundert.

Für die Epoche des »mechanischen Naturzustands« ist das Moment der Herstellung beschränkt durch die Grenzen, die ihm das mechanische Modell setzt – als die Zurichtung, die Messung und Objektivierung von Gegenständen der Natur, so wie sie sich darbieten als fixe, unveränderliche Bausteine des Universums. Die eigentliche Revolution wissenschaftlichen Tuns und Denkens sieht Moscovici deshalb in der Chemie, die damit begann, bisher als unveränderlich gedachte Substanzen zu verändern. Die Naturwissenschaften sind zu Technikwissenschaften geworden. Die Biowissenschaften heute erzeugen zwar (noch) nicht neue lebende Wesen, aber sie fügen die Bestandteile des Biotisch-Lebendigen neu zusammen. Sie transformieren ihre Gegenstände. Mit den Erkenntnissen der Molekularbiologie verlegt sich der Prozess des Erfindens vom Bereich der Chemie auf den der Lebensprozesse und der organischen Lebensformen, die durch die Erschließung der molekularen Basis des Lebens in den Bereich des Herstellbaren gerückt sind und einer synthetischen Biologie den Weg bereiten. Wissenschaftliche Erkenntnis bewährt sich als Technik des Herstellens.

Diese Entwicklung entspricht den gesellschaftlichen, vor allem den ökonomischen Erfordernissen der spätmodernen Zivilisation, in der in der globalen Konkurrenz die ökonomische Verwertung wissenschaftlicher Produktion in der gesellschaftlichen Einordnung der Wissenschaften oberste Priorität hat. Es ist deshalb an der Zeit, den lebensförmigen Kontext wissenschaftlicher Praktiken in Erinnerung zu rufen.

Literatur

Assmann, Aleida/Hardt, Dietrich (Hg.): *Kultur als Lebenswelt und Monument.* Frankfurt a. M. 1991.

Berger, Peter L./Luckmann, Thomas: *Die gesellschaftliche Konstruktion der Wirklichkeit. Eine Theorie der Wissenssoziologie.* Frankfurt a. M. 1969.

Blumenberg, Hans: *Die Genesis der kopernikanischen Welt.* Frankfurt a. M. 1975.

Borst, Arno: *Lebensformen im Mittelalter.* Berlin/Wien 1979.

Cassirer, Ernst: *Versuch über den Menschen. Einführung in eine Philosophie der Kulturen.* Frankfurt a. M. 1990 (engl. 1945).

Duby, Georges: *Die Drei Ordnungen. Das Weltbild des Feudalismus.* Frankfurt a. M. 1981 (frz. 1978).

Fox Keller, Evelyn: *Liebe, Macht und Erkenntnis. Männliche oder weibliche Wissenschaft?* München/Wien 1986 (engl. 1985).

Geertz, Clifford: *Dichte Beschreibung. Beiträge zum Verstehen kultureller Systeme.* Frankfurt a. M. 1983.

Goody, Jack (Hg.): *Literalität in traditionalen Gesellschaften.* Frankfurt a. M. 1981 (engl. 1968).

Greverus, Ina Maria: *Kultur und Alltagswelt.* München 1978.

Janik, Allan: Sind Kulturen Lebensformen? In: *Zeitschrift für Didaktik der Philosophie* 2 (1989), 78–84.

Kreibich, Rolf: *Die Wissenschaftsgesellschaft. Von Galilei zur High-Tech-Revolution.* Frankfurt a. M. 1985.

Leroi-Gourhan, André: *Hand und Wort. Zur Kulturgeschichte von Sprache, Technik und Kunst.* Frankfurt a. M. 1980 (frz. 1964/65).

List, Elisabeth: *Vom Darstellen zum Herstellen. Eine Kulturgeschichte der Naturwissenschaften.* Weilerswist 2007.

Lütterfels, Wilhelm/Roser, Andreas (Hg.): *Der Konflikt der Lebensformen in Wittgensteins Philosophie der Sprache.* Frankfurt a. M. 1999.

McLuhan, Herbert Marshall: *Das Medium ist die Botschaft.* Dresden 2001 (engl. 1967).

–: *Die magischen Kanäle: Understanding Media.* Düsseldorf 1968 (engl. 1964).

Moscovici, Serge: *Versuch über die menschliche Geschichte der Natur.* Frankfurt a. M. 1982.

Needham, Joseph: *Wissenschaftlicher Universalismus. Über die Bedeutung und die Besonderheit chinesischer Wissenschaft.* Frankfurt a. M. 1979.

Schütz, Alfred: *Relevanz und Handeln. 1. Zur Phänomenologie des Alltagswissens.* In: Ders.: *Werkausgabe.* Hg. von Richard Grathoff und Martin Endreß. Bd. 6. Konstanz 2004.

Serres, Michel: *Hermes.* Berlin 1991–1994 (frz. 1968–1980).

Weber, Max: Wissenschaft als Beruf [1917/1919]. In: Ders.: *Studienausgabe der Max Weber-Gesamtausgabe.* Bd. I/17. Hg. von Wolfgang J. Mommsen und Wolfgang Schluchter. Tübingen 1994, 1–23.

Winch, Peter: *Die Idee der Sozialwissenschaft und ihr Verhältnis zur Philosophie.* Frankfurt a. M. 1966 (engl. 1958).

Wittgenstein and the Philosophy of Culture. Proceedings of the 18th International Wittgenstein Symposium. 13th to 20th August 1995 Kirchberg am Wechsel (Austria). Hg. von Kjell S. Johannessen und Tore Nordenstam. Wien 1996.

Elisabeth List

V. Begriffe

1. Bedeutung

Kultur – das ist die Welt des Menschen. Die Grundzüge dieser Welt und die Stellung des Menschen in ihr zu bestimmen, ist die Aufgabe der Philosophie als Kulturphilosophie. Bedenkt man, dass unser Wissen von der Natur, dem tradierten Gegenbegriff zur Kultur, selbst eine menschliche und also kulturelle Leistung ist, dann wundert es nicht, dass gerade in ihren Gründungsjahren – Ende des 19. und Anfang des 20. Jahrhunderts –, Kulturphilosophie nicht als eine philosophische Disziplin unter anderen, sondern als philosophische Gesamtprogrammatik gedacht wurde. Diese Frontstellung des Kulturbegriffs und die Exposition der Philosophie als Kulturphilosophie hängen eng zusammen mit der Orientierungskrise, die bezüglich der Grundlagen der Kultur mit dem Ende des deutschen Idealismus aufbricht. Diese Orientierungskrise betrifft das Problem substantieller Orientierung in einem sogenannten nachmetaphysischen Zeitalter, in einem Zeitalter, in dem der Rekurs auf übersinnlich seiende Entitäten als Legitimationsquellen für das menschliche Denken, Tun und Lassen seine Überzeugungskraft weitgehend verloren hat. Einzelwissenschaftliche Deutungsperspektiven und die damit einhergehenden philosophischen Reduktionen jener Legitimationsquellen werden seit dem Ende des Idealismus maßgebend für das Selbst- und Weltverständnis des Menschen – sie sind es eingedenk gegenwärtiger Debatten etwa über die Evolutionsbiologie, die Hirnforschung oder das *rational choice model* der Wirtschaftswissenschaften als Erklärungsparadigmata menschlichen Verhaltens bis heute geblieben.

Kulturphilosophie und Sinn

Gerade aber wegen der Notwendigkeit einer wissenschaftlichen Einsicht in die Grundlagen menschlicher Selbst- und Weltverhältnisse hatte beispielsweise der Neukantianismus, einer der Gründungsväter der Kulturphilosophie (Windelband, Rickert, Cassirer u.a.), für eine genuin *philosophische* Grundlegung solcher Verhältnisse plädiert, näherhin: für eine methodisch der Transzendentalphilosophie verbundene Grundlegung der Kultur. Es ist dies historisch gesehen freilich nur eine Stimme im vielstimmigen Chor der Kulturphilosophie. Wie in der Forschung der letzten Jahrzehnte jedoch immer deutlicher wurde: eine Stimme mit einem hohen und bislang unausgeschöpften Differenzierungs- und Vereinheitlichungspotential. Dieses Potential betrifft nicht zuletzt den Sinn- oder Bedeutungsbegriff, wie Ernst Cassirer sagen würde: den Symbolbegriff. Der Sinn-, Bedeutungs- bzw. Symbolbegriff gestaltet den Kulturbegriff inhaltlich aus: Die Kultur erweist sich als Sinngefüge, besteht aus Sinngebilden.

Ich unterscheide im Folgenden nicht streng zwischen dem Bedeutungs-, Sinn- und Symbolbegriff, da jedenfalls in der deutschsprachigen Kulturphilosophie kein einheitlicher Sprachgebrauch vorherrscht. ›Sinn‹ – etymologisch mit ›Richtung‹ verbunden und in den frühen Texten der Kulturphilosophie nicht selten mit ›Wert‹ oder ›Weltanschauung‹ konnotiert, also weit mehr als bloß der lexikalische Gehalt eines Ausdrucks – deckt den umfassenden Anspruch der Kulturphilosophie wohl am besten. In dieser umfassenden, aufs Ganze gehenden und dem Problem des metaphysischen Orientierungsverlusts unmittelbar verbundenen Hinsicht rückt der Sinnbegriff in Richtung dessen, was seit dem 18. Jahrhundert ›Bedeutsamkeit‹ (*emphasis*) heißt; in Richtung eines Begriffs also, der durch Wilhelm Dilthey zu einem Grundbegriff speziell der hermeneutischen Philosophie wurde (vgl. Scholtz 1991). Anders als ›Sinn‹, der vom Wortsinn bis hin zum Sinn des Lebens reicht, fängt ›Bedeutsamkeit‹, verstanden als Emphase (Nachdruck, Andeutung/Erahnen des ›Tiefen- oder Hintersinns‹), nicht die Thematik der ›Bedeutung‹ ein. Der Terminus ›Bedeutung‹ freilich erhält vor allem im Vollzug des *linguistic turn* eine exponierte Stellung, rückte hier doch die Klärung der Bedeutung sprachlicher Ausdrücke (*meaning*) oder die Reduktion philosophischer Fragen auf Sprachprobleme in den Vordergrund. Aber Sprachprobleme sind nicht gleich Geltungsprobleme. Es sind Geltungsprobleme, die historisch gesehen den primären Orientierungsrahmen für die Kulturphilosophie abstecken. Sie tun es auch systematisch. Entsprechend wird

›Sinn‹ im Folgenden primär als Geltungsphänomen abgehandelt.

Wird die Kulturphilosophie als Antwort auf eine Orientierungskrise verstanden und Sinn als Geltungsphänomen genommen, dann muss der Blick auf die problemgeschichtliche Stellung Kants fallen. Denn immerhin geht es beim Sinnbegriff um das Woraufhin menschlichen Agierens und damit für die Philosophie als die Grundlagenwissenschaft, die sie ist, um die Grundlagen (Prinzipien) menschlicher Orientierung. Wenn es aber um das Woraufhin als Orientierungsdeterminante menschlichen Agierens geht, dann steht die Geltung dieses Agierens zur Debatte, ganz gleich, ob die seines Denkens, Tuns oder Lassens: Sämtliche Leistungen oder Verrichtungen des Menschen sind einbezogen. Die problemgeschichtlich gesehen ihrer Überzeugungskraft beraubte metaphysische Antwort denkt Geltungsgründe letztlich von einem jenseits des empirisch Seienden liegenden ›transzendent‹ Seienden verbürgt. Gemäß dem empiristischen Begründungstheorem steht ein ›immanent‹ Seiendes für die objektive Geltung menschlicher Leistungen ein, was konsequent durchdacht aber dazu führt, dass wahrhaft menschliche, selbstbestimmte und zugleich allgemeinverbindliche Orientierung unmöglich wird.

Gegen sowohl den metaphysischen wie den empiristischen Ansatz hat Kant paradigmatisch vor- und ausgeführt, was es heißt, Grundlagen, Prinzipien, Geltungsqualifikationen philosophisch zu thematisieren. Seine wirkungsgeschichtlich gesprochen kopernikanische, sachlich gesprochen transzendentale Wende des philosophischen Begründungsproblems macht klar, dass nur auf transzendentalem Weg Selbstvergewisserung menschlicher Leistungen erreicht werden kann. Auf diesem Weg stellt sich, um den griffigen (wenn auch nicht-kantischen) Terminus zu verwenden, die ›Subjektivität‹ als Prinzip möglichen Gegenstandsbezugs, und damit als Grund von Objektivität heraus, wobei ›Subjektivität‹ hier Titel ist für den Inbegriff der weder naturalistisch noch kulturalistisch (im Sinne bloß multikultureller Vielfalt) zu verstehenden ›Vermögen‹ des Subjekts. Die transzendentale Erkenntnis menschlicher Leistungen führt sodann der Sache nach auf einen Inbegriff von Geltungsgründen, der nicht wie in der vormaligen Metaphysik und im Empirismus durch den Rückgang auf ein Seiendes *außerhalb* der Leistungsrelation begriffen wird, sondern durch einen Rückgang auf die Geltungsstruktur menschlicher Leistungen selbst. Geltungsbezogene Leistungen sind Sinnleistungen, stiften Sinn, produzieren Sinnphänomene. Die objektive Gültigkeit konkreter Sinnleistungen des agierenden Subjekts findet ihren Grund in einem Inbegriff von Geltungsprinzipien, wie Kant sagt: ›Bedingungen der Möglichkeit‹; die objektive Gültigkeit dieser Geltungsprinzipien wird dadurch legitimiert, dass sie sich geltungsfunktional als Bedingungen jeweiliger, theoretischer wie atheoretischer (praktischer, ästhetischer, religiöser usw.) Sinnleistungen ausweisen lassen.

Dass die objektive Gültigkeit menschlicher Leistungen in den ›Vermögen‹ des Subjekts begründet ist, macht die Geltung allerdings nicht zu etwas bloß Subjektivem. Die Pointe des transzendentalen Gedankens ist vielmehr, dass die Subjektivität in gewisser Weise *objektive*, weil Gegenständlichkeit begründende Bedingung für die Möglichkeit von Sinnphänomenen ist. Objektivität steht also von Anfang an unter den Bedingungen der Subjektivität. Gottlob Freges oft gerühmte und nicht weniger oft kritisierte Unterscheidung zwischen Sinn und Bedeutung (vgl. Frege 1892) verliert damit als Differenzierung insofern an Brisanz. Denn bei Frege verweist ›Bedeutung‹ direkt auf den Gegenstand als ein und dasselbe Individuum (›Venus‹), während der ›Sinn‹ mehrfältig sein kann (›Abendstern – Morgenstern‹). Indes kann es der transzendentalen Wende gemäß außerhalb jeweiliger Sinnsphären keine Gegenstände und Gegenstandsbezüge geben; diese werden vielmehr erst *innerhalb* dieser Sphären konstituiert.

Kants transzendentale Wende enthält also eine kulturphilosophisch relevante Antwort auf die Frage nach Orientierung und damit auf die Frage nach dem Sinn menschlichen Agierens in einem nachmetaphysischen Zeitalter. *Kant als Philosoph der modernen Kultur* (Rickert 1924) und *Transzendentalphilosophie als Weltanschauung* (Münch 1913) sind entsprechend Titel, unter denen Kant nicht ohne guten Grund interpretiert wurde. Immerhin fungiert das Transzendentale als Geltungsgrund der Kultur qua Welt des Sinns: Das Transzendentale ist schlechthinnige Quelle von Sinn. Mit ihrem Fokus auf ›Möglichkeitsbedingungen‹ (mithin Geltungsprinzipien) entpuppt und entfaltet sich die Transzendentalphilosophie als kritische Kulturphilosophie. Indem sie nicht mehr auf ein Seiendes, sondern auf die Subjektivität als Geltungsgrund rekurriert, bietet sie eine nachmetaphysische Philosophie des Sinns (vgl. Krijnen 2001).

Als nachmetaphysische Philosophie des Sinns ist sie freilich nicht auf die Sphäre des Theoretischen restringiert. Sie bezieht vielmehr das Atheoretische mit ein, ist also auf die begriffliche Bestimmung des

Sinnganzen menschlichen Selbst- und Weltverständnisses aus. Diese Aufgabe wirft eine Vielzahl von Problemen auf. Einige davon werden im Folgenden traktiert: Zunächst ist das Verhältnis von Sinn und Sein wie das von Sinn und Wert zu klären. Im Zuge dieser Klärung ergibt sich eine Zweidimensionalität von Sinn: Sinn als Leisten des konkreten Subjekts und Sinn als das vom konkreten Subjekt Geleistete. Es ergibt sich zudem die Frage nach einer Gliederung bzw. Ordnung des Sinnganzen in verschiedene Sinnsphären (System des Sinns). Schließlich gilt es auch, Grenzen des kulturphilosophischen Sinnbegriffs zu erwägen, namentlich in Bezug auf den Geistbegriff Hegels, dessen vermeintlich metaphysische Prägung die Kulturphilosophie von Anfang an abzustreifen bemüht ist.

Wert – Sinn – Sein

Für die Kulturphilosophie geht es beim Sinnbegriff keineswegs bloß um die Klärung der Bedeutung von Aussagen; es geht umfassend um das Problem menschlicher Orientierung. Zwar lassen sich die (bewussten oder unbewussten) Orientierungsdirektiven für das menschliche Leisten (Denken, Wollen, Handeln, Glauben) durch Termini wie Ideen, Normen, Geltungen, Prinzipien benennen; der klassische Titel gerade im Kontext der Kulturphilosophie ist jedoch der des *Wertes*. Der Mensch als Subjekt zeichnet sich durch den Bezug zu Werten aus: Werte sind die Orientierungsdeterminanten der Gestaltung seiner selbst und seiner Welt. Folglich sind Werte Geltungsprinzipien. Denn in dem Maße, in dem sie für den Menschen als Subjekt normierend sind, sind seine theoretischen und atheoretischen (praktischen, ästhetischen usw.) Leistungen gültig. Auf das Subjekt bezogen ist der Wert also ein Sollen: etwas, dem sich der Mensch als Subjekt unterwirft und gemäß dem er sich bestimmt; eine Forderung, die das Subjekt erfüllen soll hinsichtlich der Gültigkeit seiner Leistung. Insofern gibt der Wert dem menschlichen Dasein Sinn. Er normiert den Menschen qua Subjekt: im Sinne des Kulturbegriffs des Menschen – nicht qua naturale Größe: nicht im Sinne des Naturbegriffs des Menschen (*Homo sapiens*). Der Wert normiert den Menschen also in seiner Geltungswertigkeit.

Werte qua Orientierungsdeterminanten konstituieren Sinn. Folglich sollte für eine ausgereifte Kulturphilosophie Sinn nicht mehr in objektiven (Vor-)Gegebenheiten fundiert sein, egal ob als metaphysische oder als empirische Sachverhalte. Während für sozialkonstruktivistische (postmoderne) Kulturphilosopheme diese Orientierungsdeterminanten jedoch keinen die jeweiligen Kulturen übersteigenden Bezug haben (und so letztlich doch aus ›Seinsverhältnissen‹ legitimiert werden), versteht eine transzendentalphilosophisch fundierte Kulturphilosophie sie als Bedingungsstrukturen der freilich immer kulturell situierten Geltungsansprüche jeweiliger Subjekte: Sie werden letztlich als Prinzipien begriffen, die die Subjektität des Subjekts definieren und damit Definitionsstücke des Humanum sind. Entsprechend machen sie die Einheit der Kultur in der Vielfalt ihrer Manifestationen aus.

Als Prinzip gültiger Leistungen des Subjekts konstituiert der Wert konkret-gegenständlichen Sinn (›Gehalt‹, ›Bedeutung‹). Auf der Ebene konkreter Gegenstände (Natur, Geschichte) gesehen, handelt es sich beim Sinn um Gebilde, die nicht bloß *sind* (im Sinne bloßer Existenz: Mathematisches, Sinnliches usw.), sondern über ihr ›Sein‹ hinaus noch die entscheidende kategoriale Qualifikation besitzen, geltungsdifferent zu sein: Sie sind gültig oder ungültig (wahr/unwahr, gut/böse, schön/hässlich usw.). Derartige Gebilde sind Sinngebilde, Gebilde, die zwar faktisch mit bloß existierenden Gegenständen verbunden sind, die aber etwas bedeuten oder meinen, das über ihre bloße Existenz hinausgeht. Beispielsweise ist eine theoretische Erkenntnis oder eine gute Handlung auch etwas Existierendes (als Satz, als Handlungserfolg usw.). Aber von diesem Existierenden gilt zugleich, dass es nicht schon durch seine Existenz gültig ist. Die bloße Existenz lässt vielmehr Gültiges und Ungültiges zu: Es existieren wahre und unwahre Gedanken, gute und schlechte Handlungen. Existenz liefert also kein Unterscheidungsmerkmal für die Geltung des Geleisteten.

Ein Unterscheidungsmerkmal zwischen ›Sein‹ und ›Sinn‹ und damit ein Kriterium für die Geltungsqualifikation von Leistungen liefert eben die Orientierungsdeterminante, der Wert als das Woraufhin des Subjekts. Sinngebilde sind wertbezogen: bezogen auf den Wert der Wahrheit, des Guten, des Schönen (bzw. auf Werte, die wiederum die inhaltliche Bestimmtheit dieser Grundwerte einer Sinnsphäre ausmachen). Sinngebilde prätendieren, gültig zu sein. Der Wert lässt uns also nicht gleichgültig: Er ist der Bestimmungsgrund, die Orientierungsdirektive unseres Leistens. Dieses Leisten hat eine positive oder negative Wertigkeit. Die Geltungsdifferenz ist diese alternative Geltungswertigkeit des Sinngebildes.

Sinngebilde unterscheiden sich durch ihre Wert- oder Geltungsbestimmtheit von bloßen Existenzgebilden, wie wir des Kontrastes wegen sagten: von bloßen Seinsgebilden (den Seinsbegriff verwende ich hier also in einer engen Bedeutung: Er bezieht sich nicht auf alles Denkbare überhaupt). Deshalb lässt sich Sinn weder naturalisieren (wie etwa im Biologismus oder in einer zur Philosophie hochstilisierten Neurophysiologie) noch im Rahmen fundamentalontologischer Theorien (beispielsweise Heideggerscher Prägung) oder lebensweltlicher Konzeptionen (wie in der Hermeneutik) hinreichend erfassen. Diese Ansätze werden ungeachtet der Fülle ihrer Erträge der Geltungsbestimmtheit des Sinns nicht gerecht. Sinn wird durch Werte konstituiert – und der Wert ist ein Geltendes, kein Existierendes.

In diesem Sinne haben Neukantianer wie Heinrich Rickert (1928), Phänomenologen wie Edmund Husserl (1928), neuere Transzendentalphilosophen wie Werner Flach (1994), Gerold Prauss (1993) oder Hans Wagner (1980) darauf hingewiesen, dass sich ›Sinngebilde‹ – anders als bloße ›Seinsgebilde‹ (Existenzgebilde) – durch eine innere Gegensätzlichkeit kennzeichnen. Zwar können Sinngebilde aufgrund ihrer Geltungs- oder Wertbestimmtheit nicht als etwas Physisches oder Psychisches bestimmt werden, aber auf die innere Gegensätzlichkeit von Sinngebilden als wertbestimmten Phänomenen kommt es an: Innerhalb der Sphäre des Existierenden gibt es nur das Existierende oder das Nichts; innerhalb der Wertsphäre, der Sphäre von Sinnphänomenen, gibt es nicht nur ›Sein oder Nichts‹, sondern auch noch ›Gültiges oder Ungültiges‹. Sinngebilde zeichnen sich immer durch Wertgegensätzlichkeit aus.

Da sich Sinngebilde durch eine Wertgegensätzlichkeit auszeichnen, können sie nicht als etwas bloß Existierendes erklärt werden. Hinsichtlich seiner Existenz unterscheidet sich Gültiges nicht von Ungültigem: beides existiert. Gültiges und Ungültiges unterscheiden sich in ihrer jeweiligen Wertbestimmtheit. Die gegenwärtig weitverbreiteten naturalistischen Ansätze verwechseln allerdings systematisch Wertbegriff und Existenzbegriff: Sie ersetzen den Wertgegensatz durch einen Seinsgegensatz. Der Wertbegriff und folglich Sinn und Sinngebilde lassen sich nicht naturalisieren. Vielmehr lehren die Naturwissenschaften, was kausal notwendig *ist,* nicht wie es sein *soll*: Normen kann die Naturwissenschaft nur unter Preisgabe ihrer Wissenschaftlichkeit zur Verfügung stellen. Zugleich setzt die naturwissenschaftliche Erkenntnis den Wert der Wahrheit als das geltungsmäßige Woraufhin des Naturwissenschaftlers selbst schon voraus: naturwissenschaftliche Erkenntnis ist nur aufgrund von Werten möglich. Methodisch gesehen gäbe es in einer ausschließlich kausal bestimmten Welt keine Wertphänomene, sondern die Rede von Gültigkeit und Ungültigkeit verlöre ihren Sinn. Indes scheitert der Versuch, Wertphänomene naturalistisch zu erklären – am Sinn des Naturalismus selbst, an seinem eigenen Sinn also. Und dies gilt mutatis mutandis für jede einzelwissenschaftliche Sinnbestimmung: Einzelwissenschaften untersuchen nicht die Werte in ihrer Geltung, sondern bestenfalls (als Kulturwissenschaften) die Verwirklichung dieser Werte in der Kultur.

Auch eine philosophische Seinslehre (Ontologie) als Grundlehre verfehlt die Eigenbestimmtheit von Wertphänomenen, also Sinngebilden. Sinngebilde sind als Wertphänomene wesentlich Geltungsphänomene. Ganz allgemein lässt sich sagen: Eine Philosophie, die bloß zeigt, wie Sinngebilde durch eine bestimmte Seinsstruktur des Subjekts oder durch die ›Unverborgenheit des Seins‹ konstitutionstheoretisch ermöglicht werden, versagt vor der Prägnanz des menschlichen Selbst- und Weltverständnisses, vor dem ›Sinn von Sein‹. Denn sie verfehlt die Geltungsqualifikation als definierendes Moment des Subjekts und seiner Leistungen. Einer derartigen ontologischen Konstitutionstheorie, wie sie im 20. Jahrhundert wirkungsmächtig Martin Heidegger vorgelegt hat, gehen alle objektiven Kriterien zur Unterscheidung von Gültigkeit und Ungültigkeit verloren: Das Sein ermöglicht das eine wie das andere. Damit wird die Theorie schon ihrem eigenen ›Sein‹ nicht gerecht, prätendiert sie doch Wahrheit über das Fundamental-Ontologische. Folglich präsupponiert sie einen Grund, der diese Wahrheit ermöglicht. Dieser Grund kann weder mit dem sowohl Gültiges als auch Ungültiges leistenden Subjekt noch mit dem sowohl Gültiges als auch Ungültiges ermöglichenden Sein zusammenfallen: die Fundamental-Ontologie setzt für ihre eigene Möglichkeit den Wertbegriff voraus. Da die Geltungsdifferenz weder ein Unterschied im Sein des Subjekts noch im Sein selbst ist, schießt eine fundamental-ontologische Bestimmung von Wert und Sinn zu kurz.

Für eine Kulturphilosophie, die im Zuge der transzendentalen Wende Kants Objektivität an Subjektivität rückbindet und entsprechend jegliche Gegenständlichkeit als durch einen Inbegriff von Werten oder Geltungsprinzipien konstituiert denkt, gilt geradezu, dass der Sinn allem Existierenden, allem Sein logisch (begrifflich) vorangeht. Im Bereich theoretischer Erkenntnis etwa sind ›Inhalt‹, ›Sein‹, ›Wirklichkeit‹, ›es gibt‹ selbst Formen von Sinn. Existierendes gibt es in einem theoretisch differenten

Sinne nur insofern, als der Sinn, der an einem Existentialsatz haftet, wahr ist: ist er nicht wahr, dann ›ist‹ nichts. Die gegenständliche Welt, die wir in geltungsreflexiv-naiver Haltung immer schon haben, erweist sich als bedingt durch einen Inbegriff von Werten oder Formen des Sinns, die sie als ›Geleistetes‹ aufbauen: die Welt erweist sich als konstituiert durch Prinzipien geltungsnoematischer Gegenstandserzeugung. Der Gedanke eines naiven Sensualismus, dem zufolge es einen ›reinen Inhalt‹, ein von unserer Erfahrung losgelöst unmittelbar Gegebenes als Formloses und damit als frei von Formen des Sinns gäbe, ist ein Residuum der geltungsreflexiv-naiven, direkten Gegenstandshaltung. Das Gegebene kann begrifflich nie vom Subjekt, von den Formen des Sinns, den Weisen der Erfahrung losgelöst und verselbständigt werden: nur *innerhalb* einer Sinnsphäre, etwa der Erkenntnis, macht die Rede von einem ›Gegebenen‹ Sinn. Bestimmte man den ›Inhalt‹ als *prote hyle*, als etwas, das losgelöst vom Subjekt Sinn hätte (und durch dessen Formen zur Bestimmung käme), dann ist das Gegründetsein des Inhalts in den Formen des Sinns gründlich verkannt. Inhalt ist selbst ein Moment geltungsnoematischer Gegenstandskonstitution. Mag es auch sein, dass aus der Perspektive naturwissenschaftlicher Erkenntnis die Natur als ›sinnfrei‹, aus der Perspektive kulturwissenschaftlicher Erkenntnis Kultur als ›sinnbehaftet‹ gedacht wird – aus der Perspektive der Kultur*philosophie* erweisen sich Natur und Kultur wie naturwissenschaftliche und kulturwissenschaftliche Erkenntnis als Sinnphänomene: als von spezifischen Geltungsprinzipien bedingt.

Subjektiver (immanenter) und objektiver (transzendenter) Sinn

Mit der Rede von der geltungsnoematischen Gegenstandserzeugung wird eine wichtige Differenzierung im Sinnbegriff greifbar: die Unterscheidung von subjektivem (immanentem) und objektivem (transzendentem) Sinn. Es betrifft eine Unterscheidung, die sich aus dem tradierten Begriff der Philosophie als Wissenschaft vom Ganzen, als Totalitätswissenschaft ergibt. Anders als die Einzelwissenschaften beschäftigt sich die Philosophie, jedenfalls im Zuge der bislang skizzierten Kulturphilosophie, nicht in direkter Gegenstandszuwendung mit Weltteilen, sondern in reflexiver Gegenstandszuwendung mit dem Weltganzen. Das Problem des Weltganzen gibt der Philosophie allerdings zwei sich wechselseitig implizierende Themen auf: das Thema der *Objektivität* (der Gegenstandsanalyse, des Noematischen, des Objektiven) und das Thema der *Subjektivität* (der Aktanalyse, des Noetischen, des Subjektiven). Bei beiden Themen handelt es sich freilich um Geltungs- und damit um Wert- und Sinnprobleme. Die Lehre von Geltungsbestimmtheit menschlicher Leistungen nimmt sich zweier Dimensionen an: sie gliedert sich in eine objektive und subjektive Sphäre.

Zum einen geht es um Leistungen des Subjekts im Sinne des Geleisteten, also etwa um die Erkenntnis qua ›*Gegenstand* der Erkenntnis‹, als Erkenntnis eines *Objekts:* um die *Objektivität* der Erkenntnis und damit um den objektiven Sinn der Erkenntnis, um die Bestimmtheit des Erkannten, um den Sinn qua Gegenständlichkeit des Gegenstandes. Zum anderen geht es um Leistungen des Subjekts im Sinne des Leistens, also etwa um die Erkenntnis qua ›*Erkenntnis* des Gegenstandes‹, als Erkenntnis durch ein *Subjekt:* um die *Subjektivität* der Erkenntnis und damit um die Erkenntnis in ihrem logischen Vollzug (Aktualisierung, Konkretisierung, Vereinzelung, Realisierung, Mundanität usw.), um den Sinn qua Gegenstandsgerichtetheit des Subjekts. Im Ganzen menschlicher Leistungen ist also das ›durch den Akt Geleistete‹ (Intendierte, Gewollte, Gedachte, Gemeinte usw.), das *Was* als objektives Gebilde zu unterscheiden vom ›Akt des Leistens‹, vom *Wodurch* als subjektivem Gebilde. Wie diese beiden Dimensionen des Sinns – der Gegenstandssinn und der Aktsinn – sich zueinander verhalten, ist vieldiskutiert und uneinheitlich konzipiert: Während objektiv orientierte Ansätze wie sie Kant, Hegel oder die Neukantianer bieten, für einen Primat des objektiven Sinns plädieren und den subjektiven Sinn aus ihm heraus versuchen zu verstehen (das Leisten aus dem intendierten Ergebnis), treten subjektiv orientierte Ansätze etwa lebensphilosophischer, phänomenologischer, existenzialistischer, anthropologischer oder sprechakt-, handlungs- bzw. diskurstheoretischer Prägung für einen Primat des subjektiven Sinns ein und versuchen den objektiven Sinn aus ihm heraus zu verstehen (das Ergebnis aus dem Leisten). In Anbetracht der Argumentationslage spricht vieles für einen Primat des objektiven Sinns; immerhin gibt das Leisten selbst keine zureichenden Kriterien für die (gleichwohl prätendierte) Geltung des Geleisteten her, so dass das geltungsfunktionale Defizit einer unausweisbar vorausgesetzten Objektivität entstünde.

Die dargelegte Unterscheidung von subjektivem und objektivem Sinn ist nicht zu verwechseln mit der Unterscheidung von subjektivem Sinn als Sinn, der bloß für ein Subjekt und in einer bestimmten Kultur gilt, und objektivem Sinn als Sinn, der schlechthin allgemein, für alle Subjekte und in allen Kulturen gilt. Diese ebenfalls wirkungsmächtige letzte Unterscheidung ist strikt genommen eine Unterscheidung *innerhalb* des objektiven Sinns der ersten Unterscheidung: es geht um die Geltungshöhe oder den Geltungsrang des objektiven Sinns als des Geleisteten. Die diesbezüglich klassische Einteilung ist die von bedingter (›hypothetischer‹) Geltung, also von bedingt (individuell- oder allgemein-subjektiv) geltenden Werten und damit bedingtem Sinn einerseits und unbedingter (›kategorischer‹) Geltung, also unbedingt (objektiv) geltenden Werten und damit unbedingtem Sinn andererseits. Im Zuge dieser Unterscheidung ist der subjektive Sinn systematisch gesehen sodann als fundiert im objektiven Sinn zu denken. Beispielsweise geben verschiedene Kulturen ihren Werten in unterschiedlicher Weise Ausdruck und schaffen damit ›ihre‹ Kultur. In diesem Schaffen von Kultur sind jedoch Werte vorausgesetzt, die Kulturen *als* Kulturen auszeichnen, deren Geltung also von allem Kulturschaffen vorausgesetzt ist, wenn überhaupt Schaffen von Kultur vorliegen soll, Werte, die nur in je spezifischer Weise aktualisiert werden. Solche Werte bestimmen den Sinn des menschlichen Lebens grundlegend. Zusammen machen sie ein System von Werten und damit ein System des Sinns aus.

Bevor dieses System thematisch wird, zunächst zurück zur Unterscheidung von objektivem Sinn qua Sinn des Geleisteten (Gegenstandssinn) und subjektivem Sinn qua Sinn des Leistens (Aktsinn): Was den *subjektiven (immanenten) Sinn* betrifft, rückt das Leisten des Subjekts in den Vordergrund, d.h. die Herstellung von Geltungsbezügen und damit die Produktion von Sinnphänomenen: Wahrheit beanspruchende Sätze, moralische und rechtliche Qualität beanspruchende Handlungen usw. Dieses Herstellen von Geltungsbezügen hat selbst eine Sinnstruktur, intendiert es doch Geltung (Wahrheit, Moralität, Gerechtigkeit usw.): es ist die Struktur des Akts. Durch den Akt entsteht eine Beziehung auf den Gegenstand, wird etwas intendiert (vermeint, verstanden). Damit erhalten die Prozesse der Rezeptivität einen Rang, den sie von sich aus nicht haben, denn für sich sind sie naturales, nicht-gegenstandsbezogenes (nicht-objektivitätsbezogenes) Geschehen; qua Akt hingegen sind sie durch einen Gegenstandsbezug und damit durch einen Geltungsbezug gekennzeichnet. Durch sie entsteht ein Gehalt, ein Erkenntnisgebilde etwa, also etwas, das im Unterschied von einem bloßen Naturprozess (z.B. einer chemischen Reaktion) wahr oder falsch sein kann.

Ist der Akt durch die Herstellung eines Geltungsbezugs qualifiziert, dann lässt sich das Subjekt, das erkennende oder handelnde etwa, als eine Instanz ausweisen, die Stellung nimmt, also Zuordnungsverhältnisse bejaht oder verneint. Damit setzt das Subjekt sich in Bezug zu Normierendem, zu einer Orientierungsdeterminante seines Leistens, zur Geltung, zu Prinzipien, die es nicht in seiner Naturalität, sondern in seiner Geltungswertigkeit bestimmen. Da wir Orientierungsdeterminanten des Subjekts als Werte bezeichnet haben, nimmt es also Stellung zu Werten als dem Wozu der Stellungnahme. Subjektsein ist kein passives Über-sich-ergehen-Lassen, sondern ein wertbezogener Vorgang, ein aktives Gestalten seiner selbst und damit seiner Welt. Folglich unterwirft sich das Subjekt einer Forderung, einem Sollen. Damit Wahres, Gutes oder Schönes zustande kommt, muss es freilich nicht irgendein beliebiges Sollen anerkennen, sondern eben jenes Sollen, das von der Geltung, vom Objektivationszweck selbst, nicht von der subjektiven Willkür verbürgt und insofern in seiner Geltung von der faktischen Anerkennung unabhängig ist: ein ›transzendentes‹ Sollen. Auf die Unabhängigkeit der Geltung des Wertes von der Anerkennung durch ein Subjekt kommt es an: Die Geltung normiert das Subjekt, das Subjekt diktiert nicht die Geltung. Das Subjekt stellt sich als etwas heraus, das in seinem Leisten einer Aufgabe verbunden ist; als theoretisches Subjekt etwa macht es sich den Wert der Wahrheit zu seiner Bestimmung und bemüht sich, sich gemäß dieser Bestimmung zu verhalten: es ist einem Sollen unterworfen, auf etwas gerichtet, das seinem theoretischen Verhalten Gültigkeit verleiht. Dadurch ist das Subjekt *Vollzugsinstanz der Geltung, Vereinzelungsgrund des Wertes.*

Der Aktanalyse eignet also ein dezidiert anti-psychologistischer (oder sonstwie anti-naturalistischer) Zug. Der Akt wird nicht in seinem realen Sein (als Psychisches etwa) bestimmt, sondern in seinem irrealen Sinn analysiert, d.h. in seiner Geltungsbezogenheit, in seinem Bezug zu Normierendem. Dadurch tritt hervor, was der Akt für den Vollzug der Geltung *leistet.* Durch diesen seinen Geltungsbezug, durch das Wozu, das Intendierte bekommt der Akt als realer Vorgang ›Sinn‹: er wird philosophisch von vornherein als etwas gefasst, das eine Leistung für Anderes erbringt, eine Geltungsfunktion für die Objektivität innehat. Dieser *subjektive* oder *immanente* Sinn betrifft somit die Leistung qua Leisten, die Intentionalität des realen Akts: die *geltungsnoetische*

Struktur. Es ist diesbezüglich von einem »Zwischenreich des immanenten Sinnes« gesprochen worden (Rickert 1921, 254 ff.), und damit von einer Sphäre zwischen ›Sein‹ und ›Geltung‹: Das leistende Subjekt ist nicht objektive Geltungsgrundlage (*subjectum veritatis*), sondern Realisierungsstätte der Werte, Bindeglied zwischen ›Wert‹ und ›Wirklichkeit‹ (*subjectum veritatis et falsi*), an die Normierung durch Geltungsprinzipien (Werte) als Aufgabe gebunden. Durch den immanenten Sinn kommen Wert und Wirklichkeit im Subjekt als Vollzugsinstanz zusammen.

Durch diese Konkretion der Geltung entsteht eine wert- und damit sinnhafte Wirklichkeit, beispielsweise ein wahrer Satz bzw. das Kulturgut der Wissenschaft als Inbegriff solcher Sätze. Kulturgüter sind Wirklichkeiten, die mit Werten verbunden sind. Es sind reale Objekte, an denen ein konkret-inhaltlicher Sinn (Gehalt, Bedeutung) haftet, ein wahrer Satz etwa, ein Kunstwerk, Liebe, Freundschaft, wirtschaftliche Organisationen, Staat, Religion usw., ganz allgemein: die Kultur qua Kultur*wirklichkeit*. Es ist dies die Sphäre des *objektiven (transzendenten) Sinns*. Dieser Sinn betrifft die Leistung qua ›Geleistetes‹, Intendiertes, d.h. die *geltungsnoematische* Struktur des vom leistenden Subjekt (in seiner Geltung) unabhängigen und insofern transzendenten Gehalts, z.B. der Wahrheit der Erkenntnis. Jede Art von Sinn, gleich ob objektiv oder subjektiv, ist also durch sein Verhältnis zur Geltung bestimmt. Dieser Geltungsbezug hat einerseits einen geltungsnoetischen Charakter: durch diesen Charakter ist der Sinn immanenter Sinn, betrifft das Leisten (Noesis) der Geltungsbeziehung. Anderseits hat der Geltungsbezug einen geltungsnoematischen Charakter: durch diesen Charakter ist der Sinn transzendenter Sinn, betrifft das Geleistete (Noema, Gehalt) der Geltungsbeziehung.

Über diesen objektiven Sinn ist oben schon einiges gesagt worden, vor allem in Bezug auf sein Verhältnis zum Wert und zum Sein (Realen, Wirklichen). Betrachtet man den objektiven Sinn (Gehalt) für sich, also losgelöst vom Leisten (sinnlich-realen Akt) wie von seinem sinnlich-realen Träger, beispielsweise losgelöst vom grammatikalischen Satz als physischem Sinnträger, dann wird der Sinn als objektiver Sinn in seiner Eigenart greifbar. Es wird greifbar über die schon diskutierte Fundamentaltatsache hinaus, dass Sinnphänomene nur durch Wertbegriffe positiv bestimmbar sind und daher nicht zureichend als Seinsgebilde in Sinne von realen (wirklichen) und idealen Gegenständen gefasst und durch Seinsbegriffe (›Existenzbegriffe‹) erklärt werden können: Der objektive Sinn (Gehalt) ist etwas Nicht-Psychisches, da wir ihn als ›denselben‹ verstehen oder meinen, wenn wir etwas meinen oder verstehen. Ein psychischer Vorgang (reale Erinnerungen, Erlebnisse, Gefühle, Gedanken, Stimmungen, Willensakte usw.) läuft realiter in der Zeit und in einem Individuum ab; der Gehalt indes, als das, was da von Vielen gemeinsam als Dasselbe in vielfältigen psychisch-realen Akten intendiert wird, ist weder in nur einem Individuum wirklich noch ist es eine zeitliche Realität. Der objektive Sinn ist also auch nicht-zeitlich, zeitlos. Diese oft geäußerte und mindestens ebenso oft verschrieene Behauptung ist eine Binsenweisheit: Es liegt im Begriff der Wahrheit etwa, dass mit ihm der Begriff des zeitlichen Verlaufs nicht verknüpft werden kann, da sonst die Möglichkeit objektiv gültiger Erkenntnis verschwände. Die Geltung einer wahren Erkenntnis ist nicht durch (zeitliche) Realgründe, sondern durch (unzeitliche) Geltungsgründe verbürgt. Eine konkrete Erkenntnis ist freilich immer auch ein zeitlich bestimmter Vollzug, der ausschließlich von einem erkennenden Subjekt in der Zeit geleistet werden kann; aber der *Sinn* des Vollzogenen ist, dass das Gemeinte unabhängig vom konkreten, zeitlich bestimmten Vollzug gilt. Trivialerweise ist der objektive Sinn schon wegen seiner Unzeitlichkeit auch ablösbar von seinem physisch-realen Träger, er ist es aber auch wegen seiner Unausgedehntheit (ein ›großer Gedanke‹ ist nicht wegen seiner Abmessung groß).

Positiv bestimmt ist der objektive Sinn durch den Wertbegriff, nämlich durch seinen Geltungsbezug: Gehalte prätendieren (theoretische, atheoretische) Geltung. Wollte man unter ›Bedeutung‹ nur den lexikalischen Gehalt eines Worts verstehen, dann fehlte diesem noch der Geltungsbezug; er bliebe für sich also geltungsindifferent. Erst durch den Geltungsbezug ergäben solche Bedeutungen (objektiven) Sinn. So gesehen würde die Bedeutungsproblematik in die Sinnproblematik integriert. Objektiver Sinn ist ein geltungsdifferentes Gebilde und daher von allem bloß ›existierenden‹ Sein unterschieden; es prätendiert Geltung und hat eine positive oder negative Geltungswertigkeit.

Sinn und System

Nun wurde oben schon darauf angespielt, dass es eine Vielzahl von Wert- oder Sinnsphären gibt. Welche denn genau? Wie hängen sie zusammen? Wie lassen sie sich ordnen? Wie ist es um die Offenheit, Geschlossenheit und Geschichtlichkeit einer solchen

Ordnung bestellt? Kurz: Gibt es ein System der Werte und damit ein System des Sinns?

Es ist dies ein sehr umstrittenes Thema (vgl. Krijnen 2008). Schon die Möglichkeit einer wissenschaftlichen Wert- und Sinnlehre ist immer wieder bestritten bzw. beschnitten worden: Während Neukantianer wie Rickert oder Jonas Cohn und von ihnen beeinflusste spätere Transzendentalphilosophen für eine umfassende wissenschaftliche Wert- und Sinnlehre argumentieren, vertreten Philosophen wie Georg Simmel, Max Weber, Karl Jaspers u. a. wirkungsmächtig eine agnostische Wert- und Sinnauffassung, die allenfalls für die theoretische Sphäre eine Ausnahme macht: Da die Nicht-Anerkennung des theoretischen Wertes (Wahrheit) zu Widersprüchen führe, könne nur hier die Geltung des Wertes wissenschaftlich begründet werden; die Geltung atheoretischer Werte sei nicht mit wissenschaftlichen Mitteln bestimmbar. Eine Variante dieser Auffassung findet sich gegenwärtig bei Denkern, die Wissenschaft vorwiegend mit Naturwissenschaft identifizieren, Fragen nach Wert und Sinn aus dem Bereich der Wissenschaft herausnehmen und dem Bereich der Weltanschauung bzw. der (religiösen, nicht-religiösen) Glaubensüberzeugungen des konkreten Subjekts übergeben.

Und was den Systemgedanken betrifft: Anders als in den Einzelwissenschaften ist schon seit einiger Zeit in der Philosophie die Abneigung gegen das Denken in ›Systemen‹ immens (analytische Philosophie, Hermeneutik, Postmoderne). Will man jedoch wirklich wissen, was den Geltungscharakter der verschiedenen Wert- und Sinnsphären ausmacht, dann ist die Bestimmung ihres *Zusammenhangs* aus logischen Gründen unvermeidlich. Schon der Geltungsanspruch unserer konkreten Leistungen stellt uns vor das Problem ihrer Gültigkeit. Diese Notwendigkeit der Vergewisserung der Geltungsbestimmtheit der eigenen Leistungen ist intrinsisch mit jedem Geltungsanspruch des Menschen verbunden. Sie führt zuletzt zur Erkenntnis des Systems der Werte als der Grundlage des und jedweden Sinns. Im System kulminiert der jedem konkreten Agieren immanente Wertbezug und die ihm immanente Aufgabe der Vergewisserung seiner Geltungsprätention.

Sinngebilde sind in Werten fundiert. Werte weisen in ihrer Verschiedenheit einen Zusammenhang auf, gehören also einem System von Werten zu. Dieses System besteht aus verschiedenen Wertgebieten, die je durch einen Grundwert charakterisiert werden. Auf einer phänomenologischen Ebene (und damit bloß anfänglichen Ebene der philosophischen Analyse) ließen sich etwa Wahrheit, Moralität, Schönheit, Heiligkeit usw. unterscheiden. Unmittelbare Vergewisserung der Geltungsbestimmtheit konkreter Sinnleistungen und Werte in aktualen Evidenzerfahrungen (wie etwa bei Max Scheler) bildet allenfalls einen Ansatz für das Wissen um die Geltungsbestimmtheit des einen wie des anderen – am Ende steht das in aller prätendierten Wertbestimmtheit vorausgesetzte Wissen um die Werte in ihrer Geltung. Dieses Wissen führt zum System der Werte und zu damit verbundenen Problemen, etwa zum Problem der Vollständigkeit des Systems und zum Problem der Rangordnung der Werte.

Die Form eines philosophischen Wert- oder Sinnsystems ist auch dort, wo es in der Kulturphilosophie als eine zu bewältigende Aufgabe anerkannt und im Geist der transzendentalen Wende Kants durchgeführt wird, höchst umstritten, blickt man etwa auf die Systeme von Rickert (1921), Cohn (1932), Wagner (1980) und Flach (1997). Die Durchführung führt zugleich zu einer möglichen Grenze des kulturphilosophischen Sinnbegriffs und dessen Explikation. Diese mögliche Grenze hängt mit ihrer Ausgangssituation zusammen: Sie versteht sich als Antwort auf eine Krise, zu der auch Hegels spekulativer Idealismus in ganz erheblichem Maß beigetragen hat. Entsprechend wendet sie sich gegen Hegel, nicht zuletzt gegen dessen Systemgedanken und die damit einhergehende Unterscheidung eines objektiven Geistes, dem Sinnbereiche wie Recht, Moralität und Sittlichkeit angehören, von einem absoluten Geist, der Sinngebiete wie Kunst, Religion und Philosophie enthält.

Sinn als Kultur- oder als Geistphänomen?

›Geist‹ ist ein Fundamentalbegriff der Philosophie Hegels. Gerade Hegels Geistbegriff aber (wie etwa auch dessen Systembegriff) ist im 19. und 20. Jahrhundert stark unter Beschuss geraten. Speziell der absolute Geist hat die Gemüter erregt. Diesbezüglich entstand eine wirkungsmächtige Tradition der Kulturalisierung des Geistbegriffs, die darauf hinauslief, die Differenz zwischen objektivem und absolutem Geist zuungunsten des letzteren einzuebnen. Eine solche Kulturalisierungstendenz findet sich paradigmatisch bei so unterschiedlichen Kulturphilosophen wie Dilthey (vgl. 1931, 86, 151 u. 208) oder Wilhelm Windelband (vgl. [5]1915). Diese Tendenz, den Geistbegriff zu kulturalisieren und dabei zugleich den metaphysisch-christologischen Anschein des Hegelschen absoluten Geistes abzustreifen, lässt sich bis in die Gegenwart verfolgen. Die Tragfähigkeit dieser Kulturalisierungstendenz gilt es gerade mit Blick auf das Systemproblem des Sinns, speziell des Problems der Ordnung oder Gliederung der jeweiligen Gebiete des Sinns zu thematisieren. Die Kulturalisierungstendenz unterschlägt nämlich eine Pointe der Hegelschen Systemeinteilung: eine Pointe, die keineswegs als ›schlechte Metaphysik‹ beiseite zu schieben ist, sondern die Begründung der philosophischen Erkenntnis selbst betrifft.

Bei Hegel ist die Philosophie nicht nur – wie in der kantianisierenden Tradition – dem Problem der Selbsterkenntnis des Denkens in radikaler Weise verpflichtet; bei Hegel wird die Aufgabe der Selbsterkenntnis zugleich zum fundierenden Strukturprinzip der Systemordnung selbst. Deshalb kommt es zur Unterscheidung des objektiven vom absoluten Geist: Im absoluten Geist wendet der Geist sich auf sich zurück, um sich als das, was er ist, zu erkennen, zuletzt in der Form des Begriffs, d. h. als philosophische Erkenntnis. Indes fassen Kulturphilosophen der kantianisierenden Tradition das Grundverhältnis im System zwar als ein Verhältnis der *Selbstgestaltung* (des Subjekts gemäß Orientierungsdeterminanten, Werten, die Ausdruck seiner Subjektität sind), diese Selbstgestaltung jedoch nicht wiederum, wie Hegel, als Funktion der *Selbsterkenntnis*. Die Kultur erweist sich in der kantianisierenden Tradition als eine in sich gegliederte, von sphärenspezifischen Geltungsprinzipien beherrschte Welt des Sinns. Die Kulturphilosophie bringt diesen Sinn auf seinen Begriff. Bei Hegel nun wird dieser Sinn selbst nochmals erkenntnisfunktional überformt und gegliedert. Damit wird die in sich differenzierte Welt des Sinns begriffen als gestufte Selbsterkenntnis der ›Idee‹ im Element des Geistes. Bei Hegel wird Philosophie zur Ideenlehre.

Durch die Kulturalisierung von objektivem und absolutem Geist gehen wichtige Einsichten von Hegels Systemphilosophie verloren. Seine Unterscheidung von objektivem und absolutem Geist macht klar, dass und warum es in der Kultur als der Welt des Sinns nicht bloß um Objektivationen konkreter Subjekte geht und gehen kann, und seien diese auf die Realisierung von unbedingt geltenden Werten hin ausgerichtet. Es geht um den Geist ›in seiner absoluten Wahrheit‹: darum, all diese Realisierungen oder Objektivationen zu begreifen als Manifestationen ihres absoluten Grundes, der die Idee ist. In der Geistphilosophie seiner *Enzyklopädie* (1830) konzeptualisiert Hegel sie als einen Prozess sukzessiver Befreiung des Geistes von ihm nicht adäquaten Formen seines Selbstverständnisses: als Prozess wissenden Werdens des Geistes zu sich. Durch den spekulativen Idealismus Hegels wird der kulturphilosophische Sinnbegriff vor eine neue Herausforderung mit schwerwiegenden Folgen gestellt, berührt Hegels Geistphilosophie doch das Innere einer sich als Kulturphilosophie verstehenden Philosophie.

Literatur

Cassirer, Ernst: *Philosophie der symbolischen Formen*. 3 Bde. [1923 ff.]. [10]Darmstadt 1994.

Cohn, Jonas: *Wertwissenschaft*. Stuttgart 1932.

Dilthey, Wilhelm: Weltanschauungslehre. Abhandlungen zur Philosophie der Philosophie. In: Ders.: *Gesammelte Schriften*. Bd. 8. Berlin/Leipzig 1931.

Flach, Werner: *Grundzüge der Erkenntnislehre. Erkenntniskritik, Logik, Methodologie*. Würzburg 1994.

–: *Grundzüge der Ideenlehre. Die Themen der Selbstgestaltung des Menschen und seiner Welt, der Kultur*. Würzburg 1997.

Frege, Gottlob: Über Sinn und Bedeutung. In: *Zeitschrift für Philosophie und philosophische Kritik* 100 (1892), 25–50.

Hegel, Georg Wilhelm Friedrich: *Enzyklopädie der philosophischen Wissenschaften im Grundrisse* [1830]. Hg. von Friedrich Nicolin und Otto Pöggeler. Hamburg [8]1991.

Husserl, Edmund: *Logische Untersuchungen. Erster Band: Prolegomena zur reinen Logik* [1900]. Halle [4]1928.

Krijnen, Christian: *Nachmetaphysischer Sinn. Eine problemgeschichtliche und systematische Studie zu den Prinzipien der Wertphilosophie Heinrich Rickerts*. Würzburg 2001.

–: *Philosophie als System. Prinzipientheoretische Untersuchungen zum Systemgedanken bei Hegel, im Neukantianismus und in der Gegenwartsphilosophie*. Würzburg 2008.

Münch, Fritz: *Erlebnis und Geltung. Eine systematische Untersuchung zur Transzendentalphilosophie als Weltanschauung*. Berlin 1913.

Prauss, Gerold: *Einführung in die Erkenntnistheorie*. Darmstadt [3]1993.

Rickert, Heinrich: *System der Philosophie. Erster Teil: Allgemeine Grundlegung der Philosophie*. Tübingen 1921.

–: *Kant als Philosoph der modernen Kultur. Ein geschichtsphilosophischer Versuch*. Tübingen 1924.

–: *Der Gegenstand der Erkenntnis. Eine Einführung in die Transzendentalphilosophie* [1892]. Tübingen [6]1928.

Scholtz, Gunter: Bedeutsamkeit. Zur Entstehungsgeschichte eines Großbegriffs der hermeneutischen Philosophie. In: Ders.: *Zwischen Wissenschaftsanspruch und Orientierungsbedürfnis. Zu Grundlage und Wandlung der Geisteswissenschaften*. Frankfurt a. M. 1991, 226–249.

Wagner, Hans: *Philosophie und Reflexion* [1959]. München/Basel [3]1980.

Windelband, Wilhelm: Kulturphilosophie und transzendentaler Idealismus [1910]. In: Ders.: *Präludien. Aufsätze und Reden zur Philosophie und ihrer Geschichte* [1893]. Tübingen [5]1915, Bd. 2, 279–294.

Christian Krijnen

2. Entfremdung

Entfremdung ist ein seit Ende des 18. Jahrhunderts vielfach von Philosophen behandeltes Phänomen und bezeichnet allgemein eine (häufig negativ bewertete) Erfahrung des Menschen in seinem Weltbezug, insbesondere im Verhältnis zu von ihm selbst geschaffenen Gegenständen und Umständen. Entfremdung beschreibt eine Bewegung, die vom Menschen aus gesehen in zwei Richtungen verlaufen kann: einmal in Gestalt eines *Rückzugs* (Entfremdung ›von-weg‹); zum anderen in Form einer *Übertragung* (Entfremdung ›hin-zu‹). Während die erste Version das Grundmotiv der Existenzphilosophie darstellt (vgl. Großheim 2007, 63–68), bildet die zweite ein zentrales Thema der Kulturphilosophie. Die Entfremdung hin-zu wird von den Kultur-Kritikern gedeutet als Übereignung von Selbstbestimmung an eine fremde Instanz, während die Kultur-Apologeten sie als notwendigen Umweg des Menschen zu sich interpretieren. Im Hintergrund wirkt eine fundamentale Differenz des Menschenbildes: Erfüllt Kultur ein Grundbedürfnis des erst zu entwickelnden und auf externe Stabilisierung angewiesenen Menschen oder stellt sie ein Hindernis für seine selbstbezogene, durch eigene Programme geleitete Entfaltung dar? Kurz gesagt: Ist Kultur für den Menschen Förderung oder Belastung?

Leiden an der Gesellschaft

Mit Jean-Jacques Rousseau beginnt eine Art Kulturkampf des Individuums, das sich seiner ursprünglichen Integrität und Autarkie versichert und Kultur nicht mehr als Veredelung, sondern als Verunstaltung des Menschen begreift. Für Rousseau ist der Kulturmensch in emotionaler Hinsicht ein umfassend fremdbestimmtes Wesen, von der durch Höflichkeitsgebote hervorgerufenen Ausdruckshemmung über die allgemeine soziale Verstrickung durch Abhängigkeiten und Konkurrenzaffekte bis hin zur Versicherung des eigenen Soseins und Daseins mit Hilfe des Urteils der Anderen. Rousseaus Maßstab für die Entfremdungs-Kritik ist eine ›Natur‹ des Menschen, die bei entsprechender Aufmerksamkeit auch unter allen kulturellen Verkrustungen noch abhebbar sein soll. So kann er zu dem Urteil kommen, dass die meisten menschlichen Leidenschaften einen fremden Ursprung hätten und das »Urziel« änderten: »Dann steht der Mensch außerhalb seiner Natur und setzt sich in Widerspruch zu sich selbst« (Rousseau 1998, 212; vgl. 1990, 269).

An zwei Orten beobachtet Rousseau einen besonders fortgeschrittenen Stand der Entfremdung, in der Großstadt und am Hofe. Die gesellschaftlich gebotene Höflichkeit lasse den »wahren Herzensgefühlen« wenig Raum, sich auszubreiten (Rousseau 1988a, 435). Rousseau entdeckt nun das *Leiden* desjenigen, der sich den gesellschaftlichen Regeln unterwirft, er muss auf seine eigenen Impulse verzichten lernen: »Man wagt nicht mehr als der zu erscheinen, der man ist« (Rousseau 1995, 11). Für die Folgezeit prägt Rousseau die entscheidenden Bedenken gegen das Spielen einer Rolle, gegen das Tragen einer Maske in Gesellschaft. So verberge sich der Mann von Welt ganz hinter seiner Maske, komme dadurch nicht zu sich selbst und sei sich immer fremd (vgl. Rousseau 1998, 232 u. 250). In den Großstädten, argwöhnt er, würden die Menschen zu anderen Geschöpfen als sie eigentlich seien; sie seien in der »ewigen Darstellung einer fremden Rolle« gefangen (Rousseau 1988b, 281). Damit ist das Kern-Repertoire der Entfremdungskritik komplett. Rousseau wie seine modernen Nachfolger gehen aus von einem vor aller Sozialisierung intakten und autarken Individuum, das durch den Zwang, eine gesellschaftliche Rolle spielen zu müssen, von sich selbst entfremdet, d. h. deformiert wird. Gesellschaftliche Formen werden nur als Weisen der Abhängigkeit aufgefasst; Rousseau beschreibt sie anschaulich als Ketten, Fesseln, Zwang.

Gegen Rousseau und die das Prinzip der Subjektivität radikalisierenden Frühromantiker erhebt als erster Hegel Einspruch, und zwar im Namen der Entfremdung. Rousseauisten und Romantiker treffen sich im antiinstitutionellen Kult des reinen Gefühls, wie Hegel ihn in Friedrich Schlegels *Lucinde* ausgebildet sieht. Gegen die Flüchtigkeit des Gefühls und die Beliebigkeit der Ironie setzt Hegel die stabilisierende Institution, als ein »über das Zufällige der Empfindung und besonderer Neigung erhabenes Sittliches« (Hegel TWA 7, 316; vgl. § 140). Hegels Aufruf zur Entfremdung betrifft also eine sich selbst überschätzende Subjektivität, die es im naiven Vertrauen auf pure Emotionalität oder Willkür über das eigene Sosein nur zu einer »Selbstverwirklichung ohne Selbst« (Hermann Schmitz) bringen kann.

Beide Ansätze, die Kritik der Entfremdung wie ihre Verteidigung, sind in der Folge äußerst wirkungsreich geworden. Die häufig in den Mittelpunkt gestellte Entfremdungskritik von Karl Marx bildet hier nur ein Zwischenspiel. Marx geht es um den Skandal, dass »die eigne Tat des Menschen ihm zu einer fremden, gegenüberstehenden Macht wird, die ihn unterjocht, statt daß er sie beherrscht« (MEW 3, 33). Er prophezeit, dass die kommunistische Revolution zu einer bewussten Beherrschung dieser Mächte führen werde, »die, aus dem Aufeinander-Wirken der Menschen erzeugt, ihnen bisher als durchaus fremde Mächte imponiert und sie beherrscht haben« (ebd., 37). Die entscheidende Frage lautet hier also: Wer beherrscht wen? Und wie ist die Rückaneignung möglich, wie kann man das gefrorene Subjektive aus der unpersönlichen Objektivität von Gott, Geld und Staat zurückholen? Die *aufgezwungene* Fremdheit soll aufgehoben und die Freiwilligkeit menschlichen Handelns garantiert werden. Daher ist die Lösung »Befreiung«, z. B. dadurch, dass die Proletarier »ihre und aller Gesellschaftsmitglieder Existenzbedingungen unter ihre Kontrolle nehmen«, dass »die Individuen diese sachlichen Mächte wieder unter sich subsumieren« (ebd., 74 f.). Die Verselbständigung, das Sich-gegenüber-Stellen, das Der-eigenen-Kontrolle-Entwachsen ist hier verantwortlich für die Fremdheit.

Existenzialistische Entgrenzung

In der Existenzphilosophie des 20. Jahrhunderts kommt es zu einer Durchdringung beider oben genannter Formen von Entfremdung (Rückzug und Übertragung). Die Entfremdung von-weg zeigt sich, wenn in der Angst das innerweltlich Seiende jegliche Bedeutsamkeit verliert. Außerhalb der Angsterfahrung aber kommt es zur Entfremdung hin-zu, denn das Dasein erliegt ständig den Versuchungen, die von der vielfältigen Bedeutsamkeit des innerweltlich Seienden ausgehen. Daher steigert sich bei Martin Heidegger die Empfindlichkeit für Entfremdung, weil beide Bewegungen einander eigentlich widerstreiten. Problematisch wird nun bereits, dass das Dasein im Besorgen von der besorgten Welt »benommen« ist, dass es sich in den Verweisungsbezügen der Welt »festgemacht« hat (Heidegger GA Bd. 2, 82, 152, 201). Entfremdung heißt für Heidegger: »Das faktische Leben wird im Aufgehen in seiner besorgten Welt sich selbst mehr und mehr fremd« (GA Bd. 62, 357). So gesehen, gehört Entfremdung neben »Versuchung«, »Beruhigung« und »Verfängnis« zur Bewegtheit des Verfallens (vgl. GA Bd. 2, 239, 338, 459) und wirkt daran mit, dass das Dasein sich selbst das »eigenste Seinkönnen« verbirgt (ebd., 236; vgl. GA Bd. 20, 388 f.). Entfremdung beschreibt hier eine Flucht vor den Abgründen der Jemeinigkeit, etwa in Form einer objektivierenden Beruhigung über die eigene Sterblichkeit.

Heidegger entgrenzt also den Entfremdungs-Begriff und fasst darunter nicht nur ein objektivierendes Selbstverständnis des Menschen, sondern auch jedes Sich-Einlassen auf die Welt, sofern es nicht durch ständige und radikale Rücksicht auf Eigentlichkeit gebrochen ist. Was Arnold Gehlen später als eine Frucht der Entfremdung preist, die »Entlastung«, wird hier als »Erleichterung«, »Sichleichtnehmen«, als eine »Tendenz zum Leichtnehmen und Leichtmachen« denunziert (GA Bd. 61, 108; s. a. Bd. 62, 357; Bd. 2, 170 f.). Die dominante Rolle der Entfremdung von-weg führt in Heideggers Denken also zu einer problematischen Kultur-Ferne (vgl. Bollnow 2009, 57 u. 59).

Historisierung und Ernüchterung

Heidegger wendet sich mit seiner Kritik an der Entfremdung hin-zu explizit gegen den Ansatz Georg Simmels (vgl. Großheim 1991). Was aus Heideggers Perspektive wie ein kulturphilosophischer Versöhnungsversuch wirken muss – weil die aus der existenzialistischen Entfremdung von-weg stammenden dramatisierenden Akzente fehlen –, ist tatsächlich eine komplexe Historisierung des Problems. Das Verhältnis des Menschen zu der von ihm erzeugten Kultur ist nach Simmel durch eine unaufhebbare Ambivalenz gekennzeichnet, er wird sowohl angezogen als auch abgestoßen, Verschmelzung wie Befremdung treten auf. Grundsätzlich skeptisch ist Simmel gegenüber der (von Rousseau favorisierten) Kultivierung der Seele aus sich selbst heraus und der dazugehörigen, in der Moderne immer wieder auftauchenden prinzipiellen »Verneinung der Form« (Simmel GSG 16, 42). Kultivierung als Steigerung der Seele ist nicht unmittelbar, sondern nur umwegig möglich, indem die subjektive Seele ihr äußerliche, objektive geistige Gebilde einbezieht. Im Unterschied zu Heidegger findet bei Simmel die Seele zu sich selbst, zur Verwirklichung ihres »eigensten Seins«, nur über die Kultur (GSG 14, 388). Für den sensiblen Kritiker wäre das bereits Entfremdung, doch Simmel geht stattdessen von der *tatsächlich erfahrenen* Fremdheit aus, die nicht in allen Kulturalisierungsprozessen auftritt. Sie zeigt sich vielmehr erst dann, wenn die mit Rezeptionsanspruch auftretenden kulturellen Gebilde das individuelle Leben nicht fördern, sondern festlegen und erstarren lassen oder wenn sie einfach nichtssagend geworden sind und die Rezeption dadurch erschwert ist. Beides kann auftreten, wenn die geistigen Gebilde eine selbstgenügsame Geschlossenheit ausbilden, wenn sie ganz unbekümmert um menschliche Bedürfnisse ihrer immanenten Entwicklungslogik folgen.

Nicht nur hier orientiert Simmel Entfremdung an der individuellen Fähigkeit zur *Rezeption*. Auch seine Diagnose einer »Tragödie der Kultur« baut darauf auf, indem zur qualitativen Fremdheit die quantitative hinzukommt. Die beliebige Vermehrbarkeit der kulturellen Objekte in der fortgeschrittenen Moderne führt zu einer Art ›Louvre-Effekt‹: Das Individuum fühlt sich überfordert, weil seine Assimilationskraft der Anzahl der Anspruch erhebenden Gegenstände nicht gewachsen ist. Allerdings können geistige Gebilde, die zu bestimmten Zeiten ihre Bedeutsamkeit verloren haben, auch resubjektiviert werden. Entfremdung ist also keine prinzipielle, sondern eine dem historischen Wandel unterworfene Erfahrung. Simmel integriert zwei Perspektiven: Die von Rousseau pauschal diskreditierte Einbeziehung von Äußerlichem bildet für ihn das Wesen von Kultur und wird insofern rehabilitiert. Die konkrete traditionelle Kultur erhält jedoch keine Bestandsgarantie, sondern ist den Revolten des Lebens ausgesetzt, die entweder neue Formen anstelle der alten setzen und so die Dynamik der Kultur fortsetzen oder in die Sackgasse der Formfeindschaft münden. Eine generelle Abschaffung von Entfremdung unter veränderten gesellschaftlichen Bedingungen wäre für Simmel ein naives Projekt. Simmels Verdienst liegt in der differenzierten und ausgewogenen Darstellung des Problems und in einer – bei allem Akzent auf der Tragik – notwendigen Ernüchterung der Debatte. Seine Grenze besteht im zeitgenössischen bildungsbürgerlichen Horizont, der wie selbstverständlich vom gespürten »Anspruch« der Kulturobjekte ausgeht und nicht mit der Gleichgültigkeit postmoderner Subjekte rechnet.

Mensch und Maske

Angesichts des bereits von Simmel diagnostizierten »sozialen Expressionismus« (Plessner GS 5, 87; vgl. Simmel GSG 16, 190 f.) im frühen 20. Jahrhundert, der das Seelische unmittelbar zum Ausdruck bringen möchte, sieht sich Helmuth Plessner in der Folge veranlasst, den Wert der Entfremdung im gesellschaftlichen Umgang mit neuer Vehemenz zu verteidigen. In Plessners Lob der Formen geht es um Schonen und Geschontwerden. Das eigene Seelische müsse als etwas Verletzliches betrachtet werden, das bei seiner Äußerung in der Gesellschaft den Schutz der Form benötige. Ebenso verlange der seelische Ausdruck des Mitmenschen nach einer Formung, um nicht peinlich oder zudringlich zu wirken (vgl. Plessner GS 5, 72, 82 u. 91). Dass Form nicht nur schützt, sondern auch einengt und hemmt, ist Plessner dabei bewusst. Gerade die Hemmung im Rahmen einer Kultivierung der Gefühle liege jedoch in unserem eigenen Interesse. Plessners Credo lautet: »Alles Psychische braucht diesen Umweg, um zu sich zu gelangen, es gewinnt sich nur, indem es sich verliert« (ebd., 91; vgl. 106). Auch die klassischen Topoi der Entfremdungsdebatte, soziale Rolle und Maske, würdigt Plessner in ihrer unentbehrlichen Schutzfunktion; sie wirken als eine Art »Rüstung«, mit der das Individuum den »Kampfplatz der Öffentlichkeit« betritt (ebd., 82).

Von einer Entfremdung spricht Plessner daher nur in einem vorläufig-deskriptiven, nicht im üblichen wertenden Sinne. Entfremdung ist für ihn geradezu der Garant des Humanum: »Was die Rolle ihm grundsätzlich und jederzeit gewährt, nämlich eine Privatexistenz zu haben, eine Intimsphäre für sich, hebt nicht nur nicht sein Selbst auf, sondern schafft es ihm. Nur an dem anderen seiner selbst hat er – sich« (GS 10, 235; vgl. 237 u. 223 f.).

Eine einflussreiche Neuauflage rousseauistischer Motive bringt die soziologische Kritik am Rollenbegriff in Ralf Dahrendorfs *Homo sociologicus* aus dem Jahr 1958. Der Autor ist von Rousseaus im Blick auf die Mitmenschen gestellter Frage inspiriert: »Aber ich, losgelöst von ihnen und von allem, was bin ich selbst?« (Rousseau 1988a, 639) Homo sociologicus ist der Mensch in der entfremdeten Gestalt eines Trägers von Positionen und Spielers von Rollen. Dahrendorfs Beispielfigur, der Mensch Dr. Hans Schmidt, begegnet dem Leser als Studienrat, als Protestant, als lokaler Parteivorsitzender, als Familienvater und Ehemann, als Autofahrer, als Skatspieler usw. Besorgt fragt Dahrendorf nach dem *Menschen* Schmidt: »Was tut er? Was kann er tun, ohne als Träger einer Position oder Spieler einer Rolle seiner Individualität beraubt und zum Exemplar entfremdet zu werden?« (Dahrendorf [2]1960, 52) Was die Rollen mit dem Menschen machen, klingt in Dahrendorfs Darstellung hochproblematisch: Sie lösen ihn auf, sie entreißen ihn sich selbst, sie verwandeln den freien, integren Einzelnen in ein austauschbares Exemplar. Diese Beschreibung ist sicher lange Zeit für das Selbstverständnis derjenigen, die ihr Leben bewusst führen wollten, maßgeblich gewesen. Dreißig Jahre später distanziert sich der Verfasser des *Homo socio-*

logicus ausdrücklich von seinem viel gelesenen Frühwerk und erklärt: »Der Fehler des Ansatzes meiner Jugendsünde war fundamental: Freiheit ist nicht Freiheit *von* Institutionen, sondern Freiheit *durch* Institutionen« (Dahrendorf 1989, 5).

Eindämmung der Subjektivität

Er nähert sich damit seinem ehemaligen Antipoden an, der ebenfalls in den 1950er Jahren das Thema Entfremdung soziologisch-philosophisch behandelt, doch aus einer ganz anderen Perspektive. Arnold Gehlen, der sich als Gegen-Rousseau versteht, plädiert in einem Aufsatz mit dem provozierenden Titel »Über die Geburt der Freiheit aus der Entfremdung« gegen das »*direkte* Ausspielen der Subjektivität«. Genau wie Hegel nutzt er das Beispiel einer Paarliebe, die allein auf emotionaler Basis, als »seelisches Pathos«, in der Regel nicht auf Dauer zu stellen sei, weil das Seelische als solches ein unzuverlässiges Material darstelle (vgl. Gehlen ^{2}1965, 133 f.). Nur die Entfremdung könne einen größeren Zeithorizont garantieren: »[...] das Verhältnis muß sich objektivieren, versachlichen, aus der Ausschließlichkeit dieser einzelnen heraus verallgemeinern, mit einem Worte: zur Institution (der Ehe) entfremden, gerade wenn diese Menschen sich nicht gegenseitig verlieren und fremd werden sollen. Der Mensch kann zu sich und seinesgleichen ein *dauerndes* Verhältnis nur *indirekt* festhalten, er muß sich auf einem Umwege, sich entäußernd, wiederfinden, und da liegen die Institutionen« (Gehlen GA 4, 378; vgl. 1969, 75, 98). Gehlens herausfordernde Formulierung, dass Menschen anders als die Tiere wenigstens von ihren eigenen Schöpfungen »verbrannt« und »konsumiert« würden (GA 4, 378), ist nur eine zugespitzte und anthropologisch akzentuierte Reformulierung von Simmels These, dass im Kulturleben (individueller) Geist auf (objektiven) Geist trifft.

Vor allem gegenüber Simmel fällt aber Gehlens Einseitigkeit auf (vgl. Apel 1962), die aus seiner Sorge um die kulturelle Stabilität im »Zeitalter des Subjektivismus« stammt. Die Auseinandersetzung mit dem »perfiden Terrain des Subjektiven« (Gehlen GA 6, 132) führt in den Kern von Gehlens Denken. In *Urmensch und Spätkultur* kündigt er eine »Philosophie der Institutionen« an, die im Hinblick auf die neuzeitlichen Erlebnis- und Verhaltensformen dargestellt werden soll. Deren Merkmal sei die Subjektivität, die man nach Gehlen als das »Stigma des Menschen in einer Zeit des Institutionen-Abbaues« verstehen müsse (Gehlen ^{2}1964, 9 u. pass.; vgl. 1971, 74 ff.). Demgegenüber sei die Geschlossenheit primitiver Gesellschaften nur erreichbar gewesen, weil hier die »Unendlichkeit des bloß Subjektiven« keine öffentliche Bedeutung besessen habe (Gehlen ^{2}1964, 22). Während Simmel den subjektiven Revolten ihr historisches Recht zugesteht, sie überhaupt als unvermeidbar ansieht, versteht Gehlen seine Philosophie als Versuch, den Sinn für die positive Seite der Entfremdung zu stärken und so zu einer Eindämmung der entfesselten Subjektivität beizutragen.

Die gesamte Diskussion um Entfremdung hängt stark von den impliziten normativen Vorgaben des jeweiligen Menschenbildes ab. Diese geben den Ausschlag angesichts der Frage, ob man bereit ist, für Stabilisierung der Persönlichkeit in einem großen Zeithorizont den Preis der Entfremdung zu zahlen oder ob Unabhängigkeit und Selbständigkeit den höheren Stellenwert haben, in Verbindung mit dem Zutrauen, dass das Individuum ausreichend Steigerungspotential in sich selbst besitzt.

In den letzten Jahrzehnten hat sich die Bedeutung des Themas relativiert, weil die harten Maßstäbe für Entfremdung – eine ›Bestimmung‹, eine ›Natur‹ oder ein ›Wesen‹ des Menschen – ihre Überzeugungskraft weitgehend verloren haben (vgl. Jaeggi 2005). Eine Entfremdungskritik in der Gegenwart muss daher auf den alten paternalistischen Gestus verzichten, der gewissermaßen ohne Rücksprache mit dem Individuum und ohne Rücksicht auf dessen tatsächliche Befindlichkeit seine eigentlichen Interessen zu kennen beanspruchte.

Schließlich hat sich auch die Gewichtung verschoben. Von den beiden eingangs genannten Arten der Entfremdung spielt in der Gegenwart die existentialistische Entfremdung ›von-weg‹ eine größere Rolle (vgl. Großheim 2002); sie kann als Technik, beliebige Standpunkte einzunehmen und wieder aufzugeben, zur Distanzierung also wie zum ironischen Rollenspiel, bewusst eingesetzt werden und bietet dann auch die Möglichkeit, die Entfremdung ›hin-zu‹ zu unterlaufen. Andererseits ist es gerade diese Entfremdung ›von-weg‹, die die von den Entfremdungskritikern als Alternative entworfene *Identifizierung*, die bewusste und affektiv gestützte Aneignung der jeweiligen Lebensumstände, erschwert. Der große Traum von einer Überwindung der Entfremdung, bisher in der Regel vor allem gegen die gesellschaftlichen Umstände gerichtet, setzt eben auch auf Seiten des Individuums entsprechende Aneignungsfähigkeiten voraus.

Literatur

Apel, Karl-Otto: Arnold Gehlens »Philosophie der Institutionen«. In: *Philosophische Rundschau* 10 (1962), 1–21.
Bollnow, Otto Friedrich: *Das Wesen der Stimmungen* [1941]. In: Ders.: *Schriften*. Bd. 1. Hg. von Ursula Boelhauve u. a. Würzburg 2009.
Dahrendorf, Ralf: *Homo sociologicus. Ein Versuch zur Geschichte, Bedeutung und Kritik der Kategorie der sozialen Rolle* [1958]. Köln/Opladen ²1960.
–: Einführung in die Soziologie. In: *Soziale Welt. Zeitschrift für sozialwissenschaftliche Forschung und Praxis* 40 (1989), 2–10.
Gehlen, Arnold: *Urmensch und Spätkultur. Philosophische Ergebnisse und Aussagen*. Frankfurt a. M./Bonn ²1964.
–: *Zeit-Bilder. Zur Soziologie und Ästhetik der modernen Malerei*. Frankfurt a. M./Bonn ²1965.
–: *Moral und Hypermoral*. Frankfurt a. M./Bonn 1969.
–: *Die Seele im technischen Zeitalter. Sozialpsychologische Probleme in der industriellen Gesellschaft*. Reinbek 1970.
–: *Anthropologische Forschung. Zur Selbstbegegnung und Selbstentdeckung des Menschen*. Reinbek 1971.
–: *Gesamtausgabe*. Hg. von Karl-Siegbert Rehberg. Frankfurt a. M. 1978 ff. [GA].
Großheim, Michael: *Von Georg Simmel zu Martin Heidegger. Philosophie zwischen Leben und Existenz*. Bonn 1991.
–: *Politischer Existentialismus. Subjektivität zwischen Entfremdung und Engagement*. Tübingen 2002.
–: Entfremdung. In: *Lexikon Existenzialismus und Existenzphilosophie*. Hg. von Urs Thurnherr und Anton Hügli. Darmstadt 2007, 63–68.
Hegel, Georg Wilhelm Friedrich: *Theorie Werkausgabe*. Hg. von Karl Markus Michel und Eva Moldenhauer. Frankfurt a. M. 1969 ff. [TWA].
Heidegger, Martin: *Gesamtausgabe*. Frankfurt a. M. 1975 ff. [GA].
Jaeggi, Rahel: *Entfremdung. Zur Aktualität eines sozialphilosophischen Problems*. Frankfurt a. M. 2005.
Marx, Karl/Engels, Friedrich: *Werke*. Berlin ⁴1969 [MEW].
Plessner, Helmuth: *Gesammelte Schriften*. Hg. von Günter Dux, Odo Marquard und Elisabeth Ströker. Frankfurt a. M. 1980 ff. [GS].
Rousseau, Jean-Jacques: *Schriften*. Hg. von Henning Ritter. Bd. 2. Frankfurt a. M. 1988a.
–: *Julie oder die neue Héloïse. Briefe zweier Liebenden aus einer kleinen Stadt am Fusse der Alpen* [1761]. München ²1988b.
–: *Diskurs über die Ungleichheit* [1755]. Hg. von Heinrich Meier. Paderborn/München/Wien/Zürich ²1990.
–: *Über Kunst und Wissenschaft* [1750]. In: Ders.: *Schriften zur Kulturkritik*. Hg. von Kurt Weigand. Hamburg ⁵1995.
–: *Emil oder Über die Erziehung* [1762]. Paderborn ¹³1998.
Simmel, Georg: *Gesamtausgabe*. Hg. von Otthein Rammstedt. Frankfurt a. M. 1989 ff. [GSG].

Michael Großheim

3. Erinnerung

Ein Verständnis von Kultur ohne Bezugnahmen auf Vergangenes, und also Erinnerung, ist schwer denkbar. Zwar scheint die Möglichkeit solcher Bezugnahmen im Fall einzelner Individuen auf deren neurobiologischer Ausstattung zu beruhen und also ein natürliches und kein kulturelles Vermögen darzustellen. Fähigkeit, Wunsch und Verfahren aber, sich in gegenwärtigen Vollzügen auf vergangene zu beziehen – eingeschlossen solche, die vor der eigenen Geburt oder von anderen Subjekten getätigt wurden –, transzendiert die biologische Ausstattung des Menschen und macht Erinnerung als etwas kenntlich, das auf die gleiche Weise wie Kultur der direkten Befriedigung von Bedürfnissen der Natur entgegengesetzt ist und neben der Sphäre des augenblicklich Notwendigen einen Möglichkeitsraum des nicht aktuellen, aber mental, rituell oder medial Aktualisierbaren eröffnet.

Theorien der Erinnerung

Man kann Erinnerung mithin als Synonym, zumindest aber als zentrale Metonymie von Kultur begreifen – und das nicht nur in dem Sinne, dass Kultur als Schatz vergangener Erfahrungen, Leistungen und Institutionen mit Erinnerung identifiziert würde, sondern insofern Erinnern eine ebensolche Operation des Selegierens und Vergleichens – sei es von Vergangenem und Gegenwärtigen, sei es von synchronen Optionen der Wertung und Grenzziehung – ist, wie kulturelles Handeln an sich (Baecker 2000).

Umgekehrt charakterisieren schon die frühen Kulturtheorien der Aufklärung bei Pufendorf, Condillac oder Rousseau den Zustand des Menschen vor seiner kulturellen Sozialisation als spezifisch erinnerungslos: Der *homme naturel* lebt ebenso sehr in der schieren Gegenwart wie das Tier, das bei Nietzsche Sinnbild des bloßen, nämlich welt- und selbstvergessenen Lebens wird, während die Ausbildung kultureller Zusammenhänge die Fähigkeit voraussetzt, »sich ein Gedächtnis zu machen« (Nietzsche KSA 5, 295).

Aus Sicht der modernen Kulturwissenschaften bleibt dieser Befund insofern gültig, als sich Einheit, Tradition und Vollzug kultureller Zusammenhänge nahezu vollständig als Ensemble von Gedächtnispraktiken beschreiben lassen. So, wie die Gründungsmythen antiker Hochkulturen durch den

Anruf der Musen – Hesiods *Theogonie* zufolge Töchter der Erinnerungsgöttin Mnemosyne – autorisiert werden, beruhen kollektiv geteilte Lebensformen und Deutungsrahmen stets auf dem Entwurf einer gemeinsamen ›Geschichte‹ im doppelten Sinne des Wortes: Die Begründung eines kulturellen Zusammenhangs basiert auf einer Erzählung von dessen Ursprung, die diesen allerdings weniger als historisches Faktum in Erinnerung hält, als dass sie ihn als Ereignis ebenso konstruiert wie die vermeintliche Kontinuität des Geschichtsverlaufs zwischen erinnertem Ursprung und erinnernder Gegenwart. Aus dieser Sicht bildet nicht die Vergangenheit im Sinne tradierter Kulturgüter, sondern die Gegenwart als Schauplatz des Entwurfs der Einheit kultureller Kommunikation den entscheidenden Bezugspunkt für die Erinnerung (vgl. Benjamin 1974, Bd. 1, 691–704; Anderson 1983).

Dieser enge, wenn nicht gar konstitutive Zusammenhang zwischen Erinnerung und Kultur wurde in den Sozial- und Altertumswissenschaften des 20. Jahrhunderts entworfen und differenziert: Schon vor dem Zweiten Weltkrieg skizzierte der französische Soziologie Maurice Halbwachs eine Theorie des sozialen bzw. kollektiven Gedächtnisses, um der bis dahin von individualpsychologischen und empirisch-statistischen Ansätzen dominierten Gedächtnisforschung die zeitgleich auch von Frederic Charles Bartlett (1932) angemahnte soziale Kontextualisierung des Erinnerns entgegenzuhalten. In *Les Cadres sociaux de la mémoire* wies Halbwachs auf die für jeden Erinnerungsvorgang notwendigen gesellschaftlichen ›Rahmen‹ der Rekonstruktion von Vergangenheit hin: »Man kann sich nur unter der Bedingung erinnern, daß man den Platz der uns interessierenden vergangenen Ereignisse in den Bezugsrahmen des Kollektivgedächtnisses findet. [...]. Das Vergessen oder die Deformierung bestimmter Erinnerungen erklärt sich [...] aus der Tatsache, daß diese Rahmen von einem Zeitabschnitt zum andern wechseln. Die Gesellschaft stellt sich die Vergangenheit je nach den Umständen und je nach der Zeit in verschiedener Weise vor: sie modifiziert ihre Konventionen.« (Halbwachs 1985, 368) Diese Vorstellung einer sozialen Rahmung individueller Erinnerungen baute Halbwachs zum Konzept eines Gruppengedächtnisses (*mémoire collective*) aus und konkretisierte es in *La Topographie légendaire des évangiles en terre sainte* exemplarisch anhand der Verbindung konkreter Orte in Galiläa und Jerusalem mit Heiligengeschichten und Ritualen.

Damit bereitete Halbwachs das Verständnis von Kultur als Gedächtnisphänomen, wie es hier eingangs skizziert wurde, durch eine Betrachtung des Gedächtnisses als Kulturphänomen vor (vgl. Weinrich 1991; Assmann 1992, 34–48). Auf der Basis dieser Definition von ›Kultur‹ als eines für alle Erinnerungen notwendigen semantischen Bezugsrahmens entwickelte der Ägyptologe Jan Assmann (1992) das Konzept eines »kulturellen Gedächtnisses«, worunter er alle rituell institutionalisierten und medial gespeicherten Bezüge eines Kollektivs auf ›seine‹ Vergangenheit fasst. Dieses kulturelle Gedächtnis löst Assmann zufolge in den frühen Hochkulturen Ägyptens, dann aber besonders im Judentum sowie in der griechisch-römischen Antike eine bloß kommunikative, d. h. mündliche und entsprechend auf ca. drei Generationen beschränkte Vermittlung von Gruppenerinnerungen ab. Kulturelles Gedächtnis entsteht immer da, wo bestimmte Ereignisse von einer Gemeinschaft als dauerhaft bewahrenswert eingestuft und entsprechende Verfahren zu ihrer Sicherung festgelegt werden. Die Einspeisung solcher Daten in schriftliche, bildliche oder digital codierte Medien ist dabei bereits als Spätphase der Etablierung eines kulturellen Gedächtnisses zu betrachten: Lange vor den medialen Möglichkeiten der Neuzeit haben Gemeinschaften durch Riten, Feste und Sakralbauten diejenige Vergangenheit definiert, aus der sie ihre Identität ableiten wollten.

Assmanns Theorie ist die elaborierteste und einflussreichste Konzeption des Zusammenhangs von Kultur und Erinnerung, hat aber neben einer Reihe produktiver Anschlüsse (vgl. Aleida Assmann 1999; Erll [2]2011) auch kritische Einwände provoziert, die gegen die generelle Festlegung von Kulturen auf Aufbewahrungstechniken und Identitätskonstruktionen die Relevanz von Differenzierungs- und Löschungsprozessen und also des kulturellen Vergessens (vgl. Butzer/Günter 2004) einklagen. Schon an der Wende zum 19. Jahrhundert geht mit der Modernisierung des Welt- und Geschichtsbilds ein Autoritätsverlust des Topos von der Geschichte als Vorbild und Lehrmeisterin des Lebens einher (vgl. Koselleck 1979); im 20. Jahrhundert gewähren Krieg, Gewaltherrschaft und Genozid keine positiven Bezugspunkte für kollektive Erinnerungen mehr und stellen die Vorstellung einer kulturellen Kontinuität des hellenisch-jüdisch-christlichen Abendlands grundsätzlich in Frage (vgl. Tholen/Weber 1997); im 21. Jahrhundert verunsichern postnationale globale Diskurse sowie dezentrale digitale Netzwerke eine lineare und einheitliche Vorstellung der kulturellen Erinnerung (vgl. Meyer 2009).

Die Relevanz solcher Einwände hat sich insbesondere angesichts des Gedenkens an die während des Nationalsozialismus ermordeten europäischen Juden erwiesen. Dieses Gedenken kann zum einen nicht der Stiftung einer positiven Identität dienen und muss zum anderen auch denjenigen Opfern gelten, die ohne Spur und Stimme geblieben sind (vgl. Young 1992). Auf diese Weise stellt es eine gleichermaßen zentrale wie aporetische Herausforderung für die Erinnerungskultur und Geschichtspolitik der Bundesrepublik Deutschland dar, die sich z. B. im vieldiskutierten Holocaust-Mahnmal oder der Ausstellung »Topographie des Terrors« in Berlin materialisiert hat.

Neben diesen unmittelbar zeitgeschichtlichen Debatten bietet auch die soziologische Systemtheorie einen Gegenentwurf zu monistischen Speichervorstellungen, wenn sie das Gedächtnis als operative Unterscheidung zwischen Erinnern und Vergessen beschreibt, die selektive Bezüge auf aktuell relevante Elemente der Vergangenheit ermöglicht. Auch hier wird Kultur als »Gedächtnis der Gesellschaft« (Luhmann 1997, 588; Baecker 2000, 155–160) definiert, nun aber im Sinne eines »Filter[s]«, der kulturelle Konstellationen der Vergangenheit in Anspruch nimmt, um gegenwärtige damit zu vergleichen, zu relativieren und mögliche Variationen zukünftiger kultureller Ordnungen zu erproben. Aus diesem Grund wird Kultur hier aber nicht auf ihren Vergangenheitsbezug reduziert: »Gerade weil das Gedächtnis das kondensiert, was stabil bleiben soll (und deshalb erinnert wird), gestattet es, alles andere zu vergessen; und gerade die Fähigkeit zu vergessen, ermöglicht es einem System, die Fähigkeit zu entwickeln, Neues zu erkennen und in Rechnung zu stellen.« (Esposito 2002, 27 f.)

Kultur und Erinnerung

Innerhalb dieses breiten Spektrums kultur- und sozialwissenschaftlicher Gedächtnistheorien und der auf sie bezogenen Problemstellungen der Gegenwartskultur lassen sich drei konzeptionelle Spielarten der Nähe bzw. Identität zwischen Kultur und Erinnerung unterscheiden, die im folgenden näher charakterisiert werden sollen: erstens hinsichtlich der Kulturalität des Erinnerns in Gestalt der diversen historischen Strategien, Techniken und Technologien des Gedächtnisses; zweitens mit Blick auf die Erinnerungsförmigkeit jeder Kultur, wie sie sich in vergangenheitsbezogenen Praktiken, Riten und Institutionen zur Identitätsstiftung und Traditionswahrung von Kollektiven zeigt; und drittens bezüglich eines mehr oder weniger expliziten kulturphilosophischen Diskurses über Erinnerung, der sich zumeist als Kritik am Gedächtnis- und Traditionsverlust in modernen Mediengesellschaften artikuliert.

1. Kulturtechniken der Erinnerung: Dass das menschliche Erinnerungsvermögen kein bloß natürliches, sondern ein kulturell gestütztes und geformtes ist, lässt sich kulturhistorisch auf zweierlei Weise plausibilisieren: Zum einen anhand der für alle Beschreibung menschlicher Gesellschaften zentralen Unterscheidung zwischen oralen und literalen Kulturen (vgl. Ong 1982). Offensichtlich ist das Medium der Schrift eines, das der Stütze und Bewahrung von Erinnerungen dient und also ein vermeintlich natürliches Vermögen des Menschen technisch externalisiert. Als solches bildet es die erste Stufe einer Mediengeschichte, die über Buchdruck und Photographie bis zu den digitalen Medien immer neue Speichertechniken für Vergangenes entwickelt. Zum anderen folgt daraus aber keineswegs, dass mündlich weitergegebene Erinnerungen nicht auch kulturell geformt wären. Das belegt nicht nur die Tatsache, dass orale Kulturen aufgrund der geringeren räumlichen und zeitlichen Reichweite ihrer Erinnerungsträger – Sänger, Barden, Griots – besondere Aufmerksamkeit auf die Stabilisierung der zu tradierenden Inhalte legen, so dass der mündliche Vortrag der für verbindlich erachteten Überlieferung das zentrale, rituell hochcodierte, kulturelle Ereignis solcher Gesellschaften darstellt. Zu diesen kulturellen Codierungen oraler Erinnerung gehören auch spezifische Verfahrensweisen der Stabilisierung und Abrufbarkeit von Gedächtnisinhalten, wie sie insbesondere im Abschnitt zur *ars memoriae* der rhetorischen Lehrbücher der Antike festgeschrieben sind (vgl. Yates 1966). Diese sogenannte Mnemotechnik ermöglicht einem Redner den auswendigen Vortrag, indem der Text als Gebäude und die einzelnen Argumente der Rede als an festen Orten (*loci*) in diesem Gebäude abgelegte Bilder (*imagines*) imaginiert werden. Nicht nur aufgrund der an antike Paläste und Theaterbauten angelehnten Architektur dieser Erinnerungsräume, sondern auch wegen der standardisierten Topik der zugeordneten Bildvorstellungen steht die rhetorische Gedächtniskunst in einem äußerst engen kulturhistorischen Kontext, zumal diese spezifische Erinnerungstechnik bis hinein in die literalen und medialen Gesellschaften von Mittelalter, Neuzeit und Moderne die Gestaltung von Büchern, die Repräsentation von Wissen sowie den Imaginationsraum der Literatur geprägt haben (vgl. Haverkamp/Lachmann 1991). Daher lässt sich bis heute die Relevanz verräumlichter Gedächtnisvorstellungen bzw. sogenannter Gedächtnisorte (*lieux de mémoire*) nachweisen, als welche der französische Historiker Pierre Nora (1990; vgl. a. François/Schulze 2001) sowohl konkrete Schauplätze historischer Ereignisse als auch symbolisch aufgeladene Ereignisse, Institutionen oder Artefakte bezeichnet. Darüber hinaus können die verschiedenen künstlerischen, insbesondere literarischen, Evokationen und Narrationen der Vergangenheit – vor allem die Gattung der Autobiographie seit Augustinus bzw. Rousseau und in ihrer ästhetischen Transformation bei Proust sowie Formen der wissenschaftlichen oder populären Geschichtsschreibung bzw. historischen Dokumentation durch Photographie und Film – als kulturell geformte Erinnerungstechniken beschrieben werden (vgl. Erll [2]2011).

2. Kultur als Erinnerungsentwurf: Kulturen entwerfen nicht nur Strategien und Techniken des Erinnerns, sondern sind selbst erinnerungsförmige Entwürfe. Das durch Jan Assmann eingeführte Konzept des »kulturellen Gedächtnisses« impliziert, dass Erinnerung nicht nur eine Operation ist, die auch für Kollektive gilt, sondern dass diese Kollektive – Familien, Volksgruppen, Religionsgemeinschaften, Nationen – neben einer kommunikativen Tradierung von Wissen über die gemeinsame Vergangenheit auch Formen der Tradition ausbilden, die Generationen und Epochen überdauern. Hierzu gehören mediale Speichertechniken wie Schrift und Buch, aber auch Rituale wie Gedenkfeiern und Jahrestage, Institutionen wie Bibliotheken und Archive oder kulturpolitische Identifikationsangebote wie Denkmäler und Straßennamen. Insofern medialer Speicherplatz nie unbegrenzt ist, Rituale nicht zum Alltag werden dürfen und Kulturpolitik mit ideologischen Entscheidungen einhergeht, besteht die Hauptoperation kultureller Erinnerung in allen diesen Fällen nicht in der bloßen Füllung eines Speichergedächtnisses, sondern in der bedarfsorientierten Aktualisierung und Selektion eines Funktionsgedächtnisses (vgl. Aleida Assmann 1999), die das Vergessen des Überflüssigen, nicht Feierwürdigen oder politisch Abweichenden notwendig einschließen.

Diese Dialektik des kulturellen Gedächtnisses lässt sich besonders anschaulich anhand des Begriffspaars von Kanon und Zensur beschreiben (vgl. Assmann/Assmann 1987). Assmann (1992) unterscheidet dabei zwischen der nicht textbasierten Kanonisierung der Überlieferung, wie sie sich in der ägyptischen Tempelarchitektur niederschlägt, und dem Textkanon der jüdischen Kultur. Auch in der griechischen Kultur führte die Tatsache einer unüberschaubaren Textproduktion zu Reduktions- und Kontrollversuchen. Dazu gehört die Auswahl einer begrenzten Zahl überlieferungswürdiger Dramentexte der attischen Tragöden in der säkularen Überlieferung ebenso wie die Abgrenzung ›kanonischer‹ von ›apokryphen‹ Büchern des alten und neuen Testaments in der jüdisch-christlichen Tradition. Hinzu kommt die in den am Beginn des 19. Jahrhunderts entstehenden Philologien erfolgende Kanonisierung der großen Leistungen der Weltliteratur, zu denen zunächst nur Dante, Shakespeare und Cervantes gehören.

Der Kanon wird hier zum Leitfaden, der anhand von Qualitätsurteilen die Orientierung in der Gutenberg-Galaxis erlaubt. Als solcher lebt er aber naturgemäß vor allem von den Einsprüchen, die gegen die Auswahlkriterien und ihre Entscheidungen erhoben werden. Es ist daher kaum zuviel gesagt, wenn man behauptet, dass der Prozess der Tradierung kultureller Erzeugnisse sich wesentlich in Gestalt einer Kanonisierungsdebatte vollzieht, innerhalb derer die Kanonizität von Texten immer Argument und Resultat zugleich ist: Texte werden wieder- und weitergelesen, weil sie schon immer ausgewählt und gelesen wurden. Qualität und Tradierung treten zueinander in ein zirkuläres Begründungsverhältnis.

Dieser Festlegung des aktuell zu Tradierenden aus der Menge des potentiell Tradierbaren steht die Zensur als Akt der gezielten und gesteuerten Tilgung von Überlieferungsbeständen aus dem kulturellen Gedächtnis entgegen: So, wie im römischen Rechtsakt der *damnatio memoriae* das offizielle Gedenken eines in Ungnade gefallenen Herrschers oder Heerführers getilgt wird, indem z. B. Inschriften unlesbar gemacht und Denkmäler entfernt werden, verbietet, beschlagnahmt, zerstört oder kürzt man seit der Neuzeit politisch, religiös oder moralisch unliebsame Schriften. Auch wenn man diese Praktiken gerne absolutistischen oder totalitären Gesellschaftsformen zuspricht, gegen deren Hoheitsanspruch über das kulturelle Gedächtnis die liberale Ideologie aufgeklärter Demokratien steht, werden auch in westlichen Gesellschaften der Moderne Zensurmaßnahmen – z. B. gegen faschistische, pornographische oder gewaltverherrlichende Medienprodukte – getroffen. Auch wenn es hier auf den ersten Blick nicht um das kulturelle Gedächtnis, sondern das psychosoziale Wohlbefinden der Mitglieder dieser Gesellschaft geht, so bleibt doch deutlich, auf welche Weise das kollektive Selbstbild auf der Selektion und d. h.

immer auch auf der Eliminierung bestimmter Inhalte beruht. Daher gehören Kanonisierung und Zensierung unmittelbar zusammen und unterliegen gemeinsam dem Prozess einer beständigen Revision, Umwertung und Neugewichtung, als welchen man das kulturelle Gedächtnis letztlich treffender beschreiben kann als mithilfe statischer Archivmetaphern.

Dieser Selektionsprozess ist maßgeblich von politischen Interessen an den unterschiedlichen Funktionen des kulturellen Gedächtnisses gesteuert: Im Anschluss an den französischen Ethnologen Claude Lévi-Strauss spricht Assmann von ›kalten‹ und ›heißen‹ Erinnerungen, anhand derer sich die von konservativen bis revolutionären Intentionen reichende Bandbreite der Erinnerungspolitik differenzieren lässt: Im ersten Fall beziehen sich Kollektive auf die Vergangenheit als eine Zeit, die in keinem Bezug mehr zur Gegenwart steht. Im zweiten Fall werden Erinnerungen mobilisiert, um das gegenwärtige Selbstbild einer Gruppe zu formen und den Einfluss der Vergangenheit auf die Gegenwart zu betonen. Diese zweite Funktion übernimmt die Rezeption und Modifikation von Mythen, die Assmann (1992, 79) als »Mythomotorik« bezeichnet: Zielt sie auf den Mythos als Gründungsgeschichte, von der auch noch die gegenwärtige Einrichtung der Gesellschaft abgeleitet werden kann, so spricht man von einer fundierenden Erinnerung, die der Stabilisierung dieser Einrichtungen und Verhältnisse dient. Legt der Mythos aber offen, was der Gegenwart gegenüber der Gründungsgeschichte einer Gemeinschaft verloren gegangen ist, so dass das Ziel dieser Gemeinschaft in der mehr oder weniger revolutionären Abkehr von den gegenwärtigen Zuständen bestehen muss, so liegt ein kontrapräsentischer Vergangenheitsbezug vor, der die Differenz zwischen Vergangenheit und Gegenwart betont.

Dies gilt nicht nur für antike Kulturen, sondern durchaus auch für die Moderne: Insbesondere die Gründung der europäischen Nationalstaaten im 19. Jahrhundert erlaubt es nachzuvollziehen, wie sehr Gründungsmythen und Genealogien behauptet und erfunden werden, um Machtverhältnisse und Territorialansprüche politisch zu legitimieren (vgl. Anderson 1983). Dies geschieht üblicherweise unter Verweis auf Städtegründungen, militärische Erfolge oder Herrschergenealogien. Gerade diese imperiale Dimension des kulturellen Gedächtnisses bietet aber auch einen zentralen Einsatzpunkt für die Kritik an der christlich-abendländischen Codierung des Begriffs der Kultur. Gegen diesen betonen postkoloniale Ansätze die Notwendigkeit, die in offiziellen Repräsentationen zum Verstummen gebrachten Alternativen zur eurozentrischen Geschichte in Erinnerung zu halten (vgl. Bhabha 1994). Die besondere Herausforderung dieses Ansatzes besteht darin, dass alles einer offiziell institutionalisierten Erinnerungskultur Entgegengesetzte im strengen halbwachsschen Sinne keine Erinnerung mehr sein kann, da sie eine Alternative zu eben dem sozialen Rahmen sucht, der es überhaupt erst erlaubt, Gedächtnisinhalte zu artikulieren. Zwar bilden auch Gegen-, Protest- und Subkulturen ihr je eigenes Gruppengedächtnis aus, hinsichtlich einer Theorie der Kultur bleibt aber die auch in gegenwärtigen Debatten zu Migration, Integration und Leitkultur virulente Frage bestehen, wie viel Differenz die Konstruktion einer Kultur zu absorbieren oder möglicherweise sogar zuzulassen vermag, oder ob Kulturen der Zukunft sich nicht vielmehr über plurale und pluralisierende Erinnerungsrituale und -medien werden definieren müssen.

3. *Kulturphilosophie der Erinnerung:* Die zentrale Bedeutung der Erinnerung für die Bildung und Bewahrung kultureller Güter einerseits, kultureller Zusammenhänge andererseits, ist nicht erst den gegenwärtigen Kulturwissenschaften bewusst, sondern stets auch Gegenstand kulturphilosophischer Entwürfe gewesen. Interessanterweise widmen sich diese Entwürfe den jeweiligen Erinnerungstechniken oder Vergangenheitsentwürfen oft aus kulturkritischer Perspektive. Schon Platon lässt die Erfindung des zentralen Gedächtnismediums der Schrift im Dialog *Phaidros* als Schwächung der Erinnerung kommentieren, insofern sie zwar die Menge des Wissens quantitativ erhöhe, den lebendigen und verstehenden Umgang mit ihm aber qualitativ mindere. Der Einsatz der modernen Kulturkritik bei Rousseau macht auf vergleichbare Weise Institutionen des kulturellen Gedächtnisses wie die *Wissenschaften und Künste* für die Entfernung der Menschheit von ihrem tugendhaften Naturzustand verantwortlich; Nietzsche (KSA 5, 291) attackiert mit seinem Plädoyer für eine »aktive Vergeßlichkeit« die Auswüchse der historistischen Archivierungswut seiner Zeit einerseits, die über die Konstruktion eines schlechten Gewissens operierenden Herrschaftstechniken der christlichen Moral andererseits als gleichermaßen lebensfeindliche Prinzipien jeder an der Vergangenheit orientierten Kultur: »es giebt einen Grad von [...] Wiederkäuen, von historischem Sinne, bei dem das Lebendige zu Schaden kommt, und zuletzt zu Grunde geht, sei es nun ein Mensch oder ein Volk oder eine Cultur« (KSA 1, 250).

Die genau entgegengesetzte Diagnose ist aber gleichfalls Gegenstand kulturkritischer Diskurse, wenn nämlich das Schwinden tradierter Werte in modernen Industriegesellschaften als kultureller Gedächtnisverlust beklagt wird. Oswald Spenglers Diagnose vom *Untergang des Abendlands* bestimmt angesichts des Ersten Weltkriegs den durch die Spätform der modernen Zivilisation bewirkten ›Tod‹ der Kultur als geschichtslosen Zustand, Martin Heidegger diagnostiziert in *Sein und Zeit* das ›Verfallen‹ des Daseins an Gerede, Neugier und Zerstreuung als Aufgehen des Menschen in der schieren, geschichts- und zukunftsvergessenen Gegenwart; Max Horkheimer und Theodor W. Adorno (1981, 263) definieren die instrumentalisierende Verdinglichung der kapitalistischen Kulturindustrie als »Vergessen« der echten Erfahrung bzw. des Leidens der Natur am Menschen. Und noch Pierre Nora führt die Konjunktur der ›Gedächtnisorte‹ in der Kultur an der Wende zum 21. Jahrhundert auf die »Beschleunigung der Geschichte« zurück und folgert: »Nur deshalb spricht man soviel vom Gedächtnis, weil es keines mehr gibt.« (Nora 1999, 11)

Diese Kulturkritik des Geschichts-, Seins-, Erfahrungs- und Gedächtnisverlusts geht meist mit einer Medienkritik einher, insofern neue Technologien vom Film über Fernsehen bis zum Internet als Ursache für einen Aufmerksamkeits- und Gedächtnisschwund identifiziert werden. Neue Medien bedingen aus dieser Sicht diejenige Zerstreuung, die bereits Platons Schriftkritik (im Sinne ihrer von Jacques Derrida beschriebenen *Dissemination*) behauptet und die Kulturphilosophen wie Martin Heidegger oder Walter Benjamin zu Beginn des 20. Jahrhunderts beobachten. Insofern aber auch neue Medien (von der Schrift bis zum Computer) Speichertechnologien darstellen, sind sie weniger als Ende denn als Transformation der Erinnerungskultur zu betrachten (vgl. Ernst 2007). Die Einheit einer Kultur besteht aus dieser Perspektive nicht im konkreten *Was* des kollektiven Erinnerns, sondern in der Tatsache, *dass* sich Gruppen, Nationen und Kulturräume über medial vermittelte Konstruktionen einer gemeinsamen Vergangenheit – und sei es die einer Blogosphäre – konstituieren.

Es wäre folglich verfrüht, mit dem Ende der Gutenberg-Galaxis auch die Auflösung der Einheit von Kultur und Erinnerung zu verkünden. Schon Paul Valéry bemerkt in seinem Essay *La Crise de l'esprit* (1919), dass der Untergang Europas in den Schützengräben des Ersten Weltkriegs die »Gesamtheit seiner Erinnerungen« (Valéry 1995, 27) noch einmal aufgerufen habe und die Krise der Kultur mit einer Konjunktur von Gedächtnisritualen einhergehe, die sich dem gleichen kulturellen Fortschritt verdankten, wie die Waffen, die Europa in Schutt und Asche legten. Die Kehrseite dieser schon hier erkannten Dialektik der Aufklärung – dass dasjenige, was das kulturelle Gedächtnis bedroht, ihm zugleich als neue Erscheinungsform zur Verfügung steht – hat insbesondere bei Walter Benjamin zu einer dialektischen Wende des kulturkritischen Erinnerungsdiskurses geführt. Für Benjamin war bereits die Gegenwart der 1920er und 1930er Jahre keine mehr, die man mit dem Modell einer Traditionsgemeinschaft zutreffend hätte beschreiben können. Der Erste Weltkrieg, aber auch schon die vielfältigen Erscheinungsformen der industriellen und technischen Moderne im 19. Jahrhundert bedrohen Benjamin zufolge das Gedächtnis der Kultur der westlichen Gesellschaften nicht nur wegen des schieren Anwachsens gespeicherter Daten und Eindrücke. Vielmehr geht mit ihnen eine kollektive wahrnehmungspsychologische Wende einher, die von den einschlagenden Geschossen im Schützengraben bis zu den harten Montagen von Filmbildern reicht und es nicht mehr erlaubt, Kontinuitäten zwischen Gegenwart und Vergangenheit herzustellen.

Zwar diagnostiziert damit auch Benjamin (1977, Bd. 2.1, 215) eine »Erfahrungsarmut« angesichts moderner Medientechnologien. Zugleich versteht er die entsprechenden, nur noch isoliert und diskontinuierlich aufblitzenden Erinnerungsbilder aber auch als produktiven Gegenentwurf zum gängigen Kulturbegriff im Sinne eines neuen, »positiven Begriff[s] des Barbarentums« (ebd.). Denn insofern die herrschende Kultur ihren Entwurf kontinuierlicher Erinnerungen stets auf Kosten alternativer, aber überwundener Geschichtsdeutungen durchsetzt, gilt: »Es ist niemals ein Dokument der Kultur, ohne zugleich ein solches der Barbarei zu sein« (1977, Bd. 1.1, 696). Gerecht wird Kultur der Erinnerung damit erst, wenn sie ihrerseits die Kontinuitätsmodelle der offiziellen Gedächtniskultur durchbricht. Auf diese Weise bietet Benjamins dialektisch gewendete Kritik moderner Erinnerungskulturen einen Anhaltspunkt auch für künftige Herausforderungen, Kultur nicht ausschließlich als kontinuierlichen Traditionszusammenhang oder einen nach wie vor einheitlich und subsumierend gedachten Integrationsprozess zu definieren, sondern Abweichendes und Vergessenes als Insistenz von Differenz zuzulassen und aufrechtzuerhalten.

Literatur

Anderson, Benedict: *Imagined Communities. Reflections on the Origin and Spread of Nationalism.* London/New York 1983.

Assmann, Aleida: *Erinnerungsräume. Formen und Funktionen des kulturellen Gedächtnisses.* München 1999.

–: Zur Mediengeschichte des kulturellen Gedächtnisses. In: *Medien des kollektiven Gedächtnisses.* Hg. von Astrid Erll und Ansgar Nünning. Berlin 2004, 45–60.

–: *Der lange Schatten der Vergangenheit. Erinnerungskultur und Geschichtspolitik.* München 2006.

–/Assmann, Jan (Hg.): *Kanon und Zensur. Archäologie der literarischen Kultur II.* München 1987.

Assmann, Jan: *Das kulturelle Gedächtnis. Schrift, Erinnerung und politische Identität in frühen Hochkulturen.* München 1992.

Baecker, Dirk: *Wozu Kultur?* Berlin 2000.

Bartlett, Frederic Charles: *Remembering. A Study in Experimental and Social Psychology.* Cambridge 1932.

Benjamin, Walter: *Gesammelte Schriften.* Hg. von Hermann Schweppenhäuser und Rolf Tiedemann. Frankfurt a. M. 1977.

Bhabha, Homi: *The Location of Culture.* London/New York 1994.

Butzer, Günter/Günter, Manuela (Hg.): *Kulturelles Vergessen. Medien – Rituale – Orte.* Göttingen 2004.

Erll, Astrid: *Kollektives Gedächtnis und Erinnerungskulturen. Eine Einführung.* Stuttgart/Weimar ²2011.

Ernst, Wolfgang: *Das Gesetz des Gedächtnisses. Medien und Archive am Ende (des 20. Jahrhunderts).* Berlin 2007.

Esposito, Elena: *Soziales Vergessen. Formen und Medien des Gedächtnisses der Gesellschaft.* Frankfurt a. M. 2002.

François, Etienne/Schulze, Hagen (Hg.): *Deutsche Erinnerungsorte.* 3 Bde. München 2001.

Gudehus, Christian/Eichenberg, Ariane/Welzer, Harald (Hg.): *Gedächtnis und Erinnerung. Ein interdisziplinäres Handbuch.* Stuttgart/Weimar 2010.

Halbwachs, Maurice: *Das Gedächtnis und seine sozialen Bedingungen* [1925]. Frankfurt a. M. 1985.

Haverkamp, Anselm/Lachmann, Renate (Hg.): *Gedächtniskunst. Raum – Bild – Schrift. Studien zur Mnemotechnik.* Frankfurt a. M. 1991.

Horkheimer, Max/Adorno, Theodor W.: *Dialektik der Aufklärung* [1944]. In: Theodor W. Adorno: *Gesammelte Schriften.* Hg. von Rolf Tiedemann u. a. Bd. 3. Frankfurt a. M. 1981.

Koselleck, Reinhart: Historia Magistra Vitae. Über die Auflösung des Topos im Horizont neuzeitlich bewegter Geschichte [1968]. In: Ders.: *Vergangene Zukunft. Zur Semantik geschichtlicher Zeiten.* Frankfurt a. M. 1979, 38–66.

Luhmann, Niklas: *Die Gesellschaft der Gesellschaft.* Frankfurt a. M. 1997.

Meyer, Eric (Hg.): *Erinnerungskultur 2.0: Kommemorative Kommunikation in digitalen Medien.* Frankfurt a. M./New York 2009.

Nietzsche, Friedrich: *Kritische Studienausgabe.* Hg. von Giorgio Colli und Mazzino Montinari. Berlin/New York ²1988 (KSA).

Nora, Pierre: *Zwischen Geschichte und Gedächtnis.* Berlin 1999.

Ong, Walter J.: *Orality and Literality. The Technologizing of the Word.* Padstow 1982.

Starobinski, Jean: Brève histoire de la conscience du corps. In: *Genèse de la conscience moderne.* Hg. von Robert Ellrodt. Paris 1983, 215–299.

Tholen, Georg Christoph/Weber, Elisabeth (Hg.): *Das Vergessen(e). Anamnesen des Undarstellbaren.* Wien 1997.

Valéry, Paul: Krise des Geistes [1919]. In: Ders.: *Werke.* Hg. von Jürgen Schmidt-Radefeldt. Bd. 7. Frankfurt a. M. 1995, 26–54.

Weinrich, Harald: Gedächtniskultur – Kulturgedächtnis. In: *Merkur* 508 (1991), 569–582.

Yates, Frances A.: *The Art of Memory.* Chicago 1966.

Young, James E.: *Beschreiben des Holocaust. Darstellen und Folgen der Interpretation.* Frankfurt a. M. 1992.

Nicolas Pethes

4. Fest

›Fest‹ wird traditionell zumeist als Gegenbegriff zu ›Alltag‹ definiert (vgl. Bollnow 1955; Gebhardt 1987), mag auch der in starkem historischem Wandel befindliche Alltag sogleich die Frage nach der historischen Variabilität des Festes nach sich ziehen – wenn nicht gar die grundlegendere Frage nach der Möglichkeit eines Bezugs von ›Fest‹ auf ein so Wandelbares wie den Alltag. Soweit man sich auf elementare Bestimmungen beziehen kann wie ›Alltag = Arbeit‹ oder ›Alltag = Sorge um Befriedigung der Bedürfnisse‹, wäre ›Fest‹ ein Enthobensein von Arbeit oder von der Sorge um Befriedigung der Bedürfnisse, wenn auch nur temporär.

Tiefer greift eine Bestimmung von ›Fest‹ als ›Heilige Zeit, den Göttern geweihte Zeit‹, die sich schon bei Platon findet, aber sinngemäß auch auf andere Kulturen und andere Zeiten Anwendung finden kann (vgl. Kerényi 1952; Heiler 1979). Das temporäre Herausgenommensein aus dem Zwang des Alltags wird hier mit einer Sinnperspektive verbunden, mit Transzendenz, was einerseits für ältere Zeiten weitgehend universal zu gelten scheint, in der Moderne aber gerade als solches fragwürdig geworden ist.

Auszeit

›Fest‹, in Relation zum Alltag, zum ›normalen Leben‹ gesehen, bedeutet ›Uchronie‹, wie man in Analogie zu ›Utopie‹ sagen könnte: die Zeit, die aus dem normalen Ablauf von Zeit herausgenommen ist, die ›Aus-Zeit‹, mit der sich Vorstellungen von Sehnsucht verbinden, von Wunschdenken bei gleichzeitigem Wissen um das grundsätzlich Prekäre und die nur vorübergehende Möglichkeit des Entkommens aus dem Normalen, aus den Routinen und Zwängen. In der mythologischen Überlieferung verbindet sich solche ›Uchronie‹ mit Saturn, mit einer Phase der Menschheitsentwicklung *vor* den Zwängen des Arbeitenmüssens und der Sorge um den Lebensunterhalt. Auf ein ›saturnisches Zeitalter‹ bezogen sich in römischer Zeit die Sklaven, die in den langen Nächten zur Zeit der längsten Nacht Herren spielen durften und von ihren Herren bedient wurden (›verkehrte Welt‹), desgleichen die ›Kinderbischöfe‹ an mittelalterlichen Domschulen, welche an bestimmten Tagen vor dem Beginn der österlichen Fastenzeit die Kirchen profanieren und die Riten travestieren durften (vgl. Heers 1986), und ein schwacher Nachklang davon findet sich noch im Karnevalsbrauchtum, das im Mittelalter aufkam und in gewissen Phasen der Neuzeit neu belebt wurde (vgl. Fuhrmann 1980; Matheus 1999).

Aus diesen Hinweisen ergibt sich schon, dass die Erforschung von Festen primär eine Aufgabe der Kulturhistoriker ist, auch der Literaturwissenschaftler, Kunsthistoriker, Theologen, Soziologen, Ethnologen und Volkskundler (vgl. die Sammelbände von Schultz 1988; Haug/Warning 1989; Düding u.a. 1988; Hettling/Nolte 1993; Sänger/Deile 2005; Maurer 2010; Forschungsbericht: Maurer 1991), nicht in erster Linie der Philosophen.

In der Philosophie war und ist der Festbegriff eher marginal; er stiftet keine Disziplin (›Festphilosophie‹) und stellt keine tragende Kategorie des Philosophierens dar. Dementsprechend wird er in philosophischen Handbüchern und Lexika entweder übergangen oder höchstens nebenbei angesprochen. Eine Reflexion auf das Fest findet sich (abgesehen von Platon) eigentlich erst wieder bei Friedrich Nietzsche, sodann in der Lebensphilosophie bei Otto Friedrich Bollnow (als Element einer Überwindung des Existentialismus; vgl. Bollnow 1955) und im Versuch einer Neuorientierung der katholischen Philosophie angesichts der Herausforderungen der Moderne (vgl. Pieper 1963a, 1963b), ferner unter kompensationstheoretischen Aspekten (vgl. Marquard 1989). Dass der Festbegriff gegenwärtig im Rahmen einer Kulturphilosophie nicht fehlen darf, ergibt sich aus außerphilosophischen Entwicklungen, die sich in zwei Stränge gliedern lassen: Die Psychoanalyse Sigmund Freuds, angestoßen durch Nietzsche, noch mehr aber durch Ethnologen wie William Robertson Smith, akzentuierte das Element des ›Exzesses‹ im Fest, fasste das Fest also vor allem in seiner psychodynamischen Funktion (vgl. Küchenhoff 1989), was freilich kulturphilosophisch von weitreichender Bedeutung ist. Und die neuere Zentrierung der Geisteswissenschaften um das Konzept des ›kulturellen Gedächtnisses‹ (vgl. Assmann 1992, 2000) hat die Bedeutung des Festes als eines Mediums der Kultur in neuer Weise in Erscheinung treten lassen, mit weitreichenden Folgen für die Kulturgeschichte. Freilich: So diametral sich die beiden Richtungen zunächst entgegenzustehen scheinen, so nahe rücken sie zusammen bei genauerer Betrachtung als komplementäre Funktionen des ›Festlichen‹, das sich als Oberbegriff zu ›Fest‹ und ›Feier‹ ansprechen lässt (vgl. Maurer 2004, 115–134).

Exzess und Sanktion

In Freuds psychoanalytischer Theorie, wie sie in *Massenpsychologie und Ich-Analyse* (1921) ausgeformt vorliegt (vgl. Freud 1974), erscheint die Möglichkeit des Festes primär als Kompensation, nämlich in dem Sinne, dass die Stabilisierung eines Ichs diesem einen gewissen Druck auferlegt (Verzichte und Einschränkungen), welcher genau dann nicht unerträglich wird, wenn er periodisch durchbrochen werden kann. Freud hat diese Einsicht zu dem Paradoxon zugespitzt, Feste seien »vom Gesetz gebotene Exzesse« (Freud 1974, 122). In Anlehnung an die ethnologische Forschung seiner Zeit sah Freud ›Fest‹ in enger Verbindung mit ›Opfer‹: Beides, Fest und Opfer, gibt es nur in Gemeinschaft. Der Kristallisationspunkt des Festes, das Opfer, ist auf die Herstellung von Gemeinschaft bezogen. Gemeinschaft entsteht aus psychologischer Notwendigkeit zur Entlastung von Schuld. Sie konkretisiert sich im Fest. Massenerscheinungen deutet Freud als Projektionen des Ichs auf ein Über-Ich. Individualpsychologisch erlebte Zwänge werden entlastet durch sozialpsychologische Mechanismen, unter denen die Teilhabe an Festen einen prominenten Platz einnimmt. Damit verbinden sich schließlich auch verschiedene Dimensionen des Festes. Denn wenn man ein ›ekstatisches Fest‹ (Beispiel: Symposion) von einem ›herrschaftlichen Fest‹ (Beispiel: Maiparade in sozialistischen Staaten) zunächst zu unterscheiden geneigt ist (vgl. Küchenhoff 1989, 102), rückt beides in psychoanalytischer Perspektive letztlich zusammen im Sinne einer Kompensation: »Das Fest ist ein gestatteter, vielmehr ein gebotener Exzeß, ein feierlicher Durchbruch eines Verbotes« (Freud 1974, 424 f.).

Wie Freuds Inspiration für diesen Aspekt seiner Theoriebildung aus der Ethnologie kam, lassen sich auch umgekehrt Wirkungen Freudscher Festtheorie am ehesten in der Ethnologie wiederfinden. Die Kultivierung des Festes in der abendländischen Tradition scheint zunächst weniger offen für eine psychoanalytische Interpretation. Trotzdem ist nicht zu übersehen, dass durch das neue Forschungsparadigma ›Ritualdynamik‹ eine Brücke von den ethnologischen Kulturwissenschaften zu den historischen geschlagen werden kann (vgl. etwa Assmann/Maciewski/Michaels 2005). Im Hintergrund des lateinischen Begriffes *ritus* steht eine Sanskrit-Wurzel *rta*, die hauptsächlich ›Ordnung, geregelter Ablauf‹ bedeutet. Diese Herleitung ist zwar nicht unbestritten, scheint aber überzeugend (vgl. Lang 1998). Konstitutiv für das Verständnis des Begriffes ist seine Festlegung auf die Ebene menschlichen Handelns: ›Ritus/Ritual‹ heißt Handeln, nicht Denken. Traditionell hat man oft das Wesen der Religion in Glauben und Lehre gesehen; seit der Betonung des Begriffes ›Ritual‹, also seit dem religionswissenschaftlichen Zugang des späten 19. Jahrhunderts, gilt aber als konstitutiv für Religion eher Handeln, d. h. der Vollzug der Riten. In diesem Sinne konnte man den Begriff ›Ritus‹ dem Begriff ›Mythos‹ entgegensetzen: verstanden als Wort, Lehre, fundierende Erinnerung. ›Ritus‹ bedeutet in dieser Paarung mit ›Mythos‹ das Gegenteil: Tun, Handeln (ohne Worte, jedenfalls im Grenzfall). Die Festlegung auf den Handlungsbegriff ermöglicht Vergleich und Parallelisierung mit anderen Religionen: Überall finden sich ›Riten‹ zur Besänftigung der Götter und Elemente, zur Kontaktaufnahme mit Natur und Wetter, zum Umgang mit Schmerz, Gefahr und Tod.

In kulturwissenschaftlicher Hinsicht wird diese Verbindung konstitutiv: Ritual präsentiert Sinn; Ritual vermittelt eine Botschaft. Die Stifter eines Rituals wollen damit etwas Inhaltliches zum Ausdruck bringen. Institutionen, die für die Aufrechterhaltung eines Rituals einstehen, wollen damit die Vermittlung einer Botschaft auf Dauer stellen und stabilisieren. ›Rituale‹ in diesem Sinne sind also nicht nur an Repetition und Gemeinschaft gebunden, sondern auch an Öffentlichkeit und Sinn. Dementsprechend werden ›Ritus‹ und ›Ritual‹ zu kulturwissenschaftlichen Grundbegriffen einer neueren Wissenschaftsrichtung, die sich vor allem der Erforschung der kulturellen Kontinuierung verschrieben hat (vgl. Dücker 2007).

Symbolisches Handeln

Insofern lässt sich an die psychodynamische Deutung des Festes eine zweite Richtung anschließen, für die Jan Assmanns Neuorientierung der Kulturwissenschaften am Begriff des ›kulturellen Gedächtnisses‹ entscheidend geworden ist: Kulturelle Überlieferung findet nicht nur mittels der Schrift, der Bauwerke, der materiellen Relikte statt, sondern wesentlich rituell, d. h. in mündlicher Weitergabe von Traditionsbestandteilen in Form von symbolischem Handeln. Dafür haben Theologen traditionell den Begriff ›Liturgie‹: In einer symbolischen Handlungsgestalt vergegenwärtigt sich eine Gemeinde die zentralen Aussagen ihres Glaubens in der Heiligen Messe (vgl. Schilson 1995). Analoga christlicher Liturgie lassen sich in allen Weltreligionen finden, aber auch in den Naturreligionen. In diesem Sinne gehören symbolische Handlungsgestalten grundsätzlich zur Religion. Dafür steht gewöhnlich der Begriff ›Fest‹. Aber nicht nur dies: Auch in nichtreligiösen Zusammenhängen der Vergemeinschaftung kommt es entscheidend auf ›symbolische Handlungsgestalten‹ an. Man hat dies traditionell häufig in der Perspektive der Säkularisierung gesehen, der ›Entzauberung der Welt‹ (Max Weber): Was in älteren Formen der Kultur sowie in nichtokzidentalen magisch gedeutet wurde, tritt im Prozess der Zivilisation mehr und mehr hinter rationalisierte Formen zurück, wird des Mythischen entkleidet und auf Schrift gestützt.

Assmann hat deutlich gemacht, dass rituelles Handeln nicht etwa nur für die ältesten Formen des kulturellen Gedächtnisses von Bedeutung war, sondern in komplexer Verschränkung mit schriftgestützter Überlieferung grundsätzlich immer mitzubedenken ist. Freilich hält sich der neuzeitliche Protestantismus programmatisch an das ›Wort‹, insofern an eine gewissermaßen ›rationale‹, objektivierbare Ebene der Vermittlung von Sinn. Trotzdem wäre es eine Verkürzung der historischen Wirklichkeit, sich vorzustellen, alles Äußerliche, Festliche diene nur der Didaxe, der Vermittlung für diejenigen, deren Abstraktionsvermögen nicht genügend entwickelt ist. Insbesondere aber setzen alle anderen bekannten Religionen stärker auf symbolische Handlungsgestalten, die in geringerem Maße auf das Wort gestützt sind und demgemäß die Komponente des Rituellen, des Handelns, stärker in den Vordergrund treten lassen.

Der Aufbau der Kultur wird bei gewachsener Einsicht in die Bildung des kulturellen Gedächtnisses und in das Funktionieren der kulturellen Techniken der Überlieferung von Sinn deutlicher in seiner sozialen Grundlegung: »Der Mensch braucht das kulturelle Gedächtnis, um eine kollektive Identität auszubilden und über die Generationenfolge hinweg identisch reproduzieren zu können« (Assmann 1991, 22). Dazu dient in allen primitiven Gesellschaften primär das Fest, in Gesellschaften nach der Schrift tritt das Fest sekundär zum Geschriebenen hinzu.

Strukturierung der Zeit

Diese Einsichten sind zentral für die Kulturphilosophie. Denn wie sich der Mensch nicht als Individuum, sondern nur in Zusammenhängen entwickeln kann, ist er auf Lernen verwiesen, auf die Aneignung und Reproduktion von Vorgeformtem, ob nun Wissen, Gefühle oder Verhalten: »was ich bin, bin ich geworden« (Herder, *Vom Erkennen und Empfinden der menschlichen* Seele, 1778 [Herder 1994, 359]). Die Vermittlung von Vorgeformtem im Fest vermittelt Orientierung.

Die Weltorientierung des Menschen im Fest besteht in erster Linie in der Kultivierung der Zeit, in der ›Zeitkultur‹. Zeitkulturelle Grundmuster und mithin auch wesentliche Orientierungsmarken im unübersichtlichen Gelände des Festlichen bietet eine Einteilung nach (1) Festen des Lebenslaufes, (2) Festen des Jahreslaufes und (3) öffentlichen oder politischen Festen (vgl. Maurer 2004, 55–80). Feste des Lebenslaufes sind *rites de passage* wie Geburt, Taufe, Konfirmation, Bar Mizwa, Eheschließung, Tod und Begräbnis. Feste des Jahreslaufes sind (in der verchristlichten Form eines älteren Naturkalenders) Weihnachten, Ostern, Pfingsten usw., in (neu-)heidnischer Variante Sommersonnwende, Julfest usw. Eine dritte Kategorie, deren Bezeichnung weniger logisch zwingend ist, nimmt darauf Rücksicht, dass vor allem in der Neuzeit politisch angeordnete Feste wie der Herrschergeburtstag, der Maifeiertag, die jeweiligen Nationalfeiertage, Volkstrauertage usw. offensichtlich zu einer Festkategorie sui generis gehören. Nicht übersehen werden darf dabei die zum herrschaftlichen Fest komplementäre Möglichkeit des ›Festes von unten‹, des Festes als Protest, als Verlangen nach Emanzipation und Partizipation – beispielsweise die National-, Turner- und Sängerfeste des 19. Jahrhunderts (vgl. Düding u.a. 1988), in neuerer Zeit Events und Happenings (vgl. Gebhardt u.a. 2000).

Indem Feste und Feiern Formen der Vergesellschaftung darstellen, bei denen der Aspekt der Gemeinschaft hervorgehoben werden kann, sind sie zugleich soziale Tatsachen in einem umkämpften Raum, der von Macht und Herrschaft nicht frei ist. In diesem Kontext hat sich der Begriff ›Anordnungskompetenz‹ als fruchtbar erwiesen (vgl. Schmidt 2000): Feste lassen sich charakterisieren danach, ob sie individuell und privat angesetzt werden, durch gesellschaftliche Zusammenschlüsse (Gruppen, Vereine, Zünfte) oder Institutionen (Höfe, Universitäten, Kirchen). Kaiser Konstantin konnte den Sonntag als verbindlich für das ganze Römische Reich erklären und damit eine im Wesentlichen seitdem gültige Gestalt der Kultur hervorrufen (vgl. Maurer 2006). Das ›Dritte Reich‹ kannte viele Größen, aber nur der ›Führer‹ vermochte seinen Geburtstag zum nationalen Feiertag zu machen (vgl. Freitag 1997).

In besonderem Maße wird die Moderne durch die ›Setzung von Festen‹ charakterisiert: Die zugleich rationale und geschichtsbewusste Gesellschaft der Neuzeit verwirklicht sich in angeordneter historischer Erinnerung, im ›Jubiläum‹. Geschichtskultur verwirklicht sich nicht nur in der Denkmalbewegung und in einer durchgreifenden Musealisierung; Geschichtskultur als Kontrolle über die Zeit, Stiftung von *lieux de mémoire*, Souveränität über ›Zeitzeichen‹ in Alltag und Medien stellt eine zugleich sublime und eingreifende Form von Machtausübung dar. Ein wichtiger Meilenstein in der Geschichte des Jubiläums war dabei die Ausrufung des ersten ›Jubeljahres‹ durch den Papst 1300, sodann die sich beschleunigenden Rhythmen ›Heiliger Jahre‹ (zunächst alle 100, dann alle 50, dann alle 25 Jahre) nebst Souveränität über die Anordnung außerordentlicher Heiliger Jahre (vgl. Fuhrmann 1989). Seit dem 19. Jahrhundert verdichtet sich die Reihe der Jubiläumsanlässe: Herrscherjubiläen, Amtsjubiläen, Stadtjubiläen, Universitätsjubiläen, Konfessionsjubiläen, Firmenjubiläen, Gedenken an historische Ereignisse aller Art (vgl. Müller 2004; Münch 2005).

Komplementär zur ›Anordnungskompetenz‹ erweist sich der Begriff der ›Festkonkurrenz‹ als aufschließend: Ob man am 31. Oktober/1. November Halloween feiert oder Allerheiligen begeht, ob der Martinstag an Martin von Tours erinnert oder zum Tag für Martin Luther stilisiert wird, ob Konfirmation gefeiert wird oder Jugendweihe – in jedem Fall liegt ein Akt der Sinnstiftung, ein Bekenntnis der Zugehörigkeit zu einer Gemeinschaft vor. In England trat im späten 16. Jahrhundert an die Stelle von Mariae Geburt (8. September, in protestantischer Sicht ein zurückzudrängender Heiligentag) die nationale Feier des Geburtstags der Königin Elisabeth (7. September) (vgl. Strong 1977; Cressy 1989). Im Bereich des Festlichen findet ein öffentlicher Kampf um Beachtung und Geltung, um politische Herrschaft und kulturelle Hegemonie statt. Alle neuzeitlichen Revolutionen, angefangen mit der Französischen Revolution von 1789, haben zwar zur Abschaffung von Festen und Feiertagen geführt, nicht aber zur Abschaffung des Festlichen (vgl. Ozouf 1976; Baxmann 1989). Das Festliche als Anthropinon sucht sich in proteisch wechselnden Gestalten immer neuen Ausfluss, nimmt überraschend wechselnde neue Gestalten an, wird zurückgedrängt und gefördert, abgestoßen und appropriiert.

Diese Einsicht darf nicht den Blick darauf verstellen, dass es Formelemente des Festes gibt, die sich von den ältesten Zeiten an durchhalten und die immer wieder aufgegriffen und neu konstelliert werden, selbst über die Grenzen der eigenen Kultur hinweg. Formen und Formelemente haben als solche (von Ausnahmen abgesehen wie dem Herrschereinzug [vgl. Tenfelde 1982] oder dem Festzug [vgl. Hartmann 1976]) bislang wenig Interesse gefunden. Möglicherweise zeigt sich gerade hier eine kulturwissenschaftliche Aufgabe, die Aspekte der Kulturphilosophie mit Aspekten der Kulturgeschichte verknüpft. Denn die meisten Feste integrieren mehrere der folgenden Formelemente: gemeinsames Mahl und Gabentausch, Essen und Trinken in außeralltäglicher Weise (Quantität und Qualität, Exzess, Rausch, Drogen), hierarchischer Zug (Festzug, Prozession, Aufmarsch), Ausstellen und Präsentieren von Objekten, Segnen und Weihen, Kleidung und Verkleiden, Rollen und Masken.

Während die künstlerischen Elemente herrscherlicher, städtischer und kirchlicher Inszenierungen mit ihren ephemeren Architekturen von Seiten der Kunstgeschichte längst Beachtung gefunden haben (vgl. Breidecker 1992; Mulryne u.a. 2004) und auch die sprachlichen und rhetorischen Elemente des Festlichen erkannt und weitgehend erforscht sind (vgl. Kopperschmidt/Schanze 1999), hat ein Anstoß zur inneren Soziologie des Festes nach Festrollen usw. (vgl. Maurer 2004, 43–45) bisher keine Bearbeitung gefunden. Insgesamt erscheint das Phänomen des Festlichen in seiner komplexen Polarität von ›Fest‹ (als Exzess) und ›Feier‹ (als Praxis des kulturellen Gedächtnisses) sich jedem (gleichwohl unabdingbaren) disziplinären Zugriff zu entziehen. Damit wird es zu einem spezifisch transdisziplinären Forschungsgebiet, aber auch zu einer Herausforderung für die Kulturphilosophie.

Literatur

Assmann, Jan (Hg.): *Das Fest und das Heilige. Religiöse Kontrapunkte zur Alltagswelt.* Gütersloh 1991.

–: *Das kulturelle Gedächtnis. Schrift, Erinnerung und politische Identität in frühen Hochkulturen.* München 1992.

–: *Religion und kulturelles Gedächtnis. Zehn Studien.* München 2000.

Assmann, Jan/Maciewski, Franz/Michaels, Axel (Hg.): *Der Abschied von den Toten. Trauerrituale im Kulturvergleich.* Göttingen 2005.

Baxmann, Inge: *Die Feste der Französischen Revolution. Inszenierung von Gesellschaft als Natur.* Weinheim/Basel 1989.

Bollnow, Otto Friedrich: *Neue Geborgenheit. Das Problem einer Überwindung des Existentialismus.* Stuttgart u.a. 1955.

Breidecker, Volker: *Florenz oder »Die Rede, die zum Auge*

spricht«. Kunst, Fest und Macht im Ambiente der Stadt. München ²1992.
Cressy, David: *Bonfires and Bells. National Memory and the Protestant Calendar in Elizabethan and Stuart England.* London 1989.
Dücker, Burckhard: *Rituale. Formen – Funktionen – Geschichte. Eine Einführung in die Ritualwissenschaft.* Stuttgart/Weimar 2007.
Düding, Dieter/Friedemann, Peter/Münch, Paul (Hg.): *Öffentliche Festkultur. Politische Feste in Deutschland von der Aufklärung bis zum Ersten Weltkrieg.* Reinbek 1988.
Freitag, Werner (Hg.): *Das Dritte Reich im Fest. Führermythos, Feierlaune und Verweigerung in Westfalen 1933–1945.* Bielefeld 1997.
Freud, Sigmund: *Studienausgabe.* Bd. 9: *Fragen der Gesellschaft. Ursprünge der Religion.* Frankfurt a. M. 1974.
Fuhrmann, Horst: »Jubel«. Eine historische Betrachtung über den Anlaß zu feiern. In: Ders.: *Einladung ins Mittelalter.* München 1989, 239–252.
Fuhrmann, Manfred: Fastnacht als Utopie: Vom Saturnalienfest im alten Rom. In: *Narrenfreiheit. Beiträge zur Fastnachtsforschung.* Tübingen 1980, 29–42.
Gebhardt, Winfried: *Fest, Feier und Alltag. Über die gesellschaftliche Wirklichkeit des Menschen und ihre Deutung.* Frankfurt a. M. u. a. 1987.
–/Hitzler, Ronald/Pfadenhauer, Michaela (Hg.): *Events. Soziologie des Außergewöhnlichen.* Opladen 2000.
Hartmann, Wolfgang: *Der historische Festzug. Seine Entstehung und Entwicklung im 19. und 20. Jahrhundert.* München 1976.
Haug, Walter/Warning, Rainer (Hg.): *Das Fest.* München 1989.
Heers, Jacques: *Vom Mummenschanz zum Machttheater. Europäische Festkultur im Mittelalter.* Frankfurt a. M. 1986.
Heiler, Friedrich: Die heilige Zeit. In: Ders.: *Erscheinungsformen und Wesen der Religion.* Stuttgart u. a. ²1979, 150–161.
Herder, Johann Gottfried: *Werke in zehn Bänden* [Frankfurter Ausgabe]. Bd. 4: *Schriften zu Philosophie, Literatur, Kunst und Altertum 1774–1787.* Hg. von Jürgen Brummack und Martin Bollacher. Frankfurt a. M. 1994.
Hettling, Manfred/Nolte, Paul (Hg.): *Bürgerliche Feste. Symbolische Formen politischen Handelns im 19. Jahrhundert.* Göttingen 1993.
Kerényi, Karl: Vom Wesen des Festes. In: Ders.: *Die antike Religion. Ein Entwurf von Grundlinien.* Düsseldorf/ Köln 1952, 45–70.
Kopperschmidt, Josef/Schanze, Helmut (Hg.): *Fest und Festrhetorik. Zu Geschichte, Theorie und Praxis der Epideiktik.* München 1999.
Küchenhoff, Joachim: Das Fest und die Grenzen des Ich. In: *Das Fest.* Hg. von Walter Haug und Rainer Warning. München 1989, 99–119.
Lang, Bernhard: Ritual/Ritus. In: *Handbuch religionswissenschaftlicher Grundbegriffe.* Hg. von Hubert Cancik, Burkhard Gladigow und Karl-Heinz Kohl. Stuttgart u. a. 1998, Bd. 4, 442–458.
Marquard, Odo: Moratorium des Alltags – Eine kleine Philosophie des Festes. In: *Das Fest.* Hg. von Walter Haug und Rainer Warning. München 1989, 684–692.
Matheus, Michael (Hg.): *Fastnacht/Karneval im europäischen Vergleich.* Stuttgart 1999.
Maurer, Michael: Feste und Feiern als historischer Forschungsgegenstand. In: *Historische Zeitschrift* 253 (1991), 101–130.
– (Hg.): *Das Fest. Beiträge zu seiner Theorie und Systematik.* Köln/Weimar/Wien 2004.
–: Der Sonntag in der Frühen Neuzeit. In: *Archiv für Kulturgeschichte* 88 (2006), 75–100.
–: Feste und Feiern in der aktuellen Zeitkultur. In: Klaus-M. Kodalle/Hartmut Rosa (Hg.): *Rasender Stillstand. Beschleunigung des Wirklichkeitswandels: Konsequenzen und Grenzen.* Würzburg 2008, 53–64.
–: Feste in Geschichte und Gegenwart. Aspekte, Beispiele, Perspektiven. In: *Erwägen – Wissen – Ethik. Forum für Erwägungskultur* 19/2 (2008), 211–222.
–: Feste zwischen Sinnkonkurrenz und Efferveszenz. In: *Erwägen – Wissen – Ethik. Forum für Erwägungskultur* 19/2 (2008), 255–262.
– (Hg.): *Festkulturen im Vergleich. Inszenierungen des Religiösen und Politischen.* Köln/Weimar/Wien 2010.
Müller, Winfried (Hg.): *Das historische Jubiläum. Genese, Ordnungsleistung und Inszenierungsgeschichte eines institutionellen Mechanismus.* Münster 2004.
Mulryne, James R./Watanabe-O'Kelly, Helen/Shewring, Margaret (Hg.): *Europa Triumphans. Court and Civic Festivals in Early Modern Europe.* 2 Bde. Aldershot 2004.
Münch, Paul (Hg.): *Jubiläum, Jubiläum … Zur Geschichte öffentlicher und privater Erinnerung.* Essen 2005.
Ozouf, Mona: *La fête révolutionnaire 1789–1799.* Paris 1976.
Pieper, Josef: *Zustimmung zur Welt. Eine Theorie des Festes.* München 1963a.
–: *Über das Phänomen des Fests.* Köln/Opladen 1963b.
Sänger, Johanna/Deile, Lars (Hg.): *Spannungsreich und freudevoll. Jenaer Festkultur um 1800.* Köln/Weimar/ Wien 2005.
Schilson, Arno: Art. Feste und Feiertage. In: *Lexikon für Theologie und Kirche.* 3. Aufl. Hg. von Walter Kasper. 11 Bde. Freiburg i.Br./Basel/Wien 1993–2001; Bd. 3 (1995), Sp. 1250–1258.
Schmidt, Thomas: *Kalender und Gedächtnis. Erinnern im Rhythmus der Zeit.* Göttingen 2000.
Schultz, Uwe (Hg.): *Das Fest. Eine Kulturgeschichte von der Antike bis zur Gegenwart.* München 1988.
Strong, Roy: *The Cult of Elizabeth. Elizabethan Portraiture and Pageantry.* London 1977.
Tenfelde, Klaus: Adventus. Zur historischen Ikonologie des Festzuges. In: *Historische Zeitschrift* 235 (1982), 45–84.

Michael Maurer

5. Form, symbolische

Es gehört zu den Besonderheiten des Begriffs der ›symbolischen Form‹, dass die vordergründige Evidenz seines Umfangs die klare und deutliche Bestimmung seines Inhalts eher erschwert als erleichtert. Ernst Cassirers *Philosophie der symbolischen Formen* ist Kulturphilosophie, als solche sucht sie das Feld menschlicher Hervorbringungen für das philosophische Denken fruchtbar zu machen: Sprache, Mythos, Religion und Wissenschaft werden ebenso zum Gegenstand der Untersuchung gemacht wie Kunst, Technik oder Geschichte. In welcher Hinsicht aber ›die‹ Sprache oder ›die‹ Kunst unter den Begriff der ›symbolischen Form‹ fällt, was es überhaupt bedeutet, von Sprache oder Kunst als symbolischen ›Formen‹ zu sprechen, muss der vortheoretischen Betrachtung des Begriffsumfangs, kurz: der Kultur, verborgen bleiben. Erschwerend kommt hinzu, dass der leitende Gesichtspunkt, unter dem Cassirer die Welt des Menschen in den Blick nimmt, ein doppelter ist. Die zwei Motive seines Denkens, die wir knapp als das eidetische und das transzendentale bezeichnen können, prägen je eine in sich unselbständige Seite des Form- sowie des Symbolbegriffs aus. Erst in ihrer kunstvollen Verschränkung, in der durch die produktive Einbildungskraft vermittelten Wesensbeziehung von Werkschaffen und Weltwahrnehmung, entfaltet der Begriff der symbolischen Form seine gedankliche Komplexität, die dem Anspruch einer »kritische[n] Kulturphilosophie« (ECW 24, 407) gerecht zu werden vermag.

Symbolizität und eidetischer Formbegriff

Die *Philosophie der symbolischen Formen* knüpft auch dort, wo sie sich dem Mythos, der Sprache oder der Kunst zuwendet, überall an das ›Faktum der Wissenschaft‹ an. Denn so gewiss die Philosophie »nicht im Leeren bauen« kann (ECN 5, 202), so vergeblich muss auch jeder Versuch erscheinen, in der bloßen Fülle kultureller Werke philosophisch Halt zu finden. Auf Schritt und Tritt ist die Philosophie der Kultur auf den Beistand der Einzelwissenschaften angewiesen. Wie die Wesensanalyse des Naturgegenstandes, die das bestimmende Thema der frühen Arbeiten Cassirers ist, notwendig voraussetzt, dass die Naturwissenschaften das ›Chaos‹ der Naturerscheinungen allererst zum ›Kosmos‹ eines gesetzlichen Zusammenhangs formen, so ist die Philosophie der symbolischen Formen dort, wo sie über die naturwissenschaftliche Gegenstandserkenntnis hinaus das Wesen der Sprache, der Kunst oder der Religion begrifflich fixieren will, an die hermeneutischen Bemühungen der Kulturwissenschaften verwiesen. Indem die Sprachwissenschaft oder die Kunstwissenschaft, die Religionswissenschaft oder die Historische Epistemologie aus der Mannigfaltigkeit der Sprach- und Kunstwerke, der mythischen, religiösen, technischen und naturwissenschaftlichen Werke typische »Grundgestalten«, dominierende Sinnzusammenhänge herausheben, gewinnt die vormals disparate Schauseite der Kultur eine charakteristische Zeichnung. Diese, aus Sicht der Philosophie primäre Synthese der einzelwissenschaftlichen »Werkanalyse« bereitet den Boden für die sekundäre Synthese der philosophischen »Formanalyse« (ECW 24, 456). Deren Aufgabe besteht nun nicht mehr darin, spezifische Strukturen, typische Formen innerhalb eines Gebiets zu isolieren, sondern das Gebiet als Ganzes, »das ›Was‹ jeder einzelnen Kulturform, das ›Wesen‹ der Sprache, der Religion, der Kunst zu bestimmen. Was ›ist‹, was bedeutet jede von ihnen, und welche Funktion erfüllen sie? Und wie verhalten sich Sprache und Mythos, Kunst und Religion zueinander, worin unterscheiden sie sich, und was verbindet sie miteinander?« (ebd.)

Indes gibt auch die Formanalyse die Tuchfühlung mit der Werkwelt nicht schlechthin preis. Was für die Hermeneutik der Einzelwissenschaften galt, gilt *a fortiori* für die Eidetik der Philosophie: Nur in und an den Erscheinungen lässt sich das Wesen, nur in und an den »Monumenten der Kultur« (ebd.) ihre ideelle Gestalt schauen. Zwar entspringt auch hier die Form nicht aus der bloßen Summierung der Einzelinhalte – denn was *der* Mensch der Renaissance (Jacob Burckhardt), was *die* polysynthetische Sprache (Wilhelm von Humboldt) oder *der* malerische Stil (Heinrich Wölfflin) ist, lässt sich auf rein idiographischem Wege ebenso wenig erfassen, wie das Wesen der Kunst durch lückenlose Versammlung aller einzelnen Kunstwerke. Gleichwohl bleibt auch die »ideierende Abstraktion« (ECW 24, 430) – jenes Verfahren der typisierenden, gestaltgebenden Synopsis, das sowohl die Einzelwissenschaften als auch die Philosophie praktizieren – überall an die faktische Existenz der Werke gebunden, deren Form sie herauszustellen sucht. Das Apriori der Form, auf das es Cassirer mithin ankommt, hat im Gegensatz zur Platonischen Idee oder zur Kantischen Kategorie, die »Allgemeinheit der Gestalt« (ECN 5, 143), die als gleichermaßen bedingende wie bedingte kein selbständiges Sein jenseits des historischen Werdens besitzt, sondern ein Leben *in* ihm führt. Dass zwar alle Wissenschaft der Form bedarf und alle Form mit der Stillstellung des reinen Werdens anhebt, daran kann auch für Cassirer kein Zweifel bestehen. Dass aber die Form ihre Leistung nur erbringen kann, indem sie selbst, wenngleich auf andere Weise als ihr Material, dem Wandel unterliegt – darin liegt die eigentliche Pointe des Cassirerschen Formbegriffs. So ist alles dramatische Schaffen an die wesentlichen Strukturen des Dramas überhaupt gebunden, das seine restriktive Vorgängigkeit in jedem neuen Schaffensakt unter Beweis stellt; zugleich modifiziert jeder neue Schaffensakt, wie minimal oder radikal seine Variation auch ausfallen mag, die »immanente Strukturgesetzlichkeit« (ECW 12, 4) ebenjener dramatischen Gestalt, deren Manifestation er ist. Darüber hinaus, und das gibt der *Philosophie der symbolischen Formen* den Charakter einer Phänomenologie im Hegelschen Sinne, denkt Cassirer das Werden der Form als »Heranreifen« (ECW 11, 137), als »Werden *zur* Form« (ECN 1, 15), d. h. teleologisch. Jede Form der Kultur, sei es die Sprache oder die Wissenschaft, die Kunst oder der Mythos, durchläuft idealtypisch jene Trias von Entwicklungsstufen, die Cassirer schematisch als die des mimischen, analogischen und symbolischen Ausdrucks (vgl. ECW 11, 133ff.; 16, 84ff.) oder, mit Goethe, als einfache Nachahmung der Natur, Manier und Stil (ECW 16, 86ff.) bezeichnet. Erst mit Erlangung der letzten Stufe gelangt der (menschliche) Geist zum Bewusstsein seiner selbst, d. h. er erkennt sich selbst als freies schöpferisches Vermögen, und gibt zugleich in ein und demselben Akt den Anspruch auf eine unmittelbare Ähnlichkeitsbeziehung zwischen Bild und Sache, Werk und Wirklichkeit auf. Weit indes davon entfernt, den Kulturprozess in der Manier Hegels abzuschließen, bedeutet die Einsicht in das Wesen der Form als ›symbolischer‹ Form gerade die Ermöglichung und Antizipation einer offenen Zukunft freien, d. h. autonomen Gestaltens. Die *Philosophie der symbolischen Formen* setzt folglich in systematischer Hinsicht auf einer Höhe der Selbsterkenntnis ein, die kulturgeschichtlich jede einzelne symbolische Form erst für sich zu erringen hatte.

Der Fortgang der eidetischen Auslegung der Werkwelt zeigt, dass philosophische Erkenntnis und Selbsterkenntnis der Kultur zwar koinzidieren, die Philosophie aber deshalb nicht schon von Voraussetzungen lebt, die sie nicht auch selbst begründen könnte. Jene ideierende Abstraktion, so zeigte sich, hebt an einem zunächst heterogenen Material eine sich bei aller Variabilität durchhaltende Gestalt heraus, eine »geistige«, d. h. nicht substantielle, sondern funktionale »Einheit des ›Sinns‹« (ECW 16, 188). Dabei lassen sich, je nach Erkenntnisinteresse und gefordertem Grad an Allgemeinheit, eine unbestimmte Anzahl von Sinn-Ganzheiten unterscheiden: Die Laute etwa, welche die ›Substanz‹ von Goethes *Faust* bilden, fügen sich nicht nur der Bedeutungseinheit des Satzes, des Verses, des Aktes und des Werkganzen, sondern auch der des Goetheschen Dramenwerks, der Weimarer Klassik und des 18. Jahrhunderts, schließlich der Einheit der Tragödie, des Dramas, der Literatur und der Kunst. Jede dieser Sinn-Einheiten hat ihre eigenen strukturellen Gesetze, die im Werk selbst – und nur dort – ihren anschaulichen Niederschlag finden, so wenig sie sich auch in ihm erschöpfen. Damit hat die gestaltbildende Eidetik aber ihr Ende noch nicht gefunden. Der entscheidende Übergang vom Begriff der Form zum Begriff der ›symbolischen‹ Form vollzieht sich erst dann, wenn nicht mehr – einzelwissenschaftlich – nach der Einheit des Mannigfaltigen innerhalb einer Form, auch nicht – sprach- oder kunstphilosophisch – nach dem Wesen einer einzelnen Form, sondern – kulturphilosophisch – nach der funktionalen Einheit der heterogenen Formen selbst gefragt wird: nach der ›Form der Formen‹.

Cassirers Antwort ist so schlicht wie folgenreich: Das Wesen der Form qua allgemeiner Form der Kultur besteht in ihrer Symbolizität. Jedes Werk der Kultur, sofern es in einem spezifischen Formzusammenhang steht, vergegenwärtigt kraft seiner partikularen sinnlichen Präsenz einen allgemeinen nicht-sinnlichen, nicht-gegenwärtigen Bedeutungsgehalt. Das Urphänomen des Bedeutens schließt die substantiell unvergleichbaren Werkgebilde – die Werke der Wissenschaft wie die der Religion, die der Kunst wie die der Technik – zu einem einzigen Kosmos zusammen, dem Kosmos der Kultur als dem Kosmos der Bedeutung. Es gehört dabei zu den kulturphilosophisch ertragreichsten Beschreibungsleistungen des Symbolbegriffs, dass er die »Grundrichtungen der Kultur« (ECW 22, 165) in dem Maße, in dem sie auseinanderstreben und einander zu verdrängen suchen, weder in eins fallen noch zerbrechen, sondern miteinander in eine zunehmend beziehungsreiche Konstellation treten lässt. Die Einheit der Kultur bezeichnet folglich keine bloß begriffliche, ihrem Gegenstand äußerlich bleibende Einerleiheit, sondern muss, so Cassirer, als eine konstitutive Bedingung der Sachen selbst verstanden werden, und zwar nicht trotz, sondern aufgrund ihrer Gegensätzlichkeit: »Die Gegensätze schließen sich nicht aus, sondern hängen voneinander ab: ›gegenstrebige Vereinigung wie die des Bogens und der Leier‹.« (ECW 23, 244)

Noch bevor Cassirer im Zusammenhang der transzendentalen Fragestellung eine vollständige Deduktion seines Repräsentationsbegriffs gibt, dient ihm die wahrnehmungsphänomenologische Beschreibung eines »einfachen Linienzug[s]« dazu, sowohl dem Widerstreit der symbolischen Formen als auch der Frage nach der Anwesenheit der Form im Werk eine anschauliche Grundlage zu geben. Cassirers Ausführungen, die in dem wahrnehmungstheoretisch grundlegenden Begriff der symbolischen Prägnanz kulminieren, sollen deutlich machen, wie ›ein und dieselbe‹ sinnliche Zeichnung, je nach dem Formzusammenhang, in dem sie steht, einen anderen Sinnhorizont vergegenwärtigt und zugleich in dieser Vergegenwärtigung selbst ein radikal anderes Aussehen, eine andere Gestalt erlangt. Von der symbolischen Form hängt es ab, ob es sich bei dem Linienzug um ein ästhetisches Werk handelt, etwa ein »Ornament«, mit dem sich »ein bestimmter künstlerischer Sinn und eine bestimmte künstlerische Bedeutsamkeit« verknüpft; oder um ein mythisches Werk, etwa ein »Wahrzeichen«, das »als solches den mythischen Grundgegensatz, den Gegensatz des ›Heiligen‹ und des ›Profanen‹« in sich schließt; oder um ein Werk der Wissenschaft, etwa eine mathematische Formel, »eine trigonometrische Funktion«, für die das Konkret-Sinnliche nichts anderes ist als ein »Schema«, ein »Darstellungsmittel für eine allgemeine geometrische Gesetzlichkeit«, in welcher der mathematische Physiker »vielleicht das Gesetz eines bestimmten Naturvorgangs, das Gesetz für eine periodische Schwingung erkennt« (ECW 17, 257 ff.). Cassirers eindringliche Beschreibungen, die hier nur stark verkürzt wiedergegeben werden können, sollen dreierlei plausibel machen: erstens, der Widerstreit der Formen ereignet sich *realiter*, und zwar noch im unscheinbarsten Wahrnehmungserlebnis; zweitens, der Widerstreit kann als Widerstreit überhaupt nur erscheinen, weil die Formen im Medium des Symbols eine gemeinsame Grundlage besitzen; drittens, der einzelwissenschaftlichen Hermeneutik (wie auch dem vorwissenschaftlichen Sinnverstehen) sind die Formmomente des Werks allein deshalb zugänglich, weil es selbst sie kraft seiner sinnlichen Gestalt vergegenwärtigt, ja in dieser Vergegenwärtigungsleistung überhaupt erst zum Werk der Kultur wird, nämlich zum Werk der Sprache oder der Kunst, der Wissenschaft oder des Mythos. Eben diese unmittelbare, wenngleich verschieden gerichtete »Transparenz des Sinnlichen« (ECW 17, 260) auf einen unanschaulichen Sinnkomplex bezeichnet Cassirer mit dem Terminus der »symbolischen Prägnanz«. Auf ihn wird im Zuge der transzendentalen Fragestellung zurückzukommen sein.

Poietizität der Kultur und allgemeine Symbolfunktion

Behauptete bislang die Synthese der einzelwissenschaftlichen Werkanalyse den Primat gegenüber der philosophischen Form- und Wesensanalyse und musste folglich diese überall an jene anknüpfen, so kehrt sich dieses Verhältnis hier, am ›höchsten Punkt‹ der Eidetik, um. Die philosophische Einsicht in den allgemeinen Symbolcharakter jeder Form sowie in die spezifischen Wesensgesetze der in ihr jeweils vorherrschenden Repräsentationsweise entpuppt sich als *conditio sine qua non* jeder gelingenden Hermeneutik der Kultur. Werkanalyse ohne Formanalyse bliebe, mit Kant gesprochen, blind; Formanalyse ohne Werkanalyse leer. Indes darf auf der theoretischen Höhe, die mit der methodologischen Reflexion kulturwissenschaftlicher Forschungsarbeit erreicht ist, die eigentliche Tiefendimension, das Bathos der Kultur nicht aus dem Blick geraten: Die Kultur als symbolisch verfasste Werkwelt, als Drittes gegenüber Mensch und Wirklichkeit, ist überhaupt nur, weil Menschen sie hervorgebracht haben und beständig hervorbringen; und sie ist nur bedeutsam, weil sie, bei aller Autonomie, einen genuinen Bezug zur Wirklichkeit stiftet und unterhält. Cassirers Vorhaben einer »Kritik der Kultur« (ECW 11, 9) kann sich folglich erst dann erfüllen, wenn alle drei Dimensionen, die eidetische (Werkform), die poietische (Symbolfunktion) und die transzendentale (Weltform), in ihrer jeweiligen Eigenart berücksichtigt und kritisch aufeinander bezogen werden. Für das Verhältnis von kulturwissenschaftlicher Hermeneutik bzw. philosophischer Eidetik zur Poietizität der Kultur, das hier zunächst behandelt werden soll, erhält diese Aufgabe zudem eine wissenschaftskritische Nuance. Denn die symbolischen Formen wie ihre spezifischen Besonderungen scheinen nicht nur dasjenige an den Werken zu erfassen, was sie zu Werken der Sprache, der Kunst oder der Wissenschaft macht, sondern auch, und zwar *uno actu*, festzulegen, welchen Bedingungen das Hervorbringen genügen muss, um überhaupt als Hervorbringung einer symbolischen Form gelten zu dürfen. Dieser Neigung, Einsicht und Vorschrift, Wesen und Norm zu verquicken, mithin Eidetik in Poetik übergehen zu lassen, widersetzt sich

Cassirer auf für ihn charakteristische, Kantische Weise. Nicht das Tun, so seine These, richtet sich nach der Gesetzlichkeit der Form, sondern die Form nach der Gesetzlichkeit des Tuns, ja die Form ist nichts anderes als ebendieses gesetzliche Tun, weil Kultur als solche allein im gestaltenden Vollzug, sei es im originalen Werkschaffen oder rezeptiven Nachschaffen, existiert: »Das ›Sein‹ ist hier nirgends anders als im ›Tun‹ erfaßbar.« (ECW 11, 9) Die eidetische Reduktion der Werkwelt auf die Welt symbolischer Formen bedarf also als ihres wesentlichen Korrelats und Korrektivs der abermaligen Reduktion der Form auf die symbolischen ›Funktionen‹, auf die »Funktionen und Energien des Bildens« (ebd., 49), die »Grundformen und Grundrichtungen des geistigen Produzierens« (ebd., 9), deren Gesetzlichkeit das Werkschaffen der Willkür entzieht und dem Imperativ der Form unterstellt. Dass es sich hierbei, im Übergang vom historischen Werden der Werke zum geistigen Werden der symbolischen Formen und schließlich weiter zu den gestaltenden Funktionen, niemals um eine Reduktion im Sinne des Reduktionismus handelt, vielmehr die »Tieferlegung der Fundamente« (ECW 24, 373) überall die Aufklärung immanenter Voraussetzungen zum Zweck hat, versteht sich bei dem Kantianer Cassirer von selbst. Indessen führt der systematische Primat der Gestaltung nicht selten dazu, dass Cassirers Begrifflichkeit, auch dort, wo sie allem Anschein nach den »reinen Bestand« (ebd., 449) zu fassen sucht, eine gewisse dynamische Schlagseite erhält. So fällt es mitunter schwer zu entscheiden, ob Cassirer nun eigentlich das Sein der Ordnung oder den Akt der Ordnung, das Sein des Aufbaus oder den Akt des Aufbaus, Gestalt oder Gestaltung, Form oder Formung, Ausdruck als *ergon* oder Ausdruck als *energeia* im Blick hat.

Seinen tieferen Grund findet dieses eigentümliche Oszillieren im Begriff der Funktion selbst. Die Spontaneität der »allgemeine[n] Symbolfunktion« (ECW 13, 49), idealistisch verstanden als die Fähigkeit, Werke qua Symbole selbst hervorzubringen, ist für Cassirer das menschliche Charakteristikum schlechthin und jeder Form der Affektion als bloßer Rezeptivität entgegengesetzt. Insofern der Mensch aber nie schlechthin tätig ist, sondern sein Werk stets in einer gewissen »Richtung der Zeichengebung« (ECW 11, 41), in einem gewissen »Modus« (ECW 18, 112), unter einem bestimmten »Gesichtspunkt« sowie mit Blick auf eine bestimmte »Aufgabe« und »Problematik« (ECW 17, 145) gestaltet, gliedert sich die allgemeine Symbolfunktion wiederum in »drei verschiedene Dimensionen der symbolischen Formung« (ebd., 260): die Ausdrucksfunktion, die Darstellungsfunktion und die Bedeutungsfunktion. Während die Tätigkeit des Ausdrückens ihr Telos in der anschaulichen Kundgabe personal-seelischer oder impersonal-lebendiger Regungen hat, das Darstellen die nicht weniger anschauliche Repräsentation eines objektiven Sachverhalts bezweckt, besteht die Aufgabe des reinen Bedeutens darin, die im Anschaulichen nur implizit gesetzten Beziehungen zu isolieren und rein als solche, von der Schlacke des Sinnlichen befreit, ins Werk zu setzen. Der jeweilig vorherrschende Gesichtspunkt, darauf kommt es hier an, verleiht der Tätigkeit des Gestaltens Einheit und Allgemeinheit; er schließt eine »Gesetzlichkeit des Erzeugens« (ECW 16, 125) in sich, welche das Mannigfaltige des Materials derart synthetisiert, dass die Teile sich zum sinnvollen Ganzen – zum Symbol – fügen. Zugleich folgt daraus, dass die Funktion sich als Form manifestiert, die Tätigkeit als Wesen, die Gestaltung als Gestalt. So lässt sich verständlich machen, weshalb Cassirer zwischen beiden Momenten nicht immer hinreichend scharf unterscheidet – ein Umstand, der auch seiner vielzitierten Definition des Begriffs der symbolischen Form ihre charakteristische Zweideutigkeit verleiht: »Unter einer ›symbolischen Form‹«, so Cassirer, »soll jede Energie des Geistes verstanden werden, durch welche ein geistiger Bedeutungsgehalt an ein konkretes sinnliches Zeichen geknüpft und diesem Zeichen innerlich zugeeignet wird.« (ECW 16, 79) Doch weil sich uns der »Akt der Prägung«, die Erschaffung des Zeichens *in statu nascendi,* beständig entzieht und daher »die Funktion, die hier waltet [...] nur in ihrem Ergebnis« zur Erscheinung gelangt, ja »immer wieder in diesem Ergebnis« (ECW 13, 136) zu verschwinden droht, muss die Funktion notwendig aus der Form rekonstruktiv erschlossen werden.

Symbolische Form als transzendentaler Formzusammenhang

Die bisherigen Ausführungen haben eine methodische Einseitigkeit in Kauf genommen, die in dem Maße, in dem der Schwerpunkt auf der Autonomie der Kultur- als Werkwelt lag, dazu führte, das Sein der Wirklichkeit und das Sein des Menschen in ihr zu vernachlässigen. Und tatsächlich gelangen die symbolischen Formen für Cassirer ja nur dadurch zur Entfaltung, »dass sie *neben* und *über* der Welt der Wahrnehmung eine eigene freie Bildwelt erstehen lassen«, die »dem, was wir die objektive Wirklichkeit der Dinge nennen, gegenüber[tritt]« und »sich gegen sie in selbständiger Fülle und ursprünglicher Kraft« behauptet (ECW 16, 79).

Diese Eigenlogik der Kultur anzuerkennen, bedeutet jedoch nicht zugleich auch, die Frage nach der Wirklichkeit philosophisch zu verabschieden – sei es, indem man Werk- und Welterzeugung in eins fallen lässt, sei es, indem man den historischen Wandel der Kultur in einer von menschlichen Naturbegriffen unbetroffenen ›Natur an sich‹ situiert. Ganz im Gegenteil verpflichtet die Einsicht in den allgemeinen Zeichencharakter menschlicher Schöpfungen dazu, die im Bezeichnen wesentlich mitgesetzte ›Beziehung auf …‹ symboltheoretisch zu explizieren und hinsichtlich ihres Objektivitätsanspruchs zu prüfen. Je nach symbolischer Form nimmt dabei das Verhältnis der Symbole zur Wirklichkeit wie auch das ihnen zugrundeliegende Postulat der Erkenntnis eine andere Gestalt an. Die »Lautzeichen« der Sprache leisten wesentlich anderes als die »Bildgestalten des Mythos und der Kunst«, diese wiederum anderes als die »intellektuellen Zeichen und Symbole« (ebd., 80) der Wissenschaft. Dem naheliegenden Einwand, die Unterschiede in der Symbolisierungsart gründeten sich vornehmlich auf Differenzen im intendierten Inhalt – Dämonen- und Göttergestalten stellten gegenüber Masse, Kraft und Temperatur schlicht einen anderen Bezirk innerhalb des Wirklichen dar (der zudem seinen Objektivitätsanspruch aufgeben musste) und machten daher andere Weisen der Verbildlichung notwendig –, begegnet Cassirer mit einem Hinweis, der zugleich ein entscheidendes Kriterium für die Bestimmung des Begriffs der symbolischen Form gibt: Es ist, so Cassirer, »ein gemeinsames Charakteristikum aller symbolischen Formen, daß sie auf jeden beliebigen Gegenstand angewendet werden können« (ECW 25, 37). Nicht nur umfasst und durchdringt also *jede* symbolische Form *materialiter* den *ganzen* Kreis des Wirklichen, *alle* symbolischen Formen beziehen sich zudem auf *dieselbe* Wirklichkeit, nämlich, mit Kant gesprochen, auf dieselbe unhintergehbare Welt der Erscheinungen. Eben weil die identische Erscheinung Gegenstand der Sprache wie Thema der Kunst, Inhalt des Mythos wie Objekt der Wissenschaft werden kann, kommt es in der Bestimmung dessen, was unter einer symbolischen Form zu verstehen ist, nicht auf das substantielle Was des Bezeichneten, sondern auf das funktionale Wie der Bezeichnung an. Konnte in jenem Fall noch das prekäre Eigenrecht der einen Form gegenüber allen anderen mit dem Hinweis auf ihre materialen Gebietsrechte verteidigt werden, fällt diese Möglichkeit hier, im Zuge des Totalitätsanspruchs einer jeden Form als solcher, fort. Die Rechtmäßigkeit der Form bemisst sich nunmehr, so mag es zunächst den Anschein haben, einzig und allein nach ihrer Fähigkeit, die Wirklichkeit in der rechten Weise, d.h. hinreichend präzise, ab- und nachzubilden. Auf dieses antike Paradigma der abbildhaften Repräsentation, das mit einem Schlag den Möglichkeitshorizont menschlicher Poiesis auf die Substanz des Wirklichen einschränkt sowie die vorgängige und vollgültige Bestimmtheit der Substanz gegenüber aller (symbolischen) Erkenntnis zum Prinzip erhebt, kann an dieser Stelle nur im Sinne einer Negativfolie eingegangen werden (vgl. Blumenberg 2001).

Aus dem Blickwinkel Cassirers ist der einen Seite des Abbildparadigmas, dem Substanzdenken, ein Ende bereitet worden, als Kant den Gegenstand sich nach der Erkenntnis richten ließ, mithin dem ›Tun‹ einen Vorrang vor dem ›Sein‹ beimaß; weil er aber sogleich das ›Tun‹ des Verstandes als zeitloses Vermögen aus allen symbolischen, d.h. historischen Bezügen wiederum herauslöste und damit re-substantialisierte, bedurfte es in der Folge einer Reformation und Erweiterung des Kantischen Grundgedankens. Mit Humboldts kritischer Sprachphilosophie ist für Cassirer dieser Schritt, der auch seinem eigenen Denken den Weg bereitet, erbracht: Wie das ›Tun‹ der Erkenntnis das ›Sein‹ des Gegenstandes bestimmt, anstatt es bloß abzubilden, so soll nun auch das ›Tun‹ der Zeichengebung (bei Humboldt vornehmlich das der Sprache) das ›Sein‹ der Erkenntnis und damit mittelbar das ›Sein‹ des Gegenstandes bestimmen. Die Aufgabe einer kritischen Kulturphilosophie, die beide Aspekte im vollen Umfang berücksichtigt, kann daher nicht mehr darin bestehen, zu prüfen, ob und inwiefern die Symbole des Mythos und der Sprache, der Kunst und der Wissenschaft mit der einen, in sich bestimmten Wirklichkeit übereinstimmen, deren Abbilder sie scheinbar darstellen. Angesichts des unerschöpflichen Reichtums der Welt müsste ein solches Vorhaben zwangsläufig in jenem bilderstürmenden Skeptizismus enden, wie er aus der Geschichte der Sprach- und Wissenschaftskritik hinlänglich bekannt ist. Denn mag der pragmatische Wert des Symbols auch unbestritten sein, verglichen mit der urbildlichen Wirklichkeit bedeutet die konstitutive Ärmlichkeit des Abbilds doch zwangsläufig einen Abfall, eine Verkürzung und Verknappung im besten, eine Verstellung und Täuschung im schlimmsten Fall. Wenn aber die symbolischen Formen weder die unmittelbare Fülle des Wirklichen abbilden noch, wie bereits erläutert, besondere Bezirke des Wirklichen bezeichnen noch aber, was eher eine logische Möglichkeit denn einen sinnvollen Gedanken darstellt, die Welt ihrem Inhalt nach erzeugen, worin kann dann für Cassirer noch ihre spezifische Leistung bestehen – eine Leistung, die zu explizieren Aufgabe der Kulturphilosophie wäre?

Cassirers eidetischer Begriff der symbolischen Form war aus dem Bemühen erwachsen, den Gegenstand der kulturwissenschaftlichen Hermeneutik zu bestimmen. Das ›Material‹ bildeten hier überall die Werke der Kultur, die auf ihre allgemeinen Wesensstrukturen hin befragt werden sollten. In der allgemeinen Symbolfunktion und ihren Richtungen des Ausdrückens, Darstellens und Bedeutens fand Cassirer schließlich den ›höchsten Punkt‹, an den es auch das Wesen der Formen selbst noch zu heften galt. Darüber hinaus ergab sich, dass die symbolischen Formen hinsichtlich ihres Wirklichkeitsbezugs nicht substantiell, sondern nur funktional differieren, mithin nicht *anderes* bezeichnen, sondern *dasselbe anders*. Sowohl in der Hermeneutik der Kulturwissenschaften wie in der vergleichenden Eidetik der Philosophie treten die funktionalen Unterschiede in der Zeichengebung offen zutage. Demgegenüber bleibt bislang noch ungeklärt, ob jenen Symbolfunktionen des Ausdrucks, der Darstellung und der Bedeutung sowie ihren Konkretionen in Kunst und Wissenschaft, Sprache und Mythos auch jenseits der Werkwelt, in der Wahrnehmungswelt als der einheitlichen Referenz aller symbolischen Formen, etwas ›entspricht‹. Kurz: Der Objektivitätsanspruch der symbolischen Form als ›Form‹ steht in Frage.

Cassirers Kulturphilosophie wird daher, wenn sie ihrem Anspruch, kritische Philosophie zu sein, gerecht werden will, dreierlei erweisen müssen: dass nämlich, erstens, die Wirklichkeit tatsächlich Formmomente enthält, dass diese Formmomente, zweitens, mit den symbolischen Strukturformen der Werke streng korrelieren und dass, drittens, nicht Abbildung, sondern Sinngebung das Verhältnis des Werkschaffens zur Weltwahrnehmung bestimmt. Letztere Forderung ergibt sich nicht nur aus der Kantischen Prämisse, dass die Erkenntnis von Formverhältnissen keine Sache der Rezeptivität sein kann, sondern hat überdies ethischen, nämlich teleologiekritischen Charakter. Vorläufig und damit hinfällig ist die lange Reihe menschlicher Weltauslegungsbemühungen ja nur dann nicht, wenn die Geschichte in keiner ihrer Etappen – und damit in allen – ans Ziel gelangt. Nicht geistige Annäherung an ein bereits bestimmtes Wirkliches, sondern Entfaltung des geistig Möglichen in einer noch unbestimmten, aber bestimmbaren Wirklichkeit ist nach Cassirer Aufgabe des geschichtlichen Menschen. Mit dem unbedingten »Wille[n] zur Gestaltung« (ECW 22, 153) als unveräußerlichem Kernsinn der »Humanität« (ebd., 154) ist die Abbildtheorie der Erkenntnis daher unvereinbar.

Um die Existenz von Formmomenten, von Relations- und Funktions-, von Sinn- und Gestaltmomenten, als notwendige Bedingung der Wirklichkeitskonstitution zu erweisen, bedient sich Cassirer der besonders eleganten Form des Anti-Antikantianismus. Getreu dem Windelbandschen Satz, dass Kant verstehen heißt, über ihn hinauszugehen, wendet sich Cassirer zwar einerseits gegen die unverständige Kant-Kritik des Positivismus, ohne doch andererseits Kants allzu reinen Begriff der Form zu übernehmen, den er vielmehr in Richtung der Gestalttheorie überschreitet. Der deutsche Positivismus, wie ihn im 19. Jahrhundert vor allem Ernst Mach wirkmächtig vertritt, liest Kant anthropologisch, d. h. er versteht die transzendentalen Formen der (Verstandes-)Erkenntnis als genuin menschliche Zutaten, die das ursprünglich gegebene Empfindungsmaterial der Sinne (wozu Mach auch ›Räume‹ und ›Zeiten‹ zählt) anthropomorph belasten. Während es für Kant gerade die menschliche Sinnlichkeit ist, die den ins Unbedingte strebenden reinen Verstand ›restringiert‹, d. h. auf das Maß des Menschen verpflichtet, dreht der Positivismus das Verhältnis kurzweg um: Die Formgebung des Verstandes vermenschlicht allererst, was die Sinne an elementarer Wirklichkeit unverfälscht empfangen – eben jene Empfindungen, die Kant zwar nicht weniger als der Positivismus zum »eigentlich Empirische[n]« (Kant: *Prolegomena*, § 25) erklärt, aber doch aus demselben Grund aus seiner Untersuchung ausgeschlossen wissen will. Auf dem vermeintlich tragfähigen, wenn auch formlosen Fundament der Empfindungen erbaut der Positivismus das Gebäude des Wissens, dessen unleugbare Mittelbarkeit in Gestalt von Begriff und Zeichen weder in der Sinneswelt ein Korrelat hat, noch selbst mehr als eine bloß ökonomische und rhetorische Funktion erfüllen darf, vielmehr überall auf Anschauung im engsten Sinne reduzibel bleiben muss. Für Cassirer, der in Mach – bei aller Hochschätzung für den Substanzkritiker und Physiker – vor allem eine Art Neu-Humeanismus am Werke sieht, ist eine Wirklichkeit, die der transzendental-idealen Stütze entbehrt, eine Welt reiner Empfindungen also, nicht nur erkenntnis-, sondern auch symboltheoretisch unannehmbar. Sie bildet überall die Negativfolie, auf der Cassirers Texte ihr eigenes theoretisches Programm entfalten.

In einer ganz ähnlichen Position wie Kant gegenüber David Hume befindet sich also der vermeintliche Neu-Kantianer Cassirer gegenüber dem vermeintlichen Neu-Humeaner Mach. Hier wie dort gilt es gegenüber einer Verabsolutierung des Realen das Recht der idealen Erkenntnisformen als Bedingungen der Möglichkeit von Erfahrung zu verteidigen. Die transzendentale Deduktion allerdings, auf die es Cassirer ankommt, unterscheidet sich signifikant von derjenigen Kants. Nicht soll gezeigt werden, dass und wie die reinen Verstandesbegriffe Erfahrung *a priori* möglich machen, sondern dass und wie jegliche Form der Erkenntnis (die Sinnlichkeit eingeschlossen) im empirischen Bewusstsein erscheint und notwendig erscheinen muss, um die Einheit sowohl des Bewusstseins als auch seines Gegenstandes zu garantieren. Während Kant zwei Form-Vermögen der reinen Erkenntnis, Verstand und Sinnlichkeit, unterscheidet und in ihrer Verschränkung den Begriff der möglichen Erfahrung gewinnt, subsumiert Cassirer von vornherein alle Arten der Formung unter den Begriff des Geistes und fragt nach dessen Verschränkung mit der wirklichen Erfahrung. Geistige Form und realer Inhalt stehen, wie es zu zeigen gilt, im Verhältnis der »Repräsentation«. Die »Deduktion« (ECW 11, 39) des Repräsentationsbegriffs muss evident machen, dass Bewusstsein als Bewusstsein von etwas nur dann möglich ist, wenn das konkret sinnlich ›Gegebene‹ (der Inhalt) einen nicht-sinnlichen Bedeutungsgehalt (die Form) vergegenwärtigt und kraft dieser Vergegenwärtigungsleistung als dieses oder jenes konkret sinnlich Gegebene gegenwärtig zu sein vermag. Bewusstsein setzt Form, Präsenz setzt Repräsentation voraus – das sind *in nuce* die Thesen Cassirers. Das Prinzip der Symbolisation bliebe allerdings unverständlich, wenn Cassirer es nicht in einer bestimmten Richtung, nämlich im Sinne der Gestalttheorie, auslegen würde. Das Grundprinzip der Gestalttheorie, dem zufolge einerseits die Existenzweise des Teils von den Strukturgesetzen des figürlichen Ganzen, dem es angehört, abhängt, und andererseits das Ganze sich nur in und an den Teilen manifestieren kann, dient Cassirer überall als Schema, unter dem er die verschiedenen begrifflichen Variationen des Form-Inhalt-Verhältnisses – Sinn und Sinnliches, Ideales und Reales, Allgemeines und Besonderes, Einheit und Mannigfaltigkeit, Relation und Element, Repräsentation und Präsenz – zu beschreiben sucht. Was dem Bewusstsein und seinen Gegenständen Einheit gibt, ist das stabile ›Ganze‹ der repräsentierten Formen gegenüber den wechselnden ›Teilen‹ repräsentierender Inhalte. Diese »›natürliche‹ Symbolik« – die »Darstellung des Bewußtseinsganzen, die schon in jedem einzelnen Moment und Fragment des Bewußtseins notwendig enthalten« ist – gehört zum »Wesen des Bewußtseins« (ebd.) als Bewusstsein von etwas, unabhängig davon, welche (symbolischen) Formen und welche sinnlichen Inhalte es konstituieren. So wird, um nur ein Beispiel zu geben, die Anschauung der zeitlichen Gegenwart nicht dadurch möglich, dass Vergangenheit und Zukunft vom absolut präsenten Jetzt gleichsam abfallen, sondern, ganz im Gegenteil, in ihm als Richtungen repräsentiert sind, wodurch es selbst erst ›als‹ Jetzt bestimmt ist. Der »Moment« ist nur Moment, wenn in ihm zugleich »der Prozeß als Ganzes« – nicht dem Inhalt, sondern der Form nach – gegenwärtig ist, und die »Form der Zeit selbst kann für uns in keiner anderen Weise ›gegeben‹ sein als dadurch, dass sich im Zeitelement die Zeitreihe nach vorwärts und nach rückwärts darstellt« (ebd., 31).

Noch einer letzten Unterscheidung bedarf es, um von dem rein erkenntnistheoretischen Begriff der Form zum kulturphilosophischen der ›symbolischen Form‹ zu gelangen. Denn dass der Inhalt die Form repräsentiert, kann zwar als ein notwendiges, aber nicht als ein hinreichendes Kriterium seiner Bestimmung gelten. Vielmehr untersteht darüber hinaus die »Gesamtheit der Beziehungen« (ebd., 25), die das einheitliche Gefüge des Bewusstseins bilden (Raum, Zeit, Kausalität etc.), wiederum einem spezifischen »Sinn*ganzen*« (ebd., 27), das den Beziehungen ungeachtet ihres Eigenwesens eine »bestimmte eigentümliche ›Tönung‹« verleiht. Der Begriff der ›symbolischen Form‹ meint diesen »Form*zusammenhang*« (ebd.; Hervorh. N. M.), der den zum Wesen des Bewusstseins gehörigen »Grundrelationen« (ebd., 25) ihren spezifischen Sinn, ihre Gesetzlichkeit und einheitliche Gestalt verleiht. Sprache und Mythos, Wissenschaft und Kunst heißen symbolische Formen, weil jede von ihnen alle Formen des Bewusstseins (d. h. den gesamten formalen Horizont der Wirklichkeit) umfasst und doch keine von ihnen alle Formen in derselben Weise. Um der Variabilität von Sinn bei identischem Wesensgehalt begrifflichen Ausdruck zu verleihen, unterscheidet Cassirer die »Modalität« der Form von ihrer »Qualität« (ebd., 27). Während sich etwa die Form des Raumes, als reine Ordnung des Beisammen, und die Form der Zeit, als reine Ordnung des Nacheinander, in ihrer Qualität wesentlich unterscheiden, konvergieren der mythische Raum und die mythische Zeit hinsichtlich ihrer einheitlichen Modalität, die wiederum von der Modalität der wissenschaftlichen Zeit- und Raumauffassung radikal abweicht. Der Widerstreit der Modalitäten kann dabei nur auf der Grundlage der identischen Qualität erscheinen, wie auch die Qualitäten innerhalb einer Modalität nur dann ein Ganzes bilden, wenn sie am identischen sinnlichen Material einen gemeinsamen Anhalt finden – eine Voraussetzung, die sich bereits im Zusammenhang der eidetischen Formanalyse als notwendig erwies.

Symbolische Prägnanz und produktive Einbildungskraft

Mit dem Begriff der Modalität überschreitet Cassirer endgültig das erkenntnistheoretische Paradigma Kantischer Provenienz in Richtung Kulturphilosophie. Zwar bildet auch weiterhin der ›Zusammenhang der Erscheinungen‹, die ›Einheit in der Mannigfaltigkeit‹ das Definiens der transzendental-idealistisch verstandenen Wirklichkeit. Allerdings lassen Einheit und Zusammenhang jetzt eine innere »Mehrdimensionalität« (ECW 13, 15) erkennen, die der Kantischen Auffassung fremd bleiben musste. Gegenüber der sinnlichen Mannigfaltigkeit stellen die Modalitäten formaler Einheitsstiftung eine eigene irreduzible Vielheit dar, die nicht ausschließlich die gesetzliche Erkenntnis der klassischen Naturwissenschaft, sondern den ganzen Kreis des »Weltverstehens« (ebd., 14) in sich begreift. Im Namen der Kultur nobilitiert Cassirer Mythos, Sprache und Kunst zu Erkenntnisformen gleichen Ranges neben – und nicht unterhalb – der Wissenschaft. Zugleich offenbart dasselbe Motiv der Kultur an jeder einzelnen von ihnen, die Wissenschaft eingeschlossen, eine innere Historizität, die sie unzweideutig mit der Tradition menschlicher Gestaltungsarbeit verkoppelt. Beide Momente, die Vielheit der Erkenntnisformen auf der einen und ihre geschichtliche Wandelbarkeit auf der anderen Seite – Diversifizierung und Historisierung der Erkenntnis –, konstituieren einen transzendentalen Formbegriff, der jene systematische Weite und historische Tiefe besitzt, die der eidetische Formbegriff als sein Korrelat erfordert hatte. Erst jetzt werden Fragen philosophisch artikulierbar, die das Verhältnis von Werk und Wirklichkeit betreffen, von Sprache als der eidetischen Gestalt selbstgeschaffener Sprachzeichen und Sprache als dem transzendentalen »Logos der Wahrnehmungswelt« (ECN 4, 3); von Kunst als dem letzten Sinnganzen konkreter Werke und Kunst als dem Modus ästhetischer Weltbegegnung usw. Das *tertium comparationis* bildet dabei nicht die isolierte Form, sondern das einheitliche Urphänomen der symbolischen Prägnanz, d. h. die unmittelbare, nicht diskursive, sondern intuitive Vergegenwärtigung eines Sinnganzen (Form) in einem sinnlichen Fragment (Inhalt): »Alle ›Praegnanz‹ bedeutet letzten Endes ein anschauliches Enthaltensein des ›Ganzen‹ in jedem einzelnen ›Moment‹ – jedes Moment hat die Kraft, das Ganze, in dem es steht, zu vertreten, zu ›repraesentieren‹ – es unmittelbar symbolisch lebendig zu machen« (ECN 4, 81; vgl. 72). Wie das Werk der Kultur nicht in seiner sinnlichen Gestalt aufgeht, sondern kraft dieser Gestalt eine geschlossene Bedeutsamkeit gewinnt, die alle seine Teile durchdringt und bestimmt, so ist und vergeht auch jeder sinnliche Einzelinhalt des Wahrnehmungsbewusstseins nicht schlechthin, sondern *in* diesem sinnlichen Werden ersteht eine symbolische Welt, ein ideelles Ganzes, welches das Fragment erst *als* dieses oder jenes aus sich entlässt. Kurz: Zwischen der symbolischen Prägnanz der eidetischen Form im Werk und der symbolischen Prägnanz der transzendentalen Form in der Wahrnehmung besteht eine Strukturanalogie. Da es allerdings einer Vielheit von Formen bedarf, um an der Wahrnehmung (wie schon am Werk) das Moment der Symbolizität zum Auftauchen zu bringen, kann auch von ›symbolischer Prägnanz‹, recht besehen, nicht schlechthin, sondern nur in einer bestimmten ›Richtung‹ der Modalität (vgl. ebd., 51) gesprochen werden – von mythischer und ästhetischer, sprachlicher und theoretischer Prägnanz. Dasselbe sinnliche Wahrnehmungserlebnis erscheint in einem radikal anderen Licht, je nachdem, ob es eine Welt empirischer Dinge oder eine Welt dämonischer Kräfte, eine Welt funktionaler Gesetze oder eine Welt ästhetischer Gestalten unmittelbar gegenwärtig macht. Die Modalität, d. h. das charakteristische Formgefüge des transzendentalen Bewusstseins, zeigt den Möglichkeitshorizont unserer Wirklichkeit an. Ein Wandel hier bedeutet daher keine bloße Nuancierung, sondern einen Umbruch in der Welthabe, um nicht zu sagen: im Sein selbst. Cassirers Begriff der symbolischen Prägnanz trägt daher systematisch die ganze Last seines philosophischen Grundgedankens: Die Wirklichkeit ist »multorum in uno expressio«, Ausdruck der Vielheit in der Einheit.

Die Annahme einer bloßen Strukturanalogie von symbolischem Werk und symbolischer Wirklichkeit, von Kultur und Erfahrung, lässt noch eines im Dunkeln: die Tiefendimension der Geschichte. Um verständlich zu machen, dass eine Umstrukturierung auf dem Feld der Poiesis das Formgefüge des transzendentalen Bewusstseins tangiert, wird Cassirer nicht nur das Verhältnis der Strukturanalogie auf das der Isomorphie hin überschreiten (so dass es dieselbe symbolische Form ist, die Werk und Wirklichkeit prägt), sondern auch den produktiven, geschichtlichen Untergrund des transzendentalen Bewusstseins freilegen müssen. Was im eidetischen Zusammenhang die Reduktion der symbolischen Formen auf die poietischen, die zeichenmachenden Funktionen des Ausdrückens, Darstellens und Bedeutens leistete, nämlich hinter den Formen die formbildenen Kräfte sichtbar zu machen, das findet sein Äquivalent im Zusammenhang der transzendentalen Fragestellung. Denn auch hier sind es die Ausdrucks-, Darstellungs- und Bedeutungsfunktion (ihnen entspricht die Dreiteilung des dritten Bandes der *Philosophie der symbolischen Formen*), die in diesem Fall aber nicht die Form der Werke, sondern die Form der Wirklichkeit produktiv gestalten: die »Du-Wahrnehmung« (ECW 13, 137) (Ausdruck/Leben) als Fundament der mythischen Welt und Äquivalent der ausdruckshaften »Bildgestalten« (ECW 16, 80), die »Es-Wahrnehmung« (ECW 13, 137) (Darstellung/Gestalt) als Mittelpunkt der empirischen Dingwelt und Äquivalent der darstellenden »Sprachzeichen« (ECW 16, 80), die gesetzliche »Gliederung und Ordnung der anschaulichen Welt« (ECW 13, 326) (reine Bedeutung/Gesetz) als Zentrum der wissenschaftlichen Welt und Äquivalent der anschauungsfreien »Zeichen und Symbole der reinen Erkenntnis« (ECW 16, 80). Indem Cassirer die Bewusstseinsformen auf dieselben Bewusstseinsfunktionen zurückführt, die auch das Werkschaffen bedingen, kann er, zumindest dem Anspruch nach, die Isomorphie von Werkform und Weltform durch die Identität des hier wie dort zugrundeliegenden ›Tuns‹ begründen. So erfährt der Kantische Gedanke, dass »dieselbe Funktion«, »welche den verschiedenen Vorstellungen in einem Urteile Einheit gibt, [...] auch der bloßen Synthesis verschiedener Vorstellungen in einer Anschauung Einheit« (KrV, A79/B104 f.) verleiht, seine kulturphilosophische Weiterbildung: Es ist, so Cassirer über die hier als Pars pro toto fungierende Sprache, »zuletzt ein und dieselbe fundamentale Leistung [...], kraft deren der Geist sich zur Schöpfung der Sprache wie zur Schöpfung des anschaulichen Weltbildes, zum ›diskursiven‹ Begreifen der Wirklichkeit wie zu ihrer gegenständlichen Anschauung erhebt« (ECW 13, 130). Mit einem Wort: Erfahrung und Kultur haben eine gemeinsame Wurzel, eben jene allgemeine Symbolfunktion, der Kant in der Rückschau Cassirers den Namen »produktive Einbildungskraft« gegeben hatte (vgl. ECN 1, 29; 4, 112).

Die Geschichte der »Humanität« (ECW 22, 154) ist die Geschichte des menschlichen Gestaltungswillens – im empirischen und im transzendentalen Sinne. Wenn auch die Sedimente der Kultur den Anschein erwecken mögen, die Geschichte der Menschheit sei wenig mehr als phantasievolle Gestaltung ›in‹ der Welt (was sie zweifellos auch ist), so will und muss die *Philosophie der symbolischen Formen* sie doch überall als »Gestaltung *zur* Welt« begreifen, als Schöpfung und Entdeckung gleichermaßen, als »Vehikel in jenem großen Prozeß der ›Auseinandersetzung‹ zwischen Ich und Welt« (ECW 11, 237).

Literatur

Blumenberg, Hans: ›Nachahmung der Natur‹. Zur Vorgeschichte der Idee des schöpferischen Menschen [1957]. In: Ders.: *Ästhetische und metaphorologische Schriften*. Hg. von Anselm Haverkamp. Frankfurt a. M. 2001, 9–46.

Büttner, Urs u. a. (Hg.): *Potentiale der symbolischen Formen. Eine interdisziplinäre Einführung in Ernst Cassirers Denken*. Wiesbaden 2011.

Cassirer, Ernst: *Nachgelassene Manuskripte und Texte*. Hg. von Klaus Christian Köhnke, John Michael Krois und Oswald Schwemmer. Hamburg 1995 ff. [ECN].

–: *Gesammelte Werke. Hamburger Ausgabe*. Hg. von Birgit Recki. 26 Bde. Hamburg 1998 ff. [ECW].

Habermas, Jürgen: Die befreiende Kraft der symbolischen Formgebung. In: Ders.: *Vom sinnlichen Eindruck zum symbolischen Ausdruck. Philosophische Essays*. Frankfurt a. M. 1997, 9–40.

Kreis, Guido: *Cassirer und die Formen des Geistes*. Frankfurt a. M. 2010.

Krois, John Michael: *Symbolic Forms and History*. New Haven 1987.

Orth, Ernst Wolfgang: Operative Begriffe in Ernst Cassirers Philosophie der symbolischen Formen. In: Ders.: *Von der Erkenntnistheorie zur Kulturphilosophie. Studien zu Ernst Cassirers Philosophie der symbolischen Formen*. Würzburg [2]2004, 100–128.

Nikolai Mähl

6. Fremdheit

Der Begriff der Fremdheit harrt nach wie vor einer präzisen Bestimmung, was sich vor allem an der strittigen Abgrenzung bzw. Nichtabgrenzung vom Begriff des Anderen zeigt. Werden die beiden Begriffe nicht voneinander unterschieden, sondern lediglich auf einem begrifflichen Kontinuum angesiedelt, dann ist der Fremde ein Anderer, der noch ein bisschen mehr anders ist als andere Andere (vgl. Bernasconi 2001). Das xenologische Problem (vgl. Duala-M'bedy 1977; Nakamura 2000) löst sich ganz in ein Alteritäts- oder gar Intersubjektivitätsproblem auf. Fremdverstehen wäre dann nichts grundsätzlich anderes als Verstehen der Anderen, mit denen wir täglich verkehren.

Es scheint sich aber zu empfehlen, Fremdheit als eine eigene Kategorie der Sozialphilosophie einzuführen, sie von Alterität und Intersubjektivität zu unterscheiden und verschiedenen Gegenbegriffen zuzuordnen: Selbst und Anderer auf der einen Seite, Eigenheit und Fremdheit auf der anderen Seite, im Französischen als *même et l'autre* und *propre et l'étranger.* Es ist eine andere Art der Intentionalität, die sich auf den Fremden einerseits und auf den Anderen andererseits bezieht.

Gäste und Feinde

Schon rein sprachgeschichtlich handelt es sich bei Fremdheit und Andersheit um sehr Verschiedenes. Etymologisch ist nämlich der Andere nichts anderes als die Ordinalzahl ›der Zweite‹, gebildet aus einem Komparativ zum indoeuropäischen Stamm **eno* (jener), semantisch also etwa gleichbedeutend mit ›ein Weiterer‹. Durch das dahinter fungierende System der Ordinalzahlen bilden der Erste und der Andere/Weitere ein Kontinuum. Ganz anders verhält es sich mit der sprachgeschichtlichen Herkunft des Fremden. Die Wurzel dieses Wortes ist verwandt mit engl. *from,* so dass als Grundbedeutung angenommen werden darf: ›von weit her, aus der Ferne kommend‹. Indoeuropäisch gehört das Wort zu einer weit verzweigten Wortfamilie, zu der sich auch Bedeutungskomponenten der Vorzüglichkeit, sei es hinsichtlich der Tapferkeit, sei es hinsichtlich der Vorbildlichkeit des Lebenswandels gesellen (›fromm‹).

In den sesshaften archaischen Gesellschaften ist der Fremde derjenige, der weit von uns entfernt wohnt, jenseits einer vorgestellten Grenze, in nomadischen ist es derjenige, der nicht mit uns zieht oder sich auf anderen Bahnen bewegt. Die Begegnung mit dem Fremden ist schon in den alten Gesellschaften Europas eine ambivalente Angelegenheit; da man ihn nicht kennt, weiß man nicht, was man von ihm zu erwarten hat: Er kann willkommener Gast sein oder er kann der Feind sein (vgl. Schmitt 1963, 27) und beides kann schnell ineinander umschlagen. So sind lateinisch *hostis,* der Feind, und *hospes,* der Gast, verwandte Wörter. Gast zu sein, heißt daher immer auch, Geisel zu sein, und dass Feinde zu Freunden werden, ist in der alten Moral nichts Ungewöhnliches.

Es kann aber auch sein, dass es einen, das Heimliche verlassend, in die Fremde verschlägt, ins ›Elend‹ (= Ausland), sei es durch Verbannung oder Ausbürgerung wegen eines Verstoßes gegen die heimischen Sitten und Gesetze, sei es, dass man irgendeiner Initiationsvorschrift zufolge sich in der Fremde zu bewähren hat, d. h. den Übergang über eine Grenze – eine räumliche und damit zugleich auch eine temporale in eine unbekannte Lebensphase und eine symbolisch-semantische – zu vollziehen hat, um durch Ausfahrt Erfahrungen zu sammeln, sei es, dass man (als Frau etwa) durch Exogamie-Gebote nur in der Fremde verheiratet sein kann. Gerade letzteres zeigt die abgründige Ambivalenz von Fremdheit. Die Fremde, die fremde Frau, ist nämlich ein dem Typus des Feindes entgegengesetztes Modell der Begegnung mit Fremdheit, das eher durch Merkmale der Faszination oder sogar der Verführung markiert werden kann. In dem Übergang ins Fremde wird immer auch ein Übergang ins Neue ausgeführt. Diese zwei Bewegungsrichtungen des Ereignisses der Begegnung mit Fremdheit – Ankunft des Fremden und Ausfahrt ins Fremde – sind je spezifisch von Georg Simmel und Alfred Schütz thematisiert worden (vgl. Simmel 1992, 764; Schütz 1972, 53–69): Simmel verstand den Fremden als den, »der heute kommt und morgen bleibt«, Schütz thematisierte die Wurzellosigkeit des Immigranten.

War für das antike Europa, dessen Name eben auch durch eine Frau aus der Fremde zu uns kam, das alte Persien mit seinen Gartenparadiesen und mit seinen kulinarischen und erotischen Genüssen der Inbegriff einer faszinierenden kulturellen Fremdheit, so schlug erstmals Alexander der Große (356–323) einen neuen Umgang mit der Fremde an, der die Kultur Europas über Jahrtausende bestimmen sollte: die erobernde An-Eignung des Fremden. Erobernde Aneignung hat zwei Aspekte: die Zerstörung und Vernichtung des unverständlich Fremden als eines

Feindlichen einerseits, Erbeutung und Aneignung des Reizvollen andererseits. Aber auch die Aneignung, vom Xenophagentum bis zum hermeneutisch disziplinierten Verstehen, belässt das Fremde nicht als Fremdes, sondern macht es im Prozess der Aneignung zu einem Eigenen (vgl. Lévinas 1983, 186). Zwei andere Typen widerstreiten dem: der Exodus und die Odyssee. Der Exodus ist die vollständige Auslieferung an das Fremde ohne Reserve, er ist lebbar eigentlich nur im absoluten Vertrauen zu einer transzendenten Macht, die ihr Volk aus einem Territorium, das nicht als das eigene erlebt werden kann, in das versprochene Gelobte Land führen wird. Anders die Odyssee: Ihr bleibt nichts anderes übrig, als nur sich selbst zu vertrauen, daher irrt sie gewaltig in der Fremde umher, stets jedoch mit dem Ziel einer erfahrungsbereicherten Heimkehr.

Ökonomieprinzip oder Kulturprinzip

Alexander und Odysseus benennen die zwei die abendländische Geschichte bestimmenden Tendenzen des Umgangs mit Fremdheit. Alexander folgt dem Ökonomieprinzip des kürzesten Weges zu seinem Ziel, Persien und Indien; unterwegs zerstört er, was sich ihm in den Weg stellt – und ebnet damit zugleich den kurzen Weg zu seinem frühen Tod. Die Bewegungen des Odysseus in der Fremde sind diktiert vom Kulturprinzip, seine Wege sind Umwege, Irrwege, Abwege, seine Wegmarken sind Werke oder Kolonien in der Fremde (vgl. Horkheimer/Adorno 1977, 61–99). Beide aber, das alexandrinische Ökonomieprinzip und das odysseische Kulturprinzip sind ausgelegt auf die An-Eignung des Fremden. Wer so mit Fremdheit umgeht, in diesen beiden Modi der europäischen und dann erst recht der neuzeitlichen Erkenntnis-Politik, erfährt das Fremde stets als Variation des Eigenen (vgl. Lévinas 1983, 189); das Fremde bleibt für ihn nicht fremd, er verwandelt es in eine Instanz des bloß Anderen seiner Selbst. Er steckt in der Eigenheits- oder Identitätsfalle (vgl. Sen 2007). Betonte noch Jacques Derrida, dass eine Kultur nicht mit sich identisch sei, soll heißen, die Differenz in sich selbst hat – wenn sie nämlich eine noch lebende Kultur ist (vgl. Derrida 1992, 12 f.) –, so spricht der Stammtisch von der Leitkultur, der sich die (vormals) Fremden zu integrieren hätten. Dass die Antike noch einen anderen Umgang mit dem verwirrend Fremden kannte, zeigt der Mythos an der Gestalt des Orpheus. In der Begegnung mit den Sirenen, dem faszinierend-bedrohlich Fremden schlechthin, zeigen Odysseus und Orpheus sehr unterschiedliche Strategien. Odysseus, weil er kein Risiko eingehen will, blockiert sich und seine Gefährten. Orpheus geht das volle Risiko ein, er stimmt ein in den Gesang der Sirenen. Orpheus will keine Aneignung, er setzt sich vielmehr dem Fremden ungeschützt aus (vgl. Serres 1994, 165 ff.). Er lässt das Fremde als Fremdes an sich heran; dieses Modell hat sich in Europa nicht durchgesetzt. Hegel hat das entgegengesetzte, odysseische Erkenntnisprogramm folgendermaßen auf den Begriff gebracht: »Beim Erkennen ist es überhaupt darum zu tun, der uns gegenüberstehenden objektiven Welt ihre Fremdheit abzustreifen, uns, wie man zu sagen pflegt, in dieselbe zu finden, welches ebenso viel heißt, als das Objektive auf den Begriff zurückzuführen, welcher unser innerstes Selbst ist.« (Hegel 1970, 351)

In der Spätmoderne schwand das Bewusstsein der Fremdheit zunehmend, so dass auch die Entdifferenzierung von Fremdheit und Andersheit erklärlich wird. Dieser Schwund wird Wirklichkeit in zwei Tendenzen. Einerseits stand seit der Französischen Revolution auf der politischen Tagesordnung, durch Menschheitsverbrüderung (»Fraternité ou la mort«) vor dem Hintergrund einer als ›natürlich‹ postulierten und allen Menschen zugeschriebenen Gleichheit die Menschenrechte allen Menschen zukommen zu lassen. Für eine Menschheitsverbrüderung gibt es keine Fremden mehr, also solche, die von den Verbrüderten ausgegrenzt wären, weil die Verbrüderten keine Grenzen mehr kennen wollen. Andererseits aber werden alle kulturellen Differenzen zunehmend als bloße Varianten einer einzigen menschheitsumfassenden Kultur, also nicht wirklich mehr als Differenzen interpretiert mit der Tendenz auf eine Welteinheitskultur nach dem Muster des amerikanischen *melting pot.* Gibt es noch heterokulturelle Phänomene, so werden sie als vorläufig interpretiert; es wird unterstellt, alle Kulturen wollten eigentlich der westlichen, vermeintlich überlegenen Kultur beitreten. Beide Tendenzen erhalten eine starke Unterstützung durch den ökonomisch bestimmten Prozess der Globalisierung: »in the long run we all become Americans« (Meran 2002). Auch wenn die ökonomischen Versprechen der Neoliberalen, was die ökonomische Globalisierung betrifft, weitgehend unerfüllt geblieben sind (vgl. Röttgers 2009), sind die genannten Aspekte der Totalinklusionen weiter wirksam mit dem Effekt des Verlusts von Fremdheit und dem damit zwangsläufig einhergehenden Verlust des Bewusstseins der Eigenheit: Wir können nicht mehr wissen, wer wir spezifisch sind oder waren, wenn wir nicht mehr wissen, was wir durch Ausgrenzung und Abgrenzung von Fremdem gerade nicht sind und sein wollen.

Verlust der Fremdheit

Auf die entkulturalisierende, weil Differenzen und Grenzen negierende Globalisierung mit ihrem Ziel der totalinkludierenden Menschheitsverbrüderung antworten zwei Tendenzen: der Multikulturalismus als theoretische und praktische Bewegung einerseits und die Regionalisierung andererseits. Auch im Multikulturalismus ist Fremdheit tendenziell dadurch aufgehoben, dass er alle Differenzen in Gleichwertigkeit und Gleich-Gültigkeit setzt, während Fremdheit der Struktur nach asymmetrisch ist und durch die Grenze ein Innerhalb von einem Außerhalb scheidet und damit eine Ausgrenzung und im wörtlichen Sinne Diskriminierung (= Unterscheidung) vollzieht. Außerdem aber hat der Multikulturalismus das logische Problem, dass er Bestandteil einer, und zwar einer einzigen, nämlich der westlichen Kultur ist und von dorther diese Gleichgültigkeit der Kulturen füreinander behauptet. *Contre cœur* stellt er damit eben doch eine westlich-universalistische These auf, mit anderen Worten: Der Multikulturalismus ist nicht auf sich selbst anwendbar.

Die andere Tendenz gegen die Aufhebung von Fremdheit im Zuge der Welteinheitskultur ist die Regionalisierung. Sofern diese die Pflege des regionalen kulturellen Erbes und damit der Differenz zu den anderen regionalen Kulturen jenseits der Grenzen ist, ist sie tatsächlich eine Subversion der Globalisierungstendenzen, die das Bewusstsein von Fremdheit durch Pflege der Eigenheit aufrechterhält. Wenn aber Regionalisierung bedeutet, regionale Inseln der Eigenheit in Abgrenzung zu einer sich homogenisierenden Weltgesellschaft zu bilden, dann ist das bestenfalls Folklore, schlimmerenfalls die Bildung von kulturellen Reservaten, die man von außen bestaunen kann, die aber weder von innen noch von außen Fremdheitserfahrungen ermöglichen. Innerhalb einer Fremdheit annullierenden Weltkultur können solche Regionen sich nur selbst reflexiv als Fremde dieser Einheitskultur definieren. Von dieser abgeleiteten und abstrakten Art sind auch die diversen Fundamentalismen.

Ein Sonderfall sind die Fremdsprachen. An ihnen wird ein Problem sichtbar, das jede Begegnung mit Fremdheit aufwirft, nämlich das Problem der Übersetzung, wenn man denn die Bestimmung von Fremdheit als ›Jenseits einer Grenze‹ ernst nimmt. Und auch hier zeigen sich die angesprochenen Probleme des Verlusts von Fremdheit durch kulturelle Globalisierung. Zwar ist das Deutsche die meistgesprochene Muttersprache Europas. Aber als Brückensprache, z. B. der Kommunikation der Esten mit den Portugiesen hat sich selbst in Europa Englisch durchgesetzt, das als Muttersprache nur auf einigen Inseln vor Kontinentaleuropa gesprochen wird. Dafür gibt es freilich eine einfache Erklärung. Technisch hochsensible Systeme wie z. B. Militär oder Flugverkehr sind in hohem Maße auf begriffliche Eindeutigkeiten und Eliminierung des Übersetzungsproblems angewiesen, um störungs- und irritationsfrei zu funktionieren. Die Ignoranz anderer Sprachen und die Eigenschaft eine nahezu flexionsfreie reine Wörtersprache zu sein, prädestinierten die englische Sprache dazu, Lingua franca selbst in Kontinentaleuropa zu werden. Angesichts dieser Techniknähe und der politischen Dominanz einer einzelnen Sprache sind viele Sprachen der Welt vom Aussterben bedroht bzw. fristen ihre Fortexistenz genau im Modus der oben beschriebenen kulturellen Reservate. Das einzige Beispiel einer erfolgreichen Reservatsprache ist Iwrit oder Neuhebräisch im Staate Israel. Sprachen wie Arikapú mit 6 Sprechern in Brasilien, Unserdeutsch mit ca. 100 Sprechern in Neuguinea, oder Kurisch, von dem 2002 noch sieben Sprecher bekannt waren, kann man nicht einmal mehr als kulturelle Reservate ansehen, sie sind für niemanden mehr Fremd-Sprache, sondern allenfalls Objekte für linguistische Studien.

Wenn wir in der Spätmoderne den Fremden, der zu uns kommt, nicht mehr als Gast empfangen, sondern nur noch als potentiell Anderen unter uns behandeln, den wir verständnisvoll uns gleich machen wollen, d. h. integrieren, oder aber als Feind (unter Globalisierungs- und Menschenrechtsbedingungen: als Feind der Menschheit) betrachten, dann verlieren wir nicht nur die Geste und das Ethos der Gastlichkeit (vgl. Liebsch 2005), sondern uns geht auch die offene und riskante Erfahrung der Begegnung mit dem Fremden als dem Fremden verloren.

Das xenologische Interesse entfaltet sich aus empiristischem Geiste und taucht erstmals in der Begegnung der Spanier mit den Indios Mittelamerikas als die Frage auf, ob jene Wesen überhaupt als Menschen anzusehen seien, die kein Spanisch sprachen, Gott nicht kannten, nackt in der Welt herumliefen und, wie man vermutete, insgeheim Menschenfleisch aßen (vgl. Todorov 1985). Im Gegensatz dazu entsprang das Intersubjektivitäts- und Alteritätsthema dem Rationalismus. Dieser basierte bei René Descartes auf einer extrem dualistischen Metaphysik, derzufolge das *ego cogitans* unräumlich war. Diesem als Subjekt gedachten *ego cogitans* erschien alles, worauf es sich bezog – inklusive der Anderen – als Ansammlung körperlicher Objekte. Die daraus möglicherweise folgende solipsistische Konsequenz ist eigentlich nirgendwo tatsächlich vertreten worden, wurde aber gleichwohl in allen denkerischen Bemühungen, die von dieser dualistischen Metaphysik ausgingen, immer wieder umständlich widerlegt, indem bestimmte Raumobjekte ihrerseits als Subjekte erkannt und anerkannt worden sind. Immanent ist das nicht unproblematisch, weil die Unräumlichkeit des Subjekts kein räumliches Nebeneinander (anderer Subjekte nämlich) kennen kann. So ist die Differenz zwischen Eigenem und Fremdem eine immer wieder veränderbare und anpassungsfähige, aber nicht grundsätzlich zu beseitigende Grenze, während die Differenz zwischen Selbst und Anderem eine transzendentale Grenze ist, die nur durch eine transzendentale Reflexion aufgehoben werden kann. Das ist auch der Grund, warum das xenologische und das Alteritätsproblem nicht ineinander überführbar sind: Der Andere und der Fremde sind zwei Kategorien, die auf verschiedenen Darstellungsebenen liegen.

Eigenes und Fremdes

Auch wenn die Beziehung zwischen Eigenem und Fremdem immer eine asymmetrische ist, weil stets von der Eigenheitssphäre aus definiert und nie umgekehrt, kann man doch mit Bernhard Waldenfels von einer »Gleichursprünglichkeit von Eigenem und Fremdem« (Waldenfels 1971, XIII) sprechen in dem Sinne, dass es eben die arbiträre Grenze ist, die Eigenes und Fremdes auseinandertreten lässt. Die asymmetrische Perspektivität der Differenz besagt eben nichts über eine vermeintliche Ursprünglichkeit. Man wird vielmehr sagen müssen, dass der Ursprung die Differenz, die Spaltung ist; die Eigenheitssphäre hat keinen ontologischen Vorrang, sondern sie ist ebenso wie die Grenze ein Differenz-Konstrukt. Die rationalistische Trennung von Selbst und Anderem ist zwar theoretisch radikaler, weil aus einer dualistischen Metaphysik hervorgehend, aber praktisch harmloser als die Differenz zwischen Eigenem und Fremdem: Zu politischen Konflikten hat sie noch nie führen können. Das mag auch eines der Motive sein, alle Fremdheit in bloße Andersheit aufzulösen. Sowohl christliche Bruderschaft im Herrn als auch revolutionäre Menschheitsverbrüderung als auch schließlich globale Markt-Teilnehmerschaft versuchen, die Nivellierung des Unterschieds von Fremdheit und Andersheit als Humanisierung darzustellen, weil alle Feindschaft eine der möglichen Ausgestaltungen von Fremdheit ist. Gibt es keinen Fremden mehr, so glaubt man, dann ist auch alle Feindschaft unter Menschen beseitigt. Aber alle Entdifferenzierung hat neben den erhofften Vorteilen einer Menschheit ohne Feindschaft immer auch Kosten. Ist nach Carl Schmitt (vgl. Schmitt 1963) das Politische durch die Unterscheidung Freund/Feind gekennzeichnet, dann beseitigt die Eliminierung von Feindschaft zugleich auch alle (politische) Freundschaft. Oder allgemeiner gesagt: Die Ausschaltung der Unterscheidung von Eigenem und Fremdem und die Auflösung in die Unterscheidung von Selbst und Anderem zerstört das soziale Band. Mit der Unheimlichkeit des Fremden verschwindet auch die Heimeligkeit des Eigenen. Wären alle Menschen unterschiedslos Nächste, dann gäbe es keine wirkliche Nähe mehr; sind alle Menschen meine Brüder, dann ist mein Bruder nichts Besonderes mehr.

Im immer ambivalenten Ereignis des Grenzübergangs, der das Kontinuum des gewohnten Geschehens unterbricht und einen Spalt im Sozialen auftauchen lässt, ist noch ungewiss, ob der Fremde ein bedrohlicher Feind oder ein faszinierender Verführer sein kann und wird. In theoretischer Hinsicht ist es die Ungewissheit, ob das Ereignis uns zu neuen Erfahrungen befreit oder uns unserer geliebten Wahrheiten beraubt, in praktischer Hinsicht ist es die Unsicherheit, ob uns Feindschaft oder Faszination erwartet. Beide, Feind und Verführer, stellen die Selbstverständlichkeit des Immer-schon-so des gewohnten Lebens auf die Probe; das kann eine existentielle Bedrohung sein, aber auch eine Befreiung von einengenden Verkrustungen. Wird nun versucht, diese Ungewissheit und Unsicherheit dadurch auszuräumen, dass man jegliche Grenze zu beseitigen versucht, so wird das zwangsläufig scheitern und führt in der Regel lediglich dazu, dass der fiktiven Verbrüderung der Verbrüderungswilligen die Identifikation und Stigmatisierung der Verbrüderungsunwilligen oder Nichtverbrüderbaren als Feinden der gesamten Menschheit folgt. Die einzige humane Alternative wäre die Kultivierung des Umgangs mit der Grenze, mit Abgrenzungen und mit den Ereignissen der Übergänge.

Kultur der Grenze und des Übergangs bedeutet Verzicht auf den ›kurzen Prozess‹ der Identifikation des Fremden als Feind und der damit vielleicht einhergehenden prophylaktischen Gewalt, um der drohenden »Gewalt des Fremden« (Röttgers 2002, 105 ff.) zuvorzukommen. Stattdessen wäre Kultur die Pflege und Vervielfältigung der Umwege und Verzögerungen. Im Medium des kommunikativen Textes, der uns verbindet, ist eine Virtualisierung der Bedrohung/Faszination möglich, z. B. indem man den Fremden anlässlich eines Gastmahls erzählen lässt. Die Geschichten des Fremden werden, wenn er fremd bleibt, unverständlich und rätselhaft sein oder Unverständliches und Rätsel enthalten. Aber der kommunikative Text ist genau der Ort, an dem auch Unverständliches begegnen darf, ohne dass alle Textteilnehmer sich schon allein deswegen als bedroht oder als verführt vorkommen müssen. Zudem ist der fremdartige Text immer auch eine Chance der Selbsterfahrung, eines Selbst, für das gilt: »Fremde sind wir uns selbst« (Kristeva 1990). Die kulturelle List des Narrativen ist ein Modell des Mikropolitischen jenseits von Feindschaft und Verführung; sie pflegt einen Respekt vor dem Geheimnisvollen, Unheimlichen, Unvertrauten und Rätselhaften und eine »Neugier nach dem Fremden« (Konersmann 2006, 83 f.); praktisch ermöglicht sie eine gemeinsame Verwicklung in Texte und Geschichten des Missverstehens.

Fremderfahrung

Fremderfahrung im Übergang über die Grenze ist möglich und als Iterierung kultivierbar. Was aber nicht möglich ist, obwohl der Begriff häufig gebraucht wird, ist Fremdverstehen. Tatsächlich gibt es eine große Tradition der Theorien des sogenannten Fremdverstehens, von der transzendentalen Phänomenologie Edmund Husserls (vgl. Husserl 1950, 122 ff.) über Jean-Paul Sartre und Maurice Merleau-Ponty bis zu den Anerkennungstheorien in der Folge von Michael Theunissen und etlichen Theorien der Ethnologie (vgl. Kämpf 2003). Es gilt aber zu bedenken: Ist es wirklich ein Verstehen, dann ist in ihm das Fremde gerade nicht als Fremdes erhalten, sondern zum Anderen eines Selbst geworden. Meint aber der Begriff nur die Anerkennung des Fremden als unseres Fremden, dann ist es eben nicht ein Verstehen in dem Sinne, wie die Hermeneutik den Begriff präzisiert hat. Statt von einem Fremdverstehen sollte man (in Anlehnung an Byung-Chul Han; 1996, 281) vielleicht eher von einem Fremd-Gehen der Vernunft sprechen, wenn sie sich auf die Erfahrungen des Fremden einlässt. Das kann sowohl bedrohlich als auch verführerisch sein, so dass es ein Moment einer erotischen Kultur sein könnte, Fremdheit zu erhalten und kultiviert mit ihr zu spielen.

Die Grenze zum Fremden muss auf irgendeine Weise markiert sein. Neben der Sprache hat sich lange die Hautfarbe der Menschen als ein schnell sichtbares Fremdheitsindiz gezeigt. Aber diese ›natürliche‹ Oberflächenevidenz verleitete auch zu substantialistischen, z. B. rassistischen Deutungen, so als wäre der, dessen Körper eine hellere oder dunklere Hautfarbe hat, genau deswegen schon ein unverständlicher Fremder – ein großer Verführer oder ein großer Feind.

Damit eine Kultur lebendig sei und bleibe, bedarf sie des »Stachels des Fremden« (Waldenfels 1991). Anders gesagt: Kulturen haben einen Fremdheitsbedarf; dieser drückt sich nicht nur in der sentimentalen Liebe zum Exotischen aus (Chinoiserien, Perserteppiche, Nasi goreng, Sanskrit und Zen), sondern ist bereits in der Abgrenzung der Kultur von der Natur, den Wilden (vgl. Geertz 1990; Fink-Eitel 1994) und zugleich der Neigung zur Natürlichkeit sichtbar. Schon an Georg Forsters wehmütiger Liebe zu den Wilden Tahitis und seinem absoluten Unverständnis gegenüber den Wilden an Kap Horn enthüllt sich die Widersprüchlichkeit dieser kulturellen Geste (vgl. Forster [2]1989, II, 298 ff.; III, 383 f.), aber zugleich, dass die Grenze, die Fremdheit markiert, nicht festliegt, sondern je nach dem spezifischen Fremdheitsbedarf neu gezogen werden muss – von der Eigenheitssphäre aus. So wie Ordnungen einen Störungsbedarf zwecks Stabilisierung haben, so Eigenheitssphären einen Fremdheitsbedarf; und Körper brauchen Fremdkörper, wie auch die Endosymbiontenthese Konstantin Sergejewitsch Mereschkowskis feststellt. Auch hier macht sich der Unterschied zwischen Anderem und Fremdem bemerkbar: Für das cartesianische Selbst (Cogito) wäre eigentlich jeder, auch der eigene Körper, ein Fremdkörper.

Es ist der Moment der Grenzüberschreitung, der den oder die Fremde von verführerischer Gewalt erscheinen lässt, und zwar ungeachtet der meist sehr wohl bewussten Tatsache, dass die Grundlage stabiler Beziehungen etwas ganz anderes ist, nämlich Erwartungssicherheit durch Vertrauen. Eine der Formen der Erzeugung solcher Sicherheit ist die An-Eignung des Fremden, man ist versucht zu sagen: die Domestikation in die Sitten und Lebensformen des Eigenen. Seit jedoch in der bürgerlichen Gesellschaft Liebe im Sinne auch der erotischen Attraktion als notwendige Grundlage stabiler Beziehungen gilt, stellt sich für

Paare die paradoxe Aufgabe, Fremdheit trotz oder innerhalb von Vertrautheit aufrechterhalten zu müssen, mit anderen Worten: das Fremde im Eigenen entdecken zu müssen. So ist es sicher kein Zufall, dass das Zeitalter der Erfindung der ›romantischen‹ Liebe zugleich das Zeitalter exzessiver Selbst-Erkundung und Selbstreflexion gewesen ist, und auch das Zeitalter der Iterierung und Kultivierung des Begehrens zur (unerfüllbaren) Sehnsucht. Lebbar ist diese Aufgabe, das Fremde im Eigenen zu erhalten, ohne doch sich an es zu verlieren – die Antinomie des bürgerlichen Subjekts, das die Erfindung des Unbewussten quasi zwangsläufig machte –, letztlich nur durch die Möglichkeit der Oszillation zwischen Eigenheit und Fremdheit. Wenn Waldenfels sagt: »Das Fremde hat sich im Eigenen bereits eingenistet, bevor ein Versuch der Aneignung einsetzen kann« (Waldenfels 1994, 634), so wird man hinzufügen müssen: Und das Eigene hat sich dem Fremden immer schon ausgeliefert, bevor noch die Entfremdung droht.

In der Postmoderne, in der Identität nichts fraglos Gegebenes mehr, sondern eher einer Dauer-Baustelle vergleichbar ist, oszilliert auch die Grenze von Eigenem und Fremden zwischen der strikten Markierung und der Ausweitung der Grenze zu einer Mark, d.h. einem Grenzland, in dem das Begegnende von Fall zu Fall als Fremdes oder als Eigenes behandelt werden mag, ohne dass damit Fremdheit in Andersheit aufgelöst würde.

Literatur

Bernasconi, Robert: Die Andersheit des Fremden und die Fremderfahrung. In: *Vernunft im Zeichen des Fremden. Zur Philosophie von Bernhard Waldenfels.* Hg. von Matthias Fischer u.a. Frankfurt a.M. 2001, 13–45.

Derrida, Jacques: *Das andere Kap. Die vertagte Demokratie.* Frankfurt a.M. 1992 (frz. 1991).

Duala-M'bedy, Munasu: *Xenologie. Die Wissenschaft vom Fremden und die Verdrängung der Humanität aus der Anthropologie.* Freiburg i.Br./München 1977.

Fink-Eitel, Hinrich: *Die Philosophie und die Wilden. Die Bedeutung des Fremden für die europäische Geistesgeschichte.* Hamburg 1994.

Forster, Georg: *Reise um die Welt.* In: Ders.: *Sämtliche Schriften, Tagebücher, Briefe.* Hg. von Gerhard Steiner. Berlin [2]1989, Bd. 2.

Geertz, Clifford: *Die künstlichen Wilden. Der Anthropologe als Schriftsteller.* München 1990.

Han, Byung-Chul: Blödigkeit und Inspiration. In: *Cognitio humana – Dynamik des Wissens und der Werte.* Hg. von Christoph Hubig und Hans Poser. Bd. 1. Leipzig 1996, 277–284.

Hegel, Georg Wilhelm Friedrich: *Enzyklopädie der philosophischen Wissenschaften I.* In: Ders.: *Werke.* Red. von Eva Moldenhauer und Karl Markus Michel. Bd. 8. Frankfurt a.M. 1970.

Horkheimer, Max/Adorno, Theodor W.: *Dialektik der Aufklärung. Philosophische Fragmente.* In: Theodor W. Adorno: *Gesammelte Schriften.* Hg. von Rolf Tiedemann. Bd. 3. Frankfurt a.M. 1977.

Husserl, Edmund: *Cartesianische Meditationen.* In: *Husserliana* Bd. 1. Den Haag 1950.

Kämpf, Heike: *Die Exzentrizität des Verstehens. Zur Debatte um die Verstehbarkeit des Fremden zwischen Hermeneutik und Ethnologie.* Berlin 2003.

Konersmann, Ralf: *Der Schleier des Timanthes. Perspektiven der Historischen Semantik.* Berlin [2]2006.

Kristeva, Julia: *Fremde sind wir uns selbst.* Frankfurt a.M. 1990.

Lévinas, Emmanuel: *Die Spur des Anderen. Untersuchungen zur Phänomenologie und Sozialphilosophie.* Freiburg i.Br./München 1983 (frz. 1948).

Liebsch, Burkhard: *Gastlichkeit und Freiheit. Polemische Strukturen europäischer Kultur.* Weilerswist 2005.

Meran, Josef: In the long run we all become Americans. Anmerkungen zum Kulturwandel der Multis. In: *Transkulturelle Wertekonflikte. Theorie und wirtschaftsethische Praxis.* Hg. von Kurt Röttgers und Peter Koslowski. Heidelberg 2002, 124–138.

Nakamura, Yoshiro: *Xenosophie. Bausteine für eine Theorie der Fremdheit.* Darmstadt 2000.

Röttgers, Kurt: Verlust des Fremden. In: *Transkulturelle Wertekonflikte. Theorie und wirtschaftsethische Praxis.* Hg. von Kurt Röttgers und Peter Koslowski. Heidelberg 2002, 1–26.

–: Spuren der Macht und das Ereignis der Gewalt. In: *Reden von Gewalt.* Hg. von Kristin Platt. München 2002, 80–120.

–: Ein philosophischer Begriff von Globalisierung. In: *Philosophische Aspekte der Globalisierung.* Hg. von Hubertus Busche. Würzburg 2009, 17–34.

Schmitt, Carl: *Der Begriff des Politischen. Text von 1932 mit einem Vorwort und drei Corollarien.* Berlin 1963.

Schütz, Alfred: *Der Fremde.* In: Ders.: *Gesammelte Aufsätze.* Bd. 2. Den Haag 1972.

Sen, Amartya: *Die Identitätsfalle. Warum es keinen Krieg der Kulturen gibt.* München 2007 (engl. 2006).

Serres, Michel: *Die fünf Sinne. Eine Philosophie der Gemenge und Gemische.* Frankfurt a.M. [2]1994 (frz. 1985).

Simmel, Georg: *Soziologie. Untersuchungen über die Formen der Vergesellschaftung.* In: Ders.: *Gesamtausgabe.* Hg. von Otthein Rammstedt. Bd. 11. Frankfurt a.M. 1992.

Todorov, Tzvetan: *Die Eroberung Amerikas. Das Problem des Anderen.* Frankfurt a.M. 1985 (frz. 1982).

Waldenfels, Bernhard: *Das Zwischenreich des Dialogs. Sozialphilosophische Untersuchungen im Anschluß an Edmund Husserl.* Den Haag 1971.

–: *Der Stachel des Fremden.* Frankfurt a.M. [2]1991.

–: *Antwortregister.* Frankfurt a.M. 1994.

Kurt Röttgers

7. Gastlichkeit

In einem weiten Sinne wird Gastlichkeit Orten und Räumen (selbst der Erde) zugeschrieben, insofern sie zum ungefährdeten Aufenthalt einladen, der, wenn auch nur auf Zeit, darüber hinaus ein gutes oder sogar ideales Leben verspricht. Jedoch gilt seit alters her gerade die kulturell nicht gebändigte Natur als ungastlich, so dass Gastlichkeit im engeren Sinne zur Angelegenheit menschlicher Lebensformen werden muss. Ihnen allein obliegt die Gewährleistung gastlicher Lebensbedingungen, besonders im Verhältnis zu Anderen und Fremden, die sich keiner sozialen und politischen Sicherung ihres Lebens erfreuen. Speziell ihnen gegenüber garantieren gastliche Lebensformen durch kulturelle Praktiken die vorübergehende oder auch längerfristige Aufnahme, die sich ihrerseits durch mehr oder weniger generöse Bewirtung und Beherbergung, aber auch durch miteinander (im zweifachen Sinne) geteiltes Leben als eine besonders gastliche erweisen kann.

Der Anspruch des Anderen

Solche Praktiken werden mit Hinweis auf ethnographische und kulturgeschichtliche Forschungen von Marcel Mauss bis Moses I. Finley häufig als Formen der Gabe beschrieben, denen man zugetraut hat, die Fremdheit Anderer zu suspendieren oder in Vertrautheit aufzuheben (vgl. Hénaff 2009, 225). In diesem Sinne ist von einem Ethos oder von Sitten der Gastlichkeit die Rede, welche im Gastrecht vielfach eine geradezu bedingungslose, auch Feinden zu gewährende Aufnahmebereitschaft verlangt. Kulturgeschichtliche Forschungen belegen, dass eine unbedingte Gastlichkeit infolge verstärkter Beanspruchung (Pilgerreisen, Migrationswellen, Flüchtlingsströme etc.) und Ausweitung zunehmend restriktiv gehandhabt worden ist. Bei Kant, der die Gastlichkeit als Hospitalität zum kosmopolitischen Begriff erhebt, ist nur noch ein Besuchsrecht gemeint. Von dieser Verrechtlichung abgesehen, war schon weit vor dem 18. Jahrhundert eine durchgreifende Tendenz zur Ökonomisierung der Gastlichkeit festzustellen, die (wie im Fall des Gastgewerbes) jeglichen unbedingt einladenden Charakter liquidiert.

Manche Forscher gehen so weit, von einem damit einhergehenden, fast restlosen Verschwinden kultureller Gastlichkeit zu sprechen, deren klägliche Residuen sich allenfalls noch im Privaten fänden. Weltweite Nationalisierungsprozesse, die zu einer nahezu lückenlosen Aufteilung der Erdoberfläche geführt haben, beschwören unter diesen Voraussetzungen die Unmöglichkeit herauf, als Fremder irgendwo eine neue Heimat zu finden (vgl. Arendt [3]1993). So wird die Erde gerade infolge ihrer globalen nationalstaatlichen Erschließung und Aufteilung (wieder) zu einem ungastlichen Ort, an dem Staatenlose, Flüchtlinge, Exilanten und *displaced persons* jeglicher Couleur ihr nacktes Leben im Status ihrer Entrechtung fristen müssen.

Dieser Tendenz zur Liquidierung der Gastlichkeit widersetzt sich eine philosophische Radikalisierung des Begriffs, die den Ursprung einer unbedingten Gastlichkeit in der menschlichen, für den Anspruch des Anderen ohne jeglichen Vorbehalt aufgeschlossenen Subjektivität entdeckt und diesen Ursprung mit dem eigentlichen Sinn aller Kultur kurzschließt. So stellt Jacques Derrida (1997, 42) im Ausgang von Lévinas fest, die Gastlichkeit sei »die Kultur selbst«. Auf diese Weise erfährt der Begriff wieder eine extreme Ausweitung, die alle Unterschiede zwischen verschiedenen, mehr oder weniger obligaten oder entpflichteten, beschränkten oder auch generösen Formen der Gastlichkeit zum Verschwinden zu bringen droht und insofern nicht lehren kann, wie der Begriff angemessen zu politisieren ist (wie es in Diskussionen um Zuwanderung und Asyl, aber auch um gerechte Gewährleistung gastlicher Lebensbedingungen anderswo fast immer geschieht). Die kulturtheoretische Diskussion dreht sich demgegenüber um die Auslotung von konkreten Spielräumen der Gastlichkeit zwischen jener Radikalisierung (als absoluter Überforderung durch unbedingte Ansprüche) einerseits und der Gleichsetzung von Kultur und Gastlichkeit andererseits, die nicht lehrt, wie eine zunächst unbedingte Gastlichkeit allein durch deren Beschränkung zu realisieren ist.

Im Zeichen der Globalisierung werden diese Spielräume über lokale Lebensformen hinausgehend in transnationaler und -kultureller Perspektive erforscht. Man fragt sich, wie sie sich ungeachtet ihrer unvermeidlichen Beschränkung auf eine lokale Kultur gastlicher Lebensbedingungen gleichwohl für die Gewährleistung solcher Bedingungen auch anderswo aufgeschlossen erweisen können bzw. müssen. Hier berührt sich die Kulturphilosophie der Gastlichkeit mit normativen Forderungen, etwa die Bedingungen der Produktion, Verteilung und Vermarktung von Lebensmitteln aller Art nicht allein im Rahmen einer Kultur für Besserlebende, sondern im Lichte berechtigter Ansprüche weltweit fair zu beurteilen. In Bewegungen wie *fair trade* und *slow food* konvergieren in diesem Sinne Ideen globaler Gastlichkeit und Gerechtigkeit in klärungsbedürftiger Art und Weise. Während sich das globale Gerechtigkeitsdenken längst zu einer regelrechten Industrie (Thomas Pogge) entwickelt hat, steht die Kulturphilosophie der Gastlichkeit noch vor der Aufgabe, ihre aktuellsten, globalen Herausforderungen mit einer Rückbesinnung auf ihre elementarsten Aspekte zu verknüpfen. Diese, im Folgenden kurz resümierte Rückbesinnung zeigt, dass wir es ungeachtet der diagnostizierten Verkümmerung der Gastlichkeit zu einem nur noch privaten Phänomen der Generosität und trotz ihrer Ökonomisierung und verrechtlichten Beschränkung tatsächlich mit einem radikalen und elementaren Phänomen der Aufgeschlossenheit zu tun haben, ohne das sich überhaupt kein kulturelles Leben denken lässt.

Die Vielfalt der Lebensformen

Menschlicher Gastlichkeit bedarf es in einer mehr oder weniger ungastlichen Welt, die die Menschen von den ersten Stadien der Anthropogenese an dazu gezwungen hat, kooperativ mindestens für das Lebensnotwendigste zu sorgen; und zwar in kulturellen Lebensformen, denen manche zugehören, andere aber nicht. So weisen sie stets eine variabel ausgeprägte Aufgeschlossenheit oder Abgrenzung gegenüber Anderen und Fremden auf. Diese Lebensformen gehen allerdings über die Gewährleistung des schieren Überlebens an der Grenze des Verhungerns und Verdurstens vielfach weit hinaus, um exklusive und luxuriöse Gestalt anzunehmen. Heute kommen alle Formen des Entbehrens und kulinarischen Überflusses nebeneinander vor. Zugleich ist man weiter denn je davon entfernt, allen Menschen wenigstens das Notwendigste zum Überleben zu gewährleisten. Diskussionen um Begriffe wie transnationale Gerechtigkeit und Verantwortung drehen sich deshalb darum, ob es Verpflichtungen dazu gibt, auch für Fremde Sorge zu tragen, denen man kaum je von Angesicht zu Angesicht begegnen wird. Sie betreffen insofern die Sorge für eine gastliche Welt, als die uns die lebensbedrohliche Natur zunächst gerade nicht begegnet. Auf Dauer kann diese Sorge verlässlich nur in miteinander verflochtenen sozialen und politischen Lebensformen Gestalt annehmen. So verweist uns die Sorge für eine gastliche Welt auf die kulturelle, gelebte Gastlichkeit ›aufgeschlossener‹ sozialer und politischer Lebensformen zurück, die allein sie einlösen können.

Einander widerstreitende Arten und Weisen, zu essen, zu trinken, sich zu kleiden, zu wohnen, sich abzugrenzen oder sich zu öffnen bestimmen mehr oder weniger intensiv jede Lebensform im Innern, aber auch in mannigfaltigen Verflechtungen mit heterogenen Lebensformen in diversen Subkulturen, Regional- und Makrokulturen. Zu darin liegenden Konfliktquellen müssen sich menschliche Lebensformen umso mehr verhalten, wie sie sich über das Unvermeidliche hinaus interferierenden Möglichkeiten heterogenen Lebens öffnen, um sie buchstäblich einzuräumen, indem sie kulturelle Spielräume originär als gastliche stiften. In dem Maße, wie das Wagnis einer solchen Aufgeschlossenheit zwischen miteinander verflochtenen Lebensformen auch bejaht wird, können wir von einer Kultur der Gastlichkeit sprechen, die bis in die einfachsten Formen der Bedürfnisbefriedigung hineinwirkt. Eine immer schon kulturell imprägnierte Praxis der Gastlichkeit fundiert bereits die elementarste, zunächst stets von Anderen gewährleistete Ernährung. Sie heißt die Neuankömmlinge nicht zuletzt dadurch willkommen, dass sie sie für- und vorsorgend ernährt, ihnen Unterkunft und Schutz gewährt.

Die Gewährung der Gastlichkeit

Bevor diejenigen, die diese gastliche Praxis gewährleisten, daran denken können, in ein (im engeren Sinne) reziprok-kommunikatives Verhältnis zum Neugeborenen eintreten zu können oder für ihre Vorleistung irgend eine ›Erstattung‹ erwarten zu dürfen, geben sie Nahrung und manifestieren in diesem Geben, für das sie *prima facie* nichts zurückerhalten, eine elementare Gastlichkeit; und zwar um so besser, wie sie jeglicher ökonomischen (im engeren Sinne kalkulierten, auf Gewinn bedachten) Bedeutung entbehrt. Das Zu-essen-geben ist als Gabe nicht auf Rück-Gabe berechnet – was keineswegs ausschließt, dass sie erwidert wird. Die elementare Praxis der Gastlichkeit in der Ernährung des Kindes gibt ihm Nahrung, Obdach und vieles mehr einseitig und so, dass die Gabe in ihrer selbstverständlichen Alltäglichkeit als Gabe geradezu unkenntlich wird. Das liegt im Sinn der als Gabe verstandenen Ernährung. Dem widerspricht nicht, dass sie in vielen Fällen mangelhaft gewährleistet wird – bis hin zur chronischen Unterversorgung, bis zum Verhungern und Verdursten als Fällen eklatanten Versagens einer Kultur der Gastlichkeit Hier lassen sich *grosso modo* Parallelen zur (un-)gastlichen Gewährleistung elementarer und darüber hinausgehender Lebensbedingungen etwa im Verfahren des Asyls ziehen.

Eine Kultur der Gastlichkeit reduziert sich nicht auf die mehr oder weniger ›kultivierte‹ Bereitstellung von Nahrung, wenn diese als Gabe kommuniziert wird und zu einem gastlichen Aufenthalt einlädt – innerhalb familialer und freundschaftlicher Lebensformen oder in deren Öffnung auf Andere als Fremde hin. In diesem Fall erleichtert das gemeinsame Mahl durch den gemeinsamen Genuss der Nahrung den Genuss der Gastlichkeit selbst, der über die gemeinsame Befriedigung elementarer oder auch subtiler Bedürfnisse hinausgeht, wenn er Genuss am Genuss des Anderen einschließt, dem die Gastlichkeit vermittels der geteilten Nahrung die besondere Nähe einer leiblichen Gemeinschaft einräumt, an der man sich nicht im gleichen Sinne sättigt, wie es das Stillen von Hunger und Durst verspricht.

Dieses ›Einräumen‹ geschieht im Rahmen einer Praxis aktiv gestalteter, im ältesten Sinne des Kulturbegriffs (*cultura*) mehr oder weniger gepflegten Gastlichkeit. Hier geht es nicht um eine mit dem Sinn kulturellen Lebens zu identifizierende Gastlichkeit (Derrida), sondern um besondere kulturelle Praktiken, von denen sich manche als außerordentlich aufgeschlossene erweisen, wohingegen sich andere als hermetisch nach außen abgeschlossen oder exklusiv und insofern als ungastlich darstellen. Gerade im doppelten Sinne exklusive, d. h. tendenziell luxuriöse und *eo ipso* viele Andere ausschließende Formen der Gastlichkeit beanspruchen, sich von einer allgemeinen Gastlichkeit abzusetzen. Sie sollen Wenigen vorbehalten bleiben, die sie sich leisten können – im Gegensatz zu ›Tafeln‹ etwa, die Nahrung umsonst zur Verfügung stellen, wo auch ein Sozialstaat nicht mehr das Überlebensnotwendigste garantiert. Während exklusive Formen der Gastlichkeit ein Phänomen des Reichtums und des Überflusses sind, kommen die Tafeln einer an-ökonomischen Gabe nahe, die weder pekuniär noch symbolisch zum Vorteil der gebenden Instanz einzustreichen ist. So schlicht die Gabe in diesem Fall daherkommt, so sehr kann sie doch als Ausdruck einer Kultur der Gastlichkeit verstanden werden. Sie ist dem Mangel verpflichtet, den Andere leiden, wohingegen die exklusiv gepflegte Gastlichkeit häufig nur als Ausdruck des eigenen Überflusses gelten kann, der von dem unersättlichen Bedürfnis regiert wird, sich darzustellen und symbolisches Kapital im Sinne ökonomischer Repräsentation und Distinktion (Pierre Bourdieu) daraus zu schlagen. Hier wird die Frage unabweisbar, was die Gastlichkeit als ›Gastlichkeit‹ eigentlich ausmacht (wenn nicht schlicht ihr äußerer Anschein).

Historiker wie Hans C. Peyer und Otto Hiltbrunner geben zu bedenken, ob nicht die Geschichte des Gasthauses bis hin zum heutigen Hotel- und Gaststättengewerbe, das die Gastlichkeit rhetorisch okkupiert, tatsächlich für ein weitgehendes Verschwinden der Gastlichkeit als einer nicht-ökonomischen und sogar unbedingt für Andere als Fremde aufgeschlossenen Aufnahmebereitschaft kultureller Lebensformen steht. So gesehen, würde gerade die Karriere einer mehr oder weniger exklusiven und ökonomisierten Gastlichkeit ein nachhaltiges Vergessen der ursprünglichen Bedeutung dieses Begriffs anzeigen. Doch liegen alle vermeintlichen Ursprünge, aus denen man eine derartige Bedeutung zu entnehmen versuchen könnte, kulturgeschichtlich in allzu weiter Ferne, so dass kaum mehr Aussicht darauf besteht, ihnen eine reine und in diesem Sinne auch ursprüngliche Bedeutung zu entnehmen.

Gabe und Gabentausch

Vor der gleichen Schwierigkeit stehen Versuche, an den ›ursprünglichen‹ Sinn des Gabentauschs wieder zu erinnern, der in alten Sitten nachweislich eine zentrale Rolle in der Anbahnung von Gastfreundschaft gespielt hat. Bis heute stehen diese Versuche in der Schuld des Essays von Marcel Mauss *Sur le don* (1924). Mauss ging es um zeremonielle Formen nicht auf Gewinn berechneten, insofern nicht-ökonomischen Austauschs innerhalb archaischer Gesellschaften und zwischen Ethnien. Er erkannte in ihnen teils nachahmenswerte Formen der Großzügigkeit, teils aber auch schismogene Formen gegenseitiger Überbietung. Zentral war für ihn das Rätsel, wie gegenseitiges Geben und Erwidern verpflichtenden Charakter annehmen kann. Claude Lévi-Strauss bearbeitete diese Frage in seinem Buch *Die elementaren Strukturen der Verwandtschaft* (1947) unter Hinweis auf ein Gesetz der Reziprozität, womit er die Frage der originären Stiftung eines sozialen Verhältnisses zwischen gegenseitig einander zur Gabe Verpflichteten wieder verdeckte. Das Gleiche gilt weitgehend für sozialwissenschaftliche Theorien der Reziprozität und des sozialen Austauschs.

Vor allem Derrida (1991) eröffnet die philosophische Diskussion der Gabe wieder. Jedoch radikalisiert er den bei Bronisław Malinowski anzutreffenden Begriff einer ›reinen‹ Gabe derart, dass er als schlechterdings mit jeglichem sozialen Austausch unvereinbar gelten muss. (Eine solche Gabe darf, wie es Matthäus 5 f. nahelegt, nicht einmal vom Geber als solche erkannt werden.) Demgegenüber gewinnen u.a. Jean Starobinski (1994), Maurice Godelier (1996) und Alain Caillé (2000) sowie zuletzt Marcel Hénaff (2002) dem Begriff wieder eine kulturtheoretische Bedeutung ab, indem sie die Erwiderung einer Gabe nicht (wie Derrida) geradezu als deren Annullierung verstehen. Hénaff erkennt mit Mauss in einer Praxis des Gebens die Absicht, soziale Verbindung durch gegenseitige Anerkennung aufrechtzuerhalten (oder immer wieder neu zu stiften). Es gehe im Geben und Erwidern insofern um die »Konstitution des gesellschaftlichen Lebens selbst« (Hénaff 2009, 174). Doch setzt nicht das Geben die Ansprechbarkeit des Anderen voraus? (Genau hier könnte man mit Blick auf Lévinas und Derrida von primärer Gastlichkeit sprechen.) Und hängt es wirklich von einer reziproken Erwiderung ab? Hénaff kommt selbst zu dem Schluss, »wirklich geben« heiße, ohne Erwartung von Anerkennung und Erwiderung jeglicher Art eine Beziehung zu eröffnen (ebd., 405). Eine erste Gabe kann demnach einseitig erfolgen; und der von ihr womöglich initiierte Austausch kann sich im Wechselspiel von Asymmetrien zwischen Gebern und Empfängern ereignen (vgl. Ricœur 2006, 196, 275 u. 290). Radikal einseitig scheint die Gabe als eine ›bedingungslose Vorleistung‹ sein zu müssen.

Deshalb erkennt Hénaff in der Praxis des Gebens eine Verwandtschaft mit der Gastlichkeit, die man Anderen als Fremden gewährt. In beiden Fällen haben wir es mit einem das soziale Verhältnis zum Anderen eröffnenden einseitigen Geschehen zu tun, das sekundär in eine Form der Gegenseitigkeit einscheren, aber niemals im Austausch aufgehen kann. Hénaff (2009, 57 u. 197) fragt sich, wie eine solche Asymmetrie die Gebenden bestimmt, wenn sie geradezu ›sich geben‹ oder ›sich schenken‹ und auf diese Weise womöglich ›ins Gegebene eingehen‹. Welche Formen nicht-ökonomischer Erwiderung (Dankbarkeit) ließen sich in diesem Falle als angemessene Antwort vorstellen?

Hénaff bezieht gegen Derrida Position, indem er behauptet, auch eine einseitige Gabe müsse sichtbar werden, das aber verurteile sie nicht dazu, sofort ökonomisiert oder durch eine Rückgabe annulliert zu werden. Derrida zog die Trennlinie zwischen an-ökonomischer reiner Gabe einerseits und allen Austauschphänomenen andererseits, die bei ihm unter einen sehr weit gefassten und intern nicht weiter differenzierten Ökonomiebegriff fallen. Demgegenüber verläuft die entscheidende begriffliche Grenze bei Hénaff zwischen einer zeremoniellen Gabepraxis und gewinnträchtigen Prozessen, in denen es gerade nicht darum geht, nur ein soziales Band aufrechtzuerhalten oder zu stiften. Indem er die Aufmerksamkeit auf Spielräume der Erwiderung von Gaben lenkt, wirft Hénaff die oft vernachlässigten Fragen auf, ob eine Gabe als Gabe ihrem Empfänger nicht zugute kommen muss und wie sie überhaupt gegeben werden kann, so dass ihre Annahme oder Erwiderung in diesem Sinne möglich ist.

Es scheint, dass wir mit der Fähigkeit, Anderen etwas (oder sogar sich) zu geben und zu erwidern, begabt sind und dass diese ›Gabe‹, wie Hénaff meint, Teil eines Erbes ist, eines ›ursprünglich Gegebenen‹, dem wir unsererseits in der Weise des Gebens antworten. So spielen seine Ausführungen auf andernorts geführte Diskussionen um das ›Gegebene als Gabe‹ (Jean-Luc Marion) sowie um die Gabe einer ›Begabung zu geben‹ (Gabriel Marcel) an. Einer weitgehend ökonomisierten Kultur wirft Hénaff vor, keinen Begriff von einer Erwiderung mehr zu haben, die man Anderen schulde, ohne in ihrer moralischen Schuld zu stehen (vgl. ebd., 365 ff.). So könne sich die Wüste einer Welt ›ohne Geber‹ ausbreiten, in der man noch Handel treiben und Profite einstreichen kann, in der aber im Grunde nichts mehr zu empfangen sei (ebd., 581).

Kultur der Gastlichkeit

Steht nun das Gleiche einer weitgehend ökonomisierten Gastlichkeit bevor? Diese Frage führt zur eingangs angedeuteten philosophischen Radikalisierung des Begriffs ›Kultur der Gastlichkeit‹ zurück. Dieser Ausdruck kann so verstanden werden, dass er sich nicht auf spezielle Formen kulturellen Lebens, sondern (wie bei Derrida) auf dessen Sinn selbst bezieht; und zwar im Sinne der Aufgeschlossenheit für Andere als Fremde, denen sie als einladend erscheinen müsste. Das würde bedeuten, Gastlichkeit mache das aus, was wir unter kulturellem Leben zu verstehen hätten; und zwar in dem Sinn, dass es unbedingt zu einer unhintergehbaren Aufgeschlossenheit für Andere bestimmt sei. Selbst der rigideste Abgrenzungsversuch könnte demnach nicht umhin, sich zu immer schon Gastlichkeit in Anspruch nehmenden Anderen verhalten zu müssen. Demnach müsste jede Art der Abgrenzung den Anderen zunächst in gewisser Weise eingelassen haben, um ihn ausschließen zu können.

Den tieferen Grund dafür meint Derrida in einer unhintergehbaren Ansprechbarkeit menschlicher

Subjektivität zu finden, die er als jeglicher Verfügung entzogen beschreibt. Lévinas, dessen Spur Derrida in seinem Denken der Gastlichkeit folgt, hatte schon in *Totalität und Unendlichkeit* die menschliche Subjektivität als eine zur Gastlichkeit angesichts des Anderen bestimmte beschrieben. »Das Subjekt ist ein Gastgeber«, heißt es hier (1961/1987, 28 u. 434f.). Dabei stellte Lévinas in keiner Weise etwa auf kulturelle Lebensformen ab, sondern wollte zeigen, dass die menschliche Subjektivität als eine zur Verantwortung für den Anderen aufgeforderte zu verstehen sei. Angesichts irgendeines Anderen kann uns demnach der Anspruch erreichen, sich verantwortlich zu ihm zu verhalten. Auch wenn wir diesen Anspruch zurückweisen, kommen wir nicht umhin, ihn ›immer schon‹ in Empfang genommen zu haben, meinte Lévinas. Als unvermeidlich für diesen Anspruch empfängliche erweist sich die menschliche Subjektivität in dieser Sicht zugleich als gastliche. (Und zwar auch dann, wenn sie sich nicht für den Anderen als Gast eigens aufgeschlossen erweist, ja sogar dann, wenn sie ihn feindselig abweist.)

Derrida folgt diesem Gedanken, wenn er ebenfalls von einer unfreiwillig zu gewährenden Gastlichkeit spricht, die den Anspruch des Anderen unbedingt und ohne Möglichkeit der Widerrede gewissermaßen einlässt. Von dieser primären Gastlichkeit, zu der wir, wie Lévinas und Derrida meinen, geradezu verurteilt sind, ist eine sekundäre Gastlichkeit zu unterscheiden, die eigens eingeräumt und freiwillig gewährt (oder auch verweigert) wird; und zwar in einem Stellung nehmenden Verhalten zu einem konkretisierten Anspruch auf Nahrung, Obdach, Aufnahme, Duldung, Asyl, geteiltes Leben usw. Erst auf dieser sekundären Ebene kommt ein Bezug auf soziale, ökonomische, politische, rechtliche und geschichtliche Dimensionen der Gastlichkeit ins Spiel, ohne die kulturelle Lebensformen nicht zu denken sind; zumal wenn sie sich in ihrer primären, zunächst unbedingten Gastlichkeit überfordert erfahren.

Die Politik der Gastlichkeit

Die üblichen politischen Diskussionen um Fragen einer überforderten Gastlichkeit führen allerdings systematisch in die Irre, wenn sie suggerieren, eine zunächst ganz sich selbst genügende (und ihres eigenen Grundes, Bodens und Ursprungs gewisse) Lebensform habe sich allenfalls nach eigenem Gutdünken, begrenzt und befristet, für Fremde zu öffnen, sie habe aber zunächst in sich selbst keinerlei Unterwanderung durch Fremde und keine innere Befremdung hinzunehmen. Unter diesen zweifelhaften Voraussetzungen könnte sich gewährte Gastlichkeit stets nur als nachträgliche und mehr oder weniger bereitwillige Öffnung zu Fremden hin darstellen, die jederzeit unter Hinweis auf eigene Überforderung, Toleranzschwellen und Aufnahmekapazitäten zu verweigern wäre. Ohne etwa die real-politischen Schwierigkeiten leugnen zu wollen, die in diesen Fragen liegen, insistiert Derrida demgegenüber auf einer ›originären Befremdung jeglichen kulturellen Lebens‹ im Zeichen jener unbedingten primären Gastlichkeit, die kulturellem Leben unvermeidlich innewohne.

Der von der politischen Rhetorik häufig suggerierte Primat einer ethnischen Identität oder eines autochthonen geschichtlichen Ursprungs im eigenen Grund und Boden (oder ›Lebensraum‹) ist so gesehen eine gefährliche Ideologie, die zu einer abwegigen Konzeption der Gastlichkeit führt. Im Rahmen einer solchen Ideologie kann (›unbedingte‹) Gastlichkeit keine originäre Bestimmung jeglichen kulturellen Lebens sein; vielmehr erscheint Gastlichkeit bestenfalls als generöse, stets nur unter Vorbehalten und bis auf weiteres gewährte Öffnung zum Fremden hin, die sie jederzeit auch radikal widerrufen kann – ohne darum ihren Charakter als kulturelles Leben einzubüßen.

Derrida hält dagegen, ein kulturelles Leben, das nicht auch als mehr oder weniger gastliches zu verstehen sei, könne es gar nicht geben. Demnach wären Gastlichkeit und Kulturalität gleichursprünglich – und nur zusammen oder gar nicht zu haben. Genau das besagt im Kern die zweite Deutung des Ausdrucks ›Kultur der Gastlichkeit‹, die allerdings nicht bedeutet, dass sich politisch brisante Fragen einer eigens zu regelnden Gastlichkeit nicht mehr stellen müssten. Vielmehr ist gemeint, dass sie im Zeichen eines primären Inanspruchgenommenseins vom Anspruch eines Anderen oder vieler Anderer her zu verstehen sind, die stets bereits im Spiel sind, bevor man sich fragt, wie man sich zu ihnen verhalten will. In konkreten und unter endlichen Bedingungen unvermeidlich beschränkten Spielräumen des Verhaltens geht es darum, wie leibhaftigen Anderen gegebenenfalls befristet, auf unbestimmte Zeit oder für immer Aufnahme zu gewähren ist. In diesem Falle steht zunächst eine elementare Gastlichkeit auf dem Spiel, die Anderen möglichst über das Überleben hinaus Bedingungen für ein besseres Leben bieten sollte. Ob es einen rechtlichen Anspruch darauf geben kann oder muss, der als (›kosmopolitisches‹, wie bei Kant ›in weltbürgerlicher Absicht‹ gedachtes) ›Recht des

Fremden‹ nicht einfach nach eigenem Belieben derer zu gewähren wäre, die ihn aufzunehmen hätten, ist bis heute umstritten.

Zwar beinhalten manche Verfassungen einen grundrechtlichen Anspruch auf Aufnahme ins jeweilige politische Gemeinwesen, doch ist das Problem nach wie vor ungelöst, wie ein entsprechendes ›Recht des Fremden‹ denkbar sein könnte, dessen mehr oder weniger restriktive Gewährung nicht zur Disposition des jeweiligen Gemeinwesens stehen dürfte. Solange ein weltweit durchgesetztes und rechtlich positiviertes Menschenrecht nicht mit einem Welt-Bürgerrecht zusammenfällt, wird die Antwort auf diese Frage offen bleiben müssen. Um so mehr werden wir auf die unvermeidlich endlichen, räumlich beschränkten und befristeten Formen der sekundären Gastlichkeit zurückverwiesen, die allein jener primären, zunächst unbedingten Gastlichkeit Rechnung tragen können, indem sie ihr Beschränkungen auferlegen (und damit Gefahr laufen, sie geradezu zu pervertieren).

Wo Derrida so argumentiert, erweckt er den Anschein, als lasse sich die Herausforderung zu einer unbedingten Gastlichkeit ohne weiteres als eine kulturelle Norm verstehen. Bei näherem Hinsehen zeigt sich indessen, dass die primäre Gastlichkeit, wenn sie unbedingt sein soll, eine dramatische Überforderung kultureller Lebensformen ins Spiel bringt, die keineswegs die Frage erübrigt, wie letztere denn konkret den Anspruch der Gastlichkeit sollen einlösen können. Wenn es einerseits stimmt, dass Gastlichkeit und Kultur unauflöslich zusammen gehören, weil wir es nur mit zur Gastlichkeit bestimmten kulturellen Lebensformen zu tun haben, so ist andererseits nicht zu übersehen, dass nur entsprechend aktiv gestaltete Lebensformen diesem Anspruch auch entgegenkommen und ihn besser realisieren können als andere. Eine Kultur der Gastlichkeit, die sie ›pflegt‹ oder ›kultiviert‹, liegt keineswegs schon deshalb vor, weil angeblich jede Kultur zur Gastlichkeit bestimmt ist; vielmehr kann es eine solche Kultur im engeren Sinne nur dort geben, wo die Gastlichkeit zu einer Angelegenheit des kulturellen Lebens selber wird.

Literatur

Arendt, Hannah: *Elemente und Ursprünge totaler Herrschaft* [1955]. München/Zürich ³1993.

Caillé, Alain: *Anthropologie der Gabe*. Frankfurt a. M. 2008 (frz. 2000).

Derrida, Jacques: *Falschgeld. Zeit geben I*. München 1993 (frz. 1991).

–: *Cosmopolites de tous le pays, encore un effort!* Paris 1997.

–: *Adieu*. München 1999.

–: *Von der Gastfreundschaft*. Wien ²2007 (frz. 1997).

Fountoulakis, Evi/Previšić, Boris (Hg.): *Der Gast als Fremder: narrative Alterität in der Literatur*. Bielefeld 2011.

Godelier, Maurice: *Das Rätsel der Gabe. Geld, Geschenke, heilige Objekte*. München 1999 (frz. 1996).

Hénaff, Marcel: *Der Preis der Wahrheit. Gabe, Geld und Philosophie*. Frankfurt a. M. 2009 (frz. 2002).

Hiltbrunner, Otto: *Gastfreundschaft in der Antike und im frühen Christentum*. Darmstadt 2005.

Jaeger, Friedrich/Liebsch, Burkhard (Hg.): *Handbuch der Kulturwissenschaften. Bd. 1: Grundlagen und Schlüsselbegriffe*. Stuttgart/Weimar 2011.

Kant, Immanuel: Zum ewigen Frieden [1795]. In: Ders.: *Gesammelte Schriften*. Hg. von der Königlich Preußischen Akademie der Wissenschaften. Bd. 8. Berlin 1910 ff., 341–386.

Lévinas, Emmanuel: *Totalität und Unendlichkeit*. Freiburg i.Br. 1987 (frz. 1961).

Liebsch, Burkhard: *Gastlichkeit und Freiheit*. Weilerswist 2005.

–: *Für eine Kultur der Gastlichkeit*. Freiburg i.Br./München 2008.

Mauss, Marcel: *Die Gabe*. Frankfurt a. M. ³1984 (frz. 1924).

Peyer, Hans C.: *Von der Gastfreundschaft zum Gasthaus. Studien zur Gastlichkeit im Mittelalter*. Hannover 1987.

Ricœur, Paul: *Wege der Anerkennung*. Frankfurt a. M. 2006.

Starobinski, Jean: *Gute Gaben, schlimme Gaben. Von der Ambivalenz sozialer Gesten*. Frankfurt a. M. 1994 (frz. 1994).

Wierlacher, Alois (Hg.): *Gastlichkeit: Rahmenthema der Kulinaristik*. Münster 2011.

Burkhard Liebsch

8. Geist, objektiver

Übersetzt in eine aktuellere Theoriesprache, ließe sich Hegels »objektiver Geist« provisorisch zunächst mit ›Kultur‹ wiedergeben. Gleichwohl handelt es sich nicht um Synonyme oder koextensionale Ausdrücke. Dazu ist ihre historische Semantik zu verschieden, ihr systematischer Gehalt zu unterschiedlich. Der Begriff des objektiven Geistes gehört zu jenen Vokabeln, die ebenso sehr nach Übersetzung in eine nichthegelsche Terminologie verlangen, wie sie sich dieser zugleich verweigern. Es empfiehlt sich daher, zwischen der systemarchitektonischen Semantik des Begriffs und seinen späteren völkerpsychologischen, sozial- und kulturphilosophischen Verwandlungen zu unterscheiden, denen, bei allen Differenzen, gemeinsam ist, den objektiven Geist als ein Definiens von Kultur zu begreifen.

Hegel

Hegels Begriff des objektiven Geistes, geprägt für die systematische Architektonik seiner *Enzyklopädie der philosophischen Wissenschaften* (1817, 1827, 1830) und *Grundlinien zur Philosophie des Rechts* (1821), ist zugleich allgemeiner und konkreter als der der Kultur. Allgemeiner, weil er alle Formen einschließt, in denen Geistiges sich objektiviert und selbst anzuschauen vermag; konkreter, weil er die real existierenden Formen des Rechts, der Moralität, der Sittlichkeit und damit die Institutionen Familie, bürgerliche Gesellschaft und Staat in ihren unmittelbar weltgeschichtlichen Gestalten erfassen soll.

›Geist‹ ist für Hegel die vorrangige und einzig angemessene Form menschlicher Selbstverhältnisse. Alle Gestalten, in denen Menschen sich zu Bewusstsein bringen, was sie sind, sind zuletzt geistiger Natur. Als wahr dürfen diese Selbstverhältnisse gelten, weil sich in ihnen Begriff (Geist) und Realität (eine geistig durchdrungene Leiblichkeit) vollkommen entsprechen. Dadurch müssen sie auch auf Wirklichkeit ausgreifen, sich mit ihr vereinen, wenn anders unser Selbstverhältnis auch eines der ›Selbstverwirklichung‹ sein soll (vgl. Kroner 1928). Daher besondert und verendlicht sich das allgemeine geistige Wesen des Menschen in jedem Einzelnen; subjektiver und objektiver Geist sind endliche Formen des Geistes (Hegel GW 20, 383 f.). Der subjektive Geist repräsentiert jene Stufe des individuell verkörperten Geistes, die ihm seine Geistigkeit erstmals zu Bewusstsein bringt – als fortschreitende Emanzipation von Natur (ebd., 478).

Als ›Seele‹ wird der subjektive Geist noch durchgängig von Naturfaktoren bestimmt (Sonnenumlauf, Klima, geographische und rassische Eigenheiten), als ›Bewusstsein‹ von den Gegenständen der Wahrnehmung bzw. von anderen Bewusstseinssubjekten, deren Kampf um Anerkennung bereits Vorschein der Intersubjektivitätsformen des objektiven Geistes ist. Doch erst als theoretischer und praktischer ›Geist‹, dessen Selbstverhältnis sich im Medium der Sprache und des Willens vollzieht (ebd., 438), gewinnt der subjektive Geist freien Zugang zu seinen eigenen Vermögen (Anschauung, Vorstellung, Denken, Gefühl, Triebe, Glückseligkeit). Dieses befreite Selbstverhältnis ist für Hegel allerdings solange nur »formell« (ebd., 382) oder einseitig, wie es, auf die eigene Subjektivität beschränkt, noch keinerlei gesellschaftliche oder kulturelle Realität besitzt.

Erst auf der Stufe des objektiven Geistes setzt sich der individuelle subjektive Geist in ein Verhältnis zu anderen, damit aber auch in ein intersubjektives Selbstverhältnis, welches von den gesellschaftlichen Institutionen präformiert wird, »indem er die Objectivierung seiner selbst, die Bewegung durch die Form seiner Momente ist« (GW 14, 143). Es ist dies die Sphäre der von der bürgerlichen Rechtsordnung und ihren moralischen Auffassungen geprägten Verfassungs-, Arbeits- und Handlungsverhältnisse. Auch der individuelle Wille ist schon Teil des objektiven Geistes, allerdings nur in der defizienten Form moralischer Vorstellungen, die erst in den sittlichen Organisationsformen der Familie, der bürgerlichen Gesellschaft und des Staats zur Vernunft kommen. Entsprechend stellt Hegels Lehre vom objektiven Geist den Entwurf einer ebenso systematischen wie normativen Theorie staatlicher Institutionen dar. Der objektive Geist manifestiert sich in den Formen des Personen- und Eigentumsrechts, in den Willensbekundungen und Moralitätsvorstellungen der Subjekte, zuletzt in der durch Institutionen fundierten Sittlichkeit. Dadurch schließlich, dass er sich in diesen Formen auch in die von ihm bestimmte Weltgeschichte als eine Geschichte fortschreitenden Freiheitsbewusstseins auslegt – genauer: dass er auf diese Weise Geschichte *macht* –, konkretisiert sich der objektive Geist zugleich als »Weltgeist« (GW 20, 524).

Insofern der Geist Subjekt, Objekt und Medium seiner eigenen Selbstbewusstwerdungsgeschichte ist, lässt Hegel ihm zur Aufgabe werden, die Objektivität, in der er sich spiegelt, nicht einfach nur vorzufinden, sondern auch selbst hervorzubringen: »in der Form der Realität als einer von ihm hervorzubringenden und hervorgebrachten Welt« (ebd., 383). Dieser Idealismus wird von Hegel keinesfalls verstanden als Konstruktivismus in dem modernen Sinn, dass der subjektive und objektive Geist die Gegenstände der natürlichen Welt hervorbrächten. Wohl aber ruft er die kulturellen Institutionen ins Leben, die ohne ihn nicht sein könnten. Modern gesprochen: ›Objektiver Geist‹ ist Titel für eine Form kollektiver Intentionalität, die sich in einem je geographisch, geschichtlich und kulturell differenzierenden pluralen Subjekt (vgl. Gilbert 1989) verkörpert. Dessen Form ist zunächst die Gestalt der Moralität, die aber, anders als der absolute Geist, noch auf Vorgefundenes und Heterogenes bezogen bleibt. Demgegenüber ist der absolute Geist ein Absolutum gerade nicht – wie oft missverstanden – als Allwissenheit, sondern als Selbstbestimmung durch Ablösung von allem nur Gegebenen, Naturwüchsigen, Unvermittelten, d. h. nicht von ihm selbst Begriffenen. Umgekehrt wird er zum Absoluten durch die vollkommene geistige Durchdringung der Welt. Aus diesem Grund treibt für Hegel die Beschränkung auf Moralität als praktische Subjektivität zugleich über sich hinaus in eine umfassendere Sittlichkeit, die von den Organisationsformen einer »institutionelle[n] Ethik« (vgl. Fulda 1971 ff., 196) verkörpert wird.

Der objektive Geist stiftet jenen Raum, in dem sich der individuelle Wille der Einzelnen mit dem aller anderen in ein Anerkennungsverhältnis setzt – und man könnte die staatlichen und kulturellen Institutionen bei Hegel in der Tat als geronnene Anerkennungsprozesse interpretieren. Damit überbietet Hegel die kontraktualistische Tradition der Neuzeit, deren vertragstheoretisches Grundkonstrukt in seiner Theorie des »wirkliche[n] Geist[es]« (GW 14, 143) aufgehoben wird – »aufgehoben« im dialektischen Sinn des Überwindens, Bewahrens und Emporhebens. Denn die institutionalisierten Anerkennungsverhältnisse mögen zwar einen virtuellen Vertrag repräsentieren, in den alle »freye[n] Geist[er]« (GW 20, 476) freiwillig einwilligen, doch kraft ihrer konkreten, sittlich-institutionellen Einbettung glaubt sie Hegel zugleich allen kontraktualistischen Einseitigkeiten »bloßer« Sollensethik überhoben (vgl. GW 14, 270 u. 65). Hegels Begriff für diese nicht mehr nur vertraglichen Anerkennungsverhältnisse ist deshalb auch nicht der der formellen »Uebereinkunft« (GW 20, 484), sondern der der organischen »Vereinigung« im Staat (GW 14, 201 f.).

Transparent wird so auch das vermeintliche Oxymoron der Formulierung »objektiver Geist«: Insofern seine Daseinsformen Realität dergestalt haben, dass sie Teil unserer (kulturellen) Welt sind und als Einzelne auftreten (es ist immer *diese* Verfassung und *diese* Regierung), heißen sie objektiv; insofern sie allerdings keine unmittelbar dingliche Wirklichkeit haben, sondern »gedachte« und erdachte – und damit allgemeine – Verhältnisse sind, heißen sie Geist und sind in dieser ihrer Vermittlung von Objektivität und Geistigkeit vernünftig. Vernünftigkeit deutet Hegel als vollständige Durchdringung von Allgemeinheit und Einzelheit in Form der Besonderheit (ebd., 202).

Als System der objektiven Organisationsformen des freien Willens konkretisieren die Institutionen allererst jenen »abstracte[n] Begriff der Idee des Willens« als einen »*freye[n] Wille[n], der den freyen Willen will*« (ebd., 45). Damit wird der objektive Geist zum Ermöglichungsgrund subjektiver Freiheit, deren Rechte gegenüber der Allgemeinheit zugleich Pflichten sind und vice versa: Die Pflicht zum Gehorsam gegenüber dem Familienvater ist eins mit dem Recht des Kindes, zu einem »freien Menschen erzogen zu werden« (GW 20, 480). Die Pflicht zu Abgaben und Kriegsdienst gegenüber dem »lebendige[n] Geist« (ebd., 509) des Staats ist eins mit dem von ihm garantierten Schutz der Eigentumsrechte usw. Als »organisirtes [...] Ganzes« (ebd.) hat die objektivgeistige Form des Staats die vorgefundene Welt endgültig in eine vom Geist selbsterzeugte Gegenständlichkeit überführt, in der es der freie Wille nur noch mit seinen eigenen Produkten zu tun hat: mit Korporationen und Behörden, mit Verfassungen und Regierungen, schließlich mit völkerrechtlich geregelten internationalen Beziehungen zu anderen staatlichen Daseinsformen des objektiven Geistes – zuletzt jedoch mit sich selbst als der eigenen (Welt-)Geschichte (vgl. ebd., 523–541).

Von Dilthey bis Simmel

Ungeachtet der aristotelischen Tradition der Politik und ihrer Deutung des *nous poietikos*, ungeachtet auch der Lehre vom *esprit général* bei Montesquieu oder Giambattista Vicos Bestimmung des *mondo civile*, gibt es vor Hegel sensu stricto keine systematische Theorie der Manifestationsformen eines überindividuellen menschlichen Geistes, keine Theorie der Daseinsformen, in denen er seiner Idee »Wirklichkeit« (ebd., 476 u. 542) verleiht. Mit Grund gilt Hegel im 20. Jahrhundert als ihr »Entdecker« (Hartmann 1933, 170), und nicht erst mit Karl Marx' *Kritik der Hegelschen Staatsphilosophie* (1841/42) beginnt eine reiche Hegel-Rezeption, die sich an der Lehre vom objektiven Geist abarbeitet, um sie (im Gefolge Lazarus') als Philosophie der Kultur oder (im Gefolge Marx') als Theorie der Gesellschaft zu reformulieren.

Zwanzig Jahre nach Hegels Tod bestimmt Moritz Lazarus Mitte des 19. Jahrhunderts den objektiven Geist als Gesamtheit der »psychischen Tatsachen« eines »Volksgeistes« (Lazarus 2003, 7). Sein Begriff erlaubt, den neuralgischen Punkt des Zusammenhangs von Individuum und Allgemeinheit aufzuhellen. Die Individuen sind »Träger des objectiven Volksgeistes« (ebd., 199), er selbst ist die Organisationsform des Zusammenlebens der Individuen, indem er »zum Inhalt, zur Norm und zum Organ ihrer ferneren subjectiven Thätigkeit« (ebd., 176) wird. Entsprechend kann objektiver Geist als Form einer Wir-Intentionalität begriffen werden, kraft deren »die Einheit des Subjects nur aus der Gleichheit oder Vereinbarkeit des Inhalts in den Individuen [...] entspringt« (ebd., 139). So erscheint die Entstehung des objektiven Geistes als »nothwendige[s] Resultat des Zusammenlebens« (ebd., 177). Er wäre vollständig erfasst, könnte man eine Art systematisches Lexikon nicht nur der Sprachen, sondern auch der Rechts-, Natur- und Moralvorstellungen aller Gesellschaften erstellen (ebd., 179).

Ähnlich versteht Heymann Steinthal unter objektivem Geist die Gesamtheit der »Culturzustände« (Steinthal 1970, 608): Sprachen, Sitten, Religionen. Stärker jedoch als Lazarus hebt er aus den »objective[n] Elemente[n] des Volksgeistes« die Sprache als deren vorrangiges Trägermedium hervor (Steinthal 1848; vgl. Lazarus 2003, 250). Ihre eigentümliche Leistung besteht in der Doppelnatur von Verkörperung und Verständigung, so dass auch der objektive Geist ipso facto auf Verständigung ausgerichtet ist und als sprachlich organisiertes kulturelles Gedächtnis erkennbar wird. Steinthal leitet daraus die sprach- und kulturphilosophisch bedeutsame Einsicht ab, dass sich in den natürlichen Sprachformen zugleich Lebensformen veräußern, die im Zusammenhang untersucht werden müssen: als Analyse der objektiven »Sprechacte« (ebd., 176) einer Kultur.

Wilhelm Wundt hat diese völkerpsychologische Analyse der Lebensformen, deren handfest biologisches Fundament sich auf der Ebene der Kultur in »Lebensstile« ausdifferenziert, in ein »System der Philosophie« eingebunden (Wundt 1889/^{3}1907, 78 ff.), welches äußerlich der Systemarchitektonik Hegels zu folgen scheint: Logik, Naturphilosophie, Philosophie des Geistes. Das »Reich des Geistes« bestimmt Wundt als die Sphäre »bewußte[r] geistige[r] Wirksamkeit« bzw. als die Gesamtheit jener »Tatsachen« innerer Erfahrungen und äußerer Vorgänge (ebd., 136), die sich gemäß dem Prinzip des »psychophysischen Parallelismus« ordnen. Darunter wird die Annahme verstanden, dass »jedem psychischen Geschehen irgendwelche physische[n] Vorgänge entsprechen« (ebd., 175). Dem objektiven Geist lassen sich solche Vorgänge aber nur zuschreiben, wenn es gelingt, »dem geistigen Gesamtleben eine Wirklichkeit zu sichern, die der Realität des Einzellebens gleichkommt« (ebd., 189). Diese lassen sich in der Tat konkret und ohne Rückgriff auf »metaphysische Voraussetzungen« in den Institutionen, Organisations- und Vermittlungsformen der Gesellschaft materialiter auffinden.

Für Wilhelm Dilthey wird das Verstehen der Kultursysteme des objektiven Geistes zur Hauptaufgabe der Geisteswissenschaften. Dabei unterscheidet er die elementare Orientierung *durch* den objektiven Geist von der metatheoretischen Orientierung *über* den objektiven Geist, seine »Wirkungszusammenhänge« und »Kulturleistung[en]« (Dilthey 1910/1927, 166). Als »Kultursysteme« begreift Dilthey die sowohl autonomen als auch ineinander greifenden Sphären der Bedürfnisbefriedigung, Handlungskoordinierung und Lebensorganisation: »Erziehung, Wirtschaftsleben, Recht, politische Funktionen, Religionen, Geselligkeit, Kunst, Philosophie, Wissenschaft« (ebd., 166). Verschiedene Rückkopplungseffekte zwischen diesen Sphären kanalisieren die »produktive[n] Energie[n]« (ebd., 168) Einzelner oder einzelner Gruppen in »Kulturleistungen«, die für eine hinreichende Menge an Mitgliedern einen Wert darstellen oder ihnen die Möglichkeit zur Partizipation am Ganzen einräumen. Hier hat das Erkennen der (und durch) Geschichte seinen Ort, aus ihnen bezieht das historische Verstehen seine Kraft. Denn nur dem historischen Blick, seiner rückwärts gewandten Prophetie, erschließen sich die Kollisionen und Konkurrenzen der Kultursysteme, offenbart sich ihr »ungeschlichtete[r] Streit« (ebd., 173), der notwendig ist, weil allein die Produktivität ihrer Differenzen zur Einsicht in das führen kann, was die je geschichtliche Gegenwart ausmacht, aus der Perspektive dieser Gegenwart selbst jedoch undurchsichtig bleiben muss.

Seit Georg Simmels *Philosophie des Geldes* (1900) verbindet sich mit dem Terminus ›objektiver Geist‹ nicht nur der Begriff der Kultur, sondern auch die Diagnose ihrer »Tragödie«. Das Dilemma besteht im unaufhaltsamen Auseinanderweisen von subjektivem und objektivem Geist: Moderne Arbeitsteilung und Spezialisierung steigern zwar das allgemeine »Kulturniveau«, entkoppeln es aber zunehmend von den individuellen Erlebnis- und Verstehensmodi der hervorgebrachten Kulturgüter. In der Moderne wird unser äußeres Leben »von immer mehr Gegenständen umgeben [...], deren objektiven, in ihrem Produktionsprozeß aufgewandten Geist wir nicht entfernt ausdenken« (Simmel ^{4}1996, 621). Vormals gegenständliche oder objektivierbare Verhältnisse lösen sich – wie in der modernen Geldwirtschaft – in ein Geflecht rein symbolischer Relationen auf, die das Auseinanderfallen von subjektivem und objektivem Geist begünstigen. So wird nicht zuletzt auch die Verschiedenheit von Produkten entbehrlicher, ihre Konsumtion fungibler. Der »Triumph objektivierter Kultur« (ebd., 621) erweitert diese »Diskrepanz« laufend, so dass der individuelle Geist an dem ständig wachsenden »Schatz der Sachkultur« nicht mehr in Form von Bildung partizipieren kann, ohne überlastet zu werden.

Simmel unterscheidet »materielle Kulturgüter« wie Möbel und Kulturpflanzen, Kunstwerke und Maschinen, Geräte und Bücher von jenen objektiven Kulturformen, in denen das Selbstverhältnis des Menschen Gestalt gewinnt: Sprache, Sitte, Religion, Recht (ebd., 618). Beide Formen konstituieren eine Sphäre kultureller Tatsachen, die es nur gibt, weil wir kollektiv wollen, dass es sie gibt; die nur existieren, weil sie *als* bestehende Sachverhalte rezipiert werden, und von denen wir uns fragen können, ob sie vor ihrer Rezeption überhaupt vorhanden waren. Werden soziale und kulturelle Tatsachen durch ihre Wiederholung hervorgebracht, so bemisst sich die »praktische Kulturbedeutung« an dem Umfang, in dem diese Tatsachen »zu Entwicklungsmomenten der Individuen werden« (ebd., 627).

Simmels kritischer Analyse steht mit Hans Freyers *Theorie des objektiven Geistes* (1923) eine konservative »Kulturphilosophie« und »Wirklichkeitswissenschaft« (Freyer 1930) gegenüber. Forschungslogisch folgt Freyer Dilthey in der Auszeichnung der »Sinnkomplexe« (Freyer 1923, 16) von Erleben und Verstehen als den methodischen Zugriffen der Geistes- und Kulturwissenschaften: Ihr Gegenstand sind nicht natürliche Kausal-, sondern kulturelle Strukturzusammenhänge (ebd., 9). Freyers »objektive Hermeneutik« (ebd., 112) sucht drei Objektivationssphären und fünf Hauptgebilde des objektiven Geistes zu unterscheiden, die zuletzt nicht das Auseinanderfallen der Kultursysteme, sondern deren systematischen Zusammenhalt erweisen sollen (ebd., 117–120).

Kulturphilosophisch einfluss- wie aufschlussreich ist Freyers Gliederung der dritten Objektivationssphäre in die Formtypen Gebilde, Gerät, Zeichen, Sozialform und Bildung. Gebilde heißen »selbstgenugsame« Einheiten, deren Sinn und Relationen nur auf ihr Inneres verweisen – wie bei Kunstwerken; Geräte heißen solche Formen, deren Sinn aus Zweck- und Handlungszusammenhängen erwächst; Zeichen heißen expressive Formen, deren Bedeutungs- und Mitteilungsgehalt daraus erwächst, dass sie für anderes stehen – Sprache, Denkmäler etc.; Sozialformen, wie »Familie, [...] Dorfgemeinschaft, Volk« (ebd., 54), aber auch Grußsitten, Regierungen, Steuerpflicht, heißen Sinngefüge, die Willenszusammenhänge mit sozialen Zwecken darstellen; Bildung ist demgegenüber selbst eigentlich kein eigener Typus, sondern Titel für das »Verhältnis zwischen subjektiv-seelischem Geschehen und objektiv-geistiger Form überhaupt« (ebd., 55). Bildung meint nicht subjektive Lernaneignungsprozesse objektiven Wissens, sondern ein Bilden, wie es etwa in der Generationen überdauernden gemeinsamen Arbeit an einer Technik oder einem Werkzeug zum Ausdruck kommt, welches dann künftigen frei zur Verfügung steht und so in das allgemeine Wissen des objektiven Geistes einwandert. Für Freyer stellen diese fünf Formtypen kulturelle Grundkoordinaten dar, kraft deren, unterschiedlich miteinander verbunden, alle Inhalte eines objektiven Geistes bestimmt werden können, der gar nicht anders zu denken ist denn als stets gewordenes »Resultat eines Schaffensprozesses« (ebd., 111).

Eigentlich ist die in Diltheys, Simmels und Freyers Werken umlaufende Rede vom ›lebendigen Geist‹ bereits Index eines kulturphilosophischen Problems: Wenn von Werkzeugen über Denkmäler bis hin zu Sitten und Rechtsformen alle kulturellen Tatsachen Erzeugnisse eines objektiven Geistes sind, dann stellt sich die Frage, welchen Status vergangene Techniken, Sitten und Rechtsnormen genießen. Anders gefragt: Gibt es ein Herausfallen von Objektivationen aus dem objektiven Geist, oder gehören sie vielmehr als obsolete, aber immer noch daseiende, nicht trotzdem in seinen Kreis? Nicolai Hartmann, dessen Werk *Das Problem des geistigen Seins* (1933) von dieser Frage bestimmt ist, beantwortet sie mit einer Unterscheidung zwischen der Form eines objektiven und eines objektivierten Geistes. Ihr Konflikt motiviert kulturellen Wandel, er diktiert das »Grundgesetz des geschichtlichen Geistes« (Hartmann 1933, 448). Denn ein bestimmtes Gesetz (= objektivierter Geist) mag dann noch bestehen, wenn unser Rechtsempfinden (= objektiver/lebendiger Geist) es längst als aus der

Zeit gefallen empfindet. Es ist dieses dialektische Verhältnis der beiden Manifestationsformen des Geistes, das als »ständige Produktion und ständige Auslese« (ebd., 446) alle Ebenen des Kultursystems konstelliert.

Objektiver Geist und Kultur

Dem komparativen Blick auf Diltheys, Simmels, Freyers und Hartmanns Theorien eröffnen sich sowohl Familienähnlichkeiten als auch Divergenzen zwischen den Begriffen ›objektiver Geist‹ und ›Kultur‹. Man könnte formulieren, dass ›objektiver Geist‹ die allgemeine Form pluraler Subjektivität bzw. kollektiver Intentionalität nennt, während ›Kultur‹ die konkreten Kulturformen, -systeme und -inhalte als Gesamtheit oder zumindest Agglomerat kultureller Tatsachen (vgl. Konersmann 2006) meint. Aufgrund der offenkundigen politischen Missbrauchsanfälligkeit kulturphilosophischer Theorien des objektiven Geistes verwundert es nicht, dass es nach Hartmanns Vorkriegsontologie des geistigen Seins im Nachkriegsdeutschland weder in der Soziologie noch Philosophie zu ernsthaften Versuchen ihrer Reformulierung kommen konnte.

Eine Ausnahme bildet Karl Poppers spätes Hauptwerk *Objektive Erkenntnis* (1973), das ganz im Zeichen einer Realismus- und Verstehenskonzeption (Drei-Welten-Theorie) für die Sozial- und Geisteswissenschaften steht, die sich explizit von Hegel und Dilthey abgrenzt, um dennoch »Theorie des objektiven Geistes« genannt zu werden (Popper 1973, 172). Unter objektivem Geist versteht Popper weniger die sozialen Institutionen und kulturellen Gebilde, die klassischerweise dessen Sphäre ausmachten, als vielmehr jene Welt primär sprachlicher und propositionaler Sachverhalte von Theorien und Kunstwerken, die er »Welt 3« nennt: »In dieser pluralistischen Philosophie besteht die Welt aus mindestens drei ontologisch verschiedenen Teilwelten: [...] Die Welt 1 ist die physikalische Welt oder die Welt der physikalischen Zustände; die Welt 2 ist die geistige Welt, die Welt unserer psychischen Erlebnisse (Wünsche, Hoffnungen, Gedanken ...), die Welt 3 ist die Welt der *intelligibilia* oder der *Ideen im objektiven Sinne*; es ist die Welt der möglichen Gegenstände des Denkens: die Welt der Theorien an sich und ihrer logischen Beziehungen [...]« (Popper 1973, 174). Mit seiner Bestimmung kehrt Popper zuletzt an den Ausgangspunkt der kulturphilosophischen Adaptionen der Theorie des objektiven Geistes in den 1850er Jahren zurück. Denn wie Lazarus, Steinthal und Dilthey privilegiert Popper die Sprache als Primärmedium des Verstehens und der Verständigung, deren ontologische Dignität genau darin besteht, allen drei Welten anzugehören: als physische Symbole und Laute Welt 1, als subjektives Erfassen und Verstehen von Sachverhalten Welt 2, als Feststellung von Mitteilungen und Folgerungen aus ihnen Welt 3. Damit nähern sich Poppers Welt-3-Gegenstände zugleich der Adornoschen Bestimmung der Kunstwerke (vgl. Adorno 1970, 16) an, deren Charakterisierung auch auf die kulturellen Tatsachen des objektiven Geistes zutreffen könnte: dass sie autonom und *fait social* zugleich sind.

Literatur

Adorno, Theodor W.: *Ästhetische Theorie.* Hg. von Rolf Tiedemann und Gretel Adorno. Frankfurt a. M. 1970.

Dilthey, Wilhelm: *Der Aufbau der geschichtlichen Welt in den Geisteswissenschaften* [1910]. In: Ders.: *Gesammelte Schriften.* Hg. von Bernhard Groethuysen. Bd. 7. Leipzig/Berlin 1927.

Freyer, Hans: *Theorie des objektiven Geistes. Eine Einleitung in die Kulturphilosophie.* Leipzig/Berlin 1923.

–: *Soziologie als Wirklichkeitswissenschaft.* Leipzig 1930.

Fulda, Hans-Friedrich: Art. Geist VIII. In: *Historisches Wörterbuch der Philosophie.* Hg. von Joachim Ritter, Karlfried Gründer und Gottfried Gabriel. Bd. 3. Basel 1971 ff., 191–199.

Gilbert, Margaret: *On Social Facts.* Princeton 1989.

Hartmann, Nicolai: *Das Problem des geistigen Seins.* Berlin/Leipzig 1933.

Hegel, Georg Wilhelm Friedrich: *Gesammelte Werke.* Hg. von der Rheinisch-Westfälischen Akademie der Wissenschaften. Hamburg 1968 ff. [GW].

Konersmann, Ralf: *Kulturelle Tatsachen.* Frankfurt a. M. 2006.

Kroner, Richard: *Die Selbstverwirklichung des Geistes. Prolegomena zur Kulturphilosophie.* Tübingen 1928.

Lazarus, Moritz: *Grundzüge der Völkerpsychologie und Kulturwissenschaft.* Hg. von Klaus Christian Köhnke. Hamburg 2003.

Marx, Karl: *Die Frühschriften.* Hg. von Siegfried Landshut. Stuttgart 1971.

Popper, Karl R.: *Objektive Erkenntnis. Ein evolutionärer Entwurf.* Hamburg 1973.

Simmel, Georg: *Philosophie des Geldes* [1900]. In: Ders.: *Gesamtausgabe.* Hg. von Otthein Rammstedt. Bd. 6. Frankfurt a. M. ^{4}1996.

Steinthal, Heymann: *Die Sprachwissenschaft Wilhelm von Humboldt's und die Hegel'sche Philosophie.* Berlin 1848.

–: *Kleine sprachtheoretische Schriften.* Hg. von Waltraud Bumann. Hildesheim/New York 1970.

Wundt, Wilhelm: *System der Philosophie.* 3 Bde. Leipzig 1889, ^{3}1907.

Dirk Westerkamp

9. Gewalt

Die Ausübung von Gewalt sowie die Anstrengungen, sie einzudämmen, zu lenken oder zu verhindern, zählen zu zentralen Bestandteilen menschlicher Kultur. Kulturtheoretisch lässt sich der Umgang mit dem Phänomen der Gewaltfähigkeit und -bereitschaft im normativen Kontext kultureller Welten verorten. In kulturell codierten Reaktionen auf die Erfahrung von Gewalt wirkt das Phänomen an der Produktion kulturellen Sinns mit. Auch die kulturbezogene Theoriebildung, die diese geschichtliche Funktion der Gewalt (einschließlich ihrer impliziten oder expliziten normativen Beurteilung) zum Thema macht, hat an dieser Sinnbildung teil.

Ein durch die westliche Kultur geprägter Interpretationsstrang der theoretischen Bestimmung von ›Gewalt‹ besteht darin, sie im Sinne einer durch (physischen oder psychischen) Zwang wirksam werdenden Ursache zu verstehen, deren formales Charakteristikum darin besteht, einen eigenen Willen gegen einen tatsächlichen oder zu erwartenden Widerstand eines anderen durchzusetzen (vgl. Röttgers 1971 ff.). Auf der Ebene sozialen Handelns wird Gewalt an die instrumentelle Dimension eines Mittels gebunden, um einen sie rechtfertigenden Zweck zu erreichen. Auf die Kulturgeschichte des Menschen bezogen, lässt sich Gewalt dann zunächst allgemein die Funktion zusprechen, direkt oder indirekt eine öffentlich oder privat wirksam werdende Ordnung des sozialen Zusammenleben konstituieren, destruieren, konservieren, restituieren oder transformieren zu können. Um die Stabilisierung von Ordnungsverhältnissen sozialer Systeme zu gewährleisten, werden dabei von modernen wie vormodernen Kulturen auf normativer und performativer Ebene Zonen ›gebotener‹ und ›verbotener‹ Gewaltanwendung instauriert. Eine durch Macht legitimierte und autorisierte Monopolstellung einer Ausübungsbefugnis von Gewalt (*potestas*) einzusetzen, mit dem Ziel, Gewalt zwischen Mitgliedern einer Gemeinschaft (*violentia*) zu vermeiden, bringt es mit sich, auf der politischen und sozialen Ebene einer Gemeinschaft, eines Stammes oder eines Staates Disziplinierungs-, Regulierungs- und Sicherungsverfahren auszubilden. Verbote, Gesetze, Verträge, Gebote, normative Wissensdiskurse, Wertsetzungen sowie Riten und Konventionen sind Resultate dieser kulturbildenden Prozesse. Sie tragen im Sinne eines kulturspezifisch je anders codierten Dispositivs (als indirekte ›institutionelle Gewalt‹) dazu bei, dass eine konfliktbedingte latente Gewaltausübung zwischen den Mitgliedern der jeweiligen kulturellen Gemeinschaft vermieden wird. Geht man hiervon aus, so erweist sich Gesellschaft als »Vorkehrung des gegenseitigen Schutzes« (Sofsky ^{2}2005, 10) vor Gewalt, die selbst jedoch nur durch gewaltsame kulturelle Mittel erreicht werden kann. Gewalt gilt dann als »der Kultur inhärent« (ebd., 217).

Die kulturkonstitutive Bedeutung kollektiver Gewalt (Girard)

Die Kulturanthropologie René Girards versteht sich als »›mimetische Theorie‹ der Religion und Kultur« (Girard 2010, 15). Sie erhebt den monistischen Anspruch, sowohl den Hominisationsprozess »als Übergang vom Nicht-Menschlichen zum Menschlichen« als auch den »Ursprung von Einzelgesellschaften« (und deren kulturhistorische Weiterentwicklung bis heute) aus einem einzigen Prinzip erklären zu können (Girard 1992, 457). Dieses Prinzip wird als Kultur generierender Mechanismus menschlicher Gewalt (in Gestalt ›einmütiger Opferung‹) bestimmt und gilt als seit dem Anfang der Menschheit geschichtlich wirksam.

Evolutionsgeschichtlich gelten Girard archaische Religionen als erstes »Produkt« dieses kulturkonstitutiven Mechanismus, sie markieren – ermöglicht durch ein gesteigertes mimetisches Vermögen – zugleich den signifikanten Unterschied zwischen Tierreich und menschlicher Lebenswelt. Näher bestimmt wird der »generative Mechanismus« dadurch, dass er als kulturproduzierender und friendenssichernder Mechanismus seine gewaltsame Herkunft durch kulturelle Codierung notwendig verdeckt. Dabei steht das Wissen um den Verdeckungsmechanismus in umgekehrt proportionalem Verhältnis zur Kulturproduktion. Das heißt, der Mechanismus ist nur solange in Kraft und einsatzfähig, solange er als solcher verkannt wird. In diesem Sinne wird »einmütige Opferung« von Girard als ›kulturell codierte Transposition‹ eines am Anfang der Menschheitsgeschichte in Form eines »Gründungslynchmordes« ausgetragenen Gewaltaktes verstanden. In archaischen Religionen findet sie, erstens, im Ritualopfer als »der wichtigsten religiösen Institution der Menschheit« (Girard 2010, 14), zweitens im Verbot und drittens im Mythos ihren Ausdruck. Aus diesen Ausdrucksformen sind nach Girard alle weiteren zivilisatorischen Kulturleistungen hervorgegangen. Zirkulärparadox ist die Funktion der Religion (und auf ihr aufbauend jeder kulturellen Leistung) insofern, als sie auf der einen Seite definiert werden kann als die »immense Anstrengung zur Erhaltung des Friedens« (Girard 2009, 58), diese aber auf der anderen Seite nur mit gewalttätigen Mitteln zu bewerkstelligen möglich ist.

Als Konkurrenztheorem zu Sigmund Freuds Ödipuskomplex entwickelt, sieht Girard die Ursache von Gewalt im ›mimetischen Begehren‹ des Menschen. Als anthropologische Konstante konzipiert, ist mimetisches Begehren und damit mimetische Rivalität innerhalb von Gemeinschaften beständig latent. Mimetisches Begehren besagt, dass jegliches Objektbegehren nur in Abhängigkeit von einem Vermittler, einem Modell zu verstehen ist: Das Objekt wird nicht um seiner selbst willen begehrt, sondern weil ein Gegenüber – das Modell – dasselbe Objekt begehrt; der Begehrende ahmt das Modell hierin nach. Da der Verlust von Unterschieden nach Girard Gewalt erzeugt, kommt es aufgrund eines Entdifferenzierungsprozesses durch wechselseitige Nachahmung zwischen Modell und Nachahmer zum rivalisierenden gewalttätigen Konflikt.

Auf *kollektiver* Ebene drohte die relative Stabilität kultureller Ordnung verlorenzugehen, wenn mimetische Gewalt nicht durch Redifferenzierung kulturell transformiert würde. Der zyklische Verlauf des generativen Mechanismus ›kollektiver Opferung‹ leistet dies und ist nach Girard dadurch gekennzeichnet, dass er auf dem höchsten Punkt der durch mimetische Rivalität hervorgerufenen Gewalttätigkeit ›aller gegen alle‹ umschlägt und dem Prinzip ›alle gegen einen‹ folgt (Sündenbockmechanismus). In der Tötung eines einzelnen Stellvertreteropfers wird die kollektive Gewaltabfuhr als friedensstiftendes Moment erfahren und mit der Herausbildung eines durch binäre Oppositionen geprägten Symbol- und Wertesystems (gut/böse, heilig/profan, menschlich/göttlich) durch Exterritorialisierung und Exklusion der Gewalt aus der Gemeinschaft dem Geopferten zugesprochen. So wird das geopferte Wesen als Macht über die Gemeinschaft ausübende Kraft *divinisiert*, von dem sie die Regeln ihres künftigen Zusammenlebens erhält. Für Girard ist dieser Prozess Bestandteil des kulturgenerativen Opferungsmechanismus, durch den institutionelle Formen der Vergesellschaftung entstehen: Während Riten durch genaue Reproduktion den Frieden bringenden Opferungsakt positiv wiederholen, werden durch Verbote Interaktionen vermieden, die zur konfliktuellen Krise geführt haben. »Alle archaischen Kulturen«, so Girard, »bringen feierliche Menschenopfer in der Hoffnung dar, mimetische Konflikte zu vermeiden« (Girard 2010, 14).

Im 21. Jahrhundert sieht Girard den Opferungsmechanismus in seiner kulturhervorbringenden Produktion einmal mehr erschöpft (»Krise des Opferkultes«; Girard 1992, 344). Ermöglicht durch den johanneischen Logos der jüdisch-christlichen Tradition sieht er die Geschichte an dem Punkt angelangt, wo der gewalttätige Mechanismus durch die Einsicht in seine Funktion erstmalig außer Kraft gesetzt werden könnte. Hält die Menschheit jedoch ausschließlich am bisherigen heraklitischen Logos der griechisch-humanistischen Tradition fest, könnte sie aufgrund mimetischer Rivalitäten auf globaler Ebene in einem apokalyptischen Ende untergehen.

Kultur als gewaltsame Vernunftherrschaft über Natur (Horkheimer/Adorno)

Im kulturtheoretischen Denken Max Horkheimers und Theodor W. Adornos wird die Geschichte abendländischer Kultur naturgeschichtlich als Herrschaftsgeschichte instrumenteller Rationalität konzipiert, der als Unterdrückung und Beherrschung (innerer und äußerer) Natur Gewalt notwendig eignet. Die evolutionsgeschichtliche Konstitution des Menschen als kulturproduzierendes Wesen zeige sich an der Bildung eines autonomen, frei handelnden geschichtlichen Subjekts. Diesem gelingt es, den Naturzusammenhang, dem es entstammt, durch die ›List der Vernunft‹, d. h. durch sprachlich vermittelte Reflexion zu transzendieren und sich Natur mittels technischer Verfahren dienstbar zu machen. Die Funktion menschlicher Selbsterhaltung erfüllend, hat sich mit der instrumentellen Funktion jedoch ein in seinem Verfügungscharakter gewaltsamer Aspekt der Vernunft konstituiert. Durch die Zweck-Mittel-Relation strukturiert, bleibt instrumentelle Ratio, d. h. Reflexion und Aufklärung, deshalb notwendig an das Moment gewaltausübender Herrschaft über Natur gebunden. Die geschichtlichen Wurzeln einer sich unabhängig und frei vom Naturzusammenhang wähnenden aufgeklärten Rationalität werden von Horkheimer und Adorno deshalb kulturkritisch gegen deren Selbstverständnis in der Introversion mythisch-ritueller Naturbewältigungsstrukturen aufgezeigt.

Die in der Funktion der Selbsterhaltung agierende Rationalität erweist sich dabei in der »Introversion des Opfers« (Horkheimer GS 5, 79) als Transformation des realen mythischen Opfers. Als Reflexiv- und

Bewusstwerden vermag Vernunft zwar den mythologischen Bann des blutigen Opfers zu brechen, da sie dies jedoch einzig durch Disziplinierungsakte der Entsagung zu leisten vermag, bleibt der Gewaltaspekt strukturell in einem das eigene Selbst unterdrückenden Moment bestehen. Indem das menschliche Selbst qua Vernunft nicht mehr als triebhaft-lebendiges Selbst dem Begehren eigener Kreatürlichkeit nachgibt, wird – paradoxal – zur Selbsterhaltung des Menschen der natürlich-naturhafte Teil seines Selbst in einem Aufschub (unmittelbarer) Begehrensbefriedigung ›geopfert‹. Ermöglicht wird dies durch die Ausbildung der Zeit als innerer Organisationsform eines identischen Ich. Wenn das Subjekt über den triadischen Zeitraster Vergangenheit-Gegenwart-Zukunft (instrumentell) verfügt, kann es über die vormals unmittelbar sich äußernden, natürlichen Komponenten seiner selbst, »Affekte, Mut und Herz« (ebd., 71) bestimmen. Da sich das Ich so mittels instrumenteller Ratio triebökonomisch in messbare Zeiteinheiten verrechnet, verdankt es sich »dem Opfer des Augenblicks an die Zukunft« (ebd., 74).

Diese herrschaftsfunktionale Analyse abendländischer Rationalität zeige, dass sich die von ihr angestrebte Mündigkeit, d.h. freiheitliche Selbstbestimmung des menschlichen Subjektes historisch nur gewaltsam verwirklichen konnte. Menschheitsgeschichtlich findet die kulturelle Emanzipation von Natur in mythischen Lebenswelten ihren Anfang und wird aufgrund dialektischer Verflochtenheit von Mythos und Aufklärung in einer technik- und naturwissenschaftlich sich begründenden Welt prolongiert. »Jeder Versuch, den Naturzwang zu brechen, indem Natur gebrochen wird, gerät nur um so tiefer in den Naturzwang hinein. So ist die Bahn der europäischen Zivilisation verlaufen« (ebd., 35). Vor dem zeitgeschichtlichen Hintergrund der Gewaltherrschaft des Faschismus der 1930er und 1940er Jahre bestehe die Gefahr, dass die durch die Herrschaft instrumenteller Vernunft geprägten aufgeklärten Gesellschaften insgesamt in mythischen Strukturen befangen bleiben. Nur wenn es gelinge, das der Reflexion eigene Gewaltmoment »ungebrochener Selbstbehauptung« über (äußere und innere) Natur durch Selbstreflexion transparent zu machen, werde die Menschheit »aus der allgemeinen Gegenrasse zu der Gattung, die als Natur doch mehr ist als bloße Natur, indem sie ihres eigenen Bildes innewird« (ebd., 230). Ziel dieser Philosophie der Kultur Adornos ist es, mit der Kritik an Aufklärung »einen positiven Begriff von ihr vor[zu]bereiten, der sie aus ihrer Verstrickung in blinder Herrschaft löst« (ebd., 21).

Kultur als Manifestation von Gewalt in Mythos und Moderne (Benjamin)

In der geschichtsphilosophisch und theologisch konzipierten »Kritik der Gewalt« Walter Benjamins wird Gewalt aufgrund macht- und herrschaftsbezogener Interessenskollisionen, wie sie die Geschichte vom Mythos bis zur Moderne prägen, als zentrales Konstituens menschlicher Vergesellschaftung angesehen. Die tragende These der Benjaminschen Gewalttheorie lautet, dass normativ geregelte Intersubjektivitätsverhältnisse, die für eine Koexistenz von Kollektiven und Individuen unabdingbar sind, durch einen Zusammenhang von Gewalt und Recht bzw. Gerechtigkeit strukturiert werden. Um in diesem Sinne etwas über das »Wesen der Gewalt« (Benjamin 1991, 181) aussagen zu können, ist es nötig, sie in den kulturell sich legitimiert habenden Erscheinungsformen zu betrachten und in eine Philosophie ihrer Geschichte einzubetten. Dies geschieht, indem der unverbrüchliche Zusammenhang von Gewalt und Recht analysiert und die Bedingungen seiner Entstehung aufgezeigt werden. Konkreter Gegenstandsbereich der Gewaltanalysen Benjamins ist insofern der mythische, religiöse und ethische sowie der politisch-juridische Bereich abendländischer Kultur.

Den besonderen Fokus seiner »Kritik der Gewalt« legt Benjamin auf das instrumentelle Moment der Gewalt im Recht, das er sowohl im Naturrecht als auch im positiven Recht in der Zweck-Mittel-Relation begründet sieht und das in geschichtlicher Dimension schicksalhaft-mythische Gewalt fortsetzt. Denn ungeachtet der Differenzen zwischen dem Rechtsverständnis mythischer Kulturordnungen und dem der Rechtsordnung der europäischen Moderne lässt sich im Prinzip der Macht ein Kontinuum mythischer »schicksalsmäßiger Gewalt« (ebd., 196) ausmachen, »deren Ursprünge repräsentativ in das Bestehende hineinragen und in ihm sich furchtbar manifestieren« (ebd., 188). Aufgrund dieses Zusammenhangs ist das gegenwärtige Zeitalter insgesamt für Benjamin als »mythisch« charakterisiert. Im Verbund mit einer sich geschichtlich modifizierenden Herrschaftsstruktur ist es Macht, durch die ein Recht als Zweck (und damit *als* Recht in Geltung) gesetzt wird. Wird die Rechtsproblematik im Mythos als »unmittelbare Manifestation« göttlicher Gewalten rekonstruierbar, so sieht Benjamin in der modernen »rechtsetzenden« (und der ihr strukturell eingeschriebenen »rechtserhaltenden«) Gewalt diesen mythischen Charakter des Rechts fortgesetzt: Als geschichtliches Prinzip ist Macht für das Perpetuieren sich einander zu je »neuem Verfall« (ebd., 202) gewaltsam ablösender Rechtsetzungen verantwortlich: »Rechtsetzung ist Machtsetzung und insofern ein Akt von unmittelbarer Manifestation der Gewalt« (ebd., 198).

In Bezug auf die Menschheitsgeschichte bedeutet dieser Befund die »zunächst entmutigende Erfahrung«, dass eine »Erlösung aus dem Bannkreis aller bisherigen weltgeschichtlichen Daseinslagen, unter völliger und prinzipieller Ausschaltung jedweder Gewalt« (ebd., 196), nicht möglich ist. Denn mit der Herausstellung der geschichtlichen Bedingtheit moderner Rechtsverhältnisse ist nur deren modulare Veränderbarkeit impliziert. Dennoch wird mit der geschichtlichen Rekonstruktion ihres Ursprungs das prinzipielle Anliegen Benjamins formuliert, das historische Kontinuum einer ›Bastardierung‹, die das mythische Denken mit dem Recht (als rechtsetzender und rechtserhaltender Gewalt) inauguriert hat, zu ›sprengen‹. Mit seiner Kritik der Gewalt verfolgt Benjamin deshalb auch die Absicht, einen geschichtsphilosophischen dritten Standpunkt (jenseits von Naturrecht und positivem Recht) zu entwickeln. Durch ihn wird eine messianische Perspektive eröffnet, die mit der Einsetzung eines neuen geschichtlichen Zeitalters die »Durchbrechung dieses Umlaufs im Banne der mythischen Rechtsformen« (ebd., 202), d. h. ein gewaltfreies gerechtes Leben jenseits von Recht und Staatsgewalt denkt. Dieser Standpunkt kann der eigenen Analyse gemäß einzig von einem Maßstab jenseits mythisch geprägter Geschichte gerechtfertigt werden und wird von Benjamin der theologischen Instanz göttlicher Gewalt korreliert. Als »reine« göttliche Gewalt wird sie jenseits der Zweck-Mittel-Relation verortet und in diesem Sinne durch das Prinzip unverfügbarer Gerechtigkeit gekennzeichnet. Dieser Rekurs auf eine transmundane gerechte ›göttliche Gewalt‹ erlaubt es Benjamin, eine Kritik der mythischen Gewalt durch eine Einklammerung ihrer Geschichte zu vollziehen, da der Blick auf ihren historischen Ursprung und ihr etwaiges Ende »eine kritische, scheidende und entscheidende Einstellung auf ihre zeitlichen Data ermöglicht« (ebd., 202). Das Ende »mythischer Gewalt«, deren »Vernichtung« aufgrund der moralischen »Verderblichkeit ihrer geschichtlichen Funktion« Benjamin zur kritischen Aufgabe wird (ebd., 199), ist dabei im Sinne eines (Ab-)Bruchs und Endes des Kontinuums mythischer Gewalt konzipiert. Eine Scharnierstelle, an der solcherart göttliche Gewalt sich geschichtsimmanent ereignen könnte, ist die anarchische »revolutionäre Gewalt«. Eine Erkenntnismöglichkeit, *ob* sich im konkreten geschichtlichen Ereignis einer solchen »höchste[n] Manifestation reiner Gewalt durch den Menschen« (ebd., 202) göttliche Gewalt zeitigt, gibt es für Benjamin jedoch nicht.

Literatur

Arendt, Hannah: *Macht und Gewalt.* Frankfurt a. M. 2009 (engl. 1970).

Benjamin, Walter: Zur Kritik der Gewalt [1921]. In: Ders.: *Gesammelte Schriften.* Bd. II.1. Hg. von Rolf Tiedemann und Hermann Schweppenhäuser. Frankfurt a. M. 1991, 179–203.

Derrida, Jacques: *Gesetzeskraft. Der »mystische Grund der Autorität«.* Frankfurt a. M. 1996 (engl. 1990).

Gebauer, Gunter/Wulf, Christoph: Die Mimesis der Gewalt (Girard). In: *Mimesis. Kultur, Kunst, Gesellschaft.* Hg. von Gunter Gebauer und Christoph Wulf. Hamburg [2]1998, 356–371.

Girard, René: *Das Heilige und die Gewalt.* Frankfurt a. M. 1992 (frz. 1972).

–: *Das Ende der Gewalt. Analyse des Menschheitsverhängnisses.* Freiburg i. Br. 2009 (frz. 1978).

–: *Gewalt und Religion. Ursache oder Wirkung?* Berlin 2010.

Haverkamp, Anselm (Hg): *Gewalt und Gerechtigkeit. Derrida – Benjamin.* Frankfurt a. M. 1994.

Honneth, Axel: »Zur Kritik der Gewalt«. In: *Benjamin-Handbuch. Leben – Werk – Wirkung.* Hg. von Burkhardt Lindner. Stuttgart/Weimar 2006, 193–210.

Horkheimer, Max: *Gesammelte Schriften.* Hg. von Alfred Schmidt und Gunzelin Schmid Noerr. Frankfurt a. M. 1985 ff. (GS).

Konersmann, Ralf: Walter Benjamins philosophische Kairologie. In: Walter Benjamin: *Kairos. Schriften zur Philosophie.* Hg. von Ralf Konersmann. Frankfurt a. M. 2007, 327–348.

Röttgers, Kurt: Art. Gewalt. In: *Historisches Wörterbuch der Philosophie.* Hg. von Joachim Ritter, Karlfried Gründer und Gottfried Gabriel. Bd. 3. Basel 1971 ff., 562–570.

Sofsky, Wolfgang: *Traktat über die Gewalt.* Frankfurt a. M. [2]2005.

Sorel, Georges: *Über die Gewalt.* Innsbruck 1928 (frz. 1908).

Weidner, Daniel (Hg.): *Profanes Leben. Walter Benjamins Dialektik der Säkularisierung.* Frankfurt a. M. 2010.

Wulf, Christoph: Religion und Gewalt. In: *Das Heilige. Seine Spur in der Moderne.* Hg. von Dietmar Kamper und Christoph Wulf. Frankfurt a. M. 1987, 245–254.

Rudolf Wansing

10. Identität

Mit der Allgegenwärtigkeit des Identitätsbegriffs bereits in den 1970er Jahren wurde seine kulturelle Pragmatik und Semantik zunehmend diffus. Seine diskursiven Funktionen drifteten auseinander. Seither wurde vielfach beanstandet, dass das deskriptive, analytische und explanative Potential des Begriffs erschöpft sei. Unbestreitbar ist: Ausufernde Polyvalenz und unzähmbare Polyfunktionalität sind ihm ein und für allemal eingeschrieben.

Verbreitete Verwirrungen verdanken sich nicht zuletzt begriffsgeschichtlichen Bedeutungsverschiebungen. Der aus der Mathematik und Logik stammende Terminus besagt in den Sozial- und Kulturwissenschaften, nicht zuletzt in bestimmten Arealen der zeitgenössischen (Subjekt-)Philosophie, etwas ganz anderes als dort (vgl. Henrich 1979; Tugendhat 1979, 282). Auch jene philosophischen Begriffe, welche im Austausch insbesondere mit der soziologischen und psychologischen Identitätsforschung entwickelt wurden bzw. dieselben Phänomene wie diese in den Blick nehmen, haben sich von der ursprünglichen Bedeutung des Begriffs gelöst (vgl. Angehrn 1985; Cerutti 1996; Quante 1993; Ricœur 1996; Straub 1991; Taylor 1994; Welsch 1991).

Identität und Nicht-Identität

Jene Selbstheit einer Person oder Gruppe, welche viele Identitätsbegriffe bezeichnen, geht in einer mathematischen oder logischen Identitätsrelation gerade nicht auf. Sie setzt vielmehr Subjekte voraus (Individuen oder Kollektive), die sich von sich distanzieren und zu sich selbst verhalten können. Dieser Begriff beruht auf der elementaren Einsicht, dass jedes Gefühl und jeder Gedanke, mit sich selbst identisch zu sein – sich in einem nicht trivialen, mehr als bloß tautologischen Sinn zu ›gleichen‹ –, (lebens-)geschichtlichen Wandel sowie ein in sich vielfältiges Selbst in der Gegenwart, mithin eine unabänderlich differentielle, transitorische und heterogene Struktur des Subjekts voraussetzt. Die materielle Repräsentation oder (im Fall einer Person) leibliche Verkörperung, die praktische Artikulation und symbolische Reflexion dieser (in zeitlicher, sozialer, kultureller und sachlicher Hinsicht) komplexen Struktur ist ein basales logisches Implikat jedes anspruchsvollen (modernen) Identitätsbegriffs. Die als Einheit von Differenzen konzeptualisierte Identität ist keine Eigenschaft im Sinne eines ›äußerlichen‹ Merkmals, das man Menschen ebenso wie Dingen zuschreiben könnte. Die sogenannte Identitätsfrage – »Wer bin ich (geworden), wer möchte ich sein?« – setzt ein sprach- und handlungsfähiges Subjekt voraus.

Das bedeutet allerdings nicht, Identität sei Privatsache. Es gibt keine Identität ohne Erfahrungen und Erwartungen, die Andere teilen. Demgemäß ist die Identität einer Person von deren Individualität, ihrer Einmaligkeit und Unverwechselbarkeit (und in gewissem Sinne ihrer ›Unaussprechlichkeit‹, ›Unsagbarkeit‹: *individuum ineffabile est*), zu unterscheiden (vgl. Rudolph 1991). Ebenso wenig heißt das, die je eigene Identität sei dem Subjekt ohne weiteres und uneingeschränkt zugänglich oder gar vollkommen bewusst. Auch diesbezüglich sind Selbsttäuschungen oder überlegene Einsichten der Anderen möglich. Dennoch gilt: Identität ist im Grunde genommen eine persönliche Angelegenheit. Just in diesem Sinne spricht Ricœur (1996, 141 ff. u. 173 ff.) von der *ipse*-Identität und unterscheidet diese von der *idem*-Identität. Für eine Gruppe gilt Analoges. Die Identitätsfrage im Sinne der *ipse*-Identität ist eine von der praktischen Selbstsorge eines oder mehrerer Menschen motivierte Wer-Frage: »wer bin ich (geworden) und wer möchte ich (eigentlich, jetzt und künftig) sein?«, also keine aus beliebigen Beobachterperspektiven mögliche, unpersönliche, im Zeichen der *idem*-Identität stehende Was-Frage: »was ist etwas (in bestimmten Zeitpunkten t_1, t_2, … t_n)?«

Dieses Konzept der Selbstheit unterstellt keinerlei Konstanz von ›etwas‹, sondern fragt nach der Identität einer Person oder Gruppe unter der paradoxen und zugleich konstitutiven Bedingung, dass sich im Leben dieser Person oder Gruppe im Prinzip alles verändern kann, sich faktisch vieles gewandelt hat und noch so manches ändern wird (in kontingenter, oftmals unvorhersehbarer Weise). Im Übrigen gibt es in jedem Leben auch synchron viel Verschiedenes, das nicht recht zueinander passt, latente ›innere‹ Spannungen und manchmal manifeste Konflikte erzeugt. Identität und Differenz sind in diesem Sprachspiel mithin gerade keine logisch disjunkten Kategorien oder sich ausschließende Gegenbegriffe. Sie setzen einander vielmehr voraus und bedürfen einander. Mehr noch: Die Identität einer Person oder Gruppe lässt sich grundsätzlich als dynamische und fragile Einheit ihrer (diachronen und synchronen) Differenzen bestimmen. Dazu bedarf es keinerlei essentialistischer oder substantialistischer Annahmen über einen gleichbleibenden Kern einer Person oder einer Gruppe (*semper idem*).

Geschichtlicher, kultureller und gesellschaftlicher Kontext

Die Identitätsfrage stellt sich nur dann, wenn erhebliche und fortwährende Differenzierungen des Selbst in einer dynamisch sich wandelnden Welt just diese Frage aufdrängen. Sie wird nur dort virulent, wo die Antwort darauf nicht mehr naheliegt oder gar vorgegeben, sondern den Subjekten selbst aufgegeben und dabei schwierig ist, obendrein vorläufig bleibt. Der Identitätsbegriff ist eine Problemanzeige. Er verweist auf die empirisch vielfach diagnostizierten Verunsicherungen und Unsicherheiten, auf die Orientierungsnöte und Sinnkrisen, die für eine im 20. Jahrhundert rapide gewachsene Anzahl an Menschen typisch, ja notorisch geworden sind (vgl. Taylor 1994; Willems/Hahn 1999). Zu diesen Menschen zählten in der zweiten Hälfte des vergangenen Säkulums bald schon nicht mehr nur einige Männer aus höheren sozialen Schichten, sondern zunehmend auch Frauen und Angehörige (potentiell) aller Klassen und soziokulturellen Milieus (vgl. Beck/Beck-Gernsheim 1994). Auch löste sich der Identitätsbegriff – nachdem er in der Mitte des 20. Jahrhunderts schwerpunktmäßig auf Entwicklungsaufgaben speziell in der Adoleszenz gemünzt worden war (vgl. Erikson 1973) – von dieser Bindung an ein bestimmtes Lebensalter.

Bekanntlich haben sich die Bedingungen, unter denen die Identitätsfrage gedeiht (und funktional ist), zumindest in gewissen Hinsichten besonders in den letzten Jahrzehnten »globalisiert« oder »glokalisiert« (Beck 1997). Das hat dazu geführt, dass der ›legitime‹ Anwendungsbereich auch des Identitätsbegriffs weiter geworden ist. Dennoch bleibt seine spezifische Pragma-Semantik, mithin seine soziokulturelle Relationalität, zu berücksichtigen. Unter Identitätsproblemen oder -krisen hat auch heute noch ein eher kleiner Teil der Menschheit zu leiden. Die praktischen Sorgen der Mehrheit sind anderer Art.

Der Identitätsbegriff hat seine Wurzeln in der westlichen Welt industrialisierter Gesellschaften des 19. Jahrhunderts. Auf sie bezogen erhielt er seinen spezifischen Sinn. Demgemäß ist es schlicht falsch, diesen Begriff als universale anthropologische Kategorie zu gebrauchen und auf alle möglichen Leute in der Vergangenheit und Gegenwart anzuwenden. Wer von Identität in der hier analysierten Bedeutung spricht, bewegt sich in spätmodernen Gesellschaften, die in den Sozial- und Kulturwissenschaften insbesondere durch folgende, längst zu Schlagwörtern gewordenen diagnostischen Prozessbegriffe charakterisiert werden: Temporalisierung, Dynamisierung, Beschleunigung, Arbeitsteilung im Zuge der wissenschafts- und technikbasierten Industrialisierung, (funktionale) Differenzierung, Mobilisierung, Flexibilisierung, (soziale, kulturelle) Pluralisierung, Deontologisierung, Enttraditionalisierung und Individualisierung. Er ist nicht zuletzt Ausdruck eines gewachsenen Kontingenzbewusstseins.

Identitätstheorie: elementare Unterscheidungen

Da es bislang in keiner Theorietradition einen hinreichend elaborierten Identitätsbegriff gibt, muss man weiterhin nach einem in theoretischer und praktischer, nicht zuletzt normativ-politischer Hinsicht akzeptablen Konzept Ausschau halten. Dafür gibt es richtungsweisende Ansatzpunkte, insbesondere in Traditionen wie dem amerikanischen Pragmatismus und symbolischen Interaktionismus, der Psychoanalyse, der Phänomenologie und Hermeneutik, aber auch der Analytischen Philosophie oder integrativen Strömungen. Im Folgenden wird an wesentliche Bedeutungen erinnert, die der Identitätsbegriff in diesem interdisziplinären Feld angenommen hat.

Wer von personaler oder kollektiver Identität spricht, redet von einer praktisch konstituierten und mit symbolischen Mitteln (stets unter bestimmten Aspekten) artikulierten Einheit, die wegen weiterer zu erwartender Differenzierungen des Selbst unweigerlich transitorisch verfasst ist (vgl. Straub/Renn 2005). Identitätstheorien beziehen sich auf diese Einheit im Sinn einer genau beschreibbaren Form oder Struktur. Davon lässt sich die qualitative Identität im Sinne inhaltlicher Bestimmungen eines Subjekts (z. B. durch charakteristische Eigenschaften, Werte, Orientierungen, Interessen) unterscheiden (vgl. Tugendhat 1979). Eine dezidiert identitätstheoretische Perspektive nimmt ein, wer von solchen inhaltlichen Qualifizierungen absieht und Identität als Problem der Bildung und Bewahrung einer einheitlichen Form oder Struktur betrachtet. Einige Konstituenten dieses komplexen theoretischen Konstrukts werden in den nächsten Abschnitten behandelt. Dabei geht es nun stets um eine einzelne Person. Eigenheiten des Konzepts der ›kollektiven Identität‹ werden am Ende des Beitrags erwähnt.

1. Das Konzept der personalen Identität ist pragma-semantisch an den Begriff des Erlebnis- und ins-

besondere des Handlungspotentials gebunden (vgl. Straub/Zielke 2005). Dieses Handlungspotential wurzelt in sogenannten ›Selbstwirksamkeitserfahrungen‹. Es zielt letztlich – in ontogenetisch späteren Entwicklungsphasen ab der Adoleszenz – auf jene Selbständigkeit, welche eine gewisse, niemals vollständige Unabhängigkeit des Individuums von jenen (materiellen, sozialen und kulturellen) Bedingungen einschließt, unter denen es aufgewachsen ist und gegenwärtig lebt. Selbständigkeit ist stets bedingt und begrenzt (vgl. Honneth 1993) und sie ist im konkreten Fall eine persönliche Angelegenheit, in der inter- und intraindividuelle Vergleiche die Maßstäbe liefern für die Einschätzung der jeweils erreichten Qualität und des erlangten Grades partieller Autonomie.

Die lebensgeschichtliche Verwirklichung dieses Projekts einer sukzessiven Bildung partieller Autonomie ist nun allerdings nur dann möglich, wenn und solange es einer Person gelingt, eine durch Selbsttransformationen konstituierte und dadurch gekennzeichnete psychische Struktur zu sein und diese Struktur in vielfältigen Übergängen auszudifferenzieren und dadurch zu erhalten. Diese eben als Identität bezeichnete dynamische Struktur ist mithin offen für die Erfahrung von Neuem und damit für verschiedene Modi kreativer Selbsttranszendenz (vgl. Joas 1997). Die kulturgeschichtlich kaum zu überschätzende Funktion der (insbesondere sozialen) Öffnung der psychischen Struktur einer Person ist dem modernen Identitätsbegriff von Beginn an eingeschrieben. Offenheit verlangt Aufgeschlossenheit für Andere(s) und sogar Fremde(s). Sie erfordert die Bereitschaft zu Selbstveränderungen sowie eine Portion jenes (Selbstsicherheit voraussetzenden) Mutes, welcher es Menschen gestattet, sich anderen gegenüber verletzlich zu zeigen.

Ein theoretisch anspruchsvoller, hinreichend komplexer Identitätsbegriff artikuliert eine Idee dezentrierter Autonomie und Subjektivität, die auch in normativer, nicht zuletzt in politischer Hinsicht Beachtung verdient. Diese Idee erweist sich bei genauerem Hinsehen als subjektivitätstheoretisches Analogon und Komplement der politischen Vorstellung einer offenen Gesellschaft (im Sinne der psychoanalytisch inspirierten politischen Philosophie eines Cornelius Castoriadis oder Ernesto Laclau). Das wusste übrigens bereits der psychoanalytische Ich-Psychologe Erikson, dem sich die Popularisierung des Lexems ›Identität‹ verdankt. Er nämlich war es, der seine Pragma-Semantik nachhaltig festschrieb, indem er sie in ein triadisch gegliedertes Begriffsfeld einfügte, in welchem der Metapher der Offenheit eine Schlüsselstellung zukommt. Von der Sache her findet sich diese Begriffsbestimmung bereits in anderen, älteren Schriften, namentlich etwa bei amerikanischen Pragmatisten.

2. Die Pragmatik und Semantik des interessierenden Begriffs geht gerade nicht in der spannungsreichen Dualität zwischen Identität und Nicht-Identischem auf. Diese ebenso gängige wie verfehlte binäre Kodierung und dualistische Konstruktion hat die gesamte Diskussion über Jahrzehnte hinweg in Sackgassen geführt. Meistens ging man nämlich davon aus, dass sich der umstrittene Kandidat im Lichte seines – eines einzigen! – Gegenstücks bestimmen ließe. ›Identität‹ erschien demgemäß als pures Gegenteil des Nicht-Identischen (oder der Differenz). Diese binäre Logik greift indes zu kurz. Das Unterscheiden muss hier mindestens triadisch angelegt werden, wenn die Bedeutung des Begriffs personaler Identität angemessen erfasst werden soll. Die dreigliedrige Struktur besitzt dabei die Form eines Kontinuums, deren Enden durch die Begriffe Totalität einerseits, Multiplizität (Diffusion, Dissoziation, Fragmentierung) andererseits abgesteckt sind. Der Identitätsbegriff liegt also, topologisch betrachtet, in der Mitte zwischen diesen Extremen.

Nur wenn man auf beide Seiten des Kontinuums blickt, versteht man, was in deren Mitte liegt und bereits von Erikson (1973) genau dort angesiedelt wurde. Er nahm in seinen Definitionen stets beide Gegenhorizonte in Anspruch, um den Identitätsbegriff zu klären und unterschied Identität einerseits vom Nicht-Identischen in Gestalt einer Multiplizität bzw. Diffusion, Dissoziation oder Fragmentierung, welche die Orientierungs- und Handlungsfähigkeit einer Person untergräbt. Der im Umgang mit dem Leid seiner Analysanden erfahrene Therapeut sah hier im Übermaß sogenannte ›dystone‹ Kräfte walten, die die leib-seelische Integrität einer Person massiv bedrohen und zu einem zerrissenen Selbst führen können. Die Grenzen zwischen Identität und Multiplizität sind freilich fließend. Keine (moderne) Identität ist jemals frei von dystonen Kräften. Das Nicht-Identische ist demnach nicht einfach nur ein Gegenbegriff, sondern auch – paradoxerweise – ein integraler Bestandteil personaler Identität. Diese ist als integrative Einheit ihrer Differenzen eine dynamische und unabschließbare, permanent von Spannungen, Konflikten und Krisen bedrohte und zeitweise von ihnen ›bewohnte‹ Synthese des Heterogenen (vgl. Ricœur 1996; Straub 2011).

Andererseits grenzte Erikson den Identitätsbegriff von einer Totalität ab, welche just jenes Zwangsgehäuse symbolisiert, das manche Kritiker moderner Identitätstheorien – groteskerweise – pauschal als ›Identität‹ missverstehen und bezeichnen. Totalität beschränkt den Austausch nach Möglichkeit auf die auto-reproduktive ›Anrufung‹ des identifikatorisch besetzten Eigenen und Vertrauten. Sie versagt, vermeidet und versperrt Kommunikation im engeren Sinne. Totalität steht für Veränderungsresistenz, Abwehr und Exklusion des Neuen und Fremden (vgl. Erikson 1973, 156; Straub 1991, 61 f.).

Identität fungiert als Modus einer praktischen Selbstverwirklichung, der Fremde(s) als eine wenigstens im Prinzip willkommene Herausforderung des Eigenen anerkennt. Die auf die »subjektive Realisierung von Allgemeinheit« (Theunissen 1981, 6) gerichtete Identität verschließt sich dem bzw. den Anderen und Fremden nicht, sondern bedarf ihrer – gerade auch deswegen, weil diese das Eigene über die Grenzen des Subjektiven hinauszuführen und somit den Horizont und das Orientierungsvermögen, das Erlebnis- und Handlungspotential einer Person zu bereichern vermögen. Das geht häufig nicht ohne Mühe, Furcht und Angst ab und wird womöglich von bleibender Sorge begleitet. Es wird aber dennoch nicht einfach psychisch abgewehrt und praktisch vermieden.

Identität ist eine Aspiration, eine Art Sehnsucht, die der Selbst-Bildung von Personen Form und Richtung verleiht. Diesen kontingenten Bildungsprozess sind Menschen, wenn sie sich im Rahmen der normativen kulturellen Semantik des offenen und dynamischen Selbst bewegen, bestrebt zu gestalten. Dabei stoßen sie unweigerlich an Grenzen: Der Selbst*entzug* gehört zu jenem Selbst, welches Theorien transitorischer Identität seit gut einem Jahrhundert auf den Begriff zu bringen bemüht sind.

3. Fragt man sich, wie Identität als Selbstheit, als dynamische und fragile Einheit einer Person genauer verstanden werden kann, sind drei (keineswegs einheitlich verwendete) Begriffe entscheidend. Sie alle besitzen ›kontraintuitive‹ Bedeutungen. Sie unterstreichen erneut, dass Identität als integrative Struktur von Differenzen bzw. als Synthesis des Heterogenen spezifiziert ist. Identitätstheoretische Grundbegriffe sind allesamt Prozessbegriffe, die sich auf das prinzipiell nur vorläufige und instabile Ergebnis von praxischen, symbolischen oder mentalen Handlungen des Subjekts beziehen. Die um Identität bemühte Person muss für die ›Kontinuität‹, ›Konsistenz‹ und ›Kohärenz‹ ihres Lebenszusammenhangs sorgen. Zu diesem Zweck dienen ihr eine unüberschaubare Fülle bewusster und unbewusster Verhaltensweisen.

Manche von ihnen richten sich auf die Relationierung, Integration bzw. Synthese des zeitlich Differenten, mithin auf Kontinuität. Dieser wichtige identitätstheoretische Begriff besagt also keineswegs, ein Mensch bleibe sich im Laufe seines Lebens dadurch gleich (*semper idem*), dass sich in diesem Leben nichts geändert hat, noch heute oder morgen ändern würde. Kontinuität gibt es vielmehr nur unter der theoretischen und empirischen Voraussetzung lebensgeschichtlichen Wandels. Dieser Begriff bezeichnet eine spezifische, an Aktivitäten des Subjekts gebundene Form der Integration temporaler Differenzen. Kontinuität ist an permanente Akte der Selbst-Kontinuierung in einem prinzipiell zeitlich strukturierten Leben gebunden. Diese Aktivität erst schafft einen Zusammenhang, der nicht an sich gegeben ist oder ohne das Dazutun eines Subjektes zustande käme. Es ist die Person selbst, die sich als sich veränderndes Subjekt erlebt und wahrnimmt, sodann aber solche Unterschiede in der Zeit relationiert – und zwar stets aus der Perspektive einer sich wandelnden Gegenwart (also immer wieder anders). Die Person bildet jenen Zusammenhang, welcher identitätstheoretisch als Kontinuität bezeichnet wird, aus lebensgeschichtlichen Erinnerungen, heutigen Erlebnissen und Eindrücken sowie Erwartungen einer imaginierten, erhofften oder befürchteten Zukunft. Selbstverständlich können dafür bleibende ›Lebenselemente‹ wichtig sein (etwa die eigene Muttersprache oder die immer gleichen Handlungen in Gestalt von Gewohnheiten, Routinen, Ritualen). Abgesehen davon, dass sich vieles ändert und in besagtem Sinn bearbeitet werden muss, muss jedoch auch das Bleibende als etwas Wiederkehrendes aktiv bewahrt und in einen emotional erlebten, kognitiv repräsentierten und/oder symbolisch artikulierten Zeitzusammenhang eingebunden werden.

Eine besonders wichtige, jedoch nicht die einzige Form der aktiven Selbst-Kontinuierung bildet das Erzählen von (Selbst-)Geschichten. Erzählungen thematisieren Veränderungen, beschreiben und erklären sie *uno actu* auf eigene Art. Auch Selbst-Erzählungen plausibilisieren Veränderungen, ohne Kontingenz zu eliminieren, und sie machen verständlich, warum ein Subjekt trotz seines lebensgeschichtlichen Wandels womöglich dieselbe, mit sich identische Person ist. Mittlerweile stellt die narrative Dimension der temporal komplexen Identität den in verschiedenen Disziplinen wohl am besten untersuchten Aspekt dar.

›Konsistenz‹ bezieht sich auf die logische Stimmigkeit von Satzsystemen, also speziell auf Widerspruchsfreiheit in den sprachlichen Selbstthematisierungen eines Subjekts. Wenngleich auch dies nicht unbedeutend für die personale Identität sein mag, sind Menschen keine ›logischen Automaten‹, mithin an Konsistenz weder immer interessiert noch in ihrem Selbstgefühl und Selbstbewusstsein stets stark davon abhängig.

Viel wichtiger für die Theorie personaler Identität ist der Begriff der ›Kohärenz‹. Damit ist ein stimmiger Zusammenhang bzw. die Verträglichkeit von sozialen Positionen und Rollen gemeint, die ein Mensch in verschiedenen Lebensbereichen und Handlungsfeldern (beruflichen und privaten) in der aktuellen Gegenwart einnimmt. Mit solchen Rollen sind Handlungs- und Lebensorientierungen verknüpft, die besser oder schlechter zueinander passen. Grundsätzlich geht es um die Verträglichkeit solcher Orientierungen. Offenkundig ist dieses Kriterium nicht auf die rein logische Vereinbarkeit von sprachlichen Äußerungen reduzierbar, sondern vielmehr von soziokulturellen, institutionellen oder informellen Vorstellungen davon abhängig, was in einem Leben so alles zusammengehören und zueinander passen kann – und was nicht. Ein strenger Katholik zum Beispiel könnte sich ein *coming out* zu keiner Zeit erlauben, ohne massive Kohärenz- und damit Identitätsprobleme zu bekommen. Für einen General, einen Außenminister oder ein Vorstandsmitglied der Deutschen Bank hingegen ist eine homosexuelle Orientierung hier und heute kein prinzipielles Problem mehr, das die betreffende Person mit kulturellen und sozialen Forderungen nach Kohärenz konfrontierte. Es ist leicht zu sehen: Kriterien, anhand derer wir Kohärenz bemessen, sind soziokulturell höchst variabel und wandeln sich historisch erheblich – und sie sind obendrein offen für die Kreativität innovativer Individuen, die ›Dinge‹ zusammenbringen, die andere bislang für völlig unvereinbar hielten

4. Das Konzept der ›kollektiven Identität‹ verdankt sich einer analogisierenden Übertragung. War der Identitätsbegriff seit seiner Einführung zunächst auf eine leibliche Person gemünzt, so gibt es im Falle von Kollektiven (beliebiger Größe) keinen derartigen Leib und kein daran gebundenes Erleben sowie darauf bezogenes Bewusstsein. Der politische Missbrauch organizistischer Metaphern (wie ›Gesellschafts-‹, ›Volks-‹ oder ›Staatskörper‹) ist ebenso bekannt wie die (oft untergründig) mit dieser ideologischen Tradition verwobene Essentialisierung kollektiver Identitäten, die es gestattet, sich auf alle möglichen vermeintlichen Eigenschaften eines quasi-natürlichen ›Organismus‹ beziehen zu können. Das mithilfe eines »leeren Signifikanten« beschworene imaginäre Kollektiv wird dabei stets von anderen Identitäten koexistierender bzw. konkurrierender Gruppen abgegrenzt (vgl. Tajfel 1978).

An dieser Stelle kann auf diesen breiten Strang der identitätstheoretischen Debatte lediglich hingewiesen werden (vgl. Brubaker/Cooper 2000; Cerutti 1996; Henry/Pirni 2012). Abschließend sei festgehalten, dass gewiss alle Konstruktionen kollektiver Identitäten »ein latentes oder offenes Gewaltpotential« ausbilden können (und damit analoge Strukturen bilden, wie sie oben im Hinblick auf die personale Totalität skizziert wurden). Das ist tatsächlich oft der Fall, wo Gruppen »in territorialer Gemengelage zu anderen Differenzgemeinschaften« auftreten »und nicht von wirkungsmächtigen gesellschaftlichen Infrastrukturen relativiert« werden (Niethammer 2000, 262). Das desavouiert diese kollektive Praxis jedoch nicht generell und prinzipiell. Die aus defensiven Differenzerfahrungen geborene Identitätspolitik ist nämlich »dort stark, wo sie das Wahrnehmungspotential sozialer Schwäche und Ausgrenzung betont, intuitive Verständigungen zwischen Ausgegrenzten als sinnvolle Kraft begreift und Subjektivität mit Stolz ausstattet; aber schwach, wo sie vorgerückte Arrivierung mit der Paranoia des Opfers ausstattet, objektive biologische Identität vortäuscht, wo subjektive kulturelle Bündnisse erst gesucht werden müssten und sich über das eigene Herkommen mit mystischen Konstruktionen betrügt« (ebd., 266).

Auf der Grundlage auch dieser Einsicht ließe sich ein Konzept entwickeln, das Unterschiede zu Theorien personaler Identität berücksichtigt und der oben erwähnten Kritik an der ideologischen Anrufung und strategischen Manipulation (bloß) imaginierter oder propagierter Kollektive Rechnung trägt. Wir-Gefühle und das Bewusstsein mitunter ausgeprägter, für das kognitiv-emotionale Selbst- und Weltverständnis sowie das praktische Selbst- und Weltverhältnis von Personen wichtige Gemeinsamkeiten sind keineswegs immer bloße Phantasmen, sondern oft in tatsächlich geteilten Erfahrungen und Erwartungen, Werten, Normen und Orientierungen verankert. Empirische Forschungen, die sich kollektiven Identitäten widmen, schließen demgemäß an die Binnenperspektive der einem Kollektiv zugehörigen, sich diesem selbst zurechnenden und angehörig fühlenden Personen an. Man kann im Hinblick auf diese wissenschaftliche Verwendung des Konzepts von einem rekonstruktiven Typus sprechen und diesen von einem normativen (und ideologisch normierenden, manipulierenden) Typus kollektiver Identitätskonstruktionen unterscheiden.

Literatur

Angehrn, Emil: *Geschichte und Identität.* Berlin/New York 1985.

Assmann, Aleida/Friese, Heidrun (Hg.): *Identitäten.* Frankfurt a. M. 1998.

Beck, Ulrich: *Was ist Globalisierung?* Frankfurt a. M. 1997.

– /Beck-Gernsheim, Elisabeth: *Riskante Freiheiten. Individualisierung in modernen Gesellschaften.* Frankfurt a. M. 1994.

Brubaker, Roger/Cooper, Frederick: Beyond ›Identity‹. In: *Theory and Society* 29 (2000), 1–47.

Cerutti, Furio (Hg.): *Identità e politica.* Rom/Bari 1996.

Erikson, Erik H.: Das Problem der Ich-Identität. In: Ders.: *Identität und Lebenszyklus. Drei Aufsätze.* Frankfurt a. M. 1973, 123–224 (engl. 1959).

Henrich, Dieter: Identität – Begriffe, Probleme, Grenzen. In: *Identität.* Hg. von Odo Marquard und Karl-Heinz Stierle. München 1979, 133–186.

Henry, Barbara/Pirni, Alberto (Hg.): *Der asymmetrische Westen. Zur Pragmatik der Koexistenz pluralistischer Gesellschaften.* Bielefeld 2011.

Honneth, Axel: Dezentrierte Autonomie. Moralphilosophische Konsequenzen aus der modernen Subjektkritik. In: *Zur Verteidigung der Vernunft gegen ihre Liebhaber und Verächter.* Hg. von Christoph Menke und Martin Seel. Frankfurt a. M. 1993, 149–163.

Joas, Hans: *Die Entstehung der Werte.* Frankfurt a. M. 1997.

Niethammer, Lutz: *Kollektive Identität. Heimliche Quellen einer unheimlichen Konjunktur.* Reinbek 2000.

Quante, Michael (Hg.): *Personale Identität.* Paderborn 1999.

Ricœur, Paul: *Das Selbst als ein Anderer.* München 1996 (frz. 1990).

Rudolph, Enno: *Odysse des Individuums. Zur Geschichte eines vergessenen Problems.* Stuttgart 1991.

Straub, Jürgen: Identitätstheorie im Übergang? Über Identitätsforschung, den Begriff der Identität und die zunehmende Beachtung des Nicht-Identischen in subjekttheoretischen Diskursen. In: *Sozialwissenschaftliche Literatur Rundschau* 14 (1991), 49–71.

– (Hg.): *Erzählung, Identität und historisches Bewußtsein. Zur psychologischen Konstruktion von Zeit und Geschichte.* Frankfurt a. M. 1998.

–: *Theorien der Identität.* Hamburg 2011.

–: Personale Identität als Politikum. Notizen zur theoretischen und politischen Bedeutung eines psychologischen Grundbegriffs. In: *Der asymmetrische Westen. Zur Pragmatik der Koexistenz pluralistischer Gesellschaften.* Hg. von Barbara Henry und Alberto Pirni. Bielefeld 2012, 41–80.

–/Renn, Joachim (Hg.): *Transitorische Identität. Der Prozesscharakter des modernen Selbst.* Frankfurt a. M./New York 2002.

–/Zielke, Barbara: Autonomie, narrative Identität und die postmoderne Kritik des sozialen Konstruktivismus. »Relationales« und »dialogisches« Selbst als zeitgemäße Alternativen? In: *Was ist der Mensch, was Geschichte? Perspektiven einer kulturwissenschaftlichen Anthropologie. Jörn Rüsen zum 65. Geburtstag.* Hg. von Friedrich Jäger und Jürgen Straub. Bielefeld 2005, 165–210.

Tajfel, Henri (Hg.): *Differentiation between Social Groups. Studies in the Social Psychology of Intergroup Relations.* London/New York/San Francisco 1978.

Taylor, Charles: *Die Quellen des Selbst. Die Entstehung der neuzeitlichen Identität.* Frankfurt a. M. 1994 (engl. 1989).

Theunissen, Michael: *Selbstverwirklichung und Allgemeinheit. Zur Kritik des gegenwärtigen Bewusstseins.* Berlin/New York 1981.

Tugendhat, Ernst: *Selbstbewußtsein und Selbstbestimmung. Sprachanalytische Interpretationen.* Frankfurt a. M. 1979.

Welsch, Wolfgang: Subjektsein heute. Überlegungen zur Transformation des Subjekts. In: *Deutsche Zeitschrift für Philosophie* 39 (1991), 347–365.

Willems, Herbert/Hahn, Alois (Hg.): *Identität und Moderne.* Frankfurt a. M. 1999.

Jürgen Straub

11. Kontingenz

Kontingent ist, was auch anders möglich ist. Der Begriff bezeichnet also nicht Unbestimmtheit überhaupt, sondern die begrenzte Unbestimmtheit, in der sich Alternativen zu bestehenden Wirklichkeiten als zweiseitig bestimmbare Möglichkeiten eröffnen: Indem sie weder notwendig noch unmöglich sind, manifestieren sich diese Alternativen sowohl in Handlungen als auch in Zufällen. In systematischer Hinsicht ist der Begriff der ›Kontingenz‹ daher ambivalent und bezeichnet sowohl Verfügbarkeit als auch Unverfügbarkeit.

Seine kulturphilosophische Bedeutung erlangt er aber erst dadurch, dass er die Möglichkeitsoffenheit von Selbst- und Weltverhältnissen im Kontext ihrer Wirklichkeitserwartungen bezeichnet, indem er auf die Notwendigkeits- und Regelhaftigkeitsvorstellungen verweist, die ihnen zugrunde liegen. ›Kontingenz‹ bezeichnet deshalb keine ontologische Tatsache, die aller Kultur als *factum brutum* vorgängig wäre, sondern ein modallogisches Verhältnis von Wirklichkeit und Möglichkeit, das historisch wie systematisch variiert. Auf diesem Hintergrund wird der Begriff der ›Kontingenz‹ schließlich zu einem analytischen Begriff von kategorialem Gewicht, der die transzendentale Dimension kultureller Selbstverständnisse bestimmbar macht: Was in einer Kultur als verfügbar oder als unverfügbar gilt, signalisiert den spezifischen Möglichkeitshorizont, der diese Kultur charakterisiert und der sie tiefenstrukturell von anderen Kulturen unterscheidet.

Kontingenz des Handelns

Auch wenn Kontingenz in der Regel mit Zufälligkeit gleichgesetzt wird, hat sie systematisch zunächst eine handlungstheoretische Seite. Als Entscheidung zwischen mehreren Möglichkeiten kann sich Handeln im Unterschied zum Verhalten schließlich nur dort realisieren, wo die Dinge auch anders sein können und damit überhaupt erst einen Handlungsbereich eröffnen. Das ist allerdings auch der Bereich, in dem sich das Zufällige realisiert. Zufällig ist ein Ereignis nämlich gerade dann, wenn es zwar ebenfalls in diesem Bereich offener Möglichkeiten eintritt, aber anders als entscheidungsgenerierte und begründbare oder wenigstens zuschreibbare Handlungen letztlich als grundlos erklärt wird – wobei dieses Ereignis erst im Vollzug von Handlungen als unverfügbares erkennbar wird, indem es diese unberechenbar mitbestimmt oder durchkreuzt. Darin manifestiert sich auch die temporale Differenz der beiden Formen von Kontingenz: Zufälligkeit ist eine nachträgliche Bestimmung, weil sie das Eingetreten-Sein eines Ereignisses voraussetzt, während Handeln einen futurischen Koeffizienten hat, weil es sich auf noch nicht vollendete Ereignisse bezieht. Jedenfalls ist der Handlungsbereich als Bereich wirklicher Alternativen zugleich der Zufallsbereich und die semantische Differenz zwischen Veränderbarkeit und Veränderlichkeit wird zur kategorialen Differenz, die ein Interferenzproblem markiert, das sich steigert, je komplexer und damit riskanter Handlungen werden, weil sie stets von anderen Ereignissen durchkreuzt werden können.

Neben dem Interferenzproblem, das sich schließlich nicht jeder Handlung tatsächlich stellt, eröffnet sich für Handlungen allerdings ein weiteres Problem, das durch die temporale Differenz von Zufall und Handlung pragmatisch zum vorgängigen Problem wird: Wenn Handeln im Unterschied zum Verhalten die bewusste Entscheidung zwischen mehreren Möglichkeiten ist – und das heißt situativ stets: bewusste Entscheidung für eine Möglichkeit gegen alle anderen –, dann stellt sich die Frage nach dem Kriterium, das diese Entscheidung anleitet oder wenigstens nachträglich legitimiert. Dabei geht es nur in zweiter Linie um das Problem der Willkür, das seinerseits eine spezielle, nämlich die voluntaristische oder occasionalistische Manifestation der Kontingenz bildet; zentral gerade für die moderne Kontingenzsemantik ist vielmehr die Frage nach dem Kriterium, das menschliches Handeln überhaupt orientiert. Nicht nur für die Antike, sondern bis weit in die frühe Neuzeit hinein war dieses Kriterium die Erfahrung, die mit einem Möglichkeitsbewusstsein korrespondierte, das den Machtbereich des Menschen klar von dem unterschied, was sich dessen Macht entzog. Darin drückte sich nicht nur die Beschränkung des menschlichen Handlungsbereichs durch die antike Kosmologie und die mittelalterliche Schöpfungsordnung aus; unverfügbar war nämlich auch das, was den praktischen Gegenwarts- und Nahbereich von Handlungen konkreter Gruppen und Subjekte transzendierte. Das hat Aristoteles prägnant formuliert: »Gegenstand« einer Entscheidung ist das, »was in unserer Macht steht«. Denn »über das Ewige stellt niemand Überlegungen an, z. B. über die Welt oder die Inkommensurabilität der Diagonale und der Seite. Auch nicht über das, was im Bereich des Bewegten liegt, aber immer in derselben Weise vor sich geht, sei es aus Notwendigkeit, sei es von Natur oder wegen einer anderen Ursache, wie die Sonnenwenden und Sonnenaufgänge. Ebensowenig über das, was bald so eintrifft, bald anders, wie Dürre und Regen, und das Zufällige, wie das Auffinden eines Schatzes. Aber auch nicht über die menschlichen Dinge insgesamt; so überlegt z. B. kein Lakedämonier, welches für die Skythen die beste Staatsverfassung wäre. Von all diesem wird nichts durch uns getan. Handlungen, die bei uns stehen, die überlegen wir, und die sind auch allein noch übrig« (Aristoteles [4]1985, III.5).

Die antike Problematisierung der Kontingenz, die lange Zeit paradigmatisch bleiben sollte, ging von einer Voraussetzung aus, die aus neuzeitlicher Perspektive keineswegs selbstverständlich ist: Kontingent waren immer nur Ereignisse, nicht aber Ereignishorizonte, also die Wirklichkeit, in der diese Ereignisse als Handlungen vollzogen wurden oder aber als Zufälle eintraten. Entsprechend bezog sich Handeln ausschließlich auf empirische Gegenstände und intersubjektive Verhältnisse, die in einem finiten Möglichkeitshorizont standen – und es konnte sich unter dieser Voraussetzung vernünftigerweise auch nur auf diese beziehen. Der Handlungsbereich konnte zwar innerhalb dieses Möglichkeitshorizonts ausgedehnt und in vielerlei Hinsicht erweitert werden, aber der Möglichkeitshorizont selbst war ontologisch gegeben und deshalb kein Gegenstand menschlichen Handelns. Entsprechend war der konkrete politisch-soziale Handlungsbereich, den das eigene Gemeinwesen bildete, auch der eigentliche Bereich der Kontingenz; seine universalistische Erweiterung und selbstmächtige Veränderung, wie sie das ›Projekt‹ der Moderne impliziert, wäre dem antiken Weltverhältnis nicht nur ausgesprochen unplausibel gewesen, sondern als geradezu aberwitzig erschienen, wenn sie überhaupt positiv hätte gedacht werden können. Daher blieb das antike Möglichkeitsbewusstsein trotz aller Zunahme technischen und sozialtechnischen Könnens ein bloßes Verbesserungsbewusstsein, das nicht zu einem Veränderungsbewusstsein führte, wie es der modernen Fortschrittsidee zugrunde liegt, die den Möglichkeitshorizont prinzipiell fiktionalisiert und in eine ebenso offene wie selbstmächtig finalisierbare Zukunft hinein geöffnet hat (vgl. Meier 1980, 484 ff.). Und Kontingenz beschränkte sich auf »Handlungskontingenz« (Bubner 1984, 35), die zwar mit ereignishafter Zufälligkeit konfrontiert werden konnte, aber kein prinzipielles Orientierungsproblem aufwarf.

Diese Beschränkung löst sich in der Neuzeit auf und unterscheidet das neuzeitliche Kontingenzbewusstsein prinzipiell vom antiken, wenn nicht von dem der Vorneuzeit überhaupt – auch wenn der neuzeitliche Kontingenzbegriff ohne den mittelalterlichen, der die Existenz der Welt nicht der Naturnotwendigkeit, sondern dem Willen Gottes unterwirft, nicht denkbar ist. Kontingent sind jetzt nicht nur die Realien, an denen sich Handeln verwirklicht, kontingent ist jetzt auch die Realität, in der diese Realien stehen. Der Handlungsbereich verliert nicht zuletzt mit der prinzipiellen Umstellung technischer, ökonomischer und ästhetischer Unternehmungen von Verbesserungen auf Erfindungen seine transsituative Verbindlichkeit und wird nun seinerseits ein Gegenstand der Manipulation durch die projektemachende Vernunft. Dadurch wird der Kontingenzbereich in der Neuzeit anders dimensioniert und generiert ein Möglichkeitsbewusstsein, das nicht nur graduell, sondern prinzipiell über die traditionellen ontologischen und sozialen Beschränkungen des Handelns hinausweist und nicht zuletzt im Politischen spätestens um die Wende zum 19. Jahrhundert neue Handlungsmöglichkeiten im Zeichen des Fortschritts erschließt. – Das ist die emphatische und in gewissem Sinne auch heroische Seite des neuzeitlichen Kontingenzbewusstseins. Aber der Fortschritt wurde nicht nur als wünschenswerte Erweiterung des Handlungsbereichs und als Gewinn neuer Möglichkeiten menschlicher Freiheit erfahren, sondern von Anfang an auch als akute Orientierungslosigkeit und bodenlose Unsicherheit, weil der Bereich, in dem die Dinge – verfügbar oder unverfügbar – auch anders sein können, keine definitive Grenze mehr hatte. Das ist dann die andere, die problematische Seite des neuzeitlichen Kontingenzbewusstseins. Es ist die Seite, die den philosophischen Diskurs der Moderne bis zum späten 20. Jahrhundert dominieren und den Kontingenzbegriff zu einem ausgesprochenen Problembegriff machen sollte.

Kontingenz und Wirklichkeit

Hans Blumenberg hat diese Entgrenzung des Kontingenzbereichs als epochale Transformation des gesamten Wirklichkeitsverhältnisses gedeutet. Kontingenz bedeutet »die Beurteilung der Wirklichkeit vom Standpunkt der Notwendigkeit und der Möglichkeit her« (Blumenberg 1981, 47).

Der neuzeitliche Wirklichkeitsbegriff verweist deshalb nicht wie der antike auf eine authentische und unbezweifelbare »Realität der momentanen Evidenz«. Ebenso wenig verweist er auf die transzendent

»garantierte Realität« des christlichen Mittelalters – auch wenn die kontrafaktische Idee einer transzendenten Garantieinstanz philosophisch im rationalistischen Konzept der totalitätserfassenden Vernunft und politisch wie ästhetisch im subjektivistischen Konzept der totalitätsstiftenden Souveränität als säkularisierte bis weit in die Moderne des 20. Jahrhunderts hinein wirksam bleibt. ›Wirklichkeit‹ bezeichnet jetzt vielmehr die immanent generierte und immanent bleibende »Realisierung eines in sich einstimmigen Kontextes«, die dem konstruktiven Vermögen autonomer Subjektivität entspringt. Wirklichkeit ist deshalb seither stets gemachte und in ihrer temporalen Qualität des Realisiertseins stets historisch eingebettete und daher letztlich legitimationsbedürftige Wirklichkeit. Essentiell für dieses Verständnis ist zudem, dass Wirklichkeit hier – anders als im antiken und im mittelalterlichen – im Singular nicht zu haben ist, weil es in sich einstimmige Kontextualität nur in Abgrenzung, wenn nicht im Kontrast zu anderen Kontexten geben kann. Außerdem setzt jede kontextuell bestimmte Wirklichkeit der Verfügung von anderen Kontexten her schlechterdings unüberschreitbare Grenzen. Die Neuzeit ist deshalb »nicht mehr die Epoche eines homogenen Wirklichkeitsbegriffes«, und selbst »die Herrschaft eines bestimmten ausgeprägten Realitätsbewußtseins«, also einer kulturell dominierenden Wirklichkeitsauffassung, vollzieht sich seither stets »in der Auseinandersetzung mit einer anderen schon formierten oder sich formierenden Möglichkeit, von Wirklichkeit betroffen zu werden«. Das führt am Ende dann auf ein weiteres Wirklichkeitskonzept, das jede kontextuelle Realisierung begleitet wie ein Schatten und Kontingenz gerade für autonom handelnde Subjekte zum fundamentalen Problem macht, nämlich Wirklichkeit als widerständige, beunruhigende und nicht selten bedrohliche »Realität als das dem Subjekt nicht Gefügige«, von dem »nachträglich nur noch behauptet, aber nicht mehr vorgestellt werden kann, dass es aus einem freien und konstruktiven Prozess des Erdachtwerdens einmal hervorgegangen sein könnte« (Blumenberg 1964, 10 ff.).

Als »nachchristliche Ära« hat die Neuzeit eine »Kontingenzkultur«, weil sie »geprägt« ist »von dem Grundgedanken, daß nicht sein muß, was ist« (Blumenberg 1987, 57). Deshalb ist sie »mit einem neuen Begriff der menschlichen Freiheit verbunden«, der den »Ordnungsschwund« des ausgehenden Mittelalters zur Voraussetzung hat und jene »generelle Konzeption des menschlichen Handelns« hervorbringt, die »in den Gegebenheiten nichts mehr von der Verbindlichkeit des antiken und mittelalterlichen Kosmos wahrnimmt und sie deshalb prinzipiell für verfügbar hält« (Blumenberg 1974, 158). Wenn aber »die Sphäre der natürlichen Fakten keine höhere Rechtfertigung und Sanktion mehr ausstrahlt«, weil es keine homogene Wirklichkeit gibt, gleichzeitig aber am Konzept der homogenen Wirklichkeit nach dem Vorbild der antiken Kosmologie oder der mittelalterlichen Theologie festgehalten wird, »dann wird die Faktizität der Welt zum bohrenden Antrieb, nicht nur das Wirkliche vom Möglichen her zu beurteilen und zu kritisieren, sondern auch durch Realisierung des Möglichen, durch Ausschöpfung des Spielraums der Erfindung und Konstruktion das nur Faktische aufzufüllen zu einer in sich konsistenten, aus Notwendigkeit zu rechtfertigenden Kulturwelt«. Das »Bewußtsein von der Kontingenz der Wirklichkeit« wird damit zum »Stimulans der Bewußtwerdung der demiurgischen Potenz des Menschen« und fundiert eine »technische Einstellung gegenüber dem Vorgegebenen« (Blumenberg 1981, 47), deren prinzipielle Disposition – nur scheinbar paradox – Kontingenzbegrenzung durch konstruktivistische Kontingenznutzung ist. Es ist jene konstruktivistische Disposition, die nicht nur die produktivistische Idee der Gestaltbarkeit, sondern auch die legitimatorische Idee der Gestaltungsbedürftigkeit von Wirklichkeit auf den historischen Plan gerufen hat. Dass diese selbstgeschaffene Kulturwelt dann tatsächlich zur unverfügbaren Objektivität wird, ist allerdings die Kehrseite dieser Disposition, in der sich jene Tendenz zur überwältigenden Eigenmächtigkeit artifizieller Wirklichkeiten manifestiert, die dann von Georg Lukács als »Verdinglichung« auf den kultur- und gesellschaftskritischen Begriff gebracht worden ist (Lukács 1970, 174 ff.).

Blumenbergs Konzept der »Kontingenzkultur« läuft auf eine Philosophie der Technisierung hinaus. Weil sich die neuzeitliche Technisierung aber nicht auf den engeren Bereich der mechanischen und maschinellen Artefakte beschränkt, sondern als konstruktivistisches Weltverhältnis auch die ästhetische, die politische und nicht zuletzt die epistemologische Konstitution der Moderne grundiert, ist dieses Konzept ebenso eine analytische Matrix, in die auch die verschiedenen theoretischen Antworten auf das moderne Ordnungsproblem eingetragen werden können. Dass diese Antworten allerdings weitgehend im Horizont kompensatorischer Totalitätserwartungen stehen, hat Bernhard Waldenfels hervorgehoben. »Es scheint in der Tat, daß vieles, was sich Modernität nennt, in dem vergeblichen Versuch besteht, den Ordnungsschwund wettzumachen, ohne an der hergebrachten Ordnungskonzeption zu rütteln« (Waldenfels 1990, 19f.). Das hatte Lukács mit paradigmatischer Wirkung formuliert: »Kontingente Welt und problematisches Individuum« waren zwar »einander wechselseitig bedingende Wirklichkeiten«, aber die Neuzeit war auch ein »Zeitalter, für das die extensive Totalität des Lebens nicht mehr sinnfällig gegeben ist, für das die Lebensimmanenz des Sinnes zum Problem geworden ist, und das dennoch die Gesinnung zur Totalität hat« (Lukács 1971, 47 u. 67). Deshalb mussten die freigesetzten Möglichkeiten durch »Selbstbehauptung und Weltbemächtigung« in »Ersatzformen« der »klassischen Ordnung« »integriert« oder »neutralisiert« werden. Die anspruchsvollste Ersatzform ist denn auch die »*Totalisierung*«: »Man hält weiterhin an einer Gesamtordnung fest, nur dass man sie dem Werden überantwortet.« »Bescheidenere Ersatzformen« bilden die »*Universalisierung durch Formalisierung*« als Rückzug auf notwendige, nicht aber hinreichende Ordnungsbedingungen, der »*Traditionalismus*« im Nachgang absoluter »religiöser, politischer gesellschaftlicher oder allgemein kultureller« Präferenzen, und als »Schwundstufe« einer »Gesamtordnung«, der »*Positivismus*, der das, was sein könnte, verkürzt auf das, was der Fall ist und tatsächlich geschieht« (Waldenfels 1990, 20ff.).

Kontingenz, Sicherheit und Ordnung

Diesseits prinzipieller Kontingenzaufhebung ist das moderne Ordnungsproblem als funktionalistische Kontingenzbegrenzung operationalisiert worden. Trotz des »Sinnlosigkeitsverdachts« (Blumenberg 1987, 57), der die kulturkritische Metaphysik im Nachgang zur neuzeitlichen Melancholie bis weit ins 20. Jahrhundert hinein bestimmt hat, wurde der »Ordnungsschwund« des ausgehenden Mittelalters pragmatisch als Unsicherheit gefasst und ließ ›Sicherheit‹ im Gegenzug zum Grundbegriff der politischen und sozialen Dispositive werden. Spätestens mit dem Zerfall transzendent garantierter Ordnung im Gefolge der religiösen Bürgerkriege stellte sich nämlich die vitale Frage immanenter Selbstkonstitution einer neuen Ordnung als Möglichkeit, aber auch als Notwendigkeit der Selbsterhaltung prinzipiell freier und deshalb im strikten doppelten Sinne des Wortes kontingent handelnder Individuen. Angesichts der Entgrenzung menschlicher Handlungsmöglichkeiten wurde Sicherheit daher nicht nur als Bedingung bloßer Selbsterhaltung im Sinne der Abwesenheit wechselseitiger Gefährdungen gefasst; sie wurde in der politischen Philosophie auch als Voraussetzung menschlicher Selbstentfaltung eingefordert, die ihrerseits nicht nach Maßgabe des situativ Möglichen, sondern nach Maßgabe anthropologischer und folglich theoretisch erschlossener Möglichkeiten bestimmt wurde. Dieser Doppelaspekt von Selbsterhaltung und Selbstentfaltung war es, der dann in der frühen Neuzeit auf den doppelten Zielbegriff der ›Sicherheit und Wohlfahrt‹ als Leitkriterien rationaler Politiken des Sozialen gebracht worden ist. Die Ambivalenz des Kontingenten, also seine Eigenschaft, sowohl Zufalls- und Unsicherheitsbereich als auch Handlungs- und Freiheitsbereich zu sein, wurde auf diese Weise in einer spezifischen strategischen Konstellation operationalisiert, die die Sicherheit stiftende Begrenzung von Kontingenz durch repressive Dispositive und die Freiheit realisierende Nutzung von Kontingenz durch produktive Dispositive zu einer einzigen realitätsgenerierenden Modalstruktur verschränkte (vgl. Makropoulos 1997, 33ff.).

Die strategische Konstellation von Selbsterhaltung und Selbstentfaltung hat sich in der epochalen Tendenz der Disziplinierung realisiert, deren Praktiken als produktivistische Sozialisationstechniken für die ökonomische, die politische und nicht zuletzt für die kulturelle Entwicklung der modernen Gesellschaften entscheidend werden sollten. Im Sinne einer moralischen Konditionierung und psychophysischen Konstruktion eines zuverlässigen und produktiven Menschen erschien die Disziplinierung sowohl als repressive Sozialisation wie als produktivistische Subjektivierung im epistemologischen Horizont der Humanwissenschaften (vgl. Foucault 1976, 173ff.). Disziplinierung wurde dadurch zur Grundlage eines anthropologischen Konstruktivismus, der ein technisches Selbstverhältnis etablierte, das mit dem konstruktivistischen Weltverhältnis neuzeitlicher Technisierung zur Deckung kam, die sich nicht mehr auf die Nachahmung der Natur richtete, sondern auf ihre gegennatürliche Überbietung (vgl. Blumenberg 1998, 81f.). Programmatisch wurde dieser Konstruktivismus dann im aufklärerischen Konzept der Perfektibilität des Menschen, die nicht nur die Fähigkeit zur funktionalistischen Sozialisation, sondern auch die Fähigkeit zur fortschreitenden Optimierung und Selbstoptimierung bedeutet und jenes Ideal moderner Subjektivität grundiert, in der die zieloffene Selbstoptimierung zur transzendentalen Rahmung menschlichen Handelns wird.

Trotz ihrer konstruktivistischen Rationalität sind die funktionalistischen Tendenzen der Moderne dennoch prinzipiell Versuche, Kontingenz durch umfassende Organisation und regulative Verwaltung zu reduzieren. Gemeinsam ist ihnen deshalb die konzeptuelle Diskriminierung der individuellen Praxis zugunsten systemischer und darin transzendentaler Totalitäten. Dies wurde schon früh mit dem Verweis auf die irreduzible Pluralität der konkreten Wirklichkeiten und die unaufhebbare Kontingenz ihrer rationalistischen Vereinheitlichungen abgewiesen. »Das Problem der Kontingenz«, erklärte Ernst Troeltsch, enthält »in nuce alle philosophischen Probleme« (Troeltsch 1913, 777). Troeltsch hat das Kontingenzproblem nicht aus der antiken Kosmologie, sondern aus der scholastischen Theologie hergeleitet und »Kontingenz« als »das Tatsächliche und Zufällige im Gegensatz zum begrifflich Notwendigen und Gesetzmäßigen« bestimmt. Sie ist »Ausdruck der Willensnatur des Schöpfergottes, der nicht gebunden ist durch allgemeine Gesetze, sondern gerade in der Kontingenz des durch sie nicht Begreiflichen sich in seinem tiefsten Wesen kund tut«. Der neuzeitliche Rationalismus setzte diesem theologischen Kontingenzbegriff zwar einen naturwissenschaftlich fundierten Notwendigkeitsbegriff entgegen, aber gegen die rationalistische Konzeption einer Einheit der Wirklichkeit opponierte die Pluralitätskonzeption des Empirismus mit seiner Betonung »der Kontingenz des Erfahrungsstoffes«. Daraus ergeben sich sechs Aspekte des Kontingenzproblems. Zunächst ist dies die Zufälligkeit, also die letztliche Nicht-Begreiflichkeit der Tatsachen und die Postuliertheit aller »rationell-begrifflicher Notwendigkeiten selbst«, die sich, zweitens, in der »Pluralität der Gesetze« erweist, die »gegeneinander und gegenüber dem Ideal des absoluten Weltgesetzes kontingent« sind. »Der Begriff der Individualität«, also »etwas aus allgemeinen Gesetzen nicht restlos Verständliches«, ist der dritte Aspekt, mit dem der vierte, der temporale Aspekt, verbunden ist, nämlich »das Problem des Neuen«, das niemals vollständig aus dem Vorangehenden abgeleitet werden kann. Diese Kreativität, die sich in diskontinuierlichen Innovationen ausdrückt, verweist, fünftens, auf den unauflöslichen »Zusammenhang der Freiheit mit der Kontingenz« und, sechstens, auf die »Kontingenz in den Ideen der Freiheit«, deren juridische Form zwar auf »unbedingte Notwendigkeit« zielt, sich aber stets an ihren konkreten Realisierungen bricht, die von den »tatsächlichen Beschaffenheiten des menschlichen Lebens« abhängen (Troeltsch 1913, 771 ff.).

Der Zusammenhang von Freiheit und Kontingenz verweist wie die Brechung ihrer ideellen Festschreibungen an der Lebenswirklichkeit auf Positivierungen der Kontingenz, die sie in erster Linie als anthropologische Chance sehen. »Kontingenz«, erklärte John Dewey, »ist eine notwendige, wenngleich keine, in mathematischer Redeweise, hinreichende Bedingung von Freiheit. In einer Welt, die in allen ihren Konstituentien vollkommen dicht und exakt wäre, wäre für die Freiheit kein Platz. Kontingenz gibt der Freiheit zwar Raum, füllt aber diesen Raum nicht aus.« Auch Dewey expliziert sein Argument im Zusammenhang einer Theorie der Individualität und postuliert die Unmöglichkeit einer »mechanisch exakten Wissenschaft eines Individuums«, weil ein Individuum »eine Geschichte von einzigartigem Charakter« ist, die sich aus der Praxis generiert (Dewey 1988, 249). »Praktische Tätigkeit hat es mit individuellen und einzigartigen Situationen zu tun, die niemals exakt wiederholbar sind und hinsichtlich deren dementsprechend keine vollständige Sicherheit möglich ist. Obendrein führt alle Tätigkeit Veränderung mit sich.« Denn »das Reich des Praktischen ist die Region des Wandels, und Wandel ist immer kontingent; er hat ein Element des Zufalls in sich, das nicht eliminiert werden kann« (ebd., 10 u. 23). Deshalb bietet das Handeln nichts, »was einer absoluten Gewissheit auch nur nahekommt; das Handeln bietet eine Art Versicherung, aber keine Sicherheit«, weil es »immer Gefahren ausgesetzt« ist und »immer unter der Drohung des Fehlschlags« steht (ebd., 37).

Dewey begründet die Kontingenz der Praxis mit der physikalischen Unbestimmtheitskonzeption, der zufolge es prinzipiell unmöglich ist, gleichzeitig den Ort und den Impuls eines Elementarteilchens exakt zu bestimmen, so dass physikalische Realitäten entstehen, die ontologisch unbestimmt sind (vgl. ebd., 202 ff. u. 248 f.). Das stützt nicht nur die pragmatistische Verschränkung von Freiheit und Kontingenz, sondern auch jene Konzeption menschlicher Macht der Philosophischen Anthropologie, die »in den Aussagen über die Unfassbarkeit des Lebens und die Unerschöpflichkeit menschlichen Könnens« keine negative, sondern »eine sehr positive Haltung im Leben zum Leben« sieht, »die um seiner selber willen die Unbestimmtheitsrelation zu sich einnimmt«, wie Helmuth Plessner erklärt hat. Denn »in dieser Relation der Unbestimmtheit zu sich faßt sich der Mensch als Macht und entdeckt sich für sein Leben, theoretisch und praktisch, als offene Frage«. Das entspricht der einen, der Möglichkeitsseite der Unbestimmtheitsrelation. Aber was der Mensch »an Fülle der Möglichkeiten« durch die Unbestimmtheitsrelation zu sich »gewinnt, gibt ihm zugleich die entschiedene Begrenzung gegen unendlich andere Möglichkeiten des Selbstverständnisses und des Weltbegreifens, die er damit schon nicht mehr hat« (Plessner 1980 ff., Bd. 5, 188). Und das entspricht der anderen Seite der Unbestimmtheitsrelation, der Wirklichkeitsseite, dem Standort des Menschen in spezifischer Kultur, die gegen andere, fremde Kulturen konturiert ist – also in einer künstlichen Welt, die zwar nicht die einzig mögliche, die aber auch nicht beliebig verfügbar ist, weil es »die Schranken und Grenzen dessen« gibt, »was hier und jetzt möglich ist« (ebd., 197). Das »Bewußtsein der Individualität des eigenen Seins und der Welt« und das »Bewußtsein der Kontingenz dieser Gesamtrealität« sind zwar auch in diesem Verständnis »notwendig miteinander gegeben und fordern einander« (ebd., Bd. 4, 423). Aber Kontingenz signalisiert keinen offenen Letzthorizont des Möglichen überhaupt, der utopisch eingeholt und konstruktivistisch ausgeschöpft werden könnte, sondern – ›diesseits der Utopie‹ – nur das situativ Mögliche.

Positivierung der Kontingenz

Pragmatismus und Philosophische Anthropologie präludieren damit als liberale Konzepte der Kontingenztoleranz, die gegen die totalitären Versuche der Kontingenzaufhebung stehen, jene Positivierung der Kontingenz, die die postmoderne Moderne kennzeichnet. Richard Rorty hat in diesem Sinne Deweys Konzeption der Individualität als singuläre Geschichte zu einer Theorie der modernen Kultur aufgebaut, deren Ausgangspunkt die Kontingenz der Wahrheit und die Kontingenz der Sprache bildet und deren Ziel die Dekonstruktion jeglichen autoritativen Weltverhältnisses ist. Wahrheit wird »gemacht, nicht gefunden«, weil sie »eine Eigenschaft von Sätzen ist« und Sprachen keine »Darstellungen« einer sprachunabhängig gegebenen Objektivität sind, die wie eine göttliche Schöpfung verehrt wird (Rorty 1989, 21). Es gilt, »alles« als Produkt von Geschichte und Kontingenz zu »behandeln« und selbst die »Kontingenz des Selbst« anzuerkennen, das »ein Netzwerk von Kontingenzen statt ein wenigstens potentiell wohlgeordnetes System von Vermögen« im vernunftphilosophischen Sinne ist (ebd., 48, 52 u. 66). Den eigentlichen Fluchtpunkt dieses Konzepts der Moderne, das den Universalismus und das metaphysische Bedürfnis nach Überwindung der Kontingenz mit dem Begriff der Freiheit als Erkenntnis der Kontingenz zurückweist, bildet allerdings die »Kontingenz eines liberalen Gemeinwesens«. Das hat Folgen für die Moralphilosophie, die »nun die Form historischer Erzählung und utopischer Spekulation, nicht die einer Suche nach allgemeinen Prinzipien« bekommt (ebd., 108). Und sofern Wahrheit das Resultat von Überzeugungskämpfen ist, »erweist man einer liberalen Gesellschaft einen schlechten Dienst, wenn man versucht, sie mit ›philosophischen Grundlagen‹ auszustatten. Denn der Versuch, solche Grundlagen zu liefern, setzt eine natürliche Ordnung der Themen und Argumente voraus, die den Ergebnissen von Auseinandersetzungen zwischen alten und neuen Vokabularen übergeordnet ist und sie kassiert.« Eine »liberale Kultur« braucht aber »eine verbesserte Selbstbeschreibung« und »nicht ein Sortiment von Grundlagen« – eine Vorstellung, die »das Ergebnis des aufklärerischen Szientismus« ist, »der seinerseits ein Überbleibsel des religiösen Bedürfnisses nach der Beglaubigung menschlicher Pläne durch nicht-menschliche Autoritäten war«. Daraus ergab sich die Konzeption einer universellen Vernunft als Beglaubigungs- und Garantieinstanz der artifiziellen Wirklichkeiten des Menschen, in deren Linie auch die interaktionsgestützte ›kommunikative Vernunft‹ als formelle Begründung einer transzendentalen Quelle von Solidarität steht (ebd., 96 u. 98 f.). An die Stelle der »religiösen wie der philosophischen Hoffnung auf einen supra-historischen Grund oder auf eine Konvergenz am Ende der Geschichte« tritt damit die »historische Erzählung vom Aufkommen liberaler Institutionen und Angewohnheiten«, die erklärt, »unter welchen Bedingungen die Idee der Wahrheit als Korrespondenz zur Realität allmählich verdrängt wurde durch die Idee der Wahrheit als dem, was im Lauf freier und offener Auseinandersetzung zur Überzeugung wird«. Das aber bedeutet den »Wechsel von der Epistemologie zur Politik« und bindet die Option der »Erkenntnis der Kontingenz« an jenes zentrale Feld der Praxis zurück, das das Politische für die antike und namentlich für die aristotelische Handlungstheorie bildete (ebd., 122).

Dieses emphatische Plädoyer für die Kontingenz signalisiert allerdings auch, dass die Kontingenzsemantik ihrerseits universalistisch gefährdet ist, wenn sie zum »métarécit«, also zum konstituierenden Narrativ der postmodernen Moderne wird – deren Credo doch gerade darin besteht, dass es keinen »métarécit« mehr gibt (vgl. Lyotard [2]1992, 122; Luhmann 1990, 93). Sein theoretisches und diskurspolitisches Zentrum bildet die kritische Verwerfung jener epochalen Versuche der Kontingenzreduktion, die sich nicht nur in den Tendenzen funktionalistischer Kontingenzbegrenzung durch gezielte Kontingenznutzung, sondern vor allem in den Tendenzen totalitärer Kontingenzaufhebung realisiert haben. Die Postmoderne ist damit die Kritik an der Persistenz jener neuzeitlichen Disposition in der avancierten Moderne, unter Bedingungen der strukturellen Kontingenz kontrafaktisch vormoderne Ordnungs- und Wirklichkeitserwartungen zu realisieren (vgl. Makropoulos 1997, 101 ff.). Als reflexive »Kontingenzkultur« entspricht sie deshalb einer metaphysischen Situation, die den Verzicht auf die Befriedigung »unseres tiefen metaphysischen Bedürfnisses« nach Überwindung der Kontingenz (Rorty 1989, 87) in einer »in sich konsistenten, aus Notwendigkeit zu rechtfertigenden Kulturwelt« (Blumenberg 1981, 47) zum Programm macht. Wie jedes andere philosophische Programm ist jedoch auch das Programm der radikalen Kontingenztoleranz ein historisches Programm, dessen Plausibilität unauflöslich an seinen Entstehungsnexus gebunden ist.

Literatur

Aristoteles: *Nikomachische Ethik*. Hg. von Günther Bien. Hamburg ⁴1985.

Blumenberg, Hans: Kontingenz. In: *Religion in Geschichte und Gegenwart*. Tübingen ³1959, Bd. 3, 1793 f.

–: Lebenswelt und Technisierung unter Aspekten der Phänomenologie [1959]. In: Ders.: *Wirklichkeiten in denen wir leben*. Stuttgart 1981, 7–54.

–: *Paradigmen zu einer Metaphorologie* [1960]. Frankfurt a. M. 1998.

–: Wirklichkeitsbegriff und Möglichkeit des Romans. In: *Nachahmung und Illusion* (Poetik und Hermeneutik 1). Hg. von Hans Robert Jauß. München 1964, 9-27.

–: *Säkularisierung und Selbstbehauptung*. Frankfurt a. M. 1974.

–: *Die Sorge geht über den Fluß*. Frankfurt a. M. 1987.

Bubner, Rüdiger: *Geschichtsprozesse und Handlungsnormen. Untersuchungen zur praktischen Philosophie*. Frankfurt a. M. 1984.

Dewey, John: *Die Suche nach Gewißheit. Eine Untersuchung des Verhältnisses von Erkenntnis und Handeln*. Frankfurt a. M. 1988 (engl. 1929).

Foucault, Michel: *Überwachen und Strafen. Die Geburt des Gefängnisses*. Frankfurt a. M. 1976 (frz. 1975).

Luhmann, Niklas: Kontingenz als Eigenwert der modernen Gesellschaft. In: Ders.: *Beobachtungen der Moderne*. Opladen 1992, 93–128.

Lukács, Georg: Die Verdinglichung und das Bewußtsein des Proletariats [1923]. In: Ders.: *Geschichte und Klassenbewußtsein. Studien über marxistische Dialektik*. Darmstadt/Neuwied 1970, 170–355.

–: *Die Theorie des Romans. Ein geschichtsphilosophischer Versuch über die Formen der großen Epik* [1920]. Darmstadt/Neuwied 1971.

Lyotard, Jean-François: *Das postmoderne Wissen. Ein Bericht*. Wien ²1992 (frz. 1979).

Makropoulos, Michael: *Modernität und Kontingenz*. München 1997.

Meier, Christian: *Die Entstehung des Politischen bei den Griechen*. Frankfurt a. M. 1980.

Plessner, Helmuth: *Gesammelte Schriften*. Hg. von Günter Dux u. a. Frankfurt a. M. 1980 ff.

Rorty, Richard: *Kontingenz, Ironie und Solidarität*. Frankfurt a. M. 1989 (engl. 1989).

Troeltsch, Ernst: Die Bedeutung des Begriffes der Kontingenz. In: Ders.: *Gesammelte Schriften*. Bd. 2. Tübingen 1913, 769–778.

Waldenfels, Bernhard: Ordnung im Potentialis. In: Ders.: *Der Stachel des Fremden*. Frankfurt a. M. 1990, 15–27.

Michael Makropoulos

12. Medium

Wenn es so wäre, dass Kommunikation dazu diente, dass wir uns erstens verstehen, zweitens verständigen und drittens einig sind, dann wäre alle Kommunikation etwas Vorläufiges, das nötig ist, solange wir uns noch nicht einig sind. Wenn wir das aber dereinst sein würden, dann gäbe es nichts mehr zwischen uns, was uns trennte, dann wären wir uns unendlich nahe, genau genommen sogar identisch miteinander: jeder von uns wäre *der* Mensch. Für Medien hieße das: Einstweilen benötigen wir Medien, um miteinander zu kommunizieren, weil wir uns noch nicht so nahe sind, dass ein tiefer Blick in die Augen und ein überflüssigerweise gestammeltes ›Du‹ *alles* sagte.

Der instrumentalistische Medienbegriff

Die Emphatisierung des Dialogischen ist eine der Instanzen eines instrumentalistischen Medienverständnisses: Medien sind in diesem Sinn Kommunikations-Mittel, die zum Kommunikationszweck des Einverständnisses möglicherweise vorläufig unentbehrlich sind. Diese erste Instanz eines instrumentalistischen Medienverständnisses ist technikavers: Je gelungener die Kommunikation, desto weniger ist das Kommunikationsmittel der Medien nötig. Und diese Version ist auch sozialavers, wenn man nämlich voraussetzen darf, dass das Soziale den Dritten impliziert, um rein dialogische Intersubjektivitätsstrukturen zu überschreiten; die Nähe direkter Kommunikation ist nur unter Zweien möglich, jeder Dritte ist ein Störer. Tatsächlich aber ist ein Großteil menschlicher Kommunikation nicht-dialogisch (vgl. Krämer 2008, 18 u. pass.); im Medium ist Platz für mehr als nur die intimen Zwei, deswegen versucht ja die anerkennende Intersubjektivität, Medialität zu reduzieren (vgl. Dreyfus 2001).

Eine zweite Instanz instrumentalistischen Medienverständnisses ist technikfreundlich. Dieses geht davon aus, dass Medien als Kommunikationsmittel nicht durch direkte, unvermittelte Kommunikation ersetzbar sind. Und sie sind technischer Natur. Allerdings gibt es gute und weniger gute technische Kommunikations-Apparate; daher kommt alles darauf an, die medialen Techniken zu verbessern. Zugrunde liegt solchen Theorien vielfach die von Shannon und Weaver (1976) entwickelte mathematische Theorie der Informationsübertragung. Dieses Modell sieht für eine spezifische Informationsübertragung einen ›Sender‹ und einen ›Empfänger‹ vor und zwischen ihnen einen ›Kanal‹, eben das Medium. Ziel ist es, die Information möglichst ungehindert und unverändert den Empfänger erreichen zu lassen. Diesem Optimierungsziel dienen zwei Maßnahmen: Erstens das ›Rauschen‹ im Kanal zu minimieren (denn ganz ausschalten lässt es sich nicht), zweitens den Informationsverlust im Kanal durch Redundanzen aufzufangen, damit die Information vor der Codierung und die Information nach der Decodierung identisch seien. War das Problem des ersten, instrumentalistischen Medienverständnisses die Mystifikation einer Befreiung von der Technizität des Medialen, so ist das Problem der zweiten Version, dass alles zum Medium wird: das Mikrofon, die Leitung, der Lautsprecher, aber auch die Stimme und das Ohr, die Sprache. Und alles das kann optimiert werden. Ein Problem aber lässt sich nicht eliminieren, nämlich wie festgestellt werden kann, ob oder in welchem Maße das Gemeinte des ›Senders‹ vor seiner Codierung mit dem Verständnis des ›Empfängers‹ nach der Decodierung identisch sind; dazu bedürfte es eines Dritten, eines Beobachters, der, da er seine Beobachtungen kommunizieren muss, vor exakt dem gleichen Problem steht. Das Problem mag bei einfachen Pieps-Tönen noch zu bewältigen sein, ist aber bei komplexen kulturellen Gehalten ein vollständig unlösbares Problem.

Die beiden genannten Problemzonen umgeht eine dritte, eine medienphilosophische Version des instrumentalistischen Medienverständnisses, nämlich eine generativistische, für die die These »Medialität generiert Realität« signifikant ist (Röttgers 2011). Ihren Ausgang kann diese These von der Medientheorie Marshall McLuhans (McLuhan 1995; 1992) nehmen, die auf der anthropologischen Annahme fußt, dass Medien prothetische Funktion haben, d. h. sowohl Erweiterungen als auch teilweise Ersatz menschlicher Sinne und Organe darstellen. Sowohl die primären Medien (unsere natürlichen Sinne und Organe) als auch die sekundären lassen uns sehen, was sonst nicht sichtbar wäre, und befähigen uns zu Handlungen, die uns sonst versagt wären. Aber die sekundären Medien sind auch ein Outsourcing menschlicher Fähigkeiten: Die Menschheit kann nicht mehr, was sie noch konnte, als es diese Medien noch nicht gab, z. B. die ganze Ilias auswendig hersagen, seit es die Schrift gibt.

In jedem Fall generieren Medien Realität, weil alles zum Medium wird, was in die Funktion der Vermittlung menschlicher Weltverhältnisse eintritt. In der Folge hat man dann die Unterscheidung zwischen

Wahrnehmungsmedien, Kommunikationsmedien und Verbreitungsmedien eingeführt. Mit dem Konzept der ›Wahrnehmungsmedien‹ ist gemeint, dass uns die Welt über unsere sinnliche Wahrnehmung gegeben ist. Insbesondere Gesichtssinn und Gehör sind distanzierende Sinne, die ein vermittelndes, aber seiner Natur nach opakes Medium voraussetzen: Licht und Schallwellen, Auge und Ohr. Die Opazität des Mediums lässt die Vermittlungsfunktion als solche zurücktreten bzw. unsichtbar werden; erst im Fall der Störung werden wir der Medien ansichtig: das flimmernde Fernsehbild statt des gezeigten Fußballspiels. Daher erzeugt die Unsichtbarkeit des Mediums in seiner Funktion die Illusion der Unmittelbarkeit.

Neben die generativistische Funktion der Wahrnehmungsmedien tritt diejenige der Kommunikationsmedien. Das ist zuerst die Sprache, die Fakta durch Fikta schafft. Daneben tritt schon früh in der Enkulturationsgeschichte der Menschheit die bildliche Darstellung und dann als unerhörte Abstraktionsleistung die Buchstabenschrift. Während die mündliche Kommunikation Rede, Gegenrede und Einspruch zulässt, die Bildlichkeit das Nebeneinander der Bilder, ist die Schrift auf Linearität festgelegt. Das hat zur Folge eine Schrift-Kritik, die von Platons *Phaidros* bis zur Schriftkritik der Kanadischen Schule der Medienwissenschaft reicht (vgl. Mersch 2006, 90–130).

Während die alte Schriftkultur Herrschaftswissen war und konservierte, brach mit dem Zeitalter des Buchdrucks (›Gutenberg-Galaxis‹) ein neues Zeitalter an, das kulturelle Gehalte im Prinzip allgemein zugänglich machte. Mit dem Zeitalter des Internets, seiner Multimedialität und den Möglichkeiten der Hypertexte ist wiederum ein neues Zeitalter angebrochen, das die netzförmige Verknüpfung von Gehalten an die Stelle der deduktiven Erschließbarkeit setzt. Mit jedem neuen Zeitalter werden aber die Strukturen des alten nicht beendet oder abgelöst, sondern sie werden lediglich transformiert, gegebenenfalls potenziert und erlauben zugleich eine neue Sicht auf die alten Strukturen. Beispielsweise ließ die Digitalisierung entdecken, dass das Prinzip der digital organisierten Differenz immer schon in der Sprache das Prinzip der Identifikation von Phonemen war; denn ein Phonem in einer Sprache ist nicht durch seine phonetische Substanz charakterisiert, sondern dadurch, wodurch es sich von allen anderen Lauten derselben Sprache unterscheidet. Außerdem enthüllt die Netzstruktur des Internets eine Form der an-archischen Selbstorganisation, d. h. eine Struktur ohne *arché* (Ursprung, aus dem alles hervorgeht und der alles beherrscht).

Eine wichtige Quelle einer nicht-instrumentalistischen Medientheorie findet sich bei Ernst Cassirer, gegründet auf eine Theorie der Kommunikation. Nach ihr lässt sich eine Philosophie der Medialität nur als kulturalistische, nicht als naturalistische aufbauen. Damit scheidet auch eine instrumentalistische Version aus, nach der Medien Werkzeuge wären, um Botschaften von einem Menschen, genannt Sender, auf einen anderen, genannt Empfänger, zu übertragen. Das wäre zwar eine grundsätzlich mögliche Beschreibung, trifft aber in ihrer Äußerlichkeit das mediale Geschehen der Kommunikation in seiner Eigenart nicht. Cassirer sagt: Die Kommunikationspartner (»Ich« und »Du«) können »nicht mehr als selbständige Dinge oder Wesenheiten beschrieben werden, als für sich daseiende Objekte, die gewissermaßen durch eine räumliche Kluft getrennt sind und zwischen denen es nichtsdestoweniger, unbeschadet dieser Distanz, zu einer Art von Fernwirkung [...] kommt. Das Ich wie das Du bestehen vielmehr nur insoweit, als sie ›für einander‹ sind, als sie in einem funktionalen Verhältnis der Wechselbedingtheit stehen, und das Faktum der Kultur ist eben der deutlichste Ausdruck und unwidersprechlichste Beweis dieser wechselseitigen Bedingtheit. [...] Es zeigt sich [...], daß in diesen Formen und kraft ihrer die beiden Sphären, die Welt des ›Ich‹, wie die des ›Du‹, sich erst *konstituieren*. Es gibt nicht ein festes, in sich geschlossenes Ich, das sich mit eben einem solchem Du in Verbindung setzt und gleichsam von außen in seine Sphäre einzudringen sucht. [...] Der Abgrund läßt sich nicht füllen; jede Welt gehört letzten Endes nur sich selbst an und weiß nur von sich selbst. [...] Im Sprechen und Bilden teilen die einzelnen Subjekte nicht nur das mit, was sie schon besitzen, sondern sie gelangen damit erst zu diesem Besitz. An jedem lebendigen und sinnerfüllten Gespräch kann man sich diesen Zug deutlich machen. Hier handelt es sich niemals um bloße Mitteilung, sondern um Rede und Gegenrede. Und in diesem Doppelprozeß baut sich erst der Gedanke selbst auf. [...] Das Denken des einen Partners entzündet sich an dem des anderen, und kraft dieser Wechselwirkung bauen sie beide, im Medium der Sprache, eine ›gemeinsame Welt‹ des Sinnes für sich auf. Wo uns dieses Medium fehlt, da wird auch unser eigener Besitz unsicher und fragwürdig.« (Cassirer ECW 24, 406–411) Anders gesagt: Ideen, neue Ideen entstehen nicht einsam in Köpfen, transzendentalen zumal, sondern sie entstammen dem Geschehen im Medium. Medialität ist unhintergehbar. Die Sprache z. B. macht den Sprecher zum Sprecher, er war es nicht vor der Sprache; das gilt selbst für das Ausdrücken von Gefühlen. Daher sollte man nicht sagen, dass man *über* seine Gefühle spricht, sondern mit Maurice Merleau-Ponty »je les parle«; alles, was sich sinnhaft abspielt, spielt sich nicht zuerst in den Individuen ab und wird dann ausgedrückt, sondern es spielt sich überhaupt nur im Zwischen, d. h. im Medium unseres Miteinanders ab.

Medium: Mittel – Mitte – Mit

Im Deutschen gibt es zwei mögliche Übersetzungen für ›Medium‹: Mittel und Mitte. Es lässt sich sehr einfach zeigen, dass ›Mitte‹ der umfassendere Begriff ist, ›Mittel‹ nur eine bestimmte, einengende Interpretation, die der von Cassirer entworfenen kulturalistischen Sicht nicht gerecht wird. Mittel ist nämlich diejenige Mitte, die sich ergibt, wenn wir kulturelle Prozesse, näherhin Kommunikationsprozesse in das handlungstheoretische Zweck-Mittel-Schema pressen, nach dem Handlungs-Subjekte sich Zwecke setzen und Ausschau nach geeigneten Werkzeugen (Mitteln) halten, um sie zwischen sich und den zu erreichenden Zwecken einzusetzen. Aber nur ein geringer, ein sehr geringer Teil sozialer Prozesse lässt sich angemessen in handlungstheoretischen Termini beschreiben. Den allgemeineren Rahmen indes gibt eine Sozialphilosophie des kommunikativen Textes ab. Denn wenn wir uns kommunikativ auf andere beziehen, dann wäre es eine alberne Vorstellung, dass wir etwas, gewissermaßen sprachfrei, bloß meinen, dann zu einer für die Ausdruckszwecke geeigneten Sprache greifen, um den gemeinten Gedanken im Ausdruck auf einen Hörer als Information zu übertragen. Eine vorher sprachfrei gehabte Vorstellung mit einer ebenfalls gehabten Äußerungsabsicht verbunden zu haben, ist eine Ex-post-Fiktion, die erst dann auftaucht, wenn im Nachhinein Verantwortlichkeiten als Schuld oder Verdienst zugerechnet werden sollen.

Wenn man aber das Medium als Mitte versteht und das Mittel nur als eingeschränkten Sonderfall, dann rückt der Begriff der Vermittlung statt des Zweck-Mittel-Schemas ins Zentrum der Überlegungen. Christoph Hubig (2002) nennt das Medium einen »Möglichkeitsraum«; Gerhard Gamm konform damit einen »Transformationsraum« (1998, 102). Auch für das Medium als Mitte gibt es zunächst zwei Optionen, eine substantialistische und eine relationale, zwei Optionen, die selbst noch auf die divergierenden Interpretationen des Hegelschen Geistes als Mitte durchschlagen.

Die substantialistische Interpretation unterstellt, dass sich in der Mitte jemand oder etwas befindet, der oder das die Vermittlung leistet, und man dann fragen kann: Wer oder was ist ein Medium? Die Vermittlung zwischen Sehen und Gesehenem übernahm das Auge, die zwischen einander fernen Menschen das Telefon und die zwischen Gott und den Menschen die Engel (vgl. Röttgers 2001; 2005; Serres 1995). Wenn es aber so ist, dass sich Medien in ihrem Fungieren in die Unsichtbarkeit zurückziehen, dann wären substantielle Vermittler in dem Medium sich entziehende Substanzen, d. h. bloße Spuren, nicht ihre Präsenz, bzw. die Absenz einer Präsenz (vgl. Derrida 1967; 1992; Krämer 2001).

Die nicht-substantialistische Alternative in der Deutung des Mediums als Mitte ist es, das Medium als reine Relation aufzufassen, d. h. statt der Frage nach dem Wer oder Was des Mediums diejenige nach der Struktur von Medialität und nach den Orten zu stellen, die Medialität vorsieht. Das heißt nun, die Untersuchung des Kommunikationsmediums ganz von Prozessen des Bewusstseins abzukoppeln und von einer gewissen Technizität des Medialen auszugehen, aber einer als Mitte; Technik als unsichtbare Mitte der Gesellschaft und nicht als bloßes Mittel (vgl. Gamm 1998, 102; Gamm 2004, 158; Hubig 2006, 23). Das setzte zweierlei voraus: Erstens, dass den Relata der Relation eine gewisse Substantialität zugesprochen werden kann; zweitens, dass mithilfe der Unterscheidung von Medium und Form eine Intermedialität stets anzunehmen ist (vgl. Luhmann 1997, 165 ff.). Letzteres hieße, dass Medien im Blick anderer Medien zur Form kristallisieren. Beispielsweise ist die gesprochene Sprache nur in der Lautlichkeit des Sprechens real. Aber das Medium der Lautlichkeit entzieht sich in der Form des Wortes; Wörter allein besagen nichts, sie sind sich entziehende Medien der Form der Aussage, die Aussage schließlich macht Sinn nur in der Form des kommunikativen Textes. So wird man je nach Perspektive einem bestimmten Phänomen entweder den Formcharakter oder den Mediencharakter zusprechen dürfen. Obwohl also das Medium als Medium reine Relation ist, erscheint es unter gewandelter Perspektive in der Intermedialität zugleich auch als bestimmte Form ganz konkret. Und in dieser Version braucht man auch den Relata der Relation nicht unbedingt Substantialität zuzuordnen: Selbst und Anderer im Medium des kommunikativen Textes sind reine Funktionspositionen, die als Redender und Angeredeter in gelingender Kommunikation ihre Besetzungen ändern. Grundsätzlich aber braucht man die Substantialitäten nicht ontologisch auszuschließen, sie werden nur im Sinne einer phänomenologischen Epochè schlicht eingeklammert.

Für Niklas Luhmann und seine Theorie der Kommunikationsmedien (Macht, Liebe, Geld ...) ist das Medium dasjenige, in dem Kommunikation stattfindet, und da im Hinblick auf Gesellschaft gilt, dass wir nicht nicht kommunizieren können, sind für ihn Medien allgegenwärtig. Im Medium nimmt Kommunikation eine bestimmte Form an, die als solche im Vollzug nicht sichtbar ist, aber jederzeit durch Wechsel des Mediums, d. h. durch Intermedialität sichtbar gemacht werden kann. Mit anderen Worten: Medium und Form haben nicht als solche Bestand, sondern stehen in einem andauernden Prozess der Kopplung und Entkopplung durch Ebenenwechsel, so dass für den Prozess der Kopplung und Entkopplung gilt, dass Medien nur in Medien vorkommen, oder: Intermedialität ist nicht etwas, das zur einfachen Medialität hinzukäme, sondern sie ist von Anfang an dem Funktionieren der Medien eingeschrieben. Das Medium ist nicht, sondern es wird.

Das hat auch zur Folge, dass man den Dingen nicht ansehen oder fest zuschreiben kann, in welches Medium sie gehören. Der Numismatiker betrachtet die Münzen vielleicht ausschließlich unter ästhetischen Gesichtspunkten und der Kunsthändler die Kunstwerke vielleicht ausschließlich unter dem ökonomischen Aspekt. Die Unterscheidung von Medium und Form geht zurück auf Fritz Heider und letztlich natürlich auf Aristoteles. Eine bewusstseinstheoretische Begründung der für Gesellschaft zentralen Kategorie der Kommunikation ist für Luhmann deswegen ausgeschlossen, weil kein Bewusstsein außerhalb seiner selbst operieren, d. h. sich an die Operationen eines anderen Bewusstseins anschließen kann, nur Kommunikation kann das. Gesellschaftlicher Zusammenhalt ist nicht durch Bewusstseinskonkordanzen erklärbar. »Alle Begriffe, mit denen Kommunikation beschrieben wird, müssen daher aus jeder psychischen Systemreferenz herausgelöst und lediglich auf den selbstreferentiellen Prozeß der Erzeugung von Kommunikation durch Kommunikation bezogen werden.« (Luhmann 1990, 24; vgl. Khurana 2004) Wir müssen mit anderen kommunizieren, weil wir sie nicht durchschauen können; jede Kommunikation ist mit dem Risiko des Missverstehens behaftet. Aber Luhmanns Begriff des Kommunikationsmediums ist ein weiter Begriff, so dass auch Macht ein Kommunikationsmedium ist: Macht erspart langes Reden in der Übertragung von Sinn und Sinnselektionen. Zudem aber gilt, dass die über spezifische Kommunikationsmedien ausdifferenzierten Teilsysteme der Gesellschaft nicht direkt konvertierbar sind. Es mag für die Identität einer Nation prekär sein, wenn auf den Geldscheinen der Nationalbank die großen Scheiternden dieser Nation abgebildet sind, für den Wert der Banknoten ist das völlig irrelevant. Umgekehrt kann der Wahrheitswert einer Aussage nicht durch finanzielle Offerten beeinflusst werden.

Das Medium im Kontext seiner intermedialen Verflechtung ist netzförmig und transversal organisiert; das ist der Blickwinkel, unter dem Medialität durch die Neuen Medien erscheint. Medial – d. h. von der Mitte her – zu denken, ist an-archisch. Das Medium/die Mitte hat keinen Anfang (*arché*) und kein Ziel/Zweck (*telos*). Seine Transversalität (vgl. Guattari 1972; Welsch 1996; Sandbothe 2001, 124 ff.) erlaubt zugleich Übergänge in beliebige andere Ebenen der Realität, inklusive der virtuellen Realitäten, deren Eigenart uns ebenfalls erst die neuen Medien enthüllt haben. Aber die transversalen Übergänge gipfeln sich nicht zu einer Hierarchie auf bzw. zu einer transzendentalen Perspektive. Denn nur das Denken der *arché* gebietet Einheitsbildung, die in der Hierarchie des Mon-Archen seine konkrete Gestalt findet. Das netzförmige Denken vom Medium aus ist dagegen strukturell an-archisch (vgl. Serres 2002). Hier haben wir es über labyrinthisch-komplexe Netzstrukturen mit komplexen Vermittlungen zu tun, die vielfältige und nicht nur dialektische Entfaltungsformen generieren. Ein solches Medium repräsentiert nichts Außermediales, seine komplexe Verweisungsstruktur bezieht sich auf intermediale Verknüpfungen. Insofern generiert Medialität zwar Realität, aber eine Realität sui generis. Damit reiht sich das Denken des Medialen ein in eine Tradition konsequenter Philosophien der Immanenz ohne Transzendenz, die von Spinoza bis Deleuze reicht.

Es scheint jedoch angemessener, nicht von Realitätsgenerierung durch Medialität zu sprechen, sondern allein deren Vermittlungscharakter hervorzuheben; denn nicht das Ansichsein der Dinge erscheint im Medium, sondern ihr Fürunssein. Ebenso, wie (nach Cassirer) eine naturalistische Mediendeutung fehlgreift, so auch eine ontologische. Daher hat eine Philosophie der Unmittelbarkeit wie etwa Heideggers Existential-Ontologie keinen Begriff von Medium, wohl aber eine Philosophie der kulturellen Vermitteltheit, wie etwa Cassirers Philosophie der symbolischen Formen. Wenn zwei Menschen in der körperlichen Begegnung zweier Augenpaare sich scheinbar unmittelbar begegnen, gibt es nur zwei Fortsetzungsmöglichkeiten dieser Verhakung: Sex oder Gewalt. Kultur aber ist immer das Gegenteil: nämlich die Vermeidung der Unmittelbarkeit und die Pflege der Vermittlungen und Umwege, d. h. Kultur ist Kultur des Mediums.

Vermittlung ohne Vermittler: ›Mit‹

Eine für eine Deutung von Medialität fundamentale Denkspur der Vermittlung ohne Vermittler liegt vor in Jean-Luc Nancys Sozial-Ontologie des ›Mit‹. Ausgehend von Heideggers in *Sein und Zeit* (§ 25) nur unzureichend durchgeführter Analyse des Mitseins kommt Nancy dazu, das ›Zwischen‹ (also das Medium) weder als ein Subjekt noch als ein Objekt zu verstehen. Das Gewebe (*textum*) zwischen/mit uns ist angemessen nur präpositional wiederzugeben als zwischen/mit, d. h. nicht als *das* Zwischen oder *das* Mit: »Das Sein ist zusammen, und es ist nicht ein Zusammen.« (Nancy 2004, 98) Vom Medium aus zu denken, heißt daher auch, dass Selbst und Anderer nur als Unterschiedene einer sich vollziehenden Unterscheidung real sind. Aber dieses Unterscheiden ist nicht anfänglich vollzogen, sondern vollzieht sich im Text mit der Folge, dass Identitäten sich vervielfältigen: »Wir: jedes Mal ein anderer, jedes Mal mit anderen.« (Nancy 2004, 65) Das Medium ist als Mi-lieu der Ort des sich vollziehenden Unterscheidens und wir sind eher Unterschiedene als Unterscheidende. Im Medium gilt nicht mehr: Wir alle spielen Theater, sondern hier gilt: Das Theater spielt uns. Fast kann man bereits heute sagen, dass eine Person durch die Erreichbarkeit im Netz der Mobiltelefonie definiert werden wird, dass Wirklichkeit also nur jemandem zukommt, der wie die glockentragenden Kühe auf der Alm ortbar und jederzeit auch erreichbar ist. Daher muss die Frage nach den Medien-Subjekten und -Objekten ersetzt werden durch die Frage danach, welche Orte und welche Positionen das Medium vorsieht, d. h. welche Relationalitäten und welche Verdopplungen und Spalte, welche Anschlüsse und welche Übersetzungen dort fällig sind.

Im präpositionalen ›Mit‹/›Zwischen‹ wird die Unterscheidung von Original und Kopie (zumal im digitalen Code) hinfällig; in der Verdopplung wird ein jeder, wird jede Position als Doppelgänger zum Anderen seiner/s Selbst. In der postmodernen Dekonstruktion fallen Lesen und Schreiben zusammen; die Schrift als solche ist Zitat, d. h. ist schon von Anfang an als gelesen und geschrieben verdoppelt und gespalten. Auch Authentizität ist dann nur eine der medial vorgegebenen und abrufbaren Gesten.

Der Medienwandel

Ein wichtiger Gegenstand der klassischen, nicht-kulturphilosophischen Medientheorie war die Geschichte des Medienwandels. So hat Harold A. Innis den kulturellen Übergang zur Schrift als einen entscheidenden Wandel in der menschlichen Kommunikation beschrieben (vgl. Innis 1997, 95 ff.), durch den die soziale Verteilung von Wissen in Raum und Zeit umorganisiert wurde. Statt des ökonomischen Materialismus der Produktivkräfte wird hier die Materialität der ›Medien‹ als Kommunikationsmitte(l) als verantwortlich für sozialen Wandel behauptet.

Während mündliche Kommunikation das Zusammen an einem Ort bedinge (heutzutage durch Telefonie und Internet eher fraglich geworden), erlaube, so Innis, die Schrift die Mobilität und ermögliche damit die Bildung territorialer Reiche. Da Innis allein die Schrift betrachtet und z. B. Bildlichkeit vernachlässigt und ferner die kulturellen Verluste durch Verschriftlichung einseitig hervorhebt, ist seine Medientheorie eine Form von Kulturkritik. Um die nostalgische Kulturkritik aufzufangen und neuere Entwicklungen zu berücksichtigen, prägte Walter Ong die Begriffe einer »Postliteralität« und »sekundären Oralität« (Ong 1987, 135 ff.). Diese frühen Medientheorien hatten keinen oder einen nur unzureichend formulierten Begriff von ›Medium‹, erklärten aber gleichwohl den Medienwandel entweder direkt zur Ursache für sozialen Wandel oder in Interaktion mit ihm begriffen. Derrick de Kerckhove schließlich berücksichtigte auch den Medienwandel durch Telefon und Internet. Seine These ist, dass die Digitalisierung und Vernetzung die Linearisierung des Denkens und der Kultur durch 2000 Jahre Schriftkultur rückgängig zu machen erlaube (vgl. De Kerckhove 1995, 21 ff. u. pass.).

Ein ganz wesentliches Element des Medienwandels, der sich nicht auf das Medium als Mittel festlegen lassen muss, ist der Wandel des Speicherns und der damit verbundene Übergang von der Mon-Archie bzw. Hierarchie des Denkens zur An-Archie der Netze. Solcherart Medienwandel hat selbstverständlich auch soziale, politische und kulturelle Konsequenzen. Im Zuge der durch die ökonomische Globalisierung heranwachsenden Weltgesellschaft gilt geradezu, dass sie keine Möglichkeit mehr hat, sich selbst zu kontrollieren, geschweige denn zu regieren; denn auch sie ist netzförmig organisiert. In diesem Netz breiten sich Irritationen wie z. B. Computerviren oder Gerüchte über mangelnde Kreditwürdigkeit von Unternehmen oder ganzen Volkswirtschaften explosionsartig aus und potenzieren sich im Ausmaß ihrer Ausbreitung. Wenn Medialitätsstrukturen sich ändern, ändert sich die Gesellschaft und umgekehrt. Generell aber muss man sagen, dass die kulturellen Implikationen des Medienwandels, insbesondere, was die Inhalte und auch die Didaktik (›E-Learning‹) betrifft, noch weitgehend ungeklärt bzw. strittig sind. Die Spannbreite der Diskussion reicht von deutlichen Warnungen vor den katastrophalen Folgen des Internets (vgl. Dreyfus 2001; Fahle u. a. 2009) bis hin zur Feier der befreienden Wirkungen (vgl. Nyíri 2006).

Die Netzstruktur des Mediums

Dass Kommunikation heute vorrangig im Bild des Netzes gedacht werden muss, ist eine bereits 1968 von Michel Serres vertretene These (vgl. 1991, 9 ff.). Im Netz gibt es nicht den einen privilegierten Punkt, der als Ursprung (Archè) ausgezeichnet und gesucht werden könnte. Nicht mehr Sinn-Ursprünge können demnach Gegenstand kulturwissenschaftlicher Forschungen sein, sondern lediglich Sinn-Verschiebungen. So ist die strukturalistische Methode die Befreiung von der Vorherrschaft der Sinn-Suche unter dem ein-sinnigen Subjekt-Objekt-Schema. Rationale Ordnungen gibt es viele, aber sie sind vor dem Hintergrund der chaotischen Welt eher seltene Ausnahmen, der Normalfall ist Unordnung: Gemenge, Gemische, das Rauschen, das Gewimmel, die Turbulenzen von der Art der Meereswellen und der Wolken. Netze ersetzen die Konzentration von Wissen, von Schätzen und von Menschen durch Distribution. Alle Punkte der Welt sind im Prinzip gleichwertig, überall ist der User erreichbar, seine Adresse bezeichnet nicht mehr ein Zuhause, sondern seine Ansprechbarkeit. In gewissem Sinne ist der User gottähnlich oder wenigstens engelsgleich (vgl. Serres 1995; Röttgers 2005) geworden, weil er allgegenwärtig ist oder sein kann; denn das Medium ist ubiquitär.

Sowohl das Labyrinth als auch das Rhizom (vgl. Deleuze/Guattari 1980, 9 ff.) sind geeignet, eine Kulturphilosophie des Mediums zu entwickeln (vgl. Hartmann 2003). Es ist vor allen Dingen die Konsequenz einer Immanenzphilosophie, d. h. der Verzicht auf jegliche Instanz einer Transzendenz, die einem Bedenken des Medialen zugute käme, die an dieser Stelle überzeugt.

Von dem von Félix Guattari geprägten Begriff der Transversalität macht auch die pragmatische Medienphilosophie Mike Sandbothes Gebrauch (vgl. 2001); dieser Begriff, mit der Grundbedeutung »querlaufend, schräg zur Ausbreitungsrichtung des Prozesses«, ist geeignet, die Pluralität möglicher Anknüpfungen in einem netzförmigen Medium zu bezeichnen, ohne dass auf einen Oberbegriff oder ein Gesamtkonzept Bezug genommen zu werden brauchte. Wie die Immanenzphilosophie von Deleuze ist auch eine transversale Medienphilosophie anti-repräsentativ, d. h. das im Medium Offenkundige steht nicht für etwas ganz anderes außerhalb des Mediums. Die für die transversale Struktur wesentliche Heterogenität erlaubt es auch, die in der Medienlandschaft bestehende Heterogenität von Medialität nicht auf eine Einheit jenseits der Vielheit reduzieren zu müssen. Auf der anderen Seite jedoch erlaubt sie durchaus die Einheitlichkeit einer Analyse des vielfältigen Operierens und muss sich nicht (angeblich postmodern) mit der Aussage begnügen, in der Medienwelt sei alles so bunt und vielfältig. Insofern entspricht auch die Entwicklung der Medien in Richtung Multimedialität genau dieser Einheit des Operierens in der Vielfalt der Formen und Verknüpfungen.

Das Internet ist das Medium, das nicht nur die klassischen Medien in einem neuen Licht erscheinen lässt, sondern das in hervorstechender Weise etwas Neues darstellt. Es repräsentiert nichts, seine *links* beziehen sich nur auf andere Orte in diesem Netz; dahinter steht nichts als das reine Operieren mit der Differenz im digitalen Code. Am Internet lässt sich ablesen, dass neue Medien nicht dadurch entstehen, dass es etwas Neues in der Welt gäbe, das sie repräsentieren müssten, sondern neue Medien beziehen sich immer schon auf alte Medien in einer fundamentalen Intermedialität, durch die sie sich selbst hervorbringen und zugleich die älteren Medien genau dadurch im Netz der Differenz nicht als das belassen, was sie einmal waren.

Unter der Dominanz der Netzstruktur wandelt sich auch der Begriff des Speicherns oder wird partiell ersetzt durch den Begriff der Übertragung in einer gegen Null tendierenden Übertragungszeit. Der klassische Begriff des Speichers folgte der handlungslogischen Interpretation des Mediums, nämlich als eines bloßen Mittels. Im Sinn eines Ökonomieprinzips der Ressourcensparsamkeit werden die Mittel (Medien) gespeichert bzw. der Speicher dient als

Mittel, sei dieser Speicher nun ein fixes Kapital oder ein Museum oder eine Bibliothek. Im Zeitalter gewandelter Medialität kann es jedoch nicht mehr das Ziel sein, Dinge oder auch nur Bits in möglichst großem Umfang zu speichern, sondern mithilfe von *links* Formen der Relationierung zu erzeugen. Depotenziert wird damit auch der Begriff der Beherrschung und der Herrschaft allgemein. Klassische Herrschaft konzentrierte sich in Metropolen, Orten maximaler Konzentration politischer Ressourcen. Im an-archischen Internet gibt es keine Metropole, keine Zentrale oder Konzentration von Potentialen mehr. Die Metropole und ihr Ressourcenspeicher ist ersetzt durch Distributionsprozesse (vgl. Serres 1993).

Neue Realitäten

Der Raum des Mediums Internet ist nicht länger darstellbar als Newtonscher (absoluter) Raum als einer Vorgegebenheit der Orientierung. Im Internet ist Raum unzweifelhaft ein konstruiertes Artefakt. Hier sind Räume nicht einfach da als Voraussetzung einer Einrichtung in ihnen, sondern hier werden Räume selbst inszeniert. Das gleiche gilt für die temporalen Strukturen; im Internet folgen Tag und Nacht nicht mehr aufeinander, sondern sind gleichzeitig, die Informationen sind einfach da. Logisch bedeutet dieser Wandel des Mediums, in dem wir uns bewegen, dass nicht mehr methodisch angeordnet eins aufs andere folgt, wofür noch die Schrift sinnfälliges Muster war, sondern dass alles zugleich möglich ist, weil alles nur als Simulation real ist. Von daher fällt auch ein neues Licht auf die alte Realität, auch sie ist ja nur ein Konstrukt: Realität und Virtualität sind Reflexionsbegriffe.

Identität war ursprünglich die Sichselbstgleichheit; seit der Rollentheorie bedeutete sie auch, verschiedene Rollen – nacheinander und im Hinblick auf verschiedene relevante Andere oder situationale Settings – spielen zu können, jeweils organisiert von einer Kern-Identität, so dass der Begriff der Entfremdung seinen präzisierbaren Sinn behielt; nun kann man aber im ›Second Life‹ verschiedene Selbst zugleich sein, und zwar sogar innerhalb ein und desselben Settings. War es klassisch pathologisch, gespalten zu sein (Schizophrenie), so ist im Second Life die Gespaltenheit die Normalbedingung: Immer und überall derselbe sein zu wollen wäre pathologisch, jedenfalls ein Mangel an Souveränität; als pathologisch gilt unter diesen Bedingungen lediglich, das multiple Selbst nicht mehr souverän zu manövrieren, sondern bloß getrieben zu sein. Aber ersichtlich sind die Grenzen nicht sehr trennscharf. Das multiple, auf diverse Kontexte verstreute Selbst korrespondiert darin dem Betriebssystem *Windows,* für das es vorgesehen ist, dass stets mehrere Fenster zugleich geöffnet sind und der User zwischen diesen hin und her manövriert. Dem Menschen, der sich als User betätigt, wird ein multiples Selbst zur Identifikation angeboten; versagt er sich, verzichtet das Netz auf jegliche Normativität und stellt sich absolut lernbereit auf die neuen Informationen ein.

Die Luhmannsche These der Ubiquität des Mediums (Mitte ist überall) erscheint noch um eine Stufe gesteigert in Derridas These, dass es ein Jenseits des Textes nicht »gibt« (vgl. Derrida 1974, 274). Das Medium schafft sich seine Realitäten. Das hat in der Öffentlichkeit zuweilen die Folge, dass die intermedial vielfach vermittelte Erscheinung im Medium für die Unmittelbarkeit der Realität genommen wird. Dann sagt man nicht mehr, dass Roger Moore die Rolle von James Bond gespielt habe, sondern man sagt, Roger Moore *sei* 007. Schon heute singt in dem Film *Farinelli* Stefano Dionisi in der Rolle des Kastraten Farinelli mit einer Stimme, die nicht nur nicht seine eigene ist, was wir bereits aus jeder Synchronisation kennen, sondern er singt mit einer Stimme, die es real nicht »gibt«, nämlich einer digitalen Stimm-Synthese aus der Stimme des Countertenors Derek Lee Ragin und der Stimme der Koloratursopranistin Ewa Małas-Godlewska.

Die radikalste Form der Selbstverbergung des Mediums in seinem Vollzug ist das sogenannte ›Live‹, das suggeriert, das Leben selbst, so wie es an sich selbst ist, zur Erscheinung zu bringen. Die Botschaft des Mediums ist hier, dass es das Medium gar nicht gibt; aber das Gegenteil ist der Fall: ›Live‹ gibt es nur medial. Das Leben, das einer führt, ist für ihn das einzige, das er führen kann; aber ›live‹ ist immer eine fakultativ ausgewählte Möglichkeit aus einer im Prinzip unendlichen Vielfalt im Medium; jede Entscheidung verbirgt nicht nur alle anderen Möglichkeiten, ›live‹ zu sein, sondern sie verbirgt auch das Entscheiden zwischen ihnen.

Die Macht der Medien

In den älteren Medientheorien hatte man unterschieden, ob es sich um eine Kommunikation *one-to-many* (Typ: Rundfunk), *many-to-one* (Typ: Wahlzettel), *many-to-many* (Typ: diffuse Kommunikationsprozesse) oder *one-to-one* (Typ: Telefonie) handelte. Dem Typ *one-to-many* wurde zunächst erhebliche Skepsis entgegengebracht, weil man unterstellte, dass Massenmanipulationen, insbesondere in Diktaturen, Effekt dieser Massenmedien seien. Als Beispiel konnte nicht nur auf Hitler-Reden im Rundfunk verwiesen werden, sondern auch auf jene berühmte Radio-Sendung, in der Orson Welles der amerikanischen Nation 1938 weismachte, Bewohner anderer Welten seien auf der Erde (natürlich in den USA) gelandet. Obwohl die auf diese Weise zustandegekommene Reportage der literarischen Vorlage von H. G. Wells *The War of the Worlds* folgte, hat man sie für einen Bericht über die Realität gehalten. Angeblich hat er eine Massenpanik in den USA ausgelöst – so jedenfalls berichteten ihrerseits die Massenmedien. Insbesondere die Werbebranche sah in diesen Befunden ihre Chance, beliebigen Produkten Umsätze zu sichern. Man sprach daher von der großen Macht der Medien, bis empirische Forschungen zum Wahlverhalten zeigten, dass Menschen in der Regel nur solche Informationen aufnehmen und verarbeiten, für die sie eine Aufnahmereitschaft schon vorher mitbrachten; konsequenterweise schlug das Pendel nun in die entgegengesetzte Richtung aus und man sprach nun von der Ohnmacht der Medien und der Macht des Wahlvolks und der Verbraucher. Das Internet vereinigt alle diese Ausbreitungsmodi: Ein Einzelner kann Botschaften aus riesigen Quellenmengen beziehen, umgekehrt aber kann er persönliche Informationen, wenn er will und schamlos genug ist, der ganzen Welt mitteilen. Aber er kann auch als E-Mail eine Botschaft verschicken, die nur für einen einzigen gedacht ist.

Medienphilosophie

Angesichts der entwickelten Struktur und Funktion von Medialität ergibt sich zwangsläufig die Frage nach dem Status einer Medienphilosophie, insbesondere auch im Verhältnis zu Kulturphilosophie.

Im Hinblick auf diese Frage sind drei unterschiedliche Positionen erkennbar. Die erste nimmt Medienphilosophie als eine Bereichsphilosophie, die eine philosophische Reflexion auf die Medien sein möchte, vor allem im Sinne der Medien als bloßen Mitteln der Kommunikation. Wie Technikphilosophie nicht selbst eine Erscheinungsform von Technik ist und wie die Staatsphilosophie nicht selbst etatistisch sein muss, so gäbe sich eine solche Medienphilosophie ganz unberührt von ihrer eigenen möglichen Medialität. Eine zweite Position stellt sich selbst in die Tradition derjenigen Verwandlungen der Philosophie, die mit dem sogenannten *linguistic turn* eingeleitet worden sind, d. h. einer Abkehr von bewusstseinsphilosophischen Begründungen der Interpretation unseres Weltverhaltens. Sie unterstellt, dass der *medial turn* eine noch grundlegendere Grundlegung bieten kann als die Sprachphilosophie; Sprache wäre nur eine der möglichen Instanzen von Medialität. Medien eröffnen allgemein einen Schlüssel unserer Weltzugänge (vgl. Margreiter 1999; Seel 2001, 251). Eine dritte Version des Verständnisses von Medienphilosophie spricht zwar auch von einem *medial turn*, aber nicht im Sinne einer noch grundlegenderen Grundlegung oder Vertiefung, sondern im Sinne einer Erweiterung. Wenn im Laufe der Menschheitsgeschichte Sprache ergänzt wird durch andere Medien, durch Bilder und durch Schrift usw., so läuft das eher auf eine Erweiterung der medialen Möglichkeiten hinaus als auf eine Rückverlegung der Basis. Für dieses dritte Verständnis von Medienphilosophie spricht auch, dass der Sinn von Erscheinungen und von Operationen nun nicht mehr im Jenseits des Mediums gesucht werden muss, der Sinn ist *im* Text und nirgendwo sonst: Es gibt keinen Sinn vor dem Sinn, kein innerliches Sprechen, bevor gesprochen wird. Denken vom Medium aus schließt eine transzendentale Begründungsperspektive aus; denn was transzendental heißen darf, wird von der Mitte (dem Medium) aus zu definieren sein. Die Mitte trennt uns, vereinzelt, individualisiert uns, zugleich aber verbindet sie uns in einem gemeinsamen Text. Text-Sein des Mediums meint seine Kulturalität und seine Prozessualität. Alles, was hier besteht, besteht nicht als Substanz, sondern seine Sinnstruktur bezieht es aus der doppelten Differenz, der paradigmatischen, durch die es sich von allem anderen unterscheidet, und der syntagmatischen, durch die Differentes aneinander anschließbar ist. Kultur der Medien hieße, beides zu kultivieren und in seiner Komplexität zu steigern bzw. zu erhalten. Kultur der Differenz bedeutet, Differenzen lustvoll zu genießen und das Fremde als ein Abenteuer und nicht als eine Bedrohung erfahren zu lernen. Kultur der Übergänge und Anschlüsse meint eine Komplexitätssteigerung des Medialen durch Intermedialität und Transmedialität, d. h. durch ein transversales Navigieren durch verschiedene Medialitätsebenen und damit die Vermeidung von Unmittelbarkeitsemphasen.

Eine so gestaltete Medienphilosophie ordnet sich zwar nicht mehr einfach einer Kulturphilosophie ein oder unter, kann aber auch nicht den Anspruch erheben, nun ihrerseits die Kulturphilosophie zu begründen; es sind schlicht verschiedene Perspektiven auf die menschliche Vermitteltheit der Weltzugänge.

Literatur

Cassirer, Ernst: *Gesammelte Werke. Hamburger Ausgabe.* Hg. von Birgit Recki. Hamburg 1998 ff. [ECW].

De Kerckhove, Derrick: *Schriftgeburten. Vom Alphabet zum Computer.* München 1995 (frz. 1990).

Deleuze, Gilles/Guattari, Félix: *Capitalisme et schizophrénie II : Mille Plateaux.* Paris 1980.

Derrida, Jacques: *Grammatologie.* Frankfurt a. M. 1974 (frz. 1967).

–: *Die Schrift und die Differenz.* Frankfurt a. M. ^{5}1992 (frz. 1967).

Dreyfus, Hubert: *On the Internet.* London 2001.

Fahle, Oliver/Hanke, Michael/Ziemann, Andreas (Hg.): *Technobilder und Kommunikologie. Die Medientheorie Vilém Flussers.* Berlin 2009.

Gamm, Gerhard: Technik als Medium. In: *Naturerkenntnis und Natursein. Festschrift Gernot Böhme.* Hg. von Michael Hauskeller. Frankfurt a. M. 1998, 94–107.

–: *Der unbestimmte Mensch. Zur medialen Konstruktion von Subjektivität.* Berlin/Wien 2004.

Guattari, Félix: *Psychanalyse et transversalité.* Paris 1972.

Hartmann, Frank: Der rosarote Panther lebt. In: *Medienphilosophie. Beiträge zur Klärung eines Begriffs:* Hg. von Stefan Münker, Alexander Roesler und Mike Sandbothe. Frankfurt a. M. 2003, 135–149.

Hubig, Christoph: *Mittel.* Bielefeld 2002.

–: *Die Kunst des Möglichen. Grundlinien einer Philosophie der Technik, Bd. 1: Philosophie der Technik als Reflexion der Medialität.* Bielefeld 2006.

Innis, Harold A.: *Kreuzwege der Kommunikation.* Hg. von Karlheinz Barck. Wien 1997.

Khurana, Thomas: Niklas Luhmann – Die Form des Mediums. In: *Medientheorien. Eine philosophische Einführung.* Hg. von Alice Lagaay und David Lauer. Frankfurt a. M. 2004, 97–126.

Krämer, Sybille: Das Medium als Spur und als Apparat. In: *Medien – Computer – Realität.* Hg. von Sybille Krämer. Frankfurt a. M. 2001, 73–94.

–: *Medium, Bote, Übertragung. Kleine Metaphysik der Medialität.* Frankfurt a. M. 2008.

Luhmann, Niklas: *Die Wissenschaft der Gesellschaft.* Frankfurt a. M. 1990.

–: *Die Kunst der Gesellschaft.* Frankfurt a. M. 1997.

Margreiter, Reinhard: Realität und Medialität. In: *Medien-Journal* 23 (1999), 9–19.

McLuhan,Herbert Marshall: *Die magischen Kanäle.* Düsseldorf 1992 (engl. 1964).

–: *Die Gutenberg-Galaxis.* Bonn 1995 (engl. 1962).

Mersch, Dieter: *Medientheorien zur Einführung.* Hamburg 2006.

Nancy, Jean-Luc: *singulär plural sein.* Berlin 2004 (frz. 1996).

Nyíri, Kristóf (Hg.): *Mobile Understanding: The Epistemology of Ubiquitous Communication.* Wien 2006.

Ong, Walter J.: *Oralität und Literalität. Die Technologisierung des Wortes.* Opladen 1987 (engl. 1982).

Röttgers, Kurt: Engel und andere Mittler. In: *der blaue reiter* 13 (2001), 15–18.

–: Medialität generiert Realität. Prüfung einer These. In: *Realitätskonzepte in der Moderne. Beiträge zu Literatur, Kunst, Philosophie und Wissenschaft.* Hg. von Susanne Knaller und Harro Müller. München 2001, 193–228.

–: *Teufel und Engel.* Bielefeld 2005.

–: Visual Learning and the Invisible (Vizuális tanulás és a láthatatlan). http://vll.mpt.bme.hu/images/stories/PDF/visual%20learning%20lab%20ed.pdf (22.04.2011; abgerufen am 15.07.2012).

Sandbothe, Mike: *Pragmatische Medienphilosophie. Grundlegung einer neuen Disziplin im Zeitalter des Internets.* Weilerswist 2001.

Seel, Martin: Medium der Realität und Realität der Medien. In: *Medien – Computer – Realität.* Hg. von Sybille Krämer. Frankfurt a. M. 2001, 244–268.

Serres, Michel: *Hermes I: Kommunikation.* Berlin 1991 (frz. 1968).

–: *Hermes IV: Verteilung.* Berlin 1993 (frz. 1977).

–: *Die Legende der Engel.* Frankfurt a. M. 1995 (frz. 1993).

–: Der Mensch ohne Fähigkeiten. In: *Süddeutsche Zeitung,* 28. März 2002.

Shannon, Claude E./Weaver, Warren: *Mathematische Grundlagen der Informationstheorie.* München/Wien 1976 (engl. 1964).

Welsch, Wolfgang: *Vernunft. Die zeitgenössische Vernunftkritik und das Konzept der transversalen Vernunft.* Frankfurt a. M. 1996.

Kurt Röttgers

13. Mythos

Das ›Wesen‹ des Mythos entzieht sich einer einheitlichen Definition. Der Mythos hat eine narrative Struktur; erzählt werden bestimmte wiederholbare Ereignisse, die außerhalb von Raum und Zeit liegen und ansetzen an bestimmten Knotenpunkten der menschlichen Existenz. In einem weiteren Sinne ist der Mythos eine erzählte Geschichte (von Göttern und Halbgöttern), mittels derer ein von Generation zu Generation wachsendes Wissen weitergereicht worden ist. Heute sieht man vielfach die Unterscheidung der Mythen von anderen Erzählungen als unmöglich an und erblickt darin ein spätes Konstrukt. Hinzu tritt das Problem, dass das Studium der nur literarisch erforschten Kulturen zunehmend als unzureichend erkannt wird. Modelle, die an den schriftlich überlieferten griechischen Mythen gewonnen wurden, sind auf schriftlose Kulturen nicht übertragbar. Den Typus sakraler Erzählungen, den Mythos als mündlichen Kommentar einer Kulthandlung, gibt es in manchen Kulturen gar nicht. In anderen Kulturen werden Mythen mit Träumen auf eine Stufe gestellt und ausdrücklich von der Wirklichkeit unterschieden. Auch die Vorstellung des Mythos als Widerpart des Logos (die erstmals bei Pindar nachweisbar ist) oder als dessen Vorstufe ist heute überholt. Vielmehr repräsentiert der Mythos eine frühe Form der Rationalität; aitiologische Mythen sind hochrationale Formen. Darauf deutet schon die Wortgeschichte, bedeutete doch *mythos*, ein Kunstwort des frühgriechischen Epos, ursprünglich dasselbe wie *lógos*: beides heißt ›Wort‹. Logos ist das sinnerfüllte Wort, die vernünftige Rede; Mythos war bis zur Zeit des Sophokles das gesprochene Wort, seltener ein *hieros logos*, das heilige Wort, schließlich die (unwahre) Erzählung (*fabula*), die Göttersage. In Deutschland begegnet uns das Wort seit Anfang des 16. Jahrhunderts als ›Fabel‹; erst 200 Jahre später gewinnt es die Bedeutung ›Erzählung von Göttern‹. Heute ist der Begriff populär, wie seit Georges Sorel üblich, als ein zeitloses, methodisch-wissenschaftlichem Zugriff entzogenes Phänomen. Dies aber widerspricht ganz der antiken Tradition, in der es *den* Mythos nicht gab: Jeder Mythos war vielmehr an einen bestimmten Ort und an einen bestimmten Kult gebunden. Doch seit der Aufklärung hat der Mythos keine uns geläufige Organisationsform und Sprache mehr gefunden.

Statt der Frage nach dem ›Wesen‹ des Mythos erscheint die Suche nach den Funktionen, die mythische Erzählungen haben, fruchtbarer. In allen Naturvölkern vereinigt der Mythos verschiedene Grundfunktionen: (1) Kultisch-religiös vermittelt er heilige Wahrheiten und entscheidet über Schuld oder Unschuld; (2) historisch-sozial erzählt er die Geschichte einer Institution, eines Ritus oder einer gesellschaftlichen Entwicklung; (3) politisch sind Mythen der Ausdruck eines primären kollektiven Narzissmus und dienen der Selbstdarstellung einer Gesellschaft. Hinzu kommen (4) die lehrhafte Funktion (*exemplum*) wie (5) die ästhetische. Alle diese Funktionen sind heute längst auseinander getreten; der Mythos ist Gegenstand ganz unterschiedlicher Denktraditionen: Eine Gesamtgeschichte des Mythos gibt es nicht, sondern nur diverse Mythen-Begriffe der Einzelwissenschaften, die ihre je eigene Einzelgeschichte haben. So sprechen wir heute von einem anthropologisch-ethnologischen, einem soziologischen, einem philosophischen, einem psychologisch-psychoanalytischen, einem literaturwissenschaftlich-diskurstheoretischen und einem religionswissenschaftlichen Mythosbegriff.

Mythos und Wahrheit

(Der) Mythos (im Singular) ist ein theoretisches Konstrukt der europäischen Wissenschaften. Das Problem, wie Mythen (philosophisch) zu deuten seien, entzündete sich an der Homer-Interpretation. Deutlich wird das bereits bei Platon: Man könne nicht angemessen über Gott sprechen, wenn die vielen Götter, von denen Homer erzählt, menschliche Gestalt und Schwächen haben. Platon ersetzt diese Mythen deshalb durch eine vernunftorientierte ›Rede über das Göttliche‹ (*theo-logia*). In der Dichterkritik der *Politeia* stellt Sokrates bei der Erörterung von Erziehungsfragen fest, dass man den Kindern zuerst ›Mythen‹ erzähle; diese Mythen als das ›Unwahre‹ seien dem ›Wahren‹ entgegengesetzt. Im *Symposion* ist die Wahrheit mythischen Ursprungs, wird aber der Philosophie überantwortet. Im *Phaidros* lässt Platon die Frage nach der Wahrheit offen, weist aber mit ironisch eingefärbtem Nachdruck auf die Schwierigkeiten hin, die ganz und gar nicht gering sind und eine interpretatorische Enthaltsamkeit empfehlen. Indes hat Platon selbst in seinen Dialogen Mythen erzählt, die allerdings keinen Bezug zu einem Kult haben und logisch geläutert sind. Präsentieren sich die Mythen in der Antike in kultischen Manifestationen, dann in poetischer Varianz in der Tragödie, so ist die philosophische Wahrheit aus den heiligen Bezirken ausgezogen und für den Alltag handhabbar geworden.

Die Frage nach der Wahrheit des Mythos gehörte zu jener Strategie der Selbstlegitimierung, mit deren Hilfe sich die (jüngere) Philosophie von der (älteren) Dichtung abzugrenzen suchte. Doch gleichzeitig mit der Philosophie entsteht ein anderer Typus des Wissens und Typus des Diskurses (Prosa-Narrativ; Ricœur), das radikal mit dem mythischen Denkmodus bricht. Dieses neue Narrativ ist die Geschichte, wobei vielfältige Interferenzen zwischen Mythos und Geschichte zu beobachten sind. Es gibt keine einfache Entwicklung vom Mythos zur Geschichte (wie es keine Teleologie ›vom Mythos zum Logos‹ gibt). Vielmehr bestehen verschiedene Typen von Narrativen gleichzeitig innerhalb einer Kultur. Die Frage nach dem Verhältnis von Mythos und Wahrheit lässt sich mithin nicht ablösen vom Problem einer Typologie der narrativen Formen und setzt eine Analyse des historischen Modus des Verstehens der diese Narrative produzierenden Gesellschaft voraus. Es existieren nebeneinander verschiedene literarische Genres. Geschichte ersetzt den Mythos nicht, sondern tritt als eine neue Gattung daneben – und zur Abgrenzung wird die Wahrheitsfrage gestellt.

Jeder Gott hat einen Mythos, von ihm werden Geschichten erzählt. In diesen göttlichen Geschichten kann sich menschliche Geschichte spiegeln (etwa der trojanische Krieg). Doch hat es sehr lange gedauert, bis Mythos und Geschichte auseinandergehalten wurden, wie es Aristoteles in seiner *Poetik* tut, wenn er den Unterschied zwischen Dichter und Geschichtsschreiber anspricht. In der griechischen Antike gab es eigentlich keine scharfe Trennung von Mythos und Geschichte und auch keine lineare Entwicklung. Für die antiken Griechen wie für die Indianer Südamerikas sind Geschichte und Mythos eins. Für Mircea Eliade ist mythisches Denken anti-historisch, es folgt einer archetypischen Ordnung und ist zyklisch. Regenerationsriten suchen die Geschichte zu verdrängen. Das Individuum einer nicht-literalen Gesellschaft sieht die Vergangenheit fast ausschließlich unter dem Gesichtspunkt der Gegenwart – erst die historischen Berichte einer ›literalen‹ Gesellschaft erzwingen ihrer Natur nach eine objektivere Erkenntnis des Unterschieds zwischen dem, was war, und dem, was ist. Viele schriftlose Völker stellten dem jetzigen Zustand der Welt einfach eine ›Urzeit‹, die ›Zeit des Andersseins‹ gegenüber. In den primitiven Sprachen findet man kein Wort über die ›Zeit‹ als solche; vielmehr ist die mythische Zeit nicht vom Raum getrennt. Mythen dienen in nicht-literalen Gesellschaften, wie Bronisław Malinowski gezeigt hat, nicht so sehr als zuverlässige historische Berichte über vergangene Zeiten, sondern fungieren in erster Linie als ›Verfassungen‹ gegenwärtiger sozialer Institutionen.

Allegorie

Blieb trotz allem bei Platon und Aristoteles insgesamt das Verhältnis von Mythos und Logos weitgehend unbestimmt, so ist in der Folge eine immer stärker werdende Festigung dieses Verhältnisses zu beobachten. Hier pflegte vor allem die Stoa die ›allegorische Methode‹ der rational umdeutenden Interpretation, die in den Göttern personifizierte Naturmächte sah. In der Folgezeit hielten die Philosophen Mythen lange für Allegorien der philosophischen Wahrheiten. Der Neuplatonismus suchte dann die antike Mythologie auf den Begriff zu bringen, nachdem die Mythen unter den Römern ihre kultische und rechtfertigende Funktion verloren hatten. Das Primäre ist der philosophisch fixierte und systematisierte Gedanke. Die philosophische Mythenauslegung im Neuplatonismus machte den Mythos zur philosophisch-funktionalen Metapher oder zur Allegorie. Als religiöses Phänomen wird er dadurch mehr und mehr zerstört. Bis ins 19. Jahrhundert werden die antiken Göttermythen allegorisch oder symbolisch interpretiert. Blieb in der christlichen Spätantike, für die die heidnischen Religionen als Entstellung der im Paradies geoffenbarten Urreligion galten, die Nutzung der Allegorese für die Schriftauslegung eine Ausnahme, so wurde im Mittelalter das allegorische Auslegungsverfahren differenziert. Auch die Renaissance verteidigte den Wert paganer Fabeln mit dem allegorischen Sinn, der sich dahinter verbirgt, weshalb es auch für Christen von Gewinn sei, die Werke heidnischer Autoren zu lesen. Daneben behauptete sich der Euhemerismus, der in Mythen den Niederschlag historischer Ereignisse und hinter Göttern menschliche Persönlichkeiten vermutete, die sich um die Menschheit besonders verdient gemacht haben und deshalb nach ihrem Tode zu Göttern erhoben worden seien.

Zur Geschichte der neuzeitlichen Mythendeutung

Im Zeitalter der Renaissance und der ersten großen überseeischen Entdeckungen erfuhr das überlieferte christliche Weltbild eine tiefe Krise. Die Frage nach einer allen Religionen gleichermaßen zugrundeliegenden (natürlichen) Religion wurde akut angesichts des Auffindens völlig unbekannter Völker in Amerika, dann in Japan, China und Hinterindien. Christliche Missionare untersuchten im 16. und 17. Jahrhundert die Kulthandlungen der ›Wilden‹ mit der größten Gründlichkeit. Der christliche Eurozentrismus unterwarf sich die Mythen der anderen Völker. Die Missionare wandten die Prinzipien der Spätantike an und verglichen indianische Kulte und Heiligtümer mit den antiken: Der südamerikanische Kannibalismus erschien so als direkter Abkömmling der antiken Bacchanalien. Auch im 18. Jahrhundert erweiterte die Ethnographie den Horizont für Vergleiche (primitiver) zeitgenössischer Religionsformen. Es entstanden deshalb die ersten Ansätze zu einer historischen Bewertung der klassischen Religionen. Nachdem man vom 15. bis 17. Jahrhundert die griechischen mit den alttestamentlichen Göttern und Gestalten gleichgesetzt hatte (Vossius, 1641), empfand François Joseph Lafitau 1724 die Gleichartigkeit der griechischen und indianischen mythologischen Erzählungen. Von Freidenkern wurde die Religion der ›Wilden‹ der christlichen Kirche als die reine Vernunftreligion entgegengestellt. Für die Aufklärung gehörte die Mythologie zur Finsternis der Abgötterei; die griechische Religion galt als Aberglaube. Erst der Verlust des Glaubens an den wahren geistigen Gott habe zur Anbetung personifizierter Naturgewalten geführt. Erlaubt war die Mythologie höchstens noch als für Künstler, Gelehrte und alle Gebildeten nützliches, lexikalisch inventarisierbares Wissen (Lessing, Hederich). Beherrschend blieb die historische Kritik am Mythos als vergangener, überholter Erkenntnisform.

Um 1800 konnte der Mythos weder einen religiösen noch einen moralischen Anspruch erheben; er überlebte aber als ›poetische‹ Existenz. Diese Auffassung des Mythos als poetisches Verfahren ist ohne den Vorgang Giambattista Vicos nicht vorstellbar. Vico betonte 1725 gegen die folgende Aufklärung die Eigenständigkeit des ästhetisch-bildlichen gegenüber dem logisch-diskursiven Prinzip; die Sprache des Mythos galt ihm als Entsprechung zur dichterischen Sprache. Im mythischen Verfahren sah er eine eigenständige Interpretation der Wirklichkeit und entwickelte die Idee eines mythologischen Weltwörterbuches. Vico sah in der Mythologie einen autonomen und trotz seiner Primitivität legitimen Weg zur Wirklichkeit und zur Transzendenz. Mit seiner Sicht des Mythos als kulturgeschichtlichem Zeugnis der ersten Völker, als anfänglichem poetischen Bewusstsein der Menschheit sicherte Vico die Lebendigkeit der Mythologie durch die mythenfeindliche Zeit der Aufklärung hindurch und schuf die Grundlage für die Mythenrezeption der deutschen Klassik, vor allem der Romantik. Von Vico beeinflusst, entzog dann Johann Gottfried Herder den Mythos endgültig der aufklärerischen Kritik, indem er ihn als poetische bildliche Sprache erklärte. Es ging Herder nicht mehr um eine Bestimmung von Mythos und Wahrheit, sondern nur noch um poetische Anwendung, kurz gesagt: um die Ehrenrettung des Mythos als poetisches Werkzeug. Von Herder ausgehend, legte Christian Gottlob Heyne die Grundlagen des modernen Mythosbegriffs; Friedrich August Wolf, Friedrich Schlegel, Georg Friedrich Creuzer, Wilhelm von Humboldt waren seine Hörer. Der Mythos ist bei ihm eine Vorstellungs- und Ausdrucksform der Kindheit des Menschengeschlechtes. Endgültig haben die Mythen ihre allegorische oder religiöse Funktion verloren. Versuche des 19. Jahrhunderts, wie der Creuzers, im Mythos wieder primär das religiöse Phänomen zu sehen, blieben von vornherein zum Scheitern verurteilt; das gilt noch für Richard Wagner.

Die neue Mythologie

Es ist vor allem die (deutsche und englische) Romantik, durch die der Mythos für die Moderne dann frei verfügbar wird, was sich an William Blake und Novalis aufzeigen lässt. Die Idee einer ›neuen Mythologie‹ soll die allegorische Reduktion des Mythischen überwinden und das moderne Gesamtkunstwerk heraufführen. Programmatisch ist das im so genannten *Ältesten Systemprogramm des deutschen Idealismus* (1797) ausgeführt. Gegen die allegorische und euhemeristische Deutung opponiert im 19. Jahrhundert vor allem Friedrich Wilhelm Joseph Schelling: Seine *Philosophie der Mythologie* von 1842 weist alle aufklärerische Interpretation der Mythologie ab, indem sie versucht, die Möglichkeit eines ›realen‹ Umgangs der Menschen mit personifizierten Prinzipien philosophisch zu erweisen. Die mit Schelling abgebrochene Tradition der Romantik wurde im 20. Jahrhundert von Walter F. Otto wieder aufgenommen. Auch Ernst Cassirer schloss sich Schelling an, selbst wenn er mit der Entwicklung einer neuen Theorie des Bewusstseins, nämlich der Lehre von den symbolischen Formen, weit über Schelling hinausging. Der Mythos erscheint bei Cassirer als Teil einer Lebensform. Nach seiner Übersiedlung in die USA widmete sich Cassirer der Untersuchung von Mythen in Bezug auf heutige Gesellschaften; Frucht dieser Bemühungen um eine ideologiekritische Bewertung ist sein letztes Werk *Der Mythus des Staates*, in dem er ›die Technik der modernen politischen Mythen‹ untersucht, um die Genese des nationalsozialistischen Staates zu verstehen. Hier gibt es eine Verbindung zu Sorel, der den fiktiven Charakter von Mythen erkannt, aber nichtsdestoweniger ihre Benutzung als Instrument politischer und sozialer Kontrolle für gerechtfertigt gehalten hatte. Eine alternative Konzeption dazu entwickelten Max Horkheimer und Theodor W. Adorno in ihrem Hauptwerk *Dialektik der Aufklärung* von 1947. Der vorgeschichtliche Mythos bestehe in der Moderne fort in zunächst unkenntlichen Verwandlungen, zugleich stelle aber der antike Mythos schon eine Urform emanzipatorischer Rationalität dar: Schon der Mythos sei Aufklärung, und: Aufklärung schlage in Mythologie zurück.

Der hier zugrunde gelegte Mythosbegriff als die Entsprechung einer (durch die Technik) vergewaltigten und unterdrückten (und damit furchtbaren) Natur und die auf ihn zurückgehende Theorie der Zivilisation wird aber heute zunehmend in Frage gestellt. Hans Blumenbergs *Arbeit am Mythos* versteht sich als ein Gegenstück, als eine polemische Antwort auf die *Dialektik der Aufklärung*. Der Mythos ermögliche eine zum Ästhetischen tendierende Entmachtung archaischer Ängste. Indem der Mythos bestimmte Lebenssituationen und Ängste bewältige, gewinne er eine erste Distanz und sei anfängliche Rationalität. Diese Arbeit des Mythos kann nur in einer nie endenden Arbeit am Mythos realisiert werden. Kurt Hübner sucht den Mythos mit der Rationalität (und zwar der der modernen Naturwissenschaften) zu versöhnen. Nach Paul Ricœur können wir den Mythos nicht in unsere Epoche transponieren, aber wir können ihn zum ›Symbol‹ transformieren, ihn nach dem analysieren, was er uns zu denken gibt. Im Gefolge des späten Martin Heidegger scheint die Dichtung (Friedrich Hölderlins vor allem) für das Weiterwirken des Mythos zu bürgen (s.a. Walter Bröcker, Bruno Liebrucks u.a.).

Mythos als Aufklärung

In der gegenwärtigen Diskussion liegt der Wert der philosophischen Mythologie in der Möglichkeit eines erweiterten Erklärungsmotivs des Wesens von Rationalität, letztlich menschlicher Kultur überhaupt. Der Mythos wird zum Zeichen einer Selbstkritik moderner Philosophie und der sie tragenden Rationalitätskonzepte; diese Kritik mündet zum Teil in eine anarchistische Revolte gegen die Vernunft, die mit Herrschaft gleichgesetzt wird (›Postmoderne‹), und damit in den Versuch, zu Totalität und Unmittelbarkeit zu gelangen. Der Feminismus spitzt das Problem zu auf den Gegensatz zwischen matriarchalischem Mythos und patriarchaler Vernunft (im Anschluss an Johann Jakob Bachofen). Der Mythos wird hier wie anderswo instrumentalisiert für bestimmte politische Interessen. Eine weitere wichtige Tendenz der gegenwärtigen Diskussion ist die stärkere Berücksichtigung anthropologischer und paläontologischer Forschungsergebnisse und der Blick auf nichtwestliche Kulturen. Die Ethnologen verweisen darauf, dass die Bestimmung des Mythos am Spannungsverhältnis von Logos/Mythos aufzubrechen ist, um die tiefgreifende Verschiedenheit zwischen mündlichen und schriftgestützten Kulturen beschreiben zu können. Die Gefahr bei der Konzentration auf die schriftliche Fixierung des Mythos besteht in der Herauslösung von Mythen aus ihrem sozialen und kulturellen Umfeld. Mythen einzelner Gesellschaften können sinnvoll nur kontextuell interpretiert werden.

Der unbewältigte Mythos

Weitgehend ungeklärt ist bis heute die Lebensbedeutung des Mythos sowie die Funktion von Mythen in der Gegenwart. Erste Hinweise auf die Lebensdienlichkeit des Mythos hat Leszek Kołakowski gegeben. Ihm ging es um die Integration der unser Handeln leitenden, nicht vernünftigen Gründe in einem umfassenden Weltentwurf, wie sie sich aufdrängen durch das Problem des Todes und der Liebe. Es geht um die Verwandlung des Zufälligen (Kontingenz) in etwas für unsere Biographie Notwendiges. Unser höchst ernüchtertes, versachlichtes, rationales Leben ist von mythischen Strukturen beherrscht, die nur andere Namen erhielten. Enthält, so muss gefragt werden, die Rationalität des Mythos nicht gewisse wesentliche Elemente, die durch die Idee einer Deutung der Welt durch Wissenschaften nur unvollkommen oder überhaupt nicht ersetzt werden können? Verbergen sie sich zum Beispiel in der Kunst?

Literatur

Angehrn, Emil: *Die Überwindung des Chaos.* Frankfurt a. M. 1996.

Blumenberg, Hans: *Arbeit am Mythos.* Frankfurt a. M. [2]1981.

Bohrer, Karl Heinz (Hg.): *Mythos und Moderne. Begriff und Bild einer Rekonstruktion.* Frankfurt a. M. 1983.

Brisson, Luc/Jamme, Christoph: *Einführung in die Philosophie des Mythos.* 2 Bde. Darmstadt 1991/1996.

Cassirer, Ernst: *Philosophie der symbolischen Formen.* 3 Bde. Berlin 1923–1929.

Daniel, Stephen H.: *Myth and Modern Philosophy.* Philadelphia 1990.

De Vries, Jan: *Forschungsgeschichte der Mythologie.* Freiburg i.Br. 1961.

Fuhrmann, Manfred (Hg.): *Terror und Spiel. Probleme der Mythenrezeption.* München 1971.

Graevenitz, Gerhart von: *Mythos. Zur Geschichte einer Denkgewohnheit.* Stuttgart 1987.

Hani, Jean (Hg.): *Problèmes du mythe et de son interprétation.* Paris 1978.

Horstmann, Axel: Der Mythosbegriff vom frühen Christentum bis zur Gegenwart. In: *Archiv für Begriffsgeschichte 23* (1979), 7–54 u. 197–245.

Jamme, Christoph: ›*Gott an hat ein Gewand*‹. Frankfurt a. M. [2]1999.

Kołakowski, Leszek: *Die Gegenwärtigkeit des Mythos.* München 1973.

Meyer, Martin F.: Die Bedeutungsgenese der Begriffe ›Mythos‹ und ›Logos‹ in der griechischen Antike. In: *Archiv für Begriffsgeschichte* 41 (1995), 35–63.

Ricœur, Paul: Myth and History. In: *The Encyclopedia of Religion.* Bd. 10. New York/London 1988, 273–282.

Schlesier, Renate (Hg.): *Faszination des Mythos. Studien zu antiken und modernen Interpretationen.* Basel 1985.

Schmid, Hans Heinrich (Hg.): *Mythos und Rationalität.* Gütersloh 1988.

Sebeok, Thomas A. (Hg.): *Myth. A Symposium.* Bloomington, Ind. 1955.

Wetzels, Walter D. (Hg.): *Myth and Reason. A Symposium.* Austin 1973.

Christoph Jamme

14. Natur, zweite

Seit Cicero ist der Topos ›zweite Natur‹ (griech. *hetéra* oder *deutéra physis,* lat. *altera, alia* oder *secunda natura,* ital. *altra natura,* frz. *seconde nature,* engl. *second nature,* span. *segunda naturaleza*) im Sinne von Gewohnheit, Konvention, Habitus verwendbar (vgl. Funke/Rath 1984, 484–494). Seit dem Ausgang des 18. Jahrhunderts wird ›zweite Natur‹ zunehmend auch als Begriff für kulturelle Hervorbringungen wie Kunstwerke (Goethe), Sitte (Fichte), Recht und Staat (Schelling, Hegel), kulturelle und gesellschaftliche Phänomene (Lukács, Adorno) in Anspruch genommen. Neben die Vorstellung einer über Erziehung und Bildung vermittelten kulturellen ›zweiten Natur‹ des Menschen (Nietzsche) tritt in der Anthropologie Arnold Gehlens die Gleichsetzung von Kultur und ›zweiter Natur‹ und in der Kritischen Theorie Theodor W. Adornos die Bestimmung von Gesellschaft als ›zweiter Natur‹.

Griechische Vorgeschichte

Zuerst bei Demokrit (im 5. Jh. v. Chr.) findet sich die Vorstellung, dass Erziehung Naturähnliches schaffe: »Natur und Erziehung haben eine gewisse Ähnlichkeit, denn auch die Erziehung wandelt den Menschen um, durch diese Umwandlung aber schafft sie Natur (*phyiopoiei*)« (Demokrit VS 68 B 33; vgl. Funke/Rath 1984, 484). Nicht vom griechischen Text gedeckt ist die Übersetzung: Erziehung »schafft eine zweite Natur« (Funke 1958, 84). Es taucht nämlich in der erhalten gebliebenen Tradition nirgends die Vorstellung einer ›zweiten‹ Natur auf (vgl. Waszink 1980, 30 ff.). Sie hätte sich nicht mit dem Konzept einer einheitlichen menschlichen Natur vertragen. Die Erziehung bewirkt für die griechischen Denker der klassischen Zeit nur eine Ausdehnung, nicht aber eine Spaltung der menschlichen Natur. Übung und Erziehung, so ist die Vorstellung bei Demokrit, Platon und Aristoteles, verwandeln die noch ungenügend ausgestattete Natur des (jungen) Menschen in eine sozial akzeptable Natur. Das ihm Anerzogene wird in seinem Handeln schließlich so erscheinen, als sei es natürlich.

Der Terminus »andere Natur« (*hetéra phýsis*) findet sich zuerst bei Aristoteles im Rahmen zahlentheoretischer Überlegungen im Zusammenhang seiner Auseinandersetzung mit dem Problem der Einheit bzw. Zweiheit bei den Pythagoreern und Platon: »Die Zweiheit machten sie [die Platoniker] zur zweiten Natur, weil sich aus ihr bequem alle Zahlen wie aus einer bildsamen Masse erzeugen lassen, mit Ausnahme der ersten.« (Aristoteles, *Metaphysik* A 6, 987 b 33; zit. nach Bröcker 1972, 232).

Antike Rhetorik seit Cicero

Bei Cicero findet sich zuerst die Wendung, dass durch Gewohnheit gleichsam eine ›andere Natur‹ geschaffen werde: »consuetudine quasi alteram quandam naturam effici« (*De finibus bonorum et malorum* V, 25, 74). Die Macht der Gewohnheit ist so stark, dass sie das menschliche Handeln sogar gegen die ihm ursprünglich von Natur aus innewohnenden Tendenzen bestimmen kann. In diesem Sinne bewirkt sie eine Art von ›zweiter Natur‹. In der Bildungssprache der römischen Kaiserzeit wird das zur Formel von der *consuetudo altera natura,* der Gewohnheit als einer ›zweiten Natur‹. Bis heute kann der Ausdruck in den europäischen Sprachen so gebraucht werden.

Dass Erziehung das Potenzial hat, im Menschen etwas Naturähnliches zu schaffen, zählt seit Demokrit zu den selbstverständlichen Annahmen über ihre Wirkungsmöglichkeiten. Dies Naturähnliche kann vor allem durch Übung und Wiederholung bewirkt werden; im Ergebnis können Gewohnheiten, Haltungen, Sitten, Gebräuche, Konventionen entstehen. Seit Cicero gehört es zu den Topoi der Rhetorik, dass die Selbstkultivierung des Menschen durch Erziehung in ihm eine ›andere Natur‹ hervorbringt. Erziehung kann demnach im Menschen, anknüpfend an seine natürlichen Voraussetzungen, eine ›zweite Natur‹ im Sinne eines veränderten Wesens, eines neuen Charakters schaffen.

Bei Cicero findet sich eine weitere Bestimmung von dem, was ›zweite Natur‹ genannt werden könne: Er vergleicht die Ergebnisse gestaltender menschlicher Arbeit mit einer ›anderen Natur‹ inmitten der ersten: »nostris denique manibus in rerum natura quasi alteram naturam efficere conamur« – »schließlich unternehmen wir es, vermittels unserer Hände in der Natur der Dinge gleichsam eine andere Natur zu bewirken« (*De natura deorum* II, 60, 152). Hersteller dieser ›zweiten Natur‹ ist die durch menschliche Hände geleistete Arbeit. In dieser Variante ist ›zweite Natur‹ nicht als ›zweites Wesen‹ übersetzbar, eher als ›zweite Welt‹, ›zweite Realität‹. Im Kontext geht es bei Cicero um ein Lob der Variabilität und Geschicklichkeit der menschlichen Hände, die malen, modellieren, musizieren, Werkzeuge bedienen können, Kleidung und Schutzbauten schaffen und Nahrung produzieren helfen. Neben der den Menschen anerzogenen und ihnen gleichsam ein neues Wesen verleihenden Gewohnheit gibt es also auch eine in der Außenwelt sichtbare ›zweite Natur‹, die von Menschenhänden produzierte Welt der Kulturdinge. Diese Bestimmung folgt der Entgegensetzung von Physis (*natura*) und Techne (*ars*). Die anerzogene Gewohnheit als ›andere Natur‹ hingegen ist der Ausgleich des Gegensatzes von Physis und Nomos, Natur und Sitte. Für Cicero können die menschlichen Kunstfertigkeiten zwar gleichsam eine äußere ›zweite Natur‹ hervorbringen, aber es ist auch dem Rang nach nur eine ›zweite‹, abgeleitete, bloß sekundäre Natur, der die eigentliche Natur immer vorgeordnet bleibt. Wirkungsgeschichtlich hat die Formel Ciceros vom Werk menschlicher Hände als einer ›anderen Natur‹ nicht den gleichen Erfolg gehabt wie der Topos von der ›Gewohnheit als zweiter Natur‹.

Die Natur – nur eine erste Gewohnheit?

Was aber kann überhaupt als ›erste Natur‹ des Menschen gelten, wenn die Macht des Gewohnten eine ›zweite Natur‹ in ihm auszubilden vermag? Diese Frage stellen Michel de Montaigne und Blaise Pascal. Montaigne übt skeptisch Kritik an Vorurteilen und Konventionen: »Welche Schande für einen Naturphilosophen, dessen Rolle doch die Beobachtung und Erforschung der Natur ist, wenn er durch die Macht der Gewohnheit abgestumpfte Geister als Zeugen der Wahrheit heranzieht!« (*Essais* ^{7}2008, 61 [I 23]) Die Gewohnheit mag eine ›zweite Natur‹ sein – aber die ›erste Natur‹ bleibt für Montaigne allen sekundären Bildungen und Gestaltungen weit überlegen. In gewissem Sinn nimmt er damit die kulturkritische Position Jean-Jacques Rousseaus vorweg, für den Natur zur obersten Instanz für menschliches Handeln wird. Pascal kehrt die Richtung der Kritik Montaignes an der ›zweiten Natur‹ um: Gewiss ist die Gewohnheit bloß geworden, angelernt, unnatürlich; aber ist die Natur selbst überhaupt ›natürlich‹? »Die Gewohnheit ist eine zweite Natur, welche die erste zerstört. Aber was ist Natur? Warum ist die Gewohnheit nicht natürlich? Ich fürchte sehr, dass diese Natur selbst nur eine erste Gewohnheit sei, wie die Gewohnheit eine zweite Natur ist.« (Pascal 1997, 85; Lafuma Nr. 126)

Kunst als ›vollendete Natur‹

Die Frage, ob nicht die von Menschen veränderte ›zweite Natur‹ bedeutsamer werden könnte als die ›erste‹, taucht erst im Ausgang des 18. Jahrhunderts auf, zunächst als positive Erwartung angesichts der Erfolge technisch-wissenschaftlicher Naturbeherrschung und im Zuge aufklärerischer Fortschrittsgewissheit, z.B. bei Condorcet (1795). Heils- und später Unheilspropheten stellen utopische Modelle einer ›zweiten Natur‹ auf: Entwürfe einer progressiv veränderten Kultur, einer freiheitlich umgestalteten Gesellschaft und eines in ihr umgewandelten ›neuen Menschen‹ (vgl. Küenzlen 1994). Denn das scheinbar Natürliche überkommener Lebensverhältnisse ist um 1800 Veränderungen zuvor ungekannten Ausmaßes ausgesetzt. Die Einsicht in den Sturz der feudalen Gesellschaftsordnung führt teils zu Nostalgie, teils zur pathetischen Feier des Neuen. ›Natur‹ wird zur Parole, mit der gegen den Verlust der Traditionswelt und für die Herstellung einer bürgerlichen Gesellschaft mit neu zu gewinnenden Freiheitsrechten gestritten wird. Mit dem Ausgang der Französischen Revolution und den Napoleonischen Kriegen geht in Deutschland die Zerstörung von als ›natürlich‹ verklärten vormodernen Verhältnissen beschleunigt weiter, während die Hoffungen auf politische Partizipation der Bürger in einer Verfassungsordnung sich nicht erfüllen.

Die Autonomie-Ästhetik der Zeit um 1800 setzt in politisch bewegten Zeiten auf ein neues Sinnangebot durch Kunst. Im Zusammenhang seiner Auseinandersetzung mit der Kunsttheorie Denis Diderots formuliert Goethe: »und so gibt der Künstler, dankbar gegen die Natur, die auch ihn hervorbrachte, ihr eine zweite, aber eine gefühlte, eine gedachte, eine menschlich vollendete zurück« (SW 13, 210). Das Originalgenie stellt im Kunstwerk eine ›andere Natur‹ her. Als Sohn der Natur erschafft es etwas Höheres als diese Mutter, sieht sich dabei zugleich als das von allen Beschränkungen freie Natur-Kind und eine Art gottähnlicher Schöpfer. Der Künstler als Produzent ›zweiter Natur‹ ahmt die Natur nicht mehr in einem abbildend-reproduzierenden Sinne nach, sondern nimmt sie schöpferisch-produktiv zum Modell. Vom jungen Schelling wird um 1800 der Gedanke, dass die Kunst nicht eine (bloße) Nachahmung der Natur sei, sondern selbst eine andere, schönere, eigenproduktive Natur, aufgenommen und übersteigert bis dahin, dass die Kunst die eigentliche Wirklichkeit schaffe, der gegenüber die wirkliche blass und schattenhaft bleibe. Damit wird der Kunst eine sinnstiftende Funktion zugeschrieben; sie soll die Konflikte und Entzweiungen der modernen Welt versöhnen helfen. Aber damit ist sie überfordert, wie dann Hegel sieht. Die Illusionen einer in Metaphysik übergehenden Ästhetik halten nicht lange.

Zweite Natur als vermittelte Unmittelbarkeit

Immanuel Kant betrachtet – Gedanken Rousseaus weiterführend – als »Ziel der sittlichen Bestimmung der Menschengattung«, dass »vollkommene Kunst wieder Natur wird« (1971, Bd. 9, 95). ›Zweite Natur‹ dient in der Folge zur Bezeichnung für Sitte (Fichte) und Staat (Schelling), Rechtssystem und ›Objektivationen des Geistes‹ (Hegel) – letzten Endes für alle Lebensformen und geistigen Sphären, die als Vergegenständlichungen menschlichen Handelns verstanden werden. Hegel verwendet die Formel ›zweite Natur‹ einmal im Sinne einer ›Objektivation von Subjektivität‹ (für Rechtssystem und Sittlichkeit), zum andern im Sinne einer ›ins Subjekt eingewanderter Objektivität‹ und damit für das Ergebnis der Pädagogik, die im Einzelnen eingepflanzte Gewohnheit des Sittlichen. An das Hegelsche Konzept von ›zweiter Natur‹ als ›vermittelter Unmittelbarkeit‹ knüpfen neben den Linkshegelianern auch Karl Marx sowie im 20. Jahrhundert Georg Lukács und Adorno an (vgl. Rath 1996, 90 ff. u. 154 ff.).

Kultur als »verbesserte Physis«

Friedrich Nietzsches Denken kreist um die Vorstellung eines angemessenen Verhältnisses zum Natürlichen (vgl. Rath 1994, 11 ff.). Für ihn bietet Natur nicht mehr ein unwandelbares Gehäuse und Richtmaß des Lebens. Ebenso wenig kann er einen mit Tugend fusionierten Naturbegriff zur richtenden Instanz für die Gegenwartskultur erheben, wie Rousseau es versucht hatte. Nietzsches Kritik an der Kultur wird bodenlos, weil sie keinen festen Punkt einer letzten Sinnstiftung und Legitimation angeben kann, der unangreifbar und außerhistorisch wäre. Sein Unbehagen an lebensfeindlichen Lebensformen der modernen Kultur formuliert er rhetorisch als fundamentale Ablehnung der Moderne. Denker der Modernität ist er von einem der Moderne entgegengesetzten Standpunkt aus: »der griechische Begriff der Cultur […] als einer neuen und verbesserten

Physis, ohne Innen und Aussen, ohne Verstellung und Convention, der Cultur als einer Einhelligkeit zwischen Leben, Denken, Schein und Wollen« (KSA 1, 334) ist durch alle Phasen und Wandlungen seines Denkens hindurch zentraler Bezugspunkt. Dabei gibt es – begriffsgeschichtlich gesehen – weder im archaischen noch im klassischen Griechentum eine Vorstellung von Kultur als verbesserter Natur, wie Nietzsche unterstellt; der vorgeblich »griechische Begriff der Cultur« als verbesserter Natur ist eine moderne Fiktion.

Für Nietzsche behaupten sich die Menschen in der ersten Natur vermöge ihrer Sprach- und Symbolbildungen sowie Technik- und Moralkonstruktionen. Vermittels dieser Überlebens-Erfindungen treten sie aber immer weiter aus Naturzusammenhängen heraus. Mythologien, Religionen, Metaphysiken tragen zu dieser Dialektik von Naturbewältigung und Naturverlust bei und behandeln ihre Folgeprobleme, ohne sie wirklich lösen zu können. Auch die scheinbare Basis der Natur erweist sich bei näherem Zusehen als Interpretationsbegriff. In den Bildungsprozessen des Individuums wie in denen der Kulturen gehen erste und zweite Natur ineinander über. Der Mensch ist als in sich widersprüchliches, weil seine Naturbasis immer schon transzendierendes Naturwesen aufgefasst, als »das *noch nicht festgestellte Thier*« (KSA 5, 81). Er wird aus seiner primären Natürlichkeit herausgedrängt, wenn er überleben will. Wie die Sophisten und Kyniker der Antike stellt Nietzsche von einem starken Begriff der Natur her die kulturellen Normen- und Sinnsysteme in Frage. Zugleich aber hält er die kulturellen Prägestöcke für stabil genug, die menschliche Natur grundlegend zu verändern und förmlich neu zu erfinden: »Der Begriff ›Sünde‹ erfunden sammt dem zugehörigen Folter-Instrument, dem Begriff ›freier Wille‹, um die Instinkte zu verwirren, um das Misstrauen gegen die Instinkte zur zweiten Natur zu machen!« (KSA 6, 374) Mit solchen Doppelbödigkeiten fasziniert Nietzsches paradoxe Kritik Exponenten der verschiedensten Denkströmungen des 20. Jahrhunderts.

›Erste‹ und ›zweite Natur‹ verhalten sich nicht wie Fundament und Aufbauten, sondern gehen ineinander über, sind – selber wieder interpretationsbedürftige – Deutungsmuster, die in einem ständigen Prozess der Wechselwirkung stehen. Das Denkmodell des späten Nietzsche leistet einer Naturalisierung geschichtlich-gesellschaftlicher Vorgänge Vorschub. Vorstellungen von einer Neuformung des Menschen bis hin zu Züchtungsphantasien spielen eine nicht geringe Rolle: »Werfen wir einen Blick ein Jahrhundert voraus, setzen wir den Fall, dass mein Attentat auf zwei Jahrtausende Widernatur und Menschenschändung gelingt. Jene neue Partei des Lebens, welche die grösste aller Aufgaben, die Höherzüchtung der Menschheit in die Hände nimmt, eingerechnet die schonungslose Vernichtung alles Entartenden und Parasitischen, wird jenes *Zuviel von Leben* auf Erden wieder möglich machen, aus dem auch der dionysische Zustand wieder erwachsen muss.« (KSA Bd. 6, 313)

Nietzsche will eine zweite, bessere, höhere Natur des Menschen auf den Weg bringen. Steckt in seiner Theorie der Kultur als verbesserter Physis eine erste, noch unfertige Projektskizze für die Menschenzüchtung großen Stils? Der Nietzscheaner Gottfried Benn hat das 1933 so gesehen: »Es erscheint mir nun nicht zweifelhaft, daß aus dieser Verwandlung [Deutschlands in Hitlerdeutschland] noch einmal ein neuer Mensch in Europa hervorgehen wird, halb aus Mutation und halb aus Züchtung: der deutsche Mensch.« (Benn 1975, 782). In einigen Aufsätzen Benns aus den Jahren 1933/34 wird Nietzsches Paradigma in Vorschläge zur Eugenik übersetzt. Benn bewegt sich hier im Kerngebiet des nationalsozialistischen Diskurses (vgl. Rath 2002, 168 f.).

Kultur als ›zweite Natur‹

Bei Arnold Gehlen wird ›zweite Natur‹ als Synonym für Kultur zum Kernbegriff seiner Anthropologie: »genau an der Stelle, wo beim Tiere die ›Umwelt‹ steht, steht beim Menschen die ›zweite Natur‹ oder die Kultursphäre« (1974, 55). Gehlen verknüpft Motive Herders, Darwins und Nietzsches zu einer biologistisch akzentuierten Kultur- und Institutionentheorie: »Die Kultur ist also die ›zweite Natur‹ – will sagen: die menschliche, die selbsttätig bearbeitete, innerhalb deren er allein leben kann.« (ebd., 38)

Jan Assmann unterscheidet eine Anthropologie des ›Zuwenig‹ (im Protagoras-Mythos Platons, bei Herder, Gehlen, Plessner, Heidegger u. a.) von einer Anthropologie des ›Zuviel‹ (die sich z. B. in altorientalischen Mythen wie dem Gilgamesch-Epos finde). Für die Anthropologen des ›Zuwenig‹, die den Menschen als Mängelwesen sehen und die Kultur als zweite Natur für die notwendige Kompensation seiner defizitären Ausstattung halten, ist die Kultur eine Art Prothese. Sie ermöglicht das Überleben eines eigentlich schwachen Wesens in einer ihm wenig freundlich gesinnten Welt. Für die Denker des ›Zuviel‹ hingegen weiß der Mensch, dass er sterben wird, und bedarf daher kultureller Stützen, Tröstungen, Sinnstiftungen wie der Religionen, um dieses Wissen ertragen zu können – auch dies Phänomene zweiter Natur. »In jedem Fall muß sich der Mensch, der [...] aus den Ordnungen der Natur herausgefallen ist, eine künstliche Welt erschaffen, in der er leben kann. Das ist die Kultur. Es dürfte einleuchten, daß beide anthropologische Traditionen recht haben.« (Assmann 2001, 7)

Adornos Ideologiekritik erweitert den Begriff der ›zweiten Natur‹ zu einer Methode, um die Illusionen ›zweiter Unmittelbarkeit‹ aufzuheben, den Schein des Unvermitteltseins an Kunstwerken, Kulturphänomenen, Gesellschaft und Geschichte zu durchbrechen und die jeweiligen Vermittlungen aufzuweisen. Adorno schließt hierbei sowohl an Hegels »Theorie der zweiten Natur« an, die »einer negativen Dialektik unverloren« sei (GS 6, 48), als auch an die Warenfetischismus-Analyse von Marx: »Die Naturgesetzlichkeit der Gesellschaft ist Ideologie, soweit sie als unveränderliche Naturgegebenheit hypostasiert wird. Real aber ist die Naturgesetzlichkeit als Bewegungsgesetz der bewußtlosen Gesellschaft« (ebd., 349). Adorno verwendet den Terminus ›zweite Natur‹ vor allem als kritischen Begriff zum Aufzeigen von Vorurteilsstrukturen, Ressentiments, Jargons, Ideologien usw., aber in Bezug auf Kunstwerke auch in positivem Sinn.

Gegenwärtige Debatten, die sich vielfach auf das von Hegel, Ludwig Wittgenstein, Richard Rorty, Robert Brandom und Wilfrid Sellars inspirierte Konzept von John McDowell (vgl. McDowell 2001) beziehen, bestätigen die Aktualität des Konzepts. Nachdem lange nur Ciceros Formel von der Gewohnheit als einer zweiten Natur einflussreich gewesen war, gewinnt seit etwa 1780 die (auch bereits bei Cicero angelegte) Vorstellung von menschlichen Artefakten als einer zweiten Natur ebenfalls an Gewicht, vorzugsweise innerhalb der Autonomie-Ästhetik. In der Folge wird nicht nur die Sphäre der Kunst und der durch Arbeitstechniken produzierten Welt der Dinge als zweite Natur betrachtet, sondern auch die soziale Welt des Rechts, der Sitten, Institutionen und Systeme sowie schließlich die Welt der Geschichte und Kultur überhaupt. ›Zweite Natur‹ wird bei Hegel und in der Kritischen Theorie zum Leitbegriff einer Methode, mit deren Hilfe Analysen des Gewordenseins und der historischen und gesellschaftlichen Vermittlungen aller kulturellen Sphären und Hervorbringungen vorgenommen werden können.

Literatur

Adorno, Theodor W.: *Negative Dialektik* [1966]. In: Ders.: *Gesammelte Schriften*. Bd. 6. Hg. von Rolf Tiedemann, Frankfurt a. M. 1997 [GS].

Assmann, Jan: *Tod und Jenseits im Alten Ägypten*. München 2001.

Benn, Gottfried: Züchtung [1933]. In: Ders.: *Gesammelte Werke*. Bd. 3. Hg. von Dieter Wellershoff. München 1975, 776–784.

Bröcker, Walter: Plato über das Gute [1949]. In: *Das Problem der ungeschriebenen Lehre Platons. Beiträge zum Verständnis der platonischen Prinzipienphilosophie*. Hg. von Jürgen Wippern. Darmstadt 1972, 217–239.

Cicero, Marcus Tullius: *Über die Ziele des menschlichen Handelns / De finibus bonorum et malorum*. Hg. von Olof Gigon und Laila Straume-Zimmermann. München/Zürich 1988.

–: *Vom Wesen der Götter. Drei Bücher / De natura deorum. Libri III*. Hg. von Wolfgang Gerlach und Karl Bayer. München/Zürich 3 1990.

Condorcet, Marie Jean Antoine Nicolas de: *Entwurf einer historischen Darstellung der Fortschritte des menschlichen Geistes* [1793]. Hg. von Wilhelm Alff. Frankfurt a. M. 1976.

Funke, Gerhard: *Gewohnheit*. Bonn 1958.

–/Rath, Norbert: Art. Natur, zweite. In: *Historisches Wörterbuch der Philosophie*. Hg. von Joachim Ritter, Karlfried Gründer und Gottfried Gabriel. Basel 1971 ff., Bd. 6, 484–494.

Gehlen, Arnold: *Der Mensch. Seine Natur und seine Stellung in der Welt* [1940]. Frankfurt a. M. 10 1974.

Goethe, Johann Wolfgang: *Sämtliche Werke. Artemis-Gedenkausgabe*. Hg. von Ernst Beutler. Zürich/München 1977 [SW].

Kant, Immanuel: Mutmaßlicher Anfang der Menschengeschichte [1786]. In: Ders.: *Werke in zehn Bänden*. Hg. von Wilhelm Weischedel. Bd. 9. Darmstadt 1971, 83–102.

Küenzlen, Gottfried: *Der Neue Mensch. Eine Untersuchung zur säkularen Religionsgeschichte der Moderne*. München 1994.

McDowell, John: *Geist und Welt*. Frankfurt a. M. 2001 (engl. 1994).

Montaigne, Michel de: *Essais* [1580/1588]. Frankfurt a. M. 7 2008.

Nietzsche, Friedrich: *Sämtliche Werke. Kritische Studienausgabe*. Hg. von Giorgio Colli und Mazzino Montinari. München 2 1988 [KSA].

Pascal, Blaise: *Gedanken. Über die Religion und einige andere Themen* [1670]. Stuttgart 1997.

Rath, Norbert: *Jenseits der ersten Natur. Kulturtheorie nach Nietzsche und Freud*. Heidelberg 1994.

–: *Zweite Natur. Konzepte einer Vermittlung von Natur und Kultur in Anthropologie und Ästhetik um 1800*. Münster/New York 1996.

–: Kultur als verbesserte Natur. In: *Symbolische Welten. Phi-*

losophie und Kulturwissenschaften. Hg. von Dirk Rustemeyer. Würzburg 2002, 157–173.
Waszink, Jan Hendrik: Die Vorstellungen von der ›Ausdehnung der Natur‹ in der griechisch-römischen Antike und im frühen Christentum. In: *Pietas. Festschrift für Bernhard Kötting. Jahrbuch für Antike und Christentum*, Erg.-Bd. 8 (1980), 30–38.

Norbert Rath

15. Raum

›Raum‹ ist ein Begriff, der sich durch eine doppelte Ambivalenz oder Antinomie auszeichnet: Die erste Doppeltheit oder Widersprüchlichkeit ergibt sich aus der Möglichkeit, den Raum als aktiv oder passiv zu betrachten, wobei letzteres zumeist auf eine Reifikation, d.h. Verdinglichung hinausläuft (vgl. Köster [3]2011). Auf diesen Umstand hat in rein sprachlicher Hinsicht bereits Fritz Mauthner (1980) hingewiesen, der in seinem *Wörterbuch der Philosophie* von 1911 den Raum überhaupt nur als einen Effekt der Grammatik, nämlich der Substantive bezeichnet, die Vorstellung von Zeit dagegen als ein Resultat der Verwendung von Verben.

Zu einer Kulturphilosophie des Raums

Die vermeintlich bloß semantische Differenz beschreibt jedoch nichts weniger als die ontologische Gegenüberstellung von Zeit als Lebendiges, das in der neuzeitlichen Philosophie – maßgeblich in der Behauptung zweier Anschauungsformen durch Immanuel Kant – meist ›innen‹ verortet wird und demgegenüber den Raum als Totes und ›Äußeres‹. Vor diesem Hintergrund wird deutlich, dass die Kulturphilosophie des frühen 20. Jahrhunderts von der Überwindung der Differenz zwischen Raum und Zeit als Aufhebung in der relativitätstheoretischen Raumzeit beeinflusst war. Sie versuchte sich an einer Umkehrung der Wertigkeiten, indem sie – wie etwa Oswald Spengler (1972, 210 ff.) – den Raum nicht mehr als Etwas, sondern selbst als Aktivität darstellte. In semantischer Hinsicht auf den Punkt bringt dies die Formel Martin Heideggers (1959, 213), wonach der Raum *räumt.* Dem entgegen steht die in den Sozialwissenschaften lange vorherrschende Ansicht, wie sie von Max Horkheimer und Theodor W. Adorno (1969, 189) auf den Punkt gebracht wird: »Der Raum ist die absolute Entfremdung.«

Der zweite Widerstreit in Kulturphilosophien des Raums kann daraus abgeleitet werden: Es sind die Ansichten von Possibilismus und Determinismus oder von Raum als Möglichkeit und Raum als Bedingung. Als Lager werden die beiden Positionen erstmals in der Anthropogeographie namhaft und können geradezu als Unterscheidungsmerkmal eines französischen von einem deutschen Ansatz in der Geographie gelten, einschließlich der divergierenden Kulturauffassungen: Während der vormalige Historiker Paul Vidal de la Blache 1905 in *Tableau de la géographie de la France* die Gestaltungskraft der ›Zivilisation‹ gegenüber der Natur betont, unterstreicht der Zoologe Friedrich Ratzel in *Anthropogeographie* von 1882 deren Wirkung auf die ›Völker‹. In der Folge etabliert sich mit Ratzel (1966) das Konzept des ›Lebensraums‹ nach Ernst Haeckel, welches zu einem Grundbegriff der deutschen Geopolitik sowohl in der Theorie bei Karl Haushofer als auch in der Propaganda und Praxis der Nationalsozialisten als ›Erweiterung des Lebensraums im Osten‹ werden wird.

Ratzels Position ist keineswegs singulär, sondern hat ihre Entsprechungen in der zeitgenössischen Ethnologie: so etwa in der Kartierung von ›Kulturarealen‹ (*cultural areas*) durch Alfred Kroeber in *Cultural and Natural Areas of Native North America* von 1939 oder in der sich bis heute haltenden Annahme von ›Kulturkreisen‹, welche auf den Völkerkundler Leo Frobenius und seinen Aufsatz über den »Ursprung der afrikanischen Kultur« von 1898 zurückgeht. Alle raumdeterministischen Positionen wiederum stehen in der Tradition der neuzeitlichen Naturrechtslehre mit Montesquieu, der seinerseits an die antike Geomedizin eines Hippokrates anschließt und damit den Rassendiskurs der Aufklärung und Moderne vorbereitet hat (vgl. Günzel 2004/2005).

Im 20. Jahrhundert sind jedoch auch Mischpositionen oder Radikalisierungen anzutreffen: So geht der Geohistoriker Ferdinand Braudel in seiner Untersuchung *La Méditerranée* von 1949 von einem ›gemäßigten Determinismus‹ aus, in dem er die französische Geographie mit derjenigen Ratzels versöhnen und für eine Geschichtsschreibung der ›langen Dauer‹ (Braudel 1976) fruchtbar machen will. Als Radikalisierung und gleichfalls Pervertierung des Possibilismus kann die zeitgleiche Position Carl Schmitts in *Der Nomos der Erde* von 1950 bezeichnet werden, der Felix Heinimann (1945) folgend die Unterscheidung von Natur und Kultur zugunsten der antiken Dichotomie von *phýsis* und *nomos* aufgibt (wo also in Ermangelung eines Plurals von ›Kultur‹ diese gleichbedeutend ist mit ›Gesetz‹); wobei Schmitt (1958) unter letzterem ausdrücklich eine ›Nahme‹ des Raums versteht und mit diesem Neologismus die geostrategische (legitime) Okkupation des Erdraums durch die Weltmächte seit der Neuzeit bezeichnet.

Eine andere Relativierung des Widerstreits von Determinismus und Possibilismus ergibt sich daraus, dass beide Positionen zunächst im Blick auf unterschiedliche Epochen entwickelt wurden: Während Vidal de la Blache vornehmlich über das Zeitalter der Industrialisierung oder der Entstehung des modernen Frankreich spricht, in der Raumgestaltung und -veränderung tatsächlich kulturelle Möglichkeiten sind, sprechen Ratzel und die zeitgenössische Anthropologie zunächst von archaischen Epochen, wenngleich diese Auffassung als Folie für die Betrachtung der Gegenwart nahegelegt wird.

Zur Transzendentalphilosophie des Raums

Einen Ausweg aus der doppelten Dichotomie der klassischen Kulturphilosophie des Raums bietet zunächst die Transzendentalphilosophie an, aber auch die an sie anschließende Dialektik: So hat Kant im Blick auf Auseinandersetzungen von Empiristen und Idealisten gezeigt, dass es philosophisch weniger um eine Entscheidung zwischen möglichen Positionen gehen sollte als um die Klärung der Bedingung, warum diese überhaupt in ihrer Gegensätzlichkeit vertreten werden können. Auf den Raum bezogen: dass, bevor der Raum als begrenzt-erfahren oder unendlich-vorgestellt angesehen wird, die Räumlichkeit eine Voraussetzung der Anschauung bildet. Jedoch fällt Kants eigene Darstellung von Raum hinter diesen Anspruch zurück, wenn er diesen als die ›äußere Form‹ der Anschauung bezeichnet, welche die Körper als statisch erfasst. Dagegen haben Kulturphilosophen wie Ernst Cassirer Raum (wie auch Zeit) im Sinne eines Schemas begriffen, d. h. als das, was nach Kant das Urbild der Erkenntnis bildet und die Vermittlung von Sinnlichkeit und Begriff leistet. Raum (und Zeit) sind nach Cassirer also nicht allein sinnliche, sondern in erster Linie ›symbolische Formen‹, in deren Bestimmung sich Kultur in ihrer ganzen Vielfalt – als Kunst, Mythos und Wissenschaft – zeigt.

Mit Cassirers drei, zwischen 1923 und 1929 erschienenen Bänden der *Philosophie der symbolischen Formen* werden letztlich zwei Umstellungen in der Kulturphilosophie des Raums manifest: Zum einen wird das transzendentale Subjekt im Sinne Kants gleichbedeutend mit Kultur oder der Möglichkeit unterschiedlicher kultureller Sinngefüge. Zum anderen werden Sprachen fortan nicht mehr hinsichtlich ihres Inhalts betrachtet, sondern selbst als ein Medium von Kultur angesehen, insofern darin eine spezifische Relation – eben deren Schematismus – zum Ausdruck kommt. Hierbei beruft sich Cassirer auf das relationale Raumverständnis von Gottfried Wilhelm Leibniz (1904), der mit der von ihm sogenannten Analysis der Lage (*analysis situs*) den Weg für die mathematische Topologie bereitet.

Das relationale Moment im Ansatz der Kulturphilosophie kommt jedoch vor allem in der französischen Ethnologie zum Tragen, namentlich bei Claude Lévi-Strauss, dem Cassirer im New Yorker Exil begegnet, wo auch andere Vertreter des Strukturalismus (wie Roman Jakobson) ein neues, topologisch-strukturales (Raum-)Paradigma der Kulturanalyse forcierten. Dass Lévi-Strauss in seinen Arbeiten nicht nur eine implizite Antwort auf die Antinomie der vorausliegenden Ethnographie zu geben versuchte, sondern sich deren Voreinstellung direkt zuwandte, zeigt sein 1952 für die UNESCO verfasster Text »Race et histoire«. In diesem Aufsatz macht Lévi-Strauss die deterministische (und damit substantialisierende) Raumvorstellung direkt verantwortlich für den Rassismus des 20. Jahrhunderts, der Kultur auf Gegebenheiten des Naturraums zurückführte und von daher Mehr- oder Minderwertigkeit ableitete. Demgegenüber seien Kulturen als Strukturen zu denken, in denen der Raum über Unterscheidungen qualitativ differenziert ist, so dass schließlich auch die Unterscheidung zwischen Kultur und Natur – in diesem Sinne deutet Lévi-Strauss (1981) die Funktion des bis dahin biologistisch verstandenen Inzestverbots – ein kulturelles Produkt ist.

Gleichwohl ist auch Lévi-Strauss' Position eine extreme, die aufgrund ihres strukturalistischen Grundsatzes in Opposition zum Geschichtsdenken oder der Vorstellung kulturellen Wandels gehen muss. Dem Strukturtranszendentalismus gegenüber tritt oder steht eine dialektische Sichtweise, die nicht mehr wie noch Georg Wilhelm Friedrich Hegel in seinen seit den 1820er Jahren gehaltenen *Vorlesungen zur Philosophie der Geschichte* den Raum als einen bloßen ›Schauplatz‹ von Kulturentwicklung (im Sinne von Geographie und Klima) ansieht, sondern, wie dann auch Karl Marx, die kulturelle Produktion als die gleichzeitige Herstellung neuer Bedingungen betrachtet, insofern ›Kultur‹ dem Wortsinn folgend die Bearbeitung des Naturraums meint.

Zur Kultursoziologie des Raums

Als dialektische Position in der neueren Kulturphilosophie ist vor allem Henri Lefebvres 1974 in *La Production de l'espace* vorgebrachte Theorie einer Produktion des Raums zu sehen, der die Iteration, also das Bestätigen kultureller Strukturen, ebenso berücksichtigt oder beschreibbar sein lässt wie den Prozess und die Veränderung solcher Relationsgefüge. Lefebvre (2006) nimmt nicht nur den historischen Materialismus auf, der die Reproduktion der (gesellschaftlichen) Bedingungen ebenso analysiert wie deren Produktion, sondern bahnt damit zugleich eine Verbindung zu der daraus hervorgegangenen Soziologie an: Auch wenn der Name bei Lefebvre nicht fällt, ist die Kultursoziologie Georg Simmels neben Cassirer ein zentraler Ansatz des Neudenkens von Raum in der ersten Hälfte des 20. Jahrhunderts. Simmel (1995) vertrat eine zum Possibilismus tendierende Projektionsthese, derzufolge Raum nicht einfach ein natürliches Vorkommnis ist, in dem sich Kulturen jeweils einfügen, sondern das Ergebnis von deren Verfasstheit. So ist der zentrale Aufbau eines Landes, einer Stadt oder eines Hauses für Simmel nicht die Folge geographischer Gegebenheiten, sondern wiederum Ausdruck einer Gesellschaftsform. Die Kultursoziologie liest den Raum als sichtbares Indiz der selbst nicht sichtbaren ›sozialen Geometrie‹, sprich: eines kulturellen Relationsgefüges.

Simmel ist nicht nur deshalb relevant, weil er wie Cassirer eine strukturelle Kulturanalyse anbahnt (die in der Soziologie dann von Pierre Bourdieu weitergeführt wird), sondern auch, weil er wie später Lefebvre die Übertragung oder Wirkung imaginärer Relationen auf den physischen Raum zum Kern einer Kulturphilosophie des Raums erhebt. Genau genommen schlägt Lefebvre nicht nur eine Dialektik vor, in der der zunächst gesellschaftlich produzierte Raum reproduziert oder verändert wird, sondern auch und darüber hinaus, dass daraus Räume mit symbolischer Relevanz hervorgehen. In Anlehnung an einen zentralen Begriff der postkolonialen Raumkritik Homi K. Bhabhas (1990) kann von einem Drittraum (*thirdspace*) gesprochen werden: Bhabha selbst meint damit den Umstand, dass gegenwärtige hybride Kulturen nicht verstanden sind, wenn sie auf zwei sich vermischende Ursprungskulturen zurückgeführt werden (etwa der Islamismus als Mischung aus traditionellem Islam und westlicher Moderne), sondern eine eigene, neue Kultur ausbilden. Raum wird damit auch konzeptionell gedoppelt, wenn Bhabha in der Folge von einer *Location of Culture* (1994) spricht und damit sowohl eine geographisch-materielle – im Sinne des ›Orientalismus‹ nach Edward Said (2009) – wie auch ideologisch-relationale Lokalisierung meint.

Bhabhas Begriff des Drittraums wird schließlich in der Lektüre Lefebvres durch Edward Soja (2005) zu einer umfassenden Raumtheorie erweitert: Soja meint, dass Lefebvre eben nicht nur eine Dialektik der Raum (Re-)Produktion ersonnen hat, sondern daneben die Hervorbringung symbolischer Räume. Diese werden von Soja in *Postmodern Geographies* (1989) auch mit Michael Foucaults (wiederum an die Religionsethnographie Arnold van Genneps und Victor Turners erinnernde) Begrifflichkeit der Heterotopie gleichgesetzt, mit der Gegen- oder Ausnahmeräume einer Kultur bezeichnet werden können, durch die diese Stabilität gewinnen. Bei Foucault (2005) jedoch sind diese Räume stets konkret und – darin liegt ein Grund für die inflationäre Verwendung des Begriffs in den Kulturwissenschaften – letztlich auch nur ein anderes Wort für den besonderen (kulturellen) ›Ort‹ im Unterschied zu einem als indifferent angesehenen (physischen) ›Raum‹.

Der Drittraum

Ein Drittraum ist demnach ein räumlicher Modus, in dem etwas, das auch als Erst- oder Zweiträumlichkeit vorkommen kann, eine Bedeutung über das Materielle oder Darstellende hinaus hat. Lefebvres Trialektik ist so durchaus vergleichbar mit der von Jacques Lacan zeitgleich diagnostizierten universellen psychischen Struktur von Realem, Imaginärem und Symbolischem. Im Näheren unterscheidet Lefebvre den Raum als (1) wahrgenommenen, (2) konzipiert, (3) gelebt. Eine (Re-)Produktion findet in Räumen jeweils auf unterschiedliche Weise statt: im Erstraum biologisch, im Zweitraum ideologisch und im Drittraum gesellschaftlich. Alles zusammen aber macht ›Kultur‹ aus, die damit wiederum aus dem Wechselspiel von individuellen Raumwahrnehmungen, dem Raumwissen von Experten (wie Geographen, Stadtplanern, Architekten, Politikern) und den gemeinsam gelebten ›Räumen‹ besteht, oder genauer: Ein individuell erfahrener und dadurch reproduzierter Raum ist zugleich auch ein in der Planung produzierter und ein gesellschaftlich bedeutsamer Raum.

Als Beispiel für die Trialektik ein und desselben Gebäudes kann das Westin-Hotel Bonaventure in Los Angeles gelten, das von Fredric Jameson (1986) als Inbegriff postmoderner Räumlichkeit identifiziert wurde, d.h. als architektonischer Ausdruck der gegenwärtigen Verfasstheit nicht nur der westlichen, sondern der globalen Kultur. Jameson zeigte an dem zwischen 1974 und 1976 errichteten Gebäudekomplex auf, worin der seither sogenannte *cultural turn* besteht: Hierbei geht es nicht – wie diese Kehre heute zumeist verstanden wird – um eine flächendeckende Hinwendung aller Disziplinen zu kulturellen Fragen, sondern um eine Kritik daran, dass das Kapital im Gewande der Kultur auftritt und die Produktionsverhältnisse solcherart kaschiert. Im Westin-Hotel findet somit nicht nur Konsum als Kultur statt, insofern historische Baustile zitiert werden, sondern das Bauwerk steht nach Jameson zugleich symbolisch für die gegenwärtige Situation, in der eben keine dauerhafte kulturelle Verortung mehr möglich ist. So verhindern im Bonaventure etwa gewundene Treppen die Einnahme eines Standpunkts, vom dem aus der Besucher einen Überblick über das Gebäude haben könnte.

Der nach Soja so genannte *spatial turn* schließt an die kulturelle Wende im Sinne Jamesons an und will die Perspektive auf Raum als eine gleichberechtigte neben der historischen und sozialen etablieren (vgl. Bachmann-Medick 2006). Wie für Jameson ist auch für Soja die ›postmoderne‹ Stadt Los Angeles der Ausgangspunkt. Bezogen werden in seiner Raumanalyse jeweils real-physische auf imaginiert-psychische Räume, aus denen dann andere Räume hervorgehen. Zurückgewendet auf das Westin: Die Planung des Hotels als architektonische Skizze oder Vorstellung des Architekten John C. Portman verbindet sich mit der Wahrnehmung der einzelnen Besucher und ihrer Erfahrung. Aus diesem Wechselspiel geht das Hotel als symbolischer Raum hervor, dessen Bedeutung sich nicht mehr auf die subjektive Wahrnehmung oder die objektive Planung allein reduzieren lässt, sondern in der kulturellen Signifikanz besteht, d.h. indem Raum als Ausdruck eines gesellschaftlichen Gefüges.

Zur Erläuterung der Raumtrialektik greift Soja seinerseits auf ein Symbol zurück, dass er in der Erzählung *El Aleph* des argentinischen Schriftstellers Jorge L. Borges aus dem Jahr 1949 findet: Von dem darin so bezeichneten Gegenstand, der nur geringe Ausmaße besitzt, wird ausgesagt, er enthalte das ganze Universum in sich: Das Aleph ist gewissermaßen die Welt *in nuce*. Treffenderweise wird das hebräische Schriftzeichen in der mathematischen Topologie zur Bezeichnung der Mächtigkeit von Mengen verwendet: $\aleph$ bezeichnet demnach nicht ein einzelnes Element, sondern Eigenschaften, die unendlich vielen Elementen zukommen können, und somit die Zugehörigkeit zu einer bestimmten Menge (wie etwa die Menge der ganzen Zahlen). In diesem Sinne sind symbolische Räume oder, wie Lefebvre sie nennt, Räume der Repräsentation (*espaces de représentation*) nicht etwas Einzelnes oder allein Materielles, sondern Konfigurationen, die an verschiedenen Orten gleichermaßen angetroffen werden können. In semiotischen Termini gesprochen, handelt es sich bei der Repräsentation durch einen Drittraum nicht um die denotative Repräsentation oder Bezeichnung einer Lokalität, sondern um die exemplifikative Repräsentation oder den Ausdruck einer kulturellen Formation. Das Aleph bei Borges ist nach Soja damit selbst ein Beispiel für das Beispielgeben durch eine Dritträumlichkeit.

Ein konkretes Beispiel für eine Exemplifikation im Sinne des Drittraums ist die Golden Gate Bridge in San Francisco: Sie wird täglich von vielen Pendlern und Touristen überquert, welche das Bauwerk im Sinne des Erstraums wahrnehmen. Dieses wurde aber zuvor auch im Sinne des Zweitraums konzipiert und zwischen 1933 und 1937 unter der Leitung von Joseph B. Strauss gebaut. Die Planung determiniert eine mögliche Nutzung ebenso wie der intendierte Gebrauch (durch Pendler) bestätigt oder (durch Selbstmörder) konterkariert werden kann. Ein symbolischer Raum im Sinne des Drittraums ist die Golden Gate Bridge aber deshalb, weil sie über diese Dialektik hinaus eine Eigenschaft aufweist, welche die reale wie imaginäre Lebenswelt der Amerikaner exemplifizieren kann: die Grenze nicht als *border*, sondern als *frontier* – als die prinzipiell in der Horizontalen wie auch Vertikalen endlos verschiebbaren Bereich, in dem die amerikanische Kultur verortet ist.

Bereits in Ernst Cassirers (1985) Vortrag über die möglichen Arten von Raum auf dem Kongress für Ästhetik 1930 finden sich ähnliche Überlegungen zu einer Trialektik des Raums. Cassirer unterscheidet dabei zwischen mythischem, theoretischem und ästhetischem Raum, wobei die Dreiheit sich wiederum nicht reifizierend an Objekten festmacht (also etwa an einer künstlerischen Plastik im Unterschied zum sakralen Kirchenbau), sondern an der Verwendung von Raum in einer der drei Weisen. Auch diese Dreiteilung lässt sich in Parallele zur Trialektik des Raums nach Lefebvre und Soja sehen, da der Erstraum insofern mythisch ist, als dessen Gültigkeit oder Strukturen gewöhnlich nicht in Frage gestellt oder reflektiert werden. Dies unterscheidet den mythischem vom theoretischen Raum bzw. Raumentwurf, wo eine zugehörige Theorie zwar Richtigkeit für sich beansprucht, aber der Konkurrenz anderer Repräsentationen ausgesetzt ist und einen Wahrheitsbeweis liefern oder zumindest die Plausibilität aufzeigen muss. (Ein Beispiel wären Paradigmenwechsel wie der Übergang vom aristotelischen zum newtonschen Raumverständnis). Der ästhetische Drittraum schließlich als der Bereich der Hervorbringung kultureller Strukturen zeichnet sich eben genau dadurch aus, dass die Hervorbringung als solche kenntlich gemacht wird oder akzeptiert ist. Anders gesagt, während die Urteile der Wissenschaft ›wahr‹ oder ›falsch‹ heißen, sind diejenigen der Kunst weder in der einen noch in der anderen Weise beurteilbar, sondern eben kreative Erzeugnisse oder die Hervorbringung eines (dritten) Raums, der als Beispiel für die Menge möglicher anderer Einzelräume oder Raumgestaltungen dienen kann.

Einen entscheidenden Beitrag zur Analyse von Dritträumen im Sinne ästhetischer Raumstrukturen hat Gaston Bachelard 1957 in *La Poétique de l'espace* geliefert. Er schlägt eine ästhetische, oder wie er sagt: »topophile« Lektüre wissenschaftlicher und literarischer Raumentwürfe vor. Dass er nicht nur Literatur und die Naturwissenschaften, sondern in gleicher Weise auch die Philosophie selbst einer ästhetischen Betrachtung unterzieht, eröffnet ein weiteres Feld der Drittraumanalyse: So haben Metaphysiken zwar einen Wahrheitsanspruch als Raumrepräsentation, aber die zugrundeliegenden Ontologien erschaffen selbst einen symbolischen Raum und können als Exemplifikationen der Raumstruktur oder des Erstraums einer jeweiligen Epoche interpretiert werden. Bachelard (vgl. 1987, 127–139) erwähnt die im 17. Jahrhundert der cartesianischen Raumkonzeption zugrundliegenende Vorstellung des Schwamms: Dieses Raumbild evoziert das Vorhandensein von Poren, welche – wie die *topoi* in der aristotelischen Raumlehre – die Dinge aufnehmen können. Es handelt sich dabei sozusagen um einen Versuch, der Ontologie des Leeren einen vollen Raum (das *plenum*) entgegenzusetzen.

Die Raumbildanalyse

Ein Beispiel, das nicht von Bachelard angeführt wird, das aber im Zentrum seiner Raumbildanalyse stehen könnte, ist wiederum die Raumkonzeption in der *Kritik der reinen Vernunft.* Bereits zu Kants Lebzeiten hat sich an dieser eine Kritik entzündet, die von der historischen Kulturanalyse bis heute kaum berücksichtigt wird. In seiner gegen Kant gerichteten *Metakritik zur Kritik der reinen Vernunft* von 1799 legt Johann Gottfried Herder eine Lektüre der besagten Schrift vor, die im Hinblick auf die Frage nach Raum zentral ist. Die Behauptung einer apriorischen Form der (Raum-)Anschauung in der transzendentalen Ästhetik Kants wird von Herder insofern in Frage gestellt, als er behauptet, dass Räumlichkeit sich nicht aus der Evidenz der Absolutheit des Raums als (An-)Schauung ergibt, sondern aus der räumlichen Praxis, modern gesprochen: der Lebenswelt; weshalb Raum zunächst ein Ordnungsgefüge sei, wie sich insbesondere an Präpositionen wie »*vor, über, unter, in, außer, neben, miteinander*« (Herder 1955, 59) erkennen lasse, die Menschen zur alltäglichen Orientierung nutzen.

Mit Bachelard kann nun über Herder hinausgehend an Kant gezeigt werden, dass Kant sich selbst räumlicher Ordnungsprinzipien in der Beschreibung der Vernunft als Architektur bedient. So behauptet Kant zwar, dass der Raum eine allgemeine Form der Anschauung sei, diese aber selbst auf ein Außen bezogen sei (die physischen Körper). Zugleich sei aber die innere wie auch die äußere Form *im* Subjekt oder *in* dessen ›Gemüt‹ lokalisiert und beide seien zudem apriorisch, also *vor* der Erfahrung. Das ›Vor‹ sei zwar selbst weder zeitlich noch räumlich zu denken, aber – so ließe sich mit Herder einwenden – woher soll denn die Vorstellung eines Vorher genommen werden, wenn nicht aus der räumlichen Erfahrung; und noch die Behauptung von Vorstellungen selbst rekurriert auf eine räumliche Relation. (Tatsächlich wird dieses Problem von Kant insofern gesehen, als er noch in der transzendentalen Ästhetik feststellt, dass die als schlechthin unräumlich behauptete Anschauungsform der Zeit als reine Bewegung ›unweigerlich‹ als eine Linie, d.h. als eine räumliche Figur, imaginiert werde.)

Mit Herder und Bachelard gelesen, bestätigt Kant die Wahrheit der Transzendentalität von Raum in zutiefst poetischer Weise. Er muss die behauptete Architektur der menschlichen Vernunft letztlich als Ordnung von Elementen beschreiben, wobei diese Beschreibung ihrerseits eine symbolische und kulturell signifikante Räumlichkeit produziert. Was durch sie exemplifiziert wird, ist die Trennung von Innen und Außen, was nichts weniger ist als das ethische Prinzip von Eigenem und Fremdem, von Ich und Anderem (vgl. Todorov 1985).

Die Aufgabe der gegenwärtigen Kulturphilosophie sollte weniger darin bestehen, an Debatten über Kulturkreise teilzunehmen, als sich einer Analyse von Dritträumen zuzuwenden und eine kritische Poetologie der historischen Ontologie und imaginären Geographien zu betreiben. Als Vorbild hierfür kann das Gründungsdokument der modernen Kulturtheorie angeführt werden: Die *Scienza Nuova* von 1725, worin Giambattista Vico (vgl. 2009, 425 ff.) für eine poetische Sichtweise der Raumvorstellungen wirbt.

Literatur

Bachelard, Gaston: *Die Bildung des wissenschaftlichen Geistes. Beitrag zu einer Psychologie der objektiven Erkenntnis.* Frankfurt a.M. 1987 (frz. 1938).

Bachmann-Medick, Doris: Spatial Turn. In: Dies.: *Cultural Turns. Neuorientierungen in den Kulturwissenschaften.* Reinbek 2006, 284–328.

Bhabha, Homi K.: The Third Space. In: *Identity. Community, Culture, Difference.* Hg. von Jonathan Rutherford. London 1990, 207–221.

Braudel, Ferdinand: Geschichte und Sozialwissenschaften. Die ›longue durée‹. In: *Geschichte und Soziologie.* Hg. von Hans-Ulrich Wehler. Köln 1976, 189–215 (frz. 1958).

Cassirer, Ernst: Mythischer, ästhetischer und theoretischer Raum [1931]. In: Ders.: *Symbol, Technik, Sprache. Aufsätze aus den Jahren 1927–1933.* Hamburg 1985, 93–119.

Foucault, Michel: Von anderen Räumen. In: Ders.: *Schriften in vier Bänden. Dits et Ecrits. Schriften.* Bd. 4. Hg. von Daniel Defert und François Ewald. Frankfurt a.M. 2005, 752–762 (frz. 1984).

Günzel, Stephan: Geographie der Aufklärung. Klimapolitik von Montesquieu zu Kant. In: *Aufklärung und Kritik* 22 (2004), 66–91, und 23 (2005), 122–144.

– (Hg.): *Raum. Ein interdisziplinäres Handbuch.* Stuttgart/Weimar 2010.

Heidegger, Martin: Das Wesen der Sprache. In: Ders.: *Unterwegs zur Sprache.* Pfullingen 1959, 159–216.

Heinimann, Felix: *Nomos und Physis. Herkunft und Bedeutung einer Antithese im griechischen Denken des 5. Jahrhunderts.* Basel 1945.

Herder, Johann Gottfried: *Metakritik zur Kritik der reinen Vernunft* [1799]. Berlin 1955.

Horkheimer, Max/Adorno, Theodor W.: *Dialektik der Aufklärung. Philosophische Fragmente* [1944]. Frankfurt a.M. 1969.

Jameson, Fredric: Postmoderne. Zur Logik der Kultur im Spätkapitalismus. In: *Postmoderne. Zeichen eines kulturellen Wandels.* Hg. von Andreas Huyssen und Klaus R. Scherpe. Reinbek 1986, 45–102 (engl. 1984).

Köster, Werner: Raum. In: *Wörterbuch der philosophischen Metaphern.* Hg. von Ralf Konersmann. Darmstadt [3]2011, 274–292.

Lefebvre, Henri: Die Produktion des Raums. In: *Raumtheorie. Grundlagentexte aus Philosophie und Kulturwissenschaften.* Hg. von Jörg Dünne und Stephan Günzel. Frankfurt a.M. 2006, 330–342 (frz. 1974).

Leibniz, Gottfried Wilhelm: Zur Analysis der Lage [1693]. In: Ders.: *Philosophische Werke in vier Bänden.* Bd. 1. Hamburg 1904, 49–55.

Lévi-Strauss, Claude: *Die elementaren Strukturen der Verwandtschaft.* Frankfurt a.M. 1981 (frz. 1949).

Mauthner, Fritz: Raum. In: Ders.: *Wörterbuch der Philosophie. Neue Beiträge zu einer Kritik der Sprache.* Bd. 2 [1911]. Zürich 1980, 284–294.

Ratzel, Friedrich: *Der Lebensraum. Eine biogeographische Studie* [1901]. Darmstadt 1966.

Said, Edward W.: *Orientalismus.* Frankfurt a.M. 2009 (engl. 1978).

Schmitt, Carl: Nehmen/Teilen/Weiden. Ein Versuch, die Grundfragen jeder Sozial- und Wirtschaftsordnung vom *Nomos* her richtig zu stellen. In: Ders.: *Verfassungsrecht-*

liche Aufsätze aus den Jahren 1924–1954. Materialien zu einer Verfassungslehre. Berlin 1958, 489–504.
Simmel, Georg: Über räumliche Projektionen sozialer Formen [1903]. In: Ders.: *Gesamtausgabe.* Bd. 7. Hg. von Otthein Rammstedt. Frankfurt a. M. 1995, 201–220.
Soja, Edward W.: Die Trialektik der Räumlichkeit. In: *Topo-Graphien der Moderne. Medien zur Repräsentation und Konstruktion von Räumen.* Hg. von Robert Stockhammer. München 2005, 93–123 (engl. 1996).
Spengler, Oswald: *Der Untergang des Abendlandes. Umrisse einer Morphologie der Weltgeschichte* [1918]. München 1972.
Todorov, Tzvetan: *Die Eroberung Amerikas. Das Problem des Anderen.* Frankfurt a. M. 1985 (frz. 1982).
Vico, Giambattista: *Prinzipien einer neuen Wissenschaft über die gemeinsame Natur der Völker.* Hamburg 2009 (ital. 1725/44).

Stephan Günzel

16. Relativismus

Relativismus ist keine scharf konturierte Doktrin mit klar erkennbarer ideengeschichtlicher Genealogie, sondern eine vielfältige, aber wiedererkennbare Geste des Herausforderns oder Verwerfens von absolutistischen, universalistischen, monistischen Diskurspositionen über die ganze Breite von Sachfeldern (z. B. Moral, Kunst, Wissenschaft) und Disziplinen (z. B. Ethik, Ästhetik, Rationalitätstheorie), in denen solche Diskurspositionen eingenommen werden.

Die vielen Relativismen finden ihre Einheit in dem, wogegen sie opponieren. Eine absolutistische Position zu vertreten setzt voraus, von der Unüberbietbarkeit, Unüberholbarkeit, Letztgültigkeit, Notwendigkeit von einigem unter all dem, was wir für gültig halten, überzeugt zu sein. Universalistische Positionen (z. B. innerhalb der normativen Ethik) enthalten die Auffassung, dass zumindest einige unter den vielfältigen Gründen, die in der Praxis der Menschen eine Rolle spielen, gut genug sind, um für alle Menschen dieselbe Rolle zu spielen (z. B. Menschenrechte). Wer eine monistische Position vertritt (z. B. die ›naturalistische Ontologie‹), beansprucht die Rückführbarkeit der Bedeutungen eines bestimmten Vokabulars (z. B. des intentionalistischen Vokabulars der Alltagspsychologie) auf – bzw. seine vernünftige Ersetzbarkeit durch – ein ausgezeichnetes anderes Vokabular (etwa das der Physik), das so sehr der Einheitsstiftung mächtig scheint, dass es letztlich zwischen *allen* Vokabularen zu vermitteln und deren Besonderheiten aufzuheben vermag. Relativisten entgegnen z. B. mit der Andersmöglichkeit von allem Möglichen (Kontingenz); mit der stets durch Besonderheiten bedingten und deshalb nie unbegrenzten Reichweite aller Geltungsansprüche (Partikularismus); mit der Perspektivität aller Erkenntnissystematisierungen, auch der wissenschaftlichen (Sprachspielerelativismus).

Relativiert man die Vielfalt der Relativismen ihrerseits auf den Zeitgeist der letzten zwei Jahrhunderte, so ergibt sich ein scheinbar paradoxes Bild: Gerade die neuen, mühsam etablierten, für eine Weile dann aber triumphal auftretenden humanwissenschaftlichen Disziplinen (Historik, Ökonomie, Soziologie, Psychologie) werden zu Quellen von Monismen, und zugleich schlägt ihr jeweiliger Ismus (Historismus, Ökonomismus etc.) um und setzt relativistische Tendenzen frei (Historismus-Relativismus etc.). Relativismus muss sich also nicht, wie es der relativistische Geist der Postmoderne in den 1990er Jahren tat, gegen die Wissenschaftlichkeit der Wissenschaft definieren, sondern kann in und mit dieser entstehen. Das wichtigste Beispiel dieser Bivalenz ist der aus dem Geist der Kulturwissenschaften geborene ›Kulturrelativismus‹, an dessen Formierung sich viele Meisterdenker der Ethnologie, der Kultur- und Sozialanthropologie (Franz Boas, Ruth Benedict, Margaret Mead, Alfred L. Kroeber u. a.) maßgeblich beteiligten (vgl. Rudolph 1968).

Alle (bisherigen) Positionen von Kulturrelativismus sind sich familienähnlich im Konsens darüber, dass es keine kulturdifferenzenindifferenten (und in diesem Sinne: kulturneutralen oder -invarianten) Bewertungsgründe (Standards, Kriterien) für Geltungsansprüche geben kann; das heißt, dass zwischen konfligierenden Geltungsansprüchen nicht allgemeinverbindlich rational entschieden werden kann, wenn und weil die Geltungsansprüche aus unterschiedlichen kulturellen Kontexten stammen, also kulturell divers sind.

Ruth Benedict bringt die kulturanthropologisch inspirierte Position von Kulturrelativismus auf den Punkt, dass die Vorstellungen, Gefühle und Denkgewohnheiten des Menschen überwiegend durch seine Kultur determiniert sind, Kulturen sich durch ihre Gesamtkonfiguration grundlegend voneinander unterscheiden und deshalb nicht mit gleichem Maßstab zu messende Einheiten darstellen. Die aus der Tatsache kultureller Diversität folgen sollende Inkommensurabilität von Beurteilungsmaßstäben erstreckte sich dann natürlich auch auf moralische Maßstäbe. Benedict zufolge wäre die positive Qualität des moralisch Richtigen und Guten nichts anderes als der gängige Ausdruck sozial gebilligter Gewohnheiten – in einer bestimmten Kultur, die den Gehalt der Differenz ›moralisch richtig/moralisch falsch‹ jeweils programmiert.

Die kulturrelativistische Position muss nicht, kann aber moralisch aufgeladen und somit autonormativ werden, wenn Kulturrelativisten hinzufügen, dass wir (eigentlich: alle) den kulturell Anderen oft unrecht tun, indem wir sie so beurteilen, wie wir sie eigentlich gar nicht beurteilen können (wenn die Tatsache kultureller Diversität die Bedeutung hat, die sie den Kulturrelativisten zufolge hat, nämlich Geltungsanspruchbeurteilungen an Kulturgrenzen zu brechen bzw. sie in sie einzuschließen). Da wir andere nicht zu schädigen, wenn wir es vermeiden können, für eine wichtige moralische Pflicht unter unseresgleichen halten, haben wir (eigentlich: alle) einen starken moralischen Grund zur Einnahme der kulturrelativistischen Position.

Allerdings setzt dieses moralische Argument pro Kulturrelativismus, das oft auch in Begriffen von Toleranz verklausuliert wird, voraus, dass die einzunehmende Position faktisch korrekt und logisch konsistent, also vernünftig ist. Das aber wird in der antirelativistischen Tradition, die seit alters her die Relativismen begleitet, bestritten (vgl. Geertz [3]2004) und – besonders mit Blick auf denjenigen Kulturrelativismus, der Relativismus mit Bezug auf Moral einschließt (vgl. Cook 1999; Lukes 2008; Ernst 2009) – mit philosophischen Inkonsistenzargumenten immer neu verworfen.

Der unbestreitbar triftige Erfahrungsgehalt des Kulturrelativismus ist die Mahnung, kulturelle Unterschiede nicht zu unterschätzen und über relevante kulturelle Unterschiede hinweg nicht zu zuversichtlich und vorschnell zu urteilen. Dieser wichtige Erfahrungsgehalt droht bisweilen in den Scharmützeln um die logische Konsistenz von Relativismus verloren zu gehen.

Die Struktur der relativistischen Position

›Relativierung‹ ist eine erkenntnismethodische Operation des In-Beziehung-Setzens: Ein interessierendes X wird zum Zwecke des Verstehens, Erklärens, Begreifens oder Messens, also unter Erkenntnisinteressen, in (mindestens eine bestimmte) Beziehung gesetzt zu (einem) anderen geeigneten, aussichtsreichen Phänomen Y oder Z. Die Relativierung von X an Y besagt dann soviel wie: X wäre nicht, was es ist und hätte nicht die Bestimmtheit, die X hat, wenn nicht Y wäre, was es ist bzw. die Bestimmtheit hätte, die Y hat.

Zum Beispiel ergibt die Relativierung von Hungersnöten, die im 20. Jahrhundert aufgetreten sind, auf staatliche Regierungsformen die interessante Hypothese, dass totalitäre Staatsformen und Risiken für die Bevölkerungsernähung spezifisch miteinander zusammenhängen. Oder: Die Relativierung von Gesundheitsrisiken auf sozialstrukturelle Variablen (wie Bildungsgrad und Einkommen) in Deutschland legt eine überraschend ausgeprägte Abhängigkeit vieler Krankheitsrisiken von Armut offen.

›Relativismus‹ hingegen ist eine Position, keine Operation. Eine Relativismus-Position kann immer dann entstehen, wenn der Geltungsanspruch einer Relativierungsoperation über einen ersten Kontext hinaus, in den diese Operation zunächst sinnvoll eingebettet ist, ausgeweitet, entgrenzt, entschränkt wird. Diejenige Operation, die Relativismuspositionen zu generieren vermag, besteht in einer – im Vergleich zum ersten Kontext: dekontextualisierenden – Erweiterung, Verallgemeinerung, Totalisierung oder Verabsolutierung der zunächst noch kontextbeschränkten Operation der Relativierung.

Zum Beispiel ergibt die im Kontext des Nachdenkens über menschliche Sinneswahrnehmung eine durchaus sinnvolle Relativierung dessen, wie einem etwas Wahrnehmbares zu sein scheint, auf den Gesamtzustand der wahrnehmenden Person (»wird nicht bisweilen, indem derselbe Wind weht, den einen von uns frieren, den anderen nicht?«; Platon, *Theaitetos* 152a ff.). Es ergibt sich eine ›relativistische‹ Position (deren *locus classicus* sich in der europäischen Philosophie bei Protagoras in der Auffassung findet, der Mensch sei das Maß aller Dinge, »der seienden, daß sie sind, der nichtseienden, daß sie nicht sind«; ebd.), sobald man die unbestreitbare Abhängigkeit des Sinneseindrucks vom jeweiligen Subjekt, das ihn hat, hypothetisch auf unser gesamtes Erfahrungswissen von der Welt ausdehnt (»wie ein jedes Ding mir erscheint, ein solches ist es auch mir, und wie es dir erscheint, ein solches ist es wiederum dir«; ebd.). So entsteht aus einer Relativierung von Wahrnehmungsgewissheit auf Subjekte eine relativistische Wissenstheorie, hier: ›epistemischer Subjektivismus‹.

Oder: Wenn die Praxis des Unterscheidens (und Bezeichnens der gemachten Unterscheidungen, z. B. von Farben durch Farbworte) in einer durch Sprache und Lebensgewohnheiten kulturell konsolidierten Gruppe von Menschen sich von der in einer anderen Gruppe auffällig unterscheidet, dann eröffnen sich interessante relativierende Hypothesen über Abhängigkeiten der Kategorialisierung der Welt vom jeweiligen Sprachbau (»sprachliche Relativität«; vgl. Achard/Kemmer 2004) und/oder von den jeweiligen Lebensgewohnheiten (praxeologische Relativität). Hieraus ergab sich z. B. die von Kulturtheoretikern einmal vieldiskutierte Relativismus-Position von Benjamin Lee Whorf, der in Einklang mit Auffassungen seines Lehrers Edward Sapir die Verallgemeinerung vertrat, für jede Einzelsprache gelte, dass sie (alle) Formen und Formmöglichkeiten des Denkens ihrer Sprecher festlegt. Ein sprachwissenschaftlich inspirierter, nämlich auf der Annahme von Linguisten, Kognition sei durch Eigenheiten des menschlichen Sprachbaus fixiert, fußender Relativismus könnte in der Behauptung gipfeln: Menschliche Erkenntnis ist nur relativ zu den systematischen Möglichkeiten der einzelnen Muttersprachen möglich.

In Konsistenzprobleme gerät eine Relativismus-Position immer dann, wenn sie die in Anspruch genommene spezifische Relativierungsoperation, die sie entgrenzt, so entgrenzt, dass auch noch die mit dem Anspruch auf Gültigkeit vorgetragene Relativismus-Position selbst unter die Relativierungsoperation fällt. Zum Beispiel gerät in Konsistenzprobleme, wer geltend machen will, Maßstäbe zur Beurteilung von Wahrheitsansprüchen seien einschlägig bloß in Abhängigkeit von (›relativ zu‹) ihrer jeweiligen kulturellen Herkunft, aber diese Behauptung nicht bloß von seinen eigenen *cultural peers* für wahr genommen haben möchte.

Relativismus in der zeitgenössischen Philosophie

In den 1970er und 1980er Jahren wurden Relativismusfragen innerhalb der analytischen Wissenschaftsphilosophie besonders im Zusammenhang mit Zweifeln an wissenschaftshistorischen Fortschrittsnarrativen verhandelt. Solche Zweifel waren durch Thomas S. Kuhns Konzeption wechselnder Paradigmen in Wissenschaftstraditionen ausgelöst worden. In der analytischen Sprachphilosophie war ›ontologischer‹ (d. h. kategorienbezogener) Relativismus diskussionswürdig vor allem durch Willard Van Orman Quines These von der »Unbestimmtheit aller Übersetzung« (*indeterminacy of translation*). Kategorienbezogener Relativismus bzw. die Vorstellung, man könne zwischen Begriffsrahmen (*conceptual schemes*) und Erfahrungsinhalten so unterscheiden, dass je nach Begriffsrahmen das Erfahrbare ein relativ zu jenen Verschiedenes werde, wurde später von dem Sprachphilosophen Donald Davidson folgenreich demontiert (vgl. Hollis/Lukes 1982; Krausz/Meiland 1982).

Für die gegenwärtig in kulturtheoretischen und praktisch-philosophischen relativismussensiblen Auseinandersetzungen ausstrahlungskräftigste Position eines affirmativ ethnozentrischen liberalen Relativismus steht das, aus dem amerikanischen Pragmatismus der Linie von John Dewey und William James erwachsene Werk Richard Rortys (1991). Kulturrelativismus wird im Diskurs der »interkulturellen Philosophie« (Paul 2008) verhandelt, ohne dass hierin ein prinzipieller Grund der Unmöglichkeit eben dieses Diskurses gesehen würde.

Kulturrelativismus als Politikum

Zum Politikum wird Kulturrelativismus überall dort, wo unter Verweis auf kulturelle Differenzgründe Unterschiede in solchen normativen Ordnungen reklamiert werden, die ihrem (eigenen, ursprünglichen oder aber auch nur von bestimmten Akteuren politisch intendierten) Sinne nach kulturübergreifend, unter Umständen, wie etwa bei den erklärten Menschenrechten (vgl. Paul/Göller/Rappe 2001) oder mutmaßlich global anwendbaren Normen der biomedizinischen Ethik (vgl. Eich/Hoffmann 2005), sogar *jede* Kultur übergreifend unterschiedslos gültig, also allinklusiv-universalistisch, sein sollen. In demokratischen Rechtsstaaten, die ein gesellschaftspolitisches Selbstverständnis von sich als »multikulturellen Gesellschaften« entwickeln, wird die kulturdifferenzbasierte Identitätspolitik von Teilmengen ihrer Staatsbürger, die ihre (selbst zugeschriebene) besondere kulturelle Wir-Identität in bestimmen politischen Belangen über ihre rechtlich-politische Wir-Identität qua Bürger eines bestimmten Staates stellen, zu einem Problem (vgl. Taylor 2009), das nicht herrschaftlich übergangen werden kann, sondern dem, theoretisch wie praktisch, mit politikphilosophisch reflektierten Dissens-Toleranzkonzeptionen (im politischen Liberalismus von John Rawls z. B. die Toleranzkonzeption des *overlapping consensus*) und geeigneten Modifikationen der demokratischen Governance (z. B. Gruppenrechte) Rechnung getragen werden muss (vgl. Audi 2007). Autoritäre Staaten versuchen der politischen Brisanz der identitätspolitischen Konsequenzen von offensiv anderskulturellen Anerkennungsansprüchen von Teilen ihrer Bevölkerung durch staatsmonopolistische Gewalt Herr zu werden. Die Ideologen autoritärer Staaten propagieren kulturrelativistische, die eigene Position gegen »externe« Kritik isolierende Werttheorien, etwa über »asiatische« oder »konfuzianische« Werte« (Roetz 2008).

Nicht nur Vertreter religiöser Glaubensmächte (Pera/Ratzinger 2005), sondern auch einige modernitätskritische westliche Philosophen (MacIntyre 1995) nehmen Kulturrelativismus als eine treffende Zeitdiagnose politisch ernst. Kulturrelativismus wäre demnach eine pathologische Störung von Maßstäben und Mentalitäten in der kulturell liberalen Lebenswelt der Moderne, eine chronische Unterversorgung mit intersubjektiv verbindlichen Maßstäben.

Kulturrelativität und ›radikale‹ Kulturdifferenz

Wer auf der Höhe der Zeit Positionen radikaler Kulturdifferenz stark machen wollte, befände sich in ähnlich aussichtsloser Lage wie diejenigen, die in philosophischen Debatten über *other minds* immer noch an der angeblich radikalen Unzugänglichkeit des Fremdpsychischen kleben, also erkenntnistheoretische Solipsisten geblieben sind. Kulturdifferenz ist ein graduelles Interpretationsproblem, die ›radikale‹ Kulturdifferenz eine Chimäre. Die Vorstellung, es gebe eigenkulturell radikal, d. h. bis an die Wurzeln unserer Verständigungskapazität gehend unzugängliches Fremdkulturelles, ist interessant, aber haltlos. Tatsächlich ist ja unser Repertoire von methodisch verfeinerten Wegen der Sinnerschließung kultureller Bedeutungen (vgl. Yousefi 2011) durch die Sozialwissenschaften, ähnlich wie unser Repertoire von Wegen der Sinnerschließung persönlicher und idiosynkratischer Bedeutungen durch Literatur, Literaturwissenschaft und Psychoanalyse, so mächtig geworden, dass wir dann, wenn wir uns ein wenig literatur- und sozialwissenschaftlich anstrengen, sogar Unterschiede und »Transdifferenzen« (Lösch 2005) zwischen westlich-moderner Kultur und einer vorgeblich vormodernen, radikal islamistischen Kultur verständnisvoll durchqueren können (vgl. Bohmann 2005). Und der Rückschlag der interessanten einschlägigen kulturtheoretischen Debatten über kulturrelativistische Probleme im fremdkulturellen Verstehen auf unser Selbstverständnis ist, sehr vereinfacht, die Einsicht, dass sich die Probleme, die im Verstehen von prima vista Fremdkulturellem auftreten, nur graduell von denen unterscheiden, die auftreten, sobald wir uns im ›eigenkulturellen‹ Horizont ›unserer‹ Kultur etwas nicht auf Anhieb Verständliches sinnhaft erschließen müssen.

Andersartigkeit zwischen Kulturen und Kulturkreisen (vgl. Holenstein 2009) kann tief, faszinierend und wertvoll sein. Aber wer in anderen Kulturen eine radikal andere Vernunft sucht, sucht vergeblich (vgl. Yousefi 2010) – und der Grund dieser Vergeblichkeit lässt sich philosophisch überzeugend erklären (vgl. Nagel 1999). Insofern wäre eine nichtrelativistische Theorie der Relativität kultureller Differenzen ein Desiderat der Kulturphilosophie.

Literatur

Achard, Michel/Kemmer, Suzanne: *Language, Culture and Mind.* Stanford 2004.
Audi, Robert: *Moral Value and Human Diversity.* Oxford 2007.
Baghramian, Maria: *Relativism.* London 2004.
Benedict, Ruth: *Patterns of Culture.* New York 1957.
Bohmann, Gerda: Verstehen eines fremden Weltbildes durch Rekonstruktion. Das Beispiel des radikalen Islamismus. In: Srubar u.a. 2005, 386–416.
Cook, John W.: *Morality and Cultural Difference.* Oxford 1999.
Eich, Thomas/Hoffmann, Thomas S. (Hg.): *Kulturübergreifende Bioethik. Zwischen globaler Herausforderung und regionaler Perspektive.* München 2005.
Ernst, Gerhard (Hg.): *Moralischer Relativismus.* Paderborn 2009.
Geertz, Clifford: Anti-Antirelativismus. In: *Kulturphilosophie.* Hg. von Ralf Konersmann. Leipzig [3]2004, 253–291. (engl. 1984).
Holenstein, Elmar: *China ist nicht ganz anders.* Zürich 2009.
Hollis, Martin/Lukes, Steven (Hg.): *Rationality and Relativism.* Cambridge 1982.
Krausz, Michael/Meiland, Jack W. (Hg.): *Relativism Cognitive and Moral.* Notre Dame 1982.
– (Hg.): *Relativism: A Contemporary Anthology.* New York 2010.
Kroeber, Alfred L.: Values as a Subject of Natural Science Inquiry. In: Ders.: *The Nature of Culture.* Chicago 1952, 136–138.
Lösch, Klaus: Transdifferenz. Ein Komplement von Differenz. In: Srubar u.a. 2005, 252–270.
Lukes, Steven: *Moral Relativism.* New York 2008.
MacIntyre, Alasdair: *Der Verlust der Tugend. Zur moralischen Krise der Gegenwart.* Frankfurt a.M./New York 1995.
Nagel, Thomas: *Das letzte Wort.* Stuttgart 1999 (engl. 1997).
Paul, Gregor: *Einführung in die interkulturelle Philosophie.* Darmstadt 2008.
–/Göller, Thomas/Rappe, Guido (Hg.): *Humanität, Interkulturalität und Menschenrecht.* Frankfurt a.M. 2001.
Pera, Marcello/Ratzinger, Joseph: *Ohne Wurzeln. Der Relativismus und die Krise der europäischen Kultur.* Augsburg 2005.
Roetz, Heiner: Zur Grammatik des Begriffs »Kultur« in einer »kulturübergreifenden« Bioethik. In: *Bochumer Jahrbuch für Ostasienforschung* 32 (2008) 72–91.
Rorty, Richard: *Objectivity, Relativism, and Truth: Philosophical Papers.* Bd. 1. Cambridge 1991.
Rudolph, Wolfgang: *Der Kulturelle Relativismus. Kritische Analyse einer Grundsatzfragen-Diskussion in der amerikanischen Ethnologie.* Berlin 1968.
Srubar, Ilja/Renn, Joachim/Wenzel, Ulrich (Hg.): *Kulturen vergleichen. Sozial- und kulturwissenschaftliche Grundlagen und Kontroversen.* Wiesbaden 2005, 386–416.
Taylor, Charles: *Multikulturalismus und die Politik der Anerkennung.* Frankfurt a.M. 2009.
Wimmer, Franz M.: *Interkulturelle Philosophie.* Wien 2004.
Yousefi, Hamid Reza (Hg.): *Viele Denkformen – eine Vernunft?* Nordhausen 2010.
– (Hg.): *Interkulturalität.* Darmstadt 2011.

Matthias Kettner

17. Tatsache, kulturelle

Seit Immanuel Kants transzendentalphilosophischer Reformulierung des Vico-Axioms – dass wir nur erkennen können, was wir auch selbst gemacht haben – hat sich in den Begriff des Hervorbringens und *eo ipso* in den des Hervorgebrachten eine Zweideutigkeit eingeschlichen, die für die Frage nach der kulturellen Tatsache als dem Gegenstand der Geistes- und Kulturwissenschaften nicht ohne Konsequenzen geblieben ist. Die Emphase des Schöpferischen konnte sich einerseits auf die Rehabilitierung und erstmalige Legitimierung des »authentischen Menschenwerks« (Blumenberg 2001, 16) richten und damit die von Aristoteles nur halbherzig gestiftete und seitdem konsequent marginalisierte Tradition menschlicher Poiesis in ihr Recht setzen. Sei es in Kunst oder in Wissenschaft, in Sprache, Religion oder Technik – der Mensch als schöpferisches Wesen bringt Werke hervor, die kraft ihrer Materialität innerweltlich beharren und der geisteswissenschaftlichen Forschung zugänglich werden. Der Begriff der kulturellen Tatsache, in diesem ersten Sinne verstanden, umfasst eine autonome Region von Gegenständen, die sich weder der Natur eingliedern lassen noch auch ohne weiteres mit der Menschenwelt überhaupt identisch sind (vgl. Konersmann 2006, 20). Demgegenüber hat sich andererseits, vermittelt über die Romantik und den Deutschen Idealismus, ein Denken etabliert, das, wie schon Kants erste Kritik, im Herzen der theoretischen die poietische Vernunft entdeckt. Phänomenologie, Neukantianismus und Kulturphilosophie haben dies eine gemein, dass sie das Erkennen in der Begrifflichkeit der Poiesis, die Welt in der des Werks deklinieren. Die »Humanisierung der Welt« (Husserl HUA 39, 311), die nach Edmund Husserl einsetzt, sobald das transzendentale Bewusstsein die Arbeit seiner Selbstobjektivation bis zur Inkarnation des Menschen vorangetrieben hat, eröffnet der kulturwissenschaftlichen Reflexion den denkbar weitesten Horizont: Nicht eine Region innerhalb des Seins (die Werke des Menschen), sondern das Sein selbst, und zwar verstanden als ›Hergestellt-Sein‹ (Heidegger), erscheint so als Gegenstand der Forschung.

Zu verdanken hat sie dies der Bewahrung nicht des aristotelischen, sondern des kantischen Erbes. Denn die Funktion, die in der *Kritik der reinen Vernunft* die produktive Einbildungskraft innehatte, übernehmen jetzt, unter Beibehaltung des Produktionsparadigmas, Begriffe wie Intentionalität (Husserl) und Symbolfunktion (Cassirer). Deren Kernstruktur des

›etwas als etwas‹ garantiert nicht nur die räumliche Lückenlosigkeit gegenwärtiger Bedeutsamkeit; das hermeneutische Als dient auch der Geschichte als Einfallstor. Die Historizität der Welt aber war nur die notwendige Konsequenz aus der Preisgabe der reinen Verstandesbegriffe, die noch für Kant dem göttlichen und dem menschlichen Verstand gemeinsam waren. Indem das 19. wie auch das 20. Jahrhundert die zeitlose Verstandesform durch die Produkte der nunmehr schöpferischen Einbildungskraft ersetzte, handelte es sich mit der Geschichte des Menschen, die nicht mehr die des Geistes ist, auch die der Menschenwelt ein. Kurz: Der Begriff der ›kulturellen Tatsache‹, in diesem zweiten, weiten Sinne verstanden, umfasst die Welt als Gesamtheit aller für den Menschen gegenwärtig bedeutsamen sowie ehemals bedeutsam gewesenen Phänomene (vgl. Konersmann 2006, 23).

Die Auflösung der Zweideutigkeit des Poiesis-Begriffs in die Dichotomie von Werk und Welt hat indes weitreichende Folgen für das Selbstverständnis der kultur- und geisteswissenschaftlichen Fächer. Auf der einen Seite begreift sich die Forschung wesentlich als Werkwissenschaft (vgl. Rothacker 1954, 244), auf der anderen tritt sie, mit dem wirkmächtigen Begriff Georg Simmels, als »Wirklichkeitswissenschaft« (Simmel GSG 2, 348 f.) auf. Ob es sich bei solch schroffer Entgegensetzung möglicherweise nur um eine Verwechslung von Gegenstand und Thema handelt, ob nicht mithin das gegenständliche ›Werk‹ die ›Wirklichkeit‹ verdichtet enthält und thematisch erschließt, darf zunächst, und mit Blick auf Ernst Cassirer, offen bleiben.

Objektivationen des Lebens

Beiträge zu einer Theorie des kulturellen Gegenstandes sind von Friedrich Nietzsche, der, trotz eines emphatischen Begriffs vom Schaffen, über das fertige Werk so gut wie kein Wort verliert, kaum oder nur *ex negativo* zu erwarten. Gleichwohl steht mit dem schöpferischen Leben ein Begriff im Mittelpunkt seines Denkens, der angesichts der prozessualen Implikationen das Maß an Anstrengung erahnen lässt, das seine Überwindung im Begriff des ›Gegenstandes‹ die Moderne kosten würde. Nietzsches Kritik der Substanz im Namen des Lebens ist, wie Diltheys Lebensphilosophie, Metaphysikkritik, und ausgerechnet als solche gerät sie in Gefahr, mit einer anderen Denkrichtung des 19. Jahrhunderts verwechselt zu werden: dem Positivismus französischer und deutscher Provenienz. Als berechtigte Gefahr erscheint dies deshalb, weil Auguste Comte und Ernst Mach unter dem, was sie *faits*, ›Tatsachen‹ nennen, nichts anderes verhandeln als eben jenen Gegenstand der Sinne, und zwar als feste Grundlage der Naturwissenschaften. Aus positivistischer Sicht geht die Wissenschaft von Tatsachen *aus*; diese stellen, in Gestalt von Empfindungen, ihr *explanandum* dar. Erkenntnis ist daher »Anpassung der Gedanken an Tatsachen«, Theorie schließlich die »Anpassung der Gedanken aneinander« (Mach [3]1917, 164). Die Identifizierung des kantischen Begriffs mit wissenschaftlicher Theoriebildung und der kantischen Empfindung (als dem Ungeformten, Unberührten und daher Unverfälschten) mit dem Gegenstand der Forschung ist, bei aller Divergenz, eine Gemeinsamkeit von Positivismus und frühem Neukantianismus. Nietzsche hingegen kann, trotz seiner grundsätzlichen Sympathie für Machs Werk, dem Tatsachenglauben des Positivismus nicht das Geringste abgewinnen. So mokiert er sich genüsslich über den »petit faitalisme« seiner französischen Zeitgenossen, über ihr »Stehenbleiben-Wollen vor dem Tatsächlichen« (Nietzsche KSA 5, 399 f.), ihr »Im-Staube-Liegen« (KSA 6, 115), ja »Auf-dem-Bauch-liegen vor petits faits« (ebd., 119). Gegen das anti-artistische Motiv des Positivismus, »welcher bei dem Phänomen stehen bleibt, ›es giebt nur Thatsachen‹, würde ich sagen: nein, gerade Thatsachen giebt es nicht, nur Interpretationen.« (KSA 12, 315) Eben weil der Positivismus den »interpretativen Charakter« des Lebens (ebd., 38) übersieht, kann er an den »Bewußtseins-Thatsachen« (KSA 13, 330), den Sinnes-Empfindungen, als Grundlage der wissenschaftlichen Erkenntnis festhalten. Die vermeintliche Gewissheit des Phänomenalen, die für das 19. Jahrhundert und noch für die Phänomenologie im 20. Jahrhundert bestimmend bleibt, ist für Nietzsche kein Anfang, sondern »ein *Ende*« (KSA 11, 96), denn »alles, was uns *bewußt* wird, ist durch und durch erst zurechtgemacht, vereinfacht, schematisiert, ausgelegt« (KSA 13, 53). Mit einem Wort: Die quasi-transzendentale Interpretation des ›Lebens‹ geht der bewussten Lektüre der ›Welt‹, und erst recht ihrer nachträglichen Interpretation im ›Werk‹ voraus. Sie stellt uns vor ›vollendete Tatsachen‹.

Nietzsche sieht den Zielpunkt, die eigentliche »Aufgabe« seines Denkens darin, »die Wissenschaft unter der Optik des Künstlers zu sehn, die Kunst aber unter der des Lebens« (KSA 1, 14). Wilhelm Dilthey kann und will ihm darin nicht folgen. Zeit seines Lebens hält er, mit einigen wichtigen Einschränkungen, am Wissenschafts- und d.h. Tatsachenideal des 19. Jahrhunderts fest. Was der erste Band der *Einleitung in die Geisteswissenschaften* (1883) fordert, ist darum auch weniger die Indienstnahme der Wissenschaft durch das Leben, sondern die Anerkennung des ›Lebens‹ als eines eigenständigen Gegenstandes wissenschaftlicher, und zwar geisteswissenschaftlicher Forschung. Dem Irrglauben, naturwissenschaftliche Methoden auf die »geschichtlich-gesellschaftliche Wirklichkeit« anwenden zu können, liegt eine *metábasis eis állo génos* zugrunde: Zwischen »Tatsachen der Kultur« (Dilthey GS 21, 20) und »Tatsachen der Natur« (ebd., 19) klafft ein ontologischer Hiatus, der den positivistischen Anspruch auf Gleichbehandlung der Gegenstandsbereiche geradezu *ad absurdum* führt. Denn während die Naturwissenschaften »zu ihrem Gegenstande Tatsachen haben, welche im Bewußtsein als von *außen* [...] gegeben auftreten« (GS 5, 145), treten die »Kulturtatsachen« (GS 18, 8) – Gegenstand der Geisteswissenschaften – »von *innen*, als Realität und als ein lebendiger Zusammenhang originaliter« (GS 5, 143) auf. Kulturelle Tatsachen sind, so Diltheys folgenschwere Weichenstellung, »in der inneren Erfahrung gegebene Tatsachen des Bewußtseins« (GS 1, XVIII). Die Geisteswissenschaften münden und kulminieren folgerichtig in einer systematisch wie historisch erweiterten Seelenlehre – ein Paradigmenwechsel gegenüber dem Positivismus, der Dilthey nicht nur erlaubt, seine deskriptive Psychologie als Grundwissenschaft der Geisteswissenschaften gegenüber der Mathematik zu etablieren, sondern auch, den bereits naturwissenschaftlich präokkupierten Außenweltbegriff, zumindest in diesem Kontext, theoretisch einzuklammern.

»Das Leben erfaßt hier Leben« (GS 7, 136), und, so dürfen wir hinzufügen, auch nichts weiter. Die Natur »ist uns stumm« (GS 5, 61), »ist uns fremd« (GS 1, 37), sie ist »nur ein Außen, kein Inneres« (ebd.). Noch bevor in Diltheys hermeneutischer Wende das ganze Ausmaß der Divergenz von Innen und Außen zum Ausdruck kommt, hat er alle Hände voll zu tun, die Geschichte als »Inbegriff der geistigen Tatsachen, welche in ihrer Aufeinanderfolge und Koexistenz die Kultur bilden« (GS 18, 7), plausibel zu machen. Weil das seelische Erleben der Individuen auch in ihrer geschichtlich-gesellschaftlichen Verkettung ›bei sich‹ bleibt, d.h. getrennt von der Außenwelt verläuft, ist Dilthey gezwungen, die Beharrlichkeit der »Kultursysteme« (»Wirtschaft, Recht, Religion, Kunst und Wissenschaft«) als Beharrlichkeit der psychologischen Disposition ihrer »Träger« zu denken (GS 1, 148). Die Systeme kultureller Tatsachen manifestieren sich nicht in materiellen Werken; sie gleichen eher kulturellen Wellen, deren Form sich im Wechsel der Wasserteilchen durchhält. Das »Individuum« ist »Kreuzungspunkt« dieser verschiedenen »Systeme von Wechselwirkungen«, »Träger und Bildner« zugleich im »rastlosen, wirbelnden Spiel von Veränderungen« (GS 1, 87).

Wenn wirklich, wie Dilthey meint, jeder »psychische Inhalt«, »jede Gliederung psychischer Inhalte« eine »Tatsache der Kultur« konstituiert und daher die »Geschichte« nichts anderes ist als die »Sukzession und Koexistenz aller dieser Tatsachen« (GS 22, 19), dann drängt sich allerdings die Frage auf, wie eine Gegenwart überhaupt von der Vergangenheit, von vergangenem seelischen Leben wissen kann. Bereits im Kapitel über das »Material« der Geisteswissenschaften im ersten Band der *Einleitung* stößt Dilthey auf das Problem der Bewahrung und Vermittlung von Erlebtem. Im Vordergrund steht hier jedoch nicht die Materialität des Materials – dessen Außenweltadhärenz lässt die Intimität, jenes Bei-sich-bleiben-Wollen des Lebens noch gänzlich unberührt; Diltheys Sorge gilt vielmehr der Abhängigkeit der Überlieferung sowohl von dem ursprünglichen »Interesse der Mitlebenden«, »das aus dem dunklen Flusse des gewöhnlichen menschlichen Lebens Tatsachen empor[hebt] und bewahrt«, als auch von dem selegierenden »Interesse einer späteren Zeit und geschichtliche[r] Fügung« (GS 1, 25). Erst mit der späteren Hinwendung Diltheys zur Hermeneutik erhält die Problematik des Materials, d.h. jetzt: des kulturellen Gegenstandes, eine neue Tiefe. Es ist, kurz gesagt, die ›Verwesentlichung des Ausdrucks‹, die mit dem späten Dilthey einsetzt und sich zu einem Topos der Philosophie des 20. Jahrhunderts entwickelt. Zwar ist Diltheys »Kritik der historischen Vernunft« (ebd., 116) schon von Anfang an gegen die philosophische Nabelschau der Introspektion gerichtet, doch erst mit der Etablierung der Hermeneutik annektiert der Begriff der Geschichte den des Ausdrucks: »Gegenstand der Geisteswissenschaften« sind von nun an die »Objektivationen des Lebens« (GS 7, 148) (resp. des Geistes, da Geist für Dilthey nur ein anderes Wort für die Selbstbesinnung des Lebens ist). Die Erweiterung der psychologischen zu einer psychologisch-hermeneutischen Begrifflichkeit geht allerdings nicht reibungslos vonstatten: Dilthey will zeigen, dass der Ausdruck, erstens, zwar »schaffend« ist, aber doch nur so weit, dass er den »Tiefen« des Seelenlebens entlockt, was schon in ihnen schlummerte (ebd., 220); dass der Ausdruck, zweitens, zwar »verwoben« und »eingebettet« (ebd., 146 f.) ist in den Naturzusammenhang, dieses naturhafte »Material« jedoch die »direkte Linie der Repräsentationen« (ebd., 139) – das Bei-sich-Bleiben des Lebens vom ursprünglichen Erlebnis über die Selbstbesinnung zum Ausdruck – nicht zu durchkreuzen vermag; dass schließlich, drittens, das Erlebnis im Ausdruck zwar »Festigkeit« (ebd., 329) gewinnt, d. h. in einen anderen Aggregatzustand übergeht und sich in ihm erhält, die Aufgabe des Geisteswissenschaftlers aber gleichwohl darin bestehen soll, durch »Transposition aus der Fülle *eigener* Erlebnisse« (ebd., 118) den Ausdruck »*zurück*zuübersetzen in die volle ganze Lebendigkeit« (GS 5, 265). Die Partikel ›zurück‹ ist hier und an zahllosen anderen Stellen in Diltheys Werk offensichtlich zweideutig. So kann sie sich einerseits auf die vergangene Zeit, andererseits auf den Aggregatzustand des Ausdrucks beziehen: Während es dort gilt, »Seelen, die längst nicht mehr sind«, »zu beschwören«, »sie zurückzurufen« durch »Auslegung der Reste, die zurückgeblieben sind« (GS 7, 279), wird »uns« hier »alles Menschliche [...] zum Dokument, das *uns* irgendeine der unendlichen Möglichkeiten *unseres* Daseins vergegenwärtigt« (ebd., 247). Hinter der Zweideutigkeit steht ein hegelianisches Motiv. Wenn Dilthey von den Objektivationen des Lebens oder des Geistes spricht, dann sind auch wirklich ›das‹ Leben und ›der‹ Geist gemeint. Kulturtatsachen sind Manifestationen einer »allgemeingültigen Menschennatur« (GS 5, 329), der Geist ist ein und derselbe »im Ich, im Du, in jedem Subjekt einer Gemeinschaft, in jedem System der Kultur, schließlich in der Totalität des Geistes und der Universalgeschichte« (GS 7, 191).

Die axiologische Konstitution des Kulturobjekts

Die Kritik des Neukantianismus an Dilthey hat sich vor allem – und nicht zuletzt aufgrund der schmalen Textgrundlage – gegen dessen frühe regional-ontologische Unterscheidung von geistigen und physischen Tatsachen gewandt. Der Gegenstand der Kulturwissenschaften, so die Erwiderung, unterscheide sich von dem der Naturwissenschaften nicht substantiell, sondern nur nach Maßgabe der auf ihn angewandten Methodik: »Die empirische Wirklichkeit wird Natur, wenn wir sie betrachten mit Rücksicht auf das Allgemeine, sie wird Geschichte, wenn wir sie betrachten mit Rücksicht auf das Besondere und Individuelle.« (Rickert ^{6}1926, 55) Nicht auf die Unterscheidung selbst und ihre Begründung soll es hier ankommen, sondern auf den Umstand, dass die neukantianische Verklammerung von transzendentalem Bewusstsein und wissenschaftlicher Methodik den historischen Geisteswissenschaften erstmals das Feld der *Wirklichkeit* erschließt. Mit der »idiographischen« Betrachtung des Gegenstandes (Windelband PL 1, 364), die ihn aus dem Gewühl des »heterogenen Kontinuums« (Rickert ^{6}1926, 32) hebt, und seiner, wie Wilhelm Windelband es nennt, »liebevollen Ausprägung« (Windelband PL 1, 368), hat es allerdings nicht sein Bewenden. Das bloß historische Gebilde, so Heinrich Rickert, wandelt sich zum »Kulturobjekt« erst dadurch, dass »Subjekte ihm einen Wert beilegen«, dieser Wert dann bleibend an ihm »haftet«, um schließlich im »wertbeziehenden Verfahren« des Geisteswissenschaftlers eigens zum Thema gemacht zu werden (Rickert ^{6}1926, 18). Mit einem Wort: Die Welt der Kulturobjekte ist die für den Menschen bedeutsame Welt – die Welt, die ihm etwas bedeutet, weil sie ihn angeht. Gegenüber Dilthey, der in der Bedeutsamkeit ein alleiniges Proprium des (Innen-)Lebens erblickt, bestehen Windelband und Rickert auf der Geist und Natur als Wirklichkeit umgreifenden Ubiquität der Werte. Möglich wird diese Ausweitung indes nur dadurch, dass der Neukantianismus, in der Tradition Fichtes, sowohl Poiesis (Werke) mit Praxis (Werte) als auch das Transzendentale (Synthesis) mit dem Schöpferischen (Werkschaffen) identifiziert (Windelband PL 2, 289). Transzendentalidealistisch betrachtet, steigen Kulturobjekte durch die Einnahme eines wertbeziehenden Gesichtspunkts aus der unendlichen Mannigfaltigkeit historischer Gebilde empor, ohne dass noch eigens in den Blick geraten könnte, dass ein Luther, ein Napoleon, ein Pasteur, ein Marx, ein Kafka – ganz zu schweigen von der Legion Namenloser – sie zunächst haben schaffen müssen.

Es ist dem Werk Max Webers zu verdanken, dass der Neukantianismus, über seine philosophiegeschichtliche Wirkung hinaus, auch für die Etablierung der Sozialwissenschaften eine wesentliche Bedeutung erlangen konnte. Die Festlegung der Soziologie auf das Paradigma der ›Konstruktion‹ hat in Webers Adaption Rickertscher Grundgedanken nicht weniger ihre Wurzeln als die Verquickung von Kultur- und Sozialbegriff, wie sie seit den 1960er Jahren in den *cultural studies* zu neuem Leben erwacht ist. Für Weber gehört die Sozialwissenschaft zu denjenigen Disziplinen, »welche die Vorgänge menschlichen Lebens unter dem Gesichtspunkt ihrer *Kulturbedeutung* betrachten«, und damit fällt sie unzweideutig unter die Kategorie der »Kulturwissenschaften« (Weber WL, 165). Kultur aber ist auch bei Weber kein ontologischer, sondern »ein *Wertbegriff*«, d. h. die »empirische Wirklichkeit *ist* für uns ›Kultur‹, weil und sofern wir sie mit Wertideen in Beziehung setzen« (ebd., 175). Die Beziehung auf Werte verleiht dem jeweiligen Weltausschnitt »Bedeutsamkeit« (ebd., 194), die er ohne sie nicht hätte. Zwischen positiven Tatsachen und »Kulturtatsachen« (ebd., 352), zwischen ›roher‹ Wirklichkeit und »Kulturwirklichkeit« (ebd., 170) klafft folglich ein *hiatus irrationalis*, den nur der handelnde Mensch je aufs neue schließen kann. Umgekehrt ist es gerade die Irrationalität des Wirklichen, die es dem Kulturwissenschaftler erlaubt, ein und denselben Gegenstand unter verschiedenen »Gesichtspunkten«, d. h. im Lichte unterschiedlicher Wertsphären (Wissenschaft, Wirtschaft, Kunst etc.) zu betrachten (ebd., 170). Kraft seines »Erkenntnisinteresses« formt er seine Objekte zu »Kulturobjekten« (ebd., 262). Gleichwohl umfasst die »Wertbeziehung«, ähnlich wie in Rickerts Fall, nur solche Gegenstände, denen die handelnden Menschen bereits einen »subjektiven Sinn« (ebd., 542) beigelegt haben. Hier liegt, wie Weber meint, die »transzendentale Voraussetzung jeder Kulturwissenschaft«: dass »wir Kulturmenschen sind, begabt mit der Fähigkeit und dem Willen, bewußt zur Welt Stellung zu nehmen und ihr einen Sinn zu verleihen« (ebd., 180). Diese primordiale Sinngebung aller handelnden Menschen konstituiert gegenüber der nachträglichen Wertbeziehung eine uneinholbare Mehrdeutigkeit des kulturellen Gegenstandes. Ihr sucht der Geisteswissenschaftler durch die Bildung von Idealtypen gerecht zu werden, die in der begrifflichen Betonung der für das jeweilige Erkenntnisinteresse wesentlichen Momente besteht. Im positivistischen Bewusstsein der essentiellen Vorläufigkeit seiner Begriffe bemüht er sich, »Ordnung in das Chaos derjenigen Tatsachen zu bringen, welche wir in den Kreis unseres Interesses jeweils einbezogen haben« (ebd., 207).

Es versteht sich fast von selbst, dass eine Wissenschaft, deren Thema das gegenwärtige und vergangene zwischenmenschliche Handeln ist, ihre Gegenstände, sofern sie diese überhaupt in ihrer Eigenart registriert, primär als Dokumente menschlicher Praxis begreift – sei es, dass sie sie in Erwartung einer gewissen Transparenz hinsichtlich ihres Referenten zur Hand nimmt (Historismus) oder ihre Substanz in der Funktionalität sozialer Bezüge aufgehen lässt (Soziologismus). Das Desinteresse von Soziologie und Geschichtswissenschaft gegenüber ihrem Gegenstand und die Weigerung, im Namen der Faktizität, »deutend bloße Faktizität zu überschreiten« (Adorno GS 14, 395) führt jedoch zwangsläufig zur Verarmung der in Blick genommenen Thematik als ganzer. Einer Musiksoziologie etwa, die notorisch darauf verzichtet, ihren Werken beizuwohnen, hat Theodor W. Adorno aus ebendiesen Gründen entschieden widersprochen. Anstatt Rezeptionsauskünfte auszuwerten und kraft ihrer Aufschluss über das Eigenwesen der Gesellschaft zu erwarten, hat die Soziologie, und zwar weit über die Musik, ja über die Kunst hinaus, in den Werken selbst der »Vermittlung von Geist und Gesellschaft« (ebd., 409) nachzugehen. Dieselbe Achtsamkeit für den Vermittlungscharakter des Werks klagt Walter Benjamin gegenüber der historistischen Geschichtsbetrachtung ein. Weil die Werke als Fragmente der Geschichte selbst wesentlich Geschichte haben und mitsamt dieser ihrer Geschichtlichkeit in die Gegenwart hineinragen, kann und darf das »Bild der Vergangenheit« kein »ewige[s]« (Benjamin GS II/2, 468) sein. Weit davon entfernt, den endgültigen Besitz der Vergangenheit anzuzeigen, diversifiziert das Werk die Erfahrung mit ihr. Kulturelle Tatsachen garantieren kraft ihres historischen ›Mitgehens‹, dass die Vergangenheit, die nur sie bezeugen können, selbst im Wandel begriffen ist.

Die Entstehung des kulturphilosophischen Werkbegriffs

Dilthey und dem Neukantianismus kommt das Verdienst zu, die Wirklichkeit in der ihr eigenen Historizität zum Thema der Geisteswissenschaften erhoben zu haben. Das gilt auch – und ganz besonders seit der sich entwickelnden Historischen Epistemologie – für die geschichtliche Wirklichkeit der Naturwissenschaften. In der geradehin auf das Thema gerichteten Einstellung spricht der Geisteswissenschaftler so gut von Petrarcas Entdeckung der Landschaft wie von der Unendlichkeit des Universums, von Napoleons Streifzügen wie vom Kosmos der Griechen, von Isaac Newtons Mechanik, der Liebe im 16. Jahrhundert, der Säkularisierung, dem Blutkreislauf, dem Nihilismus, der Lautverschiebung oder Johann Wolfgang Goethes Naturanschauung. Doch weder die Liebe noch die Landschaft noch die Pest noch die Unendlichkeit des Universums sind, so wird sich zeigen, im eigentlichen Sinne Kulturtatsachen – Kulturtatsachen sind vielmehr die Werke, die von ihnen zeugen (vgl. Konersmann 2006, 11). In der selbstverständlichen Übertragung des poietischen Moments von der

Ebene des Gegenstandes auf die Ebene des Themas kommen die verschiedenen Spielarten des Konstruktivismus und Interpretationismus überein. Die schwierigen Zusammenhänge, die hier vorliegen, eignen sich jedoch kaum dazu, mit einem theoretischen Handstreich erledigt zu werden. Es ist schon eine Zumutung, einmal genau beschreiben zu sollen, worin etwa die spezifischen Unterschiede bestehen zwischen der Wahrnehmung einer Landschaft und dem Malen einer Landschaft (anstatt beides eine ›Konstruktion‹ zu nennen) oder zwischen der wahrgenommenen Landschaft und der Landschaft im Bild, zwischen der Betrachtung des Bildes und der Deutung des Bildes, zwischen der schriftlich fixierten Deutung und dem Bild selbst, zwischen der Geschichte seiner Deutung und dem präsumtiven Eigensinn des Bildes, zwischen dem Original und der Reproduktion, zwischen dem Blick, dem Leben des Malers und dem meinen, usw. Der kulturphilosophische Werkbegriff bündelt diese Art Fragen und man tut gut daran, die Nuanciertheit der Phänomene aufrechtzuerhalten, deren Reichtum er erschließt. Das gilt nicht minder für die Werke der Wissenschaft und ihr Verhältnis zur Wirklichkeit als für die der Kunst oder die der Religion.

Die kulturphilosophische Artikulation des Werkbegriffs setzt mit Simmel ein. Es ist indessen abermals Dilthey, der mit der hermeneutischen Begriffstrias von Erleben, Ausdruck und Verstehen der Kulturphilosophie ein Schema vorgibt, das nicht nur den Ort des Werks zu fixieren erlaubt, sondern zugleich die ›Sollbruchstellen‹ anzeigt, an denen Simmel die Tragödie der Kultur hervorgehen lässt. Drei Momente, die bei Dilthey noch harmonisch ineinander greifen, werden Simmel zum Problem: die ›Erschließung‹ und ›Bewahrung‹ des Lebens in der Objektivation, die ›Fixierung‹ des Ausdrucks in der Außenwelt, die ›Wiederaneignung‹ des Lebens im Verstehen. Die letztlich hegelianische Prämisse, dass der Mensch nur zu sich kommt, indem er sich vergegenständlicht, liegt auch Simmels Denken zugrunde; anders als Dilthey gibt er ihr allerdings eine tragische Wendung: Derselbe Weg – der Weg über das Werk –, den der Mensch beschreiten muss, um ganz er selbst zu werden, bringt ihn mit derselben schicksalhaften Notwendigkeit von ebendiesem Ziel ab. Die Teleologie der Seele, deren Kultivierung nach Simmel »von der geschlossenen Einheit über die entfaltete Vielheit [der Werke] zur entfalteten Einheit« (Simmel GSG 12, 194) führen soll, kollidiert mit der Konsistenz und »Eigenlogik« der Objekte (ebd., 222). Bereits der Schaffensprozess hat für Simmel dieses Eigentümliche an sich, dass er, anstatt aus Tiefenschichten des Lebens zu schöpfen und diese kraft des Ausdrucks zu erhellen, die »Lebendigkeit« festlegt, ja »erstarren« macht (ebd., 199). »Es ist oft«, so Simmels drastischer Befund, »als ob die zeugende Bewegtheit der Seele an ihrem eigenen Erzeugnis stürbe« (ebd.). Doch das Leben, das als werdendes nichts als bei sich bleiben will, dem als schöpferischem aber gerade dies verwehrt bleiben muss, leidet nicht erst am materiell sedimentierten Gebilde, am Werk im emphatischen Sinne. Bereits seine eigenen Inhalte – das Gedachte gegenüber dem Denken, das Gefühlte gegenüber dem Fühlen – und damit die Aktinhalte seiner Intentionalität bedrohen das Leben durch ihren Anspruch, identisch, beharrlich, wiederkehrend zu sein. Für das Verständnis des Simmelschen Werkbegriffs ist es dabei nicht unerheblich, dass ausgerechnet die »Vergegenständlichung des Geistes« im Werk die Funktion erfüllen soll, jene intentionale »Grundspannung zwischen Prozeß und Inhalt des Bewußtseins« (ebd., 200) aufzulösen. Indem es seine Inhalte in die Form des Gegenstands bringt, d.h. aus sich entlässt und »sich gegenüberstellt« (ebd.), vermag das Leben seine Lebendigkeit zu erhalten und ›bei sich‹ zu bleiben. In dieser Entlastungsfunktion gründet nach Simmel auch der eigentümliche Wert, den der Mensch der Vergegenständlichung als solcher sowie der »Selbständigkeit des so vom Geiste geformten Objekts« (ebd.) beimisst. Die Seele, die den inneren Dualismus zum subjektiven Geist nicht erträgt, gliedert ihn aus, bildet ihn zum objektiven um. Da sie aber nicht nur strömt und schafft, sondern auch ›für sich‹ werden will, was sie ›an sich‹ bereits ist, diese geforderte Selbstwerdung aber wiederum nicht aus eigener Kraft zu leisten vermag, muss sie notgedrungen zu den ihr »jetzt ganz formfremd gewordenen, zu selbstgenugsamer Abgeschlossenheit kristallisierten Gebilden« (ebd., 198) zurückkehren. Mit diesem zweiten Dualismus, der die Auflösung des ersten voraussetzt, beginnt die eigentliche Tragödie der Kultur.

Während Dilthey das Werkschaffen in den Dienst der Selbstbesinnung stellt, leistet es bei Simmel die stets prekäre Selbsterhaltung des Lebens; und der Gewissheit einer zunehmenden Durchsichtigkeit widersetzt sich die akute Sorge, das Werk lege das Leben fest, mache es erstarren, so dass es an ›seinem eigenen Erzeugnis zu sterben‹ drohe. Die widersprüchlich ausfallende Analyse des Schaffensprozesses wirft ihre Schatten auch auf die Bestimmung des Werks selbst und dessen zukünftige Wiederaneignung. Beide, Dilthey wie Simmel, erblicken das dominierende Merkmal der kulturellen Tatsache in einer gewissen

»Festigkeit« (Dilthey GS 7, 329) und »eigentümlichen Selbständigkeit« (Simmel GSG 12, 194), die sich sowohl auf seine ideellen als auch auf seine materiellen Aspekte erstreckt. So umfasst der Gegenstand der Hermeneutik nach Dilthey all diejenigen »dauernd fixierten Lebensäußerungen«, zu denen das Verständnis »immer wieder [...] zurückkehren kann« (Dilthey GS 5, 319). Die »beständige Veränderlichkeit« weltlicher Vorgänge kommt in ihnen zum Stillstand, so dass sich »dauernde Gebilde mit festen Linien« (GS 22, 304) dem Blick darbieten. Die Konsequenzen dieser Einsicht finden sich bekanntlich allenthalben in der Praxis realisiert: Die Geisteswissenschaften haben sich seit jeher schwergetan mit dem spurlos Flüchtigen – Gestik, Mimik, Tanz, Theater, Musik scheinen so wenig geeignete Gegenstände einer Wissenschaft zu sein wie das gesprochene Wort oder die konkrete Handlung. Um gleichwohl als Themen wissenschaftlich erschlossen werden zu können, bedürfen sie der Materialisierung in Werken, Gegenständen, die der Interpret wiederholt als identische aufgreifen kann. Für Dilthey steht dabei außer Frage, dass der Weg ›zurück‹ – vom Festigen zum Flüssigen, vom Gegenwärtigen zum Vergangenen, von der Objektivation zum ursprünglichen Erlebnis – immer möglich ist, mithin die Werke das Leben in seiner Fülle bewahren. Diesen Vermittlungsoptimismus teilt Simmel nicht. Sein an Karl Marx geschulter Blick urteilt nicht vom Standpunkt der (Geistes-)Wissenschaft, sondern vom Standpunkt des Lebens. Das Leben aber steht seiner Fixierung im Werk ambivalent gegenüber: Zwar gewinnt es in der Ausgliederung seiner Intentionalität (»Objektivwerden des Subjekts«) die ersehnte lebendige Freiheit zurück; doch weil es nicht nur ›werdend schaffen‹, sondern auch ›es selbst werden‹ will, bleibt ihm keine andere Wahl, als den bereits mundanisierten Geist zu reintegrieren (»Subjektivwerden eines Objektiven«; Simmel GSG 12, 199). So wiederholt sich derselbe »tiefe Formgegensatz« (ebd., 194) gerade nicht als innerseelischer, sondern zwischen dem strömenden Leben auf der einen und seinen kulturellen Sedimenten auf der anderen Seite. Was sich hier – und nur »[g]esetzt wir hätten als Menschen produziert« (Marx MEW Erg.-Bd. 1, 462) – schon dramatisch genug ausnimmt, nämlich als schmaler Grat zwischen gelingender und scheiternder Assimilation, wandelt sich zur handfesten Tragödie der Kultur in dem Moment, da die Werke kraft ihrer formalen Selbständigkeit jene Eigenlogik entwickeln, deren Gesetzlichkeit der Sache und nicht den Kultivierungsbedürfnissen der Seele folgt. Der eigentliche Skandal der Kultur besteht nach Simmel darin, dass es die Werke selbst sind, die aus ihrer »vermittelnden Bedeutung heraustreten und damit die Brücken abbrechen«, über die »der kultivierende Weg« des Lebens zu gehen gezwungen ist (Simmel GSG 12, 214).

Einen vorläufigen Abschluss und zugleich die philosophisch folgenreichste Vertiefung findet die Diskussion um den Begriff der kulturellen Tatsache in den fünf Studien Ernst Cassirers *Zur Logik der Kulturwissenschaften* von 1942. Im Mittelpunkt seiner Überlegungen steht sowohl die symboltheoretisch fundierte Neufassung des Werkbegriffs als auch das Verhältnis von konkretem Kulturgegenstand und allgemeiner symbolischer Form. Über letzteres sucht Cassirer die Arbeit der Kulturwissenschaften in den Horizont seiner Philosophie der symbolischen Formen zu stellen. Denn weit davon entfernt, als »Ereigniswissenschaften« (Windelband PL 1, 364) die ›liebevolle Ausprägung‹ der Vergangenheit zu befördern, haben auch die Kulturwissenschaften ihr Thema an der gegliederten Formenwelt des Geistes; sie sind empirische »*Form*wissenschaften« (Cassirer ECN 5, 160). Die allgemeine Äquivozität des Formbegriffs löst sich zumindest teilweise auf, wenn man ihn ins Licht der von Cassirer synonym verwendeten Ausdrücke rückt: Begriffe wie »Gestalt«, »Struktur« und »Feld« können den Formbegriff ebenso vertreten wie »Wesen«, »Typus«, »Syntax« oder »Stil«. Gemeint ist in allen Fällen eine Allgemeinheit, die sich nur in und an dem Besonderen zeigt, die das Besondere gleichsam durchquert, aber nicht überschreitet. Den Gegenstand der Kulturwissenschaften bilden die »Werke der Kultur« (Cassirer ECW 24, 407), sie sind nach Cassirer dasjenige Besondere, welches empirisch wie philosophisch auf seine allgemeine Typik hin befragt werden soll. Was ›die‹ Sprache oder ›der‹ Mythos, was ›die‹ Geometrie, ›das‹ Drama oder ›die‹ Antike ihrer allgemeinen Struktur, ihrem Wesen nach sind, das können wir nicht anders bestimmen als durch Auslegung der »materiellen Dokumente und Monumente« (ECW 21, 111), der »Monumente der Kultur« (ECW 24, 456). Die »Werkanalyse« muss demnach der »Formanalyse« vorangehen, sie bildet »die eigentliche tragende Grundschicht« der Kulturwissenschaften (ebd.). Einem eigenen »Verfahren der Deutung«, das Cassirer als »selbständige und höchst schwierige und komplizierte ›Hermeneutik‹« bezeichnet, kommt die Aufgabe zu, die Mannigfaltigkeit der Werke hinsichtlich ihres inneren Sinnzusammenhangs zu ordnen, so dass sich gewisse »Grundgestalten« (ebd.) abheben. An diesen kann daraufhin die Formanalyse ansetzen, deren Arbeit in einer Art

›ideirender Abstraktion‹ (Husserl) besteht, die das »›Was‹ jeder einzelnen Kulturform, das ›Wesen‹ der Sprache, der Kunst, der Religion« (ebd.) sowie deren Verhältnis zueinander bestimmen soll – ein Unternehmen, das letztlich in die Philosophie der symbolischen Formen mündet. Es wäre hingegen ein Missverständnis, zu meinen, in dem Verzicht auf eine »Werdensanalyse« (im Sinne metaphysischer Kausal- und Ursprungsfragen) zugunsten einer rein deskriptiven »Phaenomenologie der Formen« (Cassirer ECN 5, 97) bekunde sich bei Cassirer ein Zug zum ahistorischen Formapriorismus. Denn die Formen sind in den Werken ›inkarniert‹ und daher im strengen Sinne unselbständig, so dass der historische Wandel der Werke eine regelrechte Metamorphose der Form bewirken kann. Zudem begreift Cassirer das Werk selbst wiederum als »eine menschliche Tat, die sich zum Sein verdichtet hat« (ECW 24, 486), weshalb Werk- und Formanalyse eigens in einer »Aktanalyse« (ebd., 456) fundiert werden müssen. Das Werk ›ist‹ im eigentlichen Sinne nur in einer bestimmten Richtung des Erzeugens und Wiederaneignens (vgl. Konersmann 2006, 61 f.), es ist »Durchgangspunkt« (ebd., 469) im symmetrischen Verhältnis von Ich und Du. Und so wie die Form nur ›im‹ Werk und das Werk nur ›in‹ der Tat ist, so gilt dasselbe nicht weniger für die gegenläufige Betrachtung: Auch die geistige Tat kann sich nicht anders äußern denn im Werk, wie das Werk nur zu existieren vermag als zugleich fügsamer wie revoltierender Teil im Ganzen der Form.

Cassirers Bemühen, die »Union von Realem und Idealem« (ECN 5, 12), Besonderem und Allgemeinem in der Unselbständigkeit der Momente Akt, Werk und Form zu denken, wiederholt sich in ähnlicher Weise bei seiner symboltheoretischen Neubestimmung des Werkbegriffs. Kulturgegenstände unterscheiden sich von Naturgegenständen, so Cassirer im Anschluss an Husserl und Karl Bühler, aufgrund ihrer »Darstellungsfunktion« (ECW 24, 400), genauer: der Darstellungsfunktion ihrer gestalteten Materialität. Das Dargestellte, der gegenständliche Sinn oder Sachverhalt, kann in seiner authentischen Selbständigkeit nur erscheinen, weil die Mittel der Darstellung in ihn ›eingehen‹, sich ›in seinen Dienst stellen‹ und in dieser Funktion ihr sinnliches Dasein ›verleugnen‹, einen anderen ›Charakter‹ annehmen. Sobald etwa die Farbflecken auf der Leinwand ihre Funktion der Darstellung erfüllen, leiten sie den Blick weiter auf ein Gegenständliches, das nun statt ihrer erscheint und doch nur scheinbar auch ohne sie es selbst sein könnte. Das Sinnliche ›trägt‹ oder ›fundiert‹ dabei den Sinn so wenig wie Töne eine Melodie oder das Lächeln eine heitere Gemütslage – es »verkörpert« ihn (ebd., 399). Der Sinn hat, wie die Form, die Allgemeinheit der Gestalt. Seine zeitlose Idealität ist eine innerweltlich-werkhaft erscheinende, von der Kundgabe seelischer Zustände im Ausdruck über die objektiven Sachverhalte in der Darstellung bis hin zur formalen Relation in der reinen Bedeutung.

Indem Cassirer die Werkwelt zum Gegenstand der Geisteswissenschaften und die Formenwelt zu ihrem Thema erhebt, entgeht er den Aporien, die aus dem historistischen wie psychologistischen Anspruch erwachsen, der gelebten Vergangenheit gleichsam Aug' in Aug' gegenüberzustehen. Das Leben als gelebtes mag unwiederbringlich verloren sein, doch noch als lebendiges hat es zu sich selbst nur gefunden auf dem Umweg über das Werk. Die Werke der Kultur sind die Bühne, auf der sich das Drama der »Auseinandersetzung« zwischen Ich und Du, zwischen Selbst und Welt abspielt (ebd., 387). Seine Geschichte zu erzählen und zu deuten, ist Aufgabe der Geisteswissenschaften; ihre Grundstrukturen freizulegen, Arbeit der Philosophie.

Zur Philosophie des Werks

Die skizzierte Geschichte des genuin geisteswissenschaftlichen Werkbegriffs erschließt den Begriff der kulturellen Tatsache noch nicht in seiner ganzen Weite. Erst wenn man ihn, was hier nicht geleistet werden kann, in den Horizont der philosophischen Bemühungen um den modernen Gegenstandsbegriff stellt, und zwar ohne in die schlechte Zweideutigkeit zurückzufallen, die den Unterschied zwischen der geistigen ›Hervorbringung der Welt‹ und der tatsächlichen Hervorbringung eines Werks nicht kennt, entfaltet er sein kulturphilosophisches Potential vollständig. Eine Philosophie des Werks kann daher auf die kritische Auseinandersetzung mit dem marxistischen Begriff der Ware ebenso wenig verzichten wie auf die Verständigung mit Martin Heideggers Umwelt- oder Ferdinand de Saussures Zeichenbegriff. Wenn die bisherigen Überlegungen versucht haben, das Wesen der Geschichte kulturphilosophisch als Anwesenheit des Vergangenen im Raum der Gegenwart zu bestimmen, dann verpflichtet ebendiese räumliche Präsenz auch dazu, nicht nur der Zeugnishaftigkeit der Werke hermeneutisch, sondern auch der ›Physiognomie der Dinge‹ (Benjamin) phänomenologisch und ästhetisch Rechnung zu tragen. In diesem theoretischen Anliegen kommen so unterschiedliche Denker wie Heidegger, Benjamin und Arendt, Valéry, Merleau-Ponty und Barthes sowie ihre nicht weniger disparaten literarischen Gewährsleute – Hölderlin, Stifter, Proust, Rilke, Kafka – überein. Mit dem Begriff des Fetischs scheint die gegenwärtige kulturwissenschaftliche Diskussion zudem einen Weg gefunden zu haben, ihr Forschungsfeld paradigmatisch zuzuspitzen (vgl. Böhme 2006; Kohl 2003).

Dass man der stummen Bedeutsamkeit der Dinge nicht selten mit antihermeneutischem Gestus und einem befremdlichen Hang zur ›Präsenz‹ huldigt, sollte dabei den Blick nicht trüben für das gewichtigere Anliegen einer Philosophie, die sich weigert, Ding und Idee, Materialität und Idealität, Tatsache und Vernunft zu trennen. ›Prägnanz‹, ›Gestalt‹, ›Ausdruck‹, ›Struktur‹ sind solche Begriffe, die das spezifische Ineinander von Sinn und Sinnlichkeit zu fassen versuchen. Richtig verstanden, steht das Denken mit ihnen nicht am Ende, sondern am Anfang.

So könnte es, um abschließend drei Desiderata der Werkreflexion zu benennen, Aufgabe einer ›Ontologie des Werks‹ (1) sein, sowohl die reiche innere Gliederung zu entfalten, die in der Dualität von Sinn und Sinnlichkeit beschlossen liegt (vgl. Ingarden 1962; Hartmann ^{3}1962), als auch durch ebendiese Auseinanderhaltung der Werk-Schichten die möglichen Gesichtspunkte einer historischen Kultur- und Werkbetrachtung zu vervielfältigen (vgl. Kubler 1982); im Mittelpunkt einer ›historischen Phänomenologie des Schöpferischen‹ (2) stünde die Rehabilitierung nicht nur des Autors, sondern überhaupt des Künstlers, Wissenschaftlers, kurz: des schöpferischen Menschen als einem legitimen Gegenstand philosophischer Reflexion (vgl. Valéry 1937; Passeron 1989) sowie die historische Besinnung auf den Status des Schöpferischen im Allgemeinen (vgl. Blumenberg 1957); und schließlich nähme eine ›wahrnehmungsphänomenologisch fundierte Kulturphilosophie‹ (3) den genuinen Bezug kultureller Tatsachen zur Welt der Wahrnehmung genauer in den Blick (vgl. Husserl HUA 6; Merleau-Ponty 2003) – ein Bezug, der dem Werk der Kultur, über seine eigene Weltlichkeit hinaus, wesentlich ist, insofern es in der Form wissenschaftlicher Idealität nur zu explizieren vermag, was »in den anschaulichen Gebilden gleichsam als ein noch ungehobener Schatz verborgen lag« (Cassirer ECW 13, 326).

Literatur

Adorno, Theodor W.: *Gesammelte Schriften.* Hg. von Rolf Tiedemann. Frankfurt a. M. 1970 ff. [GS].

Benjamin, Walter: *Gesammelte Schriften.* Hg. von Rolf Tiedemann und Hermann Schweppenhäuser. Frankfurt a. M. 1991 [GS].

Blumenberg, Hans: ›Nachahmung der Natur‹. Zur Vorgeschichte der Idee des schöpferischen Menschen (1957). In: Ders.: *Ästhetische und metaphorologische Schriften.* Hg. von Anselm Haverkamp. Frankfurt a. M. 2001, 9–46.

Böhme, Hartmut: *Fetischismus und Kultur. Eine andere Theorie der Moderne.* Hamburg 2006.

Cassirer, Ernst: *Gesammelte Werke. Hamburger Ausgabe.* Hg. von Birgit Recki. Hamburg 1998 ff. [ECW].

–: *Nachgelassene Manuskripte und Texte.* Hg. von Klaus Christian Köhnke, John Michael Krois und Oswald Schwemmer. Hamburg 1995 ff. [ECN].

Dilthey, Wilhelm: *Gesammelte Schriften.* Stuttgart/Göttingen 1914–2006 [GS].

Hartmann, Nicolai: *Das Problem des geistigen Seins. Untersuchungen zur Grundlegung der Geschichtsphilosophie und der Geisteswissenschaften.* Berlin ^{3}1962.

Husserl, Edmund: *Husserliana. Gesammelte Werke.* Den Haag u. a. 1950 ff. [HUA].

Ingarden, Roman: *Untersuchungen zur Ontologie der Kunst. Musikwerk – Bild – Architektur – Film.* Tübingen 1962.

Kohl, Karl-Heinz: *Die Macht der Dinge. Geschichte und Theorie sakraler Objekte.* München 2003.

Konersmann, Ralf: *Thesen zum* fait culturel. In: Ders.: *Kulturelle Tatsachen.* Frankfurt a. M. 2006, 13–72.

Kubler, George: *Die Form der Zeit. Anmerkungen zur Geschichte der Dinge.* Frankfurt a. M. 1982.

Mach, Ernst: *Irrtum und Erkenntnis.* Leipzig ^{3}1917.

Marx, Karl: Auszüge aus James Mills Buch ›Élémens d'économie politique‹. In: Ders./Friedrich Engels: *Werke.* Erg.-Bd. 1. Berlin 1968, 443–463 [MEW].

Merleau-Ponty, Maurice: *Das Auge und der Geist. Philosophische Essays.* Hg. von Christian Bermes. Hamburg 2003.

Nietzsche, Friedrich: *Sämtliche Werke. Kritische Studienausgabe.* Hg. von Giorgio Colli und Mazzino Montinari. Berlin/New York ^{2}1988 [KSA].

Passeron, René: *Pour une philosophie de la création.* Paris 1989.

Rickert, Heinrich: *Kulturwissenschaft und Naturwissenschaft.* Tübingen ^{6}1926.

Rothacker, Erich: Die dogmatische Denkform in den Geisteswissenschaften und das Problem des Historismus. In: *Abhandlungen der Geistes- und Sozialwissenschaftlichen Klasse* 6 (1954), 243–298.

Simmel, Georg: *Gesamtausgabe.* Hg. von Otthein Rammstedt. Frankfurt a. M. 1989 ff. [GSG].

Valéry, Paul: Antrittsvorlesung über Poetik am Collège de France (1937). In: Ders.: *Werke. Frankfurter Ausgabe.* Bd. 5. Hg. von Jürgen Schmidt-Radefeldt. Frankfurt a. M. 1991.

Weber, Max: *Gesammelte Aufsätze zur Wissenschaftslehre.* Hg. von Johannes Winckelmann. Tübingen ^{7}1988 [WL].

Windelband, Wilhelm: *Präludien. Aufsätze und Reden zur Einleitung in die Philosophie.* 2 Bde. Tübingen ^{2}1907 [PL].

Nikolai Mähl

18. Tradition

Tradition ist eine zentrale Kategorie menschlicher Kultur. Der Begriff der ›Tradition‹ bezeichnet eine Übergabe, weiterhin sowohl den Prozess dieser Weitergabe wie auch deren Gehalte, die z. B. als ›kulturelles Erbe‹ oder ›Kulturbesitz‹ angesprochen werden. Im Lateinischen bezeichnet die Verbform *tradere* (von *transdare*) Übergabehandlungen des Alltags; dabei ist im rechtlichen Bereich das Depositum kein Eigentum, mit dem man beliebig verfahren kann. Auch religiös betrachtet, muss ein in der Offenbarung Empfangenes in der heiligen Überlieferung im Kern durch die historischen Wandelbarkeiten unversehrt überbracht werden. ›Tradition‹ impliziert zur Seite des objektiven Kulturprogresses hin im Grundsatz den Primat der Vergangenheit gegenüber der Gegenwart, der Dauer gegenüber dem Wandel sowie einer (normativen) Substantialität von Sinnbeständen gegenüber deren individueller Varianz (vgl. Shils 1981). Zur Seite der Individuen hin dient Tradition – im Allgemeinen durch das Erzählen von Geschichten – der Identitätsbildung. In jeweiligen gesellschaftlichen Milieus bestimmen Traditionen als Höflichkeitsregeln und moralische Überzeugungen, als Sitten und Handlungsmuster, als Sinndeutungen und Bestände des Weltwissens die millionenfachen Vollzüge und Praktiken, in denen Kulturen leben.

Tradition und zivilisatorische Entwicklung

Tradition ermöglicht entsprechend der menschlichen Fähigkeit, Wahrgenommenes in Symbolen auch ohne dessen unmittelbare Anwesenheit zu repräsentieren, vorschriftlich durch Nachahmung und Sprache den Aufbau der Kultur. Von einer bestimmten evolutionären Ausstattung seiner kognitiven Kapazitäten an kann der Mensch immer komplexere Wissensbestände aufbauen, die es ihm zugleich erlauben, sich von den biologischen Bedingungen der Evolution zu emanzipieren. Im Zuge der Hirnentwicklung, vor allem der »Entriegelung des Präfontalbereiches«, kommt es paläoanthropologischer Forschung zufolge zur Entwicklung eines »Wissenskapitals«, das »nicht mehr aus den Quellen der genetischen Evolution schöpft« (Leroi-Gourhan 1982, 286), ja, zu einer *cultural explosion*. Im weitesten Sinne lässt sich der Traditionsbegriff also auf alle diejenigen Mechanismen beziehen, die geeignet sind, jenen für die Kulturentwicklung so entscheidenden *Ratchet*-Effekt zu bewirken, wobei der Tradition gerade die Rolle einer »schrittweise einrastenden Schaltung« (*ratchet*) zuzuweisen wäre, die es ermöglicht, dass eine Generation ihre Lernfortschritte der nächsten überliefert und eine »kumulative kulturelle Evolution« in Gang setzt (Tomasello 2002, 50 ff.; 2011, 41 u. 45). Die hierfür nötige Lernfähigkeit des Menschen beruht möglicherweise auf einer dem Homo sapiens im Zuge seiner Entwicklung zugewachsenen – Affen als unseren nächsten Verwandten so nicht eigenen – Fähigkeit zur Übernahme auch der Perspektive von Mitmenschen, gründet also auf geteilter und kollektiver Intentionalität (*shared intentionality*). Nur auf dieser Grundlage kann ›Tradition‹ sich bilden, die verhindert, dass jede kreative Innovation mit ihrem Erfinder wieder ausstirbt. Zwar gibt es basale Traditionen (z. B. einfachen Werkzeuggebrauch) auch in Tierpopulationen, insbesondere bei Menschenaffen; nur der Mensch freilich ist das Wesen, dem die Fähigkeit zur kollektiven Tradition zur zweiten Natur, zu einem Grundmodus seiner Existenz geworden ist.

Traditionen und Gesellschaftsformen

Blieben in nicht-literalen Gesellschaften Traditionen stark auf aktuelle Bedingungen und Erfordernisse bezogen, so bedeutet die Erfindung der Schrift vor gut 5000 Jahren für die geistesgeschichtliche Entwicklung der Menschheit einen immensen Transformationsschub über die mentalen und gesellschaftlichen Strukturen oraler Kulturen hinaus. Trotz des grundsätzlichen Niveaus der Zivilisationen Ägyptens, Mesopotamiens und Chinas durch intensivierte Landwirtschaft und das Entstehen von Städten hatte der größte Teil der Bevölkerung hieran zunächst keinen Anteil; gesellschaftlich korrespondieren diesem Entwicklungsstand eher zentralisierte theokratische Regierungsbürokratien von statischem Charakter. Max Weber hat im Typus traditioneller Herrschaft die in der Weltgeschichte weit verbreitete gesellschaftliche Wirkungsweise der Tradition beschrieben, die im »Glauben« an die Überlegenheit und »Heiligkeit der von jeher vorhandenen Ordnungen und Herrengewalten« wurzelt (Weber ^{4}1973, 478). Entsprechend lässt sich der Traditionsbegriff auf jenen »kommunikativen Vorgang« beziehen, »in dem Gruppen Teile ihrer kulturellen Ausstattung von den ›Alten‹ und ›Größeren‹ (lat. *maiores*) [...] übernehmen« (Cancik 2001, 244). So sehr die Schriftsprachlichkeit kulturell als Voraussetzung des Monotheismus bzw. der »Weltreligionen« gewürdigt werden muss (Goody 1990, 25 ff.) – mit dem griechischen Alphabet verbreitet sich zugleich die Fähigkeit zu lesen und schreiben über eine Elite hinaus auf eine größere Bevölkerung und wird zur Voraussetzung für eine Mehrsträngigkeit von Tradition*en*, die schließlich auch jeweilige, individuelle Standpunkte und eine demokratische Gesellschaftsorganisation ermöglicht. Nun kann sich auch ein Wissen anreichern, das Chancen kritischer Reflexion (Goody/Watts 1981, 86 ff.: *scepticism*) eröffnet. »Gegenläufiges« Wissen wird nicht mehr von einer eher »geschlossenen« Gesellschaftsform verdrängt und schließlich vergessen, die dadurch gar nicht erst in einen Widerspruch zu sich selbst gerät, sondern es wird von unterschiedlichen, sich jetzt bewusst profilierenden Subjekten in seinen Widersprüchen artikuliert – im antiken Griechenland als einer formativen Epoche abendländischer Rationalität eine Voraussetzung für die Entstehung von Wissenschaft und Philosophie.

Traditionen als kulturelle Sinnbildungen

In der Ethnologie wird darauf verwiesen, dass bereits in archaischen bzw. traditionalen Gesellschaften, in denen neben den Lebenden auch die Ahnen über die Einhaltung der überkommenen Normen wachen, Traditionen, um orientierend wirken zu können, als ein Gesamtkorpus plausibel sein und ein Sinnsystem bilden müssen (vgl. Müller 2005). Wie bis heute von jeweiligen Sinnbildungen in individuellen und familiären Zusammenhängen kann man auch für ganze Gesellschaften von einem »kollektiven Gedächtnis« (Maurice Halbwachs) sprechen, dessen »soziale Konstruktion der Vergangenheit« jedoch an die Existenz lebendiger Träger und Kommunikatoren von Erfahrung gebunden bleibt, also so etwas wie ein »Kurzzeitgedächtnis der Gesellschaft« (Welzer ^{2}2008, 14) ist, wenn man es mit größeren geschichtlichen Zusammenhängen kontrastiert. Hinsichtlich letzterer spricht Jan Assmann (1992, 16 ff.) von einem »kulturellen Gedächtnis«. Er stellt uns Kulturen als Symbolsysteme vor, die als soziale Gebilde und qua ihrer Daseinsweise in einer gewissen »Zeitresistenz« durch »konnektive Strukturen« zusammengehalten werden, durch »Sinnwelten«, die einen jeweiligen »gemeinsamen Erfahrungs-, Erwartungs- und Handlungsraum« bilden, »der durch seine bindende und verbindliche Kraft Vertrauen und Orientierung stiftet«. Diese kulturelle Kohärenz wird zunächst durch eine »liturgische« Wiederholung und Vergegenwärtigung in Riten und Festen ausgeprägt. Mit Erfindung der Schrift entsteht ein »Strom der Tradition«, der zunächst als »lebendiger Fluß« flexibel ist und unterschiedliche Zentren ausbildet, bevor es – vielleicht beschreibbar in einem Zusammenhang mit der kulturprägenden sogenannten ›Achsenzeit‹ (vgl. Eisenstadt 1979) – zu einer »kanonisierenden Stillstellung« der Tradition kommt. Die Bibel insbesondere ist »nichts anderes als ein solcher zu einem gewissen Zeitpunkt stillgestellter tausendjähriger Traditionsstrom« (Assmann 1992, 92 f.). Mit dem Umbruch zum Kanon wandelt sich zugleich der Modus der Traditionspflege von der Liturgie zur Hermeneutik.

Tradition und Moderne

Spätestens mit der Moderne eignet der Tradition das kulturelle Paradox, dass viel von ihrer eigentlichen Leistung als Sicherung immer weiterer Innovationserrungenschaften erscheinen kann, obwohl sie in ihrer bewussten Pflege weit eher als Bewahrung vorgängiger Gründung verstanden wird. Bedeutete der Traditionsprogress über lange Zeiträume archaischer schriftloser Kulturen mutmaßlich nicht viel mehr als die Bewahrung eines Status quo, so ermöglicht die Schriftlichkeit die Reflexion und (Re-)Konstruierbarkeit einer langen Erinnerungsspanne und schließlich auch entsprechend weitreichender Zukunftsentwürfe. Solche Transformationen erscheinen in der Moderne derart beschleunigt, dass der Eindruck entstehen kann, sie konstituiere sich durch einen Bruch mit vormaliger Tradition als Rationalisierungs- und Säkularisierungsprozess ›vom Mythos zum Logos‹. Zur Tradition gesellt sich als Komplementärkategorie bzw. Leitdifferenz ihre Kritik, z. B. die der von den Reformatoren angefochtenen katholischen Tradition, der von der Aufklärung in Frage gestellten religiösen Tradition überhaupt (aber auch schon hergebrachter Normen und Sitten in den *dissoi logoi* der ›sophistischen Aufklärung‹ in der Antike).

Vor dem ›Richterstuhl der Vernunft‹ in der Philosophie und den Rationalitätsansprüchen der Natur- und Geisteswissenschaften können Traditionen eine Färbung des Vernunftwidrigen, Fabulösen und Rückständigen annehmen. Im Historismus eröffnet sich der Blick auf das »unermeßliche Trümmerfeld religiöser Traditionen, metaphysischer Behauptungen, demonstrierter Systeme« (Dilthey ^{4}1968, 75 ff.). Zugleich erweist sich die richtende Vernunft bei aller Innovation für eine über sich selbst aufgeklärte Aufklärung immer auch aus Traditionen mit gespeist. Diese Einsicht taucht bezeichnenderweise vor allem in der Kant-Kritik und in einer hieraus sich entwickelnden, auch historisch aufgeklärt argumentierenden Philosophie der Kultur wieder auf, die zugleich die vormoderne Auffassung der Tradition als Bewahrung einer Ursprungswahrheit überwindet zugunsten der Vorstellung einer »Anreicherung der Menschheitskultur« (Auerochs 2004, 34) im Sinne einer ›Arbeit am Logos‹. Für Johann Gottfried Herder, der damit keinesfalls die Vernunft verabschiedet, ist die »Kette der Tradition« zugleich die »goldene Kette der Bildung«, die »die Erde umschlingt und durch alle Individuen bis zum Thron der Vorsehung reichet« (Herder 2002, 313 f.). Entgegen der Befürchtung, die Eigenlogik objektiver Entwicklung qua Tradition impliziere eine ›Tragödie der Kultur‹ (Georg Simmel), charakterisiert Ernst Cassirer den Charakter kultureller Bildung dahingehend, dass der Einzelne, zur Selbsterzeugung aufgefordert, die Gehalte der Tradition zunächst verinnerlichen und sich zu eigen machen muss. Zu einem bestimmten Zeitpunkt wird unser Protagonist neue Beiträge zum Gesamtprozess auf der Höhe des von der kulturellen Arbeit erreichten Niveaus beisteuern und die Traditionsbestände zur aktuellen Bewältigung jeweils anstehender kultureller Probleme nutzen. Er kritisiert vielleicht die Tradition jetzt und schafft Neues, aber erst einmal als ein Teil des bis dato entwickelten Ganzen, dem er sich aussetzen muss. Dieser doppelte Umstand erzeugt die kulturtypischen Prozesse von Tradition und Traditionskritik, den »in allen Kulturbereichen« zu konstatierenden »Kampf zwischen Tradition und Innovation, zwischen reproduzierenden und innovativen Kräften« (Cassirer 1996, 339). Während Mythos und Religion dabei »die konservativsten Kräfte im menschlichen Leben« sind, erweisen sich in Sprache, Kunst und Wissenschaft auch innovative Kräfte als dominant. Zu dieser Dialektik hat man bemerkt: »Erstens, hätten nicht die neuen Generationen unaufhörlich gegen die ererbte Tradition revoltiert, würden wir noch heute in Höhlen leben; zweitens, würde die Revolte gegen die ererbte Tradition einmal universell, befänden wir uns wieder in den Höhlen« (Kołakowski 1969, 1085). Ernst Cassirer war Optimist genug, in der solcherart prozedierenden Kulturentwicklung die Perspektive einer »fortschreitenden Selbstbefreiung des Menschen« zu erblicken (Cassirer 1996, 345).

Traditionspolitiken

Eine bisher eher unreflektiert verfolgte Tradition kann Gegenstand einer bewussten Traditionspflege und Politik des Umgangs mit der Vergangenheit werden, z. B. im Traditionalismus oder in der (Wieder-)Aufnahme und Neuerzeugung einer jeweils eigenen sinnstiftenden Geschichte (Eric Hobsbawm: *The Invention of Tradition* am Beispiel der im 19. Jahrhundert erst [re]konstituierten schottischen Highland-Tradition mit Kilt und Dudelsack); sie wird zur »auf Dauer gestellte[n] kulturelle[n] Konstruktion von Identität« (Aleida Assmann 1999, 90). Weltweit trifft sich der Pluralismus kulturell eigenlogisch wirkmächtiger Kräfte traditionsgespeister Lebensmuster im Zuge der Globalisierung mit Säkularisierungs- und Modernisierungstendenzen; dies kann ein Verlangen kurzschlüssiger Restitution (im Fundamentalismus) provozieren, dessen an den Rändern der Moderne immens sich aufbauende Wirkmacht gerade nicht aus selbstgewisser Traditionssicherheit zu stammen scheint, sondern eher aus der Befürchtung kultureller Marginalisierung. Indem im Allgemeinen eine jeweils eigene Tradition als kohärent, sinnvoll und verpflichtend empfunden wird, fremde Traditionen dagegen abstoßend wirken können, erfolgt unsere Identitätsbildung offenkundig im Modus der Differenz (›Wir und die Anderen‹). Viel wird davon abhängen, ob diese Differenzen in einen Dialog zu bringen sind oder ob sie sich – verschärft noch durch wirtschaftliche Dynamiken, soziale Gegensätze sowie ökologische Krisen – in weitere Konfrontationen weltpolitischer Machtansprüche steigern. Hierbei ist die Diagnose ›multipler Modernen‹ (Eisenstadt 1979) bzw. einer Pfadabhängigkeit ihrer Wege mit einzubeziehen (vgl. Schwinn 2009).

Die Moderne ihrerseits steht hinsichtlich der kulturermöglichenden Grundfunktion der Tradition vor gleich mehreren Herausforderungen: Sie muss den ihr erwachsenden organisatorischen, rechtlichen usw. Ausdifferenzierungen und Standards traditionsbildend Kontinuität sichern; zugleich wandelt sich der Wertschätzungsgrund der Traditionsbestände fort von der bestimmenden Macht des Ursprungs hin zu einem in Bildungskategorien wahrgenommenen Spektrum kulturellen Reichtums (vgl. Auerochs 2004, 32). Hierbei sind *stocks* und *possessions* zu unterscheiden (vgl. Shils 1981, 25 ff.), solche Traditionsbestände also, die den Mitgliedern einer Kultur nur potentiell zugänglich sind, und solche, die tatsächlich in einer relevanten gesellschaftlichen Breite realisiert werden. Die von den Expertenkulturen als wissenschaftsförmigen Organen avancierter Gesellschaften verwalteten und weiterentwickelten Kulturgehalte gesamtgesellschaftlich freizusetzen, ist Aufgabe des Bildungssystems. All diese Anforderungen treffen sich in dem Punkt, dass die für uns als Menschen kennzeichnende und unabdingbare Identitätsstiftung immer mehr zur Aufgabe der reflektierenden, auf Traditionsbestände zugreifenden, vom bestimmenden Zugriff der Vergangenheit jedoch weitgehend freigesetzten Subjekte selbst gerät, damit aber auch risikobehaftet und gleichsam labil wird, indem ein zu unterstellender Orientierungs- bzw. Normativitätsbedarf dieser Subjekte weniger leicht erfüllt wird, als er vielmehr in jeweiliger nötiger Eigentätigkeit zu leisten ist. Dies führt einige Kulturtheoretiker dazu, die Aufgaben kultureller Bildung im Modus einer nötigen ›Kompensation‹ zu denken, wo ein ontologisch verstandendes ›Überlieferungsgeschehen‹ (Hans-Georg Gadamer) sich von sich aus hinter dem Rücken der Subjekte qua Sprache aus der Vergangenheit auf die Bühne unseres Jetzt schieben mag. Für das ›Projekt der Moderne‹ dagegen setzt die schwierige Rationalisierung der Lebenswelt immer auch jene »utopische Perspektive« frei, »aus der der kapitalistischen Modernisierung stets der Makel angehaftet hat, dass sie die traditionalen Lebensformen auflöst, ohne deren kommunikative Substanz zu retten«. Unter dieser Perspektive entstehe in dem Maße, in dem »die Geltungsbasis verständigungsorientierten Handelns die sakralen Grundlagen der sozialen Integration ersetzt, [...] ein von den Strukturen der Lebenswelt suggerierter, gleichsam transzendentaler [...] Vorschein einer posttraditionalen Alltagskommunikation, die auf eigenen Füßen steht, die der Eigendynamik verselbständigter Subsysteme Schranken setzt, die die eingekapselten Expertenkulturen aufsprengt und damit den kombinierten Gefahren der Verdinglichung und Verödung entgeht« (Habermas 1981, Bd. 2, 486).

Literatur

Assmann, Aleida: *Zeit und Tradition. Kulturelle Strategien der Dauer.* Köln 1999.

Assmann, Jan: *Das kulturelle Gedächtnis. Schrift, Erinnerung und politische Identität in frühen Hochkulturen.* München 1992.

Auerochs, Bernd: Tradition als Grundlage und kulturelle Präfiguration von Erfahrung. In: *Handbuch der Kulturwissenschaften.* 3 Bde. Hg. von Friedrich Jäger und Jörn Rüsen. Stuttgart/Weimar 2004, Bd. 1, 24–37.

Cancik, Hubert: Tradition. In: *Handbuch religionswissenschaftlicher Grundbegriffe.* Bd. 5. Hg. von Hubert Cancik und Karl-Heinz Kohl. Stuttgart u. a. 2001, 244–251.

Cassirer, Ernst: *Versuch über den Menschen. Einführung in eine Philosophie der Kultur.* Hamburg 1996 (engl. 1944).

Dilthey, Wilhelm: *Weltanschauungslehre. Abhandlungen zur Philosophie der Philosophie.* In: Ders.: *Gesammelte Schriften.* Bd. 8. Stuttgart [4]1968.

Eisenstadt, Shmuel Noah: *Tradition, Wandel und Modernität.* Frankfurt a. M. 1979 (engl. 1973).

Goody, Jack: *Die Logik der Schrift und die Organisation von Gesellschaft.* Frankfurt a. M. 1990 (engl. 1986).

–/Watts, Ian: Konsequenzen der Literalität. In: *Literalität in traditionalen Gesellschaften.* Hg. von Jack Goody. Frankfurt a. M. 1981 (engl. 1968).

Habermas, Jürgen: *Theorie des kommunikativen Handelns.* 2 Bde. Frankfurt a. M. 1981.

Herder, Johann Gottfried: *Ideen zur Philosophie der Geschichte der Menschheit.* In: Ders.: *Werke.* Bd. 3. Hg. von Wolfgang Pross. München 2002.

Kołakowski, Leszek: Vom Sinn der Tradition. In: *Merkur* 23 (1969), 1085–1092.

Leroi-Gourhan, André: *Hand und Wort. Die Evolution von Technik, Sprache und Kunst.* Frankfurt a. M. 1980 (frz. 1964).

Müller, Klaus E.: Die feste Burg – Eine ethnologische Traditionstheorie. In: *Kulturelle und religiöse Traditionen.* Hg. von Torsten Larbig und Siegfried Wiedenhofer. Münster 2005, 92–123.

Schwinn, Thomas: Pfadabhängigkeiten und Kontingenzen. Wie viele Wege führen in die Moderne? Anmerkungen zu Wolfgang Knöbl: ›Die Kontingenz der Moderne‹. In: *Unsichere Zeiten. 34. Kongress der Deutschen Gesellschaft für Soziologie in Jena 2008.* Hg. von Hans-Georg Soeffner. Frankfurt a. M. 2009, 819–825.

Shils, Edward: *Tradition.* Chicago 1981.

Steenblock, Volker: Tradition. In: *Historisches Wörterbuch der Philosophie.* Hg. von Joachim Ritter, Karlfried Gründer und Gottfried Gabriel. Basel 1971 ff., Bd. 10, 1315–1329.

Tomasello, Michael: *Die kulturelle Entwicklung des menschlichen Denkens. Zur Evolution der Kognition.* Frankfurt a. M. 2002 (engl. 1999).

–: Die kulturelle Anpassung des Menschen. In: *Zeitschrift für Kulturphilosophie* 1 (2011), 41–68 (engl. 1999/2004).

Weber, Max: *Gesammelte Aufsätze zur Wissenschaftslehre.* Hg. von Johannes Winckelmann. Tübingen [4]1973.

Welzer, Harald: *Das kommunikative Gedächtnis. Eine Theorie der Erinnerung.* München [2]2008.

Volker Steenblock

19. Tragödie

Der literatur- und theaterwissenschaftlichen Forschung zufolge gibt es im Wesentlichen zwei historische Epochen und Kulturräume, in denen Tragödien verfasst wurden, die dieser Bezeichnung würdig sind: zum einen die Antike, zum anderen die Epoche von der Frühen Neuzeit bis zur Klassik. Gleichwohl wurden auch über diese historischen Zeiträume hinaus als ›tragisch‹ zu bezeichnende Dramen geschrieben und aufgeführt und es erfolgten theoretische Auseinandersetzungen mit der Tragödie als Gattung und Kulturmodell. Die nachfolgende Darstellung gliedert den Gegenstand ›Tragödie‹ in vier Abschnitte: erstens zu gattungsgeschichtlichen Aspekten, zweitens zur ›Philosophie des Tragischen‹, drittens zum Konzept der tragischen Schuld und viertens zu aktuellen kulturtheoretischen Tendenzen der Tragödiendiskussion.

Gattungsgeschichtliche Aspekte

Die berühmte Tragödiendefinition in Aristoteles' *Poetik* lautet: »Die Tragödie ist Nachahmung [*mimesis*] einer guten und in sich geschlossenen Handlung von bestimmter Größe, in anziehend geformter Sprache, wobei diese formenden Mittel in den einzelnen Abschnitten je verschieden angewandt werden – Nachahmung von Handelnden und nicht durch Bericht, die Jammer [*éleos*] und Schaudern [*phóbos*] hervorruft und hierdurch eine Reinigung [*kátharsis*] von derartigen Erregungszuständen bewirkt.« (19, 6) Umstritten in dieser Definition sind insbesondere die wirkungsästhetischen Begriffe *éleos, phóbos* und *kátharsis,* verschiebt sich deren Deutung doch vom 17. bis ins 20. Jahrhundert entscheidend »vom Moralischen (Corneille) über das Psychologische (Lessing) zum Physiologischen (Schadewald)« (Schlaffer 2003, 671). Im deutschsprachigen Raum ist besonders Gotthold Ephraim Lessing einflussreich, der Aristoteles' Begriffe mit ›Mitleid‹, ›Furcht‹ und ›Reinigung‹ überträgt und sie zur Theoretisierung der von ihm mitbegründeten Mischgattung des Bürgerlichen Trauerspiels einsetzt. Denn für Lessing ist dieses, anders als etwa für Johann Christoph Gottsched und Friedrich Schlegel, keine Fortentwicklung der Komödie, sondern eine modifizierte Variante der alten Tragödie. Furcht gilt Lessing als Vorstufe der mitleidigen Empfindung, als erste Reaktion auf eine traurige Bühnenhandlung, denn »diese Furcht ist das auf uns selbst bezogene Mitleid« (*Hamburgische Dramaturgie,* 75. Stück). Das Mitleid aber bildet den eigentlichen Höhepunkt der tragischen Wirkungsabsicht und die Mitleidsfähigkeit eines Menschen ist nach Lessing abhängig vom Grad der sittlichen Entwicklung und Resultat eines aufgeklärten Tugendverständnisses.

Lessings für die deutschsprachige Philosophie und Kulturtheorie wirkmächtige Übersetzung der aristotelischen Termini wird erst 1982 durch Wolfgang Schadewalds Eindeutschung von *éleos* und *phóbos* als ›Jammer‹ und ›Schaudern‹ korrigiert, wodurch die tragödienspezifische ›Reinigung‹ eher als physiologischer Vorgang aufgefasst wird. Schadewald bemängelt insbesondere, dass der Mitleidsbegriff ungeeignet sei, weil er den philanthropisch-moralischen Aspekt zu stark betone; Lessings Begriff der ›Furcht‹ hingegen bleibe zu schwach, um die Plötzlichkeit des tragischen ›Schockaffekts‹ und dessen physische Wirkung zu beschreiben (vgl. Schadewald 1970, 207 f.; Alt 1994, 26). Auch wenn die begrifflichen Bestimmungen einem historischen Wandel unterworfen sind – grundsätzlich gilt, dass der Tragödie seit der Antike eine belehrende und sinngebende Funktion zugeschrieben wird und sie somit ›Kultur‹ nicht nur ab-, sondern auch ausbildet.

Poetologisch weisen die Tragödien der neuzeitlichen Literatur- und Dramengeschichte einige Merkmale auf, die zum Teil kontrastiv zu denen der Komödie gesetzt werden. In der Gattungstheorie steht die Tragödie, zusammen mit dem Epos, über Jahrtausende auf höchster Stufe (die Komödie hingegen auf niedrigster). Ihre drei Grundregeln sind: Wahrscheinlichkeit, Schicklichkeit und Dekorum, ferner die schon von Aristoteles implizierten und bis in die Frühe Neuzeit prägenden Vorgaben der sogenannten ›drei Einheiten‹ (des Ortes, der Zeit, der Handlung) und der Ständeklausel. Der klassischen Tragödie gebührt gattungstheoretisch der hohe Stil (*genus grande*): Die Figuren sprechen in einer kunstvollen, in Verse gefassten Sprache und die Helden sind hohe Standespersonen – nur ihnen kommt im frühneuzeitlichen Verständnis ein tragisches Schicksal zu. Je höher der Held in der Gesellschaft steht, desto größer und wirkungsvoller ist sein ›Fall‹. Philosophisch liegt einer solchen Tragödienauffassung »der Glaube an Vernünftigkeit und Gesetzlichkeit der Welt zugrunde: eine Ordnung und Harmonie, die, dem menschlichen Verstand zugänglich, vollständig in der Sprache aufgeht und sich darin offenbart« (Schneilin 1992, 1062). Dieses Ordnungsverständnis wird in der Tragödienstruktur abgebildet durch eine einheitliche und kompakte Handlung und Narration, durch begrenzte Figurenkonstellationen mit klaren Gegenspielerpositionen sowie durch die formale Einteilung in fünf Akte mit szenischer Steigerung und Lösung (I. Exposition – II. Konfliktaufbau – III. Kollision – IV. Retardierung und Beschleunigung – V. Katastrophe und Versöhnung): »Die begrenzte Spieldauer, innerhalb deren ein folgenreiches Geschehen ausgelöst, von mehreren Akteuren erörtert, scheinbar zum Besseren, in Wahrheit zum Schlechteren gewendet und zu seinem unabwendbaren Ende gebracht werden soll, erzwingt eine strenge Organisation der Szenen. Daher erfordert die Tragödie eine geschlossene, ohne Abschweifung auf ein Ziel zustrebende Handlung [...], in deren zeitlichem Verlauf keine Umstellung erlaubt ist.« (Schlaffer 2003, 670)

Philosophie des Tragischen

Strukturell ist das Tragische bestimmbar als »schicksalsbedingter, unausweichlicher und unlösbarer Wertekonflikt zwischen zwei sinnvoll gleichberechtigten Repräsentanten, wobei der meist notwendige Untergang des schuldigen Einzelhelden als Bestätigung der sinngebenden, übergeordneten Macht galt« (Schneilin 1992, 1062 f.). Seit der Antike gilt das Tragische als Grenzsituation und das Übertreten von Grenzen – etwa des Gemeinwohls, der Rechtsordnung oder der familialen Genealogie – wird als schuldhaft empfunden und entsprechend dramaturgisch funktionalisiert. Der Untergang des Helden wird als Opfer verstanden, das erforderlich ist, um die durch die Übertretung in Frage gestellte Ordnung wiederherzustellen.

Für die Kulturphilosophie ist die Tragödie erst seit etwa 200 Jahren von herausragendem Interesse. Denn in der Zeit um 1800 vollziehen sich zwei miteinander verwobene und durchaus paradoxe Wandlungen: Die Tragödie als Gattung wird, erstmalig in ihrer Geschichte, von Grund auf in Frage gestellt und wird sich von dieser Krise auch nicht wieder erholen. Zeitgleich aber entsteht im Kontext des deutschen Idealismus eine avancierte kulturtheoretische Auseinandersetzung mit der Tragödie: die ›Philosophie des Tragischen‹ (vgl. Szondi 1961, 151). Es handelt sich um einen Paradigmenwechsel, da die Diskussion um die Tragödie bis zur Weimarer Klassik auf wirkungsästhetischen Grundlagen geführt wurde, die um 1800 von gehaltsästhetischen Fragen abgelöst werden: Autoren wie Schiller, Schelling, Schlegel, Hegel und Solger fragen nicht mehr (poetologisch) danach, wie Tragödien zu schreiben sind, sondern was sie an philosophischen, auf den Zustand des Menschen und seine Weltsicht bezogenen Aussagen beinhalten. Diese Interessenverschiebung hat zur Folge, dass tragödientypische Strukturelemente – z. B. *anagnórisis* (Wiedererkennung) oder *peripetie* (Glücksumschwung) – nun zur Grundlage von umfassenden »Epochen, Kultur- und Weltdiagnosen« (Fulda/Valk 2010, 4 f.) werden. Insbesondere das der Tragödie entnommene Schuldkonzept wird anthropologisiert und universalisiert (vgl. Felski 2008, 2 f.), was mit dem zeitgleichen Bedeutungsverlust christlicher Schuldvorstellungen korreliert.

Beispielhaft spricht etwa Friedrich Wilhelm Joseph Schelling in seiner Tragödientheorie vom »Streit der Freiheit im Subjekt«; er bezieht sich auf Aristoteles, wenn er definiert, der tragische Held sei »*nothwendig* eines Verbrechens schuldig« und weiterhin bemerkt, ein Werk sei desto »tragischer oder verwickelter«, je höher diese Schuld ist (Schelling 1966, 339). »Das höchste denkbare Unglück« sei dabei dasjenige, ohne eigentliche Schuld schuldig zu werden: »Es ist also nothwendig, daß die Schuld selbst wieder Nothwendigkeit, und nicht sowohl, wie Aristoteles sagt, durch einen Irrthum, als durch den Willen des Schicksals und ein unvermeidliches Verhängniß oder eine Rache der Götter zugezogen sey.« (Ebd.) Schelling entwickelt, anknüpfend an Friedrich Schiller, eine paradoxe Definition der Freiheit des tragischen Helden, die darin besteht, dass dieser bereit sei, »willig auch die Strafe für ein unvermeidliches Verbrechen zu tragen, um so im Verlust seiner Freiheit selbst eben diese Freiheit zu beweisen, und noch mit einer Erklärung des freien Willens unterzugehen« (ebd., 341). Das »*Erhabene*« der Tragödie bestehe eben darin, »daß dieser schuldlose Schuldige freiwillig die Strafe übernimmt« (ebd., 343) – hier findet sich die für die Tragödientheorie bis heute konstitutive Formel vom ›schuldlos schuldigen‹ Helden. Schelling bezieht sich auf die Antike; in der christlich geprägten Moderne hingegen sieht er die Voraussetzungen einer solchen Konzeption des Tragischen nicht mehr gegeben, insofern nach christlicher Lehre alles Unheil überwindbar ist. Auch existiert nicht länger die heidnische Vorstellung, dass Götter dem Menschen einen Fluch auferlegen, der sie schuldig werden lässt. Aufgrund des dadurch eintretenden Verlusts an Tragik, wird diese in der Antike gesucht, was einerseits zu einer Renaissance historischer Dramentypen – insbesondere Tragödien – führt, andererseits zu einer intensiven theoretischen Auseinandersetzung mit den antiken Mythen und Figuren (z.B. bei Schiller, Kleist oder Hölderlin).

Das Konzept der tragischen Schuld

Die tragische Schuld ist eng an die Kategorie der *hamartía,* des Fehlers oder Irrtums des Helden, gebunden. Bereits in der Tragödientheorie des Aristoteles kommt ihr eine Schlüsselfunktion zu: »Sie ist nicht sittliche Schuld – sonst wäre der Untergang des Helden als verdiente Folge nicht geeignet, beim Zuschauer die tragischen Affekte hervorzurufen; sie ist gleichwohl eine Form der Verantwortlichkeit, der Zurechenbarkeit – sonst erläge der Held dem Zufall, dem blind waltenden Schicksal, so daß der Zuschauer dem Geschehen keinerlei inneren Zusammenhang beizumessen vermöchte, geschweige denn von den tragischen Affekten ergriffen würde. Die Hamartia [...] begründet eine eigentümliche Zwischenform: Held und Handlungsgefüge sind an *einer* Stelle miteinander verknüpft, und zwar nicht durch eine schlechtweg dem Charakter entspringende Unzulänglichkeit, sondern durch ein untypisches Versagen in einer ungewöhnlichen Situation.« (Fuhrmann ^{2}1992, 44) Beschrieben wird eine in der Tragödie vollzogene Gratwanderung: Die Schuld darf nicht explizit und aktiv verursacht sein, sie muss aber dennoch existieren – ein moralisch ambivalenter Zustand des ›Unschuldig-Schuldigseins‹.

Eric R. Dodds zufolge thematisiert etwa Sophokles in seiner *Ödipus*-Tragödie die zermalmende Last einer Schuld, die dem Individuum als undurchschaubarer Schicksalszusammenhang auferlegt wird, als eine von den Göttern auferlegte Sanktion, die zu Fehlhandlungen führt (vgl. Dodds 1970, 35f.). Die Vorstellung der ›Erbschuld‹ hängt mit dem Gedanken der Einheit einer Familie zusammen, den die archaische griechische Gesellschaft mit anderen frühen Gesellschaftsformen teilt. Die »Befreiung des Individuums von den Fesseln des Clans und der Familie« stellt daher »eine der großen Errungenschaften des griechischen Rationalismus« dar »und eine Leistung, die der athenischen Demokratie angerechnet werden muß« (ebd., 22). Sophokles' *König Ödipus*, wie auch dessen *Antigone*, gehört zu jenen Tragödien, die diesen Umbruch literarisch reflektieren und ihn zugleich problematisieren, als noch nicht abgeschlossen darstellen. Ödipus versucht mit allen Mitteln, dem ihm und seiner Familie prophezeiten Schicksal zu entkommen, und eben dies führt dazu, dass es ihn nachfolgend ereilt: »Das Tragische erwächst somit aus der Freiheit, welche die tragische Figur bewahrt zu haben glaubt und die sie doch schon verloren hat.« (Le Rider 2004, 183) Faktisch besteht das Handeln dieses Helden daher in einer ›Entscheidung ohne Wahl‹ (*décision sans choix;* Vernant 1972, 48). Auch Antigone, Sophokles' weibliches Gegenmodell, handelt ›ohne Wahl‹, weil sie ihrer inneren Stimme gehorcht, wenngleich diese der Rechtsordnung widerspricht.

Mentalitätshistorisch entwickelt sich die antike Tragödie in einer Zeit, in der sich ein Übergang von einer »faktizistischen« zu einer »voluntaristischen« Schuldauffassung vollzieht (vgl. Glei u.a. 1992, 1443). Mit dieser Begrifflichkeit wird eine Form der unfreiwillig und kontingent erlittenen und als schmachvoll erlebten Bürde (genealogische Erbschuld) von einer eher aktiven, vom Individuum zu verantwortenden Form der Schuld differenziert. Die antike Tragödie verhandelt derartige Übergänge zwischen faktizistischer und voluntaristischer Schuld. Das schuldkulturelle Denken der klassischen Zeit entsteht durch eine signifikante Transformation und Umstrukturierung der Psyche: »Streng genommen wird aus dem archaischen Schuldgefühl ein Gefühl für Sündhaftigkeit nur durch jenen Vorgang, den Kardiner als ›Internalisierung‹ des Gewissens bezeichnet, ein Phänomen, das spät und undeutlich in der griechischen Welt erscheint und erst lange, nachdem das weltliche Recht die Bedeutung des Motivs zu erkennen begonnen hatte, zum Allgemeingut wird. Die Übertragung des Begriffs der Reinheit von der magischen in die moralische Sphäre vollzog sich ebenfalls spät. Erst in den letzten Jahren des fünften Jahrhunderts [v. Chr.] findet man den Gedanken ausformuliert, daß reine Hände nicht genügen: Das Herz muss ebenso rein sein.« (Dodds 1970, 24f.)

Der Mechanismus einer Introjektion von moralischen Gefühlen ist für die westliche Kulturgeschichte – nicht nur wegen dem Schuld-Primat des Christentums – von nicht zu unterschätzender Bedeutung. Noch in der Kulturtheorie Sigmund Freuds wird die Schuldökonomie als grundlegender Mechanismus zum Erhalt und zur Stabilisierung von Gesellschaften verstanden. Denn es ist Freud zufolge notwendig, die ihnen »entgegenstehende Aggression zu hemmen, unschädlich zu machen, vielleicht auszuschalten« (Freud ^{2}1955, 482); diese Aufgabe wird dem Individuum selbst angelastet. Sie erfolgt in Form der Unterdrückung äußerer Aggressionen und Rivalitätsgefühle sowie dem daraus resultierenden Schuldgefühl: »Die Aggression wird introjiziert, verinnerlicht, eigentlich aber dorthin zurückgeschickt, woher sie gekommen ist, also gegen das eigene Ich gewendet. Dort wird sie von einem Anteil des Ichs übernommen, das sich als Über-Ich dem übrigen entgegenstellt, und nun als ›Gewissen‹ gegen das Ich dieselbe strenge Aggressionsbereitschaft ausübt, die das Ich gerne an anderen, fremden Individuen befriedigt hätte. [...] Die Kultur bewältigt also die gefährliche Aggressionslust des Individuums, indem sie es schwächt, entwaffnet und durch eine Instanz in seinem Inneren, wie durch eine Besatzung in der eroberten Stadt, überwachen läßt.« (Ebd., 482 f.)

Erst mit der Existenz des Über-Ich als einer das Ich sanktionierenden Instanz wird Schuld als intersystemische Beziehung in den psychischen Apparat eingeführt: »There is a tragic self-mutilation at the very root of civilisation«, wie Terry Eagleton treffend bemerkt (2003, 208). Die Transformation der ursprünglichen Angst vor externen Autoritäten in eine Angst vor dem Über-Ich hat zur Folge, das »trotz des erfolgten Verzichts« ein Schuldgefühl zustande kommt, was Freud als »große[n] ökonomische[n] Nachteil der Über-Ich-Einsetzung, wie man sagen kann, der Gewissensbildung« (Freud ^{2}1955, 486 f.) wertet. Am Leitfaden der antiken Tragödie formuliert er eine höchst pessimistische, resignative Auffassung von Kultur und gilt daher bis heute als »one of the most influential architects of the modern tragic sensibility« (Felski 2008, 9). Aber auch andere Theoretiker seiner Epoche – wie etwa Friedrich Nietzsche oder Georg Simmel – formulieren derartige kulturkritische Aspekte einer »Tragödie der Kultur«, die auf dem »Dualismus von Subjekt und Objekt« (Simmel 2001, 211), insbesondere aber dem »tragische[n] Verhältnis« der Selbstobjektivierung beruht – dem Umstand, »daß die gegen ein Wesen gerichteten vernichtenden Kräfte aus den tiefsten Schichten eben dieses Wesens selbst entspringen; daß sich mit seiner Zerstörung ein Schicksal vollzieht, das in ihm selbst angelegt ist und sozusagen die logische Entwicklung eben der Struktur ist, mit der das Wesen seine eigene Positivität aufgebaut hat« (ebd., 219).

Kulturtheoretische Tendenzen der Tragödiendiskussion

Die von Freud um 1900 initiierte Deutung der Tragödie und des tragischen ›Menschenschicksals‹ anhand des Schuld-Paradigmas hat sich als unzureichend erwiesen, insofern bei genauerer Betrachtung der Affekt der Scham in vielen Tragödien eine ebenso wichtige Rolle spielt (vgl. Lehmann 1991). Die Fixierung der Tragödientheorie wie auch der Kulturphilosophie auf den Aspekt der Schuld ist daher zu revidieren, weil es die Scham ist, die in aktuellen Kulturtheorien so eng mit dem für die Tragödie zentralen Konzept autonomer Subjektivität sowie deren existentieller Beschädigung verbunden wird. Ein ›tragischer Held‹ zeichnet sich dadurch aus, dass er sich in und mit seinen Schuldgefühlen von der Gemeinschaft separiert und somit seine Exzeptionalität eine Form der Individuierung ist, die in der willentlichen Aufsichnahme personaler Verantwortung besteht. Die Isolation aber, in die er sich begibt und die seinen Ruhm begründet, ist ein sekundärer Zustand, der oft eine konkrete, szenisch gestaltete Scham-Situation zur Voraussetzung hat, die er zu überwinden sucht. Bedeutende Dramen um 1800, etwa von Schiller oder Heinrich von Kleist, zeigen deutlich, inwieweit die in dieser Zeit auch im theoretischen Feld interessant werdende Scham nicht nur für den weiblichen Tugenddiskurs (Schamhaftigkeit, sexuelle Unschuld) von Bedeutung ist, sondern auch als basaler Affekt mit der Subjektivität des tragischen Helden eng verknüpft ist und sein Handeln in nicht unbeträchtlicher Weise motiviert (vgl. Benthien 2011). Eben diese herausragende Bedeutung der Scham bereits für die antike Literatur und die attische Tragödie haben jüngere altphilologische Forschungen herausgearbeitet; deren Erkenntnisse wurden aber bislang noch nicht auf die Tragödiendiskussion, etwa im Idealismus, übertragen (vgl. Williams 2000).

Eine zweite Tendenz der Tragödiendiskussion findet sich bezüglich der historischen und kulturellen Bedeutungsdimension der Begriffe ›Tragödie‹, ›Trauerspiel‹ und ›Spektakel‹: Bettine und Christoph Menke verstehen die Tragödie als das Modell der Antike; das Trauerspiel hingegen als das moderne Drama seit dem Barock: Trotz der vehementen Abgrenzung von der Ästhetik und Dramaturgie des ›barocken Trauerspiels‹ wählen auch die Dramatiker des späten 18. und frühen 19. Jahrhunderts in der Regel den deutschen Trauerspiel-Begriff (und nicht den griechisch-lateinischen Tragödien-Begriff) zur Gattungsbezeichnung. Insbesondere die Dramentheorie der Romantik widme sich dem Begriff des Trauerspiels und die Romantiker setzten dazu an, »die Tragödie der ›Moderne‹ als ›romantisches Trauerspiel‹ begrifflich gegenüber der antiken Tragödie abzugrenzen« (Menke/Menke 2007, 7). Auch Walter Benjamin gehe es in seinem Trauerspielbuch um »eine reflexive Entbindung der Potentiale des theatralen

Spiels gegenüber der lastenden Übermacht des dramatischen Gehalts« (ebd.). Im Trauerspiel werde eine ›Doppelung‹ vollzogen, indem das Schauspiel sich selbstreflexiv als etwas Dargestelltes vorführt: »Das Trauerspiel steht hier nicht für eine gegenüber der Tragödie spätere oder andere Form des Theaters, es ist die *als* Theater gesehene, *zum* Theater gewordene Tragödie; die Tragödie, die sich ihrer Theatralität, ihres Spielcharakters bewusst geworden ist« (ebd.). Hier wird die Leitthese einer Meta-Theatralität des Trauerspiels formuliert, als einer Kunstform, die auf sich selbst als ›dramatische‹ Gattung verweist. Dieser Mechanismus erfährt den Verfassern zufolge im dritten, negativ konnotierten Begriff des ›Spektakels‹ noch eine Steigerung: »Der Kritik der Theatrokratie liegt ein die Tragödie definierendes, ein sie konstituierendes Problem zugrunde: dass die Tragödie ihre Fähigkeit zur Darstellung tragischer Gehalte verliert, wenn die Formen der Darstellung sich spielerisch verselbstständigen. Die Tragödie besteht nur im Kampf gegen das Spektakel.« (Ebd., 14) Tragödie, Trauerspiel und Spektakel seien weniger historisch oder typologisch unterschiedene Gestalten des Theaters als vielmehr drei »Weisen der Imagination und Konzeption des Theatralen, seines Spiels« (ebd., 15). Christoph Menkes kulturphilosophische Analyse der ›Gegenwart der Tragödie‹ führt diesen Gedanken fort, wenn etwa argumentiert wird, dass Tragik und Spiel sich nicht ausschließen, sondern vielmehr bedingen, und das Theaterspiel »die Erfahrung der Tragik« nicht auflöse, sondern sie »nur scheinbar paradox, mit hervor[bringt]« (Menke 2005, 8).

Eine dritte Tendenz besteht in der Herausarbeitung der Zusammenhänge zwischen Tragödientheorie und aktuellen kulturtheoretischen Paradigmen. Rita Felski hebt hervor, dass das Adjektiv *tragic* (›tragisch‹) in der Alltagssprache vielfach verwendet werde, um Ereignisse zu bezeichnen, die eigentlich nichts anderes als ›sehr traurig‹ oder ›schlimm‹ (*very sad*) seien, z. B. Unfälle oder Naturkatastrophen (vgl. Felski 2005, 3), und bemängelt, dass die literaturtheoretische Kategorie ihren Wert verliere, wenn sie derart ubiquitär verwendet werde. Damit knüpft sie an Bertolt Brechts Kritik an, der die Tragödie als Ideologie begreift, mit der das historisch Kontingente in den Mantel von ›ewiger Wahrheit‹ und ›tragischer Unausweichlichkeit‹ gehüllt wird, um den Menschen apolitisch zu halten und ihm eine Haltung von Hoffnungslosigkeit, Fatalismus und Resignation einzuimpfen: »Nach der Vorstellung der Alten ist der Mensch mehr oder weniger blind dem Schicksal ausgeliefert, er hat keine Macht darüber. Diese Vorstellung hat B. B. in seiner Nachdichtung durch die Meinung ersetzt, daß das Schicksal des Menschen der Mensch selbst ist«, bemerkt Brecht in seinen »Anmerkungen der Bearbeitung« der *Antigone des Sophokles* (Brecht [6]1971, 114). Ferner wird u. a. von Judith Butler kritisiert, dass im 20. Jahrhundert die Wahrnehmung der griechischen Tragödie zu sehr durch Freuds Ödipus-Modell des einsamen, unverschuldet schuldig werdenden männlichen Helden geprägt worden sei – was in einer obsessiven Beschäftigung mit (psychopathologischen) Themen wie Begehren, Inzest, Kind-Eltern-Beziehungen resultiert habe. Demgegenüber seien auch strukturell andere Tragödien als modellhaft anzunehmen, etwa Euripides' *Bakchen* oder eben Sophokles' *Antigone* (vgl. Butler 2001). Auch in der aktuellen Rehabilitierung alternativer historischer Tragödienmodelle, z. B. desjenigen von Nietzsche, komme ein anderes Bild der Antike zum Tragen: Nicht mehr der tragische männliche Held werde fokussiert, sondern das weibliche Kollektiv, wie Nietzsche es in der Kategorie des ›Dionysischen‹ zu fassen suche: »[H]is vision of tragedy as forged in the crucible of collective frenzy, orgiastic coupling, and rapturous self-loss offers a provocative challenge to the received view of Greek antiquity as the cradle of Western civilisation and an epoch of enlightened serenity.« (Felski 2008, 6) Ferner wird die berechtigte Frage aufgeworfen, ob Tragödien an die historische Gattung des Dramas gebunden sein müssen oder ob es sie auch in anderen – in der Prosa oder im Film – gebe. Dies geht einher mit der Infragestellung des traditionell hohen sozialen Ranges des Tragödienhelden – »In der Betrachtungsweise der Tragödie gibt es nichts Demokratisches« (Steiner 1981, 191) – sowie mit einer Abwendung von Vorstellungen des *tragic subject* als weißhäutigem und regelhaft männlichem Helden (vgl. Felski 2008, 10). Die postkoloniale Kritik lautet, dass ebenso Frauen, Menschen mit niedrigem sozialen Status und Mitglieder von Minoritäten tragische Helden sein können – ja, dass diese Gruppen in gewisser Weise sogar paradigmatisch für das Tragische in der Moderne seien. Werner Sollors etwa stellt die überzeugende These auf, dass u. a. die im 19. Jahrhundert populäre Gattung der US-amerikanischen *slave narratives* tragische Elemente berge. Er sieht auffallende Parallelen zwischen diesen autobiographischen Erzählungen und der griechischen Tragödie: Themen wie die Unklarheit oder Verhüllung genealogischer Herkunft, innerfamiliärer Streit oder Konflikte zwischen Loyalität und Widerstand korrespondierten, wie er exemplarisch an der Figur der/des *tragic mulatto* aufzeigt (vgl. Sollors 1999, Kap. 8) – »Race is one way in which tragic consciousness is played out in the modern world« (Felski 2004, 13).

Literatur

Alt, Peter-André: *Tragödie der Aufklärung. Eine Einführung.* Tübingen u. a. 1994.

Benjamin, Walter: *Ursprung des deutschen Trauerspiels* [1928]. Hg. von Rolf Tiedemann. Frankfurt a. M. 1987.

Benthien, Claudia: *Tribunal der Blicke. Kulturtheorien von Scham und Schuld und die Tragödie um 1800.* Köln u. a. 2011.

–: Ethos, Pathos, Ideologie – ein Forschungsbericht zum aktuellen Tragödiendiskurs. In: *Internationales Archiv für Sozialgeschichte der deutschen Literatur* 37.2 (2012) [im Druck].

Bohrer, Karl Heinz: *Das Tragische. Erscheinung, Pathos, Klage.* München 2009.

Brecht, Bertolt: *Die Antigone des Sophokles. Materialien zur ›Antigone‹.* Frankfurt a. M. [6]1971.

Butler, Judith: *Antigones Verlangen. Verwandtschaft zwischen Leben und Tod.* Frankfurt a. M. 2001 (engl. 2001).

Dodds, Eric R.: *Die Griechen und das Irrationale.* Darmstadt 1970 (engl. 1951).

Eagleton, Terry: *Sweet Violence. The Idea of the Tragic.* Cambridge, Mass. 2003.

Felski, Rita (Hg.): *Rethinking Tragedy.* Baltimore 2008.

Freud, Sigmund: Das Unbehagen in der Kultur [1930]. In: Ders.: *Gesammelte Werke.* Bd. 14. Hg. von Anna Freud u. a. London [2]1955, 419–506.

Fuhrmann, Manfred: *Die Dichtungstheorie der Antike. Aristoteles – Horaz – ›Longin‹. Eine Einführung.* Darmstadt [2]1992.

Fulda, Daniel/Valk, Thorsten (Hg.): *Die Tragödie der Moderne. Gattungsgeschichte – Kulturtheorie – Epochendiagnose.* Berlin/New York 2010.

Galle, Roland: Tragisch – Tragik. In: *Ästhetische Grundbegriffe. Historisches Wörterbuch in sieben Bänden.* Hg. von Karlheinz Barck u. a. Stuttgart/Weimar 2005, Bd. 6, 117–170.

Glei, Reinhold u. a.: Schuld. In: *Historisches Wörterbuch der Philosophie.* Hg. von Joachim Ritter, Karlfried Gründer und Gottfried Gabriel. Basel 1971 ff., Bd. 8, 1442–1472.

Lehmann, Hans-Thies: Das Welttheater der Scham. Dreißig Annäherungen an den Entzug der Darstellung. In: *Merkur* 45.9/10 (1991), 824–838.

Le Rider, Jacques: *Freud – von der Akropolis zum Sinai. Die Rückwendung zur Antike in der Wiener Moderne.* Wien 2004 (frz. 2002).

Menke, Bettine/Menke, Christoph (Hg.): *Tragödie – Trauerspiel – Spektakel.* Berlin 2007.

Menke, Christoph: *Die Gegenwart der Tragödie. Versuch über Urteil und Spiel.* Frankfurt a. M. 2005.

Profitlich, Ulrich (Hg.): *Tragödientheorie. Texte und Kommentare vom Barock bis zur Gegenwart.* Reinbek 1999.

Schadewald, Wolfgang: Furcht und Mitleid. Zur Deutung des Aristotelischen Tragödiensatzes (1955). In: Ders.: *Hellas und Hesperiden. Gesammelte Schriften zur Antike und zur neueren Literatur in zwei Bänden.* Bd. 1. Zürich/Stuttgart 1960, 194–236.

Schelling, Friedrich Wilhelm Joseph: *Philosophie der Kunst* [1802/03]. Darmstadt 1966.

Schlaffer, Heinz: Tragödie. In: *Reallexikon der deutschen Literaturwissenschaft. Neubearbeitung des Reallexikons der deutschen Literaturgeschichte.* Bd. 3. Hg. von Jan-Dirk Müller u. a. Berlin/New York 2003, 669–674.

Schneilin, Gérard: Tragödie. In: *Theaterlexikon. Begriffe und Epochen, Bühnen und Ensembles.* Reinbek [3]1992, 1061–1064.

Simmel, Georg: Der Begriff und die Tragödie der Kultur. In: Ders.: *Gesamtausgabe.* Hg. von Otthein Rammstedt. Frankfurt a. M. 1989 ff., Bd. 12, 194–223.

Sollors, Werner: *Neither Black nor White Yet Both. Thematic Explorations of Interracial Literature.* Cambridge/London 1999.

Steiner, George: *Der Tod der Tragödie. Ein kritischer Essay.* Frankfurt a. M. 1981 (engl. 1961).

Szondi, Peter: *Versuch über das Tragische.* Frankfurt a. M. 1961.

Vernant, Jean-Pierre: Ébauches de la volonté dans la tragédie grecque. In: Ders./Vidal-Naquet, Pierre : *Mythe et tragédie en Grèce ancienne.* Paris 1972, 41–74.

Williams, Bernard: *Scham, Schuld und Notwendigkeit. Eine Wiederbelebung antiker Begriffe der Moral.* Berlin 2000 (engl. 1993).

Claudia Benthien

20. Unbehagen

Die sprachliche Gestalt des Begriffswortes sowie auch der sinnverwandten Begriffe ›Unglück‹, ›Unlust‹, ›Unruhe‹, ›Unzufriedenheit‹ legt es nahe, das semantische Feld und seine funktionalen Bezüge über die in der Wortform ausgesprochene Negation zu bestimmen: Unbehagen als Fehlen von Behagen.

Das auf diese Weise gewonnene Verständnis ist keineswegs falsch. Die *kulturphilosophische* Pointe des Begriffs erschließt sich aber erst durch die weitergehende Beobachtung, dass die Gegenbegriffe – ›Behagen‹, ›Wohlbefinden‹, ›Ruhe‹, ›Zufriedenheit‹, ›Muße‹ – ihrerseits als negative Begriffe verstanden werden müssen, bei denen an ein von Sorgen freies, der Mühen überhobenes, von Beschwernissen entlastetes Dasein gedacht ist. Eudämonie resultiert aus der Neutralisierung von Faktoren, die sie beeinträchtigen könnten. Bereits die Klugheitslehren der Antike überantworten die Vorkehrungen, die hier zu treffen sind, der kulturkritischen Vernunft. *Otium* und *tranquillitas*, diese Einsicht gehört zum Grundwissen der Lebenskunst, stellen sich nur ein, wenn die durch fragwürdige Einflüsterungen angestachelte Unruhe der Kultur auf Abstand gehalten und erfolgreich zurückgewiesen wird.

Genese der Kultur

Als kollektive, die Gesamtsituation der Kultur charakterisierende Grundgestimmtheit resümiert der Begriff des Unbehagens Erfahrungen der Zurücksetzung, der Vergeblichkeit und sogar des Widersinns. Seine Aufschlusskraft entfaltet das Konzept im Kontext kulturgenetischer Überlegungen: das Unbehagen zum einen (und zunächst) als *Entbehrung*, die den Aufbau der Kultur motiviert, zum anderen (und in der Folge sodann) als *Verzicht*, den die etablierte Kultur den einzelnen abverlangt.

Der von John Locke (1632–1704) in die Philosophie eingebrachte Begriff der *uneasiness* betont ganz in diesem Sinne die Wahrnehmung und Permanenz einer nachhaltig gestörten Zufriedenheit und gibt damit das Beispiel für den reichen, teilweise überkommenen, großteils aber originellen Wortschatz der Kulturkritik in der Neuzeit: Ekel (*nausea*, *nausée*), Überdruss, Zerstreuung, Verzweiflung, Elend, Weltschmerz, Schwermut, Ennui, Absurdität. Lockes *uneasiness* darf als eine Art Vor- und Inbegriff all dieser Gestimmtheiten verstanden werden, sofern sie sich nicht, wie die *acedia*, lähmend auswirken, sondern das Handeln antreiben und den Auf- und Ausbau der Kulturwelt motivieren. Lockes *Essay Concerning Human Understanding* argumentiert strikt antithetisch: Während das Verharren im selben Zustand auf Befriedigung (*satisfaction*) schließen lasse, sei als Beweggrund für Veränderung »immer ein Unbehagen« (*always some uneasiness;* II 21, 29) vorauszusetzen.

Die Erfahrung der *uneasiness* ist also zunächst keineswegs nur Anlass zur Klage, sondern beansprucht Anerkennung als Antrieb und Aufrechterhaltung des Begehrens (*desire*). Im historischen Rückgriff tritt damit eine interssante Doppelung zutage. Semantisch ist *uneasiness* der Vorbegriff für ›Unbehagen‹, funktional gibt es den allgemeinsten Grund des Handelns an und erklärt, weshalb die Menschen überhaupt etwas tun und nicht vielmehr nichts. *Uneasiness* liefert die Erklärung des Worumwillens, das Motiv. Eben diese Doppelung und semantische Spannung des Begriffs erlaubt es Locke, die klassischen Erklärungsangebote der Handlungstheorie zu korrigieren. In der Sache einer Bemerkung Montaignes folgend, der im Geiste des Pyrrhonikers Varro 288 Definitionen des höchsten Gutes unterschieden und seine Exklusivität durch Pluralisierung dem Zweifel ausgesetzt hatte, weist Locke die lange Zeit kanonische, christlich-platonische und in diesem Sinne idealistische Vorstellung zurück, wonach das Handeln um der Realisierung des Guten willen erfolge (vgl. II 21, 35). Dieser Kritik entspricht als weitere Korrektur der zuvor bereits von Francis Bacon vorgetragene und später von Diderot und anderen aufgenommene Vorbehalt gegen das Staunen, das nun, wie auch die Attraktion des Guten, als initialer Handlungsantrieb nicht länger überzeugt. Man solle sich doch, heißt es im *Novum Organum* mit bezeichnender Schärfe, von jeglichem Erstaunen fernhalten und stattdessen das menschliche Geschick beklagen, das darin liege, über die lange Zeit der bisherigen Menschheitsgeschichte die Kenntnisse und das Wissen entbehrt haben zu müssen (vgl. I 85; Konersmann 2008).

Mit diesen Worten ist der Mangel bezeichnet, der bei Locke als Unbehagen fassbar und zum tiefsten Beweggrund des Handelns wird. Die systematische Positivierung des Unbehagens lädt zur Gestaltung und Vervollkommnung der menschlichen Welt ein und rückt unmittelbar die Kultur selbst in die Perspektive des Machens und Hervorbringens: als *poiesis*. In der Konsequenz verschiebt sich das ganze semantische Feld. Das als Handlungsmotiv anerkannte Unbehagen untergräbt das Ansehen der traditionell geschätzten Muße und infolgedessen auch des Behagens. Die sprichwörtliche Unbeschwertheit des Behagens, in dem wir, wie noch der Autobiograph Goethe formuliert, »von den irdischen Lasten befreit« sind, »die auf uns drücken« (Goethe 1982, 580), wird im gleichen Zug der Leichtfertigkeit verdächtig. Es erscheint als fragwürdiges und, in der moralischen Verschärfung des Arguments, als unerlaubtes Einverständnis mit den im Grunde doch veränderungsbedürftigen Verhältnissen der politischen und sozialen Welt. Nichts verdeutlicht den Auffassungswandel klarer als die Sprache des politischen Radikalismus: Die stärkste Waffe der Konterrevolution, warnt Maximilien de Robespierre in seiner Konventsrede am 5. Februar 1794, sei neben der Angst der Revolutionäre vor ihrer eigenen Courage die »Lauheit des Wohlbefindens« (*la lassitude du bien*).

Die revolutionäre Ungeduld muss das einfache Schema der Gegenbegrifflichkeit von Behagen und Unbehagen durchbrechen, weil ihr Programm der Selbstverwirklichung des Menschen die überlieferte, aus antiken Quellen gespeiste Glücksvorstellung der Abwesenheit von Unbehagen überfordert. Der damit formalisierte Anspruch sanktioniert endgültig die Verschiebung des konzeptionellen Rahmens: Während die stoische Lösung der doppelten Negation den Menschen lediglich von seinen Belastungen und Verirrungen befreien wollte, soll er nun an seine Verantwortung erinnert werden. Anders gesagt: War es der stoischen Moralphilosophie darauf angekommen, das Unbehagen zu *neutralisieren,* so geht nun die Neuzeit dazu über, es zu *funktionalisieren.* Als Konsequenz dieser Umstellung gerät das Behagen unter Verdacht und wird schließlich selbst zum Anlass tiefsten Unbehagens. Auf dem Boden der Moderne wirkt sein Frieden falsch, weil er den Antrieb des Menschen blockiert und ihn davon abhält, sein Leben selbst in die Hand zu nehmen und es nach Gutdünken zu gestalten.

Pathogenese der Kultur

Ausdrücklich stellt Sigmund Freud (1856–1939) seine Schrift über das *Unbehagen in der Kultur* von 1930 in den umfassenden Zusammenhang einer »Pathologie der kulturellen Gemeinschaften« (StA 9, 269). Die damit angezeigte Wendung des Blicks etabliert das ›Unbehagen‹ endgültig als kulturphilosophischen Terminus.

Konnte in den älteren, unmittelbar auf Bacon und Locke folgenden Begriffsverwendungen die Kultur als Antwort auf die als unbehaglich erkannte Situation des Menschen wahrgenommen werden, so erscheint nun gegen Ende des 19. Jahrhunderts die Kultur selbst als das Problem, das zu lösen sie angetreten war. Während Locke die Kultur als etwas begreift, das sich entwickelt (*cultura culturans*), behandelt Freud sie nun als etwas, das schon da ist (*cultura culturata*). Bereits sein Buchtitel bestätigt die Umstellung in der Begriffsgeschichte des Unbehagens. Von nun an handelt es sich um ein Unbehagen nicht ›an‹, sondern ›in‹ der Kultur – um ein Phänomen also, das die kulturelle Umgebung voraussetzt, das auf sie reagiert und sich über das Gewissen, das Schuldgefühl und das Über-Ich geltend macht. Der Einzelne steht vor der Herausforderung, die Ursache des im Unbehagen zutagetretenden Konflikts unmittelbar in sich selbst und seiner Affektwelt entdecken und als Kulturwesen mit ihm ein Auskommen finden zu müssen.

Die Schrift Freuds vollendet den Parcours einer Entwicklung, die bereits im 18. Jahrhundert einsetzt und sich schon früh von Lockes Problembestimmung entfernt. In seiner Schrift über die Ungleichheit von 1765 greift Jean-Jacques Rousseau den epochalen Befund des Unbehagens (*mécontentement, misère*) auf, um ihn zugleich zu historisieren. Demnach ist die Krise, die Rousseaus Kulturkritik dingfest macht, drastisch genug, um die jüngeren Tendenzen des Zivilisationsprozesses als Fehlentwicklung zu verwerfen. Die Krise ist aber nicht endgültig, so dass sie – diesen Schluss legen inbesondere die späteren Schriften Rousseaus nahe – auf politischem Weg, also durch Abschluss eines Gesellschaftsvertrages, oder auf dem Weg der Pädagogik, der im *Émile* geschildert ist, korrigierbar erscheint. Kant knüpft hier an, wenn er die bei Rousseau lediglich in assoziativer Reichweite gehaltene, wenig später von Schiller und Hegel systematisch vertiefte Perspektive der Geschichte als Überwinderin des Unbehagens ins Recht setzt. Die in der, wie er Rousseau übersetzt, »Unzufriedenheit« fassbar werdende Krise der Kultur möchte Kant als episodische Erscheinung verstanden wissen, und es gelingt ihm, sie geschichtsphilosophisch zu beschwichtigen. Wie Kant 1786 auf den letzten Seiten seines Aufsatzes über den »Muthmaßlichen Anfang der Menschengeschichte« argumentiert, stehen die Geschichte und ihre philosophische Begründung vor der Aufgabe, einerseits die Krise zu erfassen und andererseits durch die Erweiterung des Blicks auf das Ganze der Menschheitsentwicklung über sie hinauszuführen. Es gelte, nicht nur nicht bei der Diagnose der Krise stehenzubleiben, sondern zur »Zufriedenheit« mit »dem Gange menschlicher Dinge im Ganzen« zu ermuntern.

Es leuchtet ein, dass im Umkreis solcher Beschwichtigungsrhetorik das Insistieren auf dem Unbehagen als bedenklich erscheinen muss, weil es im Verdacht steht, sich dem Erlösungsversprechen der Geschichte zu verweigern. In seinen Vorlesungen zur Philosophie der Geschichte zieht Hegel genau diesen Schluss, wenn er, wiederum unter Anspielung auf die Wortwahl Rousseaus, im Rahmen seiner Kritik des Sollens die Sittenferne jener »Unzufriedenheit« angreift, auf die diejenigen, die sie teilen, »sich was zugute tun« (Hegel 1970, 51). Von der kulturschaffenden Dynamik der *uneasiness* ist diese nur noch tadelnswerte, als verantwortungslos, larmoyant und kurzsichtig demaskierte Haltung inzwischen weit entfernt. Was für Locke der Antrieb des Handelns und, noch darüber hinaus, des Aufbaus der Kultur gewesen war, das wirkt nun wie eine Vorform des Ressentiments, das den sittlichen Kern der kulturellen Bestände angreift und gefährdet.

Vor dem Hintergrund der geschichtsphilosophischen Beschwichtigungsversuche, die dem Unbehagen im Einzelnen die »Zufriedenheit« (Kant) mit dem Fortschritt des Ganzen normativ gegenüberstellen, wirkt Nietzsches Notiz aus dem September 1876 wie eine Replik. Dem Behagen und naiven »Optimismus« jener vielen, die mit der Welt in stillem Einvernehmen leben, stellt Nietzsche das Vorrecht des »theoretischen Pessimismus« gegenüber, die Grundlosigkeit des Behagens offen auszusprechen: Er »wundert sich über die geringe Besonnenheit und Vernunft in diesem Behagen; er würde das fortwährende Unbehagen begreiflich finden« (Nietzsche KSA 8, 318; vgl. Kittsteiner 1991, 387 ff. u. Bohrer 1996). Womöglich vermittelt über die Schriften Max Nordaus, gelangt diese Deutung des Unbehagens zu Freud, der die älteren Auffassungen des Begriffs aufgreift und ihnen im Rahmen seiner Kulturtheorie ein neues Profil gibt. Seine Formel vom *Unbehagen in der Kultur* – der Buchtitel hatte ursprünglich lauten sollen: »Unglück in der Kultur« – verknüpft ontogenetische und phylogenetische Dimensionen der Neurose und umreißt speziell die Lage des Individuums als zwiespältig. ›Kultur‹ bezeichnet für Freud einerseits »die ganze Summe der Leistungen und Einrichtungen«, die »dem Schutz des Menschen gegen die Natur und der Regelung der Beziehungen der Menschen untereinander« (StA 9, 220) dienen, und sie ist andererseits der institutionalisierte Verzicht, der durch die Zumutungen, die er den Menschen auferlegt, ganz von selbst dafür sorgt, dass sie sich von der Kultur lossagen und sich entlasten wollen. »Das Ich fühlt sich unbehaglich«, schreibt Freud bereits 1917, denn es begegnet den »Grenzen seiner Macht in seinem eigenen Haus, der Seele« (Freud 1943, 9). Den idealistischen Ausweg der Geschichte lässt Freud, auch darin Nietzsche folgend, nicht gelten. Weit davon entfernt, lediglich ein flüchtiges Ärgernis darzustellen, das Fortschritt und Emanzipation beseitigen werden, ist das Unbehagen für Freud eine *condition culturelle* und als solche unvermeidlich.

Mit dem Bedenken, dass »etwas in der Natur des Sexualtriebes selbst« es sei, das »dem Zustandekommen der vollen Befriedigung nicht günstig ist« (StA 5, 208), wehrt Freud vereinfachende Repressionsbeseitigungshypothesen ab. Was bleibt, ist die These von der Irreversibilität der kulturellen Entwicklung, ist der intrakulturelle Zwiespalt der »grossen Kriegserklärung« (Nietzsche KSA 6, 58) der Kultur gegen sich selbst. Aus der Sicht Freuds, der auch hier einem rauhen Realismus zuneigt, ist der innere Widerspruch ein Ingredienz der Kultur und als solcher unaufhebbar. Speziell sind es die als primär eingestuften Triebpotentiale der Aggression und der Sexualität, deren Dynamik nach jenen Beschränkungen verlangt, wie sie aus seiner Sicht die Kultur verkörpert und verkörpern muss. Die Kultur bewältige »die gefährliche Aggressionslust des Individuums, indem sie es schwächt, entwaffnet und durch eine Instanz in seinem Inneren, wie durch eine Besetzung in der eroberten Stadt, überwachen läßt« (StA 9, 250). Sätze wie diese zeigen die Kultur als eine aus ihrer eigenen Mitte heraus bedrohte, zutiefst fragwürdige und doch unentbehrliche Einrichtung.

Die nachfreudianische Kulturkritik hat den in diesem Kulturverständnis bereitliegenden Einwand aufgegriffen und den Irreversibilitätsvorbehalt Freuds, der weder an der Notwendigkeit des Kulturerhalts noch am Fortbestand des Unbehagens einen Zweifel lässt (StA 9, 141 ff.), als »kulturpessimistisch« zurückgewiesen. Im Gegenzug ist gerade auch von Freud-Lesern wiederholt versucht worden, das Unbehagen zu konkretisieren (vgl. Berger u.a. 1975, 157 ff.) oder es auf äußere, episodisch auftretende und beeinflussbare Ursachen zurückzuführen. Auf diese Weise ist die theoriepolitisch motivierte Vorstellung eines Unbehagens ›an‹ der Kultur aufgekommen, in der man ein hartnäckiges Emanzipationshindernis erkannt zu haben glaubt. Die besonders in den Sozialwissenschaften immer wieder aufkommenden, häufig ideologiekritisch gefärbten Thesen über die »Affirmativität« und die »Repressivität« der Kultur, über »Kulturalismus« und »Revisionismus« (Marcuse 1971; Görlich u. a. 1980; Taylor 1995; Assmann u. a. 2007) speisen sich aus solchen Vorbehalten.

Freud liegt nichts ferner als die Pose intellektueller Kulturverachtung. Richtungweisend ist seine Schrift gerade in dem Bestreben, mit dem Unbehagen einen genuin kulturwissenschaftlichen Begriff zu gewinnen. Seine ausdrückliche Versicherung, sich der »Wertung der menschlichen Kultur« (StA 9, 269) zu enthalten, verrät Gespür für die auf ähnliche Weise auch von Max Weber, Ernst Cassirer und Claude Lévi-Strauss betonte Eigenständigkeit kulturspezifischer Methoden und Begriffe. Für eine Phänomenologie der Kulturentwicklung, die diese nicht lediglich als Derivat, sondern mit Freud als »eigenartigen Prozeß« (ebd., 226) zu erfassen sucht, ist der Begriff des Unbehagens denn auch unverzichtbar. Er schärft den Blick für die pathogenen Züge gefestigter Kulturen, die diesen – das zu zeigen ist die Idee des Konzepts – unabweislich zugehören und sie stets von neuem über sich hinaustreiben.

Literatur

Assmann, Aleida u. a.: ›Kultur‹ in der Kontroverse. In: *Zeitschrift für Kulturwissenschaften* 1 (2007), 125–146.

Bayer, Lothar/Krone-Bayer, Kerstin: Das Unbehagen in der Kultur. In: *Freud-Handbuch. Leben – Werk – Wirkung.* Hg. von Hans-Martin Lohmann und Joachim Pfeiffer. Stuttgart/Weimar 2006, 178–181.

Berger, Peter L./Berger, Brigitte/Kellner, Hansfried: *Das Unbehagen in der Modernität.* Frankfurt a. M./New York 1975 (engl. 1973).

Bohrer, Karl Heinz: Gram ist Erkenntnis. In: Ders.: *Der Abschied. Theorie der Trauer.* Frankfurt a. M. 1996, 464–472.

Dierse, Ulrich: Geistliche und weltliche Zufriedenheit. In: *Archiv für Begriffsgeschichte* 46 (2004), 183–196.

Freud, Sigmund: Eine Schwierigkeit der Psychoanalyse. In: Ders.: *Gesammelte Werke.* Bd. 12. London 1943, 4–12.

–: *Studienausgabe.* Hg. von Alexander Mitscherlich u. a. Frankfurt a. M. 1974 [StA].

Goethe, Johann Wolfgang: *Aus meinem Leben. Dichtung und Wahrheit.* In: Ders.: *Werke. Hamburger Ausgabe.* Hg. von Erich Trunz. Bd. 9. München [10]1982.

Görlich, Bernard u. a. (Hg.): *Der Stachel Freud. Beiträge und Dokumente zur Kulturalismus-Kritik.* Frankfurt a. M. 1980.

Hampe, Michael: Die Psychoanalyse als Kulturphilosophie? Freud und das Unbehagen in der Kultur. In: *Das Leben denken – Die Kultur denken.* Bd. 2: *Kultur.* Hg. von Ralf Konersmann. Freiburg i.Br./München 2007, 147–168.

Hegel, Georg Wilhelm Friedrich: *Vorlesungen über die Philosophie der Geschichte.* In: Ders.: *Theorie Werkausgabe.* Red. von Eva Moldenhauer und Karl Markus Michel. Bd. 12. Frankfurt a. M. 1970.

Kittsteiner, Heinz D.: *Die Entstehung des modernen Gewissens.* Frankfurt a. M. 1991.

Konersmann, Ralf: Unbehagen und Ressentiment. In: Ders.: *Kulturkritik.* Frankfurt a. M. 2008, 107–123.

Le Rider, Jacques u. a.: *Autour du »Malaise dans la culture« de Freud.* Paris [2]1998.

Marcuse, Herbert: *Triebstruktur und Gesellschaft. Ein philosophischer Beitrag zu Sigmund Freud.* Frankfurt a. M. 1971 (engl. 1955).

Nietzsche, Friedrich: *Sämtliche Werke. Kritische Studienausgabe.* Hg. von Giorgio Colli und Mazzino Montinari. Berlin/New York [2]1988 [KSA].

Plügge, Herbert: *Wohlbefinden und Mißbefinden. Beiträge zu einer medizinischen Anthropologie.* Tübingen 1962.

Taylor, Charles: *Das Unbehagen an der Moderne.* Frankfurt a. M. 1995 (engl. 1991).

Ralf Konersmann

21. Verstehen

›Verstehen‹ kann zum einen als Lebensvollzug in den Blick gebracht und zum anderen als Methode thematisiert werden, wobei beide Perspektiven eng zusammenhängen und aufeinander verweisen.

Verstehen als Lebensvollzug

›Verstehen‹ als Lebensvollzug sichtbar zu machen bedeutet, davon auszugehen, dass der menschliche Selbst- und Weltbezug auf Deutung beruht. Demzufolge sind schon die menschlichen Wahrnehmungen oder Erfahrungen Teil eines komplexen Deutungssystems. Diese Einsicht drückt sich in der Rede von der ›als-Struktur‹ (Gadamer) der Erfahrungen aus, d. h. dass wir etwas als etwas wahrnehmen. Bei Max Weber kommt diese Sichtweise in dem Begriff des ›aktuellen Verstehens‹ zum Vorschein, der anzeigt, dass Erfahrungen schon Deutung beinhalten. Es lässt sich nun sagen, dass das jeweilige Verstehen von der jeweiligen Kultur auf synchroner Ebene und von der jeweiligen Epoche auf diachroner Ebene geprägt ist. Vor allem Wilhelm Dilthey hat mit dem Begriff des ›historischen Bewusstseins‹ darauf hingewiesen, dass jede Epoche über einen eigenen Deutungshorizont verfügt, den es zu verstehen gilt. In Bezug auf das Verstehen anderer Kulturen wird die Notwendigkeit, sich in einem fremden Deutungshorizont zurechtzufinden vor allem in der Situation des Fremden deutlich. Dies hat Alfred Schütz gezeigt, der die verschiedenen Anstrengungen, die der Fremde unternehmen muss, um sein Verständnis in einen fremden Deutungshorizont einzuspielen, dargestellt hat.

Der jeweils deutende Zugang zur Welt bleibt den Angehörigen einer Kultur in der Regel unbewusst, bis Störungen im Verstehen auftauchen. Daher hat die Hermeneutik als Kunstlehre des Verstehens ihren Ausgang von den Momenten des ›Nicht-Verstehens‹ (Schleiermacher) genommen, denn hier entsteht das bewusste Bemühen zu verstehen, das heißt Deutungen vorzunehmen. Friedrich Schleiermacher unterscheidet in seinem Buch *Hermeneutik und Kritik* nicht nur zwischen dem grammatischen und dem psychologischen Verstehen, sondern er formuliert auch den hermeneutischen Zirkel, der darin besteht, das Ganze durch die Teile und die Teile durch das Ganze zu verstehen. Martin Heidegger und im Anschluss Hans-Georg Gadamer haben den hermeneutischen Zirkel dahingehend umformuliert, dass die Erfahrung das jeweilige Vorverständnis verändert, und das Vorverständnis die Erfahrung leitet. Durch diese Verfahren wird eine schrittweise Annäherung an das Zu-Verstehende angestrebt. Um keine präjudizierende Deutung zu vollziehen, kommt es dabei darauf an, sich für Erfahrungen offen zu halten, das heißt verunsicherbar und irritierbar zu bleiben. Helmuth Plessner spricht in diesem Zusammenhang von schmerzlichen Erfahrungen, die aus der Sphäre des Vertrauten herausführen und den Horizont des Fremden öffnen. Hierauf setzt ein ›denkendes Verstehen‹ ein, das sich des deutenden Zugangs bewusst ist und dem es nicht mehr gelingt, in die Sphäre der fraglosen Selbstverständlichkeit zurückzufinden. Vielmehr ist diesem Verstehen das Wissen um die Vorläufigkeit und Konstruiertheit des erlangten Verständnisses inhärent.

Verstehen als Methode

Das Verstehen kommt als Methode in den Blick, sobald es als bewusste Deutung, als Interpretation, auftritt. Im Unterschied zum Verstehen als Lebensvollzug, der primär deskriptiv zu erfassen ist, muss sich das Verstehen als Methode Kriterien stellen. Insofern spricht etwa Schleiermacher vom ›Besser-Verstehen‹, dass es also bei der Interpretation eines Textes darum geht, den Autor besser zu verstehen als er sich selbst verstanden hat. Denn das methodische Verstehen verläuft bewusst, ist korrigierbar und an einem Ziel auszurichten.

Des Weiteren weist das Verstehen als Lebensvollzug dem methodischen Verstehen seine Aufgabe zu: So geht es in den Geschichtswissenschaften nach Wilhelm Dilthey darum, das Verständnis der jeweiligen Epoche zu verstehen, und Bronisław Malinowski hat für die Ethnologie das Ziel formuliert, die Weltsicht der Angehörigen einer anderen Kultur zu verstehen. Das Verstehen wird demnach als Methode der Geistes- oder Humanwissenschaften sichtbar. Schon Dilthey hat formuliert, dass es in den Geisteswissenschaften darum gehe, das Seelenleben zu verstehen, während er den Naturwissenschaften das Erklären zuweist. Diese Einteilung in erklärende und verstehende Wissenschaften greift Karl-Otto Apel wieder auf, indem er darauf hinweist, dass die Sozialwissenschaften nicht, wie die Naturwissenschaften, mit *data bruta* zu tun haben, sondern mit bereits vorinterpretierten Fakten, die es zu verstehen gilt. In diesem Sinne hat sich etwa Clifford Geertz für hermeneutische Verfahren in der Ethnologie ausgesprochen und den hermeneutischen Zirkel für die Ethnologie fruchtbar gemacht. Anfang der 1990er Jahre hat Pierre Bourdieu auf die besondere Aufgabe des Verstehens für die Soziologie hingewiesen, wobei er betont, dass der Verstehende versuchen muss, sein Vorverständnis reflexiv zu korrigieren.

Allerdings bleibt der Status des Verstehens als Methode umstritten. Beispielsweise hat sich Gadamer vehement gegen die Möglichkeit der Disziplinierung des Verstehens zur Methode ausgesprochen. Vielmehr betont er, dass die Methode nicht der einzige Weg zur Wahrheit ist, sondern dass das Verstehen als ›Geschehen‹ über einen eigenen Wahrheitsgehalt verfügt. Und für Gadamer entfällt auch das Kriterium des ›Besser-Verstehens‹ zugunsten eines jeweiligen ›Anders-Verstehens‹, das sich im Verlauf der Geschichte durchsetzt.

Interkulturelles Verstehen

Während es schwierig ist, für das Verstehen jeweils Kriterien anzugeben, bleibt doch die Suche nach den Ermöglichungsbedingungen des Verstehens präsent, die das Verstehen der Beliebigkeit entziehen. Dies ist besonders in den Kulturwissenschaften, wie der Ethnologie, ein Problem. Im Folgenden sollen die angesprochenen Prämissen in Bezug auf die Möglichkeit interkulturellen Verstehens vorgestellt und kritisch hinterfragt werden, denn dieser Bezug hat den Verstehensbegriff einer neuen Problematisierung zugeführt.

Die Annahme einer universalen psychischen Disposition ermöglicht ein einfühlendes Verstehen, das den Zugang zum fremden Verständnis gewährt. In seinem Buch *Die Magie der Seele* wendet beispielsweise der Dilthey-Schüler Eduard Spranger dieses Verfahren an, um exotische Bräuche verständlich zu machen. Diese Einfühlung ist aber deshalb fragwürdig, weil sie sich der Kritik entzieht und als Kriterium nur das Gefühl, verstanden zu haben, die individuelle Evidenzerfahrung, zulässt. Dass dieses Gefühl aber durchaus trügerisch sein kann, hat Claude Lévi-Strauss gezeigt.

Die Annahme einer universalen Rationalität läuft nicht nur Gefahr, Rationalität auf einen bestimmten Begriff etwa den der Zweckrationalität (der lange in der Ethnologie leitend war) zu reduzieren, sondern verschließt sich auch der Möglichkeit, die eigenen Rationalitätskriterien kritisch zu befragen. Entweder werden solche Aussagen oder Verhaltensweisen, die dem eigenen Rationalitätsverständnis nicht entsprechen, als irrational oder mythisch (Lucien Lévy-Bruhl) identifiziert oder als rational gedeutet: Sobald Verhaltensweisen etwa so gedeutet werden, dass sie trotz allem Anschein der Irrationalität der Nutzenrationalität folgen, werden sie vielleicht verständlich, ohne aber dem Anspruch genügen zu können, das Verhalten im Selbstverständnis der Akteure zu verstehen. Oder aber, die Irrationalität der Aussagen wird einer schlechten Übersetzung zugeschrieben. Dieser Gedanke findet sich etwa bei dem Logiker Willard Van Orman Quine, der sich in seiner Thematisierung ›radikaler Übersetzung‹ auf die Feldforschungssituation bezieht. Demnach wird eine schlechte Übersetzung um so wahrscheinlicher, je absurder oder exotischer die Überlegungen, die man einem Volk unterstellt, sind. Er schlägt ein Prinzip der Nachsicht (*charity*) vor, das besagt, dass die Annahme der Dummheit des Gesprächspartners ab einem gewissen Punkt unwahrscheinlicher ist als eine schlechte Übersetzung. Obwohl die Skepsis gegenüber Exotisierungen durchaus berechtigt ist, bleibt zu bedenken, dass die nachzusehende Dummheit den Kriterien der Logik der eigenen Sprache unterworfen ist. Hier ergibt sich die Gefahr, in der Korrektur der Übersetzung die Momente der Differenz und Andersartigkeit außereuropäischer Sprachen zu tilgen.

Die Sicherung des Verstehens

Nun ließe sich sagen, dass diese Kritik noch zu stark an dem vielleicht uneinlösbaren Anspruch orientiert ist, die Anderen so zu verstehen, wie sie sich selbst verstehen, also an der Kongenialität des Verstehens festhält, wie es Gadamer kritisch gegen Einfühlungstheorien der romantischen Hermeneutik vorgebracht hat. Wendet man sich nun Gadamers Gedanken des notwendigen ›Anders-Verstehens‹ zu, den er nicht nur gegen Ansprüche des ›Besser-Verstehens‹, sondern auch gegen die Einfühlung vorbringt, ergeben sich jedoch für die Ethnologie neue Probleme: Da Gadamer kein beliebiges Anders-Verstehen legitimieren will, bleibt auch dieses Anders-Verstehen auf Voraussetzungen des Gelingens verwiesen. Demnach ermöglicht der ›gemeinsame Überlieferungszusammenhang‹, der Autor und Leser umfasst, das Angesprochenwerden durch den zu verstehenden Text, der als Überlieferung an uns gerichtet ist, so dass das ›Darinnenstehen im Überlieferungszusammenhang‹ die Einfühlung ablösen kann. Dieser gemeinsame Überlieferungszusammenhang aber entfällt in der Ethnologie, wenn Gadamer, wie er in seinem Buch *Das Erbe Europas* ausführt, von der »westlichen Kulturwelt« spricht und den Ländern der Dritten Welt ihren eigenen Überlieferungszusammenhang zuspricht.

Ein analoges übergreifendes Prinzip ließe sich vielleicht in einem gemeinsamen Evolutionszusammenhang sehen, der die Möglichkeit des Verstehens absichern könnte und der lange Zeit in der Ethnologie leitend war. Allerdings ist kaum mehr begründbar, von der Annahme auszugehen, dass sich außereuropäische Gesellschaften in einem zeitlich früheren Stadium der Entwicklung befinden. Vielmehr ist diese Annahme als Form des *othering* als zeitliche Distanzierung in die Kritik geraten, die die Anderen immer schon als gewissermaßen ›Zurückgebliebene‹ (als Wilde oder Primitive) identifiziert, um sie in eine verstehbare Nähe zu rücken.

Eine weitere Möglichkeit, das Verstehen abzusichern, bestünde darin, kulturelle Phänomene als Antworten auf universale menschliche Probleme zu deuten. In diese Richtung geht nicht nur Diltheys Weltanschauungslehre (wonach gemeinsame Lebensrätsel wie Tod und Geburt den Ausgangsort für kulturelle Deutungsarbeit bilden), sondern auch Paul Ricœurs Begriff des Verstehens, der über eine ›vermittelte Aneignung‹ zur Vertiefung des Selbstverständnisses führt. Demnach liegt die Möglichkeit, sich selbst über das Verstehen des Anderen besser zu verstehen, darin begründet, dass kulturelle Verhaltensweisen als Antworten auf universale Aporien menschlicher Existenz zu lesen sind, die ihnen ihren Sinn verleihen. Nach Ricœur erschließt sich dieser Sinn einer Tiefensemantik der universalen Grenzsituationen. Aber auch diese Voraussetzung kann im ethnologischen Bemühen, das Verständnis der Anderen zu verstehen, kritisch befragt werden, da sie möglicherweise den Relevanzhorizont der Deutung aus indigener Perspektive verfehlt.

Wenn also die Voraussetzungen oder Ermöglichungsbedingungen des Verstehens zumindest problematisch geworden sind, sowohl der Anspruch auf Übereinstimmung indigener Deutungen mit denen des Verstehenden, als auch der Anspruch des Besser-Verstehens (Hermeneutik des Verdachts), wie der Anspruch des Anders-Verstehens, und auch der Anspruch, sich selbst besser zu verstehen, ließe sich vielleicht fragen, ob das Kriterium der *Richtigkeit* in Anlehnung an Goodman und Elgin Anwendung finden könnte. In ihrem Buch *Revisionen* verabschieden Nelson Goodman und Catherine Z. Elgin die Korrespondenztheorie der Wahrheit und schlagen stattdessen den Begriff der ›Richtigkeit‹ vor, der den ›Fortschritt des Verstehens‹ leitet. Demnach liegt das Kriterium der Richtigkeit der Beschreibung einer Welt in deren ›Tauglichkeit für wissenschaftliche und andere Zwecke‹. Das Voranschreiten der wissenschaftlichen Forschung, die Konstruktion von Konzepten, die zur weiteren Erforschung führen, sowie das ›Erzeugen eines Passens‹ (die Kohärenz) dienen so als Kriterien für die Beurteilung des Verstehensfortschritts. Eine solche Verabschiedung des Bezugs auf eine beschreibungsunabhängige Welt (so problematisch er auch sein mag), läuft in der Ethnologie Gefahr, jede Widerständigkeit der ›Beschriebenen‹ zu tilgen.

Mit dieser Verunsicherung des Verstehens korreliert die zu beobachtende bedeutende Rolle, die dem Begriff des Fremden inzwischen zukommt. Es ist also weniger davon auszugehen, dass es die Ethnologie immer schon mit dem Fremden zu tun hat, dass Fremdheit etwa eine Funktion kulturräumlicher Distanz ist. Vielmehr ist Fremdheit ein relationaler Begriff. Die Fremdheit der Kulturen untereinander entsteht zum einen durch die Verschiedenartigkeit der Selbstverständnisse und Interpretationen, gewissermaßen durch die Unterschiedlichkeit dessen, was als selbstverständlich gilt. Um diese Fremdheit sichtbar zu machen, muss die Interpretationsbedingtheit dessen, was in der eigenen Kultur als selbstverständlich oder natürlich betrachtet wird, einsichtig geworden sein. Zum anderen ist diese Fremdheit auch das Ergebnis einer neuen Erfahrung der fremden Kultur: Denn je mehr ich mir im Versuch zu verstehen meiner eigenen kulturellen Vorverständnisse bewusst werde, um so stärker bin ich zu verunsichern und öffne mich dem Fremden.

Verstehen und Skepsis

Durch die oben geschilderte Kritik an Möglichkeiten, sich mit der Standortbedingtheit des Verstehens und den kulturellen Vorverständnissen zu versöhnen, sie als Ermöglichungsbedingungen des Verstehens zu akzeptieren, wird die Frage, ob und wie fremde Kulturen zu verstehen sind, noch deutlich verkompliziert.

Diese Situation umfänglicher Irritation, einer gesteigerten Skepsis dem eigenen Verständnis gegenüber, kann dem Verstehen aber auch einen neuen Horizont der Selbstkritik öffnen und seine Transformation ermöglichen. Indem das Verstehen stärker in seiner Prozessualität und als Praxis, insbesondere als

Verständigungspraxis, erscheint, ergibt sich die Möglichkeit, den Verstehensprozess Kriterien der praktischen Vernunft zu unterstellen. Die Einsicht, dass das Verstehen die interindividuellen Beziehungen strukturiert, den Umgang mit den Anderen leitet, kann so für den Verstehensbegriff fruchtbar gemacht werden.

Auf die enge Verwobenheit von Verstehen und Praxis hat Helmuth Plessner schon früh hingewiesen und betont, wie eng Auffassung und Behandlung des Menschen zusammenhängen. Plessner bezieht sich dabei vor allem auf die Praxis des Kolonialismus und der Missionierung, die von einer spezifischen Auffassung der Inferiorität der jeweiligen Kultur geleitet werden. Auch in der Ethnologie lassen sich Beispiele für die Praxisrelevanz des Verstehens finden: Hier wird deutlich, dass in der Bestimmung des ›Anderen als etwas‹ eine Praxis beschlossen liegt, die als Verdinglichung und Objektivierung zu begreifen ist, die den Einspruch des Anderen, sein Mitspracherecht, überhört: Verstehen, das auf eine Bestimmung des Anderen geht, verweigert eine Reziprozität der Perspektiven und droht damit zum Ausschlussverfahren zu werden. Das Verständnis der Anderen als Wilde oder Primitive beispielsweise ist selbst als Umgang mit den so Kategorisierten zu fassen und leitet den Umgang mit ihnen. So wäre die Praxis der Völkerschauen ohne ein Verständnis der Primitivität und Tiernähe der ›Ausstellungsobjekte‹ nicht denkbar gewesen. Aber es geht in der hier verfolgten Kritik des Verstehens nicht nur um abwertende Identifikationen, sondern um die Problematik abrundender Bestimmungen, identifikatorischer Verständnisse insgesamt, die im Bemühen zu verstehen Verständigung verweigern und verhindern. Es geht also nicht darum, diesen Verständnissen ein ›richtiges‹, dem Selbstverständnis der Anderen entsprechendes Verständnis entgegenzuhalten, sondern um eine Kritik an einem abschließenden Verständnis überhaupt.

Wenn in Friedrich Nietzsches nachgelassenen Schriften zu lesen ist, dass es beleidigend sei, verstanden zu werden, geht es nicht um die Zurückweisung nur der abwertenden Bestimmungen. Viel eher ist die Tatsache der definitorischen Bestimmung selbst beleidigend, weil sie den Anderen reduziert und festlegt. In diesem Sinne sprich Nietzsche an anderer Stelle von der ›Tyrannei des Porträts‹, die darin besteht, dass diejenigen, die dieses Porträt des Anderen zeichnen, ungerecht werden, insofern sie geradezu verlangen, das der Andere, so ›ist‹, wie sie ihn gezeichnet haben. Und die Ausführungen des russischen Literaturwissenschaftlers Michail Bachtin gehen in dieselbe Richtung und lassen sich fast als Veranschaulichung von Nietzsches Gedanken lesen. Bachtin stellt in Dostojewskis Romanen den Aufstand der Helden gegen abrundende Bestimmungen heraus. Im Gegenzug betont er das neue, dialogische Verhältnis, in das Dostojewski sich seinen Romanfiguren gegenüber begibt. Er äußert sich nicht über sie, sondern lässt sie zu Wort kommen. Diese Überlegungen haben gegenwärtig beispielsweise in der Ethnologie zur Diskussion um dialogische Verfahren der Feldforschung und des Dialogs als Darstellungsform geführt.

In der Abwehr der Bestimmungen, der Verweigerung abschließender Verständnisse geht es primär darum, ein Sichverstehen im Horizont der Freiheit zu ermöglichen: In der Verweigerung abschließender Bestimmungen kann sowohl der Verstehende sich für Wandel und Veränderung offen halten, indem er die Bestimmung verweigert, die eine Fixierung auch des eigenen Standortes verlangt (Wilde – Zivilisierte, Schriftlosigkeit – Schriftlichkeit), und der Andere kann, aus Identifikationen entlassen, seine Freiheit, anders zu sein, als ich ihn verstehe, wahren. Dieser Aufstand gegen Bestimmungen, der den Horizont der Freiheit spannt, lässt sich auch in der Ethnologie finden. Nämlich in der Abwehr ehemals ›Erforschter‹, sich in den Begriffen und Kategorien der Forscher zu verstehen. Die Kritik ethnologischer Studien erfolgt nicht, weil diese notwendig abwertend oder falsch sind, sondern eher, weil sie als Horizont einer Selbstdefinition Freiheit verspielen würden. Denn definitorische Bestimmungen legen fest, verleugnen Freiheit und erscheinen daher immer verfehlt. Es geht eher darum, endgültige Verständnisse insgesamt abzuwehren, um eine ›innere Kolonisierung‹, die sich in der Aneignung der Bestimmung vollziehen würde, zu verweigern, und darum, Möglichkeiten kulturellen Wandels nicht zu verschließen. Interkulturelle Verständigung kann sich demnach nur unter einem offenen Horizont des Verstehens vollziehen.

Literatur

Apel, Karl-Otto: *Die Erklären-Verstehen-Kontroverse in transzendentalpragmatischer Sicht.* Frankfurt a. M. 1979.

Bachtin, Michail M.: *Literatur und Karneval. Zur Romantheorie und Lachkultur.* Frankfurt a. M. 1990.

Bourdieu, Pierre: Verstehen. In: *Das Elend der Welt. Zeugnisse und Diagnosen alltäglichen Leidens an der Gesellschaft.* Hg. von Pierre Bourdieu u. a. Konstanz 2002, 779–802 (frz. 1993).

Detel, Wolfgang: *Geist und Verstehen. Historische Grundlagen einer modernen Hermeneutik.* Frankfurt a. M. 2011.

Dilthey, Wilhelm: Plan der Fortsetzung zum Aufbau der ge-

schichtlichen Welt in den Geisteswissenschaften. In: Ders.: *Gesammelte Schriften.* Bd. 7. Göttingen 1992, 191–290.
Eilenberger, Wolfram: *Das Werden des Menschen im Wort. Eine Studie zur Kulturphilosophie Michail M. Bachtins.* Zürich 2009.
Gadamer, Hans-Georg: *Das Erbe Europas.* Frankfurt a. M. 1989.
–: *Wahrheit und Methode. Grundzüge einer philosophischen Hermeneutik.* In: Ders.: *Gesammelte Werke.* Bd. 1. Tübingen 1990.
Geertz, Clifford: »Aus der Perspektive des Eingeborenen«. Zum Problem des ethnologischen Verstehens [1977]. In: Ders.: *Dichte Beschreibung. Beiträge zum Verstehen kultureller Systeme.* Frankfurt a. M. 1983, 289–310.
Göller, Thomas: *Kulturverstehen. Grundprobleme einer epistemologischen Theorie der Kulturalität und kulturellen Erkenntnis.* Würzburg 2000.
Kämpf, Heike: *Die Exzentrizität des Verstehens. Zur Debatte um die Verstehbarkeit des Fremden zwischen Hermeneutik und Ethnologie.* Berlin 2003.
–: *Aspekte der Kulturanthropologie. Kultur, Mensch, Verstehen.* Saarbrücken 2012.
Kogge, Werner: *Die Grenzen des Verstehens. Kultur – Differenz – Diskretion.* Weilerswist 2002.
Malinowski, Bronisław: *Argonauts of the Western Pacific. An Account of Native Enterprise and Adventure in the Archipelagoes of Melanesia New Guinea.* London 1922.
Plessner, Helmuth: Mit anderen Augen [1953]. In: Ders.: *Gesammelte Schriften.* Hg. von Günter Dux, Odo Marquard und Elisabeth Ströker. Frankfurt a. M. 1982, Bd. 8, 367–379.
Quine, Willard Van Orman: *Wort und Gegenstand.* Stuttgart 1980 (engl. 1960).
Rehbein, Boike/Saalmann, Gernot (Hg.): *Verstehen.* Konstanz 2009.
Ricœur, Paul: *Hermeneutik und Strukturalismus.* München 1973 (frz. 1969).
Schleiermacher, Friedrich: *Hermeneutik und Kritik. Mit einem Anhang sprachphilosophischer Texte Schleiermachers.* Hg. von Manfred Frank. Frankfurt a. M. [7]1999.
Schütz, Alfred: Der Fremde. Ein sozialpsychologischer Versuch [1944]. In: Ders.: *Gesammelte Aufsätze II. Studien zur soziologischen Theorie.* Hg. von Arvid Broderson. Den Haag 1972, 53–69.
Spranger, Eduard: *Die Magie der Seele.* Tübingen 1947.
Weber, Max: Soziologische Grundbegriffe [1921]. In: Ders.: *Gesammelte Aufsätze zur Wissenschaftslehre.* Hg. von Johannes Winkelmann. Tübingen [7]1988, 541–581.

Heike Kämpf

22. Wahrheit

Wahrheit zeigt sich in der diskursiv eingelösten Entsprechung von Aussagen und Sachverhalten. Schon umgangssprachlich wird etwas ›wahr‹ genannt, dessen Behauptung zutrifft; wenn sie mit den Tatsachen übereinstimmt; wenn es so, wie man sagt, auch der Fall ist.

Wahrheitsexplikation

Die moderne philosophische Klärung des Wahrheitsbegriffs, die seit dem frühen 20. Jahrhundert im Namen von ›Wahrheitstheorien‹ geleistet wird, konzentriert sich in der Regel auf eine propositionalistische Variante der Wahrheitsexplikation. Demnach sind Behauptungen die vorrangigen Wahrheitsträger. Wahr können nicht schon Überzeugungen, Sachen, Wörter, Bitten oder Berichte sein, sondern erst solche Aussagen, die einen Wahrheitsanspruch erheben. Moderne Wahrheitstheorien gehen davon aus, dass alles Behaupten »durch sprachliche Elemente mit der Wahrheit verknüpft« (Dummett 1988, 178) ist.

Mit der Propositionalisierung des Wahrheitsbegriffs geht allerdings eine rückhaltlose Versprachlichung einher, die alle Seins- und Sachwahrheit in Satzwahrheit aufzulösen scheint (vgl. Janich [2]2000, 29). Eine unverkürzte kulturphilosophische Explikation unseres Wahrheitsverständnisses müsste hingegen auch solche Perspektiven aufzeigen, die über strikt propositionalistische Lesarten des Wahrheitsprädikats hinausgehen. Tatsächlich sind auch unserer alltagssprachlichen Verwendungsweise von ›wahr‹ vor- und transpropositionale Gehalte nicht fremd: Überzeugungen, Wahrheitsgefühle, Fürwahrhalten und Wahrhaftigkeit repräsentieren vorprädikative Stufen unseres Wahrheitsverständnisses.

Schon für die Philosophie selbst – d. h. für den Kreis philosophischer Aussagen, Thesen, Theorien – lässt sich kein Passepartout-Wahrheitsbegriff, auch keine privilegierte Verifikationsmethode unterstellen. Was unter solchen Bedingungen den Wahrheitsbegriff vor einer in Beliebigkeit umschlagenden Pluralisierung (vgl. Wright 2001) noch schützt – und zugleich das Feld einer spezifisch kulturphilosophischen »Alethiologie« (Johann Heinrich Lambert) eröffnet –, ist die Unterscheidung zwischen unterschiedlichen Ebenen der Wahrheitssemantik und verschiedenen Aufgaben ihrer Explikation. Wie alle geschichtlichen Begriffe lässt sich auch das Wahrheitsprädikat nicht eindeutig definieren, wohl aber in seinem Gebrauch erläutern. Kulturphilosophie setzt daher den geläufigen sprachanalytischen Antworten auf die Frage ›Was ist Wahrheit?‹ und ›Wann (bzw. unter welchen Bedingungen) ist ein Satz wahr?‹ nichts *hinzu;* wohl aber *über*setzt sie die Sprachanalyse auf ein ihr fremdes Feld, welches auch den Bereich »kultureller Tatsachen« (Konersmann 2006) einschließt. Kulturphilosophie fragt nach den Bedingungen der Wahrheitskriterien als den Bedingungen des Wahrheitsdiskurses selbst und übernimmt darin eine Explikationsaufgabe, die von modernen Wahrheitstheorien selbst nicht mehr in den Blick genommen werden kann. Daraus folgt nicht etwa ein genuin kulturphilosophisches Verständnis von Wahrheit; ebenso wenig ist es Kulturphilosophie bloß um eine Analyse der impliziten oder expliziten Verwendung des Wahrheitsbegriffs in den Kulturwissenschaften zu tun; vielmehr geht es um eine kulturphilosophische Erläuterung derjenigen Elemente unserer Wahrheitsdefinitionen, -kriterien und -diskurse, die ohne Besinnung auf ihre kulturellen Voraussetzungen nicht angemessen bestimmt werden können. Im Unterschied zu den für sich nachvollziehbaren ›deflationistischen‹ (Kirkham 1992), ›minimalistischen‹ (Horwich 1990) oder ›prosententionalistischen‹ (Grover 1992) Verengungen der Wahrheitssemantik käme einer kulturphilosophischen Alethiologie die Aufgabe zu, an den »umfassende[n] Sinn von Wahrsein« (Jaspers 1947, 192) zu erinnern.

Wahrheitsträger: Überzeugungen, Aussagen, Tatsachen

Seit Aristoteles gelten Aussagen als klassischer Ort der Wahrheit. Im Unterschied zu Frage- und Bittsätzen, zu Gelübden und Imperativen können nur apophantische Urteile, d. h. prädikative Behauptungssätze der Struktur Subjekt-Kopula-Prädikat, wahr oder falsch sein (Aristoteles, *De interpretatione,* 17a). Mit guten Gründen argumentieren allerdings Sprechakttheoretiker, dass bei Aussagen, die Wahrheitsanspruch erheben, nicht einfach von ihrem Aussagemodus abstrahiert werden kann, weil sich in ihnen durchaus verschiedene Anwendungskontexte und Geltungsansprüche (Wahrhaftigkeit, Wahrheit, Richtigkeit) artikulieren, die sich wiederum nur auf unterschiedliche Weise einlösen lassen (vgl. Austin 1950; Searle 1971). Allerdings konzentrieren sich kulturphilosophische Wahrheitsexplikationen weniger auf die Bestimmung von Aussagen als Wahrheitsträgern, sondern fragen, worin Aussagefunktionen und Aussagensysteme selbst bestehen (vgl. Foucault 1973). Aussagen lassen sich offenbar nicht einfach auf das syntaktische Gebilde des Satzes oder die logische Form der Proposition reduzieren (vgl. Puntel 1974, 1657), sondern stellen eine Art genereller »Existenzfunktion« (Foucault 1973, 126) von Zeichen dar, die Sinn ergeben.

Aussagen wollen überzeugen; doch gehen in Aussagen auch schon Überzeugungen ein. So gut wie in vortheoretischen Sätzen haben sich auch in wissenschaftlichen Aussagen immer schon ganze Welten an kommunikativen Kompetenzen, kulturellen Selbstverständnissen und Evidenzunterstellungen abgelagert; ebenso in der Überprüfung solcher Sätze nach bestimmten Verifikationskriterien. Selbst konsequenten Empiristen wie Willard Van Orman Quine gelten wissenschaftliche Begriffsschemata (wie ›Materie‹, ›Masse‹ etc.) als Postulate oder ›kulturelle Setzungen‹ (*cultural posits*), die sich mythologischen Konstrukten einzig dadurch als überlegen erweisen, dass sie uns ein mit den ›Sinnesdaten‹ kohärenteres Weltbild liefern (vgl. Quine 1979). Entsprechend folgen auch Wahrheitskonventionen bestimmten kulturellen Setzungen und Überlieferungen, Gewohnheiten und Praktiken. Sie beeinflussen die Überzeugungen, mit denen wir assertorische Sätze äußern; sie beeinflussen aber auch die Überzeugungskraft, die unsere Behauptungen im Diskurs entfalten oder verfehlen.

Dass Aussagen den Tatsachen entsprechen müssen, um wahr genannt zu werden, verschiebt die Wahrheitsproblematik zunächst auf den Tatsachenbegriff, der einem gestaltwechselnden Proteus gleicht – zumal, wenn man näher zwischen physikalischen, geschichtlichen, politischen, sozialen oder kulturellen Tatsachen zu unterscheiden sucht. Viel spricht dafür, Tatsachen als bestehende Sachverhalte zu fassen und von Erfahrungsgegenständen, Ereignissen und Situationen zu unterscheiden. Denn die Tatsache, dass Cäsar ermordet wurde, besteht weiterhin, obwohl das Ereignis selbst längst vergangen und nicht mehr anders denn in sprachlichen Berichten zugänglich ist (vgl. Patzig 1996). Tatsachen werden auch nicht ›tatsächlicher‹ dadurch, dass alle Einzelheiten berücksichtigt werden; sie geben kein Maximum, sondern ein Optimum an Information (vgl. ebd., 56). Tatsachen sind in der propositionalen Form von Sätzen gegeben, aber nicht alle Sätze repräsentieren Tatsachen (vgl. Strawson 1964; Ayer 1963). Bleibt das Problem einer praktikablen begrifflichen

Unterscheidung von Tatsachensphären, wie sie der umgangssprachliche Gebrauch schon vorgibt: Ein Modell für die Differenzierung solcher Tatsachensphären bietet Rudolf Carnaps formalsemantisches Konstitutionssystem der Gegenstandsbereiche (vgl. Carnap 1998). Ergänzt werden müsste diese Sphärentheorie von Faktizität freilich um die Einsicht, dass sich bestimmte Tatsachensphären allein Formen kollektiver Intentionalität verdanken (vgl. Gilbert 1989): Kulturelle Tatsachen gibt es nur, weil sie für Tatsachen ›gelten‹; weil wir ›glauben‹, dass es sie gibt (vgl. Searle 1997).

Konvergenzen: Korrespondenz, Kohärenz, Konsens

›Wahr‹ ist ein zweistelliges Prädikat; und damit Ausdruck einer Relation, die zwei Relata aufeinander bezieht. Will man die Bezogenen nicht als starr hypostasieren, kommt man kaum umhin, von ihrer wechselseitigen Angleichung oder ›Konvergenz‹ zu sprechen. Offenkundig ist Wahres nichts, was einfach und unverhüllt vorliegt, sondern in seiner ›Entdeckung‹ stets auch hervorgebracht wird.

In Übereinstimmungstheorien verbindet das zweistellige Prädikat »x konvergiert/stimmt überein/korrespondiert mit y (und x wird dadurch wahr genannt)« in der Regel Aussagen mit Tatsachen (Sellars 1963). George E. Moore hat die Notwendigkeit einer gewissen Unbestimmtheit dieser Relation konzediert, um die jeweilige Besonderheit der Beziehung von x zu y bewahren zu können. Denn »jede wahre Meinung (*belief*) steht in einer besonderen Beziehung zu genau einer Tatsache (*fact*)« (Moore 1953, 256; Übers. D. W.).

Statt der Übereinstimmung von Aussagen und Sachverhalten/Tatsachen kann ›wahr‹ auch die Übereinstimmung von Aussagen mit anderen Aussagen genannt werden. Ihr Kriterium wäre dann nicht mehr Korrespondenz, sondern ›Kohärenz‹ und hätte die ›Konsistenz‹ und innere ›Verbundenheit‹ von Aussagesystemen zum Maßstab (vgl. Ayer 1963, 291). Kohärenz kann nur eine Eigenschaft von Mengen sein, die mindestens zwei Aussagen umfassen. Eine Proposition P_1 wäre dann das Element einer kohärenten Menge M von Propositionen (M = $\{P_1, P_2, P_3...\}$), wenn sich P_1 immer auch aus den übrigen Elementen von M ableiten ließe (vgl. Rescher 1977, 374). Die Proposition qualifizierte sich dadurch als »Wahrheitskandidat«, dass sie »mit möglichst vielen der restlichen Daten konsistent« (ebd., 379) wäre. Probleme ergeben sich dann allerdings durch die Möglichkeit kohärenter Mengen, die Elemente einschließen, die mit denen anderer kohärenter Mengen unverträglich sind.

Konsenstheorien gehen nicht von der Übereinstimmung von Aussagen mit Tatsachen oder von der Zusammenstimmung von Sätzen mit anderen Sätzen aus, sondern von der ›allgemeinen Zustimmungsfähigkeit‹ von Aussagen. Wahr wäre, nach Charles Sanders Peirce, diejenige Meinung, »deren Schicksal es ist, letztlich von allen, die forschen, akzeptiert zu werden« (Peirce 1878/1965, 407; Übers. D. W.). Gemeint ist dabei nicht die praktische Umsetzung dieser allgemeinen Zustimmung, sondern die Limesposition eines Ideals, der sich unsere »wissenschaftliche Überzeugung annähern« (Peirce 1906/1965, 565; Übers. D. W.) sollte. Karl-Otto Apel und Jürgen Habermas haben diese Idee diskurspragmatisch reformuliert und den diskursiv erzielten Konsens zum Wahrheitskriterium erhoben: »Wahr nennen wir Sätze, deren Geltungsanspruch von jedem vernünftigen Menschen anerkannt werden muß« (Habermas/Luhmann 1971, 222). Privilegiert wird die Form eines argumentativ begründeten Konsensus. Dieser kann nur unter bestimmten Bedingungen – dem Willen zur Argumentation und innerhalb idealer Sprechsituationen – erzielt werden, um im Diskurs dem »zwanglosen Zwang des besseren Arguments« (Habermas 1984, 144) zum Durchbruch zu verhelfen. Keine befriedigende Antwort geben Konsenstheorien auf den Einwand, dass selbst dann, wenn alle diskursethischen Bedingungen der Argumentation und idealen Sprechsituation erfüllt sind, diejenigen zustimmungsfähigen Behauptungen, auf die sich die Argumentationsgemeinschaft geeinigt hat, prinzipiell unwahr sein können (vgl. Puntel 1978; Künne 2003, 404).

Entsprechungskriterien

Wahrheit zeigt sich in der diskursiv eingelösten, darin gesellschaftlichen Konventionen und kulturellen Praktiken folgenden Entsprechung von Aussagen und Sachverhalten. Objektiv unabhängig vom jeweiligen subjektiven oder intersubjektiven Fürwahrhalten (im Sinne der epistemischen Wahrheitsauffassungen; vgl. Künne 1994) kann Wahrheit nur als eine in den kulturellen Konventionen und Evidenzhorizonten der Wahrheitsermittlung enthaltene sein. Diese Zusammenhänge berücksichtigt das dreistufige Modell einer sprachpragmatisch-kulturphilosophischen Wahrheitsexplikation, die von einer doppelt-konventionellen Entsprechung von assertorischen Sprechakten, Tatsachen und Begebenheiten ausgeht. Verbunden werden (1) Situationen, Ereignisse oder Erfahrungsgegenstände mit (2) Sachverhalten, die (3) als bestehende behauptet werden.

John L. Austin hat vorgeschlagen, Behauptungssätze (*statements*) nicht bloß als Konstativa, sondern als verständigungsorientierte Sprechhandlungen aufzufassen, die – als Handlungen – selbst etwas ›in der Welt‹ sind. Auch sie unterliegen, als Teil des allgemeinen Symbolsystems der Sprache, konventionellen Regeln. Unser Wahrheitsverständnis korreliert, genauer gesagt, zwei Konventionen: ›Deskriptive Konventionen‹ beziehen sich auf Wörter und Sätze – also Sachverhalte in Form von Propositionen –, mit denen, gemäß bestimmter Indikatoren (»am 15. März 44 v. Chr.« o. Ä.), eine Situation in der Welt repräsentiert bzw. ihr entsprochen wird. Dies impliziert Beschreibungsregeln, in die selbst schon Interpretationsdiskurse eingehen. Demgegenüber beziehen sich ›demonstrative Konventionen‹ auf Aussagen, die den deskriptiv-konventionellen Sätzen dieser historischen (also realen) Situationen entsprechen und die, mit verdiktiven oder expositiven Verben gebildet, die behauptete Tatsache bzw. Proposition enthalten. Damit kommt die zweite Ebene der Entsprechung ins Spiel, mit der sich die Übereinstimmung von Aussagen und Tatsachen letztlich zu einer doppelten Konvergenz bestimmt. Eine Aussage (S″) wäre dann wahr, wenn sie sich regelgerecht (nach bestimmten demonstrativen Konventionen, z. B. Zitationsgepflogenheiten in der Geschichtswissenschaft o. Ä.) auf eine Tatsache (S′) bezöge, die ebenfalls regelgerecht (d. h. nach deskriptiven Konventionen) und in Übereinstimmung mit der fraglichen Begebenheit (S) gebildet wurde (vgl. Austin 1961, 90). Eine kulturphilosophische Variante dieser Überlegungen ließe sich wie folgt schematisieren (vgl. Westerkamp 2007):

Anhand des Modells lassen sich behauptende Sprechakte des Typs S″ selbst als Ereignisse interpretieren, die zu einer Begebenheit (S) bzw. einem Sachverhalt (S′) in der Welt werden können, über den sich wiederum Behauptungen anstellen lassen – wobei die jeweiligen Regeln zur Beschreibung von Sachverhalten und zur Bestimmung dessen, was Entsprechung bedeutet, selbst geschichtlich wandelbar sind, weil sie ihrerseits diskursiv verhandelt werden. Es zeigt auch, dass Wahrsein nicht nur am sprachlichen Gehalt der Sachverhalte hängt, welche gleichwohl nur ›als‹ sprachliche ›für uns‹ zu Tatsachen werden. Zu den Vorzügen des kulturphilosophischen Konvergenzmodells gehört ferner, dass Behauptungen des Typs S″ nicht der Anwesenheit von Begebenheiten bedürfen, um für wahr zu gelten; es genügt ihre konventionelle Entsprechung zu Sätzen des Typs S′. In der Tat sind die meisten unserer historischen und kulturellen Tatsachen dieser Art, weil uns ihr ursprünglicher Erfahrungsgegenstand nicht mehr gegeben ist – oder es nie hätte werden können. Auch zeigt sich, dass Sätze ›über‹ Sätze des Typs S″ (»Ich behaupte, es ist wahr, dass für bewegte Systeme ›die lange Zeit der Reise nur ein Augenblick [wäre], falls die Bewegung annähernd mit Lichtgeschwindigkeit erfolgte‹« [Einstein 1993, 436]) selbst zu neuen Tatsachen werden können. Mit ähnlichen Überlegungen weist bereits Georg Simmel darauf hin, dass die ›Rezeption‹ physikalischer Tatsachen und Theorien selbst nicht mehr als physikalische, sondern als eine kulturelle Tatsache gelten muss (vgl. Simmel ^{4}1996, 627).

Evidenzhorizonte: Im-Wahren-Sein

Indes gibt es eine noch allgemeinere Frage, die zu stellen wohl nur einer kulturphilosophischen Alethiologie einfallen könnte: Warum Wahrheit eigentlich selbst zu jenen »grossen Cultur-Thatsachen der

S	S′	S″
Begebenheit X	Tatsache / Proposition	Behauptung

1. Entsprechung	2. Entsprechung
[*deskriptive Konventionen*]	[*demonstrative Konventionen*]
Objektsprache	Metasprache

Menschheit« (Nietzsche KSA 6, 125) zählt, warum die europäische Kultur eine Kultur der Wahrheit, warum Wahrheit zu einem ihrer wichtigsten Werte werden konnte (vgl. Marion 1985). Gefragt würde nicht nach der Wahrheit von Behauptungen ›über‹ kulturelle Tatsachen, sondern nach der Wahrheit ›als‹ einer kulturellen Tatsache. Als »Kultur-Thatsache«, würde die Prämisse lauten, entfaltet sich Wahrheit in geschichtlichen Kontexten und ›alethischen Evidenzhorizonten‹.

Michel Foucault hat wissenschaftssystemische Evidenzkontexte am Beispiel der Organisation des medizinischen, biologischen und botanischen disziplinären Diskurses im 18. und 19. Jahrhundert untersucht; darin macht er auf die rückblickend verblüffende Tatsache aufmerksam, dass die von Gregor Johann Mendel beobachteten Vererbungsregeln seinerzeit für falsch, stattdessen eine heute abstrus anmutende Theorie wie die Leugnung pflanzlicher Sexualität und Geschlechtsunterschiede durch Matthias Schleiden, für wahr gegolten hat (vgl. Foucault 1991, 24f.). Offenbar konnten Mendels Behauptungen keinen Eingang ins Wissen finden, weil sie den disziplinären Sprachspielen, dem wissenschaftlichen Erwartungshorizont der *scientific community* nicht angemessen waren: »Ein Satz muß also komplexen und schwierigen Erfordernissen entsprechen, um der Gesamtheit einer Disziplin angehören zu können. Bevor er als wahr oder falsch bezeichnet werden kann, muß er, wie Georges Canguilhem sagen würde, ›im Wahren‹ sein [*dans le vrai*]« (Foucault 1991, 24). Das Beispiel der Mendelschen Regeln zeigt, dass man Wahres sagen kann, nicht aber schon »›im Wahren‹ des biologischen Diskurses seiner Epoche« steht, während Schleiden falsch lag, aber »lediglich einen disziplinierten Irrtum formuliert(e)« (Foucault 1991, 25). Damit ist die Rückseite jenes ›alethischen Realismus‹ (vgl. Alston 1996) beleuchtet, der auf der Unabhängigkeit von Wahrsein und Fürwahrhalten insistiert (vgl. Künne 2003). Foucaults Beispiel zeigt, dass es nicht ausreicht, auf der Seite des Wahren zu sein, sondern notwendig ist, auch ›ins‹ jeweils ›Wahre‹ des disziplinären Fachdiskurses einzudringen.

Von der wissenschaftstheoretischen auf eine kulturphilosophische Ebene übertragen, lässt sich ebenso wie von ›disziplinären‹ Sprachspielen und Wissenskontexten auch von ›kulturellen‹ Evidenzhorizonten, Diskursuniversen oder Argumentationsräumen sprechen, in denen sich unsere Wahrheitssemantik situiert. Zum Wahrheitsverständnis gehören Evidenzkriterien, die durch kulturelle Horizonte vorgezeichnet sind. Man denke etwa an die Bestimmung der Transzendentalien in der mittelalterlichen Philosophie. Der mittleren Epoche erschien vollkommen evident, dass alles natürlich-göttlich Geschaffene *ipso facto* seiend, gut und wahr ist. Das Wahrheitsprädikat gehörte zu denjenigen begrifflichen Bestimmungen, die allem natürlich Seienden a priori zuzusprechen waren – woran auch menschliches Tun nichts zu ändern vermochte. Damit war das verschiedene, in eine natürliche Ordnung gegliederte Seiende zwar nicht schon gleich wertig und gleich wahr, aber doch von Anbeginn ›im Wahren‹. Den Glauben an eine transzendentalerweise wahre, gute und schöne natürliche Ordnung des Seienden vermögen säkulare Zivilgesellschaften nicht mehr uneingeschränkt zu teilen. Seine Prämissen erscheinen uns nicht mehr annehmbar; sie haben für moderne Gesellschaften an Evidenz verloren. Kulturphilosophische Wahrheitsexplikationen nehmen daher die Gestalt einer ›praktischen Hermeneutik‹ (Wolfgang Kersting) der Nachkonstruktion alethischer Evidenzparameter an. Denn die Überzeugungen, die unsere diskursiv zu prüfenden Aussagen allererst motivieren, sind selbst schon durchdrungen von solchen Voraussetzungen.

Dass Aussagen nicht nur (1) Tatsachen, (2) anderen Aussagen, (3) allgemeiner Zustimmung und (4) gewachsenen Sprachkonventionen, sondern jederzeit auch gewordenen kulturellen Evidenzhorizonten entsprechen müssen, um als Wahrheitsträger in Frage zu kommen, schließt nicht aus, dass es Wahrheitsträger geben mag, von denen wir (noch nicht oder niemals) wissen können, dass sie es sind. Dadurch eröffnet sich ein Raum, in dem Wahrheit nicht immer auch schon identisch mit dem Wissen ›von ihr‹ ist (vgl. Künne 2003). Man hat daher allen Grund, der unhintergehbaren strukturellen Unwissenheit (vgl. Alston 1996) und Perfektibilität menschlichen Wissens auch wahrheitstheoretisch Rechnung zu tragen. Es gibt Gedanken, auf die eine stets geschichtlich situierte Argumentationsgemeinschaft, mag sie *idealiter* auch als unendliche unterstellt werden, nicht verfallen kann, weil ihre alethischen Evidenzhorizonte in demselben Maße Erkenntnismöglichkeiten eröffnen, wie sie andere zugleich verdecken. Ludwig Wittgenstein hat solche kulturellen Kontexte »Weltbilder« genannt, innerhalb deren noch 1951 ein Satz wie »Jemand war auf dem Mond« (Wittgenstein 1984, 142) nicht ›im Wahren‹ sein konnte. Eine kulturphilosophische Alethiologie weiß um die Beschränkungen menschlichen Fürwahrhaltens, das Aussagen und Überzeugungen nicht so lange traktieren kann, »bis daß die Wahrheit sich enthüllte, kalt und blaß« (Baudelaire, »Traum eines Wißbegierigen«).

Literatur

Alston, William P.: *A Realist Conception of Truth.* Ithaca/New York 1996.

Austin, John L.: Truth [1950]. In: Ders.: *Philosophical Papers.* Oxford 1961, 85–101.

Ayer, Alfred Jules: Truth [1963]. In: Ders.: *The Concept of a Person and Other Essays.* London 1963.

Carnap, Rudolf: *Der logische Aufbau der Welt* [1928]. Hamburg 1998.

Dummett, Michael: *Ursprünge der analytischen Philosophie.* Frankfurt a. M. 1988.

Einstein, Albert: Die Relativitätstheorie [1911]. In: *The Collected Papers.* Bd. 3. Hg. von Martin J. Klein u. a. Princeton 1993, 425–438.

Foucault, Michel: *Die Ordnung des Diskurses. Mit einem Essay von Ralf Konersmann.* Frankfurt a. M. 1991 (frz. 1971).

–: *Archäologie des Wissens.* Frankfurt a. M. 1973 (frz. 1969).

Gilbert, Margaret: *On Social Facts.* London u. a. 1989.

Grover, Dorothy L.: *A Prosentential Theory of Truth.* Princeton 1992.

Habermas, Jürgen: Wahrheitstheorien [1973]. In: Ders.: *Vorstudien und Ergänzungen zur Theorie des kommunikativen Handelns.* Frankfurt a. M. 1984, 127–183.

– /Luhmann, Niklas: *Theorie der Gesellschaft oder Sozialtechnologie?* Frankfurt a. M. 1971.

Horwich, Paul: *Truth.* Oxford 1990.

Janich, Peter: *Was ist Wahrheit?* München ²2000.

Jaspers, Karl: *Von der Wahrheit.* München 1947.

Kirkham, Robert: *Theories of Truth.* Cambridge/Mass. 1992.

Konersmann, Ralf: *Kulturelle Tatsachen.* Frankfurt a. M. 2006.

Künne, Wolfgang: Wahrheit. In: *Philosophie. Ein Grundkurs.* Hg. von Ekkehard Martens und Herbert Schnädelbach. Reinbek 1994. Bd. 1, 116–171.

–: *Conceptions of Truth.* Oxford 2003.

Marion, Jean-Luc: Vérité dans l'historie européenne: don ou fondement? In: *Das europäische Erbe und seine christliche Zukunft.* Hg. von Nikolaus Lobkowicz. Köln 1985, 342–347.

Moore, George E.: *Some Main Problems of Philosophy* [1910]. London 1953.

Nietzsche, Friedrich: Götzen-Dämmerung. In: Ders.: *Kritische Studienausgabe.* Hg. Von Giorgio Colli und Mazzino Montinari. Berlin ²1988, Bd. 6, 55–160 [KSA].

Patzig, Günther: Satz und Tatsache [1964]. In: *Gesammelte Schriften.* Göttingen 1996. Bd. IV, 9–43.

Peirce, Charles Sanders: How to Make Our Ideas Clear [1878]. In: Ders.: *Collected Papers.* Hg. von Charles Hartshorne und Paul Weiss. Bd. 5. Cambridge, Mass. 1965, 388–410.

–: Truth [1906]. In: Ebd., 549–571.

Puntel, Lorenz Bruno: Wahrheit. In: *Handbuch philosophischer Grundbegriffe.* Hg. von Hermann Krings u. a. München 1974. Bd. 6, 1649–1668.

–: *Wahrheitstheorien in der neueren Philosophie.* Darmstadt 1978.

Quine, Willard Van Orman: *Von einem logischen Standpunkt. Neun logisch-philosophische Essays.* Frankfurt a. M. 1979 (engl. 1953).

Rescher, Nicholas: Die Kriterien der Wahrheit [1973]. In: *Wahrheitstheorien. Eine Auswahl aus den Diskussionen über Wahrheit im 20. Jahrhundert.* Hg. von Gunnar Skirbekk. Frankfurt a. M. 1977, 337–390.

Searle, John R.: *Sprechakte. Ein sprachphilosophischer Essay.* Frankfurt a. M. 1971 (engl. 1969).

–: *Die Konstruktion der gesellschaftlichen Wirklichkeit. Zur Ontologie sozialer Tatsachen.* Reinbek 1997 (engl. 1995).

Sellars, Wilfrid: Wahrheit und »Korrespondenz« [1962]. In: Ders.: *Science, Perception, and Reality.* London 1963.

Simmel, Georg: *Philosophie des Geldes* [1900]. In: *Gesamtausgabe.* Hg. von Otthein Rammstedt. Bd. 6. Frankfurt a. M. ⁴1996.

Strawson, Peter F.: Truth (1950). In: *Truth.* Hg. von George Pitcher. New Jersey 1964, 32–53.

–: *Logik und Linguistik. Aufsätze zur Sprachphilosophie.* München 1974 (engl. 1971).

Westerkamp, Dirk: Wahrheit und kulturelle Tatsachen. Thesen zur Logik der Kulturwissenschaften. In: *Das Leben denken – die Kultur denken.* Hg. von Ralf Konersmann. Freiburg i.Br./München 2007, 79–105.

Wittgenstein, Ludwig: *Über Gewißheit* [1949/1951]. In: *Werkausgabe.* Hg. von Joachim Schulte. Bd. 8. Frankfurt a. M. ⁵1992.

Wright, Crispin: *Wahrheit und Objektivität.* Frankfurt a. M. 2001 (engl. 1992).

Dirk Westerkamp

23. Welt

Die Welt ist ein denkbar weiter Komplex von Sinnansprüchen. Oder genauer: Es handelt sich zunächst um die Inanspruchnahme einer Dimension, in die Sinn verzeichnet werden kann. Die Welt ist so auch die Allheit und Ganzheit alles Seienden. Ludwig Wittgenstein scheint den Punkt zu treffen, wenn er zu Beginn seines berühmten *Tractatus* mit dem lakonischen Satz anhebt: »Die Welt ist alles, was der Fall ist«. Aber dass das nicht einfach eine Ansammlung von »Dingen« ist, sondern dass es sich um »die Gesamtheit der Tatsachen« handelt und dass eine Tatsache »das Bestehen von Sachverhalten« ist, die ihrerseits »eine Verbindung von Gegenständen« sind (Wittgenstein 1984, 11) – das führt wiederum in Weitläufigkeiten, die zur raschen Beendigung weiteren Sinnierens wenig geeignet sind. Eine Zweideutigkeit des Themas ›Welt‹ tut sich auf: Zum einen ist sie der Bereich aller Wirklichkeit und ebenso der Aufgang derselben; zum anderen ist sie, was sie ist, als Inbegriff von jemand, der sie auffasst. Auch wenn der eigenständige Status ihrer Wirklichkeit als unantastbar gilt, so ist sie doch die Welt im Blick dessen oder im Bezug zu dem, der ihren Sinn zu fassen sucht oder von ihm benommen, vielleicht auch eingenommen ist. Aus diesen Überlegungen ergibt sich – scheinbar wie von selbst – die Unterscheidung eines *kosmologischen* Weltbegriffs einerseits von einem *anthropologischen* andererseits. In Wirklichkeit kann die Unterscheidung jedoch nur eine relative sein, der kosmologische Weltbegriff würde ohne anthropologische Perspektive nicht auskommen, und der anthropologische Weltbegriff muss jene Kosmologie voraussetzen, die sich als ein Anthropomorphismus zu erweisen scheint, der aber selbst ein Faktum in der Welt ist.

Zwischen Kosmologie und Anthropologie

1929 findet Martin Heidegger, der zum Thema ›Welt‹ über sein gesamtes Werk hin Bedeutsames beigetragen hat, eine prägnante Formel: »Es ist daher gleich irrig, den Ausdruck Welt entweder als Bezeichnung der Allheit der Naturdinge (naturaler Weltbegriff) oder als Titel für die Gemeinschaft der Menschen (personaler Weltbegriff) in Anspruch zu nehmen. Vielmehr liegt das metaphysisch Wesentliche der mehr oder minder klar abgehobenen Bedeutung von *kosmos*, mundus, Welt darin, daß sie auf die Auslegung des menschlichen Daseins *in seinem Bezug zum Seienden im Ganzen* abzielt« (Heidegger GA Bd. 9, 155 f.). Es bleibt allerdings immer noch die Frage (auch bei Heidegger), welche Mächtigkeit gegenüber der Welt wir der »Auslegung«, die durch das menschliche Dasein erfolgt, zubilligen dürfen oder ob man überhaupt Dasein und Welt gegeneinander ausspielen kann. Soviel kann man sagen, dass der frühe Weltbegriff bei den Griechen – als *kosmos* – zwar als ›kosmologischer‹ auftritt, aber entschieden ›anthropologisch‹ durchwirkt ist.

Das legen Etymologien und frühe Verwendungen von *kosmos* nahe. Die Welt, der *kosmos* ist nach Heraklit weder von einem der Götter noch von Menschen geschaffen, sondern sie war immer schon und wird immer sein ein ewig lebendiges Feuer, das nach Maßen erglimmt, erlöscht und wieder erglimmt usf. (Fragment 30). Dieser Kosmos ist eigenständig und allumfassend. Aber insofern seine als Feuer dargestellte Grundstruktur der *Logos* ist, haftet ihm auch das Moment geistiger Bestimmtheit an. Diese geistige Bestimmung bis zur Implikation subjektiv-psychischer Bezüge lässt sich auch philologisch belegen, insofern der frühe Gebrauch des griechischen Verbs *kosmein* sich in Bedeutungen wie »ordnen«, »anordnen«, »zurichten«, »herrichten«, schließlich auch »zieren« und »schmücken« bekundet (vgl. Kranz 1958). »Kosmos« kann gemäß solcher Auffassungen auch eine geordnete soziale (z. B. militärische oder künstlerische) Formation sein. Kurz: Das Kosmische hat von vornherein eine kulturelle Konnotation – und zwar noch bevor allzu viel Aufhebens von Subjektivem gemacht wird.

Deshalb kann Ernst Cassirer für das frühe Griechentum den Kosmos mit Logos und Dike zusammenstellen und »Logos, Dike, Kosmos in der Entwicklung der griechischen Philosophie« als grundlegende Struktur des künftigen europäischen Weltverständnisses aufweisen (ECW 24, 7–35). Nicht nur die klassische Dreiteilung der Philosophie in Logik, Ethik und Physik sieht Cassirer hier angelegt. Er verweist auch auf die berühmte Stelle in Platons *Nomoi* (966e ff.), wo die Bedeutung der Astronomie diskutiert wird und – wie Cassirer frei referiert – »zwei Punkte« hervorgehoben werden, »die uns zum Glauben an die Götter führen: erstens die Betrachtung der Seele und [damit] der Kraft der Selbstbewegung, die ihr innewohnt; zweitens die Regelmäßigkeit, die wir in der Bewegung der Gestirne gewahr werden«. Und Cassirer zitiert nun – in der Übersetzung Apelts – die Platonstelle, die den Terminus ›Kosmos‹ allerdings nicht erkennen lässt: »[Wir aber halten es jetzt für] undenkbar, daß irgend ein sterblicher Mensch zu unerschütterlicher Gottesfurcht gelange, der nicht [...] eben [diese beiden] Wahrheiten sich zu eigen gemacht hat, erstens, daß die Seele das Ursprünglichste ist [...] und zweitens, daß die Vernunft als die Herrscherin über das Weltall und in der Bewegung der Gestirne waltet.« (ECW 24, 34 f.) Der Terminus ›Kosmos‹ kommt an der betreffenden Stelle nur verbal vor. Dem »Weltall« entspricht »alles« (*to pan*), das die »Vernunft« (*nous*) »geordnet, an- und durchgeordnet« hat. Und das hier benutzte Verb ist das griechische *dia-kosmein.* Cassirer fasst zusammen: »Das Motiv, das hier angeschlagen wird, ist für die gesamte Weiterentwicklung des philosophischen Idealismus maßgebend und wegweisend geblieben. Wir begegnen ihm, in kaum veränderter Gestalt, noch in jenen großartigen Schlußsätzen der *Kritik der praktischen Vernunft,* in denen Kant die Quintessenz seiner Naturlehre und seiner Freiheitslehre gegeben hat. Zwei Dinge – so wird hier erklärt – sind es, die das Gemüt mit immer neuer und zunehmender Bewunderung und Ehrfurcht erfüllen, je öfter sich das Nachdenken mit ihnen beschäftigt: ›[...] *der bestirnte Himmel über mir und das moralische Gesetz in mir.*‹ Nach mehr als zweitausend Jahren hören wir hier noch einmal den deutlichen und starken Nachklang der Grundanschauung, die das klassische Griechentum geschaffen hat, indem es die Begriffstrias von Logos, Dike und Kosmos schuf und alle drei Begriffe zu einer unlöslichen systematischen Einheit verband« (ebd., 35). Ist diese »Grundanschauung« vielleicht eine Weltanschauung? Und was ist hier »die Welt«? Der »Kosmos« oder die Einheit von »Logos, Dike, Kosmos«? Oder dürfen wir schon hier von einer Pluralität der Welten sprechen? Dann haben wir es mit der Naturwelt (von Erde und Himmel) ebenso zu tun wie mit der Welt des Menschen und derjenigen der Seele. Offensichtlich bereitet sich schon in der Antike die Möglichkeit eines mannigfachen Redens von Welt vor, eben weil das Erfordernis einer solchen Redeweise lebendig wird.

Aus der Spätantike – im *Liber memorialis* des Lucius Ampelius – ist noch die sozusagen schematisch orientierte (und sich bis heute durchhaltende) Formel überliefert: »mundus est universitas rerum« (Red./Hammerstein 1971 ff., 212 f.). Davor hatte Cicero in seiner Schrift *De natura deorum* eine inhaltsreichere und voraussetzungsvollere These formuliert: »est enim mundus quasi communis deorum atque hominum domus aut urbs utrorumque.« Der Mensch wird ausdrücklich in den Zusammenhang des astronomischen Kosmos gestellt (*in caelum*), zu dem er mit seiner Vernunft (*ratio*) vordringe, womit er sich vor allen Lebewesen auszeichne. Entsprechend sei alles, was sich in dieser Welt (*in hoc mundo*) befinde und was die Menschen benutzen, wie es im zweiten Buch heißt, um der Menschen willen (*hominum causa*) gemacht. Die Welt als Haus der Menschen und Götter, als beider Stadt – das ist ein originäres Kulturparadigma, das über Ciceros Wortschöpfung von der »cultura animi« (als pflegender Bearbeitung des menschlichen Geistes) in den tusculanischen Gesprächen (II 13) noch hinausweist, sozusagen auf das weite Feld tatsächlicher kultureller Bewährung. Und auch dafür findet Cicero eine Formel, nämlich die der *altera natura*, die in doppelter Hinsicht ins Spiel kommt: »consuetudine«, durch Gewohnheit lassen die Menschen jeweils an sich selbst eine zweite Natur entstehen, »quasi alteram quandam naturam effici« (*De finibus* V, 74). Und darüber hinaus schaffen wir mitten unter den Dingen und an ihnen durch unser Tun eine zweite Natur, »nostris [...] manibus [...] quasi alteram naturam efficere conamur« (*De natura deorum* II, 152). Es sind also Selbstgestaltung und Gestaltung der Umgebung, die unsere Welt ausmachen; und diese ist damit unser Haus als unsere Kultur – sozusagen im Beisein der Götter, von denen die Menschen überragt werden.

Die kulturelle Konnotation des Weltbegriffs, die ja die naturhafte, kosmologisch-astronomische Bedeutung nicht verleugnen muss, findet auch in der Lexikographie ihren Niederschlag. So wird das deutsche Wort ›Welt‹ – *weralt* – auf ›wer‹: ›Mann‹ und die abstrakte Zeitbestimmung ›alt‹ (von germ. *alan*: zeugen) zurückgeführt. Demnach kann man »Welt« mit ›Zeit des Menschen‹ wiedergeben! Die zeitliche Bedeutung des Wortes Welt spielt auch eine Rolle im religiösen Verständnis, z. B. wenn es um die Unterscheidung diesseitiger, vorübergehender Angelegenheiten von solchen des Überzeitlichen und Ewigen geht. Die zeitliche Bedeutung von Welt wird im Griechischen mit *aion*, im Lateinischen mit *saeculum* wiedergegeben. Entsprechend kann ›Welt‹ die Übersetzung von *saeculum* oder *aion* sein (die ihrerseits allerdings durchaus unterschiedliche Sinnrichtungen vermitteln können) neben der von *kosmos* und *mundus.* Über das Etymologische hinaus wagt das Grimmsche Wörterbuch mit Blick auf Bedeutungsvielfalt und Nuancenreichtum des Gebrauchs von Welt sogar die (tautologische) These: »so spiegelt die Geschichte des Wortes Welt gleichsam symbolhaft den Gang der abendländisch-deutschen Kulturwelt wider, die auf christlich-antikem Grunde entsteht, durch äußere Einflüsse und inneres Wachstum sich zu immer größerer Mannigfaltigkeit entwickelt« (Grimm 1854 ff., 14, I, 1, 1459). Tatsache ist, dass die Wort- und Begriffsgeschichte von »Welt« und verwandten Begriffen lexikographisch recht gut belegt ist, was allerdings noch nichts über die angemessene Beantwortung der Frage nach dem rechten Weltverständnis besagt.

Ein schönes Beispiel für die etymologische Herleitung liefert schon der von Leibniz angestellte Versuch, »Ursprung und Brunnquell des europäischen Wesens großen Theils bey uns [Deutschen] zu suchen«. *Werelt* bringt er etymologisch mit »Wirren, Werre (*wire* bei den Engländern, *gyros* bei den Griechen)« in Zusammenhang, um über die Bedeutung von ›winden‹, ›Wirbel‹ usw. auf das Drehen des *orbis terrarum* zu kommen. Aber im Übrigen stellt Leibniz anheim, dass es auch anders sein kann, zumal »diese Dinge ohne genugsame Untersuchung zu keiner völligen Gewißheit zu bringen« sind (Leibniz [2]1924, 535 f.). Auch bei Leibniz ist die Welt sowohl Kosmos im Sinne des astronomischen Weltgebäudes, das mathematisch beschrieben werden kann, als auch die monadologisch geistige Dimension aller möglichen Wirklichkeit und Wirklichkeitsorientierung. *Monde* wird in der Theodizee als »toute la suite et toute la collection de toutes les choses existantes« definiert (§ 8). Die vielen möglichen Welten bei Leibniz, der aus guten Gründen nur *eine* wirkliche zulässt, können als ein kulturelles Syndrom verstanden werden. Es ist der Gedanke wirksam: *Es könnte auch anders sein,* ein Gedanke, der die Grundstruktur von Kultur (zu der Sinn für Modalität gehört) bezeichnet. Mag es auch nur *eine* wirkliche Welt geben können, so gibt es doch viele, tatsächlich mögliche Ansichten von ihr – und zwar notwendigerweise. Dies letztere ist aber nur sinnvoll, wenn Welt prinzipiell mit Subjektivität zusammen gedacht wird. Und dieses Zusammen ist nun gerade das originäre Konstituens von Kultur. In Leibnizens Konzeption lebt durchaus die Weltsicht des Cusaners weiter, der sowohl für die naturwissenschaftliche Erforschung des Kosmos als auch für eine vertiefte geistige Weltsicht des Menschen wichtige Voraussetzungen geschaffen hat. Dazu gehört einerseits die eigentümliche Auffassung der Unendlichkeit der Welt, die überall ihren Mittelpunkt haben könne, und andererseits die Bestimmung des Menschen als Mikrokosmos sowie als *etiam mundus* und als *etiam deus* (vgl. Cassirer ECW 14, 101 f.) Wie Gott korreliert der Mensch wesentlich und ursprünglich mit der Welt, wobei die Art dieser Korrelation für die verschiedensten Deutungen offen ist.

Die Epoche des beginnenden 18. Jahrhunderts, die vor allem von Descartes' durchaus vielfältigem Weltbegriff beeinflusst ist, bringt zwei Autoren hervor, die das Weltthema noch einmal wirkungsvoll inszenieren: Bernard le Bovier de Fontenelle (cartesianisch inspiriert) und Christian Wolff (der vermeintliche Leibnizanhänger). Ganz im Gegensatz zu der modernen, hybriden These von den ›zwei Kulturen‹ (Snow 1963) führt Fontenelle (Fontenelle 1966) in seinen *Entretiens sur la pluralité des mondes* (1686) den naturwissenschaftlichen und gesellschaftlichen Weltbegriff zusammen. Es sind Menschen von Welt (ein Herr und eine Dame), die sich über Theorien und Ansichten des astronomischen Weltbegriffs unterhalten und sich mit der Frage beschäftigen, ob die unterschiedlichen Himmelskörper bewohnt sein könnten und was das, wenn es der Fall wäre, bedeuten würde. Dabei geht es sowohl um die Erwägung der Möglichkeiten und Grenzen von Kommunikation zwischen vielleicht verschiedenartigen Bewohnern unterschiedlicher Himmelskörper als auch um Fragen des physikalischen Funktionierens des Universums im Ganzen – nicht ohne die Einbeziehung religiöser Perspektiven. Auch dort also, wo die Welt und die Möglichkeiten einer Pluralität der Welten ganz im Sinne des naturwissenschaftlichen kosmologischen Weltbegriffs verstanden werden, hat der Weltbegriff durchaus eine anthropologische, kulturelle Konnotation. Das hat zwei Gründe. *Zum einen*: Der kosmologische Weltbegriff als Dimension des Zusammenkommens einer Vielheit impliziert die vereinheitlichende Funktion eines Subjekts. Dieses Motiv wird mit der Idee der Pluralität der Welten dadurch verstärkt, dass den jeweils möglichen einzelnen Welten in Analogie zur bekannten wirklichen Welt, der Erde, Subjekte zugeordnet werden, die wie die irdischen Menschen den Status von Weltbewohnern erfüllen. Die kulturelle Bedeutung dieser These im zunächst rein naturwissenschaftlich verstandenen kosmologischen Diskurs sollte nicht unterschätzt werden. *Zum anderen*: Die thematisierten Weltprobleme und Weltbestimmungen werden im galanten Gespräch diskutiert – das heißt, Natur und Naturwissenschaft sind hier Angelegenheiten der Kultur. Solche Kultur heißt auch Welt, wenn im Blick auf Fontenelles Werk von »Unterhaltungen« gesprochen wird, die sich zwischen Menschen von Welt abspielen. Die französische *Encyclopédie* aus der Mitte des 18. Jahrhunderts wird in drei kleinen Artikeln zu *monde* die astronomische und geographische Welt thematisieren und dabei besonders auch Fontenelles These von bewohnten Himmelskörpern referieren. Ein kurzer Artikel zu *mondain* ist dabei aufschlussreich. Hier bedeutet ›weltlich‹ (*mondain*) soviel wie ›gesellschaftlich‹; denn *monde* und *société* seien Synonyme. Beide bedeuteten »la même collection d'hommes«. Und wer gegen die Welt klage, klage auch gegen die ›Gesellschaft‹. Bei Fontenelle haben wir es also mit zwei Pluralitäten (von Welt) zu tun, die sich seit dem 18. Jahrhundert zunehmend auswirkten: zum einen die tatsächliche, gleichsam ontische Unterscheidung von diesen und jenen Welten, und zum anderen die implizite, ontologische Pluralität von Gesichtspunkten, die von Menschen, die doch zumindest virtuell und als Kommunikationssubjekte in *einer* Welt sind, ins Spiel gebracht werden. Menschen, die (diesseits spezieller disziplinärer Anspannung) zu einer kultivierten Diskussion über alles Mögliche fähig sind, heißen bei Christian Thomasius »weltklug«. Und es ist diese »Weltklugheit«, um derentwillen er den Deutschen (um die Wende vom 17. zum 18. Jahrhundert) die Nachahmung der Franzosen empfiehlt (Thomasius 1970).

Die originäre Vieldeutigkeit von ›Welt‹ wird von dem Wolff-Anhänger Johann Christoph Gottsched und dem Baumgarten-Schüler Georg Friedrich Meier gleichermaßen herausgestellt. Aber beide sind sie bereits Nutznießer von Wolffs Sanierungsversuchen des philosophischen Weltbegriffs. Das zeigt sich nicht zuletzt an dem positiven Gebrauch, den die beiden Autoren von dem Terminus »Weltweisheit« machen, der nun das deutsche Pendant für »Philosophie« ist (vgl. Schröder 1971 ff.).

›Welt‹ ist bei Wolff Thema einer eigenen philosophischen Grunddisziplin. Diese Disziplin ist nicht empirisch, sondern rational, d. h. Wesensbegriffe bestimmend. Durchaus im Anklang an Definitionen aus Leibnizens *Theodizee* formuliert Wolff in seiner *Cosmologia generalis* von 1731: »Series entium finitorum tam simultaneorum, quam successivorum inter se connexorum dicitur Mundus, sive etiam Universum« (vgl. Bermes 2004, 42). Die *cosmologia generalis* versteht sich als eine Disziplin, welche die Probleme der Bestimmung möglicher Wirklichkeit rational organisiert. Sie gehört zur *metaphysica specialis,* die als mögliche Grundthemen von Wirklichkeit neben dem Thema ›Welt‹ das der Psyche und Gottes unter den Titeln *psychologia rationalis* und *theologia naturalis* fixiert. Auffällig ist allerdings, dass die *cosmologia generalis* ihrerseits *notiones directrices* für die beiden anderen Disziplinen der *metaphysica specialis* bereitstellt. Hier macht sich eine gewisse Vorrangstellung des Weltthemas zumindest methodologisch bemerkbar. Gerade wenn man die *cosmologia generalis* in dieser Doppelfunktion fasst, wird ersichtlich, dass hier so etwas wie ein umfassender »Wesensbegriff von Welt« anvisiert wird und damit Welt »als ein Sinnanspruch sui generis« zur Geltung kommt (ebd., 49). In der Wolffschen Philosophie wird der Weltbegriff metaphysisch denkbar ernstgenommen.

Thema – und zwar authentisches Thema – der Metaphysik und damit der Philosophie ist nach Wolff also Welt, Gott und Seele - drei Befunde, deren wir uns begrifflich rational vergewissern können. Es liegt nun die Beobachtung nahe, dass diese Trias im Zuge der geistigen Entwicklung vom ausgehenden 18. über das 19. bis ins 20. Jahrhundert zunehmend modifiziert und reduziert wird. Gott und (unsterbliche) menschliche Seele werden nicht länger als streng wissenschaftlich traktable Größen aufgefasst. Was bleibt, ist ein sinnlich empirisch gefasster Weltbegriff (als Inbegriff von mancherlei Erscheinungen) und statt der Seele die Thematisierung des konkreten Menschen in der Natur und vor allem in der Geschichte (oder sozialen Welt): Mensch und Welt. Und in der Tat stellt Karl Löwith 1967 fest, dass »sich die Metaphysik, die bislang das dreieinige Verhältnis von *Gott, Mensch und Welt* betraf, auf den Bezug von *Mensch und Welt reduziert* hat« (1986, 3). Löwith kritisiert hier die Säkularisierung. Man ist Gott los (gottlos) geworden. Aber auch die Eigenständigkeit, ja Würde der Welt (als Kosmos oder Natur) sieht Löwith verlorengehen zugunsten einer Überbetonung menschlicher Geschichtlichkeit. Man kann allerdings die Reduzierung der Trias auf Mensch und Welt auch positiv bewerten. Mensch und Welt ist nämlich nichts anderes als der Strukturbefund für das, was wir Kultur nennen. Und so würde in dem seit dem 19. Jahrhundert sich regenden Projekt einer Kulturphilosophie gerade so etwas wie ein Restposten der bei Wolff noch einmal ausformulierten Metaphysik präsentiert (Orth ^{2}2009, 213). Dieser Restposten indiziert immer noch die alte *cosmologia generalis* sowie die *psychologia rationalis,* die beide ihrerseits die Frage nach dem Göttlichen wach halten. Allerdings wird das alles »in der Kultur« (zu der auch die Wissenschaften gehören) auf eigene Weise erarbeitet und verarbeitet. Die metaphysische Tiefendimension kommt hier auf dem Wege der Semantik zum Ausdruck und zur Geltung. »So bleibt« – wie der späte Dilthey formulieren wird – »von der ungeheueren Arbeit des metaphysischen Geistes das geschichtliche Bewußtsein zurück, das sie in sich wiederholt und so die unergründliche Tiefe der Welt an ihr erfährt.

Nicht die Relativität jeder Weltanschauung ist das letzte Wort des Geistes, der sie alle durchlaufen hat, sondern die Souveränität des Geistes gegenüber einer jeden einzelnen von ihnen und zugleich das positive Bewußtsein davon, wie in den verschiedenen Verhaltungsweisen des Geistes die eine Realität der Welt für uns da ist« (Dilthey 1923 ff., 5, 406). Solange der Kulturbegriff nicht naturalistisch verkürzt wird, lässt sich Kultur durchaus als die Dimension aller Sinn- und Bedeutungsproduktion bestimmen. Und damit sind die alten Themen der Metaphysik in neuer Form impliziert: Kultur und Welt erscheinen konvertibel.

Die Weltbegriffe Kants

Man kann Kant als erstes Beispiel für die Umarbeitung der Metaphysik in diesem Sinne und für die Eröffnung des Weges der Kultur lesen. Drei Varianten des Weltbegriffs bei Kant sollen hier unterschieden werden: (1) Welt als Idee; (2) Welt als Weltkenntnis im Zusammenhang einer »Philosophie dem Weltbegriffe nach«; (3) Welt als »Weltanschauung«.

In Kants Begriff von Welt als Idee, wie er in der *Kritik der reinen Vernunft* entwickelt wird (A 407 f.; B 434 f.), scheinen die Bestimmungen der *metaphysica specialis* noch durch. Neu ist aber, dass ›Welt‹ jeden ontologischen Charakter verliert und zu einer transzendentalen Orientierung wird, die der konkreten Wirklichkeitserfahrung das Feld eröffnet. In diesem Sinne ist Kants berühmte Formel zu verstehen, »der stolze Name einer Ontologie, welche sich anmaßt, von Dingen überhaupt synthetische Erkenntnis a priori in einer systematischen Doktrin zu geben«, müsse »dem bescheidenen einer bloßen Analytik des reinen Verstandes Platz machen« (A 247 f.; B 303). Ein solcher Weltbegriff zwingt von vornherein, jede Erkundung der Wirklichkeit sogleich mit Bezug auf die eigenen Orientierungsmöglichkeiten zu relativieren. Es liegt auf der Hand, dass das Folgen für die menschliche Orientierung im Ganzen hat: Der Topos von der Welt als Idee im kantischen Sinne ist nicht nur ein Kultivierungsschub, er legt auch eine Strukturbedingung von Kultivierung frei.

Einen Weg von der »Welt als Idee« zur »Weltkenntnis« im Sinne einer »Philosophie dem Weltbegriffe nach« kann man über eine Kant-Interpretation Ernst Cassirers finden. Cassirer bezieht sich auf Kants Rede vom »stolzen Namen einer Ontologie« und pflichtet ihm bei, dass jeder Ontologie so etwas wie eine »Analytik des reinen Verstandes« vorauszugehen habe. Aber – so ergänzt Cassirer – diese Analytik müsse erweitert werden und »den ganzen Kreis des ›Weltverstehens‹ umfassen und die verschiedenen Potenzen, die geistigen Grundkräfte aufdecken, die in ihm zusammenwirken« (ECW 22, 137). Hier wird ein Weltbegriff freigelegt, der Welt thematisiert, wie der Mensch sie in seinem praktisch-pragmatischen Umgang lebt und durchlebt. Allerdings ist dabei ein Doppeltes im Spiel: zum einen das Interesse des Menschen an sich selbst und seiner letzten Bestimmung im Sinne einer praktischen Philosophie; zum anderen seine pragmatische Orientierung in der Welt, die nun auch die Welt des Menschen im Sinne der Menschenwelt ist. Diese Orientierung richtet sich bekanntlich an drei Fragen aus, die Wissen, Tun und Hoffen betreffen und in einer vierten (»Was ist der Mensch«) kulminieren (Kant AA 9, 23 ff.). In diesem zweiten Weltbegriff also eröffnet Kant die Inangriffnahme von Disziplinen, die er nicht unbedingt für strenge Wissenschaften, aber eben doch für höchst nützliche Weltkenntnisse hält, die sich auf das Leben des Menschen beziehen – wie beispielsweise die (pragmatische) Anthropologie, die Psychologie, die Geographie und dergleichen. Allerdings sind bei Kant diese »pragmatischen« Angelegenheiten im Lichte transzendentaler Ideen lesbar. Vor allem aber wird mit dem Projekt »Weltkenntnisse« das konkretere Terrain dessen, was man Kultur nennt, aufgeschlossen und bearbeitet, wozu die »Welt als Idee« nur die Grundstruktur hatte aufscheinen lassen.

»Weltanschauung« ist nach allem, was wir wissen, ein Neologismus Kants und findet sich erstmals 1790 in der *Kritik der Urteilskraft* (§ 26). Im Sinne der Vernunftkritik allerdings ist die Prägung eigentlich unmöglich; denn Kants Weltbegriff, wie ihn die *Kritik der reinen Vernunft* bestimmt, erlaubt als *Idee* gerade keine *Anschauung*. Von der »Weltanschauung« der *Kritik der Urteilskraft* darf man deshalb sagen, dass sie nur sozusagen eine Welt*anschauung* ist. Kant entwickelt den Terminus in einer Situation, die man durchaus als Sprachnot bezeichnen kann. Bei dem Versuch das »Erhabene« verständlich zu machen, will er erläutern, wie das »Unendliche« bei Gelegenheit von »Erscheinung« (z. B. einer Landschaft) zur Anschauung kommt. Dieses in bedeutsamen Erscheinungen Zur-Anschauung-kommen (des Numinosen) nennt er »Weltanschauung«. Es ist, als ob etwas Übersinnliches als solches zur Erscheinung käme. Noch vor der Erfindung des Begriffs hat Kant diese Weltanschauung bereits praktiziert, nämlich in dem berühmten »Beschluß« der *Kritik der praktischen Vernunft,* wo »der bestirnte Himmel über mir und das moralische Gesetz in mir« sprachlich anschaulich präsentiert wird (AA 5, 161 f.). Im Topos der Weltanschauung wird die ganze Bedeutsamkeit der Welt manifest, und eben dadurch erscheint diese Welt als *das* Medium der Kultur. Die originär dazu gehörenden metaphysischen und religiösen Konnotationen werden zwar in der weiteren Entwicklung des 19. Jahrhunderts zunehmend abgeblendet. Aber die Tendenz auf Manifestierung von Bedeutsamkeit und Sinn hält sich durch, gerade auch dort, wo Sinn kritisch und anklagend vermisst wird. Bemerkenswert ist, dass im Deutschen Begriffe wie »Weltbeschauung« und »Weltbetrachtung« benutzt werden. »Weltbild« ist ein bereits in einem frühen althochdeutschen Text greifbares deutsches Wort (vgl. Thomé 1971 ff.). Auch »Weltansicht«, das Johann Heinrich Campe noch als Äquivalent für »Philosophie« in Vorschlag gebracht hatte, erscheint im 19. Jahrhundert – etwa bei Rudolf Hermann Lotze – wie ein Konkurrent zu »Weltanschauung«. All diese Termini haben das Moment der Modalisierung des Weltthemas gemeinsam und damit eine kulturale Note (vgl. Bermes 2004, 128–144).

›Welt‹ und ›Verweltlichung‹ seit Kant

Neben den differenzierten Erörterungen Kants hatte sich schon im 18. Jahrhundert eine Auffassung von »Welt« eingebürgert, die ohne metaphysische oder transzendentale Rücksichten die Interessen des empirisch – eben ›weltlich‹ – orientierten Menschen zu fördern meinte. In diesem Sinne ist auch Johann Jakob Engels Konzeption eines *Philosophen für die Welt* zu verstehen (vgl. Böhr 2003). Im 19. Jahrhundert scheint sich diese Tendenz zu verstärken. Die vermeintliche Überwindung oder Veralterung der Metaphysik und das Sich-kaprizieren auf »Erscheinungen« führt zu einer Art »Ontologie der Harmlosigkeit« oder einer »Paraontologie« (Orth 1984a, 11). Man thematisiert und beschreibt »Erscheinungskreise« oder »Gruppen von Erscheinungen« aus den Bereichen beispielsweise von Natur und Geschichte (oder eben Kultur) und lässt sich die entsprechenden Themen von der Kultur vorgeben, um sich dann in dem Glauben zu wiegen, alle Metaphysik vermieden zu haben. In diesem Sinne wird oft die so genannte »Kulturgeschichte« betrieben, die gleichsam ein Freibrief dafür zu sein scheint, ohne besonderen Aufwand an ontologischen Kategorialisierungen alles Mögliche thematisieren zu können, wenn's denn den Menschen betrifft und interessiert. Die Phänomenologie vor ihrer philosophischen Redisziplinierung durch Husserl ist ein Beispiel dieser Tendenzen. Man kann diese Tendenzen auch als eine »Verweltlichung ohne ›Welt‹« charakterisieren, wie es Christian Bermes mit Blick auf das 19. Jahrhundert sinnfällig getan hat (2004, 70 ff.). Dabei ist allerdings zu bemerken, dass Autoren wie Lotze und Dilthey, die einerseits eine Verweltlichung der Philosophie fordern, doch andererseits vor dem gleichsam frivolen, sophistischen und spielerischen Umgang mit dem Begriff der Erscheinung warnen (vgl. Orth 1984b).

Im 19. Jahrhundert wird das Weltthema im Sinne der Verweltlichung bei gleichzeitiger Wahrung, ja geradezu Forcierung der metaphysischen Tiefenstruktur von Welt von zwei Autoren besonders herausgestellt – von Schopenhauer und Lotze. Mit dem Titel *Welt als Wille und Vorstellung* (1819) findet Schopenhauer eine suggestive Formel, die unterschiedlichste intellektuelle Interessen anzusprechen vermag und damit effektiv in den Dienst mannigfacher kultureller Selbstidentifikationen gestellt werden kann. Einerseits ist die Welt eine über die Vorstellung(en) immer schon so oder so verstandene; andererseits verdankt sich ihre eigentümliche Realität dem irrationalen Treiben des bloßen Willens, der als solcher unerkannt und unerkennbar ist (wenngleich er im menschlichen Willen, mit dem er nicht einfach identifiziert werden darf, gleichsam symbolisch zum Ausdruck kommt). Die metaphysische Behauptung einer Wirklichkeit des Willens wird durch die Erklärung seiner Unrationalisierbarkeit scheinbar wieder aufgehoben. Aber immerhin wird so viel behauptet (und in rationaler Argumentation zu fassen versucht), dass eben dieser irrationale Wille durch eine Form der Idealisierung bis hin zur Kontemplation (die ebenfalls vom Willen ausgeht) überwunden wird, indem er durchschaut wird. In diesem Durchschautwerden des Willens leuchtet – für den Betrachter – der Sinn der Welt in ihrer ganzen Sinnlosigkeit auf. Der Mensch erweist sich dabei als der Ort, in welchem der Wille und die Vorstellung sich lebendig austauschen und die bedeutsamsten Ergebnisse erzielen. Schopenhauer nennt das 1847 »Weltknoten« (*Satz vom Grunde*, § 42; ebenso Rickert 1921, 260 u.ö.). Es ist dabei für die Wirkung des Autors von Bedeutung, dass er spekulative und kritische Erwägungen über die Denkbarkeit und Nichtdenkbarkeit von Möglichkeiten zu verbinden versteht mit dem sinnfälligen Rapport von mancherlei Weltkenntnissen aus dem Bereich der Wissenschaften (auch der Naturwissenschaften) und dem so genannten ›Leben‹.

Lotze verdankt seine Einschätzung als schriftstellerische Begabung vor allem seinem dreibändigen

Werk *Mikrokosmus,* das zwischen 1856 und 1864 und danach in mehreren Auflagen erschien. Der Sinn dieses Werkes ist es, all das, was Lotze als professioneller Philosoph erarbeitet hatte, mit dem zu verknüpfen, was er als Einzelwissenschaftler auf den Gebieten der Medizin, der Physiologie und Psychologie erforscht hatte – und es in einer nachvollziehbaren Form vorzulegen. Lotze gibt dabei einen Überblick über die ganze Welt des Menschen, zumal es ohnehin die originäre Eigenheit des Menschen ist, schon in seinem konkreten Weltleben »Ansichten« von der Welt zu produzieren. Die Welt stellt sich dabei in einer charakteristischen Doppelsinnigkeit dar; denn diese Welt ist sowohl die Welt, die den Menschen umgibt, in der er sich befindet und die er betrachtet, als auch die Welt, die er selbst ist. Deshalb kann Lotze das Weltpanorama, das er darzustellen versucht, auch als einen Inbegriff von »Ansichten« vorführen, ohne in einen vordergründigen Subjektivismus oder Phänomenalismus zu verfallen. Für Lotze ist nämlich das menschliche Bewusstsein der *Schauplatz der Erscheinungen* – aber dies als geschichtliche und kulturelle, in der Natur manifeste Präsenz, die gleichwohl immer wieder auf ihren Sinn und Wert befragbar ist (Orth 1986).

Zeitlich zwischen Schopenhauer und Lotze steht das fünfbändige Werk Alexander von Humboldts, das die Welt wieder unter dem altehrwürdigen Titel »Kosmos« thematisiert. Bei Humboldts fünfbändigem *Kosmos* (1845–1862) handelt es sich um den »Entwurf einer physischen Weltbeschreibung« – mit tieferer Bedeutung, die allerdings der Leser selbst aus dem vorgelegten Material erschließen muss. Es geht darum, den »Geist der Natur« zu ergreifen, der sich in durchaus »materiellen Erscheinungen« zum Ausdruck und zur Geltung bringt. So ist ihm der natürliche Kosmos eine Art Medium vor allem für das Aufbrechen des organischen Lebens und schließlich – damit zusammenhängend – für das Auftreten des Menschen mit seinen mannigfachen kulturellen Formationen. Zu Recht stellt Bermes (2004, 80 ff., 92 ff.) Humboldts Weltbegriff in jene Tradition des 19. Jahrhunderts, die das Weltthema gerne in den Zusammenhang des Phänomens des organischen Lebens rückt – bis hin zur Entwicklung von vieldeutigen Topoi wie »Lebewelt« und »Lebenswelt«.

Es ist dieses Milieu zwischen Schopenhauer und Lotze – auch bestimmt von dem Hervorbrechen vielerlei positiver naturkundlicher und historischer Kenntnisse –, in welchem sich die Formel »Welt und Mensch« herausbildet. Als Buchtitel findet sich *Mensch und Welt* 1918 bei Rudolf Eucken; 1912 war bereits von Karl Joel *Seele und Welt* veröffentlicht worden, und von Hans Driesch erscheint 1928 *Der Mensch und die Welt.* 1948 publiziert Theodor Litt sein schon in den 1930er Jahren weitgehend abgeschlossenes Buch *Mensch und Welt.* Es handelt sich hier um Autoren durchaus unterschiedlicher Provenienz. Gemeinsam ist ihnen, dass sie den Menschen immer in einen konkreten Wirklichkeitszusammenhang stellen wollen und sich auch für die vortheoretischen Lebensverhältnisse interessieren, um die entwickeltere Weltstellung des Menschen als Kultur besser zu verstehen. Im 19. Jahrhundert kann man verwandte Titel auffinden, in welchen die Mensch-Welt-Struktur durchscheint. Einerseits ist der Lotze-Schüler Julius J. Baumann zu nennen mit seinem Buch von 1872: *Philosophie als Orientierung über die Welt,* andererseits der dazu durchaus kontrastierende Empiriokritizist Richard Avenarius mit seinem folgenreichen Werk *Der menschliche Weltbegriff* von 1891. Wenn auch mit unterschiedlichen Intentionen, wenden beide Autoren den Blick auf die elementaren Strukturen menschlicher Weltorientierung.

Man muss diesen Hintergrund im Auge behalten, wenn man die Herkunft der Philosophischen Anthropologie des 20. Jahrhunderts würdigen will: Schelers *Stellung des Menschen im Kosmos* (1928), Plessners *Stufen des Organischen und der Mensch* (1928) und Gehlens *Der Mensch. Seine Natur und seine Stellung in der Welt* (1940). In allen Fällen handelt es sich um die Welt, die über den aus der Natur herauswachsenden Menschen als Kultur ansichtig wird – sofern der Mensch diese Natur, zu der er selbst gehört, fortwährend zu bearbeiten und zu verstehen sucht. Auf eine aperçuhafte Weise hat das der – an Kant und Schopenhauer gleichermaßen orientierte – philosophische Schriftsteller Salomo Friedlaender zum Ausdruck gebracht, indem er eine »Autobiographie der Welt« fordert (Friedlaender GS 9, 92). »Der mächtigste Gedanke ist« ihm »der Gedanke von der leiblichen Persönlichkeit als der Weltvermittlung. Ich bin die persönliche Bekanntschaft der Welt mit sich selber« (ebd., 2, 195).

Bei Avenarius findet sich das in einer trockenen, empiriebetonten Analyse. Er unterscheidet »Ich« und »Umgebung« (zu letzterer gehört auch der »Mitmensch«), »Ich-Erfahrung« und »Umgebungserfahrung«, um sie jeweils als unzertrennlich zu verbinden. Diese Welt eröffnende Verbindung heißt »Principialkoordination«. »Das menschliche Individuum« nennt er deren »Centralglied« (Avenarius 1891, 83 f., Nr. 148). Bemerkenswert ist, dass hier – noch ohne Nennung des Terminus – das, was man seit und mit

Jakob von Uexküll »Umwelt« nennt, bereits thematisch wird. Denn ›Umwelt‹ kann man die zunächst indifferente ›Umgebung‹ eines Organismus (also Subjekts oder potentiellen Subjekts) nennen, insofern sie durch das leidende oder tätige Verhalten eben dieses Organismus (oder Subjekts) im Hinblick auf dessen Bedürfnisse bedeutsam wird und damit Sinn erhält. Husserl knüpft mit seinen Überlegungen zum Weltbegriff durchaus positiv an Avenarius an. Er konstatiert 1913 in seinen *Ideen I*: »die Welt, in der ich mich finde« ist »zugleich meine Umwelt« (Husserl HUA III/1, 58). Allerdings ist »Umwelt« immer gegeben in »Bedeutungsprädikaten« und hat jeweils eine »geistige Livrée«; sie ist »Korrelat der Person« (ebd., XXV, 326f. u. XV, 56). Sie ist für uns die erste Welt als »Lebenswelt« (vgl. Bermes 2004), aus der die *Welt* als »Horizont bestimmbarer Unbestimmtheit« (HUA III/1, 92) sich allererst (intentional) entfaltet; Husserl nennt das auch einmal »Weltigung« (HUA XXIX, 334). In diesem Sinne ist Welt Inbegriff aller möglichen Intentionalitäten, die sich in mannigfacher wechselseitiger Verwobenheit als Animalisierung und Humanisierung von Natur (die aber nicht ihrerseits als ›Welt‹ hypostasiert werden darf) manifestiert und offenbar nicht abschließbar ist (vgl. Orth 2010). Menschlich-personale Subjektivität erweist sich dabei sowohl weltbestimmend wie selbst als bloßer Weltgehalt; ein der Welt neutral und objektiv gegenüberstehendes Subjekt im Sinne des Laplaceschen Geistes ist für Husserl eine Unmöglichkeit.

Auch für Heidegger ist Umwelt »die nächste Welt des alltäglichen Daseins« (1927, 66ff.). Und wenn Husserl von »Weltigung« spricht – so Heidegger von »welten« (GA 56/57 u. 9), das immer schon über Umwelt hinausweist. Die Frage, wer oder was ›weltet‹, ist schwer zu beantworten. Schematisch – und sicherlich gegen Heideggers Vorstellungen von der angemessenen philosophischen Rede – könnte man sagen: Es ist das ›Sein‹ (als Ereignis), das weltet, indem es sich das Dasein er-eignet und es derart in Anspruch nimmt, dass es (das Dasein) Seiendes und sich selbst (als Seiendes) in konkretem Vollzuge als Bedeutungszusammenhang (eben ›Welt‹), in welchem es selbst existiert, zum Verständnis bringt. In diesem Sinne bestimmt Heidegger den Menschen als »weltbildend«, das Tier aber als »weltarm« und den Stein als »weltlos« (GA 29/30, 261 ff.). Zwei bekannte Lehrstücke Heideggers, die als je einzelne ihre Plausibilität haben mögen, machen bei einer gemeinsamen Betrachtung jedoch Schwierigkeiten: das Modell von der Welt als *Geviert* einerseits und das vom *Streit* zwischen ›Welt‹ und ›Erde‹ (sowie *Austrag* zwischen Göttern und Menschen) andererseits. Das erste bestimmt die Welt nach vier Eckwerten: Erde (das Beständige, Gründende), Himmel (das Offene, ins Freie Weisende), ›Sterbliche‹ und ›Unsterbliche‹ (Dauer von Personalität zwischen Menschen und Göttern). Dieses Modell ist offensichtlich ein kulturales Modell. Das zweite, das Streit-Modell ordnet nun den Begriff ›Welt‹ scheinbar *neben* ›Erde‹ und fasst ihn ähnlich wie ›Himmel‹ im ersten Modell.

Die Leistung sowohl Husserls als auch Heideggers ist es, dass sie den Weltbegriff einerseits an elementare Formen von Welt (Umwelt, Lebenswelt, Alltäglichkeit) zurückerinnern, andererseits seine zugleich fundamentale und umgreifende Bedeutsamkeit wachhalten. Der ontologische Ernst, mit dem sie das Weltthema traktieren, kann als ein Ideal gedeutet werden – ähnlich wie der Schelersche Topos von der »Weltoffenheit«. Der Weltbegriff darf danach nicht bloße »Chiffre« »ohne ontologische Bedeutung« bleiben als leerer »Inbegriff all dessen, was Gegenstand einer Kommunikation werden kann« (Weinrich [3]1977, 21). Er darf auch nicht zur (heimeligen) ›Umwelt‹ verharmlost werden, die nicht selten gegen ›Welt‹ in einem unbedarft fröhlichen Bekenntnis zu kultureller Regression ins Feld geführt wird. McLuhans *global village* ist nicht die Welt mit den onto-logischen Ansprüchen, wie Husserl und Heidegger sie stellen. Allein in diesen Ansprüchen macht sich auch der Anspruch der Kultur geltend.

Literatur

Avenarius, Richard: *Der menschliche Weltbegriff.* Leipzig 1891.

Bermes, Christian: *›Welt‹ als Thema der Philosophie. Vom metaphysischen zum natürlichen Weltbegriff.* Hamburg 2004.

Böhr, Christoph: *Philosophie für die Welt. Die Popularphilosophie der deutschen Spätaufklärung im Zeitalter Kants.* Stuttgart-Bad Cannstatt 2003.

Cassirer, Ernst: *Gesammelte Werke. Hamburger Ausgabe.* Hg. von Birgit Recki. Hamburg 1998ff. [ECW].

Dilthey, Wilhelm: *Das Wesen der Philosophie* [1907]. In: Ders.: *Gesammelte Schriften.* Leipzig 1923ff., Bd. 5.

Fontenelle, Bernard le Bovier de: *Entretiens sur la pluralité des mondes.* Hg. von Alexandre Calame. Paris 1966.

Friedlaender, Salomo (Mynona): *Gesammelte Schriften.* Hg. von Hartmut Geerken und Detlef Thiel. Herrsching 2005ff. [GS].

Grimm, Jakob/Grimm, Wilhelm: *Deutsches Wörterbuch.* Leipzig 1854ff.

Heidegger, Martin: *Sein und Zeit.* Halle 1927.

–: *Gesamtausgabe.* Frankfurt a.M. 1975ff. [GA].

Husserl, Edmund: *Husserliana.* Den Haag 1950ff. [HUA].

Kant, Immanuel: *Werke. Akademie Ausgabe.* Hg. von der

Preußischen Akademie der Wissenschaften. Berlin 1916 ff. [AA].
Kranz, Walter: *Kosmos.* Bonn 1958.
Leibniz, Gottfried Wilhelm: *Philosophische Werke.* Hg. von Arthur Buchenau und Ernst Cassirer. Bd. 2: *Hauptschriften zur Grundlegung der Philosophie.* Leipzig ²1924.
Löwith, Karl: Gott, Mensch und Welt in der Metaphysik von Descartes bis zu Nietzsche [1967]. In: Ders.: *Sämtliche Schriften.* Bd. 9. Stuttgart 1986, 1–194.
Orth, Ernst Wolfgang: Dilthey und der Wandel des Philosophiebegriffs seit dem 19. Jahrhundert. In: *Phänomenologische Forschungen.* Bd. 16. Freiburg i.Br./München 1984a, 7–23.
–: Dilthey und Lotze. Zur Wandlung des Philosophiebegriffs im 19. Jahrhundert. In: *Dilthey-Jahrbuch für Philosophie und Geschichte der Geisteswissenschaften* 2 (1984b), 140–158.
–: Rudolf Hermann Lotze. Das Ganze unseres Welt- und Selbstverständnisses. In: *Grundprobleme der großen Philosophen. Philosophie der Neuzeit.* Bd. 4. Hg. von Josef Speck. Göttingen 1986, 9–51.
–: Der moderne Kulturbegriff als Indikator eines metaphysischen Problems [1996]. In: Ders.: *Was ist und was heißt ›Kultur‹? Dimensionen der Kultur und Medialität der menschlichen Orientierung.* Würzburg 2000, ²2009.
–: Die Kulturbedeutung der Intentionalität. Zu Husserls Wirklichkeitsbegriff. In: *Philosophy, Phenomenology, Sciences. Essays in Commemoration of Edmund Husserl.* Hg. von Carlo Ierna u. a. Dordrecht u. a. 2010, 559–571.
Red./Hammerstein, Notker: Universität. In: *Historisches Wörterbuch der Philosophie* [HWPh]. Hg. von Joachim Ritter, Karlfried Gründer und Gottfried Gabriel. Basel 1971 ff., Bd. 11, 212–218.
Rickert, Heinrich: *System der Philosophie.* 1. Teil. Tübingen 1921.
Schröder, Winfried: Weltweisheit. In: HWPh, Bd. 12, 531–534.
Snow, Charles Percy: *Die zwei Kulturen. Literarische und naturwissenschaftliche Intelligenz.* Stuttgart 1963 (engl. 1959).
Thomasius, Christian: *Deutsche Schriften.* Hg. von Peter Düffel. Stuttgart 1970.
Thomé, Horst: Weltbild. In: HWPh, Bd. 12, 460–463.
Weinrich, Harald: *Grundfragen der Textlinguistik. Tempus. Besprochene und erzählte Welt.* Stuttgart/Berlin/Köln ³1977.
Wittgenstein, Ludwig: *Tractatus logico-philosophicus* [1921]. In: Ders.: *Werkausgabe.* Bd. 1. Frankfurt a. M. 1984.

Ernst Wolfgang Orth

24. Zeichen

Zeichen operieren. Sie vollziehen Unterscheidungen, die Unterschiedenes trennen, verbinden und bestimmen. Bestimmtsein heißt Etwas sein. Was bestimmt wird, erscheint als ein auch anders Mögliches: ein bestimmt Unbestimmtes oder ein Werden des Bestimmten. Unterschiedenes ist, was es ist, weil es auch ist, was es nicht ist. Seine Bestimmtheit unterläuft das Prinzip zweiwertiger Logik.

Dieses Nichts ist kein Leeres, sondern ein Positives, das Unterscheidungsmöglichkeiten weiterführt und stimuliert. Das Verhältnis von Bestimmtem und Unbestimmtem, Wirklichem und Möglichem ist Sinn. Eine je gegenwärtige Gesamtheit des sinnhaft Unterscheidbaren ist die Welt. Zeichen bringen Welt hervor. Statt etwas zu repräsentieren, transformieren Zeichen, was sie bezeichnen. Sie führen Markierungen in Felder des auch anders Unterscheidbaren ein. Zeichen sind schöpferische Funktionen. Bestimmung, Unbestimmtheit und Potentialität realisieren sich durch die Verkettung von Unterscheidungsprozessen.

Repräsentation und Unterscheidung

Ein solcher Begriff des Zeichens unterscheidet sich von der Auffassung, Zeichen seien etwas, das anderes repräsentiert, Bewusstseinsinhalte mit Dingen oder Sachverhalten vermittelt, in der Sprache sein vorzügliches Medium besitzt oder ein System diskreter, miteinander kombinierbarer Elemente aufweist.

Von Aristoteles über Ferdinand de Saussure bis Noam Chomsky ist diese Vorstellung auf differenzierte Weise vertreten worden. Hingegen stellt sich die oben eingeführte Definition in die Tradition eines pragmatistischen Zeichenkonzeptes, das in Charles Sanders Peirce, Wilhelm von Humboldt oder Ernst Cassirer seine Wegbereiter findet. Auf dessen Grundlage können wir Zeichen als sinn- und welterzeugende Unterscheidungsfunktionen betrachten. Sie entfalten ein Kontinuum an Differenzbildungen von natürlichen über soziale bis zu kulturellen Ordnungen. Weder ist die Welt als sinnhafter Zusammenhang unabhängig von Zeichen gegeben noch gilt das, wie Jacques Derrida demonstriert hat, für ein die Welt repräsentierendes Bewusstsein, das sich der Zeichen lediglich bedienen würde. Deshalb sind Zeichen auch kein neutrales Medium, das Informationen überträgt.

Der Zeichenbegriff spaltet die Welt, um sie als Horizont von Möglichkeiten zurückzugewinnen. Mit ihm zu beginnen bedeutet, die Frage nach der Welt als Frage nach dem Sinn zu stellen (vgl. Rustemeyer 2001). Diese Frage führt eine Unterscheidung in den Kontext philosophischer Unterscheidungen ein: die Unterscheidung zwischen Unterschied – als Differenz von schon Unterschiedenem – und Unterscheidung – als Operation des Unterscheidens, die das Unterschiedene konstituiert. Historisch gut ausgearbeitete begriffliche Alternativen – etwa von Substanz/Akzidens, Subjekt/Objekt, Geist/Materie, Individuum/Gesellschaft – lassen sich als Möglichkeiten betrachten, der Form des Unterscheidens eine jeweils bestimmte Gestalt begrifflicher Unterschiede zu verleihen.

Unabhängig von ihrer Funktion in speziellen historischen und begrifflichen, aber auch politischen und sozialen Kontexten (vgl. Flasch ^{2}2009) haben solche Alternativen sich als problematisch erwiesen. Sie transportieren ein Problem weiter, ohne es zu lösen: das Problem zweiwertigen Unterscheidens. Zweiwertig ist eine begriffliche Praxis, die darauf verzichtet, den Unterschied von Unterschied und Unterscheidung in sich zu wiederholen. In diesem Fall vermag sie sich nicht als eine Operation zu behandeln, die dem Raum des von ihr Unterschiedenen zugehört, obwohl und weil sie diesen Raum erzeugt. So gebaute Theorien verstellen sich die Möglichkeit, sich als je gegenwärtige Spaltung der Welt zu beschreiben. Sie können sich nicht auf produktive Weise mit der Welt verwechseln, um sich von der Welt zu unterscheiden. Wird ein Modell der Zweiwertigkeit jedoch gegen ein Modell zirkulärer Unterscheidungsoperationen ausgetauscht, gewinnen klassische philosophische Fragen der Erkenntnis, des Politischen, der Religion oder der Logik eine andere Kontur.

Unterschied und Unterscheidung

In der Metaphysik gepflegte Fragen nach der Form und dem Seienden entfalten sich in der Logik als Frage des Rechnens mit Unterscheidungen, während die Philosophie des Politischen sie als Problem der Entscheidung und des Souveräns kennt. In der Religionsphilosophie stellt sich die Gottesfrage als Unterscheidung von Gott und Welt als Frage nach der Form der Welt.

Aus zeichenphilosophischer Perspektive handelt es sich dabei um zirkulär verknüpfte Kontexturen des Unterschieds von Unterschied und Unterscheidung. Die Frage der Form lässt sich als Frage nach dem Unterscheiden auffassen, die sich logisch als Verknüpfung von Unterscheidungsoperationen, sinntheoretisch als Entfaltung des Unterschiedenen im Horizont der Welt sowie kulturphilosophisch als Frage nach der Stabilität des auch anders möglichen Wirklichen stellt. Wirklichkeit können wir dann als Prozess verknüpfter Unterscheidungen verstehen. Sorgt der Anschluss von Unterscheidungsoperationen für die Kontinuität der Welt, so entspringt ihre Dynamik aus der Differenz der Beobachter, die Unterscheidungen vollziehen. Sinn wird so als Sonderfall einer Zeichenoperation verständlich. Aus dem Kontinuum der Differenzbildungen, die sich von der Natur über das organische Leben bis zu Gesellschaften, Bewusstseinen und informationsverarbeitenden Maschinen erstrecken, entstehen neue Ordnungsformen durch die Einführung von Beobachtern. Beobachter benutzen jeweils andere Profile des Wirklichen und Möglichen für den Aufbau von Differenz (vgl. Whitehead 1979). Orientieren Beobachter ihre Unterscheidungsoperationen an der Differenz von Wirklichkeits-Möglichkeits-Differenzen, mithin an der Konstitution von Sinn bei anderen Beobachtern, haben wir es mit Kultur zu tun.

Deshalb ist Kultur ein voraussetzungsvoller, nur in Sinnordnungen möglicher Ordnungsbegriff, der die Gleichzeitigkeit des Verschiedenen als Komplexität beschreibt. Welt und Kultur lassen sich als Aufstufungen von Komplexitätsordnungen betrachten, wenn wir einen formalen Begriff der Unterscheidungsoperation zugrunde legen. Realität wird als Frage der Prägnanz beobachtbar, die sich durch Wiederholungen von Unterscheidungsoperationen und als je spezifische Kontrastbildung realisiert. Darin unterscheidet sich eine Philosophie des Zeichens von phänomenologischen oder hermeneutischen Sinnbegriffen ebenso wie von Unterscheidungen zwischen Natur-, Sozial- und Geisteswissenschaften, Spielarten dialektischen Denkens oder Varianten einer Transzendentalphilosophie.

Der analytische Zeichenbegriff

Ein solcher Zeichenbegriff ist analytisch. Er dient der Beobachtung, also dem Unterscheiden und Vergleichen von Ordnungsphänomenen jeder Art. Darum wäre es voreilig, ihn auf eine bestimmte Zeichenart – zum Beispiel Sprache, Zahl oder Bild – festzulegen.

Unterscheidungen lassen sich in mindestens vier operativen Hinsichten unterscheiden, deren Zusammenspiel ihr weltschöpferisches Potential entfacht. Als Unterscheidungen sind sie (1) zeitliche Operationen. Sie existieren in ihrem Vollzug als Gegenwart, die stets aufs Neue eine operative Differenz von Vergangenheit, Gegenwart und Zukunft erzeugt. Zeichenfunktionen erzeugen Realität, wenn Wiederholungen ihrer Operation gelingen. Wiederholungen benötigen dazu (2) Replikas, die für sie selbst und für andere Zeichenfunktionen anschlussfähig sind. Worte, Bilder oder Zahlen sind prominente und kulturell bewährte Beispiele für solche Zeichenformen. Dank ihrer transformieren sich jeweils besondere Unterscheidungen zu allgemeinen Symbolen, die typisiert sein können. Zeichenfunktion und Allgemeinheit eines Symbols gehen in den Replikas nicht auf, ohne doch als Entitäten *sui generis* unabhängig von ihren Operationen zu existieren. Es gibt nur empirische, keine allgemeinen Formen. Welche Zeichenformen benutzt werden, ist für die kulturelle Existenz der Zeichen von Bedeutung. Zeitliche und symbolische Bestimmungen werden (3) im Vollzug von Beobachtungen realisiert, die von anderen Beobachtern erwartet werden können. Beobachter operieren in erfahrungsbasierten Erwartungsmustern, die, weil wechselseitig aufeinander bezogen, Gesellschaften hervorbringen. Gesellschaften prägen (4) durch Wiederholung, Verkettung, Organisierung und Typisierung von Zeichenfunktionen Register des jeweils als Wirklichkeit Geltenden, des Wahrscheinlichen, normativ Anschlussfähigen und überhaupt des Vorbildlichen, mitsamt allen Komplementärwerten, aus.

Das Zusammenspiel dieser Formen von Kontingenz im Vollzug einer Zeichenfunktion lässt sich als Oszillation beschreiben (vgl. Rustemeyer 2006). Zeichen sind Oszillationen, insofern sie momenthaft und operativ Kontingenzformen verknüpfen und in allen Hinsichten gleichzeitig Unterschiede machen. Was sie bezeichnen, sind keine Entitäten, sondern Ereignisse, die sich als simultane Cluster von Unterscheidungen beobachten lassen.

Philosophie der Zeichen und der Kultur

Kultur ist eine Dimension der Zeichenfunktion. Kultur bezeichnet das Problem und die Normalität von Komplexität in sinnverarbeitenden Ordnungen. Sie markiert den Bereich, innerhalb dessen Unterscheidungsoperationen mit Anschlusswahrscheinlichkeit rechnen dürfen sowie den Grad möglicher, noch anschlussfähiger Abweichungen von typisierten Unterscheidungsformen. Zeichentheoretisch betrachtet, beschreibt Kultur die Kohäsion von Unterscheidungsfeldern: ihr Maß ist Macht (vgl. Rustemeyer 2008).

Wie für alle Zeichenfunktionen gilt für kulturelle Sinnbildungen, dass Unterscheidungen in der Oszillation von Wahrnehmung und Kommunikation zustande kommen. Wahrnehmung und Kommunikation sind simultane Zustände der Form. Sie entfalten, als kontrastbildende Irritation und als kommunikative Anschlussbildung, ein Kontinuum von Differenzen zu unterscheidbaren Bestimmungsformen neuer Komplexität. Wahrnehmung ist, auf der Grundlage des hier verwendeten Zeichenbegriffs, nicht notwendigerweise mit einem natürlichen Bewusstsein identisch. Wie es im Bereich der anorganischen und organischen Natur Wahrnehmungen gibt, so können auch kommunikative Ordnungen wie Märkte oder Organisationen wahrnehmen. Kultur führt Beobachtern Wirkliches als Variante des Möglichen vor: als riskante, unwahrscheinliche, unabschließbare und nie ganz einholbare Form des Vollzugs von Sinn. Deshalb liegt es nahe, den Kulturbegriff mit dem Begriff der Metapher in Verbindung zu bringen (vgl. Konersmann [2]1998).

Das eröffnet einer Philosophie der Zeichen und der Kultur Anschlüsse an mathematische, soziologische oder kognitionstheoretische Überlegungen. Diskussionen über eine Logik der Form von George Spencer Brown, Theorien der Kommunikation im Anschluss an Niklas Luhmann und Dirk Baecker, Bruno Latours Beschreibungen von Wissensregimen als ›Netzwerken‹ oder Umberto Ecos Semiotik beschreiben Ordnungsprozesse ebenfalls als Unterscheidungsbildungen. Ihnen ist gemeinsam, nicht von Unterschieden, sondern von Unterscheidungen auszugehen, Theorie als spezifische Form von Praxis zu begreifen, binäre Unterscheidungen in Prozessmodelle aufzulösen sowie Logik mit Zeit zusammenzudenken. Wer sich für derartige Unterscheidungsordnungen entscheidet, begibt sich in eine Beschreibungspraxis, bei der Zeichen keine ontologischen Kategorisierungen repräsentieren, sondern Prozesse des Referierens verknüpfen. Signifikat eines Zeichens ›ist‹ ein Prozess differentieller Unterscheidungen und Verweisungen. Wir können Menschen, Bakterien, Maschinen oder Gespenster wie Aktanten behandeln, die in semiotischen Unterscheidungsketten ihren Ort finden. Form und Formen der Kommunikation sind Resultate von Unterscheidungsprozessen (vgl. Rustemeyer 2008a).

Der Begriff des Begriffs, eine philosophiehistorisch prominente Unterscheidung, ändert in einer

Prozesstheorie der Zeichenformen seine Bedeutung. Begriffe leiden unter dem Problem, wie ihre Allgemeinheit mit Besonderem zusammenhängt, inwiefern sie über Eigenschaften der Welt Auskunft geben, worin ihre Existenz besteht und wie sie erkannt werden. Mit Hilfe einer Theorie der Zeichenprozesse betrachten wir anstelle von Begriffen Verkettungen von Referenzen, die nicht vorab mit ontologischen Qualitäten oder Kategorisierungen beschwert sind. Begriffliches erscheint als Typisches, das aus Prozessen der Wiederholung von Unterscheidungen entsteht. Typen kombinieren kognitive, emotionale und motorische, semantische, soziale und logische Unterscheidungsformen. Besonderes wird in ihnen als Besonderes beobachtbar, mithin ein Allgemeines; Allgemeines wird in der operativen Unterscheidung vom Besonderen unterscheidbar. Universalienprobleme stellen sich nicht. Typisierungen liefern flexible Schemata der Figuration von Welt (vgl. Eco 2000, 154 ff.).

Der Grad ihrer Allgemeinheit resultiert aus der Häufigkeit der Wiederholung einer Unterscheidung, aus ihrer mehr oder weniger großen, vielleicht gesellschaftsweiten Anschlussfähigkeit, ihrer Akzeptanz und Prägnanz. Grenzen zwischen Wirklichem und Imaginärem verflüssigen sich. Je typisierter eine Zeichenform ist, desto größer wird ihr Realitätsgrad, denn sie attrahiert eine Mannigfaltigkeit operativer Referenzen, versammelt sie zu Gesellschaften, verleiht ihnen Allgemeinheit und ermöglicht damit Besonderheit. Auch wenn es diese Formen in einem ontologischen Sinne nicht ›gibt‹, sind sie wirklich. Ihnen geht es wie der wahren Liebe und den Gespenstern, von denen François de La Rochefoucauld bemerkt, dass jeder von ihnen spreche, doch niemand sie gesehen habe (vgl. La Rochefoucauld [2]1980, 71). Ihre Realität ist kulturell: fundiert in der Einheit der Differenz von Realem und Imaginärem. Wirklichkeit unterscheiden wir durch den Grad an Kohärenz und Reichweite der Transformationen, die wir mit Zeichen vornehmen. Darum ist Liebe eine Realität, die hormonellen Aufruhr entfacht, emotionale Eskalationen in Gang setzt und kommunikative Turbulenzen anrichtet, die davon Betroffene in ihrem Selbst- und Weltgefühl aufstört (vgl. Luhmann 1982). Gespenster fristen heute ein bescheidenes Dasein in englischen Altbauten, aus denen sie zuweilen in Ibsen-Dramen oder philosophische Texte Reißaus nehmen, um dort als Symbol oder Beispiel tätig zu werden. Liebe und Furcht gehören jedenfalls, in allen Kombinationen, zu den Sinnformen, an denen wir die existentielle, ins Physiologische hineinreichende Reichweite, den kulturellen Wandel und die Verknüpfung neurologischer, semantischer, leiblich-habitueller und sozial inszenierter Zeichenfunktionen studieren können.

Semiotische Kulturphilosophie

Eine semiotisch ansetzende Kulturphilosophie ist, wie das Beispiel andeutet, nicht nur imstande, über sämtliche kulturelle Phänomene zu sprechen, sondern sich selbst als eine Form der Kultur zu verstehen und als Sonderfall allgemeiner Ordnungsprozesse zu reflektieren. Kultur wird zu einem Spezialfall ihrer Theorie und deshalb auf instruktive Weise mit natürlichen oder sozialen Prozessen vergleichbar.

Klassische Konzepte wie Repräsentation, Totalität, Selbstreflexion oder logische Symmetrie, mit denen der Raum kultureller oder geistiger Phänomene erschlossen werden sollte, benötigt eine so gebaute Zeichentheorie nicht. Solche Modelle streben Geschlossenheit an. Sie stehen für Ideale der Erkenntnis einer Welt-wie-sie-ist, einer schattenlosen Selbsterkenntnis, einer Einheit von Logik und Zeit im Wissen oder einer Grammatik klarer Unterscheidungen, deren Formen analog zur Form der Welt sind. Das Konzept des Zeichens macht hier einen Unterschied, der Unterschiede im historischen wie im politischen Verständnis der Kultur macht. Auf semiotischer Grundlage ist die Versuchung geringer, Kultur verfallstheoretisch oder fortschrittsoptimistisch zu beurteilen. Für viele Kulturtheoretiker war das eine seit Jean-Jacques Rousseau attraktive Unterscheidungsgeste (vgl. Konersmann 2008). Sie gaukelt dem Beobachter der Kultur eine Position vor, von der aus er das Ganze dieser Kultur überblickt, bewertet und in seinem Verlauf betrachtet.

Verzichten wir auf diese Figuration, für die Hegels Philosophie ebenso wie deren Kritik durch Karl Marx gute Beispiele liefern, bekommen wir es mit Beobachtern zu tun, die in ihren Gegenstand verstrickt sind, weil sie ihn durch ihr Unterscheiden bestimmen und durch ihn bestimmt werden, ohne ihn zu erfinden. Beobachter sind nicht allein, nicht allwissend, ihr Blick ist nicht allzeitig, und ihre Begriffe repräsentieren nicht die Welt. Vielmehr haben sie es mit anderen Beobachtern zu tun, die sie bei der Arbeit der Beobachtung beobachten und ihre Bestimmungen mit anderen Zeichen unterscheiden. Ihre Gegenwart ist ein Vollzug des Unterscheidens, der sich selbst verdeckt. Selbstreflexion, in der die Unterschiede und ihre Zeit ebenso wie Subjekt und Objekt zusammenfielen, bleibt unerreichbar, kann die Beobachtung sich doch selbst nur als Spur ihres Gewesenseins bestimmen.

Wissend, dass alle Unterscheidungen auch anders ausfallen könnten, steht ein Beobachter vor dem Dilemma zu entscheiden, auf welche Kontingenzen er sich einzulassen bereit ist. Kultur stellt sich ihm als Feld kontingenter Optionen dar. Darin nehmen Kulturkritiker einen Platz ein, sehen aber weder mehr noch besser als andere. Kultur zwingt dazu, Kontingenz zu entfalten und Welt zu erzeugen. Seit Johann Gottfried Herder ist das die prägende Erfahrung der modernen Gesellschaft. Sie begegnet sich als Dynamik von Formen, die sich keiner zentralperspektivischen Beschreibung, keiner monokausalen Erklärung und keiner transzendenten oder immanenten, jedenfalls verbindlichen Bewertung mehr fügt (vgl. Baecker [4]2012 u. 2008). Die Position absoluter Beobachter hat sich aufgelöst. An ihre Stelle sind vagabundierende Unterscheidungen getreten. Die Rolle des Menschen als desjenigen, der denkend, handelnd und wertend der Welt gegenübertritt, weicht der Einsicht in die Funktion kultureller Register des Unterscheidens, Klassifizierens, Benennens und Rechnens. Offenheit, Mehrdeutigkeit, Intransparenz, Anonymität, Vielfalt und Perspektivität der modernen Kultur zwingen Praktiken des Regierens, Wirtschaftens, Kommunizierens oder Lernens, mit dem Unplanbaren zu rechnen. Sie entfalten sich als Heuristiken des Umgangs mit Ungewissheit (vgl. Foucault 2004a u. 2004b; Latour 2001; Baecker 2003 u. 2007; Rustemeyer 2009a).

Reflexionsstile der Kultur

Verschränkungen von Besonderem mit Allgemeinem in der Zeichenfunktion wiederholen sich in der modernen Kultur durch die Kombination von Differenzierung und Typisierung. Prägnante Zeichenformen wie Sprache, Zahl, Formel und Bild fördern die Entstehung von Organisationen, die, wie Unternehmen, Universitäten oder Museen, in spezifischen Kommunikationsfeldern unwahrscheinliche Sinnbildungsleistungen ermöglichen (vgl. Bredekamp/Krämer 2003; Krämer 1991).

Diese steigern Differenzen im Blick auf die Welt. Deren Einheit kommt in der Kommunikation über Ereignisse zum Ausdruck, die ihrerseits Differenzen in den Formen ihrer Beobachtung markieren. Begriff, Zahl und Bild stimulieren evolutionär Reflexionsstile, deren Formwandel wir in der Wissenschafts-, Begriffs- oder Kunstgeschichte beobachten. Mit Hilfe mehr oder weniger standardisierter Verknüpfungsregeln für Replikas sind sie wesentlich an der Steigerung von Kontingenz beteiligt, durch die unsere moderne Kultur charakterisiert ist. Wechselseitige referentielle Verweisungen zwischen Zeichenordnungen aktivieren semiotische Kontraste, die sich einer linearen Übersetzung oder einer analogen Beschreibung verweigern. Begriffe, Zahlen oder Bilder sind mehr und anderes als unterschiedliche homologe Weisen der Repräsentation derselben Entitäten. Vergleichbar sind sie, weil sie weder homolog noch identisch sind. Bestimmungsformen, die mit Hilfe unterschiedlicher Zeichenarten geschehen, ordnen Sinn zu Komplexitäten dissonanter Resonanz. Anschlusswahrscheinlichkeit gewinnen Zeichen dann trotz und wegen ihrer nichtlinearen Weiterbestimmung in sich verschiebenden Kontexturen des Wahrscheinlichen. Zusammen erzeugen sie dynamische Ordnungen endlicher Unendlichkeiten des Bestimmens. Aus diesem Grund können wir Kulturen wie Diagramme betrachten. Sie erfordern und ermöglichen Vollzüge von Zeichenfunktionen in der Verschränkung unterschiedlicher Zeichenformen (vgl. Rustemeyer 2009b).

Wissenschaften, Künste und Philosophie bilden paradigmatische Reflexionsstile aus, deren organisatorische Verdichtung für eine permanente Steigerung kultureller Differenzen sorgt. Gegenhalt findet diese Differenzdynamik in typisierten Zeichenfunktionen, die gesellschaftsweit anschlussfähig sind und die hochgetriebene Kontingenz der Kultur auffangen. Moderne Gesellschaften greifen dazu auf Massenmedien zurück, die eine für jedermann zugängliche, operativ belastbare und bis auf weiteres akzeptable Wirklichkeit zur Verfügung stellen. Jeder einzelne vermag sich dank solcher Typisierungen in ein Verhältnis zur Komplexität der Kultur zu setzen. Die Herausbildung eines Bedürfnisses nach und einer Anerkennung von Individualität wird so ermöglicht (vgl. Bourdieu 1982). Philosophische Beobachtungen der Kultur fertigen ihrerseits Darstellungen an, mit denen sie die Kontingenz der Gesellschaft durch die Anordnung ihrer Unterscheidungen und die Kombination ihrer Zeichenformen schematisieren. Dabei werden sie als eine Form des Vollzugs von Kultur beobachtbar. Weil Darstellungen Unterscheidungsweisen und damit die Welt, die sie erzeugen und transformieren, verändern, sind sie zugleich theoretisch und praktisch (vgl. Rorty 1993). Philosophie in diesem Sinne ist eine Praxis der Kulturreflexion (vgl. Baecker/Kettner/Rustemeyer 2008b).

Kultur als diagrammatischer Prozess

Kultur können wir als diagrammatischen Prozess betrachten. Diagramme existieren in Darstellungen. Eine Philosophie der Zeichen, die für eine Philosophie der Kultur fruchtbar gemacht wird, verweist auf eine Philosophie der Darstellung. Darstellungen sind weltschöpferische Prozesse, in denen Zeichenverkettungen Realität – Dauer, Anschluss, Erkennbarkeit und Wahrscheinlichkeit – erlangen. Gegenüber ihren Referenten stellen sie kein Zweites dar, das ein Erstes mehr oder weniger zuverlässig abbildet, um zu einem Dritten – der Wahrheit des Allgemeinen – zu führen.

Ebenso wenig erfinden sie einfach Wirklichkeit. Vielmehr erzeugen sie Form-Prozesse, die auf besondere Weise Zeichenarten verknüpfen und eigene Plausibilitäten, Evidenzen und Möglichkeiten aufbauen. Die Fähigkeit von Darstellungen, Anschlussfähigkeit zu gewinnen, Neues einzuführen, innovativ mit Symbolen umzugehen und von anderen Beobachtern wiederholt zu werden – kurz: das kulturschöpferische Potential ihrer Unterscheidungsform – hängt vom Zusammenspiel der Dimensionen einer Zeichenfunktion ab. In Darstellungen nehmen Unterscheidungen kulturelle Formen an, die mit symbolischen und sozialen Ordnungen verkettet sind. Mit Hilfe von Darstellungen unterscheiden wir jeweils den Unterschied von Unterschied und Unterscheidung, stellen die Wirklichkeit bestimmter Beobachtungen in den Horizont des auch anders Möglichen und entwickeln Formen, mit Komplexität fertigzuwerden, das heißt: unterscheidungs- und entscheidungsfähig zu bleiben.

Die Logik der Form entfaltet sich als Logik des Zeichens in der Logik der Darstellung: in Diagrammen. Diagramme unterscheiden, bezeichnen, vollziehen und reflektieren Kultur. Kultur vollzieht Welt als Sinn. Welt ist gegenüber ihren Darstellungen weder vorgängig noch nachrangig. Sie ist ihr Diagramm. Weltbeobachtung und Selbsterzeugung des Beobachters sind, wie Wahrnehmung und Kommunikation, vertauschbare Werte der Unterscheidungsfunktion des Zeichens. Zeichen operieren.

Literatur

Baecker, Dirk: *Organisation und Management. Aufsätze.* Frankfurt a. M. 2003.

–: *Studien zur nächsten Gesellschaft.* Frankfurt a. M. 2007.

–: Zur Kontingenz der Weltgesellschaft. In: *Über Kultur. Theorie und Praxis der Kulturreflexion.* Hg. von Dirk Baecker, Matthias Kettner und Dirk Rustemeyer. Bielefeld 2008, 139–161.

–: *Wozu Kultur?* Berlin [4]2012.

–/Kettner, Matthias/Rustemeyer, Dirk (Hg.): *Über Kultur. Theorie und Praxis der Kulturreflexion.* Bielefeld 2008.

Bourdieu, Pierre: *Die feinen Unterschiede. Kritik der gesellschaftlichen Urteilskraft.* Frankfurt a. M. 1982.

Bredekamp, Horst/Krämer, Sybille (Hg.): *Bild, Schrift, Zahl.* München 2003.

Cassirer, Ernst: *Wesen und Wirkung des Symbolbegriffs.* Darmstadt [8]1994.

Eco, Umberto: *Kant und das Schnabeltier.* München/Wien 2000.

Flasch, Kurt: *Kampfplätze der Philosophie. Große Kontroversen von Augustin bis Voltaire.* Frankfurt a. M. [2]2009.

Foucault, Michel: *Geschichte der Gouvernementalität I. Sicherheit, Territorium, Bevölkerung. Vorlesung am Collège de France 1977–1978.* Hg. von Michel Sennelart. Frankfurt a. M. 2004a (frz. 2004).

–: *Geschichte der Gouvernementalität II. Die Geburt der Biopolitik. Vorlesung am Collège de France 1978–1979.* Hg. von Michel Sennelart. Frankfurt a. M. 2004b (frz. 2004).

Konersmann, Ralf: Kultur als Metapher. In: *Kulturphilosophie.* Hg. von Ralf Konersmann. Leipzig [2]1998, 327–354.

–: *Kulturkritik.* Frankfurt a. M. 2008.

Krämer, Sybille: *Berechenbare Vernunft.* Berlin/New York 1991.

La Rochefoucauld, François de: Reflexionen oder moralische Sentenzen und Maximen. In: *Die französischen Moralisten. La Rochefoucauld, Vauvenargues, Montesquieu, Chamfort.* Hg. von Fritz Schalk. Bremen [2]1980, 61–139.

Latour, Bruno: *Das Parlament der Dinge. Für eine politische Ökologie.* Frankfurt a. M. 2001 (frz. 1999).

Luhmann, Niklas: *Liebe als Passion.* Frankfurt a. M. 1982.

Peirce, Charles Sanders: *Naturordnung und Zeichenprozeß. Schriften über Semiotik und Naturphilosophie.* Frankfurt a. M. [2]1998.

Rorty, Richard: *Eine Kultur ohne Zentrum. Vier philosophische Essays und ein Vorwort.* Stuttgart 1993.

Rustemeyer, Dirk: *Sinnformen. Konstellationen von Sinn, Subjekt, Zeit und Moral.* Hamburg 2001.

–: *Oszillationen. Kultursemiotische Perspektiven.* Würzburg 2006.

–: Die Logik der Form und das Problem der Metaphysik. In: *Zehn Jahre danach. Niklas Luhmanns »Die Gesellschaft der Gesellschaft«.* Hg. von Dirk Baecker u. a. Stuttgart 2008a, 504–515.

–: Die Sichtbarkeit der Macht. In: *Macht. Begriff und Wirkung in der politischen Philosophie der Gegenwart.* Hg. von Ralf Krause und Marc Rölli. Bielefeld 2008b, 245–259.

–: Produktive Paradoxe. In: *Erwägen, Wissen, Ethik EWE* 20 (2009a), 149–151.

–: *Diagramme. Dissonante Resonanzen: Kunstsemiotik als Kulturtheorie.* Weilerswist 2009b.

Whitehead, Alfred North: *Prozeß und Realität. Entwurf einer Kosmologie.* Frankfurt a. M. 1979 (engl. 1929).

Dirk Rustemeyer

25. Zeit

›Zeit‹ ist eine zentrale Kategorie der Kulturphilosophie, denn Kultur ist ohne eine bewusste Bezugnahme auf Zeit und ihren Verlauf nicht zu denken. Zeitkonzepte sind konstitutiver Bestandteil von Kultur, weil erst durch sie ein Zusammenhang in der Zeit narrativ erfasst und Ereignisse zeitlich geordnet werden können. Gottfried Semper sprach angesichts der Londoner Weltausstellung im Jahr 1851 erstmals von kulturphilosophischen Fragen, die sich angesichts der für die Moderne typischen Dynamik des Neuen und der Vorliebe für Anderes und Fremdes stellen. Die spezifisch moderne Zeiterfahrung ist somit für die Herausbildung des Fragehorizonts der Kulturphilosophie bestimmend. Erst dieses problematisch werdende Verhältnis von Altem und Neuem, die sich dramatisch schnell verändernden Lebensumstände und die sich entfaltende Eigendynamik des Kulturellen führen zu einem Reflexionsbedarf. Viele Phänomene innerhalb der Kultur, wie beispielsweise Wissenschaft, Kunst, Religion und Technik lassen sich *prima facie* als Formen der Emanzipation des Menschen von der Umwelt, von der Determination durch Naturgegebenheiten verstehen. Mit diesen Kulturformen eröffnet sich ein Bereich des spezifisch Humanen. Was diese Bereiche verbindet, ist die Zeitdimension, denn jeder einzelne dieser kulturellen Bereiche beruht auf Traditionszusammenhängen und historisch formierten Wissens- und Praxisformen.

Die ›Zeit‹ selbst ist ein Begriff, der sich gewissermaßen an der Grenze von Natur und Kultur bewegt. Daran zeigt sich, dass es notwendig ist, die Grenzen des Kulturbegriffs zu reflektieren und ihn damit zugleich zu konkretisieren. Im Zusammenhang mit Kultur wird die schöpferische Kraft des Menschen betont, denn Kultur ist der Bereich des Menschlichen, des vom Menschen Geschaffenen. Das Ziel der Philosophie laut Ernst Cassirer (1874–1945) ist die Selbstbesinnung und Selbsterkenntnis. Obschon Kultur ohne Zeitlichkeit nicht denkbar ist, weist das Denken der Zeit doch über die Kultur hinaus, indem dort der Mensch nicht allein in seinem schöpferischen Wirken erfasst wird, sondern auch als endliches Wesen, das über Zeit nicht schlechthin verfügen kann. Endlichkeit und Ewigkeit sind zentrale Themen der Zeitreflexion. Mit Geschichten, Mythen und Konzepten wird eine zeitliche Struktur der Ereignisse konstituiert, die als kulturelle Leistung zu verstehen ist. Der Antrieb, Zeit zu erfassen, resultiert aus verschiedenen Formen der Zeiterfahrung, von denen einige gerade Grenzerfahrungen darstellen, welche auf die Grenze menschlichen Vermögens weisen: die Erfahrung der Endlichkeit, des Vergehens, der zyklischen Wiederkehr von Naturerscheinungen oder die Plötzlichkeit katastrophaler Ereignisse.

Wie der große Bereich des Kulturellen mit seinen verschiedenen Phänomenen und Bereichen ist auch der Begriff der Zeit ein komplexes Feld verschiedener Erscheinungen und Fragestellungen. In kulturphilosophischer Hinsicht lässt sich das Thema der ›Zeit‹ in drei Themenkomplexe unterteilen: (1) Zunächst lässt sich ›Zeit‹ als ein kulturelles Phänomen thematisieren: Die kulturelle Verschiedenheit des Erlebens und Erfassens von Zeit ist ein Merkmal, welches gerade mit der Moderne und ihrer Beschleunigungserfahrung augenfällig wird. Kulturen gehen auf verschiedene Art und Weise mit Zeit um und reflektieren sie dementsprechend in ihren Traditionen und Geschichtsauffassungen verschieden. Zeit in diesem Sinn ist eine kulturelle Erscheinung. (2) Der nächste Themenkomplex thematisiert ›Zeit‹ als anthropologisches Phänomen: In Anbetracht der kulturell variierenden Erfahrung von Zeit stellt sich die Frage nach möglichen Konstanzen, nach den Bedingungen von Zeiterfahrung, die über die verschiedenen Kulturen hinweg wirksam sind. Die Bedingungen der Zeiterfahrung lassen sich nicht allein über ihren Ausdruck, d.h. über Sprache, abstrakte Zeitkonzepte oder -narrative erfassen, sondern erfordern die Reflexion auf transzendentale oder natürliche Vorbedingungen. (3) Das dritte Thema: Die ontologische Frage nach dem, was ›Zeit‹ sei. Diese Frage ist theoriegeschichtlich sehr alt und bestimmt die philosophische Auseinandersetzung mit dem Begriff der Zeit.

Zeit und Kultur

Es lassen sich zwei fundamental verschiedene Formen oder Erscheinungen der Zeit unterscheiden, welche man unter die Schlagworte objektive und subjektive Zeit bringen kann. Unter der Bezeichnung der ›objektiven Zeit‹ lassen sich die Phänomene der gemessenen, physikalischen Zeit und abstrakte Zeitbegriffe fassen. Die Uhrzeit, die Raumzeit der Physik, der Zeitstrahl, die lineare oder die zyklische Zeit – all jene Konzepte sind abstrakte Begriffe der ›Zeit‹. Diese beruhen auf der Zeiterfahrung, sie soll hier als die ›subjektive Zeit‹ bezeichnet werden. Hierbei geht es um die erfahrene, erlebte Zeit des

Subjekts, das Vergehen der Zeit, die erlebte Dauer. Gegenüber der objektiven Zeit, die qua Messung gleichförmig und getaktet verläuft, bleibt die subjektive Zeit abhängig vom zeiterlebenden Individuum. In der analytischen Philosophie findet diese Unterscheidung ihren Ausdruck in der von John M. Ellis McTaggart (1866–1925) eingeführten Terminologie der ›A- und B-Serie‹ der Zeit (McTaggart 1908). Die A-Serie bezeichnet die durch Vergangenheit, Gegenwart und Zukunft strukturierte Zeit, wie sie vom Subjekt erlebt wird. Unter dem Begriff der B-Serie ist die Zeit als reine Abfolge von Zeitpunkten zu verstehen. Aus der in der analytischen Untersuchung aufgewiesenen Widersprüchlichkeit dieser beiden Zeitformen schloss McTaggart auf die Irrealität der Zeit. Zeitphilosophisch interessant ist das Verhältnis von subjektiver und objektiver Zeit. Eine eingehende phänomenologische Beschreibung des Zeitbewusstseins, seiner Konstitution und seiner Funktion für Bewusstsein überhaupt findet sich in den *Vorlesungen zur Phänomenologie des inneren Zeitbewußtseins* (1893–1917) von Edmund Husserl (1859–1938). Dort wird gezeigt, dass Zeitbewusstsein auf dem intentionalen Zusammenhang gegenwärtiger, gerade vergangener und antizipierter Bewusstseinsinhalte beruht. Diese grundlegende Form des Zeitbewusstseins ist Bedingung aller weiteren Formen von Bewusstsein. Maurice Merleau-Ponty (1908–1961) auf Seiten der kontinentalen Philosophie und Arthur N. Prior (1914–1969) auf Seiten der analytischen betonen im Anschluss an und über Husserl hinausgehend die Bedeutung des Hier und Jetzt des Leibes für das Zeitbewusstsein. Laut Prior sind abstrakte Zeit- oder Ortsbestimmungen nur verstehbar auf Basis der ›Ersten-Person-Perspektive‹, der subjektiven Erfahrungen des Hier und Jetzt. Abstrakte Zeitkonzepte dagegen sind fundiert in der subjektiven Zeiterfahrung, abstrahieren jedoch vom einzelnen Vollzug, in dem allgemeine Vorstellungen dessen, was Zeit ist, gebildet werden. Damit findet eine fortschreitende Loslösung des Denkens von den konkreten Dingen und Vollzügen statt. Diese Loslösung vom einzelnen und die Bewegung hin zu allgemeinen Prinzipien und Begriffen, wie sie an der Herausbildung abstrakter Zeitkonzepte zu beobachten ist und die mit Cassirer als Etablierung eines symbolischen Raums zu verstehen ist, bringt dieser unter die Formel der »fortschreitenden Selbstbefreiung des Menschen« (Cassirer 1990, 345). Die Fundierungsbewegung der objektiven Zeit in subjektiver Zeiterfahrung ist dabei nicht eindimensional zu denken, denn die kulturell formierten Vorstellungen dessen, was Zeit sei und wie sie sprachlich erfasst wird, wirken ihrerseits auf das Zeiterleben zurück.

Dieses komplexe Verhältnis von subjektiver Zeiterfahrung und ihren Objektivationen führt theoretisch zur Vorstellung einer Kulturrelativität der Zeit (vgl. Gloy 2006, 152 ff.). Dem liegt die These zugrunde, dass Zeit ein Phänomen der Sprache sei und verschiedene Sprachen mithin zu unterschiedlichen Zeiterfahrungen führen. Besonders die verschiedenen Strategien, sprachlich auf Nicht-Gegenwärtiges (Vergangenes, Zukünftiges oder an einem anderen Ort Existierendes) Bezug zu nehmen, variiert von Sprachgemeinschaft zu Sprachgemeinschaft stark. Ebenso wichtig für das Zeiterleben ist die symbolische Darstellung von Zeit. Die Mythen, Personifizierungen bis hin zu den abstrakten Auffassungen der Zeit sind kulturell äußerst variantenreich. Von der griechischen Antike mit dem seine eigenen Kinder verschlingenden Zeitgott Chronos, in dessen Figur das Warten, das Zeitvergehen und die Dauer vorgestellt werden, über die zyklischen Zeitauffassungen vieler Naturvölker hin zur modernen linearen Zeitvorstellung – sie alle hatten und haben Einfluss auf das individuelle Zeiterleben und den gesellschaftlichen Umgang mit Zeit. Im westlichen Kulturkreis dominieren Vorstellungen der Zeit als Vergehen, als Fluss oder Verrinnen des Sandes in der Uhr. Im alten China hingegen kannte man Duftuhren, die die Zeit durch Räucherwerk messen. Dabei steht eher die Dauer als das Vergehen im Zentrum (vgl. Han 2009). Eine Volksgruppe auf den Andamanen-Inseln misst die Zeit nach dem sich jahreszeitlich verändernden Duft der Blüten.

Der Begriff der ›Dauer‹ ist in der westlichen Philosophie vor allem durch Henri Bergson (1859–1941) ausgeführt worden. Dass Zeit eine knappe Ressource ist, mit der es ökonomisch hauszuhalten gilt, ist eine zentrale Zeitauffassung der Moderne vor dem Hintergrund der kapitalistischen Wirtschaftsform. Dem wird die Erfahrung der »Beschleunigung« – dazu Georg Simmel (1858–1918) und Hartmut Rosa – zur Seite gestellt als die moderne Form des Zeiterlebens. Der Umgang von Kulturen mit Zeit ist ein je spezifischer, geprägt durch die jeweilige Sprache, Kulturgeschichte und Spezifika der Um- und Lebenswelt. Die daraus resultierenden abstrakten Zeitbegriffe beeinflussen ihrerseits den Umgang mit Traditionen und Geschichte. Zeitmessung und damit auch der Umgang mit Zeit sind sehr verschieden. Fraglich ist jedoch, ob damit ein absoluter Unterschied entdeckt ist oder nur eine Varianz eines sonst stabilen Grundmusters.

Zeit und Natur

Der Begriff der ›Natur‹ ist für das Unternehmen der Kulturphilosophie ein ambivalentes Konzept, wenn man damit einen Rückgang auf unhintergehbare Voraussetzungen oder gar auf das Wesen meint. Die Opposition von Natur und Kultur kann als ein- oder wechselseitiges Fundierungsverhältnis betrachtet werden. Im Blick auf Zeit ist es sinnvoll, die Wechselseitigkeit zu betonen, wobei die verschiedenen Richtungen auseinandergehalten werden sollten.

Spricht man über Zeit und Zeitbewusstsein, dann kommt man nicht umhin, auf Fundierungen zu reflektieren. Das, was an der Zeiterfahrung kulturell geprägt und kulturrelativ erscheint, bildet nur eine Dimension dessen, was Zeiterfahrung ist. Die Bedingungen von Zeiterfahrung lassen sich auf zwei grundlegend verschiedene Arten erfassen. Zum einen auf transzendentalphilosophische Art und Weise, zum anderen durch den Bezug auf den Begriff der ›Umwelt‹. Die Frage nach den Bedingungen der Zeiterfahrung stellt sich dann, wenn Zeiterfahrung nicht auf Sprache reduzierbar ist. Bestimmte Formen der Zeiterfahrung sind ohne Frage sprachabhängig (vgl. Gloy 2006). Gegen eine Herleitung der Zeiterfahrung allein aus der Sprachfähigkeit spricht jedoch die Tatsache, dass dem Sprachverstehen eine basale Form der Zeiterfahrung zugrunde liegt (vgl. Pöppel 2000). Sprache ist lautlich so strukturiert, dass Sinneinheiten sich über je drei Sekunden Dauer erstrecken. Diese Dauer entspricht dem, was im Bewusstsein als Gegenwart erfasst wird, obschon diese aus je kleineren zeitlichen Einheiten zusammengesetzt ist. Ohne eine Form der ›ausgedehnten Gegenwart‹ (dieser Begriff bei Husserl geht auf William James zurück) oder ›subjektiven Gegenwart‹ (Intervall von ca. drei Sekunden) im Zeitbewusstsein könnte kein sprachlicher Sinn aufgefasst werden. Husserl beschrieb das Zeitbewusstsein in seiner phänomenologischen Analyse des inneren Zeitbewusstseins als eine komplexe Intention, welche neben dem gegenwärtigen Moment (›Urimpression‹) vor allem das gerade Vergangene im Blick behält (›Retention‹) und kommende Eindrücke (›Protention‹) antizipiert. Seine Analysen des Zeitbewusstseins sind der Methode nach phänomenologisch, da sie aber die Bedingungen von Zeitbewusstsein suchen, können sie auch als transzendental bezeichnet werden.

Damit ist das Husserlsche Projekt eine Fortsetzung Kants mit den Mitteln der Phänomenologie. Hatte Immanuel Kant die Zeit als die Form des ›inneren Sinns‹, als eine notwendige Anschauungsform ausgewiesen, die alle anderen Bewusstseinsleistungen notwendig begleitet, so setzt Husserl zunächst deskriptiv an. Er beschreibt Zeitbewusstsein aus der Perspektive der eigenen Erfahrung, um davon ausgehend zu prinzipiellen Aussagen zu gelangen. An diese deskriptive Herangehensweise schließt sich eine Konstitutionstheorie des Zeitbewusstseins an, in welcher gezeigt wird, wie alle weiteren Formen von Bewusstsein auf dem Zeitbewusstsein basieren. Damit kann man in Husserls Theorie des Zeitbewusstseins von einer Subjektivität sprechen, die Zeit konstituiert und selbst verzeitlicht ist. Wenn Zeitbewusstsein die fundamentalste Form von Bewusstsein darstellt, bedarf es einer Intentionalität, welche das Gesamt der verschiedenen Bewusstseinsinhalte zusammenhält. Diese dürfte dann selbst nicht wieder zeitlich sein, sonst droht der Theorie der infinite Regress. Ein unzeitliches Bewusstsein zu denken, grenzt jedoch an Selbstwiderspruch.

Husserls Schwierigkeit, Zeit transzendental zu bestimmen, hat das philosophische Denken des 20. Jahrhunderts herausgefordert. Martin Heidegger (1889–1976) fundiert das Zeitbewusstsein im Zulaufen auf den Tod, im Bewusstsein der Endlichkeit. Merleau-Ponty schließt an Husserls Analysen des Zeitbewusstseins an, setzt jedoch einen stärkeren Akzent auf Leiblichkeit und erweitert damit die bei Husserl auf Bewusstsein eingegrenzte Perspektive. Merleau-Ponty fundiert Zeiterfahrung in der Zeitlichkeit des menschlichen Leibes, dem schon eine eigene Zeitstruktur, Intentionalität bis hin zu einer spezifischen Form des Gedächtnisses zukommt, die sich vor allem im Erlernen motorischer Fähigkeiten aufweisen lässt (vgl. Merleau-Ponty 1966). In seinem Spätwerk *Das Sichtbare und das Unsichtbare* gibt er seiner phänomenologischen Theorie ein ontologisches Fundament, was auch Konsequenzen für den Zeitbegriff hat. Merleau-Ponty begreift Zeit analog zum Subjekt als eine dynamische Struktur, deren Eigenart es ist, dauernd im Entstehen begriffen zu sein, *»in statu nascendi«* (Merleau-Ponty 1966, 472). Das Subjekt und seine Zeitlichkeit sind nicht ohne Bezug auf die Umwelt zu denken. Hier liegt der zeitphilosophisch relevante Gedanke Merleau-Pontys: Zeit ist nicht eine Vorbedingung im Subjekt, welche die Wahrnehmung präformiert, sondern sie entsteht im Kontakt mit der Welt, ›zwischen‹ Subjekt und Objekt.

Diese starke Betonung des Weltbezugs macht das Zeitkonzept Merleau-Pontys interessant für philosophische Theorien, welche evolutionstheoretische und kognitionswissenschaftliche Resultate miteinbeziehen, wie Evan Thompson in *Mind in Life* (2007). Dort wird die These vertreten, dass Bewusstsein nicht unabhängig vom Leib zu denken ist und der Leib seinerseits Teil einer Umwelt ist, mit der er in Wechselwirkung steht. Das Zeitbewusstsein als fundamentale Form des Bewusstseins muss damit ebenfalls neu reflektiert werden. Auf dieser Ebene treten drei Dimensionen von Zeit in den Blick, deren Zusammenhang noch weitgehend ungeklärt ist: (1) Die temporalen Eigenschaften neuronaler Prozesse, von welchen man zeigen kann, dass sie eine maßgebliche Bedingung für Bewusstsein darstellen. Hier schließt sich eine zentrale Frage der praktischen Philosophie an: Ist der Mensch frei, wenn beispielsweise das Fällen von Entscheidungen bereits auf vorbewusster Stufe durch Eigenschaften neuronaler Prozesse determiniert ist (vgl. Singer 2002)? (2) Die Zeiterfahrung als bewusster Prozess und seine spezifischen temporalen Eigenschaften. (3) Die zeitlichen Eigenschaften der Umwelt und ihre Auswirkung auf die Evolution der menschlichen Zeitwahrnehmung. Diese drei Ebenen sind in der philosophischen und in der empirischen Diskussion selten konzeptionell aufeinander bezogen (vgl. Förster-Beuthan 2012).

Die philosophische Herausforderung, die sich hier stellt, ist das Problem der Naturalisierung. Zeit auf biologische Determinanten zu reduzieren, wird der menschlichen Erfahrung ebenso wenig gerecht, wie Zeit als sprachliches Phänomen gänzlich zu kulturalisieren. Die Wechselwirkung zwischen den biologischen, philosophischen und kulturellen Dimensionen von Zeit zu erfassen, ist die Aufgabe moderner Zeittheorien.

Das Sein der Zeit

Was ist Zeit? – Bei dieser sehr alten und immer wieder neu gestellten philosophischen Frage geht es um die ontologische Bestimmung der Seinsart der Zeit. Ähnlich wie für die Zeiterfahrung kann man auch für die ontologische Bestimmung von Zeit zwischen der objektiven und der subjektiven Dimension unterscheiden. Eine Bestimmung der Zeit als außerhalb und unabhängig des Subjekts und seinen Vollzügen existierend, wäre eine objektive Bestimmung der Zeit. Zeit wird dann als Sein oder Eigenschaft von etwas außerhalb des Subjekts bestimmt. Ein subjektiver Zeitbegriff wäre in dieser Terminologie ein solcher, der Zeit als Produkt oder Leistung eines Subjekts auffasst. Beide Arten der Bestimmung von Zeit finden sich theoriegeschichtlich wieder. In der griechischen Antike gibt es mehrere Bestimmungen von Zeit, die je nach Verwendung im Epos, in der Tragödie oder in philosophischen Reflexionen verschieden ausgedeutet wurden. Allgemein kann man den Begriff des ›Chronos‹ mit der Weltzeit, dem verlaufenden Geschehen assoziieren, ›Aion‹ mit dem entgrenzten, schöpferischen Prinzip und ›Kairos‹ mit der Handlungszeit, dem richtigen Moment. Die Begriffe des Werdens und der Veränderung sind maßgebliche Bestimmungen des Zeitlichen, je nachdem, wie sie erkenntnistheoretisch gefasst werden, verändert sich auch die Definition von Zeit. Platon (ca. 427–347 v. Chr.) verankert die Zeit in einem Konzept von Ewigkeit (Zeitlosigkeit), dessen Abbild die Zeit darstellt. Die Zeit wird durch den schöpferischen Akt des Demiurgen konstituiert – Zeitkonstitution ist damit ein Akt, der nicht mit dem menschlichen Subjekt zusammenhängt und selbst unzeitlich ist.

Die Problematik der Zeitlichkeit der Zeitkonstitution kehrt vor allem in der Moderne bei Husserl wieder. Bei Aristoteles (384–322 v. Chr.) werden die Begriffe der Veränderung (Bewegung) und der Kontinuität maßgeblich für die Definition von Zeit. Er betrachtet Zeit formal und stellt die Frage nach den Bedingungen der Möglichkeit von Zeitmessung: In welchem Verhältnis stehen Zeitdauer und Zeitpunkt und wie kann Zeit als kontinuierlicher Verlauf strukturiert werden, damit sie messbar wird? Dafür rekurriert er auf die Kreisbewegung der Gestirne und bestimmt Zeit als das ›Maß der Bewegung‹. In der Spätantike und im frühen Mittelalter bleibt Platons Auffassung der Zeit als Abbild der Ewigkeit wirkmächtig, jedoch tritt bereits bei Plotin (205–270) und dann bei Augustinus (354–430) das Thema der Seele und damit des Subjekts in den Vordergrund. Bei Augustinus wird die Zeit ontologisch im Subjekt verortet. Das Subjekt ist es, welches die Zeit konstituiert, indem die Seele den durch Vergangenheit, Gegenwart und Zukunft strukturierten Zeitraum aufspannt. Zwei Gedanken bleiben bis in die moderne Zeitphilosophie hinein zentral: das Subjekt als zeitkonstituierende Instanz und die Einteilung der Zeit in verschiedene Teile: in Vergangenheit, Gegenwart und Zukunft.

Im Mittelalter wird der ontologische Status der Zeit in Auseinandersetzung mit Aristoteles diskutiert. Wie bereits seit der Antike bleibt auch im Mittelalter Zeit thematisch in ihrer Entgegensetzung zum Zeitlosen, Unbewegten oder Ewigen. Thomas von Aquin (1225–1274) identifiziert Zeit nicht mit Bewegung, weil diese schnell oder langsam verlaufen kann, dennoch bleibt Bewegung eine notwendige Bedingung für Zeit. Er fundiert Zeit ontologisch im Augenblick, welcher als selbst Zeitloses zwei Funktionen übernimmt: Der Zeit Kontinuität zu verleihen und sie einzuteilen, nämlich die Gegenwart von der Vergangenheit zu trennen. Damit gibt Thomas eine ontologische Bestimmung der Zeit, die Zeit nicht vollständig an die Vollzüge des Subjekts bindet. Die Diskussion um den Status von Zeitteilen und Augenblicken/Momenten findet sich in der modernen analytischen Diskussion um den ontologischen Status der Zeit wieder. In der Neuzeit wandert die Bestimmung der Zeit immer stärker ins Subjekt, so bestimmt Baruch de Spinoza (1632–1677) die Zeit als eine subjektive Weise des Vorstellens. George Berkeley (1685–1753) versteht entlang der aristotelischen Tradition Zeit als Bewegung, jedoch als die psychische Abfolge der Vorstellungen. Gottfried Wilhelm Leibniz (1646–1716) bestimmt Zeit relational zur Ordnung im Raum und kritisiert Isaac Newtons absoluten mathematischen Zeitbegriff, der den in dieser Zeit sich etablierenden Naturwissenschaften zugrunde liegt.

Das für die Moderne maßgebliche Zeitkonzept geht auf Immanuel Kant (1724–1804) zurück. Kant bestimmt Zeit in der *Kritik der reinen Vernunft* als eine reine Anschauungsform a priori, d. h. Zeit ist die Ordnung des inneren Sinns. Alle Bewusstseinsinhalte ordnen sich in zeitlicher Folge, während die Dinge der Außenwahrnehmung räumlich geordnet sind. Da aber auch die äußere Wahrnehmung eine Folge von Bewusstseinsinhalten darstellt, ist die zeitliche Form der Anschauung fundamentaler als die räumliche. Die Seinsart der Zeit bestimmt Kant als empirisch real und transzendental ideal. Das bedeutet, dass Zeit objektive Gültigkeit hat, ohne jedoch außerhalb der Anschauungsform des Subjekts eine Existenz zu besitzen. Zeit ist damit subjektiv bestimmt. Der Zeitbegriff Georg Wilhelm Friedrich Hegels geht über die Situierung von Zeit im Subjekt hinaus, indem er sie begriffstheoretisch fundiert und sie als Verhältnis von Endlichkeit und Unendlichkeit denkt.

Der Dominanz des naturwissenschaftlich quantifizierenden Denkens sich entgegenstellend, entwickelt Henri Bergson eine lebensphilosophisch qualitative Auffassung der Zeit, die Zeit und ihre Dimensionen aus der nicht homogenen, dynamischen Erfahrung der Zeit heraus entwickelt. Damit ist auch bei Bergson – wie bereits bei Husserl – das Subjekt ein wesentlicher Bezugspunkt seiner Zeitphilosophie. Etwa zeitgleich entwickelt der britische Philosoph und Hegelianer McTaggart sein berühmtes Argument gegen die Realität der Zeit. Er geht von einem Primat der sogenannten A-Serie (der Aufteilung der Zeit in Vergangenheit, Gegenwart und Zukunft) aus, also von der subjektiv erfahrbaren Zeit, und zeigt, dass diese nur mit Rekurs auf die B-Serie (Folge von Jetztpunkten ohne Einbezug eines Beobachterstandpunkts) widerspruchsfrei denkbar ist. Teilt man die Prämisse, dass die A-Serie fundamental ist für Zeit (denn nur in dieser ist Veränderung laut McTaggart denkbar), dann gelangt man zum Schluss, dass Zeit irreal ist. In Antwort auf McTaggart entwickelt Arthur N. Prior eine Logik der A-Serie, die Aussagen über vergangene, gegenwärtige und zukünftige Ereignisse auch ohne Rekurs auf die B-Serie widerspruchsfrei denken lässt.

Entlang dieser beiden einander gegenüberstehenden Positionen, welche trotz unterschiedlicher Thesen aufgrund der Priorisierung der A-Serie jeweils als A-Theorien bezeichnet werden, entspinnt sich bis heute eine lange Diskussion über den ontologischen Status der Zeit. Diese wird zum großen Teil rein auf begriffstheoretischem Boden geführt. Eine aktuelle Zeittheorie, welche die analytische Debatte durch den systematischen Rückbezug auf die Subjektivität erweitert, stellt Anton Friedrich Koch (2006) vor. Die sogenannten B-Theoretiker priorisieren die B-Serie, die nicht an die Subjektperspektive gebundene Zeitform einer reinen Folge von Zeitpunkten. Einer der wichtigsten Vertreter dieser theoretischen Linie ist David Hugh Mellor, der von McTaggarts Beweis ausgehend auf Basis der B-Serien für die Realität der Zeit argumentiert. Im Gegensatz zu McTaggart nimmt er den Ausgangspunkt nicht bei der Zeiterfahrung, sondern beim Kausalitätsbegriff. Die erfahrene Zeit ist laut Mellor eine evolutionär nützliche Wahrnehmungstäuschung, während Zeit als solche durch die temporalen Eigenschaften kausaler Ereignisse ontologisch zu begründen ist. Für diese Argumentation greift er auf das physikalische Konzept der Raumzeit zurück.

Merleau-Ponty nimmt für seine zeittheoretischen Überlegungen Husserls Analysen zum Ausgangspunkt und unternimmt es in *Das Sichtbare und das Unsichtbare*, die phänomenologische Theorie ontologisch zu unterfüttern. Diese Überlegungen sind nur fragmentarisch erhalten, bilden aber einen guten Ausgangspunkt für eine ontologische Untersuchung des Begriffs der Zeit, ohne ihn zu naturalisieren oder die Erfahrungsdimension auszublenden. Zeit wird dort in der Interaktion von Subjekt und Welt konstituiert. Die Kategorien von Subjekt und Objekt werden dabei nicht apriorisch gedacht, sondern als entstandene. Zeit wird in diesem Zusammenhang als ein Medium der Differenzierung verstanden. Im Begriff der Tiefe treten Raum und Zeit zusammen, diese Denkfigur erinnert wiederum an die physikalische Raumzeit. Merleau-Ponty bezeichnet seine Herangehensweise als »indirekte Ontologie« (Merleau-Ponty 1986, 233). Damit grenzt er sich von metaphysischen Systemen ab, ohne den Anspruch aufzugeben, philosophische Aussagen über das Sein machen zu können. Dieses Zeitkonzept bietet konzeptionell die Möglichkeit, die Begriffe von Natur und Kultur nicht als Entgegensetzung, sondern als ein Verhältnis der Komplementarität zu denken. Natur wird hier im Sinne von Umwelt nicht als etwas der Kultur Vorgängiges begriffen. Das spezifisch Menschliche wie das in Vergangenheit, Gegenwart und Zukunft strukturierte Zeitbewusstsein, das biographische Gedächtnis und Geschichtsbewusstsein können vor diesem Hintergund sowohl ihren Prinzipien und ihrer natürlichen Genese nach als auch unter dem Aspekt ihrer kulturellen Ausdifferenzierung betrachtet werden, ohne dass sich das dafür erforderliche Theoriegebäude in methodischen Inkommensurabilitäten auflöst.

Der Gang durch die historischen Zeitbestimmungen zeigt, dass die Aporien, welche entstehen, wenn Zeit einseitig im oder außerhalb des Subjekts verortet wird, erst dann gelöst werden können, wenn beide Seiten, Natur und Kultur, zusammengedacht werden. Thompson (2007, 359) zeigt, dass gerade die Erforschung von Bewusstsein darauf angewiesen ist, mit gemischten Konzepten zu arbeiten wie dem des »lived body«, des Leibes. Dieses Konzept ist notwendig zur Bestimmung von Bewusstsein und kann nicht auf biologische Prozesse reduziert werden. Vielmehr sind dort kulturelle Einflüsse auf engste mit natürlichen verbunden. Ohne eine theoretische Erfassung von Kultur muss die Erforschung des Bewusstseins im allgemeinen und des Zeitbewusstseins als grundlegender Bewusstseinsform unvollständig bleiben.

Literatur

Bergson, Henri: *Zeit und Freiheit. Eine Abhandlung über die unmittelbaren Bewußtseinstatsachen.* Jena 1911 (frz. 1888).

Cassirer, Ernst: *Versuch über den Menschen. Einführung in eine Philosophie der Kultur.* Hamburg 1990 (engl. 1944).

Förster-Beuthan, Yvonne: *Zeiterfahrung und Ontologie. Perspektiven moderner Zeitphilosophie.* München 2012.

Gloy, Karen: *Zeit. Eine Morphologie.* Freiburg i.Br. 2006.

Han, Byung-Chul: *Der Duft der Zeit. Ein philosophischer Essay zur Kunst des Verweilens.* Bielefeld 2009.

Heidegger, Martin: *Der Begriff der Zeit. Vortrag vor der Marburger Theologenschaft* [Juli 1924]. Hg. von Hartmut H. Tietjen. Tübingen 1989.

Husserl, Edmund: *Texte zur Phänomenologie des inneren Zeitbewußtseins* [1893–1917]. Hamburg 1985.

Koch, Anton Friedrich: *Wahrheit, Zeit und Freiheit.* Paderborn 2006.

Koselleck, Reinhart: *Vergangene Zukunft. Zur Semantik geschichtlicher Zeiten.* Frankfurt a. M. 1979.

Luhmann, Niklas: Temporalisierung von Komplexität. Zur Semantik neuzeitlicher Zeitbegriffe. In: Ders.: *Gesellschaftsstruktur und Semantik. Studien zur Wissenssoziologie der modernen Gesellschaft.* Bd. 1. Frankfurt a. M. 1980, 235–300.

McTaggart, John M. Ellis: The Unreality of Time. In: *Mind.* New Series, 68 (1908), 457–474.

Mellor, David Hugh: *Real Time II.* London 1998.

Merleau-Ponty, Maurice: *Phänomenologie der Wahrnehmung.* Berlin 1966 (frz. 1945).

–: *Das Sichtbare und das Unsichtbare: Gefolgt von Arbeitsnotizen.* Hg. von Claude Lefort. München 1986 (frz. 1964).

Pöppel, Ernst: *Grenzen des Bewusstseins. Wie kommen wir zur Zeit, und wie entsteht Wirklichkeit?* Frankfurt a. M. 2000.

Prior, Arthur N.: Thank Goodness That's Over. In: *Philosophy* 34 (1959), 12–17.

Rosa, Hartmut: *Beschleunigung.* Frankfurt a. M. 2005.

Simmel, Georg: Die Großstädte und das Geistesleben. In: Ders.: *Gesamtausgabe.* Hg. von Otthein Rammstedt. Frankfurt a. M. 1989 ff., Bd. 7, 116–131.

Singer, Wolf: *Der Beobachter im Gehirn. Essays zur Hirnforschung.* Frankfurt a. M. 2002.

Thompson, Evan: *Mind in Life. Biology, Phenomenology and the Sciences of Mind.* Cambridge, Mass. 2007.

Yvonne Förster-Beuthan

VI. Metaphern für Kultur

Was wir unter ›Kultur‹ zu verstehen haben, ist nicht nur in zahlreichen Definitionen und definitionsähnlichen Sätzen gesagt worden, sondern auch und mit besonderer Nachhaltigkeit in Metaphern. Im Zuge ihrer Kanonisierung haben diese Metaphern ein stabiles Netz bereichsspezifischer Aussagen aufgespannt, in denen die Selbstwahrnehmungen der Kultur, ihre Bilder und Entwürfe von sich selbst, gespeichert sind. Das damit geschaffene Stellensystem der Kulturmetaphern ist weder starr noch isoliert, sondern es ›lebt‹ – und es lebt, indem es von denjenigen, die sich ihm anvertrauen, je schon angenommen ist. Die metaphorische Rede bestätigt, ja mehr noch: sie *aktualisiert* Lebenswelt. Sie verstrickt die Menschen in einen Umraum des Geläufigen, in dessen Grenzen sie ihrer Sprache vertrauen und ihre Welt von innen sehen. Die Logik der Metapher verlangt nicht nach Objektivation oder Kontrolle, nicht nach Absprache oder förmlicher Übereinkunft, sondern nach spontaner Erfüllung.

Die Kulturphilosophien von Simmel und Cassirer bis Girard haben genau diese Kondition der Eingebundenheit als Modus kultureller Existenz betont und beschrieben. Die kulturelle Existenz ist, wie die Metaphorik, in der sie sich ausspricht, *immersiv*, und das bedeutet: Die Unscheinbarkeit des Wirkungszusammenhangs garantiert die metaphorische Funktion.

Im Unterschied zu dieser Spielregel der Immersivität ist die Praxis des Metaphorologen ganz und ganz ›künstlich‹, indem sie hervortreten lässt, was auf der Ebene der lebendigen Rede unthematisch bleibt. Ohne im Übrigen jemals vollkommen mit ihm brechen zu können, rückt die metaphorologische Analyse die Bedingungen vorreflexiven Einvernehmens in den Blick und macht sie explizit. Im Idealfall legt sie ein ganzes Gespinst aus Redekonsequenzen und semantischen Verdichtungen frei, jenen bereits von Curtius und Malraux, von Horkheimer und Benveniste skizzierten Komplex identitätsstiftender Bildwelten (vgl. Konersmann [3]2011), dessen relative Stabilität Wiedererkennbarkeit und, auf anderer Ebene, Zugehörigkeit verspricht.

Wer Metaphern für Kultur aufliest, überblickt sehr bald beträchtliche Bestände: Kultur als ›Stadt‹ und als ›Land‹, als ›Mangel‹ und als ›Überfluss‹, als ›Erbe‹ und als ›Bürde‹, als ›Garten‹ oder als ›Wüste‹ etc. Wie weit dieser Einfluss der Metaphern reicht, zeigen beispielhaft die Überlegungen Georg Simmels (1858–1918) in seinem für die weitere Entwicklung der kulturtheoretischen Reflexion wegweisenden Tragödienaufsatz von 1911. Gleich mit seinen ersten, zu Recht berühmten Sätzen führt Simmel die Dynamik der Kulturentwicklung auf den Konflikt zwischen der »Form der Festigkeit« und der »strömenden Lebendigkeit« zurück, um schließlich aus der metaphorischen Exposition dieses »Dualismus« die bekannte These der schicksalhaften Selbstgefährdung der Kultur zu gewinnen. Simmels »Kultur« ist die jederzeit erstrebte und doch stets entgleitende »Synthese« zweier unverträglicher Tendenzen, deren verzweifelten Widerstreit keine Dialektik zu lindern und dauerhaft zu versöhnen vermag. Es ist, so lautet Simmels Resümee, das »Verhängnis« der Kultur, durch ihre institutionellen Stabilisierungen den Strom des »Lebendigen« zu behindern und schließlich sogar versiegen zu lassen, aus dem sie einmal hervorgegangen ist.

Ausgehend von der Ausdrucksstärke dieses exponierten Beispiels, lassen sich die einschlägigen Bildfelder in einem ersten Zugriff auf die Alternative von *possessiver* und *prozessualer* Metaphorik zurückführen: Kultur als *Haben* (und als Besitz) oder als *Herstellen* (und als Leistung).

Possessivmetaphorik: *cultura culturata*

Eine der richtungweisenden Unterscheidungen, die den Horizont des Humanums abstecken, ist die berühmte Sentenz, mit der Epiktet (55–135) kurz nach der Zeitenwende sein *Handbüchlein* eröffnet. »Über das eine gebieten wir, über das andere nicht.« (I 1; s. a. I 14 u. 27) Das, worüber wir gebieten, definiert und legt fest, was uns etwas angeht, was wir beeinflussen können und worin wir mit der unvordenklichen Ordnung des Kosmos übereinstimmen. Epiktet führt jene für die Ausdrücke des Habens charakteristische Ordnung ein, die zwischen der Vertrautheit des Eigenen und der Andersartigkeit des Fremden strikt unterscheidet. Das possessive Haben definiert eine Zone *in* der Welt und zugleich *gegenüber* der Welt, die dem Schicksal (griech. *heimarmene;* lat. *fatum*, *fortu-*

na) abgerungen ist und den Menschen auf den Raum seiner Zuständigkeit festlegt. Das, was der Mensch in diesem Sinn ›hat‹, ist im emphatischen Verständnis des Wortes *seine*, ist die zweite Natur. Dass der Stoiker Epiktet schon in den ersten Zeilen seiner Schrift den materiellen Besitz ausnimmt von dem, über das überhaupt verfügt werden kann, hat einen doppelten Grund: Aus der Anhäufung von privatem Reichtum liest die Stoa, erstens, ein unerlaubtes Misstrauen gegenüber der natürlichen Fürsorglichkeit des Kosmos heraus; zweitens verkennt solches Streben den Wert des wahren Besitzes, der nach stoischer Auffassung allein der Boden des Glücks sein kann. Anders als jener flüchtige, an Äußerlichkeiten gebundene materielle Besitz – »Silber«, »Gewänder«, »Speisen« – ist dieser, wie Seneca in seiner Schrift über die Kürze des Lebens in durchaus klassischer Manier versichert, »ein Besitz für immer« (*intrepida possessio est*; 10,6, 12,2 und 12,4; s. a. *Epistulae morales* 2,3). In vielfältiger Weise, also etwa zur Spezifikation von Begriffen wie ›Glaube‹ oder ›Bildung‹, hat diese Konsequenz in das westliche Denken Eingang gefunden: als Anerkennung der Demut und vor allem der Besitzlosigkeit, die das Fundament des wahren Reichtums ist.

Schon die skizzenhafte Rekonstruktion dieser klassischen Motivreihe mag genügen, um rückblickend den tiefgreifenden Wandel der Possessivmetaphorik und ihrer Implikationen hervortreten zu lassen. Während später Simmel die als ›Festigkeit‹ sinnfällig werdende Verselbständigung der Kulturgegenstände gegenüber ihrem Erzeuger in den Mittelpunkt stellt und dem Verdacht der Entfremdung aussetzt, betrachtet umgekehrt die Stoa eben diese Bedingung der Unbewegtheit als Gewinn, weil für sie im emphatischen Verständnis des Wortes nur ›gehabt‹ werden kann, was den Augenblick und sogar die Lebenszeit des einzelnen überdauert. Die als Besitz angesprochene Kultur ist bereits hervorgebrachte und bestätigte Kultur, ist *cultura culturata*. Sie versteht sich als das unverletzliche, äußeren Einflüssen entzogene Substrat dessen, als was wir uns erkannt haben, und das, sofern es mit der Natur übereinstimmt, das Wirken des *lógos* bestätigt und vollendet. Die für die spätmoderne Kulturkritik so anstößige Gegenstellung von Sein und Haben (vgl. Fromm 1979) ist damit vermieden. Aus stoischer Sicht ist es vielmehr so, dass das gelingende Leben im Haben der persönlichen Umstände manifest wird und sich in der verständigen Moderation der Lebensunmittelbarkeit erfüllt.

Das von der Stoa begründete Daseinsziel des auf das Wesentliche konzentrierten Habens ist klassisch. Es konnte gleichwohl nicht unverändert bleiben, als die christliche Grundvorstellung sich durchzusetzen begann, dass Wahrheit und Schöpfung auf den einen Urheber zurückdeuten, dem sie zu verdanken seien. Infolge dieser Hintergrundverschiebung wurden zum einen die Semantiken von ›Besitz‹ und ›Herkunft‹ verquickt; zum anderen wurde der Eigentumsbegriff so sehr verengt, dass das Verständnis all dessen verblasste, was überhaupt, und vor allem: auf wie vielfältige Weise etwas gehabt und besessen werden kann.

Die Folgen dieser Umstellung sind beträchtlich. Das monotheistische Schema ersetzt das von den späthellenistischen Autoren nahegelegte Modell der *Einordnung* des Menschen in das umgreifende Ganze des Kosmos durch die Aufforderung zur *Unterordnung* unter die im Weltursprung manifest gewordene Übermacht. Während die Stoa zur Ausrichtung des Daseins an der kosmischen Ökonomie geraten hatte, die das unerlässliche Exerzitium der Selbstsorge auf den Besitzanteil des Menschen am Kosmos einschränkt und ihn so *entlastet*, betont nun das christliche Mittelalter jene absolute Grenze, die dem Geschöpf seine Abkünftigkeit vor Augen stellt und ihm das Hinausfragen über das, was im Licht der Herkunft allenfalls das Seine ist, *verwehrt*. Diese Feststellung der Unüberbrückbarkeit von göttlichem und seelischem Besitz ist entscheidend. Die Unbedingtheit des Bezuges zur göttlichen Herkunft betont die essentielle Unselbständigkeit der menschlichen Welt und schließt ihre Anerkennung als Kultur vorgreifend aus. Alles Machen muss sich als Nachmachen, alle Habe als Teilhabe legitimieren können. Folgerichtig steht die Überschreitung dieser Grenze und steht der Anspruch der Kultur im Verdacht der gedankenlos-trägen Abschweifung (*acedia*), der Zerstreuung (*dispersio*), des Hochmuts (*superbia*), der Verfallenheit (*degeneratio*) und des Überflusses (*luxuria*). Die für die metaphorologische Befragung dieser Zusammenhänge zunächst verblüffende Erfahrung, dass die Grammatiken des Besitzes und speziell des Habens von wenigen Ausnahmen abgesehen (vgl. Simmel 1911; Stern 1928; Marcel 1954; Sartre 1962) bis heute ein theoriegeschichtliches Schattendasein führen, findet ihre Erklärung in dieser tief eingewurzelten Eindeutigkeit des Rückbezuges auf Herkunft. Die Strenge, mit der er eingehalten wurde, musste die Denkbarkeit von Alternativen im Einflussbereich des Christentums langfristig blockieren.

Dennoch und ungeachtet dieser folgenreichen Vereindeutigungstendenz hat die Fülle der mit dem Haben angezeigten Zugehörigkeitsverhältnisse im alltäglichen Sprachgebrauch und speziell im Bereich des Sprachverstehens bis heute Spuren hinterlassen. Possessivpronominale Ausdrücke wie »meine Hand«, »mein Haus«, »meine Erkenntnis«, »meine Gewohnheit«, »mein Fehler«, »meine Familie«, »meine Zeit« bezeichnen sehr verschiedene Modi des Sichzurechnens. In der Einzelbetrachtung erweist sich jede einzelne dieser possessivpronominalen Wendungen als vielschichtig, so dass sich im Anschluss an Heidegger allein im Blick auf die Zurechnungsgröße der ›Geschichte‹ drei Modi des Habens unterscheiden lassen: das (objektive) Zukommen, das (dokumentarische) Verfügbarhaben und das (mentale) Innehaben (vgl. Heidegger GA 59, 53).

Die ältere Sprachgeschichte bietet weitere Anhaltspunkte für die ursprüngliche Vielfalt der im Haben gebündelten Zurechnungsverhältnisse. So sehen manche Sprachen vor, die Relation von Mensch und Welt so darzustellen, dass aus dem Raum der Dinge spontan eine Sonderwelt heraustritt, die nun als die meine gekennzeichnet ist, ohne dass darüber die Teilhabe am übergreifend Allgemeinen verlorenginge. Das personalpronominale »ich gehe« wird dann possessivpronominal ausgesagt als »mein Gehen« (Cassirer ECW 11, 227). Die sprachgeschichtliche Entwicklung zeigt freilich auch, dass diese Artikulationsmöglichkeiten allmählich verlorengegangen und abstrakten Auffassungen von »Besitzverhältnissen« gewichen sind, die emphatisch ein Subjekt anrufen und es ihm nahelegen, »sich sozusagen im Bilde des Gegenstandes« anzuschauen, »den es sich als den ›seinigen‹ zueignet« (ebd., 226). Die allgemeine sprachgeschichtliche Tendenz geht dahin, das Subjekt als »ideelle Mitte« (ebd., 233; vgl. Borkenau 1984, 167–246) all dessen zu positionieren, was ihm die Sprache im vorhinein als das Seine zugewiesen hat.

Die Kritik an diesem sprachgeschichtlichen Resultat berührt unmittelbar die Frage der Metaphern und speziell der Eignung von Possessivmetaphern für die Darstellung menschlicher Verhältnisse, ihrer Ordnungen und Wertsetzungen. Spätestens mit der bedeutungsgeschichtlichen Konvergenz von »Eigentum« und »Privatbesitz« (Arendt 1981, 57–64), die Epiktet noch deutlich unterschieden hatte, erreicht die Metapher die Grenze ihrer Tauglichkeit. Besitztümer, darauf legt gerade die beginnende Neuzeit den Akzent, können zum ›Ballast‹ werden. Francis Bacon argumentiert konsequent auf der Ebene der kanonischen Metaphorik, wenn er den »vermeintlichen Reichtum« des Wissens (*opinio copiae*) für die geistige Stagnation und die ›Armut‹ (*inopiae*) der vorausgegangenen Jahrhunderte verantwortlich macht. Das *Novum Organum* (1620), das Bacon mit dieser programmatischen Umwertung einleitet, verfolgt den theoriepolitischen Zweck, endgültig mit der falschen Verehrung des überlieferten Wissensbesitzes zu brechen. Die Leser Bacons und auch Rousseaus, dessen zweite Abhandlung von 1755 die Eigentumskritik noch verschärft, vereindeutigen die Tendenz, indem sie das Besitzdenken überhaupt als sachfremd verwerfen. Den eminenten Fall einer metapherngeschichtlichen Intervention stellt die Klarstellung dar, zu der sich Gotthold Ephraim Lessing im Jahr 1778 veranlasst sieht. »Nicht die Wahrheit, in deren Besitz irgendein Mensch ist, oder zu sein vermeinet, sondern die aufrichtige Mühe, die er angewandt hat, hinter die Wahrheit zu kommen, macht den Wert des Menschen. Denn nicht durch den Besitz, sondern durch die Nachforschung der Wahrheit erweitern sich seine Kräfte, worin allein seine immer wachsende Vollkommenheit bestehet. Der Besitz macht ruhig, träge, stolz –« (Lessing 1979, Bd. 8, 32 f. u. 205 f.).

Schärfer hätte der Widerruf kaum formuliert werden können. Was einmal als kluge Selbstbeschränkung des Menschen auf den allenfalls hypothetisch zu bestimmenden Anteil am göttlichen Weltbesitz gedacht war, das steht nun im Verdacht, die unmittelbar aus dem Besitzdenken selbst entspringenden Fehlhaltungen der geistigen Borniertheit und des Stillstandes zu begünstigen. In der Perspektive dieser Kritik droht die überlieferte Possessivmetaphorik zu verstellen, worauf der in der Generation Lessings noch neue Begriff der Kultur den Akzent legt: auf die essentielle Bewegtheit des Menschen, dessen Welt genau in dem Sinne als *Kultur* verstanden werden muss, als er selbst sie im eigenen Interesse hervorgebracht hat und fortwährend weiter hervorbringt. Die »Cultur«, so lautet der erste Wörterbucheintrag dieses Neologismus, der sich 1775 in der vierten Auflage des *Philosophischen Lexicons* von Johann Georg Walch findet, zeige die »Verbesserung einer Sache« an, »so durch hülfreiches Zuthun und Bemühen erreicht wird«. Genau diese Verschiebung des Assoziationsraums vom »Haben« zum »Zuthun« und »Bemühen« greift Lessing auf, und er verstärkt sie. Seine Kritik trägt eine Dynamik in den Artikulationszusammenhang hinein, die ›Besitz‹ und ›Verlust‹ auf sprechende Weise konvergieren lässt: Wer glaubt, Kultur zu ›haben‹, hat sie schon nicht mehr.

Damit hat die Konkretion von Kultur als Besitz ihre Plausibilität verloren. Statt auf die eidetische Schemabildung von ›Beständen‹ und ›Besitztümern‹ soll sich das Augenmerk auf den Primat des Prozesses und der Prozessualität selbst richten, *in dem* und *als den* der Mensch sein Weltverhältnis realisiert. Genau hier liegt auch die Pointe der meist verkürzt zitierten Worte Fausts (Verse 682–685): »Was du ererbt von deinen Vätern hast/Erwirb es, um es zu besitzen./ Was man nicht nützt, ist eine schwere Last,/Nur was der Augenblick erschafft, das kann er nützen.« Die hier in Goethes *Faust* mit der Gegenbildlichkeit von ›Nutzen‹ und ›Last‹ der Kultur bestätigte Wahrnehmungsverschiebung wirkt noch in den Versuchen der frühen Kulturphilosophie nach, das Proprium ihres Gegenstandsfeldes systematisch zu bestimmen.

Welchen Rang dabei die Abwehr der Possessivmetaphorik einnimmt, zeigt das Beispiel Walter Benjamins. In seiner Diskussion des Historischen Materialismus gelangt Benjamin 1937 zur Kritik an einer Orthodoxie, die das theoretische Rüstzeug der politischen Bewegung in Bildern des ›Erbes‹ und des ›Besitzes‹ zu denken pflegt (vgl. Benjamin 1974, Bd. II 2, 473 f.). Benjamin weist diese Paradigmatik mit einem Wort zurück, das er zum Schimpfbegriff gemacht hat: als »Kulturgeschichte«. Kulturgeschichtlich in diesem Sinne ist der Versuch, die Kultur in der Logik des »Inventars« zu denken, und Benjamin trägt vor allem zwei Argumente vor, um dieses geläufige Verständnis als untauglich zurückzuweisen: die Konsequenzen der *Verklärung* und der *Fetischisierung* kultureller Tatsachen. Während die Verklärung unterschlage, dass Dokumente der Kultur stets zugleich die Barbarei bezeugten, aus der sie hervorgegangen sind, lege die Fetischisierung ihnen den trügerischen Schein der Abgeschlossenheit bei, der sie der Aktualisierung entziehe. In Ton und Tendenz nietzscheanisch, spricht Benjamin von der »Last der Schätze«, die es »abzuschütteln« gelte, »um sie dergestalt in die Hand zu bekommen« (ebd., 478). Die zweitausendjährige Vorgeschichte der Possessivsemantik macht auf dramatische Weise deutlich, was bei dieser Kritik der Metapher auf dem Spiel steht. Die junge, noch kaum zu ihrem Namen gelangte Kulturphilosophie opponiert dem vorgefundenen Kulturverständnis, indem sie dessen Imaginationen ans Licht zieht und ihre Angemessenheit auf die Probe stellt. Wie Lessing will auch Benjamin die Kultur als einen lebendigen, als einen riskanten Prozess verstanden wissen und teilt überdies dessen Sorge, dass die fortgeschrittene Musealisierung ihrer Besitzstände die genuin *praktische* Dimension der Kultur verfehlen muss.

Prozessualmetaphorik: *cultura culturans*

Ohne große Umstände reiht sich die Kritik Benjamins in die seit der frühen Neuzeit unternommenen Versuche ein, die der Selbstgenügsamkeit verdächtige Sprache des Habens abzulösen durch die Rhetorik des Machens und des Hervorbringens, der Arbeit und der Aktion. Die »Totalität der Formen, in denen sich menschliches Leben vollzieht«, erklärt übereinstimmend Ernst Cassirer, »kann sich nicht anders als durch eine Tat beweisen« (Cassirer ECW 24, 434). Damit ist der Wechsel der metaphorischen Referenz vollzogen. Dass die systematischen Voraussetzungen dieser Dynamisierung bereits weitgehend im Selbstverständnis dessen wurzeln, was die eben darin sich aussprechende Neuzeit im Wesentlichen ausmacht, lässt auf ein radikal verändertes, man kann sagen: auf das überhaupt erst unter ihren Bedingungen als solches hervortretende Kulturkonzept schließen. Die neuzeitliche Kultur ist nicht etwas, was man ›hat‹ und was einem je schon gegeben und verfügbar ist; sie umfasst die ganze, unabsehbare Fülle menschlicher Leistung, als deren Manifestation die kulturellen Tatsachen von nun an verstanden sein wollen.

Wir haben es freilich nicht mit einer einfachen Alternative oder einem historischen Ablösungsgeschehen zu tun. Die Bildungsbiographie, die der stoische Weise paradigmatisch durchlaufen muss, um den wahren ›Besitz‹ zu erringen und sich von allen Überflüssigkeiten zu befreien, bindet auch das so bestimmte ›Haben‹ an die Pflicht zu lebenslanger sorgender Aufmerksamkeit. Es überrascht deshalb nicht, dass neben den possessiven auch die prozessualen Kulturmetaphern allgegenwärtig sind, allen voran die Bildlichkeit des ›Gartens‹, seiner weitsichtigen Anlage und kundigen Pflege. Im Traditionshorizont speziell des Westens ist diese Wertschätzung durch die alttestamentarische Zusicherung angebahnt worden, dem Menschen sei der Garten Eden als seine Welt anvertraut, »damit er ihn bebaue und hüte« (1 Gen 2,9 u. 15) – ein Garten für die Menschen, wie noch Francis Bacon betont, »verlockend anzusehen und mit köstlichen Früchten« (Bacon, *Essays,* Nr. 46). Über die Weltstellung des Menschen und ebenso über die von ihm bewohnte Welt selbst ist damit Klarheit hergestellt: *Gegenüber*, vor allem aber *in* der als Garten angesprochenen Welt soll sich der Mensch als derjenige verstehen, dem der Erhalt dieser Welt übertragen ist. So überdauert in der Logik der Gartenmetapher die poietische Grundlegung der aristotelischen *phýsis* – ein Modus des ›Herstellens‹, in dem ›Machen‹ und ›Wachsen‹ aufeinander bezogen sind (vgl. Heidegger GA, I 9, 366 ff.).

Die Zuversicht, dass der Mensch dem hortikulturell bestimmten Pensum seines Handelns gewachsen sein werde, speist sich aus dem Versprechen, dass die »Entwicklungsmöglichkeiten« einer dem Modell des natürlichen Wachstums nachempfundenen Kulturwelt, wie noch Georg Simmel argumentiert, »rein in der Teleologie ihres eigenen Wesens beschlossen liegen« (Simmel GSG 8, 367). So folgt noch für Simmel die Entwicklung der Kultur dem Modell, wie es idealtypisch in der »Arbeit des Gärtners« (GSG 14, 387) vorgezeichnet ist. Verstanden als ›Garten‹, kommt die Kultur in Bewegung und wird zur hervorbringenden Kultur, zur *cultura culturans*. Sie entwickelt sich und schlägt eine vorgezeichnete, ihrem eigenen Gesetz folgende Richtung ein. Begriffssystematisch ist diese Natur-Affinität einer ihr innewohnenden Teleologie hoch bedeutsam: Der Assoziationsraum des ›Gartens‹ birgt das Versprechen, den in der Neuzeit offenkundig gewordenen Bruch zwischen Kosmos und Kultur, an dem sich die Kulturkritik bis heute reibt, vorgreifend abzuschwächen und durch die teleologische Perspektive der Versöhnung erträglich zu halten. So rückt der ›Garten‹ und das durch ihn gestiftete Wechselverhältnis von Mensch und Welt in den Rang einer absoluten Metapher. Der Garten der Kultur *ist* die Welt des Menschen, einer speziellen Begrifflichkeit bedarf es nicht. Das grundstürzende Ereignis der Paradiesvertreibung, das auf westlichem Boden mit diesem Narrativ verbunden ist, ändert den Charakter dieser Verbindung zunächst tiefgreifend, indem es die leichthändige Gärtnerei in mühseligen Landbau verwandelt (1 Gen 3,16–19); die Grundgestalt der naturaffinen Zweckbestimmtheit bleibt jedoch auch weiterhin bestehen. Die aus der Ursituation des Mythos übernommene Unhintergehbarkeit des Verpflichtungsverhältnisses, in dem der Mensch sich durch die als Garten imaginierte Welt bestimmt weiß, für die wiederum er Verantwortung zu übernehmen hat, wird in der Logik des Landbaus gedacht und heißt im Lateinischen *cultura*.

Das durch das mythische Ereignis der Paradiesvertreibung veränderte Weltverhältnis erzwingt einen beträchtlichen Umfang kulturspezifischer Kenntnisse und Leistungen, die im Umkreis des vorkulturellen Paradieses keinen Ort hatten. Aus paläoanthropologischer und ethnologischer Sicht (vgl. Lévi-Strauss 1992, 390 ff.) wird diese Trennung durch den Hinweis auf den immensen Reichtum des Erfahrungswissens bestätigt, der in der postparadiesischen Welt vonnöten ist, um auch nur die alltäglichsten Herausforderungen einer agrarisch bestimmten Lebensweise zu bewältigen. Entscheidend ist, dass sich dieses Wissen zunächst nicht verselbständigt, sondern an spezifische Zwecke, an Situationen und Orte gebunden und in diesem Sinn mimetisch ist. Der Garten ist eine Welt der Vertrautheit, die einem die Kehrseite der Arbeitsteilung, in der man sich und seine Kenntnisse, ja sogar seine Urteilsfähigkeit durch Experten vertreten lässt, erspart. Eben dieses mimetische, Vertrautheit stiftende Moment begründet die kulturelle Paradigmatik des Gartens bis weit in Neuzeit und Moderne hinein (vgl. Röttgers/Schmitz-Emans 2011). Der Garten, ließe sich sagen, ist der Erbe des antiken Kosmos, in ihm überdauert die Ursprungsidee der im Prinzip dem Menschen zugewandten und wohlgesonnenen Natur. Gerade in den Zeiten der Industrialisierung verspricht der Garten die Kompatibilität von natürlichen Entwicklungsmöglichkeiten und menschlicher Weltgestaltung, und eben diese Synthetisierungsleistung prädestiniert ihn als Realmetapher für Kultur. Zum einen verdeutlicht der Garten das praktisch-poietische Weltverhältnis des Menschen, der um seiner Selbstbehauptung willen gar nicht anders kann, als die Welt in seinem Sinn zu gestalten. Zum anderen gilt nun die gärtnerisch erzielte Vereinigung von natürlich gewachsener und kulturell geformter Schönheit als sinnlich-sichtbare *Wiederherstellung* einer Daseinsform, die dem Mythos zufolge in vorgeschichtlicher Zeit verlorenging.

Bezeichnenderweise kreisen die beiden erfolgreichsten Bücher des 18. Jahrhunderts um das Faszinosum des Gartens: Voltaires *Candide ou l'optimisme* (1759) und Rousseaus *Julie ou la nouvelle Héloïse* (1761). Den Schlüsselsatz dieser ganzen Metapherngeschichte formuliert zunächst Voltaire (1694–1778): »Il faut cultiver notre jardin.« Die berühmte Schlusssentenz des *Candide* führt die Aussagefunktion der Metapher wirkungsvoll zusammen, indem sie die Unausweichlichkeit der Situation (»Il faut«) ebenso herausstellt wie die doppelte Verantwortlichkeit des Menschen zum einen der Welt und zum anderen sich selbst gegenüber (vgl. Tabarasi 2007, 116 ff. u. 216 ff.; s. a. Bottiglia 1962; Murray 1970). Indem der mit dem Possessivum (»notre«) ausgesprochene Sachverhalt auf denjenigen zurückdeutet, der zu diesem Weltbezug eine Alternative nicht hat, konkretisiert der Satz das *cultiver* und damit die Hervorbringung der Kultur als Seinsbestimmung. Diese Bestimmung ist zugleich kritisch: »Arbeiten wir ohne zu räsonnieren«, heißt es in der Schlusspartie des Romans. Die Erläuterung zeigt, dass die Gartenformel Candides zugleich eine Verneinung ist. Sie negiert den traditionellen, im Einflussbereich der Stoa noch lange Zeit verbindlichen Lebensentwurf der *vita contemplativa* und stellt nun die Welt des Menschen voll und ganz auf Leistung um. Beschränkte sich die ethische Praxis der Stoiker auf die Neutralisierung der Unruhe, sofern sie das Lebensideal der *tranquillitas animi* zu gefährden schien, so geht nun Voltaire über diese Sorge hinweg und diskreditiert die Ruhe als *léthargie*. Die hortikulturell erschlossene Welt ist weder Oase noch Paradies, sondern eine unablässige Herausforderung, der nur mit dem ausgeprägten Arbeitsethos der *vita activa* zu entsprechen ist. Die damit eröffnete Perspektive des Arbeitsgartens birgt für Voltaire keinerlei Schrecken, weil sie mit der Gewissheit verbunden ist, dass die Natur dem Pensum des *cultiver* entgegenkommt und der arbeitende Mensch nur verwirklicht, was sie für ihn bereithält. Was der tätige Mensch vermag, das vermag er nur, weil auch seine Welt einer teleologischen Grundausrichtung der naturalen Logik des »Prozesses« (vgl. Röttgers 1983) folgt.

Die bekenntnishafte Formel Candides ist ein Signalwort. Es verwirft nicht nur das antike Eudämonie-Ideal der Muße, es setzt sich auch über die mit der frühen Neuzeit aufgekommene Tendenz hinweg, die Natur meistern und beherrschen zu wollen. Dass bereits Descartes den schon von der Gnosis geäußerten und dann von Augustinus weitergetragenen Verdacht der Rücksichtslosigkeit der Natur gegenüber den Bedürfnissen des Menschen verschärft und, gleichsam zur Kompensation des entzogenen Beistandes, die Natur nur noch als das »bloße Substrat menschlicher Konstruktion« (Blumenberg ²1988, 184; vgl. Spaemann 1967) hatte gelten lassen, bleibt in Voltaires apophthegmatischem Romanschluss außer Betracht. Als hätte es die massiven Veränderungen im frühneuzeitlichen Naturverständnis nie gegeben, vertraut Voltaire auf den Rückhalt einer Natur, die von sich aus den Ansprüchen der Humanisierung entgegenkommt und damit dem christlichen Gott und seiner exklusiven Maßgeblichkeit für die Daseinsorientierung des Menschen wirksam Konkurrenz macht. Tatsächlich stimmen beide Gedankenreihen in der Vorstellung überein, das offensichtlich gewordene Faktum der Unterwerfbarkeit setze die Strategie der Unterwerfung von Natur noch nachträglich ins Recht. Diese Natur findet ihren Zweck nicht darin, auf ihren Schöpfer zu verweisen, sondern der menschlichen Heilsabsicht dienstbar zu sein und – so die Pointe Voltaires – das neue Selbstbewusstsein des Menschen als naturgewollt zu bestätigen. Es hat die materialistische Aufklärung wenig irritiert, dass ihre Metaphorik eine ursprünglich biblische Vorstellung (vgl. Blumenberg 1975, 204 u. 319f.) vollstreckte. Der Schlusssatz des *Candide* ist ein Stück höchst effektiver Rhetorik im Dienst einer kosmologisch gedachten und in diesem Sinne anachronistischen, längst überwundenen Zeiten entlehnten Teleologie.

Mit feinem Gespür hat Rousseau, der auch in dieser Frage Voltaires entschiedenster Widersacher gewesen ist, die faktisch längst vollzogene Hintergrundverschiebung im neuzeitlichen Naturverständnis registriert und in der *Nouvelle Héloïse* den von der zeitgenössischen Gartenidee geforderten Gestaltungsaufwand, das *embellissement*, als mutwillige Denaturalisierung zurückgewiesen (Buch IV, Brief 11; vgl. Thacker 1972; Meier 2005). Der Versuch Voltaires, mit Hilfe des philosophischen Romans die Gartenmetaphysik aus den Tiefen der vorneuzeitlichen Vergangenheit herüberzuretten, kann aus der Sicht Rousseaus nicht überzeugen, weil die gärtnerisch zur Geltung gebrachte Natur durch artistische Übertreibungen schon entstellt ist und damit die Möglichkeit eingebüßt hat, die verlorene Einheit von Mensch (Kultur) und Welt (Kosmos) noch länger zu bezeugen. Die Härte dieses Einspruchs kommt in der Wortlosigkeit zum Ausdruck, mit der Rousseau sich schließlich als *promeneur solitaire* auf den Weg macht und das Botanisieren in freier Natur der zweifelhaft gewordenen, da längst von der Willkür ihrer gestalterischen Möglichkeiten korrumpierten Gärtnerei polemisch entgegenstellt.

Mit Rousseau beginnt die Krise der soeben noch triumphierenden Gartenmetaphysik, und es liegt eine gewisse Tragik darin, dass es dem Naturbeobachter Johann Wolfgang Goethe (1749–1832) vorbehalten war, diese Krise auszusprechen und zu besiegeln. In unmittelbarem Zusammenhang mit den für ihn so bedeutsamen Studien zur Morphologie der Pflanzen gesteht Goethe in seiner *Italienischen Reise* unter dem Datum des 17. April 1787, dass keine Reinheit der Beobachtung jemals hinreichen werde, um aus der Fülle der sinnlichen Eindrücke die Urpflanze herauszulesen. Dabei steht für ihn mehr auf dem Spiel als diese, wie er sagt, »alte Grille« der Prototypik. Die Überfülle der sinnlichen Eindrücke, die auf seiner zweiten Italienreise im botanischen Garten von Palermo auf ihn eindringen, enttäuscht das Postulat eines teleologisch gesicherten *ordo naturae*, der sich der menschlichen Praxis zur freien Nachahmung empfehlen würde: »Gestört war mein guter poetischer Vorsatz, der Garten des Alkinoos war verschwunden, ein Weltgarten hatte sich aufgetan.«

Goethes ›Weltgarten‹ ist das ernüchterte Gegenstück zu der neoarkadischen Phantasie Voltaires. In der selbstgenügsamen Pracht des sizilianischen Ziergartens sieht Goethe das Auseinandertreten von menschlicher und natürlicher Ordnung vollzogen, das in der Gartenanlage des Phaiakenkönigs Alkinoos, vor der einst Homer seinen Helden Odysseus in stiller Bewunderung hatte verharren lassen (*Odyssee*, Verse 115–135), ebenso wenig vorgesehen gewesen war wie im aufklärerischen Projektionsraum des weltumgreifenden ›Gartens‹ einer anthropophilen Natur. Die Metapher des ›Weltgartens‹, die bei Goethe nicht ein zweites Mal und ansonsten offenbar nur noch in Alexander von Humboldts *Kosmos* (1845) vorkommt, verdeutlicht die Herausgehobenheit dieses Augenblicks, die ein kurzer Vergleich noch unterstreicht: Nur wenige Jahre zuvor hatte Kant im Schlussstück der *Träume eines Geistersehers* (1766) die Metapher Voltaires als pragmatischen Entwurf eines »Reichs der Zwecke« gewürdigt, das dem »Reich der Geister« vorzuziehen sei (vgl. Cassirer ECW 3, 504 ff. u. 8, 78 f.). Zwanzig Jahre später sieht sich nun Goethe angesichts der selbstgenügsamen Pflanzenpracht zu der Einsicht genötigt, dass die Disproportionalität von natürlicher Maßlosigkeit und menschlicher Fassungskraft sich auch poietisch nicht mehr bewältigen lässt. In *Dichtung und Wahrheit* schließlich spricht er vom Ende der Idee einer »natürlichen Kultur« (II, 9). Was sich Goethe im Garten von Palermo auftat, war die indirekt, nämlich über die Selbstgenügsamkeit der Natur sinnfällig gewordene *Verselbständigung* der Kultur als einer Eigenwelt, die sich von natürlichen Ursprüngen ebenso losgesagt hatte wie von ihrer kosmischen Einbindung.

Goethes denkwürdige Palermo-Szene veranschaulicht das Ausmaß des Evidenzverlustes, den der ›Garten‹ als Metapher für Kultur in der zweiten Hälfte des 18. Jahrhunderts binnen weniger Jahrzehnte hat hinnehmen müssen. Die Gärten, diesen Satz wird etwa zur gleichen Zeit François-René de Chateaubriand ebenfalls in Italien zu Papier bringen, haben zu sprechen aufgehört (vgl. Chateaubriand 2011, 218), sind nur noch als Schaustücke von Belang. Verstummt ist damit die Erwartung, Natur- und Menschenwelt als Einheit denken zu können.

Andererseits muss man sehen, dass erst dieser endgültige, um die Wende zum 19. Jahrhundert erfolgte Abschied von der Kosmosidee die Freisetzung der Kultur ermöglicht hat. Erst jetzt wurde der Gedanke denkbar, dass die Kultur nicht, wie die Kryptoteleologie der Gartenmetaphysik suggeriert hatte, aus einer anderen, einer tieferliegenden Wirklichkeit heraus zu verstehen und abzuleiten sei, sondern dass sie eine irreduzible Logik geltend macht, die ihr auch theoretisch zugestanden und in einer eigenen Begrifflichkeit zum Ausdruck gebracht werden muss. Die Frühgeschichte der Kulturwissenschaften im 19. Jahrhundert bestätigt, wie schwer selbst den modernen Theoriemilieus dieses Zugeständnis gefallen ist. Noch Ernst Cassirer sah sich zu erheblichem Aufwand genötigt, als er den Vorschlag von Hippolyte Taine zurückwies, die Kulturwissenschaften als eine »Art angewandter Botanik« zu betreiben, »die sich nicht auf Pflanzen, sondern auf die Werke des Menschen bezieht« (Cassirer ECW 22, 148). Der Naturalist verkannte die Unvergleichlichkeit der Situation, die sich aus der von der Generation Goethes und Chateaubriands mit Bedauern zur Kenntnis genommenen Verselbständigung des symbolischen Universums gegenüber dem physikalischen Universum ergeben hatte. Im Rückblick erscheinen die im 19. Jahrhundert erfolgten disziplinären Neugründungen – allen voran die Kulturwissenschaften und die Kulturphilosophie – als wissenschaftssystematische Reaktion auf die um 1800 aufgetretene, in der Krise der Gartenmetapher manifest gewordene Gabelung des Wissens (vgl. Konersmann 2009). Die Aufmerksamkeit dieser Fächer galt einer Art der formgebenden Praxis, die ihre Paradigmatik nicht mehr am Vorbild einer kosmologisch verstandenen Natur ausrichtete, sondern an den Bedürfnissen des freigestellten Menschen. Voraussetzung dieser Verschiebung war das Verblassen der Gartenmetaphysik. Erst der unvermittelte Ausfall ihrer Gewährleistungsfunktion gab den Blick frei auf die innere Logik der Kultur und gestattete es, ›Kultur‹ und ›Zivilisation‹ als Perspektivbegriffe der über die Denkvoraussetzungen der klassischen Metaphysik hinausdrängenden Moderne zu etablieren.

Der moderne Begriff der Kultur ist die Konsequenz dieser Umstellung, deren Radikalität die Semantiken der überlieferten Gartenmetaphysik überfordern musste. Die damit zur Geltung gebrachte Eigenlogik verhindert allerdings, dass der Schritt in die Emanzipation sich als Schritt in die Transparenz verwirklicht. Kulturelle Orientierungen sind immersiv und treten im Vollzug nicht als solche in Erscheinung. Vielmehr machen sie sich als vor- und halbbewusste, als vorgreifend anerkannte und geläufige Muster geltend, als Obsessionen und Faszinationen, als Präferenzen und Überzeugungen, die bereitliegen, um die Ausschnitthaftigkeit des positiven Wissens zu kontextualisieren, es zu ergänzen, zuzulassen oder auszublenden. Treffend hat Georg Simmel von der modernen Alltagserfahrung der Selektivität, der Flüchtigkeit und Stilisiertheit der sozialen Wahrnehmung, von der Erfahrungsregel des »teleologisch bestimmten Nichtwissens« gesprochen (Simmel GSG 11, 387), das in ständigem Wandel begriffen ist und erst durch die Einbettung in die relativ konstanten Grundmuster der Kultur pragmatisch handhabbar wird. Es besteht Anlass zu der Vermutung, dass in der sprichwörtlichen Bewegtheit der modernen Zeiten, die Simmel vor Augen hatte, die Orientierungsleistung solcher Muster, solchen *kulturellen Wissens,* an Bedeutung gewonnen hat und noch weiter gewinnt. Mehr denn je scheint zu gelten, dass Kultur wohl *ist,* sich aber nicht *hat* und sich erst *finden* muss. Der Übergangsbereich von kulturellem Wissen und kulturellem Handeln ist ein Beobachtungsfeld, das diesem Bemühen um Selbstfindung vielfältig entgegenkommt. Diese Zone bildet das Milieu, in dem die Kulturmetaphern ihr figuratives Potential entfalten und ihre flüchtigen Balancen herstellen zwischen *cultura culturans* und *cultura culturata.*

Literatur

Arendt, Hannah: *Vita activa oder Vom tätigen Leben.* München 1981 (engl. 1958).

Benjamin, Walter: *Gesammelte Schriften.* Hg. von Rolf Tiedemann und Hermann Schweppenhäuser. Frankfurt a. M. 1974.

Blumenberg, Hans: *Die Genesis der kopernikanischen Welt.* Frankfurt a. M. 1975.

–: *Die Legitimität der Neuzeit.* Frankfurt a. M. ²1988.

Borkenau, Franz: *Ende und Anfang. Von den Generationen der Hochkulturen und von der Entstehung des Abendlandes.* Stuttgart 1984 (engl. 1979).

Bottiglia, William F.: *Voltaire's* Candide: *Analysis of a Classic.* Genf 1962.

Cassirer, Ernst: *Gesammelte Werke.* Hamburger Ausgabe. Hg. von Birgit Recki. Hamburg 1998 ff. [ECW].

Chateaubriand, François-René de: Brief an Herrn Fontanes über die römische Campagna [3. März 1804]. In: *Zeitschrift für Kulturphilosophie* 5 (2011), 209–224.

Fromm, Erich: *Haben oder Sein. Die seelischen Grundlagen einer neuen Gesellschaft.* München 1979.

Heidegger, Martin: *Gesamtausgabe.* Frankfurt a. M. 1975 ff. [GA].

Konersmann, Ralf: Die kulturwissenschaftliche Herausforderung. In: *Allgemeine Zeitschrift für Philosophie* 34 (2009), 137–148.

–: Figuratives Wissen. In: Ders. (Hg.): *Wörterbuch der philosophischen Metaphern.* Darmstadt ³2011, 7–23.

–: Welterzeugung durch Kulturmetaphern. In: *Soziale Systeme* (2012) [im Druck].

Lessing, Gotthold Ephraim: *Werke.* Hg. von Herbert G. Göpfert. München 1979.

Lévi-Strauss, Claude: *Strukturale Anthropologie II.* Frankfurt a. M. 1992 (frz. 1973).

Marcel, Gabriel: *Sein und Haben.* Paderborn 1954 (frz. 1935).

Meier, Heinrich: *Les rêveries du Promeneur Solitaire. Rousseau über das philosophische Leben.* München 2005.

Murray, Geoffrey: *Voltaire's* Candide*: The Protean Gardener, 1755–1762.* Genf 1970.

Röttgers, Kurt: Der Ursprung der Prozeß-Idee aus dem Geiste der Chemie. In: *Archiv für Begriffsgeschichte* 27 (1983), 93–157.

–/Schmitz-Emans, Monika (Hg.): *Gärten.* Essen 2011.

Sartre, Jean-Paul: *Das Sein und das Nichts. Versuch einer phänomenologischen Ontologie.* Reinbek 1962 (frz. 1943).

Simmel, Georg: *Gesamtausgabe.* Hg von Otthein Rammstedt. Frankfurt a. M. 1989 ff. [GSG].

–: Die Koketterie [1911]. In: GSG, Bd. 14, 256–277.

Spaemann, Robert, Genetisches zum Naturbegriff des 18. Jahrhunderts. In: *Archiv für Begriffsgeschichte* 11 (1967), 59–74.

Stern, Günther: *Über das Haben. Sieben Kapitel zur Ontologie der Erkenntnis.* Bonn 1928.

Tabarasi, Ana-Stanca: *Der Landschaftsgarten als Lebensmodell. Zur Symbolik der »Gartenrevolution« in Europa.* Würzburg 2007.

Thacker, Christopher: Voltaire and Rousseau: Eighteenth-Century Gardeners. In: *Studies on Voltaire at the Eighteenth Century* 90 (1972), 1592–1614.

Ralf Konersmann

VII. Anhang

1. Auswahlbibliographie

Von begründeten Ausnahmen abgesehen, beschränkt sich die Auswahlbibliographie auf Forschungsliteratur. Weitere Hinweise finden sich in den Literaturangaben der Einzelbeiträge.

Albrecht, Juerg u. a. (Hg.): *Kultur Nicht Verstehen. Produktives Nichtverstehen und Verstehen als Gestaltung.* Zürich 2005.

Appadurai, Arjun: *Modernity at Large. Cultural Dimensions of Globalization.* Minneapolis u. a. 1996.

Assmann, Aleida/Harth, Dietrich (Hg.): *Kultur als Lebenswelt und Monument.* Frankfurt a. M. 1991.

Barth, Boris/Osterhammel, Jürgen (Hg.): *Zivilisierungsmissionen. Imperiale Weltverbesserung seit dem 18. Jahrhundert.* Konstanz 2005.

Becker, Ralf: *Der menschliche Standpunkt. Perspektiven und Formation des Anthropomorphismus.* Frankfurt a. M. 2011.

Berg, Eberhard/Fuchs, Martin (Hg.): *Kultur, soziale Praxis, Text. Die Krise der ethnographischen Repräsentation.* Frankfurt a. M. 1993.

Bermes, Christian: *Philosophie der Bedeutung. Bedeutung als Bestimmung und Bestimmbarkeit. Eine Studie zu Frege, Husserl, Cassirer und Hönigswald.* Würzburg 1997.

Bhabha, Homi K.: *Die Verortung der Kultur.* Tübingen 2000 (engl. 1994).

Böhme, Hartmut: Vom Cultus zur Kultur (Wissenschaft). Zur historischen Semantik des Kulturbegriffs. In: *Literaturwissenschaft – Kulturwissenschaft. Positionen, Themen, Perspektiven.* Hg. von Renate Glaser und Mathias Luserke. Opladen 1996, 48–68.

Bollenbeck, Georg: *Bildung und Kultur. Glanz und Elend eines deutschen Deutungsmusters.* Frankfurt a. M./Leipzig 1994.

Bourdieu, Pierre: *Zur Soziologie der symbolischen Formen.* Frankfurt a. M. 1970.

–: *Sozialer Sinn. Kritik der theoretischen Vernunft.* Frankfurt a. M. 1987 (frz. 1980).

Brackert, Helmut/Wefelmeyer, Fritz (Hg.): *Kultur. Bestimmungen im 20. Jahrhundert.* Frankfurt a. M. 1990.

Busche, Hubertus: Was ist Kultur?, Teil 1. In: *Dialektik. Zeitschrift für Kulturphilosophie,* Heft 1 (2000), 69–90; Teil 2, ebd., Heft 2 (2000), 5–16.

Chang, Tsun-Hwa: *Wert und Kultur. Wilhelm Windelbands Kulturphilosophie.* Würzburg 2012.

Därmann, Iris: *Kulturtheorien zur Einführung.* Hamburg 2011.

Dempf, Alois: Kulturphilosophie. In: *Handbuch der Philosophie.* Hg. von Alfred Baeumler. Bd. 4. München/Berlin 1932, 3–148.

Eliot, Thomas Stearns: *Zum Begriff der Kultur.* Reinbek 1961 (engl. 1945/1948).

Engler, Wolfgang: Was ist Kultur? Ein wissenssoziologischer Streifzug. In: *Deutsche Zeitschrift für Philosophie* 40 (1992), 1064–1083.

Erd, Rainer u. a. (Hg.): *Kritische Theorie und Kultur.* Frankfurt a. M. 1989.

Fink-Eitel, Hinrich: *Die Philosophie und die Wilden. Über die Bedeutung des Fremden für die europäische Geistesgeschichte.* Frankfurt a. M. 1994.

Friedman, Michael: *Carnap, Cassirer, Heidegger. Geteilte Wege.* Frankfurt a. M. 2004 (engl. 2000).

Früchtl, Josef: Die Idee des schöpferischen Menschen. Eine Nachgeschichte zu ihrer Vorgeschichte. In: *Die Kunst des Überlebens. Nachdenken über Hans Blumenberg.* Hg. von Franz Josef Wetz und Hermann Timm, Frankfurt a. M. 1999, 226–243.

Geertz, Clifford: *The Interpretation of Cultures. Selected Essays.* New York 1973.

Gessmann, Martin: Was ist Kulturphilosophie? In: *Philosophische Rundschau* 55 (2008), 1–23.

Geßner, Willfried: *Der Schatz im Acker. Georg Simmels Philosophie der Kultur.* Weilerswist 2003.

Göller, Thomas: *Kulturverstehen. Grundprobleme einer epistemologischen Theorie der Kulturalität und kulturellen Erkenntnis.* Würzburg 2000.

Greiner, Bernhard/Schmidt, Christoph (Hg.): *Arche Noah. Die Idee der »Kultur« im deutsch-jüdischen Diskurs.* Freiburg i.Br. 2002.

Hartman, Geoffrey H.: *Das beredte Schweigen der Literatur. Über das Unbehagen an der Kultur.* Frankfurt a. M. 2000 (engl. 1996).

Hartmann, Dirk/Janich, Peter (Hg.): *Die kulturalistische Wende. Zur Orientierung des philosophischen Selbstverständnisses.* Frankfurt a. M. 1998.

Hartung, Gerald: *Das Maß des Menschen. Aporien der philosophischen Anthropologie und ihre Auflösung in der Kulturphilosophie Ernst Cassirers.* Weilerswist 2003.

Haug, Wolfgang Fritz: *Die kulturelle Unterscheidung. Elemente einer Philosophie des Kulturellen.* Hamburg 2011.

Hetzel, Andreas: *Zwischen Theorie und Praxis. Elemente einer kritischen Theorie der Kultur.* Würzburg 2001.

Huizinga, Johan: *Geschichte und Kultur. Gesammelte Aufsätze.* Hg. von Kurt Köster. Stuttgart 1954.

Johnson, Lesley: *The Cultural Critics. From Matthew Arnold to Raymond Williams.* London/Boston 1979.

Kämpf, Heike: *Die Exzentrizität des Verstehens. Zur Debatte um die Verstehbarkeit des Fremden zwischen Hermeneutik und Ethnologie.* Berlin 2003.

Kellner, Douglas: Cultural Studies and Philosophy: An Intervention. In: *A Companion to Cultural Studies.* Hg. von Toby Miller. Malden, Mass./Oxford, UK 2001, 139–153.
Kogge, Werner: *Die Grenzen des Verstehens. Kultur – Differenz – Diskretion.* Weilerswist 2002.
Köhnke, Klaus Christian: *Entstehung und Aufstieg des Neukantianismus. Die deutsche Universitätsphilosophie zwischen Idealismus und Positivismus.* Frankfurt a. M. 1985.
Konersmann, Ralf: *Kulturelle Tatsachen.* Frankfurt a. M. 2006.
–: *Kulturkritik.* Frankfurt a. M. 2008.
– (Hg.): *Grundlagentexte Kulturphilosophie.* Hamburg 2009.
–: *Kulturphilosophie zur Einführung.* Hamburg ²2010.
–: Kulturwissenschaften und Kulturphilosophie. Zur Prägnanz des Kulturbegriffs. In: *Kulturwissenschaften in Europa – eine grenzüberschreitende Disziplin?* Hg. von Andrea Allerkamp und Gérard Raulet. Münster 2010, 28–38.
Kroeber, Alfred L./Kluckhohn, Clyde: *Culture. A Critical Review of Concepts and Definitions.* Cambridge, Mass. 1952.
Kultur und Zivilisation. Europäische Schlüsselwörter. Bd. 3. München 1967.

Latour, Bruno: *Elend der Kritik. Vom Krieg um Fakten zu Dingen von Belang.* Zürich/Berlin 2007 (engl. 2004).
Lieber, Hans-Joachim: *Kulturkritik und Lebensphilosophie. Studien zur Deutschen Philosophie der Jahrhundertwende.* Darmstadt 1974.
Liebsch, Burkhard: *Für eine Kultur der Gastlichkeit.* Freiburg i.Br./München 2008.
Luhmann, Niklas: Kultur als historischer Begriff. In: Ders.: *Gesellschaftsstruktur und Semantik. Studien zur Wissenssoziologie der modernen Gesellschaft.* Bd. 5. Frankfurt a. M. 1995, 31–54.

Maikuma, Yoshihiko: *Der Begriff der Kultur bei Warburg, Nietzsche und Burckhardt.* Königstein/Ts. 1985.
Müller-Funk, Wolfgang: *Die Kultur und ihre Narrative. Eine Einführung.* Wien/New York ²2008.

Neumann, Gerhard: Roland Barthes: Literatur als Ethnographie. Zum Konzept einer Semiologie der Kultur. In: *Verhandlungen mit dem New Historicism. Das Text-Kontext-Problem in der Literaturwissenschaft.* Hg. von Jürg Glauser und Annegret Heitmann. Würzburg 1999, 23–48.

Orth, Ernst Wolfgang: *Von der Erkenntnistheorie zur Kulturphilosophie. Studien zu Ernst Cassirers Philosophie der symbolischen Formen.* Würzburg 1996.

Patočka, Jan: *Kunst und Zeit. Kulturphilosophische Schriften.* Hg. von Klaus Nellen und Ilja Srubar. Stuttgart 1987.
Perpeet, Wilhelm: Kulturphilosophie. In: *Archiv für Begriffsgeschichte* 20 (1976) 42–99.
–: *Kulturphilosophie. Anfänge und Probleme.* Bonn 1997.
Peters, Günter: Prometheus und die »Tragödie der Kultur«. Goethe – Simmel – Cassirer. In: *Cassirer und Goethe. Neue Aspekte einer philosophisch-literarischen Wahlverwandtschaft.* Hg. von Barbara Naumann und Birgit Recki. Berlin 2002, 113–136.

Radbruch, Gustav/Tillich, Paul: *Religionsphilosophie der Kultur. Zwei Entwürfe.* Darmstadt 1967.
Rath, Norbert: *Jenseits der ersten Natur. Kulturtheorie nach Nietzsche und Freud.* Heidelberg 1994.
Recki, Birgit: *Kultur als Praxis. Eine Einführung in Ernst Cassirers Philosophie der symbolischen Formen.* Berlin 2004.
Renz, Ursula: *Die Rationalität der Kultur. Zur Kulturphilosophie und ihrer transzendentalen Begründung bei Cohen, Natorp und Cassirer.* Hamburg 2002.
Richter, Cornelia: *Die Religion in der Sprache der Kultur. Schleiermacher und Cassirer – Kulturphilosophische Symmetrien und Divergenzen.* Tübingen 2004.
Röttgers, Kurt: Der Verlust des Fremden. In: *Transkulturelle Wertekonflikte. Theorie und wirtschaftsethische Praxis.* Hg. von Kurt Röttgers und Peter Koslowski. Heidelberg 2002, 1–26.
Rudolph, Enno/Küppers, Bernd-Olaf (Hg.): *Kulturkritik nach Ernst Cassirer.* Hamburg 1995.
–: *Ernst Cassirer im Kontext. Kulturphilosophie zwischen Metaphysik und Historismus.* Tübingen 2003.

Sahlins, Marshall David: *Kultur und praktische Vernunft.* Frankfurt a. M. 1981 (engl. 1971).
Said, Edward W.: *Kultur und Imperialismus. Einbildungskraft und Politik im Zeitalter der Macht.* Frankfurt a. M. 1994.
Schwemmer, Oswald: *Kulturphilosophie. Eine medientheoretische Grundlegung.* München 2005.
Sommer, Andreas Urs (Hg.): *Nietzsche – Philosoph der Kultur(en)?* Berlin/New York 2008.
Starobinski, Jean: *Das Rettende in der Gefahr. Kunstgriffe der Aufklärung.* Frankfurt a. M. 1990 (frz. 1989).
Steinmann, Michael: Kulturphilosophie als praktische Philosophie. In: *Philosophische Rundschau* 51 (2004), 53–74.

Tanner, Kathryn: *Theories of Culture. A New Agenda for Theology.* Minneapolis 1997.
Tönnies, Ferdinand: Gemeinschaft und Gesellschaft. Theorem der Kultur-Philosophie. In: *Kant-Studien* 30 (1925) 149–179.

Waldenfels, Bernhard: *Verfremdung der Moderne. Phänomenologische Grenzgänge.* Göttingen 2001.
White, Morton Gabriel: *A Philosophy of Culture. The Scope of Holistic Pragmatism.* Princeton, N. J. 2002.
Williams, Raymond: *Gesellschaftstheorie als Begriffsgeschichte. Studien zur historischen Semantik von »Kultur«.* München 1972 (engl. 1958).
–: Culture und Civilization. In: *The Encyclopedia of Philosophy.* Hg. von Paul Edwards. New York/London 1967, Bd. 2, 273–276.

Zeitschrift für Kulturphilosophie, 2007 ff.

2. Herausgeber, Autorinnen und Autoren

Der Herausgeber

Konersmann, Ralf, Prof. Dr. phil., Direktor des Philosophischen Seminars der Christian-Albrechts-Universität zu Kiel. Gründungsmitglied der Akademie der Wissenschaften in Hamburg. Autor zahlreicher Bücher, Aufsätze, Essays, Artikel und Feuilletons, Mitherausgeber des *Historischen Wörterbuchs der Philosophie.* Ausgewählte Buchpublikationen: *Der Schleier des Timanthes. Perspektiven der Historischen Semantik* (1994/²2006). – *Kulturphilosophie zur Einführung* (2003/²2010). – *Kulturelle Tatsachen* (2006). – *Kulturkritik* (2008). – Hg.: *Wörterbuch der philosophischen Metaphern* (2007/³2011). – Geschäftsführender Herausgeber der *Zeitschrift für Kulturphilosophie* (2007 ff.).

Die Autorinnen und Autoren

Baecker, Dirk, Prof. Dr., Lehrstuhl für Kulturtheorie und -analyse, Zeppelin Universität Friedrichshafen (*Gesellschaft*).

Becker, Hjördis, M.Sc., Doktorandin, Philosophisches Seminar, Christian-Albrechts-Universität zu Kiel (*Kulturkritik*).

Becker, Ralf, Prof. Dr., Gastprofessur für Philosophie am Humboldt-Studienzentrum der Universität Ulm (*Philosophische Anthropologie*).

Benthien, Claudia, Prof. Dr., Professur für Neuere deutsche Literatur, Institut für Germanistik II, Universität Hamburg (*Tragödie*).

Bermes, Christian, Prof. Dr., Professur für Philosophie, Universität Koblenz-Landau, Campus Landau (*Ludwig Wittgenstein*).

Böhme, Hartmut, Prof. Dr., Lehrstuhl für Kulturtheorie, Institut für Kulturwissenschaft, Humboldt-Universität zu Berlin (*Kulturwissenschaft*).

Buchholz, Kai, Prof. Dr., Professur für Geschichte und Theorie der Gestaltung, Hochschule Darmstadt (*Design*).

Elberfeld, Rolf, Prof. Dr., Institut für Philosophie, Universität Hildesheim (*Interkulturalität*).

Förster-Beuthan, Yvonne, Prof. Dr., Professur für Kulturphilosophie mit Schwerpunkt Kunstphilosophie, Institut für Kulturtheorie, Kulturforschung und Künste, Leuphana Universität Lüneburg (*Zeit*).

Geßner, Willfried, PD Dr., Institut für Philosophie, Humboldt-Universität zu Berlin (*Georg Simmel*).

Gilbhard, Thomas, Dr., Leiter der Bibliothek und Sammlung Buchkunst am Museum für Kunst und Gewerbe Hamburg und Wissenschaftlicher Mitarbeiter an der Professur für Kunstgeschichte/Bildwissenschaften, Universität Passau (*Giambattista Vico*).

Großheim, Michael, Prof. Dr., Institut für Philosophie, Universität Rostock (*Entfremdung*).

Günzel, Stephan, Prof. Dr., Professur für Medientheorie, Technische Kunsthochschule Berlin (*Raum*).

Hampe, Michael, Prof. Dr., Professur für Philosophie, Departement Geistes-, Sozial- und Staatswissenschaften, ETH Zürich (*John Dewey* und *Richard Rorty*).

Heidbrink, Ludger, Prof. Dr., Kulturwissenschaftliches Institut Essen (*Martin Heidegger*).

Heinz, Marion, Prof. Dr., Lehrstuhl für Theoretische Philosophie, Universität Siegen (*Immanuel Kant*).

Hetzel, Andreas, PD Dr., Institut für Philosophie, TU Darmstadt (*Kultur und Kulturbegriff*).

Jamme, Christoph, Prof. Dr., Lehrstuhl für Philosophie, Institut für Kulturtheorie, Kulturforschung und Künste, Leuphana Universität Lüneburg (*Georg Wilhelm Friedrich Hegel* und *Mythos*).

Janich, Peter, Prof. Dr., Professor (pens.) für Systematische Philosophie, Institut für Philosophie, Philipps-Universität Marburg (*Technik*).

Kämpf, Heike, apl. Prof. Dr., Institut für Philosophie, TU Darmstadt (*Claude Lévi-Strauss* und *Verstehen*).

Kettner, Matthias, Prof. Dr. phil., Dipl.-Psych., Fakultät für Kulturreflexion – Studium fundamentale, Private Universität Witten/Herdecke GmbH (*Relativismus*).

Köchy, Kristian, Prof. Dr. Dr., Professur für Philosophie mit dem Schwerpunkt Theoretische Philosophie, Institut für Philosophie, Universität Kassel (*Natur*).

Konersmann, Ralf, Prof. Dr., Professur für Philosophie, Direktor des Philosophischen Seminars, Christian-Albrechts-Universität zu Kiel (*Vorwort, Einleitung, Kulturphilosophie, Unbehagen, Metaphern für Kultur*).

Krijnen, Christian, Dr. habil., Associate Professor, Faculteit de Wijsbegeerte, Vrije Universiteit Amsterdam (*Bedeutung*).

Landwehr, Achim, Prof. Dr., Lehrstuhl für Geschichte der Frühen Neuzeit, Institut für Geschichtswissenschaften, Universität Düsseldorf (*Geschichte*).

Langbehn, Claus, PD Dr., Wissenschaftlicher Mitarbeiter, Philosophisches Seminar, Christian-Albrechts-Universität zu Kiel (*Martin Heidegger*).

Lauschke, Marion, Dr., Kolleg-Forschergruppe Bildakt und Verkörperung, Institut für Kunst- und Bildgeschichte, Humboldt-Universität zu Berlin (*Kunst*).

Liebsch, Burkhard, apl. Prof. Dr., Fakultät für Sozialwissenschaften und Philosophie, Universität Leipzig (*Gastlichkeit*).

List, Elisabeth, Prof. Dr., Institut für Philosophie, Universität Graz (*Wissenschaft*).

Lüscher, Jonas, Doktorand an der Professur für Philosophie, ETH Zürich (*Richard Rorty*).

Mähl, Nikolai, M. A., Doktorand und Wissenschaftlicher Mitarbeiter, Philosophisches Seminar, Christian-Albrechts-Universität zu Kiel (*Form, symbolische* und *Tatsache, kulturelle*).

Makropoulos, Michael, PD Dr., Kultursoziologie, Institut für Soziologie, Freie Universität Berlin (*Walter Benjamin* und *Kontingenz*).

Maurer, Michael, Prof. Dr., Professur für Kulturgeschichte, Institut für Volkskunde/Kulturgeschichte, Friedrich-Schiller-Universität Jena (*Johann Gottfried Herder* und *Fest*).

Moxter, Michael, Prof. Dr., Professur für Systematische Theologie mit den Schwerpunkten Dogmatik und Religionsphilosophie, Fachbereich Evangelische Theologie, Universität Hamburg (*Religion*).

Oechslin, Werner, Prof. em. Dr. Dr. h. c. mult., Bibliothek Werner Oechslin, Einsiedeln (*Architektur*).

Orth, Ernst Wolfgang, Prof. Dr., Professor (pens.) für Philosophie, Fachbereich I: Philosophie, Universität Trier (*Welt*).

Pethes, Nicolas, Prof. Dr., Lehrstuhl Neugermanistik II, Germanistisches Institut, Ruhr-Universität Bochum (*Erinnerung*).

Rath, Norbert, Prof. Dr. phil., Professur für Sozialphilosophie, Fachbereich Sozialwesen, Fachhochschule Münster (*Natur, zweite*).

Recki, Birgit, Prof. Dr. phil., Professur für Philosophie, Philosophisches Seminar, Universität Hamburg (*Moral*).

Renz, Ursula, Univ.-Prof. Dr., Institut für Philosophie, Universität Klagenfurt (*Cassirer und der Neukantianismus*).

Richter, Cornelia, Prof. Dr., Lehrstuhl für Systematische Theologie, Rheinische Friedrich-Wilhelms-Universität Bonn (*Cassirer in der Rezeption*).

Robling, Franz-Hubert, Dr. Habil. D. R., Seminar für Allgemeine Rhetorik, Universität Tübingen (*Rhetorik*).

Röttgers, Kurt, Prof. Dr. phil., Professor (pens.) für Philosophie, insbesondere Praktische Philosophie, FernUniversität Hagen (*Wirtschaft, Fremdheit* und *Medium*).

Rudolph, Enno, Prof. em. Dr. phil., Professur für Philosophie, Kulturwissenschaftliches Institut, Universität Luzern (*Hans Blumenberg*).

Rustemeyer, Dirk, Prof. Dr. phil., Institut für Allgemeine Pädagogik, Universität Trier (*Zeichen*).

Schneider, Ulrich Johannes, Prof. Dr. phil., Direktor der Universitätsbibliothek Leipzig, apl. Prof. für Philosophie, Institut für Kulturwissenschaften, Universität Leipzig (*Michel Foucault*).

Schweppenhäuser, Gerhard, Prof. Dr. phil., Professur für Design-, Kommunikations- und Medientheorie, Fakultät Gestaltung, Hochschule für angewandte Wissenschaften Würzburg-Schweinfurt (*Kritische Theorie*).

Sommer, Andreas Urs, Prof. Dr., Forschungsstelle Nietzsche-Kommentar der Heidelberger Akademie der Wissenschaften, Albert-Ludwigs-Universität Freiburg (*Friedrich Nietzsche*).

Steenblock, Volker, Prof. Dr., Professur für Philosophiedidaktik und Kulturphilosophie, Institut für Philosophie, Ruhr-Universität Bochum (*Tradition*).

Straub, Jürgen, Prof. Dr. phil., Lehrstuhl für Sozialtheorie und Sozialpsychologie, Ruhr-Universität Bochum (*Identität*).

Thoma, Heinz, Prof. em. Dr., Professur für französische und italienische Literaturwissenschaft, Institut für Romanistik, Martin-Luther-Universität Halle-Wittenberg (*Jean-Jacques Rousseau*).

Wansing, Rudolf, Dr. phil., Fachredakteur für Philosophie und Kulturtheorie, freiberuflicher Lektor, Berlin (*Gewalt*).

Westerkamp, Dirk, Prof. Dr. phil., Professur für Theoretische Philosophie, Direktor des Philosophischen Seminars, Christian-Albrechts-Universität zu Kiel (*Sprache, Geist, objektiver* und *Wahrheit*).

Winter, Rainer, Univ.-Prof. Dr. Dipl.-Psych. Mag. Dr., Lehrstuhl für Kultur- und Medientheorie, Vorstand des Instituts für Medien- und Kommunikationswissenschaft, Universität Klagenfurt (*Antonio Gramsci*).

Woldt, Isabella, Dr., Kunstgeschichtliches Seminar, Universität Hamburg, Warburg-Haus (*Cassirer und die Bibliothek Warburg*).

Zelle, Carsten, Prof. Dr. phil., Professur für Neuere Deutsche Literaturwissenschaft, insbes. Literaturtheorie und Rhetorik, Germanistisches Institut, Ruhr-Universität Bochum (*Friedrich Schiller*).

Zimmermann, Christian, Dr., Lehrkraft für besondere Aufgaben, Politikwissenschaft, Seminar für Sozialwissenschaften, Universität Siegen (*Politik*).

3. Personenregister

Achard, Michel 373, 375
Adelung, Johann Christoph 27, 30, 40
Adler, Hans 83 f.
Adorno, Theodor W. 11, 18, 52 f., 109, 156, 168, 171 ff., 176 f., 204 f., 212, 216, 253, 262, 297 f., 314, 318, 329, 331, 359 f., 362, 364 f., 370, 379, 383
Aicher, Otl 204 f.
Aischylos 32, 95
Alberti, Leon Battista 123, 195 ff., 199
Alembert, Jean-Baptiste le Rond d' 21 f., 47, 61 ff., 66 f., 89
Alexander der Große 314
Alkinoos 434 f.
Allerkamp, Andrea 38
Almond, Gabriel 236 ff.
Alston, William P. 406 f.
Alt, Peter-André 388, 393
Althusser, Louis 147
Anders, Günther 49, 51, 53, 69, 172
Anderson, Benedict 293, 296, 298
Anderson, Perry 144, 149
Andreas-Salomé, Lou 93, 100
Angehrn, Emil 334, 339, 360
Antigone 390
Apel, Karl-Otto 252, 262, 291 f., 398, 401, 404
Arendt, Hannah 164, 167, 319, 324, 333, 383, 431, 436
Ariès, Philippe 68 f.
Aristoteles 14, 24, 32, 62, 113, 129, 152, 197 f., 212, 214 ff., 255, 264 ff., 270, 340 f., 345 f., 350, 357, 360, 375, 388 ff., 403, 416, 425 f.
Armando, David 55, 59
Arndt, Andreas 92
Arnold, Matthew 212, 216
Asal, Sonja 69
Assmann, Aleida 38, 275, 278, 293, 295, 298, 339, 386 f., 397
Assmann, Jan 293, 295 f., 298 ff., 363 f., 385, 387
Audi, Robert 374 f.
Auerbach, Erich 20, 22
Auerochs, Bernd 386 f.
Augustinus 16, 141 f., 242, 295, 425, 434
Austin, John L. 403, 405, 407
Avenarius, Richard 414 f.
Averroës 41
Avicenna 41
Ayer, Alfred Jules 403 f., 407

Bachelard, Gaston 369 f.
Bachmann-Medick, Doris 368, 370
Bachofen, Johann Jakob 359
Bachtin, Michail M. 131, 401
Bacon, Francis 6, 26, 46, 53, 112, 197, 199, 277, 394 f., 431 f.
Baecker, Dirk 212, 214 ff., 292, 294, 298, 418, 420 f.
Bagehot, Walter 98, 100
Baghramian, Maria 375
Bammé, Arno 6, 11
Barbaro, Daniele 197 ff.
Barkhoff, Jürgen 37 f.
Barth, Karl 243
Barthes, Roland 383
Bartlett, Frederic Charles 293, 298
Bartning, Otto 199
Baruzzi, Arno 45
Bast, Rainer A. 126, 131
Bataille, Georges 156, 271 f.
Baudelaire, Charles 150 f., 153 ff., 407
Baudrillard, Jean 204 f.
Bauer, Bruno 50 f., 53
Baumann, Julius J. 414
Baxmann, Inge 302
Bayer, Lothar 397
Beavin, Janet H. 263
Beck, Jacob Sigismund 19
Beck, Ulrich 335, 339
Becker, Gary S. 271 f.
Becker, Ralf 5, 11, 254, 262
Beck-Gernsheim, Elisabeth 335, 339
Behler, Ernst 18, 22
Behrens, Peter 201 f., 205
Behrens, Torsten 272
Bel Geddes, Norman 203, 205
Benedict, Ruth 372, 375
Bénéton, Philippe 4, 11
Benjamin, Walter 7, 109, **149–157**, 170, 172, 293, 297 f., 332 f., 382 f., 391, 393, 432, 436
Benn, Gottfried 363 f.
Benne, Christian 95, 100
Benthien, Claudia 391, 393
Benveniste, Émile 429
Berg, Eberhard 84
Berger, Brigitte 397
Berger, Peter L. 238, 273, 278, 396 f.
Bergson, Henri 105, 125, 201, 423, 426 f.
Berkeley, George 426
Bermes, Christian 143, 411, 413 ff.
Bernasconi, Robert 313, 318
Bernhard, Lucian 201
Bertram, Georg W. 256, 262
Beschorner, Thomas 271 f.
Beßlich, Barbara 48, 53
Bhabha, Homi 296, 298, 367, 370
Bill, Max 204 f.
Bing, Gertrud 121
Bitz, Michael 270, 272
Blair, Anthony Charles Lynton (Tony) 148
Blake, William 358
Bloch, Ernst 204 f.
Blochmann, Elisabeth 134, 138
Blumenberg, Hans 2 f., 7, 11, 15, 22, 109, 134, 137, **181–184**, 226, 277 f., 308, 312, 341 ff., 346, 359 f., 375, 383, 434, 436
Boas, Franz 84, 372
Boeder, Heribert 254, 262
Bogdanov, Aleksandr 203
Bohmann, Gerda 374 f.
Böhme, Hartmut 37 f., 124, 383
Böhr, Christoph 413, 415
Bohrer, Karl Heinz 360, 393, 396 f.
Bollenbeck, Georg 46, 53, 61, 69, 85 ff., 89
Bollnow, Otto Friedrich 133, 292, 299, 302
Boltzmann, Ludwig 139
Bond, James 353

Bongardt, Michael 131
Bonhoeffer, Dietrich 243
Bonsiepe, Gui 205
Borges, Jorge L. 368 f.
Borkenau, Franz 431, 436
Borst, Arno 274, 278
Bottiglia, William f. 433, 436
Bourdieu, Pierre 28, 128 f., 131 f., 321, 367, 399, 401, 420 f.
Bourget, Paul 98, 100
Brackert, Helmut 30
Brandom, Robert 364
Brandt, Reinhard 159, 167
Branzi, Andrea 204 f.
Braudel, Ferdinand 366, 370
Brecht, Bertolt 392 f.
Bredekamp, Horst 38, 222, 420 f.
Breidecker, Volker 302
Breuninger, Helga 8, 12
Brisson, Luc 360
Bröcker, Walter 359, 364
Brubaker, Roger 338 f.
Bruno, Giordano 123, 182
Bubner, Rüdiger 341, 346
Buchholz, Kai 200, 205
Buffon, Georges Louis Marie Leclerc 62
Bühler, Karl 255, 262, 382
Burckhardt, Jacob 99, 304
Busche, Hubertus 4, 11
Buschendorf, Bernhard 124
Buschmeier, Matthias 192
Butler, Judith 392 f.
Büttner, Urs 312
Butzer, Günter 293, 298

Caillé, Alain 322, 324
Campanella, Tommaso 123
Campe, Johann Heinrich 193, 413
Camus, Albert 13, 62
Cancik, Hubert 384, 387
Canguilhem, Georges 406
Carman, Taylor 127, 131
Carnap, Rudolf 133, 137, 203, 404, 407
Carpenter, Malinda 258, 263
Cart, Jean J. 90
Cäsar, Gaius Julius 403
Cassirer, Ernst 1 ff., 5, 7, 10 ff., 19 ff., 27 f., 30, 33, 38, 59, 70, 84, 101 ff., 109, **114–132**, 133 f., 137 f., 164, 167, 181 f., 184, 206, 209 ff., 216, 218 ff., 225 f., 228, 231 ff., 240, 244, 250 f., 254, 256 f., 259, 262, 272, 274, 278 f., 287, 304, 312, 348, 350, 355, 358, 360, 366 f., 369 f., 375 f., 381 ff., 386 f., 397, 408, 410, 412, 415 f., 421 ff., 427, 429, 431 f., 435 f.
Castoriadis, Cornelius 66, 336
Cato 62
Cavell, Stanley 143
Cerutti, Furio 334, 338 f.
Cervantes, Miguel de 295
Chamberlain, Houston Stewart 201 f.
Chamfort, Nicolas 421
Chaplin, Charles 171
Chateaubriand, François-René de 435 f.
Chesterton, Gilbert Keith 6
Chomsky, Noam 255, 416
Chronos 423
Cicero, Marcus Tullius 13, 25 f., 30 f., 104, 243, 246 ff., 251, 360 f., 364, 409
Clarke, John 148 f.
Clément, Catherine 180
Cohen, Hermann 12, 114 ff., 125
Cohn, Jonas 286 f.
Comte, Auguste 239, 376
Condillac, Étienne Bonnot de 62, 79, 292
Condorcet, Marie Jean Antoine Nicolas de 60, 362, 364
Considérant, Victor 196, 199
Cook, John W. 372, 375
Cooper, Frederick 338 f.
Corneille, Pierre 388
Coseriu, Eugenio 252, 255, 262
Coulmas, Peter 15, 22
Cressy, David 302 f.
Creuzer, Georg Friedrich 358
Cristofolini, Paolo 57, 59
Critcher, Chas 149
Croce, Benedetto 144 f.
Curtius, Ernst Robert 429

Dacqué, Edgar 164
Dahlstrom, Daniel O. 134, 137
Dahme, Heinz-Jürgen 101, 109
Dahrendorf, Ralf 290 ff.
Dalberg, Carl Theodor von 196, 199
Dalferth, Ingolf U. 131
Daniel, Stephen H. 360
Daniel, Ute 125, 128, 131, 211
Dante, Alighieri 295
Danz, Christian 244
Därmann, Iris 38, 42 f., 45
Darwin, Charles 31, 363
David, Jacques-Louis 8
Davidson, Donald 253, 262, 373
De Kerckhove, Derrick 351, 355
De Vries, Jan 360
Deacon, Terrance W. 255, 257 f., 262
Deile, Lars 299, 303
Deleuze, Gilles 214, 216, 350, 352, 355
Demokrit 360 f.
Derrida, Jacques 43, 66, 128, 255, 258, 262, 271, 297, 314, 318 f., 321 ff., 333, 353, 355, 416
Descartes, René 44, 59, 112, 177 f., 183, 188 f., 215, 248, 277, 316, 369, 410, 416, 434
Detel, Wolfgang 401
Deuser, Hermann 131
Deussen, Paul 41
Deutscher, Guy 259, 262
Dewey, John **110–113**, 188 f., 228, 233, 344 ff., 373
Diamond, Jared 52
Dickens, Charles 191
Diderot, Denis 47, 62 f., 362, 394
Didi-Huberman, Georges 124
Dierse, Ulrich 397
Dieterich, Sebastian 211
Dike 408
Dilthey, Wilhelm 8, 20, 42 f., 92, 279, 286 f., 327 ff., 376 ff., 383, 385, 387, 398 ff., 411 ff., 415 f.
Dingler, Hugo 270

Dionisi, Stefano 353
Dodds, Eric R. 390, 393
Doesburg, Theo van 202, 205
Doorn, Herman van 157
Dostojewski, Fjodor Michailowitsch 401
Douglas, Mary 274
Dreyfus, Hubert 347, 352, 355
Driesch, Hans 414
Droysen, Johann Gustav 92, 211
Duala-M'bedy, Munasu 313, 318
Dubiel, Helmut 176
Duby, Georges 274, 278
Dücker, Burckhard 300, 303
Duclos, Charles Pinot 61, 63, 69
Düding, Dieter 299, 301, 303
Dummett, Michael 402, 407
Durand, Jean Nicolas Louis 199
Durkheim, Émile 31, 239 f., 244
Düsing, Klaus 71, 75, 77 f.
Dux, Günter 38

Eagleton, Terry 391, 393
Eco, Umberto 418 f., 421
Eibl, Karl 86, 89
Eich, Thomas 374 f.
Eichendorff, Joseph von 50, 53
Eilenberger, Wolfram 131, 402
Einstein, Albert 125, 405, 407
Eisenstadt, Shmuel Noah 386 f.
Elberfeld, Rolf 42 f., 45, 100
Elgin, Catherine Z. 400
Eliade, Mircea 357
Elias, Norbert 7, 100, 111, 113
Eliot, Thomas Stearns 212, 216
Elisabeth I. 302
Endell, August 201, 205
Engel, Johann Jakob 413
Engels, Friedrich 275, 292
Enskat, Rainer 63, 69
Epiktet 26, 429, 431
Epimetheus 13, 32 f.
Erd, Rainer 176
Eribon, Didier 180 f.
Erikson, Erik H. 335 ff., 339
Erll, Astrid 293, 295, 298
Ernst, Gerhard 372, 375
Ernst, Wolfgang 297 f.
Erny, Nicola 57, 59
Esposito, Elena 212, 216, 294, 298
Eucken, Rudolf 27, 48, 51, 53, 414
Euripides 392
Eusterschulte, Anne 59

Fahle, Oliver 352, 355
Falk, Armin 272
Faraday, Michael 183
Farinelli (Carlo Broschi) 353
Fauconnier, Gilles 258 f., 262
Fellmann, Ferdinand 56, 60, 201, 205
Felski, Rita 389, 391 ff.
Feng, Youlan 41
Féré, Charles 98, 100
Ferguson, Adam 60
Feron, Olivier 132
Ferrari, Massimo 118
Feuerbach, Ludwig 2, 239
Feyerabend, Paul 231
Fichte, Johann Gottlieb 78, 90, 122, 198, 360, 362
Ficino, Marsilio 123
Fiedler, Konrad 221
Figl, Johann 100
Fink, Eugen 133
Fink-Eitel, Hinrich 180, 317 f.
Finley, Moses I. 319
Fisch, Jörg 61, 69
Fischer, Joachim 167
Fiske, John 148 f.
Flach, Werner 118, 282, 286 f.
Flasch, Kurt 60, 417, 421
Fleck, Ludwik 34, 38
Flusser, Vilém 259, 262, 355
Fontenelle, Bernard le Bovier de 410 f., 415
Fornari, Maria Cristina 96, 100
Fornet-Betancourt, Raúl 45
Förster, Elisabeth 98
Forster, Georg 317 f.
Förster-Beuthan, Yvonne 425, 427
Foucault, Michel 7, 26, 28, 34, 43, 45, 164 ff., 182, **185–188**, 343, 346, 368, 370, 403, 406 f., 420 f.
Fountoulakis, Evi 324
Fourier, Charles 196
Fox Keller, Evelyn 275, 278
François, Etienne 295, 298
Franklin, Benjamin 103
Franzen, Winfried 137
Fraser, Nancy 187 f.
Frazer, James George 139 ff.
Frede, Dorothea 125, 132
Freedberg, David 222
Frege, Gottlob 119, 139, 258, 280, 287
Freitag, Werner 301, 303
Freud, Sigmund 7 f., 17, 22, 43, 47, 53, 153, 156, 160, 172, 174 ff., 189, 192, 212, 216, 228, 233, 239, 244, 299 f., 303, 331, 390 ff., 395 ff.
Freyer, Hans 328 f.
Friedemann, Peter 303
Friedlaender, Salomo/Mynona 414 f.
Friedman, Michael 133 f., 137
Friedrich, Caspar David 242
Friese, Heidrun 339
Fritz, Thomas 126 f., 132
Frobenius, Leo 41, 366
Fromm, Erich 430, 436
Fuchs, Martin 10 f.
Fuhrmann, Horst 302 f.
Fuhrmann, Manfred 247, 251, 299, 303, 360, 390, 393
Fulda, Daniel 389, 393
Fulda, Hans-Friedrich 326, 329
Fuller, Richard Buckminster 205
Funke, Gerhard 78, 360, 364
Funke, Guenter 132
Furth, Peter 52 f.

Gadamer, Hans-Georg 42, 115, 118, 253, 262, 387, 398 ff., 402
Gadebusch Bondio, Mariacarla 14, 22
Gaier, Ulrich 79, 84
Galilei, Galileo 122, 267
Galison, Peter 203, 205
Gallagher, Shaun 222
Gallé, Émile 201
Galle, Roland 393
Gallese, Vittorio 222
Gamm, Gerhard 349, 355
Gamper, Michael 49, 53
Gärdenfors, Peter 257 f., 262
Gassen, Kurt 109
Gatterer, Johann Christoph 81
Gaudí, Antoni 201
Gebauer, Gunter 333
Gebhardt, Winfried 299, 301, 303
Geertz, Clifford 28, 42, 84, 180, 212, 216, 228, 231 ff., 272 f., 275, 278, 317 f., 375, 398, 402
Gehlen, Arnold 22, 32, 38 f., 48, 53, 80, 84, 89, 128, 158, 162, 167, 225 ff., 231, 233, 266, 270, 289, 291 f., 360, 363 f., 414
Geitner, Ursula 249, 251
Gelb, Adhémar 125 f.
Gentile, Giovanni 144
Gerhardt, Volker 128, 132
Gessmann, Martin 11, 22
Geßner, Willfried 101, 109
Gethmann, Carl Friedrich 270
Gethmann-Siefert, Annemarie 92 f.
Geyer, Carl-Friedrich 30
Geyer, Paul 47, 51, 53
Giedion, Sigfried 203, 205
Gierke, Otto von 27
Gießmann, Sebastian 37 f.
Gilbert, Margaret 261 f., 326, 329, 404, 407
Gilbhard, Thomas 58, 60
Gilly, David 193
Gipper, Helmut 256, 262
Girard, René 239, 330 f., 333, 429
Glanvill, John 6
Glasersfeld, Ernst von 257, 262
Glaukos 64
Glei, Reinhold 390, 393
Glissant, Édouard 6, 11
Gloy, Karen 423 f., 427
Godelier, Maurice 322, 324
Goedert, Georges 100
Goertz, Hans-Jürgen 211
Goethe, Johann Wolfgang 67, 104, 140, 152 f., 305, 360, 362, 364, 379, 395, 397, 432, 434 f.
Goldstein, Kurt 125 f.
Göller, Thomas 42, 45, 138, 374 f., 402
González, Ana Marta 78
Goodman, Nelson 254, 259, 262, 400
Goody, Jack 276, 278, 385, 387
Görlich, Bernard 397
Gottsched, Johann Christoph 90, 388, 411
Gräb, Wilhelm 131 f.
Graeser, Andreas 118
Graevenitz, Gerhart von 360
Gramsci, Antonio **144–149**
Grawe, Christian 84
Greffrath, Mathias 258, 262
Greverus, Ina Maria 275, 278
Grice, H. Paul 258 f., 262
Grimm, Jakob 415
Grimm, Jakob und Wilhelm 410
Grimm, Wilhelm 415
Gropius, Walter 194, 202, 205
Großheim, Michael 288
Grover, Dorothy L. 403, 407
Grube, Gernot 38, 255, 263
Gründer, Karlfried 137
Grunwald, Armin 270
Guattari, Félix 350, 352, 355
Guimard, Hector 201
Günter, Manuela 293, 298
Günther, Friederike 100
Günzel, Stephan 366, 370
Gurwitsch, Aron 126

Habermas, Jürgen 109, 120, 124, 134, 137, 166 ff., 172, 175 f., 187 f., 195, 243, 261 f., 312, 387, 404, 407
Haeckel, Ernst 201, 366
Hager, Fritz-Peter 227, 233
Hahn, Alois 213, 216, 335, 339
Halbwachs, Maurice 293, 298, 385
Hall, Stuart 30, 147 ff.
Haller, Albrecht von 86
Haller, Rudolf 143
Hammer, Espen 192
Hammerstein, Notker 409, 416
Hampe, Michael 192, 397
Han, Byung-Chul 317 f., 423, 427
Hani, Jean 360
Hanke, Michael 355
Hansen, Klaus P. 30
Hansen, Mark B. N. 127, 131
Hardt, Dietrich 275, 278
Hardtwig, Wolfgang 5, 11
Hartman, Geoffrey 5, 11
Hartmann, Dirk 270
Hartmann, Frank 352, 355
Hartmann, Nicolai 326, 328 f., 383
Hartmann, Wolfgang 302 f.
Hartung, Gerald 92
Haug, Walter 299, 303
Haug, Wolfgang Fritz 203, 205
Haushofer, Karl 366
Haverkamp, Anselm 295, 298, 333
Hebdige, Dick 148 f.
Hederich, Benjamin 358
Heers, Jacques 299, 303
Hegel, Georg Wilhelm Friedrich 7, 10, 20, 48 f., 53, 69, 78, **90–93**, 110, 115, 120, 122 f., 126 ff., 242, 253, 260, 281, 286 ff., 291 f., 305, 314, 318, 325 f., 329, 349, 360, 362, 364, 367, 378, 380, 389, 395 ff., 419, 426
Heidbrink, Ludger 137
Heidegger, Martin 2, 7, 20, 42 f., 50, 118 f., 125 ff., 132, **133–138**, 161 f., 167, 183, 192, 282, 289, 292, 297, 350 f., 363, 365, 370, 375, 382 f., 398, 408, 415, 424, 427, 431, 433, 436

Heider, Fritz 350
Heiler, Friedrich 299, 303
Heinimann, Felix 366, 370
Heinz, Marion 78, 118
Heinze, Thomas 270, 272
Heise, Jens 60, 78, 84
Helferich, Christoph 93
Hellwald, Friedrich von 98, 100
Hénaff, Marcel 319, 322, 324
Henrich, Dieter 93, 334, 339
Henry, Barbara 338 f.
Heraklit 408
Herder, Johann Gottfried 2, 4, 13, 16, 20, 27, 30, 40, 60, **78–85**, 170, 227 f., 249, 251, 301, 303, 358, 363, 369 f., 386 f., 420
Herkules 9
Hermes 14, 32
Herms, Eilert 78, 84
Hertz, Heinrich 122, 139
Hesiod 32, 293
Hettling, Manfred 299, 303
Heubel, Fabian 45
Heumann, Christoph August 42
Heyne, Christian Gottlob 358
Hidalgo-Serna, Emilio 55, 60
Hilberseimer, Ludwig 194
Hiltbrunner, Otto 321, 324
Hippokrates 366
Hitzler, Ronald 303
Hobbes, Thomas 14, 47, 62, 64
Hobsbawm, Eric 144 f., 149, 386
Hochgeschwender, Michael 6, 11
Höffe, Otfried 72 f., 78
Hoffmann, Josef 201
Hoffmann, Thomas S. 374 f.
Hofmann, Michael 85, 89
Hofmann, Thomas Sören 21 f.
Höfner, Markus 132
Hölderlin, Friedrich 88, 359, 383, 390
Holenstein, Elmar 374 f.
Hollis, Martin 373, 375
Holzer, Angela 100
Holzhey, Helmut 1, 11, 114, 118
Homer 22, 94, 183, 356, 435
Honneth, Axel 187 f., 333, 336, 339
Horkheimer, Max 18, 113, 156, 168 f., 171 ff., 176, 297 f., 314, 318, 331, 333, 359, 365, 370, 429
Horstmann, Axel 360
Horwich, Paul 403, 407
Hösle, Vittorio 93
Hoß, Dietrich 176
Hubig, Christoph 271 f., 349, 355
Hübner, Kurt 359
Hühn, Helmut 6, 11
Huizinga, Johan 226 f.
Humboldt, Alexander von 414, 435
Humboldt, Wilhelm von 61, 77, 104, 120, 213, 253 f., 262, 304, 308, 358, 416
Hume, David 42, 310
Huntington, Samuel P. 234, 238
Husserl, Edmund 27, 42 f., 108, 126 f., 132, 135, 140, 258, 270, 274, 282, 287, 317 f., 375, 382 f., 413, 415 f., 423 ff.
Huszár, Vilmos 205
Hutcheson, Francis 71

Ibsen, Henrik 419
Ingarden, Roman 383
Innis, Harold A. 38, 351, 355
Iselin, Jakob Christoph 60
Isokrates 247, 251
Itten, Johannes 202, 205

Jackson, Don D. 263
Jacobi, Friedrich Heinrich 90
Jacobi, Otto 176
Jaeger, Friedrich 324
Jaeggi, Rahel 50, 53, 291 f.
Jaeschke, Walter 93
Jahwe 183
Jakobson, Roman 179, 367
James, William 373, 424
Jameson, Fredric 368, 370
Jamme, Christoph 38, 360
Janich, Peter 270, 402, 407
Janik, Allan 273, 278
Jaspers, Karl 232 f., 240, 286, 403, 407
Jefferson, Tony 149
Jessen, Peter 196
Jesus Christus 90, 97 f.
Joas, Hans 336, 339
Joel, Karl 414
Joly, Henri 98, 100
Jonas, Hans 164, 167
Jullien, François 6, 11, 43, 45
Jung, Werner 109
Jünger, Ernst 48, 53

Kaegi, Dominic 134, 138
Kafka, Franz 378, 383
Kämpf, Heike 180, 317 f., 402
Kant, Immanuel 4, 6, 10 f., 19 f., 24, 27 f., 32, 37, 42, 60, **70–78**, 81 f., 85, 90, 92, 101 ff., 110 ff., 118 f., 125 f., 128, 133 ff., 137, 158 ff., 165, 167, 170, 183, 185, 187 ff., 198 f., 221, 224 f., 227, 231 f., 253, 267, 270, 280, 282, 286, 306 ff., 319, 323 f., 362, 364 ff., 369 f., 375 f., 386, 395 f., 409, 412 ff., 421, 424, 426, 435
Kapp, Ernst 266, 270
Kardiner, Abram 390
Kassung, Christian 38
Kellner, Hansfried 397
Kemmer, Suzanne 373, 375
Kepler, Johannes 123
Kerényi, Karl 299, 303
Kersting, Wolfgang 68, 70, 93, 406
Kettner, Matthias 420 f.
Khurana, Thomas 350, 355
Kierkegaard, Søren 49 ff., 125, 242
Kimmerle, Heinz 45
Kirchhoff, Thomas 8, 11
Kirkham, Robert 403, 407
Kittsteiner, Heinz Dieter 48, 53, 396 f.
Klages, Ludwig 20, 136 f.
Kleanthes 3
Klein, Armin 238

Klein, Rebekka A. 184
Kleist, Heinrich von 184, 390 f.
Klibansky, Raymond 121, 123 f., 134, 138
Klopstock, Friedrich Gottlieb 193
Kluckhohn, Clyde 30
Kluge, Alexander 171, 176
Knobloch, Clemens 52 f., 69
Knoppe, Thomas 117, 119
Ko³akowski, Leszek 145, 149, 359 f., 386 f.
Koch, Anton Friedrich 426 f.
Koch, Lutz 73, 78
Köchy, Kristian 8, 11, 227 f., 233
Kogge, Werner 38, 255, 263, 402
Kohl, Karl-Heinz 383
Köhler, Wolfgang 225
Köhnke, Klaus Christian 101, 109, 119
Kok, Antony 205
Konersmann, Ralf 1, 6, 8, 10 f., 15, 21 f., 30, 46 f., 52 f., 60, 70, 109, 207, 211 f., 214, 216 f., 222, 227, 233, 260, 263, 317 f., 329, 333, 375 f., 379, 382 f., 394, 397, 403, 407, 418 f., 421, 429, 435 f.
König, Hans-Dieter 172, 176
König, Helmut 50, 53
König, Peter 60
Koppe, Franz 218, 222
Kopperschmidt, Josef 302 f.
Korsch, Dietrich 131 f.
Koselleck, Reinhart 154, 156, 211, 293, 298, 427
Koslowski, Peter 270 ff.
Köster, Werner 365, 370
Kracauer, Siegfried 7, 109, 156, 170
Krämer, Hans 250 f.
Krämer, Sybille 38, 255 f., 263, 347, 355, 420 f.
Krämling, Gerhard 78
Kramme, Rüdiger 1, 11
Kranz, Walter 408, 416
Kraus, Karl 139
Krausz, Michael 373, 375
Kreibich, Rolf 275, 278
Kreis, Guido 130, 132, 312
Kreuzer, Johann 56 f., 60
Krijnen, Christian 118 f., 287
Krippendorff, Klaus 204 f.
Kristeva, Julia 318
Kroeber, Alfred L. 30, 213, 216, 366, 372, 375
Krois, John Michael 120, 124, 256, 263, 312
Krone-Bayer, Kerstin 397
Kroner, Richard 92, 325, 329
Kruft, Hanno-Walter 199
Kubler, George 383
Küchenhoff, Joachim 300, 303
Küenzlen, Gottfried 362, 364
Kuhn, Elisabeth 100
Kuhn, Thomas S. 189, 192, 373
Künne, Wolfgang 404, 406 f.
Küppers, Bernd-Olaf 124, 126, 132
Kuster, Friederike 67, 70
Kuznitzky, Gertrud 221, 223

La Rochefoucauld, François de 419, 421
Labriola, Antonio 144
Lacan, Jacques 368
Lachmann, Renate 295, 298
Laclau, Ernesto 336
Lafitau, François Joseph 358
Laktanz 31, 243
Lambert, Johann Heinrich 402
Lamprecht,. Karl 122
Landmann, Michael 109
Landwehr, Achim 211
Lane Fox, Robin 21 f.
Lang, Bernhard 300, 303
Langbehn, August Julius 202
Langbehn, Claus 134 f., 138
Lange, Friedrich Albert 114
Langer, Susanne K. 129 ff., 256, 261, 263
Laplace, Pierre Simon 415
Latour, Bruno 37 f., 52 f., 227, 261, 263, 418, 420 f.
Lauschke, Marion 223
Lazarus, Moritz 20, 92, 101, 327, 329
Le Bon, Gustave 50, 53
Le Corbusier 193 f., 196, 198 f.
Le Rider, Jacques 390, 393, 397
Lefebvre, Henri 367 ff.
Lefèvre d'Étaples, Jacques 198
Lehmann, Hans-Thies 391, 393
Leibniz, Gottfried Wilhelm 18 f., 41, 44, 255 f., 263, 366, 370, 410 f., 416, 426
Lembeck, Karl-Heinz 119
Lemke, Thomas 188
Lenin, Wladimir Iljitsch 144 f.
Leonardo da Vinci 123
Lepenies, Wolf 181
Leroi-Gourhan, André 38, 276, 278, 384, 387
Leslie, Alan M. 257, 263
Lessing, Gotthold Ephraim 81, 126, 358, 388, 431 f., 436
Leviathan 64
Lévinas, Emmanuel 43, 128, 133, 314, 318 f., 322 ff.
Lévi-Strauss, Claude 43, 65, 147, **177–181**, 212, 216, 231, 233, 296, 321, 367, 370, 397, 399, 433, 436
Lévy-Bruhl, Lucien 42, 178, 399
Lichtblau, Klaus 101, 109
Liebmann, Otto 120
Liebrucks, Bruno 93, 359
Liebsch, Burkhard 315, 318, 324
Lindenthal, Alexandra 272
Lipps, Hans 254, 263
List, Elisabeth 130, 132, 278
Litt, Theodor 414
Löchte, Anne 83 f.
Locke, John 47, 62, 252, 255, 263, 394 ff.
Loewy, Raymond 203, 206
Lohmar, Dieter 42, 45
Loos, Adolf 139, 202, 206
Lösch, Klaus 374 f.
Losfeld, Christophe 62, 70
Lotman, Jurij M. 213, 216
Lotter, Maria-Sibylla 227
Lotze, Rudolf Hermann 115, 135, 137, 413 f., 416
Löwenthal, Leo 171, 176
Löwith, Karl 194, 411, 416
Lübbe, Hermann 242
Lucilius 16
Lucius Ampelius 409

Luckmann, Thomas 273, 278
Luhmann, Niklas 2, 11, 34, 38, 67, 70, 208, 212 ff., 239, 242, 244, 270, 272, 294, 298, 345 f., 349 f., 353, 355, 404, 407, 418 f., 421, 427
Lukács, Georg 155 f., 342 f., 346, 360, 362
Lukes, Steven 372 f., 375
Lukrez 13, 62
Luther, Martin 134, 302, 378
Lütterfels, Wilhelm 278
Lyotard, Jean-François 85, 89, 345 f.

Małas-Godlewska, Ewa 353
Macann, Christopher 127, 132
Mach, Ernst 309 f., 376, 383
Machiavelli, Niccolò 62, 144
Macho, Thomas 38
Maciewski, Franz 300, 302
MacIntyre, Alasdair 374 f.
Makropoulos, Michael 156, 343, 346
Maldonado, Tomás 205 f.
Malinowski, Bronis³aw 43, 178 f., 228, 233, 274, 321, 357, 398, 402
Mall, Ram Adhar 42, 45
Mallarmé, Stéphane 66
Malraux, André 429
Man, Paul de 184
Mandeville, Bernard 62
Mann, Thomas 48, 53
Mannheim, Karl 46, 53
Manu 97
Marc Aurel 15 f., 22, 26
Marcel, Gabriel 128 f., 132, 322, 430, 436
Marcuse, Herbert 7, 85, 89, 133, 168, 170, 172 ff., 397
Mareis, Claudia 206
Margreiter, Reinhard 354 f.
Maria 302
Marinetti, Filippo Tommaso 202, 206
Marion, Jean-Luc 127 f., 322, 406 f.
Mark Twain 171
Markl, Hubert 32, 38
Marquard, Odo 159, 167, 182, 299, 303
Martin von Tours 302
Marx, Karl 10, 17, 50 f., 53, 64, 69, 88, 105, 115, 144, 147, 149, 154, 173, 182, 275, 288, 292, 326, 329, 362, 364, 367, 378, 381 ff., 419
Masson-Oursel, Paul 41
Matheus, Michael 299, 303
Mattenklott, Gert 250 f.
Matussek, Peter 38, 124
Maupertuis, Pierre-Louis Moreau de 79
Maurer, Michael 84, 299, 302 f.
Mauss, Marcel 43, 128, 216, 271 f., 319, 321 f., 324
Mauthner, Fritz 365, 370
Maxwell, James Clerk 183
McDowell, John 364
McLuhan, Herbert Marshall 215 f., 276, 278, 347, 355, 415
McTaggart, John McTaggart Ellis 423, 426 f.
Mead, Margaret 372
Meier, Christian 21 f., 341, 346
Meier, Georg Friedrich 411
Meier, Heinrich 64, 434, 436
Meiland, Jack W. 373, 375
Meinecke, Friedrich 27
Mellor, David Hugh 426 f.
Mendel, Gregor Johann 406
Mendelsohn, Erich 193
Mendelssohn, Moses 4, 252, 263
Menke, Bettine 391, 393
Menke, Christoph 391 ff.
Meran, Josef 314, 318
Mereschkowski, Konstantin Sergejewitsch 317
Merleau-Ponty, Maurice 8, 11, 126 ff., 132, 222, 232 f., 254, 256, 260, 263, 317, 349, 383, 423 f., 426 f.
Merlio, Gilbert 46, 53
Mersch, Dieter 348, 355
Meyer, Eric 293, 298
Meyer, Martin f. 360
Michaels, Axel 300, 302
Mies van der Rohe, Ludwig 193
Mill, John Stuart 96
Mirabeau, Honoré-Gabriel Riquetti de 4, 61
Mittelstraß, Jürgen 227, 233
Moholy-Nagy, László 202 f., 206
Molière 66
Mondolfo, Rodolfo 60
Mondrian, Piet 202, 205 f.
Montaigne, Michel de 60, 184, 361, 364, 394
Montesquieu, Charles-Louis de Secondat 4, 62, 326, 366, 370, 421
Moore, George E. 139, 142, 404, 407
Moore, Roger 353
Moravia, Sergio 2, 11
Morin, Edgar 8, 11
Moritz, Arne 11
Morris, Charles W. 255, 263
Morris, Desmond 32
Morris, William 200, 203, 206
Moscovici, Serge 275, 277 f.
Moses 86, 183
Moxter, Michael 1, 11, 131 f., 184
Mühlberg, Dietrich 82, 84
Müller, Enrico 100
Müller, Klaus E. 385, 387
Müller, Lothar 38, 124
Müller, Oliver 184
Müller, Reimar 17, 22, 245, 251
Müller, Winfried 302 f.
Müller-Doohm, Stefan 176
Mulryne, James R. 302 f.
Mummendey, Amélie 6, 11
Münch, Fritz 280, 287
Münch, Paul 302 f.
Munk, Reinier 114, 119
Murray, Geoffrey 433, 436
Mussolini, Benito 144
Muthesius, Hermann 194, 199, 201 f., 206

Nabokov, Vladimir 191
Nagel, Thomas 374 f.
Nakamura, Yoshiro 313, 318
Nancy, Jean-Luc 128, 351, 355
Napoleon 378 f.
Natorp, Paul 1, 11 f., 114 f., 118 f., 125
Needham, Joseph 276, 278

Negt, Oskar 171, 176
Neuweiler, Gerhard 33, 38
Newton, Isaac 277, 353, 379, 426
Niethammer, Lutz 338 f.
Nietzsche, Friedrich 8, 28, 44, 48 ff., 53, 86, **93–100**, 109, 115, 167, 172 f., 182, 187, 189 f., 192, 201, 212, 216, 225, 227, 242, 244, 247, 249 ff., 254, 257, 263, 292, 296, 298 f., 360, 362 ff., 376, 383, 391 f., 396 f., 401, 406 f., 416
Nikolaus von Kues 123, 182, 243, 410
Nishida, Kitaro 42, 45
Noller, Peter 176
Nolte, Paul 299, 303
Nora, Pierre 295, 297 f.
Noras, Andrzej 119
Nordau, Max 47 f., 396
Novalis (Friedrich von Hardenberg) 10, 50, 53, 242, 358
Nünning, Ansgar 38
Nussbaumer-Benz, Uschi 100
Nyíri, Kristóf 352, 355

Oakes, Guy 1, 11
Obert, Mathias 43, 45
Obrist, Hermann 201
Ockenfels, Axel 272
Ödipus 390, 392
Odysseus 183, 314, 435
Oechslin, Werner 199
Ohashi, Ryosuke 44 f.
Ollig, Hans-Ludwig 119
Ong, Walter J. 294, 298, 351, 355
Orpheus 314
Orsucci, Andrea 93, 100
Ortega y Gasset, José 195, 206
Orth, Ernst Wolfgang 118 f., 125, 132, 312, 411, 413 ff.
Osio, Carlo Cesare 198
Otto, Regine 85
Otto, Rudolf 241
Otto, Stephan 60, 249, 251
Otto, Walter f. 358
Overbeck, Franz 95
Ozouf, Mona 302 f.

Packard, Vance 203, 206
Paetzold, Heinz 121, 124
Palladio 194, 197
Pannenberg, Werner 238
Panofsky, Erwin 121, 123
Papanek, Victor 205 f.
Parsons, Talcott 212 f., 216
Pascal, Blaise 18 ff., 361, 364
Passeron, René 383
Passmore, John 18, 22
Pasteur, Louis 378
Patzig, Günther 252 ff., 260, 263, 403, 407
Paul, Bruno 201
Paul, Gregor 43, 45, 373 ff.
Pauli, Gustav 121
Peirce, Charles Sanders 110, 131, 256, 404, 407, 416, 421
Pera, Marcello 374 f.
Perikles 196, 199
Perpeet, Wilhelm 30, 38
Petrarca, Francesco 248, 251, 379
Peyer, Hans C. 321, 324
Pfadenhauer, Michaela 303
Phidias 196
Philon 41
Pickel, Gerd 238
Pickel, Susanne 238
Pico della Mirandola, Giovanni 5, 123, 162
Pieper, Josef 299, 303
Pindar 356
Pirni, Alberto 338 f.
Platon 13 f., 16, 19, 21 f., 24, 31 f., 41, 43, 62, 64, 66, 80, 87, 111 ff., 190, 197, 212, 216, 228, 255, 264, 266, 296 f., 299, 348, 356 f., 360 f., 363, 408, 425
Plessner, Helmuth 7, 31, 33, 38, 80, 84, 158, 161 f., 164 ff., 225, 227, 229, 231, 233, 290, 292, 344, 346, 363, 398, 401 f., 414
Plinius, d. J. 13, 62
Plotin 3, 41, 425
Plügge, Herbert 397
Plumpe, Gerhard 85, 89
Plutarch 3, 62
Pogge, Thomas 320
Pöggeler, Otto 92 f.
Pöhlmann, Egert 14, 22, 32, 39
Polanyi, Michael 34, 39
Pöppel, Ernst 424, 427
Popper, Karl Raimund 329
Porphyrius 3
Portman, John C. 368
Portmann, Adolf 163, 167
Posidonius 16, 46
Prauss, Gerold 282, 287
Previšić, Boris 324
Priddat, Birger 271 f.
Prinz, Sophia 128, 132
Prior, Arthur N. 423, 426 f.
Profitlich, Ulrich 393
Prometheus 13 f., 32, 228
Protagoras 373
Proust, Marcel 151, 155, 295, 383
Pufendorf, Samuel 26 f., 292
Pugin, August Welby Northmore 200, 206
Puntel, Lorenz Bruno 403 f., 407
Putnam, Robert D. 237 f.

Quante, Michael 334, 339
Quine, Willard Van Orman 189, 192, 373, 399, 402 f., 407
Quintilian 184

Radcliffe-Brown, Alfred 178
Radkau, Joachim 270
Ragin, Derek Lee 353
Rajchman, John 187 f.
Rakiæ, Tamara 6, 11
Rammstedt, Otthein 101, 109
Rancière, Jacques 5, 11
Rappe, Guido 374 f.
Rath, Norbert 360, 362, 364
Ratsch, Ulrich 131 f.
Ratzel, Friedrich 366, 370
Ratzinger, Joseph 374 f.
Raulet, Gérard 38, 46, 53, 157

Rawls, John 374
Réattu, Jacques 8 ff., 12
Recki, Birgit 78, 114, 119 f., 124, 134, 138, 164, 167
Reckwitz, Andreas 30
Reich, Klaus 70 f., 76, 78
Reijen, Willem van 157, 177
Reinhardt, Karl 121
Reinhold, Karl Leonhard 253, 263
Renan, Ernest 21
Renn, Joachim 335, 339
Renz, Ursula 1, 12, 114, 119
Rescher, Nicholas 404, 407
Reschke, Renate 50, 53, 95, 100
Riccio, Monica 55, 59
Richter, Cornelia 126, 132
Ricken, Friedo 52 f.
Rickert, Heinrich 20, 27, 70, 115 ff., 119, 230 f., 233, 279 f., 282, 285 ff., 378 f., 383, 413, 416
Ricœur, Paul 128, 184, 322, 324, 334, 336, 339, 357, 359 f., 400, 402
Riedel, Heinrich August 193, 195, 199
Riedel, Wolfgang 87, 89
Riegl, Alois 194, 231
Riehl, Alois 93, 100
Rilke, Rainer Maria 383
Rill, Ingo 126, 132
Riou, Jeanne 37 f.
Ripa, Cesare 5
Ritter, Hellmut 121
Ritter, Henning 181
Ritter, Joachim 133
Roberts, Brian 149
Robespierre, Maximilien de 395
Robling, Franz-Hubert 245, 251
Roetz, Heiner 374 f.
Rohe, Karl 237 f.
Rohkrämer, Thomas 48, 53
Röll, Johannes 124
Rolph, William Henry 98 ff.
Rombach, Heinrich 42
Rondelet, Jean-Baptiste 193
Rorty, Richard 42, **188–192**, 345 f., 364, 373, 375, 420 f.
Rosa, Hartmut 423, 427
Roser, Andreas 278
Roth, Fedor 206
Rothacker, Erich 28 ff., 163, 167, 376, 383
Röttgers, Kurt 46, 53, 271 f., 314, 318, 330, 333, 355, 433 f., 436
Rouelle, François 63
Rousseau, Jean-Jacques 3, 12, 17, 21 f., 47, 49 ff., **60–70**, 71, 74 ff., 79, 85 ff., 162, 177 f., 183, 202, 212, 216, 223, 227, 249, 252, 288, 290 ff., 295 f., 361 f., 395 f., 419, 431, 433 f., 436
Rowe, Colin 194
Rudolph, Enno 124, 126, 131 f., 334, 339
Rudolph, Wolfgang 372, 375
Ruehl, Martin 95, 100
Rumohr, Carl Friedrich von 198
Ruskin, John 200, 206
Russell, Bertrand 139
Rustemeyer, Dirk 417 f., 420 f.
Rykwert, Joseph 199
Saarinen, Eliel 201
Safranski, Rüdiger 134, 138
Said, Edward W. 367, 370
Salomon, Richard 121
Sandbothe, Mike 350, 352, 355
Sänger, Johanna 299, 303
Sapir, Edward 256, 263, 373
Sartre, Jean-Paul 127 f., 132, 178, 180, 317, 430, 436
Saussure, Ferdinand de 179, 254, 263, 382, 416
Saxl, Fritz 120 f., 123 f.
Scamozzi, Vincenzo 197, 199
Schadewald, Wolfgang 388, 393
Schäfer, Hans-Michael 124
Schäfer, Hilmar 128, 132
Schanze, Helmut 302 f.
Scheier, Claus-Artur 255, 263
Scheler, Max 33, 39, 128, 133, 136, 160 ff., 167, 225, 227, 414 f.
Schelling, Friedrich Wilhelm Joseph 66, 122, 358, 360, 362, 389, 393
Schiemann, Gregor 227, 233
Schiffauer, Werner 238
Schiller, Friedrich 4 f., 10, 49, 51, 53, 60 f., 66, 77, **85–90**, 175, 389 ff., 395
Schilson, Arno 300, 303
Schinkel, Karl Friedrich 197 ff.
Schlaffer, Heinz 388 f., 393
Schlegel, August Wilhelm 78
Schlegel, Friedrich 78, 288, 358, 388 f.
Schleiden, Matthias 406
Schleiermacher, Friedrich 125, 131, 242 ff., 398, 402
Schlesier, Renate 360
Schlözer, August Ludwig 81
Schmid Noerr, Gunzelin 168, 177
Schmid, Hans Heinrich 360
Schmid, Wilhelm 187 f.
Schmidt, Thomas 301, 303
Schmitt, Carl 152, 157, 313, 316, 318, 366, 370
Schmitz, Hermann 135, 138, 288
Schmitz-Emans, Monika 433, 436
Schmucker, Josef 71, 78
Schmücker, Reinold 125, 132
Schnädelbach, Herbert 92 f., 252, 263
Schneider, Ulrich Johannes 187 f.
Schneilin, Gérard 388, 393
Schödlbauer, Ulrich 52 f.
Schoenemann, Paul T. 257, 263
Scholl, Inge 204
Scholtz, Gunter 279, 287
Schopenhauer, Arthur 41, 51, 139, 413 f.
Schröder, Winfried 416
Schultz, Uwe 299, 303
Schultze-Naumburg, Paul 202 f., 206
Schulze, Hagen 295, 298
Schüßler, Werner 244
Schütz, Alfred 273 f., 278, 313, 318, 398, 402
Schwemmer, Oswald 217, 223
Schweppenhäuser, Gerhard 177
Schweppenhäuser, Hermann 174, 177
Schwinn, Thomas 386 f.
Searle, John R. 255, 260 f., 263, 403 f., 407
Sebeok, Thomas A. 360

Seel, Martin 220, 223, 253, 259, 263, 354 f.
Sellars, Wilfrid 189, 191 f., 364, 404, 407
Semper, Gottfried 1, 194 f., 199 f., 206, 422
Sen, Amartya 314, 318
Seneca 2, 5, 16 f., 21, 26, 46, 430
Serres, Michel 278, 314, 318, 349 f., 352 f., 355
Shaftesbury, Anthony Ashley-Cooper 70
Shakespeare, William 295
Shannon, Claude E. 214, 217, 347, 355
Shewring, Margaret 303
Shils, Edward 386 f.
Sieferle, Rolf Peter 8, 12
Sigl, Rupert 78
Simmel, Georg 1 ff., 12, 17, 20 ff., 27, 29 f., 48, 53, **101–109**, 119, 124, 153 f., 157, 201, 211, 218, 220, 229 f., 233, 241, 244, 260 ff., 271 f., 286, 289 ff., 313, 318, 327 ff., 367, 371, 376, 380 f., 383, 386, 391, 393, 405, 407, 423, 427, 429 f., 433, 436
Simons, Katrin 8, 12
Singer, Wolf 425, 427
Sjölander, Sverre 257, 263
Skinner, Quentin 4, 12
Sklovskij, Viktor 219, 223
Sloterdijk, Peter 166 f.
Smith, Adam 272
Smith, William Robertson 299
Snow, Charles Percy 410, 416
Sofsky, Wolfgang 330, 333
Sohn-Rethel, Alfred 133
Soja, Edward W. 367 ff., 371
Sokrates 24, 94, 98, 264, 356
Solger, Karl Wilhelm Ferdinand 389
Sollors, Werner 392 f.
Sommer, Andreas Urs 97, 100
Sophokles 95, 356, 390, 392
Sorel, Georges 333, 356, 359
Soubeyran de Scopon, Jean 61, 70
Spaemann, Robert 434, 436
Spencer Brown, George 418
Spengler, Oswald 20, 28 ff., 41, 48, 135 ff., 139 ff., 297, 365, 371
Spinoza, Baruch de 350, 426
Spranger, Eduard 399, 402
Sraffa, Piero 139
Stamatescu, Olimpiu 131 f.
Starobinski, Jean 61, 70, 298, 322, 324
Steenblock, Volker 387
Steffens, Melanie C. 6, 11
Stein, Ludwig 1
Steiner, George 392 f.
Steinert, Heinz 171, 177
Steinmann, Michael 12, 22
Steinthal, Heymann 102, 327, 329
Stenger, Georg 42, 45
Stenlund, Sören 46, 53
Stern, Clara 122
Stern, Günther 430, 436
Stern, William 122
Stiegler, Bernard 260, 263
Stierle, Karlheinz 66, 70
Stifter, Adalbert 383
Stillwell, John 213, 217
Stockhausen, Tilmann von 120, 123 f.
Stoellger, Philipp 131 f., 184
Stolzenberg, Jürgen 114, 119
Straub, Jürgen 334 ff., 339
Strauß, David Friedrich 28, 93
Strauss, Joseph B. 369
Strauss, Leo 133
Strawson, Peter f. 261, 263, 403, 407
Strong, Roy 302 f.
Sturm, Leonhard Christoph 199
Sturma, Dieter 133, 138
Šuber, Daniel 128, 132
Sulzer, Johann Georg 90
Süßmilch, Johann Peter 79
Svetlova, Ekaterina 271 f.
Szondi, Peter 389, 393

Tabarasi, Ana-Stanca 433, 436
Taine, Hippolyte 120, 435
Tajfel, Henri 338 f.
Takeichi, Akihiro 45
Tatarkiewicz, W³adys³aw 21, 23
Taylor, Charles 235, 238, 334 f., 339, 374 f., 397
Telemach 86
Tenfelde, Klaus 302 f.
Tertullian 242
Thacker, Christopher 434, 436
Thatcher, Margaret 148
Theinert, Justus 200, 203, 205
Theuer, Max 197
Theunissen, Michael 258, 263, 317, 337, 339
Tholen, Georg Christoph 293, 298
Thoma, Heinz 62, 67, 70
Thomas von Aquin 425 f.
Thomasius, Christian 411, 416
Thomé, Horst 413, 416
Thompson, Evan 425, 427
Tillich, Paul 1, 11, 238, 241 f., 244
Timm, Hermann 184
Tocqueville, Alexis de 20
Todorov, Tzvetan 315, 318, 370 f.
Tomasello, Michael 225, 227, 258, 260, 263, 384, 387
Tönnies, Ferdinand 1
Toulmin, Stephen E. 254, 263
Toussaint, François-Vincent 61 ff., 70
Trabant, Jürgen 56, 60, 79, 85
Treiber, Hubert 94, 100
Trembley, Abraham 88
Troeltsch, Ernst 27, 48, 240 f., 344, 346
Trousson, Raymond 69 f.
Tugendhat, Ernst 334 f., 339
Türcke, Christoph 172 ff., 177
Turgot, Anne-Robert Jacques 60, 62, 70
Turner, Mark 259, 262
Turner, Victor 368
Tylor, Edward B. 228

Ueding, Gert 246, 252
Uexküll, Jakob Johann von 160, 162 ff., 167, 232
Ulrich, Peter 271 f.
Usener, Hermann 122

Vahland, Joachim 52 f.
Valéry, Paul 7, 297 f., 383
Valk, Thorsten 389, 393
van 't Hoff, Robert 205
van de Velde, Henry 201
Van Gennep, Arnold 368
Vantongerloo, Georges 205
Varro 394
Vauvenargues, Luc de 421
Velázquez, Diego 185
Verba, Sidney 236 ff.
Verene, Donald Phillip 58, 60
Vernant, Jean-Pierre 390, 393
Veyne, Paul 187 f., 208, 211
Vico, Giambattista 6, 19 f., 22 f., **55–60**, 122, 207, 212, 217, 227, 248 f., 251 f., 268, 270, 326, 358, 370 f., 375
Vidal de la Blache, Paul 366
Villinger, Ingeborg 237 f.
Vitruv 193, 195, 197 ff.
Vögele, Wolfgang 126, 132
Voltaire 60 ff., 66, 70, 81, 96, 433 ff.
Vossius, Gerardus Joannes 358

Waardenburg, Jacques 242, 244
Wackenroder, Wilhelm Heinrich 242
Wagenfeld, Wilhelm 203, 206
Wagner, Hans 282, 286 f.
Wagner, Richard 93 ff., 98, 100, 242, 244, 250, 358
Walch, Johann Georg 4 f., 9, 431
Waldenfels, Bernhard 43, 45, 244, 316 ff., 342 f., 346
Walitschke, Michael 181
Warburg, Aby 120 ff., 124, 219, 222
Warning, Rainer 299, 303
Waszink, Jan Hendrik 360, 365
Watanabe-O'Kelly, Helen 303
Watts, Ian 385, 387
Watzlawick, Paul 255, 263
Weaver, Warren 214, 217, 347, 355
Weber, Elisabeth 293, 298
Weber, Max 10, 12, 27, 49, 53, 100, 176, 238, 240, 244, 271 f., 275, 278, 286, 301, 378 f., 383 f., 387, 397 f., 402
Wefelmeyer, Fritz 30
Weidemann, Kurt 204, 206
Weidner, Daniel 333
Weininger, Otto 139
Weinrich, Harald 293, 298, 415 f.
Weiss, Peter 176
Welles, Orson 354
Wells, Herbert George 354
Welsch, Wolfgang 44 f., 334, 339, 350, 355
Welter, Nicole 80, 85
Welzer, Harald 260, 263, 385, 387
Werber, Niels 52 f.
Westerkamp, Dirk 92 f., 260, 263, 405, 407
Wetz, Franz Josef 184
Wetzels, Walter D. 360
White, Leslie A. 212, 217
Whitehead, Alfred North 129, 417, 421
Whorf, Benjamin Lee 373
Wiebeking, Carl Friedrich Ritter von 196
Wierlacher, Alois 324
Willems, Herbert 335, 339
Williams, Bernard 391, 393
Williams, Raymond 30
Wils, Jan 205
Wimmer, Franz Martin 42, 45, 375
Winch, Peter 42, 273, 278
Wind, Edgar 121, 124
Windelband, Wilhelm 27, 70, 92, 116, 119, 135, 137, 231, 279, 286 f., 309, 378, 381, 383
Winter, Rainer 144, 149
Winter, Stefan 255, 259, 263
Wirth, Uwe 39
Witte, Bernd 157
Wittgenstein, Ludwig 7, **138–143**, 165, 184, 253, 262 f., 273 f., 278, 364, 407 f., 416
Wolbert, Klaus 201, 205
Wolf, Friedrich August 358
Wolff, Christian 41, 410 f.
Wölfflin, Heinrich 27, 304
Woolgar, Steve 261, 263
Wright, Crispin 402, 407
Wright, Frank Lloyd 201
Wright, Georg Henrik von 143
Wulf, Christoph 333
Wundt, Wilhelm 327, 329
Wust, Peter 105, 109
Wuttke, Dieter 124

Xenophanes 31

Yates, Frances A. 294, 298
Young, James E. 294, 298
Yousefi, Hamid Reza 374 f.

Zarathustra 94
Zelle, Carsten 85, 89
Zeuch, Ulrike 80, 85
Zeus 14, 183
Ziegler, Leopold 136 f.
Zielke, Barbara 336, 339
Ziemann, Andreas 355
Zimmermann, Christian 236, 238
Zovko, Jure 92
Zwingli, Ulrich 134

4. Register der Begriffe und Sachen

Abbild 151
Abendland 276
Absolutheit 15
Absolutismus 371
Abstraktion 304
Absurdität 171, 394
Abweichung 297
Abwesenheit 258
acedia 430
Achsendrehung 106
Achsenzeit 385
actio per distans 226
Advent 303
Affekt 249
Aggression 239, 390, 396
Aggressionslust 391
Ähnlichkeit 305
Aion 425
Akkulturation 40 f.
Aktsinn 284
Aktualisierung 295
Aktualität 292
Aleph 368 f.
Allegorie 152, 357
Allgemeinheit 419
Allheit 408
Alltag 278, 295, 299
Alltäglichkeit 415
Alltagsverstand 146 f.
Alterität 313, 315
Amplifikation 213, 216
anagnórisis 389
Analogie 81
Andere, der/die/das 42, 177, 313, 315 f., 319 ff., 334, 336 f., 351
Andersheit 314, 318
Aneignung 313 f., 317 f.
Anerkennung 176, 317, 322, 326, 420
Anfang 86, 137
Angst 50, 136, 183, 239, 289, 391
animal rationale 250
animal symbolicum 103, 164, 225, 232, 250, 257, 274
Anordnungskompetenz 301 f.
Anschauung 309, 412
Ansicht 414
Ansprechbarkeit 322
Anthropologie 2, 11, 40, 70, 78, 80 ff., 85, 133 ff., **158–167**, 178, 228 f., 250, 344 f., 363, 412
Anthropologie, historische 156
Anthropologie, philosophische 158, 160, 414
Anthropologie, physiologische 159 f.
Anthropologie, pragmatische 159 f.
Anthropologiekritik 3, 159, 165
Anthropomorphismus 11, 408
Anthropopoietik 86
Anthropotechnik 166
Antwort 232
Anzeichen 256
Äon 409
Apokalypse 29
Apokryph 295
Apollinische, das 249
Apriori, historisches 116
Äquipotentialität 259
Arbeit 79, 169, 173, 175, 196, 275, 299, 361, 432 f.
Arbeitsgarten 434
Arbeitsteilung 65, 103 f.
Archäologie 143, 185, 187
Architektur **193–199**, 202, 204, 206, 368
Archiv 187
ars 6, 17, 21, 59
Artefakt 34, 36, 164, 195, 200, 266 ff.
Askese 97
Ästhesiologie 80
Ästhetik 44, 85, 94, 131, 218, 248
Ästhetisierung 150, 175, 189, 218, 243
Ästhetizismus 175
Asyl 321
Aufgabe, unendliche 8
Aufgeschlossenheit 320, 322
Aufhebung 326
Aufklärung 8, 23, 55, 62 f., 78, 80, 82, 96, 98, 175 f., 182, 332, 356, 358 f.
Aufmerksamkeit 172
Aufrichtigkeit 16
Aufschub 332
Auge 80
Auge-Hand-Feld 80
Aura 150 ff., 155 f.
Ausdruck 120, 123, 125, 135 ff., 218, 221, 256, 307, 377, 380, 383
Ausdrucksfunktion 307, 312
Ausnahmezustand 152
Aussage 187, 349
Außen 377
Außenwelt 161, 377, 380
Ausstellungswert 150 f.
Autarkie 173
Authentizität 50 ff., 63, 69, 351
Automation 175
Automatisierung 219
Autonomie 5, 19, 173, 175 f., 224, 336
Autor 187
Autorität 169
auxésis 213
Avantgarde 152, 176

Band, soziales 316
Barbarei 85, 170, 174, 297, 432
Barbarei, positive 297
Barbarentum, positives 153
Basis/Überbau 144
Bauen 194, 197
Bauhaus 202, 204
Bedeutsamkeit 58, 108, 112, 163, 259, 279, 287, 289 f., 376, 378 f., 383, 413
Bedeutung 108, 112, 118, 123, 125, 131, 141, 163, 169, 212, 217, 230, 232, 256, 258, 261, 273, **279–287**, 305, 374, 382, 412

Bedeutungseinheit 129
Bedeutungsfunktion 307, 312
Bedürfnis 175, 249, 274
Befreiung 289
Befremdung 323
Befriedigung 394
Begehren 26, 331 f., 392, 394
Begierde 75 f.
Begriff 107 f., 116 f., 121 f., 138, 253 f., 418
Begriffsbildung 117
Begriffsgeschichte 4, 7
Behagen 14, 16, 394 ff.
Beherrschung 331
Beispiel 369
Bejahung 97
Beobachter 347, 417 ff.
Beobachtung 38, 208
Bequemlichkeit 193
Beredsamkeit 245, 247, 249
Beruf 240
Beruhigung 289
Beschleunigung 155, 297, 385, 422, 427
Beschreibung 140, 405, 420
Beschreibung, dichte 231
Besitz 429 ff.
Besonnenheit 79
Beständigkeit 17
Bestimmtheit 416
Bestimmung 401
Beweglichkeit 219
Bewegung 221, 325, 425 f.
Bewusstsein 96, 102, 115, 153, 177, 214, 310, 325, 342, 349 f., 414, 416, 423, 426 f.
Bewusstsein, geschichtliches 411
Bewusstsein, historisches 240, 398
Bewusstsein, mythisches 240
Bewusstsein, natürliches 418
Bewusstsein, religiöses 240
Bewusstsein, transzendentales 375
Bewusstseinsindustrie 171
Bewusstwerdung 342
Bild 38, 44, 58, 131, 164, 219, 240, 257, 294, 417
Bild, dialektisches 149
Bildakt 222
Bildgedächtnis 123
Bildung 23 f., 27, 46, 48 f., 78, 82, 86, 166, 172, 198, 245, 247 ff., 252, 296, 328, 335, 337, 360, 386 f.
Bildungsphilister 49, 250
Bildungssystem 387
Biologismus 230
Biomacht 186
Bösartigkeit 70
Böse, das 74, 82
Botschaft 354
Bourgeois 61
Brauch 361
bricolage 179
Bruch 385
Bruchstück 88
Brüderlichkeit 314, 316
Buch 191
Buchdruck 215, 276
Buntheit 96 f.
Bürger 17, 63, 265
Bürgertum 169 f.

certum 20
Charakter 198
charity 399
Christentum 83, 95, 240
Chronos 425
Citoyen 17, 61, 67 f.
civilità 23
civilitas 23
civitas 265
Code 275
Cogito 177 f.
colere 25 f.
coltura 56
Common Sense 142
Computer 215 f.
conditio humana 273 f.
cortesia 23
cultura 4, 16, 23, 25 f., 46, 115, 224, 227, 433
cultura animi 25 f., 104
cultura culturans 9, 395, 433, 436
cultura culturata 9, 430, 436
cultura naturata 395
cultural posit 403
cultural turn 368

damnatio memoriae 295
Dankbarkeit 322
Darstellung 110, 123, 197 f., 274 f., 278, 421
Darstellung, übersichtliche 139 f.
Darstellungsfunktion 255, 307, 312, 382
Dasein 133, 135 f., 289, 408, 415
Datum 261
Dauer 384, 386, 423, 425
Décadence 48
Definition 429
Degenereszenz 98, 100
Dekadenz 71, 94 f., 98 f.
Dekonstruktion 255, 351
Dekorum 388
Delinquenz 186
Demokratie 65 f., 190, 236 f.
Demütigung 191
Denaturalisierung 434
Denken 22, 179, 423
Denken, wildes 178 f.
Denkform 275
Denkmal 302
Denkraum 120
Deontologisierung 149, 152
Design 1, **200–206**
deskriptiv 168
Destruktion 153
Deutung 398
Deutungshorizont 398
Diagramm 420 f.
Dialektik 92, 429
Dialog 347
Dichtung 190

Differenz 40, 235, 271, 314 ff., 352, 354 f., 386, 417
Differenz, kulturelle 235
Digitalisierung 276, 348, 351
Digitalität 276
Diminution 214, 216
Ding 59, 154, 253, 408
Dionysische, das 249, 392
Diskontinuität 182, 187
Diskriminierung 315
Diskurs 30
Dissemination 297
Dissens 374
Distanz 33, 79, 105
Distanzierung 220
Distinktion 321
Distribution 353
Disziplin 76 f., 186
Disziplinierung 343
Diversität, kulturelle 372
diversity 40
Dokument 209
Doppelgänger 351
Dritte, der/die/das 347
Drittraum 367 ff.
Dualismus 3, 230, 316, 429

Egoismus 61, 67
Eigene, das 6, 314, 316, 318
Eigenheit 313 ff.
Eigensinn 149, 171
Eigentlichkeit 289
Eigentum 61, 64 f., 68, 384, 430 f.
Einbildungskraft, produktive 312
Einfühlung 399
Eingedenken 151
Einheit 232, 311, 344, 360
Einheitskultur 93
Einheitswissenschaft 203
Einzigartigkeit 51
Ekel 88, 394
Elend 313
eloquentia 247 f.
Emanzipation 301, 396
Empfindung 79
Empirismus 280
Empörung 62
Endlichkeit 77, 133, 137, 271, 422, 426
Endzeit 49
Endzweck 72, 74 f., 78
Engagement 292
Engel 352, 355
Ennui 155, 394
Entäußerung 24
Entbarbarung 193
Entbehrung 394
Entdifferenzierung 331
Entelechie 24
Entfremdung 29, 50 f., 53, 63, 69, 87 f., 101, 104, 106 f., 136, 223, **288–292**, 318, 353, 365, 430
Entlastung 162, 289, 300
Entsagung 239
Entscheidung 152, 340, 390
Entschluss 233
Entstehung 57
Entsublimierung 172
Entwicklung 10, 24, 27 f., 56, 59 f., 62, 79, 83, 91, 193, 211, 228 f., 400
Entwurf 196, 205
Entzauberung 156, 240, 243, 301
Entzweiung 224
Epistemologie 345
Epoche 215
Epos 388
Erbsünde 6
Erde 410, 415
Ereignis 218, 403, 415, 418, 422
Erfahrung 110 ff., 118, 127, 150 ff., 171, 189, 192, 241, 244, 256, 266, 312, 340, 387, 398
Erfahrung, ästhetische 110, 149, 176
Erfahrungsarmut 153, 297
Erfahrungsschwund 154
Erhabene, das 85, 241, 389, 412
Erinnerung **292–298**, 337
Erinnerungsbild 297
Erinnerungskultur 174
Erinnerungsort 302
Erinnerungstechnik 294 f.
Erkennen 19, 268, 314
Erkenntnis 111, 114, 119, 123, 127 f., 133, 152, 169, 188 f., 219, 253, 268, 283, 308 f., 314, 376
Erkenntnistheorie 125, 129, 188 f.
Erklären 398
Erleben 169, 380
Erlebnis 150, 152 ff., 161, 221, 229, 233, 335, 337, 378
Erlösung 155, 191, 396
Ernst 113
Erscheinung 412 ff.
Erwartung 155, 337
Erzählen 337
Erzählung 190 ff., 209 ff., 293, 345, 356
Erziehung 61, 68, 76, 82, 110, 162, 166, 196, 201, 360 f.
Erziehung des Menschengeschlechts 76
Essay 109
Ethik 83, 90, 166, 189, 248
Ethnologie 43, 177 f., 398, 400
Ethos 249, 319
Eudämonie 394
Euhemerismus 357
Europa 22, 100, 400
Event 303
Evidenz 113, 142, 221, 341, 406
Evolution 3, 31, 33, 38, 231, 384
Ewigkeit 112, 422, 425
excolere 26
Exemplifikation 369
Exil 319
Existentialismus 180
Existenz 136, 281 f., 292
Existenz, kulturelle 429
Existenzgebilde 282
Existenzphilosophie 125, 288
Exodus 314
Exotik 317
Experientialismus 110 f.

Experiment 270, 276
Expressionismus, sozialer 290
Exzentrizität 161, 165
Exzess 299 f., 302

Fabel 356 f.
facere 20
factum 19
fait culturel 217
Faktizität 260 ff.
Familie 98, 178, 390
Familienähnlichkeit 139 f., 142
Fanatismus 111
Faszination 316
Feier 299, 301 ff.
Feiertag 303
Feind 313, 315 f.
Feindschaft 316 f.
Fest 66, 244, **299–303**, 385
Festkonkurrenz 302
Fetisch 154, 383
Fetischisierung 432
Feuer 13, 408
Fiktion 154, 208 f.
Film 150 f., 156, 170 f.
Fitness 214
Flucht 319
Fluss 385
Folklore 147, 315
Form 48, 102 ff., 107 f., 118, 121, 156, 178, 193, 213, 219 f., 241, 245, 251, 283, 289 f., 304 f., 307 ff., 349 f., 381 f., 417 f., 421
Form, lebendige 131
Form, symbolische 5, 118 f., 121, 123, 131, 218, 237, 272, **304–312**
Formalismus, Russischer 219, 223
Formanalyse 304, 306
Formung 102 f., 118
Fortschritt 10, 27, 46 ff., 52, 59 f., 62, 79, 83, 86, 88, 96 ff., 139, 155, 191, 193, 195, 268 f., 341, 396
Französische Revolution 46, 49, 111, 185
Frau 178, 313
Freigestelltheit 2, 13, 16
Freiheit 22, 31, 61, 65, 68, 71, 74 f., 79, 86 ff., 98, 120, 133 f., 156, 162, 166, 169, 190, 219, 224 f., 235 f., 291, 342, 344 f., 389 f., 401, 409
Freiheit, negative 235
Fremde, der/die/das 43, 138, 313, 315 f., 318 ff., 336 f., 354, 398, 400
Fremderfahrung 317
Fremdheit 6, 289 f., **313–318**, 319, 400
Fremdheitserfahrung 315
Fremdsprache 315
Fremdverstehen 313, 317
Freund 313
Frieden 16, 331, 395
Fühlen 130
Fundamentalismus 189, 315
Funktion 117, 193, 218, 264, 268, 307, 349
Funktionalismus 204 f.
Funktionalität 117, 210
Furcht 388, 419

Fürwahrhalten 402, 404

Gabe 7, 271, 319 ff., 324
Gabentausch 321
Gang, aufrechter 31, 80, 163, 165
Garten 433
Gast 313, 315, 323
Gastlichkeit 315, **319–324**
Gastrecht 319
Gebilde 328
Geborgenheit 2
Gebot 86, 330
Gebrauch 142
Gebrauchswert 151
Geburt 400
Gedächtnis 153 f., 212, 260, 292 ff., 298 ff., 327, 427
Gedächtnis, kollektives 293, 385
Gedächtnis, kommunikatives 387
Gedächtnis, kulturelles 293, 295 f., 385, 387
Gedächtniskunst 298
Gedächtnisort 295, 297
Gedenken 294
Gefühl 67, 77, 130, 220 f., 288, 290
Gegenkultur 175, 296
Gegenstand 376, 380, 382, 408
Gegenstandssinn 284
Gegenwart 195, 207 ff., 221, 293, 296 f., 327, 337, 357, 377, 382, 384, 424 ff.
Gehalt 284 f.
Gehirn 31
Geist 25, 48, 57, 91 f., 102, 104 f., 119, 121, 127, 130, 136, 139, 160, 170, 173, 286 f., 310, 325 ff., 349, 376 ff., 412
Geist, absoluter 91, 286 f., 326
Geist, objektiver 91 f., 101, 115, 230, 242, 260, 286 f., 291, **325–329**
Geist, subjektiver 91 f., 102, 230, 325
Geist, verkörperter 325
Geistesgeschichte 181
Geisteswissenschaften 92, 161, 227, 229, 377, 398
Geld 103 f., 172, 324
Gelehrsamkeit 193
Geltung 168, 268, 280, 282 ff., 404
Geltungsgrund 280
Gemeinschaft 27, 236, 301, 331, 408
Gemeinschaftlichkeit 266
Gemeinwesen 248
Genealogie 185 ff.
Generation 80, 386
Generosität 320, 323
Genie 95, 97
Genuss 74, 218, 221
Geographie 158, 412
Geometrie 198 f., 266
Gepflogenheit 142
Gerät 328
Gerechtigkeit 16, 68, 212, 270, 320, 332 f.
Gesamtkunstwerk 358
Geschenk 322, 324
Geschichte 5 f., 10, 31, 57, 59, 61, 80, 89, 91, 94, 106, 126, 145, 168 f., 182 f., 189, **206–211**, 220, 229, 245 ff., 293, 298, 311, 325 ff., 332 f., 337, 345, 357, 376 ff., 395 f., 411, 431

Geschichtlichkeit 57, 80, 82, 126, 411
Geschichtsbewusstsein 427
Geschichtsphilosophie 88, 91, 159, 182
Geschichtswissenschaften 398
Geschicklichkeit 75 f., 159
Geschmack 62
Geselligkeit 66, 75, 77
Gesellschaft 30, 48, 50, 61, 63, 66, 168 f., 186, 195, **212–217**, 245, 298, 327, 355, 360, 364, 379, 411
Gesellschaft, bürgerliche 65, 91
Gesetz 231, 233, 366
Gesetz, moralisches 409
Gesetzlichkeit 115
Gespräch 348
Gestalt 233, 304 f., 307, 309 f., 382 f.
Gestaltbarkeit 342
Gestaltung 409
Gestaltungsbedürftigkeit 342
Geste 256
Geviert 415
Gewalt 64, 74, 97, 146, 174, 317 f., **330–333**, 338, 351
Gewissen 170, 390 f., 395, 397
Gewissheit 59, 139, 143, 346
Gewohnheit 7, 18, 162, 360 f., 364, 409
Geworfenheit 2, 136
Gleichheit 61, 66, 97, 314
Globalisierung 234, 271, 314 f., 318 f., 339, 351
Glück 18 f., 70, 190, 196, 430
Glückseligkeit 71, 73 ff.
Gott 18 f., 56 ff., 70, 77, 238, 356, 410 f.
Gouvernementalität 186, 188
Gram 397
Grausamkeit 96 ff.
Grenze 313 ff., 369, 389, 422
Grenzerfahrung 422
Großstadt 151, 153 f.
Gruppengedächtnis 293
Gültiges 282
Güte 70
Gute, das 394

Habe 430
Haben 129, 160, 429 ff.
Habitus 129, 197, 275 f., 360
Haltung 28, 42, 46, 129, 163, 189, 361
Hand 14, 22, 31, 38, 165, 197, 361
Handel 201
Handeln 10, 57, 143, 223, 247, 264 ff., 300 f., 340, 344, 394
Handlung 110, 158, 162, 183, 258, 265, 336, 340 f., 405
Handlungskontingenz 341
Harmonie 194, 388
Hegemonie 145 ff.
heilig 239, 244
Heilige, das 172, 241, 302, 333
Heimat 319
Heimatlosigkeit 196
Heimkehr 314
Held 388 ff.
Herkunft 430
Hermeneutik 6, 131, 136, 229, 253, 282, 306, 309, 328, 377, 381, 385, 398 f., 406
Hermeneutik des Verdachts 400
Herrschaft 112, 146, 169, 331 f., 353
Herstellen 10, 18, 264, 274 ff., 284, 429, 433
Herstellung 275, 277
Hervorbringen 18, 375, 394
Heterogenität 352
Heterotopie 368
Himmel 241, 409, 412, 415
Historismus 129, 145, 200 f., 204, 210
Historizität 210 f.
Hochkultur 5, 11, 28
Höflichkeit 61 ff.
homme naturel 292
Homo faber 200
Homo ludens 226
Homo oeconomicus 275
Homo pictor 164, 167
Homologie 179
Homo-Mensura-Satz 373
honnêteté 62
Hören 79
Hörer 248, 250
Horizont 415
Hospitalität 319
Humanisierung 5, 8, 168, 217, 227, 250, 316, 375, 415, 434
Humanismus 168, 174
Humanität 20, 23, 78, 83 f., 248 f.
Humanwissenschaften 343
Hybridkultur 40
Hybriskultur 15

Ich 161, 177 f., 396, 414
Idealismus 115, 409
Idealität 19, 21
Idee 57, 92, 106, 287, 304, 412
Ideenlehre 111
Ideierung 160
Identität 6, 29 f., 36, 40, 50, 168, 176, 235 f., 244, 294, 301, 318, **334–339**, 353, 374, 386 f.
Identität, individuelle 235
Identität, kollektive 235
Identität, kulturelle 235
Identitätsfalle 314, 318
Ideologie 52, 147, 172, 174, 364
Ideologiekritik 53, 170, 173, 239
Idol 46
Ikonologie 120
Illusion 198
Imaginäre, das 368, 419
Imagination 58, 259
Immanenz 3, 22, 145, 173, 280, 283, 305, 350, 352
Immersivität 2 f., 6, 429, 435
Imperfektibilität 14, 17, 20 f.
Individualität 176, 344 f.
Individuum 83 f., 88, 104 f., 169 f., 223, 245, 254, 285, 288, 327, 390, 414, 423
Individuum, großes 95
Industrialisierung 150
Industrie 196, 206
Information 246, 347, 349
ingenium 16
Inhalt 283
Inhumanität 168

Innen 377
Innenwelt 161
Innovation 269, 386
Instinkt 79, 249
Institution 142, 162, 169, 212, 226, 275 f., 288, 291
Instrumentalismus 110
Intellektualismus 127 f.
Intellektuelle 145 ff.
Intelligenz 32
Intensität 110
Intentionalität 258, 261, 285, 375, 384, 415 f., 424
Interaktion 222, 228
Interkulturalität 6, **39–45**, 373, 399
Intermedialität 349 f., 352
Intermundaneität 42
Internalisierung 390
Internationalität 40
Internet 348, 351 ff.
Interpretation 35, 376, 398, 400, 405
Interpretationismus 380
Intersubjektivität 254, 258, 313, 315, 332, 347
Intuition 257
Inventorik 249
Inzest 392
Inzestverbot 178, 367
Ironie 190 ff., 288
Irrationalität 399
Irren 268
Islam 243

Jammer 388
Jubel 303
Jubiläum 302 f.
Judentum 243
Jugendstil 201 f.
Junghegelianismus 90

Kairos 425
Kalender 303
Kannibalismus 358
Kanon 295 f., 385
Kapital, soziales 237
Kapitalismus 175
Karneval 299, 303
Katastrophe 155
Kategorie 106, 304
Katharsis 66, 388
Kausalität 71 ff., 82, 140
Kindheit 68 f., 178
Kinesis 265, 267
Kirche 84, 94, 239, 241
Klasse 144 ff.
Klassische, das 194
Klima 8, 11, 370
Klimatheorie 81
Klugheit 16, 63, 159, 249
Knappheit 270
knowing how/knowing that 266
Kohärenz 337 f., 400
Koketterie 436
Kolonialismus 401
Komfort 201
Kommunikation 36, 172 f., 178, 214 ff., 225, 242, 255, 257, 347 f., 350 ff., 415, 418, 421
Kommunikationsmedien 348, 350
Kommunitarismus 235
Komödie 388
Komparative Philosophie 41
Kompensation 29, 300, 387
Komplexität 213, 417, 421
Konflikt 10, 83, 104, 106, 234
Konkreszenz 240
Konkurrenz 175
Konkurrenzprinzip 174
Können 103, 233, 264
Konsens 146, 148, 246
Konsistenz 337
Konstruktion 35, 152, 193 f., 207 f., 268, 275, 378, 380
Konstruktion, soziale 385
Konstruktivismus 326, 343, 380
Kontemplation 413
Kontiguität 240
Kontingenz 13, 18, 21, 52, 154, 161, 191 f., 335, 337, **340–346**, 359, 371, 418, 420 f.
Kontingenzkultur 342, 346
Kontingenztoleranz 346
Kontinuität 182, 293, 297, 337, 386, 426
Konvention 330, 360 f.
Kooperation 225
Kopf 197
Kopie 351
Körper 161, 165, 185
Körperwelt 230
Korruption 74, 100
Kosmologie 81, 159
Kosmopolitismus 7, 15, 323
Kosmos 3, 5, 7, 13 f., 17 ff., 21, 24, 82, 238, 342, 408 ff., 414, 429 f., 433, 435
Kosmosvertrauen 18
Kraft, plastische 49, 249, 251
Krankheit 64
Kreativität 196, 218, 344
Krieg 98, 107, 155, 234
Krise 169, 241, 395
Krisis 50, 106
Kriterium 340
Kritik 22, 46 f., 50 ff., 61, 105, 112, 145, 165, 197, 215, 248, 297, 385 f.
Kritische Theorie 113, **168–176**
Kult 358
Kultivierung 29, 70, 76, 103, 227, 229, 245, 249, 251, 265, 289
Kultur 3 ff., 8, 10, 14, 16 f., 19, 21, 48 f., 51, 56, 58, 102, 115, 135, 147, 159, 193, 223, 247, 250 f., 265, 284, 304, 306, 319, 327, 351, 354, 388, 391, 395, 417
– abgeirrte 95
– affirmative 170
– als Begriff 1
– als Besitz 430
– als das Andere 20
– als diagrammatischer Prozess 421
– als Formgebung 118
– als Garten 433, 435
– als Gegenwelt 14

- als Illusion 14
- als Kollektivsingular 3
- als kritischer Begriff 29
- als Last 432
- als Menschwerdung 87
- als Metapher 418
- als Nomos 366
- als objektiver Geist 325, 329
- als Paradigma 5
- als Pars pro toto 4
- als Praxis 138
- als Prozess 81
- als Schlagwort 29
- als Sekundäruterus 163
- als Störung 15
- als Symbolprozess 58
- als Synthese 229, 429
- als Verhängnis 429
- als Welt 162
- als Wertbegriff 25, 379
- als zweite Natur 363
- Anerkennung der 18
- Arithmetik der 139
- ausdifferenzierte 240
- Autonomie der 13
- bürgerliche 168
- Definition von 10, 75
- der Philosophie 112
- der Tiere 31
- drei Arten 75
- Eigenlogik der 308
- Eigenwelt der 18
- Emanzipation der 18, 20 f.
- falsche 193
- Freisetzung der 435
- Friedlosigkeit der 14
- Genese der 97
- griechische 363
- hohe/niedere 168
- Ideal der 87
- im Plural 39, 41, 77
- im Tierreich 265
- Legitimität der 4
- liberale 345
- Logik der 18
- materielle/geistige 169
- Merkmale von 33
- neue 147
- objektive 101, 103 f., 241
- objektive/subjektive 29
- objektivierte 328
- Ort der 25
- Paradox der 229
- philosophische 21, 101
- Physiognomie der 140
- politische 236 f.
- primitive/entwickelte 168
- Rekursivität der 3
- Selbsterkenntnis der 305
- Skandal der 381
- Spiel der 140
- subjektive 101, 103 f., 241
- Substantialisierung der 27
- Umfang des Begriffs 23
- und Alltäglichkeit 136
- und Bildung 49
- und Dasein 136
- und Freiheit 10
- und Geschichte 377
- und Gesellschaft 196, 212 ff.
- und Glückseligkeit 73
- und Herrschaft 60, 65, 69
- und Ideologie 10
- und Komplexität 418
- und Kosmos 433
- und Krise 136
- und Kulturen 42
- und Leben 160
- und Mangel 66
- und Natur 8, 14 f., 37, 57, 63, 71, 81, 87 f., 131, 158, 178, 180, 227 ff., 266, 366, 422, 424, 427, 434
- und Ornament 202
- und Religion 241
- und Staat 92
- und Technologie 229
- und Welt 417
- und Zivilisation 48, 201, 265
- Unruhe der 394
- Unsicherheit der 21
- verwaltete 4 f.
- Wandel der 216
- werdende/bestehende 169
- Zweck der 103

Kultur, natürliche 435
Kulturalisierung 4, 8, 86, 286 f.
Kulturalismus 147
Kulturalität 39
Kulturanthropologie 163, 251
Kulturarbeit 241
Kulturareal 366
Kulturaristokratismus 93
Kulturarzt 94
Kulturation 39
Kulturbegriff 5, 15, 17, 20 f., **23–30**, 231
- Brisanz des 2, 4, 10
- der Rhetorik 245
- enger 4
- enger/weiter 275
- Grenzen des 422
- Neutralisierung des 10
- normativer/deskriptiver 94, 168, 246
- pluralistischer 93
- semiotischer 275
- und Ideenpolitik 10

Kulturbeschreibung 140
Kulturbringer 94
Kulturbruchstück 174
Kulturdiagnose 97
Kulturdifferenz 374
Kulturdynamik 86
Kultureffekt 86
Kulturentstehung 14, 81
Kulturentwicklung 105 f.
Kulturenvielfalt 96

Kulturerklärung 140
Kulturerleben 135
Kulturerneuerung 97, 99
Kulturfaschismus 28
Kulturfeindschaft 239
Kulturferne 289
Kulturform 105 f., 215
Kulturfortschritt 168
Kulturfunktion 232
Kulturgeschichte 41, 58 f., 81 f., 84, 100, 181 f., 190, 265, 413, 432
Kulturgut 285
Kulturhermeneutik 242
Kulturhöhe 268 f.
Kulturideal 104, 170
Kulturindustrie 18, 156, 171 f., 297
Kulturkampf 145, 288
Kulturkomödie 48
Kulturkreis 234, 366
Kulturkrieg 48, 53
Kulturkrise 136, 169
Kulturkritik 11, 13 f., 16 f., 20, 22, 25, **46–53**, 59, 61 f., 69, 85, 87 ff., 94 f., 98, 101, 103 f., 107, 133, 171, 173 f., 181, 183, 212, 216, 223, 232, 296 f., 351, 394 f., 420, 430
– linke/rechte 53
– neoevolutionistische 53
– postrestitutive 47
– und Ideologiekritik 46
– und Kulturaffirmation 85
– und Zeitkritik 46
Kulturleistung 327
Kulturmanagement 5, 270
Kulturmensch 288
Kulturmetapher 6, **429–436**
Kulturmorphologie 135
Kulturniveau 328
Kulturobjekt 230 f.
Kulturpessimismus 104, 174
Kulturphilosophie 1 ff., 5, 7, **13–23**, 101, 125, 136, 217 f., 229 f., 245, 250, 304, 308, 328, 386, 403, 432, 435
– als kulturelle Form 419
– als Phänomen der Neuzeit 6
– als Philosophie 5, 287
– Anspruch der 279
– ante litteram 55
– Aufgaben der 6, 8
– Ausgangsintuition der 13
– Begriff der 21
– Begriffsgeschichte der 6
– Entstehung der 27, 279
– Gegenstand der 25
– Genese der 21, 227
– Geschichte der 247
– implizite/explizite 6, 13
– Kritik der 7, 136
– kritische 280, 304
– pragmatische 111
– rhetorische 245, 250 f.
– semiotische 419
– Überwindung der 136
– Umstrittenheit der 21
– und Anthropologie 2
– und Existenzphilosophie 288
– und Kulturgeschichte 302
– und Kulturkritik 184
– und Medienphilosophie 354
– und Metaphysik 133, 411
– und Sprachphilosophie 259
– Ursprung der 223
– Vorbegriff der 19
Kulturpolitik 192, 237
Kulturprinzip 271
Kulturprotestantismus 243
Kulturrelativismus 60, 372, 374
Kulturschaffen 284
Kulturschaffende 5
Kulturschöpfer 94
Kulturseele 135
Kultursemiotik 33
Kultursoziologie 101, 171, 367
Kultursphäre 228
Kulturstaat 99
Kulturstil 28, 250 f.
Kultursystem 327
Kulturtechnik 158
Kulturverachtung 16 f., 20
Kulturverleugnung 21
Kulturverneinung 95
Kulturverstehen 42 f., 45, 140
Kulturwandel 40, 108
Kulturwert 10, 103, 136, 230
Kulturwesen 17, 31, 78, 82 f., 158, 228
Kulturwirklichkeit 20, 285, 379
Kulturwissenschaft 8, 11, 20, 27, **31–39**, 85, 92, 229 ff., 379, 381, 399, 435
Kulturzustand 71, 327
Kultus 23, 26
Kultwert 150 f.
Kunst 17, 24, 59, 66, 76, 83, 87, 106, 110, 120, 130, 156, 168, 189, 193 f., 196 f., 209, **217–223**, 228, 242, 249, 264, 308, 310 f., 362, 369, 376, 386
Künstler 51, 219, 362
Kunstreligion 242
Kunstwerk 150, 220, 329, 362
Kunstwollen 194

Labyrinth 352
Lachen 52, 165
Langeweile 155
Lassen 24
Laut 79
Leben 29, 48, 51, 87, 94 f., 97, 101, 104 ff., 122, 130 f., 136, 158, 160 f., 165 f., 214, 219 f., 289 f., 292, 296, 344, 363, 376 f., 380 f., 413, 430
Leben, gutes 235
Lebensalter 79
Lebensform 14, 29, 139 ff., 153, 169 f., 221, 273 ff., 278, 327, 359
Lebensführung 26
Lebensgefühl 221
Lebenskunst 186, 188, 394
Lebensphilosophie 105, 108, 125, 205, 220
Lebensraum 323, 366, 370
Lebensstil 28, 163, 327

Lebenswelt 30, 119, 150, 172, 175 f., 184, 273 f., 278, 370, 414 f., 429
Lebensweltphilosophie 159
Lebenswert 230
Leere 136, 369
Leib 127, 165, 425, 427
Leiblichkeit 99, 126 f., 256, 325, 424
Leichtigkeit 219
Leid 288
Leiden 97
Leistung 175, 280 f., 283 ff., 429, 432, 434
Leitkultur 296, 314
Lernen 141, 266, 301
Lesen 351
Leser 248
Letztbegründung 190
Liberalismus 137, 190 f., 235 f., 345
Liberalität 235
libertinus 16
Liebe 67, 69, 317, 359, 419, 421
linguistic turn 354
Linguistik 178
Linie 259, 306
Literalität 278, 294, 298, 355, 387
Literatur 11, 102, 189, 192, 295
Liturgie 300, 385
Logik 92
Logos 183, 356 f., 359, 408
Logozentrismus 118
Lüge 173
Luxus 7, 16, 71, 87, 430

Machen 18 f., 56 f., 166, 227, 394, 430, 432 f.
Macht 144 f., 186 ff., 330 ff., 340, 344, 350, 354, 418, 421
Magie 179, 239, 243
Mahl 321
Malerei 219
Man 50, 136
Mangel 32, 175, 226, 321
Mängelhypothese 14
Mängelwesen 22, 32, 65, 80, 162, 228, 266
Mann 178
Markt 174, 271
Marxismus 147
Maschine 104, 154
Maske 50
Maß 16 f.
Masse 46, 50, 52 f., 95, 98 f., 150, 170 f.
Massenkultur 150, 170 f.
Massenmedien 420
Massenrezeption 151
Mäßigkeit 16
Material 110 f., 178, 194, 208 f., 377
Materialität 375, 377, 382
Materie 90
Mathematik 217, 266 f.
Medialität 276
Medien 148, 171 f., 216, 276, 294, 298
Medienkritik 297
Medienphilosophie 352
Medium 30, 33, 154, 164, 213, 215 f., 218, 252 f., 276, 293, 297, **347–355**, 413 f., 416
Mehrdimensionalität 311
Mehrwert 271
Meinung 140, 404
Meinung, öffentliche 50, 146
meiosis 214
Melancholie 343
Menge 153
Mensch 3, 7, 13 ff., 17 ff., 31, 38, 64 f., 72, 74 ff., 78 ff., 86, 102 f., 130, 141, 144 f., 158 ff., 163, 165 f., 185 f., 191, 194, 196, 203, 210, 212, 224, 229, 232, 245, 257, 264 ff., 281, 291, 315, 361, 363, 375 f., 410 f., 414 f., 430 f., 434 f.
Mensch, ganzer 87, 89
Menschenopfer 331
Menschenrecht 324
Menschenwelt 412
Menschheit 6, 50, 80 ff., 99, 192
Menschlichkeit 170
Mensch-Tier-Vergleich 102
Mentalese 255
Merkwelt 160
Messung 276
Metapher 28, 58, 88, 179, 183 f., 188, 190, 212, 250 f., 357, **429–436**
Metaphorologie 181
Metaphysik 7, 19 f., 22, 57 f., 91 f., 128, 133, 137, 151, 159, 161, 189, 411 ff.
Metaphysikkritik 279 f., 376
Methode 20, 107, 399
Metonymie 179
Migration 319
Mikrokosmos 410
Milieu 98, 158
Mimesis 330 f., 333, 433
Missbefinden 397
Missionierung 401
Missverständnis 350
Missverstehen 317
Mitleid 64, 388
Mitmensch 79 f., 290, 414
Mitsein 351
Mitte 161, 349 f., 353 f.
Mitteilung 256
Mittel 72 f., 75, 103, 107, 265, 268 f., 349, 352, 355
Mittelbarkeit 164
Mittelmäßigkeit 50
Mittelpunkt 410
Mittelwesen 86
Mitwelt 161
Mnemotechnik 294
Mobilität 351
Modalität 57, 310 f., 410
Modell 199, 331
Moderne 22, 48, 53, 85, 88, 100, 149 f., 156, 175 f., 181 f., 332, 339, 341, 345 f., 362, 385 ff.
Moderne, heroische 48
Moderne, klassische 152
Modernisierung 29, 156, 170, 175
Modernität 149 f.
Modifikation 57
Möglichkeit 340 ff., 345, 410, 413, 417
Möglichkeitshorizont 340 f.
mondän 411

monde 410 f.
mondo civile 19, 56 f., 59
mondo naturale 19, 56
Monismus 371
Monotheismus 385
Monument 381
Moral 111, 125, 186, 212, **223–227**
Moralisierung 70 f., 77
Moralität 68, 71, 75, 326
Moralphilosophie 345
Motiv 394
Müll 174
Multikulturalismus 96, 177, 243, 315
Multikulturalität 41, 44
multikulturell 40
Multimedialität 348
Multiperspektivität 258 f.
Multiplizität 336
Mund 31
Mündigkeit 332
mundus 409
Musealisierung 302, 432
Museum 420
Musik 130, 180
Muße 76, 394, 434
Mutterbruder 178
Mythem 179
Mythologie, neue 358
Mythomotorik 296
Mythos 13 f., 58, 95, 126 f., 179 f., 183 f., 218 ff., 232 f., 276, 296, 300, 308, 310 f., 330, 332, **356–360**, 386

Nachahmung 193, 246, 249, 362, 384, 388
Nachkultur 29
Nächste, der/das 316
Nachwelt 96
Nähe 222
Narzissmus 356
Nation 84, 100, 192
Nationalkultur 28, 96
Natur 4, 6, 8, 11 f., 14 ff., 23 ff., 31, 37, 47 ff., 57, 61 f., 64 f., 67 ff., 71 ff., 81, 83, 85 ff., 91, 110, 121, 126, 129, 156, 158 f., 161 f., 165 f., 169 f., 173 ff., 178, 180, 185, 193, 196, 212, 214, 225, **227–233**, 245, 264, 268 f., 277, 279, 283, 288, 302, 308, 317, 320, 331 f., 359 ff., 366 f., 377 f., 409, 411, 414, 424, 427, 430, 433 ff.
Natur, erste 13, 18 f., 129
Natur, zweite 13, 15, 18 f., 104, 129, 158, 169, 228, 266, **360–365**, 384, 409, 430
Naturalisierung 8, 129, 227, 265, 363, 425
Naturalismus 3, 110, 130, 243, 282, 284
Naturbeherrschung 168, 173
Naturgeschichte 81 f.
Naturnachahmung 196
Naturobjekt 230 f.
Naturphilosophie 161, 229
Naturrecht 332 f.
Naturwesen 72, 75, 158
Naturwissenschaften 94, 116, 192, 227, 229 ff., 266 f., 282
Naturzustand 17, 23, 26, 47, 61, 63 f., 71, 76, 275, 277
Naturzwang 89, 332
Naturzweck 71 f.

Negation der Negation 92
Negation, bestimmte 92
Neohistorismus 202
Netz 350, 352
Netzwerk 37 f., 418
Neue, das 36, 153, 313, 344, 422
Neugierde 182, 317
Neukantianismus 27 f., 119, 125, 376, 378 f.
Neuroästhetik 222
Neurose 396
Neutralität 236 f.
Neuzeit 17 ff., 21 f., 181 f., 341 ff., 432
Nicht-Identische, das 336
Nichtkultur 25
Nichts 416
Nichtverstehen 6, 398
Nihilismus 29
nobilità 23
Norm 214, 223
Normalität 4
normativ 168
Normativität 330, 387
Notwendigkeit 169, 195, 341, 344, 346
Nutzen 95, 193, 195
Nützlichkeit 193, 195

Oberfläche 108
Objekt 34, 221 f., 257, 283
Objektivation 378, 380
Objektivismus 8
Objektivität 280, 282 ff., 308 f., 342
Odyssee 314
Offenbarung 384
Öffentlichkeit 52, 172, 195, 236, 290
Ohr 80
Ökologie 7
Ökonomie 169, 185, 187, 270 f.
Ökonomieprinzip 271
Ökonomisierung 319 f., 322
Ontologie 126, 156, 162, 251, 282, 412, 427
Opfer 172 f., 239, 300, 330 f.
Optimismus 94, 396
Oralität 294, 298, 355, 384
Ordnung 14, 37, 58, 112, 162, 178 ff., 194, 198, 307, 330, 343, 379, 388
Ordnungsschwund 342 f.
Organismus 110, 161, 415
Orientalismus 367, 370
Orientierung 274, 279, 281, 387, 412
Orientierungslosigkeit 341
Original 351
Ornament 201 f.
Ort 42, 294, 298, 319, 368
Osten 11
Oszillation 418
othering 400

Paar 67, 291
Pädagogik 40, 246, 248, 250
paideía 24 f.
Panorama 15
Paradies 6, 86, 433

Paradigmenwechsel 269
Parallelgesellschaft 238
Paraontologie 413
Partikularismus 371
Partizipation 225, 236 f., 301
Passage 149
Pathologie 22, 46, 395
páthos 249
Pathosformel 120
Perfektibilität 22, 83, 212, 343
Perfektion 193
peripétie 389
Person 160, 335, 337, 415
Perspektivismus 101
Perspektivität 258
Persuasion 245 f.
Perversion 71
Pessimismus 94, 119, 162, 396
Pflanze 82, 161, 178 f.
Phänomenologie 108, 125 ff., 305, 376, 413
Phantasie 58
Philologie 20, 59, 94 f., 100, 249
Philosophie 3, 5, 9, 13, 16 f., 19 ff., 24 f., 42, 46, 51, 53, 59, 63, 94 f., 99, 101, 107 f., 111 ff., 125, 146, 161, 166, 177, 189, 192, 247, 250, 252, 254, 273, 283, 287, 305, 356 f., 359, 369, 411
– analytische 189
– bildende 189
– nachmetaphysische 280
– und Kultur 189
Philosophiekritik 177
Photographie 150
Physiognomik 140
physis 24, 366
Pilger 319
Plötzlichkeit 388
Pluralismus 230, 236
Pluralität 84, 344, 352, 410 f.
Pluriversum 160
Poesie 358
Poiesis 58, 115, 223, 262, 264 ff., 306, 308, 311, 375 f., 378, 394
politesse 62 f.
Politik 10, 48, 63, 83, 110 ff., 144, 186, 192, 224, **234–238**, 248, 326, 345
Polytheismus 243
Popularkultur 148
Populärkultur 171
Porträt 401
Positivismus 211, 309, 343, 376 f.
Posthistoire 48
Postliteralität 351
Postmoderne 85, 204, 277, 346
pragmatisch 159
Pragmatismus 110 f., 188, 345
Prägnanz 383
Prägnanz, symbolische 102, 123, 126 f., 259, 306, 311
Praktik 34
Präsenz 221, 310, 349, 382 f., 414
Praxis 24, 27, 30, 75, 119, 138 f., 145, 164, 168, 173, 264 f., 267, 269, 275, 345, 378, 401
Preisgegebenheit 2
Primitive, der/die/das 400 f.
Prinzip 280
Privatheit 290, 334
Problem 8
Problematisierung 185, 187
Produktion 275
Produktionsverhältnisse 169
profan 239, 244
Profanisierung 152
Projektion 239
Protest 301
Protestantismus 241
Protestkultur 296
Prothese 347
Prozess 431 f., 434, 436
Prozesskultur 237
Psychagogie 246
Psychoanalyse 115, 355
Psychologie 159, 377, 412
Psychologismus 284
Publikum 49, 52

Qualität 310
Quasi-Religion 242

Radikalität 136 f.
Rahmen 293, 296
raison 87
Rasse 98, 192
Rassismus 42, 367
Ratchet-Effekt 384
Rationalismus 248
Rationalität 18, 55, 267, 331 f., 356, 359, 399
Raum 29, 122, 127, 319, 353, **365–371**, 423
Raumbild 369
Räumlichkeit 366, 368 f.
Raumzeit 426 f.
Rausch 154
Reaktion 232
Realisierung 342
Realität 353 ff.
Recht 14, 55, 64, 247, 332 f., 390
Recht des Fremden 323
Rechtsphilosophie 91
Rede 245 ff., 249
Redifferenzierung 331
Redner 247, 249, 251
Reduktion 213 f.
Reduktionismus 243
Reflexion 46, 49, 53, 64, 79, 89, 385
Reflexion, Barbarei der 55, 59
Reflexionsstil 420
Reflexivität 37
Reform 189
Regel 178
Regelmäßigkeit 408
Region 315
Regionalisierung 315
Reihe 117 f.
Reihenfolge 267
Reinheit 390
Reinigung 388

Reiz 153
Relation 128, 349
Relativierung 372
Relativismus 41, 112, 128, 190, 192, 273, **371–375**
Relativität 412
Relevanz 112 f., 192, 274
Religion 53, 68, 80, 82 f., 106, 125, 130 f., 150, 152, 161, 168, 192, 212, 218, **238–244**, 305, 330, 333, 386
Religion, implizite 242
Religion, schöne 90
Religionsphilosophie 91
Religionssoziologie 240, 242
Renaissance 6, 122 f.
Replika 418, 420
Repräsentation 117, 185, 255, 257 f., 306, 308, 310, 369, 416
Repression 186
Reproduzierbarkeit, technische 150
Resignation 88
Ressentiment 46, 48, 52, 396 f.
Restitution 17, 21, 46 ff., 386
Retrodiktion 208
Retrospektion 97
Revolution, neolithische 32
Revolution, wissenschaftliche 269
Rezeption 289 f.
Reziprozität 321 f.
Rhetorik 55, **245–252**
Rhizom 352
Rhythmus 201
Richtigkeit 400
rite de passage 301
Ritter-Schule 174
Ritual 295, 298, 300, 303, 330 f., 385
Rivalität 331
Rolle 338
Rousseauismus 17
Ruhe 74, 175, 394
Ruhm 391
Rundfunk 353

Sachen 115
Sachlichkeit 160, 204
Sachverhalt 261, 382
Sachzwang 267
saeculum 409
sagacitas 16, 46
Säkularisation 243
Säkularisierung 152, 181, 301, 411
Sammlung 151
sapientia 16, 46, 247 f.
Satz 402 f.
Scham 14, 244, 391, 393
Schauder 87
Schaudern 388
Scheitern 136
Schema 366
Schicklichkeit 388
Schicksal 134, 332, 389 ff., 429
Schizophrenie 127
Schlüsselattitüde 48
Schmerz 190 f.
Schock 151, 153, 173
Schöne, das 77, 85, 89, 92, 110, 269
Schönheit 193, 201, 248, 433
Schonung 290
Schöpfung 3, 7, 16, 19
Schreiben 245, 351
Schrift 38, 44, 82, 215, 255, 276, 294, 296, 301, 347 f., 351, 353 ff., 384 f., 401
Schriftlichkeit 385
Schuld 239, 244, 300, 322, 356, 389 ff., 393
Schuldgefühl 390, 395
Schwäche 14, 50, 80
Seele 24 f., 29, 48, 159, 170, 173, 229, 289 ff., 325, 380, 408 f., 411
Sehen 143, 205, 220
Sehnsucht 318
Sein 24, 162, 164, 221, 225, 281 f., 285, 307 f., 415, 430
Seinsgebilde 282
Seinsverlassenheit 137
Selbst 190, 313, 316 f., 332, 337, 345, 351, 353
Selbstbefreiung 2, 225, 232, 386, 423
Selbstbehauptung 277, 332, 343
Selbstbestimmung 339
Selbstbewegung 408
Selbstbewusstsein 258, 339
Selbstdurchsichtigkeit 6, 8, 10, 131
Selbstentfaltung 343
Selbsterhaltung 64, 168, 172 f., 331 f., 343
Selbsterkenntnis 287
Selbsterzeugung 75
Selbstheit 334, 337
Selbstkultivierung 24
Selbstsorge 26 f., 430
Selbsttäuschung 50
Selbsttransparenz 254
Selbstverlust 172
Selbstverständlichkeit 274
Selbstverwirklichung 175, 288, 325, 339, 395
Selektion 295
Semantik 257
Semiose 213
Sensibilität 171
Sensualismus 283
sensus communis 246
Serie 423
Sexualität 351, 396
Sicherheit 343 f.
Sicherung 319
Sichtbarkeit 43
Signal 255 f.
Simulation 353
Simultaneität 154
Singularität 344
Sinn 10, 30, 34, 36, 43, 77, 80, 82, 102, 127 f., 152, 154 f., 168, 212, 216, 230 f., 238, 241 f., 244, 246, 258 f., 270 f., 279, 283 ff., 300, 305, 319, 322, 330, 343, 352, 354, 379, 382 f., 400, 408, 412 f., 417, 420 f.
Sinne 79, 85
Sinnform 238
Sinnformen 419
Sinngebilde 281 f., 286
Sinnhorizont 238

Sinnkomplex 328
Sinnleistung 280
Sinnlichkeit 259, 309, 383
Sinnlosigkeit 343, 413
Sinnreduktion 212
Sinnsphäre 281
Sinnsystem 385
Sinnträger 285
Sinnüberschuss 212 ff., 238
Sinnverlust 238
Sitte 61 f., 93, 96, 102, 245, 319, 361
Sittlichkeit 71, 91 f., 125, 325 f.
Situation 257 f.
Skeptizismus 385
Sklavenmoral 99
Sklaverei 95 f., 99
societas humana 274
Solidarität 176, 179, 191 f., 345
Solidität 193
Sollen 225, 281, 284, 396
Sonntag 303
Sorge 299, 320
Souveränität 152 f., 155 f., 342, 412
Soziale, das 347
Sozialform 328
Sozialphilosophie 349
Sozialwissenschaften 378
Soziologie 101, 378
spatial turn 368, 370
Speicher 352 f.
Spektakel 391 f.
Sphäre 79, 106
Spiel 86 f., 143, 175, 226, 392
Spleen 155
Sprache 31, 44, 64, 79 f., 82, 102, 115, 120, 126, 141 f., 162 f., 179, 185, 189 f., 218 ff., 245, 247, 249, **252–263**, 267 f., 273, 276, 308, 310 ff., 315, 327, 329, 347 ff., 354, 358, 366, 384, 386, 388, 399, 417, 423
Sprachphilosophie 138
Sprachspiel 139, 141 f.
Sprachspielerelativismus 371
Sprechen 256, 266 f.
Sprung 89
Staat 84, 91 f., 99, 144, 186, 325 f.
Stabilisierung 218, 220, 288, 291, 300, 330
Stabilität 237, 291, 331, 368, 429
Stadt 195, 198, 247, 288
Standpunkt 291
Stärke 80
Statistik 150
status culturae 26
Statusfunktion 261
Staunen 160, 394
Steigerung 24 f.
Stellungnahme 10, 238, 284
Stiefkind 51
Stil 28, 34, 93, 135, 201, 213, 249 f.
Stil, hoher 388
Stillstand 431
Stillstellung 61, 385
Stimme 256
Stoff 102
Strafe 389
Streamline 203
Streit 415
Struktur 178, 383
Strukturalismus 147, 178
Subjekt 27, 60, 77, 91, 119, 153 f., 180, 186 f., 221 f., 254, 280 ff., 316, 323, 325 f., 331 f., 335, 337, 339, 366, 370, 373, 410, 415, 424 ff.
Subjektität 281, 287
Subjektivierung 186 f.
Subjektivismus 291
Subjektivität 77, 149 f., 152, 155 f., 235, 242 f., 280, 282 f., 288, 291, 323, 325 f., 336, 355, 410, 415, 424, 426
Subkultur 148, 296
Sublimierung 160
Substanz 308, 354, 376
Sündenfall 86 f., 89
superbia 430
Symbol 20, 102, 120 ff., 125, 129, 164, 184, 212 f., 232, 255 ff., 262, 279, 304 f., 308, 368, 375, 418, 421
Symbolfunktion 126, 307, 312
Symbolik 251
Symbolisierung 102 f., 125, 127, 130 f., 231, 244, 276
Symbolprozess 59
Symbolsystem 259
Symptom 255
Syntax 257
System 30, 91, 115, 215, 284, 286 f.
Systematik 140
Systematizität 78
Systemkultur 237

Tafel 321
Tapferkeit 16
Tat 86, 307, 382, 432
Tätigkeit 26 f., 30
Tatsache 111, 207, 260 f., 376 f., 379, 403 ff., 408
Tatsache, historische 207 f.
Tatsache, kulturelle 8, 20, 164, 207, 216 f., 260 ff., 328 f., **375–383**, 403, 406
Tatsache, psychische 327
Tatsache, reine 261
Tatsache, soziale 261 f.
Tatsache, wissenschaftliche 38
Tauglichkeit 224
Tausch 102, 178, 271, 322
Tauschwert 151
téchne 24 f.
Technik 11, 16, 24, 31, 102, 137, 171, 203, 212, 220, 226, 245, **264–270**, 305, 331, 347, 349, 355, 359
Technikkritik 52
Technisierung 152, 342
Technokratie 49
Teilhabe 18, 430
Teilwelt 329
Telefon 351, 354
Teleologie 10, 71 f., 74 f., 77 f., 80, 104, 229, 305, 433
telos 215
Temporalisierung 88
Teufel 355
Text 30, 255, 353 f.
Text, kommunikativer 317

Theater 66, 392
Theatrokratie 392
Thema 376, 380, 382
Theodizee 70f., 86
Theogonie, natürliche 58
Theologie 75, 150, 242
Theorie 184, 266, 376
Tiefe 427
Tier 64f., 80, 82, 86, 160ff., 165, 178f., 229, 292, 415
Tierheit 86
Tier-Mensch-Vergleich 79, 81, 83
Tod 29, 239, 359, 400
Toleranz 45, 372, 374
Topik 248
Topologie 367
Totalisierung 343
Totalität 49, 89, 103, 107, 155, 231, 336f., 342ff.
Totemismus 178
Tradition 82, 86, 151, 153, 194, 246, 294f., 297, 343, **384–387**, 422
tragisch 392
Tragödie 3, 17, 21, 48, 88, 95, 104ff., 119, 122, 241, 290, 327, 380f., 386, **388–393**
Transformation 29, 36, 256
Transkulturalität 40f., 44f.
transkulturell 40, 44
Transparenz 66
Transversalität 350, 352
Transzendentalphilosophie 125
Transzendenz 173, 280, 283, 354
Trauerspiel 391f.
Traum 127, 356
Triangulation 253
Trieb 160, 239
Trope 213
Tugend 17, 47, 62f., 362
Typ 233

Übel 47, 71, 76, 86ff.
Überbau 145f.
Überbietung 69
Überfluss 66, 321
Übergang 313, 316, 330
Über-Ich 395
Überleben 47, 228, 273, 320, 363
Überlieferung 82, 176, 301, 377, 399
Überschreitung 178
Überschuss 213f.
Übersetzung 315, 399, 420
Übersichtlichkeit 141
Übertragung 352
Überzeugung 245
Uchronie 299
Umgebung 414f.
Umwelt 7, 12, 159f., 163, 203, 215, 228, 232, 275, 363, 382, 415, 424f., 427
Umwertung 94
Unbehagen 11, 17, 47, 170, 212, 216, 239, **394–397**
Unbestimmtheit 340, 344
Undurchsichtigkeit 6
uneasiness 394
Unendliche, das 412
Unendlichkeit 238, 410, 426
Ungeborgenheit 19
Ungehorsam 86
Ungewissheit 420
Ungleichheit 65, 75, 88, 99, 249
Unglück 389, 394, 396
Ungültiges 282
Universalisierung 343
Universalismus 175f., 202, 230, 235, 276, 345, 371
Universalität 45
universitas 409
Universität 276, 420
Universum, symbolisches 19, 164
Unlust 394
Unmittelbarkeit 241, 351
Unruhe 7, 74, 172, 394, 434
Unschuld 86, 391
Unsicherheit 88, 341
Unterdrückung 331
Unternehmen 271, 420
Unterscheidung 416ff., 421
Unverfügbarkeit 166, 340
Unvollkommenheit 17, 20, 22
Unwissenheit 251
unzeitgemäß 51
Unzufriedenheit 394ff.
Urbanität 23, 62, 149
Urbild 151
Urhütte 193
Urpflanze 434
Urphänomen 102, 140
Ursprung 15f., 58, 64, 187, 316, 348, 352, 386, 430, 433
Urteilskraft 176
Utilitarismus 95, 271
Utopie 53, 173, 189f., 299, 387

Veränderung 344, 425f.
Verantwortung 166, 269, 323, 391, 395
Verausgabung 271
Verbegrifflichung 3, 10
Verblendung 18
Verbot 300, 330f.
Verbrechen 87, 389
Verbreitungsmedien 348
Verdichtung 172
Verdinglichung 150, 297, 342, 346, 401
Veredelung 173, 196
Verehrung 25
Verfall 47, 65, 94, 297, 333
Verfallenheit 136
Verfängnis 289
Verfügbarkeit 137, 340
Verführer 316
Verführung 313, 317
Vergangenheit 207f., 293f., 296ff., 357, 384, 386, 425f.
Vergesellschaftung 171
Vergessen 293ff.
Vergeudung 271
Vergleich 41, 93f., 96f., 215
Vergnügen 249
Verhalten 265, 323, 340
Verhängnis 389

Verkettung 416, 418 f.
Verklärung 432
Verkörperung 101 f., 256, 327
Verlust 46, 219
Vermittlung 349 f.
Vernichtung 313
Vernunft 7, 14, 58, 66 f., 71 f., 74, 76 f., 79 f., 87, 171, 175, 214, 247, 249, 267, 326, 331 f., 341 f., 355, 359, 370, 385, 394, 409
Vernunft, List der 76
Verrechtlichung 319
Versagen 390
Verschiebung 172
Verschönerung 89, 196 f.
Verselbständigung 289
Versöhnung 175, 289, 429, 433
Versprachlichung 402
Verstandeswesen 72
Verstehen 6, 121, 253 f., 313 f., 317, 347, 357, 374 f., 380, **398–402**
Verstellung 249, 251
Versuchung 289
Vertrag 65, 326
Vertrauen 271 f., 317
verum 19 f.
Vervollkommnung 21, 65, 79
Verwandtschaft 178, 231
Verweltlichung 95, 413
Verzicht 21, 172, 300, 394, 396
Verzögerung 317
Verzweiflung 50, 394
Vielfalt 59, 190, 195
Vielheit 311
Virtualität 353
vita activa 434
vita contemplativa 434
Vitalität 113, 131
Vokabular 189, 191
Volk 28, 84, 366
Völkerpsychologie 102
Volksgeist 327
Volkskultur 96, 170
Volksreligion 90
Vollendung 10, 21, 229
Vollkommenheit 7, 15, 18, 21 ff., 47, 65, 75, 77, 86, 248, 431
Vornehmheit 99
Vorstellung 57 f., 257, 413
Vorurteil 46
Vorverständnis 398 f.

Wachsen 166, 227, 230, 433
Wachstum 106, 214, 270
Wagnis 233
Wahl 152, 390
Wahn 239
Wahrhaftigkeit 402
Wahrheit 57, 59, 62, 95, 112, 133, 188, 190, 239, 283 f., 345, 356 ff., **402–407**, 431
Wahrnehmung 126 f., 130, 151, 219 ff., 311, 368, 383, 418, 421, 426
Wahrnehmung, ästhetische 222
Wahrnehmungsmedien 348
Wahrscheinlichkeit 183, 388
Wandel 344
Ware 149, 154, 382
Warenästhetik 149
Warten 423
Wechselwirkung 48 f., 103, 272, 348
Weinen 165
Weisheit 46, 58, 159
Welt 11, 15, 22, 28, 42, 49, 102, 106, 159 ff., 164, 218, 252 f., 277, 283 f., 312, 329, 375 f., 379, 405, **408–416**, 420 f., 424, 434
Welt, verkehrte 299
Weltanschauung 279, 400, 409, 412 f.
Weltansicht 253, 260, 413
Weltbild 105, 143, 163, 218, 232, 276, 413
Weltbürger 22, 159
welten 415
Welten, Pluralität der 409
Weltgeist 325
Weltgeschichte 325
Weltigung 415
Weltkenntnis 412
Weltklugheit 411
Weltknoten 413
Weltkultur 96, 314 f.
weltlich 411, 413
Weltlichkeit 161, 383
Weltliteratur 295
weltlos 415
Weltmitte 5
Weltoffenheit 158, 160 ff., 415
Weltvermittlung 414
Weltverstehen 311, 412
Weltweisheit 411
Weltzuschauer 15
Wende, linguistische 276
Werden 24, 29
Werk 102, 187, 207, 214, 216 ff., 304 ff., 309, 311, 375 f., 379 ff.
Werkanalyse 304, 306
Werkzeug 31, 264 f., 384
Wert 10, 20, 25, 36, 94, 102, 104, 115 f., 212, 214, 216, 223, 229 f., 234, 237, 271, 279, 281 ff., 374, 378 ff.
Wertekonflikt 389
Wertekonsens 238
Wertgegensätzlichkeit 282
Wertschätzung 271
Wertung 271
Wesen 206
Westen 3, 6, 11, 234
Widerstreit 85, 306
Wiederherstellung 21 f., 433
Wiederherstellungserwartung 53
Wiederholung 37, 213 f., 418 f.
Wiederholungszwang 173
Wilde, der/die/das 64, 110, 317 f., 400 f.
Wildheit 58
Wildnis 25, 247
Wille 75, 77, 144, 325 f., 413
Willkür 340
Wir-Gefühl 191 f.
Wirken 164, 206, 210 f.

Wirklichkeit 5, 35, 127, 145, 173, 183, 209ff., 219f., 230, 232, 242, 273, 277, 285, 308f., 311, 325ff., 340ff., 344ff., 356, 358, 362, 376ff., 408, 410ff., 417, 421
Wirklichkeitswissenschaft 376
Wirkwelt 160
Wirtschaft 102f., 105f., 137, 169, **270–272**
Wirtschaftsethik 271
Wissen 16, 22, 34f., 46, 57, 63, 103, 106, 142, 185f., 189, 248, 266, 273f., 276, 286, 295, 301, 330, 356, 385, 418
Wissenschaft 13, 21, 28, 49, 57f., 61, 63, 76, 106, 110, 112, 123, 137, 168, 189, 219f., 239, 270, **273–278**, 304f., 308, 310f., 369, 372, 386
Wissenschaftsgesellschaft 275
Wissenschaftskultur 34, 275
Wissenskapital 384
Wissenskultur 34
Wohlbefinden 394f., 397
Wohlfahrt 343
Wort 301, 349

Xenologie 313, 315f., 318
Xenophagie 314
Xenosophie 318

Zahl 38
Zähmung 98
Zeichen 20, 110, 118f., 122, 125, 127, 131, 178f., 240, 252, 255ff., 275, 328, 382, **416–421**
Zeit 29, 74, 122, 192, 211, 285, 299, 301, 303, 332, 337, 357, 365f., 387, 409, 418, **422–427**
Zeit, objektive/subjektive 422f.
Zeitbewusstsein 423f., 427
Zeiterfahrung 424ff.
Zeiterleben 423
Zeitgeist 50f.
Zeitkonstitution 425
Zeitkritik 52
Zeitlichkeit 133, 137, 211, 424
Zeitlosigkeit 425
Zeitpunkt 425
Zeitvergehen 423
Zeitwahrnehmung 425
Zensur 295f.
Zentrum 161
Zeremonie 141, 321
Zerstörung 313
Zerstreuung 18, 150f., 170f., 297, 394, 430
Zeugnis 217, 220f.
Ziel 87, 95
Zirkel, hermeneutischer 398
Zivilgesellschaft 145f.
Zivilisation 8ff., 23f., 28f., 48, 98, 100, 112, 139, 144, 168, 170, 173, 193, 201, 214, 265, 332, 359, 366
Zivilisationskritik 53
Zivilisierung 77, 246, 248
Zivilreligion 61, 68
Zucht 75, 162
Züchtung 98, 363
Zufall 65, 340, 344
Zufälligkeit 340, 344
Zufriedenheit 394, 396f.
Zugehörigkeit 429
Zukunft 96, 337, 341, 425
Zukunftsoffenheit 33
Zulassen 24
Zuschauer 111, 390
Zwang 61, 68, 146, 148, 330
Zwangsgesellschaft 174
Zweck 71ff., 77, 267ff., 349f.
Zweck, letzter 71ff.
Zweckmäßigkeit 71
Zweckrationalität 264, 268
Zwecksetzung 76
Zwischen 272, 349, 351
Zwischenglied 139f., 142

5. Metaphernregister

Abgrund 133
Ackerbau 4
Armut 431
Arzt 51

Bahn 89
Ballast 431
Band 322
Besitz 379, 384, 431 f.
Besitzlosigkeit 430
Beute 314
Blüte 28
Bruchstück 49
Brücke 220
Buch 64, 81, 182, 184
Bürde 10, 429

Ellipse 123
Erbe 384, 429, 432

Festigkeit 105, 378, 381, 429
Filter 294
Fluss 108
Frühgeburt 163

Garten 25, 429, 432 ff.
Gehäuse 232
Geisel 313
Gespenst 419
Gesundheit 49
Gewebe 275

Haben 432
Härte 136
Haus 88, 198, 409
Herz 51, 62, 288, 390
Höhle 386

Kampf 28, 234
Kette 386
Kindheit 79
Körper 338
Krankheit 46, 49, 51, 94
Kreis 27, 29, 89
Krieg 46, 49, 51
Kristallisation 48, 53

Land 429
Last 10, 395, 432
Lebendigkeit 429

Mangel 429
Maske 288, 290
Mitspieler 111
Mühle 95
Müll 52

Netz 37, 275, 352
Nutzen 432

Offenheit 336
Organismus 135

Pflanze 28
Prothese 363

Quelle 209 f.

Reichtum 386, 431
Richter 267
Rolle 288, 290 f.

Schatz 292, 432
Schleier 63
Schrei 64
Schwamm 369
Schwere 136
Senkblei 108
Speicher 294, 351 f.
Spiegel 188
Spur 294, 349
Stadt 391, 396, 429
Stiefkind 51
Stimme 294
Sündenbock 331

Theater 351
Tiefe 377

Überfluss 429
Umweg 3, 17, 165, 226, 271, 290 f., 314, 351

Verfall 28
Verlust 431
Vorrat 102 f.

Wachsen 115
Weg 89, 271, 314
Weltgarten 435
Werkzeug 255, 348
Wettkampf 83
Wirbel 410
Wüste 429

MIX
Papier aus verantwortungsvollen Quellen
Paper from responsible sources
FSC® C105338
FSC
www.fsc.org

Printed by Books on Demand, Germany